Pause
Bauträgerkauf und Baumodelle

Bauträgerkauf und Baumodelle

von

Dr. Hans-Egon Pause
Rechtsanwalt in München
Fachanwalt für Bau- und Architektenrecht

5., neu bearbeitete Auflage

Verlag C. H. Beck München 2011

Verlag C. H. Beck im Internet:
beck.de

ISBN 978 3 406 59702 2

© 2011 Verlag C. H. Beck oHG
Wilhelmstraße 9, 80801 München

Druck: Nomos Verlagsgesellschaft
In den Lissen, 76547 Sinzheim

Satz: Druckerei C. H. Beck
(Adresse wie Verlag)

Gedruckt auf säurefreiem, alterungsbeständigem Papier
(hergestellt aus chlorfrei gebleichtem Zellstoff)

Vorwort

Die vergangenen Jahre waren von reichhaltiger Rechtsprechung, gesetzgeberischen Aktivitäten und einer regen Diskussion über das sog. Vormerkungsmodell geprägt.
Die Schwachpunkte des im Vormerkungsmodell abgewickelten Bauträgererwerbs sind wiederholt aufgezeigt worden. Es ist aber nicht anzunehmen, dass der Markt aus eigener Kraft andere, rundum sichere Modelle hervorbringen wird. Es ist auch nicht absehbar, dass der Gesetzgeber den Bauträgervertrag kodifizieren und dabei die Sicherunglücken beseitigen wird. Auf diesem Hintergrund wird die Praxis weiterhin mit dem altbekannten Bauträgervertrag und den Sicherungsmitteln der MaBV auskommen müssen. Der Neuauflage geht es deshalb darum, die Rechtslage unter Berücksichtigung der Schwachstellen darzustellen.
Auch wenn sich der Gesetzgeber bislang zu einer grundlegenden Gestaltung des Bauträgervertrages im Bürgerlichen Gesetzbuch nicht entschließen mochte, hat er den Bauträgererwerb doch bei verschiedenen Gesetzesvorhaben berührt. Das war bei der Neubearbeitung zu berücksichtigen: Mit dem Forderungssicherungsgesetz wurde eine neue Grundlage für Abschlagszahlungen und eine Vertragserfüllungssicherheit zur Verbesserung des Verbraucherschutzes eingeführt. Für den Erwerb von Eigentumswohnungen, deren Abnahme und die Verfolgung von Mängeln am Gemeinschaftseigentum ist die WEG-Novelle des Jahres 2007 von großer Bedeutung.
Die Baumodelle haben an Bedeutung verloren, sind aber keineswegs vollständig vom Markt verschwunden. Solange der Bauherr gegenüber dem Erwerber durch steuerrechtliche Vorschriften bevorzugt wird, was beim Denkmalschutz und in Sanierungsgebieten nach wie vor der Fall ist, wird es Baumodelle geben. Überdies erlebt das Käufer-Modell als Gestaltung für Altbausanierungen in den Ballungsräumen eine Renaissance, während das Generalübernehmermodell beim Einfamilienhausbau in ländlichen Gegenden weit verbreitet ist. Die neuere Rechtsprechung zu den im Strukturvertrieb verbreiteten sog. Schrottimmobilien zeigt eine weitere aktuelle Facette der Baumodelle auf. Eine – gestraffte – Darstellung der Baumodelle war daher unerlässlich.
Rechtsprechung und Literatur sind bis Oktober 2010 berücksichtigt.

München, im Februar 2011
Hans-Egon Pause

Inhaltsübersicht

A. Geschichte des Bauträgererwerbs und der Baumodelle

I. Vorläufer der Bauträgerschaft 1
II. Entwicklung der Bauträgertätigkeit seit der Nachkriegszeit 1
III. Bauherrenmodelle und geschlossene Fonds 7

B. Der Bauträgererwerb

I. Grundlagen der Bauträgerschaft 11
II. Der Bauträgervertrag 22
III. Vergütungsanspruch des Bauträgers 73
IV. Leistungspflichten des Bauträgers 171
V. Exkurs: Gemeinschaftseigentum – Sondereigentum 222
VI. Abnahme und Wohnungsübergabe 226
VII. Haftung für Mängel der Bauleistung 251
VIII. Der Mangel des Grundstücks 312
IX. Verjährung der Mängelansprüche 318
X. Haftungsausschlüsse und -beschränkungen 329
XI. Verletzung vor- und nebenvertraglicher Pflichten, Prospekthaftung 338
XII. Verfolgung von Mängeln am Gemeinschaftseigentum 345
XIII. Rückabwicklung des Bauträgervertrages 385
XIV. Die Insolvenz des Bauträgers 387
XV. Kauf-Sonderformen 396
XVI. Rechtsbeziehungen des Erwerbers zu Dritten 401

C. Baumodelle

I. Entstehung und Entwicklung des Bauherrenmodells 411
II. Treuhandvertrag 419
III. Prospekthaftung 451
IV. Baubetreuung – Stellung des Bauherrn zum Initiator 458
V. Gesellschaftsvertrag 463
VI. Der Bauherr und die finanzierende Bank 469
VII. Der Bauherr und die anderen Vertragspartner 478
VIII. Verwandte Erwerbsformen 499

D. Anhang

I. Bürgerliches Gesetzbuch, Buch 2 (Auszüge) 516
II. Einführungsgesetz zum Bürgerlichen Gesetzbuche. Art. 244 EGBGB. Abschlagszahlungen beim Hausbau 527

Inhaltsübersicht

III. Bauträgerverordnung. Verordnung über Abschlagszahlungen bei Bauträgerverträgen vom 23. 5. 2001 527
IV. Richtlinie 93/13/EWG des Rates vom 5. 4. 1993 über missbräuchliche Klauseln in Verbraucherverträgen 528
V. VOB/B. Vergabe- und Vertragsordnung für Bauleistungen (VOB) Teil B: Allgemeine Vertragsbedingungen für die Ausführung von Bauleistungen, Ausgabe 2009 – Auszug (§§ 12, 13) 534
VI. Gewerbeordnung. Auszug § 34 c GewO 536
VII. MaBV. Verordnung über die Pflichten der Makler, Darlehens- und Anlagevermittler, Bauträger und Baubetreuer (Makler- und Bauträgerverordnung) 538
VIII. MABVwV. Allgemeine Verwaltungsvorschrift zum § 34 c der Gewerbeordnung und zur Makler- und Bauträgerverordnung. Bekanntmachung des Bay. Staatsministeriums der Wirtschaft, Verkehr und Technologie vom 16. 2. 2000 (AllMBl S. 117), Auszug (ohne Anlagen) 547
IX. Bauträgermerkblatt der Landesnotarkammer Bayern. Die Gestaltung von Verträgen über den schlüsselfertigen Erwerb neuer Wohngebäude und Eigentumswohnungen 568

Inhaltsverzeichnis

Vorwort V
Inhaltsübersicht VII
Literaturverzeichnis XIX

A. Geschichte des Bauträgererwerbs und der Baumodelle

I. Vorläufer der Bauträgerschaft 1
II. Entwicklung der Bauträgertätigkeit seit der Nachkriegszeit 1
III. Bauherrenmodelle und geschlossene Fonds 7

B. Der Bauträgererwerb

I. Grundlagen der Bauträgerschaft 11
   1. Bauträgertätigkeit und verwandte Unternehmenseinsatzformen 11
   2. Terminologie 13
   3. Bauträgertätigkeit i. S. v. § 34 c GewO 14
      a) Öffentlich-rechtliche Ge- und Verbote 14
      b) Die Erlaubnis nach § 34 c GewO 14
      c) Befreiung von der Erlaubnispflicht 21
      d) Versagung der Erlaubnis 21
      e) Zivilrechtliche Folgen der fehlenden Erlaubnis 21
II. Der Bauträgervertrag 22
   1. Anzuwendendes Recht 22
      a) Schuldrechtmodernisierung – Übergangsrecht (Art. 229 §§ 5, 6 EGBGB) 22
      b) Forderungssicherungsgesetz 24
   2. Bauträgervertrag – Rechtsnatur 24
      a) Üblicher Inhalt des Bauträgervertrages 24
      b) Verträge mit Herstellungsverpflichtung 25
      c) Bereits hergestellte, aber neue Objekte 27
      d) Verträge über Erbbaurechte 29
   3. Beurkundungspflicht 29
      a) Beurkundung von Grundstücksgeschäft und Herstellungsverpflichtung 29
      b) Belehrung durch den Notar, § 17 BeurkG 30
      c) Zu beurlaubender Inhalt 36
      d) Grundstück, Wohnungseigentum, Sondernutzungsrecht 36
      e) Baubeschreibung, Pläne 38
      f) Vollmachten im Bauträgervertrag 39
      g) Teilungserklärung und Gemeinschaftsordnung 42
      h) Bezugnahme nach § 13 a BeurkG 51
      i) Änderungen, Sonderwünsche, Ergänzungen und Vertragsaufhebung ... 54
      j) Heilung formnichtiger Verträge 57
   4. Vertragsunwirksamkeit durch Architektenbindung? 57
      a) Planungsleistungen des Bauträgers 57
      b) Bauträgertätigkeit des Architekten 58
      c) Vorratsteilung nach § 8 WEG, Verkauf mit Planung 60

5. Inhaltskontrolle von Geschäftsbedingungen 60
   a) Prüfungsmaßstab – §§ 305 ff. BGB, Klauselrichtlinie 60
   b) Notarielle Verträge als Allgemeine Geschäftsbedingungen 62
   c) Verbraucherverträge 65
   d) Keine Privilegierung der VOB/B in Verbraucherverträgen 67
   e) Persönlicher Anwendungsbereich – Eingeschränkte Anwendung auf Kaufleute 70
   f) Verträge mit Auslandsberührung 70
   g) Unwirksame Klauseln 72
III. Vergütungsanspruch des Bauträgers 73
   1. Preisvereinbarung 73
      a) Pauschalfestpreis 73
      b) Preiserhöhungsklauseln 77
      c) Kein Rechnungslegungsanspruch 79
      d) Bauabzugsteuer 79
   2. Fälligkeit, Makler- und Bauträgerverordnung (MaBV) 81
      a) Abschlagszahlungen – Vorauszahlungen 81
      b) Vorbemerkung zum Inhalt und Anwendungsbereich der MaBV 92
      c) Rechtswirksamer Vertrag (§ 3 Abs. 1 Satz 1 Nr. 1 MaBV) 94
      d) Auflassungsvormerkung (§ 3 Abs. 1 Satz 1 Nr. 2 MaBV) 98
      e) Sicherung der Lastenfreistellung (§ 3 Abs. 1 Satz 1 Nr. 3, Satz 2 bis 5 MaBV) 103
      f) Baugenehmigung (§ 3 Abs. 1 Satz 1 Nr. 4 MaBV) 118
      g) Der Zahlungsplan (§ 3 Abs. 2 MaBV) 121
      h) Sicherheitsleistung durch Bürgschaft (§ 7 MaBV) 138
      i) Objektgebundene Mittelverwendung (§ 4 Abs. 1 Nr. 2 MaBV) 150
      j) Sonstige Berufsausübungsvorschriften 151
      k) Rechtsfolgen bei Verletzungen der MaBV 151
   3. Verzug, Fälligkeitszins 153
   4. Verjährung 158
   5. Sicherung der Vergütung 161
      a) Vollstreckungsunterwerfung 161
      b) Sicherungshypothek? 166
      c) Sicherheit nach § 648 a BGB? 166
      d) Zahlungsbürgschaft gegen Gewährleistungsbürgschaft 167
      e) Besitz gegen vollständige Bezahlung 168
      f) Hinterlegung der Vergütung bzw. der letzten Rate(n) 169
      g) Ausschluss von Leistungsverweigerungsrechten, Aufrechnungsverbot ... 170
   6. Finanzierung des Kaufpreises 170
IV. Leistungspflichten des Bauträgers 171
   1. Vorbemerkung 171
   2. Eigentums- und Besitzverschaffungspflicht 171
   3. Bauverpflichtung 175
      a) Geschuldete Bauleistung – Globalpauschalvertrag 175
      b) Widersprüche in den Vertragsunterlagen 179
      c) Leistungsbestimmungsrecht, Wahlschuld 180
      d) Baubeschreibung und Pläne 181
      e) Erschließung 186
   4. Herausgabe von Bauunterlagen 190
   5. Verzug 191

Inhaltsverzeichnis

    a) Fälligkeit – Fertigstellungstermin 191
    b) Rechtliche Voraussetzungen des Verzugs (§ 286 BGB) 193
    c) Schadensersatz und Rücktritt (§§ 280, 281, 323 BGB) 194
    d) Verzögerungsschaden (§ 280 BGB), insbesondere Nutzungsentschädigung 197
    e) Haftungsbeschränkungen 201
    f) Vertragsstrafe, pauschalierter Schadensersatz 201
  6. Verjährung 201
  7. Versorgungsanlagen, gemeinschaftliche Einrichtungen und Räumlichkeiten 202
    a) Verpflichtung zum Eintritt in Versorgungs- und Wartungsverträge 202
    b) Ansprüche wegen fehlender Anlagen und Einrichtungen (Teilleistungen) 204
    c) Sachenrechtliche Ansprüche 205
    d) Nachträglicher Erwerb sonderrechtsfähiger Räume oder Anlagen 206
  8. Sonderwünsche und Eigenleistungen 207
    a) Abgrenzung zwischen Sonderwunsch, Eigenleistung und Ausstattungsvariante 207
    b) Eingeschränkter Anspruch auf Sonderwünsche 208
    c) Übliche Vertragsgestaltungen 209
    d) Bauträger-Sonderwunschvertrag 210
    e) Handwerker-Sonderwunschvertrag 215
    f) Eigenleistungen 220
    g) Ausstattungs- und Ausführungsvarianten 222
V. Exkurs: Gemeinschaftseigentum – Sondereigentum 222
  1. Vorbemerkung 222
  2. Gemeinschaftseigentum 222
  3. Sondereigentum 224
  4. Sondernutzungsrechte 225
  5. Sonder- und Gemeinschaftseigentum beim Wohnungserbbaurecht 226
VI. Abnahme und Wohnungsübergabe 226
  1. Die Abnahme im Allgemeinen 226
    a) Inhalt und Voraussetzungen der Abnahme 226
    b) Abnahmeformen 229
    c) Vereinbarungen über die Abnahme 231
  2. Die Abnahme des Sondereigentums 232
  3. Die Abnahme des Gemeinschaftseigentums 234
    a) Teilabnahme 234
    b) Abnahme als individualrechtliche Pflicht 235
    c) Zuständigkeit der Wohnungseigentümergemeinschaft? 236
    d) Abnahme durch gemeinsamen Vertreter 237
    e) Bestimmung eines gemeinsamen Vertreters durch die Wohnungseigentümergemeinschaft 239
    f) Nachzüglererwerber 245
  4. Wirkung der Abnahme 247
  5. Werdende Gemeinschaft – wohnungseigentumsrechtliche Folgen der Übergabe 248
VII. Haftung für Mängel der Bauleistung 251
  1. Abgrenzung von Werk- und Kaufvertragsrecht 251
    a) Werkvertragliche Haftung für die Herstellungsverpflichtung 251

b) Abgrenzung zur kaufvertraglichen Haftung für Grundstücksmängel .. 253
c) Mängelhaftung bei Altbauten 254
2. Haftung für Baumängel 260
a) Der Mangel 260
b) Garantien 264
c) Einzelne Beschaffenheitsmerkmale 265
3. Mängelansprüche des § 634 BGB 286
a) Überblick 286
b) Nacherfüllung 286
c) Leistungsverweigerungsrecht 289
d) Fristsetzung zur Nacherfüllung – Verhältnis der Nacherfüllung zu den anderen Mängelrechten 290
e) Selbstvornahme – Aufwendungsersatz 293
f) Vorschuss 295
g) Minderung 298
h) Rücktritt 299
i) Schadensersatz 302
4. Kündigung nach § 649 BGB? – Teilkündigung des Bauträgervertrages aus wichtigem Grund 307
5. Objektveräußerung und Abtretung von Mängelansprüchen 309
a) Haftung des Verkäufers 309
b) Ansprüche des Verkäufers (Ersterwerbers) gegen den Bauträger 310
c) Ansprüche des Erwerbers gegen den Bauträger – Abtretung der Mängelansprüche vom Erst- an den Zweiterwerber 311
6. Wohnungseigentumsrechtliche Ansprüche anlässlich erbrachter Bauträgerleistungen 312
VIII. Der Mangel des Grundstücks 312
1. Sach- und Rechtsmängel 312
a) Mangelbegriff 312
b) Altlasten 313
c) Bebaubarkeit 314
d) Nachbarbebauung, Grundstückslage 314
e) Grundstücksmindermaß 315
f) Grundstücksübermaß 316
g) Rechtsmängel 316
2. Mängelansprüche 317
a) Nacherfüllung 317
b) Rücktritt 317
c) Minderung 318
d) Schadensersatz 318
IX. Verjährung der Mängelansprüche 318
1. Ansprüche wegen Baumängeln 318
2. Ansprüche wegen Grundstücksmängeln 320
3. Abkürzung der Verjährungsfrist 321
4. Lauf der Verjährungsfrist 322
a) Beginn der Verjährung mit Abnahme bzw. Übergabe 322
b) Hemmung der Verjährung 323
c) Neubeginn der Verjährung 325
5. Verjährung bei Arglist und bei Organisationsverschulden 326
6. Keine Sekundärhaftung des Bauträgers 329

Inhaltsverzeichnis

X. Haftungsausschlüsse und -beschränkungen	329
1. Grundstücksmängel	329
2. Altbausubstanz	331
3. Bauleistungen, neu errichtete und neu zu errichtende Gebäude	332
4. Haftungsausschluss bei gleichzeitiger Abtretung eigener Mängelansprüche	333
a) Subsidiaritätsklauseln	333
b) Sicherungsabtretung	334
5. Sonstige Haftungsbeschränkungen	335
6. Beschränkung auf Nacherfüllung, Ausschluss von Rücktritt und Schadensersatz	336
7. Verjährungsfrist	337
8. Arglistig verschwiegene Mängel und Garantien	337
9. Verschulden	337
10. Schiedsgutachterklauseln, Schiedsgerichtsklauseln	337
XI. Verletzung vor- und nebenvertraglicher Pflichten, Prospekthaftung	338
1. Vertragsverletzungen	338
a) Grundlagen	338
b) Schutz- und Rücksichtnahmepflichten	339
c) Abgrenzung von Leistungspflichten	341
2. Verschulden bei Vertragsschluss	342
3. Prospekthaftung	344
XII. Verfolgung von Mängeln am Gemeinschaftseigentum	345
1. Zuständigkeit der Wohnungseigentümergemeinschaft	345
a) Gesetzliche Zuständigkeit der Wohnungseigentümergemeinschaft (§ 10 Abs. 6 Satz 3 WEG)	345
b) Ausübungsbefugnisse nach § 10 Abs. 6 Satz 3 WEG	350
c) Keine zwingende Zuständigkeit der Wohnungseigentümergemeinschaft	354
d) Aufgaben und Befugnisse des Wohnungseigentumsverwalters	356
2. Mit-, Gesamt- oder Teilgläubiger?	358
a) Vorbemerkung	358
b) Nacherfüllungsanspruch	358
c) Ausübung von Wahlrechten	359
d) Minderung und kleiner Schadensersatz	359
3. Rechte des Einzelnen – Befugnisse der Gemeinschaft	360
a) Grundsatz	360
b) Nacherfüllung, Vorschussanspruch, Leistungsverweigerungsrecht	360
c) Frist zur Nacherfüllung	364
d) Minderung, kleiner Schadensersatz	365
e) Rücktritt, großer Schadensersatz	367
f) Überlassung der Ansprüche und Ermächtigung zur individuellen Verfolgung	369
g) Vergleich	370
h) Verwendung der vom Bauträger erhaltenen Mittel	370
4. Beschlüsse der Wohnungseigentümergemeinschaft	374
a) Inhalt des Beschlusses	374
b) Beschlusswirkungen – Ausschluss individueller Verfolgung	375
c) Prozessrechtliche Auswirkungen	375
d) Stimmberechtigung der Eigentümer, Stellung des Bauträgers bei Beschlussfassungen	376

Inhaltsverzeichnis

e) Anfechtung von Beschlüssen	377
5. Gerichtliche Verfolgung der Ansprüche	378
a) Gesetzliche Prozessstandschaft	378
b) Parteifähigkeit der Wohnungseigentümergemeinschaft	379
c) Prozessvollmacht	380
d) Selbstständiges Beweisverfahren	381
e) Geltendmachung sonstiger Ansprüche in gewillkürter Prozessstandschaft?	381
f) Verwalter und Miteigentümer als Prozessstandschafter?	382
6. Besonderheiten bei anderen Erwerbsformen und bei kaufvertragsrechtlichen Ansprüchen	383
7. Übergangsrecht	384
XIII. Rückabwicklung des Bauträgervertrages	385
1. Vorbemerkung	385
2. Vereinbarte Vertragsaufhebung	385
3. Nichtigkeit des Vertrages	386
XIV. Die Insolvenz des Bauträgers	387
1. Ablehnung der Erfüllung durch den Insolvenzverwalter	387
a) Anspruch auf Eigentumsverschaffung	388
b) Restvergütungsanspruch, Gegenansprüche	389
c) Lastenfreistellung durch die Bank	391
d) Bürgschaft nach § 7 MaBV	392
2. Vollendung des Bauwerks durch den Erwerber	392
3. Erfüllung durch den Insolvenzverwalter	394
4. Schadensersatzansprüche gegen die Handelnden	395
XV. Kauf-Sonderformen	396
1. Die Veräußerung sanierter Altbauten	396
2. Erwerb durch Tausch	397
a) Grundstückstausch (Grundstücksmodell)	397
b) Stundungsmodell	398
c) Anteilsmodell	399
3. Betreutes Wohnen	399
XVI. Rechtsbeziehungen des Erwerbers zu Dritten	401
1. Bauausführende Unternehmen, Architekten	401
2. Produkthaftung: Ansprüche gegen die Hersteller von Baustoffen, Aggregaten usw.	403
3. Amtspflichten des Notars	405
4. Die finanzierende Bank	407
a) Pflichtverletzungen	407
b) Einwendungsdurchgriff	408
c) Widerrufsrecht nach § 495 BGB	409
5. Gemeinde und Baubehörde	410

C. Baumodelle

I. Entstehung und Entwicklung des Bauherrenmodells	411
1. Das Bauherrenmodell – ein Kind des Steuerrechts	411
2. Bauherrenrisiko	413
a) Das eigentliche Baurisiko	413
b) Weitreichende Vollmachten zugunsten der Beauftragten	414
c) Unübersichtliche Vertragsgestaltung	415

  d) Steuerliche Risiken 415
  e) Wirtschaftlichkeit in der Vermietungsphase 415
 3. Vom kleinen zum großen Bauherrenmodell 415
  a) Das Kölner Modell 415
  b) Die gebräuchlichste Gestaltung: Das große Bauherrenmodell 416
 4. Varianten 417
II. Treuhandvertrag 419
 1. Funktion des Treuhänders 419
  a) Kontotreuhänder – Basistreuhänder 419
  b) Unabhängigkeit des Treuhänders 420
 2. Unwirksamkeit bei Verstoß gegen das RDG 421
 3. Form des Treuhandvertrages, Treuhandvollmacht 423
  a) Beurkundung des Treuhandvertrages 423
  b) Beurkundung der Treuhandvollmacht? 424
  c) Form der weiteren vom Treuhänder abzuschließenden Verträge 425
  d) Fehlende Beurkundung des Treuhandvertrages 425
  e) Abweichungen vom beurkundeten Treuhandvertrag 427
  f) Untervollmachten 428
  g) Beschränkung der Vollmacht; anteilige Haftung des Bauherrn 428
  h) Selbstkontrahieren 429
  i) Dem Treuhänder widersprechende Erklärungen und Verfügungen des Bauherrn 429
 4. Hauptpflichten des Treuhänders 429
  a) Abschluss und Durchführung der Verträge 429
  b) Anwendung der §§ 305 ff. BGB auf das Vertragswerk 430
  c) Interessenwahrnehmung gegenüber Behörden 431
  d) Auskunfts- und Rechnungslegungspflicht 431
  e) Vergütung des Treuhänders 435
  f) Eigenkapitalzahlung und sonstige Mitwirkung durch den Bauherrn .. 436
 5. Beendigung des Treuhandvertrages 436
  a) Beendigung durch Zweckerreichung 436
  b) Vorzeitige Beendigung durch Kündigung 437
  c) Pflichten bei Vertragsbeendigung 439
 6. Die Haftung des Treuhänders 439
  a) Haftung im bautechnischen Bereich 440
  b) Haftung im wirtschaftlich-finanziellen Bereich 442
  c) Haftung im steuerlichen Bereich 446
  d) Haftung für Prospektangaben 447
  e) Gesamtschuldnerische Haftung mit anderen Beteiligten 447
  f) Haftungsbeschränkungen 448
  g) Verjährung 449
  h) Pflichten des Treuhänders gegenüber Dritten 450
III. Prospekthaftung 451
 1. Grundlagen 451
 2. Prospekthaftung bei Baumodellen 452
 3. Haftung für Prospektinhalt 454
 4. Schadensumfang, Mitverschulden 455
 5. Verjährung 456
 6. Deliktische Haftung – Kapitalanlagebetrug (§ 264a StGB) 457
 7. Prospektprüfung 458

IV. Baubetreuung – Stellung des Bauherrn zum Initiator 458
   1. Funktion des Baubetreuers 458
   2. Anwendung des § 34c GewO und der MaBV 459
   3. Form des Betreuungsvertrages 460
   4. Vollmachten, Auskunfts- und Rechnungslegungspflicht 460
   5. Architektenbindung 461
   6. Vergütung des Baubetreuers 461
   7. Haftung des Baubetreuers 462
      a) Bauträgerhaftung? 462
      b) Haftung für ordnungsgemäße Betreuungsleistungen 462
      c) Prospekthaftung 463
      d) Garantien 463
V. Gesellschaftsvertrag 463
   1. Notwendigkeit einer BGB-Gesellschaft 463
   2. Rechtsform der Bauherrengemeinschaft – Beurkundung 464
   3. Rechtsverhältnis der Bauherren untereinander 465
      a) Beitragspflichten 465
      b) Geschäftsführung 465
      c) Keine Nachschusspflicht, Ausgleichsansprüche 465
   4. Ausscheiden aus der Gesellschaft, Wechsel der Gesellschafter 467
      a) Ausschließung eines Gesellschafters 467
      b) Ausscheiden eines Bauherrn 467
   5. Beendigung der Bauherrengesellschaft – Begründung der Wohnungseigentümergemeinschaft 468
VI. Der Bauherr und die finanzierende Bank 469
   1. Vorbemerkung 469
   2. Wirksamer Abschluss des Darlehensvertrages 470
      a) Form des Kreditvertrages 470
      b) Widerrufsrecht nach § 495 BGB 472
      c) Nichtigkeit des Darlehensvertrages 473
   3. Einwendungsdurchgriff 474
   4. Vertragliche und vorvertragliche Aufklärungspflicht 475
   5. Prospekthaftung 478
VII. Der Bauherr und die anderen Vertragspartner 478
   1. Anlageberater und Makler 478
      a) Makler-, Auskunfts- und Beratungsverträge 478
      b) Provisionen und Provisionsrückforderungen 480
      c) Haftung 482
   2. Belehrungs- und Hinweispflichten des Notars 485
   3. Stellung gegenüber den Baubeteiligten 487
      a) Unmittelbare Rechtsbeziehungen zwischen Bauherrn und Baubeteiligten 487
      b) Keine gesamtschuldnerische Haftung 488
      c) Mängelhaftung 488
   4. Finanzierungsvermittlung 490
   5. Zinsgarantie 491
   6. Ausfallgarantie, Ausbietungsgarantie 492
   7. Schließungsgarantie, Vertragsdurchführungsgarantie 492
   8. Baukosten-, Höchstaufwands- und Rücknahmegarantie 493
   9. Vermietung 494

Inhaltsverzeichnis

a) Mietvermittlung	494
b) Mietgarantie, Mietpool	495
c) Mietvertrag	496
10. Begründung und Verwaltung des Wohnungseigentums	498
11. Steuerberatung	498
VIII. Verwandte Erwerbsformen	499
1. Erwerbermodell	499
2. Bauträgermodell	501
3. Generalübernehmermodell	502
a) Das Konzept	502
b) Grundstückserwerb	503
c) Generalübernehmervertrag	504
d) Gründung einer Bauherrengemeinschaft oder Aufbaugesellschaft	511
e) Steuerrechtliche Motive	512
4. Altbausanierungen im Käufermodell	513

D. Anhang

I. Bürgerliches Gesetzbuch, Buch 2 (Auszüge 516
   1. Abschnitt 2. Gestaltung rechtgeschäftlicher Schuldverhältnisse durch Allgemeine Geschäftsbedingungen (§§ 305–310) BGB) 516
   2. Abschnitt 3. Schuldverhältnisse aus Verträgen, Titel 1. (§ 311b BGB) 521
   3. Abschnitt 8. Einzelne Schuldverhältnisse. Titel 9. Werkvertrag und ähnliche Verträge (§§ 631–651 BGB) 522

II. Einführungsgesetz zum Bürgerlichen Gesetzbuche. Art: 244 EGBGB. Abschlagszahlungen beim Hausbau 527

III. Bauträgerverordnung. Verordnung über Abschlagszahlungen bei Bauträgerverträgen vom 23. 5. 2001 527

IV. Richtlinie 93/13/EWG des Rates vom 5. 4. 1993 über missbräuchliche Klauseln in Verbraucherverträgen 528

V. VOB/B. Vergabe- und Vertragsordnung für Bauleistungen (VOB) Teil B: Allgemeine Vertragsbedingungen für die Ausführung von Bauleistungen, Ausgabe 2009 – Auszug (§§ 12, 13) 534

VI. Gewerbeordnung. Auszug. § 34c GewO 536

VII. MaBV. Verordnung über die Pflichten der Makler, Darlehens- und Anlagevermittler, Bauträger und Baubetreuer (Makler- und Bauträgerverordnung) 538

VIII. MABVwV. Allgemeine Verwaltungsvorschrift zum § 34c der Gewerbeordnung und zur Makler- und Bauträgerverordnung. Bekanntmachung des Bay. Staatsministeriums der Wirtschaft, Verkehr und Technologie vom 16. 2. 2000 (AllMBl S. 117), Auszug (ohne Anlagen) 547

IX. Bauträgermerkblatt der Landesnotarkammer Bayern. Die Gestaltung von Verträgen über den schlüsselfertigen Erwerb neuer Wohngebäude und Eigentumswohnungen 568

Sachregister 579

Literaturverzeichnis

1. Standardwerke

(Werke, die neben den gebräuchlichen Kommentaren herangezogen wurden und mit den Autorennamen abgekürzt zitiert werden)

Bärmann/Bearbeiter, Wohnungseigentumsgesetz, 10. Auflage, 2008
Basty, Der Bauträgervertrag, 6. Auflage, 2009
Blank, Bauträgervertrag, Vertragskommentar, 4. Auflage, 2010
Eue, in: Münchener Vertragshandbuch, Band 5, 6. Auflage, 2008
Goldbeck/Uhde, Das Bauherrenmodell in Recht und Praxis, 1984
Grziwotz, Hrsg., Makler- und Bauträgerverordnung, 2006
Grziwotz/Koeble, Hrsg., Rechtshandbuch Immobilien, Loseblattwerk, 1985 f.
Grziwotz/Koeble, Handbuch Bauträgerrecht, 2004
v. Heymann/Wagner/Rösler, MaBV für Notare und Kreditinstitute, 2000
Ingenstau/Korbion, Hrsg.: Locher/Vygen, VOB , 16. Auflage, 2007
Kapellmann/Messerschmidt, Hrsg., VOB Teile A und B, 3. Aufl., 2010
Kleine-Möller/Merl, Hrsg., Handbuch des privaten Baurechts, 4. Auflage, 2009
Kniffka/Koeble, Kompendium des Baurechts, Privates Baurecht und Bauprozeß, 3. Aufl., 2008
Koeble/Kniffka, Hrsg., Münchener Prozeßformularbuch, Band 2, Privates Baurecht, 3. Aufl., 2009
Kutter, in Beck'sches Notarhandbuch, herausgegeben von Brambring und Jerschke, 5. Auflage, 2009
Locher/Koeble, Baubetreuungs- und Bauträgerrecht, 4. Auflage, 1985
Locher/König, Bauherrenmodelle in zivil- und steuerrechtlicher Sicht, Baurechtliche Schriften, 1982
Marcks, Makler- und Bauträgerverordnung, 7. Auflage, 2003
Messerschmitt/Voit, Privates Baurecht, Kommentar zu §§ 631 ff BGB, 2008
Müller, Bauherren- und Ersterwerbermodelle heute und morgen, 1983
Reithmann/Meichssner/v. Heymann, Kauf vom Bauträger, 7. Auflage, 1995
Reithmann/Blank/Rinck, Notarpraxis, 2. Auflage, 2001
Riecke/Schmid, Wohnungseigentumsrecht, 3. Aufl., 2010
Schmitz, Die Bauinsolvenz, 4. Aufl., 2007
Staudinger/Bearbeiter, Kommentar zum Bürgerlichen Gesetzbuch, 2005 f.
Weitnauer/Bearbeiter, Wohnungseigentumsgesetz, 9. Auflage, 2005
Werner/Pastor, Der Bauprozeß, 12. Auflage, 2009

2. Sonstige Werke

Albrecht, Der Tausch mit dem Bauträger, DNotZ 1997, 269
Arnold, Die Änderungen des Beurkundungsverfahrens durch das Gesetz v. 20. 2. 1980, DNotZ 1980, 262
Assmann, Entwicklungstendenzen der Prospekthaftung, WM 1983, 138
– Informationspflicht des Anlagevermittlers und Mitverschulden des Anlegers, NJW 1982, 1083
Baden, Der „selbständige" Sonderwunschvertrag, BauR 1983, 313
– Nochmals Sonderwunschverträge, BauR 1999, 712
Baer, Individuelle Rückabwicklungsbefugnis des Wohnungserwerbers bei gleichzeitiger gemeinschaftlicher Vorschussklage, BTR 2006, 172
– Gemeinschaftsbezogenheit von Mängelrechten beim Erwerb vom Bauträger, BTR 2006, 113

Literatur

Basty, Änderung der Makler- und Bauträgerverordnung, DNotZ 1991, 18
- Zwangsvollstreckungsunterwerfung in Bauträgerverträgen, MittBayNot 1992, 311
- Vorauszahlungen nach dem Fördergebietsgesetz und Bauträgervertrag, DNotZ 1994, 15
- Der Rückzahlungsanspruch nach § 3 Abs. 1 Satz 3 der Makler- und Bauträgerverordnung, MittBayNot 1995, 367
- Dritte Verordnung zur Änderung der MaBV, DNotZ 1997, 284
- Verjährung der Raten beim Bauträgervertrag, MittBayNot, 1999, 530
- Pflichten des Globalgläubigers nach Aufhebung des Bauträgervertrages, MittBayNot 2000, 507
- Gesetz zur Beschleunigung fälliger Zahlungen, DNotZ 2000, 260
- Aktuelle Fragen zur Bürgschaft nach § 7 MaBV, DNotZ 2002, 567
- Die Abnahme beim Bauträgervertrag, BTR 2002, 12
- Änderung von Teilungserklärung und Gemeinschaftsordnung, BTR 2003, 116
- „Vollständige Fertigstellung" im Bauträgervertrag, BTR 2004, 213
- Forderungssicherungsgesetz und Bauträgervertrag, DNotZ 2008, 891
- Folgen von Verstößen gegen die MaBV, BTR 2005, 159
- Das Notaranderkonto im Bauträgervertrag, Festschrift Thode, 2005, S. 217
- Regelungen zur Abnahme des Gemeinschaftseigentums im Bauträgervertrag, PiG Partner im Gespräch, Bd. 74 (2006), S. 49 = BTR 2006, 150

Baumgärtel, Die Beweislastverteilung bei einem Gewährleistungsausschluß im Rahmen eines Bauträgervertrages, ZfBR 1988, 101

v. Behr/Pause/A. O. Vogel, Schallschutz in Wohngebäuden, NJW 2009, 1385

Bihr, Prospektprüfung bei Bauherrengemeinschaften, BB 1983, 937

Birkenfeld, Treuhandverhältnisse im Steuerrecht, dargestellt im Rahmen von Bauherrengemeinschaften, BB 1983, 1086

Blank, Zulässigkeit einer Notaranderkontoregelung für die letzte Kaufpreisrate im Bauträgervertrag, DNotZ 1997, 298
- Die rechtliche Einordnung des Veräußerungsvertrages über ein bereits hergestelltes Objekt, Festschrift Thode, 2005, S. 233
- Bedarf es einer Stärkung der Rechte des Verbrauchers im Bauträgervertrag, BauR 2010, 4

Blomeyer, Augen auf beim Wohnungskauf – Die Risiken des Käufers nach der Makler- und Bauträgerverordnung, NJW 1999, 472

Bötsch/Jovicic, Erhöhter Schallschutz und die anerkannten Regeln der Technik, BauR 1984, 564

Boergen, „Vermischungsverbot" von Sicherheiten gem. §§ 3 und 7 MaBV?, NJW 2000, 251

Brambring, Anm. zum Urteil des BGH v. 17. 9. 1987 (NJW 1988, 135) in DNotZ 1988, 296
- Anm. zum Urteil des BGH v. 27. 4. 1979 (DNotZ 1979, 479), DNotZ 1979, 484
- Anm. zum Urteil des BGH v. 20. 2. 1986 (DNotZ 1986, 611) in DNotZ 1986, 613
- Anm. zum Urteil des BGH v. 29. 6. 1989, DNotZ 1990, 96
- Das Gesetz zur Änderung und Ergänzung beurkundungsrechtlicher Vorschriften in der notariellen Praxis, DNotZ 1980, 281
- Sachmängelhaftung beim Bauträgervertrag und bei ähnlichen Verträgen, NJW 1987, 97
- zum Urteil des BGH v. 12. 2. 1988 (WM 1988, 769) in EWiR 1988, 559
- Die Änderungen der MaBV, FWW 1991, 9
- Notariell beurkundete Verbraucherverträge, Festschrift Heinrichs 1998, S. 39

Brandt, Baubetreuung – Anwendungsbereich und Grenzen der Verordnung zur Durchführung des § 34c GewO, BauR 1976, 21

Brych, Der ‚Treuhänder' des Bauherrenmodells, DB 1980, 531
- Abtretung von Gewährleistungsansprüchen an Bauwerken und Einrede nach § 320 BGB, NJW 1972, 896
- Das AGB-Gesetz und der Bauträgervertrag, Der Langfristige Kredit 1976, 387
- Anmerkung zur Entscheidung des BGH v. 21. 11. 1985 (NJW 1986, 924) in NJW 1986, 925
- Zivilrechtliche Aspekte des Bauherrenmodells, DB 1979, 1589
- Auf dem Weg zum Bauträger-Modell?, BB 1983, 737
- Kein Ausschluß des Wandlungsrechts im Bauträgervertrag, ZfBR 1979, 222
- Der Bauherr und das Kölner Modell, ZfBR 1979, 181

Literatur

- Bauherrenmodell – quo vadis?, DB 1980, 1661
- Das Bauherrenmodell, Jura 1981, 248
- Der Begriff des Bauherrn im Grunderwerbsteuerrecht, DB 1982, 1590
- Bauhandwerkersicherungshypothek bei der Errichtung von Eigentumswohnungen, NJW 1974, 483
- Die Bevollmächtigung des Treuhänders im Bauherrenmodell, Festschrift Hermann Korbion, 1986, 1
- Geltendmachung der Mängelansprüche wegen Schäden am gemeinschaftlichen Eigentum, NJW 1976, 1097
- Aufhebung des Erstvertrages und nochmalige Veräußerung eines Eigenheimes bzw. einer Eigentumswohnung durch den Bauträger im Grunderwerbsteuer- und Einkommensteuerrecht, DB 1975, 1911
- Ermächtigung des Verkäufers zur einseitigen Ausgestaltung der Teilungserklärung, NJW 1986, 1478
- Der Erwerb von Wohnraum und die Gewährleistung, NJW 1973, 1583
- Die Gewährleistung des Bauträgers, MDR 1974, 628
- Die Gewährleistung wegen Mängeln am gemeinschaftlichen Eigentum, Wohnung und Haus 1979, 5
- Gewährleistungsmindestfristen beim Wohnungskauf, NJW 1976, 1072
- Zur grunderwerbsteuerlichen Seite beim Bauherrenmodell, BB 1983, 122
- Bauherrenmodell in der Kritik – Diskussionsbeiträge, ZfgWBay 1981, 504
- Was ist das Bauherrenmodell? Merkblatt der Bayerischen Landesbausparkasse, 4. Aufl. Januar 1982
- Nochmals: Kauf vom Bauträger, NJW 1975, 2326
- Nochmals: Ermächtigung des Verkäufers zur einseitigen Ausgestaltung der Teilungserklärung, NJW 1986, 1478 (Stellungnahme zu *Reinelt*, NJW 1986, 826)
- Steuervorteile nur eine zusicherungsfähige Eigenschaft?, ZfBR 1981, 153
- Kann und wird die gem. § 34 c GewO zu erlassende Rechtsverordnung den Kaufbewerber schützen?, FWW 1973, 401
- Verträge mit Bauträgern, NJW 1974, 1973
- Die vertragliche Gestaltung der Bauträger-Gewährleistung: Elemente der VOB verwertbar? MittBayNot 1977, 170
- Die vertragliche Gestaltung der Gewährleistung des Bauträgers bei der Veräußerung von Eigentumswohnungen, MDR 1978, 180
- VOB-Gewährleistung im Bauträgervertrag, NJW 1986, 302
- Inhaltskontrolle von Bauherrenmodell-Verträgen, BB 1985, 158
- Die Zahlungsverpflichtungen des Wohnungskäufers, Verzug, Leistungsverweigerungsrecht und Abtretung von Auszahlungsansprüchen, DNotZ 1974, 413
- Anm. zum Urteil des OLG München vom 2. 4. 1982, DB 1981, 1005
- Wohnungseigentum – Risiken für jeden Wohnungskäufer, MittBayNot 1973, 336
- Die Bauträger-Gewährleistung für Verschleißteile und Einbauten, ZfBR 1989, 237
- Käufer einer „alten" Eigentumswohnung kann Minderung nur anteilig durchsetzen, WE 1991, 60
- *Pause*, Bauträgerkauf: Vom Generalübernehmer- zum Mehrwertsteuermodell?, NJW 1990, 545

Bub, Funktion und Aufgabe des Verwalters bei Mängeln am gemeinschaftlichen Eigentum im Überblick, PiG Partner im Gespräch, 56 (1999), 7 = WE 1999, 202

Bühl, Die Abnahme der Bauleistungen bei der Errichtung einer Eigentumswohnungsanlage, BauR 1984, 237

Bülow, Änderung des Verbraucherkreditgesetzes durch das Bauhandwerkersicherungsgesetz, NJW 1993, 1617

Bunte, Das Verhältnis der VOB/B zum AGB-Gesetz, BB 1983, 732
- Inhaltskontrolle notariell beurkundeter Verträge, ZIP 1984, 1313

v. Craushaar/Ruge, Hrsg., Aktuelle Baumodelle, 1992

Clemm, Dingliche Durchgriffshaftung im Rahmen des § 648 BGB?, BauR 1988, 558

Literatur

- Haftung des mit dem Besteller nicht identischen Grundstückseigentümers auf Einräumung einer Bauhandwerkersicherungshypothek, DB 1985, 1777

Coester, Die „werdende Eigentümergemeinschaft" im Wohnungseigentumsgesetz, NJW 1990, 3184

Coing, Haftung aus Prospektwerbung für Kapitalanlagen in der neueren Rechtsprechung des Bundesgerichtshofes, WM 1980, 206 ff.

Conrad, Die vollständige Fertigstellung im Bauträgervertrag, BauR 1990, 546

Cremer, Übertragung von Wohnungen an Zwischenerwerber, WE 1997, 137 und 177

Crezelius, Anm. zum Urteil des BGH vom 7. 10. 1987, EWiR 1987, 1181
- Anm. zum Urteil des LG Arnsberg vom 19. 2. 1977 (NJW 1978, 1588) in NJW 1978, 2158
- Zur einkommensteuerrechtlichen Beurteilung des sogenannten Mietkauf-Modells, BB 1980, 619

Cuypers, Unterwerfungserklärungen in Bauträgerverträgen, ZfBR 1998, 4

Deckert, Baumängel am Gemeinschaftseigentum der Eigentumswohnung – Gewährleistungsansprüche in der Praxis, Freiburg, 1978
- Baumangel am Gemeinschaftseigentum, NJW 1973, 1073
- Die Klagebefugnis bei Gewährleistungsansprüchen wegen anfänglicher Baumängel am Gemeinschaftseigentum der neu erstellen Eigentumswohnanlage, ZfBR 1984, 161
- Die Durchsetzung anfänglicher Baumängelgewährleistungsansprüche am Gemeinschaftseigentum einer Eigentumswohnanlage, ZfBR 1980, 59
- Erhebliche Haftungsgefahren für den Wohnungseigentumsverwalter im Bereich anfänglicher Baumängel, Wohnung und Haus 1979, 179
- Die Stellung des Verwalters von Wohnungseigentum bei der Verfolgung und Durchsetzung von Baumängelgewährleistungsansprüchen bezüglich des Gemeinschaftseigentums und bei dessen Sanierung, BauR 1981, 99
- Geltendmachung von Baumängelgewährleistungsansprüchen am Gemeinschaftseigentum einer Eigentumswohnanlage, NJW 1975, 854
- Wahrnehmung von Gewährleistungsansprüchen bei Wohnungseigentum, ZfgWBay 1978, 14 ff.
- Zur Haftung des Baubetreuers im Bauherrenmodell, ZfBR 1984, 55

Derleder, Die Rechtsstellung der Wohnraummieter bei Vermögensverfall von Zwischenvermietern, ZIP 1988, 415
- Der Bauträgervertrag nach der Schuldrechtsmodernisierung, NZBau 2004, 237

Diedrich, Das Leistungsverweigerungsrecht des Erwerbers von Wohnraum nach § 320 BGB gegenüber dem sich von der Sachmängelhaftung freizeichnenden Bauträger, BauR 1978, 344

Dietlein, Gesetzliche Heilung beurkundungsbedürftiger Rechtsgeschäfte, DNotZ 1980, 195

Dietrich, Vereinbarungen über Erschließungsmaßnahmen im Kaufvertrag, DNotZ 1983, 297
- Zur Sicherungspflicht des Bauträgers, MittBayNot 1992, 178

Döbereiner, Schallschutz im Hochbau: Regeln der Technik in Literatur und Rechtsprechung (unter Berücksichtigung der DIN 4109 Entwurf Februar 1979), BauR 1980, 296

Döring, Fragen zum Bauherrenmodell, BWNotZ 1981, 25

Doerry, Die Rechtsprechung des Bundesgerichtshofs zur Gewährleistung beim Haus- und Wohnungsbau unter besonderer Berücksichtigung von Bauträgerschaft und Baubetreuung, ZfBR 1982, 189
- Neuere höchstrichterliche Rechtsprechung zum Bauvertragsrecht, RWS – Seminarskript Nr. 33
- Bauträgerschaft und Baubetreuung in der Rechtsprechung des Bundesgerichtshofs, ZfBR 1980, 166
- Bauträgerschaft, Baubetreuung und Bautreuhandschaft sowie Prospekthaftung bei Baumodellen in der Rechtsprechung des Bundesgerichtshofs, WM-Beilage 8/1991
- Das Verbot der Architektenbindung in der Rechtsprechung des Bundesgerichtshofs, Festschrift Gottfried Baumgärtel, 1990, zugleich ZfBR 1991, 48
- Anm. zum Urteil des BGH v. 15. 3. 1990, EWiR 1990, 979
- Anm. zum Urteil des BGH v. 23. 2. 1989, EWiR 1989, 559
- Anm. zum Urteil des BGH v. 15. 2. 1990, EWiR 1990, 459

Literatur

Domrath, Das „Bauträger-Urteil" des BGH als Wegbereiter der Umgehung des Verbraucherschutzes im Bereich des Bau- und Wohnungswesens, BauR 1987, 38
Drasdo, Vollstreckungsunterwerfung mit Nachweisverzicht im Bauträgervertrag, NZM 1998, 256
– Zwangsvollstreckungsunterwerfung im Bauträgervertrag mit Nachweisverzicht, NZM 1999, 1
– Der Anspruch auf Änderung der Gemeinschaftsordnung hinsichtlich der Kostenbefreiung für nicht erstellte, nicht verkaufte oder leerstehende Einheiten, BTR 2003, 119
– Rechtsfolgen des Verstoßes gegen MaBV-Normen, NJW 2007, 274
Ehmann, Die Einzelklagebefugnis der Wohnungseigentümer, Festschrift Bärmann/Weitnauer, 1990, S. 145 ff.
Eisenried, Zum Begriff der vollständigen Fertigstellung bei Bauträgerverträgen, BauR 2008, 754
Evers, Der Rechtsanwalt als Treuhänder im Bauherrenmodell, NJW 1983, 1652
Everts, Die Auswirkungen des FoSiG auf die notarielle Praxis, insbesondere auf Bauträgerverträge, MittBayNot 2009, 190
Fabis, Das Gesetz zur Beschleunigung fälliger Zahlungen – Inhalt und Auswirkungen, ZIP 2000, 865
Festge, Anm. zum Beitrag von Brych, ZfBR 1981, 153, ZfBR 1981, 208
Flach, Zur Anwendbarkeit des § 9 AGB-Gesetz auf die VOB/B, NJW 1984, 156
Freund/Barthelmess, Eigentumsverletzung durch Baumängel, NJW 1975, 281
Fricke, Zur Wirksamkeit des Baubetreuungsvertrages bei Verstoß gegen § 34 c GewO (die Gültigkeit der Verträge wird von einem Verstoß nicht berührt), GewArch. 75, 355
Fuchs, Die Mängelhaftung des Bauträgers bei der Altbausanierung, BauR 2007, 264
Ganten, Zwecksicherung beim Mangelausgleich in Gemeinschaftseigentum, Festschrift Bärmann/Weitnauer, 1990, S. 269 ff.
Ganter, Die Rechtsprechung des BGH zu den Belehrungs-, Hinweis- und Warnpflichten der Notare, WM-Beilage 4/1993
Garrn, Zur richterlichen Inhaltskontrolle notarieller Verträge, NJW 1980, 2782
Gebhard, Die Gestaltung der Gewährleistungsregelungen in „Kaufverträgen" über Eigentumswohnungen, die durch Aufteilung eines Mietshauses entstanden sind, unter Berücksichtigung des AGB-Gesetzes, MittBayNot 1977, 102
Geimer, Anm. zum Urteil des OLG Braunschweig vom 31. 7. 85, EWiR 1986, 33
Gesterkamp, Zu den Zielsetzungen der Privatisierungsauflage des Altschuldenhilfe-Gesetz, WE 1997, 337
– Das Zwischenerwerbermodell, WE 1998, 168
Gläser, Kauf vom Bauträger, NJW 1975, 1006
Glöckner, Vertragsqualifikation als Schlüssel zur Gewährleistung des Bauträgers beim Sanierungsmodell, Festschrift Craushaar, 1997, S. 349
– Bauträgervertrag und Transparenz, Festschrift Koeble (2010), S. 271
Görlich, Der Bauherrenbegriff – sein ‚steuerliches' Tatbestandsmerkmal ohne Gesetzesgrundlagen, BB 1981, 1451
Greilich, Rechtsmittel und Vollstreckungsschutz bei unwirksamer Unterwerfungsklausel im Bauträgervertrag, BauR 2001, 12
Greuner/Wagner, Beurkundungsfragen im Bauherrenmodell, NJW 1983, 193
Grams, Verbotene Aufrechnung des Bauträgers bei Mängelansprüchen der WEG, ZfIR 2009, 573
Greiner, Mängel am Gemeinschaftseigentum und Aufrechnung einzelner Erwerber gegen Restforderungen des Bauträgers, ZfBR 2001, 439.
Groß, Verhältnis Bauträger – Bauunternehmer – Erwerber, Schriftenreihe der Deutschen Gesellschaft für Baurecht e. V., Band 10, 1978
– Die Einbeziehung des Herstellers in die Haftung des Ausführenden, BauR 1986, 127
– Die Gewährleistung des Baubetreuers i. w. S. bei Mängeln am gemeinschaftlichen Eigentum, BauR 1975, 12
Grunsky, Prozessuale Probleme bei Geltendmachung des Vorschußanspruchs zur Mängelbeseitigung, NJW 1984, 2545
Grziwotz, Die Kosten der Gebäudeeinmessung beim Kauf vom Bauträger, MittBayNot 1988, 115
– Notarielle Pflicht zur Gesetzeskorrektur, NJW 1995, 641
– Vertragliche Gewährleistungsregelungen im Bauträgervertrag, NJW 1989, 193

Literatur

- Altlasten und Grundstücksverkehr, MittBayNot 1990, 282
- MaBV-Bürgschaft und Vorausleistungspflicht im Bauträgervertrag, NJW 1994, 2745
- Vorhaben- und Erschließungsplan und Vertragsgestaltung, MittBayNot 1999, 44
- Nachruf auf den Bauträgervertrag, OLG-Report 2001, K 5
- Waffengleicheit im Bauträgervertrag, Festschrift Thode, 2005, S. 243
- Bauträgervertrag und Verbraucherschutz – Eine Bestandsaufnahme aus der Praxis, Festschrift Koeble (2010), S. 297

Häublein, Die Gestaltung der Abname gemeinschaftlichen Eigentums beim Erwerb neu errichteter Eigentumswohnungen, DNotZ 2002, 608

Hagen, Entwicklungstendenzen zur Beurkundungspflicht bei Grundstücksverträgen, DNotZ 1984, 267
- Zur Formwirksamkeit beurkundeter Verträge bei Verweisungen auf Baubeschreibungen, Baupläne und Teilungserklärungen, NJW 1979, 2135
- Die neue Rechtsprechung des BGH zum Wohnungs- und Teileigentum, MittBayNot, 1985, 57

Harder, Der Auskunftsanspruch gegen den Treuhänder einer Bauherrengemeinschaft, BauR 1985, 50

Hauger, Zum Schadensersatz wegen Nichterfüllung aufgrund Sachmängel des gemeinschaftlichen Eigentums, WE 1994, 28
- Wandelung – Minderung – Schadensersatz, PiG Partner im Gespräch, 56 (1998), S. 137

Heinemann, „Betreutes Wohnen" und notarieller Gestaltungsbedarf, MittBayNot 2002, 69

Heinze, Praxisvorschläge zur Bewältigung des Gesetzes zur Beschleunigung fälliger Zahlungen, NZBau 2001, 233

Heinrichs, Umsetzung der EG-Richtlinie über mißbräuchliche Klauseln, NJW 1995, 153
- EG-Richtlinie zur Bekämpfung von Zahlungsverzug im Geschäftsverkehr und Reform des Verzugsrechts nach dem Entwurf eines Schuldrechtsmodernisierungsgesetzes, BB 2001, 157

Henkel/Kesseler, Die Neuregelung des Schuldnerverzugs durch das „Gesetz zur Beschleunigung fälliger Zahlungen", NJW 2000, 3089

Hergarten, Sind die Kriterien der „Vertragseinheit" beim Bauherrenmodell erfüllt?, DB 1983, 1278

Hertel, Das Gesetz zur Beschleunigung fälliger Zahlungen und seine Folgen für die notarielle Praxis, ZNotP 2000, 130
- Zwangsvollstreckungsunterwerfung im Bauträgervertrag, ZNotP 1999, 3

v. Heymann, Rechtliche und wirtschaftliche Aspekte von Bauherren- und Ersterwerber-Modellen, Beilage 12 zu BB Heft 13/1980
- Die neuere Rechtsprechung zur Bankenhaftung bei Kapitalanlagen, NJW 1990, 1137
- Bauträgerverträge als operationelles Risiko nach Basel II, Festschrift Thode, 2005, S. 259

Hiddemann, Die Rechtsprechung des BGH zum Kaufrecht, WM 1977, 1242

Hitzlberger, Bezugnahme auf öffentliche Urkunden in notariellen Verträgen als Gewohnheitsrecht?, BB 1979, 1263
- Gedanken zur richterlichen Inhaltskontrolle, MittBayNot 1973, 331

Hofmann/Joneleit, Veräußerung bebauter Grundstücke: Rückkehr zu dogmatischen Abgrenzungskriterien, NZBau 2003, 641

Hochstein, Untergang von Gewährleistungsansprüchen durch Veräußerung des Gegenstandes der Werkleistung?, Festschrift Heiermann, 1995, S. 121

Honsell, Formunwirksamkeit notarieller Grundstücksverträge, BB 1979, 1528

Hurst, Das Eigentum an der Heizungsanlage, DNotZ 1984, 66 und 140

Jagenburg, Die Entwicklung des Baubetreuungs-, Bauträger- und Wohnungseigentumsrechts seit 1991/1992, NJW 1995, 2196
- Baumängel im Grenzbereich zwischen Gewährleistung und Instandhaltung, Aachener Bausachverständigentage 1996

Jehle, Schutzbedürftigkeit des Anlegers in steuerbegünstigten Kapitalanlagen bei Finanzierungsvermittlung, NJW 1985, 1010

Jehner, Zum ‚einheitlichen Rechtsgeschäft mit Kaufvertragscharakter', zur ‚Mehrheit von Bauherren' und zur ‚Bauherreneigenschaft' im Grunderwerbsteuerrecht, BB 1982, 1656
- Zum Begriff des Bauherrn im Bauherrenmodell, BB 1981, 921

Literatur

Kaiser, Aktuelle Rechtsfragen im privaten Baurecht, ZfBR 1985, 1 und ZfBR 1986, 252
- Ist § 13 Nr. 4 VOB/B oder § 638 BGB für den Bauträgervertrag maßgebend?, ZfBR 1984, 15
- Nochmals: VOB/B und Bauträgervertrag, ZfBR 1984, 205

Kamlah, Neue Rechtsprechung des Bundesgerichtshofs zur Bezugnahme auf andere Urkunden in Grundstückskaufverträgen, MDR 1980, 532

Kamphausen, Die Ermittlung von Nutzungsausfallschäden bei eigengenutzten Häusern und Wohnungen, BauR 1988, 48

Kanzleiter, Das Gesetz zur Änderung des § 313 BGB, DNotZ 1973, 519
- Die Bedeutung der Verordnung zur Durchführung des § 34 c GewO für die notarielle Praxis, DNotZ 1974, 542
- Die Sachmängelgewährleistung beim Kauf von Häusern und Eigentumswohnungen, DNotZ 1987, 651
- Neues zur Bürgschaft nach § 7 MaBV und zur Vereinbarung von Vorauszahlungen im Bauträgervertrag, DNotZ 2002, 819
- Der Schutz des Erwerbers durch Vormerkung im Bauträgervertrag, Festschrift Wenzel, 2005, S. 309

Kapellmann, Die Durchsetzung der Gewährleistungsansprüche nach dem Erwerb von Wohnungseigentum, MDR 1973, 1

Karczewski/Vogel, Abschlagszahlungspläne im Generalunternehmer- und Bauträgervertrag, BauR 2001, 859

Kaufmann, Die Verpflichtung aus Bürgschaften nach § 7 MaBV – Rechtsfragen zur Begründung, Umfang und Erlöschen unter Berücksichtigung der Schuldrechtsreform, BauR 2002, 997

Kellmann, Die Durchsetzung von Ansprüchen der Wohnungseigentümer bei Mängeln am Gemeinschaftseigentum, DB 1979, 2261
- Anm. zum Urteil des BGH v. 10. 5. 1979 (NJW 1979, 2207) in NJW 1980, 401

Kern, Mieternahe Privatisierungsmodelle, WE 1997, 19
- Erfahrungen mit den mieternahen Modellen, WE 1998, 133

Kessel, Zivilrechtliche Folgen von Verstößen gegen die §§ 2 bis 8 MaBV, 1989

Klaas, Beurkundungspflicht von „Bauherren"-Verträgen, BauR 1981, 35

Klosak, Probleme bei der Anwendung der Bauträgerverordnung in der Praxis, BB 1984, 1125

Klumpp, AGB-Gewährleistungsausschluß für „alte" Neubauten, NJW 1993, 372

Kniffka, Zur Zulässigkeit der Zwangsvollstreckung aus Unterwerfungserklärungen in Bauträgerverträgen, ZfBR 1992, 195
- Die Durchsetzung der Gewährleistungsansprüche durch den einzelnen Wohnungseigentümer, ZfBR 1990, 159
- Anm. zum Urteil des BGH v. 6. 6. 1991, EWiR 1991, 773
- Verbotswidriger Einzug von Raten durch Bauträger, NZBau 2000, 552
- Die gemeinschaftliche Durchsetzung der Rechte wegen Mängeln am Gemeinschaftseigentum, Festschrift Ganten (2007), S. 125

Knoche, Sachmängelgewährleistung beim Kauf eines Altlastengrundstücks, NJW 1995, 1985

Koch, Zur Gewährleistung im Bauträgervertrag nach der Verdingungsordnung im Baugewerbe (VOB/B), ZfBR 1983, 167

Koch, Immobilienvertrieb und -finanzierung nach „Heininger", NZM 2002, 801

Koeble, Beweissicherung im Umbruch BauR 1988, 302
- Einzelfragen zur Anwendung des § 3 des Gesetzes zur Regelung von Ingenieur- und Architektenleistungen, insbesondere die Anwendung auf Baubetreuungsverträge, BauR 1973, 25
- s. auch *Locher/Koeble*
- Die Rechtsnatur der Verträge mit Bauträgern (Baubetreuern), NJW 1974, 721
- Anm. zum Urteil des OLG Karlsruhe vom 5. 7. 1974 (NJW 1975, 694), NJW 1975, 695
- Zur Haftung des Treuhänders bei Baumodellen, Festschrift Hermann Korbion, 1986, 215–226
- Anm. zum Urteil des BGH v. 20. 10. 1988, EWiR 1989, 445
- Die Sanierungsmodelle, in Aktuelle Baumodelle, Hrsg. v. Craushaar/Ruge, Freiburg i.Br. 1992

Literatur

- Probleme der Sanierungsmodelle, BauR 1992, 569
- Probleme des Generalübernehmermodells, NVwZ 1992, 1142
- Gewährleistungsansprüche der Wohnungseigentümer beim Gemeinschaftseigentum, Festschrift Soergel 1993, S. 125
- Einzelfragen des Architekten- und Ingenieurrechts nach dem Schuldrechtsmodernisierungsgesetz, Feschschrift Kraus, 2002

Köhler, Zur Rechtsnatur der Mängelhaftung bei der Veräußerung neu errichteter Bauwerke, NJW 1984, 1321

Korte, Zum Beurkundungsumfang des Grundstücksvertrages und damit im Zusammenhang stehender Rechtsgeschäfte, DNotZ 1984, 3

Krämer, Zur Vertretungsklausel beim Bauherrenmodell, AnwBl 1980, 332

Kraus, Das Ende der AGB-rechtlichen Privilegierung der VOB/B?, NJW 1998, 1126

Kreuzer, Der anwaltliche Vergleich über Baumängel am Gemeinschaftseigentum, Festschrift Bub (2007), S. 155.

Kürschner, Eigenverantwortlichkeit des Bauherrn und Haftung des Treuhänders im Bauherrenmodell, ZfBR 1988, 2

Kuffer, Sicherungsvereinbarungen im Bauvertrag, BauR 2002, 155

Lang, Bauvertragsrecht im Wandel, NJW 1995, 2063

Lauer, Bauherrenmodell und Bauträgermodell, WM 1983, 1254

- Personenmehrheit bei Bauherrenmodellen – Rechtsfragen der Kreditgewährung –, WM 1982, 1346
- Rechtsfragen des ‚Kölner Modells', WM 1980, 786

Lenhard, Änderungen im Bereich des Wohnrechts, NJW 1985, 2575

Lerch, Die richterliche Inhaltskontrolle von notariell beurkundeten Bauverträgen, BauR 1996, 155

Lichtenberger, Anm. zum Urteil des OLG Hamm v. 7. 2. 1977 (NJW 1977, 1594), MittBayNot 1977, 183

- Das Gesetz zur Änderung und Ergänzung beurkundungsrechtlicher Vorschriften, NJW 1980, 864
- Das Verweisen bei öffentlicher Beurkundung, NJW 1979, 1857
- Muß die VOB/B öffentlich beurkundet werden?, NJW 1984, 159
- Zum Umfang des Formzwangs und zur Belehrungspflicht (Zugleich Besprechung der Entscheidung des BGH v. 24. 9. 1987, NJW 1988, 132), DNotZ 1988, 531

Lieb, Bauherrenmodell: Anspruch des Vertriebsunternehmens auf Maklerprovision bei gesellschaftsrechtlicher Verflechtung mit dem Treuhänder, DB 1981, 2415

Locher, Das AGB-Gesetz und die Verdingungsordnung für Bauleistungen, NJW 1977, 1801

- Anm. zum Urteil des OLG Celle vom 8. 12. 1967 (NJW 1968, 702), NJW 1968, 702
- Neuregelung der Berufsausübung privater Baubetreuer und Bauträger, NJW 1975, 98
- Die Auskunfts- und Rechenschaftspflicht des Architekten und Baubetreuers, NJW 1968, 2324
- Zur Freizeichnung von Gewährleistungsansprüchen gegen deren Abtretung an den Erwerber, NJW 1974, 1544
- Generalübernehmer- und Bauträgerverträge, FWW 1987, 113
- Das private Baurecht, 4. Aufl. 1988
- Die Problematik des Beweissicherungsverfahrens im Baurecht, BauR 1979, 23
- Rechtsfragen des Baubetreuungsvertrages, NJW 1967, 326
- Neue Regeln für die Berufsausübung privater Baubetreuer und Bauträger, NJW 1976, 607
- AGB-Gesetz und Subunternehmerverträge, NJW 1979, 2235
- Baubetreuungsrecht unter Einschluß des Rechts der Bauträgerschaft, Tübingen 1973
- Die VOB und das Gesetz zur Regelung des Rechts der Allgemeinen Geschäftsbedingungen, BauR 1977, 221
- VOB/B und Bauträgervertrag, BauR 1983, 227
- Anm. zum Urteil des BGH v. 29. 3. 1974 (JZ 1974, 613 = NJW 1974, 1135), JZ 1974, 614
- Zur Gewährleistungsfrist des Bauträgers, FWW 1986, 155
- Dritte Verordnung zur Änderung der Makler- und Bauträgerverordnung, NJW 1997, 1427

Literatur

Locher/Koeble, Baubetreuungs- und Bauträgerrecht, 4. Aufl. 1985
Locher/König, Bauherrenmodelle in zivil- und steuerrechtlicher Sicht, Baurechtliche Schriften 1982
Locher-Weiß, Schallschutz im Wohnbau – eine unendliche Geschichte, BauR 2010, 368
Lode, Formfreie Abweichungen vom notariellen Treuhandvertrag, BB 1986, 84
Löwe, Anm. zum Urteil des BGH vom 17. 1. 1985, EWiR 1985, 39
– Kurzkommentar zur Entscheidung des BGH v. 10. 10. 1985 (NJW 1986, 315) in EWiR 1985, 927
– Kurzkommentar zur Entscheidung des BGH vom 20. 2. 1986, in EWiR 1986, 551
– Gewährleistungsfrist nach VOB beim Bauträgervertrag und AGB-Gesetz, ZfBR 1978, 49
– Nochmals: Ermächtigung des Verkäufers zur einseitigen Ausgestaltung der Teilungserklärung NJW 1986, 1479 (Stellungnahme zu *Reinelt,* NJW 1986, 826)
– Richterliche Inhaltskontrolle von notariell beurkundeten Verträgen?, NJW 1974, 337
– Verbesserter Käuferschutz beim Grundstückserwerb, NJW 1971, 729
– Formularmäßige Freizeichnungsklauseln in notariellen Verträgen über Erwerb von Eigentumswohnungen und Eigenheimen, NJW 1974, 1108
– Anm. zum Urteil des BGH v. 29. 6. 1989, EWiR 1989, 973
Lotz, Die Abnahme und das WEG – Die Besonderheiten, BauR 2008, 740
Lucenti, Der Bauträgervertrag in der Wirtschaftskrise – Ein Minenfeld aus Verbrauchersicht, NZBau 2010, 469
Ludewig, Abtretung von Gewährleistungsansprüchen an Bauwerken und Einrede nach § 320 BGB, NJW 1972, 516
– Der Bundesfinanzhof und die Bauherren, DB 1980, 2208
Mäule, Die Abnahme des gemeinschaftlichen Eigentums durch Sachverständige, Wohnungseigentum 1985, 3
Mantscheff, Zur Abrechnung des Vorschusses auf die Mängelbeseitigungskosten, BauR 1985, 389
Marcks, Die Verordnung zur Durchführung der § 34 c GewO, DNotZ 1974, 524
– Verordnung zur Änderung der Verordnung zur Durchführung des § 34 c GewO, DNotZ 1975, 389
Maser, Bauherrenmodelle im Spiegel der neueren Gesetzgebung und Rechtsprechung, NJW 1980, 961
Matloch, Die Ablösung von Erschließungsbeiträgen, MittBayNot 1983, 54 und 159
Medicus, Zur gerichtlichen Inhaltskontrolle notarieller Verträge, 1989
Merle, Privatrechtswirkungen wirtschaftsverwaltungsrechtlicher Normen, insbesondere der Makler- und Bauträgerverordnung, Festschrift Otto Mühl, 1981, 431–448
– Das Stimmrecht des werdenden Wohnungseigentümers, WE 1998, 160
Michalski, Die Systemwidrigkeit der Differenzierung nach Mangel- und Mangelfolgeschäden im werkvertraglichen Sachmängelgewährleistungsrecht, NJW 1988, 793
Mink, Bauherrenmodell: Schadensersatzanspruch des Bauherrn gegenüber Anlageberater, DB 1986, 2274
Moritz, Erwerberschutz bei Bauherrenmodellen, JZ 1980, 714
Motzke, Abschlagszahlung, Abnahme und Gutachterverfahren nach dem Beschleunigungsgesetz, NZBau, 2000, 489
Müller, Das zweifelhafte Vergnügen mit der Hausmeisterwohnung, Wohnung und Haus, 1978, 104
– Der Übergang von Bauherrengemeinschaft zur Wohnungseigentümergemeinschaft, Festschrift Hanns Seuß, 1987, 211
– Gerichtliche Geltendmachung von Ansprüchen, WE 1995, 106
– Abrechnung gemeinschaftlicher Maßnahmen, PiG Partner im Gespräch, 56 (1999), 83 = WE 1999, 168, 212
v. Oefele, Abnahmeregelung für das Gemeinschaftseigentum im Bauträgervertrag nach der WEG-Novelle, PiG Bd. 59 (2010), S. 59 (70)
Oschmann, Verhältnis Bauträger – Bauunternehmer – Erwerber, Schriftenreihe der Deutschen Gesellschaft für Baurecht e. V., Band 10, 1978

Literatur

Osenbrück, Die Zweite Verordnung zur Änderung der Makler- und Bauträgerverordnung, NJW 1995, 3371

Ott, Die Auswirkung der Schuldrechtsreform auf Bauträgerverträge und andere aktuelle Fragen des Bauträgerrechts, NZBau 2003, 233

Ottmann, EG-Recht als Risikofaktor, Festschrift Hans Hämmerlein, 1994, 143–176

Pauker, Die Gewährleistungsfristen im Bauträgervertrag nach der Rechtsprechung des Bundesgerichtshofs, MittBayNot 1987, 121

Pause, Umwandlung von Altbauten: Bruchteilseigentum statt Wohnungseigentum?, NJW 1990, 807

– Begründung von Wohnungseigentum an Altbauten ohne Abgeschlossenheitsbescheinigung, NJW 1990, 3178
– *Brych,* Bauträgerkauf: Vom Generalübernehmer- zum Mehrwertsteuermodell?, NJW 1990, 545
– ‚Kellereigentum' – eine Antwort auf die Rechtsprechung des BVerwG zur Abgeschlossenheitsbescheinigung, NJW 1992, 671
– Die Geltendmachung von Gewährleistungsansprüchen der Wohnungseigentümer gegen den Bauträger, NJW 1993, 553
– Das Gesetz zur Heilung des Erwerbs von Wohnungseigentum, NJW 1994, 510
– MaBV: Vom Schutz der Vermögenswerte zur Sicherung der Gewährleistungsrechte, BauR 1999, 1270
– Probleme des Sonderwunschvertrages beim Bauträgererwerb, Festschrift Nordemann, 1999, S. 155
– *in:* Münchener Prozeßformularbuch, Band 2, Privates Baurecht, Hrsg. Koeble/Kniffka, 1999
– Unwirksamkeit von Vollstreckungsunterwerfungsklauseln in Bauträgerverträgen und damit zusammenhängende Rechtsfragen, NJW 2000, 769
– Erwerb modernisierter, sanierter und ausgebauter Altbauten vom Bauträger, NZBau 2000, 234
– Verstoßen Zahlungspläne gem. § 3 II MaBV gegen geltendes Recht?, NZBau 2001, 181
– Die Entwicklung des Bauträgerrechts und der Baumodelle, NZBau 2001, 603 und NZBau 2001, 661
– Bürgschaft nach § 7 MaBV: Großes Risiko für Bauträger und Banken – Anmerkung zu BGH v. 18. 6. 2002, BKR 2002, 769
– Auswirkungen der Schuldrechtsmodernisierung auf den Bauträgervertrag, NZBau 2002, 648
– Der Bauträgervertrag nach dem modernisierten BGB, BTR 2002, 7
– Mängelhaftung und Haftungsbeschränkung nach neuem Recht beim Bauträgervertrag, BTR 2003, 20
– *Miehler,* Die Leistungsbeschreibung im Bauträger- und im Bauvertrag, BTR 2003, 162
– Baubeschreibung und Mängelhaftung bei Altbausanierungen, BTR 2004, 142
– Intransparente Baubeschreibungen im Bauträgervertrag, Festschrift Thode, 2005, S. 275
– Veräußerung sanierter Altbauten, BTR 2005, 72
– Teilrechtsfähigkeit der Wohnungseigentümergemeinschaft und die Geltendmachung von Mängeln am Gemeinschaftseigentum (Anm. zu BGH v. 2. 6. 2005), BTR 2005, 205
– Bauträgererwerb: Gesetzliche Defizite bei der Abnahme und der Mängelhaftung, ZfIR 2006, 356
– Die Entwicklung des Bauträgerrechts seit 2001, NZBau 2006, 342
– Bauträgererwerb: Minderung und Schadensersatz bei Mängeln am Gemeinschaftseigentum, Festschrift Motzke, 2006, S. 323
– Regelungen zu Mängelansprüchen in Bauträgervertrag und Gemeinschaftsordnung, PiG Partner im Gespräch, Bd. 74 (2006), S. 68
– / *Vogel*: Verfolgung von Mängeln am Gemeinschaftseigentum gegenüber dem Bauträger, NJW 2006, 3670
– Hindernisse auf dem Weg zum „großen Schadensersatz" beim Bauträgervertrag, NZM 2007, 234
– Koordinationspflichten des Bauträgers bei selbständigem Sonderwunschvertrag, Anm. zu OLG Hamm v. 19. 9. 2006, DNotZ 2007, 291

Literatur

- Keine Erfüllungspflicht des Werkunternehmers nach fruchtlosem Ablauf der Nachfrist gem. §§ 648a, 643 BGB, Anm. zu BGH v. 12. 10. 2006, ZfIR 2007, 493
- Zwangsvollstreckung im Bauträgervertrag, PiG Partner im Gespräch, Partner im Gespräch, Bd. 78 (2007), S. 77
- /*Vogel,* Auswirkungen der WEG-Reform auf die Geltendmachung von Mängeln am Gemeinschaftseigentum, ZMR 2007, 577 = BauR 2007, 1289
- Änderungen von DIN-Normen beim Bauträgervertrag, Anm. zu OLG Zweibrücken v. 21. 12. 2006, DNotZ 2008, 187
- /*Vogel,* Die Bankenkrise und die Lastenfreistellungserklärung der globalfinanzierenden Bauträgerbank, NZBau 2009, 10
- /*v. Behr/Vogel,* Schallschutz in Wohngebäuden, NJW 2009, 1385
- Abschlagszahlungen und Sicherheiten nach § 632a BGB, BauR 2009, 898
- WEG-Novelle und Mängelbeseitigungsansprüche aus dem Bauträgervertrag, NZBau 2009, 425
- Welche Regeln der Technik sind für die Beurteilung der Mangelfreiheit maßgeblich, Festschrift Koeble, 2010, S. 277
- Konsequenzen bei Änderungen der Regeln der Technik, PiG Partner im Gespräch, Bd. 87 (2010), S. 41

Peters, Anm. zum Urteil des BGH v. 5. 4. 1979 (NJW 1979, 1406), NJW 1979, 1820
- Praktische Probleme der Minderung bei Kauf und Werkvertrag, BB 1983, 1951
- Schadensersatz wegen Nichterfüllung bei vorbehaltloser Abnahme einer als mangelhaft erkannten Werkleistung?, NJW 1980, 750
- Das Gesetz zur Beschleunigung fälliger Zahlungen, NZBau 2000, 169

Petersen, Umfang der notariellen Beurkundungsbedürftigkeit von Verträgen bei sogenannten Bauherrenmodellen, FWW 1980, 7

Pfeiffer/Lichtner, Annahme von Provisionen oder sonstigen Sondervergütungen durch Mitglieder steuerberatender Berufe und deren Folgen, DB 1985, 1981

Pick, Das neue Recht des Wohnbesitzes, NJW 1976, 1049
- Erfahrungen und Weiterentwicklungen des Wohnungseigentums, WE 1997, 46

Pohlmann, Fälligkeit nach der Bauträgerverordnung, BauR 1978, 351

Quack, Anm. zum Urt. des BGH v. 30. 11. 1990, EWiR 1991, 121
- Gilt die kurze VOB/B-Verjährung noch für Verbraucherverträge, BauR 1997, 24
- Zum Problem der Evaluierung technischer Regeln, BauR 2010, 863

Quast/R. M. Wollny, Das Kölner Modell und seine Kritiker, FR 1981, 264
- Die Mietgarantie bei gewerblicher Zwischenvermietung, DB 1982, 2536 und 2592

Quast/Richter/Samson/Schmider, Praxis der steuerbegünstigten Kapitalanlagen, Band VI 1981, Band VII 1982, Band VIII 1983

Rastätter, Zur Zulässigkeit des Verzichts auf den Nachweis der die Fälligkeit begründenden Tatsachen bei notariellen Vollstreckungsunterwerfungsklauseln, NJW 1991, 392

Rautenberg, Was bietet das Bauherrenmodell noch?, DB 1977, 2395

Regler, Wirksame Bezugnahme auf privatrechtliche Baubeschreibung und Teilungserklärung?, MittBayNot 1975, 149

Reinelt, Ermächtigung des Verkäufers zur einseitigen Ausgestaltung der Teilungserklärung, NJW 1986, 826

Reithmann, Vorsorgende Rechtspflege durch Notare und Gerichte, 1989
- Anm. zu BGH v. 6. 5. 1988 (BB 1988, 1353), EWiR 1988, 761
- Anm. zum Urteil des BGH v. 26. 11. 1987 (NJW 1988, 1146), EWiR 1988, 155
- Anm. zum Urteil des BGH vom 8. 11. 1984, EWiR 1985, 53
- Anm. zur Entscheidung des OLG Düsseldorf vom 18. 5. 1984 (DNotZ 1985, 626), DNotZ 1985, 628
- Bauträgervertrag und Bauherren-Modell im IPR, Festschrift für Murad Ferid, 1988, 363 (= ZfBR 1988, 162)
- Zur Beurkundung der Treuhändervollmacht im Rahmen eines Bauherrenmodells, MittBayNot 1986, 229
- Das Generalübernehmer- und Architektenmodell im Bauträger-Recht, WM 1987, 61

Literatur

- Bauherrenmodell und Bauträgermodell in zivilrechtlicher Hinsicht, BB 1984, 681
- Anm. zum Urteil des BGH v. 8. 4. 1988 (WM 1988, 1026), EWiR 1988, 659
- Anm. zum Urteil des BGH v. 26. 4. 1991, EWiR 1991, 655
- Anm. zum Urteil des BGH v. 15. 2. 1990, DNotZ 1991, 133
- Zur Entwicklung des Bauträgerrechts, WM 1986, 377
- Warnpflichten des Notars bei Beurkundung, NJW 1995, 3370
- Erwerber, Bauträger, Bank – Interessenausgleich im Bauträgervertrag, NJW 1997, 1816
- Werden nach § 7 MaBV auch Mängelansprüche gesichert?, NotBZ 1999, 170

Riedel, Der Rechtsanwalt als Treuhänder im Bauherrenmodell, NJW 1984, 1021
Rieder, Aktuelle Probleme des AGB-Rechts in der notariellen Praxis, MittBayNot 1983, 203
- Zur richterlichen Inhaltskontrolle notarieller Einzelverträge im Rahmen des AGB-Gesetzes bzw. des § 242 BGB, DNotZ 1984, 226

Riemer, Wohnungsprivatisierung in Ostdeutschland, WE 1996, 97
Ritterhude/Kamphausen, Nochmals: DIN-Normen, bauaufsichtliche Zulassungsbescheide, allgemein anerkannte Regeln der (Bau-)Technik und Haftungsrisiko, BauR 1987, 629
Röll, Die Bezugnahme auf Baubeschreibungen, Teilungserklärungen und Gemeinschaftsordnungen in Grundstückskaufverträgen, NJW 1976, 167
- Die Fertigstellung des Gebäudes durch die Wohnungseigentümergemeinschaft, NJW 1978, 1507
- Sondereigentum an Heizungsräumen und deren Zugangsflächen, DNotZ 1986, 706
- Die Errichtung einer Eigentumswohnanlage in mehreren Bauabschnitten, MittBayNot 1993, 5
- Einmannbeschlüsse im Wohnungseigentum, WE 1996, 370
- Keine Nachprüfungspflicht des Grundbuchamts wegen Mauer und Deckendurchbrüchen im Zusammenhang mit einer Änderung der Aufteilung zu Wohnungseigentum, WE 1996, 285
- Wiederaufbau und steckengebliebener Bau, WE 1997, 94

Rössner/Schmitt, Die fehlerhafte Bevollmächtigung des Treuhänders im Bauherrenmodell, BB 1985, 833
Rössner/Worms, Welche Änderung bringt § 264a StGB für den Anlegerschutz?, BB 1988, 93
Rosenberger, Gefährliches Bauherrenmodell, ZfBR 1981, 253
- Die Monopolstellung kann den Bauherren gefährlich werden, HB Nr. 206 vom 27. 10. 1981, S. 25
- Rücknahmegarantien im Bauherren-Modell, BauR 1985, 136

Sauren, Der ‚werdende' Wohnungseigentümer, RPfleger, 1985, 261
- Faktische Gemeinschaft im Gründungsstadium, PiG Partner im Gespräch, 32, S. 195

Sauter, Sonderwunschvereinbarungen bei Bauträgerverträgen, Festschrift Bub, 2007, S. 415
Scheel, Zwangsvollstreckungsunterwerfung mit Nachweisverzicht im Bauträgervertrag, NotBZ 1999, 62
Scheffler, Haftung des Baubetreuers gegenüber seinen Geschäftspartnern bei Nichtzustandekommen einer Bauherrengemeinschaft?, DB 1982, 633
Schießl, Zur Verjährung von Prospekthaftungsansprüchen gegen Anlagevermittler, NJW 1987, 1684
Schilling, Mängel am Gemeinschaftseigentum: Gewährleistungsansprüche, BauR 1986, 449
Schlenger, Schadensersatz bei zweckfremder Verwendung von Baugeld, ZfBR 1983, 104
Schlund, Schadensersatzansprüche von Kapitalanlegern in „steuerbegünstigte" Anlagen und deren Verjährung, BB 1984, 1437
Schmid, Mathias, Die vorrangige Grundschuld und die sich daraus ergebenden Probleme des Bauträgerkäufers, BauR 2000, 971
- Warum es keine Zuständigkeit der WEG für die sog. „Mängel am Gemeinschaftseigentum" gibt, BauR 2009, 727

Schmid, Der Bauträgervertrag vor dem Aus? NZBau 2001, 866
Schmidt, Friedrich, Der Sinn der Regelfrist in § 13 Nr. 4 VOB/B, ZfBR 1986, 207
  Ende der VOB/B im Bauträgervertrag, ZfBR 1986, 53
- Die Behandlung des VOB/B im Beurkundungsverfahren, BB 1983, 1308
- VOB – Credo des Gesetzgebers?, ZfBR 1984, 57
- Zur Anwendung der VOB/B, DNotZ 1983, 462

Literatur

- Aktuelle Probleme der MaBV, MittBayNot 1992, 114
- Bauträgerfragen, MittBayNot 1995, 434
- Anm. zum Beschluß des BayObLG v. 19. 10. 1995 (MittBayNot 1996, 27), MittBayNot 1996, 30
- Abnahme im Bauträgervertrag und MaBV, BauR 1997, 216
- Der Spitzboden – zugleich Anm. zu BayObLG vom. 16. 6. 1997, MittBayNot 1997, 276
- Abnahme der Werkleistung vom Bauträger und Abnahme anderer Werkleistungen, WE 1999, 49
- Maßgeblichkeit des Aufteilungsplanes für die Begrenzung des Sondereigentums („Luftschranke"), ZWE 2008, 423

Schmidt, Jürgen, Bedeutung des Prospekts im Bauträgervertrag und Prospekthaftung, PiG Band 87 (2010), S. 53
Schmidt-Räntsch, Rechtssicherheit für Bauträgerverträge, NZBau 2001, 356
Schmitz, Die Bauinsolvenz, 4. Aufl., 2007
- Der Bauträger in der Insolvenz seines Auftragnehmers, BTR 2003, 202

Schmucker, Nochmals: § 632a BGB contra Ratenplan nach MaBV, ZflR 2001, 426
Schniewind, Baukostenüberschreitung beim Bauherrenmodell, BB 1983, 2196
- Mittelabfluß vor Zusammentritt der Bauherrengemeinschaft, BB 1982, 2014

Schöner, Rechtliche Probleme bei Lastenfreistellungsverpflichtungserklärungen, DNotZ 1974, 327
Scholz, Erste Novellierung des Verbraucherkreditgesetzes, BB 1993, 1161
Schopp, Wohnbesitz und Wohnbesitzbrief, Rechtspfleger 1976, 380
Schürner, S. Eggesiecker
Schulze-Hagen, Schadensersatz bei zweckwidriger Verwendung von Baugeld, NJW 1986, 2403
- Aktuelle Probleme des Bauträgervertrages, BauR 1992, 320
- Unterwerfungsklausel doch unwirksam? (Anm. zu BGH v. 14. 5. 1992, NJW 1992, 2160) IBR 1992, 394
- Anm. zum Urteil des OLG Düsseldorf v. 21. 2. 1992, IBR 1992, 359
- Anm. zum Urteil des BGH v. 27. 9. 1990, EWiR 1991, 359
- Anm. zum Urteil des BGH v. 23. 2. 1989, EWiR 1989, 419
- Anm. zum Urteil des BGH v. 25. 10. 1990, EWiR 1991, 39
- Der Wohnungsbauvertrag und die VOB/B-Vereinbarung, Festschrift Craushaar, 1997, S. 169
- Die Ansprüche des Erwerbers gegen den Bauträger wegen Mängeln am Gemeinschaftseigentum, ZWE 2007, 113

Schwark, Die Haftung aus dem Prospekt über Kapitalanlagen, BB 1979, 897
Seuß, Die geänderten Kauf- und Betreuungsvertragsmuster der gemeinnützigen Wohnungswirtschaft, ZfgWBay 1977, 258
- Aktuelle Probleme zu Kauf- und Betreuungsverträgen, Beilage zu Heft 2 ZfgWBay 1978
- Wohnungseigentum und komplexer Wohnungsbau, WE 1996, 21
- Wohnungsprivatisierung in den neuen Ländern, WE 1997, 257
- Verwaltung privatisierter Wohnungen, WE 1997, 459

Siegburg, Anerkannte Regeln der Bautechnik – DIN-Normen, BauR 1985, 367
- Anm. zum Urteil des BGH v. 22. 10. 1987 (NJW 1988, 255), EWiR 1988, 43
- Anm. zum Urteil des BGH v. 5. 5. 1988 (NJW 1988, 2238 = BB 1988, 1353), EWiR 1988, 771
- Anm. zum Urteil des BGH v. 10. 11. 1988, EWiR 1989, 125

Söffing, Überlegungen zum Begriff ‚Bauherr', DB 1982, 1189
Speck, Die Bürgschaft gemäß § 7 MaBV in Bauträgerverträgen, MittRhNotK 1995, 117
Springer, Bauherrenmodell in der Kritik – Diskussionsbeiträge, ZfgWBay 1981, 505
Steinbach/Becker, Ablösung eines Sicherheitseinbehalts durch Gewährleistungsbürgschaft nach Vorausabtretung der Gewährleistungsansprüche, WM 1988, 809
Steiner, Fragen zur Bewertung von und zum Kreditrisiko bei Bauherrenmodellen, Der Langfristige Kredit 1983, 736
- Gedanken zum Realkredit und zum ‚realistischen' Kredit bei Bauherrnmodellen, Der Langfristige Kredit 1982, 196

Literatur

Stürner, Anm. zum Urteil des BGH v. 5. 4. 1984 (NJW 1984, 2094), DNotZ 1984, 763

Sturm, Der ‚Dritte Bauherrenerlaß 1981Æ zur einkommensteuerrechtlichen Behandlung von negativen Einkünften aus Vermietung und Verpachtung von sog. Bauherren- und Erwerbermodellen, WM 1982, 346

Sturmberg, Die Veräußerung selbst genutzter Häuser und Eigentumswohnungen, NJW 1989, 1832
- Gefahr für Bauträger: Die Abnahme des Gemeinschaftseigentums durch Sachverständige ist unwirksam, BauR 2010, 163

Teuffel, Zur Zulässigkeit der Prospekthaftung als eigenständiges Rechtsinstitut, DB 1985, 373

Thode, Werkleistung und Erfüllung im Bau- und Architektenvertrag, ZfBR 1999, 166
- Anm. zum Urteil des KG v. 29. 11. 1999, WuB 2001, 529
- Rechtssicherheit für den Bauträgervertrag – eine Phantasmagorie, ZfIR 2001, 345
- Die wichtigsten Änderungen im BGB-Werkvertragsrecht: Schuldrechtsmodernisierung und erste Probleme, NZBau 2002, 297; NZBau 2002, 360
- Transparenzgebot und Bauträgervertrag, ZNotP 2004, 131
- Die Vormerkungslösung im Bauträgervertrag und die Gestaltungsrechte des Erwerbers, ZNotP 2005, 210
- Das gesetzliche Leitbild des Bauträgervertrages, ZNotP 2006, 208
- /*Wagner,* Anspruch und Wirklichkeit – ein Diskussionsbeitrag zum Diskussionsentwurf der Bundesnotarkammer über die Regelung des Bauträgervertrages im BGB, BTR 2006, 2

Thomas, Anm. zum Urteil des BGH v. 5. 4. 1979 – VII ZR 308/77 (Zur Anwendung von Werkvertragsrecht und Haftungsfreizeichnung des Veräußerers bei neu errichteten Bauwerken), DNotZ 1979, 746

Tiedtke, Anm. zum Urteil des BGH v. 10. 11. 1990, DNotZ 1991, 673
- Produkthaftung des Herstellers und Zulieferers, NJW 1990, 2961

Trapp, Die Leistungsverweigerungsrecht des Bestellers nach §§ 320 ff. BGB als Druckmittel zur Leistungserbringung und Mängelbeseitigung, BauR 1983, 318

Ullmann, Der Bauträgervertrag – quo vadit? NJW 2002, 1073

Ulmer, Das AGB-Gesetz nach der Umsetzung der EG-Richtlinie über mißbräuchliche Klauseln in Verbraucherverträgen, Karlsruher Forum 1997, Versicherungsschriften 3, S. 9
- Notarielle Verbraucherverträge und § 24a AGBG – Verbraucherschutz contra Rechtssicherheit? – Festschrift Heinrichs 1998, S. 555

Usinger, Die Hemmung der Verjährung durch Prüfung oder Beseitigung des Mangels, NJW 1982, 1021
- Fälligkeits- und Hinterlegungsvereinbarungen in Bauträgerverträgen, NJW 1987, 934
- Kann die Geltung der VOB/B im Bauträgervertrag vereinbart werden?, NJW 1984, 153

Virneburg, Der Sonderwunsch des Erwerbers im Bauträgervertrag, BauR 2004, 1681
- Baugeldverwendungspflicht: Bauforderungssicherungsgesetz und MaBV, PiG Bd. 87 (2010), S. 25

Vogel, Das magische Dreieck – die Freigabeerklärung der Globalbank des Bauträgers und der Schutz des Erwerbers in der Bauträgerinsolvenz, BauR 1999, 992
- Probleme der Vollstreckungsunterwerfungserklärung beim Bauträgervertrag, BauR 1998, 925
- /*Karczewski,* Abschlagszahlungspläne im Generalunternehmer- und Bauträgervertrag, BauR 2001, 859
- /*Pause,* Verfolgung von Mängeln am Gemeinschaftseigentum gegenüber dem Bauträger, NJW 2006, 3670
- Fertigstellungstermine im Bau- und Bauträgervertrag, = PiG Bd. 74 (2006), S. 83 (90)
- Sicherungen beim Bauträgervertrag – einige unerkannte Probleme aus der Praxis, BauR 2007, 224
- Probleme der Änderung von Teilungserklärung und Gemeinschaftsordnung beim Erwerb vom Bauträger, ZMR 2008, 270
  /*Pause,* Die Bankenkrise und die Lastenfreistellungserklärung der globalfinanzierenden Bauträgerbank, NZBau 2009, 10
- Verhältnis zwischen der Bank des Bauträgers und dem Erwerber/Wohnungseigentümer – Die Lastenfreistellungserklärung, NZM 2009, 71

Literatur

- Einige ungeklärte Fragen zur EnEV, BauR 2009, 1196
- *v. Behr/Pause,* Schallschutz in Wohngebäuden, NJW 2009, 1385
- Die Abnahme des Gemeinschaftseigentums – ein (immer noch) ungelöstes Problem der Praxis, Festschrift Merle, 2010, S. 375
- Abhängigkeit zwischen Bauträgervertrag und Vertriebsvertrag, BauR 2008, 273

Vogelheim, Die Behandlung von Sonderwünschen beim Bauträgervertrag, BauR 1999, 117

Volhard, Bezugnahme auf die nicht beurkundete Baubeschreibung im Grundstückskaufvertrag, NJW 1975, 1682
- Nochmals: Zur Zulässigkeit der Bezugnahme auf öffentliche Urkunden in beurkundeten Verträgen, NJW 1980, 103
- Zur Formwirksamkeit beurkundeter Verträge bei Verweisung auf öffentliche Urkunden, NJW 1979, 1488

Vollhardt, Die Haftung des Treuhänders beim Bauherrenmodell, BB 1982, 2142

Volmer, Die Neuordnung des verbundenen Immobiliengeschäfts, MittBayNot 2002, 336

Voppel, Abschlagszahlungen im Baurecht und § 632a BGB, BauR 2001, 1165.

Vortmann, Anm. zum Beschl. d. OLG Hamm v. 6. 7. 1988 (WM 1988, 1226), EWiR 1988, 1057

Vorwerk, Mängelhaftung des Werkunternehmers und Rechte des Bestellers nach neuem Recht, BauR 2003, 1

Vossius, Zur Sicherung der Finanzierung des Käufers im Rahmen der §§ 2, 7 MaBV, MittBayNot 1995, 169

Wagner, Die europarechtliche Seite des Bauträgervertrages, ZNotP 2002, Beilage 1
- Bauträgervertrag am Ende?, WM 2003, 718
- Die Bezugsfertigkeits-„Rate" im Bauträgervertrag, BauR 2004, 569
- Der Bauträgervertrag und die Verbraucherschutzrichtlinie, ZfBR 2004, 317
- Schiedsgutachterregelungen in Bauträgerverträgen, BTR 2004, 69

Wahlen, Altschuldenhilfegesetz – hier: Defizite der untergesetzlichen Regelungen, DtZ 1997, 370

Warda, Ausgewählte Probleme der Makler- und Bauträgerverordnung, MittRhNotK 1987, 173 = MittBayNot 1988, 1

Weber, Das Verhältnis von DIN-Normen zu zugesicherten Eigenschaften und zu anerkannten Regeln der Technik, ZfBR 1983, 151

Weinkamm, Bauträgervertrag und VOB/B, BauR 1986, 387

Weigl, Sonderwunschvereinbarungen im Bauträgervertrag, MittBayNot 1996, 10

Weitnauer, Anm. zum Urteil des BGH vom 16. 4. 1973 (JZ 1973, 735 = NJW 1973, 1235), JZ 1973, 736
- Mängelrecht im Wohnungseigentum, ZfBR 1979, 84
- Dreißig Jahre Wohnungseigentumsgesetz – gelöste und aktuelle Probleme –, Beilage 4/81 zu DB Heft 9/81
- Mängelgewährleistung und Instandhaltungspflichten am gemeinschaftlichen Eigentum, ZfBR 1981, 109 = ZfgWBay 1981, 63
- Anm. zum Urteil des BGH v. 10. 5. 1979 (NJW 1979, 2207), NJW 1980, 400
- Anm. zum Urteil des BGH v. 14. 11. 1982 (NJW 1983, 453), NJW 1983, 454
- Zum Minderungsrecht des Erwerbers von Wohnungseigentum, WE 1990, 198
- Anm. zum Urteil des BGH v. 15. 2. 1990, JZ 1991, 246
- Schadensersatz für Baumängel, WE 1992, 95

Wenzel, Aktuelle Entwicklungen in der Rechtsprechung des BGH zum Recht des Wohnungseigentums, DNotZ 1993, 297
- Die neuere Rechtsprechung des Bundesgerichtshofes zum Recht des Wohnungseigentums, WE 1996, 442
- Die neuere Rechtsprechung des Bundesgerichtshofes zum Recht des Wohnungseigentums im Überblick, WE 1998, 474
- Der Bereich der Rechtsfähigkeit der Gemeinschaft, WE 2006, 462
- Die Teilrechtsfähigkeit und die Haftungsverfassung der Wohnungseigentümergemeinschaft – eine Zwischenbilanz, WE 2007, 2

Literatur

- Die Zuständigkeit der Wohnungseigentümergemeinschaft bei der Durchsetzung von Mängelrechten der Ersterwerber, NJW 2007, 1905

Werner, Nichtigkeit von Darlehensverträgen bei der Bauherrenmodellfinanzierung, BB 1983, 1552

v. Westphalen, VOB-Vertrag von AGB-Gesetz, ZfBR 1985, 252

- Anm. zu BGH v. 19. 11. 1987 (WM 1988, 54), EWiR 1988, 305
- Verjährung bei Zusammentreffen von Sachmängel- und Deliktsanspruch, gleichzeitig Anmerkung zum Urteil des BGH vom 24. 5. 1976 (NJW 1976, 1505), BB 1976, 1097

Wichmann, Die Frage nach dem zutreffenden Verständnis von der Bauherreneigenschaft, DB 1982, 2057

- Der Bauherr im Einkommensteuerrecht, BB 1991, 589
- Erwerber- oder Bauherrenmodell? BB 1990, 256

Widmann, Ist die gewerbliche Zwischenvermietung von Sozialwohnungen zur Erlangung des Vorsteuerabzuges möglich?, BB 1981, 1392

Wiesel, Der Bauträgervertrag und die Notwendigkeit zur Fortentwicklung der gesetzlichen und vertraglichen Regelungen zur Absicherung von Erwerberzahlungen, Festschrift Koeble (2010), S. 311

Wilhelmi, Ausscheiden aus einer Bauherrengemeinschaft, DB 1986, 1003

- Eigentumswohnung: Kaufpreiszahlung vor Durchführung der Teilungserklärung im Grundbuch, DB 1992, 1895

Wilke, Baubetreuung und Veräußerung von Eigenheimen und Eigentumswohnungen durch Wohnungsunternehmen (herausgegeben vom Bundesverband privater Wohnungsunternehmen e. V.), 2. Aufl., 1977

Winkler, Änderung und Ergänzung beurkundungsrechtlicher Vorschriften, Rechtspfleger 1980, 169

Wolfensberger/Langbein, Das System des Baubetreuung im Zwielicht, BauR 1980, 498

Wolfsteiner, Anm. zum Urteil des OLG Karlsruhe v. 30. 4. 1986 (DNotZ 1987, 688), DNotZ 1987, 691

- Bauherrenmodelle in der notariellen Praxis, DNotZ 1979, 579
- Empfiehlt sich eine gesetzliche Regelung des Bauträgervertrages, Sonderheft der DNotZ zum 20. Deutschen Notartag Stuttgart 1977, 80 ff.
- Bauherrenmodelle in der notariellen Praxis, DNotZ 1979, 579
- Anmerkungen zum Bauträgervertrag, MittBayNot 1981, 1
- Anm. zur Entscheidung des BGH v. 18. 12. 1981 (DNotZ 1982, 433), DNotZ 1982, 436
- Zur Zwangsvollstreckungsunterwerfung im Bauträgervertrag, MittBayNot 1995, 438

Wollny, Paul, Bauherrenmodelle zur Errichtung von Eigentumswohnungen im Einkommensteuerrecht, Beilage 1 zu BB Heft 7/1982

- Anm. zum Bauherren-Urteil des BFH vom 22. 4. 1980, BB 1980, 1139

Wufka, Notwendigkeit und Umfang der notariellen Beurkundung bei Bauträgerverträgen sowie Grundstücksverträgen i. V. m. Generalübernehmerverträgen, -unternehmerverträgen oder Baubetreuungsverträgen, DWW 1980, 239 und DWW 1980, 272

- Anm. zu Urt. des BGH v. 13. 6. 2002, MittBayNot 2003, 48

Zimmermann, Verbraucherkreditgesetz und notarieller Kauf- oder Bauträgervertrag, BWNotZ 1994, 49

Zimmermann, H., Fälligkeitsklausel mit Nachweisverzicht, ZfBR 1997, 60

A. Geschichte des Bauträgererwerbs und der Baumodelle

I. Vorläufer der Bauträgerschaft

Die Bauträgerschaft, wie sie heute bekannt ist, stellt eine relativ junge Form des Wohnungsbaus dar. Die serielle Errichtung von Wohnungen (und Gewerbeeinheiten) wurde erst durch die wohnungswirtschaftlichen Zwänge der Nachkriegszeit und die gesetzgeberischen Antworten darauf möglich. 1

Es wäre aber verfehlt anzunehmen, Bauträgertätigkeit hätte es vor dem Zweiten Weltkrieg nicht gegeben[1]. Bereits im 19. Jahrhundert errichteten Bauunternehmen Mehrfamilienhäuser auf eigenem Grund, auf eigenes Risiko und auf Vorrat, um sie sodann mit Gewinn zu veräußern. Erwerber solcher Objekte waren allerdings in der Regel keine Eigennutzer, sondern Kapitalanleger. Die Merkmale der Bauträgerschaft waren aber bereits erkennbar: Das unternehmerische Ziel war die Veräußerung des zuvor auf eigenem Grund errichteten Gebäudes. Neben dieser Form **spekulativen Wohnungsbaus** gab es aber ebenfalls seit der Mitte des 19. Jahrhunderts Bemühungen, familiengerechte Wohnungen zur Selbstnutzung durch die Erwerber zu schaffen. Dem Bestreben, Wohnungen zu bauen, um sie sodann an die Eigennutzer zu übertragen, waren allerdings enge rechtliche Grenzen gesetzt. Neben genossenschaftlichen Beteiligungen stand eigentlich nur der Erwerb eines selbständigen Grundstücks mit einem freistehenden Haus oder einem Reihenhaus bzw. einer Doppelhaushälfte offen. Vor dem Inkrafttreten des BGB war zwar auch die Bildung von Wohneigentum an Geschosswohnungen als **Stockwerkseigentum** möglich[2]. Große Verbreitung fand diese Eigentumsform jedoch nicht. Als Hindernis erwies sich die mangelhafte Abgeschlossenheit der Wohnungen[3], aber wohl auch die fehlende Bereitschaft, sich an diese neue und fremde Rechtsform zu gewöhnen. Das Stockwerkseigentum wurde ab dem Inkrafttreten des BGB dann auch nicht mehr zugelassen. Zuvor bereits gebildetes Stockwerkseigentum blieb allerdings unangetastet[4]. 2

Bauträgerschaft im rechtlichen Sinne gab es also schon im 19. Jahrhundert, stellte aber die große Ausnahme dar. In der Regel ließ sich der Bauwillige ein Haus auf seinem Grundstück – sei dies zur Eigennutzung oder zur Vermietung – errichten; dabei betätigte er sich selbst als Bauherr, beauftragte also unmittelbar den Architekten und die Bauunternehmen. 3

II. Entwicklung der Bauträgertätigkeit seit der Nachkriegszeit

Auslöser für eine nachhaltige Verbreitung der Bauträgertätigkeit war die **Wohnungsnot** und der katastrophale Zustand des verbliebenen Wohnungsbestandes nach 4

---

[1] Vgl. zur Geschichte der Bauträgerschaft: *Seuß*, ZdWBay 1993, S. 508; *Hanning*, PiG, Bd. 5, 1979, S. 45.
[2] *Staudinger/Rapp* (2005), vor § 1 WEG, Rdn. 93; *Palandt/Bassenge*, Art. 182 EGBGB, Rdn. 1; MünchKomm/*Cammichau*, vor § 1 WEG, Rdn. 1 f.; *Weitnauer/Briesemeister*, vor § 1 Rdn. 2.
[3] „Streit und Händelhäuser", *Weimar/Seuß*, 7. Aufl., S. 2, unter Bezug auf *Steinle*, AcP 144, 344 ff.; MünchKomm/*Cammichau*, vor § 1 WEG, Rdn. 2.
[4] Art. 182, 189 Abs. 1 Satz 3, 131, 218 EGBGB, vgl. *Weitnauer/Briesemeister*, vor § 1 Rdn. 3.

A. Geschichte des Bauträgererwerbs und der Baumodelle

dem Zweiten Weltkrieg. Im Krieg wurde auf dem Gebiet der alten Bundesrepublik ein Viertel der rund 10,5 Mio. Wohnungen zerstört oder schwer beschädigt. Mit der Zuwanderung von über 10 Mio. Flüchtlingen und Heimatvertriebenen wuchs der Wohnungsfehlbestand bis 1950 auf etwa 5 Mio. Wohnungen[5]. In den 50er und 60er Jahren mussten deshalb Aufbauleistungen unvorstellbaren Ausmaßes erbracht werden.

5   Neben der finanziellen Förderung waren auch **gesetzgeberische Maßnahmen** erforderlich, um diesen gigantischen Wiederaufbau zu ermög-lichen. Zu erwähnen sind die Wohnungsbaugesetze, die damit verbundene staatliche Förderung und die Tätigkeit der genossenschaftlichen und gemeinnützigen Wohnungsunternehmen, zu welchen sich auch freie Wohnungsunternehmen und die Unternehmen der Bauwirtschaft gesellten[6]. Allerdings wollte der Gesetzgeber nicht nur direkt und indirekt finanziell fördern, sondern darüber hinaus auch den Rahmen schaffen, um breiten Bevölkerungsschichten den Erwerb von Eigentum und dadurch die Teilnahme am Neubau von Wohnraum zu ermöglichen. Wohneigentum für breite Bevölkerungsschichten konnte aber nur „Eigentum in der Etage" sein.

6   Es ist das Verdienst des Bundestagsabgeordneten *Wirths*, der Hochschullehrer *Bärmann* und *Weitnauer* sowie des Kammergerichtsrats *Diester*, das **Wohnungseigentumsgesetz** vom 15. 3. 1951[7] initiiert, beeinflusst und ausgearbeitet zu haben[8]. Das Wohnungseigentumsgesetz eröffnete sehr bald Millionen[9] von Familien den Weg zum Immobilieneigentum in Mehrgeschossobjekten, was zwangsläufig auch zur verstärkten Nachfrage und Finanzierung von Bauleistungen führte – und noch immer führt.

Diese neuen gesetzlichen Vorschriften veränderten das Marktgeschehen: Über die staatliche Förderung etwa im Rahmen der Wohnungsbaugesetze[10] wurden vermehrt **Baubetreuungsleistungen** in Anspruch genommen[11] („Baubetreuung im engeren Sinne"), die aber wegen der zunehmenden Eigenfinanzierung der Erwerber – wenn auch weiterhin etwa über das Bausparen staatlich gefördert – von der **Bauträgerschaft** („Baubetreuung im weiteren Sinne") vornehmlich freier Wohnungsunternehmen ersetzt wurde[12]. Während sich aber der Baubetreuer weitestgehend um die Bauabwicklung im Namen und für Rechnung des Betreuten, des Bauherrn, zu sorgen hatte, führte gerade die allmählich in breiten Schichten der Bevölkerung fußfassende Idee des Wohnungseigentums zur Verbreitung der Bauträgerschaft. Baubetreuungsunternehmen, aber auch neugegründete Firmen, warteten nicht mehr, bis für alle zu errichtenden Objekte – Häuser, Siedlungen und Eigentumswohnungen – „Siedler" oder „Bewerber" vorhanden waren, sondern gingen dazu über, parallel zur echten Betreuung gleichzeitig auch für künftige „Bewerber" – quasi auf Vorrat – zu bauen, so dass etwa Mitte der 50er Jahre Mischformen (Baubetreuung und Bauträgerschaft) auch hinsichtlich eines einzelnen Bauloses oder Bauobjekts anzutreffen waren.

---

[5] *Weimar/Seuß*, a. a. O., S. 1 m. w. N.
[6] *Reithmann*, WM 1986, 377.
[7] BGBl. I S. 175.
[8] Zur Entstehungsgeschichte vgl. *Bärmann* und *Weitnauer*, Wohnungseigentümermagazin 1981, 6; *Weimar/Seuß*, 7. Aufl., S. 5; *Weitnauer*, 7. Aufl., Vorwort, S. VIII; MünchKomm/*Röll*, vor § 1 WEG, Rdn. 6.
[9] *Weimar/Seuß*, 7. Aufl., S. 447, gehen bis einschließlich 1982 von insgesamt 1 390 000 Eigentumswohnungen aus, *Weitnauer*, 7. Aufl., Vorwort, S. VI, schätzt für 1982 1,5 Mio. Eigentumswohnungen, während *Bärmann*, PiG, Bd. 17, S. 117, von 1,8 Mio. Einheiten spricht. Im früheren Bundesgebiet hat sich die Zahl der Eigentumswohnungen von Juni 1987 bis September 1993 von 1,826 Mio. auf 2,444 Mio. erhöht, vgl. den Kommentar von *Pick*, WE 1997, 46, zur Antwort der Bundesregierung auf eines Große Anfrage (BT-Drs. 13/2653).
[10] 1. Wohnungsbaugesetz vom 24. 4. 1950 (BGBl. I S. 83).
[11] Vgl. *Locher/Koeble*, Rdn. 1 ff.
[12] So auch *Locher/Koeble*, Rdn. 3.

II. Entwicklung der Bauträgertätigkeit seit der Nachkriegszeit

Die Entwicklung weg von der Baubetreuung im engeren Sinn hin zur reinen Bauträgerschaft vollzog sich dann recht schnell: Der einzelne Erwerber wollte nicht mehr als unmittelbarer Vertragspartner der eingeschalteten Bauunternehmer erscheinen und zum Abrechnungspreis[13] (zuzüglich Betreuungshonorar), sondern zum **Festpreis** erwerben. 7

Dem Baubetreuer – nunmehr Bauträger – kam die vereinfachte Abwicklung entgegen, wenn er nicht mehr jedem Bauherrn gegenüber zur **Abrechnung** und **Rechnungslegung** verpflichtet war, sondern zum festgelegten Festpreis verkaufen konnte. Gleichzeitig war der „Baubetreuer" nun nicht mehr auf sein Betreuungshonorar beschränkt, sondern konnte im Rahmen des Festpreises seinen Gewinn kalkulieren, musste aber auch das Bauherrenrisiko tragen.

Der Bauträger erwarb das Grundstück, erschloss es, plante den Bau und vergab die Aufträge im eigenen Namen. Hierbei war und ist es gleichgültig, ob der Bauträger moderner Prägung ein im Prinzip nur aus Kaufleuten bestehendes Unternehmen ist oder ein Bauunternehmen, das (teilweise) auch selbst Bauleistungen erbringt (vgl. unten Rdn. 33). Gleichzeitig versuchte der Bauträger, möglichst frühzeitig für die zu erstellenden Objekte Käufer zu finden. Denn je früher Erwerber vertraglich gebunden wurden und im Voraus bzw. mit Baufortschritt zahlten, desto weniger Eigenmittel oder hochverzinsliche Fremdmittel mussten eingesetzt werden. 8

Nach der Rezession der Jahre 1966/67 war die Nachfrage nach Immobilien so überschäumend, dass Bauträger häufig in der Lage waren, Eigenheime und Eigentumswohnungen „vom Plan" weg zu einem Zeitpunkt zu veräußern, zu welchem von einem gesicherten Baubeginn überhaupt noch nicht gesprochen werden konnte. Begünstigt wurde diese Verfahrensweise mancher Unternehmen dadurch, dass die große Masse der Kaufinteressenten noch recht unaufgeklärt war und sich einerseits an nicht beurkundete „Kauf"-Verträge gebunden hielt und Kaufpreiszahlungen erbrachte, die gelegentlich nicht am Baufortschritt, sondern an einem Terminplan orientiert waren. Andererseits bestand – mangels Beurkundung – nicht die geringste Gewähr dafür, dass sie „ihr" Objekt in der vereinbarten Form und zum vorgesehenen Zeitpunkt erhielten. 9

Diese massive Nachfrage ermöglichte es manchem Bauträger, „Marktforschung" auf dem Rücken der Erwerber zu betreiben: Der Bauträger kaufte das zur Bebauung vorgesehene Areal nicht, sondern sicherte sich über eine geringe Anzahlung ein Ankaufsrecht, aufgrund dessen – eventuell bestärkt durch eine Auflassungsvormerkung – er sich als Berechtigter zu gerieren vermochte. Konnte sich der Bauträger nunmehr fast als Eigentümer ausweisen und halten, schritt er zur Testphase: Er gab Inserate auf. Meldeten sich genügend Interessenten, so schloss er mit ihnen – privatschriftliche – Abmachungen und verlangte Anzahlungen, mit denen zunächst der Grundstücksankauf unter Dach und Fach gebracht wurde. Fanden sich nur wenige Interessenten, so nahm der Bauträger Abstand vom Bauvorhaben und gab den Erwerbern ihre Anzahlungen zurück. 10

Erleichtert wurde manchem Bauträger diese Verfahrensweise noch dadurch, dass er den Erwerber durch eine einseitige **Ankaufsverpflichtung** – die aufgrund der damaligen Fassung des § 313 BGB rechtsverbindlich war – an sich binden konnte, ohne selbst verpflichtet zu sein. Abhilfe geschaffen wurde erst durch die Änderung des § 313 BGB[14]. 11

Hinzu trat auch eine Änderung der Marktverhältnisse: Da immer mehr Bauträgerunternehmen entstanden und baureife Grundstücke zu erwerben suchten, gaben 12

---

[13] Die an sich gegebene gesamtschuldnerische Haftung der Erwerber wurde von der Rechtsprechung zur anteiligen Schuld erklärt, vgl. OLG Hamm v. 10. 7. 1973, DB 1973, 1890; BGH v. 18. 6. 1979, NJW 1979, 2101.

[14] Ges. v. 30. 5. 1973 (BGBl. I S. 501); vgl. *Löwe,* NJW 1971, 729; *ders.,* ZRP 1971, 7 und *Kanzleiter,* DNotZ 1973, 519 (522).

sich auch die Grundstückseigentümer nicht mehr mit kleinen Anzahlungen gegen Bestellung eines Ankaufsrechts zufrieden, sondern verlangten – neben immer höheren Preisen – auch die sofortige Bezahlung des Grundstücks. Ein positives „Abfallprodukt" dieser Änderung der Marktverhältnisse führte – so kurios es klingen mag – zu mehr Käuferschutz: Bei der Beurkundung des Vertrages zwischen Bauträger und Erwerber war der Bauträger nunmehr fast immer Eigentümer des Grundstücks (früher besaß er häufig lediglich selbst nur eine Auflassungsvormerkung), so dass dem Erwerber bei der Verbriefung als Sicherheit zumindest schon eine **Auflassungsvormerkung** am Grundstück des Bauträgers bestellt werden konnte.

13   Die Tatsache, dass der Bauträger nunmehr das Grundstück vorab kaufen musste, führte ferner dazu, dass die Kreditinstitute immer mehr in das Geschehen einbezogen wurden. Hatte der Bauträger in der Mitte der 60er Jahre die Verfügungsgewalt über das Grundstück durch eine geringe Anzahlung erlangt, so musste er den vollständigen Kaufpreis jetzt sofort bezahlen, weshalb er nun auch gezwungen war, den Grundstücksankauf über Kredite zu finanzieren.

14   Auch dies führte zu mehr Käuferschutz: Die Banken überwachten schon aus Eigeninteresse den Kapitalfluss und den objektbezogenen Einsatz der Mittel. Auch die Standesorganisationen der Notare nahmen sich des Erwerberschutzes an, veröffentlichten Richtlinien für die Vertragsgestaltung[15] und bemühten sich ferner darum, von den Kreditinstituten **Freistellungsversprechen** zugunsten der Erwerber für den Fall zu erhalten, dass das Bauvorhaben stecken bleibt[16].

15   Dennoch überhitzte die Baukonjunktur Anfang der 70er Jahre so erheblich, dass sich der Gesetzgeber, nachdem im Jahre 1972 fast 770 000 Baugenehmigungen erteilt wurden[17], genötigt sah, die Sonderabschreibungsvorschrift des § 7 b EStG im Jahr 1973 auszusetzen[18].

16   Neben dieser steuerlichen Einschränkung führten auch wirtschaftliche Faktoren in den Jahren 1973/74 zu einem plötzlichen Abbrechen des Bauträgerbooms: Da waren zunächst überhöhte Preise, die eine Vermietung unrentabel und eine Eigennutzung unerschwinglich erscheinen ließen. Hinzu kam, dass auch die Kreditzinsen anzogen. Schließlich führten eine zunehmende Marktsättigung und restriktive Mietgesetzgebung plötzlich dazu, dass von den in 1973 insgesamt rund 715 000 fertig gestellten Wohnungen[19] etwa 300 000 Objekte unverkauft blieben[20].

17   Dies hatte zwangsläufig eine Reihe von **Insolvenzen** in der Bauträgerbranche zur Folge, wobei jedoch aufgrund der inzwischen entwickelten Sicherheitsmechanismen (z. B. Freigabeversprechen der Kreditinstitute) weniger die Käufer, sondern vielmehr die Handwerker und Kreditinstitute betroffen wurden[21].

18   In der daraufhin einsetzenden Phase der Beruhigung und Besinnung gelang es dem Gesetzgeber, weitere Sicherungsmaßnahmen zugunsten des Erwerbers zu ergreifen: Am 1. 2. 1973 ist § 34 c GewO in Kraft getreten[22] und die darauf beruhende **Makler- und**

---

[15] Vgl. das Bauträgermerkblatt der Landesnotarkammer Bayern im Anhang IX, das auf eine Erstbearbeitung im Jahre 1971 zurückgeht.
[16] Vgl. *Reithmann,* WM 1986, 377 (378).
[17] Vgl. *Weimar/Seuß,* 7. Aufl., Anhang I, unter Bezug auf das Bundesbaublatt.
[18] Objekte, für die der Baugenehmigung nach dem 8. 5. 1973 und vor dem 31. 12. 1973 gestellt wurden, konnten nicht nach § 7 b EStG abgeschrieben werden.
[19] Dazu im Vergleich: 1986 wurden rund 252 000 Wohnungen fertiggestellt.
[20] Am 26. 7. 1974 berichtete die SZ (S. 20), dass nach einer Schätzung der Deutschen Pfandbriefanstalt 275 000 bis 375 000 Wohnungen unverkauft waren und die Zahl bis zum Jahresende noch weiter anwachsen werde.
[21] „Capital" 1/1976, S. 91.
[22] Gesetz zur Änderung der Gewerbeordnung v. 16. 8. 1972, BGBl. I S. 1465; vgl. hierzu ausführlich *Marcks,* § 34 c GewO, Rdn. 1.

II. Entwicklung der Bauträgertätigkeit seit der Nachkriegszeit

Bauträgerverordnung am 20. 6. 1974 erlassen worden[23]. Sie erwies sich zunächst als nur schwer durchführbar[24], aber die Änderung, die zum 13. 5. 1975 kam[25], verbesserte den von ihr erhofften Käuferschutz, obwohl nicht übersehen werden kann, dass die Regelungen der MaBV zwangsläufig zu Umgehungen verleitet haben: Bauträger, die an sich die Vorschriften der MaBV zu beachten hätten, waren geneigt, nunmehr Immobilienobjekte nicht in einem einheitlichen Vertrag zu veräußern, sondern getrennte Verträge über den Grundstücksverkauf und die Bauerrichtung abzuschließen[26].

Die 70er Jahre waren außerdem von Entscheidungen des BGH geprägt, die für die weitere Entwicklung des Bauträgerrechts bedeutsam waren. 1976 hatte der BGH[27] zur **Auflassungsvormerkung** im Bauträgerkonkurs entschieden. Es zeigte sich, dass sie doch nicht so konkursfest war, wie allgemein angenommen wurde. So sah sich der Gesetzgeber dazu gezwungen, im Interesse des Käuferschutzes § 24 KO (vgl. heute § 106 InsO) zu ändern[28].

Aufregung verursachten weitere Entscheidungen des BGH, diesmal aus dem Jahre 1979[29]. Der BGH störte sich an der Praxis der **Bezugnahme** in notariellen Urkunden auf andere Urkunden, was zur Nichtigkeit vieler Bauträgerverträge führte. Auch diesmal glättete der Gesetzgeber die Wogen[30].

Das zum 1. 4. 1977 in Kraft getretene **AGB-Gesetz**[31] gab außerdem eine klare Grundlage für die Inhaltskontrolle der Bauträgerverträge. Mit diesem Instrumentarium konnte die Rechtsprechung den vielfältigen Versuchen der Anbieter, sich von der Gewährleistung freizuzeichnen, entgegenwirken. Unter Heranziehung der Maßstäbe des AGBG hatte der BGH nicht zuletzt entschieden, dass die Verkürzung der Gewährleistungsfrist durch die Vereinbarung von § 13 VOB/B unwirksam ist[32]. 20 Jahre später wurde die **EG-Richtlinie** über missbräuchliche Klauseln in Verbraucherverträgen (Nr. 93/13 EWG) durch die Novelle des AGBG umgesetzt[33]. Die Änderung bestätigt die von der Rechtsprechung ohnehin schon vorgezeichnete Inhaltskontrolle auch von individuell abgeschlossenen Bauträgerverträgen.

Der Erfolg dieser Erwerbsform zeigt sich in ihrer heutigen Verbreitung: War die Bauträgerschaft – aufgrund des zeitweise erdrückenden Booms der Bauherrenmodelle – deutlich zurückgegangen, so lässt sich nun feststellen, dass die meisten Eigentumswohnungen lange wieder im Wege der Bauträgerschaft errichtet werden. Folgerichtig wurde der überwiegende Teil der in den **neuen Ländern** neu entstandenen Wohnungen von Bauträgern geschaffen. Und die damit verbundenen Probleme beruhten wieder einmal auf steuerrechtlichen Vorgaben, nämlich der Möglichkeit zur Sonderabschreibung nach § 4 Fördergebietsgesetz. Um sofort in den Genuss der Sonderabschreibungen zu kommen, wurde die Vergütung – gesichert durch Bürgschaften nach § 7 MaBV – vorausbezahlt und jegliches Leistungsverweigerungsrecht aus der Hand gegeben. Die Rechtspre-

---

[23] Verordnung v. 20. 6. 1974, BGBl. I S. 1314; vgl. *Marks*, Vorbem., Rdn. 1.
[24] *Reithmann*, WM 1986, 377 (378).
[25] BGBl. I S. 1110.
[26] Vgl. hierzu etwa *Marcks*, DNotZ 1975, 389 (390) und *Brandt*, BauR 1976, 21 (27).
[27] Urteil v. 29. 10. 1976, NJW 1977, 146.
[28] Gesetz zur Änderung sachenrechtlicher Vorschriften v. 22. 6. 1977, BGBl. I S. 1000; vgl. *Reithmann*, WM 1986, 377 (379).
[29] BGH v. 23. 2. 1979, NJW 1979, 1495; BGH v. 6. 4. 1979, NJW 1979, 1496; BGH v. 27. 4. 1979, NJW 1979, 1489.
[30] Gesetz zur Änderung und Ergänzung beurkundungsrechtlicher Vorschriften v. 20. 2. 1980, BGBl. I S. 157; vgl. *Reithmann*, WM 1986, 377 (379).
[31] Gesetz v. 9. 12. 1976, BGBl. I S. 3317.
[32] Vgl. BGH v. 10. 10. 1985, NJW 1986, 315; dazu bereits *Brych*, MDR 1978, 180; *Doerry*, ZfBR 1980, 166; *ders.*, ZfBR 1982, 189.
[33] Gesetz v. 19. 7. 1997, BGBl. I S. 1013.

chung hat mit einer entsprechend weiten Auslegung des Sicherungszwecks der nach § 7 MaBV gegebenen Bürgschaften geantwortet (vgl. unten Rdn. 354).

23 Um den Anforderungen des **Altschuldenhilfegesetzes** gerecht zu werden, mussten Tausende von Wohnungen aus dem Altbestand der Wohnungsunternehmen und Genossenschaften privatisiert werden. Die vom Gesetz geforderte Überführung der Wohnungen in die Mieterhand erwies sich in der Praxis als äußerst schwierig[34]. Es hatte sich schnell gezeigt, dass die ohnehin nur schwer absetzbare Altsubstanz allenfalls zum Festpreis im Zwischenerwerbermodell an die Mieter oder an Dritte veräußert werden kann. Die zur Entschuldung erforderliche (mieternahe) Privatisierung des Altbestandes wurde deshalb, wenn sie mit Sanierungsleistungen verknüpft war, zum nicht unerheblichen Teil durch Zwischenerwerber in Bauträgerschaft verwirklicht[35]. Die **Altbausanierung** durch den Bauträger oder in Modellform kann in den neuen Bundesländern auch zukünftig eine herausgehobene Rolle spielen. Das hängt heute nicht mehr mit den Privatisierungen zur Entschuldung nach dem Altschuldenhilfegesetz zusammen, sondern beruht auf dem nach wie vor vorhandenen Instandsetzungsbedarf und den für die Sanierung immer noch gewährten steuerlichen Anreizen.

24 Während die Bautätigkeit in den alten Bundesländern schon seit geraumer Zeit in ruhigen Bahnen verläuft, führte das Überangebot an Wohnraum und Gewerbeimmobilien nun auch in den neuen Ländern zur Stagnation. Der Absatz von Bauträgerobjekten wird durch die erschwerten Finanzierungsmöglichkeiten zusätzlich behindert. Die Bedingungen für die Beschaffung von Zwischenfinanzierungen für mittlere und kleinere Unternehmen haben sich zusehends verschlechtert – und werden sich nach der vollständigen Umsetzung der Eigenkapitalrichtlinien der Banken (Basel II)[36] und auf dem Hintergrund der Finanzkrise noch weiter verschlechtern. Bürgschaften zur Sicherung von Abschlagszahlungen nach § 7 MaBV werden von den Banken wegen des weiten Sicherungszwecks dieser Bürgschaften praktisch nicht mehr ausgereicht – ein zusätzliches Hemmnis. Die gegenwärtige Phase ist deshalb nicht nur im Bauhandwerk und in der Bauindustrie, sondern auch in der Bauträgerschaft von einer durchgreifenden Marktbereinigung gekennzeichnet.

25 Die rechtliche Entwicklung war in dieser Zeit vor allem von der Schuldrechtsreform und der Schaffung einer gesetzlichen Grundlage für Abschlagszahlungen im Werkvertragsrecht sowie der parallel dazu verlaufenden Diskussion über die Vereinbarkeit des Bauträgervertrages mit diesen Normen und dem Gemeinschaftsrecht, nämlich der Klauselrichtlinie, gekennzeichnet.

Mit Wirkung zum 1. 1. 2002 trat das Gesetz zur **Schuldrechtsmodernisierung**[37] in Kraft. Sie ist für den Bauträgervertrag von großer Bedeutung. Die Auswirkungen der Änderungen auf den Bauträgervertrag sind auch heute noch nicht abschließend geklärt. An dieser Stelle sei beispielhaft auf die unterschiedlichen Auffassungen zur Einheitlichkeit der Verjährungsfrist des Vergütungsanspruchs, zum Umfang der Beschaffenheitsvereinbarung bei der Sachmängelhaftung, zum Inhalt der Abnahme der Bauträgerleistung und zur Anwendung von Werk- bzw. Kaufvertragsrecht auf die Veräußerung bereits hergestellter Objekte hingewiesen.

26 Der mit dem Gesetz zur Beschleunigung fälliger Zahlungen[38] eingeführte § 632a BGB, durch den beim Werkvertrag ein gesetzlicher Anspruch auf Abschlagszahlungen

---

[34] *Seuß*, WE 1997, 257; *Kern*, WE 1997, 19; *dies.*, WE 1998, 133.
[35] Vgl. *Seuß*, WE 1997, 257 (260); *Cremer*, WE 1997, 177; *Kern*, WE 1998, 133, 139.
[36] Vgl. *v. Heymann*, FS Thode, S. 259.
[37] Gesetz zur Modernisierung des Schuldrechts v. 26. 11. 2001, BGBl. I S. 3138.
[38] Gesetz v. 30. 3. 2000, BGBl. I S. 330.

eingeführt wurde, ist durch das **Forderungssicherungsgesetz**[39] mit Wirkung zum 1. 1. 2009 nachgebessert worden. Die zivilrechtliche Grundlage für Abschläge beim Bauträgervertrag ist nunmehr unmittelbar im Werkvertragsrecht des BGB geregelt (§ 632a Abs. 2 BGB), wenn auch nur als gesetzliche Verweisung. Ob damit die in der Wissenschaft vorgetragenen Zweifel an der Vereinbarkeit der im wesentlichen durch eine Auflassungsvormerkung gesicherten Abschlagszahlungen mit dem Gemeinschaftsrecht (Klauselrichtlinie) geklärt sind, wird die zukünftige Diskussion zeigen (vgl. Rdn. 202f.).

Die Rechtsprechung hat vor allem die Bedeutung der MaBV als öffentlich-rechtliche Ge- und Verbotsnorm, der keine unmittelbare privatrechtliche Wirkung zukommt, herausgearbeitet. Parallel zur Änderung des **Wohnungseigentumsgesetzes**[40], mit der in § 10 Abs. 6 Satz 3 WEG eine gesetzliche Zuständigkeit der Wohnungseigentümergemeinschaft für die gemeinschaftsbezogenen Rechte geschaffen wurde, hat der BGH[41] ebenfalls in diesem Sinn – noch zum alten Recht – judiziert, und damit die Zuständigkeitsfragen im wesentlichen geklärt.

Dass der Bauträgervertrag mehr denn je die Rechtsform für die Veräußerung neu hergestellter Wohnimmobilien ist, lässt sich auch daran ablesen, dass von der Bundesnotarkammer[42] ein Vorschlag zur Kodifizierung des Bauträgervertrags im BGB ausgearbeitet wurde und ein ähnliches Projekt vom Baugerichtstag[43] im Rahmen des dort erörterten Baugesetzbuchs verfolgt wird. Im Mittelpunkt der Überlegungen steht vor allem das Ziel, **Sicherungslücken des Vormerkungsmodells** (Rdn. 202f.) zu beseitigen. Im Rahmen entsprechender Vorschriften im BGB wird eine Vorleistungspflicht des Bauträgers bis zur Fertigstellung vorgeschlagen. Der Erwerber würde die Vergütung erst bei Fertigstellung entrichten, wobei der Vergütungsanspruch durch eine Zahlungsbürgschaft abzusichern wäre. Alternativ kämen Abschlagszahlungen gegen Übergabe einer Sicherheit, die etwaige Rückzahlungsansprüche absichert, in Betracht[44].

III. Bauherrenmodelle und geschlossene Fonds

Mit Fug und Recht lässt sich sagen, dass sich mit der Bauträgerschaft in wirtschaftlicher und rechtlicher Hinsicht eine „fortschrittliche" Erwerbsform entwickelt hatte. Diese Bau- und Vertriebsform ermöglichte eine „industrielle" Wohnungsproduktion und zugleich eine breite Eigentumsstreuung in Bevölkerungsschichten mit geringeren Einkünften. Die nötige Sicherheit für diese Art von Massengeschäften boten weitgehend standardisierte notarielle Verträge, also ein festes und überschaubares rechtliches Korsett. In den 70er Jahren wurde nun eine Erwerbsform propagiert, die im Gegensatz dazu einen deutlichen Rückschritt darstellte: das Bauherrenmodell. Es war die Rückkehr zur Bauherrentätigkeit des einzelnen Wohnungserwerbers ohne Festpreis, aber bei vollem Bauherrenrisiko, also die Rückkehr zu Erwerbsmethoden, die an sich überwunden schienen:

27

---

[39] Gesetz v. 23. 10. 2008, BGBl. I S. 2022.
[40] Gesetz v. 26. 3. 2007, BGBl. I S. 370.
[41] BGH v. 12. 4. 2007, NJW 2007, 1952.
[42] Ausschuss der Bundesnotarkammer für Schuld- und Liegenschaftsrecht: Diskussionsentwurf über eine Regelung des Bauträgervertrages im Bürgerlichen Gesetzbuch, BauR 2005, 1708.
[43] Vgl. Bericht des Arbeitskreises V – Bauträgerrecht, BauR 2010, 1392ff. sowie *Blank*, BauR 2010, 1394; *Jacoby*, BauR 2010, 1398; *Grziwotz*, FS Koeble, S. 297f.; *Wiesel*, FS Koeble, S. 311f.
[44] Bericht des Arbeitskreises V – Bauträgerrecht, BauR 2010, 1392ff.

A. Geschichte des Bauträgererwerbs und der Baumodelle

Junge Nationalökonomen der Kölner Universität erkannten, dass der Immobilienerwerber steuerlich weit besser steht, wenn er nicht vom Bauträger kauft, also steuerlich gesehen Ersterwerber ist, sondern wenn er vertraglich zum Bauherrn der zu erwerbenden Immobilie würde – das **Kölner Modell** war geboren. Zunächst in seiner schlichten Form ohne Treuhänder, ohne Bauherrengemeinschaft, ohne MWSt-Option, ohne Zwischenmieter usw. Der Bauträger, nunmehr „Betreuer", ließ sich vom Erwerber eine Vollmacht geben und wickelte den Bau zwar fast genauso ab wie ein Bauträger, aber pro forma immer im Namen des „Bauherrn". Auf diese Weise wurde das Interesse nicht nur von Eigennutzern oder Geldanlegern (Vermietern) am Wohnungsbau geweckt, sondern auch von Steuersparern, denen es weniger um die Immobilie, sondern vielmehr um Steuerabschreibungen ging[45].

28   Mit diesen steuerlichen Anreizen, die den Blick für die beachtlichen zivilrechtlichen Risiken[46], die tatsächlichen Kosten, den Standort, die Rentabilität und die Qualität verdeckten, konnten auch steckengebliebene Bauvorhaben aus der Zeit des ersten Bauträgerbooms wieder flottgemacht werden; denn bei Abschreibungsmodellen mangelte es ein gutes Jahrzehnt lang nicht an beachtlichen Geldzuflüssen. Das Kölner Modell wurde im Laufe der Jahre immer mehr verfeinert und steuerlich raffinierter. Auch wurden immer mehr Funktionsträger – wie etwa die Zentralfigur des **Treuhänders,** häufig ein Ehrenberufler wie Steuerberater, Wirtschaftsprüfer oder Rechtsanwalt – dazwischengeschaltet: Das Kölner Modell mauserte sich zum Bauherrenmodell.

29   Es ist mittlerweile offenkundig, dass sich das Bauherrenmodell und seine Spielarten (Ersterwerbermodell, Mietkaufmodell usw.) preispolitisch, vermögenspolitisch und verteilungspolitisch negativ auswirkten[47] – insbesondere in Ballungsgebieten wurde der **Eigennutzer** vom Markt gedrängt, da er die überhöhten Preise nicht mehr bezahlen konnte und sich die angepriesenen Steuervorteile – soweit sie überhaupt zu erzielen waren – wegen der geringeren Steuerprogression nicht deutlich auswirken konnten und die steuerliche Konzeption sowieso auf den Investor ausgerichtet war (steuerwirksame MWSt-Option, Zwischenvermietung usw.); diese Steuervorteile konnte der Eigennutzer gar nicht in Anspruch nehmen. War die Finanzverwaltung mit der – für die Steuervorteile so notwendigen – Anerkennung der Bauherreneigenschaft des Investors zunächst noch recht großzügig[48], so fing zunächst die Rechtsprechung der Finanzgerichte im Bereich des Grunderwerb-[49] und des Einkommensteuerrechts[50] an, dem Bauherrenmodell den steuerlichen Boden zu entziehen.

---

[45] Siehe hierzu die Stellungnahme der Bundesregierung v. 17. 2. 1972 (BT-Drucks. VI/3171) auf eine kleine Anfrage, in der es heißt: „Diese Werbung beruhte offensichtlich darauf, dass nach der Einengung der Sonderabschreibungsmöglichkeiten für Schiffe und Flugzeuge im Rahmen des Zweiten Steueränderungsgesetzes 1971 versucht wurde, für hochverdienende Steuerpflichtige neue Quellen zur Steuerersparnis im Zusammenhang mit der Errichtung von Eigentumswohnungen in größerem Umfang zu erschließen."

[46] Da der Bauherr via Vollmacht unmittelbarer Vertragspartner der eingeschalteten Unternehmer wurde, kam er nicht nur vollständig ins Obligo, sondern hatte gelegentlich sogar doppelt zu leisten, vgl. etwa BGH v. 18. 11. 1976, NJW 1977, 294 und BGH v. 17. 1. 1980, NJW 1980, 992.

[47] Vgl. *Beker,* FR 1980, 556 und Erwiderung durch *Quast/R. M. Wollny,* FR 1981, 264; *Michael Schneider,* SZ v. 6. 8. 1981: „... subventionsmäßige, steuerliche und steuerpolitische Perversion...", *Löwe,* SZ Nr. 120 v. 26. 5. 1981, S. 26 und *Maier-Mannhart,* in SZ Nr. 58 v. 7. 3. 1980, Bauherrenmodelle im Zwielicht, und SZ Nr. 121 v. 27./28. 5. 1981, S. 31 „Überflüssige Kosten treiben die Preise"; *Brych,* ZfgWBay 1981, 504 und in FAZ, Blick durch die Wirtschaft Nr. 203 v. 21. 10. 1982, S. 4, und Entgegnung von *Dornfeld* ebenda Nr. 208 v. 28. 10. 1982, S. 4; „Der Spiegel" Nr. 47 v. 22. 11. 1982, S. 36; *Posser,* Finanzminister NRW, SZ Nr. 146 v. 30. 6. 1982, S. 8.

[48] BMWF-Schreiben v. 31. 8. 1972, DB 1972, 1749, und Rundverfügung der OFD Hannover v. 21. 10. 1978, DB 1978, 2947.

[49] BFH v. 21. 12. 1981, DB 1982, 1602 mit Anm. *Brych,* DB 1982, 1590; BFH v. 23. 6. 1982, BB 1982, 1906; BFH v. 27. 10. 1982, BB 1983, 45 mit Anm. *Brych,* BB 1983, 122.

[50] BFH v. 22. 4. 1980, BB 1980, 1137 mit Anm. *Wollny,* BB 1980, 1139 und *Brych,* DB 1970, 1661; FG des Saarlandes v. 22. 4. 1983, BB 1984, 962 mit Anm. *Brych,* BB 1984, 262.

III. Bauherrenmodelle und geschlossene Fonds

Auch die Änderung des Steuerrechts – etwa des Grunderwerbsteuerrechts zum 1. 1. 1983 und der Fortfall der MWSt-Option – machten das Bauherrenmodell weniger attraktiv. Gleichzeitig erkannten viele Mehrfachinvestoren, dass nicht nur steuerliche, sondern auch wirtschaftliche Verluste eintreten konnten. Auch die Kreditinstitute, die Initiatoren und Anlegern lange Zeit bereitwillig Darlehen für die verschiedensten Modelle gegeben hatten, spürten die Risiken und waren nicht mehr in jedem Fall bereit, Kredite zur Verfügung zu stellen.

Erlebte das Bauherrenmodell im Jahre 1982 noch einen Boom, so setzte danach **30** aufgrund der geschilderten Umstände eine deutliche Abschwungphase ein. Auch das Bauträgermodell[51], das steuerliche Elemente des Bauherrenmodells mit dem regulären Bauträgererwerb verband, konnte sich nicht mehr durchsetzen.

Einen vorläufigen Endpunkt in der Geschichte der Baumodelle stellt das **Generalübernehmermodell**[52] dar. Das Generalübernehmermodell konnte im Bereich des Geschosswohnungsbaus jedoch keine Bedeutung erlangen; Einfamilien- und Reihenhäuser werden allerdings bisweilen in dieser Form angeboten. Dabei sind die vom Anbieter erhofften Haftungserleichterungen bzw. -freizeichnungen ebenso wenig möglich, wie sich die dem Erwerber vielleicht in Aussicht gestellten Steuervorteile verwirklichen lassen (im Einzelnen Rdn. 1460 f.). Zum Teil wird dem Generalübernehmermodell eine Renaissance vorausgesagt, weil der Erwerber auf eigenem Grund baut[53].

Geschlossene Immobilienfonds sind wegen ihrer rechtlich anderen Konstruktion **31** gesondert zu erwähnen. Als Anlageform haben sie neben den Bauherrenmodellen stets einen Markt gehabt, ihre Bedeutung ist allerdings aus steuerrechtlichen Gründen ebenso deutlich zurückgegangen wie die der anderen Baumodelle.

---

[51] Vgl. ausführlich *Brych*, BB 1983, 737.
[52] *Brych/Pause*, NJW 1990, 545; *Reithmann,* WM 1987, 61; *Koeble,* Rechtshandbuch Immobilien, Kap. 10 Rdn. 74 ff.
[53] *Grziwotz*, FS Koeble, S. 297 (306).

B. Der Bauträgererwerb

I. Grundlagen der Bauträgerschaft

1. Bauträgertätigkeit und verwandte Unternehmenseinsatzformen

Für die Begriffe Bauträger, Bauträgerschaft und Bauträgervertrag selbst existiert keine gesetzliche Definition. Für den Inhalt des Bauträgervertrages findet sich aber seit den Änderungen des BGB durch das Forderungssicherungsgesetz[1] in § 632a Abs. 2 BGB eine Legaldefinition. In dieser neuen Vorschrift werden – um die Voraussetzungen für Abschlagszahlungen zu normieren – die Merkmale des Bauträgervertrages beschrieben, ohne ihn dabei aber selbst so zu bezeichnen. Im Gegenteil: Die Vertragsparteien (Bauträger und Erwerber) werden der allgemeinen werkvertraglichen Terminologie folgend Unternehmer und Besteller genannt. Dem Inhalt nach handelt es sich bei § 632a Abs. 2 BGB aber um Bauträgerschaft, wenn der Vertrag **32**
– die Errichtung oder den Umbau eines Hauses oder eines vergleichbaren Bauwerks zum Gegenstand hat und
– zugleich die Verpflichtung des Unternehmers enthält, dem Besteller das Eigentum an dem Grundstück zu übertragen oder ein Erbbaurecht zu bestellen oder zu übertragen[2].

Danach besteht das Hauptmerkmal der unternehmerischen Leistung in der Bauleistung und der Übereignung des Baugrundstücks, und zwar aufgrund ein und desselben Vertrages[3]. Wesentliches Merkmal des Bauträgervertrags ist dabei, dass der Erwerber neben dem Grundstück sämtliche Planungs- und Bauleistungen **aus einer Hand** erhält. Es ist ihm deshalb weder in der Erfüllungsphase noch bei der Geltendmachung von Mängelrechten zuzumuten, sich wegen seiner Rechte auf die Nachunternehmer des Bauträgers verweisen zu lassen[4].

Über die Ausgestaltung und den Umfang der vom Unternehmer zu erbringenden Leistungen ist damit noch nichts gesagt. Als geschuldete Leistung ist eine schlüsselfertige Leistung ebenso möglich wie etwa ein Ausbauhaus. Ebenso wenig lassen sich aus dieser Definition Rückschlüsse auf die Art der Vergütung ziehen (z.B. Festpreis, Abrechnungsvertrag usw.). Zwar ist beim Geschosswohnungsbau die Vereinbarung einer schlüsselfertigen Leistung zu einem Pauschalfestpreis verbreitet; andere Vertragsgestaltungen sind aber ebenfalls möglich.

Für den Bauträgervertrag wird nicht vorausgesetzt, dass der Bauträger sämtliche **33** oder auch nur einen Teil der **Bauleistungen selbst erbringt.** Wenn es sich beim Anbieter um ein Unternehmen der Baubranche handelt, wird er für gewöhnlich einen Teil der Bauleistungen, z.B. den Rohbau, selbst ausführen, die übrigen Arbeiten aber an Subunternehmer vergeben. Bauträger ist aber auch derjenige, der sämtliche Pla-

---

[1] Gesetz zur Sicherung von Werkunternehmeransprüchen und zur verbesserten Durchsetzung von Forderungen (Forderungssicherungsgesetz – FoSiG) v. 23. 10. 2008, BGBl. I S. 2022.
[2] Inhaltlich entspricht dies § 1 der Verordnung über Abschlagszahlungen bei Bauträgerverträgen v. 23. 5. 2001, BGBl. I S. 981; vgl. im übrigen zum typischen Inhalt des Vertrages *Basty,* Rdn. 1.
[3] *Basty,* Rdn. 15; *Blank,* Rdn. 6; *Riemenschneider* in Grziwotz/Koeble, 3. Teil, Rdn. 1.
[4] Dieser Gedanke wird vom BGH bei der Beurteilung von sog. Subsidiaritätsklauseln als Natur des Vertrages herausgestellt, vgl. BGH v. 21. 3. 2002, NJW 2002, 2470 = NZBau 2002, 495 = BauR 2002, 1385.

B. Der Bauträgererwerb

nungs- und Bauleistungen von Dritten ausführen lässt, sofern er sich nur im vorstehend beschriebenen Sinn umfassend gegenüber dem Erwerber verpflichtet.

Von einer Bauträgertätigkeit ist auch dann auszugehen, wenn das Unternehmen (noch) nicht selbst Eigentümer des Baugrundstücks ist. Es genügt daher, wenn es sich **zur Eigentumsverschaffung verpflichtet.** Gedacht sei etwa an die Fälle, in denen der Bauträger sich das Grundstück zwar gesichert hat, aber noch nicht Eigentümer geworden ist. Es mag zwar eine Auflassungsvormerkung eingetragen, die Auflassung selbst aber noch nicht vollzogen sein. Denkbar ist auch, dass der Bauträger gar nicht selbst Eigentümer wird, also ein Durchgangserwerb nicht stattfinden soll[5]; entscheidend dürfte auch hier sein, dass er sich selbst zur Übereignung verpflichtet und diese Verpflichtung nicht von einem Dritten übernommen wird[6] (vgl. auch Rdn. 45 f.).

34 Wesensmerkmal ist also, dass der Erwerber von seinem Vertragspartner das Eigentum samt Wohnung oder Haus aus einer Hand erhält. Die Kehrseite dieser Verpflichtung: Der Bauträger errichtet das Objekt als **Bauherr** auf eigene Rechnung, auf eigenes Risiko und in der Regel auf eigenem Grund. Er ist Herr des Baugeschehens, besorgt die erforderlichen Baugenehmigungen und vergibt die Planungs- und Bauleistungen im eigenen Namen. Er trägt das Bauherrenrisiko, das sich etwa in unvorhergesehenen Preissteigerungen, Schwierigkeiten bei der Bauausführung, in Altlasten (schädlichen Bodenveränderungen i. S. d. BBodenSchG), einer Inanspruchnahme aufgrund des Arbeitnehmerentsendegesetzes[7] usw. verwirklichen kann. Da er für die Ausführung des Vorhabens Vermögenswerte der Erwerber verwendet, entspricht dieser Bauträgerbegriff zugleich dem des Gewerberechts in § 34c Abs. 1 Satz 1 Nr. 4a GewO[8] (vgl. unten Rdn. 41 f.).

35 Von der Bauträgerschaft ist die **Baubetreuung**[9] zu unterscheiden. Der Baubetreuer handelt im fremden Namen, auf fremde Rechnung; er hat über die von ihm verwendeten Mittel seines Auftraggebers Rechnung zu legen. Der Auftraggeber des Baubetreuers ist der Bauherr, der das Objekt in aller Regel auf seinem Grund errichten lässt. Baubetreuung wurde vornehmlich in den 50er und 60er Jahren von den gemeinnützigen Wohnungsunternehmen betrieben. Sie kommt bei der Errichtung von gewerblichen Objekten in der einen oder anderen Form auch heute noch vor.

36 Eine Vielzahl von Bauträgern hat sich in den Zeiten der **Bauherrenmodelle** als Baubetreuer betätigt, um die Bauherreneigenschaft in die Sphäre des Erwerbers zu verlagern. Das ändert nichts daran, dass bei der Durchführung von Bauherrenmodellen keine Bauträgertätigkeit vorliegt. An der aus steuerlichen Gründen bewusst vorgenommenen Vertragsaufspaltung – auch wenn dies mit mancherlei privatrechtlichen Nachteilen verbunden ist – müssen sich die Beteiligten festhalten lassen. Unter dem Begriff „Bauherrenmodelle" werden hier sämtliche Vertragsgestaltungen zusammengefaßt, bei denen der Erwerb in verschiedene Verträge aufgespalten wird und der Anleger mehreren Vertragspartnern gegenübersteht, zumeist vermittelt durch einen zentralen Vertreter (Treuhänder, Baubetreuer)[10]. Darauf, ob dies (auch) steuerrechtlich motiviert ist, kommt es dabei nicht an (vgl. unten Rdn. 1100 ff.).

37 Die Tätigkeit der **Generalübernehmer** bzw. **Generalunternehmer**[11] ist auf die komplette Herstellung eines Gebäudes gerichtet, zumeist schlüsselfertig und zu einem

---

[5] OLG Koblenz v. 5. 5. 2003, BauR 2003, 1410 (1411) = NJW-RR 2003, 1173; *Eue*, Münchener Vertragshandbuch, I. 30 Anm. 2; *Warda*, MittBayNot, 1988, 1 (3).
[6] A. A. wohl *Basty*, Rdn. 122.
[7] Vgl. *Harbrecht*, BauR 1999, 1376.
[8] BGH v. 26. 1. 1978, NJW 1978, 1054; vgl. *Marcks*, § 34c GewO Rdn. 43 ff.
[9] *Marcks*, § 34c GewO Rdn. 48 ff.
[10] *Kniffka/Koeble*, 11. Teil, Rdn. 11 f., 23 f. sehen die Baumodelle als Oberbegriff für sämtliche Erwerbsformen mit Bauverpflichtung, ordnen ihnen also auch den Bauträgererwerb unter.
[11] Vgl. *Ingenstau/Korbion*, VOB, Anh. Rdn. 160, 174 ff.

I. Grundlagen der Bauträgerschaft

Festpreis[12]. Der Generalübernehmer bringt keine eigenen Bauleistungen, sondern vergibt die Arbeiten an Subunternehmer. Der Generalunternehmer führt einen Teil der Leistungen (z. B. den Rohbau) selbst aus und schaltet im übrigen Nachunternehmer ein. Insoweit besteht eine Parallele zum Bauträgervertrag. Ob der Bauträgervertrag deshalb als eine besondere Kategorie des Generalunternehmervertrages bezeichnet werden kann[13], erscheint aber zweifelhaft; die Besonderheit des Bauträgervertrages, das Eigentum am Baugrund verschaffen zu müssen, käme bei dieser Einordnung zu kurz. Entscheidend ist, dass der Generalübernehmer bzw. -unternehmer auf dem Grundstück seines Auftraggebers baut. Bei dieser Gestaltung ist der Auftraggeber und nicht der Unternehmer Bauherr, der Unternehmer also auch nicht Bauträger. Eine Bauträgertätigkeit liegt auch dann nicht vor, wenn der Generalübernehmer auf einem vom Bauherrn gleichzeitig erworbenen Grundstück baut, das dem Auftraggeber vom Generalübernehmer oder einem mit ihm verbundenen Unternehmen vermittelt wurde; zum Generalübernehmermodell im einzelnen Rdn. 1460.

2. Terminologie

Der Begriff „Bauträgerschaft" ist weit jünger als das, was mit ihm bezeichnet wird. **38** Das ist auch die Ursache für die allseits beklagte und zum Teil heute noch nicht überwundene „babylonische Sprachverwirrung"[14]. Die Herkunft der Bauträgerschaft aus der Branche der Baubetreuer führte in den 60er Jahren zu den Bezeichnungen „Kaufanwärtervertrag" und „Baubetreuung im weiteren Sinn"[15] – in Abgrenzung zur „Baubetreuung im engeren Sinn", mit der die nach wie vor ausgeübte eigentliche Baubetreuung bezeichnet wurde. Der Vertragspartner jenes „Baubetreuers im weiteren Sinn" war der „Kaufanwärter" bzw. „Siedler", später der „Bewerber".

Die Begriffe „Kaufvertrag", „Verkäufer" und „Käufer" wurden und werden vor allem in der Kautelarpraxis verwendet[16], obwohl der Charakter des Rechtsgeschäfts **39** hiermit wegen der werkvertraglichen Komponente nur unvollständig getroffen wird, ganz abgesehen davon, dass dem Bauträgervertrag durch die unzutreffende Bezeichnung die rechtliche Qualität eines Kaufvertrages nicht verliehen werden kann[17].

Heute haben sich „Bauträgervertrag", „Bauträger" und „Erwerber" in Literatur[18] **40** und Rechtsprechung[19] weitgehend durchgesetzt. Durch diese Bezeichnungen wird sowohl vom Kaufvertrag wie auch von allen anderen Vertragsgestaltungen, bei denen der Erwerber selbst Bauherr ist, insbesondere den Baumodellen, hinreichend Abstand gehalten. Diese Terminologie sollte deshalb verwendet werden[20], wenngleich eine unzutreffende Bezeichnung des Bauträgervertrages etwa als „Kaufvertrag" nichts an der

---

[12] BGH v. 27. 6. 2002, NJW 2002, 3704 = NZBau 2002, 561 = BauR 2002, 1544.
[13] BGH v. 21. 3. 2002, NJW 2002, 2470 = NZBau 2002, 495 = BauR 2002, 1385; vgl. dazu *Basty*, Rdn. 1.
[14] *Koeble*, NJW 1974, 721; *Locher*, NJW 1967, 326.
[15] Vgl. *Locher/Koeble*, Rdn. 5; *Koeble*, Rechtshandbuch Immobilien, Kap. 15, Rdn. 3.
[16] *Eue*, Münchener Vertragshandbuch, I. 30, bezeichnet den Vertrag als „Kaufvertrag mit Bauverpflichtung", die Vertragsparteien als „Verkäufer" und „Käufer"; *Basty*, Rdn. 1172, spricht vom „Bauträgervertrag", vom „Veräußerer" und „Erwerber" und vom „Kaufpreis"; *Blank*, Rdn. 44 ff. bezeichnet die Parteien des „Bauträgervertrages" als „Bauträger" und „Erwerber" und die Vergütung als „Erwerbspreis"; *Reithmann* in *Reithmann/Meichssner/v. Heymann*, B Rdn. 38, empfiehlt bei seinen Formulierungsvorschlägen die Verwendung der Parteibezeichnungen „Bauträger" und „Erwerber".
[17] BGH v. 5. 4. 1979, NJW 1979, 1406 (1407); *Doerry*, WM-Beilage 8/1991, 4.
[18] *Blank*, Rdn. 8; *Basty*, Rdn. 16; *Riemenschneider* in Grziwotz/Koeble, 3. Teil, Rdn. 1 f.; *Kniffka/Koeble*, 11. Teil, Rdn. 21 f.
[19] BGH v. 20. 11. 1980, NJW 1981, 757.
[20] So schon *Doerry*, ZfBR 1982, 189 (190); *ders.*, WM-Beilage 8/1991, 5.

rechtlichen Qualifikation und den Rechtsfolgen zu ändern vermag[21]. Der in der Praxis heute verbreiteten Terminologie steht nicht entgegen, dass die Vertragsparteien des Bauträgervertrages in § 632a Abs. 2 BGB als Besteller und Unternehmer bezeichnet werden, weil das gesetzliche Werkvertragsrecht den Besonderheiten des Bau- und Bauträgerrechts ohnehin kaum Rechnung trägt.

3. Bauträgertätigkeit i. S. v. § 34 c GewO

a) Öffentlich-rechtliche Ge- und Verbote

41 Um Unregelmäßigkeiten und Übervorteilungen der Kunden bei der Grundstücksvermittlung und der Abwicklung von Bauvorhaben zu unterbinden, wurde die Gewerbeordnung mit dem Änderungsgesetz vom 16. 8. 1972[22] um den § 34c GewO erweitert. Der Schutz vor unseriösen Anbietern sollte durch eine **Berufszugangsregelung** erreicht werden: Gewerbetreibende, die sich als unzuverlässig erwiesen haben oder deren Vermögensverhältnisse ungeordnet sind, sollen nicht als Bauträger, Baubetreuer oder Makler tätig werden dürfen[23]. Daneben enthält § 34c Abs. 3 GewO eine Ermächtigung zur Regelung des **Berufsausübungsrechts.** Von dieser Ermächtigung wurde durch den Erlass der Makler- und Bauträgerverordnung (MaBV)[24] Gebrauch gemacht. Sie enthält unter anderem Bestimmungen über Buchführungs-, Aufzeichnungs-, Informations-, Auskunfts- und Prüfungspflichten[25], vor allem aber auch Bestimmungen über die Sicherung der Vermögenswerte, die dem Gewerbetreibenden vom Auftraggeber für die Vertragsabwicklung überlassen werden. Der Schutz durch § 34c GewO und die MaBV ist also zweigleisig:
– Der Gewerbetreibende, der sich als Bauträger betätigen möchte, benötigt eine **gewerberechtliche Erlaubnis** und unterliegt gewissen Berufsausübungsbestimmungen.
– Die MaBV sieht **Mindeststandards** vor, von denen bei der Vertragsgestaltung und -abwicklung nicht zu Lasten des Vertragspartners abgewichen werden darf.

42 Zum Rechtscharakter der MaBV hat der BGH[26] klargestellt, dass die MaBV ausschließlich **öffentlich-rechtliche Ge- und Verbote** enthält, die sich an den Gewerbetreibenden richten; sie sind bei der Vertragsgestaltung und Vertragsabwicklung zu beachten. Vertragsbestimmungen, die gegen die MaBV verstoßen, führen zur Unwirksamkeit nach § 12 MaBV i. V. m. § 134 BGB. Allerdings hat der Gesetzgeber den §§ 3 und 7 MaBV auch **privatrechtliche Geltung** verschafft, und zwar zunächst durch die Verordnung über Abschlagszahlungen bei Bauträgerverträgen vom 23. 5. 2001[27] – auf Grundlage des Gesetzes zur Beschleunigung fälliger Zahlungen vom 30. 3. 2000[28] – und heute zusätzlich auf der Basis des durch das Forderungssicherungsgesetz vom 23. 10. 2008[29] neu gefassten § 632a Abs. 2 BGB.

b) Die Erlaubnis nach § 34c GewO

43 *aa) Gewerbsmäßigkeit.* Die Antwort darauf, ob eine erlaubnispflichtige Bauträgertätigkeit i. S. v. § 34c GewO vorliegt, entscheidet zugleich darüber, ob die Sicherungs-

---

[21] BGH v. 5. 4. 1979, NJW 1979, 1406; BGH v. 10. 5. 1979, NJW 1979, 2207.
[22] BGBl. I S. 1465 (§ 34c GewO ist im Anhang IV wiedergegeben).
[23] Im Einzelnen vgl. *Marcks,* § 34c GewO Rdn. 1 ff.; *Pause,* Rechtshandbuch Immobilien, Kap. 10 Rdn. 1 ff.
[24] Der Wortlaut ist im Anhang V wiedergegeben.
[25] *Koeble,* Rechtshandbuch Immobilien, Kap. 12 Rdn. 9 ff.; *Pause,* Rechtshandbuch Immobilien, Kap. 11 Rdn. 38 ff.; *Marcks,* insbesondere § 16 MaBV Rdn. 1 ff.
[26] BGH v. 22. 12. 2000, NZBau 2001, 132 = NJW 2001, 818 = BauR 2001, 391.
[27] BGBl. I S. 981.
[28] BGBl. I S. 330.
[29] BGBl. I S. 2022.

I. Grundlagen der Bauträgerschaft

pflichten der MaBV für die abzuschließenden Verträge einzuhalten sind. Die Erlaubnispflicht wird vom Gesetz nicht am Begriff „Bauträger", sondern an der von § 34c Abs. 1 Satz 1 Nr. 4a GewO beschriebenen gewerblichen Tätigkeit festgemacht: Danach bedarf derjenige einer Erlaubnis, der gewerbsmäßig „Bauvorhaben als Bauherr im eigenen Namen für eigene oder fremde Rechnung vorbereiten oder durchführen und dazu Vermögenswerte von Erwerbern verwenden will".

Gewerbsmäßigkeit liegt bei einer erlaubten, selbständigen, auf Erzielung von Gewinn gerichteten und nicht nur gelegentlich ausgeübten Tätigkeit vor, sofern es sich nicht um die Verwaltung eigenen Vermögens, die Urproduktion oder die Ausübung eines freien Berufs handelt[30]. Im Allgemeinen werden bei Bauträgerunternehmen keine Zweifel an der Gewerbsmäßigkeit bestehen. Das kann aber dann anders sein, wenn eine scheinbar private Tätigkeit vorliegt, die aufgrund ihrer Intensität doch als gewerblich zu werten ist. Da sich die Frage im Steuerrecht ebenso stellt, dort aber weit häufiger erörtert wird[31], orientiert sich die Abgrenzung der privaten Vermögensverwaltung von der gewerbsmäßigen Tätigkeit an der steuerrechtlichen Beurteilung[32]. Nach der im Steuerrecht entwickelten Drei-Objekt-Grenze wird Gewerblichkeit angenommen, wenn mehr als drei Objekte veräußert werden und sich der Kauf innerhalb von fünf Jahren bewegt[33]. Gewerbsmäßigkeit kann in Erweiterung dieser Formel auch dann vorliegen, wenn innerhalb von fünf Jahren nur drei Objekte veräußert wurden, im Anschluss daran aber eine erhebliche Anzahl weiterer Veräußerungen hinzukommt[34]. Bei Großobjekten (z.B. Errichtung und Veräußerung einer Einkaufspassage) kann aber auch die Veräußerung nur eines Objekts zur Annahme der Gewerblichkeit führen[35]. Die Finanzverwaltung geht im übrigen davon aus, dass bei der bloßen Umwandlung von Miet- in Eigentumswohnungen mit anschließender Veräußerung und der Parzellierung und Veräußerung unbebauter Grundstücke private Vermögensverwaltung vorliegt[36]. Auf dieser Linie bewegen sich dann auch die Instanzgerichte. Danach wird Gewerbsmäßigkeit bei der Errichtung und Veräußerung von vier Häusern mit 21 Wohnungen in vier Jahren angenommen[37], bei der Errichtung von sechs Reihenhäusern mit Veräußerungsabsicht[38] und beim Bau von mehreren Wohnhäusern in drei Komplexen innerhalb von drei Jahren[39]. Wegen der sehr differenzierten Rechtsprechung zur Gewerblichkeit kann es im Einzelfall zweifelhaft sein, ob eine in den Schutzbereich des § 34c GewO fallende Bauträgertätigkeit vorliegt, ob in der Folge also die Vorschriften der §§ 3, 7 MaBV einzuhalten sind. Soweit man sich an den grundlegenden Entscheidungen des BFH orientiert, wird man sagen können, dass die Errichtung und Veräußerung von maximal drei Wohnungen oder Einfamilienhäusern innerhalb von fünf Jahren tatsächlich außerhalb des Anwendungsbereichs der MaBV liegt[40], während bei größeren Objekten, mag es sich dabei auch um eine geringere Anzahl an Veräußerungen oder sogar nur um einen einzigen Veräußerungsvorgang handeln[41], die MaBV anzuwenden sein dürfte. Soweit dies bei

---

[30] *Marcks*, Rdn. 7.
[31] Vgl. Schreiben des BMF v. 26.3.2004, DStR 2004, 632 = MittBayNot 2004, 386.
[32] *Marcks*, Rdn. 7; *Koeble*, Kap. 10 Rdn. 73a; *Basty*, Rdn. 108f.; *Riemenschneider* in Grziwotz/Koeble, 3. Teil, Rdn. 112.
[33] BFH v. 6.4.1990, NJW 1990, 3232; BFH v. 17.6.1998, NJW 1999, 166; BFH v. 7.10.2004; NJW 2005, 383.
[34] BFH v. 5.9.1990, NJW 1991, 382.
[35] BFH v. 1.12.2005, DStR 2006, 225.
[36] Schreiben des BMF v. 26.3.2004, DStR 2004, 632 = MittBayNot 2004, 386.
[37] OVG Lüneburg v. 12.1.1976, GewA 1976, 121.
[38] OLG Düsseldorf v. 14.10.1977, GewA 1978, 164.
[39] OLG Köln v. 3.5.1984, GewA 1984, 341.
[40] BFH v. 7.10.2004; NJW 2005, 383.
[41] BFH v. 1.12.2005, DStR 2006, 225.

B. Der Bauträgererwerb

der Vertragsgestaltung falsch eingeschätzt und der Vertrag abweichend von den Vorgaben der MaBV gestaltet wird, droht die Unwirksamkeit nach §§ 3, 12 MaBV[42].

44   *bb) Bauherreneigenschaft.* Die Abgrenzung zu anderen – ggf. von § 34 c GewO und MaBV freigestellten – Tätigkeiten erfolgt durch den Begriff **„Bauherr"**. Die herkömmliche Bauträgertätigkeit ist regelmäßig so angelegt, dass der Bauträger als Bauherr bezeichnet werden kann. Bauherr i. S. v. § 34 c Abs. 1 Satz 1 Nr. 4 a GewO ist nämlich derjenige, der den bestimmenden Einfluss auf die Planung und den Ablauf des gesamten Bauvorhabens hat, die Baugenehmigung im eigenen Namen beantragt und der Baubehörde gegenüber auch während der Ausführung verantwortlich zeichnet, in der Regel Eigentümer des Baugrundstücks ist[43] und sämtliche mit der Bauerrichtung verbundenen Risiken, z. B. das Baugrundrisiko, selbst trägt. Der BGH hat in diesem Sinn entschieden:

> „Der Bauherr ist ... Herr des gesamten Geschehens; er tritt nach außen im eigenen Namen auf, insbesondere auch gegenüber den Baubehörden, und ist in der Regel Eigentümer (oder sonst Berechtigter) des Baugrundstückes. Hierbei macht es keinen Unterschied, ob er selbst mehrere Bauhandwerker mit der Ausführung einzelner Gewerke und für die Architektenaufgaben einen Architekten beauftragt, oder ob er einen Generalunternehmer mit der Ausführung des gesamten Bauwerkes einschließlich Planung und Bauaufsicht betraut."[44]

45   Da eines der Kriterien für die Bauherreneigenschaft das **Eigentum am Grundstück** oder doch wenigstens die Verfügungsmacht über das Grundstück ist, stellt sich für verschiedene Vertragsgestaltungen die Frage, ob die Bauherrenstellung in jedem Falle vom Eigentum am Baugrund abhängt. Zumeist hat der Bauherr i. S. v. § 34 c GewO den Baugrund vor Ausführung der Arbeiten zu Eigentum erworben, um es sodann zusammen mit dem darauf errichteten Objekt zu veräußern. Zweifellos ist aber auch der Gewerbetreibende Bauherr, der sich zwar im Vertrag mit dem Auftraggeber zur Eigentumsverschaffung verpflichtet, aber auf einem fremden Grundstück baut, sei dies, weil es im Eigentum eines verbundenen Unternehmens oder eines Gesellschafters des Gewerbetreibenden steht, sei es, dass es noch nicht an ihn aufgelassen worden ist. Der Gewerbetreibende bleibt hier vor allem deshalb in der Rolle des Bauherrn, weil alle anderen dafür vorausgesetzten Merkmale vorliegen, da er sich zur **Lieferung des Grundstücks verpflichtet** hat und der Baugrund nicht – wie beim gewöhnlichen Bauvertrag – vom Auftraggeber zur Verfügung gestellt wird (zu den Schwierigkeiten der Sicherung des Erwerbers durch eine Auflassungsvormerkung vgl. Rdn. 232). Hierher gehört auch der vom BGH[45] entschiedene Fall, bei dem der Erwerb vom Gewerbetreibenden in einen Kauf- und einen Bauvertrag aufgespalten und nur das Grundstücksgeschäft beurkundet wird. Bei dieser Konstellation, in der der Erwerber bei Abschluss der Bauvertrages noch nicht Eigentümer des zuvor vom Gewerbetreibenden selbst erworbenen Baugrundstücks ist, wird ebenfalls von der Bauherrenstellung des Gewerbetreibenden ausgegangen.

46   Diskussionen haben allerdings die Fälle des **Erwerbs des Grundstücks von einem Dritten** ausgelöst, bei denen der Erwerber den Baugrund also nicht vom Gewerbetreibenden erwirbt[46], Fälle also, in denen der Gewerbetreibende weder auf sei-

---

[42] Vgl. *Basty*, Rdn. 109; *Riemenschneider* in Grziwotz/Koeble, 3. Teil, Rdn. 112 f.
[43] *Marcks*, § 34 c GewO Rdn. 43.
[44] BGH v. 26. 1. 1978, NJW 1978, 1054; ebenso BVerwG v. 10. 6. 1986, NJW 1987, 511; OLG München v. 26. 9. 1996, NJW-RR 1998, 352.
[45] BGH v. 22. 3. 2007, NZBau 2007, 1947; vgl. dazu *Kniffka/Koeble*, 11. Teil, Rdn. 22.
[46] Vgl. *Brych/Pause*, NJW 1990, 545; *Marcks*, § 34 c GewO Rdn. 43 ff.; *Koeble*, Rechtshandbuch Immobilien, Kap. 10 Rdn. 74 c ff.; *Reithmann*, WM 1987, 61; *Warda*, MittBayNot 1988, 1 ff.; *Reithmann/Meichssner/v. Heymann*, D Rdn. 45.

I. Grundlagen der Bauträgerschaft

nem Grund baut, noch zur Eigentumsverschaffung (fremden Grundes) verpflichtet ist. Das trifft namentlich auf den Erwerb im Wege des **Generalübernehmermodells** zu (im einzelnen Rdn. 1460f.). Wenn der Auftraggeber des Gewerbetreibenden das Grundstück von anderer Seite erwirbt, das Objekt also auf seinem Grundstück errichtet wird, fehlt eine wesentliche Voraussetzung für eine wirkliche Bauherrentätigkeit des Gewerbetreibenden, denn nunmehr bestimmt der Auftraggeber, was und durch wen gebaut wird; der Auftraggeber ist bei diesem Sachverhalt Bauherr[47].

Zum Teil wird aber angenommen, dass zur Vermeidung von Schutzlücken auch hier die Vorschriften der MaBV anzuwenden sind[48]. Andere wollen die MaBV jedenfalls dann anwenden, wenn der Gewerbetreibende nicht auf seinem Grund baut und der Auftraggeber noch kein lastenfreies Eigentum (vom Dritten) erworben hat[49]. In dieser Situation würde der Auftraggeber an den Gewerbetreibenden Vergütungen bezahlen und – mangels Eigentum am Grundstück – nicht einmal Eigentum an den eingebauten Baustoffen (gemäß §§ 946, 94 BGB) erwerben, also völlig ungesichert sein; dieser Sachverhalt wird deshalb auch als **verdecktes Bauherrenmodell** bezeichnet[50]. Dass bei der Ausführung von Bauarbeiten auf einem fremden Grundstück erhebliche Risiken bestehen, kann nicht geleugnet werden. Allein die Sorge um die damit verbundenen Gefahren kann aber nicht zu einer Anwendung der MaBV führen Sie ist weder vom Wortlaut noch vom Sinn und Zweck des § 34 c GewO gedeckt. Der Schutz durch die MaBV hängt eindeutig von der Bauherreneigenschaft des Gewerbetreibenden ab; er kann in den genannten Fällen nicht allein mit einer riskanten Vertragsgestaltung begründet werden. Da die Vorschriften der MaBV strafbewehrt sind, verbietet sich ihre analoge Anwendung auf ähnliche Sachverhalte, also solche wie das Generalübernehmermodell[51]. Soweit für diese Fälle angeführt wird, dass § 3 Abs. 1 MaBV als Voraussetzung für seine Anwendbarkeit lediglich die Übertragung von Eigentum an *einem* Grundstück (und nicht dem Grundstück des Bauträgers) formuliert[52], muss bedacht werden, dass der Verordnungstext an dieser Stelle sowohl die Verpflichtung zur Übereignung eines eigenen wie auch eines fremden Grundstücks erfassen muss, wobei sich der personelle Anwendungsbereich für die MaBV im übrigen aber aus den Tatbestandsmerkmalen des § 34 c GewO ergibt.

Für die Bauherreneigenschaft i. S. v. § 34 c GewO, also die **Bauträgereigenschaft**, 47 kommt es deshalb auf das Grundstückseigentum oder wenigstens die Verfügungsbefugnis über das Baugrundstück an. Dabei genügt es, wenn sich der Gewerbetreibende, ist er nicht selbst Eigentümer des Grundstücks, zur Übereignung des fremden Grundstücks verpflichtet. Es ist demnach wie folgt zu unterscheiden:
– Bauherr ist, wer auf eigenem Grund baut.
– Bauherr ist auch, wer auf fremdem Grund baut, dazu aber – etwa auf- grund eines eigenen Erwerbsvertrages schuldrechtlich oder dinglich – berechtigt ist und sich dem Erwerber zur Grundstücksverschaffung verpflichtet hat, mag dies auch zu gesonderter Urkunde nach Abschluss des Bauvertrages geschehen[53].

---

[47] BGH v. 26. 1. 1978, NJW 1978, 1054; ebenso BVerwG v. 10. 6. 1986, NJW 1987, 511; OLG München v. 26. 9. 1996, NJW-RR 1998, 352.
[48] *Reithmann,* WM 1987, 61 (63); *Reithmann/Meichssner/v. Heymann,* D Rdn. 49; vgl. auch VG Düsseldorf v. 5. 7. 1983, NJW 1985, 397.
[49] *Warda,* MittBayNot 1988, 1 (4); *Koeble,* Rechtshandbuch Immobilien, Kap. 10 Rdn. 74 e; *ders.,* NVwZ 1992, 1142; *Reithmann/Meichssner/v. Heymann,* D Rdn. 49 f.; auch *Basty,* Rdn. 122; *Riemenschneider* in Grziwotz/Koeble, 3. Teil, Rdn. 131 für die Fälle, in denen Grundstückserwerb und Bauvertrag rechtlich miteinander verknüpft sind; ebenso *Grziwotz/Everts,* § 1 MaBV Rdn. 21; Bauträgermerkblatt der Landesnotarkammer Bayern, im Anhang VII.
[50] *Warda,* MittBayNot 1988, 1 (4).
[51] Dazu *Kniffka/Koeble,* 11. Teil, Rdn. 35.
[52] *Basty,* Rdn. 122.
[53] BGH v. 22. 3. 2007, NZBau 2007, 1947.

B. Der Bauträgererwerb

– Bauherr ist nicht, wer auf dem Grund seines Auftraggebers baut, da regelmäßig der Auftraggeber bestimmt, was und wie gebaut wird. Dabei ist es unerheblich, ob der Auftraggeber das Grundstück kurz zuvor für das zu errichtende Bauwerk erworben hat oder schon längere Zeit Eigentümer ist.

– Bauherr ist auch nicht, wer auf fremdem Grund baut, ohne dass das Grundstück im Eigentum des Auftraggebers steht, wenn sich seine Berechtigung zur Erbringung von Bauleistungen vom Auftraggeber ableitet und die Grundstücksverschaffungsverpflichtung nicht ihn, sondern einen Dritten trifft.

48 Deshalb ist auch derjenige Bauträger i.S.v. § 34c GewO, der zwar auf fremdem Grund baut, weil sich die Auflassung an ihn verzögert (und mit dem Bau bereits begonnen werden soll) oder weil ein Durchgangserwerb beim Bauträger nicht beabsichtigt ist, der sich aber gegenüber dem Erwerber zur Eigentumsverschaffung verpflichtet hat und gegenüber dem Dritten zur Bebauung des Grundstücks berechtigt ist[54]. Dagegen ist der Gewerbetreibende dann nicht Bauträger i.S.v. § 34c GewO, wenn der Erwerber das Grundstück auf kurzem Weg von einem Dritten kauft, ganz gleich, ob der Erwerber zum Zeitpunkt der Bauausführung bereits als Eigentümer eingetragen ist oder nicht.

49 *cc) Durchführung von Bauvorhaben.* Von § 34c Abs. 1 Satz 1 Nr. 4a GewO wird des Weiteren vorausgesetzt, dass die gewerbliche Tätigkeit auf die Vorbereitung und Durchführung von **Bauvorhaben** gerichtet ist. Dazu zählen sämtliche Neubauten. Auch bei der nur teilweisen Errichtung eines Gebäudes handelt es sich um ein Bauvorhaben. Das gilt z.B. für Bauwerke, bei denen sich der Gewerbetreibende nur zur Errichtung des Rohbaus, der Zimmerer- und Dachdeckerarbeiten, der Estricharbeiten und der Rohinstallation verpflichtet, während der gesamte Ausbau dem Erwerber überlassen bleibt (Ausbauhäuser).

50 Bauvorhaben i.S.v. § 34c Abs. 1 Satz 1 Nr. 4a GewO sind schon rein begrifflich nicht auf die Erstellung von Neubauten beschränkt; es werden vielmehr auch Arbeiten an **Altbauten** erfasst. Dazu gehören etwa die vollständige Entkernung und Neuerrichtung hinter historischer Fassade, die durchgreifende Sanierung der vorhandenen Altbausubstanz, Dachgeschossausbauten[55], aber auch Teilsanierungen an solchen Bauteilen, die für den Erhalt und den Bestand der Bausubstanz von Bedeutung sind. Deshalb gilt die MaBV auch für Bauträger, die Altbauten (in Wohnungseigentum aufteilen und) bei Übernahme entsprechender Sanierungs- und Modernisierungsverpflichtungen veräußern[56]. Dass die MaBV auf die Sanierung von Altbauten anzuwenden ist, wurde durch den Verordnungsgeber mit der Änderung des § 3 Abs. 1 Satz 1 Nr. 2 MaBV bestätigt (dazu unten Rdn. 338).

51 **Unwesentliche Renovierungsarbeiten** oder Schönheitsreparaturen sind dagegen nach einhelliger Meinung, wenn auch mit unterschiedlichen Begründungen[57], keine Bauvorhaben. Die Abgrenzung zwischen Maßnahmen, die im Anwendungsbereich des

---

[54] Vgl. zu Mängelhaftung in diesen Fällen: OLG Hamm v. 21.2.2006, NJW-RR 2006, 1164; LG Berlin v. 19.10.2007, IBR 2007, 681.
[55] OLG Hamm v. 19.6.2002, MittBayNot 2003, 53.
[56] *Marcks,* § 3 MaBV Rdn. 45; *Kanzleiter,* DNotZ 1974, 542 (552); *Braun,* BB 1979, 1432 (1433); *Warda,* MittBayNot 1988, 1 (11 ff.).
[57] Vgl. *Marcks,* § 3 MaBV Rdn. 45; *Reithmann/Meichssner/v. Heymann,* B, Rdn. 118; *Basty,* Rdn. 577, hebt auf den Wert der Werkleistung in Relation zum Kaufpreis ab; ähnlich *Riemenschneider* in Grziwotz/Koeble, 3. Teil, Rdn. 789; vgl. auch *Eue,* Münchener Vertragshandbuch,, I. 32 Anm. 5, der auf Bauleistungen i.S.v. § 1 VOB/A und in Abgrenzung dazu auf den Begriff der „Instandhaltung" abstellt; *Schulze-Hagen,* BauR 1992, 320 (324), der auf die Abgrenzung des § 638 BGB zwischen Arbeiten am Grundstück und bei Bauwerken zurückgreift; *Brambring,* FWW 1991, 9 (12), will nur dann von einem Bauvorhaben sprechen, wenn sich einzelne Leistungen begrifflich unter § 3 Abs. 2 MaBV subsumieren lassen; vgl. auch *Kraczewski,* BauR 1997, 837.

I. Grundlagen der Bauträgerschaft

§ 34c Abs. 1 Satz 1 Nr. 4a GewO liegen und solchen, die nicht als Bauvorhaben anzusehen sind, ist schwierig, zumal mit der Änderung des § 632a BGB[58] durch die Einfügung des Abs. 2 ein zivilrechtlicher Begriff für relevante Altbausanierungen eingeführt wurde, der bei der Auslegung von § 34c GewO nicht außer Betracht bleiben kann. In Anlehnung an § 2 Nr. 6 HOAI gelten nach § 632a Abs. 2 BGB die Regelungen über Abschlagszahlungen beim Bauträgererwerb nicht nur bei der Errichtung eines Hauses, sondern auch bei „Umbauten". Nach § 2 Nr. 6 HOAI sind Umbauten „Umgestaltungen eines vorhandenen Objekts mit Eingriffen in Konstruktion oder Bestand". Modernisierungen i.S.v. § 2 Nr. 7 HOAI sollen in Abgrenzung dazu keine Bauvorhaben sein, und zwar ohne Rücksicht auf Umfang und Bedeutung dieser Maßnahmen. Das entscheidende Abgrenzungskriterium ist dabei der Eingriff in die Konstruktion oder den Bestand. Bei Anlegung dieses Maßstabs werden wirtschaftlich durchaus bedeutsame und finanziell aufwendige Maßnahmen nicht erfasst. Durch die Berücksichtigung dieses zivilrechtlichen Maßstabes bei § 34c GewO würde sich die Schwelle für seine Anwendung erhöhen, also ein Teil der nach bisherigem Verständnis erlaubnispflichtigen Tätigkeiten – umfassende Modernisierungen – nicht mehr erfasst. Um Wertungswidersprüche zwischen § 632a Abs. 2 BGB und § 34c GewO zu vermeiden, dürfte die Heranziehung des Umbau-Begriffs für die Auslegung des § 34c GewO aber sinnvoll sein, wenn auch nicht zu verkennen ist, dass ein Teil der Modernisierungsmaßnahmen dadurch erlaubnisfrei wird[59].

Unter Berücksichtigung der bereits früher für die Anwendung von § 34c GewO entwickelten Maßstäbe und unter Einbeziehung des Umbau-Begriffs aus § 632a Abs. 2 BGB kann von einem Bauvorhaben bei Altbauten gesprochen werden, wenn
– die Leistungen wegen ihres Umfangs oder ihrer Bedeutung für gewöhnlich von einem Architekten geplant, überwacht und abgenommen werden (auf die tatsächliche Hinzuziehung eines Architekten kommt es dabei nicht an),
– die Arbeiten eine nicht unerhebliche Vorbereitungs- und Ausführungszeit haben und
– eine Umgestaltung des Gebäudes mit wesentlichen Eingriffen in die Konstruktion oder den Bestand erfolgt[60].

Im Übrigen kann ein Bauvorhaben nicht allein deshalb verneint werden, weil für die beabsichtigten Arbeiten keine Baugenehmigung nötig ist[61]. Da heute für eine Vielzahl von Maßnahmen an Altbauten (z.B. auch Änderungen an tragenden und aussteifenden Bauteilen innerhalb von Wohngebäuden) keine Baugenehmigung benötigt wird[62], ist dies kein zuverlässiges Abgrenzungsmerkmal. Wegen des Umfangs und der Bedeutung genehmigungsfreier Arbeiten müssen sie ggf. trotzdem als Bauvorhaben gewertet werden. Umgekehrt kann auch nicht ohne weiteres aus dem Genehmigungserfordernis auf ein Bauvorhaben geschlossen werden, was sich etwa an genehmigungspflichtigen Nutzungsänderungen, die nicht notwendig mit baulichen Veränderungen verbunden sein müssen, zeigt[63].

Danach ist ein einfacher Neuanstrich des Treppenhauses oder die Erneuerung der Fensteranstriche ebenso wenig ein Bauvorhaben i.S.v. § 34c GewO wie eine Fassadensanierung (z.B. Betonsanierung mit Fassadenanstrich). Soweit vom Veräußerer nur Modernisierungs- bzw. Renovierungsarbeiten zu erbringen sind, die nicht als Bauvor-

52

---

[58] Forderungssicherungsgesetz – FoSiG v. 23. 10. 2008, BGBl. I S. 2022.
[59] *Pause,* BauR 2009, 898 (904).
[60] *Pause,* NZBau 2000, 234.
[61] So aber *Warda,* MittBayNot 1988, 1 (12).
[62] Vgl. z.B. Art. 57 Abs. 6, 58 BayBO.
[63] *Marcks,* § 3 MaBV Rdn. 45.

B. *Der Bauträgererwerb*

haben anzusehen sind, finden § 34c GewO und die MaBV keine Anwendung. Es handelt sich dabei aber trotzdem um eine werkvertragliche Verpflichtung mit der Folge, dass für die auf die Renovierung entfallende Vergütung – mag der Renovierungsanteil auch noch so gering sein – Abschläge allenfalls nach § 632a Abs. 1 BGB und wegen der Vorleistungspflicht des Veräußerers im übrigen erst nach der Abnahme verlangt werden dürfen, §§ 307, 641 BGB (vgl. auch Rdn. 199f.).

53   *dd) Verwendung von Vermögenswerten.* Der Gewerbetreibende unterliegt allerdings nur dann den Bestimmungen des § 34c GewO und der MaBV, wenn er für die Durchführung des Bauvorhabens **Vermögenswerte der Erwerber verwendet**[64]. Unter Verwendung von Vermögenswerten ist die Entgegennahme der Vergütung für die vereinbarte Baumaßnahme während der Bauausführung (Abschlagszahlungen) zu verstehen, und zwar sowohl durch die unmittelbare Zahlung des Erwerbers wie auch im Wege der Auszahlung der Darlehensmittel durch die ihn finanzierende Bank. Solange der Gewerbetreibende noch Bauleistungen zu erbringen hat, und sei dies auch nur die Herstellung der noch fehlenden Außenanlagen, ist der Erwerber nach dem Wortlaut und Zweck des Gesetzes schutzbedürftig, ist also davon auszugehen, dass die Vermögenswerte für das Bauvorhaben verwendet werden. Eine Verwendung von Vermögenswerten für ein Bauvorhaben liegt deshalb erst dann nicht mehr vor, wenn das Objekt **vollständig fertiggestellt** ist[65]. Nur auf Wohnungen oder Häuser, die nach diesem Zeitpunkt veräußert werden oder für die die Vergütung erst nach diesem Zeitpunkt gefordert wird, findet § 34c GewO und damit die MaBV keine Anwendung.

54   Ob dann keine Verwendung der Vermögenswerte i.S.v. von § 34c GewO (und der MaBV) vorliegt, wenn Zahlungen auf ein **Treuhandkonto** geleistet werden[66], ist zweifelhaft. Zahlungen auf ein Konto, über das der Bauträger allein oder im Zusammenwirken mit von ihm abhängigen Personen (z.B. Bauleiter, der die Fälligkeit bzw. den Baufortschritt oder die Beseitigung der Mängel bestätigen soll) verfügen kann, stehen dem Bauträger wirtschaftlich zur Verfügung und sind deshalb als eine Verwendung von Erwerbermitteln zu werten. Sofern der Bauträger über die hinterlegten Beträge nicht ohne die freie Mitwirkung des Erwerbers verfügen kann, ist die Gestaltung gewerberechtlich unbedenklich. Das Gesetz stellt allein darauf ab, ob vom Gewerbetreibenden Leistungen entgegengenommen werden. Das ist bei einer Zahlungsabwicklung über Notaranderkonto aber nicht der Fall, weil nicht der Bauträger, sondern der Notar die Zahlung erhält. Es muss aber gesichert sein, dass eine Auszahlung an den Gewerbetreibenden nur dann erfolgen kann, wenn die Voraussetzungen der §§ 3, 7 MaBV erfüllt sind. Sobald auch nur die Gefahr eines unkontrollierten Zugriffs auf die Vermögenswerte zu einem früheren Zeitpunkt besteht, würde eine entsprechende Vereinbarung zur Abwicklung über Notaranderkonto genauso zu beurteilen sein, wie die Gefahr des Zugriffs auf die Vermögenswerte des Erwerbers bei Vollstreckungsunterwerfungsklauseln, also zur Nichtigkeit nach §§ 12 MaBV, 134 BGB führen[67].

Von der gewerberechtlichen Einordnung einer Abwicklung über Notaranderkonto ist die zivilrechtliche Beurteilung zu unterscheiden: Die formularmäßige Verpflichtung des Erwerbers, die noch nicht fällige Vergütung zu hinterlegen, verstößt aber gegen § 309 Nr. 2a BGB, da mit ihr eine Vorleistungspflicht des Erwerbers begründet wird, bei der das Leistungsverweigerungsrecht des § 320 BGB nur noch eingeschränkt gege-

---

[64] *Marcks,* § 34c GewO Rdn. 47, § 3 MaBV Rdn. 4, 7.
[65] OLG Frankfurt v. 23. 12. 2004, BTR 2005, 77; *Kanzleiter,* DNotZ 1974, 542 (552); *Koeble,* Rechtshandbuch Immobilien, Kap. 10 Rdn. 79; *Reithmann/Meichssner/v. Heymann,* B Rdn. 89; *Basty,* Rdn. 116; a. A. *Marcks,* § 3 MaBV Rdn. 4, der wohl auf den Zeitpunkt der Bezugsfertigkeit abstellt.
[66] Vgl. *Marcks,* § 3 MaBV Rdn. 7.
[67] *Basty,* Rdn. 136; zur Vollstreckungsunterwerfung vgl. BGH v. 22. 10.1998, NJW 1999, 51.

I. Grundlagen der Bauträgerschaft

ben ist. Auch in der Hinterlegung liegt eine Leistung, die der Erwerber bei bestehenden Mängeln nach dem Gesetz (§ 320 BGB) verweigern dürfte[68]; die Möglichkeit, dieses Recht auszuüben, wird dem Erwerber bei einer solchen Vertragsgestaltung aber abgeschnitten[69]. Zur Hinterlegung auf Notaranderkonto vgl. auch Rdn. 422f.

Zutreffend wird in der Literatur[70] darauf hingewiesen, dass es für die Anwendbarkeit von § 34c GewO – obwohl der Wortlaut des Gesetzes eine andere Lösung nahe legen könnte – nicht auf die Absicht des Gewerbetreibenden, die Mittel gar nicht für dieses Bauvorhaben verwenden zu wollen, also auf den **beabsichtigten Verwendungszweck** der Vermögenswerte, ankommen kann. Eine andere Auslegung widerspräche dem Schutzzweck von § 34c GewO und der MaBV, zumal der Gewerbetreibende nach § 4 MaBV verpflichtet ist, die Vermögenswerte für das Bauvorhaben zu verwenden.

c) Befreiung von der Erlaubnispflicht

Nach § 34c Abs. 5 GewO sind bestimmte Unternehmen von der Erlaubnispflicht befreit. Die Privilegierung der nach früherem Recht befreiten Betreuungsunternehmen i.S.d. § 37 Abs. 2 II. WoBauG ist allerdings mit dem Steuerreformgesetz 1990[71] ab dem 1.1.1994 entfallen. **55**

d) Versagung der Erlaubnis

Wegen der fehlenden Zuverlässigkeit oder einer später eintretenden Unzuverlässigkeit bzw. ungeordneter Vermögensverhältnisse ist die Erlaubnis zu versagen oder eine bereits erteilte Erlaubnis entweder zurückzunehmen oder zu widerrufen[72]. **56**

e) Zivilrechtliche Folgen der fehlenden Erlaubnis

Die Bauträgertätigkeit ohne Erlaubnis nach § 34c GewO kann als Ordnungswidrigkeit, ggf. auch als Straftat geahndet werden[73]. Der Bestand des Bauträgervertrages wird davon allerdings nur ausnahmsweise berührt. § 34c GewO stellt **keine Verbotsnorm i.S.v. § 134 BGB** dar. Der BGH hat zu § 34c GewO wiederholt entschieden[74], dass sich der Schutzzweck der gewerberechtlichen Norm nicht gegen die privatrechtliche Wirksamkeit und gegen den wirtschaftlichen Erfolg des Vertrages richten wolle. Dies umso weniger, als § 34c GewO kein ausdrückliches gesetzliches Verbot enthält. **57**

Hiervon unberührt bleibt allerdings das Recht des Erwerbers, den Vertrag wegen arglistiger Täuschung (§ 123 BGB) oder wegen eines Irrtums über eine **verkehrswesentliche Eigenschaft** (§ 119 Abs. 2 BGB) anzufechten. Als Anfechtungsgrund kommt der Irrtum über eine verkehrswesentliche Eigenschaft in der Person des Bauträgers in Betracht. Die persönliche Zuverlässigkeit und die geordneten Vermögensverhältnisse haben beim Bauträgererwerb eine gesteigerte Bedeutung[75], ganz genau so, **58**

---

[68] BGH v. 11.10.1984, NJW 1985, 852; ebenso OLG Köln v. 1.6.1989, VersR 1991, 890 = MDR 1991, 541.
[69] *Blank*, Rdn. 227f.; *Basty*, Rdn. 142; *ders.* FS Thode S. 217f.; ablehnend *Riemenschneider* in Grziwotz/Koeble, 3. Teil, Rdn. 660f.; *Vogel* in Grziwotz/Koeble, 4. Teil, Rdn. 449; *Usinger*, NJW 1987, 934.
[70] *Basty*, Rdn. 115; *Riemenschneider* in Grziwotz/Koeble, 4. Teil, Rdn. 120.
[71] Vgl. Art. 21 § 1 Nr. 1 i.V.m. Art. 29 Abs. 3 Steuerreformgesetz 1990 v. 25.7.1988, BGBl. I S. 1093; vgl. auch die Übergangsvorschriften in § 20 Abs. 2 MaBV, dazu *Marcks*, § 34c Rdn. 57ff.; *Pause* (4. Aufl.), Rdn. 55; *Basty*, DNotZ 1991, 18 (27).
[72] *Pause*, Rechtshandbuch Immobilien, Kap. 10 Rdn. 93ff.; *Marcks*, § 34c GewO Rdn. 82ff.
[73] *Marcks*, § 144 GewO Rdn. 1ff.; § 148 GewO Rdn. 1ff.
[74] BGH v. 23.10.1980, NJW 1981, 387, zur Wirksamkeit eines Maklervertrages trotz fehlender Erlaubnis nach § 34c GewO; BGH v. 23.10.1980, NJW 1981, 399, zur Wirksamkeit eines Maklervertrages mit einem Steuerberater trotz fehlender Erlaubnis.
[75] *Pause*, Rechtshandbuch Immobilien, Kap. 10 Rdn. 128; *Locher/Koeble*, Rdn. 49.

B. Der Bauträgererwerb

wie dies etwa für die Zahlungsfähigkeit und Kreditwürdigkeit des Schuldners bei Kreditgeschäften gilt[76]. Deshalb kommt, wurde die Erlaubnis nach § 34c GewO wegen fehlender Zuverlässigkeit oder ungeordneter Vermögensverhältnisse versagt, durchaus eine Anfechtung des Vertrages mit der Folge der Nichtigkeit in Betracht.

II. Der Bauträgervertrag

1. Anzuwendendes Recht

a) Schuldrechtsmodernisierung – Übergangsrecht (Art. 229 §§ 5, 6 EGBGB)

59   Nach Art. 229 § 5 EGBGB findet auf Verträge, die vor dem 1. 1. 2002 abgeschlossen wurden, das BGB (samt Nebenvorschriften wie AGBG, VerbrKrG, HWiG usw.) in der alten Fassung Anwendung. Für die nach dem 31. 12. 2001 eingegangenen Verpflichtungen gilt das modernisierte Schuldrecht. Nur für Dauerschuldverhältnisse besteht eine Übergangsfrist; für sie galt das alte Recht nur bis zum 31. 12. 2002. Der Bauträgervertrag, wie er üblicherweise abgeschlossen wird, stellt kein Dauerschuldverhältnis dar; er ist weder auf eine wiederholte Leistungserbringung noch auf ein dauerndes Verhalten gerichtet[77]. Deshalb ist auf Bauträgerverträge, die vor dem 1. 1. 2002 beurkundet wurden und die sich noch in der Abwicklung befinden, auch nach dem 31. 12. 2002 altes Recht anzuwenden[78]. Bei Objekten, bei denen ein Teil der Wohnungen vor und die übrigen Einheiten nach dem 1. 1. 2002 veräußert wurden, gilt für die vor dem 1. 1. 2002 abgeschlossenen Verträge altes und im Übrigen neues Recht, und zwar auch bei der Verfolgung von Mängeln am Gemeinschaftseigentum (vgl. Rdn. 963f.).

Es bleibt auch bei der Anwendung alten Schuldrechts, wenn etwaige **Bedingungen** oder **Genehmigungen** eines vor dem 1. 1. 2002 abgeschlossenen Vertrages erst nach dem 31. 12. 2001 eingetreten bzw. erteilt worden sind, sofern sie nach § 184 Abs. 1 BGB zurückwirken[79]. Auch **Änderungen** des Vertrages, die nach dem 31. 12. 2001 vereinbart wurden, führen nicht zur Geltung neuen Rechts[80]. Wurde etwa nach dem 31. 12. 2001 zu einem vorher beurkundeten Vertrag mit dem Bauträger ein Sonderwunsch vereinbart, gilt sowohl für den Bauträgervertrag wie auch für den (unselbständigen) **Sonderwunschvertrag** altes Schuldrecht. Anders sind aber die Fälle zu beurteilen, bei denen der Erwerber zu einem vor dem 1. 1. 2002 abgeschlossenen Bauträgervertrag nach dem 31. 12. 2001 unmittelbar mit den Handwerkern selbständige Sonderwunschverträge vereinbart hat. Hier werden neue und eigenständige Schuldverhältnisse begründet, auf die das neue Recht anzuwenden ist.

60   Die Überleitungsvorschrift des Art. 229 § 5 EGBGB ist **abdingbar**[81]. Im Grundsatz darf also für alte Verträge neues und für heute abgeschlossene Verträge altes Recht vereinbart werden. Durch die Vereinbarung alten Rechts dürfen allerdings zwingende Vorschriften des neuen Rechts nicht umgangen werden. Außerdem kann von der Überleitungsvorschrift des Art. 229 § 5 EGBGB in Allgemeinen Geschäftsbedingungen und in Verbraucherverträgen nicht abgewichen werden, da Art. 229 § 5 EGBGB selbst Leitbildcharakter im Sinne des § 307 Abs. 2 Nr. 1 BGB hat. Deshalb ist die Ver-

---

[76] *Palandt/Ellenberger*, § 119 Rdn. 26 m. w. N.
[77] Vgl. *Palandt/Grüneberg*, Art. 229 § 5 EGBGB Rdn. 7; auch § 314 Rdn. 2; *Heß*, NJW 2002, 253.
[78] Ebenso *Koeble* in Grziwotz/Koeble, 4. Teil, Rdn. 321; a. A. *Anker/Zacher*, BauR 2002, 1772 für den Zeitraum der Leistungserbringung bis zur Abnahme.
[79] *Palandt/Grüneberg*, Art. 229 § 5 EGBGB Rdn. 3; *Hertel*, DNotZ 2001, 742 (744).
[80] *Palandt/Grüneberg*, Art. 229 § 5 EGBGB Rdn. 3.
[81] Vgl. zu allem *Palandt/Grüneberg*, Art. 229 § 5 EGBGB Rdn. 2.

II. Der Bauträgervertrag

einbarung alten Rechts für Verträge nach dem 31. 12. 2001 und die Festlegung neuen Rechts für die früher abgeschlossenen Verträge nur in Individualvereinbarungen zulässig. Ein Bedürfnis für derartige Vereinbarungen kann es bei größeren Wohnanlagen und dem Interesse an einer einheitlichen Sachmängelhaftung gegeben haben, wenn ein Teil der Wohnungen schon vor dem 1. 1. 2002 veräußert wurde oder einige Nachzüglererwerber erst nach dem 31. 12. 2001 erworben haben.

Der Grundsatz, dass die vor dem 1. 1. 2002 abgeschlossenen Verträge nach altem Recht **61** abgewickelt werden, gilt für das Verjährungsrecht nicht. Im Gegenteil: Die **Verjährung** alter Ansprüche richtet sich ab 1. 1. 2002 – mit einigen Übergangsvorschriften – grundsätzlich nach neuem Recht, Art. 229 § 6 Abs. 1 EGBGB. Ist die nach neuem Recht vorgesehene Verjährungsfrist kürzer als die des alten Rechts, bestimmt Art. 229 § 6 Abs. 4 EGBGB, dass die neue, kürzere Frist maßgeblich ist, wobei diese aber erst ab dem 1. 1. 2002 läuft. Die alte Frist bleibt jedoch maßgeblich, falls sie vorher ablaufen sollte.

Zum Beispiel:

- Nach früherem Recht verjährte der Übereignungsanspruch in 30 Jahren (§ 195 BGB a. F.), nach neuem Recht tritt Verjährung bereits nach zehn Jahren ein (§ 196 BGB). Deshalb verjährt der Übereignungsanspruch aufgrund früher abgeschlossener Verträge spätestens am 2. 1. 2012, da der 31. 12. 2011 ein Samstag ist.
- Das Vorstehende gilt entsprechend für den Anspruch auf Erfüllung der Bauleistung; er ist nach altem Recht ebenfalls in 30 Jahren verjährt (§ 195 BGB a. F.); nach modernisiertem Schuldrecht verjährt dieser Anspruch in der Regelfrist des § 195 BGB, also in drei Jahren (vgl. Rdn. 500). Deshalb tritt für Erfüllungsansprüche (z. B. Resterfüllungsansprüche – nicht aber Mängelansprüche) die Verjährung am 31. 12. 2004[82] ein, es sei denn, die 30jährige Frist ist bereits vorher abgelaufen.
- Die fünfjährige Frist des § 634a Abs. 1 Nr. 2 BGB für Sachmängel gilt auch für Mangelfolgeschäden, die nach altem Recht als positive Vertragsverletzung in 30 Jahren verjährten (vgl. Rdn. 801). Schadensersatzansprüche aufgrund positiver Vertragsverletzung oder Verschulden bei Vertragsschlusses, die nicht mit einem Mangel zusammenhängen und früher ebenfalls in 30 Jahren verjährten, unterliegen der neuen kurzen regelmäßigen Verjährungsfrist der §§ 195, 199 BGB. Diese Ansprüche verjährten deshalb nun in fünf bzw. drei Jahren ebenfalls gerechnet ab dem 1. 1. 2002 zum 31. 12. 2006 bzw. zum 31. 12. 2004, es sei denn, die 30jährige Frist des § 195 BGB a. F. lief vor dem Ende dieser kurzen Frist ab.

Sind die subjektiven Voraussetzungen der Kenntnis gem. § 199 Abs. 1 Nr. 2 BGB aber erst nach dem 1. 1. 2002 eingetreten, beginnt die Verjährungsfrist nach der Ultimoregelung des § 199 Abs. 1 BGB erst mit dem Ende des Jahres der Kenntniserlangung, denn der Fristbeginn ist unter Einbeziehung der subjektiven Voraussetzungen des § 199 Abs. 1 BGB zu berechnen[83].

Der Grundsatz, dass die neuen Verjährungsvorschriften auch für die alten Verträge gelten, hat jedoch eine Ausnahme: Ist die Verjährungsfrist nach der neuen Fassung des BGB länger als die der alten Fassung, dann gilt die alte, kürzere Frist, Art. 229 § 6 Abs. 3 EGBGB.

Zum Beispiel:

- Für den Vergütungsanspruch des Bauträgers aus einem vor dem 1. 1. 2002 abgeschlossenen Vertrag gilt nicht die neue 10jährige Verjährungsfrist des § 196 BGB (Rdn. 393), sondern die kurze zwei- bzw. vierjährige Frist des alten Rechts (§ 196 BGB a. F.), vgl. Rdn. 401.

---

[82] BGH v. 7. 3. 2007, NJW 2007, 2034, Rdn. 16; *Palandt/Ellenberger*, Art. 229 § 6 EGBGB Rdn. 6; *Schulte-Nölke/Hauxwell*, NJW 2005, 2117 m. w. N; a. A. *Kandelhard*, NJW 2005, 630: Verjährungseintritt zum 31. 12. 2005 bzw. 2. 1. 2006.
[83] BGH v. 23. 1. 2007, NJW 2007, 1584; BGH v. 7. 3. 2007, NJW 2007, 2034; BGH v. 25. 10. 2007, NJW 2008, 258 = BauR 2008, 351; OLG Bamberg v. 6. 10. 2005, NJW 2006, 304; *Assmann/Wagner*, NJW 2005, 3169; *Schmidt*, NJW 2007, 2447.

B. *Der Bauträgererwerb*

– Entsprechend verjähren die Ansprüche wegen Mängeln am Grundstück bei vor dem 1. 1. 2002 abgeschlossenen Verträgen nicht in zwei Jahren gemäß § 438 Abs. 1 Nr. 3 BGB, sondern gemäß § 477 BGB a. F. in einem Jahr.

b) Forderungssicherungsgesetz

62   Durch das Forderungssicherungsgesetz (FoSiG)[84] werden unter anderem die Regelungen über die Abschlagszahlungen beim Werkvertrag geändert, Sicherheiten für die Vertragserfüllung beim Verbrauchervertrag eingeführt (vgl. § 632a BGB n. F.) und das GSB – nunmehr „Gesetz über die Sicherung der Bauforderungen" – reformiert. Das Gesetz ist zwar zum 1. 1. 2009 in Kraft getreten (Art. 5 FoSiG). Mit Art. 229 § 18 EGBGB, der durch das FoSiG neu eingefügt wurde, ist für die geänderten §§ 204, 632a, 641, 648a und 649 BGB aber eine besondere Übergangsregelung geschaffen worden. Die genannten Vorschriften des BGB sind in ihrer geänderten Fassung auf Rechtsverhältnisse anzuwenden, die nach dem 1. 1. 2009 entstanden sind. Erst für Verträge, die ab dem 2. 1. 2009 geschlossen wurden, gelten danach die geänderten Vorschriften über die Abschlagszahlungen, die Sicherheitsleistung für die Vertragserfüllung, die Höhe des Druckzuschlags beim Leistungsverweigerungsrecht und die erweiterten Rechte des Unternehmers bei der Bauhandwerkersicherheit, während § 641a BGB nur auf Verträge, die bis zum 31. 12. 2008 abgeschlossen wurden, anzuwenden ist (Art. 229 § 18 Abs. 1, 2 EGBGB).

Die durch Art. 4 FoSiG geänderte Verordnung über Abschlagszahlungen bei Bauträgerverträgen[85] ist in der geänderten Fassung auf Schuldverhältnisse anzuwenden, die seit (und nicht *nach*) dem 1. 1. 2009 entstanden sind, also auch auf bereits am 1. 1. 2009 geschlossene Verträge. Diese von Art. 229 § 18 EGBGB um einen Tag abweichende Übergangsregelung führt aber nur zu einer um einen Tag vorgezogenen Anwendung des neuen § 632a Abs. 3 BGB auf Bauträgerverträge, nämlich auf die, die am Neujahrstag des Jahres 2009 geschlossen wurden.

2. Bauträgervertrag – Rechtsnatur

a) Üblicher Inhalt des Bauträgervertrages

63   Die vom Bauträger eingegangene Verpflichtung besteht im wesentlichen aus zwei Elementen: Zum einen verpflichtet er sich zur **Übereignung eines Grundstücks;** soweit sich der Vertrag auf eine Eigentumswohnung oder ein Teileigentum bezieht, wird ein Miteigentumsanteil verbunden mit dem Sondereigentum veräußert. Zum anderen übernimmt er auf der Grundlage der von ihm entwickelten Planung und Baubeschreibung die **Herstellung des Objekts** (Bestellbau), es sei denn, es ist bereits hergestellt (Vorratsbau). Der Erwerber kann auf die Bauplanung nur in geringem Umfang Einfluss nehmen; für gewöhnlich werden ihm individuelle Änderungen, sog. Sonderwünsche, nur im Bereich der Ausstattung des Sondereigentums erlaubt.

64   Die Gegenleistung des Erwerbers besteht in einer einheitlichen **Vergütung** für die Gesamtleistung. In der Regel wird ein Pauschalfestpreis vereinbart. Auf die vereinbarte Vergütung können Abschlagszahlungen – zum Schutz des Erwerbers – nur unter den Voraussetzungen der zwingenden Bestimmungen der MaBV verlangt werden. Der Vertrag muss deshalb entweder die Sicherungen und einen Zahlungsplan gemäß § 3

---

[84] Gesetz zur Sicherung von Werkunternehmeransprüchen und zur verbesserten Durchsetzung von Forderungen (Forderungssicherungsgesetz – FoSiG) v. 23. 10. 2008, BGBl. I S. 2022.
[85] Verordnung v. 23. 5. 2001, BGBl. I S. 981.

II. Der Bauträgervertrag

MaBV oder die Gestellung einer Sicherheit durch den Bauträger nach § 7 MaBV vorsehen.

Der Vertrag enthält für gewöhnlich Regelungen über den beabsichtigten Fertigstellungszeitpunkt. Außerdem wird festgelegt, wie das Gemeinschafts- und das Sondereigentum abgenommen wird. Obwohl für wirksame vertragliche Vereinbarungen, die von den gesetzlichen Bestimmungen abweichen, praktisch kein Spielraum mehr besteht, finden sich in vielen Bauträgerverträgen immer noch Bestimmungen über die Mängelhaftung für Grundstücks- und Baumängel. **65**

b) Verträge mit Herstellungsverpflichtung

Der Bauträgervertrag ist zwar in § 632a Abs. 2 BGB gesetzlich definiert[86], entspricht aber doch keinem gesetzlich normierten Vertragstyp. Durch die **Legaldefinition** in § 632a Abs. 2 BGB wird zwar der Inhalt des Bauträgervertrages beschrieben, dies aber nicht zum Zwecke seiner vertragsrechtlichen Einordnung, sondern lediglich zur Beschreibung der Voraussetzungen für Abschlagszahlungen. Eine gesetzliche Norm, die die **Rechtsnatur** des Bauträgervertrages bestimmt, existiert nicht[87]. **66**

In der anfänglichen Diskussion über die Rechtsnatur des Bauträgervertrages wurde die Verpflichtung zur Übereignung der Immobilie in den Mittelpunkt gerückt. Es lag deshalb nahe, auf den gesamten Vertrag **Kaufrecht** anzuwenden[88]. Allerdings vernachlässigten die Bestimmungen des Kaufvertragsrechts die Besonderheiten, die sich aus der Verpflichtung zur Herstellung eines neuen Gebäudes ergeben. So verlangte das Interesse des Bauträgers, Baumängel im Wege der Nachbesserung beseitigen zu dürfen, geradewegs nach der Anwendung von Werkvertragsrecht. Das Gleiche galt für das Interesse des Erwerbers, den Bauträger wegen solcher Mängel innerhalb adäquater Verjährungsfristen in Anspruch nehmen zu können[89]. Die Verpflichtung des Bauträgers zur Eigentumsverschaffung einerseits und zur Objektherstellung andererseits führte zur Anwendung von Kaufvertragsrecht für die eine, von Werkvertragsrecht für die andere Leistung. Der Vertrag wurde deshalb zunächst als **Werklieferungsvertrag** über eine nicht vertretbare Sache angesehen[90].

Nach altem Recht galt der Bauträgervertrag sodann als ein Mischvertrag, als ein **Vertrag eigener Art,** für dessen unterschiedliche Leistungspflichten die unterschiedlichen Bestimmungen des BGB anzuwenden waren, der aber stets als einheitliches Rechtsgeschäft betrachtet wurde. Der BGH definierte den Bauträgervertrag in Übereinstimmung mit der herrschenden Meinung im Schrifttum[91] deshalb als **67**

---

[86] Das entspricht der bereits bekannten Definition in § 1 der Verordnung über Abschlagszahlungen v. 23. 5. 2001, BGBl. I S. 981.

[87] Vgl. *Basty*, Rdn. 7 f.; *Eue*, I. 30 Anm. 2; *Koeble*, Rechtshandbuch Immobilien, Kap. 15, Rdn. 20; *Reithmann/Meichssner/v. Heymann,* Kauf vom Bauträger, A, Rdn. 11; *Riemenschneider* in Grziwotz/Koeble, 3. Teil, Rdn. 1.

[88] BGH v. 16. 2. 1965, NJW 1965, 1269; vgl. dazu *Brych*, NJW 1973, 1583; NJW 1974, 1973; NJW 1975, 2326 und *Wolfsteiner*, Sonderheft der DNotZ zum 20. Deutschen Notartag, S. 80 ff. und andererseits *Locher*, NJW 1967, 326; *Koeble*, NJW 1974, 721; *Groß*, BauR 1975, 12 und *Gläser*, NJW 1975, 1006. – Vgl. auch *Kellmann*, NJW 1980, 401 (402), der ebenfalls von Kaufrecht ausgeht, aber über die – üblicherweise – vereinbarte Nachbesserung (vgl. hierzu auch § 477 a BGB a. F.) zu den Gewährleistungsregeln der §§ 633 ff. BGB gelangte. – Letztmals hat *Köhler*, NJW 1984, 1321, für die Kaufrechtstheorie gestritten, aber eine Verlängerung der diesbezüglichen Verjährungsfrist gefordert – dem ist der BGH mit Urteil v. 21. 2. 1985, NJW 1985, 1551, ausdrücklich entgegengetreten.

[89] BGH v. 21. 2. 1985, NJW 1985, 1551.

[90] BGH v. 16. 4. 1973, NJW 1973, 1235.

[91] Für viele: *Locher/Koeble*, Rdn. 21 ff. m. w. N.; *Doerry*, WM-Beilage 8/1991, 3; *Schmidt*, 3. Aufl., I. 30 Anm. 3.

B. Der Bauträgererwerb

„einen einheitlichen Vertrag (BGHZ 74, 204 (207) = NJW 1979, 1406), der neben werk- und werklieferungsvertraglichen auch (soweit der Grundstückserwerb in Rede steht) kaufvertragliche Elemente sowie – je nach den Umständen des Einzelfalls – Bestandteile aus dem Auftrags- und Geschäftsbesorgungsrecht enthält (BGHZ 92, 123 (126) = NJW 1984, 2573)."[92]

68 An der rechtlichen Einordnung des Bauträgervertrages als ein Vertrag sui generis, bei dem auf die Herstellungsverpflichtung Werkvertragsrecht anzuwenden ist, hat sich auch durch die **Schuldrechtsmodernisierung** nichts geändert. Zweifellos war es ein Anliegen der Schuldrechtsmodernisierung, Kauf- und Werkvertragsrecht zu vereinheitlichen[93]. Tatsächlich ist die Sach- und Rechtsmängelhaftung auch stark angenähert worden. Das neue Kaufvertragsrecht kennt nun ebenfalls einen Nacherfüllungsanspruch und vor allem eine auf fünf Jahre verlängerte Verjährungsfrist für die Mängelhaftung bei Bauwerken. Trotz der Bemühung um eine inhaltliche und terminologische Vereinheitlichung von Kauf- und Werkvertrag bleiben aber gravierende Unterschiede[94]. Der Unternehmer hat einen Anspruch auf Abschlagszahlungen nach § 632a BGB, der nunmehr durch die Verweisung in § 632a Abs. 2 BGB auch speziell für den Bauträger im Werkvertragsrecht geregelt ist. Abschlagszahlungen kennt das Kaufrecht nicht. Dem Käufer wird der Kaufgegenstand lediglich übergeben. Der Besteller ist zur Abnahme verpflichtet mit der Folge, dass die Verjährungsfrist für die Mängelhaftung erst ab der Abnahme läuft. Der Besteller kann Mängel im Wege der Selbstvornahme beseitigen und hierzu einen Vorschuss verlangen. Diese Möglichkeit ist dem Kaufvertragsrecht fremd. Der Unternehmer kann die Mängel nach seiner Wahl beseitigen und über eine etwaige Neuherstellung entscheiden, während diese Befugnis beim Kauf dem Käufer zusteht. All das zeigt, dass auch nach der Schuldrechtsreform noch wesentliche Unterscheide zwischen Kauf- und Werkvertragsrecht bestehen. Dabei ist die Rechtsposition des Bestellers verglichen mit der des Käufers sehr viel günstiger.

Da die bauvertragliche Verpflichtung den Bauträgervertrag wesentlich prägt und auch das modernisierte Kaufvertragsrecht den Interessen von Erwerber und Bauträger in Bezug auf die Herstellungspflicht nur eingeschränkt gerecht wird, ist auf sie auch unter der Geltung des neuen Schuldrechts Werkvertragsrecht anzuwenden. Schließlich hat der Gesetzgeber durch die Einfügung des den Bauträger betreffenden Vergütungsrechts in das Werkvertragsrecht (Abschlagszahlungen nach § 632a Abs. 2 BGB) die werkvertragsrechtliche Komponente beim Bestellbau bestätigt. Leistungsstörungen bezüglich des Grundstücks werden dagegen auch zukünftig nach Kaufvertragsrecht beurteilt[95].

69 Die Rechtsnatur des Bauträgervertrages als ein Vertrag eigener Art führt bei der Rechtsanwendung dazu, dass die sich aus der Einheitlichkeit des Vertrages ergebenden Fragen möglichst einheitlich gelöst werden, während dort, wo es um die Besonderheiten der unterschiedlichen Leistungspflichten geht, auf das jeweils in Frage stehende Vertragsrecht abgestellt wird:
– Die Einheitlichkeit des Vertrages und die rechtliche Abhängigkeit der werk- und kaufvertraglichen Bestandteile voneinander erfordert die notarielle Beurkundung des gesamten Vertrages.
– Da eine Abgrenzung zwischen einer auf das Grundstück und einer auf die Bauleistung entfallenden Vergütung nicht gewollt und möglich ist, finden auf den einheitlichen Vergütungsanspruch insgesamt die werkvertraglichen Vergütungsvorschriften

---
[92] BGH v. 21. 11. 1985, NJW 1986, 925 (926).
[93] BT-Drs. 14/6040, S. 260: wegen der Ähnlichkeit sei die Anpassung der Vertragstypen wünschenswert; *Palandt/Sprau*, vor § 633 Rdn. 1.
[94] *Thode*, NZBau 2002, 297 (298); *Palandt/Sprau*, vor § 633 Rdn. 1.
[95] *Pause*, NZBau 2002, 648.

II. Der Bauträgervertrag

Anwendung (§§ 632a, 641 BGB); er verjährt deshalb auch einheitlich in zehn Jahren nach § 196 BGB[96].

– Wegen der Einheitlichkeit des Bauträgervertrages ist der Erwerber grundsätzlich nicht berechtigt, den Vertrag nach § 649 BGB frei zu kündigen und das Grundstück zu behalten[97].

Auf die Differenzierung zwischen den kauf- und werkvertraglichen Elementen kommt es aber bei der Sachmängelhaftung an:

– Steht die Beschaffenheit von Grund und Boden in Frage, geht es also um Grundstücksmängel, so sind die Vorschriften des Kaufvertragsrechts anzuwenden[98].
– Nach Werkvertragsrecht richtet sich dagegen die Sachmängelhaftung für die vom Bauträger übernommenen Bauleistungen[99].

c) Bereits hergestellte, aber neue Objekte

Für das alte Recht hatte der BGH die Sachmängelhaftung für das Gebäude nicht nur dann dem Werkvertragsrecht unterstellt, wenn der Veräußerer eine Herstellungsverpflichtung eingegangen ist, sondern auch dann, wenn bereits vollständig hergestellte, aber noch neue Objekte veräußert wurden[100]. Auch hier wurde Kaufrecht nur bezüglich des Grundstücks angewendet. **70**

Mit den Änderungen des Kaufvertragsrechts durch die Schuldrechtsmodernisierung wurde die Rechtsposition des Käufers von Bauwerken verbessert. Der Käufer eines Bauwerks hat einerseits die Sachmängelrechte der §§ 437, 439 BGB, insbesondere auch einen Nacherfüllungsanspruch, andererseits eine dem Werkvertragsrecht angeglichene Verjährungsfrist von fünf Jahren (§ 438 Abs. 1 Nr. 2b BGB), die allerdings bereits mit der Übergabe und nicht erst mit der Abnahme zu laufen beginnt. Wegen dieser Annäherung des Kaufvertragsrechts an das Werkvertragsrecht soll nach einer in der Literatur vordringenden Auffassung beim Erwerb zwar noch neuer, aber bereits vollständig fertig gestellter Objekte Kaufvertragsrecht gelten[101]. **71**

Auch wenn die Rechtsposition des Erwerbers durch das neue Kaufrecht verbessert wurde, wird das Werkvertragsrecht den Interessen des Erwerbers bei diesem Sachverhalt eher gerecht[102]. Schon der unterschiedliche Beginn der Verjährungsfrist spricht für die Anwendung von Werkvertragsrecht. Beim Kauf beginnt sie mit der Übergabe, beim Werkvertrag mit der Abnahme. Dabei kann die Abnahme wegen wesentlicher Mängel verweigert werden, also die Verjährungsfrist zunächst gar nicht erst anlaufen bzw. der Beginn ggf. erheblich hinausgeschoben werden. Dadurch wird dem berechtigten Interesse des Erwerbers an der Übernahme eines noch nicht vollständig fertig gestellten oder mit wesentlichen Mängeln behafteten Objekts – ohne die Abnahmewirkungen auszulösen – Rechnung getragen. Bei der Anwendung von Kaufvertrags- **72**

---
[96] BGH v. 12. 7. 1979, NJW 1979, 2193.
[97] BGH v. 21. 11. 1985, NJW 1986, 925.
[98] BGH v. 27. 4. 1984, WM 1984, 941.
[99] BGH v. 5. 4. 1979, NJW 1979, 1406.
[100] Vgl. BGH v. 21. 2. 1985, NJW 1985, 1551, zu einer Wohnung, die bis zur Veräußerung zwei Jahre leer gestanden ist.
[101] *Basty*, Rdn. 12, der für die Vertragsgestaltung allerdings weiterhin empfiehlt, von Werkvertragsrecht auszugehen; *Brambring*, DNotZ 2001, 904 (906); *Eue*, I. 30 Anm. 50 (5); *Hertel*, DNotZ 2002, 6 (18); *Heinemann*, ZfIR 2002, 167 (168); *Hofmann/Joneleit*, NZBau 2003, 641; *Ott*, NZBau, 2003, 233 (239); *Palandt/Sprau*, vor § 633 Rdn. 2; *Riemenschneider* in Grziwotz/Koeble, 3. Teil, Rdn. 779f.; *F. Schmidt*, FS Deckert, S. 443 (446); *Staudinger/Peters/Jacoby* (2008), vor § 631 BGB, Rdn. 152; *Teichmann*, ZfBR 2002, 11 (19); *Wälzholz/Bülow*, MittBayNot 2001, 509; *Ott*, NZBau 2003, 233 (238).
[102] *Blank*, FS Thode, S. 233 f.; *Derleder*, NZBau 2004, 237; *Kniffka*, ibr-online-Kommentar (Stand: 26. 5. 2009), § 634a BGB, Rdn. 226; *Kniffka/Koeble*, 11. Teil, Rdn. 136; *Koeble*, Rechtshandbuch Immobilien, Kap. 15, Rdn. 74; *Thode*, NZBau 2002, 297 (298); *Pause*, NZBau 2002, 648 (649).

B. Der Bauträgererwerb

recht dürfte er, wollte er den Anlauf der Verjährungsfrist vermeiden, die Sache überhaupt nicht entgegennehmen[103]. Auch die Mängelrechte werden den Belangen des Erwerbers besser gerecht. Nach Werkvertragsrecht hat er die Möglichkeit, Mängel auch im Wege der Selbstvornahme zu beseitigen und dafür ggf. einen Kostenvorschuss zu fordern (§ 637 BGB). Gerade diese Rechte sind bei einer neu hergestellten Immobilie von wesentlicher Bedeutung, versetzen sie den Erwerber doch in die Lage, die Mängelbeseitigung in angemessener Frist selbst in die Hand zu nehmen[104]. Schließlich entspricht die werkvertragliche Mängelhaftung auch den Interessen des Bauträgers: So wie sein Nachunternehmer ihm gegenüber die Art und Weise der Nacherfüllung und ggf. auch über eine Neuherstellung bestimmen kann, kann er diese Wahl auch gegenüber dem Erwerber treffen (§ 635 Abs. 1 BGB). Das entspricht der Interessenlage bei neu hergestellten Sachen, bei denen regelmäßig nachgebessert und nicht neu geliefert wird. Die Vorschriften des § 439 BGB, die umgekehrt dem Käufer das Wahlrecht zwischen Nacherfüllung und Neuherstellung einräumen, passen deshalb auf neu hergestellte Bauwerke nicht[105] – und würden, sollten sie im Verhältnis zum Erwerber gelten, einen unlösbaren Konflikt im Verhältnis zum Nachunternehmer schaffen. Für die Anwendung des für beide Vertragsparteien günstigeren Werkvertragsrechts kann es deshalb keinen Unterschied machen, ob ein Erwerber seine Wohnung kurz vor oder kurz nach der Fertigstellung erwirbt. Andernfalls würde die Rechtsnatur des Vertrages bei einem ansonsten gleichen Sachverhalt und bei gleicher Interessenlage allein davon abhängen, ob der Vertrag noch kurz vor der oder kurz nach der vollständigen Fertigstellung abgeschlossen wird, also eher zufällig bestimmt sein.

Im Übrigen würde es im Geschosswohnungsbau bei der Verfolgung von Mängeln am Gemeinschaftseigentum zu weiteren Ungereimtheiten kommen. Die Erwerber, die noch vor der Fertigstellung des Objekts erworben haben und für die deshalb Werkvertragsrecht gilt, haben die privilegierten Rechte des Werkvertragsrechts (z. B. Vorschussanspruch, längere Verjährungsfrist, sofern die Abnahme zu Recht verweigert wurde), während die Erwerber nach der Fertigstellung nur aus Kaufrecht vorgehen könnten; sie wiederum hätten die Rechte nach § 439 BGB. Wollte man davon ausgehen, dass die Wohnungseigentümergemeinschaft auch insoweit sämtliche Wahlrechte hätte, dürften die Erwerber die ihnen jeweils günstigsten Rechtsfolgen auswählen.

Für die Anwendung von Kaufrecht auf bereits fertig gestellte Objekte streitet zwar der Umstand, dass durch die Annäherung wesentlicher kaufvertragsrechtlicher Vorschriften an den Werkvertrag wichtige Gründe, mit denen die Anwendung von Werkvertragsrecht gerechtfertigt wurde, entfallen sind; die verbliebenen Unterschiede sind aber in wesentlichen Fragen doch immer noch so erheblich, dass es für Bauträger und Erwerber keinen Unterschied machen sollte, ob die Wohnung vor oder kurz nach ihrer Fertigstellung veräußert wird. Der BGH scheint dies unter der Geltung des modernisierten Schuldrechts ebenso zu sehen, musste die Frage aber noch nicht entscheiden[106].

73   Die Frage, wie neu eine Wohnung oder ein Haus sein muss, damit (noch) Werkvertragsrecht angewendet werden kann, wurde vom BGH zum alten Recht stets für den Einzelfall entschieden[107], insbesondere aber in Abhängigkeit von der Intensität der

---

[103] *Kniffka/Koeble*, 11. Teil, Rdn. 136.
[104] *Kniffka*, ibr-online-Kommentar (Stand: 26. 5. 2009), § 634a BGB, Rdn. 225; *Blank*, FS Thode, S. 233 (240).
[105] *Derleder*, NZBau 2004, 237 (239).
[106] BGH v. 26. 4. 2007, NJW 2007, 3275 = NZBau 2007, 507 = BauR 2007, 1407, Rdn. 19.
[107] Vgl. BGH v. 5. 5. 1977, NJW 1977, 1336; BGH v. 21. 2. 1985, NJW 1985, 1551; BGH v. 6. 5. 1982, NJW 1982, 2243; BGH v. 5. 4. 1979, NJW 1979, 1406.

II. Der Bauträgervertrag

Nutzung und der Zeit, die seit der Fertigstellung verstrichen ist; die Rechtsprechung ist dabei eher großzügig verfahren (vgl. auch Rdn. 627). Zusätzlich ist aber zu beachten, ob und wie der Bauträger im Bauträgervertrag oder in der Werbung (Prospekt usw.) durch Hinweise darauf, dass das Gebäude neu errichtet wurde, selbst zu erkennen gibt, dem späteren Erwerber die gleiche Leistung verschaffen zu wollen wie dem während der Bauausführung Erwerbenden. Zu dieser Leistung gehört auch die Sachmängelhaftung der §§ 633ff. BGB. Das gleiche Problem besteht in noch prägnanterer Form bei der Veräußerung von Altbauobjekten, wenn bereits vor der Veräußerung Bau- und Renovierungsleistungen ausgeführt wurden, aber im Vertrag selbst keine Bauverpflichtung eingegangen wird – es ist hier in gleicher Weise zu lösen[108]: Auch hier wird nach Werkvertragsrecht gehaftet, wenn die Sanierungsleistungen im Vertrag oder in der Werbung dargestellt oder hervorgehoben werden[109].

d) Verträge über Erbbaurechte

Nach § 651 BGB gilt für Verträge über die Lieferung neu herzustellender beweglicher Sachen Kaufrecht. Weil das Bauwerk nur Scheinbestandteil des Grundstücks wird (§ 95 Abs. 1 Satz 2 BGB), also bewegliche Sache bleibt, wird angenommen, dass für die Ausführung von Bauleistungen auf Erbbaurechten (oder angemieteten oder angepachteten Grundstücken) Kaufrecht anzuwenden ist[110]. Das trifft auf den Bauträgervertrag nicht zu, da der Bauträger im Falle der Veräußerung eines Erbbaurechts nicht die Herstellung einer isolierten Bauleistung auf einem Erbbaurecht, sondern eine Gesamtleistung bestehend aus Erbbaurecht und Bauleistung schuldet. Das Erbbaurecht selbst ist aber keine bewegliche Sache, sondern ein grundstücksgleiches Recht, dessen Bestandteil das Bauwerk wird, § 12 ErbbauRG. Dem steht nicht entgegen, dass das Gebäude dann sachenrechtlich in Bezug auf das Grundstück nur als Scheinbestandteil anzusehen ist[111]. 74

3. Beurkundungspflicht

a) Beurkundung von Grundstücksgeschäft und Herstellungsverpflichtung

Der Bauträgervertrag ist nach § 311b Abs. 1 BGB **insgesamt zu beurkunden**[112]. Da der Erwerber beim Bauträgererwerb das Grundstück und die Bauleistung als *eine* Leistung zu *einem* Preis erwirbt und dadurch die Verpflichtung zur Übereignung des Grundstücks mit der Bauverpflichtung zu einem einheitlichen Rechtsgeschäft verschmilzt, muss nicht nur das eigentliche Grundstücksgeschäft, sondern auch die vom Bauträger eingegangene Herstellungsverpflichtung beurkundet werden. 75

Das Erfordernis der Beurkundung gilt deshalb auch für einen selbständig abgeschlossenen **Bauvertrag,** wenn der Erwerb des Grundstücks mit ihm so verknüpft ist, dass beide Verträge miteinander stehen und fallen sollen, also tatsächlich ein einheitliches Rechtsgeschäft gewollt ist[113]. Das gilt selbst dann, wenn es sich bei dem Verkäufer 76

---

[108] BGH v. 26. 4. 2007, NJW 2007, 3275 = NZBau 2007, 507 = BauR 2007, 1407, Rdn. 19; BGH v 16. 12. 2004, NJW 2005, 1115 (1116) = NZBau 2005, 216 = BauR 2005, 542.
[109] *Pause,* NZBau 2000, 234 (237).
[110] *Sienz,* BauR 2002, 181, 190; *Thode,* NZBau 2002, 360; auch *Wagner,* ZfIR 2002, 257 (264).
[111] *Pause,* NZBau 2002, 648 (649).
[112] BGH v. 9. 10. 1980, NJW 1981, 273; BGH v. 21. 11. 1985, NJW 1986, 925 (926).
[113] BGH v. 6. 11. 1980, NJW 1981, 274; BGH v. 14. 10. 1988, BB 1989, 173; BGH v. 7. 12. 1989, DNotZ 1990, 658 zu einem Bauherrenmodell; BGH v. 16. 12. 1993, NJW 1994, 721 zu einem Generalübernehmermodell; BGH v. 22. 3. 2007, NJW 2007, 1947, Rdn. 11; OLG Hamm v. 21. 9. 1992, DNotZ 1994, 54 und OLG Hamm v. 27. 10. 1994, NJW-RR 1995, 1519 jeweils zur Rückabwicklung eines beur-

B. Der Bauträgererwerb

des Grundstücks und dem Bauunternehmen um zwei Personen handelt[114]. Deshalb sind beim Generalübernehmermodell sowohl der Grundstückskaufvertrag wie auch der Bauvertrag zu beurkunden, vgl. Rdn. 1474. Eine einfache Abhängigkeit des nichtbeurkundungsbedürftigen Geschäfts (Bauvertrag) vom Grundstücksgeschäft führt jedoch allein noch nicht zu einem einheitlichen Geschäft; nur wenn umgekehrt das Grundstücksgeschäft von dem weiteren Vertrag abhängig ist, besteht eine rechtliche Einheit und damit die Beurkundungspflicht[115]. Ein einheitliches Geschäft liegt außerdem nicht schon dann vor, wenn der Bauvertrag nur Anlass zum Grundstückserwerb war oder nur eine wirtschaftliche Verknüpfung gegeben war; allein aus dem zeitlichen Ablauf – erst der Bauvertrag, dann das Grundstücksgeschäft – kann nicht auf einen einheitlichen Geschäftwillen geschlossen werden[116]. Entscheidendes Kriterium für die Beurkundungspflicht ist der einheitliche Geschäftswille.

77   Auch der **Vorvertrag**[117], die **Reservierungsvereinbarung**[118] und Abreden über Vorausleistungen auf den erst noch abzuschließenden Vertrag[119] bedürfen der notariellen Form.

b) Belehrung durch den Notar, § 17 BeurkG

78   Nach § 17 Abs. 1 Satz 1 BeurkG soll der Notar den Willen der Parteien erforschen, den Sachverhalt klären, die Beteiligten über die rechtliche Tragweite des Geschäfts belehren und ihre Erklärungen klar und unzweideutig in der Niederschrift wiedergeben. Irrtümer und Zweifel sind zu vermeiden. Bei Grundstücksgeschäften gehört deshalb die genaue Bezeichnung des Vertragsobjekts zu den Notarpflichten[120]. Die Belehrung über die rechtliche Tragweite des Geschäfts ist von großer praktischer Bedeutung. Der Erwerber – auch wenn es sich um einen Kaufmann handelt – ist bei einem Gewährleistungsausschluss ausführlich über die sich aus dem Gesetz ergebenden Mängelrechte und die Verjährungsfrist sowie die sich aus dem Verzicht ergebenden einschneidenden Rechtsfolgen aufzuklären[121]. Die rechtliche Tragweite des Geschäfts ist insbesondere betroffen, wenn eine der Parteien eine ungesicherte Vorleistung erbringen soll[122]. Der Vertrag ist deshalb so zu gestalten, dass die vom Erwerber zu leistenden Abschlagszahlungen zuverlässig nach den Vorschriften der §§ 632a Abs. 2 BGB, 3, 7 MaBV gesichert sind. Beim Bauträgervertrag erbringt der Erwerber eine ungesicherte Vorleistung, wenn sich seine Zahlung für den ersten Bauabschnitt (Grundstücksrate) auch auf die vom Bauträger zu übernehmenden Erschließungskosten bezieht, ohne dass er in-

---

kundeten Kauf- und eines damit verbundenen privatschriftlichen Bauvertrages; OLG Hamm v. 10. 3. 1995, BB 1995, 1210 zu einem Fertighausvertrag; OLG Köln v. 10. 6. 1996, MittBayNot 1997, 99; vgl. auch OLG München v. 11. 7. 1983, NJW 1984, 243 und *Warda*, MittBayNot 1988, 1 (7 ff.), ferner OLG Koblenz v. 14. 10. 1993, NJW 1994, 295 = DNotZ 1994, 771 m. abl. Anm. *Wolf*, zu einem Fertighausvertrag, bei dem es an der nötigen Verbundenheit mit dem Grundstücksgeschäft gefehlt haben soll.

[114] BGH v. 12. 2. 2009, NZBau 2009, 442 = BauR 2009, 1138, Rdn. 13; BGH v. 16. 12. 1993, NJW 1994, 721; BGH v. 16. 9. 1988, WM 1988, 1702; OLG Hamm v. 21. 11. 1996, BauR 1998, 545; OLG Köln v. 29. 6. 2000, BauR 2001, 136 (LS) = OLGR 2000, 459; *Brych/Pause*, NJW 1990, 545 (546).

[115] BGH v. 12. 2. 2009, NZBau 2009, 442 = BauR 2009, 1138, Rdn. 13; BGH v. 26. 11. 1999, NJW 2000, 951.

[116] BGH v. 13. 6. 2002, NJW 2002, 2559 = MittBayNot 2003, 46 m. Anm. *Wufka*; vgl. auch OLG Köln v. 29. 6. 2000, BauR 2001, 136.

[117] BGH v. 7. 2. 1986, NJW 1986, 1983.

[118] BGH v. 10. 2. 1988, WM 1988, 830 (832).

[119] OLG Hamm v. 30. 1. 1992, NJW-RR 1992, 1100; ist die Vorauszahlung quittiert, kann die Vereinbarung ausnahmsweise wirksam sein, BGH v. 10. 12. 1993, NJW 1994, 720 (721).

[120] BGH v. 16. 10. 2003, NJW 2004, 69.

[121] OLG Hamm v. 20. 12. 2007, IBR 2009, 275.

[122] BGH v. 24. 1. 2008, NJW 2008, 1319; BGH v. 17. 1. 2008, NJW 2008, 1321; BGH v. 12. 2. 2004, NJW 2004, 1071; BGH v. 15. 4. 1999, NJW 1999, 2188; BGH v. 27. 10. 1994, NJW 1995, 330; OLG Celle v. 14. 7. 2004, NZM 2004, 918 = IBR 2005, 1012.

II. Der Bauträgervertrag

soweit von den Verpflichtungen gegenüber der Gemeinde freigestellt ist[123]. Ebenso handelt es sich um eine ungesicherte Vorleistung, wenn der Erwerber nach den Bestimmungen des Vertrages aufgefordert wird, die Vergütung auf ein Notaranderkonto zu bezahlen, sofern zum Fälligkeitstermin die Voraussetzungen für die Zahlung des Kaufpreises nach den Bestimmungen der MaBV noch nicht erfüllt worden sein sollten – ohne den Inhalt der MaBV näher zu erläutern und ihre Voraussetzungen vertraglich zu gestalten[124]. Zur rechtlichen Tragweite gehören dagegen nicht sämtliche sich aus dem Geschäft ergebenden Rechtsfolgen und Ansprüche, z.B. die Voraussetzungen und der Umfang von Mängelansprüchen[125]. Ebenso wenig sind unter der rechtlichen Tragweite die wirtschaftlichen Folgen des Geschäfts zu verstehen. Die Belehrungspflicht über die rechtliche Tragweite bezieht sich zum einen auf mögliche Risiken, die sich aus der beabsichtigten Gestaltung ergeben, zum anderen darauf, Wege aufzuzeigen, wie die Risken vermieden werden können (doppelte Belehrungspflicht des Notars)[126].

Durch die notarielle Beurkundung soll die Belehrung der unerfahrenen und ungewandten Partei sichergestellt werden; dem trägt insbesondere § 17 Abs. 2a BeurkG Rechnung. Die unerfahrene Vertragspartei ist beim Bauträgererwerb in der Regel nicht der Bauträger, sondern der Erwerber. Der Bauträger ist zumeist ein erfahrener Immobilienfachmann. Vor allem werden die Verträge von seinem Hausnotar vorbereitet, mit ihm erörtert und auf seine Bedürfnisse zugeschnitten. Für das Vertragsgegenüber des Bauträgers ist der Vertrag häufig das erste und einzige Immobiliengeschäft; mangels Erfahrungen ist er besonders schutzbedürftig. Durch § 17 Abs. 2a BeurkG soll sichergestellt werden, dass dem belehrungsbedürftigen Vertragsteil die notarielle Belehrung und Fürsorge nicht durch Umgehungen abgeschnitten wird. Durch § 17 Abs. 2a BeurkG soll insbesondere der Trennung des Vertrages in Angebot und Annahme sowie der Beurkundung mit einem vollmachtlosen Vertreter und entsprechender Nachgenehmigung durch den Erwerber entgegengewirkt werden[127]. Mit dem OLG-Vertretungsänderungsgesetz[128] ist § 17 Abs. 2a BeurkG dahin ergänzt worden, dass bei Verbraucherverträgen die Erklärungen des Erwerbers persönlich abgegeben werden sollen und dem Verbraucher vor der Beurkundung ausreichend Gelegenheit zu geben ist, sich mit dem Gegenstand des Geschäfts auseinanderzusetzen.

aa) Trennung in Angebot und Annahme. Die Beurkundung des Bauträgervertrages soll grundsätzlich in einem Notartermin, bei dem Bauträger und Erwerber gleichzeitig anwesend sind, stattfinden. Die **Trennung des Vertrages in Angebot und Annahme**, also die sukzessive Beurkundung in zwei Terminen, ist zwar materiellrechtlich möglich (§ 128 BGB), sie verstößt aber gegen § 17 Abs. 2a Satz 1 BeurkG: Wenn der Erwerber das zuvor abgegebene Angebot des Bauträgers lediglich annimmt, bezieht sich die notarielle Belehrung nur noch auf die eigentliche Annahmeerklärung, aber nicht auf das angenommene Geschäft, da der anzunehmende Vertrag vom Notar nicht vorgelesen wird. Die Belehrungspflicht läuft also praktisch leer. Sinn und Zweck der notariellen Beurkundung besteht aber in einer Verhandlung, vor allem aber in der notariellen Beratung und Belehrung[129]. Sie ist bei einer sukzessiven Beurkundung, bei der

---

[123] BGH v. 17. 1. 2008, NJW 2008, 1321 Rdn. 8 f.
[124] OLG Celle v. 14. 7. 2004, NZM 2004, 918 = IBR 2005, 1012.
[125] OLG Nürnberg v. 20. 12. 1998, DNotZ 1990, 456.
[126] BGH v. 17. 1. 2008, NJW 2008, 1321, Rdn. 10; BGH v. 24. 1. 2008, NJW 2008, 1319; BGH v. 12. 2. 2004, NJW 2004, 1071; BGH v. 15. 4. 1999, NJW 1999, 2188.
[127] Vgl. *Winkler*, MittBayNot 1999, 1 ff.; *Brambring*, DNotI-Rep. 1998, 185.
[128] Gesetz zur Änderung des Rechts der Vertretung durch Rechtsanwälte vor den Oberlandesgerichten v. 23. 7. 2002, BGBl. I S. 2850 (2859).
[129] *Basty*, Rdn. 169; *Reithmann/Meichssner/v. Heymann*, G Rdn. 42, 122; *Eue*, I. 30 Anm. 5 (2); *Kutter*, Beck'sches Notar-Handbuch, A. II Rdn. 25.

B. Der Bauträgererwerb

der Erwerber nur noch annimmt, für den schutzbedürftigeren Vertragsteil nicht gewährleistet. Hinzu treten weitere Probleme: Die Auflassung lässt sich nicht in Angebot und Annahme aufspalten, muss also unter der Verwendung von Auflassungsvollmachten erklärt oder nachbeurkundet werden. Der Notar, dem die Beurkundung eines Angebots durch den Bauträger angetragen wird, muss diesen Weg grundsätzlich als missbräuchliche Gestaltung ablehnen; der Notar, dem die Beurkundung der Annahme durch den Erwerber angetragen wird, darf jedoch nicht ablehnen.

Wird das Angebot dagegen vom Erwerber abgegeben und vom Bauträger vor dessen Notar (Zentralnotar) angenommen, trifft letzteren auch gegenüber dem Anbietenden eine belehrende Betreuungspflicht. Das trifft zu, wenn sich Änderungen des Sachverhalts, z.B. durch nachträgliche Grundbuchbelastungen, ergeben haben. Der die Annahme beurkundende Zentralnotar muss aufgrund der auch gegenüber dem anbietenden Erwerber bestehenden betreuenden Belehrungspflicht vor Beurkundung der Annahmeerklärung auf eine veränderte Grundbuchlage hinweisen[130].

80 Soll der Vertrag gleichwohl und aus triftigen Gründen (Krankheit des Erwerbers, erhebliche Entfernung des Wohnortes) in Angebot und Annahme aufgespalten werden, muss das Angebot – zur Sicherung der Belehrung – vom Erwerber abgegeben werden[131]. Auch in diesen Fällen ist der Bauträger **Verwender des Formularvertrages** mit der Folge, dass die §§ 305 ff. BGB anzuwenden sind[132].

81 Wird sukzessive beurkundet, um sich bis zur Annahme eine Prüf- und Überlegungsfrist oder eine Frist zur Sicherung der Voraussetzungen für das Geschäft zu verschaffen, sind **unangemessen lange Bindungsfristen,** die sich der Bauträger für die Annahme ausbedingt, unwirksam, § 308 Nr. 1 BGB[133]. Bei der Beurteilung der Angemessenheit der Bindungsfrist i.S.v. § 308 Nr. 1 BGB sind die Interessen der Vertragspartner abzuwägen. Unangemessenheit ist anzunehmen, wenn die Frist erheblich länger als die des § 147 Abs. 2 BGB ist und dafür keine anerkennenswerten Interessen des Verwenders bestehen[134]. Eine Bindungsfrist von zehn Wochen ist nach Auffassung des OLG Dresden auch unter Berücksichtigung von notwendigen Verhandlungen zur Vermittlung der Finanzierung und von Verhandlungen und Koordinierungen mit den bauausführenden Unternehmen unangemessen lang; nach Auffassung des Gerichts wären unter Berücksichtigung dieser Umstände maximal sechs Wochen angemessen[135]. Eine Bindung des Erwerbers über mehrere Wochen zur Sicherung der Platzierung des gesamten Objekts ist nach § 308 Nr. 1 BGB unwirksam, weil damit nur dem Interesse des Bauträgers an der Abklärung der Marktverhältnisse Rechnung getragen wird, während der Erwerber in seiner wirtschaftlichen Handlungsfreiheit einseitig eingeschränkt wird[136]. Sofern keine besonderen Gründe eine verlängerte Annahmefrist rechtfertigen, wird in Anlehnung an die Zuschlagsfrist des § 10 Abs. 6 VOB/A (sie beträgt 30 Kalendertage) eine Bindungsfrist von etwa vier Wochen für angemessen gehalten[137].

Sofern eine unangemessen lange Bindungsfrist vereinbart wurde, tritt gem. § 306 Abs. 2 BGB an deren Stelle die nach § 147 Abs. 2 BGB angemessene Annahmefrist. Der Zeitpunkt, bis zu dem angenommen werden kann, ist danach zu bestimmen, bis

---

[130] BGH v. 30. 6. 2003, NJW 2004, 1865.
[131] *Eue*, I. 30 Anm. 5 (2).
[132] BGH v. 5. 4. 1984, NJW 1984, 2094.
[133] *Kutter*, Beck'sches Notar-Handbuch, A. II Rdn. 25.
[134] *Kutter*, Beck'sches Notar-Handbuch, A. II Rdn. 25; *Blank*, Rdn. 1160; *Palandt/Grüneberg*, § 308 BGB Rdn. 3; bei sog. Einheimischenmodellen soll eine Bindung von zwanzig Jahren nicht unangemessen lang sein, OLG München v. 20. 1. 1998, NJW-RR 1998, 1962.
[135] OLG Dresden v. 26. 6. 2003, BauR 2005, 559.
[136] *Basty*, Rdn. 172.
[137] BGH v. 11. 6. 2010, NJW 2010, 2873, Rdn. 12.

II. Der Bauträgervertrag

wann der Antragende den Eingang der Annahmeerklärung unter regelmäßigen Umständen erwarten darf. Sofern der Bauträger dem Erwerber innerhalb der Annahmefrist z.B. noch eine Finanzierung vermitteln soll, ist die dafür notwendige angemessene Frist zu ermitteln und als Annahmefrist zugrunde zu legen. In dem vom OLG Dresden[138] entschiedenen Fall hätte diese Frist sechs Wochen betragen. Hat der Bauträger dem Erwerber keine Finanzierung zu vermitteln, ist eine Annahme des Angebots nach fünfeinhalb Wochen verspätet[139]. Wenn das Angebot durch den Bauträger verspätet angenommen wird, ist dies eine neuer Antrag nach § 150 Abs. 2 BGB, der wegen der nach § 311b BGB zu beachtenden Form nicht stillschweigend – etwa durch Leistung einer ersten Abschlagszahlung – angenommen werden kann[140]. Diese Rechtsfolgen können sich für den Erwerber als ungünstig und gefährlich erweisen, weil sich der Bauträger oder ggf. der Insolvenzverwalter auch im Falle bereits geleisteter Zahlungen auf die Unwirksamkeit berufen, das Objekt anderweit veräußern und den Erwerber auf die Rückforderung der geleisteten Zahlungen (ggf. durch Anmeldung zur Tabelle) verweisen könnte[141]. Zum Teil wird vertreten, das Angebot könne trotz der überlangen Bindungsfrist vom Bauträger angenommen werden, während dem Erwerber ein freies Widerrufsrecht seines Angebots (bis zur Annahme) zusteht[142]. Zum Teil wird vertreten, das neue Angebot des Bauträgers könne nach Treu und Glauben auch noch geraume Zeit später angenommen und vor allem vom Bauträger nicht durch Widerruf – jedenfalls nicht ohne vorangegangene Warnung (Aufforderung zur Annahme) – wieder aus der Welt geschafft werden[143]. Dem ist zuzustimmen. Diese Lösung entspricht der von der Rechtsprechung bei der Unwirksamkeit einzelner Vertragsbedingungen auch sonst verfolgten Linie; danach kann sich der Verwender selbst nicht auf die Unwirksamkeit einer ihm im Einzelfall ungünstigen Klausel berufen[144].

bb) Abschluss durch Vertreter. Beim Abschluss des Bauträgervertrages sind, sofern sich der Erwerber vertreten lässt und es sich bei ihm um einen Verbraucher handelt, besondere Schutzvorschriften zu beachten. Im Allgemeinen ist bei der Vertretung zu beachten, dass die **Vollmacht** mindestens der Form des § 29 GBO genügen, also öffentlich beglaubigt sein muss. Darüber hinaus wird – entgegen § 167 Abs. 2 BGB – unter bestimmten Voraussetzungen die notarielle Beurkundung der Vollmacht verlangt. Das soll dann der Fall sein, wenn die Vollmacht unwiderruflich ist[145] oder der Vollmachtgeber sich mit der Vollmacht rechtlich oder faktisch bindet oder die Vollmacht Teil eines einheitlichen Rechtsgeschäfts ist, das selbst beurkundungspflichtig ist[146]. Deshalb wird davon ausgegangen, dass die im Rahmen eines Baumodells einem Treuhänder oder Geschäftsbesorger erteilte Vollmacht und das zugrunde liegende Rechtsgeschäft, nämlich der Treuhand-, Geschäftsbesorgungs- bzw. Betreuungsvertrag, zu beurkunden sind[147] (vgl. auch Rdn. 1150 f.). Die Unwirksamkeit der Vollmacht kann sich außerdem daraus ergeben, dass der Geschäftsbesorger im Rahmen der Geschäftsbesorgung

82

---

[138] OLG Dresden v. 26. 6. 2003, BauR 2005, 559.
[139] OLG Brandenburg v. 30. 6. 2005, IBR 2005, 544 (*Siegismund*).
[140] OLG Dresden v. 26. 6. 2003, BauR 2005, 559.
[141] Vgl. *Thode*, ZNotP 2005, 162 (164); *Cremer/Wagner*, NotBZ 2004, 331; *Basty*, MittBayNot 2005, 300.
[142] *Cremer/Wagner*, NotBZ 2004, 331.
[143] *Basty*, Rdn. 175.
[144] BGH v. 4. 12. 1997, NJW-RR 1998, 594.
[145] BGH v. 8. 12. 2005, BeckRS 2006 00099 = IBR 2006, 174 (*Schmid*); BayObLG v. 14. 3. 1996, DNotZ 1997, 312, m. Anm. *Wufka*.
[146] BGH v. 9. 7. 1992, NJW 1992, 3237; BGH v. 22. 10. 1996, NJW 1997, 312; BGH v. 17. 5. 1994, NJW 1994, 2095.
[147] BGH v. 22. 10. 1996, NJW 1997, 312; BGH v. 17. 5. 1994, NJW 1994, 2095; *Staudinger/Wufka*, § 313 BGB Rdn. 129 f.; MünchKomm/*Kanzleiter*, § 311 b, Rdn. 44 f.

B. Der Bauträgererwerb

Rechtsdienstleistungen ohne die dafür nach den Vorschriften der §§ 10ff. RDG erforderliche Registrierung erbringt[148]. Die Nichtigkeit des Geschäftsbesorgungsvertrages wegen nicht registrierter Rechtsdienstleistung nach § 134 BGB würde sodann auch die Vollmacht erfassen (§ 139 BGB). In der Folge wäre dann ein mit einer solchen Vollmacht abgeschlossener Erwerbsvertrag ebenfalls unwirksam.

Gemäß § 17 Abs. 2a Satz 2 Nr. 1 BeurkG soll der Notar bei Verbraucherverträgen darauf hinwirken, dass die rechtsgeschäftlichen Erklärungen des Verbrauchers von diesem persönlich oder durch eine **Vertrauensperson** vor dem Notar abgegeben werden. § 17 Abs. 2a Satz 2 Nr. 1 BeurkG gilt nur bei Verbraucherverträgen i.S.d. §§ 13, 14, 310 Abs. 3 BGB, nicht dagegen bei Verträgen unter Verbrauchern oder zwischen Unternehmern[149]. Um die Belehrung des Erwerbers sicherzustellen, soll er bei der Beurkundung persönlich anwesend sein. Die Abgabe der Erklärungen durch einen bevollmächtigten Vertreter des Erwerbers ist nur statthaft, sofern der Vertreter Vertrauensperson des Verbrauchers ist. Als Vertrauensperson kommen z.B. Angehörige des Verbrauchers, aber auch der ausschließlich in seinem Interesse tätige Rechtsanwalt in Betracht. Die Hinweise in der Gesetzesbegründung bringen im Übrigen keine Klarheit in der Frage, wodurch sich eine Vertrauensperson auszeichnet; nach ihr soll der Verbraucher nicht von einem geschäftsmäßigen Vertreter mit u.U. konkurrierendem Eigeninteresse vertreten werden[150]. Weder die Geschäftsmäßigkeit noch konkurrierendes Eigeninteresse schließen aus, dass der Vertreter – worauf es ankommt – die Belange des Vertretenen nicht nur mit Neutralität, sondern mit positivem Engagement wahrnimmt[151]. Vom Notar wird verlangt, dass er auf die persönliche Abgabe der Erklärungen oder eine ausreichende Vertretung *hinwirkt*. Für einen effektiven Rechtsschutz des Verbrauchers genügt es dabei allerdings nicht, wenn der Notar die Parteien (nur) auf das Erfordernis der persönlichen Abgabe der Erklärungen hinweist. Auf eine ordnungsgemäße Beurkundung hinzuwirken, bedeutet vielmehr, dass er die Beurkundung, sollte der Verbraucher nicht persönlich anwesend oder nicht ausreichend (durch eine Vertrauensperson) vertreten sein, ablehnen muss[152].

83 Aus dem Gebot des § 17 Abs. 2a Satz 2 Nr. 1 BeurkG folgt auch, dass der Abschluss des Vertrages durch einen für den Erwerber auftretenden **vollmachtlosen Vertreter** unzulässig ist. Bei einer Vertretung des Erwerbers durch einen vollmachtlosen Vertreter wäre die anschließende Genehmigung durch den Erwerber formfrei möglich[153] (sie bedarf lediglich für den grundbuchlichen Vollzug nach § 29 GBO der Unterschriftsbeglaubigung); eine Belehrung des Erwerbers, der bei der Abgabe der auf den Vertrag gerichteten rechtsgeschäftlichen Erklärungen ja nicht anwesend ist, kann so nicht gewährleistet werden. Eine Beurkundung mit einem vollmachtlosen Vertreter ist aber dann möglich, wenn nicht der Erwerber, sondern der Bauträger (vollmachtlos) vertreten wird, also die persönliche Anwesenheit des Verbrauchers und dessen Belehrung gesichert ist[154].

---

[148] *Palandt/Ellenberger*, § 134 BGB Rdn. 22; vgl. noch zum RBerG: BGH v. 28.9.2000, NJW 2001, 70 = BauR 2001, 397; BGH v. 11.10.2001, NJW 2002, 66 = NZBau 2002, 92; BGH v. 14.5.2002, NJW 2002, 2325 jeweils zu einem Bauträgermodell; BGH v. 18.9.2001, NJW 2001, 3774; BGH v. 16.12.2002, NJW 2003, 1252, jeweils zu einem Fondsbeitritt; BGH v. 26.3.2003, NJW 2003, 1594; OLG Brandenburg v. 15.1.2002, NZBau, 2002, 336 zu einem Generalübernehmermodell; vgl. dazu *Meurer/Neunaber*, NZBau, 2002, 807; kritisch *Kleine-Cosack*, BB 2003, 1737.
[149] *Rieger*, MittBayNot 2002, 325 (327).
[150] BT-Drucks. 14/9266, S. 50f.
[151] *Brambring*, ZflR 2002, 597 (604).
[152] *Riemenschneider* in Grziwotz/Koeble, 3. Teil, Rdn. 198, 212.
[153] BGH v. 25.2.1994, NJW 1994, 1344; vgl. *Basty*, Rdn. 168; *Kutter*, Beck'sches Notar-Handbuch, A. II Rdn. 25; *Riemenschneider* in Grziwotz/Koeble, 3. Teil, Rdn. 204.
[154] Vgl. *Blank*, Rdn. 1117.

II. Der Bauträgervertrag

cc) Gelegenheit zur Auseinandersetzung mit dem Gegenstand der Beurkundung; Zweiwo- **84**
chenfrist. Nach § 17 Abs. 2a Satz 2 Nr. 2 BeurkG ist dem Verbraucher vorab ausreichend Gelegenheit zu geben, sich mit dem Gegenstand der Beurkundung auseinanderzusetzen. Bei Verbraucherverträgen, die nach § 311b Abs. 1 Satz 1 BGB zu beurkunden sind, ist dem Verbraucher der beabsichtigte Text des Rechtsgeschäfts in der Regel zwei Wochen vor der Beurkundung zur Verfügung zu stellen. Auch die Regelung des § 17 Abs. 2a Satz 2 Nr. 2 BeurkG gilt nur bei Verbraucherverträgen i.S.d. §§ 13, 14, 310 Abs. 3 BGB. Erfasst werden insbesondere Grundstücksgeschäfte und damit auch der Erwerb vom Bauträger (vgl. den Verweis in § 17 Abs. 2a Satz 2 Nr. 2 BeurkG auf § 311b Abs. 1 Satz 1 BGB).

Bei dem beabsichtigten Text des Rechtsgeschäfts handelt es sich regelmäßig um den **85**
vom Notar auf Initiative des Bauträgers entworfenen Vertragstext; sofern ausnahmsweise der Vertrag vom Erwerber oder vom Notar auf dessen Initiative gefertigt wird, ist § 17 Abs. 2a Satz 2 Nr. 2 BeurkG nicht einschlägig[155]. Bei dem zur Verfügung zu stellenden Text genügt ein abstraktes Vertragsmuster für das konkrete Bauvorhaben. Demgemäß gehören neben dem Erwerbsvertrag auch die Baubeschreibung und die Teilungserklärung samt Gemeinschaftsordnung (Bezugsurkunde) dazu; das folgt bereits aus § 13a Abs. 3 BeurkG[156]. Die individualisierenden Angaben sind jedoch nicht erforderlich (das sind z.B. Angaben zur Person des Vertreters des Bauträgers, zu den Personalien des Erwerbers, zur Wohnungsbezeichnung und zum Kaufpreis, sofern aus den übrigen Unterlagen bekannt). Das folgt daraus, dass das Gesetz nicht vom „Entwurf", sondern vom beabsichtigten Text des Rechtsgeschäfts spricht[157]. Ergänzungen und Änderungen des Vertrages sind deshalb im Grundsatz möglich. Fraglich ist allerdings, wo die Grenzen für Abweichungen vom Inhalt des übermittelten Textes liegen. Es ist anzunehmen, dass Änderungen, die den wirtschaftlichen oder rechtlichen Kern des Rechtsgeschäfts berühren, eine neuerliche zweiwöchige Prüfungsfrist für den Verbraucher auslösen[158], sofern diese Änderungen nicht ausschließlich zum Vorteil des Erwerbers erfolgen.

Das Gesetz verlangt nicht, dass der Vertragstext durch den Notar zur Verfügung gestellt wird. Danach ist es ausreichend, wenn er dem Erwerber vom Bauträger übermittelt wird. Zweckmäßiger ist es jedoch, wenn der Text unmittelbar vom Notar zur Verfügung gestellt wird, weil er auf diese Weise die Übersendung des Entwurfs sowie die Einhaltung der Zweiwochenfrist dokumentieren und überwachen kann, ganz abgesehen davon, dass etwa eine generelle Übersendung von Urkundsentwürfen durch den Bauträger (oder gar eine Integration solcher Entwürfe in die Angebotsunterlagen oder den Prospekt) den Anschein der Parteilichkeit des Notars erwecken könnte (aus der Sicht des Erwerbers übersendet der Bauträger Entwürfe *seines* Notars)[159].

Die Zweiwochenfrist des § 17 Abs. 2a Satz 2 Nr. 2 BeurkG ist „in der Regel" ein- **86**
zuhalten[160]. Eine Unterschreitung dieser Frist ist nur ausnahmsweise und bei objektiv nachvollziehbaren Umständen zulässig. Solche Umstände können eine bevorstehende längere Reise des Erwerbers, ein bevorstehender Krankenhausaufenthalt des Erwerbers oder die Notwendigkeit einer Beurkundung vor einem bestimmten Termin zur Erreichung steuerlicher Vorteile sein. Auch in diesen Fällen muss sich der Notar aber davon überzeugen, dass hinreichend Gelegenheit zur Auseinandersetzung mit dem Vertrags-

---

[155] *Brambring*, ZfIR 2002, 597 (599); *Rieger*, MittBayNot 2002, 325 (332).
[156] *Basty*, Rdn. 162; *Blank*, Rdn. 18f.; *Eue*, I. 30 Anm. 5 (2); *Riemenschneider* in Grziwotz/Koeble, 3. Teil, Rdn. 189f.
[157] *Basty*, Rdn. 162; *Blank*, Rdn. 18f.; *Riemenschneider* in Grziwotz/Koeble, 3. Teil, Rdn. 191; a.A. *Grziwotz*, FS Thode, S. 243 (250): sämtliche individuelle Angaben gehören in den Entwurf.
[158] Vgl. *Blank*, Rdn. 20; *Eue*, I. 30 Anm. 5 (2); *Riemenschneider* in Grziwotz/Koeble, 3. Teil, Rdn. 192.
[159] *Rieger*, MittBayNot 2002, 325 (333).
[160] Eingehend *Grziwotz*, ZfIR 2009, 627.

B. Der Bauträgererwerb

text bestand[161]. Wird der Übereilungs- und Überlegungsschutz nicht auf andere Weise gewahrt, darf der Notar auch in diesen Fällen nicht beurkunden, und zwar auch dann nicht, wenn der Erwerber auf einer sofortigen Beurkundung besteht[162].

c) Zu beurkundender Inhalt

87   Der Formzwang erfasst den **gesamten Vertrag,** d.h. alle Vereinbarungen, aus denen sich nach dem Willen der Beteiligten das schuldrechtliche Veräußerungsgeschäft zusammensetzt[163]. Hierbei ist es grundsätzlich gleichgültig, ob es sich um objektiv wesentliche oder unwesentliche Bestimmungen handelt[164]. **Nebenabreden**, die nicht beurkundet werden, führen zur Nichtigkeit des gesamten Vertrages[165]. Zu den Ausnahmen vgl. unten Rdn. 128.

Zum Inhalt des Bauträgervertrages gehören sämtliche für die Vertragsabwicklung wesentlichen Vertragsbedingungen. Sie dürfen nicht – in Form von Allgemeinen Geschäftsbedingungen – durch die Erstellung einer sog. **Mutterurkunde** (Bezugsurkunde) ausgelagert und durch eine Bezugnahme nach § 13a BeurkG zum Vertragsinhalt gemacht werden. Die notarielle Verlesung, Verhandlung und Belehrung wäre in Bezug auf diese Vertragsbedingungen nicht gewährleistet, die Verfahrensweise widerspräche also § 17 BeurkG[166] (Rdn. 124). Anders ist die Handhabung von umfangreichen Baubeschreibungen und Teilungserklärungen zu beurteilen (dazu unten Rdn. 94, 121). Die Frage, ob die **VOB/B** im Falle ihrer Vereinbarung mitbeurkundet werden muss, ist ohne praktische Bedeutung[167], da sie aus materiellrechtlichen Gründen im Bauträgervertrag ohnehin nicht wirksam vereinbart werden kann, vgl. Rdn. 163f.

d) Grundstück, Wohnungseigentum, Sondernutzungsrecht

88   Bei einem Grundstück im Rechtssinne handelt es sich um einen räumlich abgegrenzten Teil der Erdoberfläche, das im Bestandsverzeichnis eines Grundbuchblattes unter einer eigenen Nummer gebucht ist[168]. Das zu veräußernde Grundstück muss im Vertrag hinreichend bestimmt bezeichnet sein[169]. Zur Beschreibung ist der Grundbuchstand, also die Eintragungen im Bestandsverzeichnis und in den Abteilungen I bis III in die Urkunde aufzunehmen.

Entsprechendes gilt für Wohnungs- und Teileigentum, das durch die Angabe des Wohnungsgrundbuchstandes beschrieben wird; weitere Angaben zur Lage der Wohnung sind möglich, aber nicht nötig[170]. Ebenso wenig gehören Angaben zur Wohnungsgröße zur grundbuchlichen Beschreibung des Wohnungseigentums[171]. Eine hinreichende Bestimmtheit des Grundstücks bzw. Wohnungseigentums ist für die wirksame Begründung der Leistungspflicht des Bauträgers erforderlich; davon zu unterscheiden ist das **Bestimmtheitserfordernis** des Sachen- und Grundbuchrechts. Durch dieses Bestimmtheitserfordernis soll gewährleistet werden, dass jedermann aus

---

[161] *Eue,* I. 30 Anm. 5 (2); *Grziwotz,* ZfIR 2009, 627.
[162] KG v. 27. 6. 2008, ZfIR 2009, 673 mit Anm. *Grziwotz,* ZfIR 2009, 627.
[163] Z. B. BGH v. 23. 2. 1979, NJW 1979, 1495 m.w.N.; vgl. zum Ganzen etwa *Palandt/Grüneberg,* § 331b Rdn. 25ff.
[164] BayObLG v. 9. 11. 1978, DNotZ 1979, 180.
[165] OLG Celle v. 21. 1. 2010, IBR 2010, 337 (*Schwenker*).
[166] *Winkler,* MittBayNot 1999, 1 (17).
[167] Vgl. *Koeble,* Rechtshandbuch Immobilien, Kap. 16 Rdn. 30 m.w.N.
[168] *Palandt/Bassenge,* vor § 873 BGB Rdn. 1.
[169] BGH v. 16. 10. 2003, NJW 2004, 69.
[170] BGH v. 4. 3. 1994, NJW 1994, 1347.
[171] BGH v. 11. 3. 1999, NJW-RR 1999, 1214 (1216).

II. Der Bauträgervertrag

den Eintragungen im Bestandsverzeichnis des Grundbuchs erkennen kann, um welches Grundstück es sich handelt[172].

Noch zu bildendes Wohnungseigentum muss im Erwerbsvertrag durch die Verweisung auf die Teilungserklärung (gem. § 13a BeurkG) bezeichnet werden. Der Abschluss eines Erwerbsvertrages vor Errichtung der Teilungserklärung ist jedoch bedenklich, weil die Leistungspflicht des Bauträgers ohne Teilungserklärung und Gemeinschaftsordnung kaum hinreichend bestimmt beschrieben werden kann[173]. An der hinreichenden Bestimmtheit eines noch zu bildenden Wohnungseigentums fehlt es, wenn nur die Räumlichkeiten, aber weder der Miteigentumsanteil (das Beteiligungsverhältnis) noch die für das spätere Gemeinschaftsverhältnis maßgeblichen Rechte und Pflichten (Gemeinschaftsordnung) festgelegt sind[174]. Der Vertragsgegenstand ist aber nicht deshalb unzulänglich bestimmt, weil dem Bauträger das Recht vorbehalten wird, die Teilungserklärung zu ändern und anzupassen oder die Teilungserklärung insgesamt nach billigem Ermessen gemäß § 315 BGB noch zu erstellen[175]. Entsprechendes gilt für die Befugnis des Bauträgers, das Grundstück in Abteilung II oder III noch belasten zu dürfen, wenn der Umfang dieser Befugnis im Vertrag definiert und begrenzt ist[176]. Ferner steht es der Wirksamkeit eines Vorvertrages nicht entgegen, wenn wegen der noch nicht errichteten Teilungserklärung der Miteigentumsanteil am Gemeinschaftseigentum noch nicht feststeht[177]. 89

Bei einer bereits **vermessenen Teilfläche** eines Grundstück, für das der Fortführungsnachweis (Veränderungsnachweis) vorliegt, kann der Vertragsgegenstand ebenfalls durch die Darstellung des Grundbuchstandes und den Fortführungsnachweis beschrieben werden. Bei einer **noch nicht vermessenen Teilfläche** kommt es auf die Bestimmbarkeit der noch wegzumessenden Teilfläche an. Die Teilfläche muss sich entweder aufgrund der Angaben im Vertrag oder eines dem Vertrag beigefügten Plans ermitteln lassen. In einer neueren Entscheidung hat der BGH hierzu zunächst entschieden, dass sich die Teilfläche durch eine nicht maßstäbliche Skizze nicht hinreichend bestimmen lasse, Verträge bei der Verwendung unmaßstäblicher Pläne unwirksam sind[178]. In Abgrenzung dazu hat der BGH in einem weiteren Urteil (zum Umfang einer Sondernutzungsfläche) allerdings festgestellt, dass auch eine nicht maßstabsgerechte Skizze den Vertragsgegenstand hinreichend bestimmen kann, wenn die Parteien mit dem geringeren Bestimmtheitsgrad zufrieden sind und einer Partei (etwa dem Verkäufer) das weitere Bestimmungsrecht nach § 315 BGB zugestanden wird[179]. Diese Grundsätze gelten nicht nur für das Grundstück, sondern auch für Sondernutzungsrechte an Grundstücksflächen. 90

Bezeichnen die Vertragsparteien den Vertragsgegenstand irrtümlich fehlerhaft, meinen aber dasselbe, ist für den Erwerb das maßgeblich, was die Parteien übereinstimmend gewollt haben **(falsa demonstratio).** Das kann etwa bei Differenzen zwischen dem den Verkaufsverhandlungen zugrundeliegenden Plänen und dem beurkundeten Aufteilungsplan der Teilungserklärung der Fall sein. Dieser Grundsatz gilt auch bei beurkundungsbedürftigen Rechtsgeschäften[180]. 91

---

[172] BGH v. 19. 4. 2002, NJW 2002, 2247 (2248).
[173] *Riemenschneider* in Grziwotz/Koeble, 3. Teil, Rdn. 719.
[174] OLG Düsseldorf v. 21. 12. 1994, NJW-RR 1995, 718.
[175] BGH v. 19. 4. 2002, NJW 2002, 2247.
[176] OLG Frankfurt v. 30. 7. 1998, BauR 2000, 1204.
[177] BGH v. 23. 11. 2001, NJW-RR 2002, 415.
[178] BGH v. 23. 4. 1999, NJW-RR 1999, 1030, m. krit. Anm. *Kanzleiter*, NJW 2000, 1919; vgl. auch OLG Hamm v. 8. 6. 2000, BauR 2001, 637.
[179] BGH v. 19. 4. 2002, NJW 2002, 2247.
[180] OLG Düsseldorf v. 30. 8. 1999, NJW-RR 2000, 1006.

B. Der Bauträgererwerb

e) Baubeschreibung, Pläne

92   Durch die Baubeschreibung und die Pläne wird die Herstellungsverpflichtung des Bauträgers dargestellt. Diese den Leistungsumfang bestimmenden Angaben sind **wesentlicher Vertragsinhalt**. Baubeschreibung und Pläne sind deshalb in jedem Falle zu beurkunden[181]. Auch die Ausgestaltung und Ausstattung der Wohnung gehören zu den wesentlichen Vertragselementen[182]. Nur der in der Baubeschreibung beurkundete Leistungsumfang ist vom Bauträger geschuldet[183]. Das gilt selbstredend auch bei Altbausanierungen für die vom Bauträger übernommenen Sanierungsarbeiten[184].

93   Wenn in einem Vertrag auf die Beschreibung der Bauausführung, also auf deren notarielle Beurkundung, verzichtet und lediglich auf eine Ausführung „gemäß den Plänen des Architekten, welche dem Käufer in allen Einzelheiten bekannt sind" verwiesen wird, ist der Vertrag nichtig[185], und zwar auch dann, wenn der Bau bereits begonnen wurde[186]. Das gilt auch, wenn für die Leistungspflicht des Bauträgers eine Aufstellung von noch zu erbringenden Restarbeiten, geänderte Baupläne und eine Baubeschreibung maßgeblich sind, aber nur ein Teil der Unterlagen beurkundet wurde[187]. Haben die Parteien noch vor der Beurkundung vereinbart, dass weitere, nicht protokollierte Zusatzleistungen in einem näher bestimmten Wert erbracht werden sollen, so gibt der Vertrag Leistung und Gegenleistung nicht vollständig wieder und ist insgesamt nichtig[188]. Auch bei **Ausbauhäusern** muss der vom Bauträger zu erbringende Leistungsumfang exakt definiert werden; soll der Bauträger von vornherein weitere Bauleistungen erbringen als in der Urkunde angegeben, ist der Vertrag insgesamt nichtig[189].

Die Rechtsprechung geht davon aus, dass die Beurkundungspflicht der Baubeschreibung unabhängig davon besteht, ob und inwieweit der Bauträger die geschuldete Werkleistung zum Zeitpunkt des Vertragsschlusses tatsächlich ausgeführt hat[190]. Der Anknüpfungspunkt für die Beurkundungspflicht der Baubeschreibung ist im Grundsatz die vom Bauträger eingegangene **Herstellungsverpflichtung**. Bei Vertragsschluss bereits ausgeführte Bauleistungen mögen zwar im technischen Sinne schon hergestellt sein; insoweit könnte keine Beurkundungspflicht mehr bestehen. Rechtlich ist die Herstellungsverpflichtung aber erst mit ihrer Abnahme erfüllt[191] – und sie umfasst dann sowohl die bei Vertragsschluss schon ausgeführten wie auch die erst danach erbrachten Werkleistungen. Nur so lässt sich begründen, dass eine Baubeschreibung für bereits ausgeführte Leistungen beurkundet werden muss. In der Konsequenz ist deshalb auch für bereits insgesamt fertig gestellte, aber wenigstens teilweise noch nicht ab-

---

[181] BGH v. 10. 6. 1977, NJW 1977, 2072; BGH v. 23. 9. 1977, NJW 1978, 102; BGH v. 20. 12. 2001, NJW 2002, 1050; BGH v. 7. 3. 2002, NJW 2002, 2313; BGH v. 3. 7. 2008, NJW-RR 2008, 1506, Rdn. 10 = BauR 2008, 1881 = IBR 2008, 579 *(Wagner);* OLG Hamburg v. 26. 6. 2002, BauR 2003, 253.
[182] BGH v. 10. 6. 1977, NJW 1977, 2072; BGH v. 20. 12. 2001, NJW 2002, 1050; BGH v. 7. 3. 2002, NJW 2002, 2313; BGH v. 3. 7. 2008, NJW-RR 2008, 1506, Rdn. 10 = BauR 2008, 1881 = IBR 2008, 579 *(Wagner).*
[183] OLG München v. 5. 4. 1995, BauR 1995, 739.
[184] BGH v. 16. 12. 2004, NJW 2005, 1115 (1116) = NZBau 2005, 216.
[185] BGH v. 6. 4. 1979, NJW 1979, 1496; im Urteil v. 20. 12. 1974 (NJW 1975, 536) hatte der BGH die Bezugnahme auf eine nicht verlesene Baubeschreibung noch als Auslegungsbehelf zugelassen.
[186] BGH v. 20. 12. 2001, NJW 2002, 1050; BGH v. 7. 3. 2002, NJW 2002, 2313; vgl. aber OLG Hamm v. 4. 3. 2003, BauR 2003, 1398.
[187] BGH v. 15. 12. 2000, NJW-RR 2001, 953 = BauR 2001, 790.
[188] AG Dortmund v. 5. 2. 2002, NJW-RR 2002, 889.
[189] BGH v. 20. 6. 2000, NJW-RR 2000, 1658, zur Haftung des Notars in einem solchen Fall.
[190] BGH v. 10. 2. 2005, NJW 2005, 1356 = NZBau 2005, 278 = BauR 2005, 866; BGH v. 8. 3. 2007, NJW-RR 2007, 895 Rdn. 20, Baubeschreibung für bereits erbrachte und noch zu erbringende Sanierungsleistungen.
[191] *Basty,* Rdn. 149.

II. Der Bauträgervertrag

genommene, also insoweit noch neue Bauwerke, auf die Werkvertragsrecht angewendet wird (Rdn. 70f.), die Baubeschreibung zu beurkunden (sog. Nachzüglerwerber). Eine Veräußerung ohne mitbeurkundete Baubeschreibung und Pläne dürfte demnach nur bei gebrauchten Objekten zulässig sein.

Grundsätzlich sind sämtliche zu beurkundenden Erklärungen vom Notar zu verlesen (§ 13 BeurkG)[192]. Da Baubeschreibungen häufig sehr umfangreich sind, kommt insoweit auch eine **Bezugnahme nach § 13a BeurkG** in Betracht. Entsprechend kann auf die Durchsicht der Pläne ebenfalls durch eine Bezugnahme nach § 13a BeurkG verzichtet werden (vgl. unten Rdn. 121).

Baupläne und ähnliche Darstellungen haben beim Bauträgervertrag stets die Aufgabe, die Leistungspflicht des Bauträgers zu beschreiben; sie müssen also unmittelbar oder durch Bezugnahme beurkundet werden. Nur dann, wenn Pläne oder andere Unterlagen keine Leistungspflicht des Bauträgers erzeugen, sondern lediglich einen **Identifizierungsbehelf** darstellen, müssen sie nicht beurkundet werden[193]. In diesem Fall genügt die einfache Beifügung als Anlage. Nicht beurkundet werden muss z.B. bei einem Sanierungsmodell, bei dem eine vermietete Wohnung erworben wird, der Mietvertrag über den Vertragsgegenstand, wenn auf dessen Bestand und Inhalt lediglich hingewiesen werden soll. Auch wenn etwa bei einem Ausbauhaus für die vom Bauträger nicht zu erbringenden, weiteren Leistungen eine Genehmigungsplanung übertragen werden soll, ist es nicht erforderlich, die Planung zu beurkunden. Die Planung beschreibt keine Rechtspflichten, sondern ist selbst Gegenstand einer Rechtspflicht (sie soll übertragen werden). Wenn sie der Urkunde beigefügt wird, handelt es sich auch hier lediglich um einen Identifizierungsbehelf[194].

Ähnlich soll die Beifügung von Gutachten, Plänen oder Berechnungen zu beurteilen sein, die bei der Ausführung der Bauleistung (nur) zu beachten sind und selbst keine Bauleistungspflicht enthalten. Bei diesem Grenzfall geht der BGH[195] im Falle eines dem Vertrag beigefügten, aber nicht mitbeurkundeten Bodengutachtens davon aus, dass mit dem Gebot der „Beachtung" keine unmittelbare Pflicht zur Bauausführung nach dem Gutachten gemeint ist. Das ist aber bedenklich, weil die Forderung, das Gutachten zu beachten, dem Inhalt nach eine Bauausführung nach dem Gutachten verlangt[196]. Von einem Identifizierungsbehelf kann aber sicher dann keine Rede sein, wenn der Vertrag vorsieht, dass die Bauausführung „nach" oder „gemäß" den Vorgaben des Gutachtens erfolgen soll. In diesem Fall wird die Leistungspflicht durch das Gutachten beschrieben und ist deshalb jedenfalls zu beurkunden. Das gilt etwa für die Angabe in der Baubeschreibung, dass die Konstruktion nach den Angaben der – beigefügten – Tragwerksplanung auszuführen ist. Sobald also aus der „Beachtungspflicht" eine unmittelbare Leistungspflicht wird, müssen Pläne, Gutachten, Berechnungen usw. beurkundet werden.

f) Vollmachten im Bauträgervertrag

Häufig werden nachträgliche Erklärungen des Erwerbers gewünscht, um Abwicklungsschwierigkeiten zu beseitigen, insbesondere um Änderungen der Teilungserklärung vorzunehmen oder noch erforderliche Grunddienstbarkeiten zu bestellen. Dabei

---

[192] *Reithmann/Meichssner/v. Heymann*, G Rdn. 39 ff.
[193] BGH v. 15. 12. 2000, NJW-RR 2001, 953 = BauR 2001, 790.
[194] BGH v. 17. 7. 1998, NJW 1998, 3197 m. w. N.
[195] BGH v. 14. 3. 2003, BauR 2003, 1032 = NJW-RR 2003, 1136; BGH v. 30. 10. 2003, BauR 2004, 672 = IBR 2004, 19 (*Vogel*).
[196] *Blank*, Rdn. 107a; *Basty*, Rdn. 154; *Kniffka*, ibr-online-Kommentar (Stand: 3. 6. 2008), § 631 BGB, Rdn. 73; *Vogel*, IBR 2004, 19.

B. Der Bauträgererwerb

ist zu beachten, dass sich der Bauträger zu diesem Zeitpunkt über Inhalt und Umfang der vertraglich zu erbringenden Leistungen gebunden hat und der Bauträger nach Eintragung der Auflassungsvormerkung für den Erwerber ohne dessen Mitwirkung weder die Teilungserklärung einseitig ändern noch das Grundstück belasten kann[197]. Um gleichwohl Änderungen vornehmen zu können, erteilt der Erwerber dem Bauträger regelmäßig im Bauträgervertrag eine **Vollmacht** unter Befreiung von den Beschränkungen des § 181 BGB.

97 Vollmacht kann z.B. zur Vornahme folgender rechtsgeschäftlicher Erklärungen erteilt werden:
- Vollmacht zur Genehmigung von nachträglichen Änderungen der Teilungserklärung und Gemeinschaftsordnung (sie sind sehr häufig; dazu im Einzelnen Rdn. 111f., 116f.),
- Vollmacht zur Bestellung von Dienstbarkeiten[198] (Rdn. 98),
- Vollmacht zur Durchführung und Ergänzung des Vertrages[199] (Rdn. 99).

98 Die (nachträgliche) Belastung des Vertragsobjekts mit **Dienstbarkeiten** kann etwa dann in Betracht kommen, wenn entgegen der ursprünglichen Annahme Versorgungsträger für Strom, Gas oder Wasser Dienstbarkeiten für die Leitungen am Vertragsgrundstück benötigen[200]. Denkbar sind bei Reihen- oder Einfamilienhäusern auch Geh- und Fahrtrechte oder Leitungsrechte für Nachbargrundstücke, deren Notwendigkeit, Umfang und Inhalt zum Zeitpunkt der Veräußerung möglicherweise noch nicht vollständig absehbar sind.

99 **Vollmachten zur Durchführung und Ergänzung des Vertrages,** die den Notariatsangestellten im Erwerbsvertrag erteilt werden, sind auf die Beseitigung von Abwicklungsschwierigkeiten beschränkt. Sie berechtigen nur zur Vertretung des Erwerbers, soweit Hindernisse formeller Art, die dem Vollzug des Vertrages entgegenstehen, beseitigt werden sollen. Sie berechtigen dagegen nicht dazu, die im Vertrag enthaltenen Hauptleistungspflichten des Bauträgers abzuändern. Das hat der BGH für einen Sachverhalt klargestellt, bei dem der Veräußerer zur Verschaffung eines dinglich wirkenden Sondernutzungsrechts verpflichtet war, dies nicht bewerkstelligen konnte und deshalb unter Verwendung einer Vollmacht mit dem beschriebenen Inhalt die Änderung in ein nur schuldrechtliches Sondernutzungsrecht veranlasste[201].

100 Bei der Erteilung von Vollmachten zur Veränderung der Teilungserklärung und Gemeinschaftsordnung oder zur nachträglichen Belastung des Grundstücks mit Dienstbarkeiten handelt es sich der Sache nach um die Einräumung der Befugnis zur einseitigen Änderung der übernommenen Leistungspflicht. Vertragsbestimmungen, die derartige Änderungsbefugnisse einräumen, sind als **Änderungsvorbehalt** zu werten und am Maßstab des § 308 Nr. 4 BGB zu messen (vgl. dazu auch Rdn. 112). Die durch die Vollmacht gestatteten Änderungen müssen dem Erwerber also zumutbar sein und dürfen nur wegen eines triftigen Grundes durchgeführt werden. Die im Innenverhältnis aufgestellten Schranken für die Ausübung der Vollmacht müssen eindeutig und transparent sein, um den Anforderungen der §§ 307, 308 Nr. 4 BGB zu genügen. Insoweit sind die von der Rechtsprechung für die Änderung der Bauleistung gezogenen Grenzen auch hier zu beachten[202]. Danach kommt es für die Zu-

---

[197] Vgl. BGH v. 1. 10. 2004, NJW-RR 2005, 10.
[198] Vgl. *Basty*, Rdn. 209.
[199] BGH v. 17. 5. 2002, NJW 2002, 2863.
[200] OLG Frankfurt v. 30. 7. 1998, BauR 2000, 1204, zur Bestimmbarkeit der Bauträgerleistung, wenn der Bauträger zur Belastung des Grundstücks berechtigt sein soll; BayObLG v. 3. 11. 2004, BTR 2005, 77 (LS).
[201] BGH v. 17. 5. 2002, NJW 2002, 2863.
[202] BGH v. 23. 6. 2005, NJW 2005, 3420 = NZBau 2005, 511 = BauR 2005, 1473; vgl. dazu *Vogel*, ZMR 2008, 270.

II. Der Bauträgervertrag

mutbarkeit i. S. v. § 308 Nr. 4 BGB zusätzlich darauf an, dass der Bauträger für die beabsichtigte Änderung einen triftigen Grund hat; die Gleichwertigkeit der geänderten Ausführung mit der ursprünglich geschuldeten Ausführung als Maßstab für die Zulässigkeit einer Änderung allein genügt danach nicht. Als triftiger Grund dürfte aber jedes vernünftige wirtschaftliche Interesse genügen[203]; ausgeschlossen werden soll nur eine willkürliche Änderung (bei ansonsten gegebener Gleichwertigkeit). Die durch die Vollmacht ermöglichten Änderungen dürfen deshalb einerseits die geschuldete Leistung nicht mindern oder ohne triftigen Grund erfolgen und müssen andererseits – ggf. unter Aufführung abstrakter Regelbeispiele – verständlich und absehbar, also transparent gestaltet sein.

Die vom Bauträger in Ausübung der eingeräumten Änderungsbefugnis vorgenommene Änderung muss **billigem Ermessen** entsprechen (§ 315 BGB). Wird der von § 315 BGB vorgegebene Rahmen in Wahrnehmung der Vollmacht überschritten, ist die dadurch bewirkte Änderung gegenüber dem Erwerber unverbindlich.

Vollmachten müssen für etwaige **Erklärungen gegenüber dem Grundbuchamt** 101 den Anforderungen des grundbuchlichen Verfahrens, insbesondere dem sachenrechtlichen Bestimmtheitsgrundsatz genügen. Sie dürfen deshalb im Außenverhältnis keine unbestimmten und der Auslegung zugänglichen Rechtsbegriffe oder sonstige Beschränkungen enthalten. Eine Vollmacht zur Bestellung von Grunddienstbarkeiten ist für die Eintragung im Grundbuch nicht geeignet, wenn sie im Außenverhältnis auf die im fraglichen Baugebiet „notwendigen" Dienstbarkeiten eingeschränkt wird, weil sich die Frage der Notwendigkeit mit den im Grundbuchverfahren zulässigen Beweismitteln nicht nachweisen lässt[204]. Vollmachten, die gegenüber dem Grundbuchamt verwendet werden sollen, werden deshalb im Außenverhältnis als unbeschränkte Vollmachten erteilt.

Zum Schutz des Erwerbers vor missbräuchlicher Ausübung der unbeschränkten Vollmacht muss die Vertretungsbefugnis im **Innenverhältnis beschränkt** werden. Zu diesem Zweck muss die genaue Festlegung des Umfangs, der möglichen Änderungen und die Begrenzung der Vollmacht vertraglich geregelt werden (Rdn. 100). Außerdem ist vorzusehen, dass die Vollmacht nur vor dem beurkundenden Notar ausgeübt und dabei die Änderungen auf ihre Übereinstimmung mit den vertraglichen Vorgaben überwacht werden können[205]. Die **Überwachung der Vollmacht durch den Notar** bezweckt die Wahrung der Interessen des Erwerbers bei der Vollmachtsausübung, namentlich die Überprüfung, ob der Bauträger durch die beabsichtigten Änderungen seine im Vertrag eingeräumten Befugnisse überschreitet. Hinzuweisen ist auf die Haftung des Notars für eine etwa unzureichende Überwachung, also eine Vollmachtsüberschreitung. Ob eine Klausel, die die Überwachung durch den Notar vorsieht, aber nur eine sehr vage Beschränkung im Innenverhältnis formuliert (das Sondereigentum dürfe nicht unmittelbar nachteilig berührt werden), wirksam ist, muss bezweifelt werden[206]; die Überwachung durch den Notar ergibt nur dann eine insgesamt wirksame Regelung, wenn der Maßstab für die Ausübung der Vollmacht und damit auch für die Überprüfung durch den Notar differenziert und eindeutig ist.

Das Grundbuchamt kann die Überschreitung der im Außenverhältnis unbeschränkten, im Innenverhältnis aber mit Beschränkungen versehenen Vollmacht nur dann beachten, wenn die Vollmachtsüberschreitung evident ist[207].

---

[203] A.A *Basty*, Rdn. 201.
[204] BayObLG v. 3. 11. 2004, BTR 2005, 77 (LS); *Vogel*, ZMR 2008, 270.
[205] *Basty*, Rdn. 206; *Vogel*, ZMR 2008, 270; *Riemenschneider* in Grziwotz/Koeble, 3. Teil, Rdn. 222, 748.
[206] LG Düsseldorf v. 14. 12. 1998, RPfleger 1999, 217, hält sie für unwirksam, anders *Basty*, Rdn. 206.
[207] OLG München v. 13. 6. 2006, DNotZ 2007, 41; OLG München v. 17. 2. 2009, BeckRS 2009 07381; OLG München v. 27. 4. 2009, IBR 2009, 457 *(Vogel)*.

B. Der Bauträgererwerb

102 Die Vollmacht wird regelmäßig **unwiderruflich** erteilt. Eine unwiderruflich erteilte Vollmacht kann aber aus wichtigem Grund ebenfalls widerrufen werden[208]. Für das Grundbuchamt ist der Widerruf maßgeblich, wenn ein wichtiger Grund naheliegt, ihm also ein erheblicher Grad von Wahrscheinlichkeit zukommt[209].

Die Vollmacht muss **zeitlich beschränkt** erteilt werden. Ein Interesse des Bauträgers an der Vollmacht ist bis zum Zeitpunkt der Abwicklung der Maßnahme nachvollziehbar, also bis zur Veräußerung sämtlicher Wohnungen bzw. Häuser einer Anlage. Für darüber hinausgehende Vollmachten besteht kein berechtigtes Interesse; mit ihnen muss der Erwerber auch nicht rechnen. Vertragsbestimmungen, die dem nicht Rechnung tragen, würden gegen § 308 Nr. 4 BGB verstoßen und wären überdies überraschend i. S. v. § 305 c BGB[210]. Sofern die zeitliche Geltung der Vollmacht an die Veräußerung sämtlicher Einheiten geknüpft wird, müssen dabei Wohnungen außer Betracht bleiben, die der Bauträger im Bestand hält oder sonst selber nutzt.

103 Für die **Rechtsfolgen** ist zwischen einer Vollmachtsüberschreitung einerseits und unwirksamen Vertragsbedingungen andererseits zu unterscheiden: Überschreitet der Bauträger die sich aus dem Innenverhältnis ergebenden Beschränkungen unter Verletzung von § 315 BGB, können dem Erwerber Erfüllungs-, Mängel- und Schadensersatzansprüche zustehen[211] (zu Rechtsmängeln infolge vertragswidriger Grundstücksbelastungen vgl. Rdn. 783, zur teilweisen Nichterfüllung vgl. Rdn. 505 f., im Übrigen zur Sachmängelhaftung Rdn. 640 f.).

Enthalten die vertraglichen Bestimmungen keine oder keine ausreichenden Beschränkungen im Innenverhältnis und sind sie deshalb nach § 308 Nr. 4 BGB unwirksam, führt dies nicht automatisch zur Unwirksamkeit der Vollmacht, löst aber wegen etwaiger vertragswidriger Abweichungen infolge des Vollmachtgebrauchs ebenfalls Erfüllungs-, Mängel- und Schadensersatzansprüche aus. Darüber hinaus ist in Betracht zu ziehen, ob die Unwirksamkeit der der Vollmacht zugrundeliegenden Bedingungen nicht nach § 139 BGB auch die Unwirksamkeit der Vollmachtserteilung selbst nach sich zieht, wie dies von der Rechtsprechung[212] etwa für Vollmachten bei nichtigen Treuhandaufträgen wegen Verstößen gegen das RBerG angenommen wird. Bei Anwendung dieser Rechtsgrundsätze würden die unter Verwendung der Vollmacht getätigten Rechtsgeschäfte selbst unwirksam sein. Diese Lösung ist jedenfalls dann diskussionswürdig, wenn der nach außen unbeschränkten Vollmacht im Innenverhältnis überhaupt keine Grenzen gezogen sind[213].

Schließlich ist der Erwerber berechtigt, die Vollmacht zu widerrufen, sofern die zugrundeliegenden Klauseln unwirksam sind oder der Bauträger die ihm vertraglich gezogenen Grenzen zu überschreiten versucht (vgl. Rdn. 102).

g) Teilungserklärung und Gemeinschaftsordnung

104 *aa) Einbeziehung der Teilungserklärung.* Das Wohnungseigentum bestimmt sich nach der Grundbucheintragung in Verbindung mit der Teilungserklärung und dem Aufteilungsplan[214]. Die Teilungserklärung kann im Voraus für ein erst noch zu errichtendes

---

[208] OLG Stuttgart v. 25. 7. 1997, MittBayNot 1997, 370 m. Anm. *Munzig;* vgl. auch KG v. 17. 5. 1995, NJW-RR 1995, 1228 = WE 1995, 313.

[209] OLG Stuttgart v. 25. 7. 1997, MittBayNot 1997, 370 m. Anm. *Munzig;* vgl. auch KG v. 17. 5. 1995, NJW-RR 1995, 1228 = WE 1995, 313; OLG München v. 17. 2. 2009, BeckRS 2009 07381.

[210] *Basty,* Rdn. 208.

[211] *Vogel,* ZMR 2008, 270 (272).

[212] BGH v. 11. 10. 2001, NJW 2002, 66 = NZBau 2002, 92; BGH v. 16. 2. 2002, NJW 2003, 1252; BGH v. 14. 5. 2002, NJW 2002, 2325; a. A. OLG München v. 3. 5. 2002, NJW-RR 2002, 1489.

[213] Vgl *Riemenschneider* in Grziwotz/Koeble, 3. Teil, Rdn. 221.

[214] BGH v. 11. 3. 1999, NJW-RR 1999, 1214 (1216).

II. Der Bauträgervertrag

Gebäude erstellt und grundbuchlich vollzogen werden; demgemäß kann Wohnungseigentum bereits vor Baubeginn wirksam begründet werden[215]. Ist die Teilungserklärung samt der dazugehörigen Gemeinschaftsordnung bei Abschluss des Bauträgervertrages grundbuchlich vollzogen, das Wohnungseigentum also bereits entstanden, so muss die Teilungserklärung nicht mitbeurkundet werden. Der Hinweis auf die vorangegangene Teilung dient ausschließlich der **Beschreibung des Vertragsobjekts,** ist aber nicht Inhalt des abzuschließenden Bauträgervertrages[216]. Der Inhalt der Teilungserklärung, insbesondere sämtliche Bestimmungen der Gemeinschaftsordnung, wirken kraft Gesetzes (§ 10 Abs. 2 WEG) für und gegen jeden Rechtsnachfolger des Eigentümers, bindet den Erwerber also gegenüber dem Bauträger wie auch gegenüber allen anderen Miterwerbern.

Häufig ist die **Teilungserklärung** bei Abschluss des Bauträgervertrages aber **noch nicht vollzogen.** Gleichwohl kann sich der Bauträger schon jetzt zur Veräußerung von Wohnungseigentum verpflichten. Es wird im Vertrag als ein erst zukünftig zur Entstehung gelangendes Eigentum beschrieben. Zur Beschreibung dieses Eigentums ist der vollständige Inhalt des zukünftigen Wohnungseigentums zum Vertragsinhalt zu machen. Der vollständige Inhalt des Wohnungseigentums wird durch die Teilungserklärung samt Aufteilungsplan und Gemeinschaftsordnung dargestellt. Der in dieser Weise vereinbarte Vertragsgegenstand wird vom Bauträger geschuldet. Dadurch wird zugleich der Erwerber im Verhältnis zum Veräußerer, vor allem aber im Verhältnis zu den anderen Erwerbern auf die zuvor bereits errichtete Teilungserklärung wirksam festgelegt[217]. 105

Für die wirksame Einbeziehung der Teilungserklärung genügt allerdings nicht die schlichte Inbezugnahme einer notariell beglaubigten Abschrift der Teilungserklärung[218]. Diese Form der Bezugnahme führt zur Vertragsnichtigkeit[219]. Wenn die Teilungserklärung bei Vertragsabschluss im Grundbuch noch nicht vollzogen ist, das zu veräußernde Sondereigentum also noch nicht entstanden ist, muss die Teilungserklärung samt Gemeinschaftsordnung ebenfalls vollständig mitbeurkundet werden, sei dies durch ihre Verlesung oder durch eine Bezugnahme nach § 13a BeurkG.

Das vom Bauträger **geschuldete Wohnungs- oder Teileigentum** besteht aus dem Miteigentumsanteil verbunden mit dem Sondereigentum an der Wohnung bzw. der Gewerbeeinheit. Inhalt und Umfang des Wohnungseigentums richten sich nach der Teilungserklärung samt Gemeinschaftsordnung. Der Aufteilungsplan gem. § 7 Abs. 4 Satz 1 Nr. 1 WEG muss dem Bestimmtheitsgrundsatz des Sachen- und Grundbuchrechts Rechnung tragen, also die Grenzen von Sonder- und Gemeinschaftseigentum hinreichend deutlich darstellen. Dies geschieht durch Vorlage von Grundrissen, Schnitten und Ansichten des Gebäudes[220]. Für den Umfang von Sondernutzungsrechten im Außenbereich ist die zeichnerische Darstellung im Lageplan maßgeblich[221]. 106

bb) Abweichungen von der Teilungserklärung. Bei **Abweichungen zwischen Teilungserklärung und Aufteilungsplan** hat, sofern sich der Widerspruch nicht durch 107

---

[215] BayObLG v. 7. 11. 2001, NJW-RR 2002, 224.
[216] BGH v. 23. 2. 1979, NJW 1979, 1495.
[217] Zur Frage der Ermächtigung des Verkäufers zur einseitigen Ausgestaltung der Teilungserklärung siehe einerseits BGH v. 8. 11. 1985, NJW 1986, 845 und andererseits BGH v. 27. 6. 1985, NJW 1985, 2832 sowie die Anmerkungen von *Reinelt,* NJW 1986, 826; *Brych,* NJW 1986, 1478 und *Löwe,* 1986, 1479. Zur *Inhaltskontrolle der Teilungserklärung* nach § 242 BGB vgl. BGH v. 24. 2. 1994, NJW 1994, 2950 (2952 f.).
[218] BGH v. 27. 4. 1979, NJW 1979, 1498.
[219] BGH v. 27. 4. 1979, NJW 1979, 1498.
[220] BGH v. 30. 6. 1995, NJW 1995, 2851; BayObLG v. 16. 6. 1997, WE 1997, 399 m. Anm. *Schmidt* insbesondere zur Darstellung von Spitzböden.
[221] BayObLG v. 26. 5. 2000, Deckert ETW Gruppe 2, S. 4426.

B. Der Bauträgererwerb

Auslegung lösen lässt, grundsätzlich keine der beiden Erklärungen Vorrang. Ein solcher Widerspruch führt dazu, dass Sondereigentum nicht entsteht. Die Eigentümer sind sich gegenseitig verpflichtet, durch eine einvernehmliche Regelung Sondereigentum wirksam zu errichten[222]. Entsprechendes gilt, wenn die Begründung von Sondernutzungsrechten fehlgeschlagen ist[223].

Besteht nach Errichtung des Gebäudes eine **Abweichung zwischen Teilungserklärung und tatsächlicher Ausführung**, muss zwischen den wohnungseigentumsrechtlichen Beziehungen zu den Miteigentümern und den schuldrechtlichen Ansprüchen gegen den Bauträger unterschieden werden. Außerdem kommt es für die Beurteilung der Ansprüche auf die Art der Abweichung an.

Weicht die Bauausführung vom Aufteilungsplan in der Weise ab, dass sich Wände nicht auf den das Sondereigentum zum benachbarten Sondereigentum oder Gemeinschaftseigentum abtrennenden Begrenzungen befinden, also die tatsächlichen Räume größer, kleiner oder von anderem Zuschnitt sind, so beurteilt sich das Wohnungseigentum im Grundsatz nach dem Aufteilungsplan. Es kann also unterschiedliches Sondereigentum an Teilen eines Raumes bestehen. Die Außengrenzen der im Aufteilungsplan dargestellten Trennwand begrenzen das Sondereigentum gegen das Gemeinschaftseigentum bzw. das benachbarte Sondereigentum. Das Sondereigentum kann also durch eine Luftschranke begrenzt sein[224]. Bei der Beurteilung der Frage, ob der Erwerber Eigentümer geworden ist (und möglicherweise eigentumsrechtliche Ansprüche gegen seinen Miteigentümer verfolgen kann), kommt es darauf an, ob sich der Inhalt seiner Auflassungserklärung auf das im Aufteilungsplan dargestellte Eigentum bezog – was in Vertretungsfällen (Vertretung des Erwerbers bei der Auflassung durch den Bauträger) zweifelhaft sein kann[225]. Der Eigentümer kann vom benachbarten Wohnungseigentümer Räumung und Herausgabe und eine Herstellung nach dem Aufteilungsplan verlangen. Bei außergewöhnlichen Umständen kann der durch die Abweichung begünstigte Eigentümer jedoch einen Anspruch auf Änderung der Teilungserklärung (auf Anpassung der Teilungserklärung an die tatsächliche Ausführung) haben und diesen Anspruch dem Beseitigungsanspruch einredeweise entgegensetzen[226]. Im Übrigen hat jeder Miteigentümer gegenüber den anderen Eigentümern einen Anspruch auf die erstmalige ordnungsgemäße Herstellung des Objekts nach den Plänen und Bestimmungen der Teilungserklärung[227]. Die Teilungserklärung samt Aufteilungsplan sind auch bei der abweichenden Gestaltung von Sondernutzungsrechten maßgeblich[228]. Unabhängig von etwaigen (wohnungs-)eigentumsrechtlichen Ansprüchen des benachteiligten Erwerbers gegen den Miteigentümer (oder sämtliche Miteigentümer, sofern die Verkürzung zugunsten des Gemeinschaftseigentums erfolgte), stehen ihm Mängelansprüche gegen den Bauträger zu[229] (vgl. Rdn. 652).

Weicht die Bauausführung vom Aufteilungsplan aber so ab, dass die errichteten Räume den in der Teilungserklärung dargestellten Räumen überhaupt nicht zugeordnet werden können, entsteht ausnahmsweise kein Sondereigentum, sondern aus-

---

[222] BGH v. 30. 6. 1995, NJW 1995, 2851; BayObLG v. 31. 8. 2000, NJW-RR 2001, 373; vgl. aber OLG Düsseldorf v. 5. 6. 2000, NJW-RR 2000, 1400, zu den abweichenden Zweckbestimmungen „Lager" und „Gewerbefläche".
[223] OLG Hamm v. 13. 3. 2000, NJW-RR 2001, 84.
[224] BGH v. 18. 7. 2008, NJW 2008, 2982, Rdn. 11 f.; *Schmidt*, ZWE 2008, 423.
[225] BGH v. 18. 7. 2008, NJW 2008, 2982, Rdn. 17 f.
[226] OLG Hamburg v. 15. 3. 2001, BauR 2001, 1766.
[227] BayObLG v. 27. 3. 1986, NJW-RR 1986, 954 (955); BayObLG v. 15. 12. 1989, NJW-RR 1990, 332; BayObLG v. 5. 11. 1993, NJW-RR 1994, 276.
[228] OLG Hamm v. 29. 5. 2007, BauR 2008, 1152.
[229] OLG Hamm v. 29. 5. 2007, BauR 2008, 1152 bei der abweichenden Ausführung von Sondernutzungsrechten unmittelbar vor Badezimmerfenstern.

II. Der Bauträgervertrag

schließlich Gemeinschaftseigentum[230]. Das kann der Fall sein, wenn das errichtete Gebäude mit dem Aufteilungsplan keine auch nur teilweise Übereinstimmung aufweist und die im Aufteilungsplan vorgesehene Bauausführung vollständig aufgegeben wurde. Unter dieser Voraussetzung kann lediglich ein isolierter, nicht mit einem Sondereigentum verbundener Miteigentumsanteil entstehen und erworben werden[231]. Soweit ein isolierter Miteigentumsanteil erworben wurde, kann sich aus dem wohnungseigentumsrechtlichen Gemeinschaftsverhältnis die Verpflichtung der Miteigentümer ergeben, Teilungserklärung und Aufteilungsplan so anzupassen, dass der Aufteilungsplan der tatsächlichen Bebauung entspricht[232]. Möglicherweise kommen bei Flächengewinnen bzw. -verlusten Ausgleichszahlungen unter den Miteigentümern in Betracht. Davon unberührt bleiben auch in dieser Konstellation Erfüllungs- und Mängelansprüche gegenüber dem Bauträger.

Abweichungen zwischen Teilungserklärung und Erwerbsvertrag führen nicht etwa dazu, dass die entsprechenden Bestimmungen der Teilungserklärung (Gemeinschaftsordnung) unwirksam sind; sie können aber schuldrechtliche Ansprüche, z. B. Mängelrechte, gegen den Bauträger auslösen[233]. Für die wohnungseigentumsrechtlichen Beziehungen der Wohnungseigentümer ist die Teilungserklärung maßgeblich, für das Verhältnis zum Bauträger der Erwerbsvertrag[234].

cc) Inhaltskontrolle. Der Bauträger teilt das Grundstück gem. § 8 WEG in Wohnungseigentum auf; die von ihm einseitig aufgestellte Teilungserklärung enthält Vereinbarungen i. S. v. § 10 Abs. 3 WEG (Gemeinschaftsordnung)[235]. Sie regelt vor allem die zukünftigen Rechtsbeziehungen des Einzelnen zum Grundstück und zu den anderen Erwerbern. Nach der herrschenden Meinung im Schrifttum zum Wohnungseigentumsrecht sind die Bestimmungen der §§ 305 ff. BGB auf die Teilungserklärung nicht anwendbar[236]. Der BGH hat diese Frage bis heute offen gelassen. Von ihm werden die durch den teilenden Eigentümer einseitig in der Teilungserklärung gesetzten Bedingungen einer Inhaltskontrolle unterworfen, wobei er die Frage nach dem Maßstab der Inhaltskontrolle – §§ 305 ff. BGB oder § 242 BGB – ausdrücklich unentschieden lässt[237]. Die Regelungen der Teilungserklärung unterliegen deshalb mindestens einer **Inhaltskontrolle nach § 242 BGB**[238]. Die Überprüfung auf die Übereinstimmung der Teilungserklärung mit § 242 BGB obliegt jedoch nur in völlig eindeutigen Fällen dem Grundbuchamt beim Vollzug der Teilungserklärung, im Übrigen aber der streitigen Gerichtsbarkeit (zur Zuständigkeit vgl. § 43 WEG)[239]. **108**

Eine Bestimmung in der Gemeinschaftsordnung, die den Erwerber auf eine Nutzung seines Eigentums durch Verpachtung an eine Betriebsgesellschaft beschränkt, wurde von der Rechtsprechung ebenso wenig beanstandet wie eine Regelung, durch die der Eigentümer verpflichtet ist, die Verwaltung seines Sondereigentums dem Ver- **109**

---

[230] BGH v. 5. 12. 2003, NJW 2004, 1798.
[231] BGH v. 5. 12. 2003, NJW 2004, 1798; ebenfalls zum isolierten Miteigentumsanteil BGH v. 1. 10. 2004, NJW-RR 2005, 10.
[232] BGH v. 5. 12. 2003, NJW 2004, 1798; BGH v. 1. 10. 2004, NJW-RR 2005, 10, 11.
[233] BayObLG v. 29. 10. 1998, MittBayNot 1999, 73.
[234] OLG Köln v. 7. 4. 2000, NZM 2000, 1019.
[235] Der Bauträger ist zwar zur Festlegung der Gemeinschaftsordnung berechtigt; er kann aber während seiner Stellung als Alleineigentümer keine Beschlüsse fassen, an die die Erwerber nach § 10 Abs. 3 und 4 WEG gebunden wären, vgl. *Palandt/Bassenge*, § 8 WEG Rdn. 2.
[236] *Bärmann/Armbrüster*, § 2 Rdn. 49 (54); *Weitnauer/Briesemeister*, § 8 Rdn. 9; *Spielbauer/Then*, § 8 WEG Rdn. 5; *Bassenge*, § 8 WEG Rdn. 1, § 10 Rdn. 2.
[237] BGH v. 13. 10. 2006, NJW 2007, 213 Rdn. 15 f.; BGH v. 20. 6. 2002, NJW 2002, 3240 (3244).
[238] BGH v. 20. 6. 2002, NJW 2002, 3240 (3244).
[239] BayObLG v. 12. 9. 2002, NJW-RR 2002, 1669; OLG Frankfurt v. 2. 3. 1998, NJW-RR 1998, 1707, jeweils noch unter Verweis auf das wohnungseigentumsgerichtliche Verfahren nach § 43 WEG a. F.

walter zu übertragen[240]. Der Bauträger kann in der von ihm errichteten Teilungserklärung außerdem den ersten Verwalter bestellen[241]. Dabei ist die Einsetzung des ersten Verwalters für den Zeitraum von fünf Jahren, also auf die Höchstdauer des § 26 Abs. 1 Satz 2 WEG, nicht zu beanstanden; in ihr liegt weder ein Verstoß gegen § 242 BGB noch gegen § 309 Nr. 9a BGB[242] (vgl. auch Rdn. 869). Eine Verpflichtung zum Abschluss von Betreuungsverträgen im Rahmen eines betreuten Wohnens mit einer längeren Bindung als zwei Jahren verstößt dagegen sowohl gegen § 309 Nr. 9a BGB als auch gegen § 242 BGB[243]. Damit ist von der Rechtsprechung zugleich vorgezeichnet, dass auch andere Gestaltungen einer Inhaltskontrolle unterliegen, etwa Regelungen in der Gemeinschaftsordnung, durch die die Erwerber zu einer genau vorgeschriebenen Sanierung und zum Ausbau von Altbauhäusern (Dachgeschossen) sowie zum Eintritt in bereits abgeschlossene Bauverträge verpflichtet werden.

Ein **Anspruch auf Änderung der Gemeinschaftsordnung** gegenüber den Miteigentümern wird nur ausnahmsweise zugebilligt, und zwar dann, wenn außergewöhnliche Umstände ein Festhalten an ihr als grob unbillig und damit als gegen Treu und Glauben verstoßend erscheinen lassen[244].

110 *dd) Inhaltsbestimmung durch den Bauträger.* Ist die Teilungserklärung bei Abschluss des Erwerbsvertrages noch nicht errichtet, kann sich der Bauträger nach Auffassung des BGH[245] die **Gestaltung der Teilungserklärung,** insbesondere die Festlegung des Sondereigentums nach billigem Ermessen (§ 315 BGB) **vorbehalten;** dieser Bestimmungsvorbehalt für die Regelung des Gemeinschaftsverhältnisses verletzt weder das Bestimmtheitserfordernis noch den Formzwang des § 311b BGB. Der Kritik[246] an dieser Rechtsprechung ist aber darin beizupflichten, dass der Erwerber – auch wenn er die Ausübung des Ermessens nach § 315 BGB gerichtlich überprüfen lassen kann – im Ergebnis leicht übervorteilt werden kann, weshalb eine solche Bestimmung dann am Maßstab der §§ 307 und 242 BGB scheitern muss, wenn im Vertrag nicht zugleich klare Richtlinien für die Ausübung des Bestimmungsrechts vorgegeben werden. Bedenklich erscheint auch ein **Sonderrecht** des teilenden Eigentümers (Bauträgers), Sondernutzungsrechte auf allen Gemeinschaftsflächen begründen, aufheben oder verändern zu können, ohne dass diese im Bauträgervertrag selbst näher beschrieben und die Grenzen dieses Sonderrechts aufgezeigt werden[247].

111 *ee) Änderungsvollmacht.* Davon zu unterscheiden sind **nachträgliche Änderungen** der bereits errichteten und mitbeurkundeten oder schon vollzogenen Teilungserklärung durch den Bauträger, die notwendig werden und sachlich gerechtfertigt sein können. Der Bauträger mag auf- grund eines entsprechenden Erwerberwunsches zwei kleine Wohnungen zu einer großen Wohnung zusammenlegen wollen, ohne dass dadurch die Rechte der Erwerber anderer Wohnungen beeinträchtigt werden. Solange der Bauträger Alleineigentümer des Grundstücks oder – nach Anlegung der Wohnungsgrundbücher – sämtlicher Wohnungen ist, kann er die Teilungserklärung ungefragt ändern – Erfüllungs- und Mängelansprüche der Erwerber bleiben davon selbstverständlich unberührt. In gleicher Weise ist der Bauträger berechtigt, den von ihm in der Tei-

---

[240] BayObLG v. 10. 3. 1988, NJW-RR 1988, 1163; BayObLG v. 14. 6. 1995, NJW-RR 1996, 1037 = WE 1996, 194.
[241] BGH v. 13. 10. 2006, NJW 2007, 213 Rdn. 15f.; BGH v. 20. 6. 2002, NJW 2002, 3240 (3244).
[242] BGH v. 20. 6. 2002, NJW 2002, 3240 (3244, 3245).
[243] BGH v. 13. 10. 2006, NJW 2007, 213 Rdn. 15f.
[244] BGH v. 13. 7. 1995, NJW 1995, 2791 m.w.N.
[245] BGH v. 8. 11. 1985, NJW 1986, 845 m. zust. Anm. *Reinelt*, NJW 1986, 826.
[246] *Löwe*, BB 1986, 152; *ders.*, NJW 1986, 1479; *Brych*, NJW 1986, 1478.
[247] Vgl. OLG Frankfurt v. 2. 3. 1998, NJW-RR 1998, 1707, das die Wirksamkeit aber offen lassen konnte, einen Amtswiderspruch aber zu Recht abgelehnt hatte.

II. Der Bauträgervertrag

lungserklärung bestimmten Verwalter durch eine Änderung der Teilungserklärung auszutauschen[248]. Sobald die Auflassungsvormerkung für auch nur einen Erwerber eingetragen ist, bedarf es seiner Zustimmung (§§ 877, 876 BGB)[249]. Das gilt erst recht, wenn bereits eine „werdende Wohnungseigentümergemeinschaft" besteht oder infolge Auflassung der ersten Wohnung[250] die Wohnungseigentümergemeinschaft in Vollzug gesetzt wurde.

Um bisweilen notwendige Änderungen der Teilungserklärung abwickeln zu können, **112** ist es üblich, dem Bauträger im Erwerbsvertrag eine **Vollmacht zur Änderung der Teilungserklärung** einzuräumen. Da mit der Ausübung der Vollmacht der Vertragsgegenstand geändert werden soll, muss der Bauträgervertrag einen Rahmen für die Ausübung der Vollmacht vorgeben, der den Anforderungen des § 308 Nr. 4 BGB genügt[251]. Die Vollmacht muss aus Gründen des grundbuchlichen Vollzugs im Außenverhältnis einschränkungslos erteilt werden (vgl. Rdn. 103, 113); im Innenverhältnis sind die Bedingungen für ihre Ausübung zu regeln. Die unter Ausübung der Vollmacht sodann herbeigeführten Änderungen unterliegen der Billigkeitskontrolle des § 315 Abs. 3 BGB. Die zum Zwecke der Änderung der Teilungserklärung vorgesehene Vollmacht ist im Erwerbsvertrag (und nicht in der Teilungserklärung) zu erteilen, da es sich bei ihr um eine Erklärung des Erwerbers (und nicht eine solche des teilenden Eigentümers) handelt[252].

Der Vorschrift des § 308 Nr. 4 BGB genügen die Bedingungen für die Ausübung der Änderungsvollmacht nur dann, wenn die beabsichtigten Änderungen dem Erwerber zumutbar sind, ein triftiger Grund besteht und ein Rahmen vorgegeben wird, innerhalb dessen die Vollmacht ausgeübt werden darf[253]. Eine Änderungsvollmacht, die zur Anpassung der Teilungserklärung an die Gestaltung anderer Wohnungen oder behördlichen Anforderungen dient, kann dem Erwerber zugemutet werden[254]. Für sie müssen aber Richtlinien vorgegeben werden, nach denen sie auszuüben ist. Das ist der Fall, wenn ihr Zweck (im Innenverhältnis) konkret dargelegt (z.B. Zusammenlegung von Wohnungen) und sie in der Weise beschränkt wird, dass durch künftige Änderungen der Teilungserklärung weder das Sondereigentum und etwaige Sondernutzungsrechte noch das zur Mitbenutzung veräußerte Gemeinschaftseigentum zu Lasten des Vollmachtgebers geschmälert werden und die Vollmacht bei Zweckerreichung (Verkauf sämtlicher Wohnungen) erlischt[255]. Dem Erwerber ist eine Veränderung der zu seinem Sondereigentum gehörigen Räume, des Kostenverteilungsschlüssels oder eine Verringerung der zum Gemeinschaftseigentum gehörigen und zum Mitgebrauch berechtigenden Flächen oder Räume etwa durch die zusätzliche Begründung von Sondereigentumseinheiten oder Sondernutzungsrechten unzumutbar im Sinne von § 308 Nr. 4 BGB. Unzumutbar

---

[248] OLG Düsseldorf v. 14. 2. 2001, ZWE 2001, 386.
[249] OLG München v. 31. 7. 2007, NJOZ 2007, 4895 (4896); BayObLG v. 24. 6. 1993, DNotZ 1994, 223 m. insoweit zust. Anm. *Röll;* BayObLG v. 15. 10. 1998, NZM 1999, 126. Vgl. auch zur Änderung der Teilungserklärung durch Mehrheitsbeschluss (Kostenverteilungsschlüssel) BGH v. 27. 6. 1985, NJW 1985, 2832.
[250] OLG Frankfurt v. 29. 10. 1993, WE 1994, 340 (342).
[251] BayObLG v. 18. 10. 1994, NJW-RR 1995, 209 und BayObLG v. 12. 9. 2002, NJW-RR 2002, 1669, hat die Frage offen gelassen, ob die §§ 305 ff. BGB auf Grundbuchvollmachten überhaupt anwendbar sind; jedenfalls beschränkt sich die Prüfungskompetenz des Grundbuchamts nur auf offensichtliche Verstöße gegen die §§ 305 ff. BGB; ebenso OLG München v. 17. 2. 2009, BeckRS 2009 07381. Das LG Düsseldorf v. 14. 12. 1998, RPfleger 1999, 217, wendet das AGBG an und hält eine Vollmacht nur dann für wirksam, wenn sie der Erleichterung der Abwicklung der bereits verkauften Einheiten dient.
[252] *Basty,* Rdn. 195; vgl. aber OLG Frankfurt v. 18. 8. 1997, MittBayNot 1998, 183.
[253] OLG Frankfurt v. 30. 7. 1998, BauR 2000, 1204 m.w.N.; *Palandt/Grüneberg,* § 308 Rdn. 22f.
[254] A.A. LG Düsseldorf v. 14. 12. 1998, RPfleger 1999, 217 sieht in den üblichen Vollmachten einen zu beachtenden Verstoß gegen § 9 AGBG.
[255] *Basty,* Rdn 208; *Basty,* BTR 2003, 116 (118), auch *Eue,* I. 31 Anm. 38.

B. Der Bauträgererwerb

ist auch die Umwandlung von Wohnungs- in Teileigentum oder die Umwandlung von Teil- in Wohnungseigentum, weil die Nutzungsart der anderen Einheiten des Objekts für die Wertschätzung des Eigentums von großer Bedeutung ist. Zumutbar ist die Vereinigung oder die Teilung von Sondereigentumseinheiten oder die Neuzuordnung von Kellerabteilen und Kfz-Stellplätzen – ausgenommen die des Vollmachtgebers. Zumutbar ist auch die Veränderung von Gemeinschaftseigentum bei Mehrhausanlagen, sofern das Gemeinschaftseigentum nur in den Bereichen, in denen eine Mitbenutzung des Vollmachtgebers ohnehin nicht in Betracht kommt, von den gestatteten Veränderungen berührt wird. Diskussionswürdig scheint auch die Durchführung einer an sich unzumutbaren Änderung (z.B. Belastung des Gemeinschaftseigentums durch zusätzliche Sondernutzungsrechte), wenn sie im Bauträgervertrag konkret als mögliche Änderung – unter Angabe des Orts, der Art usw. – beschrieben und zugleich eine Regelung für einen Ausgleich der damit verbundenen Nachteile vorgesehen ist.

Für den Fall, dass durch die Änderung der Teilungserklärung das Sondereigentum des Vollmachtgebers – und damit auch das Pfandobjekt der finanzierenden Bank – nachteilig betroffen wird, bedarf die Änderung auch der Zustimmung der Grundpfandgläubiger[256].

Von der Vollmacht zur Änderung der Teilungserklärung ist die eingeräumte Befugnis zu baulichen Änderungen zu unterscheiden; von letzterer kann schon vor Änderung der Teilungserklärung oder ohne die vielleicht gar nicht erforderliche Änderung der Teilungserklärung Gebrauch gemacht werden[257] (für Abweichungen der Bauausführung von der Teilungserklärung bzw. Aufteilungsplan vgl. Rdn. 107).

Eine **unwiderruflich** erteilte Änderungsvollmacht kann aus wichtigem Grund widerrufen werden. Ein Widerruf ist vom Grundbuchamt nur ausnahmsweise zu beachten (Rdn. 102)[258].

113 Allerdings dürfen die – notwendigen – Beschränkungen der Vollmacht nicht den **Bestimmtheitsgrundsatz des Grundbuchverfahrens** verletzen. Das wäre der Fall, wenn die Vollmacht Einschränkungen enthält, die urkundlich nicht belegt werden können. Eine Vollmacht, die nur solche Änderungen der Teilungserklärung gestattet, „die dem Käufer keine zusätzlichen Verpflichtungen auferlegen, sein Sondereigentum unangetastet lassen und die Benutzung des Gemeinschaftseigentums nicht einschränken", soll nach Auffassung des BayObLG nicht hinreichend bestimmt und deshalb unwirksam sein[259]. In einem weiteren Beschluss befand das BayObLG dann allerdings eine Vollmacht, die dazu berechtigt, die „Teilungserklärung zu ändern, soweit das Sondereigentum des Käufers nicht unmittelbar betroffen ist", für hinreichend bestimmt[260], weil sie dahin auszulegen sei, dass Änderungen die im Sondereigentum stehenden Räume in ihrer Lage und Größe unberührt lassen müssen. Diese vom Grundbuchamt sicher und leicht zu handhabende Vollmacht ist aber, weil sie nur wenig differenziert ist, zugleich auch die erwerberunfreundlichste.

Zur Vermeidung von Vollzugsschwierigkeiten und zur Wahrung der Erwerberinteressen wird statt dessen eine **im Außenverhältnis unbeschränkte Vollmacht** erteilt, die

---

[256] BayObLG v. 16. 12. 1997, MittBayNot 1998, 180 (182).
[257] KG v. 17. 5. 1995, NJW-RR 1995, 1228 = WE 1995, 313; vgl. auch BayObLG v. 16. 12. 1997, MittBayNot 1998, 180.
[258] OLG Stuttgart v. 25. 7. 1997, MittBayNot 1997, 370 m. Anm. *Munzig;* vgl. auch KG v. 17. 5. 1995, NJW-RR 1995, 1228 = WE 1995, 313; OLG München v. 17. 2. 2009, BeckRS 2009 07381.
[259] BayObLG v. 24. 6. 1993, DNotZ 1994, 233 m. abl. Anm. *Röll;* BayObLG v. 18. 10. 1994, NJW-RR 1995, 209; BayObLG v. 30. 5. 1996, WE 1997, 110; BayObLG v. 28. 11. 1996, NJW-RR 1997, 586; OLG München v. 31. 7. 2007, NJOZ 2007, 4895 (4896).
[260] BayObLG v. 25. 8. 1994, NJW-RR 1995, 208; BayObLGZ v. 18. 10. 1994; NJW-RR 1995, 209; BayObLG v. 16. 12. 1997, MittBayNot 1998, 180; ebenfalls zu einer im Außenverhältnis uneingeschränkten Vollmacht OLG Frankfurt v. 2. 3. 1998, NJW-RR 1998, 1707.

II. Der Bauträgervertrag

aber zur Vermeidung einer missbräuchlichen Ausübung im Innenverhältnis mit den nötigen Ausübungsrichtlinien ausgestattet, entsprechend beschränkt (Rdn. 112) und deren Anwendung zusätzlich vom Notar überwacht wird[261] (Rdn. 101). Eine etwaige Unwirksamkeit der abgegebenen Erklärung wegen einer Überschreitung der im Innenverhältnis vereinbarten Beschränkung kann das Grundbuchamt nur berücksichtigen, wenn die Überschreitung der Vollmacht evident ist[262]. Das ist z.B. der Fall, wenn zum Zwecke der Änderung der Teilungserklärung eine Generalvollmacht erteilt wird und in Ausübung dieser Vollmacht Dienstbarkeiten zugunsten eines Nachbargrundstücks erteilt werden sollen[263].

Alternativ kann statt einer Vollmacht eine Bürgschaft nach § 7 MaBV (etwa für die ersten zwei Raten) helfen: Die noch nicht vollzogene Teilungserklärung kann vom Bauträger innerhalb der vereinbarten Grenzen geändert und erst dann dem Grundbuchamt vorgelegt werden. Klauseln, die zu Änderungen auf diesem Weg berechtigen, unterliegen aber ebenfalls der Wirksamkeitskontrolle des § 308 Nr. 4 BGB und der Billigkeitskontrolle nach § 315 Abs. 3 BGB (vgl. Rdn. 100). **114**

Sofern Änderungen der Teilungserklärung den Umfang des dem Erwerber versprochenen Sonder- oder Gemeinschaftseigentums in vertragswidriger Weise beeinträchtigen oder verringern, ist die Änderung unverbindlich, § 315 Abs. 3 Satz 1 BGB. Die Abweichung von der vertraglich vereinbarten Beschaffenheit ist als **Sachmangel** zu werten, führt also zu Mängelansprüchen. Dem durch derartige Änderungen benachteiligten Erwerber stehen Erfüllungs- oder Mängelansprüche zu. Im Falle einer bereits vollzogenen „Umwidmung" eines ursprünglich im Gemeinschaftseigentum stehenden Fahrradkellers oder Wäschetrockenraums in ein nunmehr einem Sondereigentum zugeschlagenes Sondernutzungsrecht kann die Herstellung des vertraglich geschuldeten Zustandes verlangt, im übrigen können wahlweise die anderen Mängelrechte geltend gemacht werden (Rdn. 103). **115**

Bei Änderungen der Teilungserklärung bzw. Gemeinschaftsordnung ohne wirksame Vollmacht (weil sie z.B. für den grundbuchlichen Verkehr nicht hinreichend bestimmt, Rdn. 113, oder sonst unwirksam ist, Rdn. 103) oder unter Überschreitung einer erteilten Vollmacht kommen ebenfalls schuldrechtliche Erfüllungs- bzw. Mängelansprüche in Betracht (Rdn. 103). Außerdem wird das **Grundbuch** durch eine Änderung ohne bzw. aufgrund unwirksamer Vollmacht **absolut unrichtig.** Diese Unrichtigkeit kann jedoch nur der unmittelbar betroffene Erwerber geltend machen. Im Übrigen ist der einzelne Erwerber, für den nur eine Auflassungsvormerkung eingetragen ist, an dem Verfahren über die Eintragung eines Amtswiderspruchs oder die Berichtigung des Grundbuchs (§ 894 BGB oder § 53 Abs. 1 GBO, § 899 BGB) nicht beteiligt[264].

ff) Teilungserklärung bei mehreren Bauabschnitten. Möchte der Bauträger eine **Wohnanlage** nicht in einem Zuge, sondern **in mehreren Bauabschnitten** errichten, muss diesem Umstand bei der Gestaltung der Teilungserklärung (und des Erwerbsvertrages) Rechnung getragen werden. Grundsätzlich ist allerdings folgendes vorauszuschicken: Kann ein größeres Grundstück nicht sogleich vollständig bebaut werden, besteht die beste Lösung in einer Realteilung; der Bauträger hält sich für die zunächst nicht bebauten Parzellen sämtliche Optionen offen, ohne dabei zusätzliche Konflikte mit der **116**

---

[261] BayObLG v. 19. 10. 1995, WE 1996, 155 = MittBayNot 1996, 27 (30) m. Anm. *Schmidt;* BayObLG v. 12. 9. 2002, NJW-RR 2002, 1669; KG v. 17. 5. 1995, NJW-RR 1995, 1228; BayObLG v. 19. 10. 1995, MittBayNot 1996, 27 (30); vgl. dazu *Basty,* Rdn. 206; *Schmidt,* MittBayNot 1995, 434 (435).
[262] OLG München v. 13. 6. 2006, DNotZ 2007, 41; OLG München v. 17. 2. 2009, BeckRS 2009 07381.
[263] OLG München v. 27. 4. 2009, IBR 2009, 457 *(Vogel).*
[264] BayObLG v. 15. 10. 1998, NZM 1999, 126.

B. Der Bauträgererwerb

bereits bestehenden Wohnungseigentümergemeinschaft bei einer späteren Bebauung zu schaffen. Dieser Weg ist auch mit Blick auf die Fälligkeit der einzelnen Raten nach § 3 MaBV und die Zweckbindung der Zahlungen für das jeweilige Gebäude gemäß § 4 MaBV vorteilhafter. Die Parzellierung in verschiedene Grundstücke ist aber nicht immer zweckmäßig: Sollen beispielsweise bestimmte Gemeinschaftseinrichtungen (Tiefgaragenanlage) für sämtliche Bauabschnitte einheitlich errichtet und dem Gemeinschaftseigentum zugeordnet werden, lässt sich auch hier unter Umständen eine Realteilung (bei Einräumung entsprechender Dienstbarkeiten an den dann auf anderen Grundstücken gelegenen Teilen der gemeinsam zu nutzenden Einrichtungen) durchführen. Es kann aber auch in der Weise verfahren werden, dass die gesamte Maßnahme auf einem ungeteilten Grundstück verwirklicht wird, und zwar auch dann, wenn die Bauabschnitte nicht zeitgleich errichtet werden. Dann müssen aber der Erwerbsvertrag und die Teilungserklärung die erst später zu errichtenden Gebäude schon heute berücksichtigen. Dafür gibt es – je nach Sachverhalt – verschiedene Möglichkeiten[265]:

117 Steht die Planung für die späteren Bauabschnitte bei Errichtung der Teilungserklärung bereits endgültig fest, können die erst zukünftig herzustellenden Sondereigentumseinheiten schon heute mit entsprechenden Miteigentumsanteilen verbunden und in der Teilungserklärung ausgewiesen werden; sie entstehen dann mit der tatsächlichen Herstellung der weiteren Gebäude (**große Aufteilung**). In der Gemeinschaftsordnung ist für die Übergangszeit (bis zur Errichtung der weiteren Bauabschnitte) eine den Wohnflächen entsprechende Lastentragung vorzusehen und zu bestimmen, dass die bereits vorhandenen Wohnungseigentümer die weitere Bebauung zu dulden haben (entsprechendes ist in die Kaufverträge aufzunehmen). Vorsichtshalber wird sich der Bauträger zur Änderung bzw. Anpassung der Teilungserklärung und Gemeinschaftsordnung für den Fall bevollmächtigen lassen, dass sich bei der Verwirklichung des späteren Bauabschnitts doch Änderungen ergeben (vgl. Rdn. 111 f.).

118 Ist dagegen noch nicht abzusehen, wie die weiteren Grundstücksflächen im Einzelnen bebaut werden sollen, kann eine der im ersten Bauabschnitt errichteten Wohnungen, die im Eigentum des Bauträgers verbleibt, mit einem **überproportionalen Miteigentumsanteil** versehen werden, wobei dieser für die noch aufzuteilenden und zu errichtenden Einheiten des zweiten Gebäudes (oder die weiteren Bauabschnitte) steht[266]. Auch bei dieser Variante werden die Erwerber im Kaufvertrag und in der Gemeinschaftsordnung dazu verpflichtet, die weitere Bebauung zu dulden und bei der später notwendig werdenden Änderung von Teilungserklärung und Gemeinschaftsordnung mitzuwirken[267]. Für die Lastentragung wird eine Interimslösung vorgesehen. Da die Umwandlung von Gemeinschaftseigentum in Sondereigentum und die Verbindung dieses Sondereigentums mit einem von einem anderen Miteigentumsanteil abgespaltenen Anteil der Einigung aller Wohnungseigentümer in der Form der Auflassung und der Eintragung in das Grundbuch bedarf, wird sich der Bauträger zur entsprechenden Änderung der Teilungserklärung von den Erwerbern der anderen Einheiten eine entsprechende Vollmacht erteilen lassen[268]. Die im Erwerbsvertrag zu erteilende Vollmacht ist vor allem deshalb erforderlich, weil eine in der Gemeinschaftsordnung enthaltene Ermächtigung zur Schaffung von Wohnungseigentum durch

---

[265] *Röll,* MittBayNot 1993, 5.
[266] BayObLG v. 19. 10. 1995, WE 1996, 155 = MittBayNot 1996, 27; BayObLG v. 12. 10. 2001, NJW-RR 2002, 443; *Röll,* MittBayNot 1993, 5.
[267] *Röll,* MittBayNot 1993, 5 (6); die grundsätzlich ohne die Mitwirkung der anderen Eigentümer zulässige **Unterteilung von Sondereigentum** (BGH v. 17. 1. 1968, NJW 1968, 499; BayObLG v. 12. 1. 1977, DNotZ 1977, 546) ist hier nicht möglich, da das neue Sondereigentum erst gebildet werden soll.
[268] BayObLG v. 12. 10. 2001, NJW-RR 2002, 443; BayObLG v. 19. 10. 1995, WE 1996, 155 = MittBayNot 1996, 27 jeweils mit Anm. *Schmidt.*

II. Der Bauträgervertrag

Umwandlung von Gemeinschaftseigentum in Sondereigentum nicht in einer die Rechtsnachfolger bindenden Weise zum Inhalt des Sondereigentums gemacht werden kann[269]. Auch diese Vollmacht muss dem das Grundbuchrecht beherrschenden Bestimmtheitsgrundsatz genügen. Sie ist nach dem Vertragszweck, auch wenn das nicht ausdrücklich vereinbart wird, außer beim Vorliegen eines wichtigen Grundes unwiderruflich[270]. Zu beachten ist aber, dass für eine Änderung der Teilungserklärung zu diesem Zeitpunkt nicht nur die Zustimmung der anderen Erwerber bzw. Wohnungseigentümer, sondern auch die der dinglich Berechtigten, vor allem der Grundpfandgläubiger erforderlich ist[271]. Die Einräumung eines Sondernutzungsrechts an den für die späteren Bauabschnitte vorgesehenen Grundstücksflächen enthält nicht die vorweggenommene Einigung über die Einräumung von Sondereigentum an den hier zukünftig entstehenden Räumen, erübrigt also die Mitwirkung der Erwerber an der Änderung der Teilungserklärung bzw. die Erteilung dahingehender Vollmachten nicht[272].

Schließlich ist es auch möglich, zunächst nur das erste Gebäude (den ersten Bauabschnitt) vollständig in Miteigentumsanteile ($^{1000}/_{1000}$) aufzuteilen und erst vor Beginn des zweiten Vorhabens die Teilungserklärung durch die Bildung neuer Einheiten und entsprechende Reduzierung der alten Miteigentumsanteile zu ändern (**kleine Aufteilung**). Auch für diese Änderung der Teilungserklärung bedarf es einer umfassenden und unwiderruflichen Vollmacht der früheren Erwerber sowie der Zustimmung der eingetragenen Gläubiger. **119**

Bei allen Modellen müssen die Erwerber des ersten Abschnitts eine weitere Bebauung nur in dem Umfang dulden, wie er sich aus Erwerbsvertrag und Gemeinschaftsordnung ergibt[273]. Darüber hinaus können sie nach den Grundsätzen des Wohnungseigentumsrechts die Einhaltung der (öffentlich-rechtlichen) nachbarschützenden Vorschriften verlangen[274]. Dafür steht aber nur der Privatrechtsweg offen; für eine öffentlich-rechtliche Nachbarklage zum Verwaltungsgericht fehlt die Klagebefugnis[275]. Sofern der teilende Eigentümer die Absicht, die weitere Baumaßnahme zu verwirklichen, endgültig aufgibt, kann er von den anderen Eigentümern eine „Bereinigung" des Schwebezustandes in der Form verlangen, dass die anderen Miteigentümer seine Miteigentumsanteile (entschädigungslos) übernehmen[276]. **120**

h) Bezugnahme nach § 13a BeurkG

Im Jahre 1979 hatte sich der BGH[277] in verschiedenen grundlegenden Entscheidungen mit der damaligen Beurkundungspraxis beschäftigt[278]. Der BGH hatte die **Verweisung auf nicht verlesene Unterlagen** und Urkunden für unzulässig erklärt. Zur Nichtigkeit führte insbesondere die Inbezugnahme einer Teilungserklärung, in der **121**

---

[269] BayObLG v. 5. 1. 2000, NJW-RR 2000, 824; BayObLG v. 12. 10. 2001, NJW-RR 2002, 443.
[270] BayObLG v. 12. 10. 2001, NJW-RR 2002, 443.
[271] BayObLG v. 19. 10. 1995, WE 1996, 155 = MittBayNot 1996, 27 (31).
[272] BayObLG v. 12. 10. 2001, NJW-RR 2002, 443.
[273] Zur Zuständigkeit des Prozess- und des Wohnungseigentumsgerichts nach früherer Rechtslage bei Auseinandersetzungen mit dem Bauträger wegen der für zukünftig beabsichtigten Gebäude einstweilen überdimensionierten Heizanlage vgl. BayObLG v. 21. 2. 2002, NJW-RR 2002, 882.
[274] BayObLG v. 16. 12. 1993, NJW-RR 1994, 781.
[275] BVerfG v. 7. 2. 2006, NJW-RR 2006, 726; BVerwG v. 4. 5. 1988, NJW 1988, 3279; OVG Berlin v. 30. 12. 1993, NJW 1994, 2717.
[276] BayObLG v. 7. 11. 2001, NJW-RR 2002, 224.
[277] BGH v. 23. 2. 1979, NJW 1979, 1495; vgl. auch die folgenden Fußnoten.
[278] Zur Kritik an den Entscheidungen vgl. *Blomeyer*, JZ 1979, 592; *Brambring*, DNotZ 1979, 484; *Honsel*, BB 1979, 1528; *Lichtenberger*, NJW 1979, 1857; *Maser*, WM 1979, 1072; *Volhard*, NJW 1979, 1488; für den BGH *Hagen*, NJW 1979, 2135; *Aderhold/Fähndrich*, BB 1979, 1743.

weitere Vertragsverpflichtungen enthalten waren[279]. Nichtig war auch ein Vertrag, in dem zur Beschreibung des Leistungsumfangs auf – dem Erwerber zuvor bekannt gemachte – Pläne eines Architekten verwiesen wurde[280]. Ferner stellte der BGH klar, dass die Verweisung auf eine noch nicht vollzogene Teilungserklärung unzulässig ist, was ebenfalls zur Vertragsnichtigkeit führte[281]. Auch die Bezugnahme auf eine nicht verlesene, lediglich erwähnte Baubeschreibung entsprach nicht den Formvorschriften, hatte also die Vertragsnichtigkeit zur Folge[282].

122 Mit der **Änderung des Beurkundungsrechts**[283] ließ der Gesetzgeber durch den neu eingefügten § 13a BeurkG fortan die Bezugnahme auf notarielle Urkunden zu. Außerdem wurde die bis dahin geübte Praxis der Verweisung nachträglich geheilt. § 1 BeurkÄndG bestimmt, dass ein vor dem Inkrafttreten dieses Gesetzes geschlossener Vertrag nicht allein deswegen nichtig ist, weil in ihm auf eine öffentliche Urkunde[284] verwiesen, diese aber nicht mitbeurkundet wurde. Nichtigkeit liegt auch dann nicht vor, wenn auf – private – Pläne, Karten, Zeichnungen, Abbildungen oder Schriftstücke, z.B. private Baubeschreibungen, verwiesen wurde, sich aber der Hauptinhalt der vertraglichen Regelungen in hinlänglich klaren Umrissen aus der Niederschrift ergibt. Soweit Bauträger versucht hatten, aus der geänderten Rechtsprechung Vorteile dadurch zu ziehen, dass sie sich auf die Nichtigkeit der Verträge beriefen (um aufgrund allgemein gestiegener Grundstückspreise einen höheren Kaufpreis durch eine anderweitige Veräußerung erzielen zu können), schob das OLG München[285] dem einen Riegel vor: Das Gericht hielt die Berufung auf die Formnichtigkeit bei diesen Sachverhalten für rechtsmissbräuchlich.

123 Heute ist die **Bezugnahme auf notarielle Urkunden** zulässig. Dadurch ist es möglich, auf notariell beurkundete Baubeschreibungen, Pläne und Teilungserklärungen samt Gemeinschaftsordnungen zu verweisen, wenn sie ihrerseits entsprechend §§ 8 ff. BeurkG ordnungsgemäß beurkundet worden sind; die schlichte Unterschriftsbeglaubigung genügt für eine Verweisung nicht[286]. Zum Inhalt der Bezugsurkunde können die Baubeschreibung, die Baupläne und die Teilungserklärung gemacht werden.

Durch die Bezugnahme wird der Notar von der Belehrungspflicht gemäß § 17 BeurkG nicht befreit; dies kann für Regelungen in der Teilungserklärung und Gemeinschaftsordnung ebenso bedeutsam sein wie für den Inhalt der Baubeschreibung.

124 Die wesentlichen Vertragsbedingungen dürfen dagegen nicht – etwa in Gestalt ausgelagerter Allgemeiner Geschäftsbedingungen – zum Inhalt einer Verweisungsurkunde gemacht werden. Die Gefahr, dass über den Inhalt dieser Vertragsbedingungen nicht oder nur unzureichend belehrt würde, liegt auf der Hand; die Verfahrensweise widerspräche also § 17 BeurkG[287]. Aus diesem Grund ist es auch unstatthaft, etwa in der

---

[279] BGH v. 23. 2. 1979, NJW 1979, 1495: Durch die Bezugnahme auf die Teilungserklärung sollte der Bauträger zur Überlassung weiterer Flächen (Stellplätze) verpflichtet werden.
[280] BGH v. 6. 4. 1979, NJW 1979, 1496.
[281] BGH v. 27. 4. 1979, NJW 1979, 1498.
[282] BGH v. 22. 6. 1979, NJW 1979, 1984: Nach Einsicht in die Baubeschreibung und in die Pläne hatten die Beteiligten auf das Verlesen verzichtet.
[283] Gesetz zur Änderung und Ergänzung beurkundungsrechtlicher Vorschriften vom 20. 2. 1980, BGBl. I S. 157; dazu *Arnold*, DNotZ 1980, 262; *Brambring*, DNotZ 1980, 281; *Dietlein*, DNotZ 1980, 195; *Kamlah*, MDR 1980, 532; *Lichtenberger*, NJW 1980, 864; *Ludwig*, AcP 180, 373; *Nieder*, BB 1980, 1130; *Schroeder*, JurBüro 1980, 818; *Volhard*, NJW 1980, 103; *Winkler*, RPfleger, 1980, 169 und *Palandt/Heinrichs*, 44. Aufl., vor § 9 BeurkG, Anm. 1 und 2.
[284] Nach *Palandt/Heinrichs*, 44. Aufl., Vorbem. vor § 9 BeurkG, § 1 BeurkÄndG, Anm. 2b: Urkunden von Notaren, anderen Urkundspersonen oder öffentlichen Behörden innerhalb ihrer Amtsbefugnis errichtet.
[285] Urteil v. 13. 9. 1979, NJW 1979, 2157.
[286] *Basty*, Rdn. 160.
[287] *Winkler*, MittBayNot 1999, 1 (17); *Eue*, I. 30 Anm. 5 c).

II. Der Bauträgervertrag

Baubeschreibung nicht zu erwartende zusätzliche Vertragsbedingungen unterzubringen. Das gilt z. B. für Änderungsvorbehalte, da sie nicht die zu erbringende Leistung beschreiben, sondern eine Vertragsbedingung darstellen, die gerade eine Abweichung von den vereinbarten Leistungen gestatten soll. Ähnlich ist es zu beurteilen, wenn die Lastenfreistellungserklärung der Globalgläubigerin in die Bezugsurkunde aufgenommen wird, um dadurch die in ihr enthaltenen Bedingungen (z. B. Vorbehalt des Wahlrechts nach § 3 Abs. 1 Satz 3 MaBV) zum Vertragsinhalt zu machen. Abgesehen davon, dass darin überraschende Klauseln i. S. v. § 305 c Abs. 1 BGB zu sehen sind (die entsprechenden Regelungen sind in der Niederschrift zu erwarten)[288], liegt in dieser Handhabung eine Verletzung von § 17 BeurkG.

Eine derartige Verweisung ist allerdings nur dann wirksam, wenn die Beteiligten erklären, dass ihnen der Inhalt der Bezugsurkunde bekannt ist und sie **auf das Verlesen** der Bezugsurkunde **verzichten**[289]; auch ist eine Beifügung nicht erforderlich, wenn die Beteiligten darauf verzichten[290]. Da die Verweisungsurkunde Vertragsbestandteil wird, gilt für sie § 17 Abs. 2a Nr. 2 BeurkG; die Bezugsurkunde muss dem Erwerber ebenfalls rechtzeitig vor dem Termin zur Verfügung gestellt werden[291]. Die Verweisung muss als Erklärung der Beteiligten protokolliert werden und den Willen erkennen lassen, dass die Erklärungen in der Bezugsurkunde ebenfalls Gegenstand und Inhalt der Beurkundung sein sollen[292]. Zur Vermeidung von Irrtümern und Missverständnissen über den Vertragsinhalt ist es ferner erforderlich, dass die Identität der in Bezug genommenen Urkunde im Bauträgervertrag hinreichend deutlich gemacht wird[293]; dazu gehört die genaue Bezeichnung der Verweisungsurkunde (beurkundender Notar, Datum der Errichtung und Urkundennummer) sowie ein ebenso kurzer wie deutlicher Hinweis auf ihren Inhalt (z. B. Teilungserklärung).

Fehlt entgegen § 13 a Abs. 1 Satz 2 BeurkG in der notariellen Urkunde die Feststellung, dass den Parteien die Bezugsurkunde bekannt war und auf die Verlesung verzichtet wurde, so steht dieser Formfehler der Wirksamkeit des Vertrages nicht entgegen – entscheidend ist, dass die Erklärungen von den Beteiligten tatsächlich abgegeben worden sind[294]; die Beurkundungspflicht nach § 311b BGB bezieht sich nur auf die Erklärungen der Parteien über das schuldrechtliche Veräußerungsgeschäft. Beruft sich eine Partei darauf, dass die Erklärungen gemäß § 13a BeurkG nicht abgegeben worden sind, trägt sie dafür die Beweislast; sie kann sich nicht auf die Vermutung der Vollständigkeit der Urkunde berufen[295].

Die nach § 13a BeurkG verfahrensrechtlich zulässige Verweisung kann allerdings im Einzelfall standesrechtlich unzulässig sein[296].

Mit dem Gesetz zur Änderung der BNotO (in Kraft getreten zum 8. 9. 1998) werden **Bestandsverzeichnisse** von der Vorlesungspflicht ausgenommen. Solche Verzeichnisse müssen nunmehr der Urkunde nur noch als Anlage beigefügt und abgezeichnet werden, § 14 BeurkG n. F., ohne selbst als Urkunde errichtet worden sein zu müssen. Diese Vereinfachung gilt jedoch nicht für die Beschreibung und Auflistung von Gegenständen, die erst noch geschaffen werden müssen und auf die sich die Her-

125

126

---

[288] *Basty*, Rdn. 159; *Grziwotz*, FS Thode, S. 243, 255.
[289] BGH v. 18. 7. 2003, NJW-RR 2003, 1432.
[290] BGH v. 17. 5. 1994, NJW 1994, 2095 zur Beurkundung eines Bauherrenmodells.
[291] *Riemenschneider* in Grziwotz/Koeble, 3. Teil, Rdn. 194.
[292] BGH v. 22. 10. 1996, NJW 1997, 312 = MittBayNot 1997, 33.
[293] *Riemenschneider* in Grziwotz/Koeble, 3. Teil, Rdn. 195.
[294] BGH v. 18. 7. 2003, NJW-RR 2003, 1432.
[295] BGH v. 18. 7. 2003, NJW-RR 2003, 1432.
[296] Vgl. Stellungnahme der Bundesnotarkammer, DNotZ 1971, 7; *Lichtenberger,* NJW 1980, 870; *Ludwig,* AcP 180, 389.

i) Änderungen, Sonderwünsche, Ergänzungen und Vertragsaufhebung

127 Änderungen und Ergänzungen des Bauträgervertrages sind grundsätzlich **formbedürftig**. Das gilt beispielsweise für die Änderung des Kaufgegenstandes (statt der Wohnung A soll die Wohnung B erworben werden und überdies ein anderer Preis gelten), für die Abänderung der Vergütung oder die Erweiterung des Vertrages, etwa den zusätzlichen Erwerb eines Garagenstellplatzes[298].

Es wird angenommen, die Wirksamkeit des zuvor formgerecht geschlossenen Vertrages bleibt von der Nichtigkeit einer späteren Änderungs- bzw. Ergänzungsvereinbarung unberührt[299]. Nicht von der Hand zu weisen ist allerdings der Einwand, dass diese Situation von § 139 BGB erfasst wird. Die Anwendung von § 139 BGB könnte die Nichtigkeit des zuvor ordnungsgemäß beurkundeten Geschäfts zur Folge haben[300]. Fraglich ist allerdings, ob Bauträger und Erwerber tatsächlich die Vorstellung haben, dass der ursprüngliche Erwerbsvertrag und die spätere Änderungsvereinbarung miteinander stehen und fallen sollen, dass bei ihnen ein einheitliches Rechtsgeschäft im Sinne von § 139 BGB besteht. Es ist vielmehr davon auszugehen, dass die Parteien den Vertrag zwar zu ändern beabsichtigen, den ursprünglichen Vertrag im Zweifel aber nicht angetastet hätten. Es ist also anzunehmen, dass der vorangegangene Erwerbsvertrag auch ohne die nichtige Änderungsvereinbarung gewollt gewesen wäre[301]. Ob es bei der Beurteilung dieser Frage auf den Umfang der vertraglichen Änderungen (Sonderwünsche) ankommt, ist eine Frage des Einzelfalls, bei den üblicherweise vorkommenden Änderungen (Sonderwünschen) aber wohl nicht anzunehmen. Unter dieser Voraussetzung ist das ursprüngliche Geschäft und die spätere Änderung teilbar; das zuvor beurkundete Geschäft kann aufrechterhalten bleiben. Um eine Gesamtnichtigkeit zu vermeiden, dürfte aber jedenfalls insoweit eine salvatorische Klausel helfen[302]. Da § 139 BGB abdingbar ist, kann vereinbart werden, dass die Wirksamkeit des übrigen Geschäfts im Fall späterer unwirksamer (formnichtiger) Änderungen erhalten bleiben soll[303].

Eine noch *vor* der Beurkundung vereinbarte, dann aber nicht ordnungsgemäß beurkundete Änderung des vorliegenden Vertragsentwurfs bzw. der vom Bauträger erstellten Baubeschreibung führt mangels Beurkundung gemäß § 311b BGB zur Nichtigkeit des gesamten Vertrages. Die Vertragspartei, die sich auf die Nichtigkeit des Vertrages beruft, muss die unvollständige Beurkundung beweisen; gegen sie streitet zunächst die Vermutung der Vollständigkeit und Richtigkeit der notariell errichteten Urkunde[304].

128 Formfrei sind allerdings ändernde Abreden, die der **Beseitigung unvorhergesehener Schwierigkeiten** der Vertragsabwicklung dienen, ohne dass die beiderseiti-

---

[297] *Winkler,* MittBayNot 1999, 1 (19).
[298] Vgl. OLG Hamm v. 16. 5. 1994, BauR 1994, 644 zu einem Fall, in dem der Bauträgervertrag nachträglich (formwidrig) dahin abgeändert worden sein soll, dass der Verkäufer die einzelnen Handwerker in Vollmacht des Erwerbers beauftragen sollte, der Erwerber nun also als Bauherr auf eigenes Risiko bauen sollte.
[299] *Palandt/Grüneberg,* § 311b Rdn. 41; *Virneburg,* BauR 2004, 1681 (1685).
[300] *Vogel,* ZflR 2005, 139, 140f.; MünchKomm/*Kanzleiter,* § 311b BGB, Rdn. 71; wohl auch *Sauter,* FS Bub, S. 415 (426).
[301] Vgl. MünchKomm/*Kanzleiter,* § 311b BGB, Rdn. 71.
[302] Zur Unwirksamkeit von salvatorischen Klauseln im Übrigen vgl. *Basty,* Rdn. 1068; *Blank,* Rdn. 381; *Riemenschneider* in Grziwotz/Koeble, 3. Teil, Rdn. 105.
[303] *Blank,* Rdn. 381.
[304] OLG München v. 18. 10. 2006, IBR 2007, 491 (*Sienz*).

II. Der Bauträgervertrag

gen Verpflichtungen wesentlich geändert werden[305]. Dies trifft etwa auf eine kurzfristige Stundung zu. Diese Voraussetzungen sieht der BGH[306] auch dann als gegeben an, wenn der Bauträger dem Erwerber nachträglich ein Rücktrittsrecht für den Fall einräumt, dass er die Bauarbeiten nicht bis zu einem bestimmten Termin aufnimmt. Bei dieser Regelung würden die ohnehin schon bestehenden Vertragspflichten nur konkretisiert, da der Erwerber auch sonst vor dem Fertigstellungstermin zurücktreten könne, wenn absehbar wird, dass der Termin nicht eingehalten werden kann.

Die nachträgliche Vereinbarung von **Sonderwünschen** zwischen Bauträger und Erwerber stellt eine Änderung des Bauträgervertrages dar, greift sie doch in die Leistungspflicht des Bauträgers ein, nämlich in den Inhalt der mitbeurkundeten Baubeschreibung. Außerdem gehen Sonderwünsche zumeist mit Änderungen der Vergütung einher (Erteilung von Gutschriften und Neuberechnung der fraglichen Leistungen). Zur Abwicklung der Sonderwünsche im Einzelnen unten Rdn. 511 ff. Da der Sonderwunschvertrag die vom Bauträger zu erbringenden Leistungen und zumeist auch die Vergütung abändert, wird von der herrschenden Literaturmeinung vertreten, dass auch er beurkundet werden muss[307]. Die Gegenmeinung[308], die vor allem den praktischen Bedürfnissen Rechnung tragen will, begründet die Formfreiheit bei kleineren Sonderwünschen damit, dass der Sonderwunschvertrag mit den von der Rechtsprechung formfrei zugelassenen Vereinbarungen bei Abwicklungsschwierigkeiten vergleichbar sei. § 311b BGB unterscheidet jedoch nicht zwischen wesentlichen und unwesentlichen Vertragspflichten, folglich auch nicht zwischen Vertragsänderungen von unterschiedlichem Gewicht. Deshalb muss jede nachträgliche Vertragsänderung, die der Umsetzung eines Sonderwunsches dient, beurkundet werden. Wird – wie in der Praxis verbreitet – die Form des § 311b BGB nicht beobachtet, ist der Sonderwunschvertrag formnichtig[309]. **129**

Sofern der Sonderwunsch jedoch unmittelbar mit den ausführenden Unternehmen abgeschlossen wird, kann er formfrei vereinbart werden[310]. In diesem Fall wird ein der Form des § 311b BGB unterliegender Vertrag weder geändert noch abgeschlossen.

Ebenfalls formfrei kann vom Erwerber ein bereits im Bauträgervertrag eröffnetes Wahlrecht hinsichtlich bestimmter **Ausstattungsvarianten** ausgeübt werden (Leistungsbestimmungsrecht i. S. v. § 315 BGB)[311]. Formfrei sind auch solche Vereinbarungen zwischen Bauträger und Erwerber, die den bereits bestehenden Bauträgervertrag gar nicht abändern oder sonst wie berühren, sondern völlig selbständige Verpflichtungen begründen, wie sie auch zwischen Erwerber und jedem Dritten vereinbart werden könnten[312]. Dies könnte etwa die zusätzliche Lieferung und Aufstellung einer Fertiggarage sein. Das gilt aber nicht für sonstige zusätzliche Bauleistungen, da sie das bisherige Bausoll abändern und auch nur im Zuge der geplanten Arbeiten von den ohnehin beauftragten Handwerkern ausgeführt werden können. **130**

---

[305] BGH v. 2. 10. 1987, WM 1987, 1467 m. w. N. Zur Abgrenzung siehe aber BGH v. 8. 4. 1988, WM 1988, 1026 mit Anm. *Reithmann*, EWiR 1988, 659; BGH v. 9. 11. 1995, NJW 1996, 452; MünchKomm/ *Kanzleiter*, § 311 b BGB, Rdn. 57 f., hält Änderungen und Ergänzungen stets für formbedürftig.
[306] BGH v. 5. 4. 2001, NJW 2001, 1932 = BauR 2001, 1099.
[307] MünchKomm/*Kanzleiter*, § 311 b BGB, Rdn. 58; *Basty*, Rdn. 955; *Korte*, S. 128; *Reithmann/ Meichssner/v. Heymann*, B Rdn. 15; *Eue*, I. 30 Anm. 45 (3); *Schmidt*, DNotZ 1990, 332; *Wolfsteiner*, MittBayNot 1981, 7; *Weigl*, MittBayNot 1996, 10 (12).
[308] *Koeble*, Kap. 16 Rdn. 5 d; *Locher/Koeble*, Rdn. 76; auch *Pauker*, MittBayNot 1987, 121 (124).
[309] *Pause*, FS Nordemann, S. 155 (159).
[310] *Eue*, I. 30 Anm. 45 (4).
[311] *Eue*, I. 30 Anm. 45 (5).
[312] *Basty*, Rdn. 961, spricht in diesem Zusammenhang von „neuen Regelungskreisen"; *Korte*, S. 127 f.

B. Der Bauträgererwerb

131 **Vertragsänderungen,** die **nach Eintragung der Auflassung** in das Grundbuch vereinbart werden, sind formlos wirksam. Auch Änderungen oder Ergänzungen, denen allein die Auflassungserklärung vorging, sind formfrei möglich[313]. Diese zeitliche Zäsur ist für die Praxis durchaus von Bedeutung: Nachträgliche Vertragsänderungen kommen häufig während der Bauphase vor, also in der Regel vor Eigentumsumschreibung im Grundbuch. Wird die Auflassung aber bereits im Erwerbsvertrag erklärt (mit der Anweisung an den Notar, die Auflassung dem Grundbuchamt erst nach vollständiger Kaufpreiszahlung vorzulegen), sind die nachträglichen Abreden formfrei wirksam. Zum Teil wird mit Blick auf etwaige spätere Änderungen empfohlen[314] oder wenigstens erwogen[315], die Auflassung bereits im Erwerbsvertrag zu erklären. Bei dieser Vorgehensweise entfällt aber zwangsläufig auch die notarielle Betreuung bei der Gestaltung derartiger Änderungen, weshalb die Aufnahme der Auflassung in den Vertrag zum Teil abgelehnt wird[316]. In der Tat ist die notarielle Belehrung bei der Änderung des Vertrages dringend geboten, was die Erfahrung mit den in der Praxis häufig privatschriftlich geschlossenen Sonderwunschvereinbarungen zeigt (zu denken ist dabei etwa an die – meist unterlassene – Änderung der Gesamtvergütung und die sich daraus an sich ableitende Neugestaltung sämtlicher Abschlagszahlungen des Ratenzahlungsplans – und die sich aus diesen Unterlassungen ergebenden Konsequenzen für die Wirksamkeit des ursprünglich vereinbarten Zahlungsplans).

Eine die Übereignungspflicht selbst betreffende Vertragsänderung bedarf jedoch auch bei einer im Vertrag bereits erklärten Auflassung der notariellen Form, da der Schutzzweck des § 311 b BGB insofern durch die Auflassungserklärung noch nicht gegenstandslos geworden ist[317]. Der Form des § 311 b BGB bedürfte deshalb eine Vereinbarung des Inhaltes, dass die Auflassung abweichend vom beurkundeten Vertrag schon nach Zahlung der Besitzübergaberate vom Notar vorgelegt werden soll.

132 Eine Vereinbarung über die **Aufhebung des Bauträgervertrages** ist formbedürftig, wenn die Eigentumsverschaffungsverpflichtung durch die Erklärung der Auflassung und die Eintragung in das Grundbuch vollzogen ist; in diesem Fall entsteht mit der Aufhebungsvereinbarung eine zu beurkundende Rückübertragungsverpflichtung[318]. Das gleiche gilt, wenn der Erwerber in Bezug auf das Grundstück bereits ein Anwartschaftsrecht erlangt hat[319]. Ein Anwartschaftsrecht besteht nach Erklärung der Auflassung und anschließender Stellung des Eintragungsantrages[320] oder durch die Auflassungserklärung und die Eintragung einer Auflassungsvormerkung[321]. Durch die Eintragung einer Auflassungsvormerkung vor Erklärung der Auflassung entsteht jedoch noch kein Anwartschaftsrecht[322].

Ist der Vertrag noch nicht durch Auflassung und Eintragung vollzogen und besteht noch kein Anwartschaftsrecht, ist die Vertragsaufhebung formfrei wirksam[323].

---

[313] BGH v. 28. 9. 1984, NJW 1985, 266; ablehnend MünchKomm/*Kanzleiter*, § 311 b BGB, Rdn. 59; zweifelnd; *Riemenschneider* in Grziwotz/Koeble, 3. Teil, Rdn. 20.
[314] *Blank*, Rdn. 122 a.
[315] *Basty*, Rdn. 959.
[316] *Kanzleiter*, DNotZ 1996, 242.
[317] OLG Düsseldorf v. 6. 10. 1997, MittBayNot 1999, 53, m. Anm. *Schwarz*.
[318] BGH v. 30. 4. 1982, NJW 1982, 1639; OLG Köln v. 25. 1. 1995, NJW-RR 1995, 1107; Palandt/ *Grüneberg*, § 311 b Rdn. 39.
[319] BGH v. 30. 4. 1982, NJW 1982, 1639; OLG Köln v. 25. 1. 1995, NJW-RR 1995, 1107.
[320] BGH v. 30. 4. 1982, NJW 1982, 1639; BGH v. 6. 5. 1988, NJW 1988, 2237, lässt die Erklärung der Auflassung für ein Anwartschaftsrecht genügen.
[321] BGH v. 20. 11. 1987, NJW 1988, 265; OLG Köln v. 25. 1. 1995, NJW-RR 1995, 1107; OLG Saarbrücken v. 27. 1. 1995, NJW-RR 1995, 1105.
[322] Palandt/*Grüneberg*, § 311 b Rdn. 39.
[323] BGH v. 30. 4. 1982, NJW 1982, 1639; BGH v. 5. 10. 2004, NJW-RR 2005, 241 (242).

II. Der Bauträgervertrag

j) Heilung formnichtiger Verträge

Der formunwirksame Bauträgervertrag oder – in der Praxis häufiger – die nichtige **133** Vertragsänderung oder der nicht beurkundete, aber mit dem Grundstücksgeschäft verbundene und deshalb nichtige Bauvertrag – auch wenn er nicht mit dem Grundstücksveräußerer, sondern mit einer anderen Person abgeschlossen wurde[324] – wird durch die **Auflassung** und die **Grundbucheintragung** nach § 311b Abs. 1 Satz 2 BGB geheilt[325]. Die Heilung nach § 311b Abs. 1 Satz 2 BGB ist auch bedeutsam für Beschaffenheitsangaben in Prospekten[326]. Das OLG Braunschweig[327] will die Heilung nach § 311b Abs. 1 Satz 2 BGB jedoch nur auf von Beginn an nichtige Verträge anwenden, nicht dagegen auf formnichtige Vertragsänderungen (z.B. nachträgliche Sonderwünsche). Die – insoweit nicht näher begründete – Entscheidung des OLG Braunschweig ist abzulehnen. Eine unterschiedliche Behandlung des von Beginn an insgesamt nichtigen Vertrages und einer späteren formnichtigen Vertragsänderung ist weder mit dem Wortlaut noch mit dem Zweck von § 311b Abs. 1 Satz 2 BGB zu erklären. Maßgeblich ist allein, dass die Willensübereinstimmung hinsichtlich der Änderungen bei der Auflassung noch fortbesteht[328].

Der Heilung kommt aber keine Rückwirkung zu; sie tritt erst mit dem Tag der Eintragung der Auflassung ein. Ein im Vertrag vereinbarter Fertigstellungstermin kann deshalb nicht nachträglich einen Verzug nach § 286 Abs. 2 Nr. 1 BGB begründen, wenn die Heilung erst nach dem (zunächst unwirksam vereinbarten) Fertigstellungstermin eintritt[329]. Hat der Erwerber vor dem Zeitpunkt der Heilung Aufwendungen zur Fertigstellung des Objekts gehabt, scheiden vertragliche Ersatzansprüche aus; es kommen aber Ansprüche aus dem Gesichtspunkt der Geschäftsführung ohne Auftrag in Betracht[330].

4. Vertragsunwirksamkeit durch Architektenbindung?

a) Planungsleistungen des Bauträgers

Neben der eigentlichen Bauausführung schuldet der Bauträger die gesamte Bauplanung **134** einschließlich sämtlicher Projektantenleistungen. Hinzu kommen alle anderen typischen Architektentätigkeiten – von der Mitwirkung bei der Vergabe bis hin zur Bauüberwachung; ausgenommen sind lediglich die Mitwirkung bei der Abnahme und die sich daran anschließenden Tätigkeiten der Objektbetreuung und Dokumentation. Die Leistungspflicht des Bauträgers endet mit der Übergabe des Objekts[331]. Die **zwingende Verknüpfung von Bauplanung und Grundstückserwerb** im Bauträgervertrag rückt das Koppelungsverbot des Art. 10 § 3 des Gesetzes zur Verbesserung des Mietrechts und zur Begrenzung des Mietanstiegs sowie zur Regelung von Ingenieur-

---

[324] BGH v. 18.12.1981, NJW 1982, 759; zur entsprechenden Problematik bei der Heilung formunwirksamer Maklerverträge infolge Auflassung und Eintragung des Hauptvertrages vgl. BGH v. 15.3.1989, NJW-RR 1989, 760; BGH vom 4.10.1989, NJW-RR 1990, 57.
[325] BGH v. 8.3.2007, NJW-RR 2007, 895 Rdn. 20; BGH v. 22.3.2007, NJW 2007, 1947, Rdn. 11; BGH v. 16.12.2004, NJW 2005, 1115 (1116) = NZBau 2005, 216; OLG Hamm v. 4.3.2003, BauR 2003, 1398; *Palandt/Grüneberg*, § 311b Rdn. 46ff.; MünchKomm/*Kanzleiter*, § 311b BGB, Rdn. 73ff.
[326] BGH v. 16.12.2004, NJW 2005, 1115 = NZBau 2005, 216 = BauR 2005, 542; BGH v. 6.10.2005, NJW 2006, 214 = NZBau 2006, 113 = BauR 2006, 99, Rdn. 13; BGH v. 8.3.2007, NZBau 2007, 371 = BauR 2007, 1036, Rdn. 20.
[327] OLG Braunschweig v. 23.11.2006, BauR 2007, 2067 (2069) = IBR 2007, 682 (*Bischofberger*).
[328] *Palandt/Grüneberg*, § 311b Rdn. 55.
[329] OLG Hamburg v. 26.6.2002, BauR 2003, 253.
[330] OLG Hamburg v. 26.6.2002, BauR 2003, 253.
[331] OLG Düsseldorf v. 20.3.1990, BauR 1990, 72.

B. *Der Bauträgererwerb*

und Architektenleistungen – kurz: Mietrechtsverbesserungsgesetz (MRVerbG)[332] – in das Blickfeld. Danach ist es verboten, den Käufer eines Grundstücks im Zusammenhang mit dem Erwerb an einen bestimmten Ingenieur oder Architekten zu binden. Wird der Käufer eines Grundstücks gleichwohl zur Beauftragung bestimmter Architekten oder Ingenieure verpflichtet, so ist dies unwirksam – die Wirksamkeit des abgeschlossenen Grundstückskaufvertrages wird davon jedoch nicht berührt[333]. Das Verbot der Architektenbindung richtet sich gegen Architektenaufträge, die der Käufer deshalb erteilt hat, weil er das Grundstück sonst nicht bekommen hätte[334]. Durch das **Verbot der Koppelung** von Grundstückserwerb und Architektenleistung wollte der Gesetzgeber verhindern, dass Grundstückserwerber wegen des Interesses an einem bestimmten Grundstück ohne nähere Prüfung der Leistungsfähigkeit des Architekten einen bestimmten Planer beauftragen müssen. Hinzu kam vor allem die Sorge um unerwünschte Wettbewerbsvorteile zugunsten derjenigen, die vielleicht gute Makler, nicht aber ebenso gute Architekten sind[335]. Die gegen das Koppelungsverbot erhobenen verfassungsrechtlichen Bedenken wurden vom BGH[336] verworfen.

135 Auf den Bauträger ist das Koppelungsverbot des Art. 10 § 3 MRVerbG nach einhelliger Ansicht nicht anzuwenden, obschon der Erwerber hier keinerlei Freiheit hat, einen Architekten oder Ingenieur seiner Wahl zu beauftragen. Die **Befreiung der Bauträger** vom Koppelungsverbot wird vom BGH damit begründet, dass Art. 10 § 3 MRVerbG kein leistungs-, sondern ein berufsstandsbezogenes Verbot enthält, also nur für Architekten und Ingenieure gilt[337]. Überdies sollte das MRVerbG die Tätigkeit der Wohnungsbauunternehmen nicht einschränken.

136 Aus denselben Gründen greift das MRVerbG auch dann nicht ein, wenn ein **Generalunternehmer** bzw. ein **Generalübernehmer** mit Planungsverpflichtung auf einem dem Erwerber vorweg übertragenen Grundstück ein schlüsselfertiges Objekt errichtet[338].

b) Bauträgertätigkeit des Architekten

137 Fraglich ist dagegen, ob das berufsbezogene Verbot des MRVerbG auch dann gilt, wenn ein Architekt dem Beruf des Bauträgers nachgeht. Die Rechtsprechung des BGH zu diesem Fragenkreis scheint immer noch nicht abgeschlossen zu sein:

138 Mit Urteil vom 24. 11. 1977[339] hat der BGH dargelegt, dass das Verbot der Architektenbindung auch dann eingreift, wenn der freiberufliche Architekt oder Ingenieur über die sein Berufsbild prägenden Aufgaben, die Bauplanung und Bauausführung, hinaus weitere, etwa die Baubetreuung betreffenden oder sämtliche für die Fertigstellung des Bauwerks erforderlichen Aufgaben übernimmt und ein eigenes Grundstück mit dieser Bindung an einen derartigen Vertrag veräußert. Diesem Urteil lag allerdings

---

[332] Gesetz v. 4. 11. 1971, BGBl. I S. 1745.
[333] *Doerry*, FS Baumgärtel, S. 41 ff. = ZfBR 1991, 48 ff.; *Werner/Pastor*, Rdn. 668 ff. m. w. N.; *Koeble*, Rechtshandbuch Immobilien, Kap. 60, Rdn. 56 ff.; *Eue*, I. 30 Anm. 4 (1); *Palandt/Sprau*, § 631 Rdn. 4.
[334] BGH v. 24. 6. 1982, BauR 1982, 512; BGH v. 7. 10. 1982, NJW 1983, 227 = BauR 1983, 93; BGH v. 19. 2. 1998, NJW-RR 1998, 952 = BauR 1998, 579, zum Koppelungsverbot, wenn der Makler den Erwerb vom Architektenauftrag abhängig macht; BGH v. 6. 4. 2000, NJW 2000, 2354 = BauR 2000, 1213, zur Verpflichtung des Käufers, die bereits erbrachte Genehmigungsplanung zu vergüten.
[335] *Werner/Pastor*, Rdn. 668; kritisch: *Hesse*, BauR 1985, 30 (39), der wegen der viel stärkeren Einschränkung des Wettbewerbs gegenüber den Architekten durch die Bauträger für eine Erweiterung des MRVerbG auch auf Wohnungsbauunternehmen plädiert (40); kritisch auch: *Wolfsteiner*, MittBayNot 1978, 55.
[336] BGH v. 22. 7. 2010 – VII ZR 144/09.
[337] BGH v. 22. 12. 1983, NJW 1984, 732 (733); BGH v. 29. 9. 1988, NJW-RR 1989, 147 m. Anm. *Lichtenberger*, MittBayNot 1989, 80.
[338] BGH v. 22. 12. 1983, NJW 1984, 732; BGH v. 26. 1. 1978, NJW 1978, 1054 (1055); BGH v. 18. 3. 1993, BB 1993, 1243.
[339] NJW 1978, 639.

II. Der Bauträgervertrag

ein Sachverhalt zugrunde, bei dem der Architekt nicht als Bauträger, sondern als Treuhänder bzw. Baubetreuer tätig war. Diese Rechtsprechung wurde vom VII. Senat in einer Entscheidung vom 27. 9. 1990[340] bestätigt. Dieser neuerlichen Entscheidung lag ein ähnlicher Sachverhalt zugrunde: Der Architekt hatte ebenfalls das Grundstück vorab übereignet und sodann die Errichtung einer Doppelhaushälfte nach bereits genehmigten Bauplänen zu einem Festpreis übernommen. Am 29. 9. 1988 hatte der BGH aber bereits entschieden[341], dass das Koppelungsverbot grundsätzlich *nicht* gilt, wenn ein Architekt oder Ingenieur gewerbsmäßig mit einer Erlaubnis nach § 34c GewO als Generalunternehmer schlüsselfertige Bauten auf einem dem Erwerber vorweg zu übertragenden Grundstück errichtet. Dieser Entscheidung lag ebenfalls ein Sachverhalt zugrunde, bei dem der Erwerber das Grundstück vorab erwarb und sodann einen Werkvertrag mit dem Architekten abschloss. Der Unterschied zu den zuvor genannten Entscheidungen besteht nicht darin, dass sich der Architekt hier anders oder umfassender verpflichtet und sich dadurch eindeutiger als Bauträger betätigt hätte; die Besonderheit des Sachverhalts besteht nach Auffassung des BGH darin, dass sich der Architekt erklärtermaßen gewerblich mit der schlüsselfertigen Erstellung von Wohnungsneubauten befasst und deshalb auch die Erlaubnis nach § 34c GewO beantragt und erhalten hatte[342]. Anders als bei dem vom Koppelungsverbot vorausgesetzten Berufsbild der Architekten prägten nunmehr Grundstücksbeschaffung, Planung und Errichtung von Bauvorhaben den Charakter seines Unternehmens. Der BGH hat zu diesem Sachverhalt ausgeführt, dass der Architekt nicht „nur *wie* ein Generalübernehmer, Bauträger oder Baubetreuer aufgetreten (ist); er hat sich vielmehr gewerbsmäßig *als* Bauträger, Generalunternehmer mit Planungsverpflichtung oder als Generalübernehmer zu der im Werkvertrag vorgesehenen schlüsselfertigen Errichtung"[343] (Hervorhebungen vom Verf.) verpflichtet.

Mit anderen Worten: Die **Trennlinie zwischen erlaubter und verbotener Architektenbindung** verläuft zwischen den Wörtern „als" und „wie". Der Architekt, der mit einer Erlaubnis nach § 34c GewO den Beruf des Bauträgers ausübt, einen Vertrag „als" Bauträger abschließt und sich entsprechend umfassend verpflichtet, ist vom MRVerbG befreit. Derjenige dagegen, der als Architekt ein Grundstück veräußert, den Erwerber an seine Planung bindet und darüber hinaus einzelne zusätzliche Leistungen (wie ein Bauträger) anbietet, unterliegt dem Koppelungsverbot. Bei dieser Unterscheidung kommt es nicht auf die vom Architekten erbrachten Leistungen, sondern nur auf den dabei ausgeübten Beruf an; bei gleicher Vertragsgestaltung kann der Architekt einmal das Koppelungsverbot verletzen, wenn er nämlich als Architekt auftritt, und im anderen Fall dem Verbot des MRVerbG entgehen, wenn er sich als Bauträger – mit Erlaubnis nach § 34c GewO – betätigt. Dieses Ergebnis wird durch die ausschließlich „berufsstandsbezogene" Orientierung des Koppelungsverbots ermöglicht. Sie weist dem Architekten, der ein Grundstück an der Hand hat und bei der Veräußerung zugleich seine Planung zum Vertragsgegenstand machen möchte, die Problemlösung: Der Architekt muss bei der Abwicklung den Beruf des Bauträgers oder Generalübernehmers ausüben, denn ihm ist die Architektenbindung, nicht aber die Bauträgerschaft verboten. Diese Möglichkeit zeigt zugleich, wie berechtigt die Kritik am MRVerbG ist. Grundstückserwerb und Planung dürfen miteinander verknüpft werden,

139

---

[340] NJW-RR 1991, 143 = ZfBR 1991, 14.
[341] NJW-RR 1989, 147 = MittBayNot 1989, 79 m. Anm. *Lichtenberger* = DNotZ 1989, 749 m. Anm. *Schmidt*.
[342] Vgl. aber BVerwG v. 10. 6. 1986, NJW 1987, 511, wonach ein Architekt die Erlaubnis nach § 34c GewO nicht benötigt, wenn er nicht Bauherr im Sinne der genannten Vorschrift ist, weil er auf dem vorab übereigneten Grund des Auftraggebers baut.
[343] BGH v. 29. 9. 1988, NJW-RR 1989, 147; vgl. *Doerry*, ZfBR 1991, 49.

wenn der Architekt nur bereit ist, dabei den Beruf zu wechseln – das ohnehin zweifelhafte Ziel des Gesetzes läuft leer. Die Rechtsprechung stellt auf die rein äußeren Merkmale eines Berufs ab und verkennt dabei, dass sich der Beruf des Architekten bzw. Bauträgers durch die tatsächlich angebotenen bzw. vertragsgegenständlichen Leistungen bestimmt (wenn ein Bäckermeister die schlüsselfertige Errichtung eines Gebäudes übernimmt, geht er dem Beruf eines Bauträgers oder Generalübernehmers und nicht dem eines Bäckermeisters nach). Hinzuweisen ist allerdings auf eine neuere Entscheidung des BGH[344]. Danach wird Art. 10 § 3 MRVG dann, wenn die Beauftragung des Architekten anlässlich des Nachweises eines Grundstücks nicht vom Architekten, sondern vom Auftraggeber ausgeht, auf dem Hintergrund der durch Art. 12 GG garantierten Berufsfreiheit zurückhaltend auslegt. Im Schutze des Grundrechts auf Berufsfreiheit müsste deshalb auch der Architekt, der sich „wie" ein Bauträger betätigt, vom Koppelungsverbot des Art. 10 § 3 MRVG befreit werden.

140 Bleibt schließlich das Problem der **Gesetzesumgehung:** Der BGH[345] hat bereits früher entschieden, dass auch solche Verträge dem Verbot der Architektenbindung unterfallen, wenn eine Bauträgergesellschaft nur zur Umgehung jenes Verbots gegründet und betrieben wird. Dass die Gesetzesumgehung der ausschließliche oder überwiegende Grund für den Betrieb einer Bauträgergesellschaft ist, dürfte praktisch nicht nachzuweisen sein.

c) Vorratsteilung nach § 8 WEG, Verkauf mit Planung

141 Das MRVerbG greift ferner nicht ein, wenn der Eigentümer eines Grundstücks im Wege der Vorratsteilung nach § 8 WEG Wohnungseigentum begründet und sich die Erwerber im Zusammenhang mit dem Erwerb verpflichten, zur Errichtung des Gebäudes diejenige Planung zu verwenden, die nach § 7 Abs. 4 WEG der Bildung des Wohnungseigentums zugrunde gelegt war, und denjenigen Ingenieur oder Architekten mit der Ausführung zu beauftragen, der die Planung gefertigt hat[346].

142 Ebenso wenig liegt ein Verstoß gegen das MRVerbG vor, wenn mit dem Grundstück eine bereits erstellte Planung verkauft und für sie eine besondere Vergütung ausgewiesen wird. Durch dieses Geschäft wird der Käufer nicht gezwungen, den Architekten weiter zu beschäftigen oder seine Planung auch nur zu verwenden[347].

5. Inhaltskontrolle von Geschäftsbedingungen

a) Prüfungsmaßstab – §§ 305ff. BGB, Klauselrichtlinie

143 Die serielle Herstellung von Eigentumswohnungen und Einfamilienhäusern erfordert eine adäquate kaufmännische Abwicklung, also auch ein einheitliches Vertragswesen, mithin die Verwendung von Formularverträgen. Einheitliche Vertragsbedingungen sind schon wegen der gleichgerichteten Erwerberansprüche bezüglich des Gemeinschaftseigentums geboten. Durch einheitliche Verträge werden individuelle Verhandlungen und somit die Berücksichtigung von Erwerberinteressen erschwert, wenn nicht ausgeschlossen. Für den erforderlichen Interessenausgleich sorgen die Vorschriften der §§ 305 ff. BGB (das frühere AGBG) und die bei der Rechtsanwendung ebenfalls zu beachtende EG-Richtlinie 93/13 vom 5. 4. 1993 über missbräuchliche Klauseln in Verbraucherverträgen (Klauselrichtlinie)[348].

---

[344] BGH v. 25. 9. 2008, NJW 2008, 3633 = BauR 2008, 2059.
[345] BGH v. 22. 12. 1983, NJW 1984, 732 (733) unter Bezug auf BGH v. 9. 12. 1974, NJW 1975, 259.
[346] BGH v. 6. 3. 1986, NJW 1986, 1811 = ZfBR 1986, 170.
[347] OLG Frankfurt v. 10. 11. 1994, NJW-RR 1995, 1484.
[348] ABlEG Nr. L 95, S. 29 = NJW 1993, 1838.

II. Der Bauträgervertrag

Durch die Schuldrechtsreform und die damit verbundene Integration der Vorschriften des früheren AGBG in das BGB haben sich keine durchgreifenden Änderungen ergeben. Allerdings ist das Transparenzgebot, das von der Rechsprechung bereits früher – gestützt auf § 9 AGBG – angewendet wurde[349], nun in Umsetzung der Rechtsprechung des EuGH[350] ausdrücklich in § 307 Abs. 1 Satz 2 BGB normiert worden. Danach kann sich eine unangemessene Benachteiligung auch daraus ergeben, dass eine Bestimmung nicht klar und verständlich ist. Außerdem ist auf das generelle Verbot des Haftungsausschlusses für einfache Fahrlässigkeit bei der Verletzung von Leben, Körper und Gesundheit in § 309 Nr. 7 a BGB hinzuweisen.

Die Rechtsprechung und Literatur wird weiterhin die Auswirkungen des geänderten Allgemeinen und Besonderen Schuldrechts auf die Inhaltskontrolle auszuloten haben, insbesondere dort, wo die gesetzlichen Leitbilder i. S. d. § 307 Abs. 2 BGB geändert oder neu entworfen wurden.

Neben den Vorschriften der §§ 305 ff. BGB ist die Klauselrichtlinie als Grundlage des § 307 BGB zu berücksichtigen. Eine Vertragsbedingung, die mit Art. 3 Klauselrichtlinie unvereinbar ist, verstößt gegen § 307 BGB und ist deshalb nach § 307 BGB unwirksam[351]. Im übrigen ist das nationale Recht einschließlich der Bestimmungen der §§ 305 ff. BGB richtlinienkonform auszulegen[352]. **144**

Nach Art. 3 Klauselrichtlinie ist eine Klausel missbräuchlich, wenn sie entgegen dem Gebot von Treu und Glauben zum Nachteil des Verbrauchers ein erhebliches und ungerechtfertigtes Missverhältnis der vertraglichen Rechte und Pflichten der Vertragspartner verursacht. Die Missbräuchlichkeit beurteilt sich nicht nach nationalem Recht, sondern nach den Zwecken des Gemeinschaftsrechts und folgt deshalb einer autonomen Interpretation[353]. Die mit der Klauselrichtlinie bezweckte Harmonisierung eines Mindestschutzes kann deshalb nicht zunächst und allein auf nationalstaatliche Wertentscheidungen zurückgreifen, wenngleich auf diese zusätzlich abgestellt werden kann[354]. Daraus folgt, dass eine unangemessene Benachteiligung i. S. v. § 307 BGB nicht ohne weiteres mit einer Missbräuchlichkeit i. S. v. Art. 3 gleichgesetzt werden kann. Daraus ergibt sich auch, dass ein nach den Vorgaben der MaBV formulierter Vertrag nicht allein wegen seiner Orientierung an diesen Normen einer Inhaltskontrolle nach der Klauselrichtlinie entzogen ist[355].

Für die Auslegung des Begriffs der Missbräuchlichkeit kann auf die der Klauselrichtlinie im Anhang beigefügten Beispiele zurückgegriffen werden. Die im Anhang angegebenen Beispiele sollen nach Art. 3 Abs. 3 Klauselrichtlinie als Hinweis dienen und stellen keine erschöpfende Aufzählung der Klauseln dar, die missbräuchlich sind. Eine in der Liste enthaltene Klausel ist nicht zwangsläufig missbräuchlich, wie umgekehrt auch darin nicht aufgeführte Klauseln für missbräuchlich erklärt werden können[356]. Aus dem Klauselbeispiel 1 b) des Anhangs zu Art. 3 und dem Verbot von Klauseln, die zu Lasten des Verbrauchers zu einem Missverhältnis der vertraglichen Rechte und Pflichten führen (Art. 3 Klauselrichtlinie), wird abgeleitet, dass Klauseln generell nicht die Symmetrie von Rechten und Pflichten der Vertragspartner beeinträchtigen dürfen[357]. Für den Bauträ-

---

[349] BGH v. 8. 10. 1997, NJW 1998, 454 (456); *Palandt/Grüneberg,* vor § 305 Rdn. 2.
[350] EuGH 10. 5. 2001, NJW 2001, 2244.
[351] *Palandt/Grüneberg,* § 310 BGB Rdn. 22; relativierend und nicht nachvollziehbar *Riemenschneider* in Grziwotz/Koeble, 3. Teil, Rdn. 108 f.
[352] EuGH v. 27. 6. 2000, NJW 2000, 2571.
[353] *Micklitz,* ZfIR, 2004, 613 ff.; *Staudinger,* DNotZ 2002, 166 (177); *Basty,* Rdn. 27.
[354] *Staudinger,* DNotZ 2002, 166 (177 f.).
[355] *Staudinger,* DNotZ 2002, 166 (168 f.); *Thode,* ZNotP 2004, 210; *Basty,* Rdn. 27.
[356] EuGH v. 1. 4. 2004, NZBau 2004, 321, Rdn. 20.
[357] *Thode,* ZNotP 2004, 210 (213); *Wagner* in Messerschmidt/Voit, Teil E, Rdn. 27.

gervertrag ist auch das Klauselbeispiel 1 o) des Anhangs bedeutsam. Nach diesem Klauselbeispiel sind Bestimmungen, nach denen der Verbraucher allen Verpflichtungen nachkommen muss, während der Gewerbetreibende seine Verpflichtungen nicht erfüllt, missbräuchlich. Daraus ergibt sich ein Verbot für Klauseln, nach denen der Verbraucher zur Vorleistung verpflichtet wird[358] (vgl. zu Vorauszahlungsklauseln Rdn. 204).

Mit seinem Urteil vom 1. 4. 2004 (zu Vorauszahlungen, die durch Bürgschaften nach § 7 MaBV gesichert werden) hat der EuGH entschieden[359], dass für die Beurteilung der Missbräuchlichkeit einer Klausel, die anhand der Umstände des konkreten Falls zu prüfen ist, das nationale Gericht zuständig ist. Nur wenn sich die Missbräuchlichkeit unmittelbar aus der Klausel selbst ergibt, ist der EuGH zur Entscheidung berufen.

b) Notarielle Verträge als Allgemeine Geschäftsbedingungen

145 Die im Bauträgervertrag enthaltenen Vertragsbedingungen werden im Allgemeinen für eine Vielzahl von Verträgen vorformuliert und einseitig vom Bauträger gestellt. Unter dieser Voraussetzung sind sie Allgemeine Geschäftsbedingungen i. S. d. Gesetzes (§ 305 Abs. 1 BGB). Um Allgemeine Geschäftsbedingungen bzw. Formularverträge i. S. v. § 305 Abs. 1 Satz 1 BGB handelt es sich dann, wenn folgende Voraussetzungen erfüllt sind:

146 Die Vertragsbedingungen müssen **vorformuliert** sein. Diese Voraussetzung ist erfüllt, wenn der Bauträger die Verträge selbst entwirft. Sie gilt auch dann als erfüllt, wenn es sich um Bedingungen handelt, die von Dritten formuliert, aber auf Initiative einer Partei verwendet werden. Das kann z. B. auf Vertragsmuster von Verbänden oder auf Formularsammlungen zutreffen. Auch der vom Notar verwendete Vertrag ist regelmäßig vorformuliert.

147 Es muss beabsichtigt sein, die Vertragsbedingungen **für eine Vielzahl von Verträgen** anzuwenden. Es ist nicht erforderlich, dass die Vertragsbedingungen tatsächlich vielfach angewendet worden sind. Es genügt die Absicht, den Vertrag wiederholt zu verwenden; sie muss aber grundsätzlich dargelegt und nachgewiesen werden[360]. Die untere Grenze für die Anzahl der tatsächlichen oder beabsichtigten Anwendungsfälle liegt bei drei Verwendungen[361]. Die tatsächliche oder die beabsichtigte Verwendung wird nicht dadurch ausgeschlossen, dass der Kreis der in Betracht kommenden Vertragspartner von vornherein feststeht[362].

148 Es muss sich um Vertragsbedingungen handeln, die **vom Verwender gestellt** worden sind. Da der Notar zur Neutralität verpflichtet ist und die von den Vertragsparteien abgegebenen Erklärungen beurkunden soll, kann nicht per se gesagt werden, dass die vom Notar errichtete Urkunde einen vom Bauträger gestellten Formularvertrag enthält. Auch Vertragsklauseln, die auf Standardformulierungen eines Notars beruhen, sind nicht allein deshalb Allgemeine Geschäftsbedingungen[363]. Allerdings werden die Verträge in der Praxis so vorbereitet, dass der Bauträger die Objektdaten und die gewünschte Vertragsgestaltung dem von ihm regelmäßig beauftragten Notariat (Hausnotar) mit der Bitte um Fertigung eines Entwurfes mitteilt. Auf dieser Grundlage werden sodann der Bauträgervertrag und die Bezugsurkunde (Teilungserklärung, Baubeschrei-

---

[358] *Staudinger*, DNotZ 2002, 166 (180).
[359] EuGH v. 1. 4. 2004, NZBau 2004, 321, Rdn. 22.
[360] BGH v. 13. 9. 2001, NJW-RR 2002, 13 = BauR 2001, 1859.
[361] BGH v. 27. 9. 2001, NJW 2002, 138 = NZBau 2002, 25 = BauR 2002, 83; BGH v. 11. 10. 1984, BauR 1985, 93 (94); BGH v. 22. 9. 1987, WM 1987, 1340: die einmalige Verwendung der Bedingungen ohne Weiterverwendungsabsicht ist kein Fall des § 1 AGBG (§ 305 Abs. 1 BGB).
[362] BGH v. 27. 9. 2001, NJW 2002, 138 = NZBau 2002, 25 = BauR 2002, 83.
[363] BGH v. 13. 9. 2001, NJW-RR 2002, 13 = BauR 2001, 1859.

II. Der Bauträgervertrag

bung usw.) erstellt, ggf. mit dem Bauträger nochmals abgestimmt – und sodann für sämtliche Erwerber des Objekts verwendet. Diese Verfahrensweise hat sich in der Vergangenheit insbesondere an einseitigen und nicht ausgewogenen Vertragsgestaltungen offenbart (z. B. wurde das Wandelungsrecht gem. § 635 BGB a. F. regelmäßig ausgeschlossen). Unter diesen Voraussetzungen ist der Bauträger Verwender der vom Notar entworfenen Vertragsformulare[364].

Sofern der Bauträgervertrag auf Initiative des Erwerbers bei einem Notar seiner Wahl zustande kommt und von diesem Notar ein eigener Vertragstext entworfen wird, also kein vom Zentralnotar vorgesehener Vertrag verwendet wird, kann nicht zwingend davon ausgegangen werden, dass die Bedingungen als vom Bauträger gestellt gelten[365]. Orientiert sich dieser Vertrag überdies an (inhaltlich ausgewogenen) Vertragsmustern, wie sie in der Fachliteratur veröffentlicht werden, spricht dies zusätzlich gegen einseitig vom Bauträger gestellte Vertragsbedingungen.

Die **notarielle Beurkundung** des Bauträgervertrages befreit nicht von den Vorschriften der §§ 305 ff. BGB, da sie ohne Rücksicht auf die Form des Vertrages anzuwenden sind (§ 305 Abs. 1 Satz 2 BGB). Die Tatsache, dass der Vertrag notariell beurkundet werden muss, dem Erwerber also eine notarielle Fürsorgepflicht zuteil wird, ändert nichts daran, dass die Inhaltskontrolle nach den Bestimmungen der §§ 305 ff. BGB gleichwohl stattfindet[366]. **149**

Allgemeine Geschäftsbedingungen liegen nicht vor, wenn die Vertragsbedingungen im Einzelnen ausgehandelt worden sind, also eine **Individualvereinbarung** getroffen wurde (§ 305 Abs. 1 Satz 3 BGB). Im Einzelnen ausgehandelt sind die Bedingungen aber nicht schon dann, wenn sie besprochen, vorgelesen oder – auch vom Notar – erläutert worden sind. Erforderlich ist vielmehr ein regelrechtes Aushandeln, bei dem der Verwender **Abänderungsbereitschaft** gezeigt und die Bestimmungen des Vertrages zur Disposition gestellt hat[367]. Eine Tatsachenbestätigung des Inhaltes, dass der Bauträger die erwähnte Abänderungsbereitschaft gezeigt habe, ist unwirksam (§ 309 Nr. 12 b BGB); es kommt auf die tatsächlich gezeigte Bereitschaft an. **150**

Selbst wenn eine **Individualvereinbarung** abgeschlossen wurde, ist der Erwerber **formelhaften Vertragsbestimmungen,** die nach Gestaltung, Inhalt und Wortlaut einer ausgehandelten Klausel widersprechen, nicht schutzlos ausgeliefert. In nunmehr gefestigter Rechtsprechung hat der BGH wiederholt entschieden[368], dass der Haftungsausschluss für Mängel bei neu errichteten oder noch zu errichtenden Eigentumswohnungen und Häusern auch in einem notariellen Individualvertrag gemäß § 242 BGB unwirksam sein kann. Haftungsausschlüsse für neue Objekte sind nur dann wirksam, wenn die einschneidenden Rechtsfolgen solcher Klauseln zwischen den Parteien eingehend erörtert wurden und der Erwerber über die Bedeutung **151**

---

[364] BGH v. 5. 4. 1979, NJW 1979, 1406; BGH v. 4. 6. 1981, NJW 1981, 2343; BGH v. 6. 5. 1982, NJW 1982, 2243; OLG München v. 8. 10. 1980, NJW 1981, 2472; BGH v. 14. 5. 1992, NJW 1992, 2160 (2162); BGH v. 27. 9. 2001, NJW 2002, 138.

[365] BGH v. 13. 9. 2001, NJW-RR 2002, 13; offen gelassen noch von BGH v. 14. 5. 1992, NJW 1992, 2160 (2162).

[366] Vgl. BGH v. 29. 3. 1974, NJW 1974, 1135, noch zur Rechtslage vor dem Inkrafttreten des AGBG, an der sich allerdings durch das AGBG insoweit nichts geändert hat.

[367] BGH v. 15. 12. 1976, NJW 1977, 624 (zu einem Maklervertrag); BGH v. 5. 4. 1979, NJW 1979, 1406 (1407); BGH v. 4. 6. 1981, NJW 1981, 2343; BGH v. 3. 2. 1993, NJW-RR 1993, 504 (ebenfalls zu einem Maklerauftrag); BGH v. 25. 6. 1992, NJW 1992, 2759 (Einheits-Architektenvertrag).

[368] BGH v. 5. 4. 1984, NJW 1984, 2094; BGH v. 20. 2. 1986, NJW 1986, 1026; BGH v. 21. 5. 1987, NJW-RR 1987, 1035; BGH v. 17. 9. 1987, NJW 1988, 135; BGH v. 21. 4. 1988, NJW 1988, 1972 m. Anm. *Kanzleiter*, DNotZ 1989, 301; BGH v. 29. 6. 1989, NJW 1989, 2748, zu Eigentumswohnungen, die durch die Umwandlung eines Bungalows entstanden sind; BGH v. 8. 3. 2007, NZBau 2007, 371 = BauR 2007, 1036, Rdn. 27 f., zu einer Altbausanierung; OLG Hamm v. 20. 12. 2007, BauR 2009, 1320, zum Erwerb eines im wesentlichen bereits sanierten Altbaus.

B. Der Bauträgererwerb

nachhaltig belehrt wurde. Ein Verzicht auf die ausführliche Belehrung käme ausnahmsweise dann in Betracht, wenn sich der Notar davon überzeugen konnte, dass sich der Erwerber über die Tragweite seiner Erklärungen und die damit verbundenen Risiken vollständig im Klaren ist und dennoch den Haftungsausschluss wünscht[369]. Auch bei Anlegung dieser Maßstäbe kommt ein Haftungsausschluss nur nach eingehender Erläuterung des Inhalts und der Bedeutung dieser Vertragsbedingung in Betracht, denn anders wird sich der Notar über diesen Kenntnisstand beim Erwerber nicht vergewissern können. Für eine individualvertragliche Freizeichnungsklausel genügt es nach der Rechtsprechung des BGH jedenfalls nicht, dass dem Erwerber von seiner Ausbildung her die grundsätzliche Bedeutung eines Haftungsausschlusses für Mängel bekannt ist und die Freizeichnungsklausel nicht unverständlich abgefasst ist[370]. Diese strengen Maßstäbe sind auch beim Erwerb einer Gewerbeimmobilie durch einen Investor[371] und bei einem vor Vertragsschluss anwaltlich beratenen Erwerber[372] anzuwenden.

Durch die Umsetzung der EG-Richtlinie 93/13 in § 24a AGBG (heute: § 310 Abs. 3 BGB) wird im Anwendungsbereich dieser Vorschrift zukünftig kaum noch auf § 242 BGB zurückgegriffen werden müssen; unter den in § 310 Abs. 3 BGB genannten Voraussetzungen findet auch bei Individualvereinbarungen eine Inhaltskontrolle nach §§ 307ff. BGB statt.

152 Diese Rechtsprechung des BGH zu den formelhaften Vertragsklauseln ist wiederholt kritisiert worden. Die Kritiker sehen vor allem die Privatautonomie in Gefahr[373]. Dem VII. Zivilsenat des BGH und den Befürwortern[374] seiner Rechtsprechung ist beizupflichten. Durch die Bestimmungen der §§ 305ff. BGB ist in den Fällen, in denen sie keine Anwendung finden, der Rückgriff auf die allgemeinen Vorschriften, also die Grundsätze von Treu und Glauben, nicht ausgeschlossen. Im Kern geht es darum, den Erwerber vor Vertragsbedingungen zu schützen, die typischerweise als Allgemeine Geschäftsbedingungen verwendet werden und deren Tragweite ohne Erörterung und Belehrung nicht überblickt oder unterschätzt wird. Allerdings scheitert nicht jede **Standardformulierung in einer Notarurkunde** an einer Inhaltskontrolle nach § 242 BGB. So widerspricht die Vereinbarung von Fälligkeitszinsen in einem Individualvertrag nicht per se dem Grundsatz von Treu und Glauben.

153 Allgemeine Geschäftsbedingungen sind nur dann wirksam, wenn sie **in den Vertrag einbezogen** worden sind (§ 305 Abs. 2 BGB). In aller Regel wird dem bereits durch das Erfordernis der vollständigen Beurkundung entsprochen. Deshalb sind z.B. Baubeschreibungen mit weiteren Bedingungen oder Bauerrichtungserklärungen oder zusätzliche Vertragsbedingungen in Freistellungserklärungen bereits durch die Mitbeurkundung einbezogen. Sollte dies allerdings ausnahmsweise nicht geschehen sein, würden sie auch nach § 305 Abs. 2 BGB keine Geltung beanspruchen können. Darauf, ob und wie die Vergabe- und Vertragsordnung Teil B (VOB/B) in den Vertrag einbezogen werden kann, kommt es, da sie ohnehin nicht wirksam vereinbart werden kann, letztlich nicht an[375], vgl. unten Rdn. 163f.

---

[369] BGH v. 27. 10. 1994, NJW 1995, 330 (331); BGH v. 8. 3. 2007, NZBau 2007, 371 = BauR 2007, 1036, Rdn. 29.
[370] BGH v. 8. 3. 2007, NZBau 2007, 371 = BauR 2007, 1036, Rdn. 30.
[371] OLG Oldenburg v. 21. 12. 2006, IBR 2008, 519 (*Vogel*).
[372] OLG Hamm v. 20. 12. 2007, BauR 2009, 1320.
[373] *Brambring*, NJW 1987, 99; *Medicus*, Zur gerichtlichen Inhaltskontrolle notarieller Verträge, S. 22; *Stürner*, DNotZ 1984, 764; *ders.*, DNotZ 1991, 274 (285f.); *Lieb*, DNotZ 1989, 274; *Lerch*, BauR 1996, 155.
[374] *Palandt/Grüneberg*, vor § 307 Rdn. 5/6; *Rieder*, DNotZ 1984, 226; OLG Schleswig v. 3. 2. 1995, NJW-RR 1995, 590; differenzierend *Roth*, BB 1987, 977 (983f.).
[375] Dazu, dass die VOB/B nicht durch einen einfachen Hinweis auf ihre Geltung in den Vertrag einbezogen werden kann, vgl. BGH v. 9. 11. 1989, NJW 1990, 715; BGH v. 14. 2. 1991, ZfBR 1991, 151; BGH

II. Der Bauträgervertrag

Der Erwerber trägt grundsätzlich die **Darlegungs- und Beweislast** dafür, dass Allgemeine Geschäftsbedingungen vorliegen bzw. der Vertrag vorformuliert und ihm gestellt wurde. Beim Erwerb vom gewerblichen Bauträger wird allerdings vermutet, dass die notariellen Verträge vorformuliert und vom Bauträger gestellt wurden und eine Mehrfachverwendungsabsicht bestand. Deshalb genügt der Erwerber hier seiner Darlegungslast durch die Vorlage des mit dem Bauträger abgeschlossenen Vertrages, wenn der Bauträger gewerblich tätig ist und der Vertrag Klauseln enthält, die typischerweise in Bauträgerverträgen verwendet werden[376]. 154

c) Verbraucherverträge

Durch das Gesetz zur Änderung des AGBG vom 19. 7. 1996[377] wurde die **EG-Richtlinie über missbräuchliche Klauseln in Verbraucherverträgen**[378] für die Bundesrepublik Deutschland mit der Einfügung des § 24a AGBG (heute § 310 Abs. 3 BGB) und einer Änderung des § 12 AGBG (heute Art. 29a EGBGB) umgesetzt. Das Gesetz ist am 25. 7. 1996 in Kraft getreten. Die EG-Richtlinie hatte gem. Art. 10 eigentlich schon zum 1. 1. 1995 umgesetzt werden müssen. Für den Zeitraum zwischen dem 1. 1. 1995 und dem Inkrafttreten des Gesetzes zur Änderung des AGBG am 25. 7. 1997 muss die von der Richtlinie geforderte Inhaltskontrolle durch eine richtlinienkonforme Auslegung von § 242 BGB verwirklicht werden, kann also eine **Umsetzung durch Auslegung** erfolgen[379]. 155

Die Anwendung von § 310 Abs. 3 BGB setzt einen **Verbrauchervertrag** voraus. Verbraucherverträge sind nach der gesetzlichen Definition Verträge zwischen einer in Ausübung ihrer gewerblichen oder selbständigen beruflichen Tätigkeit handelnden Person (§ 14 Abs. 1 BGB) einerseits und einer natürlichen Person, die den Vertrag zu einem Zweck abschließt, der weder einer gewerblichen noch einer selbständigen beruflichen Tätigkeit zugerechnet werden kann (§ 13 BGB) andererseits[380]. Kurz gesagt: es handelt sich um Verträge zwischen Unternehmern und Verbrauchern[381]. 156

Die Mehrzahl der **Bauträgerverträge** sind Verbraucherverträge i. S. d. § 310 Abs. 3 BGB. In der Regel werden Objekte durch Verbraucher i. S. d. § 13 BGB von einem Bauträger erworben, der sich als Unternehmer i. S. d. § 14 BGB betätigt. Folglich sind hier die Vorschriften der §§ 305 ff. BGB unter Beachtung von § 310 Abs. 3 BGB anzuwenden. 157

Auch der Inhalt des Bauträgervertrages steht einer Inhaltskontrolle nach § 310 Abs. 3 BGB nicht entgegen. Da die EG-Richtlinie über missbräuchliche Klauseln in Verbraucherverträgen nur den Begriff der „Güter und Dienstleistungen" gebraucht, könnte zweifelhaft sein, ob sie auch für Grundstücksgeschäfte gilt[382]. Da aber die Bestimmungen der §§ 305 ff. BGB fraglos auch Immobiliengeschäfte erfassen und § 310 Abs. 3 BGB insoweit keine Einschränkungen enthält, ist § 310 Abs. 3 BGB auch auf Grundstücksgeschäfte und ebenso eindeutig auf den Bauträgervertrag anzuwenden.

---

v. 26. 3. 1992, NJW-RR 1992, 913; OLG München v. 15. 10. 1991, NJW-RR 1992, 349; OLG Hamm v. 17. 6. 1992, NJW-RR 1993, 27.
[376] BGH v. 14. 5. 1992, NJW 1992, 2160 (2162); BGH v. 13. 9. 2001, NJW-RR 2002, 13 = BauR 2001, 1859; *Heinrichs*, NJW 1994, 1380 (1381).
[377] BGBl. I S. 1013.
[378] Richtlinie v. 5. 4. 1993 Nr. 93/13/EWG, NJW 1993, 1838; vgl. dazu *Heinrichs*, NJW 1993, 1817; *ders.*, NJW 1995, 153; *Portz*, NJW 1993, 2145 (2151); *Schmidt-Salzer*, BB 1995, 733; *Locher*, BauR 1992, 293.
[379] *Heinrichs*, NJW 1997, 1407; krit. *Quack*, BauR 1997, 24.
[380] BGH v. 30. 9. 2009, NJW 2009, 3780.
[381] Vgl. *Palandt/Grüneberg*, § 310 Rdn. 10f.
[382] Vgl. *Heinrichs*, NJW 1995, 153 (159); a. A. *Kappus*, NJW 1994, 1847 (1848); *Ulmer*, FS Heinrichs, S. 555 (568).

B. Der Bauträgererwerb

158 Nach Nr. 1 des § 310 Abs. 3 BGB gelten Allgemeine Geschäftsbedingungen als vom Unternehmer gestellt, es sei denn, sie wurden durch den Verbraucher in den Vertrag eingeführt. Durch diese Bestimmung wird das Tatbestandsmerkmal des „**Stellens**" **der Bedingungen** i. S. v. § 305 Abs. 1 Satz 1 BGB **fingert**. Dadurch werden insbesondere auch Drittklauseln erfasst. Es muss sich aber um Allgemeine Geschäftsbedingungen handeln, also um für eine Vielzahl von Verwendungen vorformulierter Bedingungen.

Diese Voraussetzungen werden durch notarielle Urkunden für gewöhnlich erfüllt: Da die vom Notar für ein (aus mehreren Einheiten bestehendes) Bauträgerobjekt entwickelten Urkunden wegen der einheitlichen Abwicklung eines solchen Vorhabens nicht individuell vereinbart werden (können) und der Entwurf deshalb für sämtliche Einheiten gleich lautend verwendet wird, liegen auch hier Allgemeine Geschäftsbedingungen i. S. v. § 310 Abs. 3 Nr. 1 BGB vor. Sie gelten sodann gemäß § 310 Abs. 3 Nr. 1 BGB als vom Bauträger gestellt. Der Geschäftspartner des Verwenders muss zwar nachweisen, dass es sich um Allgemeine Geschäftsbedingungen handelt. Beim Bauträgervertrag spricht jedoch der erste Anschein für einen Formularvertrag. Mit Blick auf den neuen § 310 Abs. 3 Nr. 1 BGB wird nun vertreten, dass gerade bei einer Notarurkunde der Beweis des ersten Anscheins eine Individualvereinbarung nahe legt[383]. Dem kann nicht gefolgt werden. Beim Bauträgervertrag sprechen die Vertragsentstehung (Entwurf durch den Hausnotar des Bauträgers) und die Zwänge der Vertragsabwicklung (Notwendigkeit eines einheitlichen Vertragswesens für ein und dasselbe Objekt) prima facie für einen Formularvertrag – davon ist die Rechtsprechung zum Schutz der Erwerber gerade beim Bauträgervertrag regelmäßig ausgegangen[384]. Selbst wenn der Notar einen Text aus seiner Mustersammlung verwendet, liegt nicht automatisch eine Individualvereinbarung vor. Notarverträge unterliegen deshalb dem Anwendungsbereich des § 310 Abs. 3 Nr. 1 BGB[385].

159 In den Anwendungsbereich der §§ 305 ff. BGB werden durch Nr. 2 des § 310 Abs. 3 BGB auch **Einmalbedingungen** einbezogen. Dies sind Bestimmungen, die nur zur einmaligen Verwendung vorgesehen sind, auf die der Verbraucher aber aufgrund ihrer Vorformulierung keinen Einfluss nehmen konnte. Individualvereinbarungen sollen von § 310 Abs. 3 Nr. 2 BGB jedoch nicht erfasst werden. Von § 310 Abs. 3 Nr. 2 BGB werden auch die sog. Drittklauseln erfasst. Deshalb sind auch Notarurkunden nicht per se vom Anwendungsbereich des § 310 Abs. 3 Nr. 2 BGB ausgenommen[386]. Sie enthalten keineswegs generell Individualvereinbarungen. Der Verbraucher muss die Voraussetzungen von § 310 Abs. 3 Nr. 2 BGB, also insbesondere die fehlende Möglichkeit einer Einflussnahme auf die Bedingungen, beweisen, wobei ihm auch hier der Beweis des ersten Anscheins zu Gute kommt[387].

160 Schließlich sind gemäß Nr. 3 des § 310 Abs. 3 BGB bei der Beurteilung der unangemessenen Benachteiligung i. S. v. § 307 Abs. 1 BGB auch die **Begleitumstände des**

---

[383] *Braunfels*, DNotZ 1997, 356 (381); vgl. auch *Brambring*, FS Heinrichs, S. 39 (47).
[384] BGH v. 14. 5. 1992, NJW 1992, 2160 (2162); *Schmidt*, I.30 Anm. 6; *Heinrichs*, NJW 1998, 1447 (1449); *Kniffka*, ZfBR 1992, 191.
[385] *Palandt/Grüneberg*, § 310 Rdn. 1; *Heinrichs*, NJW 1993, 1817 (1818); ders., NJW 1995, 153 (157); MünchKomm/*Basedow*, § 310 BGB, Rdn. 58, 64 f.; *Kappus*, NJW 1994, 1847 (1848); *Werner/Pastor*, Rdn. 2161; *Staudinger/Bub* (2005), § 21 WEG Rdn. 247; a. A. *Brambring*, FS Heinrichs, S. 39 (46); *Braunfels*, DNotZ 1997, 356; *Basty*, Rdn. 23; *Ulmer*, FS Heinrichs, S. 555 (565); ders., Karlsruher Forum 1997, Versicherungsschriften 3, S. 9 (25 f.).
[386] OLG Oldenburg v. 19. 8. 2004, BauR 2004, 1950; *Heinrichs*, NJW 1995, 153 (157); ders., NJW 1996, 2190 (2193); *Brambring*, FS Heinrichs, 39 (45); *Braunfels*, DNotZ 1997, 356 (376); *Staudinger/Bub* (2005), § 21 WEG Rdn. 247; a. A. *Ulmer*, Karlsruher Forum 1997, Versicherungsschriften 3, S. 9 (25 f.); ders., FS Heinrichs, S. 555 (565 f.).
[387] *Palandt/Grüneberg*, § 310 Rdn. 17; *Ulmer*, Karlsruher Forum 1997, Versicherungsschriften 3, S. 9 (25).

II. Der Bauträgervertrag

Vertragsschlusses zu berücksichtigen[388]. Zu denken ist beispielsweise an geschäftliche Unerfahrenheit oder die Überrumpelung beim Vertragsschluss. Umgekehrt kann die besondere geschäftliche Erfahrenheit eines Kaufmanns oder eines Juristen die Anwendung von § 310 Abs. 3 Nr. 3 BGB ausschließen[389]. Als weitere Begleitumstände können auch das Einwirken des Unternehmers auf den Verbraucher oder dessen Abhängigkeit von der angebotenen Leistung verschärfend auf die Inhaltskontrolle wirken, während umgekehrt die vom Verbraucher auf den Vertragsschluss gerichtete Initiative mildernd gewertet werden kann[390]. Die Klauselrichtlinie enthält in ihrem Anhang einen Katalog solcher Klauseln, die unabhängig von den Begleitumständen des Vertrages für unwirksam erklärt werden können. Dieser Katalog ist zwar nicht bindend, er hat aber einen Hinweischarakter. Nr. 1b des Katalogs verbietet die Einschränkung der Mängelrechte des Verbrauchers. Nach dieser Bestimmung sind Haftungsbeschränkungen oder der Haftungsausschluss durch **formelhafte Klauseln** bei neuen Objekten – wie schon früher nach § 242 BGB (Rdn. 143) – unwirksam.

d) Keine Privilegierung der VOB/B in Verbraucherverträgen

Die Vergabe- und Vertragsordnung für Bauleistungen Teil B (VOB/B)[391] beinhaltet **161** vorformulierte Vertragsbedingungen i. S. d. § 305 Abs. 1 Satz 1 BGB[392]. Sie werden vom Deutschen Vergabe- und Vertragsausschuss für Bauleitungen (DVA) erarbeitet und weiterentwickelt. An ihrem Zustandekommen sind Vertreter der öffentlichen Auftraggeber und der Bauindustrie, nicht aber Verbände der Verbraucher beteiligt[393].

Die Bestimmungen der VOB/B sollen bei Verträgen zwischen Unternehmern bzw. mit der öffentlichen Hand zwar insgesamt ein „einigermaßen" ausgewogenes Regelungswerk darstellen[394] und, sofern die VOB/B als Ganzes vereinbart wird, einer Inhaltskontrolle nach den Bestimmungen der §§ 307 ff. BGB standhalten[395]. Ob die Freistellung der VOB/B von einer Inhaltskontrolle bei ihrer Verwendung gegenüber Unternehmern tatsächlich gegeben ist, bedarf an dieser Stelle keiner weiteren Erörterung. Bei der Verwendung der VOB/B gegenüber dem Verbraucher ist aber die Wirksamkeit einer jeden einzelnen Vorschrift am Maßstab der §§ 307 ff. BGB zu überprüfen. Das wurde vom BGH[396] noch kurz vor den entsprechenden Änderungen des AGB-Rechts in diesem Sinne entschieden. Schon nach der bis zum FoSiG geltenden Rechtslage war der Ausschluss einer Inhaltskontrolle auf der Grundlage der §§ 307 ff. BGB nicht zu rechtfertigen.

Mit dem FoSiG[397] wurde unter Aufhebung der früheren Privilegierungstatbestände in den § 308 Nr. 5 BGB und § 309 Nr. 8b ff BGB der Abs. 1 des § 310 BGB so erweitert, dass die VOB/B nur noch in Verträgen mit Unternehmern, sofern sie ohne inhaltliche Abweichungen vereinbart ist, einer Inhaltskontrolle entzogen sein soll. Eine Privilegierung der VOB/B, wenn sie gegenüber Verbrauchern verwendet wird, ist aber

---

[388] *Palandt/Grüneberg*, § 310 Rdn. 19 f.
[389] *Palandt/Grüneberg*, § 310 Rdn. 21; *Ulmer*, Karlsruher Forum 1997, Versicherungsschriften 3, S. 9 (30).
[390] *Ulmer*, Karlsruher Forum 1997, Versicherungsschriften 3, S. 9 (25).
[391] Vergabe- und Vertragsordnung für Bauleistungen v. 12. 9. 2002, Bundesanzeiger Nr. 202a (v. 29. 10. 2002), dokumentiert in NJW 2002, 3682.
[392] BGH v. 24. 7. 2008, NZBau 2008, 640 = BauR 2008, 1603, Rdn. 10.
[393] BGH v. 24. 7. 2008, NZBau 2008, 640 = BauR 2008, 1603, Rdn. 25 f.; vgl. dazu *Deckers*, NZBau 2008, 627.
[394] BGH v. 24. 7. 2008, NZBau 2008, 640 = BauR 2008, 1603, Rdn. 23.
[395] BGH v. 17. 11. 1994, NJW 1995, 526; *Palandt/Grüneberg*, § 307 Rdn. 160.
[396] BGH v. 24. 7. 2008, NZBau 2008, 640 = BauR 2008, 1603, Rdn. 28 ff.
[397] Gesetz zur Sicherung von Werkunternehmeransprüchen und zur verbesserten Durchsetzung von Forderungen (Forderungssicherungsgesetz – FoSiG) v. 23. 10. 2008, BGBl. I S. 2022.

B. Der Bauträgererwerb

– in Übereinstimmung mit der im Vorgriff auf diese Gesetzänderung ergangenen Rechtsprechung des BGH – jedenfalls nicht gerechtfertigt[398].

Durch die Gesetzesänderungen sind auch etwaige Zweifel an der Vereinbarkeit der VOB/B mit EU-Recht[399] ausgeräumt; es waren insbesondere Verstöße gegen das Transparenzgebot zu besorgen. § 310 Abs. 1 BGB in der jetzigen Fassung genügt den Anforderungen der Verbraucherrichtlinie, weil klargestellt ist, dass im Falle der Verwendung der VOB/B gegenüber Verbrauchern eine Klauselkontrolle jedenfalls stattfindet.

Die Einbeziehung der VOB/B in den Bauvertrag mit einer weder im Baugewerbe tätigen noch sonst im Baubereich bewanderten Vertragspartei kann überdies nur dadurch erfolgen, dass dem Vertragspartner Gelegenheit gegeben wird, den vollen Text der VOB/B zur Kenntnis zu nehmen[400], also nur dadurch, dass ihm vor Vertragsschluss der Text der VOB/B zur Verfügung gestellt wird.

162 Nachdem der BGH[401] schon früher entschieden hatte, dass eine Abkürzung der gesetzlichen Verjährungsfrist für Mängelansprüche durch die isolierte Vereinbarung von § 13 VOB/B mit der damaligen zweijährigen Regelfrist im Bauträgervertrag unwirksam ist, war der eine oder andere Bauträger darauf verfallen, dem Vertrag kurzerhand die **gesamte VOB/B** zugrunde zu legen mit dem Ziel, von den früheren Privilegierungstatbeständen in den §§ 308 Nr. 5 und 309 Nr. 8 b ff BGB a. F. zu profitieren.

163 Die VOB/B kann aber im Bauträgervertrag nicht wirksam „als Ganzes" vereinbart werden. Die VOB/B geht von der Übertragung von Bauleistungen aus (vgl. § 1 VOB/A); die Ausführung von Bauleistungen im Sinne der VOB wird beim Bauträgervertrag aber nicht beauftragt[402]. Das zeigt sich insbesondere bei einer genaueren Betrachtung der Regelungen der VOB/B und ihrer nur beschränkten Anwendungsmöglichkeit auf den Bauträgervertrag.

164 Selbst wenn die VOB/B dem Bauträgervertrag vollumfänglich zugrunde gelegt würde, könnte ein wesentlicher Teil ihrer Vorschriften nicht angewendet werden, was sich aus dem Inhalt und der Natur des Bauträgervertrages ergibt[403]. So widersprechen etwa die Befugnisse des Bauherrn, den Bauentwurf einseitig ändern und zusätzliche Leistungen beauftragen zu können (§ 1 Abs. 3 und 4 VOB/B), die weiteren umfassenden Anordnungsrechte des Bauherrn (vgl. § 4 Nr. 1 VOB/B), Überwachungsrechte des Auftraggebers und Auskunftspflichten des Auftragnehmers (vgl. § 4 Abs. 1 Nr. 2 VOB/B), das (freie) Kündigungsrecht des Auftraggebers (§ 8 Abs. 1 Nr. 1 VOB/B) und das Recht des Bauherrn, Gläubiger des Unternehmers unmittelbar vergüten zu können (§ 16 Abs. 6 VOB/B), dem übrigen Inhalt des Bauträgervertrages. Letztlich kann und soll der Erwerber beim Erwerb vom Bauträger – vertragsgemäß – keine Bauherrenstellung haben und deshalb auch die von der VOB/B vorausgesetzten Bauherrenrechte nicht wahrnehmen. Wegen der Unterschiedlichkeit des Bau- und Bauträgervertrages kann dem Bauträgervertrag die VOB/B als eine allein auf den Bauvertrag zugeschnittene Vertragsordnung nicht wirksam unterlegt werden. Das wird noch deutlicher, wenn die neben der Bauleistung zu erbringenden weiteren Vertragsleistungen in Betracht gezogen werden. Vom Bauträger werden als wesentliche Vertragsleis-

---

[398] BGH v. 24. 7. 2008, NZBau 2008, 640 = BauR 2008, 1603, Rdn. 28.
[399] *v. Gehlen*, NZBau 2008, 612 (619); *Micklitz*, Gutachten für die Verbraucherzentrale, Bundesverband (vgl. www.vzbz.de/go/presse/375/2/6/index/html); *ders.*, ZfIR 2004, 613.
[400] BGH v. 10. 6. 1999, NJW-RR 1999, 1246, ständige Rspr.
[401] BGH v. 10. 10. 1985, NJW 1986, 315.
[402] Vgl. zur ähnlichen Problematik bei der Anwendung von § 309 Nr. 8 b bb BGB, bei der ebenfalls davon ausgegangen wird, dass der Bauträger keine Bauleistungen erbringt, BGH v. 8. 11. 2001, NJW 2002, 511 = BauR 2002, 310.
[403] Diesen Weg zeichnet die Rechtsprechung des BGH vor, vgl. Urteil v. 21. 11. 1985, NJW 1986, 925; Urteil v. 17. 9. 1987, NJW 1988, 142.

II. Der Bauträgervertrag

tung sämtliche Planungsleistungen erbracht. Auf sie können die Vorschriften der VOB/B von vornherein nicht angewendet werden. Der BGH[404] hat zu einem Generalübernehmervertrag entschieden, dass die Bestimmungen der VOB/B jedenfalls auf die Planungsleistungen der Architekten und Ingenieure, die im Rahmen der Gesamtleistung zu erbringen sind, keine Anwendung finden können. Das gilt in gleicher Weise für den Bauträgervertrag. Durch die Vielzahl und die Unterschiedlichkeit der mit ihm verbundenen Leistungen (neben der Bau- und den Planungsleistungen vor allem auch die Verpflichtung zur Übereignung des Grundstücks) ist der Bauträgervertrag vom Bauvertrag i. S. d. VOB/B so weit entfernt, dass die VOB/B schon deshalb auf ersteren nicht sinnvoll angewendet werden kann – und der Versuch, sie doch zu vereinbaren, zur Unwirksamkeit der Einbeziehung führt[405].

Hinzu kommt, dass es beim Bauträgervertrag an zwei sich gleichgewichtig gegenüberstehenden Vertragsparteien fehlt – wie dies von der VOB/B für ihre Geltung vorausgesetzt wird. Die VOB/B geht davon aus, dass während der Planung, insbesondere aber während der Bauabwicklung wechselseitig Rechte wahrgenommen und der Planungs- und Bauablauf beeinflusst werden können (es können Anordnungen getroffen werden, es sind ggf. Bedenken anzumelden, Behinderungen anzuzeigen, auf entsprechende Anzeigen zu reagieren usw.). Die Wahrnehmung dieser Rechte setzt voraus, dass der Bauherr selbst kundig ist oder sich kundig (durch einen Architekten) beraten und betreuen lässt oder sich – als Bauherr – üblicherweise betreuen und beraten lassen wird[406]. Der Erwerber hat aber weder die nötigen Kenntnisse noch die personellen oder technischen Mittel, sich gegenüber einem Bauträger wie ein Bauherr durchzusetzen. Tatsächlich werden sämtliche in der VOB/B vorgezeichneten Auftraggeberrechte durch die am Bauvorhaben tätigen Architekten nicht für den Erwerber wahrgenommen – im Gegenteil: die bauleitenden Architekten stehen (auftragsgemäß) im Lager des Bauträgers. So werden sie – was nicht zu beanstanden ist, aber die Geltung der VOB/B ausschließt – bei der Abnahme nicht für den Erwerber, sondern für den Bauträger tätig. Ebenso wenig werden sonstige von der VOB/B gegebenen Bauherrenrechte von ihnen für den Erwerber ausgeübt, sondern auftragsgemäß für den Bauträger. Der Umstand, dass die VOB/B technisches Verständnis und genaue Kenntnis der Bauherrenrechte voraussetzt, der Erwerber beim Bauträgervertrag aber wegen der schlüsselfertig aus einer Hand zu erbringenden Leistung selbst für die Vertragsabwicklung keinen Architekten hinzuziehen muss, schließt die wirksame Vereinbarung der VOB/B aus. **165**

Im Übrigen würde eine vom Bauträger initiierte Einbeziehung der VOB/B – die Wirksamkeit ihrer Einbeziehung einmal unterstellt – in einen Verbrauchervertrag zur **vollständigen Inhaltskontrolle** sämtlicher Vorschriften **der VOB/B** nach den §§ 307 ff. BGB führen (§ 310 Abs. 1 Satz 3 BGB)[407]. **166**

So würde die aus der Sicht des Bauträgers beispielsweise günstige Verjährungsfrist des § 13 Abs. 5 VOB/B (vier Jahre) – trotz der Möglichkeit einer „Quasiunterbrechung" nach § 13 Abs. 5 Nr. 1 VOB/B – an § 308 Nr. 5 BGB scheitern. Entsprechendes würde für die Verkürzung sonstiger Erwerberrechte durch die Vereinbarung der VOB/B gelten. Eine nicht unwesentliche Anzahl der VOB-Vorschriften würde schon wegen Verletzung des Transparenzgebots (§ 307 Abs. 1 Satz 2 BGB) unwirksam sein[408]. **167**

---

[404] BGH v. 17. 9. 1987, NJW 1988, 142; vgl. dazu schon BGH v. 4. 11. 1982, NJW 1983, 453; auch OLG Bamberg v. 20. 11. 1998, BauR 1999, 650.
[405] *Basty*, Rdn. 1113; *Schulze-Hagen*, IBR 2004, 270; *Eue*, I. 30 Anm. 3 (4).
[406] Zur Einbeziehung der VOB/B in den Vertrag in diesen Fällen vgl. BGH v. 10. 6. 1999, NJW-RR 1999, 1246.
[407] BGH v. 24. 7. 2008, NZBau 2008, 640 = BauR 2008, 1603, Rdn. 28 f.
[408] *Deckers*, NZBau 2008, 627 ff.; *Micklitz*, Gutachten für die Verbraucherzentrale, Bundesverband (vgl. www.vzbz.de/go/presse/375/2/6/index/html); *ders.*, ZflR 2004, 613.

B. Der Bauträgererwerb

Sofern die VOB/B durch den Bauträger gestellt würde, blieben die Vorschriften, die den Bauträger unangemessen benachteiligen könnten, allerdings wirksam. Das könnte etwa auf die Schlusszahlungserklärung (§ 16 Abs. 3 Nr. 2, 3 VOB/B) oder die bereits erwähnte Quasiunterbrechung nach § 13 Abs. 5 Nr. 1 VOB/B zutreffen.

e) Persönlicher Anwendungsbereich – Eingeschränkte Anwendung auf Kaufleute

168   Auf Verträge mit **Unternehmern** – gemäß § 14 BGB sind dies Personen, die in Ausübung ihrer gewerblichen oder selbständigen Tätigkeit handeln – finden § 305 Abs. 2 und 3 und die §§ 308 und 309 BGB keine Anwendung. Es gilt aber § 307 BGB. Erwirbt eine GmbH für ihren Geschäftsbetrieb eine Gewerbeeinheit, sind die §§ 305 ff. BGB nur mit diesen Einschränkungen anzuwenden. Die Abkürzung der gesetzlichen Verjährungsfrist des § 634 a BGB kann deshalb nicht nach § 309 Nr. 8 b) ff) BGB beurteilt werden. Sie erweist sich aber nach § 307 BGB als unwirksam, weil sie den Kerngehalt der gesetzlichen Regelung antastet. Auch Unternehmer werden durch die Verkürzung der gesetzlichen Verjährungsfrist für die Mängelhaftung entgegen dem Gebot von Treu und Glauben unangemessen benachteiligt[409]. Im Ergebnis werden deshalb auch Unternehmer durch die §§ 305 ff. BGB weitgehend geschützt, da die einschneidenden Klauseln in Bauträgerverträgen häufig den Wesensgehalt gesetzlicher Vorschriften berühren.

f) Verträge mit Auslandsberührung

169   Für Verträge mit Auslandsberührung in der EU gilt die Verordnung (EG) Nr. 593/2008 des Europäischen Parlaments und des Rates vom 17. 6. 2008 über das auf vertragliche Schuldverhältnisse anzuwendende Recht (Rom I-VO)[410]. Die Vorschriften sind auf Verträge anzuwenden, die nach dem 17. 12. 2009 abgeschlossen werden. Die Rom I-VO löst das EVÜ ab, das durch die Vorschriften der Art. 11, 12 und 27 bis 37 EGBGB im nationalen Recht inkorporiert worden war.

170   Für **Verträge zwischen Unternehmern** gilt der Grundsatz der Parteiautonomie und damit die freie Rechtswahl. Nach Art. 3 Abs. 1 Rom I-VO unterliegt der Vertrag dem von den Parteien gewählten Recht.

Sofern keine Rechtswahl getroffen wurde, gilt die objektive Anknüpfung: Das auf den Vertrag anzuwendende Recht bestimmt sich nach Art. 4 Abs. 1 Rom I-VO. Die in dieser Vorschrift unter lit. a) bis h) genannten Tatbestände mit den entsprechenden Verweisungen auf das jeweils anzuwendende Recht treffen auf den Bauträgervertrag nicht ohne weiteres zu. Da der Bauträgervertrag einerseits eine Bauverpflichtung enthält und andererseits zur Übereignung des Grundstücks verpflichtet, könnte er in Bezug auf die Herstellungsverpflichtung den in Art. 4 Abs. 1b Rom I-VO genannten Dienstleistungsverträgen und in Bezug auf die Übereignung des Grundstücks den Verträgen über ein dingliches Recht an unbeweglichen Sachen nach Art. 4 Abs. 1c Rom I-VO zugeordnet werden. Für die erste Alternative ist davon auszugehen, dass werk- und ebenso bauvertragliche Leistungspflichten im Sinne der Rom I-VO als Dienstleistung anzusehen sind[411]. Unterfällt der Vertrag mehr als einem Buchstaben des Art. 4 Abs. 1 Rom I-VO, so unterliegt er dem Recht des Staates, in dem die Partei, welche die für den Vertrag charakteristische Leistung zu erbringen hat, ihren gewöhnlichen Aufenthalt hat. Die für den Bauträgervertrag charakteristische Leistung wird vom Bauträger erbracht, weil es seine Leistung ist, die den Bauträgervertrag von anderen Vertragstypen unterscheidbar macht[412]. Sein Sitz (gewöhnlicher Aufenthalt)

---

[409] BGH v. 8. 3. 1984, NJW 1984, 1750.
[410] Vgl. MünchKomm/*Martiny*, vor Art. 1 Rom I-VO, Rdn. 12 ff.
[411] MünchKomm/*Martiny*, Art. 4 Rom I-VO, Rdn. 19, 40; Palandt/*Thorn*, Art. 4 Rom I-VO, Rdn. 8, 10.
[412] Vgl. zur „charakteristischen Leistung" MünchKomm/*Martiny*, Art. 4 Rom I-VO, Rdn. 146 f.

II. Der Bauträgervertrag

würde deshalb für das anzuwendende Recht maßgeblich sein. Die dingliche Anknüpfung des Art. 4 Abs. 1 c) Rom I-VO würde dadurch wegen der Konkurrenz von zwei Tatbeständen des Abs. 1 überspielt und im Ergebnis zum nationalen Recht des Bauträgers führen, gleich, in welchem Staat das Grundstück belegen ist. Nach Art. 4 Abs. 3 Rom I-VO gilt die Anknüpfung nach Abs. 1 und 2 jedoch dann nicht, wenn der Vertrag eine offensichtlich engere Verbindung mit einem anderen Staat aufweist. Diese könnte beim Bauträgervertrag wegen der Bauleistungen auf einem Grundstück, das zu übereignen ist, auf den Staat des belegenen Grundstück weisen. Unter welchen Voraussetzungen auf den sog. Ausweichtatbestand des Art. 4 Abs. 3 Rom I-VO abgestellt werden kann, ist nicht geklärt; eindeutig ist jedoch, dass nicht jede Verbindung zu einem anderen Staat ausreichen kann, weil Abs. 3 eine „offensichtliche" Verbindung verlangt[413]. Wegen der herausragenden Bedeutung der Eigentumsverschaffungspflicht und des durch Abs. 1 c) ohnehin bereits gegebenen Hinweises auf den Staat des belegenen Grundstücks dürfte für den Bauträgervertrag insgesamt eine „offensichtlich engere Bindung" zu dem Staat bestehen, in dem das Objekt belegen ist, als zu dem Staat, in dem der Bauträger seinen gewöhnlichen Aufenthalt hat[414].

Bei **Bauträgerverträgen mit Verbrauchern** ist Art. 6 Rom I-VO einschlägig. Absatz 1 dieser Vorschrift verweist für die üblichen Geschäfte mit Verbrauchern auf das Recht des Staates, in dem der Verbraucher seinen gewöhnlichen Aufenthalt hat, sofern der Unternehmer seine berufliche oder gewerbliche Tätigkeit dort ausübt oder der Unternehmer seine Tätigkeit (unter anderem auch) auf den Wohnsitzstaat des Verbrauchers ausrichtet. Ausnahmen hierzu werden in Art. 6 Abs. 4 Rom I-VO bestimmt. Für Dienstleistungen, die in einem anderen als dem Aufenthaltsstaat des Verbrauchers erbracht werden, und für Verträge, die ein dingliches Recht an einer unbeweglichen Sache zum Gegenstand haben, gilt Art. 6 Abs. 1 und 2 Rom I-VO nicht[415]. Für sie verbleibt es auch bei Verbraucherverträgen bei den Regeln der Art. 3 und 4 Rom I-VO. **171**

Danach besteht auch beim Verbrauchervertrag der Grundsatz der freien Rechtswahl (Art. 3 Rom I-VO). Zu beachten sind allerdings die die freie Rechtswahl einschränkenden Vorschriften. Von den zwingenden Vorschriften des Staates, in dem sämtliche Elemente des Sachverhalts belegen sind, kann gem. Art. 3 Abs. 3 Rom I-VO auch durch die Wahl eines anderen Rechts nicht abgewichen werden. Sofern die maßgeblichen Elemente des Sachverhalts auf die Anwendung des deutschen Rechts weisen, gehören zu den zwingenden Vorschriften neben den §§ 305 ff. BGB auch das öffentliche Recht[416] und damit § 34 c GewO und die MaBV[417]. **172**

Zum Schutz des Erwerbers nach den deutschen gewerberechtlichen Bestimmungen des § 34 c GewO und der MaBV wurde nach früherem Recht davon ausgegangen, dass diese Vorschriften auch bei einem Vertrag über die Errichtung einer Wohnung im Ausland anzuwenden sind, z.B. für ein Objekt in Spanien, für das spanisches Recht vereinbart war[418]. Es wird angenommen, dass das Vertragsstatut zu einem hinreichenden Schutz der Verbraucherinteressen führt und eine Sonderanknüpfung für den Schutz von Verbraucherinteressen insoweit nicht erforderlich ist[419].

---

[413] Vgl. MünchKomm/*Martiny*, Art. 4 Rom I-VO, Rdn. 246 f.
[414] Im Ergebnis und auch unter Hinweis auf die frühere Rechtslage ebenso MünchKomm/*Martiny*, Art. 4 Rom I-VO, Rdn. 100; *Messerschmidt/Voit/Freitag*, Kap. P Rdn. 28; *Palandt/Thorn*, Art. 4 Rom I-VO, Rdn. 16.
[415] *Palandt/Thorn*, Art. 6 Rom I-VO, Rdn. 4.
[416] MünchKomm/*Martiny*, Art. 3 Rom I-VO, Rdn. 90.
[417] *Messerschmidt/Voit/Freitag*, Kap. P Rdn. 72. Vgl. aber § 4 GewO.
[418] OLG Hamm v. 7. 2. 1977, NJW 1977, 1594 mit krit. Anm. *Dörner*, NJW 1977, 2032 und *Lichtenberger*, MittBayNot 1977, 183
[419] MünchKomm/*Martiny*, Art. 9 Rom I-VO, Rdn. 88; *Messerschmidt/Voit/Freitag*, Kap. P Rdn. 72.

B. Der Bauträgererwerb

173 Sofern keine Rechtswahl getroffen wurde, gilt gem. Art. 4 Abs. 3 Rom I-VO das Recht des Staates, zu dem der Vertrag die offensichtlich engere Bindung aufweist, nämlich des Staates in dem das zu bebauende Grundstück belegen ist (vgl. Rdn. 170). Es wird damit der Verbraucherschutz des Staates des belegenen Grundstücks gewährleistet.

174 Für die **Form**[420] des mit einem Verbraucher abzuschließenden Bauträgervertrages ist nach Art. 11 Abs. 4 Rom I-VO grundsätzlich das Recht des Staats, in dem der Verbraucher seinen gewöhnlichen Aufenthalt hat, maßgeblich, sofern es sich um Verträge nach Art. 6 Rom I-VO handelt. Wenn der Vertrag ein dingliches Recht an einer unbeweglichen Sache zum Gegenstand hat, gilt jedoch Art. 11 Abs. 5 Rom I-VO. Danach gilt für die Form das Recht der belegenen Sache, wenn der Belegenheitsstaat darauf besteht, dass sein Recht zur Anwendung kommt, und die Formvorschriften dieses Staates zwingend sind. Die Antwort hierauf beurteilt sich nach dem Recht des Staates, in dem das veräußerte Grundstück belegen ist[421]. Das deutsche Recht erhebt diesen Anspruch nicht[422].

g) Unwirksame Klauseln

175 Neben der Frage, ob und wie sich der Bauträger von der Mängelhaftung freizeichnen kann, ist die Inhaltskontrolle einer Vielzahl anderer Vertragsbedingungen von Bedeutung. Bei der Gestaltung und Überprüfung von Bauträgerverträgen zeigt sich ein breiter Anwendungsbereich der §§ 305 ff. BGB (auf die folgenden Beispiele wird jeweils im gegebenen Zusammenhang gesondert eingegangen):

176 – § 305 c BGB: Es stellt eine überraschende Klausel dar, wenn der Bauträger dem Erwerber neben dem vereinbarten **Festpreis** zusätzlich die Bezahlung der Kosten für die von ihm zu stellende Bürgschaft nach § 7 MaBV überbürdet[423].

– § 307 BGB: Die Verweisung des Erwerbers wegen der Sachmängelhaftung auf die Nachunternehmer des Bauträgers im Rahmen einer **Subsidiaritätsklausel** (durch Abtretung der Ansprüche gegen die Nachunternehmer an den Erwerber) verstößt gegen § 307 Abs. 2 Nr. 2 BGB[424].

– § 307 BGB: Die Erklärung der **Auflassung** darf nicht von der vollständigen Bezahlung des vereinbarten Kaufpreises abhängig gemacht werden, da der Erwerber dadurch um sein gesetzliches Leistungsverweigerungsrecht gebracht wird[425].

– § 308 Nr. 4 BGB: Ein **Änderungsvorbehalt** bezüglich der zu erbringenden Bauleistungen ist gemäß § 308 Nr. 4 BGB nur dann zulässig, wenn die Änderungen dem Erwerber zumutbar sind und ein triftiger Grund vorliegt. Entsprechendes gilt für Änderungsvorbehalte bzgl. des Inhaltes der Teilungserklärung bzw. Gemeinschaftsordnung[426].

– § 308 Nr. 5 BGB: **Abnahmefiktionen** nach § 12 Abs. 5 VOB/B stellen unzulässige fingierte Erklärungen dar[427], vgl. aber § 640 Abs. 1 Satz 3 BGB.

---

[420] Grundlegend *Reithmann*, FS Murad Ferid, S. 363 f. = ZfBR 1988, 162.
[421] *Palandt/Thorn*, Art. 11 Rom I, Rdn. 16.
[422] *Palandt/Thorn*, Art. 11 Rom I, Rdn. 16; krit. *Reithmann*, FS Murad Ferid, S. 363 f. = ZfBR 1988, 162.
[423] LG Bremen v. 14. 12. 1993, NJW-RR 1994, 476, sieht § 9 AGBG verletzt.
[424] BGH v. 21. 3. 2002, NJW 2002, 2470.
[425] BGH v. 7. 6. 2001, NZBau 2002, 26.
[426] OLG Frankfurt v. 30. 7. 1998, BauR 2000, 1204.
[427] OLG Hamm v. 24. 11. 1993, OLGR 1994, 74, hält eine solche Vereinbarung nach § 11 Nr. 10 f AGBG für unwirksam.

III. Vergütungsanspruch des Bauträgers

– § 309 Nr. 1 BGB:	Unzulässig sind **Preiserhöhungen** wegen gestiegener Lohn- oder Materialkosten. Zulässig kann aber ein Mehrwertsteuervorbehalt sein, wenn das Objekt erst vier Monate nach Vertragsschluss bezugsfertig wird, unten Rdn. 187.
– § 309 Nr. 2 a) BGB:	Durch die Vereinbarung einer notariellen Hinterlegung der Kaufpreisraten darf die Ausübung des gesetzlichen **Leistungsverweigerungsrechts** (§ 320 BGB) nicht ausgeschlossen werden[428].
– § 309 Nr. 7 a) BGB:	Auch in Bezug auf Sachmängel an der Bauleistung ist der Ausschluss der Haftung für die fahrlässige Verletzung des Lebens, des Körpers oder der Gesundheit unwirksam.
– § 309 Nr. 8 b) aa) BGB:	Die **Haftung für Mängel** darf weder generell noch durch Verweisung auf Dritte ausgeschlossen werden[429].
– § 309 Nr. 8 b) bb) BGB:	Für den Fall des Fehlschlagens der Nacherfüllung muss dem Erwerber auch das **Rücktrittsrecht** (neben der Minderung) erhalten bleiben[430].
– § 309 Nr. 8 b) ff) BGB:	Die gesetzliche **Verjährungsfrist für die Mängelhaftung** darf nicht abgekürzt werden[431].
– Art. 6 Abs. 4 Rom-I-VO:	Der Verbraucherschutz des Staates, in dem das zu bebauende Grundstück belegen ist, wird gewährleistet (Rdn. 172 f.).

III. Vergütungsanspruch des Bauträgers

1. Preisvereinbarung

a) Pauschalfestpreis

aa) Gesamtpreis. Obwohl der Bauträgervertrag teils dem Werk-, teils dem Kaufvertragsrecht zuzuordnen ist, kann nicht von einem „Werklohn" für die Planungs- und die Bauleistungen einerseits und einem „Kaufpreis" für das Grundstück andererseits gesprochen werden. So wie der Bauträger eine Gesamtleistung – bebautes Grundstück – zu erbringen hat, wird mit dem Erwerber regelmäßig ein einheitlicher **Gesamtpreis** vereinbart. Für gewöhnlich werden keine Teilpreise für die Bauleistungen, etwaige weitere Geschäftsbesorgungsleistungen und für das Grundstück vereinbart. Es wird vielmehr ein einheitlicher Preis für das gesamte Leistungspaket vereinbart. Bei der dem Bauträger geschuldeten Gegenleistung handelt es sich deshalb um eine Gesamtvergütung. Auch aus den Vorschriften der MaBV ergibt sich nichts anderes. Die Zahlungen nach § 3 Abs. 2 MaBV, insbesondere die erste Rate, die mit dem Beginn der Erdarbeiten fällig wird (sog. Grundstücksrate), sollen den vereinbarten Gesamtpreis nicht in Teilpreise aufteilen; sie beschreiben lediglich die maximal zulässige Höhe der Abschlagszahlungen, berechnet auf der Grundlage der Gesamtvergütung („Vertragssumme").

177

---

[428] BGH v. 11. 10. 1984, NJW 1985, 852; BGH v. 14. 5. 1992, NJW 1992, 2160; dazu eingehend *Blank*, DNotZ 1997, 284.
[429] BGH v. 22. 12. 1988, BauR 1989, 99.
[430] BGH v. 8. 11. 2001, NJW 2002, 511.
[431] BGH v. 10. 10. 1985, NJW 1986, 315.

Davon abweichende Vereinbarungen sind möglich. Sie würden den Vorschriften der MaBV nicht widersprechen; allerdings wäre eine dahingehende Preisgestaltung unter Berücksichtigung der Vorschriften der MaBV abzuwickeln (vgl. Rdn. 317).

Der Gesamtpreisabrede steht es nicht entgegen, wenn – aus steuerlichen Gründen – die Gesamtvergütung auf den Grundstücksanteil (und ggf. die Altbausubstanz) sowie die übrigen Leistungen aufgeteilt wird. Die **Kaufpreisausweisung** schränkt zwar nicht die Vereinbarung des Gesamtpreises ein und ist auch ohne Einfluss auf die Bewertung der Raten nach § 3 Abs. 2 MaBV, soll aber bei der Berechnung einer Minderung[432] oder der Bewertung der Bauleistung beim steckengebliebenen Bau herangezogen werden können[433].

178 *bb) Pauschalpreis, Globalpauschalvertrag.* Für die vom Bauträger zu erbringenden Leistungen wird beim Wohnungsbau üblicherweise ein **Pauschalpreis** vereinbart. Mit der vereinbarten Vergütung sollen sämtliche Einzelleistungen, die für die vereinbarte Gesamtleistung erforderlich sind, abgegolten sein[434]. Anders als bei einem Einheitspreisvertrag (Abrechnungsvertrag) müssen deshalb keine – abzurechnenden – Einzelpreise vereinbart werden. Es werden folglich keine Einzelpreise für Bauleistungen, Preise für konkret bezeichnete Baustoffe, Stundensätze für Regieleistungen oder Maschinenstunden usw. festgelegt. Ebenso wenig werden Einzelpreise für die Lieferung des Grundstücks (Teilpreis für das Grundstück oder abzurechnender Quadratmeterpreis), für Planungsleistungen oder für sonstige Projektentwicklungsnebenkosten vereinbart. Es entspricht der Erwartung des Erwerbers, eine Wohnimmobilie zu einem fixen Preis zu erhalten, denn es gehört zu einem der Vorzüge des Bauträgererwerbs, Preis- und damit Kalkulationssicherheit für die Finanzierung zu haben[435].

179 Die Vereinbarung eines Pauschalpreises ist aber keineswegs in dem Sinne zwingend, dass andere Vertragsgestaltungen rechtlich ausgeschlossen wären. Rechtlich wäre es ohne weiteres möglich, die Bauleistungen auf der Grundlage eines Leistungsverzeichnisses als Einheitspreisvertrag, die Planungsleistungen nach den Bestimmungen der HOAI[436] und das Grundstück auf der Grundlage eines Quadratmeterpreises abzurechnen. Mischformen sind ebenso denkbar. Bei Gewerbeobjekten sind solche Preisvereinbarungen auch häufig anzutreffen. Sie sind in den Grenzen der §§ 305 ff. BGB auch in Verbraucherverträgen möglich. **Abrechnungsvereinbarungen** dürfen jedoch weder überraschend noch intransparent sein (§§ 305 c, 307 BGB). In diesen Grenzen begegnet es keinen Bedenken, wenn für den Erwerber erkennbar und nachvollziehbar z. B. bestimmte Leistungen aus der Pauschale herausgenommen und einer gesonderten Abrechnung unterstellt werden. So ist es zulässig, bei noch nicht vermessenen Grundstücken bzw. den Grundstücksanteilen für Einfamilien- oder Reihenhäuser, den Preis für das Grundstück bzw. den Grundstücksanteil (auch Sondernutzungsrechte) in Abhängigkeit vom Vermessungsergebnis zu berechnen[437]. Es ist auch zulässig, einen Abrechnungspreis für den Quadratmeter Wohnfläche zu vereinbaren und nach tatsächlich erstellter Wohnfläche abzurechnen[438].

Die Möglichkeit, die gesamten Bauleistungen aufgrund eines Leistungsverzeichnisses abzurechnen und auch Abschlagszahlungen (aufgrund eines Aufmaßes über die bereits

---

[432] *Blank,* Rdn. 128.
[433] KG v. 22. 12. 1998, BauR 2000, 114 (116).
[434] Vgl. zum Inhalt von Pauschalverträgen *Kniffka/Koeble,* 5. Teil, Rdn. 38, 80 f.
[435] OLG Koblenz v. 5. 3. 2003, BauR 2003, 1410.
[436] Sofern die Planungsleistungen zusammen mit Bauleistungen erbracht werden, finden auf sie die Mindest- und Höchstsätze der HOAI keine Anwendung, BGH v. 22. 6. 1997, NJW 1997, 2329 = BauR 1997, 677; OLG Köln v. 10. 12. 1999, NJW-RR 2000, 611.
[437] *Eue,* I. 30 Anm. 17.
[438] OLG Dresden v. 3. 6. 2005, IBR 2006, 94 *(Blank); Basty,* Rdn. 218.

ausgeführten Arbeiten gemäß Leistungsverzeichnis) wie bei einem Einheitspreisvertrag zu berechnen, ist nach den Maßstäben der MaBV und nach AGB-Recht zu beurteilen: Für eine MaBV-konforme Vertragsgestaltung ist dem Zahlungsplan (§ 3 Abs. 2 MaBV) als Bemessungsgrundlage für die einzelnen Abschlagszahlungen die voraussichtliche Vergütung als „Vertragssumme" aufgrund einer – angemessenen – Schätzung zugrunde zu legen; weitergehende Anforderungen werden insoweit nicht gestellt (Rdn. 297). Sofern Abschlagszahlungen aufgrund aufgemessener Leistungen vereinbart werden sollen, könnte der Vertrag nur mit einer Bürgschaft nach § 7 MaBV abgewickelt werden. Fraglich ist aber, ob ein Abrechnungsvertrag einer Inhaltkontrolle nach §§ 307 ff. BGB stand hält, namentlich die erforderliche Transparenz i. S. v. § 307 Abs. 1 BGB aufweist. Die Intransparenz einer solchen Gestaltung dürfte sich daraus ergeben, dass für den Erwerber wegen des nur vorläufigen Baupreises u. U. ganz erhebliche Preissteigerungsrisiken bestehen, die er nicht erkennen, nicht abschätzen und während der Bauabwicklung auch kaum beeinflussen kann. Eine Verletzung von § 308 Nr. 4 BGB (Änderungsvorbehalt) und § 309 Nr. 1 BGB (kurzfristige Preiserhöhungen) kommt zwar nicht in Betracht, aber neben der Intransparenz dürfte Nr. 1. l der Anlage zu Art. 3 Abs. 3 Klauselrichtlinie verletzt sein. Danach sind Klauseln missbräuchlich, bei denen der Gewerbetreibende die Vergütung nachträglich festsetzen bzw. erhöhen kann, ohne dass der Verbraucher sich bei einem nachträglich höheren Preis vom Vertrag durch Rücktritt lösen kann. Wollte der Bauträger Abrechnungsklauseln für zu erbringende Bauleistungen in den Vertrag aufnehmen, müsste dem Erwerber jedenfalls ein entsprechendes Rücktrittsrecht eingeräumt werden. Das empfiehlt sich auch, sofern nur die Abrechnung von Grundstücksflächen vereinbart wird[439].

180 Durch den Pauschalpreis werden die vereinbarten Leistungen abgegolten[440]; der **Abgeltungsumfang** resultiert aus der vom Bauträger geschuldeten Vertragsleistung. Das sind regelmäßig das Grundstück, die Bauleistung einschließlich Planung, aber auch die Kosten der Erschließung (dazu unten Rdn. 459), Gebühren für öffentlich-rechtliche Genehmigungen, Vertriebskosten des Bauträgers usw. Das, was mit dem Gesamtpreis im Einzelnen abgegolten wird, ergibt sich aus dem Vertrag, der dem Vertrag beigefügten Baubeschreibung und den Vertragsplänen.

181 Beim Bauträgererwerb werden die Bauleistungen in der Baubeschreibung und den Plänen typischerweise nur sehr allgemein beschrieben. Die Darstellung der Bauausführung erfolgt zwar gewerkeweise, jedoch in Bezug auf die konkrete Ausführung und die zu verwendenden Baustoffe und Aggregate nur allgemein und unvollständig. Dem Bauträgervertrag über Eigenheime liegen für gewöhnlich weder differenzierte Baubeschreibungen noch Leistungsverzeichnisse – wie sie etwa für die gleiche Maßnahme mit den Bauhandwerkern vereinbart werden – zugrunde. Die Pläne dienen zwar der räumlichen Beschreibung des Objekts, enthalten aber nur selten nähere Angaben zur Ausführung (Maßketten, Beschreibung der Baustoffe usw.); Vertragsinhalt sind zumeist die Eingabepläne, nicht aber die Werkplanung. Bei der Beschreibung der Bauleistung durch die Baubeschreibung und die Pläne steht die Funktion im Vordergrund. Da die Leistungen durch die Vertragsunterlagen in der Regel nur sehr allgemein und unvollständig beschrieben werden, handelt es sich beim Bauträgervertrag für gewöhnlich um einen **Globalpauschalvertrag,** also einen Vertrag, bei dem das Leistungssoll durch das Leistungsziel und die funktionale Beschreibung bestimmt wird[441]. In Bezug auf die Vergütung hat dies zur Folge, dass eine zusätzliche Vergütung für eine zwar nicht nä-

---

[439] *Vogel* in Koeble/Grziwotz, Teil 4, Rdn. 23.
[440] *Basty,* Rdn. 169; *Kutter,* A II Rdn. 59.
[441] *Kniffka/Koeble,* Teil 6, Rdn. 112; *Werner/Pastor,* Rdn. 1189 ff.

B. *Der Bauträgererwerb*

her beschriebene (und vielleicht auch nicht kalkulierte) Leistung, die aber für das der Funktion nach beschriebene Bauwerk doch erforderlich ist, nicht beansprucht werden kann. Die Einordnung des Bauträgervertrages als Globalpauschalvertrag kann sich insbesondere auch oder zusätzlich daraus ergeben, dass ausdrücklich oder stillschweigend ein **schlüsselfertiges Objekt** geschuldet sein soll[442]. Von einer Verpflichtung zur schlüsselfertigen Errichtung kann beim Bauträgervertrag ausgegangen werden, wenn durch den Vertrag aufgrund einer allgemein gehaltenen und unvollständigen (funktionalen) Baubeschreibung eine bezugsfertige Gesamtleistung erbracht werden soll. Zum Leistungsumfang vgl. im Übrigen unten Rdn. 442.

182 Sofern die genannten Voraussetzungen vorliegen, steht es der Annahme eines Globalpauschalvertrages auch nicht entgegen, wenn der Erwerber vertragsgemäß Eigenleistungen erbringen soll oder im Wege des Sonderwunschvertrages zusätzliche Leistungen beauftragt werden. Eigenleistungen des Erwerbers vermindern zwar das vertragliche Bausoll des Bauträgers, ändern aber an der rechtlichen Beurteilung des Vertrages nichts, wenn die übrigen Bauleistungen unverändert funktional beschrieben werden. Das trifft etwa auf Verträge zu, bei denen die Herstellung der Außenanlagen nicht zur Baupflicht des Bauträgers gehört. Die übrigen Leistungen können gleichwohl schlüsselfertig als Globalpauschalvertrag vereinbart werden. Selbst ein Ausbauhaus kann bis zur definierten Leistungsgrenze als Pauschalvertrag (globalpauschal) beschrieben und abgewickelt werden.

Der Globalpauschalvertrag enthält die durch die Baubeschreibung und die Pläne beschriebene Leistung; sollen Änderungswünsche des Erwerbers aufgrund eines Sonderwunschvertrages realisiert werden, wird dadurch auch die Pauschalierung des Preises berührt.

183 Vom Pauschalpreis nicht umfasst sind die **Kaufnebenkosten.** Gesondert und außerhalb des Gesamtpreises sind deshalb – entsprechend § 448 Abs. 2 BGB – die Kosten für die Beurkundung des Vertrages und die Grundbucheintragung vom Erwerber zu tragen. Ebenfalls im Gesamtpreis nicht enthalten sind (vereinbarungsgemäß) die Grunderwerbsteuer[443] sowie etwaige Vergütungen für (nachträgliche) Sonderwünsche[444]. Wenn der Erwerber für den Nachweis oder die Vermittlung des Objekts einen Makler beauftragt und ihm eine Provision versprochen hat, würde sie ebenfalls zusätzlich und gesondert zu vergüten sein, wobei allerdings anzumerken ist, dass der Erwerber davon ausgehen kann, dass der vom Bauträger beauftragte Vertrieb grundsätzlich auch vom Bauträger bezahlt wird, also abweichende Regelungen einer ausdrücklichen Vereinbarung bedürfen[445].

184 Der hier dargestellte Abgeltungsumfang des vereinbarten Pauschalpreises kann bei einer schlüsselfertig zu erbringenden Bauleistung vom Erwerber erwartet werden; davon abweichende Klauseln – zusätzliche Vergütung für Leistungen, die zur schlüsselfertigen Gesamtleistung gehören – würden einer **Inhaltskontrolle** nicht standhalten, sie wären unangemessen i. S. v. § 307 Abs. 1 BGB[446] und müssten als überraschend im Sinne von § 305 c BGB gewertet werden[447].

---

[442] *Werner/Pastor,* Rdn. 1194; *Kniffka/Koeble,* Teil 6, Rdn. 112; OLG Hamm v. 2. 11. 1995, NJW-RR 1996, 977.

[443] OLG Karlsruhe v. 20. 4. 1988, NJW-RR 1988, 1237, geht davon aus, dass die Grunderwerbsteuer auch ohne ausdrückliche Vereinbarung im Innenverhältnis dem Erwerber zur Last fällt.

[444] Vgl. zum Abgeltungsbereich des Pauschalpreises bei Sonderwünschen OLG Hamm v. 16. 6. 1992, NJW-RR 1992, 1203.

[445] *Pause,* Rechtshandbuch Immobilien, Kap. 211 Rdn. 33 f.

[446] OLG Stuttgart v. 21. 7. 1998 NJW-RR 1998, 1715 = BauR 1999, 283 LS.

[447] BGH v. 29. 9. 1983, NJW 1984, 171; LG Bremen v. 14. 12. 1993, NJW-RR 1994, 476, das die formularmäßige Überwälzung der Kosten einer Bürgschaft nach § 7 MaBV auf den Erwerber nach § 9 AGBG für unwirksam hält.

III. Vergütungsanspruch des Bauträgers

cc) Festpreis. Die Gesamtvergütung ist außerdem ein **Festpreis**[448]. Lohn- und Preissteigerungen rechtfertigen eine Nachforderung ebenso wenig wie unvorhergesehene Erschwernisse oder notwendige zusätzliche Leistungen (z. B. eine aufwändige und unvorhergesehene Wasserhaltung oder nachträgliche und unverschuldete behördliche Auflagen). Veränderungen aus diesem Bereich betreffen Risiken, die der Bauträger kalkulieren kann und vertraglich zu tragen hat. Das ist auch sachlich gerechtfertigt, weil er diese Risiken bei der Preisbildung berücksichtigen wird, der Erwerber dafür also bereits über den vom Bauträger kalkulierten Preis bezahlt hat. Auf dem Hintergrund dieser vertraglichen Risikozuweisung kann der Bauträger deshalb grundsätzlich keine Anpassung seiner Vergütung aus dem Gesichtspunkt des **Wegfalls der Geschäftsgrundlage** verlangen[449]. In diesem Sinne hat auch der BGH entschieden[450], wenn er einen Bauträger an seiner Zusage, er werde den Erwerber mit Fernwärme zum Tarif der Stadtwerke beliefern, festhielt, obwohl dieser Tarif für ihn bei weitem nicht kostendeckend war. Der BGH hat dazu ausgeführt, dass die vom Bauträger beklagten Verluste in sein unternehmerisches Risiko fallen, und das selbst dann, wenn die Aufwendungen das Entgelt übersteigen, so lange sie nur in den Bereich billigerweise vorauszusehender Umstände gehören. 185

Auf die Werbeangebote der Bauträger sind die Bestimmungen der Preisangabenverordnung anzuwenden, weshalb für das beworbene Objekt ein **Endpreis** angegeben werden muss. Die Aufteilung des Preises – und sei dies auch nur in der Art, dass Planungskosten für regelmäßig erwartete Sonderwunschaufträge bei Einfamilienhäusern zusätzlich genannt werden – ist unzulässig[451]. Eine Preisaufteilung stellt zugleich eine irreführende Werbung i. S. v. § 5 UWG dar. 186

b) Preiserhöhungsklauseln

Auch die **Erhöhung des Mehrwertsteuersatzes** vermag keine nachträgliche Anhebung des Festpreises zu rechtfertigen, es sei denn, im Bauträgervertrag wurde eine wirksame Preiserhöhungsklausel vereinbart. Eine solche Vertragsbestimmung ist nach § 309 Nr. 1 BGB in Formularverträgen dann zulässig, wenn die Leistung, für die die Erhöhung der Vergütung vorgesehen ist, nicht binnen vier Monaten nach Vertragsschluss erbracht werden soll. Eine Preiserhöhungsklausel ist deshalb dann möglich, wenn der voraussichtliche (vertragliche) Fertigstellungstermin später als vier Monate nach Vertragsschluss festgelegt wird[452]. Für neu zu errichtende Wohnungen und Einfamilienhäuser können deshalb Preiserhöhungsklauseln wegen zukünftiger Mehrwertsteuererhöhungen vereinbart werden, sofern der Fertigstellungstermin vier Monate nach Vertragsschluss liegt[453]. Auch wenn unter der Voraussetzung von § 309 Nr. 1 BGB die Anpassung der gesamten Vertragssumme um die entsprechende Erhöhung der Mehrwertsteuer zulässig wäre, erscheint eine dahingehende Vereinbarung beim Bauträgervertrag doch unbillig, da sie nicht berücksichtigen würde, dass der im Gesamtpreis enthaltene Grundstücksanteil nach wie vor mehrwertsteuerfrei ist und bis zum Inkrafttreten einer etwaigen Mehrwertsteuererhöhung bereits erbrachte und abgerechnete Leistungen von der Erhöhung auch nicht betroffen wären. Eine Vereinbarung, die diesem Gesichtspunkt nicht Rechnung trägt, ist deshalb nach § 307 BGB zu missbilligen[454]. 187

---

[448] *Reithmann/Meichssner/v. Heymann*, B Rdn. 66; *Basty*, Rdn. 59; *Kutter*, A. II. Rdn. 58.
[449] Dazu *Koeble*, Rechtshandbuch Immobilien, Kap. 17 Rdn. 25 f.
[450] BGH v. 25. 5. 1977, NJW 1977, 2262.
[451] OLG Stuttgart v. 30. 12. 1988, NJW-RR 1989, 917.
[452] Vgl. *Palandt/Grüneberg*, § 309 Rdn. 3 ff.
[453] Vgl. aber OLG Celle v. 22. 2. 2001, BauR 2001, 1113 zu Fertighausverträgen, bei denen keineswegs eine mindestens viermonatige Herstellungszeit anzunehmen ist.
[454] LG Bonn v. 8. 4. 1992, NJW-RR 1992, 917 zu einer Preisgleitklausel in einem Fertighausvertrag.

B. Der Bauträgererwerb

Dem will *Reithmann* dadurch Rechnung tragen, dass eine Erhöhung infolge der Änderung des Mehrwertsteuersatzes nur in dem Umfang durchschlagen soll, als der Bauträger durch sie tatsächlich belastet wird, was durch einen Wirtschaftsprüfer gutachterlich festgestellt werden soll[455]. *Schmidt* und ihm folgend *Eue*[456] schlagen dagegen pauschalisierend, aber zugleich praktikabler vor, nur diejenigen Raten um den erhöhten Mehrwertsteuersatz anzupassen, die später als vier Monate nach Vertragsschluss *und* später als einen Monat nach der Steuererhöhung fällig werden. Hiervon muss allerdings die erste Rate ausgenommen werden. Diese Regelung ist ausgewogen und unkompliziert.

Im Übrigen wird eine Vertragsbestimmung, die eine Anpassung an erhöhte Mehrwertsteuersätze erlaubt, einer Inhaltskontrolle nach § 307 BGB wohl nur dann standhalten, wenn sie eine Anpassung der Vergütung auch für den Fall vorsieht, dass sich der Mehrwertsteuersatz verringert[457].

188 Die Vereinbarung eines Nettopreises zuzüglich der jeweils gesetzlichen Mehrwertsteuer würde eine Umgehung des § 309 Nr. 1 BGB darstellen und deshalb unwirksam sein[458]; im Übrigen ist die Bauträgerleistung wegen des Vorrangs der Grunderwerbsteuer (§ 4 Nr. 9a UStG) gegenüber dem Erwerber nicht mehrwertsteuerpflichtig. Sollte sich dies je ändern, was durch die 18. EG-Richtlinie vorgezeichnet ist[459], könnte dem mit den erörterten Klauseln nicht begegnet werden[460].

Vor allem bei gewerblichen Objekten kommt allerdings eine Option des Erwerbers zur Umsatzsteuerpflicht in Betracht. Für die Grunderwerbsteuer ist infolge der Umsatzsteueroption dann allein der auf das Grundstück entfallende Vergütungsanteil die Bemessungsgrundlage, während Bemessungsgrundlage für die Umsatzsteuer der Kaufpreis zuzüglich der Hälfte der Grunderwerbsteuer ist. Eine Vorsteuerausweisung durch den Verkäufer ist untersagt; der Käufer benötigt für den Vorsteuerabzug keine Rechnung mit Mehrwertsteuerausweis[461].

189 Im Übrigen scheitert die Vereinbarung von **Wertsicherungsklauseln,** also die Indexierung der Bauträgervergütung, an § 2 Preisangaben- und Preisklauselgesetz[462] (früher § 3 WährG). Nach der Preisklauselverordnung (PrKV) kommen genehmigungsfreie Spannungsklauseln[463] mangels Erfassung und Darstellung eines „Bauträgerpreisindex" nicht in Betracht. Denkbar bleibt allenfalls die Vereinbarung eines Leistungsvorbehalts, der bei Eintritt bestimmter Veränderungen (z. B. Erhöhung des Baukostenindex um eine bestimmte Anzahl an Punkten) dazu verpflichtet, eine Vereinbarung über einen neuen angemessenen Preis zu treffen, der jedoch nicht automatisch – wie eine Wertsicherungsklausel – einen solchen neuen Preis bestimmt[464].

190 Hatte der Bauträger in der **Werbung** und im Verkaufsgespräch einen Festpreis genannt, dann aber im Vertrag einen Leistungsvorbehalt aufgenommen, kann sich der Erwerber auf den vorvertraglich beworbenen Festpreis berufen[465].

---

[455] *Reithmann/Meichssner/v. Heymann,* B Rdn. 69.
[456] *Eue,* I. 30 Anm. 29; *Basty,* Rdn. 221.
[457] BGH v. 28. 10. 2009, NJW 2010, 993; *Palandt/Grüneberg,* § 309 BGB Rdn. 8.
[458] BGH v. 28. 1. 1981, NJW 1981, 979; anders noch OLG Düsseldorf v. 23. 4. 1979, NJW 1979, 1509.
[459] *Brych/Pause,* NJW 1990, 545; *Brych,* DStR 1990, 506.
[460] *Basty,* Rdn. 179; vgl. aber *Reithmann/Meichssner/v. Heymann,* B Rdn. 69, der eine auch diesen Fall erfassende „Mehrwertsteuerklausel" vorschlägt.
[461] Vgl. *Everts,* NZBau 2005, 551 zur Rechtslage nach dem Haushaltsbegleitgesetz v. 29.12. 2003, BGBl I S. 3076.
[462] Gesetz zur Einführung des Euro v. 9. 6. 1998, BGBl. I S. 1242 mit Preisklauselverordnung (PrKV) v. 23. 9. 1998, BGBl. I S. 3043; vgl. *Palandt/Grüneberg,* § 245 Rdn. 24 ff.
[463] *Palandt/Grüneberg,* § 245 Rdn. 30 ff.
[464] *Palandt/Grüneberg,* § 245 Rdn. 32 ff.
[465] OLG Nürnberg v. 23. 12. 1969, MittBayNot 1970, 15.

III. Vergütungsanspruch des Bauträgers

c) Kein Rechnungslegungsanspruch

Wird die Eigentumswohnung zum Festpreis hergestellt, ist der Bauträger nicht zur **Rechnungslegung** verpflichtet[466]. Der Bauträger muss weder seine Kalkulation offenbaren, noch Auskunft über Provisionen, Rabatte, erzielte Gewinne oder erlittene Verluste erteilen. Er ist nicht verpflichtet, Verträge, Leistungsverzeichnisse, Angebote oder Rechnungen der Nachunternehmer herausgeben. Noch weniger hat der Bauträger über die von ihm verwendeten Mittel Rechnung zu legen. Bei der vom Erwerber bezahlten Vergütung handelt es sich um die Gegenleistung für die zu errichtende Eigentumswohnung, nicht aber um die einem Beauftragten (Baubetreuer oder Treuhänder) für die Ausführung eines Auftrags ausgehändigten Vermögenswerte[467]. 191

Der Bauträger unterliegt allerdings der öffentlich-rechtlichen Verpflichtung zur objektgebundenen Mittelverwendung gemäß § 4 Abs. 1 Nr. 2 MaBV. § 4 MaBV ist Schutzgesetz im Sinne von § 823 Abs. 2 BGB. Daraus können sich zwar deliktische Ansprüche ergeben[468]; aus ihnen folgen aber grundsätzlich keine Auskunfts- oder Rechnungslegungsansprüche des Erwerbers[469].

Ist – atypischerweise – eine **Preisgleitklausel** vorgesehen, so sind jedoch im Falle der Anhebung des Preises die Nachweise für die vertraglich festgelegten Voraussetzungen vorzulegen. 192

Der Bauträger ist ferner dann zur Rechnungslegung verpflichtet, wenn er im Rahmen einer **Sonderwunschvereinbarung** namens des Erwerbers, also insoweit als Vertreter des Erwerbers, mit den Baubeteiligten verhandelt, Verträge abschließt und über Mittel des Erwerbers verfügt.

d) Bauabzugsteuer

Zur Sicherung der Steueransprüche wurde ab dem 1. 1. 2002 eine Bauabzugsteuer eingeführt[470]. Danach ist der Auftraggeber von Bauleistungen verpflichtet, 15% der von ihm zu leistenden Zahlungen einzubehalten und an das Finanzamt des Bauunternehmens abzuführen (§§ 48 ff. EStG). Durch diese Maßnahme soll eine Mindestbesteuerung an der Quelle des Bauunternehmergewinns und der Arbeitslöhne sichergestellt werden. Zur Durchführung des Steuerabzugs sind nur Auftraggeber verpflichtet, die entweder eine juristische Person des öffentlichen Rechts oder **Unternehmer** i.S.d. § 2 UStG sind. Zu den Unternehmern i.S.d. § 2 UStG gehören jedoch auch die von der Umsatzsteuer befreiten Kleinunternehmer, wie z.B. Vermieter von Grundstücken. Die für den nichtunternehmerischen Bereich eines Unternehmers erbrachte Bauleistung unterliegt nicht der Bauabzugsteuer[471]. 193

Von der Verpflichtung, die Bauabzugsteuer einzubehalten und abzuführen, ist der Vertragspartner des Bauunternehmers nach § 48 Abs. 2 EStG befreit, wenn dem Auftraggeber vom Auftragnehmer eine **Freistellungsbescheinigung** des Finanzamts vorgelegt wird, wenn die Vergütung die Bagatellgrenze von 15 000 Euro bzw. 5000 Euro nicht übersteigt oder wenn die Bauleistung für eine vermietete bzw. zu vermietende Wohnung erbracht wird und vom Auftraggeber nur zwei Wohnungen vermietet werden. 194

---

[466] OLG Koblenz v. 5. 5. 2003, BauR 2003, 1410 = NJW-RR 2003, 1173; *Koeble,* Kap. 17 Rdn. 4; *Locher,* NJW 1969, 1439.
[467] Insoweit a. A. offensichtlich *Locher/Koeble,* Rdn. 426 und 532, da sie von einem „stillschweigend ausgeschlossenen Rechnungs- und Rechenschaftslegungsanspruch" ausgehen, einen solchen Anspruch im Ausgangspunkt also anerkennen.
[468] OLG Celle v. 12. 2. 2001, ZfIR 2001, 412 m. Anm. *C. Schmitz.*
[469] *Palandt/Grüneberg,* § 261 Rdn. 11.
[470] Gesetz zur Eindämmung illegaler Betätigung im Baugewerbe v. 30. 8. 2001, BGBl. I S. 2267.
[471] *Beck/Girra,* NJW 2002, 1079; *Basty,* MittBayNot 2001, 535 (536).

B. Der Bauträgererwerb

Wenn der Auftraggeber, ohne eine Freistellungsbescheinigung in Händen zu halten, den Abzug von der Vergütung nicht vornimmt (und abführt), haftet er dem Finanzamt für die Bauabzugsteuer, § 48a EStG.

195 Der Bauträgervertrag unterliegt grundsätzlich dem Anwendungsbereich der Bauabzugsteuer, es sei denn, das Objekt wird von einem Nichtunternehmer erworben oder der Erwerber vermietet weniger als drei Wohnungen. Die zentrale Voraussetzung des § 48 Abs. 1 EStG – **Erbringung einer Bauleistung** – wird vom Bauträgervertrag erfüllt. Zwar werden vom Bauträger nicht ausschließlich Bauleistungen erbracht; die Bauleistungen prägen seine Leistung aber so stark, dass die Gesamtvergütung auch als Gegenleistung der Bauleistung anzusehen ist[472]. Die Einbeziehung des Bauträgervertrages in die Bauabzugsteuer ist allerdings nicht sachgerecht, da die zu bekämpfenden Steuerausfälle überwiegend auf der Produktionsstufe zwischen Bauträger und Bauunternehmer oder – noch häufiger – dem vom Bauträger beauftragten Einzel- oder Generalunternehmer und den von diesen beauftragten Subunternehmern entstehen. Der Abzug soll bei den eigentlichen Auftraggebern der Bauhandwerker vorgenommen werden. Zu ihnen gehört der Bauträgererwerber jedoch nicht.

Außerdem führt der Einbehalt der Abzugsbeträge zu Konflikten mit der Globalgläubigerin. Sie ist zur Lastenfreistellung nur bei Zahlung der geschuldeten Vergütung verpflichtet (§ 3 Abs. 1 Satz 1 Nr. 3 MaBV); daneben werden ihr die Vergütungsansprüche regelmäßig abgetreten[473]. Nach den §§ 48 ff. EStG würde die finanzierende Bank aber einen Teil der geschuldeten Vergütung nicht erreichen[474]. Da die Vorschriften des EStG nicht eine Verschlechterung des Erwerberschutzes nach den Vorschriften der MaBV bewirken sollen und können, ist dem Erwerber in dieser Situation ein Leistungsverweigerungsrecht zuzubilligen[475].

196 Nicht zuletzt wegen dieser Ungereimtheiten hat das Bundesministerium der Finanzen[476] zwischenzeitlich den Standpunkt eingenommen, dass Bauleistungen i.S.d. § 48 Abs. 1 Satz 2 EStG nur dann vorliegen, wenn der Auftraggeber des Bauunternehmers als Bauherr im Sinne des Bauherrenerlasses vom 31.8.1990[477] anzusehen ist. Bauherr nach der Definition dieses Erlasses ist jedoch nur, wer auf eigene Rechnung und Gefahr ein Gebäude baut oder bauen lässt und das Baugeschehen beherrscht. Das trifft auf den Erwerber vom Bauträger nicht zu. Diese Lösung ist zwar im Prinzip sachgerecht, jedoch vom Gesetzeswortlaut – solange sie vom Gesetzgeber nicht durch eine entsprechende Bereinigung der §§ 48 ff. EStG übernommen wird – nicht gedeckt. Die Finanzgerichte sind an die Auffassung der Finanzverwaltung letztlich nicht gebunden.

197 Um die sich daraus für den Erwerber ergebenden Restrisiken auszuschließen, sollte im Bauträgervertrag vereinbart werden, dass der Bauträger die Freistellungsbescheinigung vorzulegen hat und die Fälligkeit der Zahlungen von ihrer Vorlage abhängig ist. Die Auffassung, dass wegen des nur geringen Risikos auf eine entsprechende Vertragsgestaltung bzw. entsprechende Belehrungshinweise verzichtet werden könne[478], ist mit der nun einmal gegebenen Gesetzeslage nicht in Einklang zu bringen[479].

---

[472] *Basty*, MittBayNot 2001, 535; *Hertel*, ZNotP 2001, 425; *Jebens*, NZBau 2001, 533, 535; *Wälzholz*, ZNotP 2002, 135; a.A. *Wagner*, ZNotP 2002, 101.

[473] *Basty*, MittBayNot 2001, 535 (536).

[474] *Hertel*, ZNotP 2001, 424 (427) meint, die Bank bliebe auch bei Zahlung der Steuer an das Finanzamt zur Lastenfreistellung verpflichtet.

[475] *Basty*, MittBayNot 2001, 535 (536).

[476] Schreiben des Bundesministeriums der Finanzen v. 27.12.2002 – IV A 5 – S 2272–1/02, Rdn. 18, NZBau 2003, 203.

[477] Bauherrenerlass v. 31.8.1990, BStBl. I S. 366.

[478] *Basty*, Rdn. 256; *Blank*, Rdn. 197; *Riemenschneider* in Grziwotz/Koeble, 3. Teil, Rdn. 420.

[479] *Vogel* in Koeble/Grziwotz, Teil 4, Rdn. 148.

III. Vergütungsanspruch des Bauträgers

2. Fälligkeit, Makler- und Bauträgerverordnung (MaBV)

a) Abschlagszahlungen – Vorauszahlungen

aa) Abschläge nach § 632a Abs. 2 BGB. Anlässlich der Neuregelung der Abschlagszahlungen im gesetzlichen Werkvertragsrecht durch das Forderungssicherungsgesetz (FoSiG) vom 23. 10. 2008[480] hat der Gesetzgeber die Voraussetzungen für Abschlagszahlungen beim Bauträgererwerb erstmals unmittelbar im BGB geregelt, und zwar in § 632a Abs. 2 BGB.

198

Nach früherem Recht, also noch vor Einfügung der früheren Fassung des § 632a BGB, war der Unternehmer im Grundsatz uneingeschränkt vorleistungspflichtig. Maßstab und zugleich gesetzliches Leitbild war § 641 BGB. Danach wurde der Vergütungsanspruch erst nach Fertigstellung und Abnahme der Werkleistung fällig. Trotzdem war die Vereinbarung von Abschlagszahlungen[481] möglich, wenn die vereinbarten Zahlungen dem Gegenwert der bei ihrer Fälligkeit erbrachten Bauleistung entsprachen. Der wesentliche Grundgedanke der gesetzlichen Regelung wurde durch eine solche Regelung nicht verletzt, weil auch hier eine Vergütung nur für eine bereits erbrachte Leistung geschuldet sein soll. Abschlagszahlungen wurden regelmäßig auch im Bauträgervertrag vereinbart – wegen der besonderen Gefahren des Bauträgererwerbs allerdings reguliert durch die Bestimmungen der MaBV. Da der Bauträger nicht auf dem Grundstück eines Auftraggebers baut, der Wert der erbrachten Bauleistung also nicht Eigentum des Auftraggebers wird, musste der Erwerb des lastenfreien Eigentums besonders gesichert werden.

Mit dem Gesetz zur Beschleunigung fälliger Zahlungen[482] wurde zwar ein Anspruch auf **Abschlagszahlungen** durch die Schaffung des § 632a BGB a.F. gesetzlich verankert, die Anforderungen aber zugleich so hoch geschraubt, dass sie vom Bauträger praktisch nicht erfüllt werden konnten. Abschlagszahlungen konnten nur für in sich abgeschlossene Teile des Werkes beansprucht werden. Außerdem musste bei der Zahlung entweder das Eigentum an der Teilleistung übertragen oder eine Sicherheit dafür verschafft werden. Beim Bauträgererwerb, der nach § 3 MaBV abgewickelt wird, fehlte es schon an der ersten Voraussetzung. In sich abgeschlossene Teilleistungen sind in § 3 Abs. 2 MaBV nicht vorgesehen[483]. Da auch § 632a BGB a.F. Leitbildfunktion im Sinne von § 307 Abs. 2 Nr. 1 BGB hatte[484], hätten nach § 3 Abs. 2 MaBV aufgestellte Zahlungspläne einer Inhaltskontrolle nicht standgehalten[485].

Für diese vom Gesetzgeber mit der Einführung des § 632a BGB a.F. selbst geschaffene Lage wurde deshalb für den Bauträgervertrag zugleich eine Ausnahme gemacht: Der Verordnungsgeber wurde im ebenfalls mit dem Gesetz zur Beschleunigung fälliger Zahlungen in das AGBG neu eingefügten § 27a (heute Art. 244 EGBGB) ermächtigt, für den Bauträgererwerb durch Verordnung von den Anforde-

---

[480] Gesetz zur Sicherung von Werkunternehmeransprüchen und zur verbesserten Durchsetzung von Forderungen (Forderungssicherungsgesetz – FoSiG), BGBl. I S. 2022.
[481] BGH v. 23. 1. 1986, BauR 1986, 361 zum Begriff „Abschlagszahlung".
[482] Gesetz v. 30. 3. 2000, BGBl. I S. 330.
[483] *Peters*, NZBau 2000, 169, 170; *Pause*, NZBau 2001, 181; *Blank*, ZfIR 2001, 85 (90); *Schmid*, BauR 2001, 866; *Karczewski/Vogel*, BauR 2001; 859 (862); *Motzke*, NZBau 2000, 489 (490); *Thode*, ZfBR 1999, 116 (118) zur Teilleistung bei der Abnahme von Sonder- und Gemeinschaftseigentum; *Grziwotz*, OLG-Report 2001, K 5; a.A. *Basty*, MittBayNot 2001, 64; *Ullmann*, NJW 2002, 1073 (1075); *Voppel*, BauR 2001, 1165 (1167 f.); *Schmidt-Räntsch*, NZBau 2001, 357, hält § 632a BGB überhaupt nicht für einschlägig.
[484] *Pause*, NZBau 2001, 181; a.A. *Koeble*, Rechtshandbuch Immobilien, Kap. 17 Rdn. 77b; *Blank*, ZfIR 2001, 85 (91 f.); *Schmidt-Räntsch*, NZBau 2001, 357; *Schmucker*, ZfIR 2001, 426.
[485] *Pause*, NZBau 2001, 181; *Thode*, ZfIR 2001, 345.

rungen des § 632a BGB a. F. zu befreien, also Raten analog denen des § 3 Abs. 2 MaBV zu gestatten – und von der weiteren Anforderung des § 632a BGB a. F. abzusehen. Der Verordnungsgeber hat von dieser Ermächtigung Gebrauch gemacht und am 31. 5. 2001 die Verordnung über Abschlagszahlungen bei Bauträgerverträgen erlassen[486]. Durch sie wurde es dem Bauträger gestattet, in Abweichung von § 632a BGB a. F. Abschlagszahlungen nach § 3 bzw. § 7 MaBV entgegenzunehmen, und zwar auch ohne die weiteren in § 632a BGB vorgesehenen Anforderungen und Sicherheiten.[487]

199   Mit dem **Forderungssicherungsgesetz** (FoSiG)[488] wurde durch den neuen § 632a Abs. 2 BGB unmittelbar im gesetzlichen Werkvertragsrecht eine gesetzliche Grundlage für Abschlagszahlungen des Bauträgers geschaffen; daneben sind auch die anderen Vorschriften der Absätze 1 und 3 des § 632a BGB zu beachten. Die Rechtsänderungen sind zum 1. 1. 2009 in Kraft getreten und auf Verträge anzuwenden, die seit dem 1. 1. 2009 abgeschlossen wurden (vgl. Art. 4, 5 FoSiG).

Gem. § 632a Abs. 2 BGB können Abschlagszahlungen vereinbart werden, wenn der Vertrag die Errichtung oder den Umbau eines Hauses oder eines vergleichbaren Bauwerks zum Gegenstand hat und zugleich die Verpflichtung des Unternehmers enthält, dem Besteller das Eigentum an dem Grundstück zu übertragen. Abschlagszahlungen können nur verlangt werden, wenn sie aufgrund einer Verordnung, die gem. Art. 244 EGBGB ergangen ist, vereinbart sind. Für den Erwerb vom Bauträger wird damit klargestellt, dass Abschlagszahlungen auch beim Bauträgererwerb zulässig sein sollen, aber besonderen Regeln folgen. Um auf zukünftige Entwicklungen flexibel reagieren zu können, enthält die neue Vorschrift selbst keine Regelungen zu den Voraussetzungen für Abschlagszahlungen, sondern verweist auf die in Art. 244 EGBGB enthaltene Ermächtigungsgrundlage – und damit auf die bereits auf ihrer Grundlage erlassene und schon bestehende Verordnung über Abschlagszahlungen bei Bauträgerverträgen vom 23. 5. 2001. Nach § 1 dieser Verordnung kann der Besteller zur Leistung von Abschlagszahlungen entsprechend § 3 MaBV vertraglich verpflichtet werden. Unter den Voraussetzungen von § 7 MaBV kann der Besteller zu Abschlagszahlungen ohne Einhaltung der Voraussetzungen des § 3 MaBV verpflichtet werden. Durch die Verordnung erlangt die MaBV neben ihrer originär öffentlich-rechtlichen Funktion zusätzlich zivilrechtliche Bedeutung; sie wird ins Zivilrecht transformiert[489].

Dem Bauträger wurde – anders als den Unternehmern sonst beim Werkvertrag (§ 632a Abs. 1 BGB) – kein gesetzlicher Anspruch auf Abschlagszahlungen verschafft; er darf aber – im Rahmen der §§ 3, 7 MaBV –Vereinbarungen über Abschlagszahlungen treffen und auf ihrer Grundlage Abschläge fordern.

In § 632a Abs. 2 BGB wird neben dem Neubau ausdrücklich der Umbau eines Hauses bzw. eines vergleichbaren Bauwerks erwähnt (gleiches gilt für die Neufassung von § 1 der Verordnung über Abschlagszahlungen bei Bauträgerverträgen). Damit wird dem Umstand Rechung getragen, dass Bauträgerverträge häufig **Altbausanierungen** zum Gegenstand haben. Nach § 2 Nr. 6 HOAI sind Umbauten „Umgestaltungen eines vorhandenen Objekts mit Eingriffen in Konstruktion oder Bestand"[490]. Dieser Be-

---

[486] BGBl. I S. 981.
[487] § 2 der Verordnung sieht ihre Rückwirkung für den Zeitraum zwischen dem 1. 5. 2000 und dem 29. 5. 2001 vor; vgl. dazu und einer etwaigen Verletzung von EG-Recht (Klauselrichtlinie) *Thode*, ZflR 2001, 345 f.; *Wagner*, ZflR 2001, 422, auch *Karczewski/Vogel*, BauR 2001, 859 (861F).
[488] Vgl. zum FoSiG *Basty*, DNotZ 2008, 891; *Everts*, MittBayNot 2009, 190; *Gehlen*, NZBau 2008, 612; *Hildebrandt*, BauR 2009, 4; *Leinemann*, NJW 2008, 3745; *Pause*, BauR 2009, 898 (902 f.); *Kniffka/von Rintelen*, ibr-online-Kommentar (Stand: 16. 7. 2010), § 632a BGB, Rdn. 65 f.
[489] *Basty*, Rdn. 53; *Ullmann*, NJW 2002, 1073 (1077).
[490] Vgl. *Kniffka/von Rintelen*, ibr-online-Kommentar (Stand: 16. 7. 2010), § 632a BGB, Rdn. 68.

III. Vergütungsanspruch des Bauträgers

griff ist enger als die öffentlich-rechtliche Formulierung, nach der Bauvorhaben auch Altbauten betreffen können (vgl. § 3 Abs. 2 Satz 3 MaBV). Demnach sind bei Modernisierungen (i. S. v. § 2 Nr. 7 HOAI), die nicht mit Eingriffen in Konstruktion oder Bestand verbunden sind, ohne Rücksicht auf Umfang und Aufwand § 632a Abs. 2 BGB und damit die Vorschriften der MaBV nicht anzuwenden[491]. Dazu, ob dieser eingeschränkte Begriff des Bauvorhabens bei Altbaumaßnahmen auch öffentlich-rechtlich anzuwenden ist, oben Rdn. 50, 51.

bb) Keine wesentlichen Mängel. Nach § 632a Abs. 1 BGB können Abschlagszahlungen **200** nur für eine vertragsgemäß erbrachte Leistung verlangt werden. Wegen unwesentlicher Mängel kann die Abschlagszahlung nicht verweigert werden. Bei etwaigen Mängeln vor der Abnahme gelten außerdem die Vorschriften über das Leistungsverweigerungsrecht des § 641 Abs. 3 BGB entsprechend.

§ 632a Abs. 1 BGB ist auch auf den Bauträgervertrag anzuwenden. § 632a Abs. 2 BGB soll von den Vorschriften des Absatz 1 nur insofern eine Ausnahme machen, als mit ihm den Besonderheiten des Bauträgererwerbs Rechnung getragen wird[492]. Die übrigen, den Besteller schützenden Vorschriften sind auch auf den Bauträgervertrag anzuwenden, da ein sachlicher Grund für eine Privilegierung des Bauträgervertrags nicht ersichtlich ist.

Die Neugestaltung des § 632a Abs. 1 BGB ist auf heftige Kritik gestoßen, weil die Freiheit von wesentlichen Mängeln nach bisherigem Recht für Abschlagszahlungen nicht vorausgesetzt wurde[493] (insoweit konnte sich der Besteller schon immer mit dem Leistungsverweigerungsrecht verteidigen) und überdies die willkürliche Behauptung von wesentlichen Mängeln durch den Besteller befürchtet wird. Da eine Auslegung des Gesetzes gegen den Wortlaut und den eindeutigen Willen des Gesetzgebers nicht möglich ist, muss davon ausgegangen werden, dass beim Vorliegen eines **wesentlichen Mangels** eine Abschlagszahlung nicht fällig wird. Auch wenn wesentliche Mängel erst an Bauleistungen auftreten, für die erst später Abschlagszahlungen verlangt werden, entfällt damit die Grundlage für bereits früher erhaltene Abschläge[494]. Für die Beurteilung der Wesentlichkeit eines Mangels kann auf die Rechtsprechung und Kommentierung zu § 640 Abs. 1 Satz 2 BGB verwiesen werden (vgl. unten Rdn. 577).

Unabhängig davon wird durch den Verweis auf § 641 Abs. 3 BGB klargestellt, dass dem Erwerber wegen etwaiger Mängel (also wesentlichen, aber vor allem auch unwesentlichen Mängeln) das Leistungsverweigerungsrecht zusteht, und zwar in Höhe eines angemessenen Teils der Vergütung, regelmäßig dem Doppelten der für die Beseitigung der Mängel erforderlichen Kosten.

cc) Sicherheit für die Vertragserfüllung. Mit dem FoSiG wurde für Verbraucherverträge, **201** sofern Abschläge gefordert werden, in § 632a Abs. 3 BGB außerdem ein gesetzlicher Anspruch auf eine Sicherheit für die rechtzeitige Herstellung des Objekts ohne wesentliche Mängel, also eine **Sicherheit für die Vertragserfüllung,** eingeführt.

Da der private Bauherr regelmäßig nicht in der Lage ist, eine Absicherung der Vertragserfüllungs- und Mängelansprüche durchzusetzen[495], bestimmt § 632a Abs. 3 BGB, dass dem Besteller, wenn von ihm Abschläge verlangt werden und es sich bei

---

[491] *Pause,* BauR 2009, 898 (904).
[492] *Pause,* BauR 2009, 898 (902); zur früheren Rechtslage BGH v. 22. 3. 2007, NJW 2007, 1947 = NZBau 2007, 437 = BauR 2007, 1235, Rdn. 28.
[493] Vgl. für viele *Werner/Pastor,* Rdn. 1218b; *Kniffka/Koeble,* 5. Teil, Rdn. 186; nach OLG Brandenburg v. 26. 11. 2008, NZBau 2009, 381 = NJW-RR 2009, 233, waren Abschläge bei wesentlichen Mängeln auch nach früherem Recht schon ausgeschlossen.
[494] *Pause,* BauR 2009, 898 (900).
[495] Vgl. *Pause,* NZBau 2005, 342, 343; *ders.,* ZfIR 2006, 356, 358 zur Notwendigkeit entsprechender Regelungen.

B. Der Bauträgererwerb

ihm um einen Verbraucher (§ 13 BGB) handelt, eine Sicherheit für die Vertragserfüllung zu gewähren ist. Die Sicherheit schafft einen Ausgleich dafür, dass mit den Abschlagszahlungen die Vorleistungspflicht des Unternehmers, die im Grundsatz bis zur Abnahme besteht, abgeschwächt wird.

§ 632a Abs. 3 BGB gilt auch für den Verbraucher-Bauträgervertrag. Das wird ausdrücklich durch den dahin geänderten § 1 Satz 3 der Verordnung über Abschlagszahlungen bei Bauträgerverträgen klargestellt[496]. Wegen des über § 3 MaBV hinausgehenden Sicherungsumfangs der Sicherheit nach § 632a Abs. 3 BGB kann der Erwerber eine Sicherheit **neben den Absicherungen des § 3 Abs. 1 MaBV** verlangen. Zwar umfasst der Sicherungszweck der Bürgschaft nach § 7 MaBV auch Erfüllungsansprüche[497]; Ansprüche wegen verspäteter Herstellung werden durch sie jedoch grundsätzlich nicht gedeckt[498]. Wegen des nur eingeschränkten Sicherungszwecks der Bürgschaft nach § 7 MaBV kann der Erwerber auch dann, wenn er bereits eine Sicherheit nach § 7 MaBV in Händen hält, zusätzlich eine Sicherheit nach § 632a Abs. 3 BGB beanspruchen. § 1 Satz 3 der Verordnung über Abschlagszahlungen bei Bauträgerverträgen, der in seiner früheren Fassung eine weitere Sicherheit neben den Anforderungen der §§ 3 oder 7 MaBV ausgeschlossen hätte, wurde so geändert, dass eine zusätzliche Besicherung gem. § 632a Abs. 3 BGB möglich ist[499].

201a Die Verpflichtung des Bauträgers zur Gestellung einer Sicherheit setzt keine vertragliche Vereinbarung voraus. Auf die Sicherheit besteht ein **gesetzlicher Anspruch**. Er entsteht und wird fällig mit der Anforderung einer Abschlagszahlung durch den Bauträger nach § 632a Abs. 2 BGB. Für die Verpflichtung zur Sicherung der rechtzeitigen und im wesentlichen mangelfreien Bauleistung macht es keinen Unterschied, ob der Abschlag unmittelbar auf § 632a Abs. 1 oder auf eine entsprechende Vereinbarung nach § 632a Abs. 2 BGB gestützt wird. Im Umkehrschluss bedeutet dies aber auch, dass dann, wenn die Vergütung mangels Anforderung von Abschlägen erst mit der Abnahme fällig wird, kein Anspruch auf eine Sicherheit besteht.

Da der Anspruch auf Sicherheit nach § 632a Abs. 3 BGB von Gesetzes wegen besteht, scheint eine **vertragliche Gestaltung**, die diesen Anspruch begründet oder – verstärkend bzw. klarstellend – wiederholt, beim Bauträgervertrag entbehrlich zu sein. Allerdings erstreckt sich die **Belehrungspflicht des Notars** auch und insbesondere auf die Risiken ungesicherter Vorleistungen und deren Vermeidung durch geeignete Vertragsgestaltungen[500]. Die Gegenleistung für die Abschlagszahlungen werden zwar durch die §§ 3, 7 MaBV gesichert. Diese Sicherungen stellen aber lediglich einen Mindestschutz dar[501]. Das Schutzsystem der §§ 3, 7 MaBV wurde nun zivilrechtlich um die Sicherheit nach § 632a Abs. 3 BGB ergänzt. Da diese Sicherheit ebenfalls der Sicherstellung einer vertragsgerechten Erfüllung dient, also nicht lediglich die Absicherung einer sekundären Vertragspflicht im Auge hat[502], ist bei der Beurkundung über diese zusätzliche Sicherungsmöglichkeit zu belehren und eine entsprechende Vertragsgestaltung vorzusehen[503].

---

[496] BT-Drs. 15/3594, S. 24f. und BT-Drs. 16/511, S. 24.
[497] BGH v. 14. 1. 1999, BauR 1999, 659 = NJW 1999, 1105; BGH v. 18. 6. 2002, BauR 2002, 1547 = NZBau 2002, 497; vgl. *Pause*, BauR 1999, 1270.
[498] BGH v. 21. 1. 2003, BauR 2003, 700 = NZBau 2003, 270.
[499] Vgl. BT-Drs. 15/3594, S. 24f. und BT-Drs. 16/511, S. 24.
[500] BGH v. 17. 1. 2008, NJW 2008, 1321, Rdn. 10; BGH v. 24. 1. 2008, NJW 2008, 1319; BGH v. 12. 2. 2004, NJW 2004, 1071; BGH v. 27. 10. 1994, NJW 1995, 330; *Reithmann/Albrecht*, Handbuch der notariellen Vertragsgestaltung, 8. Aufl. (2001), Rdn. 139; *Winkler*, 16. Aufl. (2008), § 17 BeurkG, Rdn. 27.
[501] BGH v. 17. 1. 2008, NJW 2008, 1321, Rdn. 16.
[502] Vgl. BGH v. 24. 1. 2008, NJW 2008, 1319, Rdn. 9.
[503] Unklar *Basty*, Rdn. 43f.; *ders.*, DNotZ 2008, 891, 897, der dies wohl daraus ableitet, dass mit abweichenden Vereinbarungen gegen § 307 Abs. 1 Nr. 2 BGB verstoßen würde.

III. Vergütungsanspruch des Bauträgers

Die Vorschriften über die Sicherheit sind **kein zwingendes Recht**. Von einer zwingenden Ausgestaltung hat der Gesetzgeber bewusst abgesehen[504]. In Individualvereinbarungen sind folglich abweichende Vereinbarungen möglich. In Formularverträgen oder Allgemeinen Geschäftsbedingungen würde der Ausschluss oder die Einschränkung der Sicherheit nach § 632a Abs. 3 BGB aber einer Inhaltskontrolle nach § 307 Abs. 2 Nr. 1 BGB nicht standhalten, denn ein Ausschluss oder eine Einschränkung der Sicherheit würde den wesentlichen Grundgedanken der gesetzlichen Regelung über Abschlagszahlungen und deren Sicherung widersprechen.

Die Sicherheiten gemäß § 632a Abs. 3, 4 BGB sind der Bauhandwerkersicherung gemäß § 648a Abs. 1, 2 BGB nachgebildet. Für die **Art der Sicherheit** gilt deshalb auch hier, dass die Sicherheit nach §§ 232ff. BGB und außerdem nach § 632a Abs. 4 BGB durch Bankbürgschaft bzw. Bankgarantie erbracht werden kann; sie wird gemeinhin als **Vertragserfüllungsbürgschaft** bezeichnet. Die Bürgschaft muss unbefristet, unwiderruflich und unbedingt sein. Nach Wahl des Bauträgers kann die Sicherheit gem. § 632a Abs. 3 Satz 4 BGB außerdem als **Bareinbehalt** gestellt werden. Der Erwerber ist nicht verpflichtet, den Bareinbehalt – wie nach § 17 Abs. 6 Nr. 1 VOB/B bei VOB/B-Verträgen – auf ein Sperrkonto einzubezahlen. **201b**

Die **Höhe der Sicherheit** beträgt 5% des vereinbarten Werklohns. Das gilt nach dem eindeutigen Gesetzeswortlaut auch für den Bauträgervertrag; sie bezieht sich also nicht nur auf den Wert der eigentlichen Bauleistung, sondern auf die Gesamtvergütung einschließlich des auf das Grundstück entfallenden Vergütungsteils – und beträgt damit tatsächlich rund 7% der auf die Bauleistungen (gem. § 3 Abs. 2 MaBV) entfallenden Vergütung. Erhöht sich die Vergütung etwa infolge nachträglicher Auftragserweiterungen um 10% oder mehr, kann der Erwerber gem. § 632a Abs. 3 Satz 2 BGB weitere (anteilige) Sicherheit verlangen. Das kann z.B. bei Sonderwunschleistungen der Fall sein, wenn diese direkt mit dem Bauträger vereinbart werden.

Die Sicherheit ist im **Zeitpunkt** der Fälligkeit der ersten Abschlagszahlung zu stellen; also regelmäßig bei der Fälligkeit der sog. Grundstücksrate (Beginn der Erdarbeiten). Anders als beim VOB/B-Vertrag ist die Sicherheit mit dem gesetzlichen Prozentsatz nicht sukzessive aus den einzelnen Abschlagszahlungen zu berechnen (aus jedem Abschlag 5%) und in Abzug zu bringen (vgl. § 17 Abs. 6 Nr. 1 VOB/B), sondern sogleich in voller Höhe aus der gesamten Vergütung zu ermitteln und mit dem ersten Abschlag zur Verfügung stellen. **201c**

Da der Anspruch auf Sicherheit bei der ersten Abschlagszahlung entsteht, kann der Erwerber den entsprechenden Betrag zurückbehalten (an ihm ein Leistungsverweigerungsrecht geltend machen), bis der Bauträger die Sicherheit übergibt. Der Betrag ist Zug-um-Zug gegen Übergabe der Sicherheit auszubezahlen. Entscheidet sich der Bauträger nach § 632a Abs. 3 Satz 4 BGB für den Bareinbehalt, verbleibt der zurückbehaltene Betrag als Sicherheit beim Besteller.

Bei der Grundstücksrate (30%) sind also für die Sicherheit 5% zu berechnen; die erste Abschlagszahlung beträgt danach 25%, sofern bzw. solange keine Sicherheit durch Bürgschaft gestellt wurde.

Der **Sicherungsumfang** ergibt sich aus § 632a Abs. 3 Satz 1 BGB. Durch die Sicherheit werden die Ansprüche des Bestellers bzw. des Erwerbers auf Erfüllung im gesetzlich beschriebenen Umfang gesichert, nämlich zunächst die Mängelansprüche bis zur Abnahme, und zwar nach dem Gesetzeswortlaut nur wegen wesentlicher Mängel[505]. Warum unwesentliche Mängel vom Schutz des § 632a Abs. 3 BGB ausgenom- **201d**

---

[504] BT-Drs. 16/511, S. 15.
[505] A. A. *Basty*, Rdn. 39f.; *ders.*, DNotZ 2008, 891, 895; *Kniffka/von Rintelen*, ibr-online-Kommentar (Stand: 16. 7. 2010), § 632a BGB, Rdn. 75.

men werden, ist nicht recht nachvollziehbar, weil das Schutzbedürfnis bei unwesentlichen Mängeln nicht geringer ist; eine größere Anzahl unwesentlicher Mängel kann ebenfalls erhebliche Mängelbeseitigungskosten verursachen. Ob ein Mangel wesentlich ist, beurteilt sich hier wie bei der Abnahme. Auf die Rechtsprechung und Literatur zu § 640 Abs. 1 S. 2 BGB kann deshalb verwiesen werden[506]. Gesichert sind auch die bei der Abnahme vorbehaltenen Restarbeiten, denn insoweit ist die Leistung noch gar nicht vollständig hergestellt worden.

Außerdem kann auf die Sicherheit zurückgegriffen werden, wenn das Objekt nicht rechtzeitig hergestellt wurde. Das ist der Fall, wenn sich der Unternehmer mit seiner Leistung in Verzug befindet (Rdn. 474). Gesichert sind Schadensersatzansprüche, aber auch – soweit vereinbart – Ansprüche auf Vertragsstrafe[507] und auf pauschalierten Schadensersatz.

Mängelansprüche wegen nach der Abnahme gerügter Mängel sind durch § 632a Abs. 3 BGB nicht gesichert. Ebenso wenig gesichert sind sonstige mögliche Vertragserfüllungsansprüche, etwa Rückzahlungsansprüche wegen Überzahlungen oder Vorauszahlungen[508].

201e Die **Rückgabe der Sicherheit** – Bareinbehalt oder Bürgschaft – hat zu erfolgen, wenn der Sicherungsfall nicht mehr eintreten kann, also bei Abnahme des Objekts, sofern nicht gesicherte Ansprüche entstanden sind und noch bestehen[509]. Wenn Teilabnahmen vereinbart sind (z.B. gesonderte Abnahme von Sonder- und Gemeinschaftseigentum), ist die Sicherheit in vollem Umfang bis zur letzten Teilabnahme aufrechtzuerhalten. Wird die Abnahme zu Unrecht verweigert, ist, da mit Eintritt der Abnahmereife ein Sicherungsfall nicht mehr eintreten kann, die Sicherheit ebenfalls zurückzugewähren.

Da die Sicherheit (Bürgschaft bzw. der Bareinbehalt) der Absicherung der bei der Abnahme vorbehaltenen Mängel dient, kann sie, sofern Mängel festgestellt wurden, bis zu deren Beseitigung in vollem Umfang oder, wenn der Beseitigungsaufwand hinter der Höhe der Sicherheit zurückbleibt, anteilig[510] zurückbehalten werden[511]. Nicht geklärt ist, ob bei der Berechnung der Höhe des Einbehalts der Sicherheit ein Druckzuschlag berücksichtigt werden kann. Beim Bareinbehalt wird dies angenommen[512]; bei einer Bürgschaft ist das strittig[513]. Da der Zweck der Sicherheit in der Absicherung der Ansprüche liegt und nicht darin, Druck auszuüben, ist ein Druckzuschlag abzulehnen. Die Bürgschaft muss also in dem den Mängelbeseitigungsaufwand übersteigenden Umfang enthaftet oder gegen eine entsprechend geringere Bürgschaft ausgetauscht werden.

Ebenfalls kann die Sicherheit bei einem Verzugsschaden im Falle einer verspäteten Fertigstellung zurückbehalten bzw. verwertet werden.

Ob ein Leistungsverweigerungsrecht wegen kleinerer (nicht wesentlicher) Mängel an der als Sicherheit einbehaltenen und nun zur Auszahlung fällig werdenden Vergü-

---

[506] BGH v. 26. 2. 1981, NJW 1981, 1448 (zu § 12 Abs. 3 VOB/B) = BauR 1981, 284; *Werner/Pastor*, Rdn. 1366f.; *Ingenstau/Korbion/Oppler*, § 12 Abs. 3 VOB/B Rdn. 2.
[507] BGH v. 7. 6. 1982, BauR 1982, 506; BGH v. 15. 3. 1990, NJW-RR 1990, 811.
[508] Vgl. *Kapellmann/Messerschmidt/Thierau*, 2. Aufl. (2007), § 17 VOB/B Rdn. 63, 68 zum Sicherungsumfang von § 17 Abs. 1 Nr. 2 VOB/B.
[509] *Palandt/Sprau*, § 632a BGB Rdn. 19.
[510] *Leinemann*, NJW 2008, 3745, 3747; a. A. *Basty*, Rdn. 38.
[511] Vgl. BT-Drs. 16/511, S. 15 unter Hinweis auf OLG Düsseldorf v. 10. 10. 1997, BauR 1998, 553, 554.
[512] *Kapellmann/Messerschmidt/Thierau*, 2. Aufl. (2007), § 17 VOB/B Rdn. 226f.; auch *Ingenstau/Korbion/Joussen*, § 17 Nr. 8 Rdn. 10.
[513] Auch hier mit Druckzuschlag *Kapellmann/Messerschmidt/Thierau*, 2. Aufl. (2007), § 17 VOB/B Rdn. 226f.; dagegen *Ingenstau/Korbion/Joussen*, § 17 Nr. 8 Rdn. 10; OLG Oldenburg v. 21. 7. 2000, BauR 2002, 328 bei einer Gewährleistungsbürgschaft.

III. Vergütungsanspruch des Bauträgers

tung geltend gemacht werden kann, ist wegen des begrenzten gesetzlichen Sicherungszwecks des Bareinbehalts zweifelhaft. Die Berechtigung, die Sicherheit zurückbehalten und sodann auch verwerten zu können, wird durch den (gesetzlichen) Sicherungszweck bestimmt[514]; danach verbietet es sich, den zur Auszahlung fällig gewordenen Bareinbehalt wegen anderer Ansprüche einzubehalten. Bei einer Bürgschaft stellt sich diese Frage wegen ihres gesetzlich vorgegebenen Sicherungszwecks nicht.

Für Mängel, die nach der Abnahme festgestellt werden, kann die Sicherheit aus den vorstehend genannten Gründen (keine Gewährleistungssicherheit) nicht zurückbehalten und verwertet werden.

dd) Kritik am Vormerkungsmodell. In der Literatur ist an der Verordnung über Abschlagszahlungen bei Bauträgerverträgen vom 31. 5. 2001 Kritik geübt worden mit der Begründung, sie verstoße gegen das gesetzliche Leitbild des § 632a BGB a. F. und gegen Verfassungs- sowie Gemeinschaftsrecht[515]. Mit der gesetzlichen Neuregelung im FoSiG dürfte der **Kritik am Vormerkungsmodell** weitgehend der Boden entzogen worden sein. **202**

Der Vorwurf geht dahin, dass die auf der Grundlage der Verordnung über Abschlagszahlungen bei Bauträgerverträgen vom 31. 5. 2001 nach den Bestimmungen der MaBV zugelassenen Abschlagszahlungen in Widerspruch zur Ermächtigung in Art. 244 EGBGB und dem **gesetzlichen Leitbild des § 632a BGB a. F.** stünden, vor allem weil die durch § 632a BGB a. F. formulierten gesetzlichen Anforderungen für Abschlagszahlungen durch die Verordnung unterlaufen würden[516]. Dieser Vorwurf kann nicht länger erhoben werden, weil der Gesetzgeber mit dem FoSiG vom 23. 10. 2008[517] in § 632a Abs. 2 BGB klargestellt hat, dass Vereinbarungen über Abschlagszahlungen auf der Grundlage der Verordnung über Abschlagszahlungen bei Bauträgerverträgen zulässig sind. Die von der MaBV für Abschlagszahlungen vorausgesetzten Sicherheiten liegen nicht unter dem Schutzniveau des § 632a Abs. 1 BGB n. F. und stehen auch in keinem Widerspruch zu diesem. Durch die Einfügung der Grundlagen für Abschlagszahlungen in § 632a Abs. 2 BGB ist geklärt, dass die allgemeinen Regelungen über Abschlagszahlungen keine höherwertigen Normen sind. Konsequent wird deshalb durch die Änderung von § 1 Satz 3 der Verordnung bestimmt, dass auf weitergehende Sicherheiten beim Bauträgervertrag nicht verzichtet wird und der Bauträger beim Verbrauchervertrag eine Vertragserfüllungssicherheit zu gewähren hat. Auch sind die übrigen Voraussetzungen des § 632a Abs. 1 BGB vollumfänglich anzuwenden. Für den Bauträgervertrag gelten deshalb für Abschlagszahlungen im Grundsatz dieselben Voraussetzungen wie für jeden anderen Werkvertrag. § 632a Abs. 2 BGB trägt nur zusätzlich den Besonderheiten des Bauträgererwerbs Rechnung, senkt aber das durch die übrigen Vorschriften geschaffene Schutzniveau nicht ab.

Die Kritik war aber auch schon vor Inkrafttreten des FoSiG nicht berechtigt, weil der Gesetzgeber unter der Geltung des früheren § 632a BGB mit § 27a AGBG (heute Art. 244 EGBGB) bewusst eine Ausnahme von den – beim Bauträgervertrag nicht erfüllbaren – Anforderungen des § 632a BGB a. F. gestaltet hat. Mit Art. 244 EGBGB wurde eine gesetzliche Ermächtigungsgrundlage geschaffen, die ausdrücklich von

---

[514] Vgl. BGH v. 24. 9. 1998, NJW 1999, 55 (57); vgl. *Kapellmann/Messerschmidt/Thierau*, 2. Aufl. (2007), § 17 VOB/B Rdn. 225; a. A. wohl *Basty*, Rdn. 39.
[515] *Thode*, ZfIR 2001, 345 f.; *Karczewski/Vogel*, BauR 2001, 859 (862); *Wagner*, BauR 2001, 1313; zuletzt *Wagner* in *Messerschmidt/Voit*, Teil E Rdn. 1 ff.; vgl. auch *Blank*, BauR 2010, 4; a. A. *Basty*, Rdn. 52 f.; *Riemenschneider* in Grziwotz/Koeble, 3. Teil, Rdn. 168 f.; *Staudinger*, DNotZ 2002, 166.
[516] Vgl. *Thode*, ZfIR 2001, 345 f.; *Wagner* in Messerschmidt/Voit, Privates Baurecht 2008, Teil E Rdn. 30 f.
[517] Gesetz zur Sicherung von Werkunternehmeransprüchen und zur verbesserten Durchsetzung von Forderungen (Forderungssicherungsgesetz – FoSiG), BGBl. I S. 2022.

B. Der Bauträgererwerb

§ 632a BGB a. F. abweichende Voraussetzungen für Abschläge beim Bauträgererwerb zulässt[518]. Damit war zugleich klargestellt worden, dass Gestaltungen nach §§ 3, 7 MaBV nicht am gesetzlichen Leitbild des § 632a BGB a. F. überprüft werden konnten[519] (einer solchen Überprüfung aber im übrigen auch standgehalten hätten[520]).

Schließlich sind verfassungsrechtliche Bedenken gegen Art. 244 EGBGB (vormals § 27a AGBG) mit der Begründung vorgebracht worden, das Gesetz würde als **Ermächtigungsgrundlage** Art. 80 Abs. 1 Satz 2 GG nicht genügen[521]. Die Anforderungen, die Art. 80 Abs. 1 Satz 2 GG an Inhalt, Zweck und Ausmaß einer Ermächtigung stellt, werden von Art. 244 EGBGB aber ersichtlich erfüllt[522]. Der BGH neigt bei der Beurteilung der früheren Rechtslage insoweit ebenfalls zu der Auffassung, dass an der Ermächtigungsgrundlage in § 27a AGBG (heute Art. 244 EGBGB) keine verfassungsrechtlichen Bedenken bestehen[523].

Nach § 2 der Verordnung über Abschlagszahlungen bei Bauträgerverträgen vom 31. 5. 2001 gelten ihre Regelungen auch für **Verträge, die zwischen dem 1. 5. 2000 und dem 29. 5. 2001** abgeschlossen wurden, es sei denn, es liegt insoweit ein rechtskräftiges Urteil oder ein verbindlicher Vergleich vor. Auch die Wirksamkeit dieser Rückwirkungsregelung wurde wird bezweifelt[524]. Die insoweit angebrachte Kritik überzeugt nicht. Auch wenn § 632a BGB a. F. höhere Anforderungen an Abschläge gestellt hatte als die MaBV, wird durch die Rückwirkung der Verordnung doch nur das zum Ausdruck gebracht, was der Gesetzgeber für die Zukunft ohnehin für sachgerecht hielt, nämlich eine Ausnahme für den Bauträgervertrag von den Vorgaben des § 632a BGB a. F.[525]

203 Zum Teil wird angenommen, die durch die Verordnung zugelassenen Abschlagszahlungen verstoßen gegen **Gemeinschaftsrecht** mit der Konsequenz, dass der Bauträger bis zur Abnahme vorzuleisten oder für Abschlagszahlungen doch wenigstens eine umfassende Vertragserfüllungs-, Vorauszahlungs- und Gewährleistungssicherheit zu stellen hätte[526]. Das Problem besteht vor allem darin, dass die dem Erwerber am Vertragsgrundstück eingetragene Auflassungsvormerkung nicht ohne Risiko ist. Für den Fall, dass der Erwerber vom Vertrag zurücktritt oder den großen Schadensersatz geltend macht, verliert er die Auflassungsvormerkung und damit die Sicherung der bereits geleisteten Zahlungen, wobei sich dieses Risiko insbesondere in der Insolvenz des Bauträgers verwirklicht[527] (vgl. Rdn. 230; 1004). Aus der damit faktisch eingeschränkten Möglichkeit, sich vom Vertrag zu lösen, wird die fehlende Äquivalenz, also die Missbräuchlichkeit im Sinne von Art. 3 Abs. 1 Klauselrichtlinie abgeleitet[528]. In der Folge werden die nach § 3 Abs. 2 MaBV vereinbarten Raten nicht als Abschläge, sondern als Vorauszahlungen gewertet[529]. Tatsächlich besteht das beschriebene Risiko, wenngleich die vermeintliche Sicherungslücke nicht auf einem Ausschluss der Ansprüche aus § 634 Nr. 3 und 4 BGB durch die Vertragsgestaltung nach § 3 MaBV beruht, sondern ausschließlich auf der Ak-

---

[518] *Basty*, Rdn. 53; *Drasdo*, NJW 2007, 2741 (2742); *Kanzleiter*, FS Wenzel, S. 309 (322).
[519] *Kanzleiter*, DNotZ 2001, 165; *Schmidt-Räntsch*, NZBau 2001, 356 (357); *Drasdo*, NJW 2007, 2741 (2742).
[520] *Ullmann*, NJW 2002, 1073 (1076 f.).
[521] *Wagner*, ZfIR 2001, 422 f.
[522] *Riemenschneider* in Grziwotz/Koeble, 3. Teil, Rdn. 176 f.
[523] BGH v. 22. 3. 2007, NJW 2007, 1947 = NZBau 2007, 437 = BauR 2007, 1235, Rdn. 24.
[524] *Thode*, ZfIR 2001, 345 (346).
[525] *Blank*, Rdn. 206; *Basty*, Rdn. 57; offen gelassen vom BGH v. 22. 3. 2007, NJW 2007, 1947 = NZBau 2007, 437 = BauR 2007, 1235, Rdn. 24.
[526] *Thode*, ZfIR 2001, 345 f.; *Karczewski/Vogel*, BauR 2001, 859 (862, 866).
[527] Vgl. *Kniffka*, ibr-online-Kommentar (Stand 26. 5. 2009), § 632a BGB, Rdn. 41; *Blank*, BauR 2010, 4 f.
[528] *Thode*, ZfIR 2004, 210; *Wagner* in Messerschmidt/Voit, Teil E Rdn. 69.
[529] *Wagner* in Messerschmidt/Voit, Teil E Rdn. 50.

III. Vergütungsanspruch des Bauträgers

zessorietät der Auflassungsvormerkung. Fraglich ist deshalb allein, ob die Vormerkungslösung und ihre Auswirkung auf die Rechte aus § 634 Nr. 3 und 4 BGB zu einer nach der Klauselrichtlinie zu missbilligenden Vorleistung des Erwerbers führt. Nach Art. 3 Abs. 1 Klauselrichtlinie ist eine Gestaltung lediglich dann als missbräuchlich anzusehen, wenn sie entgegen von Treu und Glauben zum Nachteil des Verbrauchers zu einem Missverhältnis der vertraglichen Rechte und Pflichten des Vertragspartners führt. Für die Missbräuchlichkeit wird dabei ein erhebliches und ungerechtfertigtes Missverhältnis verlangt[530]. Für die Beantwortung dieser Frage ist zunächst eine europäisch autonome Interpretation der Missbräuchlichkeit vorzunehmen und zusätzlich auch auf die Wertentscheidungen des nationalen Primärrechts abzuheben[531]. Unter Berücksichtigung des von Art. 3 Abs. 1 Klauselrichtlinie und Nr. 1 o des Beispielkatalogs postulierten Äquivalenzprinzips stellt eine Vertragsabwicklung nach § 3 MaBV keine unausgewogene Gestaltung dar. Den vereinbarten Zahlungen stehen das Grundstück und schrittweise erbrachte Bauleistungen gegenüber, wobei der Erwerb durch eine Auflassungsvormerkung gesichert wird; dem Umstand, dass das Gebäude nicht auf dem Grundstück des Erwerbers errichtet wird, wird damit hinreichend Rechnung getragen. Die Abwicklung kann deshalb kaum als unausgewogen bezeichnet werden[532]. Das wird durch einen vergleichenden Blick in das europäische Ausland und dort übliche Erwerbsformen bestätigt[533]. Schließlich ergibt sich bei einem Rückgriff auf das Primärrecht, also die nationalen Vorschriften des Kauf- und des übrigen Werkvertragsrechts, nichts anderes[534]: Die an sich bis zur Abnahme bestehende Vorleistungspflicht des Unternehmers wird nach geltendem Recht durch einen gesetzlichen Anspruch auf Abschlagszahlungen abgemildert (§ 632a Abs. 1 BGB); die Sicherung der Kaufpreiszahlung des Käufers erfolgt auch sonst durch eine Auflassungsvormerkung, wobei beim einfachen Grundstückskauf im Falle des Rücktritts die gleichen Risiken wie beim Bauträgervertrag bestehen[535]. Schließlich trägt der Bauherr, der auf eigenem Grund baut, das Risiko der Insolvenz des Unternehmers und der sich daraus ergebenden Mehraufwendungen in gleicher Weise. Danach kann angenommen werden, dass der nach § 3 MaBV gestaltete Bauträgervertrag einer Inhaltskontrolle nach der Klauselrichtlinie standhält[536].

ee) Vorauszahlungsvereinbarungen. Vorauszahlungen beziehen sich auf noch nicht erbrachte (Bau-)Leistungen[537]. Beim Bauträgererwerb können **Vorauszahlungen** in Formular- bzw. Verbraucherverträgen nicht wirksam vereinbart werden. Vertragsbestimmungen, die die vollständige oder teilweise Vorausentrichtung der Vergütung vorsehen, benachteiligen den Erwerber unangemessen, da sie mit den wesentlichen Grundgedanken der gesetzlichen Regelungen (§§ 641, 632a BGB) nicht übereinstimmen (§ 307 Abs. 2 BGB). Der Erwerber hätte das Risiko einer Insolvenz des Bauträgers zu tragen. Außerdem ist seine Rechtsposition bei der Durchsetzung von Erfüllungs- und Mängelansprüchen erheblich geschwächt, ganz abgesehen davon, dass ihm das Leistungsverweigerungsrecht genommen wird.

204

---

[530] EuGH v. 1. 4. 2004, NZBau 2004, 321, Rdn. 18.
[531] *Kanzleiter,* FS Wenzel, S. 309 (319); *Staudinger,* DNotZ 2002, 166 (177 f.); *Riemenschneider* in Grziwotz/Koeble, 3. Teil, Rdn. 173; *Ullmann,* NJW 2002, 1073 (1077 f.); a. A. *Karczewski/Vogel,* BauR 2001, 859 (861 f.).
[532] *Staudinger,* DNotZ 2002, 166 (181 f.); *Kanzleiter,* FS Wenzel, S. 309 (322 f.).
[533] *Frank,* MittBayNot 2001, 1123 (135).
[534] *Blank,* Rdn. 211a; *Staudinger,* DNotZ 2002, 166 (182).
[535] Vgl. BGH v. 22. 1. 2009, NJW 2009, 1414 = BauR 2009, 817.
[536] *Schmidt-Räntsch,* NZBau 2001, 359; *Staudinger,* DNotZ 2002, 166 ff.; *Ullmann,* NJW 2002, 1073 (1078); ebenso *Basty,* Rdn. 55 f.; *Riemenschneider* in Grziwotz/Koeble, 3. Teil, Rdn. 168 f.; *Palandt/Grüneberg,* § 307 Rdn. 87; offen gelassen vom BGH v. 22. 3. 2007, NJW 2007, 1947 = NZBau 2007, 437 = BauR 2007, 1235, Rdn. 24.
[537] BGH v. 23. 1. 1986, BauR 1986, 361 zur Abgrenzung von Abschlagszahlungen.

B. Der Bauträgererwerb

205 Das gilt auch im Annwendungsbereich der MaBV. Fraglich ist allerdings, ob die „Abschlagszahlungen" eines nach § 3 Abs. 2 MaBV gestalteten Zahlungsplanes dann unwirksam sind, wenn der tatsächliche Wert der für eine Abschlagszahlung zu erbringenden Bauleistung hinter der Höhe des vereinbarten Abschlagszahlung zurück bleibt, es sich bei den **Zahlungen nach § 3 Abs. 2 MaBV** tatsächlich um Vorauszahlungen handelt. Das kann dann der Fall sein, wenn der Wert der Bauleistung für einen bestimmten Bauabschnitt (z. B. der Rohbau- und Zimmererarbeiten) geringer ist als die sich aus dem Zahlungsplan errechnende anteilige Vergütung (z. B. 28% bei den Rohbau- und Zimmererarbeiten). Es ist nicht davon auszugehen, dass mit der zivilrechtlichen Zulassung von Abschlägen nach § 3 Abs. 2 MaBV zugleich eine Pauschalierung der Vergütung für die einzelnen in den Raten genannten Leistungen mit den genannten Prozentsätzen zugelassen und als regelmäßig vereinbart angesehen werden soll[538]. Die Prozentangaben in § 3 Abs. 2 MaBV stellen auch zivilrechtlich keine Preisvorschriften, sondern lediglich Höchstsätze für Abschlagszahlungen dar. Sollten die Wertrelationen von den Bewertungen des § 3 Abs. 2 MaBV zu Lasten des Erwerbers abweichen, könnte er sich auf die Unwirksamkeit des Zahlungsplans berufen. Solange aber – wie dies zumeist der Fall ist – die Grundstücks- und Projektentwicklungskosten in Relation zu den Gesamtkosten erheblich über der von § 3 Abs. 2 MaBV zugeordneten Vergütung („Grundstücksrate") liegen, wird in den folgenden Abschlagszahlungen regelmäßig keine Vorauszahlung liegen. Mit anderen Worten: Durch die niedrige Bewertung der „Grundstücksrate" ist der Bauträger im Allgemeinen gezwungen vorzuleisten.

206 Unter bestimmten Voraussetzungen können auch beim Bauträgererwerb Vorauszahlungen zulässig sein. Vereinbarungen über Vorauszahlungen werden bei anderen Austauschverhältnissen dann nicht beanstandet, wenn es sachliche Gründe für sie gibt und keine überwiegenden Belange des Kunden entgegenstehen[539]. Als sachlicher Grund für eine Vorauszahlung können beim Bauträgervertrag Steuervorteile des Erwerbers, aber auch – wegen der entfallenden Bauträgerzwischenfinanzierung – ein günstigerer Kaufpreis in Betracht kommen. Vor allem müssen aber die Nachteile und Gefahren, die sich aus einer Vorauszahlung ergeben, durch eine ausreichende Sicherheit ausgeglichen werden. Da sich der Erwerber bei einer Vorauszahlung vor allem der Möglichkeit begibt, auf Mängel mit seinem Leistungsverweigerungsrecht reagieren und mit Gegenansprüchen wegen Verzugs oder wegen Mangelfolgeansprüchen aufrechnen zu können, sind insbesondere sämtliche Ansprüche wegen einer vollständig ausbleibenden, einer verzögerten oder einer mangelhaften Leistung abzusichern. Als Sicherung kommt eine **Vertragserfüllungsbürgschaft**[540] einer Bank in Betracht, die die Ansprüche des Erwerbers auf vollständige, rechtzeitige und mangelfreie Erfüllung sichert, insbesondere auch sämtliche Ansprüche wegen Nichterfüllung, einschließlich der Nichterfüllung aufgrund einer Insolvenz[541]. Die Bürgschaft muss zur Sicherung etwaiger Rückzahlungsansprüche zugleich eine Vorauszahlungsbürgschaft sein. Unabhängig davon muss sie, um überhaupt die Befreiung von den Anforderungen des § 3 MaBV zu erreichen, sämtliche Rückgewähransprüche i. S. d. § 7 MaBV sichern. Die Bürgschaft muss bis zur Abnahme und dem Vorliegenärt. der Voraussetzungen von § 3 MaBV in vollem Umfang aufrechterhalten bleiben; sie haftet auch für die bei der Abnahme festgestellten Mängel.

---

[538] *Marcks*, Rdn. 24a; auch *Basty*, Rdn. 62.
[539] BGH v. 27. 9. 2000, NJW 2001, 292 (294) m. w. N.
[540] *Kniffka/Koeble*, 5. Teil, Rdn. 37; *Basty*, Rdn. 613; *Blank*, Rdn. 266 f.; *Riemenschneider* in Grziwotz/Koeble, 3. Teil, Rdn. 167; *Eue*, I. 30 Anm. 25 (2).
[541] BGH v. 17. 12. 1987, NJW 1988, 907 = BauR 1988, 220.

III. Vergütungsanspruch des Bauträgers

Unter diesen Voraussetzungen verstößt eine Vorauszahlungsvereinbarung nicht gegen das gesetzliche Leitbild der §§ 632a, 641 BGB. Das Gesetz will nur Vorauszahlungen verhindern, denen keine Gegenleistung gegenübersteht; eine gegenleistungsfreie Zahlung liegt in diesem Fall aber nicht vor, da dem Erwerber vor seiner Zahlung eine Sicherheit gestellt werden muss.

Die Frage, ob auch die Gestellung einer **Bürgschaft nach § 7 MaBV** zur Sicherung einer vollständigen oder teilweisen Vorauszahlung genügt, ist nunmehr geklärt. **207**

Die Beantwortung dieser Frage hing zunächst ganz maßgeblich davon ab, in welchem Umfang die Ansprüche des Erwerbers durch eine Bürgschaft nach § 7 MaBV gesichert werden. Wenn die Bürgschaft nach § 7 MaBV über ihren Wortlaut hinaus nicht nur Rückgewähransprüche, sondern auch Vertragserfüllungs- und sämtliche Mängelansprüche abdeckt, wären durch eine Bürgschaft gemäß § 7 MaBV auch Vorauszahlungen gesichert. Die Rechtsprechung des BGH legte diese Interpretation zunächst nahe. Mit zwei Urteilen hat der BGH dahin entschieden[542], dass die Bürgschaft nach § 7 MaBV in den Fällen, in denen die Vergütung voraus entrichtet wurde und deshalb mit Ansprüchen wegen Mängeln nicht aufgerechnet werden konnte, auch die Ansprüche auf Ersatz von Mängelbeseitigungskosten sichert. In zwei weiteren Entscheidungen schränkt der BGH allerdings dahin ein, dass dies nur für Ansprüche bis zur Abnahme gelten könne[543]. Zur Klärung des Sicherungsumfangs der Bürgschaft nach § 7 MaBV legte der VII. Senat des BGH mit Beschluss vom 2. 5. 2002 dem EuGH schließlich die Frage vor, ob eine Vorauszahlung, die durch eine Bürgschaft nach § 7 MaBV gesichert wird, als missbräuchlich im Sinne der Klauselrichtlinie zu werten ist. Dabei tendierte der BGH zu der Auffassung, dass Vorauszahlungen durch Bürgschaften nach § 7 MaBV hinreichend gesichert sind[544]. Der EuGH gab die hier zu entscheidende Frage an den BGH zurück, denn es sei Sache der nationalen Gerichte, darüber zu befinden, ob eine Vertragsklausel – wie die hier strittige – unter Berücksichtigung der Umstände des konkreten Falls als missbräuchlich im Sinne der Klauselrichtlinie anzusehen ist[545]. In Ziff. 18 seines Urteils legt der EuGH dar, dass die Klausel jedenfalls zu einem Nachteil für den Verbraucher führt, lässt aber offen, ob auch ein erhebliches und ungerechtfertigtes Missverhältnis im Sinne von Art. 3 Klauselrichtlinie vorliegt[546]. Die Beantwortung dieser Frage hätte nun durch den BGH erfolgen sollen. Dazu ist es jedoch infolge der Rechtsmittelrücknahme aufgrund eines entsprechenden Hinweises des Senats nicht mehr gekommen. Der VII. Senat des BGH war nämlich nunmehr zu der Auffassung gelangt, dass eine Bürgschaft nach § 7 MaBV nicht zur wirksamen Absicherung von Vorauszahlungen genügt, also in Bezug auf den Sicherungsumfang nicht als Vorauszahlungsbürgschaft taugt[547]. Dem ist zuzustimmen. Obwohl die Rechtsprechung den Schutzumfang der Bürgschaft gemäß § 7 MaBV weit auslegt (Rdn. 354) und auch die Rückzahlung von geleisteten Vorauszahlungen als gesichert ansieht[548], ist er letztlich

---

[542] BGH v. 14. 1. 1999, NJW 1999, 1105 = BauR 1999, 659; BGH v. 18. 6. 2002, NJW 2002, 2563 = NZBau 2002, 497 = BauR 2002, 1547 = BKR 2002, 769 m. abl. Anm. *Pause*.
[543] BGH v. 22. 10. 2002, NJW 2003, 285 = NZBau 2003, 98 = BauR 2003, 243; BGH v. 22. 10. 2002, NZBau 2003, 100.
[544] BGH v. 2. 5. 2002, NZBau 2002, 499 = BKR 2002, 633 m. zust. Anm. *Wagner*; so auch *Marcks*, § 7 Rdn. 3; anders aber die Vorinstanz, OLG Karlsruhe v. 19. 4. 2001, BB 2001, 1325 = MittBayNot 2001, 478.
[545] EuGH v. 1. 4. 2004, NZBau 2004, 321.
[546] EuGH v. 1. 4. 2004, NZBau 2004, 321.
[547] Hinweis des VII. Senats v. 22. 12. 2004, NZBau 2005, 488 = ZfIR 2005, 300; vgl. *Basty*, DNotZ 2005, 94; *Blank*, BTR 2005, 54; *Grziwotz*, ZfIR 2005, 267; *Kanzleiter*, DNotZ 2005, 191; *Vogel*, IBR 2005, 156.
[548] Zuletzt BGH v. 29. 1. 2008, NZBau 2008, 377 (Rdn. 16). Im Gegensatz dazu aber BGH v. 10. 3. 2005, NJW-RR 2005, 1292 = NZBau 2005, 461 = BauR 2005, 1158, allerdings zu einer Kaufpreisvorauszahlung bei einem Grundstückskauf.

doch darauf begrenzt, den Erwerber so zu stellen, wie er bei einer Sicherung nach § 3 MaBV stünde; die für eine Vorauszahlung darüber hinaus erforderliche Absicherung des auf die Erfüllung gerichteten Interesses ist dagegen nicht gesichert. Schadensersatzansprüche wegen einer verspäteten Fertigstellung (Nutzungsausfall und Steuernachteile) und wegen aller sonstigen Pflichtverletzungen, deretwegen sonst ein Zurückbehaltungsrecht ausgeübt werden könnte, werden nicht gesichert. Ein hinreichender Schutz des Erwerbers bei vereinbarten Vorauszahlungen ist durch eine Bürgschaft nach § 7 MaBV nicht zu gewährleisten.

Das steht im Übrigen in Übereinstimmung mit der Wertung von § 1 der Verordnung über Abschlagszahlungen bei Bauträgerverträgen vom 31. 5. 2001. Danach kann der Erwerber bei Gestellung einer Sicherheit nach § 7 MaBV unter Befreiung von den Vorschriften des § 3 MaBV lediglich „zur Leistung von Abschlagszahlungen verpflichtet werden", nicht aber zu Vorauszahlungen. Es ist deshalb anzunehmen, dass der Sicherungszweck von Bürgschaften nach § 7 MaBV durch den Verordnungsgeber auf Abschlagszahlungen begrenzt wurde mit der Folge, dass Vorauszahlungen die Absicherung durch eine weitergehende Sicherheit voraussetzen[549].

Wenn gleichwohl Vorauszahlungen vereinbart und lediglich durch eine Bürgschaft nach § 7 MaBV gesichert werden, verstößt dies gegen § 307 BGB. Der Erwerber ist zur Leistung von Vorauszahlungen nicht verpflichtet; soweit Zahlungen bereits geleistet wurden, steht ihm ein – durch die vorgelegte Bürgschaft gesicherter – Rückzahlungsanspruch zu[550]. Obwohl die Sicherungsabrede unwirksam ist, bleibt der Rückzahlungsanspruch durch die Bürgschaft aus dem Gesichtspunkt von Treu und Glauben gesichert[551], was dann auch für den von der Rechtsprechung angenommenen – weiten – Sicherungsumfang (vgl. Rdn. 354) gelten wird[552].

b) Vorbemerkung zum Inhalt und Anwendungsbereich der MaBV

208 aa) *Inhalt und Änderungen der MaBV.* Die MaBV[553] wurde wiederholt den Bedürfnissen der Praxis angepasst[554]. Mit der Dritten Verordnung zur Änderung gewerberechtlicher Vorschriften vom 7. 11. 1990[555] wurde bestimmt, dass auch die für den Vollzug des Vertrages erforderlichen Genehmigungen vorliegen müssen und dass der Bauträger den Besitz am Objekt nur Zug-um-Zug gegen Zahlung der Besitzübergaberate einräumen muss. Mit der Zweiten Verordnung zur Änderung der MaBV vom 6. 9. 1995 wurde im Wesentlichen den geänderten Landesbauordnungen Rechnung getragen und die Fälligkeit für genehmigungsfreie Bauvorhaben nun nur noch von einer entsprechenden Bestätigung der Behörde bzw. des Bauträgers abhängig gemacht[556]. Durch die Dritte Verordnung zur Änderung der MaBV vom 14. 2. 1997 wurden vor allem die Baufortschrittsraten differenzierter und flexibler gestaltet[557]. Diese jüngste Änderung

---

[549] *Basty*, Rdn. 614; *ders.*, DNotZ 2002, 567 (578); *Blank*, BTR 2005, 54; *Kanzleiter*, DNotZ 2002, 819 (830); a. A. wohl *Vogel* in Grziwotz/Koeble, 4. Teil, Rdn. 85 f.

[550] *Pause*, BauR 1999, 1270 (1273).

[551] BGH v. 30. 9. 2004, NZBau 2005, 38 = BauR 2005, 91; vgl. auch BGH v. 5. 4. 2005, NZBau 2005, 394 = BauR 2005, 1156 für den Sicherungsumfang von Vorauszahlungen bei nachträglicher Vertragsaufhebung.

[552] *Basty*, Rdn. 615; *Blank*, BTR 2005, 54 (56).

[553] In der heutigen Bezeichnung erstmals bekannt gemacht am 11. 6. 1975, BGBl. I S. 1351; neu bekannt gemacht mit Verordnung vom 7. 11. 1990 (BGBl. I S. 2479), vgl. Anhang.

[554] Vgl. im Einzelnen *Marcks*, vor § 1 MaBV, Rdn. 1.

[555] BGBl. I S. 2476.

[556] BGBl. I S. 1134; vgl. Rdn. 136 f.; zur Zweiten Änderungsverordnung vgl. *Osenbrück*, NJW 1995, 3371.

[557] BGBl. I S. 272; vgl. Rdn. 292 f.; zur Dritten Änderungsverordnung *Basty*, DNotZ 1997, 284; *Locher*, NJW 1997, 1427.

III. Vergütungsanspruch des Bauträgers

der MaBV trat zum 1. 6. 1997 in Kraft. Die geänderte Fassung, insbesondere also die Bestimmungen über den Zahlungsplan, gilt für alle seit diesem Datum abgeschlossenen Verträge; die zuvor beurkundeten Verkäufe konnten noch nach altem Recht abgewickelt werden[558].

Die MaBV enthält selbst zunächst kein Vertragsrecht. Sie hat **gewerberechtlichen Charakter.** Sie verbietet die Entgegennahme von Zahlungen, sofern nicht die in §§ 3, 4, 7 MaBV genannten Bedingungen eingehalten werden. Auf der Grundlage von § 632a Abs. 2 BGB werden ihre Vorschriften aber in das **Zivilrecht** transformiert mit der Folge, dass dem Bauträger zugleich auch zivilrechtlich gestattet wird, Abschlagszahlungen auf der Grundlage der §§ 3, 7 MaBV mit dem Erwerber zu vereinbaren (vgl. Rdn. 42, 199). Der zivilrechtliche Schutz ist durch diese Verweisung auf die Bestimmungen der MaBV zwar mit dem gewerberechtlichen Schutz harmonisiert worden. Es bestehen aber beachtliche Unterschiede. Im unmittelbaren Geltungsbereich der MaBV stellt sich stets nur die Frage, ob der Bauträger eine Zahlung entgegennehmen darf. Bei Auslegungsfragen ist zu berücksichtigen, dass es sich um bußgeldbewehrte Vorschriften handelt (§ 18 MaBV). In privatrechtlicher Hinsicht stellen dieselben Vorschriften das gesetzliche Leitbild für die Vereinbarung von Abschlagszahlungen dar. Bei ihrer Anwendung sind aber auch die daneben bestehenden privatrechtlichen Regelungen zu beachten. Das wird bei der Behandlung von Mängeln an der Bauleistung besonders deutlich: Mängel, auch wesentliche Mängel, führen nicht zwingend zu einem gewerberechtlichen Entgegennahmeverbot (Rdn. 305; vgl. aber für die Fertigstellungsrate Rdn. 334); sie stehen aber nach § 632a Abs. 1 BGB der zivilrechtlichen Fälligkeit einer Abschlagszahlung entgegen (Rdn. 200; 305) und lösen außerdem das ebenfalls privatrechtliche Leistungsverweigerungsrecht aus. Es ist ferner das Transparenzgebot zu beachten. Vertragsklauseln, die sich ausschließlich am Wortlaut der MaBV orientieren, laufen Gefahr, unklar und unverständlich zu sein[559].

Die **Grundregelungen** der MaBV (§ 3 MaBV) gestatten Abschlagszahlungen unter der Voraussetzung, dass
– die Höhe der Raten dem Baufortschritt entsprechen, wobei dieser durch einen schematischen Zahlungsplan (§ 3 Abs. 2 MaBV) festgelegt wird (aufgrund des relativ niedrigen Grundstücksanteils von 30% kann im Allgemeinen eine Vorleistung des Bauträgers auch für die Folgegewerke als gesichert gelten) und
– der Wertzuwachs in der Hand des Erwerbers gesichert ist (Auflassungsvormerkung, Baugenehmigung, Lastenfreistellung usw.).

Als Alternative zu § 3 MaBV kann der Bauträger eine Sicherheit nach § 7 MaBV stellen. Er ist sodann von § 3 MaBV befreit und kann mit dem Erwerber Abschläge vereinbaren, die nicht an die relativ starren Raten des § 3 Abs. 2 MaBV gebunden sind.

bb) Sachlicher und persönlicher Anwendungsbereich. Gemäß § 1 MaBV gelten ihre Vorschriften für Gewerbetreibende, die nach § 34c Abs. 1 GewO der Erlaubnis bedürfen. Die Regeln der MaBV sind deshalb unter anderem anzuwenden, wenn der Gewerbetreibende die Voraussetzungen des § 34c Abs. 1 Nr. 2a GewO erfüllt, das Objekt von ihm also als Bauherr errichtet wird und dazu Vermögenswerte von Erwerbern verwendet werden. Sobald sich der Bauträger zu keiner Bauerrichtung verpflichtet (weil das Gebäude z.B. bereits vollständig fertiggestellt ist), also kein Bauvorhaben durchgeführt und keine Erwerberzahlungen für ein Bauvorhaben verwendet werden, finden die Bestimmungen des § 34c GewO (und der MaBV) keine Anwendung. Entsprechendes

209

210

---

[558] Zu den Übergangsvorschriften des § 20 MaBV vgl. *Marcks*, § 20 Rdn. 1 f.; *Basty*, DNotZ 1991, 26.
[559] *Vogel*, BauR 2007, 224 (228).

B. Der Bauträgererwerb

gilt dann, wenn Zahlungsverpflichtungen erst dann entstehen sollen, wenn sämtliche Fälligkeitsvoraussetzungen des § 3 MaBV vollständig eingetreten sind.

Der sachliche Anwendungsbereich folgt dem Anwendungsbereich von § 34c GewO. Die Schutzbestimmungen der MaBV sind deshalb weder unmittelbar noch analog auf Erwerbsformen anzuwenden, die den Tatbestand von § 34c Abs. 1 Nr. 4a GewO nicht erfüllen. Die Ver- und Gebote der MaBV gelten deshalb nicht beim sog. Generalübernehmermodell (vgl. oben Rdn. 46).

211 Die MaBV ist nicht anzuwenden, wenn Kreditinstitute als Veräußerer tätig werden, denen eine Erlaubnis nach § 32 Abs. 1 KWG erteilt wurde. Sie sind nach § 34c Abs. 5 Nr. 2 GewO von den Vorschriften der MaBV befreit. Das gilt jedoch nicht für Tochterunternehmen von Kreditinstituten, die selbst über keine Erlaubnis nach § 32 Abs. 1 KWG verfügen.

Die Befreiung dürfte auch für all die Personen gelten, die als Bürgen i. S. v. § 7 MaBV in Betracht kämen, weil der Erwerber ebenso gut gesichert ist, wenn derjenige, der als Bürge in Betracht kommt, sich sogleich selbst als Hauptschuldner verpflichtet[560].

Auf Veräußerungsgeschäfte des Insolvenzverwalter sind die Vorschriften der MaBV anzuwenden, wenn sich der Insolvenzverwalter im Vertrag zu (weiteren) Bauleistungen verpflichtet, wobei er sich die Gewerblichkeit i. S. v. § 34c GewO des Schuldners zurechnen lassen muss; das gilt auch, wenn der Insolvenzverwalter die Erfüllung eines bestehenden Bauträgervertrages nach § 103 InsO wählt[561].

212 Dem **persönlichen Anwendungsbereich** der §§ 3, 4, und 7 MaBV und damit dem Schutz dieser Bestimmungen untersteht ohne Rücksicht auf Berufsstand, Rechtsform und Verwendungsabsicht grundsätzlich jeder Erwerber. Gemäß § 7 Abs. 2 MaBV ist der Bauträger jedoch von den Bestimmungen der MaBV befreit, wenn der Erwerber eine juristische Person des öffentlichen Rechts, ein öffentlich-rechtliches Sondervermögen oder ein in das Handelsregister oder in das Genossenschaftsregister eingetragener Kaufmann ist *und* in gesonderter Urkunde auf die Anwendung dieser Bestimmungen verzichtet hat. Die Kaufmannseigenschaft nach § 7 Abs. 2 Satz 1 Nr. 2 MaBV muss sich der Bauträger durch einen Auszug aus dem Handels- bzw. Genossenschaftsregister nachweisen lassen.

c) Rechtswirksamer Vertrag (§ 3 Abs. 1 Satz 1 Nr. 1 MaBV)

213 *aa) Wirksamer Vertrag.* Der Bauträger darf Vermögenswerte des Erwerbers – in der Sprache der MaBV: „des Auftraggebers" – erst entgegennehmen, wenn der Vertrag rechtswirksam ist. Das ist nur unter den folgenden Voraussetzungen der Fall:

214 Es muss sich um einen vollständigen Vertrag handeln, der die wesentlichen Elemente eines Bauträgererwerbs (Grundstücksübereignungs- und Bauverpflichtung, Vergütung des Bauträgers) vollständig und verbindlich enthält. Ein Vorvertrag oder ein bindendes Angebot des Bauträgers[562] oder Erwerbers stellen keine ausreichende Grundlage für die Entgegennahme von Erwerberzahlungen dar. Der Vertrag muss der gesetzlichen Form entsprechen, also gemäß § 311b BGB **notariell beurkundet** sein (vgl. oben Rdn. 75f.).

215 Sämtliche **Genehmigungen,** von denen die Wirksamkeit des Vertrages abhängt, müssen erteilt worden sein. Das sind z. B.
– die Genehmigung des bei der Beurkundung vollmachtlos[563] Vertretenen (§§ 177, 184 BGB),

---
[560] Vgl. *Kutter,* A II Rdn. 16; *Riemenschneider* in Grziwotz/Koeble, 3. Teil, Rdn. 605; *Basty,* Rdn. 126.
[561] *Basty,* Rdn. 127; *Riemenschneider* in Grziwotz/Koeble, 3. Teil, Rdn. 704.
[562] *Marcks,* § 3 Rdn. 8.
[563] *Brambring,* FWW 1991, 9 (10).

III. Vergütungsanspruch des Bauträgers

- die Genehmigung des Vormundschaftsgerichts (§§ 1821, 1822, 1643 BGB),
- die Ehegattengenehmigung gemäß §§ 1365, 1366 BGB, wenn eine der Parteien, die im gesetzlichen Güterstand lebt, über ihr gesamtes Vermögen verfügt (vgl. auch § 8 Abs. 2 LPartG bei einer Lebenspartnerschaft),
- die Genehmigung nach § 2 GrdstVG für land- oder forstwirtschaftlichen Grund,
- die Genehmigung nach § 144 BauGB oder ein Negativzeugnis für Objekte in förmlich festgelegten Sanierungsgebieten,
- für Umlegungsgebiete die Genehmigung nach § 51 BauGB,
- bei der Veräußerung von Erbbaurechten die Zustimmung des Grundstückseigentümers nach § 5 ErbbauRG und
- ggf. die Genehmigung nach § 2 Abs. 1 Grundstücksverkehrsordnung (GVO) für Grundstücke auf dem Gebiet der ehemaligen DDR (Rdn. 216).

Genehmigungen müssen rechtswirksam sein. Hängt die Wirksamkeit vom Eintritt einer **Bedingung** ab, muss die Bedingung eingetreten sein. Sofern eine Genehmigung mit einer **Auflage** erteilt wurde, hängt die Wirksamkeit der Genehmigung von der Erfüllung der Auflage nicht ab. Sofern eine Genehmigung angefochten wird und das Rechtsmittel aufschiebende Wirkung hat, soll die Genehmigung als noch nicht wirksam behandelt werden; kommt dem Rechtsmittel dagegen keine aufschiebende Wirkung zu, wird die Genehmigung als wirksam betrachtet[564].

Der Wirksamkeit einer Genehmigung steht es nicht entgegen, dass sie angefochten wurde.

Im Rahmen des Genehmigungsverfahrens wird beim Erwerb von **Grundstücken in den neuen Ländern** nach § 1 Abs. 2 GVO überprüft, ob Rückübereignungsansprüche geltend gemacht wurden. Die Genehmigung war bis zur Änderung der Grundstücksverordnung vom 20. 12. 1993[565] auch dann erforderlich, wenn sie für den vorangegangenen Erwerb des Bauträgers bereits erteilt worden war. Die Genehmigungspflicht besteht heute in den meisten Fällen nicht mehr (§ 2 Abs. 1 Satz 2 GVO). Sie besteht nach der Änderung vom 20. 12. 1993 insbesondere nicht mehr, wenn der Veräußerer aufgrund einer nach dem 28. 9. 1990 erteilten Genehmigung nach GVO, einer Investitionsbescheinigung, einer Entscheidung nach § 3a VermG oder eines Investitionsvorrangbescheides bereits im Grundbuch eingetragen ist.

Die Genehmigung nach § 2 GVO kann bis zum Ablauf eines Jahres nach Erteilung gemäß § 4 GVO wegen zwischenzeitlicher Anträge auf Rückübertragung des Grundstücks widerrufen werden. Dass die Genehmigung nach § 2 GVO mit diesem Widerrufsrecht belastet ist, ändert nichts daran, dass der Vertrag durch die Genehmigung zunächst wirksam wird, also die Voraussetzungen von § 3 Abs. 1 Satz 1 Nr. 1 MaBV erfüllt sind[566]. Allerdings obliegt es dem Notar, die Parteien auf das Risiko eines Widerrufs und auf etwaige andere Vertragsgestaltungen (Sicherheitsleistung nach § 7 MaBV) hinzuweisen. Wenn wegen eines gegen die Genehmigung eingelegten Rechtsbehelfs (mit aufschiebender Wirkung) nach § 2 Abs. 2 Satz 2 GVO Eintragungen ins Grundbuch verhindert werden, wird der Erwerber mittelbar geschützt, als ihm dann eine Auflassungsvormerkung nicht eingetragen werden kann und deshalb die Fälligkeit von Vergütungen nach § 3 Abs. 1 Satz 1 Nr. 2 MaBV nicht eintreten kann. Wird die Genehmigung widerrufen, dürfen keine (weiteren) Zahlungen entgegengenommen werden; die Voraussetzungen zur Entgegennahme von Zahlungen entfallen nachträglich[567].

216

---

[564] *Basty*, Rdn. 272; *Riemenschneider* in Grziwotz/Koeble, 3. Teil, Rdn. 430; *Schmidt*, MittBayNot 1992, 114 f.
[565] Grundstücksverkehrsordnung (GVO) i. d. F. vom 20. 12. 1993, BGBl. I S. 2182, 2221.
[566] *Dietrich*, MittBayNot 1992, 178 (180); *Basty*, Rdn. 264; *Eue*, I. 30 Anm. 21 (1).
[567] *Basty*, Rdn. 264.

B. Der Bauträgererwerb

217 Die **Zustimmung des Wohnungseigentumsverwalters** nach § 12 WEG muss vorliegen, sofern eine solche Verwalterzustimmung für die Veräußerung von Wohnungs- bzw. Teileigentum in der Gemeinschaftsordnung vorgesehen ist und für den Erstveräußerungsfall nicht ausgeschlossen wurde[568]. Diese Verwalterzustimmung ist auch schon dann erforderlich, wenn die Gemeinschaft noch nicht durch Eintragung des ersten Erwerbers neben dem teilenden Veräußerer in das Grundbuch in Vollzug gesetzt worden ist, da die Veräußerungsbeschränkung des § 12 WEG schon ab Anlegung der Wohnungsgrundbücher und nicht erst ab dem Beginn der Gemeinschaft wirkt[569].

218 Hinsichtlich des Darlehensvertrages steht dem Erwerber das Widerrufsrecht nach § 495 BGB zu. Sofern der Bauträgervertrag mit einem **Verbraucherdarlehensvertrag** wirtschaftlich verbunden ist und deshalb ein verknüpftes Geschäft darstellt, erstreckt sich das Widerrufsrecht auch auf den Bauträgervertrag (§ 358 Abs. 3 Satz 3 BGB). Das führt jedoch nicht dazu, dass der – widerrufbare – Bauträgervertrag schwebend unwirksam ist[570]; im einzelnen Rdn. 1066f.

219 Selbst wenn der Bauträgervertrag in einer **Haustürsituation** angebahnt wurde, besteht nach herrschender Meinung kein Widerrufs- und Rückgaberecht i.S.d. § 312 BGB, da die beurkundete Erklärung des Verbrauchers das Widerrufsrecht ausschließt (§ 312 Abs. 3 Nr. 3 BGB)[571]; der rechtswirksam abgeschlossene Vertrag setzt aber stets die Beurkundung nach § 311b BGB voraus.

220 Neben den Genehmigungen, von denen die Wirksamkeit des Vertrages abhängt, müssen für die Fälligkeit der Vergütung seit der Neufassung des § 3 Abs. 1 Satz 1 Nr. 1 MaBV auch die öffentlich-rechtlichen Genehmigungen vorliegen, die lediglich eine **Vollzugsvoraussetzung** darstellen. Das sind beispielsweise
– die Genehmigung für Vorhaben in Fremdenverkehrsgebieten nach § 22 BauGB und
– die Genehmigung nach § 172 BauGB für Objekte in Wohngebieten mit Erhaltungssatzung (Rdn. 222).
Die nach früherem Recht ggf. erforderliche Teilungsgenehmigung wurde durch die Änderung von § 19 BauGB abgeschafft[572].

221 Obwohl der Vollzug der Urkunde auch von ihnen abhängt, ist die **steuerrechtliche Unbedenklichkeitsbescheinigung** nach § 22 GrEStG oder die Erklärung der Gemeinde über das Nichtbestehen oder die Nichtausübung eines Vorkaufsrechts nach §§ 24, 28 Abs. 1 Satz 2 BauGB[573] keine Fälligkeitsvoraussetzung i.S.d. § 3 Abs. 1 MaBV, da es sich bei ihnen nicht um eine Genehmigung für den Vollzug, sondern um eine sonstige Bescheinigung bzw. Erklärung zum Vollzug handelt.

222 In § 172 Abs. 1 Satz 4 BauGB hat der Gesetzgeber mit dem BauROG 1998 eine dem § 22 BauGB vergleichbare weitere Vollzugsvoraussetzung geschaffen: Die Gemeinden können durch Satzung nach § 172 Abs. 1 Satz 1 Nr. 2 BauGB zum Zwecke der Erhaltung der Zusammensetzung der Wohnbevölkerung – **Erhaltungssatzung** (Milieuschutzsatzung) – die Umwandlung von Wohngebäuden in Eigentumswohnungen auf die Dauer von höchstens fünf Jahren von einer Genehmigung abhängig machen[574]. Unter den Voraussetzungen des § 172 Abs. 4 Satz 3 BauGB ist die Genehmi-

---

[568] BGH v. 21. 2. 1991, NJW 1991, 1613; dazu *Pause,* NJW 1994, 510.
[569] A. A. OLG Hamm v. 7. 4. 1994, NJW-RR 1994, 975 = WE 1994, 239, m. abl. Anm. *Schmidt.*
[570] *Basty,* Rdn. 265; *Blank,* Rdn. 148; *Bischoff* in Grziwotz, § 3 MaBV, Rdn. 24; Riemenschneider in Grziwotz/Koeble, 3. Teil, Rdn. 342; *v. Heymann/Wagner/Rösler,* Rdn. 58; *Volmer,* MittBayNot 2002, 336 (341).
[571] *Palandt/Grüneberg,* § 312 Rdn. 28; a. A. OLG Stuttgart v. 30. 3. 1999, BB 1999, 1453 m. abl. Anm. *Edelmann; Frings,* BB 1999, 2366.
[572] Vgl. BauEAG v. 24. 6. 2004 BGBl. I S. 1359; vgl. dazu *Büssemaker,* BTR 2005, 57.
[573] *Reithmann/Meichssner/v. Heymann,* B Rdn. 95; *Marcks,* § 3 Rdn. 8.
[574] Bau- und Raumordnungsgesetz 1998 v. 18. 8. 1997 (BGBl. I S. 2081); *Battis/Krautzberger/Löhr,* § 172 BauGB Rdn. 11; vgl. *Groschupf,* NJW 1998; 418 (421); zur Wirksamkeit von Erhaltungssatzungen VG München v. 21. 11. 1994, NJW-RR 1995, 856.

III. Vergütungsanspruch des Bauträgers

gung z. B. zur Aufteilung eines Nachlasses oder zur Übertragung von Wohneigentum auf Familienangehörige zu erteilen. Nach § 172 Abs. 1 Satz 6 BauGB ist § 22 Abs. 2 Satz 3 und 4 und Abs. 6 und 8 BauGB anzuwenden; deshalb kann das Grundbuchamt eine Teilungserklärung erst vollziehen, wenn die Genehmigung nach § 172 BauGB oder ein **Negativattest** der Gemeinde vorliegt, § 22 Abs. 6 BauGB[575]. Praktisch muss deshalb für jede Aufteilung entweder eine Genehmigung oder ein Negativattest vorgelegt werden.

bb) Notarsbestätigung. Weitere Voraussetzung für die Entgegennahme von Vermögenswerten ist eine schriftliche Mitteilung des Notars, durch die die Wirksamkeit des Vertrages und das Vorliegen der erforderlichen Genehmigungen bestätigt wird (§ 3 Abs. 1 Satz 1 Nr. 1 MaBV). Die **Notarsbestätigung** bezieht sich nicht nur auf etwa erforderliche Genehmigungen, sondern auch auf die Rechtswirksamkeit des Vertrages. Der Notar muss deshalb die Wirksamkeit des Vertrages wie auch die dafür nötige Wirksamkeit der Genehmigungen prüfen. Die Wirksamkeit des Vertrages ist in schriftlicher Form zu bestätigen; die Notarsbestätigung muss dem Erwerber zugegangen sein. Adressat der Bestätigung ist, was sich zwar nicht aus dem Wortlaut, aber aus Sinn und Zweck von § 3 Abs. 1 Satz 1 Nr. 1 MaBV ergibt, der Erwerber. Eine mittelbare Unterrichtung des Erwerbers durch den Bauträger ist deshalb nicht ausreichend. Die Erklärung des Notars kann allerdings im Erwerbsvertrag enthalten sein, wenn sämtliche Wirksamkeitsvoraussetzungen mit dessen Abschluss eingetreten sind. Die Bestätigung soll dahin lauten, dass die erforderlichen Genehmigungen vorliegen und keine Gründe ersichtlich sind, die gegen die Wirksamkeit des Vertrages sprechen[576]. Sofern die nachträgliche Aufhebung von Genehmigungen in Betracht kommt, soll auch darauf hingewiesen werden. Vor Zugang der Notarsbestätigung darf der Bauträger keine Zahlungen entgegennehmen. Sofern sich nachträglich zeigt, dass die bereits mitgeteilte Bestätigung falsch ist, muss der Notar den Erwerber darüber informieren. 223

Mit der Notarsbestätigung kann die Mitteilung über das Vorliegen der übrigen Fälligkeitsvoraussetzungen (Eintragung der Auflassungsvormerkung, Eingang der Freistellungserklärung) verbunden werden.

Die Notarsbestätigung hat keine konstitutive Wirkung, sondern ist eine gutachterliche Äußerung[577]. Werden von den Vertragsparteien **Zweifel an der Wirksamkeit** des Vertrages geäußert oder behauptet eine der Parteien die Nichtigkeit des Geschäfts – etwa infolge Anfechtung[578] oder wegen unvollständiger Beurkundung –, so obliegt es nicht dem Notar, über die Wirksamkeit bzw. Nichtigkeit zu entscheiden. Er hat aber auf seine Bedenken und die Möglichkeit hinzuweisen, die Wirksamkeit des Vertrages auf dem Gerichtsweg klären zu lassen[579]. 224

Bei der Mitteilung nach § 3 Abs. 1 Satz 1 Nr. 1 MaBV treffen den Notar besondere Pflichten mit entsprechenden Haftungsfolgen (vgl. Rdn. 78, 1055)[580]. 225

cc) Rücktrittsrechte. Nach § 3 Abs. 1 Satz 1 Nr. 1 MaBV darf dem Bauträger bei der Entgegennahme von Vermögenswerten des Erwerbers **kein vertragliches Rücktrittsrecht** (mehr) zustehen. Diese Regelung bedeutet jedoch nicht, dass vertragliche 226

---

[575] Nach OLG Hamm v. 20. 5. 1999, MittBayNot 1999, 497, ist ein Negativzeugnis jedoch solange entbehrlich, wie die Landesregierung von der Verordnungsermächtigung in § 172 BauGB keinen Gebrauch gemacht hat.
[576] *Reithmann/Meichssner/v. Heymann,* B Rdn. 126; *Basty,* Rdn. 224.
[577] *Schmidt,* MittBayNot 1992, 114.
[578] Vgl. KG v. 7. 3. 1989, NJW 1989, 399 zur Nichtigkeit infolge Anfechtung wegen arglistiger Täuschung über zu erwartende Mieteinnahmen und Steuerersparnisse; BGH v. 22. 5. 1970, WM 1970, 906 wegen Nichtigkeit infolge Anfechtung bei einem Irrtum über die Vertrauenswürdigkeit des Baubetreuers.
[579] *Basty,* Rdn. 277.
[580] *v. Heymann/Wagner/Rösler,* Rdn. 59.

Rücktrittsrechte überhaupt nicht vereinbart werden dürften. Nach § 308 Nr. 3 BGB zulässige Rücktrittsrechte werden durch § 3 MaBV nicht ausgeschlossen. § 3 MaBV soll lediglich verhindern, dass Zahlungen bereits fällig werden, wenn sich der Bauträger noch einseitig vom Vertrag durch ein ihm vorbehaltenes Rücktrittsrecht lösen kann[581]. Deshalb ist § 3 Abs. 1 Satz 1 Nr. 1 MaBV weit auszulegen und findet auch dann Anwendung, wenn sich der Bauträger vom Vertrag durch ein ihm vorbehaltenes „Kündigungsrecht" oder einen Anspruch auf eine einvernehmliche Vertragsaufhebung lösen kann[582].

227 Vertragliche Rücktrittsrechte kommen etwa in Betracht, wenn der Bauträger sich für den Fall vom Vertrag lösen will, dass keine hinreichende Anzahl an Erwerbern für die Durchführung des Bauvorhabens gefunden werden kann. Ein für die Nichterreichung eines **Abverkaufsstandes** vereinbartes Rücktrittsrecht ist sachlich gerechtfertigt und verstößt deshalb nicht gegen § 308 Nr. 3 BGB (andernfalls müsste sich der Bauträger vom Erwerber ein befristetes Angebot geben lassen)[583]. Ebenso ist die Vereinbarung eines Rücktrittsrechts wirksam, das vom Bauträger ausgeübt werden kann, wenn die beantragte Baugenehmigung, die Teilungsgenehmigung oder die Abgeschlossenheitsbescheinigung versagt wird[584].

Ein vertragliches Rücktrittsrecht zugunsten des Bauträgers wäre auch dann sachlich gerechtfertigt, wenn die Ausübung eines Vorkaufsrechts möglich ist (z.B. des Mieters nach § 577 BGB oder bei einem rechtsgeschäftlichen Vorkaufsrecht nach § 1094 BGB) und sich der Bauträger durch den Rücktritt vor Schadensersatzansprüchen des Erwerbers im Vorkaufsfall schützen will (zu den Rechtsfolgen des Rücktritts vgl. Rdn. 1000).

228 Solange dem Bauträger ein vertragliches Rücktrittsrecht zusteht und der Vertrag in Abweichung von § 3 MaBV die Erwerberleistung bereits fällig stellt, steht dem Erwerber ein Zurückbehaltungsrecht zu[585].

229 **Gesetzliche Rücktrittsrechte** oder im Vertrag nachgebildete und konkretisierte gesetzliche Rücktrittsrechte stehen der Fälligkeit von Erwerberleistungen nicht entgegen[586]. So ist es für die Fälligkeit der Vergütung unbedenklich, die Folgen des Zahlungsverzuges entsprechend den gesetzlichen Vorschriften im Vertrag darzustellen und dabei auch auf das Rücktrittsrecht des Bauträgers gemäß § 323 BGB hinzuweisen.

d) Auflassungsvormerkung (§ 3 Abs. 1 Satz 1 Nr. 2 MaBV)

230 Zur Sicherung des Anspruchs auf Eigentumsübertragung muss vor Entgegennahme von Vermögenswerten eine Auflassungsvormerkung an der vereinbarten Rangstelle im Grundbuch eingetragen sein. Durch die Auflassungsvormerkung sind weitere Verfügungen des Eigentümers gegenüber dem Vormerkungsberechtigten, dem Erwerber, unwirksam, wenn sie den Auflassungsanspruch vereiteln oder beeinträchtigen könnten. Dies gilt auch für Verfügungen im Wege der Zwangsvollstreckung oder der Arrestvollziehung oder für Verfügungen durch den Konkursverwalter bzw. Insolvenzverwalter (§ 883 Abs. 2 BGB). Außerdem wird der Rang des gesicherten Rechts gewahrt (§ 883 Abs. 3 BGB). Allerdings bewirkt die Auflassungsvormerkung keine Grundbuchsperre. Der Erwerber muss den vormerkungswidrig Eingetragenen – nach seiner eigenen Eintragung als Eigentümer[587] – ggf. im Klageweg auf Löschung der vormerkungswidrig

---

[581] Vgl. BGH v. 8. 11. 1984, NJW 1985, 438.
[582] *Basty*, Rdn. 289.
[583] *Blank*, Rdn. 152 a; a.A. *Basty*, Rdn. 286; *Riemenschneider* in Grziwotz/Koeble, 3. Teil, Rdn. 699.
[584] *Basty*, Rdn. 287; a.A. *Riemenschneider* in Grziwotz/Koeble, 3. Teil, Rdn. 699.
[585] BGH v. 8. 11. 1984, NJW 1985, 438.
[586] BGH v. 8. 11. 1984, NJW 1985, 438.
[587] OLG Zweibrücken v. 27. 4. 2006, NJW-RR 2007, 87 = MittBayNot 2006, 417.

III. Vergütungsanspruch des Bauträgers

eingetragenen Verfügungen nach § 888 BGB in Anspruch nehmen. Durch die Auflassungsvormerkung wird lediglich der Anspruch auf Übereignung des Grundstücks[588], nicht aber der Herstellungsanspruch gesichert; der Erwerber trägt das Risiko der nicht vollständigen oder der mangelhaften Bauerrichtung.

Die Auflassungsvormerkung ist im Falle einer Krise des Bauträgers **insolvenzfest.** Der Insolvenzverwalter kann nicht unter Berufung darauf, dass das Bauvorhaben noch nicht abgeschlossen ist, also der Bauträger seine Verpflichtung noch nicht vollständig erfüllt hat, die Erfüllung des Vertrages nach § 103 InsO mit der Folge ablehnen, dass der Rechtsgrund für eine Auflassung und damit auch der Grund für deren Sicherung entfällt[589]. Diesen Weg hat der Gesetzgeber durch die Änderung des früheren § 24 KO[590] versperrt (nunmehr § 106 InsO). Der Insolvenzverwalter kann danach nur zwischen der Erfüllung des Vertrages oder der Übereignung des teilweise errichteten Gebäudes wählen; im ersten Fall muss der Insolvenzverwalter das Bauvorhaben vollständig fertig stellen, im zweiten muss der Erwerber einen dem erreichten Bautenstand entsprechenden Teil der Vergütung entrichten[591]. Zur vollständigen Fertigstellung des Objekts durch den Insolvenzverwalter bzw. die finanzierenden Banken einerseits oder durch die Erwerber andererseits vgl. unten Rdn. 252f., 970f.

Der Bestand der Auflassungsvormerkung und damit die durch sie vermittelte Sicherheit ist von der Wirksamkeit des Bauträgervertrages abhängig. Das gilt namentlich in der Insolvenz des Bauträgers. Sofern der Vertrag z.B. wegen seiner unzureichenden Beurkundung nichtig ist, kann der Insolvenzverwalter vom Erwerber nach § 894 BGB die Zustimmung zur Berichtigung verlangen[592]. Wegen der strengen **Akzessorietät der Auflassungsvormerkung,** kann die Löschung verlangt werden, wenn der zu sichernde Übereignungsanspruch wegen der Vertragsnichtigkeit nicht besteht. Gegenüber dem Bauträger wird dem Erwerber wegen der von ihm bereits geleisteten Zahlungen allerdings ein Zurückbehaltungsrecht an dem Berichtigungsanspruch nach § 273 BGB zugebilligt[593], da der Rückzahlungsanspruch des Erwerbers in einem natürlichen und wirtschaftlichen Zusammenhang und damit in einem rechtlichen Verhältnis i.S.v. § 273 BGB zu dem auf Berichtigung bzw. Erteilung einer Löschungsbewilligung gerichteten Anspruch des Bauträgers steht[594]. Im Fall der Insolvenz des Bauträgers wird ein solches Zurückbehaltungsrecht gegenüber dem Berichtigungsanspruch des Insolvenzverwalters jedoch nicht anerkannt[595]. Die Zulassung eines Zurückbehaltungsrechts als Zwangsmittel zur Durchsetzung einer rein persönlichen Forderung ist mit dem Grundsatz der gleichmäßigen Befriedigung der Gläubiger nicht vereinbar[596]. Der Erwerber ist gegenüber dem Insolvenzverwalter auch nicht zum Be-

231

---

[588] BGH v. 21.11.1985, NJW 1986, 925 (927): die Vormerkung stellt den Erwerber – nur – so, als ob das Bauwerk auf seinem Grundstück errichtet würde.
[589] So noch zur alten Rechtslage BGH v. 29.10.1976, NJW 1977, 146.
[590] Gesetz v. 22.6.1977, BGBl. I S. 998.
[591] BGH v. 21.11.1985, NJW 1986, 925; vgl. OLG Frankfurt v. 15.11.1993, WuM 1994, 36; OLG Frankfurt v. 15.3.1991, WuM 1994, 35 zur Fertigstellung des steckengebliebenen Baus. § 106 InsO gibt jedoch keinen Anspruch auf lastenfreie Übertragung des Eigentums, BGH v. 22.9.1994, NJW 1994, 3231 – insoweit greift beim Bauträgererwerb allerdings die Freistellungserklärung der Globalgläubigerin (§ 3 Abs. 1 Satz 1 Nr. 3 MaBV).
[592] BGH v. 7.3.2002, NJW 2002, 2313; BGH v. 22.1.2009, NJW 2009, 1414 = BauR 2009, 817 = ZflR 2009, 289 m.Anm. *Zimmer.*
[593] BGH v. 5.10.1979, NJW 1980, 833 (834); BGH v. 4.12.1985, NJW 1986, 925 (927); BGH v. 28.10.1988, NJW-RR 1989, 201 = DNotZ 1989, 760 = WM 1989, 348 m.Anm. *Hegmanns.*
[594] BGH v. 28.10.1988, NJW-RR 1989, 201 = DNotZ 1989, 760 = WM 1989, 348 m.Anm. *Hegmanns.*
[595] BGH v. 20.12.2001, NJW 2002, 1050; BGH v. 7.3.2002, NJW 2002, 2313; BGH v. 22.1.2009, NJW 2009, 1414 = BauR 2009, 817.
[596] BGH v. 22.1.2009, NJW 2009, 1414 = BauR 2009, 817, Rdn. 8.

sitz berechtigt, sondern vielmehr zum Nutzungsersatz ab Rechtshängigkeit verpflichtet; eine Aufrechnung mit Ansprüchen des Erwerbers, die vor der Insolvenz des Bauträgers entstanden sind, kommt ebenfalls nicht in Betracht[597]. Wegen dieser Rechtsfolgen ist auch der Rücktritt bzw. der große Schadensersatz ein riskanter Rechtsbehelf, da sie der Auflassungsvormerkung ebenfalls die Grundlage nehmen (zur Kritik, die wegen dieser Schwächen der Auflassungsvormerkung am Vormerkungsmodell geübt wird, vgl. oben Rdn. 202).

232 Voraussetzung dafür, dass es sich um einen Bauträgererwerb handelt, ist nicht die Eigentümerstellung des Bauträgers, sondern die übernommene Eigentumsverschaffungsverpflichtung (Rdn. 45). Ist der Bauträger (noch) nicht Eigentümer des Grundstücks, kann er also eine Auflassungsvormerkung selbst nicht bewilligen, so wird er dem Erwerber die Übertragung der ihm seinerseits eingeräumten Sicherheiten antragen. Eine **Abtretung** seines Auflassungsanspruchs mit der ihm eingetragenen **Auflassungsvormerkung** scheidet allerdings als Sicherheit i.S.d. § 3 Abs. 1 Satz 1 Nr. 2 MaBV aus. Mit der Abtretung des dem Bauträger gegen den Grundstückseigentümer zustehenden Übereignungsanspruchs an den Erwerber geht zwar die Auflassungsvormerkung an diesen über[598]. Die Abtretung könnte auch im Grundbuch eingetragen werden[599]. Eine Löschung würde sodann nur noch mit Zustimmung des Erwerbers erfolgen können, wodurch zweifellos ein gewisser Schutz erreicht wird.

Die Auffassung, wonach die Abtretung des Übereignungsanspruchs als Sicherheit ausreicht[600], übersieht jedoch, dass die Auflassungsvormerkung wegen ihrer Akzessorietät vom Bestand des abgetretenen Übereignungsanspruchs abhängig ist[601]. Auch dann, wenn vertragliche Rücktrittsrechte nicht mehr bestehen, gesetzliche Rücktrittsrechte ausgeschlossen sind (der Kaufpreis wurde an den Eigentümer gezahlt) und ein Zwischenerwerb durch den Bauträger ausgeschlossen wird, können immer noch Abwicklungsschwierigkeiten zwischen Eigentümer und Bauträger auftreten (z.B. Nichtigkeit des Vertrages infolge Anfechtung oder Unterverbriefung) und lassen eine vermittelte Auflassungsvormerkung auch unter dieser Voraussetzung nicht ausreichen[602]. Vor allem ist ungeklärt, ob die abgetretene Vormerkung am Schutz des § 106 InsO teilnimmt, sich also im Falle einer Krise des Bauträgers als insolvenzfest erweist. Die nur abgeleitete Vormerkung genügt deshalb den Anforderungen des § 3 Abs. 1 Satz 1 Nr. 2 MaBV nicht[603].

In den Fällen, in denen der Bauträger noch nicht Eigentümer ist bzw. ein Durchgangserwerb nicht beabsichtigt wird, müssen andere Vertragsgestaltungen gewählt werden. Es kommt entweder die Gestellung einer Sicherheit nach § 7 MaBV, die Mitverpflichtung des Grundstückseigentümers zur Eigentumsverschaffung im Bauträgervertrag oder ein Zuwarten bis zur Eintragung der Auflassung für den Bauträger (mit anschließender Bewilligung einer Auflassungsvormerkung für den Erwerber) in Betracht.

Sofern der Bauträger nicht selbst Eigentümer des Vertragsgrundstücks werden will und sich vom Grundstückseigentümer ein **Benennungsrecht** einräumen lässt, ist der von ihm benannte Erwerber nur dann Berechtigter einer zu Gunsten des Bauträgers

---

[597] BGH v. 20. 12. 2001, NJW 2002, 1050.
[598] BGH v. 27. 10. 2006, NJW 2007, 508, Rdn. 16.
[599] BayObLG v. 3. 9. 1998, NJW-RR 1999, 309.
[600] *Schmidt.*, MittBayNot 1992, 114 (115); *Reithmann/Meichssner/v. Heymann*, B Rdn. 98, 163; *Kutter*, A II Rdn. 57, 63.
[601] BGH v. 27. 10. 2006, NJW 2007, 508, Rdn. 18.
[602] Diese Fallgestaltung war durch Urteil des BGH v. 27. 10. 2006, NJW 2007, 508, Rdn. 18, nicht zu entscheiden und deshalb offen geblieben.
[603] *Basty*, Rdn. 325; *Blank*, Rdn. 161; *Eue*, I. 30 Anm. 13 (7); *Koeble*, Kap. 12 Rdn 88; *Locher/Koeble*, Rdn. 499; *Marcks*, § 3 Rdn. 10; *Riemenschneider* in Grziwotz/Koeble, 3. Teil, Rdn. 440; *Usinger*, NJW 1987, 934.

III. Vergütungsanspruch des Bauträgers

eingetragenen Auflassungsvormerkung, wenn ihm nach der gewählten Vertragsgestaltung auch der Übereignungsanspruch gegen den Eigentümer abgetreten und er auf diese Weise Inhaber der Auflassungsvormerkung wird[604]. Auch dadurch würde der Erwerber aber nur Inhaber einer „abgetretenen" und nicht Berechtigter einer originären Auflassungsvormerkung; die Unsicherheit, ob eine solche Vormerkung insolvenzfest im Sinne von § 106 InsO ist, besteht auch hier. Sofern dem Erwerber selbst eine eigene Auflassungsvormerkung als erst noch zu benennender Dritter eingetragen werden soll, wird dieser Weg von der Rechtsprechung wegen Verstoßes gegen den Bestimmtheitsgrundsatz für nicht gangbar gehalten[605].

Der aus einem **bindenden Angebot** folgende künftige Auflassungsanspruch ist vormerkungsfähig. Der Vormerkungsberechtigte genießt den vollen Schutz, wenn das Zustandekommen des Vertrages nur noch von seiner Annahmeerklärung abhängt. Ein vormerkungsgesicherter Auflassungsanspruch ist in diesem Fall insolvenzfest, und zwar auch dann, wenn er erst nach Verfahrenseröffnung durch Angebotsannahme entsteht[606].

Die Auflassungsvormerkung muss an der **vereinbarten Rangstelle** eingetragen **233** sein. Nicht verlangt wird die Eintragung an erster Rangstelle. Grundpfandrechte können der Auflassungsvormerkung vorgehen. Die Sicherung erfolgt insofern regelmäßig durch die Freistellungserklärung der Grundpfandgläubigerin. Sachgerechte Vereinbarungen, nach denen etwa bestimmte Dienstbarkeiten vorgehen können, sind ebenfalls zulässig[607]; das kann der Fall sein, wenn die Dienstbarkeiten vertragsgemäß vom Erwerber zu übernehmen sind und z.B. der wechselseitigen Erschließung, der Energie- und Medienversorgung dienen.

Auflassungsvormerkungen zugunsten einer Gemeinde zur Sicherung von bedingten Rückübertragungsansprüchen für den Fall der vom Bauträger übernommenen, aber nicht durchgeführten Bebauung bei Vergütung des Grundstückswerts zuzüglich des Werts der bereits errichteten Bauten (im Wege der Abtretung an den Erwerber), werden für hinnehmbar gehalten, zumal ein Rangrücktritt der Gemeinde hinter die Auflassungsvormerkung des Erwerbers regelmäßig nicht durchzusetzen sein wird[608].

Vollmachten zur Bewilligung von Rangrücktritten oder die Freigabe von der Vormerkung können für die Abwicklung des Vertrages erforderlich und zweckmäßig sein, etwa für die nachträgliche Bestellung einer Dienstbarkeit zur Versorgung des Grundstücks oder die Freigabe einer nicht vertragsgegenständlichen Teilfläche von der Vormerkung. Entsprechende Vertragsbestimmungen müssen einer Inhaltskontrolle nach §§ 305c, 307 BGB standhalten; ihre Ausübung sollte vom beurkundenden Notar überwacht werden (vgl. auch Rdn. 99f.).

§ 3 Abs. 1 Satz 1 Nr. 2 MaBV wurde durch die Änderungsverordnung vom 7.11. **234** 1990 ab 1.3.1991 um eine weitere Voraussetzung erweitert. Die Auflassungsvormerkung muss am **Vertragsobjekt** eingetragen sein. Diese Voraussetzung ist vor allem beim Erwerb von Wohnungseigentum bedeutsam. Eine Vormerkung an dem noch ungeteilten Grundstück genügt deshalb nicht. Vermögenswerte des Erwerbers dürfen nunmehr nur noch dann entgegengenommen werden, wenn beim Erwerb von Wohnungs- oder Teileigentum die **Teilungserklärung im Grundbuch vollzogen ist.** Das Sondereigentum muss als Voraussetzung für die Entgegennahme von Zahlungen entstanden und an ihm sodann die Auflassungsvormerkung an ausbedungener Stelle eingetragen sein. Die früher gängige Übung, eine Vormerkung zur Sicherung der An-

---

[604] BGH v. 10.10.2008, NJW 2009, 356, Rdn. 8, m. Anm. *Kessler* = ZfIR 2009, 244, m. Anm. *Assmann*.
[605] BGH v. 22.12.1982, NJW 1983, 1543 (1544); vgl. aber *Ludwig*, NJW 1983, 2792, 2797.
[606] BGH v. 14.9.2001, NJW 2002, 213.
[607] *Basty*, Rdn. 316.
[608] *Basty*, Rdn. 318; *Kutter*, AII Rdn. 63; *Riemenschneider* in Grziwotz/Koeble, 3. Teil, Rdn. 443.

B. Der Bauträgererwerb

sprüche auf Eigentumsverschaffung und auf Bildung von Wohnungseigentum vor Vollzug genügen zu lassen, war zwar grundbuchrechtlich nicht zu beanstanden[609], beinhaltete aber erhebliche Risiken für den Erwerber.

Die vom Verordnungsgeber zusätzlich geforderte Sicherheit ist sachgerecht. Vermag der Gewerbetreibende den grundbuchlichen Vollzug der Teilungserklärung nicht zu bewerkstelligen, wäre dem Erwerber lediglich der Erwerb von Miteigentum am ungeteilten Grundstück gesichert, was eigentumsrechtlich von ganz anderer Qualität ist[610] und auch nicht der vertraglich übernommenen Leistungspflicht entspricht. Da nach dem eindeutigen Wortlaut der MaBV die Teilungserklärung „im Grundbuch vollzogen sein muss", ist auch der Vorschlag[611] abzulehnen, die Einreichung der bereits erteilten Abgeschlossenheitsbescheinigung samt Teilungserklärung beim Grundbuchamt genügen zu lassen.

Will der Bauträger noch vor Vollzug der Teilungserklärung Zahlungen des Erwerbers entgegennehmen, kommt ausschließlich die Sicherheitsleistung nach § 7 MaBV in Betracht.

235 Der Vollzug der Teilungserklärung setzt voraus, dass eine **Abgeschlossenheitsbescheinigung** der zuständigen Baubehörde vorgelegt wird. Das Risiko, dass eine Abgeschlossenheitsbescheinigung möglicherweise nicht erteilt und die Teilungserklärung in der Folge nicht vollzogen werden kann, ist für den Erwerber durch die Neufassung des § 3 MaBV beseitigt worden. Hintergrund für diese Änderung war insbesondere die Verwaltungspraxis, Abgeschlossenheitsbescheinigungen für Altbauten zu verweigern, um (aus Gründen falsch verstandenen Mieterschutzes) auf diese Art und Weise die Umwandlung von Miet- in (sanierte) Eigentumswohnungen zu verhindern. Auch wenn der Gemeinsame Senat der obersten Gerichtshöfe des Bundes klargestellt hat, dass die Erteilung der Abgeschlossenheitsbescheinigung nicht davon abhängig gemacht werden kann, dass aufzuteilende Altbauten die heutigen bauordnungsrechtlichen Vorschriften erfüllen[612], so kann doch nicht ausgeschlossen werden, dass der Vollzug von Teilungserklärungen – auch bei Neubauten – an einer unzureichenden Abgeschlossenheit oder an anderen Hindernissen scheitert. Im Übrigen hat der Gesetzgeber das, was die Verwaltung auf dem Umweg über die Abgeschlossenheitsbescheinigung vergeblich versucht hatte, nun durch die Änderung des § 172 BauGB ermöglicht[613]. Die Umwandlung von Wohngebäuden in Eigentumswohnungen kann durch gemeindliche Satzung von einer Genehmigung abhängig gemacht werden. Dem Vollzug der Teilungserklärung kann bei Objekten in **Gebieten mit Erhaltungssatzung** ggf. die fehlende Genehmigung nach § 172 BauGB entgegenstehen. Entsprechendes galt bei Objekten in **Fremdenverkehrsgebieten** schon seit 1986 (§ 22 BauGB). Die Abgeschlossenheitsbescheinigung muss bei Altbauten den tatsächlichen Bestand darstellen[614]; es kommt also für die Aufteilung auf die Abgeschlossenheit der vorhandenen Altbausubstanz an.

Bei **Altbausanierungen,** die auch die Grundrisse der Wohnungen im Verhältnis zueinander verändern oder bei denen zusätzliche Wohnungen oder Räume entstehen, ist gleichwohl nicht die beabsichtigte Änderung, sondern zunächst der Bestand für die Abgeschlossenheitsbescheinigung maßgeblich. Erforderlichenfalls muss die Teilungserklärung angepasst, also geändert und die Änderung vollzogen werden. Erst die auf der

---

[609] BayObLG v. 27. 5. 1977, DNotZ 1977, 544.
[610] Zum Bruchteilseigentum vgl. *Pause,* NJW 1990, 810.
[611] *Wilhelmi,* DB 1992, 1815.
[612] Beschluss v. 30. 6. 1992, DNotZ 1993, 48 = NJW 1992, 3290; vgl. auch BGH v. 10. 12. 1992, NJW 1993, 592.
[613] Bau- und Raumordnungsgesetz 1998 v. 18. 8. 1997 (BGBl. I S. 2081); vgl. *Battis/Krautzberger/Löhr,* § 172 BauGB Rdn. 11; *dies.,* NVwZ 1997, 1145; *Groschupf,* NJW 1998; 418 (421); *Grziwotz,* DNotZ 1997, 924.
[614] VGH München v. 20. 11. 1997, NZM 1999, 260.

III. Vergütungsanspruch des Bauträgers

Grundlage dieser Teilungserklärung entstandenen Einheiten stellen das Vertragsobjekt dar. Erst die Vormerkung an diesem Vertragsobjekt berechtigt zur Entgegennahme von Zahlungen.

Besteht der Vertragsgegenstand aus **mehreren Grundstücken** (z. B. Wohnung bzw. **236** Haus und Kfz-Stellplatz), muss als Voraussetzung für die Fälligkeit der (anteiligen) Gesamtvergütung eine Auflassungsvormerkung an sämtlichen Objekten eingetragen sein.

Soweit auch **Sondernutzungsrechte** zum Vertragsgegenstand gehören, müssen die Sondernutzungsrechte Gegenstand der vollzogenen Teilungserklärung und damit entstanden sein. Nur so kann sich die Auflassungsvormerkung auch auf die Sondernutzungsrechte beziehen und den Erwerber schützen[615].

Wird das Objekt auf einer **Teilfläche** errichtet, ist die Auflassungsvormerkung nach der Änderung von § 19 BauGB am ungeteilten Grundstück ausreichend, sofern die Teilung nicht nach Landesrecht genehmigungspflichtig ist. Vorrangige Vormerkungen für andere Erwerber sind unschädlich, sofern sie sich auf unterschiedliche Teilflächen beziehen[616].

Regelungen für den Fall, dass der Bauträger wegen Pflichtverletzungen des Erwer- **237** bers (Zahlungsverzug) vom Vertrag zurück tritt, sehen eine Vollmacht zur Abgabe einer Löschungsbewilligung entweder im Vertrag oder zu separater Urkunde vor. Eine **Löschungsvollmacht** birgt die Gefahr einer missbräuchlichen Ausübung. Bei einer Entwertung durch eine solche Gefahr scheidet die Vormerkung als Sicherung nach § 3 Abs. 1 Satz 1 Nr. 2 MaBV aus. Fraglich erscheint, ob eine Löschungsvollmacht so eingeschränkt werden kann, dass sie für den Erwerber risikofrei und für den Bauträger immer noch zweckmäßig ist. Die Ausübung einer Löschungsvollmacht soll davon abhängig gemacht werden, dass vom Erwerber keine Einwände erhoben werden und gezahlte Beträge zurückerstattet oder hinterlegt worden sind. Ob eine unbeantwortet gebliebene entsprechende schriftliche Anfrage durch das Notariat beim Erwerber für die Vorlage der beim Notar hinterlegten Löschungsbewilligung ausreicht[617], erscheint zweifelhaft. Für den Erwerber risikofrei ist es, wenn die Verwendung der Vollmacht von einer Vollzugsanweisung der Beteiligten abhängig gemacht ist[618]. Durch die Vertragsgestaltung muss ausgeschlossen werden, dass Leistungsverweigerungsrechte des Erwerbers eingeschränkt und eine vertragswidrige Löschung der Auflassungsvormerkung durch den Bauträger herbeigeführt werden.

e) Sicherung der Lastenfreistellung (§ 3 Abs. 1 Satz 1 Nr. 3, Satz 2 bis 5 MaBV)

aa) Arten der Freistellungssicherung. Durch die Auflassungsvormerkung wird zwar der **238** Anspruch auf das Eigentum, nicht aber die Lastenfreiheit des Grundstücks gesichert. In der Regel sind Grundpfandrechte für die den Bauträger finanzierende Bank am Grundstück bestellt. Diese Globalbelastung geht der zugunsten des Erwerbers eingetragenen Auflassungsvormerkung im Rang vor. Deshalb verlangt § 3 Abs. 1 Satz 1 Nr. 3 MaBV, dass die Freistellung des Vertragsobjekts von allen Grundpfandrechten gesichert sein muss, bevor der Bauträger Mittel des Erwerbers entgegennehmen darf. Die Sicherung der Lastenfreistellung kann auf verschiedene Weise erfolgen[619]; die MaBV schreibt keine bestimmte Art der Lastenfreistellung vor:

– Abgabe einer **Freistellungsverpflichtungserklärung** (Freigabeversprechen, Las- **239** tenfreistellungserklärung) der Grundpfandgläubiger: Diese Sicherung der Lastenfrei-

---

[615] *Basty*, Rdn. 311.
[616] *Basty*, Rdn. 315, 317; *Eue*, I. 30 Anm. 13 (6).
[617] *Blank*, Rdn. 389 f.; *Basty*, Rdn. 322.
[618] Vgl. *Riemenschneider* in Grziwotz/Koeble, 3. Teil, Rdn. 445.
[619] *Basty*, Rdn. 333 f.; *Blank*, Rdn. 163; *v. Heymann/Wagner/Rösler*, Rdn. 70.

stellung ist am meisten verbreitet. Durch die Freistellungsverpflichtungserklärung verpflichtet sich der Grundpfandgläubiger zur Lastenfreistellung durch die Bewilligung der Löschung oder Pfandfreigabe, gibt die entsprechenden Erklärungen aber noch nicht ab.

240 – **Rangrücktrittserklärung** der Grundpfandgläubiger hinter die dem Erwerber eingeräumte Auflassungsvormerkung: Zu dieser Sicherung der Lastenfreistellung wird die Globalgläubigerin in der Regel nicht bereit sein[620]. Außerdem kann sich für den Erwerber die Finanzierung erschweren, da auch seine Bank gegen diese Form der Lastenfreistellung Bedenken haben kann: Durch die Rangrücktrittserklärung steht ihr Grundpfandrecht endgültig hinter dem der Globalpfandgläubigerin; bei einer Zwangsversteigerung ist ein Ausfall zu besorgen.

241 – Vollständige oder teilweise **Übernahme der Grundpfandrechte** durch den Erwerber zur Sicherung seiner eigenen (Zwischen-)Finanzierung: Die Fälligkeit von Zahlungen muss zusätzlich von der Vorlage einer Nichtvalutierungserklärung der Bank abhängig gemacht werden. Sofern mit der Übernahme des Grundpfandrechts eine Schuldübernahme verbunden ist, darf sie nicht zu einer Vorleistung des Erwerbers führen. Sie muss deshalb vertraglich so gestaltet werden, dass die Schuld nur sukzessive und entsprechend den nach § 3 Abs. 2 MaBV zu bildenden Baufortschrittsraten übernommen wird. Der schrittweisen Schuldübernahme muss also jeweils ein entsprechender Gegenwert am Grundstück bzw. an der Bausubstanz gegenüberstehen. Für nicht übernommene Teile der am gesamten Grundstück bestellten Grundschuld (z.B. beim Erwerb von Wohnungseigentum) wird – wie üblich – eine Freistellungsverpflichtungserklärung benötigt; außerdem ist sicherzustellen, dass der Erwerber nicht über den mit ihm vereinbarten Kaufpreis hinaus in Anspruch genommen werden kann[621].

242 – **Löschungsbewilligung** (oder Pfandfreigabeerklärung bei Wohnungseigentum) der finanzierenden Bank verbunden mit einem Notartreuhandauftrag: Dieser Weg kommt insbesondere bei Einzelobjekten, z.B. Reihenhäusern, in Betracht, bei denen sich die Finanzierung der Globalbank ohnehin nur auf dieses eine Grundstück bezieht; er kann aber als Pfandfreigabeerklärung auch beim Erwerb von Wohnungseigentum beschritten werden. Der Notartreuhandauftrag hat den Inhalt, dass von der Löschungsbewilligung erst nach Zahlung der geschuldeten Vertragssumme im Fall der Vollendung oder auch im Fall des Steckenbleibens des Bauvorhabens Gebrauch gemacht werden darf[622]. Ein Treuhandauftrag, der die Verwendung der Löschungsbewilligung von der Zahlung des gesamten Kaufpreises (statt von der Zahlung der geschuldeten Vertragssumme) abhängig macht, widerspricht § 3 Abs. 1 MaBV und stellt deshalb keine ausreichende Sicherung der Lastenfreistellung dar[623]. Zur Vermeidung einer missbräuchlichen Verwendung der Löschungsbewilligung durch den Erwerber dürfte die Aushändigung der Originalunterlagen an den treuhänderisch gebundenen Notar zur Erfüllung der Anforderung des § 3 Abs. 1 Satz 4 MaBV genügen, sofern er dabei auch die Belange des Erwerbers vertritt[624].

243 *bb) Freistellungsverpflichtungserklärung der Grundpfandrechtsgläubiger.* In aller Regel wird der Bauträger eine Freistellungsverpflichtungserklärung seiner Bank vorlegen. Die Freistellungsverpflichtungserklärung der Grundpfandgläubigerin muss nach § 3 Abs. 1 Satz 1 Nr. 3, Satz 2 bis 5 MaBV folgenden Inhalt haben:

---

[620] Reithmann/Meichssner/v. Heymann, B Rdn. 99; *Basty,* Rdn. 343, 349f.; *Blank,* Rdn. 164.
[621] *Marcks,* § 3 Rdn. 28; *Basty,* Rdn. 335f.; *Kutter,* A II Rdn. 64.
[622] *Basty,* Rdn. 282; *Kutter,* A. II Rdn. 64.
[623] OLG Saarland v. 22. 11. 2005, BauR 2006, 1321, mit allerdings unzutreffenden Hinweisen auf die fehlende generelle Eignung einer Pfandfreigabeerklärung.
[624] BGH v. 25. 11. 2010 – VII ZR 263/08; *Basty,* Rdn. 339.

III. Vergütungsanspruch des Bauträgers

Die finanzierende Bank verpflichtet sich zur **Löschung der nicht übernommenen** **244** **Grundpfandrechte,** wobei die Löschung unverzüglich nach Zahlung der geschuldeten Vertragssumme zu erfolgen hat. Die Freistellung muss sich sowohl auf den Fall beziehen, dass das Objekt vollständig fertig gestellt wird, wie auch auf den, dass das Bauvorhaben nicht vollendet wird. Im zweiten Fall darf sich die Bank allerdings vorbehalten, statt der Freistellung dem Erwerber sämtliche von ihm bereits geleisteten Zahlungen zurückzugewähren. Die Freistellung muss auch dann erklärt werden, wenn sich die ursprünglich vereinbarte Vergütung infolge von Gegenrechten des Erwerbers verringert hat (z. B. aufgrund einer Minderung wegen Mängeln, einer Aufrechnung mit Kosten der Ersatzvornahme usw.).

Um den Anforderungen des § 3 Abs. 1 Satz 1 Nr. 3 MaBV zu genügen, muss sich die Freistellungsverpflichtungserklärung auf das erworbene, aber belastete Grundstück beziehen und das freizugebende Grundstück zweifelsfrei identifizieren lassen. Die **Bezeichnung des Grundstücks** muss sich aus der Freistellungsverpflichtungserklärung eindeutig ergeben[625]; es müssen die vertragsgegenständlichen Grundstücke bezeichnet werden. Nur so lässt sich der Gegenstand der Freistellungsverpflichtungserklärung bestimmen und wird dem Erwerber ein ggf. gerichtlich durchsetzbarer Anspruch auf Lastenfreistellung verschafft. Bezieht sich der Erwerbsvertrag auf mehrere Flurstücke, müssen in der Freistellungserklärung sämtliche Flurstücke aufgeführt sein.

Dem Erwerber muss die vollständige Freistellungsverpflichtungserklärung **ausgehän-** **245** **digt** werden (§ 3 Abs. 1 Satz 4 MaBV). Es ist ausreichend, wenn der Notar das Original treuhänderisch verwahrt[626]. Wenn bei Abschluss des Bauträgervertrages die Freistellungserklärung noch nicht existiert, muss der Bauträger zur Aushändigung einer dem Vertrag entsprechenden Freistellungserklärung verpflichtet werden (§ 3 Abs. 1 Satz 5 MaBV).

Liegt die Freistellungserklärung bei Beurkundung des Erwerbsvertrages bereits vor, kann in der Urkunde auf die Erklärungen Bezug genommen werden. Das bedeutet, dass im Kaufvertrag das Vorliegen der Freistellungserklärung bestätigt wird. Eine Bezugnahme im beurkundungsrechtlichen Sinn (§ 13a BeurkG) wird von der MaBV nicht gefordert[627]. Die Beurkundung – auch im Wege der Bezugnahme – kann aber dann erforderlich sein, wenn zusätzliche Bedingungen der Freistellungserklärung (z. B. Wahlrecht nach § 3 Abs. 1 Satz 3 MaBV) durch einen Verweis auf die Freistellungserklärung zum Inhalt des Vertrages zwischen Bauträger und Erwerber gemacht werden sollen.

In § 3 Abs. 1 Satz 4 MaBV wird zwar davon gesprochen, dass die zur Sicherung der **246** Freistellung erforderliche Erklärung abzugeben ist. Offen bleibt aber, wer Adressat der Erklärung ist, der Erwerber oder der Bauträger, ob es sich also um einen unmittelbaren **Vertrag zwischen Globalbank und Erwerber** oder um einen Vertrag zwischen Bank und Bauträger (zugunsten Dritter) handelt. In jedem Fall soll der Erwerber einen eigenen und unmittelbaren Freistellungsanspruch gegenüber der Bank erhalten. Die Rechtsprechung war von einem Vertrag zugunsten Dritter ausgegangen[628], während das Schrifttum eine unmittelbare Vereinbarung zwischen Bank und Erwerber annimmt[629].

---

[625] OLG Bamberg v. 14. 9. 2005, BauR 2006, 122.
[626] BGH v. 25. 11. 2010 – VII ZR 263/08; vgl. auch *Reithmann/Meichssner/v. Heymann,* B Rdn. 176; *Kutter,* A II Rdn. 71; *Basty,* Rdn. 345.
[627] *Blank,* Rdn. 166.
[628] BGH v. 10. 6. 1983, NJW 1984, 169 (170) hält einen Vertrag zugunsten Dritter für möglich, konnte dies im entschiedenen Fall aber offen lassen; vgl. auch BGH v. 17. 9. 1976, NJW 1976, 2213 und BGH vom 30. 1. 1992, DNotZ 1992, 560; vgl. auch LG Aschaffenburg v. 15. 11. 1996, WM 1997, 1849: Vertrag mit Schutzwirkung zugunsten Dritter.
[629] *Basty,* Rdn. 342; *Kutter,* A II Rdn. 64; *Reithmann/Meichssner/v. Heymann,* B Rdn. 175; *Eue,* I. 30 Anm. 22 (2); *M. Schmid,* BauR 2000, 971 (976); *Blank,* Rdn. 165 und *Vogel,* BauR 1999, 992 (995), sprechen von einem Vertrag sui generis zwischen Erwerber und Bank. – *Koeble,* Kap. 12 Rdn. 92 und *Marcks,* § 3 Rdn. 17, lassen diese Frage offen.

B. Der Bauträgererwerb

Bei der üblichen Abwicklung ist von einer Freistellungsvereinbarung zwischen Bank und Erwerber auszugehen. Für gewöhnlich übermittelt die Bank ihre Freistellungsverpflichtungserklärung an den Notar, damit dieser sie dem Erwerber bekannt macht. Sie wird sodann bei der Beurkundung vorgelegt und der Urkunde beigefügt (vgl. § 3 Abs. 1 Satz 5 MaBV). Der Erwerber nimmt das darin liegende Angebot der Bank (soweit allgemein für verschiedene Erwerber an den Notar adressiert: durch Erklärung gegenüber dem, den es angeht) stillschweigend an. Ähnlich wie bei der Bürgschaft handelt es sich um einen einseitig verpflichtenden Vertrag, bei dem an die Erklärung des sich Verpflichtenden höhere Anforderungen gestellt werden als an die Annahmeerklärung des Berechtigten, bei dem die Vertragsannahme insbesondere formlos, nämlich auch stillschweigend erfolgen kann. Der unmittelbar zwischen Bank und Erwerber geschlossene Vertrag entspricht außerdem den Anforderungen der MaBV. Nach dem Zweck der MaBV soll der Erwerber einen möglichst sicheren und deshalb von den Rechtsbeziehungen zwischen Bank und Bauträger unabhängigen Anspruch erhalten, sollen also denkbare Einwendungen gemäß § 334 BGB ausgeschlossen sein.

§ 3 Abs. 1 Satz 4 MaBV schreibt jedoch keine bestimmte Vertragsgestaltung vor. Im Einzelfall kann zwischen den Parteien auch etwas anderes vereinbart sein, also auch ein Vertrag zugunsten Dritter oder eine Vereinbarung zwischen Erwerber, Bauträger und Bank.

Das der Freistellungsverpflichtungserklärung zugrundeliegende Rechtsverhältnis zwischen Erwerber und Bank stellt im übrigen einen selbständigen Rechtsgrund für die Zahlungen an die Bank dar, da der Erwerber mit den Zahlungen nicht nur die Verbindlichkeit gegenüber dem Bauträger erfüllen will, sondern zugleich auch die Lastenfreistellung durch die Pfandgläubigerin bezweckt. Im Falle der Nichtigkeit des Bauträgervertrages entfällt zwar der Auflassungsanspruch, wodurch die Freistellungserklärung gegenstandslos wird. Es besteht dann aber ein **bereicherungsrechtlicher Anspruch** gem. § 812 Abs. 1 Satz 1 BGB auf Rückzahlung auch gegenüber der finanzierenden Bank wegen der an sie geleisteten Zahlungen[630].

247 Der Erwerber erhält aufgrund der Freistellungsverpflichtungserklärung der Bank einen eigenen und unmittelbaren **Anspruch auf Freistellung** von den zugunsten der Bank eingetragenen Grundpfandrechten entsprechend den in der Freistellungserklärung zulässigerweise enthaltenen Bedingungen. Die Freistellung erfolgt durch Löschungsbewilligung. Ist das Grundpfandrecht als Globalgrundpfandrecht an verschiedenen Wohnungen oder Grundstücken bestellt, erfolgt die Freistellung durch Pfandfreigabeerklärung. Die Löschungsbewilligung bzw. Pfandfreigabeerklärung ist in der Form des § 29 GBO abzugeben.

Eine Freistellungserklärung mit einer Freistellungsverpflichtung des beschriebenen Inhalts wird unabhängig vom Sitz und der Geschäftstätigkeit des Grundpfandgläubigers für zulässig bzw. ausreichend gehalten[631]; sie soll also beispielsweise auch bei einer im Ausland ansässigen Privatperson akzeptiert werden. Im Falle einer **Insolvenz des Grundpfandgläubigers** verschafft die Freistellungserklärung dem Erwerber aber weder ein Aussonderungsrecht (§ 47 InsO) noch ein Recht zur abgesonderten Befriedigung (§§ 49 ff. InsO)[632]. Ob ihm in diesem Fall gegenüber dem Bauträger bis zur nachhaltigen Sicherung der Freistellung ein Leistungsverweigerungsrecht zusteht, ist nicht sicher[633]. Wegen dieser Unsicherheit stellt sich die Frage, ob die – mit Treuhandauflage – erteilte Löschungsbewilligung (Rdn. 242) nicht die zuverlässigere und zu bevorzu-

---

[630] BGH v. 10. 2. 2005, NJW 2005, 1356 = NZBau 2005, 278 = BauR 2005, 866.
[631] *Basty*, Rdn. 333.
[632] *Pause/Vogel*, NZBau 2009, 10 f.; a. A. *Leitzen*, ZfIR 2008, 823 (825 f.).
[633] *Pause/Vogel*, NZBau 2009, 10 f.

III. Vergütungsanspruch des Bauträgers

gende Sicherung der Lastenfreistellung i. S. v. § 3 Abs. 1 Satz 1 Nr. 3 MaBV ist und deshalb nicht wenigstens in diesen Fällen auch vom Notar empfohlen werden muss. Zwar macht die MaBV keine Unterschiede zwischen mehr oder weniger soliden Grundpfandrechtsgläubigern[634]; sie verlangt aber eine nachhaltige Sicherung der Freistellung, die in Ansehung der Person des Grundpfandrechtsgläubigers aber im Einzelfall zweifelhaft oder auch erkennbar nicht gegeben sein kann[635] – das kann nicht nur auf eine im Ausland ansässige Privatperson zutreffen, sondern auch auf inländische Kreditinstitute.

Die Rechtsbeziehungen zwischen Erwerber und der zur Freistellung verpflichteten **248** Bank sind vom Rechtsverhältnis des Erwerbers zum Bauträger zu unterscheiden. Das ist für die Beurteilung des Inhalts der von der Bank abgegebenen Freistellungsverpflichtungserklärung von Bedeutung. Bei Zweifeln über den Inhalt der Freistellungserklärung und bei ihrer **Auslegung** ist nach der Rechtsprechung des BGH zu beachten, dass die Bank als Globalpfandgläubigerin nicht Normadressat der MaBV ist, also bei der Abgabe der Freistellungserklärung nicht die Ver- und Gebote der MaBV zu beachten hat. So wenig, wie es ihr verboten ist, eine Bürgschaftserklärung abzugeben, die die Anforderungen von § 7 MaBV nicht erfüllt[636], ist ihr eine Freistellungsverpflichtungserklärung untersagt, die hinter den Anforderungen der MaBV zurückbleibt[637].

Bei Abweichungen einer Freistellungsverpflichtungserklärung von den Vorgaben des § 3 Abs. 1 Satz 1 Nr. 3, Satz 2 bis 5 MaBV kann ihr nicht kurzerhand der Inhalt, wie er von der MaBV gefordert wird, zugemessen werden[638]. Enthält die Freistellungsverpflichtungserklärung etwa die Erklärung, dass die Zahlung der „vollen Kaufpreissumme" Voraussetzung für die Lastenfreistellung ist, kann das nicht in die von der MaBV vorausgesetzte „geschuldete Vertragssumme" umgedeutet werden[639]. Erst recht sind die Bestimmungen der MaBV nicht maßgeblich, wenn sich die Bank außerhalb und unabhängig von einer Freistellungserklärung zu einem späteren Zeitpunkt in einer gesonderten Erklärung unter bestimmten Bedingungen zur Rückzahlung des Kaufpreises verpflichtet[640].

Auch wenn die MaBV nicht dafür maßgeblich ist, wie der Erwerber eine Freistellungsverpflichtungserklärung verstehen darf und muss (denn die MaBV regelt keine zivilrechtlichen Inhalte)[641], können bei der Auslegung einer Freistellungserklärung die Vorschriften der MaBV herangezogen werden. Das dürfte dann zutreffend sein, wenn die Bank erkennbar eine den Anforderungen der MaBV entsprechende Freistellungsverpflichtungserklärung abgeben wollte, z. B. in Bezug auf die objektgebundene Mittelverwendung i. S. v. § 4 MaBV[642].

Unabhängig davon, dass die **Bedingungen** für die Lastenfreistellung im Erwerbsvertrag einer Inhaltskontrolle nach den §§ 305 ff. BGB unterliegen, sind die Klauseln in der Freistellungsverpflichtungserklärung selbst ebenfalls an diesem Maßstab zu messen und können ggf. unabhängig von der Beurteilung der vertraglichen Vorgaben unwirksam sein[643] (vgl. im Einzelnen Rdn. 265, 268, 270).

---

[634] *Basty*, Rdn. 333.
[635] *Bischoff* in Grziwotz, § 3 MaBV, Rdn. 44.
[636] BGH v. 6. 5. 2003, NZBau 2003, 498 = BauR 2003, 1383.
[637] BGH v. 30. 9. 2004, NZBau 2005, 38 = BauR 2005, 38.
[638] *Basty*, Rdn. 392; *Vogel*, NZM 2009, 71. Anders noch die Vorauflage, Rdn. 249.
[639] BGH v. 8. 12. 2005, IBR 2006, 164 *(Basty)* = BeckRS 2006 00197; OLG Dresden v. 27. 6. 1997, NJW-RR 1997, 1506.
[640] BGH v. 5. 4. 2001, NJW 2001, 2249 = NZBau 2001, 388 = BauR 2001, 1096.
[641] BGH v. 30. 9. 2004, NZBau 2005, 38 = BauR 2005, 38.
[642] BGH v. 11. 10. 2007, NZBau 2008, 58 = BauR 2007, 2056.
[643] *Basty*, Rdn. 344, 392; *Vogel*, NZM 2009, 71.

B. Der Bauträgererwerb

Die in die Freistellungsverpflichtungserklärung aufgenommenen Bedingungen müssen den Anforderungen der MaBV genügen – andernfalls dürfen keine Zahlungen entgegen genommen werden –, einer Inhaltskontrolle nach den §§ 305 ff. BGB standhalten – andernfalls sind die betroffenen Klauseln unwirksam – und müssen vertragskonform sein, also den Vorgaben des Erwerbsvertrages entsprechen – andernfalls besteht ein Leistungsverweigerungsrecht.

Aufgrund des unmittelbaren Vertrages zwischen Globalbank und Erwerber entstehen zwischen den Parteien dieses Vertragsverhältnisses auch **vertragliche Nebenpflichten,** z. B. die Nebenpflicht der Bank, zur Not auch die Kosten der Lastenfreistellung zu tragen[644].

249 *cc) Lastenfreistellung nach vollständiger Fertigstellung.* Die Lastenfreistellung hat unverzüglich nach Vollendung des Bauvorhabens und nach Zahlung der geschuldeten Vergütung zu erfolgen (§ 3 Satz 2 MaBV). Mit der Änderungsverordnung vom 7. 11. 1990 wurde klargestellt, dass das Grundstück nach Zahlung der **„geschuldeten" Vertragssumme** freizustellen ist. Formulierungen, die auf die „vereinbarte", die „volle" oder die „gesamte" Vertragssumme abstellen, verstoßen gegen die MaBV; derartige Freistellungserklärungen können zurückgewiesen werden. Bis zur Abgabe einer hinreichenden Erklärung dürfen keine Zahlungen entgegengenommen werden.

250 Aus dem Wortlaut der Neufassung der MaBV ergibt sich, dass der Erwerber der freistellungsverpflichteten Bank sämtliche **Einwendungen** entgegenhalten darf, da er ihr nur zum Ausgleich der *geschuldeten* Vertragssumme verpflichtet ist. Dies entspricht dem vom BGH[645] schon früher eingenommenen Standpunkt. Der Erwerber kann sich zunächst auf sämtliche Gegenrechte berufen, die infolge von Mängeln oder fehlenden Leistungen unmittelbar zu einem Minderwert des Objekts führen. Die vertragliche Vergütung des Bauträgers verringert sich deshalb auch im Verhältnis zur Bank, wenn der Erwerber die Vergütung wegen eines Mangels gemindert hat oder mit einem Schadensersatzanspruch bzw. einem Anspruch auf Erstattung der Kosten für eine Selbstvornahme aufgerechnet hat[646]. Die Höhe der geschuldeten Vergütung ändert sich allerdings nicht dadurch, dass ein Leistungsverweigerungsrecht besteht. Sofern der Erwerber wegen Mängeln ein Leistungsverweigerungsrecht ausübt (§ 641 Abs. 3 BGB), wurde die geschuldete Vergütung (mangels Fälligkeit) noch nicht vollständig bezahlt. Es kann deshalb in dieser Situation auch noch keine Lastenfreistellung verlangt werden[647].

Die Formulierung „geschuldete Vertragssumme" bringt aber darüber hinaus zum Ausdruck, dass auch alle anderen Einwendungen, die die Schuld des Erwerbers mindern, geltend gemacht werden können.

Zweifelhaft ist, ob die **Aufrechnung** durch den Erwerber mit Ansprüchen aus anderen Vertragsverhältnissen zulässig ist. Die Unzulässigkeit der Aufrechnung wird damit begründet, dass § 3 MaBV und damit die Freistellungsverpflichtungserklärung das Äquivalenzprinzip von Leistung und Gegenleistung aus dem konkreten Vertrag schützt und die Bank nicht zum Ausgleich von Forderungen aus anderen Rechtsverhältnissen verpflichten soll[648]. Das überzeugt auf dem Hintergrund der neueren Rechtsprechung des BGH zum Inhalt und zur Auslegung der Freistellungsverpflichtungserklärung nicht. Danach ist die MaBV nicht dafür maßgeblich, wie der Erwerber den Inhalt der Freistellungsver-

---

[644] Vgl. zu den Lastenfreistellungskosten *Basty,* Rdn. 349.
[645] BGH v. 10. 6. 1983, NJW 1984, 169; *Warda,* MittBayNot, 1988, 1 (16 ff.).
[646] *Basty,* Rdn. 356; *Marcks,* § 3 Rdn. 14.
[647] *Basty,* Rdn. 356.
[648] KG v. 20. 2. 2003 ZfIR 2003, 860 m. Anm. *Mues* = EWiR 2003, 1101 m. Anm. *Vogel*; OLG Bamberg v. 14. 9. 2005, IBR 2006, 147; *Basty,* Rdn. 356; *Schmitz* in Grziwotz/Koeble, 5. Teil, Rdn. 116; früher auch *Vogel,* BauR 1999, 992 (998) *M. Schmid,* BauR 2000, 971 (976).

III. Vergütungsanspruch des Bauträgers

pflichtungserklärung verstehen muss[649]. Ein Aufrechnungsverbot lässt sich auch nicht im Wege der Auslegung begründen, da sich dafür dann wenigstens aus dem Inhalt der Verpflichtungserklärung selbst Hinweise ergeben müssten. Eine dahingehende Auslegung verbietet sich um so mehr, als es dem Bauträger nicht verwehrt wäre, ein vertragliches Aufrechnungsverbot für die Bedingungen der Freistellungsverpflichtungserklärung vorzusehen (vgl. Rdn. 271).

251 Eine zwischen Bauträger und Erwerber nach Vertragsschluss – ohne Zustimmung der Bank – vereinbarte **Herabsetzung des Kaufpreises** kann der Erwerber nicht einwenden. In der Regel kann eine Kaufpreisreduzierung ohne Mitwirkung der Bank schon deshalb nicht wirksam vereinbart werden, weil der Vergütungsanspruch in den hier erörterten Fällen zugleich an die Bank abgetreten ist. In der Folge kann der Bauträger über die abgetretene Kaufpreisforderung nicht mehr verfügen. Das gilt z. B. auch für die nachträgliche Vereinbarung von Sonderwünschen oder Eigenleistungen, die zu einer Preisminderung führen.

252 *dd) Lastenfreistellung bei nicht vollendetem Bau.* Die Freistellungsverpflichtungserklärung muss auch dann Sicherheit gewährleisten, wenn das Bauvorhaben etwa infolge einer Insolvenz des Bauträgers nicht vollendet wird (§ 3 Abs. 1 Satz 2 MaBV). Von einem nicht vollendeten, **steckengebliebenen Bau** kann gesprochen werden, wenn feststeht, dass der Bauträger das Bauvorhaben nicht mehr zu Ende führen kann. Die vorübergehende Einstellung der Arbeiten, die Überschreitung von Fertigstellungsterminen und auch die Beantragung der Eröffnung eines Insolvenzverfahrens genügen allein nicht für die Annahme, das Bauvorhaben würde nicht vollendet[650]. Vorausgesetzt wird vielmehr, dass infolge längerer Untätigkeit (z. B. Baueinstellung für mehrere Monate), Erfüllungsverweigerung durch den Insolvenzverwalter (§ 103 InsO), Vermögensverfall[651] oder Ablehnung der Eröffnung eines Insolvenzverfahrens mangels Masse eine Fertigstellung nicht absehbar ist.

Klarheit darüber, ob die Baumaßnahme im Sinne von § 3 Abs. 1 Satz 2 MaBV nicht vollendet wird, kann sich der Erwerber dadurch verschaffen, dass er dem Bauträger eine angemessene **Frist zur Wiederaufnahme der Arbeiten** setzt. Nach fruchtlosem Ablauf der Frist kann angenommen werden, dass das Bauvorhaben nicht vollendet wird. Weitere Maßnahmen des Erwerbers sind nicht erforderlich. Insbesondere ist es nicht erforderlich, den **Rücktritt** vom Vertrag zu erklären oder den großen Schadensersatz geltend zu machen. Beides ist auch nicht geboten: Sofern sich der Erwerber vom Vertrag löst, geht nicht nur der Anspruch auf Übertragung des Eigentums und damit die Auflassungsvormerkung verloren, sondern darüber hinaus auch der Anspruch auf Lastenfreistellung[652].

253 Der Erwerber kann im Falle der Nichtvollendung die **Lastenfreistellung** verlangen, und zwar unverzüglich **nach Zahlung** des dem erreichten Bautenstand entsprechenden Teils der geschuldeten Vertragssumme (§ 3 Abs. 1 Satz 2 MaBV). Durch die Formulierung der MaBV wird klargestellt, dass sich die Zahlungspflicht des Erwerbers nicht auf die zuletzt fällig gewordene Rate gemäß § 3 Abs. 2 MaBV beschränkt; es kann vielmehr eine dem tatsächlichen Baufortschritt entsprechende Zahlung außerhalb des Zahlungsplanes als Voraussetzung für die Lastenfreistellung verlangt werden. Das bedeutet, dass auch für die erbrachten Leistungen eine Zahlung beansprucht werden kann, die nach dem Zahlungsplan gemäß § 3 Abs. 2 MaBV bei normalem Ablauf erst mit

---

[649] *Vogel*, NZM 2009, 71 (75).
[650] Vgl. *Basty*, Rdn. 354 f.; *Blank*, Rdn. 171.
[651] OLG Karlsruhe v. 19. 2. 2008, MittBayNot 2009, 39.
[652] BGH v. 5. 4. 2001, NJW 2001, 2249 = NZBau 2001, 388 = BauR 2001, 1096; BGH v. 30. 9. 2004, NZBau 2005, 38 = BauR 2005, 91.

B. Der Bauträgererwerb

späteren Raten zu vergüten gewesen wäre. Eine weitere Zahlung kommt dann nicht in Betracht, wenn eine Überzahlung vorliegt oder die zuletzt geleistete Zahlung sich gerade mit dem Wert des erreichten Bautenstandes deckt.

254 Grundlage der **Berechnung der noch zu zahlenden Vergütung** ist nicht der Verkehrswert des Objekts, sondern das Verhältnis des Wertes des nicht vollendeten Gebäudes einschließlich Grundstück zur vereinbarten Vergütung[653]. Gemeint ist, dass nicht der Verkehrswert des vorhandenen Teilbauwerks maßgeblich ist, sondern die auf das Teilbauwerk entfallende anteilige Vertragsvergütung. Hat der Bauträger zu knapp kalkuliert, so soll der Erwerber sich auf den ihm günstigen Gesamtpreis auch gegenüber der Bank berufen können, wie umgekehrt bei einer auskömmlichen Kalkulation oder einer Veräußerung über dem Verkehrswert der dadurch erzielte Gewinn auch in diesem Fall dem Bauträger bzw. der Bank für die Teilleistung (anteilig) verbleiben soll. Fraglich ist nur, wie die Teilvergütung zu ermitteln ist.

– Als eine Berechnungsart wird davon ausgegangen, dass sich die zu zahlende Teilvergütung zur geschuldeten Gesamtsumme wie der Verkehrswert der Teilleistung zum Verkehrswert des Objekts bei vollständiger Fertigstellung verhält[654]. Die Schwierigkeit wird in der zutreffenden Bestimmung der maßgeblichen Verkehrswerte liegen.

– Möglich wäre auch, die Selbstkosten der erbrachten Teilleistung ins Verhältnis zu den gesamten kalkulierten (Selbst-)Kosten zu setzen[655]. Diese Relation lässt sich jedoch nur dann herstellen, wenn die Kalkulation des Bauträgers bekannt und hinreichend differenziert ist. Hat der Bauträger die Bauleistungen selbst aufgrund eines Pauschalpreisvertrages mit einer funktionalen Ausschreibung vergeben, lassen sich die anteiligen Selbstkosten dem erreichten Bautenstand nicht zuordnen.

– Zutreffend müsste die Rechtsprechung zur Bestimmung der Teilvergütung beim gekündigten Pauschalpreisvertrag angewendet werden. Hier wie dort wäre nach dieser Methode zunächst die erbrachte Teilleistung von der geschuldeten Gesamtleistung abzugrenzen und sodann der Wert der Teilleistung ins Verhältnis zum Wert der vereinbarten Gesamtleistung zu setzen[656]. Beim Wert der Teilleistung sind die Nachbesserungskosten für Mängel und Minderungen für nicht behebbare Mängel abzusetzen.

– Es könnte auch vom vereinbarten Preis ausgegangen und die für das unfertige Bauwerk noch „geschuldete" Summe durch Abzug der Kosten ermittelt werden, die dem Erwerber für die Fertigstellung und etwaige Mängelbeseitigungsarbeiten noch entstehen. Der Erwerber würde für die Lastenfreistellung an die Bank nicht mehr zahlen, als er dem Bauträger schuldet[657]. Dieser Weg würde dann gegangen werden könne, wenn nur noch geringfügige Arbeiten ausstehen.

Im Ergebnis müssen die verschiedenen Berechnungswege zum gleichen Ergebnis führen, da der Erwerber auch bei der ersten und zweiten Methode seine ihm zustehenden Gegensprüche in Abzug bringen kann. Die zuletzt genannte Berechnungsweise ist aus der Sicht des Erwerbers aber am plausibelsten und eignet sich deshalb jedenfalls als „Richtigkeitskontrolle"; sie hat den Vorteil, dass Mängelbeseitigungskosten und die bei der Fertigstellung entstehenden zusätzlichen Kosten nicht gesondert betrachtet und bewertet werden müssen.

Ob eine bestimmte Berechnungsmethode in der Freistellungserklärung vereinbart (und eine andere dadurch ausgeschlossen) werden kann, erscheint zweifelhaft, da der

---

[653] BGH v. 10. 6. 1983, DNotZ 1984, 323; OLG Nürnberg v. 13. 7. 1983, DNotZ 1984, 327; *Basty,* Rdn. 359 f.; *Marcks,* § 3 Rdn. 14.
[654] *Basty,* Rdn. 359; *Blank,* Rdn. 172; *Marcks,* § 3 Rdn. 14.
[655] *Kutter,* A II Rdn. 65, 66.
[656] Vgl. BGH v. 29. 6. 1995, BauR 1995, 691; BGH v. 7. 11. 1996, BauR 1997, 304; BGH v. 30. 10. 1997, BauR 1998, 121.
[657] *Kutter,* A II Rdn. 65, 66.

III. Vergütungsanspruch des Bauträgers

Erwerber in jedem Fall, also auch bei den der Bank vielleicht günstiger erscheinenden ersten beiden Varianten, nicht mehr als die „geschuldete Vertragssumme" zahlen soll[658]. Die Bewertung des erreichten Bautenstandes ist im Übrigen eine Sachverständigenfrage, wird also, können sich der Erwerber und die Bank nicht einigen, nur durch die Hinzuziehung eines Sachverständigen gelöst werden können.

Bei den ersten beiden Ermittlungsarten, insbesondere aber der Berechnung über die **255** Selbstkosten, kann ggf. auf den Preis für das Grundstück aus dem entsprechenden Kaufvertrag, die Vergütung für die Planer aus den Architekten- und Ingenieurverträgen und die Preise für die Bauleistungen aus den Bauverträgen mit den Handwerkern (bei Einzelvergabe) bzw. dem GU-Vertrag bei einer Vergabe an einen Generalunternehmer zurückgegriffen werden. Anders als beim Generalunternehmervertrag, bei dem die Pauschale häufig auf der Grundlage eines Leistungsverzeichnisses mit Einzelpreisen gebildet wird, auf die zum Zwecke der Bewertung der Teilleistung zurückgegriffen werden kann[659], liegen dem Bauträgervertrag für gewöhnlich keine Einzelpreise zugrunde. Außerdem hat der Erwerber keinen Einblick in die Kalkulation des Bauträgers. Wie beim Pauschalpreisvertrag der Auftragnehmer ist hier die Bank – will sie eine Zahlung auf die Teilvergütung beanspruchen – gehalten, die Kalkulationsgrundlagen vorzulegen[660]. Regelmäßig liegen diese Berechnungen der Bank für die Durchführung der Finanzierung vor; es ist ihr also möglich und zumutbar, Auskunft über die erforderlichen Daten zu erteilen. Dies ist eine Nebenpflicht aus der Vereinbarung mit dem Erwerber über die Lastenfreistellung.

Im Streitfall trägt die Bank die **Darlegungs- und Beweislast** für einen restlichen Vergütungsanspruch, von dem die Lastenfreistellung abhängig gemacht wird[661].

Vom Erwerber bereits erbrachte **Eigenleistungen** (z. B. bei Ausbauhäusern[662]) oder **256** von ihm an die Handwerker unmittelbar beauftragte Sonderwünsche bleiben bei der Ermittlung des Wertes der Teilbauleistung außer Betracht, erhöhen die Teilvergütung also nicht[663].

Gegenforderungen und Einwendungen kann der Erwerber hier im gleichen Um- **257** fang wie bei einer Freistellung aufgrund eines vollendeten Bauwerks geltend machen (Rdn. 250). Auch im Falle der Nichtvollendung ist nicht die (anteilige) vereinbarte, sondern nur die geschuldete Vergütung zu entrichten.

Sollte der Erwerber – entgegen den Vorschriften der MaBV – bereits eine **Über-** **258** **zahlung** geleistet haben, kann er von der Globalbank neben der Freistellung nicht die Rückvergütung solcher Überzahlungen verlangen[664]. Ebenso wenig stellt die Freistellungserklärung eine Grundlage für einen Rückzahlungsanspruch der Vergütung aufgrund einer Vertragsaufhebungsvereinbarung mit dem Bauträger dar[665]. Nach der neueren Rechtsprechung des BGH[666] müssen aber bereicherungsrechtliche Ansprüche in Betracht gezogen werden (vgl. Rdn. 247).

ee) Vorbehalt nach § 3 Abs. 1 Satz 3 MaBV. Die MaBV gestattet der Globalgläubige- **259** rin, sich für den Fall der Nichtvollendung das Recht vorzubehalten, anstelle der Freistellung die bereits geleisteten Zahlungen zurück zu vergüten[667]. Für diesen Fall soll

---

[658] A. A. *Kutter,* A II Rdn. 66.
[659] BGH v. 4. 7. 1996, BauR 1996, 846 (848).
[660] BGH v. 7. 11. 1996, BauR 1997, 304.
[661] OLG Karlsruhe v. 7. 4. 2008, NZBau 2009, 315 (317) = NJW-RR 2009, 315.
[662] *M. Schmid,* BauR 2000, 971 (981).
[663] *Marcks,* § 3 Rdn. 14.
[664] *Basty,* Rdn. 362; *Kutter,* A II Rdn. 64, 66.
[665] OLG Nürnberg v. 3. 6. 1998 – 12 U 4241/97, zu einem Sachverhalt, bei dem der Bauträger nach Abschluss dieser Vereinbarung vermögenslos wurde, m. Anm. *Basty,* MittBayNot 2000, 507.
[666] BGH v. 10. 2. 2005, NJW 2005, 1356 = NZBau 2005, 278 = BauR 2005, 866.
[667] Eingehend *Basty,* MittBayNot 1995, 367; *ders.,* Rdn. 363 f.; *Reithmann,* NJW 1997, 1816 (1817).

der Erwerber – Zug-um-Zug gegen Rückzahlung der von ihm bereits entrichteten Raten – die Löschung der für ihn eingetragenen Auflassungsvormerkung bewilligen (vgl. aber Rdn. 267). Die Bank kann das Objekt sodann anderweit veräußern oder auf eigene Rechnung fertig stellen und verwerten.

260 Die **Wirksamkeit des Vorbehalts** nach § 3 Abs. 1 Satz 3 MaBV setzt voraus, dass der Erwerbsvertrag dem Bauträger gestattet, eine Freistellungserklärung mit einem Rückzahlungsvorbehalt vorzulegen. Die Vereinbarung kann – wie zumeist – in der Weise erfolgen, dass die Freistellungserklärung bei Abschluss des Vertrages bereits vorliegt und mit ihrem Inhalt vom Erwerber akzeptiert wird, also Vertragsinhalt wird. Soll sie nicht mit verlesen werden, muss sie zum Inhalt der Bezugsurkunde gemacht werden. Liegt die Freistellungserklärung bei Abschluss des Vertrages noch nicht vor, muss der von der Bank beabsichtigte Vorbehalt im Erwerbsvertrag vereinbart werden. Allein daraus, dass ein Vorbehalt gewerberechtlich zulässig ist, ergibt sich nicht die Befugnis, einen solchen Vorbehalt einseitig festzulegen. Dass die Freistellungsverpflichtung mit einem Vorbehalt nach § 3 Abs. 1 Satz 3 MaBV versehen sein soll, muss im Vertrag hinreichend deutlich zum Ausdruck gebracht werden. Die Vertragsklausel, wonach ein „Freigabeversprechen nach § 3 MaBV" Zahlungsvoraussetzung sein soll, beinhaltet keinen Rückzahlungsvorbehalt[668]. Wurde im Erwerbsvertrag eine Freistellungserklärung mit Rückzahlungsvorbehalt nicht wirksam akzeptiert, darf vom Bauträger bis zur Übergabe einer vertragsgemäßen Freistellungsverpflichtungserklärung, also eine Freistellungsverpflichtung ohne Vorbehalt, keine Zahlung entgegengenommen werden.

261 Je nach Gestaltung des durch die Bank erklärten Vorbehalts kann es sich um ein **Wahlschuld** oder um eine **Ersetzungsbefugnis** handeln. Die von der Bundesnotarkammer (früher) empfohlene Formulierung für den Vorbehalt[669] führt zur Begründung einer Wahlschuld i. S. v. § 262 BGB[670]. Die Klausel sieht vor, dass im Falle der Nichtbeendigung des Bauvorhabens die Grundpfandgläubigerin nach ihrer Wahl das Objekt pfandfrei stellen oder den Kaufpreis zurückzahlen kann. Wird der Vorbehalt als Wahlrecht gestaltet, findet im Falle der Unmöglichkeit der Lastenfreistellung § 265 BGB Anwendung. Deshalb ist die Grundpfandgläubigerin dann, wenn der Vertrag wegen einer Insolvenz des Bauträgers aufgehoben wurde und folglich der Eigentumsverschaffungsanspruch untergegangen und damit die Lastenfreistellung gegenstandlos, also unmöglich geworden ist, auf die Rückzahlung der vom Erwerber geleisteten Zahlungen beschränkt[671].

Sofern die Freistellungsverpflichtungserklärung – in Anlehnung an den Wortlaut von § 3 Abs. 1 Satz 3 MaBV – vorsieht, dass sich die Grundpfandgläubigerin im Falle der Nichtvollendung vorbehält, an Stelle der Freistellung sämtliche geleisteten Zahlungen zurückzuzahlen, handelt es sich um eine Ersetzungsbefugnis[672]. §§ 262 ff. BGB sind nicht anwendbar[673]. Bei dieser Gestaltung bleibt die Lastenfreistellung Hauptleistungspflicht. Eine solche Regelung wäre ebenfalls MaBV-konform und zivilrechtlich zulässig[674].

Das Wahlrecht oder die Ersetzungsbefugnis ist durch Erklärung gegenüber dem Erwerber auszuüben. Bislang war angenommen worden, die Grundpfandgläubigerin muss sich zwischen der Freigabe und der Rückzahlung unverzüglich entscheiden, um einen für den Erwerber unzumutbaren Schwebezustand zu vermeiden[675]. Auch wenn der Vorbe-

---

[668] Vgl. OLG Düsseldorf v. 28. 5. 1990, DNotZ 1992, 153 = MittBayNot 1992, 135.
[669] DNotZ 2002, 402 (403).
[670] BGH v. 30. 9. 2004, NZBau 2005, 38 = BauR 2005, 91.
[671] BGH v. 30. 9. 2004, NZBau 2005, 38 = BauR 2005, 91; auch BGH v. 5. 4. 2001, NJW 2001, 2249 = NZBau 2001, 388 = BauR 2001, 1096.
[672] *Reithmann*, NJW 1997, 1816; *M. Schmid*, BauR 2000, 971 (980 f.).
[673] *Schmucker* in Griwotz/Koeble, 3. Teil, Rdn. 492.
[674] *Basty*, Rdn. 370.
[675] *Kutter*, A II Rdn. 67; *Schmucker* in Griwotz/Koeble, 3. Teil, Rdn. 503.

III. Vergütungsanspruch des Bauträgers

halt nach § 3 Abs. 1 Satz 3 MaBV als Wahlrecht i. S. v. § 262 BGB ausgestaltet wurde, ist eine solche Verpflichtung der Bank anzunehmen[676]. Zwar begründet eine Wahlschuld keine gesetzliche Wahlpflicht[677]; der Erwerber kann eine Leistungsklage mit alternativem Antrag erheben; sofern die Erfüllung nicht bereits durch das (rechtskräftige) Urteil erfolgt (§ 894 ZPO für eine Löschungserklärung als Willenserklärung), könnte sich die Bank noch in der Zwangsvollstreckung durch die Erbringung der einen oder anderen Leistung befreien (§ 264 Abs. 1 BGB). Deshalb ist als nebenvertragliche Pflicht (vgl. Rdn. 248) auch bei einer Wahlschuld anzunehmen, dass sich die Bank – abweichend von § 264 Abs. 1 BGB – in angemessener Frist entscheiden muss. Nur so kann der Erwerber angemessen über seine Wohn- und Vermögensverhältnisse disponieren. Der Bank wird eine Entscheidung in angemessener Frist regelmäßig zumutbar sein. Bleibt die Bank nach Ablauf einer ihr zu diesem Zweck gesetzten Frist untätig, wird man das Wahlrecht dem Erwerber zugestehen müssen. Wurde der Vorbehalt als Ersetzungsbefugnis gestaltet, besteht die Lastenfreistellung als Hauptpflicht fort und kann ggf. selbständig eingeklagt werden. Um eine spätere und für den Erwerber dann möglicherweise überraschende Ausübung der Ersetzungsbefugnis zu verhindern, wird er auch bei dieser Konstellation der Bank eine Frist zur Ausübung des Rechts setzen können mit der Folge, dass sie später mit der Ausübung der Ersetzungsbefugnis ausgeschlossen ist, es dann also bei der Freistellungsverpflichtung verbleibt[678].

Der Globalgläubigerin wird es verwehrt sein, den Rückzahlungsvorbehalt gegen das Gebot von **Treu und Glauben** geltend zu machen. Bei einer Interessenabwägung im Rahmen von § 242 BGB ist bei Eigentumswohnungen zugunsten der Bank zu berücksichtigen, dass die restlichen, vom Bauträger nicht veräußerten Wohnungen einer unfertigen Mehrfamilienhausanlage im Wege der Zwangsversteigerung nur schwer zu verwerten sein werden. Bei Einfamilienhäusern und Reihenhäusern bestehen diese Verwertungserschwernisse in der Regel nicht[679]. Der Bank ist es deshalb zuzumuten, die Freistellung zu erklären, wenn das Objekt durch den Erwerber bereits bezogen ist oder die Rückzahlung nur deshalb gewählt wird, um Wertsteigerungen des Objekts zu realisieren[680]. **262**

Der **Umfang der Rückzahlungspflicht** der Bank beschränkt sich gemäß § 3 **263** Abs. 1 Satz 3 MaBV auf den Betrag der tatsächlich geleisteten Zahlungen.

Auf den Rückzahlungsbetrag sind keine **Zinsen** geschuldet; eine Verpflichtung zur Verzinsung besteht nach den Bestimmungen der MaBV nicht. Zweifellos können weitergehende zivilrechtliche Verpflichtungen bestehen. Eine von den Bestimmungen der MaBV unabhängige Pflicht zur Verzinsung ergibt sich aber nicht auch aus § 346 BGB, wie zum Teil angenommen wird[681], da mit der Ausübung des Vorbehalts nicht vom Freistellungsvertrag zwischen Bank und Erwerber zurückgetreten, sondern lediglich von der Ersetzungsbefugnis bzw. dem Wahlrecht Gebrauch gemacht wird[682].

Die vom Erwerber durch Eigenleistungen oder an Handwerker vergebene Sonderwunschleistungen herbeigeführten Wertsteigerungen umfasst die Rückzahlungsverpflichtung ebenfalls nicht[683].

---

[676] A. A. *Basty*, Rdn. 371; *Schmitz* in Grziwotz/Koeble, 5. Teil, Rdn. 106.
[677] *Palandt/Grüneberg*, § 264 Rdn. 1 mit zutreffendem Hinweis auf die Lebensferne und Schwerfälligkeit der Vorschrift.
[678] *Schmucker* in Grziwotz/Koeble, 3. Teil, Rdn. 503; für diesen Fall wohl auch *Basty*, Rdn. 371.
[679] *Marcks*, § 3 Rdn. 15.
[680] *Basty*, Rdn. 380 f.; *Marcks*, § 3 Rdn. 15 f.; *Reithmann/Blank/Rinck*, G 51.
[681] Vgl. *Basty*, Rdn. 378 f.; *Kutter*, A II Rdn. 67.
[682] *Eue*, I. 30 Anm. 22 (5); *Schmucker* in Grziwotz/Koeble, 3. Teil, Rdn. 497.
[683] *Marcks*, § 3 Rdn. 14; *Warda*, MittBayNot 1988, 1, 15.

B. Der Bauträgererwerb

264 Nach § 3 Abs. 1 Satz 3 MaBV ist die Rückzahlungspflicht außerdem auf die **vertragsgemäßen Zahlungen,** nämlich die „vertragsmäßig im Rahmen des Abs. 2" geleisteten Zahlungen beschränkt. Das bedeutet zunächst, dass nur solche Zahlungen des Erwerbers zu einer Rückzahlungspflicht führen, die vertragsgemäß auf das im Bauträgervertrag bzw. in der Freistellungsverpflichtungserklärung genannte Konto der Globalgläubigerin gezahlt wurden. Die Verweigerung der Rückzahlung von Zahlungen, die entgegen dem Zahlungsplan des Abs. 2 zu früh oder zu spät oder in falscher Höhe geleistet wurden, wäre nach dem – insoweit verfehlten – Wortlaut der MaBV zwar zulässig, würde aber gegen § 242 BGB verstoßen[684].

265 Die Rückzahlungspflicht ist nach dem Wortlaut der MaBV darüber hinaus auf den **anteiligen Wert** des Vertragsobjekts (§ 3 Abs. 1 Satz 3 MaBV) beschränkt, kann also hinter den tatsächlich geleisteten Zahlungen zurückbleiben. Die MaBV bewertet die Rückzahlung ebenso wie den Fall der Lastenfreistellung: Auch bei der Lastenfreistellung erhält der Erwerber lediglich das Objekt wie es steht und liegt, und zwar ohne jeden Ausgleich für etwaige Überzahlungen[685]. Auf eine nach dem anteiligen Wert berechnete Rückzahlung ist der Erwerber aber nicht beschränkt. Zutreffend wird darauf hingewiesen, dass die zivilrechtliche Wertung von den Mindestanforderungen der MaBV unberührt bleibt und zu einer anderen Beurteilung führen kann. Danach dürften Regelungen, die die Rückzahlungspflicht auf den anteiligen Wert begrenzen, gegen § 307 BGB verstoßen und unwirksam sein[686].

266 Dem Erwerber wird unter Umständen ein Schaden bleiben, da ihm Zinsaufwendungen und andere Nachteile von der Globalgläubigerin nicht ersetzt werden. Von der Rückzahlung der Vergütung durch die Bank bleiben aber alle **weitergehenden Ansprüche** des Erwerbers gegen den Bauträger unberührt. Sie werden jedoch in der Praxis nicht viel Wert sein. Die Auffassung, dass sich darüber hinaus auch weitere Ansprüche gegen die Bank aufgrund des von ihr ausgeübten Wahl- bzw. Ersetzungsrechts ergeben können[687], ist abzulehnen. In der Ausübung der Rechte aus dem Vorbehalt kann kein Rücktritt von der Freistellungsvereinbarung – mit der Folge von Ansprüchen aus den §§ 346 ff. BGB – gesehen werden, da das Recht zur Rückzahlung ebenfalls seine Grundlage in der Freistellungserklärung hat und gerade nicht beseitigt werden soll. Die Wahl der Rückzahlung durch die Bank stellt keinen Rücktritt, sondern die Wahrnehmung einer vertraglichen Ersetzungsbefugnis bzw. eines Wahlrechts dar[688].

267 Für den Fall, dass sich die Bank die Rechte nach § 3 Abs. 1 Satz 3 MaBV wirksam vorbehält, wird die Rückzahlung der Vergütung an den Erwerber regelmäßig davon abhängig gemacht, dass Zug-um-Zug die **Löschung der Auflassungsvormerkung** erklärt wird[689]. Die Wirksamkeit einer solchen Klausel ist zweifelhaft, da die MaBV eine solche Bedingung nicht vorsieht und der Erwerber im Falle eines steckengebliebenen Baus auch nicht einschränkungslos zur Bewilligung der Löschung verpflichtet wäre. Sie verstößt gegen § 307 BGB[690]. Wenn sich die Bank für die Rückzahlung der Vergütung entscheidet, bedeutet dies zunächst nur, dass sie nicht länger zur Lastenfreistellung verpflichtet ist und nunmehr ihre Rechte aus den Grundpfandrechten geltend machen kann. Ob und unter

---

[684] Vgl. *Basty,* Rdn. 376 f.; *Kutter,* A II Rdn. 67.
[685] *Marcks,* § 3 Rdn. 16; krit. *Reithmann/Meichssner/v. Heymann,* B Rdn. 183.
[686] *Eue,* I. 30 Anm. 22 (4); *Basty,* Rdn. 377.
[687] *Basty,* Rdn. 378; *Kutter,* A II Rdn. 67.
[688] *Eue,* I. 30 Anm. 22 (2); *Reithmann,* NJW 1997, 1816; *Palandt/Grüneberg,* § 262 Rdn. 7 f.
[689] Vgl. das Muster eines Freigabeversprechens der Bundesnotarkammer in *Schmucker* in Grziwotz/Koeble, 3. Teil, Rdn. 521 f.; *Eue,* I. 30 Anm. 22 (6).
[690] A. A. OLG Nürnberg v. 22. 2. 2006, IBR 2009, 390 *(Vogel);* wie hier: *Basty,* Rdn. 384 f., mit dem Hinweis, dass diese Klausel von der h. M. für wirksam gehalten werde und deshalb vom Notar nicht zurückgewiesen werden dürfe – der Notar wird aber auf die in der Literatur zunehmenden Bedenken hinweisen müssen (Rdn. 391); *Kutter,* A. II Rdn. 68.

III. Vergütungsanspruch des Bauträgers

welchen Bedingungen der Löschung zugestimmt wird, ist Vereinbarungssache zwischen Erwerber und Bauträger. Der Einwand[691], dass ein einzelner Wohnungserwerber die anderweitige Verwertung durch die Bank blockieren könne, überzeugt nicht, da sich das Rechtsverhältnis zur Bank auf die Grundpfandrechte beschränkt und sich nicht auf den durch die Auflassungsvormerkung gesicherten Übereignungsanspruch bezieht. Im Übrigen steht es der Bank und dem Bauträger frei, dem Erwerber die Befriedigung seiner Ansprüche Zug-um-Zug gegen Löschung der Auflassungsvormerkung anzubieten. Dass der Erwerber die Löschung der Auflassungsvormerkung in der Insolvenz des Bauträgers nicht zurückbehalten kann, ändert daran nichts, da er außerhalb der Insolvenz jedenfalls zum Rückbehalt der Löschungsbewilligung berechtigt ist, etwa wenn im Fall einer Vertragsaufhebung der Übereignungsanspruch als Grundlage für die Auflassungsvormerkung entfällt[692].

ff) Zusätzliche Bedingungen der Freistellungserklärung. Häufig will die finanzierende **268** Bank in der Freistellungsverpflichtungserklärung neben den Mindestanforderungen – Freistellung sowohl bei der Vollendung wie auch beim Steckenbleiben des Bauvorhabens – **zusätzliche Bedingungen** festlegen. Zusätzliche Bedingungen müssen
– vertragskonform sein, dürfen also keine vom Bauträgervertrag abweichenden oder zusätzliche Klauseln enthalten,
– einer Inhaltskontrolle nach den §§ 305 ff. BGB standhalten und nicht zuletzt
– den Anforderungen der MaBV genügen.

Wird eine Freistellungsverpflichtungserklärung mit unwirksamen, unzulässigen oder nicht vertragskonformen Bedingungen vorgelegt, berührt dies die Wirksamkeit der eingegangenen Freistellungsverpflichtung zwar nicht. Der Bauträger darf aber bei Verletzung der Vorgaben der MaBV keine Zahlungen entgegennehmen. Soweit Klauseln gegen §§ 305 ff. BGB verstoßen, sind diese Bedingungen unwirksam. Genügt die Freistellungsverpflichtungserklärung nicht den vertraglichen Vorgaben, wird die Vergütung nicht fällig; es besteht ein Leistungsverweigerungsrecht (vgl. oben Rdn. 248).

Hat die Bank des Bauträgers für die zukünftigen Erwerber eines Objekts im Voraus **269** eine Freistellungserklärung mit – zulässigen – besonderen Bedingungen abgegeben, muss der Bauträgervertrag eine Vertragsbestimmung enthalten, nach der eine Freistellungsverpflichtungserklärung mit den vorgesehenen Regelungen vertragsgerecht ist, andernfalls müsste der Erwerber eine Freistellungsverpflichtungserklärung mit den im Vertrag nicht vorgesehenen oder über ihn hinausgehenden Bedingungen nicht akzeptieren[693]. Die zusätzlichen Bedingungen können im Bauträgervertrag ausdrücklich vereinbart werden; der von der Bank bereits vorgelegten Freistellungsverpflichtungserklärung würde damit eine entsprechende Vertragsgrundlage gegeben; ihre Beurkundung wäre nicht erforderlich (Rdn. 245). Möglich wäre aber auch, den Bedingungen dadurch Geltung zu verschaffen, dass der Erwerbsvertrag auf den Inhalt der Freistellungsverpflichtungserklärung (unter Hinweis auf ihre Bedingungen) Bezug nimmt und sie zu diesem Zweck mitbeurkundet wird, sei dies durch Verlesen oder durch eine Bezugnahme nach § 13a BeurkG (z.B. durch die Aufnahme in die Bezugsurkunde).

Liegt die Freistellungsverpflichtungserklärung bei der Beurkundung des Vertrages noch nicht vor (Fall des § 3 Abs. 1 Satz 5, 2. Halbsatz MaBV), darf das sodann noch zu beschaffende Freigabeversprechen keine Bedingungen enthalten, die nicht vom Bauträgervertrag gedeckt sind (z.B. Lastenfreistellung nur unter der Bedingung, dass an die Bank bzw. auf ein bestimmtes Konto gezahlt wird, obwohl eine solche Bestimmung im

---

[691] *Reithmann*, NJW 1997, 1816 (1818); *Eue*, I. 30 Anm. 22 (6).
[692] BGH v. 21. 11. 1985, NJW 1986, 925 (927); a.A. insoweit *Vogel*, ZfIR 2009, 71 (76).
[693] Vgl. zum Verhältnis des Erwerbers zur Bank und zum Bauträger BGH v. 17. 9. 1976, NJW 1976, 2213.

B. Der Bauträgererwerb

Vertrag nicht enthalten ist). Stehen solche zusätzlichen Regelungen nicht mit dem Bauträgervertrag im Einklang, entspricht die Freistellungsverpflichtungserklärung nicht den Anforderungen des § 3 Abs. 1 Satz 1 Nr. 3 MaBV; Zahlungen werden nicht fällig und dürfen nicht entgegengenommen werden.

270 Die Zulässigkeit zusätzlicher Bedingungen richtet sich im Verhältnis zum Bauträger nach § 3 Abs. 1 Satz 1 Nr. 3, Satz 2 bis 5 MaBV[694]. Außerdem sind die Bestimmungen der §§ 305 ff. BGB zu beachten, und zwar einmal aufgrund des Rechtsverhältnisses zwischen Bauträger und Erwerber, da sich sämtliche Bedingungen in der Freistellungsverpflichtungserklärung auf entsprechende Regelungen im Erwerbsvertrag beziehen müssen, und zum anderen unmittelbar aus dem zwischen Erwerber und Bank mit der Vereinbarung über die Freistellung eingegangenen Rechtsverhältnis. Der Prüfungsmaßstab im Verhältnis zur Bank ergibt sich aus den §§ 305 ff. BGB[695]. Folgende zusätzliche Bedingungen kommen häufig vor:

271 – Die Vereinbarung eines **Aufrechnungsverbotes** im Bauträgervertrag und in der Freistellungserklärung für Ansprüche, die sich nicht aus dem Vertragsverhältnis zum Bauträger ergeben, ist im Rahmen von § 309 Nr. 3 BGB zulässig; ein Verstoß gegen § 309 Nr. 2 BGB liegt dabei nicht vor, da weder Leistungsverweigerungs- bzw. Zurückbehaltungsrechte noch Mängelrechte des Erwerbers geschmälert werden[696].

272 – Die Wertermittlung des erreichten Bautenstandes im Falle der Nichtvollendung durch ein **Sachverständigengutachten** ist zulässig, wenn die Erhebung von Einwendungen und der Rechtsweg nicht ausgeschlossen werden[697].

273 – Die Bank darf die Lastenfreistellung davon abhängig machen, dass die **Zahlungen auf ein Konto der Bank** erfolgen; das ergibt sich bereits aus dem Wortlaut von § 3 Abs. 1 Satz 3 MaBV, weil hier der Vorbehalt der Rückzahlung durch die Bank geregelt ist, der eine – zulässige – Zahlung an die Bank voraussetzt[698]. Zusätzlich wird regelmäßig die **Abtretung** der Vergütungsansprüche an die Bank vereinbart und im Bauträgervertrag sowie in der Freistellungserklärung angezeigt[699]. Die korrespondierenden Bestimmungen – keine schuldbefreienden Zahlungen an den Bauträger und Anzeige der Abtretung – müssen im Erwerbsvertrag enthalten sein. Auch bei einer dem Bauträger erteilten Einzugsermächtigung kann vom Erwerber schuldbefreiend nur an die Bank gezahlt werden, wenn die Ermächtigung nur dazu berechtigt, die Forderung zu Gunsten der Bank einzuziehen[700]. Bei einer irrtümlichen Zahlung des Erwerbers auf ein Konto des Bauträgers bei einer anderen Bank ist diese andere Bank zur Rückzahlung an den Erwerber verpflichtet, wenn der Bauträger die Zahlung zurückweist[701]. Sofern der Vergütungsanspruch an die Bank abgetreten ist, sind nach Auffassung der Rechtsprechung besondere Regelungen über die zweckentsprechende Mittelverwendung im Kreditvertrag zwischen Bank und Bauträger auch mit Blick auf die Bestimmungen des § 4 MaBV nicht erforderlich. Die Vorausabtretung des Vergütungsanspruchs an die den Bauträger finanzierende Bank ist nicht wegen Ver-

---

[694] BGH v. 5. 4. 2001, NJW 2001, 2249 = NZBau 2001, 388 = BauR 2001, 1096, wobei es im hier entschiedenen Fall darauf gerade nicht ankam.
[695] Vgl. im einzelnen *Vogel*, NZM 2009, 71 f.
[696] *Basty*, Rdn. 324; *Vogel*, NZM 2009, 71 (75).
[697] Es gilt hier nichts anderes als für Schiedsgutachterklauseln im Zusammenhang mit der Gewährleistung, vgl. BGH v. 10. 10. 1991, NJW 1992, 433; *Marcks*, § 3 Rdn. 14; *Basty*, Rdn. 327; *Blank*, Rdn. 184; unter Hinweis auf die angeführte Entscheidung zweifelnd *Reithmann/Meichssner/v. Heymann*, B Rdn. 181.
[698] BGH v. 8. 12. 2005, IBR 2006, 146 *(Basty)* = BeckRS 2006 00197.
[699] BGH v. 17. 9. 1976, NJW 1976, 2213; KG v. 21. 9. 2004, BauR 2006, 1485 zu einer Freistellungserklärung wegen eines Teilbetrages; *Basty*, Rdn. 328 f.; vgl. im Übrigen zur Abwicklung *Reithmann/Meichssner/v. Heymann*, B Rdn. 185 f.
[700] LG Berlin v. 23. 4. 2002, NJW-RR 2003, 378.
[701] LG Kaiserslautern, v. 16. 9. 2003, BauR 2004, 1345.

III. Vergütungsanspruch des Bauträgers

letzung von §§ 4 Abs. 1 Nr. 2, 6 Abs. 1 MaBV nach §§ 12 MaBV, 134 BGB unwirksam, denn es ist – auch ohne besondere Vereinbarung – davon auszugehen, dass die Bank die gesetzlichen Pflichten des Bauträgers, insbesondere die Pflicht zur objektbezogenen Verwendung der Zahlungen kennt und es demgemäß übernimmt, die Mittel für das konkrete Bauvorhaben einzusetzen[702]. Ob das auch mit Blick auf die besonderen Anforderungen des Bauforderungssicherungsgesetzes (BauFordSiG) gilt, ist fraglich (dazu Rdn. 1021).

– In der Freistellungserklärung kann klargestellt werden, dass vom Erwerber neben der geschuldeten Vertragssumme auch etwaige **Verzugszinsen** bezahlt werden, denn sie sind ohnehin ebenfalls geschuldete Vertragssumme i. S. d. § 3 Abs. 1 Satz 2 MaBV[703]. **274**

– Eine Freistellungsverpflichtungserklärung mit einer Bestimmung, nach der die Freistellung vom Ausgleich der „vollen" oder der **„vereinbarten" Vertragssumme** abhängig gemacht wird, entspricht nicht den gewerberechtlichen Anforderungen. Im Verhältnis zwischen Bauträger und Erwerber gilt deshalb, dass der Bauträger keine Zahlungen entgegennehmen darf (Rdn. 249). Davon ist aber – auch entgegen der hier früher vertretenen Auffassung – das Verhältnis zwischen Bank und Erwerber streng zu unterscheiden (Rdn. 248). Hat sich die Bank nur in dieser eingeschränkten Weise zur Freistellung verpflichtet, kann sie nicht zur Freistellung nach Zahlung der nur „geschuldeten" Vergütung verpflichtet werden; eine dem eindeutigen Erklärungsinhalt widersprechende Auslegung einer solchen Freistellungsverpflichtungserklärung ist nicht möglich[704]. **275**

– Die Bank kann in die Freistellungsverpflichtungserklärung einen **Vorbehalt nach § 3 Abs. 1 Satz 3 MaBV** aufnehmen, wenn der Bauträgervertrag einen solchen Vorbehalt gestattet, er also vertragskonform, ist (Rdn. 259 f.). **276**

– Für den Fall, dass sich die Bank die Ersetzungsbefugnis oder das Wahlrecht nach § 3 Abs. 1 Satz 3 MaBV wirksam vorbehält, ist eine Regelung, nach der die Rückzahlung der Vergütung an den Erwerber nur Zug-um-Zug gegen **Löschung der Auflassungsvormerkung** erfolgt, unwirksam (vgl. oben Rdn. 267). **277**

– Die Wirksamkeit einer Klausel, nach der die Bank nur dann zur Freistellung verpflichtet ist, wenn den Erwerber **kein Verschulden** an dem eingetretenen Baustillstand trifft, ist zweifelhaft. Verspätete Zahlungen des Erwerbers können zwar für das Steckenbleiben des Bauvorhabens ursächlich sein und zu Schadensersatzansprüchen gegen den Erwerber führen. Diese Möglichkeit rechtfertigt es jedoch nicht, der Freistellungserklärung Bedingungen beizufügen, die von der MaBV nicht vorgesehen sind und nur dazu führen, dass sich die Bank der (sicher häufig strittigen) Einwendungen des Bauträgers bedient, um sich ihrer Verpflichtung zu entledigen. Die von § 3 Abs. 1 Satz 1 und 2 MaBV vorausgesetzte Freistellungsverpflichtung würde dadurch unzulässig eingeschränkt[705]. **278**

– Die Forderung der Bank, im noch abzuschließenden Bauträgervertrag einen bestimmten **Mindest- oder Listenpreis** nicht zu unterschreiten, ist nicht zu beanstanden, wenn dadurch nicht das Recht des Erwerbers beschränkt wird, der Bank ggf. die Unterschreitung des Listenpreises infolge einer Minderung der Vergütung entgegenhalten zu dürfen[706]. Für die Einhaltung der Bedingung darf also nur auf die **279**

---

[702] BGH v. 11. 10. 2007, NZBau 2008, 58, Rdn. 19 = IBR 2007, 680 (*Vogel*).
[703] *Basty*, Rdn. 418; *Schmucker* in Grziwotz/Koeble, 3. Teil, Rdn. 481.
[704] BGH v. 8. 12. 2005, IBR 2006, 146 (*Basty*) = BeckRS 2006 00197; vgl. auch *Basty*, Rdn. 404.
[705] Vgl. *Basty*, Rdn. 419; Reithmann/Meichssner/v. Heymann, B Rdn. 184.
[706] Reithmann/Meichssner/v. Heymann, B Rdn. 188 und eingehend G Rdn. 94; *Basty*, Rdn. 410 f.; beide auch dazu, dass der Notar zur Vermeidung der Offenbarung der Mindestpreise das Freigabeversprechen treuhänderisch entgegennehmen und nur bei Einhaltung des Mindestpreises weitergeben darf; *Blank*, Rdn. 185.

B. Der Bauträgererwerb

vereinbarte Vergütung und nicht auf die tatsächlich geschuldete bzw. entrichtete Vergütung abgestellt werden.

f) Baugenehmigung (§ 3 Abs. 1 Satz 1 Nr. 4 MaBV)

280   Schließlich darf der Bauträger die Vergütung nur unter der Voraussetzung entgegennehmen, dass – soweit bauordnungsrechtlich vorgeschrieben – die **Baugenehmigung** erteilt worden ist. Durch § 3 Abs. 1 Satz 1 Nr. 4 MaBV soll verhindert werden, dass der Erwerber Zahlungen für ein Bauvorhaben entrichtet, dessen Durchführbarkeit öffentlich-rechtlich nicht gesichert ist. Dürfte der Bauträger Zahlungen ohne oder ohne ausreichende Baugenehmigung entgegennehmen, bestünde die Gefahr, dass das Objekt insgesamt oder teilweise nicht realisiert werden kann oder eine vom Vertrag vorausgesetzte Nutzung untersagt wird. Der Erwerber wäre dann auf vielleicht nur schwer durchsetzbare Ansprüche gegen den Bauträger verwiesen.

Zum Teil wird angenommen, eine an § 3 Abs. 1 Satz 1 Nr. 4 MaBV orientierte Vertragsgestaltung würde den Erwerber vor allem bei genehmigungsfreien Bauvorhaben in besonderer Weise der Gefahr von Zahlungen für ein baurechtswidriges Bauvorhaben aussetzen. Die Vereinbarung von Abschlagszahlungen bei derartigen Risiken sei deshalb unangemessen und intransparent, also zivilrechtlich unwirksam, § 307 Abs. 1 BGB[707]. Das überzeugt – jedenfalls auf dem Hintergrund der Änderungen durch das Forderungssicherungsgesetz (Rdn. 198) – nicht. Durch den Verweis in § 632a Abs. 2 BGB auf die Voraussetzungen in § 3 Abs. 1 MaBV sind Vertragsbedingungen auf ihrer Grundlage einer Inhaltskontrolle entzogen (Rdn. 202), ganz abgesehen davon, dass bei einer Zahlung der gesamten Vergütung erst nach der Abnahme – das wäre die Alternative – die gleichen Gefahren bestünden. Der Erwerber würde als Besitzer bzw. als Eigentümer für Baurechtswidrigkeiten als Zustandsstörer haften.

281   *aa) Genehmigungsfreie Bauvorhaben.* Durch die von den Landesgesetzgebern vereinfachten Bauordnungen werden verschiedene Bauvorhaben von der Genehmigungspflicht freigestellt. **Genehmigungsfreie Bauvorhaben** sind z.B. in Bayern Vorhaben, die nur eine geringe Höhe aufweisen, den Festsetzungen des Bebauungsplans entsprechen und für die die Erschließung gesichert ist (z.B. Art. 70 BayBO). Diesen Veränderungen des Bauordnungsrechts trug der Verordnungsgeber durch eine Ergänzung des § 3 Abs. 1 Satz 1 Nr. 4 MaBV Rechnung[708]. Die MaBV lässt nun für die freigestellten Vorhaben – je nach Landesrecht – entweder
– eine Bestätigung der Baubehörde über die Genehmigungsfreiheit (Nr. 4 lit. a) oder
– eine entsprechende Erklärung des Bauträgers genügen (Nr. 4 lit. b).

282   Eine Bestätigung der Baubehörde ist dann vorzulegen, wenn sie nach dem einschlägigen Landesrecht vorgesehen ist. In diesem Fall kann der Bauträger die Genehmigungsfreiheit der Baumaßnahme nicht selbst bestätigen. Wird von der Behörde eine Bestätigung über die Genehmigungsfreiheit erteilt, obwohl ihre Erteilung gar nicht vorgesehen ist (auf sie kein Rechtsanspruch besteht), kann ebenfalls nach § 3 Abs. 1 Satz 1 Nr. 4 lit. a MaBV verfahren werden[709]. Wird die Genehmigungsfreiheit durch die Behörde zu Unrecht bestätigt, liegt also eine unrichtige Bestätigung vor, wird dadurch die Entgegennahme von Vermögenswerten des Erwerbers nicht gerechtfertigt. Es bleibt Sache des Bauträgers, die erforderliche Baugenehmigung beizubringen[710].

---

[707] *Vogel*, BauR 2007, 224 (226, 234).
[708] Zweite Verordnung zur Änderung der MaBV vom 6. 9. 1995, BGBl. I S. 1134.
[709] *Basty*, Rdn. 455.
[710] *Basty*, Rdn. 456.

III. Vergütungsanspruch des Bauträgers

Soweit der Bauträger – mangels behördlicher Zuständigkeit – die Tatsache der Ge- **283** nehmigungsfreiheit selbst bestätigen muss, wird die Vergütung frühestens einen Monat nach Zugang der Erklärung des Bauträgers fällig. Der Erwerber kann sich auf diese Weise bei der Baubehörde über die Richtigkeit der Bestätigung vergewissern. Die Bestätigung ist schriftlich abzugeben; das ist daraus zu schlussfolgern, dass § 3 Abs. 1 Satz 1 Nr. 4 MaBV einen „Eingang" der Erklärung voraussetzt. Sie kann schon vor Vertragsschluss, unmittelbar im Erwerbsvertrag und nach Beurkundung des Vertrages abgegeben werden. Wenn die Genehmigungsfreiheit im Erwerbsvertrag mitgeteilt wird, kann sogleich der Ablauf der Monatsfrist im Vertrag bestimmt werden. Jedenfalls soll der Erwerber im Vertrag auf die Monatsfrist hingewiesen werden[711].

Die Vorschriften des § 3 Abs. 1 Satz 1 Nr. 4 MaBV sind bei sämtlichen Baumaß- **284** nahmen zu beachten, also sowohl bei den befreiten Vorhaben wie auch bei den schon früher genehmigungsfreien Umbauten, **genehmigungsfreien Altbaumaßnahmen,** Sanierungen von Altbauten usw.

bb) Genehmigungspflichtige Bauvorhaben. Für die nicht unter die Befreiungstatbestände **285** fallenden Bauträgermaßnahmen bleibt die Baugenehmigung unverändert Voraussetzung für die Entgegennahme von Erwerbermitteln. Den Anforderungen von § 3 Abs. 1 Satz 1 Nr. 4 MaBV wird durch die Erklärung des Bauträgers, dass die Baugenehmigung erteilt ist, genüge getan. Darüber, dass die Baugenehmigung vorliegt, kann auch im Bauträgervertrag unterrichtet werden. Durch den Vertrag soll der Erwerber über die genehmigungsrechtliche Situation informiert werden. Die Mitteilung der Baugenehmigung als Fälligkeitsvoraussetzung obliegt dem Bauträger, nicht dem Notar. Der Notar ist nicht verpflichtet, die Baugenehmigung auf ihre Übereinstimmung mit dem Vertrag (Pläne, Baubeschreibung usw.) zu überprüfen[712].

Die Baugenehmigung muss sich auf das gesamte vertragsgegenständliche Objekt **286** erstrecken. Nach unbestrittener Meinung genügt deshalb eine **Teilbaugenehmigung** nicht[713]. An der Baugenehmigung fehlt es auch, wenn sie widerrufen wurde, infolge Zeitablaufs erloschen ist[714] oder mit **Bedingungen** oder **Auflagen** versehen ist, die dem Vorhaben widersprechen. Eine Baugenehmigung mit Auflagen, die der vertraglich übernommenen Leistungspflicht widersprechen, ist auch dann und solange unzureichend, wenn gegen die Auflage zwar ein Rechtsmittel eingelegt, darüber aber noch nicht positiv entschieden wurde[715]. Im Zusammenhang mit einem Vorhaben- und Erschließungsplan kann sich die Baubehörde den **Widerruf** der Genehmigung für den Fall der Nichtdurchführung des Bauvorhabens vorbehalten. Für diese Fälle bietet die MaBV keinen wirksamen Schutz, da die in dieser Weise erteilte Baugenehmigung den Anforderungen des § 3 Abs. 1 Satz 1 Nr. 4 MaBV genügt[716]. Die hier bestehende Schutzlücke sollte durch den Verordnungsgeber geschlossen werden[717].

Der **Inhalt der Baugenehmigung** muss mit dem Vertragsobjekt deckungsgleich **287** sein. Dies gilt nicht nur für die planerische Gestaltung, sondern auch für die genehmigte Nutzung. So genügt eine Baugenehmigung nicht den Erfordernissen der MaBV, wenn etwa vertraglich geschuldete Räume im Kellergeschoss oder im Dachgeschoss in den Vertragsunterlagen mit einer Wohnnutzung ausgewiesen werden, während die Genehmigung lediglich Abstellräume oder dergleichen gestattet. An einer Baugenehmigung

---

[711] Vgl. *Schmidt,* MittBayNot 1995, 434 (435).
[712] *Schmidt,* MittBayNot 1995, 434 (435); *Basty,* Rdn. 447.
[713] *Usinger,* NJW 1987, 934 (935); *Marcks,* § 3 Rdn. 20.
[714] Vgl. z. B. die vierjährige Geltungsdauer der Baugenehmigung nach Art. 78 BayBO.
[715] A. A. *Basty,* Rdn. 442.
[716] Vgl. *Grziwotz,* MittBayNot 1999, 44 (46 f.).
[717] Ähnliche Probleme entstehen auch dort, wo genehmigungsfreie Bauvorhaben nach Aufhebung eines Bebauungsplans genehmigungspflichtig werden, vgl. *Marcks,* § 3 Rdn. 22; *Grziwotz,* MittBayNot 1999, 46.

B. Der Bauträgererwerb

i. S. v. § 3 MaBV fehlt es selbstverständlich auch dann, wenn vertraglich vorgesehene Räume oder Einrichtungen überhaupt nicht genehmigt worden sind. Sofern die Genehmigung hinter dem vertraglich versprochenen Objekt zurück bleibt, wird die vereinbarte Vergütung nicht fällig. Außerdem können Mängelansprüche bestehen (Rdn. 671 ff.).

288 Strittig ist die Frage, ob die Baugenehmigung vor Entgegennahme von Zahlungen **bestandskräftig** sein muss. Die überwiegende Meinung[718] geht – in Übereinstimmung mit dem Wortlaut der Verordnung – davon aus, dass es genügt, wenn die Baugenehmigung erteilt worden ist. Dem Bauträger wäre es kaum zuzumuten, den Eintritt der Unanfechtbarkeit abzuwarten, da der Ablauf der Widerspruchsfristen, je nachdem ob und wann die Baugenehmigung den Nachbarn (wirksam) zugestellt wurde, unübersichtlich und unabsehbar sein kann. Davon unberührt bleibt die Möglichkeit, vertraglich festzulegen, dass die Vergütung nicht vor Ablauf einer bestimmten Frist nach Zustellung der Baugenehmigung bei allen Beteiligten fällig werden soll, um sich über die Bestandkraft vergewissern zu können, wobei in die zu vereinbarende Frist neben der Widerspruchsfrist auch die Zeiträume für Postlaufzeiten und Nachfragen bei der Behörde einzuberechnen sind[719].

289 Die herrschende Meinung geht davon aus, dass dann, wenn gegen die Baugenehmigung **Widerspruch eingelegt** wurde, der Bauträger keine Zahlungen mehr entgegennehmen darf[720]; er soll deshalb zunächst den Ablauf der Widerspruchsfrist abwarten[721]. Diese Auffassung ist abzulehnen[722], denn sie führt leicht zu unbilligen Ergebnissen[723]. Ein einziger Nachbarwiderspruch kann bewirken, dass der Bauträger das Objekt bis zum Abschluss eines unter Umständen langwierigen Verwaltungsgerichtsverfahrens vorfinanzieren muss. Die Interessenlage wird besonders deutlich, wenn der Nachbarwiderspruch offensichtlich unbegründet ist. So wenig, wie die Bestandskraft der Baugenehmigung für die Kaufpreisfälligkeit im Allgemeinen vorausgesetzt wird[724], kann ein Nachbarwiderspruch bzw. eine Nachbarklage die Existenz der erteilten Baugenehmigung beseitigen. An der rechtlichen Qualität der einmal erteilten Genehmigung ändert sich durch den Widerspruch nämlich zunächst nichts. Im Übrigen wird der Erwerber durch das Verwaltungsverfahren zwar nur mittelbar, aber doch ausreichend geschützt. Auch wenn dem Nachbarwiderspruch keine aufschiebende Wirkung mehr zukommt (früher § 10 Abs. 2 BauGBMaßnG, seit 1. 1. 1998 § 212a BauGB), so wird die Verwaltung oder das Verwaltungsgericht in den Fällen, in denen begründete Anhaltspunkte für die Rechtswidrigkeit der erteilten Baugenehmigung bestehen, die Aufnahme oder die Weiterführung der Bauarbeiten ohnehin anhalten – sei dies durch eine behördliche Baueinstellung (Aussetzung der Vollziehung gem. § 80a Abs. 2 Nr. 2 i. V. m. § 80 Abs. 4 VwGO) oder durch eine entsprechende gerichtliche Entscheidung (Wiederherstellung der aufschiebenden Wirkung gem. § 80a Abs. 3 i. V. m. § 80 Abs. 5 VwGO)[725]. Weitere Raten können sodann wegen des fehlenden

---

[718] *Marcks*, § 3 Rdn. 20; *Usinger*, NJW 1987, 934 (935); *Basty*, Rdn. 444; *Reithmann/Meichssner/v. Heymann*, B Rdn. 103; *Eue*, I. 30 Anm. 20; *Kutter*, A II Rdn. 75; *Riemenschneider* in Grziwotz/Koeble, 3. Teil, Rdn. 526; a. A. aber MaBVwV Ziff. 3.3.1.4; *Locher/Koeble*, Rdn. 52.

[719] *Basty*, Rdn. 444.

[720] *Basty*, Rdn. 445; *Eue*, I. 30 Anm. 20; *Riemenschneider* in Grziwotz/Koeble, 3. Teil, Rdn. 529; *Koeble*, Kap. 12 Rdn. 95; wohl auch *Reithmann/Meichssner/v. Heymann*, B Rdn. 103.

[721] *Koeble*, Kap. 12 Rdn. 95.

[722] *Blank*, Rdn. 190; *Bischoff* in Grziwotz, § 3 MaBV, Rdn. 104.

[723] *Basty*, will die Lage des Bauträgers dadurch abmildern, dass er eine offensichtlich aussichtslose Anfechtung nicht beachten (Rdn. 445; ebenso *Eue*, I. 30 Anm. 20) und dem Bauträger im Übrigen einen Anspruch auf Gestellung einer Bürgschaft nach § 7 MaBV gestatten will (Rdn. 445).

[724] So auch *Basty*, Rdn. 444.

[725] Vgl. *Gronemeyer*, BauR 1998, 413 f.; *Blank*, Rdn. 190.

III. Vergütungsanspruch des Bauträgers

Baufortschritts nicht mehr fällig werden; dem Erwerber steht im Verzugsfall das Rücktrittsrecht zu. Einzuräumen ist allerdings, dass die bis zu einem solchen Zeitpunkt geleisteten Zahlungen mit Risiken behaftet bleiben – das gilt aber auch nach der herrschenden Meinung, die ja für den Fall des Widerspruchs ebenfalls keine Rückzahlungsverpflichtung annimmt. Alles in allem führt die mittelbare Abhängigkeit weiterer Zahlungsverpflichtungen vom Verhalten des Anfechtenden und der Behörde zu einer angemessenen Risikoverteilung.

Von einer **Zweckentfremdungsgenehmigung** ist die Fälligkeit des Kaufpreises **290** nicht abhängig; sie ist keine Baugenehmigung i. S. v. § 3 Abs. 1 Satz 1 Nr. 4 MaBV[726]. Eine solche Genehmigung kann dann erforderlich sein, wenn bei der Sanierung und anschließenden Veräußerung von Altbauten, die früher zu Wohnzwecken genutzt wurden, auch Teileigentum für gewerbliche Zwecke entstehen soll[727]. Allerdings kann durch eine entsprechende vertragliche Regelung die Fälligkeit von der Erteilung einer solchen Genehmigung (bzw. einer entsprechenden Negativbescheinigung) abhängig gemacht werden.

Dagegen ist die **Genehmigung nach § 172 BauGB,** die für Baumaßnahmen, **291** aber auch schon für jede Instandsetzung und Instandhaltung in Gebieten mit Erhaltungssatzung nötig ist, eine Baugenehmigung im Sinne von § 3 Abs. 1 Satz 1 Nr. 4 MaBV (vgl. auch oben Rdn. 222).

g) Der Zahlungsplan (§ 3 Abs. 2 MaBV)

aa) Vorleistungspflicht. Die Höhe der einzelnen Abschlagszahlungen und die dafür zu **292** erbringenden Bauleistungen sind in § 3 Abs. 2 MaBV definiert. Durch die Vorgaben des § 3 Abs. 2 MaBV wird sichergestellt, dass der Bauträger jedenfalls keine höheren Zahlungen einfordert, als sie von der MaBV für die einzelnen beschriebenen Leistungen für angemessen angesehen werden. In Verbindung mit den übrigen Sicherungen des § 3 MaBV bleibt damit die **Vorleistungspflicht** des Bauträgers gewahrt.

Bei den nach § 3 Abs. 2 MaBV möglichen Abschlägen handelt es sich um **Höchstsät- 293 ze.** Der Zahlungsplan der MaBV kann, da er eine schematische Lösung für alle in Betracht kommenden Bauvorhaben darstellt, im Einzelfall dazu führen, dass der Wert der erbrachten Bauleistungen über der zugeordneten Abschlagszahlung liegt. Bedenkt man die relativ hohen Grundstückspreise in Ballungsräumen, so kann sich die erste Rate, die ja nicht nur den Grundstücksanteil, sondern auch die Kosten für die Erschließung, die Planung usw. abdecken soll, als zu gering erweisen. Erhöhungen der Abschlagszahlungen, die solchen Ungereimtheiten Rechnung tragen sollen, sind unzulässig.

Die MaBV-Sätze müssen jedoch aus zivilrechtlichen Gründen im Einzelfall einem tatsächlich nur geringeren Wert der Bauleistung angepasst, also **vermindert** werden. Da trotz des Verweises in § 632a Abs. 2 BGB auf die Vorschriften der MaBV die übrigen gesetzlichen Regelungen des § 632a BGB ebenfalls anzuwenden sind, gilt auch § 632a Abs. 1 BGB (Rdn. 200). Mit § 632a Abs. 1 Satz 1 BGB wird die Höhe von Abschlagszahlungen auf den erlangten Wertzuwachs begrenzt. Diese Begrenzung ist Ausdruck der den Unternehmer treffenden Vorleistungspflicht und gilt deshalb auch bei den Abschlägen nach § 3 Abs. 2 MaBV (Rdn. 205). Folglich muss eine Anpassung der Raten in den Fällen erfolgen, in denen der Erwerber trotz formaler Einhaltung des Zahlungsplans Vergütungen zahlt, die der Gegenleistung bzw. dem erreichten Baufortschritt nicht entsprechen. Zu denken ist etwa daran, dass im Einzelfall die Grundstückskosten samt Planung und sonstiger Vorbereitung im Verhältnis zu den übrigen

---

[726] *Basty,* Rdn. 461.
[727] Art. 6 § 1 Mietrechtsverbesserungsgesetz v. 4. 11. 1971, BGBl. I S. 1745.

Baukosten so gering sind, dass sie dem nach Zahlungsplan vorgesehenen Vomhundertsatz unterschreiten[728]. Ähnlich kann es bei der Sanierung von Altbauten liegen, zumal bei Plattenbauten in den neuen Ländern, bei denen die sofort fälligen Raten für die Altbausubstanz in keinem Verhältnis zu den erheblichen Kosten für die Sanierung stehen. Hier würde bei Einhaltung der MaBV-Sätze eine Vorleistungspflicht des Erwerbers eintreten. Da die MaBV eine verdeckte Vorleistungspflicht des Erwerbers nicht begünstigen will, ist es in den genannten Fällen nicht nur zulässig, sondern zwingend geboten, etwa die erste und zweite Rate herabzusetzen, um sodann die weiteren Raten entsprechend zu erhöhen[729].

294 Da es sich bei den Raten um Höchstsätze handelt, ist eine **Abweichung** von den Bestimmungen des § 3 Abs. 2 MaBV **zugunsten des Erwerbers** stets zulässig. Möglich ist es deshalb, zunächst niedrigere, und erst in der Folge oder mit der letzten Zahlung höhere Abschlagszahlungen entgegenzunehmen bzw. zu vereinbaren. So wie die Fälligkeit der gesamten Vergütung an die vollständige Fertigstellung geknüpft werden kann, ist es zum Beispiel zulässig, die gesamte oder einen Teil der Bezugsfertigkeitsrate erst mit der vollständigen Fertigstellung des Objekts fällig zu stellen[730], erstere also zu vermindern und letztere dann entsprechend zu erhöhen.

295 *bb) Zusammensetzung der Raten.* Der Gesamtkaufpreis darf in bis zu sieben Teilbeträgen aufgeteilt und entgegengenommen werden, wobei diese sieben Teilbeträge aus den in § 3 Abs. 2 MaBV aufgeführten 13 Gewerken zusammengestellt werden können. Für den Zahlungsplan gilt die **Regel „7 aus 13"**. Es kann deshalb nicht von *dem* Zahlungsplan des § 3 Abs. 2 MaBV gesprochen werden, sondern nur von einer Vorgabe für einen individuell zu gestaltenden Plan. Bei näherer Betrachtung sind die Variationsmöglichkeiten jedoch nicht sehr groß. Im Einzelnen handelt es sich um folgende Bauabschnitte, die mit den jeweils angegebenen Prozentsätzen zu maximal sieben Abschlagszahlungen zusammengestellt werden können (die Vomhundertsätze beziehen sich auf den Erwerb von Eigentum an einem Grundstück, die in Klammern angegebenen Sätze gelten für den Erwerb von Erbbaurechten):

30,0 (20,0)% nach Beginn der Erdarbeiten
28,0 (32,0)% nach Rohbaufertigstellung einschließlich Zimmererarbeiten
 5,6 (6,4)% für die Herstellung der Dachflächen und Dachrinnen
 2,1 (2,4)% für die Rohinstallation der Heizungsanlagen
 2,1 (2,4)% für die Rohinstallation der Sanitäranlagen
 2,1 (2,4)% für die Rohinstallation der Elektroanlagen
 7,0 (8,0)% für den Fenstereinbau einschließlich der Verglasung
 4,2 (4,8)% für den Innenputz, ausgenommen Beiputzarbeiten
 2,1 (2,4)% für den Estrich
 2,8 (3,2)% für die Fliesenarbeiten im Sanitärbereich
 8,4 (9,6)% nach Bezugsfertigkeit und Zug-um-Zug gegen Besitzübergabe
 2,1 (2,4)% für die Fassadenarbeiten
 3,5 (4,0)% nach vollständiger Fertigstellung

296 *cc) Bemessungsgrundlage.* Berechnungsgrundlage für die einzelnen in § 3 Abs. 2 MaBV genannten Vomhundertsätze ist die **„Vertragssumme"**. Das ist die im Bauträgervertrag ausgewiesene Vergütung (Kaufpreis).

Wird die Vergütung nachträglich geändert, sind sämtliche Teilbeträge neu zu berechnen, und zwar ohne Rücksicht darauf, ob und in welchem Umfang Abschlagszah-

---
[728] *Blank*, Rdn. 217.
[729] Vgl. *Basty*, Rdn. 483; *Marcks*, § 3 Rdn. 24.
[730] OLG Saarbrücken v. 26. 4. 2000, NZBau 2000, 429.

III. Vergütungsanspruch des Bauträgers

lungen bereits geleistet wurden. Bisweilen sind im Vertrag zusätzliche Preise für Wahlleistungen oder Sonderausführungen ausgeworfen. Ihre Ausführung hängt von einer entsprechenden Erklärung des Erwerbers ab (Leistungsbestimmungsrecht). Macht der Erwerber von diesem Recht Gebrauch, ist die Vertragssumme um die zusätzliche Vergütung (ggf. abzüglich Gutschriften) nachträglich anzupassen. Die nunmehr fällig werdenden Raten sind aus dieser Vertragssumme zu berechnen, während für bereits geleistete Raten eine Nachberechnung erfolgt, die sofort fällig wird. Genauso ist zu verfahren, wenn mit dem Bauträger nachträglich die Ausführung von **Sonderwünschen** vereinbart wird, und zwar unabhängig von der Frage, ob und in welchem Umfang solche nachträglichen Sonderwünsche der notariellen Beurkundung bedürfen. Unzulässig ist es, die Vergütung für den entsprechenden Sonderwunsch sofort nach Beauftragung, nach Ausführung oder zusammen mit einer bestimmten Rate des Zahlungsplans, dem diese Arbeiten zugeordnet werden können, zu fordern[731]. Wollte man die gesonderte Berechnung einzelner Sonderwünsche mit der Begründung zulassen, dass der entsprechende Gegenwert vorhanden sei[732], würde damit vom Grundprinzip des § 3 Abs. 2 MaBV – schematisierte Betrachtung des Baufortschritts – abgewichen und Umgehungsmöglichkeiten Tür und Tor geöffnet. Anders verhält es sich allerdings bei Sonderwünschen, die nicht dem Bauträger, sondern direkt dem Handwerker beauftragt werden. Die mit dem Handwerker unmittelbar vereinbarte Vergütung bleibt ohne Einfluss auf den Zahlungsplan. Etwaige Gutschriften für ursprünglich vorgesehene Standardausführungen sind jedoch als Verringerung der gesamten Vertragssumme bei sämtlichen Abschlägen zu berücksichtigen[733].

297 Steht die endgültige Vertragssumme bei Vertragsschluss oder auch bei Fälligkeit der ersten Rate(n) aus anderen Gründen noch nicht fest, etwa weil der Preis von der Größe des noch zu vermessenden Grundstücks abhängt oder eine **Preiserhöhungsklausel** vereinbart wurde[734], so ändert sich hier ebenfalls die Vertragssumme. Da § 3 Abs. 2 MaBV für die Bemessung der Raten ausschließlich auf die Vertragssumme, also auf die im Vertrag niedergelegte Vergütung abstellt, wird von § 3 MaBV die Vereinbarung eines Pauschalfestpreises für die gesamte Leistung nicht vorausgesetzt[735]. Die Vertragssumme kann folglich auch ein vorläufiger Preis sein. Soweit dahingehende Vereinbarungen nicht nach §§ 307 ff. BGB zu beanstanden sind, kann sich die Vorläufigkeit etwa aus einer Preiserhöhungsklausel oder der Vereinbarung abzurechnender Leistungen ergeben (Grundstücksflächen oder ggf. auch Bauleistungen, vgl. oben Rdn. 179). Für die vorläufige Vertragssumme muss der niedrigere Preis (ohne mögliche Erhöhungsbeträge) zugrunde gelegt werden; soweit die vorläufige Vertragssumme nur geschätzt werden kann, ist eine zurückhaltende Schätzung vorzunehmen[736]. Sobald sich die Vorläufigkeit erledigt (die vorbehaltene Preiserhöhung bzw. -reduzierung kann berechnet, die anfänglich nicht feststehenden Mengen können erfasst werden), besteht eine neue Vertragssumme mit der Folge, dass die zukünftigen Raten aus der geänderten Summe zu berechnen und für bereits bezahlte Raten entsprechende Gutschriften zu erteilen sind bzw. entsprechende Nachberechnungen zur Zahlung fällig werden.

298 *dd) Festlegung des Zahlungsplans.* Die **Festlegung der 7 Abschläge** aus den vorgegebenen 13 Bauabschnitten erfolgt im Bauträgervertrag; sie ist grundsätzlich Vereinbarungssache. Daraus, dass es gewerberechtlich zulässig ist, die Raten aus einzelnen Ge-

---

[731] *Eue,* I. 30 Anm. 26 (10); *Marcks,* § 3 Rdn. 25; *Basty,* Rdn. 479.
[732] So *Koeble,* Kap. 12 Rdn. 99; *Reithmann/Meichssner/v. Heymann,* B 114 f.
[733] *Eue,* I. 30 Anm. 26 (10).
[734] *Basty,* Rdn. 447, 218.
[735] *Basty,* Rdn. 219.
[736] *Basty,* Rdn. 219.

B. Der Bauträgererwerb

werken zusammenzusetzen, darf nicht geschlussfolgert werden, dem Bauträger sei es ohne besondere Vereinbarung gestattet, die Raten je nach Bauablauf spontan zusammenzustellen und nach seinem Belieben abzurufen. § 3 Abs. 2 MaBV gibt einen Rahmen vor, der durch eine vertragliche Regelung ausgefüllt werden muss. Grundsätzlich sind die sieben Teilbeträge durch die **vorangehende Vereinbarung eines Zahlungsplans** im Bauträgervertrag festzulegen[737]. Die Zusammensetzung der Raten wird den Besonderheiten des jeweiligen Bauvorhabens Rechnung tragen müssen; für einen sinnvollen Zahlungsplan wird der Bauträger im eigenen Interesse sorgen. In Betracht käme beispielsweise folgende Zusammenstellung:

1. Rate: 30,0%: nach Beginn der Erdarbeiten,
2. Rate: 33,6%: bestehend aus 28,0% nach Rohbaufertigstellung einschließlich Zimmererarbeiten zuzüglich 5,6% für die Herstellung der Dachflächen und Dachrinnen,
3. Rate: 6,3%: bestehend aus 2,1% für die Rohinstallation der Heizungsanlagen, 2,1% für die Rohinstallation der Sanitäranlagen und 2,1% für die Rohinstallation der Elektroanlagen,
4. Rate: 7,0%: bestehend für den Fenstereinbau einschließlich der Verglasung,
5. Rate: 9,1%: bestehend aus 4,2% für den Innenputz, ausgenommen Beiputzarbeiten, 2,1% für den Estrich und 2,8% für die Fliesenarbeiten im Sanitärbereich,
6. Rate: 10,5%: bestehend aus 2,1% für die Fassadenarbeiten und 8,4% nach Bezugsfertigkeit, Zug-um-Zug gegen Besitzübergabe,
7. Rate: 3,5%: nach vollständiger Fertigstellung.

Wurde ein Zahlungsplan in dieser Art festgelegt, ist er für die Vertragsparteien verbindlich; der Bauträger kann hiervon nicht nachträglich etwa wegen eines geänderten Bauablaufs einseitig abweichen, also keine andere Zusammensetzung der Raten bestimmen.

299   Zulässig ist auch ein **variabler Zahlungsplan,** also eine ausdrückliche Vereinbarung, die es dem Bauträger gestattet, die (höchstens sieben) Abschlagszahlungen nach seinem Ermessen während der Vertragsabwicklung nach Baufortschritt zusammen- und fällig zustellen[738]. Eine solche vertragliche Gestaltung wird durch § 3 Abs. 2 MaBV nicht ausgeschlossen. Sie entspricht der Intention des Verordnungsgebers, flexiblere Zahlungspläne zuzulassen. Sofern die Begründung zur Änderungsverordnung eine Fixierung der Zahlungsbedingungen fordert, kann und muss dem dadurch Genüge getan werden, dass diese Gestaltung – hier: variabler Zahlungsplan – vertraglich fixiert wird. Die Raten sind unter Beachtung von § 315 BGB, also nach billigem Ermessen zusammenzustellen. Auch wenn sich die Parteien für diesen Weg entscheiden, ist der Spielraum des Bauträgers nicht besonders groß, also die Möglichkeit, den Erwerber mit unbilligen Abschlagszahlungen zu überrumpeln, kaum gegeben. Die ersten großen Abschlagszahlungen können auch hier nur wie bei einem vereinbarten Zahlungsplan abgerufen werden; das ergibt sich aus den Zwängen eines normalen Bauablaufs. Wartet der Bauträger mit der Fälligkeit, um sie mit späteren Gewerken zusammenzufassen, gereicht dies dem Erwerber nicht zum Nachteil. Bei den kleinen Teilbeträgen der einzelnen Gewerke muss der jeweilige Bautenstand erreicht sein. Insgesamt darf es ebenfalls nur zu sieben Fälligkeitsterminen kommen. Zwar ist durch ei-

---

[737] *Basty*, Rdn. 486; *Eue*, I. 30 Anm. 26 (5).
[738] *Basty*, Rdn. 488; *Blank*, Rdn. 219; *Eue*, I. 30 Anm. 26; *Riemenschneider* in Grziwotz/Koeble, 3. Teil, Rdn. 540 f.; ablehnend *Bischoff* in Grziwotz, § 3 MaBV, Rdn. 126; *Marcks*, § 3 Rdn. 23; *Koeble*, Kap. 12 Rdn. 102 b.

III. Vergütungsanspruch des Bauträgers

nen variablen Zahlungsplan eine größere Beweglichkeit gewährleistet, allerdings um den Preis der geringeren Übersichtlichkeit verbunden mit dem Risiko von Auseinandersetzungen, wenn der Bauträger die Raten falsch fällig stellt oder doch mehr als sieben Abschlagszahlungen einfordert.

Wird der **Bauträgervertrag während der Bauausführung** abgeschlossen, können alle zu diesem Zeitpunkt abgeschlossenen Gewerke sofort mit der Grundstücksrate gefordert werden, während die noch nicht ausgeführten Gewerke in bis zu sechs weitere Teilbeträge aufgeteilt werden dürfen, so dass im Ergebnis wieder sieben Zahlungen vereinbart sind[739]. 300

In § 3 Abs. 2 MaBV wird nur eine **Höchstzahl von Abschlagszahlungen** festlegt. Zur Vermeidung von vielen kleinen Abschlägen können deshalb auch weniger Abschlagszahlungen gebildet werden, der Zahlungsplan der späteren Erwerber also beispielsweise den Plänen der früheren Erwerber angepasst werden.

ee) Änderungen der Bauabschnitte des § 3 Abs. 2 MaBV. Die Bauabschnitte des § 3 Abs. 2 MaBV dürfen nur in eingeschränktem Umfang geändert werden. Unzulässig ist die **Teilung einzelner Bauabschnitte** (z.B. die Rohbaurate in Rohbau und Zimmererarbeiten), um für die bereits früher abgeschlossenen Bauleistungen entsprechend früher eine Gegenleistung zu erhalten. Unzulässig ist es auch, bestimmte Gewerke oder Bauleistungen, die in § 3 Abs. 2 MaBV nicht ausdrücklich erwähnt sind, in den vertraglichen Zahlungsplan aufzunehmen und für diese Leistungen **zusätzliche Raten** auszuweisen (z.B. 2% für Wasserhaltung und Bodenaustausch bei entsprechender Verringerung der Rohbaurate; oder die zusätzliche Aufnahme eines Vomhundertsatzes für Malerarbeiten)[740]. 301

Von der **Reihenfolge** der einzelnen Bauabschnitte, wie sie sich aus § 3 Abs. 2 MaBV ergibt, kann abgewichen werden; sie enthält keine Festlegung über den zeitlichen Ablauf. Die Abschlagszahlungen dürfen aus den von § 3 Abs. 2 MaBV angebotenen Bauabschnitten beliebig und in freier Reihenfolge zusammengestellt werden. Aus den Erfordernissen des Bauablaufs ergeben sich naturgemäß Einschränkungen dieser Freiheit[741]. 302

Entsprechendes gilt für den im Vertrag festgelegten Zahlungsplan. Werden die Leistungen der 4. Abschlagszahlung vor denen der 3. Abschlagszahlung ausgeführt und abgeschlossen, so darf die 4. Rate vorher abgerufen werden. Anderes würde nur dann gelten, wenn mit dem vereinbarten Zahlungsplan zum Ausdruck gebracht wird, dass die Reihenfolge der Abschlagszahlungen zugleich auch eine zwingende zeitliche Festlegung beinhaltet.

Für den Fall, dass einzelne in § 3 Abs. 2 MaBV aufgeführte Gewerke für die geschuldete Bauleistung nicht erforderlich sind, enthält § 3 Abs. 2 Satz 3 MaBV eine verbindliche Regelung. Zum Wegfall einzelner Leistungen kann es durch planerische oder konstruktive Besonderheiten des Objekts kommen (die Architektur erfordert keine Estricharbeiten oder sieht keine Fliesen in den Bädern vor). Häufiger entfallen Leistungen, weil der Erwerber deren Ausführung in eigener Regie übernimmt. Dies kann so weit gehen, dass der Bauträger nur das Grundstück mit dem Rohbau liefert, während der Erwerber die gesamten Ausbaugewerke selbst ausführt (vgl. zum sog. Ausbauhaus unten Rdn. 558). Sofern einzelne **Gewerke vollständig entfallen,** ist der Vomhundertsatz des entfallenen Bauabschnitts nach § 3 Abs. 2 Satz 3 MaBV auf die übrigen Raten zu verteilen. Selbst wenn nur geringe Bauleistungen eines Bauab- 303

---

[739] Vgl. *Eue,* I. 30 Anm. 26 (8); *Basty,* DNotZ 1997, 284 (293).
[740] *Marcks,* § 3 Rdn. 23.
[741] *Basty,* Rdn. 485; *Eue,* I. 30 Anm. 26 (5) a).

B. Der Bauträgererwerb

schnitts des § 3 Abs. 2 MaBV ausgeführt werden müssen, ist das Gewerk mit dem für ihn vorgesehenen vollen Prozentsatz im Zahlungsplan zu berücksichtigen. Aus § 3 Abs. 2 Satz 3 MaBV folgt außerdem, dass die entfallene Leistung auf sämtliche verbleibende Raten, in der Regel also auf sieben Raten zu verteilen ist, und zwar unter Berücksichtigung der Grundstücksrate[742]. Gerade am Beispiel des erwähnten Ausbauhauses wird deutlich, dass bei einer anderen Auslegung unbillige Ergebnisse entstünden: Würde das entfallene Gewerk nicht auch auf die Grundstücksrate verteilt, fiele die Vergütung für den Grundstücksanteil desto stärker aus, je weniger Ausbaugewerke vom Bauträger ausgeführt werden. Der entfallene Bauabschnitt ist grundsätzlich in dem Verhältnis auf die anderen Abschlagszahlungen zu verteilen, in dem diese prozentual zueinander stehen[743]. Die Prozentsätze der neuen Abschlagszahlungen (Raten) lassen sich nach folgender Formel berechnen[744]:

$$\frac{\text{Prozentsatz der fälligen Rate} \times 100}{\text{Summe aller Prozentsätze} - \text{entfallene Rate(n)}} = \text{neue Rate}$$

Übernimmt der Erwerber zum Beispiel den Innenputz (4,2%) und die Fliesenarbeiten (2,8%), so berechnet sich die Grundstücksrate wie folgt:

$$\frac{30 \times 100}{100 - (4{,}2 + 2{,}8)} = 32{,}26\% \text{ der Vertragssumme}$$

304 Die so berechneten Raten sind die nach Fortfall einer Leistung **höchstzulässigen Raten.** Das nicht ausgeführte Gewerk darf aber auch anders auf die verbleibenden Raten umgelegt werden, sofern dadurch die so berechneten höchstzulässigen Raten nicht überschritten werden, denn es ist dem Bauträger stets gestattet, niedrigere Raten als die höchstzulässigen zu fordern. So kann $1/7$ des entfallenen Bauabschnitts umgelegt werden, wenn es sich beispielsweise um den Fortfall des Estrichs handelt.

305 *ff) Leistungsverweigerungsrechte.* Von dem Baufortschritt, der für die einzelnen Abschlagszahlungen nach § 3 Abs. 2 MaBV vorausgesetzt wird, ist die Frage zu unterscheiden, ob dem Erwerber zivilrechtliche **Leistungsverweigerungsrechte wegen Mängeln** zustehen. Das Recht des Erwerbers, wegen Mängeln sein Leistungsverweigerungsrecht auszuüben, bleibt unberührt. Ein Einbehalt wegen Mängeln in Höhe der voraussichtlichen Mängelbeseitigungskosten (samt Druckzuschlag in zweifacher Höhe) kann vom Erwerber jederzeit beansprucht werden. Dies gilt insbesondere für die letzte und vorletzte, aber auch für jede andere Abschlagszahlung. Der Anspruch auf eine mängelfreie Leistung und das Leistungsverweigerungsrecht kann nämlich schon vor der Abnahme geltend gemacht werden (§ 632 a Abs. 1 Satz 3, § 641 Abs. 3 BGB).

Umgekehrt wird für die Fälligkeit der einzelnen Abschlagszahlung nach § 3 Abs. 2 MaBV nicht vorausgesetzt, dass die jeweiligen Leistungen gänzlich mängelfrei sind[745]. Nach § 632a Abs. 1 BGB stehen allerdings **wesentliche Mängel** der Fälligkeit jeder Abschlagszahlung – und nicht nur der Fälligkeit der Fertigstellungsrate[746] – entgegen[747] (Rdn. 200).

306 *gg) Mehrere Objekte – mehrere Zahlungspläne.* Gelegentlich bezieht sich ein und derselbe Bauträgervertrag auf **verschiedene Vertragsobjekte.** Ohne Frage kann für je-

---
[742] *Basty*, Rdn. 566; a. A. *Marcks*, § 3 Rdn. 44; *Eue* I. 30 Anm. 26 (7).
[743] *Basty*, Rdn. 568; *Marcks*, § 3 Rdn. 44; *Eue*, I. 30 Anm. 26 (7); *Koeble*, Kap. 12 Rdn. 115 a.
[744] Vgl. *Basty*, Rdn. 568; *ders.*, MittBayNot 1997, 284 (288); *Eue*, I. 30 Anm. 26 (7).
[745] BGH v. 14. 5. 1992, NJW 1992, 2160 (2163) = BauR 1992, 622 (626); vgl. auch BGH v. 21. 12. 1978, BauR 1979, 159 zum VOB-Vertrag.
[746] BGH v. 30. 4. 1998, BauR 1998, 783.
[747] *Riemenschneider* in Grziwotz/Koeble, 3. Teil, Rdn. 572; *Bischoff* in Grziwotz, § 3 MaBV, Rdn. 137.

III. Vergütungsanspruch des Bauträgers

des der Vertragsobjekte ein eigener, den Bestimmungen der MaBV entsprechender Zahlungsplan vereinbart werden, sofern es sich um rechtlich selbständige Objekte handelt. Das ist z. B. der Fall, wenn die Objekte auf verschiedenen Grundstücken errichtet werden. Hier tritt die Fälligkeit für die einzelnen Raten des einen Bauvorhabens ohne Rücksicht auf die des anderen Objekts ein. Werden verschiedene Objekte auf demselben Grundstück als rechtlich selbständige Wohnungs- oder Teileigentumseinheiten errichtet, können ebenfalls eigene Zahlungspläne vereinbart werden; die Abwicklung der Zahlungen richtet sich nach dem Baufortschritt des jeweiligen Vertragsgegenstandes.

Ob die Vereinbarung von zwei Zahlungsplänen auch dann zulässig ist, wenn dadurch ein einheitlicher Erwerbsgegenstand in eine **Haupt- und eine Nebensache** aufgeteilt wird, erscheint zweifelhaft. Eine solche Aufteilung mit der Bildung eines „zweiten Kaufgegenstandes" wäre für den Bauträger etwa bei Garagen, die kein selbständiges Teileigentum darstellen (z. B. bei Einfamilien- oder Reihenhäusern oder bei Sondernutzungsrechten), bei Nebenräumen in anderen Gebäuden, möglicherweise auch bei Hobbyräumen interessant. Eine Zweiteilung der Fälligkeit wird damit begründet, dass eine aufwändig und zeitgleich zu errichtende Nebenanlage den gesamten Zahlungsplan nach hinten verschieben könnte, wenn für den Baufortschritt auch auf sie abgestellt würde. Eine gesonderte Ausweisung der Vertragssumme für eine Nebenanlage mit anschließend gesonderter Fälligstellung wird deshalb zum Teil für zulässig gehalten[748]. Da auf solche Nebenanlagen ganz erhebliche Teile der Baukosten entfallen können, würde auf diese Art und Weise eine verdeckte Vorleistungspflicht des Erwerbers ermöglicht, zumal durch eine niedrige Festsetzung der Vertragssumme für die Nebenanlage die Vorleistung über die Raten für die Hauptanlage noch gesteigert werden könnte. Ein gesonderter Zahlungsplan für Nebenanlagen, die wirtschaftlich zum vertragsgegenständlichen Bauvorhaben gehören, ist deshalb unstatthaft[749]. Das gilt insbesondere für die Fälle, in denen die Nebenanlage als Sondernutzungsrecht ausgestaltet wird (z. B. Stellplatz in der Tiefgarage)[750]. 307

Wird die Garage aber auf einem eigenen Grundstück oder als selbständiges Teileigentum errichtet, handelt es sich um ein eigenständiges Bauvorhaben und ein gesondertes Vertragsobjekt, für das dann auch ein eigener Zahlungsplan vereinbart werden kann.

hh) Fälligkeit der Raten. Die **Fälligkeit der vereinbarten Abschlagszahlungen** bzw. der maßgebliche Zeitpunkt, ab dem der Bauträger den Teilbetrag entgegennehmen darf, tritt mit der Fertigstellung sämtlicher Leistungen ein, die jeweils zu einer Rate zusammengefasst worden sind. Dies folgt aus der oben bereits erläuterten Vorleistungspflicht des Bauträgers. Daran ändern auch die Formulierungen der Änderungsverordnung vom 14. 2. 1997 bezüglich der einzelnen Bauabschnitte nichts, wonach ein bestimmter Prozentsatz „für" und nicht „nach" der fraglichen Leistung fällig wird[751]. 308

Die Fälligkeit der jeweiligen Abschlagszahlung hängt nicht von einem besonderen **Nachweis des Baufortschritts** ab. In aller Regel wird der Bauträger den erreichten Bautenstand mitteilen und zum Ausgleich der entsprechenden Baufortschrittsrate auffordern. Der Fälligkeitsmitteilung ist der tatsächlich vorhandene und nicht der für den Zeitpunkt des Zugangs oder des Zahlungseingangs erwartete Baufortschritt zugrunde 309

---
[748] *Reithmann/Meichssner/v. Heymann*, B Rdn. 116; *Marcks*, § 3 Rdn. 26.
[749] *Basty*, Rdn. 592; *Riemenschneider* in Grziwotz/Koeble, 3. Teil, Rdn. 548 f.; unklar *Bischoff* in Grziwotz, § 3 MaBV, Rdn. 134.
[750] A. A. *Basty*, Rdn. 594.
[751] *Koeble*, Kap. 12 Rdn. 115 m; *Marcks*, § 3 Rdn. 33; *Basty*, MittBayNot 1997, 284 (286).

zu legen. Bezweifelt der Erwerber, dass die mitgeteilte Fälligkeit dem tatsächlich erreichten Baufortschritt entspricht, kann er den Bautenstand auf eigene Kosten überprüfen (lassen). Der Bauträger hat dem Erwerber die Kosten der Überprüfung aus dem Gesichtspunkt der schuldhaften Vertragsverletzung zu erstatten, wenn die Fälligkeitsmitteilung nicht dem tatsächlichen Baufortschritt entsprach.

310 Der Baufortschritt kann durch **Bautenstandsberichte** dokumentiert werden. Sie können vertraglich zur Voraussetzung der Fälligkeit gemacht werden[752]. Mit der Erstellung von Bautenstandsberichten kann vom Bauträger der für das Objekt ohnehin tätige Planer, aber auch der Bauleiter bzw. ein anderer Architekt beauftragt werden. Der vertragsgemäß durch den – im Lager des Bauträgers stehenden – Architekten erstellte Bautenstandsbericht stellt kein Schiedsgutachten dar, an das der Erwerber gebunden wäre. Bei einer dahingehenden Vereinbarung wird für die Fälligkeit vielmehr kumulativ vorausgesetzt, dass der Baufortschritt tatsächlich erreicht ist und dies vom Architekten bestätigt wird[753]. Der Bautenstandsbericht des Architekten ist demnach eine qualifizierte Baufortschrittsanzeige.

Wenn die Bautenstandsberichte den Erwerbern oder deren Bank gegenüber zum Nachweis des Baufortschritts dienen, hat der dem Architekten erteilte Auftrag drittschützende Wirkung zugunsten der Erwerber[754]. Sofern sich der Architekt gegenüber dem Erwerber (oder der diesen finanzierenden Bank) als bauleitender Architekt ausgibt und in dieser Eigenschaft Angaben zum jeweiligen Bautenstand macht, kommt diesen Bautenstandsberichten besondere Beweiskraft zu. Sie sind geeignet, das Vertrauen in die Richtigkeit der ausgewiesenen Bautenstände zu erwecken. Der Architekt haftet deshalb für fehlerhafte Bautenstandsmitteilungen auf Schadensersatz, wenn es in der Folge zu einer Überzahlung und im Falle einer Insolvenz zu einem Verlust kommt[755]. Wegen der zusätzlichen Fälligkeitsvoraussetzung von § 632a Abs. 1 BGB wird sich der Bautenstandsbericht nicht nur zum Baufortschritt, sondern auch zu etwaigen wesentlichen Mängeln äußern müssen. Dazu gehören nicht nur technische Mängel, sondern auch Abweichungen von der Baugenehmigung.

311 Fordert der Bauträger entgegen §§ 12, 3 MaBV **Zahlungen vor Fälligkeit** ein, können diese vom Erwerber nach bereicherungsrechtlichen Grundsätzen gem. § 817 BGB zurückverlangt werden; da allein der Bauträger Verbotsadressat der MaBV ist, greift § 817 Satz 2 BGB nicht ein[756]. Verlangt der Bauträger (z.B. bei einem variablen Zahlungsplan, Rdn. 299) **mehr als sieben Raten,** kann der Erwerber für die weiteren Anforderungen ein Zurückbehaltungsrecht geltend machen und eine etwa bereits entrichtete siebente Zahlung nach §§ 812 BGB ff. zurückfordern, da sie zusammen mit der übrigen restlichen Vergütung erst bei vollständiger Fertigstellung des Bauvorhabens fällig werden kann.

312 *ii) Maßgeblicher Baufortschritt bei Wohnungs- und Gemeinschaftseigentum.* Bei der Errichtung von Wohnungs- bzw. Teileigentum stellt sich die Frage, ob es bei der Feststellung des maßgeblichen Baufortschritts auf die gesamte Wohnanlage oder auf die dem einzelnen Erwerber veräußerte Wohnung ankommt. Vertragsgegenstand ist das Gemeinschaftseigentum und das vertragsgegenständliche Wohnungseigentum. Deshalb ist es beim Erwerb von Wohnungseigentum erforderlich, aber auch ausreichend, dass der für die einzelne Abschlagszahlung vorausgesetzte Baufortschritt bezogen auf das gesamte

---

[752] BGH v. 20. 1. 2000, NJW 2000, 1403 (1404) = NZBau 2000, 243 (244) = BauR 2000, 881 (884).
[753] *Bischoff* in Grziwotz, § 3 MaBV, Rdn. 118.
[754] BGH v. 25. 9. 2008, NJW 2009, 217 = NZBau 2009, 126; LG Berlin v. 3. 7. 2009, BauR 2010, 107.
[755] BGH v. 25. 9. 2008, NJW 2009, 217 = NZBau 2009, 126.
[756] OLG Koblenz v. 18. 12. 1998, NJW-RR 1999, 671; OLG München v. 17. 6. 1999, NZBau 2000, 565 = NJW-RR 2001, 13; *Kniffka,* NZBau 2000, 552.

III. Vergütungsanspruch des Bauträgers

Bauvorhaben vorliegt, ausgenommen die Abschlagszahlung, die mit der Bezugsfertigkeit fällig wird[757]. Danach ist es ausreichend, dass für die Fälligkeit der Grundstücksrate mit den Erdarbeiten auf dem Vertragsgrundstück begonnen wird, nicht aber unbedingt im Bereich des vertragsgegenständlichen Hauses. Umgekehrt müssen die gesamten Rohbauraten für die Fälligkeit der Rohbauarbeiten erbracht sein und nicht nur diejenigen im Bereich der fraglichen Wohnung. Für die Bezugsfertigkeit müssen die Voraussetzungen im Gemeinschaftseigentum und der vertragsgegenständlichen Wohnung gegeben sein (im einzelnen Rdn. 314).

Diese Grundsätze gelten auch, wenn **mehrere Wohngebäude** mit Eigentumswohnungen auf einem Grundstück errichtet werden[758]. Die Begründung liegt in der vom Bauträger (unterschiedlich für das Sonder- und das Gemeinschaftseigentum) übernommenen Leistungspflicht und im Umfang der für die Fälligkeit jeweils zu erbringenden Vorleistungen; sie liegt also darin, dass der Bauträger bei Fälligkeit der Grundstücksrate für das gesamte Vorhaben vorgeleistet hat, während die Erwerber hinsichtlich der folgenden Raten einen sich ebenfalls auf das gesamte Objekt beziehenden Erfüllungsanspruch besitzen. Insbesondere hat jeder Erwerber einen Anspruch auf vollständige Herstellung des gesamten Gemeinschaftseigentums, und zwar auch hinsichtlich solcher Bauteile, von denen er zwar nicht unmittelbar profitiert, die aber zum Gemeinschaftseigentum gehören und für deren Instandhaltung, Instandsetzung und Wiederaufbau er als Miteigentümer haftet. Deshalb müssen vor Fälligkeit jeder Rate sämtliche das Gemeinschaftseigentum betreffende Leistungen fertiggestellt sein, also z. B. auch die Rohinstallation des Nachbargebäudes usw. 313

Soweit es um die **Bezugsfertigkeit** der einzelnen Wohnung geht, wird nach wohl herrschender Meinung allein auf die Bezugsfertigkeit der betreffenden Wohnung, nicht aber auf die der anderen Wohnungen abgestellt[759]. Diese Aussage ist in dieser Allgemeinheit nicht zutreffend; sie geht von einem zu engen Begriff der Bezugsfertigkeit aus. Ein nicht unwesentlicher Teil der Bauleistungen, der der Bezugsfertigkeitsrate zuzuordnen ist, dient der Herstellung des Gemeinschaftseigentums (Malerarbeiten außerhalb der Wohnungen, ebenso Schreiner-, Schlosser- und Metallbauarbeiten). Insoweit müssen aus den oben genannten Gründen die für die Bezugsfertigkeit des Gesamtobjekts nötigen Leistungen und nicht nur die aus der Sicht der einzelnen Wohnung erforderlichen Arbeiten erbracht sein, also z. B. auch die Malerarbeiten im benachbarten Treppenhaus usw. Nicht fertiggestellt sein muss dagegen das Sondereigentum der anderen Erwerber, da sich die Leistungspflicht des Bauträgers nur auf das vertragsgegenständliche Sondereigentum und nicht das der anderen Erwerber bezieht. Der Fälligkeit der Bezugsfertigkeitsrate steht es also nicht entgegen, wenn z. B. die Maler- und Bodenbelagsarbeiten der benachbarten Wohnung noch nicht abgeschlossen sind. Allerdings können erhebliche und mit starken Beeinträchtigungen verbundene Arbeiten in den Nachbarwohnungen (Lärm, Staub, Baustellenverkehr usw.) auf die an sich fertiggestellte Wohnung so zurückwirken, dass auch sie als unbewohnbar, mithin als nicht bezugsfertig angesehen werden muss. 314

Anders kann es sich dagegen bei **Doppelhäusern und Reihenhäusern** verhalten, und zwar dann, wenn mehrere (Reihen-)Häuser auf einem Grundstück als Wohnungseigentum errichtet werden[760], aber keiner der Erwerber einen Anspruch auf die 315

---

[757] Vgl. *Eue,* I. 31 Anm. 13; *Marcks,* § 3 Rdn. 34; *Reithmann/Meichssner/v. Heymann,* B Rdn. 105; *Basty,* Rdn. 561.
[758] A. A. *Kanzleiter,* WiVerw 1981, 104, soweit voneinander unabhängige und für sich funktionsfähige Bauabschnitte errichtet werden; *Basty,* Rdn. 561; *Eue,* I. 31 Anm. 13 (2).
[759] *Basty,* Rdn. 561; *Reithmann/Meichssner/v. Heymann,* B Rdn. 105; so auch die Vorauflage, Rdn. 145.
[760] *Marcks,* § 3 Rdn. 34; *Basty,* Rdn. 563; *Riemenschneider* in Grziwotz/Koeble, 3. Teil, Rdn. 554.

B. Der Bauträgererwerb

Errichtung auch der anderen Reihenhäuser hat und die gegenseitige Instandsetzungs-, Instandhaltungs- und Wiederaufbauverpflichtung ausdrücklich abbedungen ist. Hier muss für die Fälligkeit der ersten Rate auf den Beginn der Erdarbeiten bei jedem Gebäude gesondert abgestellt werden, wie umgekehrt die Fälligkeit der weiteren Raten vom Baufortschritt des einzelnen Hauses abhängt.

Im Übrigen wird ein Umkehrschluss aus § 4 Abs. 1 Nr. 2 MaBV allgemein abgelehnt[761], weshalb es bei Reihenhäusern entweder auf das gesamte Grundstück oder – ausnahmsweise – auf das einzelne Gebäude ankommt.

316   *jj) Die Gewerke des § 3 Abs. 2 MaBV.* Die **13 Bauabschnitte** beinhalten folgende Leistungen (die Prozentsätze beziehen sich im Folgenden stets auf die Übereignung eines Grundstücks, nicht auf Erbbaurechte, vgl. Rdn. 295):

317   **1. Beginn der Erdarbeiten (30%).** Durch die erste Zahlung sollen vor allem der Grundstücksanteil, aber auch die nicht unerheblichen Kosten für die Planung, die Erschließung und die Baugenehmigung abgegolten werden. Die MaBV geht davon aus, dass das Grundstück von den Gesamtkosten mit etwa 30% zu Buche schlägt. Das trifft für Ballungsgebiete und besonders gute Wohnlagen häufig nicht mehr zu. Will der Bauträger als erste Abschlagszahlung einen adäquaten Betrag für den Grundstücksanteil vereinbaren, ist das im Rahmen des Zahlungsplans nach § 3 Abs. 2 MaBV nicht möglich (vgl. oben Rdn. 293); für einen individuellen, den Besonderheiten des Bauvorhabens Rechnung tragenden Zahlungsplan müsste Sicherheit nach § 7 MaBV gestellt werden. Sofern für das Grundstück ein eigener Preis vereinbart wurde und diesem Umstand bei der Fälligkeit der auf das Grundstück entfallenden Vergütung Rechnung getragen werden soll (kein Gesamtpreis, vgl. Rdn. 177), kommt ebenfalls nur eine Abwicklung nach § 7 MaBV in Betracht.

Ist der Grundstücksanteil dagegen niedriger als 30%, muss die Abschlagszahlung nach unten korrigiert werden (oben Rdn. 293)[762].

318   Die erste Abschlagszahlung wird mit dem vielzitierten „ersten Spatenstich" fällig. Praktisch ist das die Aufnahme des Mutterbodens, dessen Lagerung und Abtransport sowie der sich anschließende Erdaushub. Nicht ausreichend sind allgemeine Vorbereitungsarbeiten (Baustelleneinrichtung), das Fällen von Bäumen, Erschließungsmaßnahmen außerhalb des Grundstücks oder Abbrucharbeiten[763]. Bei mehreren Gebäuden auf einem Grundstück genügt es, wenn mit den Erdarbeiten für ein Gebäude begonnen worden ist – das ist die Konsequenz daraus, dass auch für die Fälligkeit der übrigen Abschlagszahlungen auf den Baufortschritt sämtlicher Gebäude abgestellt wird. Nur bei Einfamilienhäusern oder Reihenhäusern muss dann, wenn sie zwar als Wohnungseigentum auf einem ungeteilten Grundstück errichtet werden, aber keiner der Erwerber einen Anspruch auf die Errichtung der anderen Gebäude hat und keine wechselseitigen Instandsetzungs- und Wiederaufbaupflichten bestehen, auf den einzelnen Vertragsgegenstand abgestellt werden; für die Grundstücksrate kommt es also auf den ersten Spatenstich für das jeweilige Reihenhaus an (vgl. oben Rdn. 315)[764].

Der BGH[765] hat dieser Rate auch die Verpflichtung zur **Freistellung von Erschließungskosten** zugeordnet; sofern der Freistellungsanspruch noch nicht fällig ist, muss eine entsprechende Sicherheit gestellt werden (Rdn. 467). Das ist konsequent, weil die Erschließung selbst ebenfalls der Grundstücksrate zugeordnet wird. Fraglich ist allerdings, ob die Schlussfolgerung des BGH richtig ist, dass die Freistellungsver-

---

[761] *Marcks*, § 3 Rdn. 34.
[762] *Marcks*, § 3 Rdn. 31.
[763] *Riemenschneider* in Grziwotz/Koeble, 3. Teil, Rdn. 554; a. A. *Basty*, Rdn. 501.
[764] A. A. *Koeble*, Kap. 12 Rdn. 104.
[765] BGH v. 17. 1. 2008, NJW 2008, 1321, Rdn. 7 f.

III. Vergütungsanspruch des Bauträgers

pflichtung deshalb bei Entgegennahme der ersten Abschlagszahlung erfüllt sein muss[766]. Gegen diese Lösung spricht, dass der erste Abschlag bei Beginn der ihm zugeordneten Leistungen entgegengenommen werden darf, den Abschluss dieser Leistungen also noch nicht voraussetzt. Durch die davon abweichende Beurteilung wird neben die allgemeinen Fälligkeitsvoraussetzungen des § 3 Abs. 1 MaBV praktisch noch eine weitere gesetzt, nämlich die tatsächliche Erfüllung der Freistellungsverpflichtung im Falle der Übernahme von Erschließungskosten durch den Bauträger.

2. Rohbaufertigstellung einschließlich Zimmererarbeiten (28%). Nach einhelliger Meinung wird für die Fälligkeit dieser Abschlagszahlung der Abschluss der Erd- und Baumeisterarbeiten vorausgesetzt. Danach müssen alle tragenden und die sie schützenden Bauteile hergestellt sein[767]. Auch wenn die bauaufsichtliche Rohbauabnahme vor Fälligkeit dieser Abschlagszahlung möglich sein muss, so wird sie weder vorausgesetzt noch ist sie ausreichend[768]. Zu diesem Bauabschnitt gehören außerdem die Zimmererarbeiten. Nach der früheren Fassung der MaBV war außerdem die Herstellung der Dacheindeckung gefordert worden. Mit der Änderungsverordnung vom 14. 2. 1997 wurde ein besonderes Gewerk „Dachflächen" eingeführt (Rdn. 320). Die Fertigstellung der Dachhaut gehört deshalb nicht zum Rohbau im Sinne der MaBV. 319

3. Herstellung der Dachflächen und Dachrinnen (5,6%). Durch dieses Gewerk wird die Dacheindeckung gesondert mit 5,6% vergütet. Dadurch wird die Dacheindeckung einschließlich Isolier- und Klempnerarbeiten[769] abgegolten. Die Regenfallrohre wurden allerdings ausgeklammert, weil sie zumeist weit später, nämlich mit bzw. nach den Fassadenarbeiten (Außenputz) angebracht werden[770]. 320

4. Rohinstallation der Heizungsanlagen (2,1%). Nach der früheren Fassung von § 3 Abs. 2 MaBV war die gesamte Rohinstallation mit dem Innenputz in einer Rate zusammengefasst. Durch die Dritte Änderungsverordnung wurde diese Rate in drei Rohinstallationsgewerke (mit je 2,1%) und die Innenputzleistung (mit 4,2%) aufgeteilt. Bei Neubauten werden die Rohinstallationsgewerke in der Praxis ganz oder teilweise zusammengefasst, um der Beschränkung auf insgesamt sieben Raten Rechnung tragen zu können. 321

Die Rohinstallation umfasst die für den Betrieb erforderlichen, mit dem Bauwerk fest verbundenen Anlagenteile, also z. B. sämtliche Leitungen und den Heizkessel. Nicht zur Rohinstallation, sondern zur Endinstallation gehören die Heizkörper und die Thermostatventile. Zur Rohinstallation der Heizungsanlage gehört auch der Einbau einer Fußbodenheizung, da die Heizschlangen – im Unterschied zu herkömmlichen Konvektoren – vor den Putz- und Estricharbeiten eingebaut werden müssen. Sie sind nicht zu den Arbeiten der Endinstallation zu rechnen, die von dieser Rate nicht erfasst sein sollen[771].

5. Rohinstallation der Sanitäranlagen (2,1%). Dieser Bauabschnitt beinhaltet sämtliche Leitungen und Anschlüsse für Wasser und Abwasser einschließlich Anschlüsse an die öffentliche Ver- und Entsorgung. Die Sanitäreinrichtungen (Armaturen, Duschen usw.) gehören dagegen nicht zur Roh-, sondern zur Endinstallation. 322

6. Rohinstallation der Elektroanlagen (2,1%). Die Rohinstallation der Elektroanlagen umfasst die Herstellung sämtlicher Versorgungsleitungen der Stromversorgung, aber auch aller anderen Elektroanlagen bis zu den Wand- und Deckenauslässen, nicht 323

---

[766] BGH v. 17. 1. 2008, NJW 2008, 1321, Rdn. 9.
[767] *Marcks*, § 3 Rdn. 36.
[768] So auch *Basty*, Rdn. 507.
[769] *Koeble*, Kap. 12 Rdn. 105a.
[770] Vgl. die Begründung zur Änderungsverordnung vom 14. 2. 1997, BR-Drucks. 1004/96.
[771] *Marcks*, § 3 Rdn. 37; *Koeble*, Kap. 12 Rdn. 106.

B. Der Bauträgererwerb

jedoch die Steckdosen, Schalter usw. Für elektrische Fußbodenheizungen gilt das oben Ausgeführte sinngemäß (Rdn. 321).

324 **7. Fenstereinbau einschließlich der Verglasung (7%).** Mit diesem Gewerk wird allein auf den Fenstereinbau abgestellt, und zwar ohne Rücksicht darauf, ob es sich um Fenster aus Holz oder um solche aus anderen Baustoffen handelt. Zu den Fenstern gehören auch Terrassen- und Balkontüren, sofern sie das Gebäude wie ein Fenster nach außen abschließen. Andere Schreinerarbeiten, insbesondere Türzargen und Türblätter, rechnen nicht zu diesem Gewerk, sind also erst mit der Bezugsfertigkeit fertigzustellen.

325 **8. Innenputz, ausgenommen Beiputzarbeiten (4,2%).** Der Innenputz stellt ein eigenes Gewerk dar. Ausgenommen sind jedoch Beiputzarbeiten, um die Fälligkeit für diese Leistung nicht vom Einbau der Fenster und Türzargen (und der hier erforderlichen Beiputzarbeiten) abhängig zu machen. Ob die Ausführung von Trockenbauarbeiten (z.B. Anbringung von Gipskartonplatten an einer Decke) zum Innenputz zu rechnen sind, wenn sie den Deckenputz ersetzen, erscheint zweifelhaft[772].

326 **9. Estrich (2,1%).** Die Estricharbeiten (früher erst für die Bezugsfertigkeit vorausgesetzt) stellen einen selbständigen Bauabschnitt dar.

327 **10. Fliesenarbeiten im Sanitärbereich (2,8%).** Die Vergütung für die Fliesenarbeiten der Sanitärräume kann im Zahlungsplan als eigene Abschlagszahlung vereinbart oder mit anderen Bauabschnitten zu einer Rate zusammengefasst werden. Voraussetzung für die Fälligkeit dieses Bauabschnitts ist lediglich der Abschluss der Fliesenlegerarbeiten in den Sanitärräumen, nicht aber in anderen Bereichen (z.B. Küche). Fliesenarbeiten in anderen Räumen der Wohnung müssen erst mit der Bezugsfertigkeit abgeschlossen sein.

328 **11. Bezugsfertigkeit und Besitzübergabe (8,4%).** Voraussetzung für die Fälligkeit dieser Abschlagszahlung ist zunächst die Bezugsfertigkeit. Die Arbeiten müssen soweit abgeschlossen sein, dass das Objekt bewohnt bzw. genutzt werden kann. Mit diesem Teil der Vergütung sollen nach der Begründung zur Änderungsverordnung vom 14. 2. 1997 Fliesen- und Plattenarbeiten (soweit nicht bereits im 10. Bauabschnitt enthalten), Tischler- und Parkettlegearbeiten, Metallbau- und Schlosserarbeiten, Maler- und Tapeziererarbeiten, Rollladeneinbau und gegebenenfalls der Kücheneinbau abgegolten sein. Das Objekt – Wohnung, Gewerberäume oder Einfamilienhaus – wird nach der allgemeinen Verwaltungsvorschrift zur MaBV[773] dann für bezugsfertig gehalten, wenn es soweit hergestellt ist, „dass den zukünftigen Mietern oder sonstigen Bewohnern zugemutet werden kann, das Gebäude oder die Wohnung zu beziehen". Das soll dann der Fall sein, wenn ohne Gefahr für die Sicherheit und Gesundheit normale Wohnbedürfnisse unbeengt und dauernd befriedigt werden können, weshalb wenigstens Türen, Fenster, Licht und Wasser, Beheizungs- und Kochmöglichkeiten sowie sämtliche Sanitäreinrichtungen vorhanden sein müssen. Ferner muss ein sicherer Zugang zum Hauseingang und zur Wohnung bestehen[774]. Ebenso gehören die Bodenbelagsarbeiten dazu[775]. Tatsächlich wird man nach den Maßstäben der MaBV ein Objekt erst dann als bezugsfertig ansehen können, wenn mit Ausnahme der Außenanlagen und der Beseitigung von Mängeln und geringfügigen Restarbeiten das gesamte Objekt fertiggestellt ist[776]; auszunehmen sind auch die Fertigstellungsarbeiten im Sondereigen-

---

[772] So aber *Koeble*, Kap. 12 Rdn. 106.
[773] Nr. 3. 3. 2 MaBVwV im Anhang VI.
[774] *Marcks*, § 3 Rdn. 40.
[775] OLG Schleswig v. 12. 8. 2005, IBR 2006, 337 (*Heisiep*).
[776] OLG Hamm v. 23. 10. 2003, BauR 2004, 690.

tum anderer Wohn- bzw. Teileigentumseinheiten[777]. Das sind nämlich die Leistungen, die durch die letzte Rate vergütet werden sollen. Das entspricht auch demjenigen, was ein Bewohner (Erwerber oder Mieter) erwarten darf, der bereits 96,5% der Vergütung bezahlt hat bzw. eine ortsübliche Miete entrichten muss.

Deshalb kann ein Objekt nur dann als bezugsfertig betrachtet werden, wenn auch der **Außenputz** angebracht ist[778]. Andernfalls müsste den Bewohnern eine noch ganz erhebliche Beeinträchtigung durch die Vorhaltung von Gerüsten und den Betrieb einer Baustelle zugemutet werden[779]. Diese Auffassung wurde durch den Verordnungsgeber mit der Änderungsverordnung v. 14. 2. 1997 bestätigt[780]. Der für die Fassadenarbeiten neu gebildete Bauabschnitt wurde von der Bezugsfertigkeitsrate abgespalten, diese Arbeiten waren also für die Bezugsfertigkeit vorausgesetzt worden. Daran hat sich mit der Verselbständigung diese Gewerks nichts geändert. 329

Ferner muss der **Zugang zum Haus**, aber auch der gesonderte Treppenzugang zu einer Souterrainwohnung hergestellt sein; dem Erwerber ist es nicht zuzumuten, die Souterrainwohnung über die Kellerräume zu erreichen[781].

Entgegen der herrschenden Meinung[782] gehört auch die Fertigstellung der **Garage** zur Bezugsfertigkeit, sofern sie zum Vertragsgegenstand gehört und für sie kein eigener Fertigstellungs- bzw. Übergabetermin vereinbart wurde. 330

Erst mit dieser Abschlagszahlung wird **Zug-um-Zug die Besitzübergabe** des Vertragsobjekts – Verschaffung der tatsächlichen Sachherrschaft über das Vertragsobjekt, in aller Regel durch Aushändigung der Haus- und Wohnungsschlüssel – geschuldet. Die früher von der MaBV insoweit vorgesehene Vorleistungspflicht des Bauträgers ist durch die Änderungsverordnung vom 7. 11. 1990[783] beseitigt worden. Wenn der Bauträger seine Kaufpreisansprüche nicht an die ihn finanzierende Bank (oder Dritte) abgetreten hat, kann an ihn bar oder durch Aushändigung eines (bankbestätigten) Schecks bei Übergabe gezahlt werden. Da der Bauträger den Zahlungsanspruch für gewöhnlich an die Grundpfandgläubigerin abgetreten hat und der Erwerber den Kaufpreis ebenso regelmäßig durch eine Bank finanziert, kommt bei Wahrung aller gegenseitigen Rechte nur die **Hinterlegung dieser Rate auf Notaranderkonto** mit der Maßgabe in Betracht, dass der Notar zur Auszahlung gegen Vorlage eines vom Erwerber unterzeichneten Übergabeprotokolls berechtigt ist[784]. Eine entsprechende Vertragsregelung muss aber gewährleisten, dass der Erwerber den beim Notar hinterlegten Betrag ganz oder teilweise zurückerhält, wenn das Objekt nicht bezugsfertig ist und die Übergabe deshalb scheitert oder wenn Mängel bestehen und deshalb ein Leistungsverweigerungsrecht geltend gemacht wird. Eine vertragliche Verpflichtung zur Hinterlegung, mit der das Leistungsverweigerungsrecht wegen Mängeln und der Einwand der fehlenden Bezugsfertigkeit abgeschnitten werden, würde gegen § 309 Nr. 2a BGB[785] und gegen § 3 Abs. 2 MaBV[786] verstoßen. 331

---

[777] OLG Hamm v. 31. 5. 2007, IBR 2007, 561 (*Schulze-Hagen*), sofern diese nicht mit unzumutbaren Beeinträchtigungen verbunden sind.
[778] OLG Hamm v. 31. 5. 2007, IBR 2007, 561 (*Schulze-Hagen*) – Wärmedämmputz.
[779] *Marcks*, § 3 Rdn. 41; *Reithmann/Meichssner/v. Heymann*, B Rdn. 108; a. A. *Koeble*, Kap. 12 Rdn. 111.
[780] *Marcks*, § 3 Rdn. 41; a.A. *Koeble*, Kap. 12 Rdn. 115k; *Eue*, I. 30 Anm. 26 (9); *Riemenschneider* in Grziwotz/Koeble, 3. Teil, Rdn. 559, die aus der Änderung der MaBV den umgekehrten Schluss ziehen.
[781] BGH v. 15. 4. 2004; NJW-RR 2004, 954 zum Architektenvertrag.
[782] Für viele *Marcks*, § 3 Rdn. 42.
[783] *Marcks*, § 3 Rdn. 7.
[784] *Basty*, Rdn. 528.
[785] BGH v. 11. 10. 1984, NJW 1985, 852 = DNotZ 1985, 287 m. abl. Anm. *Reinartz*; vgl. auch *Dietrich*, MittBayNot 1992, 178 (179).
[786] A. A. *Kanzleiter*, DNotZ 1974, 542 (544); *Dietrich*, MittBayNot, 1992, 178 (179).

Die Vorlage eines bankbestätigten, bereits ausgeführten Überweisungsauftrages bei der Übergabe[787] wird zwar dem Sicherungsbedürfnis des Bauträgers, nicht aber dem des Erwerbers gerecht. Sollte es nämlich nicht zur Besitzübergabe kommen, hätte der Erwerber durch die Überweisung – entgegen § 3 Abs. 2 MaBV – bereits vorgeleistet. Auch die Aushändigung eines bankbestätigten und auf die globalfinanzierende Bank ausgestellten Schecks, bei dem der Zusatz „oder Überbringer" gestrichen ist[788], erscheint nicht praktikabel, da die Streichung des Überbringerzusatzes gegen die Allgemeinen Geschäftsbedingungen der Banken verstößt, ganz abgesehen davon, dass auf diese Weise in der Regel nicht schuldbefreiend, weil nicht vertragsgemäß auf das Konto der Bank, an die der Kaufpreis abgetreten wurde, gezahlt würde.

332 Sofern vom Erwerber ein **Leistungsverweigerungsrecht** wegen Mängeln geltend gemacht wird, fehlt es an der teilweisen oder vollständigen Fälligkeit für diese Abschlagszahlung. Da der Vertragsgegenstand nur Zug-um-Zug zu übergeben ist, kann der Erwerber in dieser Situation auch die Einräumung des Besitzes (noch) nicht verlangen. Ansprüche wegen Verzugs bleiben allerdings unberührt.

Verschafft sich der Erwerber durch einen **eigenmächtigen Bezug** den Besitz am Haus bzw. an der Eigentumswohnung, liegt ein Fall der verbotenen Eigenmacht vor. Der Bauträger kann – ggf. im Wege der einstweiligen Verfügung – die Herausgabe des Objekts verlangen, und zwar auch dann, wenn Mängel bestehen und dem Erwerber ein Leistungsverweigerungsrecht zusteht[789]. Umgekehrt führt der eigenmächtige Bezug in Ermangelung einer Besitzeinräumung auch nicht zur Fälligkeit der bei Besitzübergabe geschuldeten Abschlagszahlung[790].

Häufig wird mit der Besitzübergabe – sie beinhaltet nur die Einräumung der tatsächlichen Sachherrschaft am Objekt – die **Abnahme** wenigstens des Sondereigentums verbunden (vgl. im Einzelnen unten Rdn. 591). Dies entspricht zwar praktischen Erfordernissen, bedeutet aber nicht, dass von § 3 Abs. 2 MaBV für diese Abschlagszahlung auch die Abnahme vorausgesetzt würde. Im Übrigen wird es sich hierbei stets um eine auf das Sondereigentum beschränkte Teilabnahme handeln (vgl. Rdn. 590, 591). Die tatsächlich erklärte Abnahme wird die Bezugsfertigkeit im übrigen nur dann indizieren, wenn bei der Abnahme keine wesentlichen Mängel festgestellt und vorbehalten wurden[791].

333 **12. Fassadenarbeiten (2,1%).** Mit diesem neu gebildeten Bauabschnitt kann die Vergütung für die Fassadenarbeiten selbständig oder in Verbindung mit anderen Gewerken, insbesondere solchen, die in zeitlichem Zusammenhang hergestellt werden, vereinbart werden. Zu den Fassadenarbeiten gehören der Außenputz, Vollwärmeschutzfassaden, vorgehängte Fassaden sowie die Regenfallrohre.

334 **13. Vollständige Fertigstellung (3,5%).** Für die Fälligkeit dieser Rate müssen die Außenanlagen einschließlich Wege und Zäune sowie etwaige Restarbeiten der übrigen Gewerke abgeschlossen sein.

Fraglich ist, ob eine **mangelhafte Bauleistung** der vollständigen Fertigstellung entgegensteht[792].

Es ist davon auszugehen, dass die Bauleistung vollständig fertiggestellt ist, wenn der Vertrag erfüllt ist. Das ist der Fall, sobald die dafür erforderlichen Arbeiten erfolgreich abgeschlossen sind. Von einem erfolgreichen Abschluss kann dann gesprochen werden,

---

[787] *Reithmann/Meichssner/v. Heymann*, B Rdn. 110; *Schmidt*, MittBayNot, 1992, 114 (115).
[788] *Basty*, Rdn. 528.
[789] OLG Celle v. 17. 5. 2001, BauR 2001, 1465.
[790] *Basty*, Rdn. 530.
[791] Unklar insofern OLG Hamm v. 23. 10. 2003, BauR 2004, 690 (691).
[792] Vgl. *Basty*, Rdn. 538 ff. zum Meinungsstand.

III. Vergütungsanspruch des Bauträgers

wenn die Arbeiten in quantitativer und qualitativer Hinsicht der geschuldeten Bauleistung entsprechen. Deshalb kann nur eine im wesentlichen funktionstaugliche und im wesentlichen mängelfreie Leistung als fertiggestellt angesehen werden[793].

Diese gewerberechtliche Beurteilung korrespondiert mit der zivilrechtlichen Wertung: Eine Fertigstellung der Leistung wird auch für die Abnahme vorausgesetzt[794]; sie entspricht mithin der Abnahmefähigkeit[795]. Wesentliche Mängel stehen der Abnahmefähigkeit entgegen (§ 640 Abs. 1 Satz 2 BGB). Diese Rechtsfolge ergibt sich zusätzlich aus § 632a Abs. 1 Satz 2 BGB: Da es sich bei der Fertigstellungsrate zugleich um eine Abschlagszahlung handelt, stehen wesentliche Mängeln auch aus diesem Grund der Fälligkeit entgegen. Von der Rechtsprechung[796] war dies schon zur früheren Rechtslage angenommen worden; nunmehr ergibt sich dies zusätzlich aus § 632a Abs. 1 Satz 2 BGB.

Das bedeutet im Ergebnis, dass sowohl für das Verbot einer vorzeitigen Entgegennahme von Entgelten wie auch für die Fälligkeit der Fertigstellungsrate die Abnahmefähigkeit i.S.v. § 640 BGB maßgeblich ist (ohne dass abgenommen worden sein muss)[797], denn die Abnahme i.S.v. § 640 BGB setzt in gleicher Weise die Fertigstellung und die Freiheit von wesentlichen Mängeln voraus.

Die vollständige Freiheit von jeglichem Mangel wird für die Fälligkeit der Fertigstellungsrate jedoch nicht vorausgesetzt[798]. Unerhebliche Mängel stehen der Erfüllung des Vertrages ebenso wenig entgegen[799] wie geringfügige Restarbeiten. Soweit zum Zeitpunkt der vollständigen Fertigstellung unwesentliche Mängel vorhanden sind oder geringfügige Restarbeiten ausstehen, kann der Erwerber das **Leistungsverweigerungsrecht** ausüben[800], das – unter Berücksichtigung des Druckzuschlages – die Höhe der Rate erreichen, bei weniger schwerwiegenden Mängeln aber auch unterschreiten kann. Deshalb kann dann, wenn die Mängel nur geringfügig sind, nicht die Zahlung der gesamten letzten Rate verweigert werden[801].

Die letzte Abschlagszahlung wird unabhängig von der Durchführung einer **Abnahme** fällig[802]. § 632a Abs. 2 BGB verweist für die Fälligkeit der Abschläge einschränkungslos auf die Bestimmungen der MaBV. Die Fertigstellungsrate wird genauso wie die anderen Raten als ein Abschlag verstanden, für den zusätzliche Voraussetzungen (Teilabnahme bzw. Abnahme) nicht erfüllt sein müssen. Eine Abweichung vom gesetzlichen Leitbild des § 641 Abs. 1 BGB besteht nicht, da es sich bei der Fertigstellungsrate nicht um eine „Schlusszahlung", sondern ebenfalls nur um eine (letzte) Abschlagszahlung handelt[803]. Diese Regelung ist auch nicht unausgewogen, weil der Bau-

335

---

[793] A. A. *Basty*, Rdn. 544, der ohne Rücksicht auf etwaige (wesentliche) Mängel allein auf die Erfüllung abstellt; *Warda*, MittBayNot 1988, 1 (14).

[794] *Kniffka/Koeble*, 4. Teil, Rdn. 4.

[795] *Blank*, Rdn. 220; *Pohlmann*, BauR 1978, 335.

[796] BGH v. 30. 4. 1998, BauR 1998, 783 = NJW 1998, 2967; *Pohlmann*, BauR 1978, 335; *Koeble*, Kap. 12 Rdn. 113, 114; auch *Locher/Koeble*, Rdn. 53; ähnlich *Reithmann/Meichssner/v. Heymann*, B Rdn. 111f.; OLG Hamm v. 24. 9. 1993, DNotZ 1994, 870, m. abl. Anm. *Basty*; ebenso OLG München v. 6. 2. 1996 – 9 U 3150/94, das für die Fertigstellung einen mangelfreien Zustand voraussetzt, da andernfalls kein dieser Rate entsprechender Gegenwert vorhanden sei; vgl. auch OLG Köln v. 4. 5. 1982, BauR 1983, 380.

[797] Vgl. OLG Hamm v. 13. 9. 2001, NZBau 2002, 218 = BauR 2002, 641; *Koeble*, Kap. 12 Rdn. 114 f; a. A. *Eue*, I. 30 Anm. 26 (9).

[798] A. A. *Eisenried*, BauR 2008, 754; wohl auch *Blank*, Rdn. 223.

[799] *Pause*, BauR 1999, 1270; *Conrad*, BauR 1990, 546; *Basty*, Rdn. 544 f.; *Marcks*, § 3 Rdn. 43; *Eue*, I. 30 Anm. 26 (9) d); *Warda*, MittBayNot 1988, 1 (13).

[800] OLG Frankfurt v. 12. 4. 2006, BauR 2007, 1056.

[801] BGH v. 20. 1. 2000, NJW 2000, 1403 (1404) = NZBau 2000, 243 (244) = BauR 2000, 881 (884).

[802] A. A. *Basty*, Rdn. 550; *Blank*, Rdn. 225, 317; *Riemenschneider* in Grziwotz/Koeble, 3. Teil, Rdn. 567, 581.

[803] A. A. *Basty*, Rdn. 550, ohne jedoch eine Schlussrechnung für erforderlich zu halten, Rdn. 551.

B. Der Bauträgererwerb

träger – vorbehaltlich anderer Vereinbarungen – mit der Bezugsfertigkeitsrate den Besitz einräumen muss, und zwar ohne Anspruch auf eine Abnahme.

Sofern eine (Teil-)Abnahme vor der vollständigen Fertigstellung erklärt wurde, müssen wesentliche Mängel, die bei der Abnahme, aber auch solche, die erst nach der Abnahme und vor der vollständigen Fertigstellung aufgetreten sind, als Voraussetzung für die Fälligkeit des letzten Abschlages beseitigt sein.

336   Voraussetzung für die vollständige Fertigstellung kann auch die Erledigung von Mängeln und Restarbeiten sein, die bereits zuvor in einem Abnahmeprotokoll gelegentlich der Wohnungs- oder Hausübergabe festgehalten worden sind. Mit der übereinstimmenden Festlegung, dass die sog. **Protokollmängel** noch zu beseitigen sind, wird zugleich vereinbart, dass das Objekt nicht vor Beseitigung dieser Mängel vollständig fertiggestellt ist, und zwar auch dann, wenn es sich dabei nur um unwesentliche Mängel handelt[804]. Das gilt jedenfalls dann, wenn im Vertrag selbst eine Regelung enthalten ist, nach der die vorher in einem Protokoll festgehaltenen Mängel (schon) bei der Übergabe beseitigt sein müssen[805]. Da auch bei diesen Sachverhalten § 632a Abs. 1 Satz 2 BGB zu beachten ist, dürfen außerdem keine wesentlichen Mängel bestehen, und zwar auch keine nach der Begehung, bei der das Protokoll erstellt wurde, zusätzlich bekannt gewordenen wesentliche Mängel (Rdn. 334).

337   Darüber hinaus wird vertreten, dass die vollständige Fertigstellung erst nach Ablauf der Verjährungsfrist für Mängelansprüche gegeben ist, da erst jetzt abschließend beurteilt werden könne, ob das Vertragsobjekt im Rechtssinne fertiggestellt ist[806]. Diese Auffassung ist abzulehnen, da hier die Grenzen zwischen Herstellung und Mängelhaftung verwischt werden. Letztlich wird mit der Hinausschiebung der Fälligkeit der letzten Rate bis zum Ablauf der Verjährungsfrist einem Sicherheitseinbehalt auf die Dauer der Gewährleistungsfrist das Wort geredet. Ein solcher Sicherheitseinbehalt wäre auch beim Bauträgervertrag sicher vernünftig, nur lässt er sich nicht mit den (geltenden) Vorschriften der MaBV durchsetzen.

338   *kk) Altbausanierungen.* Unter welchen Voraussetzungen Altbausanierungen dem Anwendungsbereich der MaBV unterliegen, ist im Wesentlichen geklärt (Rdn. 50 f.). Es war jedoch lange ungeklärt, ob und wie der Zahlungsplan auf die Besonderheiten einer Altbausanierung zugeschnitten werden kann. So war vorgeschlagen worden, die Fälligkeitsvoraussetzungen den speziellen Anforderungen eines solchen Bauvorhabens anzupassen und den Zahlungsplan des § 3 Abs. 2 MaBV entsprechend zu modifizieren[807]. Der Verordnungsgeber hat durch die Änderungsverordnung vom 7. 11. 1990 die Anwendbarkeit der MaBV auf die Sanierung von Altbauten einerseits bestätigt, andererseits aber klargestellt, dass § 3 Abs. 2 Satz 1 MaBV, also der **Zahlungsplan für Altbauten entsprechend** gilt. Auch wenn der Zahlungsplan der MaBV auf ein Altbauvorhaben nicht immer passt, wird mit dieser schematischen Lösung doch einer Übervorteilung des Erwerbers entgegengewirkt. Bei individuell gestalteten Zahlungsplänen wäre der Erwerber kaum in der Lage, die Angemessenheit der Abschlagszahlungen bzw. Raten abzuschätzen und unangemessen hohe Abschläge, die zu einer Vorleistung des Erwerbers führen, abzuwehren[808]. Da der Verordnungsgeber keine „sinngemäße", sondern die „entsprechende" Anwendung des Zahlungsplans auf Alt-

---

[804] OLG Düsseldorf v. 30. 9. 2002, BauR 2003, 93; OLG Hamm v. 3. 7. 2007, IBR 2008, 273 (*Basty*); *Koeble,* Kap. 12 Rdn. 114; *Conrad,* BauR 1990, 546; *Reithmann,* NotBZ 1999, 170; a. A. *Basty,* BTR 2004, 213.

[805] BGH v. 20. 1. 2000, NJW 2000, 1403 = NZBau 2000, 243 = BauR 2000, 881.

[806] *Thode,* WuB 2001, 529; zustimmend *Kaufmann,* BauR 2002, 997 (1004).

[807] *Warda,* MittBayNot 1988, 1 (13); vgl. auch *Schulze-Hagen,* BauR 1992, 323 (324); *Brambring,* FWW 1991, 9 (12); BGH v. 14. 5. 1992, NJW 1992, 2160 (2163).

[808] *Marcks,* § 3 Rdn. 46; *Basty,* Rdn. 579.

III. Vergütungsanspruch des Bauträgers

bauvorhaben vorschreibt[809], sind Modifikationen des Zahlungsplans etwa durch die Aufspaltung von Raten oder die Einführung besonderer Raten heute nicht mehr vertretbar[810]. Es muss deshalb – wie bei einem Neubauvorhaben – ein Zahlungsplan aus den 13 Bauabschnitten des § 3 Abs. 2 MaBV mit sieben Raten gebildet werden.

Sobald Leistungen erbracht werden, die einem der in § 3 Abs. 2 MaBV genannten **339** Gewerke zugeordnet werden können, ist eine Rate mit dem entsprechenden Vomhundertsatz auszuwerfen bzw. ist der betreffende Bauabschnitt in eine solche Rate einzufügen[811]. Für die Darstellung einer Rohbaurate ist es nicht etwa erforderlich, dass Leistungen im Umfang eines vollständigen Rohbaus erbracht werden. Es genügt der Anfall von Arbeiten, die den Rohbauarbeiten zugeordnet werden können. Das sind beispielsweise Arbeiten an tragenden Wänden, Treppen oder Zimmererarbeiten an der Dachkonstruktion. Ob diese Leistungen dem Wert des von § 3 Abs. 2 MaBV vorgesehenen Prozentsatzes entsprechen oder ihn unterschreiten, spielt keine Rolle. So lösen auch nur geringfügige Rohbauarbeiten eine eigene Rohbaurate aus[812]; der entsprechende Vergütungsanteil (28%) ist vom Abschluss dieser Arbeiten abhängig. Dies gilt für die anderen Bauabschnitte gleichermaßen.

Bei Altbausanierungen entfallen häufig von der MaBV vorausgesetzte Gewerke. Zur **340** früheren Rechtslage war überwiegend vertreten worden, dass die Rate der **entfallenden Leistungen** mit der ersten Rate entgegengenommen werden darf, wobei die erste Rate bei Beginn der Erdarbeiten oder, soweit solche nicht geschuldet sind, mit Beginn der sonstigen Sanierungsarbeiten fällig wird[813]. Hierzu hat die Änderungsverordnung vom 14. 2. 1997 eine wesentliche Neuerung gebracht: Nach § 3 Abs. 2 Satz 4 MaBV darf der Teilbetrag für **schon vorhandene Leistungen** (Bausubstanz) bereits mit Vorliegen der Voraussetzungen des § 3 Abs. 1 MaBV entgegengenommen werden. Eine aus den schon erbrachten Gewerken zusammengesetzte erste Rate kann unter den allgemeinen Fälligkeitsvoraussetzungen des § 3 Abs. 1 MaBV vereinbart werden, also zu einem früheren Zeitpunkt als bei einem Neubau. Dieser Änderung liegt der Gedanke zugrunde, dass nicht auszuführende Bauleistungen als Bestand bereits vorhanden sind, der Erwerber also insoweit einen Wert erhält, der durch die Auflassungsvormerkung hinreichend gesichert ist. Erbrachte Leistungen i. S. v. § 3 Abs. 2 Satz 4 MaBV sind nur solche, die als Bausubstanz bereits in Natur vorhanden sind; „erbracht" meint nicht, dass sie vom Bauträger soeben als Bauleistung hergestellt worden sein müssen[814].

Bei Altbauten ist außerdem zwischen schon erbrachten und entfallenden Leistungen **341** zu unterscheiden. Es ist möglich, dass Gewerke aus dem Leistungskatalog des § 3 Abs. 2 MaBV weder in Natur vorhanden sind, also nicht „erbracht sind", noch im Zuge der Sanierungsarbeiten ausgeführt werden sollen (ein Estrichboden ist weder vorhanden, noch sollen im Zuge der Sanierung Estricharbeiten ausgeführt werden; die vorhandenen Holzböden werden repariert). Erbrachte Leistungen können mit der ersten Rate verlangt werden; für **entfallende Leistungen** gilt aber § 3 Abs. 2 Satz 3 MaBV. Sie sind – wie bei Neubauten – auf die übrigen Raten anteilig zu verteilen[815] (vgl. Rdn. 303). Nur diese Lösung ist sachgerecht, da ein Gegenwert, der die Fälligkeit mit der ersten Rate rechtfertigen könnte, in diesem Fall nicht vorhanden ist.

---

[809] *Basty*, Rdn. 580.
[810] *Eue*, I. 32 Anm. 17 (1); *Riemenschneider* in Grziwotz/Koeble, 3. Teil, Rdn. 800; anders aber *Schulze-Hagen*, BauR 1992, 320 (324); *Brambring*, FWW 1991, 9 (12).
[811] *Pause*, NZBau 2000, 234 (235).
[812] *Pause*, NZBau 2000, 234 (235 f.); einschränkend für die Beseitigung von Schäden *Basty*, Rdn. 581; ebenso *Bischoff* in Grziwotz, § 3 MaBV, Rdn. 198.
[813] Vgl. *Brych/Pause*, 2. Aufl., Rdn. 157 f.; *Basty*, DNotZ 1997, 284 (291) m. w. N.
[814] *Basty*, Rdn. 583; *Blank*, Rdn. 944.
[815] *Basty*, Rdn. 586; *Eue*, I. 32 Anm. 17 (2); *Riemenschneider* in Grziwotz/Koeble, 3. Teil, Rdn. 802.

B. Der Bauträgererwerb

342 Vom Wortlaut der MaBV nicht eindeutig beantwortet ist die Frage, ob der **Prozentsatz für die Grundstücksrate** (30% bei Eigentumsverschaffung, 20% bei Erbbaurechtsbestellung) erst bei Beginn der Erdarbeiten bzw., soweit diese entfallen, bei Beginn der Modernisierungsarbeiten verlangt werden darf oder entsprechend § 3 Abs. 2 Satz 4 MaBV als erbrachte Leistung behandelt werden kann. Für den *Beginn* der entsprechenden Arbeiten spricht der Wortlaut von § 3 Abs. 2 Satz 2 Nr. 1 MaBV, auf den für Altbauten im Satz 4 verwiesen wird. Die heute geltende Fassung des § 3 Abs. 2 Satz 4 MaBV ist aber dahin auszulegen, dass der Bauträger die Gegenleistung für sämtliche am Grundstück vorhandenen Werte (unter der Voraussetzung des § 3 Abs. 1 MaBV) entgegennehmen darf, also auch für den Wert des Grundstücks selbst. Für diese Auslegung spricht, dass es sich beim Grundstücksanteil ebenso wie bei der vorhandenen Altbausubstanz um eine „erbrachte" Leistung im oben beschriebenen Sinn handelt[816]. Die Grundstücksrate kann also in jedem Fall als erste bzw. mit der ersten Rate fällig gestellt werden.

343 Unabhängig vom Umfang der zu erbringenden Leistungen wird regelmäßig eine gesonderte Rate für die **Bezugsfertigkeit** und Besitzverschaffung zu vereinbaren sein. Allerdings kann bei Altbauvorhaben die Bezugsfertigkeit schon vor Abschluss anderer Gewerke (z.B. Erneuerung der Dachflächen) eintreten[817]. Denkbar ist auch, dass die Fälligkeit der Bezugsfertigkeitsrate bei Vorliegen der allgemeinen Fälligkeitsvoraussetzungen des § 3 Abs. 1 MaBV eintritt, wenn die Bewohnbarkeit der Wohnung von den geschuldeten Arbeiten nicht berührt wird, also von Beginn an gegeben ist.

344 Die letzte Rate, die **Fertigstellungsrate**, ist stets gesondert auszuweisen. Mit dieser Rate werden Restarbeiten und die Herstellung der Außenanlagen vergütet. Auch wenn keine Außenanlagen herzustellen sind, muss diese Rate für die Restarbeiten der geschuldeten Leistungen vereinbart werden. Sie kann deshalb nicht der ersten Rate zugeschlagen werden[818].

345 **Zum Beispiel**[819]: Wird ein Altbau (mit Übereignungsverpflichtung) ohne die Durchführung von Rohbau-, Dachflächen- und Fensterarbeiten saniert, berechnet sich die 1. Abschlagszahlung, die unter den Voraussetzungen des § 3 Abs. 1 MaBV verlangt werden kann, auf (30% + 28% + 5,6% + 7% =) 70,6% des Gesamtkaufpreises; die verbleibenden neun Gewerke können nach Bauablauf zu sechs weiteren Raten zusammengesetzt werden.

Befinden sich in den Sanitärbereichen des Objekts keine Fliesen und sollen hier im Zuge der Modernisierung vom Bauträger auch keine Fliesen eingebaut werden (der Erwerber übernimmt dies als Eigenleistung), ist der auf die Fliesenarbeiten entfallende Prozentsatz anteilig auf die sieben Raten zu verteilen, weshalb sich beispielsweise die erste Rate dann auf 72,63% errechnet (Rdn. 303):

$$\frac{70,6 \times 100}{(100 - 2,8)} = 72,63$$

h) Sicherheitsleistung durch Bürgschaft (§ 7 MaBV)

346 *aa) Zweck und Wirkung der Sicherheitsleistung nach § 7 MaBV.* Es wurde bereits erwähnt, dass der Bauträger, wenn die Sicherheiten nach § 3 Abs. 1, Abs. 2 MaBV aus rechtlichen Gründen nicht verschafft werden können oder aus kaufmännischer Sicht unbefriedigend erscheinen, auf die Sicherheitsleistung nach § 7 MaBV ausweichen

---

[816] OLG Hamm v. 19. 6. 2002, MittBayNot 2003, 53; *Basty,* Rdn. 588; *Bischoff* in Grziwotz, § 3 MaBV, Rdn. 197; a.A. *Koeble,* Kap. 12 Rdn. 115 c; *Marcks,* § 3 Rdn. 47; *Riemenschneider* in Grziwotz/Koeble, 3. Teil, Rdn. 805.
[817] *Marcks,* § 3 Rdn. 49.
[818] *Basty,* Rdn. 587; *Blank,* Rdn. 945; a.A. *Brambring,* FWW 1991, 9 (12); *ders.,* DNotZ 1995, 88 (89).
[819] Vgl. auch *Pause,* NZBau 2000, 234 (236).

III. Vergütungsanspruch des Bauträgers

kann. Durch eine Abwicklung des Vertrages nach § 7 MaBV tritt eine **Befreiung von den Anforderungen des § 3 MaBV** ein. Die Vorlage einer Bürgschaft nach § 7 MaBV kann etwa dann sinnvoll sein, wenn mit der Baumaßnahme begonnen werden soll, aber die Teilungserklärung im Grundbuch noch nicht vollzogen ist, der Gewerbetreibende (noch) nicht Eigentümer des Grundstücks ist und eine Auflassungsvormerkung deshalb nicht bewilligen kann oder die höchstzulässigen Raten gemäß § 3 Abs. 2 MaBV den tatsächlichen Gegenleistungen des Bauträgers nicht gerecht werden. Durch die Gestellung einer Bürgschaft nach § 7 MaBV wird der Gewerbetreibende von § 3 Abs. 1 MaBV befreit, kann also Zahlungen vor Eintragung einer Auflassungsvormerkung, vor Zugang der für die Vertragswirksamkeit erforderlichen Genehmigungen und trotz fehlender (vollständiger) Baugenehmigung entgegennehmen.

Die Sicherheitsleistung befreit auch vom Zahlungsplan nach § 3 Abs. 2 MaBV. Die Abschlagszahlungen müssen nicht den Prozentsätzen und der Aufteilung des § 3 Abs. 2 MaBV folgen. Sie können vielmehr am Umfang der tatsächlich zu erbringenden Leistungen orientiert werden. So kann z. B. hohen Grundstückskosten in städtischen Ballungsräumen, die häufig über 30% der Vertragssumme liegen, durch die Vereinbarung einer entsprechend höheren 1. Rate Rechnung getragen werden. Es können auch Raten für von der MaBV nicht vorgesehene Gewerke vereinbart werden; so könnten für die Rohbauarbeiten mehrere Abschläge festgelegt werden. Allerdings wird in den meisten Fällen des § 7 MaBV der Zahlungsplan des § 3 Abs. 2 MaBV, insbesondere beim üblichen Geschoßwohnungsbau, ebenfalls angemessen sein, zumindest aber einen Anhaltspunkt für die Angemessenheit der vom Bauträger vorgeschlagenen Raten geben. **347**

Nach der hier vertretenen Auffassung wird der Bauträger durch die vertragsgemäße Vorlage einer Bürgschaft nach § 7 MaBV jedoch nicht auch von der **Vorleistungspflicht** gemäß §§ 641, 307 BGB suspendiert (vgl. Rdn. 206 f.). Die Vorschriften der MaBV heben den zivilrechtlichen Schutz des Erwerbers nicht auf, sondern geben nur öffentlich-rechtliche Mindeststandards. In Verträgen, auf die die §§ 305 ff. BGB Anwendung finden, kann deshalb die in §§ 632 a, 641 BGB begründete Vorleistungspflicht des Bauträgers auch durch die Gestellung einer Bürgschaft nach § 7 MaBV wegen ihres nur unzureichenden Sicherungsumfangs nicht wirksam abbedungen werden[820]. Für die Absicherung von **Vorauszahlungen** müsste eine Vertragserfüllungsbürgschaft vereinbart werden, die neben der Rückgewähr von geleisteten Zahlungen auch die Ansprüche des Erwerbers auf vollständige, rechtzeitige und mangelfreie Erfüllung sichert, insbesondere auch sämtliche Ansprüche wegen Nichterfüllung, einschließlich der Nichterfüllung aufgrund einer Insolvenz des Bauträgers (Rdn. 206). Deshalb können vom Erwerber bei Vereinbarung einer Bürgschaft nach § 7 MaBV weder einzelne Vorauszahlungen noch die gesamte Vertragssumme im Voraus verlangt werden. Es können nur Abschlagszahlungen, die den bis dahin jeweils erbrachten Bauleistungen entsprechen müssen, vereinbart werden. **348**

Der BGH wollte mit seiner Vorlage zum EuGH einen anderen Weg gehen[821]: Auch wenn er seine Auffassung von einer Überprüfung durch den EuGH abhängig machte, neigte er dazu, eine durch eine Bürgschaft nach § 7 MaBV gesicherte Vorauszahlungsvereinbarung als wirksam anzusehen, weil der Sicherungszweck der Bürgschaft weit über den Wortlaut des § 7 MaBV hinaus ausgedehnt und ihr damit der Inhalt einer

---

[820] *Basty,* Rdn. 610; *Kutter,* A. II Rdn. 78, 81 f.; *Pauly,* BauR 2004, 19 (22); *Pause,* BauR 1999, 1270 (1272 f.); *Eue,* I. 30 Anm. 25 (1); *Tiedtke,* NJW 2005, 2498 (2505); a. A. *Marcks,* § 7 Rdn. 3; *Speck,* MittRhNotK 1995, 117 (13 o f.); auch *Reithmann,* NJW 1997, 1816; *ders.,* anders noch in *Reithmann/ Meichssner/v. Heymann,* B Rdn. 129; *Grziwotz,* NJW 1994, 2745.

[821] BGH v. 2. 5. 2002, NZBau 2002, 499 = BKR 2002, 633 m. zust. Anm. *Wagner,* anders aber die Vorinstanz, OLG Karlsruhe v. 19. 4. 2001, BB 2001, 1325 = MittBayNot 2001, 478.

B. Der Bauträgererwerb

Vertragserfüllungsbürgschaft gegeben werden sollte. Der EuGH[822] hatte die zu entscheidende Frage an den BGH zurückgegeben (vgl. Rdn. 206). Der VII. Senat des BGH selbst war aber zwischenzeitlich von der der Vorlagefrage zugrundeliegenden Rechtsauffassung abgerückt. In einem Hinweis, der sodann zur Rechtsmittelrücknahme führte, teilte das Gericht mit, dass eine Bürgschaft nach § 7 MaBV nicht zur wirksamen Absicherung von Vorauszahlungen ausreicht[823], also nicht zugleich eine Vertragserfüllungsbürgschaft darstellt (im Einzelnen Rdn. 305 f.).

Von der Frage, ob die Bürgschaft nach § 7 MaBV als Absicherung für die Vereinbarung von Vorauszahlungen ausreicht, ist die Frage zu unterscheiden, ob und welche Ansprüche dem Erwerber zustehen, wenn Vorauszahlungen tatsächlich nur durch eine Bürgschaft nach § 7 MaBV „gesichert" worden sind; dazu Rdn. 354.

349 Schließlich befreit die Sicherheit nach § 7 MaBV nicht nur von den Anforderungen des § 3 MaBV, sondern darüber hinaus auch von der Verpflichtung zur **objektbezogenen Mittelverwendung (§ 4 MaBV)**. Unberührt davon bleiben aber die Verpflichtungen nach den Vorschriften des BauFordSiG.

350 *bb) Sicherheit durch Bürgschaft.* Der Bauträger kann die Sicherheit nur durch eine **Bürgschaft** leisten (§ 7 Abs. 1 Satz 2 i. V. m. § 2 Abs. 2 MaBV); eine Sicherheitsleistung durch Abschluss einer Versicherung ist nicht möglich. Nach dem geänderten § 2 Abs. 2 Satz 2 MaBV kommen als **taugliche Bürgen** Körperschaften des öffentlichen Rechts mit Sitz im Geltungsbereich der MaBV, Kreditinstitute, die im Inland zum Geschäftsbetrieb befugt sind, und Versicherungsunternehmen, die zum Betrieb der Bürgschaftsversicherung im Inland befugt sind, in Betracht. Nach der früheren Fassung waren nur Bürgschaften von Banken und Versicherungen zugelassen, die die Erlaubnis nach dem Kreditwesen- bzw. Versicherungsaufsichtsgesetz hatten. Das hatte gegen die vom EU-Recht geforderte Niederlassungsfreiheit und den freien Dienstleistungsverkehr verstoßen. Die Neufassung des § 2 MaBV trägt den geänderten EU-Richtlinien Rechnung[824].

351 Die Bürgschaft muss **selbstschuldnerisch** sein und schriftlich erklärt werden. Die Bürgschaftsurkunde ist dem Erwerber auszuhändigen (§ 7 Abs. 1 Satz 2 i. V. m. § 2 Abs. 2, Abs. 4 MaBV). Es genügt deshalb nicht, wenn die Bürgschaftsurkunde lediglich beim Notar hinterlegt wird; eine **Hinterlegung beim Notar** verbietet sich insbesondere deshalb, weil dadurch die Gefahr besteht, dass sich der Erwerber im Streitfall möglicherweise auch noch mit dem Notar auseinandersetzen muss[825]. Außerdem ist ihm die Möglichkeit eines Urkundenprozesses genommen. Zulässig ist es jedoch, wenn die Bürgschaft vom Notar aufgrund eines ihm vom Erwerber erteilten Treuhandauftrages (§ 24 Abs. 1 Satz 1 BNotO) entgegengenommen und für den Erwerber verwahrt wird[826]. Eine entsprechende vertragliche Regelung muss für den Erwerber verständlich machen, dass der Notar die Bürgschaftsurkunde treuhänderisch für ihn verwahren soll, allein an seine Weisungen gebunden ist und der Verpflichtung unterliegt, die Urkunde auf sein Verlangen jederzeit an ihn herauszugeben. Dabei darf die Herausgabepflicht nicht durch zusätzliche Bedingungen eingeschränkt werden (z. B. die Darlegung der gesicherten Ansprüche, Nachweis der Zahlung der Vergütung, Zustimmung des Bauträgers); ferner müssen Zurückbehaltungsrechte des Notars ausge-

---

[822] EuGH v. 1. 4. 2004, NZBau 2004, 321.
[823] Hinweis des VII. Senats v. 22. 12. 2004, NZBau 2005, 488 = ZflR 2005, 300; vgl. *Basty*, DNotZ 2005, 94; *Blank*, BTR 2005, 54; *Grziwotz*, ZflR 2005, 267; *Kanzleiter*, DNotZ 2005, 191; *Vogel*, IBR 2005, 156.
[824] *Marcks*, § 2 Rdn. 9; *Basty*, Rdn. 644.
[825] OVG Bremen v. 27. 6. 1986, GewA 1986, 327; *Marcks*, § 7 Rdn. 9; *Dietrich*, MittBayNot, 1992, 178 (179).
[826] *Basty*, Rdn. 648; *Eue*, I. 30 Anm. 25 (8); *Kutter*, A. II Rdn. 79; *Riemenschneider* in Grziwotz/Koeble, 3. Teil, Rdn. 609.

schlossen sein⁸²⁷. Eine Vertragsbestimmung, die lediglich vorsieht, dass die Bürgschaftsurkunde für den Erwerber bei dem amtierenden Notar verwahrt wird, genügt diesen Anforderungen nicht; die alleinige Treuhänderstellung des Notars für den Erwerber wird bei dieser Formulierung nicht hinreichend deutlich. Eine bei diesem Sachverhalt dem Notar ausgehändigte Bürgschaft berechtigt nicht zur Entgegennahme von Zahlungen; der Erwerber kann nicht in Verzug geraten⁸²⁸. Wenn der Erwerbsvertrag eine treuhänderische Verwahrung der Urkunde durch den Notar vorsieht, wird zur Erreichung dieser von der Rechtsprechung geforderten Verdeutlichung (Transparenz) die vertragliche Regelung dahin formuliert werden müssen, dass der Erwerber jederzeit die Herausgabe der Urkunde verlangen kann und insofern keinerlei Einschränkungen bestehen⁸²⁹. Sofern der Erwerbsvertrag keinen derartig eindeutigen Treuhandauftrag enthält, kann die unzureichende Besicherung – auch zur Vermeidung einer Haftung des Notars – nur durch die nachträgliche Übergabe der Bürgschaft durch den Notar an den Erwerber „repariert" werden⁸³⁰.

Aus diesen Gründen ist auch eine beim Notar hinterlegte **Globalbürgschaft,** die für sämtliche Erwerber eines Objekts gelten soll, nur dann zulässig, wenn sie – wie vorstehend beschrieben – beim Notar ausschließlich für die Erwerber verwahrt wird (§ 24 Abs. 1 Satz 1 BNotO), sie zusätzlich den auf jeden Erwerber entfallenden Bürgschaftsbetrag ausweist und jeder Erwerber jederzeit die Erteilung einer Teilausfertigung mit dem auf seine Wohnung entfallenden Teilbetrag beanspruchen kann, ohne dass sich der Bauträger dem widersetzen kann⁸³¹.

cc) Sicherungsumfang. Durch die Bürgschaft müssen alle Ansprüche des Erwerbers auf **352** „Rückgewähr oder Auszahlung seiner Vermögenswerte im Sinne des § 2 Abs. 1 Satz 1" gesichert sein (§ 7 Abs. 1 Satz 1 MaBV). Als **Rückgewähransprüche,** die durch die Bürgschaft gesichert werden, kommen Schadensersatzansprüche⁸³², insbesondere der kleine Schadensersatz oder der große Schadensersatz⁸³³ sowie bereicherungsrechtliche Ansprüche in Betracht⁸³⁴. Bei einem bereicherungsrechtlichen Rückgewähranspruch nach § 812 Abs. 1 Satz 1 BGB, der auf einem formunwirksamen Bauträgervertrag beruht, kommt es nicht darauf an, ob der Erwerber die Unwirksamkeit (mit-) zu vertreten hat⁸³⁵. Das ist auch dann nicht anders zu beurteilen, wenn die bereicherungsrechtlichen Ansprüche auf einer formunwirksamen Beurkundung beruhen, die auch für den juristischen Laien erkennbar ist und von ihm grob fahrlässig mit herbeigeführt wurde⁸³⁶. Die Rückgewähransprüche können auf einer Minderung der Vergütung beruhen. Die Bürgschaft nach § 7 MaBV deckt auch Rückgewähransprüche, die sich daraus

---

⁸²⁷ BGH v. 11. 1. 2007, NJW 2007, 1360 m. Anm. *Vogel* = NZBau 2007, 297 m. Anm. *Drasdo,* NZBau 2007, 352 = BauR 2007, 697 = MittBayNot 2007, 397 m. Anm. *Basty.*
⁸²⁸ BGH v. 11. 1. 2007, NJW 2007, 1360 m. Anm. *Vogel* = NZBau 2007, 297 m. Anm. *Drasdo,* NZBau 2007, 352 = BauR 2007, 697 = MittBayNot 2007, 397 m. Anm. *Basty.*
⁸²⁹ *Basty,* MittBayNot 2007, 398 (399).
⁸³⁰ *Basty,* MittBayNot 2007, 398 (399).
⁸³¹ *Basty,* Rdn. 655; *Reithmann/Meichssner/v. Heymann,* B Rdn. 140; *Kutter,* A. II Rdn. 82; *Speck,* MittRhNotK 1995, 117 (125) halten diesen Weg ebenfalls nur unter Bedenken und mit Einschränkungen für gangbar.
⁸³² BGH v. 18. 6. 2002, NJW 2002, 2563 = NZBau 2002, 497 = BauR 2002, 1547 zu Ansprüchen aufgrund positiver Forderungsverletzung.
⁸³³ BGH v. 27. 7. 2006, NJW 2006, 3275 = NZBau 2006, 706 = BauR 2006, 1747, Rdn. 44; OLG Koblenz v. 17. 10. 2002, ZflR 2002, 897 (900 f.) = BauR 2003, 546 zum großen Schadensersatzanspruch nach § 635 BGB a. F.; OLG Bamberg v. 15. 1. 2004, NZBau 2004, 329 = NJW-RR 2004, 817 zum Schadensersatz, weil die Wohnung nicht lastenfrei verschafft werden konnte.
⁸³⁴ BGH v. 29. 1. 2008, NZBau 2008, 377, Rdn. 18; OLG München v. 7. 9. 1998, BauR 1998, 1104.
⁸³⁵ BGH v. 29. 1. 2008, NZBau 2008, 377, Rdn. 18.
⁸³⁶ BGH v. 29. 1. 2008, NZBau 2008, 377, Rdn. 18; anders noch die Vorinstanz: KG v. 26. 1. 2007, BauR 2007, 1896 = IBR 2007, 321 (*Vogel*).

B. Der Bauträgererwerb

ergeben, dass die vereinbarte Nutz- oder Wohnfläche nicht hergestellt wurde, und zwar ganz gleich, ob diese Ansprüche aufgrund einer entsprechenden Abrechnungsklausel oder auf einem Minderungsrecht des Erwerbers beruhen[837]. Sofern Rückgewähransprüche ihren Grund in Mängeln haben, sind auch Ansprüche wegen Mängeln am Gemeinschaftseigentum geschützt[838]. Die Rückgewähransprüche können auch infolge Rücktritts entstehen[839], wobei – ohne Rücksicht auf den Vollzug – bereits der Anspruch auf Rückgängigmachung gesichert ist[840]. Dem stehen Rückzahlungsansprüche gleich, die auf einer Vertragsaufhebungsvereinbarung beruhen, wenn der Vertrag zu einem Zeitpunkt aufgehoben wurde, in dem sich der Erwerber auch einseitig etwa wegen Verzuges vom Vertrag hätte lösen können[841]. In gleicher Weise sind die Rückzahlungsansprüche des Erwerbers gesichert, die auf einem Aufhebungsvertrag beruhen, wenn die Gründe für die Nichtdurchführung in Finanzierungsschwierigkeiten beim Erwerber liegen[842].

Außerdem ist der Erwerber nur in dem Umfang gesichert, wie er Zahlungen geleistet hat[843].

Sofern die Bürgschaft keine näheren Angaben zum Schutzzweck enthält und es sich nach dem Wortlaut der Bürgschaft um eine „Bürgschaft gem. § 7 MaBV" handelt, ist der Schutzzweck anhand dieser Vorschrift zu bestimmen[844]. Eine Bürgschaft nach § 7 MaBV ist bei Zweifeln dahin **auszulegen,** dass sie jedweden Anspruch des Erwerbers auf Rückgewähr sichert, gleich aus welchem Rechtsgrund, dass sie also den von der MaBV geforderten Umfang hat[845].

353   Darüber hinausgehende Ansprüche können nach der hier vertretenen Auffassung nicht geltend gemacht werden. Das gilt namentlich für Erfüllungsansprüche oder für **Nacherfüllungsansprüche** (Kostenvorschuss zur Mängelbeseitigung, Ersatz von Selbstvornahmekosten), aber auch für den Ersatz des über die Rückzahlung der Vergütung hinausgehenden Schadens[846].

Der BGH[847] – und ein Teil der ihm zustimmenden Literatur[848] – hat den Sicherungsumfang der Bürgschaft allerdings in verschiedenen Urteilen sehr viel weiter ausgelegt: In der grundlegenden Entscheidung vom 14. 1. 1999 hatte der BGH dahin entschieden, dass die Bürgschaft auch den Ersatz für Aufwendungen zur Mängelbeseitigung umfasst[849]. Dieser wie auch den folgenden Entscheidungen lag jeweils ein Sachverhalt zugrunde, bei dem der Erwerber wegen der von ihm angestrebten Steuervorteile die gesamte Vergütung im Voraus entrichtet hatte. Der Erwerber hatte deshalb keine Möglichkeit, Kaufpreisteile einzubehalten und mit den Mängelansprüchen aufzurechnen. Da – so die angeführte Rechtsprechung – der Grund für die Vorauszahlung die Bürgschaft war, sei die Bürg-

---

[837] BGH v. 19. 7. 2001, NJW 2001, 3329 = NZBau 2001, 549 = BauR 2001, 1727; OLG Koblenz v. 5. 1. 2006, BauR 2006, 1758.
[838] BGH v. 18. 9. 2007 NZBau 2008, 52, Rdn. 31.
[839] BGH v. 30. 9. 2004, NZBau 2005, 38 = BauR 2005, 91.
[840] BGH v. 8. 12. 2009, NJW 2010, 1284 = NZBau 2010, 426 = BauR 2010, 765, Rdn. 21.
[841] BGH v. 30. 9. 2004, NZBau 2005, 38 = BauR 2005, 91.
[842] BGH v. 5. 4. 2005, NZBau 2005, 394 = BauR 2005, 1156.
[843] Vgl. BGH v. 10. 4. 2008, BauR 2008, 1142 = NJW-RR 2008, 972.
[844] BGH v. 5. 4. 2005, NZBau 2005, 394 = BauR 2005, 1156.
[845] OLG München v. 7. 9. 1998, BauR 1998, 1104.
[846] *Pause,* BauR 1999, 1270 (1272 ff.); *Basty,* Rdn. 628; *Marcks,* § 7 Rdn. 7.
[847] BGH v. 14. 1. 1999, NJW 1999, 1105 = BauR 1999, 659 = MittBayNot 1999, 279 m. Anm. *Eue;* dazu *Pause,* BauR 1999, 1270; OLG Frankfurt v. 13. 11. 2002, NZBau 2003, 380; BGH v. 12. 4. 2007, NJW 2007, 441 = NZBau 2007, 1227, Rdn. 53, insbesondere zur Haftung der Bürgin bei Mängeln am Gemeinschaftseigentum.
[848] *Koeble,* Rechtshandbuch Immobilien, Kap. 12 Rdn. 44; *Riemenschneider* in Grziwotz/Koeble, 3. Teil, Rdn. 614 ff.
[849] BGH v. 14. 1. 1999, NJW 1999, 1105 = BauR 1999, 659 = MittBayNot 1999, 279 m. Anm. *Eue.*

III. Vergütungsanspruch des Bauträgers

schaft interessengerecht dahin auszulegen, dass zu den Rückgewähransprüchen auch die Ansprüche auf Ersatz für Aufwendungen zur Mängelbeseitigung gehören. Richtig und interessengerecht wäre es wohl gewesen, dem Erwerber wegen der unwirksamen Vorauszahlungsvereinbarung (§§ 305, 641 BGB) einen (bereicherungsrechtlichen) Rückgewähranspruch zuzubilligen. Die vom IX. Zivilsenat des BGH einmal eingeschlagene Richtung wurde dann auch vom XI. Senat aufgegriffen und fortgesetzt. Er hat bestätigt, dass zu den gesicherten Rückgewähransprüchen auch Aufwendungsersatzansprüche nach § 633 BGB a. F. gehören, und zusätzlich präzisiert, dass sie vor der Abnahme entstanden und geltend gemacht worden sein müssen[850]. Nach Auffassung der Rechtsprechung sichert die Bürgschaft sämtliche Ansprüche, die sich aus der Störung des Gleichgewichts zwischen den geschuldeten oder geleisteten Zahlungen und dem Wert der geschuldeten oder erbrachten Bautenstände ergeben[851]. Im Rahmen des großen Schadensersatzes sind aber auch vergeblich aufgewendete Finanzierungskosten zu berücksichtigen, weil sie auf der Äquivalenzstörung beruhen und nicht mit Verzugskosten vergleichbar sind[852]. Bei Mängeln am Gemeinschaftseigentum kann der einzelne Erwerber die Bürgschaft ebenfalls in Höhe der Mängelbeseitigungskosten in Anspruch nehmen, jedoch zunächst begrenzt auf die Höhe der Bürgschaftsverpflichtung und sodann begrenzt auf den Haftungsanteil des Erwerbers für Instandsetzung und Instandhaltung im Verhältnis zu den anderen Wohnungseigentümern[853] (dazu im Übrigen Rdn. 961).

Diese Auslegung von § 7 MaBV wurde auch nach dem Hinweisbeschluss des VII. Senats des BGH vom 22. 12. 2004[854], mit dem dieser eine Vorauszahlung durch eine Bürgschaft nach § 7 MaBV für nicht hinreichend gesichert ansah, beibehalten. So geht der XI. Senat auch in neueren Entscheidungen davon aus, dass Bürgschaften nach § 7 MaBV Vorauszahlungsbürgschaften sind, die sicherstellen sollen, dass der Erwerber seine Vorauszahlung zurück erhält[855]. Deshalb sei eine Vorleistung des Käufers, die durch eine Bürgschaft nach § 7 MaBV gesichert wird, nicht zu beanstanden[856], denn eine Bürgschaft nach § 7 MaBV sei zur Sicherung des Käufers geeignet. Nach nunmehr ebenfalls ständiger Rechtsprechung des VII. Senat, ist der Bürgschaftszweck dahin zu verstehen, dass eine Bürgschaft nach § 7 MaBV auch die Ansprüche auf Rückgewähr von Vorauszahlungen sichert[857].

Der BGH[858] hat den Umfang der Bürgschaft allerdings dahin eingeschränkt, dass die **354** mit dem Bauträger vereinbarten pauschalierten Entschädigungen wegen entgangener Nutzung infolge verspäteter Fertigstellung (Vertragsstrafe) oder vom Erwerber erwarteter, aber nicht eingetretener Steuervorteile, nicht abgesichert sind. Schließlich hat der BGH mit weiteren Urteilen den Sicherungszweck dahin eingeschränkt, dass die Bürgschaft auch sonst keine Mietausfallschäden, keine Mängelansprüche an bereits abgenommenen Bauteilen[859], keine Ansprüche des Erwerbers auf Freistellung von An-

---

[850] BGH v. 18. 6. 2002, NJW 2002, 2563 = NZBau 2002, 497 = BauR 2002, 1547 = BKR 2002, 769 m. Anm. *Pause;* so schon früher *Reithmann,* NotBZ 1999, 170.
[851] BGH v. 2. 5. 2002, NZBau 2002, 499 = BauR 2002, 1390.
[852] BGH v. 10. 4. 2008, BauR 2008, 1142 = NJW-RR 2008, 972.
[853] BGH v. 12. 4. 2007, NJW 2007, 1957 = NZBau 2007, 441 = BauR 2007, 1227, Rdn. 61.
[854] BGH v. 22. 12. 2004, NZBau 2005, 488 = ZfIR 2005, 300.
[855] BGH v. 29. 1. 2008, NZBau 2008, 377, Rdn. 16; BGH v. 8. 7. 2008, NZBau 2009, 171, Rdn. 11; BGH v. 5. 4. 2005, NZBau 2005, 394 = BauR 2005, 1156.
[856] BGH v. 10. 3. 2005, NZBau 2005, 461 = BauR 2005, 1158, die Entscheidung erging allerdings zu einem Kauf- und nicht zu einem Bauträgervertrag.
[857] BGH v. 27. 7. 2006, NJW 2006, 3275, Rdn. 44; BGH v. 10. 4. 2008, BauR 2008, 1142 = NJW-RR 2008, 972; BGH v. 12. 4. 2007, NJW 2007, 1957 = NZBau 2007, 441 = BauR 2007, 1227, Rdn. 53, 58, 62.
[858] BGH v. 18. 6. 2002, NJW 2002, 2563 = NZBau 2002, 497 = BauR 2002, 1547 = BKR 2002, 769 m. Anm. *Pause.*
[859] BGH v. 22. 10. 2002, NZBau 2003, 100; BGH v. 22. 10. 2002, NJW 2003, 285 = NZBau 2003, 98 = BauR 2003, 243 = NJW-RR 2003, 452; BGH v. 11. 3. 2003, NJW-RR 2003, 959 = BauR 2003, 1220.

sprüchen wegen einer öffentlich-rechtlichen Sanierungsabgabe[860] und auch keine Erstattung des durch die Überschreitung eines vereinbarten Fertigstellungstermins entstandenen Verzugsschadens[861] sichert, denn der durch eine Bürgschaft gesicherte Erwerber soll nicht besser gestellt werden als der nach § 3 MaBV gesicherte Erwerber.

355 Die weite Auslegung des Sicherungszwecks ist weder vom Wortlaut des § 7 MaBV gedeckt, noch aus Gründen einer interessengerechten Auslegung geboten. Bei den Ansprüchen auf Nacherfüllung, auf Aufwendungsersatz und auf Vorschuss handelt es sich nicht um Rückgewähransprüche, sondern um Ansprüche, die auf die gehörige Leistungserfüllung gerichtet sind. Mit derartigen Ansprüchen kann zwar die Aufrechnung gegen den Vergütungsanspruch erklärt werden, sie sind jedoch nicht auf die Rückzahlung einer bereits geleisteten Zahlung gerichtet. Sie bestehen unabhängig davon, ob die Vergütung zuvor entrichtet wurde. Entsprechendes gilt für den Schadensersatzanspruch nach § 636 BGB und die Schadensersatzansprüche aus Verschulden bei Vertragsschluss und positiver Vertragsverletzung, sofern nicht der große Schadensersatz verlangt wird[862]. Die extensive Auslegung des Sicherungszwecks ist auch nicht zur Wahrung der Interessen des vorauszahlenden Erwerbers erforderlich. Sein Interesse wird hinreichend geschützt, da er die unter Verstoß gegen das Vorleistungsgebot erlangten Vorauszahlungen nach Bereicherungsrecht zurückverlangen kann. Dieser Rückforderungsanspruch würde sich auf die gesamte vorausbezahlte Vergütung erstrecken, da der Bauträger infolge der unwirksamen Vorauszahlungsvereinbarung und in Ermangelung einer Vereinbarung über Abschläge keinen Anspruch auf Ratenzahlungen hätte. Aber selbst wenn sich der Rückforderungsanspruch nur auf die Fertigstellungs- oder Besitzübergaberate erstreckt, stünde der Erwerber genauso, wie er bei einer Besicherung nach § 3 MaBV stünde und könnte wie dieser sein Leistungsverweigerungsrecht ausüben oder gegen den Restvergütungsanspruch aufrechnen.

356 Wenn die **Bürgschaft über die gesamte Vertragssumme** lautet, steigt die Bürgschaftsverpflichtung akzessorisch mit jeder vom Erwerber geleisteten Zahlung bis zur Vertragssumme (Höchstbetragsbürgschaft)[863].

Die **Laufzeit der Bürgschaft** ist in § 7 Abs. 1 Satz 3 MaBV festgelegt. Die Bürgschaft muss bis zum Eintritt der Voraussetzungen des § 3 Abs. 1 MaBV (rechtswirksamer Vertrag, Auflassungsvormerkung am Vertragsgegenstand[864], Baugenehmigung, Sicherung der Lastenfreistellung) und bis zur vollständigen Fertigstellung einschließlich Besitzübergabe aufrechterhalten bleiben. Die Bürgschaft enthält zwar ein zeitliches Moment; sie ist aber unbefristet und keine Bürgschaft auf Zeit i. S. v. § 777 BGB[865]. Deshalb ist es nicht statthaft, die Bürgschaft zu befristen[866]. Die Inanspruchnahme der Bürgschaft kann aber – trotz ihrer unbefristeten Wirksamkeit – rechtsmissbräuchlich sein, wenn vom Erwerber (wegen der noch nicht erfolgten Vermietung eines Gewerbeobjekts) auf die vollständige Fertigstellung einstweilen verzichtet und der Fertigstellungszeitpunkt damit unangemessen hinausgeschoben und dadurch das bis zur Fertigstellung bestehende Risiko erheblich erhöht wird[867].

---

[860] BGH v. 22. 10. 2002, NJW 2003, 285 = NZBau 2003, 98 = BauR 2003, 243 = NJW-RR 2003, 452.
[861] BGH v. 21. 1. 2003, NJW-RR 2003, 592 = BauR 2003, 700 = NZBau 2003, 270.
[862] A. A. BGH v. 18. 6. 2002, NJW 2002, 2563 = NZBau 2002, 497 = BauR 2002, 1547; *Koeble*, Kap. 12 Rdn. 44; *Kuffer*, BauR 2002, 155 (156).
[863] *Dietrich*, MittBayNot 1992, 178 (179).
[864] BGH v. 5. 12. 2008, NJW 2009, 673 = NZBau 2009, 240 = BauR 2009, 66 = ZfIR 2009, 199, Rdn. 14 f.; OLG München v. 30. 5. 2006, BauR 2006, 1919.
[865] OLG Koblenz v. 5. 1. 2006, BauR 2006, 1758.
[866] OLG Frankfurt v. 13. 11. 2002, NZBau 2003, 380.
[867] BGH v. 27. 1. 2004, NZBau 2004, 270 = BauR 2004, 1159.

III. Vergütungsanspruch des Bauträgers

Unzulässig ist eine Vereinbarung, die eine schrittweise **Reduzierung nach Baufortschritt** vorsieht, sei dies in der Form, dass der Erwerber den Bürgen sukzessive entlässt, Teilbürgschaften zurückgibt oder in der Form, dass die Bürgschaft automatisch schrittweise erlischt (sich selbst abschichtende bzw. abschmelzende Bürgschaft)[868]. Von der Rechtsprechung wird eine Abschmelzungsklausel allerdings dahin verstanden, dass die Bürgschaft im Falle der Rückabwicklung des Vertrages in Höhe der vollen Vergütung haftet, aber dann, wenn der Vertrag zwar durchgeführt, jedoch keine vollwertige Gegenleistung wegen teilweiser Nicht- oder Schlechterfüllung erbracht wird, die Bürgschaft darauf beschränkt ist[869].

Dass die **Besitzübergabe** ebenfalls Voraussetzung für die Rückgabe der Sicherheit ist[870], folgt aus Sinn und Zweck von § 7 Abs. 1 Satz 3 MaBV, wonach die Sicherheit erst dann entfallen soll, wenn der nach § 7 MaBV gesicherte Erwerber genauso steht, wie derjenige, dem Sicherheit nach § 3 MaBV zu gewähren ist.

Die von § 7 MaBV vorausgesetzte vollständige **Fertigstellung** kann nicht anders zu beurteilen sein als die nach § 3 MaBV. Deshalb ist unter Anlegung der von der Rechtsprechung entwickelten Maßstäbe die Fertigstellung nicht ausreichend; es dürfen außerdem keine wesentlichen Mängel mehr bestehen[871], die Bauleistung muss also abnahmefähig sein (vgl. dazu oben Rdn. 334 f.). Zum Teil wird darüber hinaus vertreten, dass von einer Fertigstellung erst nach Ablauf der Gewährleistungsfrist ausgegangen werden könne, da erst jetzt festgestellt werden kann, ob das Werk tatsächlich mängelfrei fertiggestellt wurde[872]. Diese nochmalige Ausdehnung des Sicherungszwecks der Bürgschaft widerspricht sowohl dem Wortlaut des § 7 MaBV als auch der Rechtsprechung des BGH; sogar nach der Auffassung des BGH soll die Bürgschaft wegen Mängeln, die erst nach der Abnahme geltend gemacht werden, keine Sicherheit bieten[873].

Sofern die Hauptschuld durch ein Rechtsgeschäft zwischen Erwerber und Bauträger erweitert wird, muss sich die Bürgin dies nicht entgegen halten lassen, § 767 Abs. 1 Satz 3 BGB. Dieser Einwand greift allerdings nur, wenn die **Erweiterung der Hauptschuld** zeitlich nach Übernahme der Bürgschaft vereinbart wird[874].

357 Die Forderung aus einer selbstschuldnerischen Bürgschaft wird mit der Fälligkeit der Hauptschuld fällig. Die **Fälligkeit der Bürgschaftsforderung** hängt nicht von einer Leistungsaufforderung der Gläubigers ab und gehört deshalb nicht zu den sogenannten verhaltenen Ansprüchen[875]. Es steht den Parteien allerdings frei, die Geltendmachung der Bürgschaftsforderung als Fälligkeitsvoraussetzung zu vereinbaren.

Die **Verjährung** des Bürgschaftsanspruchs beurteilt sich nach § 195 BGB; die Verjährungsfrist beträgt folglich drei Jahre[876]. Der Anspruch gegen den Bürgen verjährt selbständig und unabhängig vom gesicherten Hauptanspruch. Es ist deshalb leicht möglich,

---

[868] BGH v. 6. 5. 2003, NZBau 2003, 498 = BauR 2003, 1383 = NJW-RR 2003, 1131; KG v. 29. 11. 1999, NZBau 2000, 566 = BauR 2000, 1353 m. Anm. *Thode*, WuB 2001, 529; OLG Frankfurt v. 13. 11. 2002, NZBau 2003, 380.

[869] BGH v. 8. 7. 2008, NZBau 2009, 171; vgl. auch OLG München v. 6. 3. 2007, BauR 2008, 375 = IBR 2007, 265 (*Vogel*).

[870] *Basty*, Rdn. 663.

[871] BGH v. 30. 4. 1998, BauR 1998, 783 (784); OLG Koblenz v. 29. 5. 2008, IBR 2009, 34 (*Vogel*).

[872] *Thode*, WuB 2001, 529; *Kaufmann*, BauR 2002, 997 (1004).

[873] *Riemenschneider* in Grziwotz/Koeble, 3. Teil, Rdn. 633.

[874] BGH v. 27. 1. 2004, NZBau 2004, 270 = BauR 2004, 1159, 1160.

[875] BGH v. 29. 1. 2008, NJW 2008, 1729 = NZBau 2008, 377 = IBR 2008, 367 (*Schmitz*); KG v. 26. 1. 2007, BauR 2007, 1896 (1900) = IBR 2007, 321 (*Vogel*); BGH v. 8. 7. 2008, NZBau 2009, 171 zu einer Bürgschaft auf erstes Anfordern.

[876] BGH v. 10. 4. 2008, NJW 2008, 2429, Rdn. 12, auch zur Rechtslage in Überleitungsfällen nach Art. 229 § 6 Abs. 4 EGBGB (Rdn. 13); ebenso BGH v. 8. 12. 2009, NJW 2010, 1284 = NZBau 2010, 426 = BauR 2010, 765, Rdn. 25, 41.

B. Der Bauträgererwerb

dass der Bürgschaftsanspruch vor dem Hauptanspruch verjährt[877]. Für den Verjährungsbeginn sind die objektiven und subjektiven Voraussetzungen des § 199 BGB maßgeblich. Für die objektiven Voraussetzungen kommt es auch beim Bürgschaftsanspruch nur darauf an, ob der Anspruch entstanden ist, also fällig ist und klageweise geltend gemacht werden kann. In subjektiver Hinsicht muss Kenntnis von den anspruchsbegründenden Tatsachen und der Person des Schuldners bestehen. Für den Rückzahlungsanspruch aufgrund des Rücktritts vom Vetrag kommt es auf den Ablauf der zur Nacherfüllung gesetzten Frist an, was auch im Falle eines Insolvenzverfahrens gilt[878].

Der Anspruch gegen den Bürgen wird durch ein gegen ihn eingeleitetes selbständiges Beweisverfahren oder einen Antrag auf Gerichtsstandsbestimmung gehemmt. Werden diese Anträge mit Mängeln an der Bauleistung begründet, wird durch sie aber nicht zugleich auch der bereicherungsrechtliche Anspruch, der auf die Nichtigkeit des Vertrages gestützt wird, gehemmt[879]. Die Hemmung tritt auch durch Aufrechnungserklärung ein (§ 204 Abs. 1 Nr. 5 BGB). Das gilt auch für eine Hilfsaufrechnung, auf die es wegen vorrangig erklärter Aufrechnungen nicht ankommen wird, und für die Aufrechnung gegenüber einem Zessionar[880].

358 *dd) Bürgschaftsbedingungen.* Die Bürgschaft darf nicht mit **zusätzlichen Bedingungen** verknüpft werden, die den §§ 305 ff. BGB widersprechen.

Die in der Bürgschaft gestellten Bedingungen sind von den Bedingungen des Erwerbsvertrages zu unterscheiden. Erfüllen die vertraglichen Vorgaben für die Bürgschaft im Bauträgervertrag nicht den Inhalt der §§ 7, 2 MaBV und wird deshalb eine nur unzulängliche Bürgschaft vorgelegt, darf der Bauträger keine Zahlungen entgegennehmen. Die Bürgschaft kann etwa zurückgewiesen werden, wenn sie nicht selbstschuldnerisch ist, wenn sie nur im Falle des Rücktritts, also nicht für sämtliche Rückgewähransprüche gelten soll, wenn sie eine Hinterlegungsklausel enthält oder wenn sie befristet ist. Der Bauträger darf in diesen Fällen keine Zahlungen des Erwerbers entgegennehmen[881].

Bedingungen innerhalb der Bürgschaft, die gegen die §§ 305 ff. BGB verstoßen, sind unwirksam. Eine Bedingung in der Bürgschaft, nach der die Bürgschaftsverpflichtung voraussetzt, dass die Fälligkeit und die Höhe des Rückgewähranspruchs entweder durch ein **rechtskräftiges Urteil**, durch einen wirksamen Vergleich oder durch entsprechende übereinstimmende Erklärungen von Erwerber und Bauträger nachgewiesen werden, ist überraschend i.S.v. § 305 c Abs. 1 BGB und wird deshalb nicht Bestandteil der Bürgschaft[882]. Gegen § 307 Abs. 1 BGB verstößt eine Vertragsbedingung, nach der die Inanspruchnahme der Bürgschaft voraussetzt, dass auf die vorliegende Pfandfreigabeerklärung verzichtet wird. Durch eine solche Gestaltung der Bürgschaft wird der Erwerber unangemessen benachteiligt, weil er mit dem Verzicht auf die Pfandfreigabeerklärung vorleistet ohne sicher zu sein, dass die Rückzahlung der Vergütung erfolgen wird[883].

Eine formularmäßige Vereinbarung, wonach sich der Erwerber zur **gesonderten Vergütung der** durch die Bürgschaft verursachten **Avalzinsen** verpflichtet, verstößt

---

[877] OLG Koblenz v. 26. 10. 2007, IBR 2008, 448 (*Vogel*); KG v. 26. 1. 2007, BauR 2007, 1896 (1900) = IBR 2007, 321 (*Vogel*).
[878] Vgl. BGH v. 8. 12. 2009, NJW 2010, 1284 = NZBau 2010, 426 = BauR 2010, 765, Rdn. 27 ff., wobei für die Entstehung des Wandelungsanspuchs nach altem Recht auf die Fristsetzung mit Ablehnungsandrohung abzustellen war (Rdn. 31 f.).
[879] BGH v. 29. 1. 2008, NJW 2008, 1729 = NZBau 2008, 377 = IBR 2008, 367 (*Schmitz*); KG v. 26. 1. 2007, BauR 2007, 1896 (1900) = IBR 2007, 321 (*Vogel*).
[880] BGH v. 10. 4. 2008, NJW 2008, 2429.
[881] *Basty*, Rdn. 668 f.
[882] BGH v. 27. 7. 2006, NJW 2006, 3275 = NZBau 2006, 706 = BauR 2006, 1747, Rdn. 46 f.
[883] BGH v. 27. 7. 2006, NJW 2006, 3275 = NZBau 2006, 706 = BauR 2006, 1747, Rdn. 51 f.

III. Vergütungsanspruch des Bauträgers

gegen § 307 Abs. 1 BGB[884] und ist unwirksam. Dies hindert den Bauträger natürlich nicht, die Bürgschaftskosten als Bestandteil der gesamten Kosten zu kalkulieren und so in der Gesamtvertragssumme unterzubringen. Schließlich darf die Wirksamkeit der Bürgschaft nicht davon abhängig gemacht werden, dass der Erwerber den vollen Kaufpreis bezahlt hat. Eine solche Regelung würde vom Erwerber vertragsgerecht geleistete Teilzahlungen ungesichert lassen[885].

Zulässig ist es aber, wenn in der Bürgschaft – in Übereinstimmung mit dem Erwerbsvertrag – die Zahlung des Kaufpreises auf ein bestimmtes Konto (der Bürgin) gefordert wird.

Eine Bürgschaft nach § 7 MaBV kann auch als eine **Bürgschaft auf erstes Anfordern** ausgestaltet werden. Für die Fälligkeit des Anspruchs gegen die Bürgin genügt dann die Behauptung, dass ein Rückgewähranspruch entstanden ist[886]. Nach der Rechtsprechung des BGH ist die Wirksamkeit der Vertragsbestimmungen im Bauträgervertrag (über die Art der zu stellenden Bürgschaft) von der Wirksamkeit und dem Haftungsumfang der von der Bürgin eingegangenen Verpflichtung zu unterscheiden. Wird im Bauträgervertrag unter Verletzung von § 7 MaBV eine sich selbst nach Baufortschritt reduzierende Bürgschaft vereinbart, ist diese Vereinbarung unwirksam (Rdn. 356). Das führt jedoch nicht zu einer erweiterten Haftung der Bürgin, weil die Anforderungen des § 7 Abs. 1 Satz 3 MaBV im Verhältnis zur Bank keine Wirkungen entfalten[887]. Der Erwerber wäre zwar zur Verweigerung von Zahlungen berechtigt gewesen, kann die Bürgin aber nicht über die in der Bürgschaft eingegangenen Bürgschaftsverpflichtungen hinaus in Anspruch nehmen.

In der **Rücksendung einer Bürgschaft** kann nicht ohne weiteres ein Verzicht auf die Bürgschaftsforderung oder eine Entlassung aus der Bürgenhaftung gesehen werden[888]. Dies insbesondere dann nicht, wenn die Bürgschaft nach den Bürgschaftsbedingungen erst mit dem Eintritt der Voraussetzungen des § 3 Abs. 1 MaBV und der vollständigen Fertigstellung des Bauvorhabens erlöschen sollte[889].

ee) Vermischung und Austausch von Sicherheiten. Eine **Vermischung der Sicherheiten** nach § 3 MaBV und § 7 MaBV ist unzulässig. Es dürfen deshalb keine Raten in der Weise gesichert werden, dass bis zur Höhe der nach § 3 Abs. 2 MaBV zulässigen Raten Sicherheit nach § 3 Abs. 1 MaBV gewährt wird und für darüber hinaus geforderte Beträge eine Bürgschaft in Höhe nur dieser Spitzenbeträge gegeben wird[890]. 359

Durch den in § 7 Abs. 1 MaBV mit der Änderungsverordnung vom 7. 11. 1990 neu eingefügten Satz 4 ist jedoch der bis dahin umstrittene **Austausch der Sicherheiten** des § 3 MaBV und des § 7 MaBV zugelassen worden[891]. Deshalb kann etwa bis zum Eintritt der Voraussetzungen des § 3 MaBV für die erste und zweite Rate Sicherheit durch eine Bürgschaft nach § 7 MaBV geleistet werden, wobei diese Bürgschaft der Höhe nach auf die bis dahin fällig werdenden Zahlungen begrenzt werden darf. Liegen sodann die Voraussetzungen von § 3 Abs. 1, Abs. 2 MaBV vor, können die weiteren Zahlungen gemäß Zahlungsplan eingefordert werden. Dieser Sicherheitenaustausch ist dann sinnvoll, wenn etwa anfänglich die Teilungserklärung noch nicht vollzogen worden ist und deshalb Zahlungen nach § 3 Abs. 1 MaBV nicht gefordert 360

---

[884] LG Bremen v. 14. 12. 1993, NJW-RR 1994, 476.
[885] LG Bremen v. 14. 12. 1993, NJW-RR 1994, 476.
[886] OLG München v. 7. 9. 1998, BauR 1998, 1104.
[887] BGH v. 6. 5. 2003, NZBau 2003, 498 = BauR 2003, 1383.
[888] BGH v. 27. 1. 2004, NZBau 2004, 270 = BauR 2004, 1159.
[889] OLG Bamberg v. 15. 1. 2004, NZBau 2004, 329 = NJW-RR 2004, 817.
[890] OLG Koblenz v. 17. 10. 2002, ZfIR 2002, 897 (900) = BauR 2003, 546; *Marcks*, § 7 Rdn. 4; a. A. *Boergen*, NJW 2000, 251.
[891] Vgl. *Marcks*, § 7 Rdn. 5; zur früheren Rechtslage vgl. *Usinger*, NJW 1987, 934 (935).

B. Der Bauträgererwerb

werden können oder – etwa bei Altbausanierungen – die Vorleistungen des Bauträgers bei der ersten Rate so hoch sind, dass er eine von § 3 Abs. 2 MaBV abweichende Zahlungsmodalität vereinbaren möchte.

361 Auch kann umgekehrt für die letzte oder die **letzten Raten** Sicherheit nach § 7 MaBV geleistet werden. Die Sicherheit muss in diesem Fall aber – wie vom Wortlaut des § 7 Abs. 1 Satz 1 MaBV vorausgesetzt – über die volle Vertragssumme lauten, da mit ihr alle Rückgewähransprüche in voller Höhe abgesichert werden müssen[892]. Auch bei derartigen Gestaltungen darf keine Vorauszahlungspflicht zu Lasten des Erwerbers begründet werden. Die letzte Rate kann deshalb nicht durch Übergabe einer Bürgschaft nach § 7 MaBV fällig gestellt werden, wenn noch Restarbeiten ausstehen. In Betracht kommt aber bei nur geringfügigen Restarbeiten mit beispielsweise einem Wert von nur noch 0,5% der Vertragssumme (die Herstellung einer Außenanlage ist nicht vorgesehen) die Reduzierung der letzten Rate auf 0,5% bei entsprechender Erhöhung der vorletzten Rate und Übergabe einer Bürgschaft nach § 7 MaBV über die gesamte Vertragssumme.

Die Höhe der Bürgschaftssumme kann also, wenn von der Möglichkeit des § 7 Abs. 1 Satz 4 MaBV Gebrauch gemacht wird, geringer als die gesamte Vertragssumme sein. Soll dagegen die letzte Rate durch eine Bürgschaft – im Wege des Austauschs – gesichert werden, muss sie über die volle Vertragssumme lauten[893].

362 Dies ist in heftig bestritten worden. Um sich davor zu schützen, dass der Erwerber die Zahlung der letzten Rate zu Unrecht verweigert oder verzögert, soll es dem Bauträger gestattet sein, die letzte Rate schon bei Objektübergabe gegen eine **Bürgschaft nach § 7 MaBV in Höhe der letzten Rate** zu fordern[894]. Das wird unterschiedlich begründet: *Schmidt*[895] geht davon aus, dass infolge der mit der Übergabe verbundenen Abnahme keine Rückgewähransprüche mehr entstehen können, also eine Sicherheit in Höhe der gesamten Forderung nicht mehr gefordert werden müsse. Das überzeugt nicht. Die bei Übergabe des Objekts durchgeführte Abnahme ist nur eine Teilabnahme; bei Wohnungseigentum steht die Abnahme des Gemeinschaftseigentums, sonst aber jedenfalls die Abnahme von Außenanlagen und Restarbeiten aus. Nach dem eindeutigen Wortlaut der MaBV sind die auch zu diesem Zeitpunkt noch möglichen Rückgewähransprüche in voller Höhe zu sichern, auch wenn einzuräumen ist, dass der Erwerber zu diesem Zeitpunkt bereits Sicherheit nach § 3 Abs. 1 MaBV genießt, also als „übersichert" erscheint. *Speck*[896] meint, dass § 7 MaBV schon nach seinem Wortlaut nur eine Bürgschaft in der Höhe erfordere, in der nach ihrer Hingabe weitere Zahlungen entgegengenommen werden. Diese Auslegung des § 7 MaBV erscheint zwar überraschend, ist aber im Ergebnis unzutreffend. § 7 MaBV verlangt stets eine Bürgschaft über die bereits entgegengenommenen *und* die ab Bürgschaftshingabe noch entgegenzunehmenden Beträge. Im Übrigen ist der Rückgewähranspruch nach dem Wortlaut des § 7 MaBV nicht teilbar; er bezieht sich immer auf sämtliche bereits geleisteten Zahlungen. *Reithmann*[897] hält ebenfalls die Fälligstellung der letzten Rate bei Übergabe für zulässig, macht dies aber von einer Bürgschaft in Höhe der gesamten Zahlungen des Erwerbers abhängig. Diese wie auch alle anderen Lösungen stehen im Widerspruch zu der den

---

[892] *Marcks*, § 7 Rdn. 6; *Basty*, Rdn. 640; *Blank*, DNotZ 1997, 298; *Koeble*, Kap. 12 Rdn. 64; *Kutter*, A. II Rdn. 81; *Dietrich*, MittBayNot 1992, 178.
[893] *Marcks*, § 7 Rdn. 6; *Blank*, DNotZ 1997, 298; *Koeble*, Kap. 12 Rdn. 64; *Kutter*, A. II Rdn. 81; *Dietrich*, MittBayNot 1992, 178.
[894] So schon *Usinger*, NJW 1987, 934 (935), jedoch noch zur alten Fassung des § 7 MaBV, die die Aufrechterhaltung der Bürgschaft nur bis zur Besitzübergabe forderte.
[895] BauR 1997, 216 (220f.); a. A. *Eue*, I. 30 Anm. 25 (5).
[896] MittRhNotK 1995, 117 (134).
[897] *Reithmann*, NJW 1997, 1816; *ders.* aber anders in *Reithmann/Meichssner/v. Heymann*, B Rdn. 129.

III. Vergütungsanspruch des Bauträgers

Bauträger treffenden Vorleistungspflicht (§§ 305 ff., 632a Abs. 2, 641 BGB). Auch die letzte Rate kann nicht vor, sondern erst nach Ausführung der geschuldeten Arbeiten verlangt werden. Zwar gibt der Bauträger den Besitz am Objekt aus der Hand (insoweit leistet er vor); das Druckmittel der noch nicht erklärten Auflassung bleibt ihm aber.

Die Möglichkeit zum Sicherheitenaustausch wird durch § 7 MaBV zwar gewerberechtlich eröffnet. Der Bauträger kann damit aber einen solchen Austausch nicht einseitig verlangen. Voraussetzung ist vielmehr, dass ein **Sicherheitenaustausch vereinbart** worden ist[898]. Der Sicherheitentausch kann, wenn er vereinbart wurde, nur vom Bauträger, nicht aber von der Bank herbeigeführt werden[899]. 363

ff) Finanzierung mit Bürgschaft nach § 7 MaBV. Die Bürgschaft nach § 7 MaBV ist für den Erwerber keineswegs die optimale Sicherheit, da sie die **Finanzierung** erschwert[900]. Das zeigt ein ganz praktisches, aber ebenso wichtiges Problem: Möchte der Erwerber den Kauf des Objekts finanzieren, kann er seiner Bank kaum eine objektbezogene Sicherheit anbieten. Auf die Bürgschaft nach § 7 MaBV wird ja vor allem dann zurückgegriffen, wenn die Teilungserklärung noch nicht vollzogen wurde, also auch das Wohnungseigentum noch nicht entstanden ist. Es besteht folglich noch kein für Grundpfandrechte geeignetes Beleihungsobjekt; der Erwerber kann seiner Bank also keine Grundschuld am Vertragsobjekt einräumen. 364

Bei der Lösung dieses Problems ist die Praxis bereits verschiedene Wege gegangen: Es wurden Bürgschaften mit dem Inhalt der §§ 7, 2 MaBV zugunsten der den Erwerber finanzierenden Bank – zur Sicherstellung dieser Bank – ausgestellt. Eine Bürgschaft allein gegenüber der Bank (statt gegenüber dem Erwerber) ist aber unzureichend, weil nach § 7 MaBV der Erwerber selbst Begünstigter der Bürgschaft sein muss. In Betracht kommt aber die Abtretung der Ansprüche des Erwerbers auf Rückgewähr seiner Vermögenswerte, also die durch die Bürgschaft nach § 7 MaBV gesicherten Ansprüche, mit der Wirkung, dass die Bürgschaftsrechte nach § 401 BGB auf die den Erwerber finanzierende Bank übergehen[901], also verkürzt (und ungenau): die **Abtretung der Bürgschaft nach § 7 MaBV** – oder auch ihre Verpfändung. Eine solche Abtretung stellt aber für die Bank eine nur sehr schwache Sicherheit dar, da sie nur dann zu einer verwertbaren Forderung führt, wenn der Erwerber vom Vertrag zurücktritt oder ihm Schadensersatzansprüche zustehen. Als Sicherung der finanzierenden Bank ist auch eine zusätzliche Erklärung der Globalgläubigerin (und Bürgin i.S.d. § 7 MaBV) zugunsten der finanzierenden Bank möglich, wonach die Bank des Erwerbers an die Bürgin mit der **Treuhandauflage** zahlt, dass die Zahlungen dann zurückzuerstatten sind, wenn die Bank später kein Grundpfandrecht im Rang vor der Globalbelastung erhält. 365

Um dem Erwerber die Beschaffung einer Kaufpreisfinanzierung zu erleichtern, ist alternativ an eine **Darlehensbürgschaft** der Globalgläubigerin (Bank des Bauträgers) gegenüber der Erwerber finanzierenden Bank (neben der Bürgschaft gegenüber dem Erwerber nach § 7 MaBV) zu denken[902]. Die Globalgläubigerin wird sich das Recht vorbehalten können, sich aus der Bürgschaftsverpflichtung durch die Verschaffung eines der Globalbelastung im Range vorgehenden Grundpfandrechts befreien zu dürfen. Beide Gestaltungen – Treuhandauflage und Darlehensbürgschaft – sind mit zusätzlichen Kosten verbunden, die letztlich im Preis kalkuliert sein werden und das Objekt dadurch verteuern. 366

---

[898] *Basty,* Rdn. 636; *Speck,* MittRhNotK 1995, 117 (136).
[899] KG v. 29. 11. 1999, NZBau 2000, 566 = BauR 2000, 1353 m. Anm. *Thode,* WuB 2001, 529.
[900] *Reithmann/Meichssner/v. Heymann,* B Rdn. 139 zur „Teilung" der Bürgschaft bei einer Finanzierung des Erwerbers durch zwei Institute, u.a. Bausparkasse.
[901] *Basty,* Rdn. 1160.
[902] *Vossius,* MittBayNot 1995, 169, mit Formulierungsvorschlägen (Bürgschaftsmustern); *Basty,* Rdn. 1162.

B. Der Bauträgererwerb

Es ist jedenfalls anzunehmen, dass den Notar eine Aufklärungspflicht über die erschwerte Finanzierung bei Vertragsgestaltungen nach § 7 MaBV trifft, auch wenn er im Übrigen für die Beschaffung einer Finanzierung keine Verantwortung trägt[903].

i) Objektgebundene Mittelverwendung (§ 4 Abs. 1 Nr. 2 MaBV)

367 Nach § 4 Abs. 1 Nr. 2 MaBV darf der Bauträger die Zahlungen des Erwerbers nur für die Vorbereitung und Durchführung des vertragsgegenständlichen Objekts verwenden. Durch diese Bestimmung wird eine zusätzliche Sicherung geschaffen. In erster Linie wird der Erwerber durch die Sicherungen nach § 3 Abs. 1, 2 MaBV geschützt. Da nicht ausgeschlossen werden kann, dass der Bauträger die fällig gewordenen Zahlungen nicht zur Begleichung der Handwerkerrechnungen des vertragsgegenständlichen Objekts verwendet, sondern mit ihnen „andere Löcher stopft" und dadurch die Gefahr einer Bauruine heraufbeschwört, wird er durch § 4 MaBV gewerberechtlich dazu gezwungen, die Zahlungen des Erwerbers für die Planer, Handwerker und Baustofflieferanten des Vertragsobjekts zu verwenden[904]. Durch § 4 MaBV wird der **Fortgang des Bauvorhabens gesichert.** Die Beibehaltung dieser Vorschrift erschien dem Verordnungsgeber gelegentlich der Diskussionen über andere Änderungen im Jahre 1975 umso wichtiger, als der Bauträger – soweit er Zahlungen nach einem Zahlungsplan gem. § 3 Abs. 2 MaBV[905] entgegennimmt – von der Verpflichtung zur getrennten Vermögensverwaltung i. S. d. § 6 MaBV befreit ist (vgl. § 6 Abs. 1 Satz 2 MaBV)[906]. Sofern der Bauträger Sicherheit nach § 7 MaBV leistet, ist er von der Verpflichtung zur objektgebundenen Mittelverwendung ohnehin befreit (§ 7 Abs. 1 Satz 1 MaBV).

368 § 4 MaBV ist ein **Schutzgesetz** im Sinne von § 823 Abs. 2 BGB. Die objektfremde Mittelverwendung kann deshalb deliktische Schadensersatzansprüche nach sich ziehen und zur persönlichen Haftung der handelnden Personen führen[907].

369 Die Mittel des Erwerbers müssen für das **vertragsgegenständliche Bauvorhaben** verwendet werden. Das ist nach § 4 Abs. 1 Nr. 2 MaBV das einzelne Gebäude. Für die Errichtung von Eigentumswohnungen bedeutet das, dass die Zahlungen des Auftraggebers für das Gebäude verwendet werden müssen, in dem die für den Erwerber zu errichtende Wohnung gelegen ist. Werden im Zuge einer größeren Baumaßnahme auf einem Grundstück Eigentumswohnungen in mehreren Gebäuden gebaut, müssen die Zahlungen den jeweiligen Gebäuden und den auf sie entfallenden Handwerkerrechnungen zugeordnet werden. Daraus folgt, dass die Zahlung eines Erwerbers auf die zweite Rate für das Gebäude A nicht für eine den Rohbau betreffende Handwerkerrechnung des Gebäudes B verwendet werden darf, wie dies auch im umgekehrten Falle gilt. Der Bauträger hat die buchhalterischen Voraussetzungen dafür zu schaffen, dass Handwerkerrechnungen, die sich auf das gesamte Bauvorhaben beziehen, den einzelnen Gebäuden zugeordnet und durch die betreffenden Erwerberzahlungen abgetragen werden. Das gilt auch für Einfamilienhäuser. Für Einfamilienreihenhäuser gestattet § 4 Abs. 1 Nr. 2 MaBV, eine „Reihe" von Einfamilienreihenhäusern als ein Bauvorhaben zu behandeln. Auf diese Reihe finden die vorstehenden Grundsätze entsprechende Anwendung.

370 Weder durch Sinn und Zweck noch durch den Wortlaut des § 4 Abs. 1 Nr. 2 MaBV wird ausgeschlossen, dass der Bauträger aus den Zahlungen des Erwerbers die von ihm kalkulierten und bei ihm anfallenden **Kosten und Gewinnanteile** für sich verbraucht oder für anderweitige Verbindlichkeiten verwendet. Aus § 4 MaBV folgt

---

[903] Vgl. auch *Reithmann/Blank/Rinck*, G Rdn. 107; ablehnend *v. Heymann/Wagner/Rösler*, Rdn. 161 ff.
[904] *Marcks*, § 4 Rdn. 4; *Koeble*, Kap. 12, Rdn. 116.
[905] BGH v. 11. 10. 2007, NZBau 2008, 58 = BauR 2007, 2065, Rdn. 20 f.
[906] *Marcks*, § 6 Rdn. 4; vgl. aber OLG Frankfurt v. 23. 12. 2004, BauR 2005, 1040 (1043).
[907] OLG Celle v. 12. 2. 2001 BauR 2001 = ZfIR 2001, 412 b m. Anm. *Schmitz*; *Marcks*, § 4 Rdn. 3.

III. Vergütungsanspruch des Bauträgers

lediglich, dass es sich um die Gemeinkosten und die Gewinnanteile handeln muss, die das „Bauvorhaben" und die bis dahin fällig gewordenen Raten betreffen[908].

j) Sonstige Berufsausübungsvorschriften

Neben den überwiegend privatrechtlich orientierten Bestimmungen der §§ 3, 7 und 4 MaBV enthalten die §§ 10 ff. MaBV weitere Berufsausübungsvorschriften. Wegen dieser Vorschriften, die keine direkte Bedeutung für die Gestaltung und die Abwicklung des Erwerbsvertrages haben, wird auf die einschlägige gewerberechtliche Literatur verwiesen[909]. **371**

k) Rechtsfolgen bei Verletzungen der MaBV

aa) Verbotswidriges Fordern oder Entgegennehmen von Zahlungen. Werden Zahlungen gefordert oder entgegengenommen, obwohl die Voraussetzungen von § 3 Abs. 1 oder Abs. 2 MaBV (noch) nicht vorliegen oder eine ausreichende Bürgschaft nicht übergeben wurde, stellt dies einen Verstoß gegen die Vorschriften der MaBV dar. Weil der Erwerber erst nach Gestellung der Sicherheit zahlen muss, steht ihm bis zur Verschaffung der Sicherheit nach § 3 oder § 7 MaBV ein Leistungsverweigerungsrecht zu[910]. **372**

Von seinem Zurückbehaltungsrecht werden die sonstigen Rechte des Erwerbers nicht berührt. Es bleibt ihm insbesondere die Geltendmachung von **Schadensersatzansprüchen** und das Recht zum **Rücktritt** unbenommen[911]. Die Vorschriften über die Sicherheiten zugunsten des Erwerbers (§§ 3, 7 MaBV) sind Schutzgesetze i.S.d. § 823 Abs. 2 BGB[912]; dies gilt auch für die Vorschrift über die objektgebundene Mittelverwendung[913]. Insoweit kommt auch die persönliche Haftung des Geschäftsführers einer GmbH in Betracht[914]. Außerdem werden Verstöße gegen die MaBV als Ordnungswidrigkeit und ggf. auch als Straftat verfolgt[915]. **373**

Wurden vom Bauträger Zahlungen unter Verletzung der Verbote der MaBV entgegengenommen, hat der Erwerber einen **bereicherungsrechtlichen Rückforderungsanspruch** nach § 817 BGB. Das gilt insbesondere für Zahlungen, die unter Verletzung von § 3 MaBV vor Fälligkeit verlangt und geleistet werden, sei dies, weil der vorausgesetzte Baufortschritt nicht erreicht ist, sei es, dass die vorausgesetzten Sicherheiten nicht bestellt bzw. übergeben wurden[916]. Da sich die Verbotsvorschriften der MaBV allein an den Bauträger wenden, kann er sich nicht auf § 817 Satz 2 BGB berufen[917]. Der Bauträger ist darüber hinaus verpflichtet, die ersparten Zinsen an den Erwerber nach §§ 817 Satz 1, 818 Abs. 1 BGB zu vergüten[918] oder diese im Wege des Schadensersatzes nach § 280 Abs. 1 BGB zu ersetzen[919]. Sofern ein bereicherungsrechtlicher Anspruch daran scheitern **374**

---

[908] Ebenso *Locher/Koeble*, Rdn. 54; *Koeble*, Kap. 12 Rdn. 120; a. A. *Marcks*, § 4 Rdn. 7; auch *Schmidt*, MittBayNot 1989, 73 (75).
[909] *Marcks*, §§ 10 ff. MaBV; *Koeble*, Kap. 12 Rdn. 1 ff.; *Pause/Weiss*, Kap. 10 Rdn. 1 ff.
[910] BGH v. 8. 11. 1984, NJW 1985, 438.
[911] OLG Bremen v. 26. 1. 1977, NJW 1977, 638.
[912] BGH v. 5. 12. 2008, NJW 2009, 673 = NZBau 2009, 240 = BauR 2009, 66 = ZfIR 2009, 199, Rdn. 11; OLG Frankfurt v. 23. 12. 2004, BauR 2005, 1040; a. A. OLG Dresden v. 3. 12. 1996, NJW-RR 1997, 1507.
[913] OLG Celle v. 12. 2. 2001 BauR 2001 = ZfIR 2001, 142 b m. Anm. *Schmitz*.
[914] BGH v. 5. 12. 2008, NJW 2009, 673 = NZBau 2009, 240 = BauR 2009, 66 = ZfIR 2009, 199, Rdn. 12; OLG Frankfurt v. 23. 12. 2004, BauR 2005, 1040; OLG München v. 23. 2. 2010, BauR 2010, 1950; *Vogel* in Koeble/Grziwotz, Teil 4, Rdn. 463 ff.
[915] *Pause/Weiss*, Kap. 10 Rdn. 94; *Koeble*, Kap. 12 Rdn. 132.
[916] OLG Koblenz v. 18. 12. 1998, NJW-RR 1999, 671; OLG München v. 17. 6. 1999, NZBau 2000, 565 = NJW-RR 2001, 13; *Kniffka*, NZBau 2000, 552.
[917] OLG Koblenz v. 18. 12. 1998, NJW-RR 1999, 671.
[918] OLG München v. 17. 6. 1999, NJW-RR 2001, 13 (der BGH hat die Revision nicht angenommen, Beschl. v. 28. 9. 2000 – VII ZR 335/99), vgl. *Kniffka*, NZBau 2000, 55.
[919] OLG Karlsruhe v. 20. 5. 2010, IBR 2010, 392 (*Röder*).

B. Der Bauträgererwerb

sollte, dass der Bauträger nicht bewusst – wie von § 817 BGB vorausgesetzt – gegen die Bestimmungen der MaBV verstoßen hat, käme auch ein Rückforderungsanspruch aus dem Gesichtspunkt der Vertragsverletzung nach §§ 280, 241 Abs. 2 BGB, für die ein fahrlässiges Handeln genügen würde, in Betracht[920].

375 *bb) Abweichende Vereinbarungen.* Enthält der Bauträgervertrag von den Bestimmungen der MaBV abweichende Regelungen, so führt dies nicht zur Nichtigkeit des gesamten Bauträgervertrages, sondern lediglich zur Unwirksamkeit der einzelnen, die MaBV verletzenden Vertragsbestimmungen, § 12 MaBV i.V.m. § 134 BGB. Dies folgt aus Sinn und Zweck der MaBV. Die Verbote der MaBV richten sich nicht gegen den Abschluss von Bauträgerverträgen, sondern gegen Vereinbarungen, die den Erwerber übervorteilen. Deshalb führt die Unwirksamkeit der einzelnen Vertragsbestimmung nicht zur Nichtigkeit des gesamten Vertrages, § 139 BGB[921].

376 Für den Fall, dass ein von § 3 Abs. 2 MaBV zugunsten des Bauträgers abweichender **Zahlungsplan**[922] vereinbart wurde, ist diese Vereinbarung nach §§ 12 MaBV, 134 BGB unwirksam. Da die Vorschriften der MaBV unmittelbar nur gewerberechtliche Verbots- und Gebotsnormen enthalten und sich insoweit ausschließlich an den Bauträger als Gewerbetreibenden richten, kann statt der unwirksamen Vertragsbestimmung auch nicht ersatzweise auf die Regelungen der MaBV über Abschlagszahlungen, wie sie sich nach § 3 Abs. 2 MaBV gestalten lassen, zurückgegriffen werden. Für die Fälligkeit der Vergütung ist in diesem Fall § 641 BGB maßgeblich. Die gesamte Vergütung wird folglich erst mit der Abnahme fällig[923]. Auch daraus, dass die Vorschriften der MaBV infolge ihrer Transformation in das Zivilrecht (§ 632a Abs. 2 BGB, vgl. Rdn. 199f.) als Grundlage für die Vereinbarung von Abschlagszahlungen dienen, ergibt sich nichts anderes[924]. § 632a Abs. 2 BGB gestattet zwar die Vereinbarung von Abschlagszahlungen nach den Bestimmunen der §§ 3 und 7 MaBV; anders als bei sonstigen Bauverträgen (§ 632a Abs. 1 BGB), kann der Bauträger Abschlagszahlungen aber nicht einseitig fordern, sondern muss diese (wirksam) vereinbaren. Fehlt es aber an einer wirksamen Vereinbarung, verbleibt es bei der Grundregelung des § 641 BGB[925]. Neben der abnahmefähigen Fertigstellung müssen bei einem Verstoß des Zahlungsplans gegen § 3 Abs. 2 MaBV auch die übrigen Grundvoraussetzungen des § 3 Abs. 1 MaBV vorliegen[926], denn es ist davon auszugehen, dass die Nichtigkeit des Zahlungsplans nicht auch zur Unwirksamkeit der Vereinbarungen über die Sicherheiten des § 3 Abs. 1 MaBV führt[927]. Bereis geleistete Zahlungen können vom Erwerber nach § 817 Satz 1 BGB zurück gefordert werden; allerdings kann sich der Bauträger in dem Umfang auf § 813 Abs. 2 BGB berufen (und die geleisteten Zahlungen behalten), wie ihm § 3 Abs. 2 MaBV die Entgegennahme der Zahlungen bei wirksam vereinbarten Abschlägen und unter Berücksichtigung des tatsächlich erreichten Baufortschritts nicht verboten hätte.[928]

---

[920] *Kniffka*, NZBau 2000, 552 (553).
[921] BGH v. 8. 11. 1984, NJW 1985, 438; BGH v. 24. 11. 1983, NJW 1984, 869; *Marcks*, § 12 Rdn. 9; *Koeble*, Kap. 12 Rdn. 133.
[922] OLG Celle v. 6. 8. 2003, BauR 2004, 1007: Vereinbarung von 10 statt 7 Raten, unzureichende Freistellungsverpflichtungserklärung.
[923] BGH v. 22. 12. 2000, NJW 2001, 818 = NZBau 2001, 132 = BauR 2001, 391; BGH v. 22. 3. 2007, NJW 2007, 1947 = NZBau 2007, 437 = BauR 2007, 1235, Rdn. 25.
[924] Vgl. *Basty*, Rdn. 90f.; *Drasdo*, NJW 2007, 2741; anders noch die hier – in Übereinstimmung mit einem Teil der Literatur (*Ullmann*, NJW 2002, 1075) – früher vertretene Auffassung.
[925] BGH v. 22. 3. 2007, NJW 2007, 1947 = NZBau 2007, 437 = BauR 2007, 1235, Rdn. 26, OLG Celle v. 6. 8. 2003, BauR 2004, 1007
[926] *Basty*, Rdn. 93f.; *ders*, BTR 2005, 149 (151).
[927] OLG Hamburg v. 25. 3. 2008, IBR 2008, 391 (*Esch*).
[928] BGH v. 22. 3. 2007, NJW 2007, 1947 = NZBau 2007, 437 = BauR 2007, 1235, Rdn. 31f.; OLG Naumburg v. 13. 11. 2009, NJW-RR 2010, 1323 (1327).

III. Vergütungsanspruch des Bauträgers

Sofern sich die Verletzung auf die **allgemeinen Fälligkeitsvoraussetzungen** des § 3 Abs. 1 MaBV bezieht (z. B. unzureichende Sicherung der Lastenfreistellung), wird der Bauträger – da auch insoweit nicht auf die MaBV als Ersatzregelung zurückgegriffen werden kann – Zahlungen (ggf. nach Baufortschritt auf der Grundlage des wirksamen Zahlungsplans) wohl erst nach Eigentumsverschaffung entgegennehmen dürfen[929]; die Rechtsprechung des BGH[930] lässt diese Frage allerdings offen.

Die Vereinbarung einer **Bürgschaft nach § 7 MaBV,** die von den Vorgaben der MaBV abweicht, ist unwirksam. Mangels ausreichender Sicherheit für Abschlagszahlungen vor der Abnahme wird die Vergütung erst bei der Abnahme der Leistungen und Eigentumsverschaffung fällig. Die Unwirksamkeit bezieht sich jedoch nur auf die entsprechende Vertragsbestimmung im Bauträgervertrag. Die – nach den unwirksamen Vertragsbestimmungen ausgestellte – Bürgschaft ist wirksam[931]. Die Bank haftet jedoch nur im Umfang der von ihr tatsächlich übernommenen Bürgschaft. Die Haftung der Bürgin wird nicht auf den Inhalt des § 7 MaBV erweitert[932] (vgl. Rdn. 358). Sofern eine Bürgschaft nicht den Anforderungen der MaBV entspricht und Zahlungen des Erwerbers entgegengenommen werden, kommt eine Haftung nach § 823 Abs. 2 BGB i. V. m. § 7 MaBV in Betracht[933]. 377

cc) Verstöße gegen § 4 MaBV. Verwendet der Gewerbetreibende Zahlungen des Erwerbers entgegen § 4 MaBV nicht objektgebunden, kann der Erwerber die Zahlungen bis zum Ausgleich der sein Bauvorhaben betreffenden Handwerkerrechnungen zurückbehalten. Da § 4 MaBV Schutzgesetz im Sinne von § 823 Abs. 2 BGB ist, kann der Erwerber bei objektfremder Mittelverwendung außerdem deliktische Schadensersatzansprüche – auch gegen die (persönlich haftenden) Akteure – geltend machen[934]. 378

3. Verzug, Fälligkeitszins

Das durch die Schuldrechtsreform geänderte BGB behandelt den Verzug als einen Unterfall der Pflichtverletzung i. S. d. § 280 BGB. Zusätzlich müssen aber die Voraussetzungen des § 286 BGB vorliegen (§ 280 Abs. 2 BGB). Gerät der Erwerber mit seinen Zahlungsverpflichtungen in Verzug (§ 286 BGB), kann der Bauträger einen etwaigen Zinsschaden geltend machen (§ 288 BGB) oder nach fruchtlosem Ablauf einer Frist zur Nacherfüllung entweder vom Vertrag zurücktreten (§ 323 BGB) oder Schadensersatz verlangen (§ 280 Abs. 1 BGB). Mit der Neuregelung des § 286 BGB durch die Schuldrechtsreform wurden zugleich die Mängel[935] in seiner Fassung aufgrund des Gesetzes zur Beschleunigung fälliger Zahlungen[936] korrigiert, und zwar in der Weise, dass der Verzug für Zahlungsansprüche nicht mehr allein durch die Zustellung einer Rechnung und die dadurch ausgelöste 30-Tages-Frist (vgl. § 284 Abs. 3 BGB a. F.) begründet werden kann (vgl. Rdn. 385). 379

Jeder Verzug setzt die **Fälligkeit** der Forderung voraus. Der Erwerber kann deshalb so lange nicht in Verzug geraten, wie die Voraussetzungen von § 3 Abs. 1, Abs. 2 MaBV nicht vorliegen oder – falls vereinbart – keine den Anforderungen des § 7 MaBV entsprechende Bürgschaft übergeben worden ist. 380

---

[929] *Basty,* Rdn. 97; *Riemenschneider* in Grziwotz/Koeble, 3. Teil, Rdn. 574.
[930] BGH v. 22. 12. 2000, NJW 2001, 818 = NZBau 2001, 132 = BauR 2001, 391.
[931] *Riemenschneider* in Grziwotz/Koeble, 3. Teil, Rdn. 638.
[932] BGH v. 6. 5. 2003, NZBau 2003, 498 = BauR 2003, 1383.
[933] BGH v. 5. 12. 2008, NJW 2009, 673 = NZBau 2009, 240 = BauR 2009, 66 = ZflR 2009, 199; OLG München v. 23. 2. 2010, BauR 2010, 1950; OLG Brandenburg v. 29. 7. 2010, IBR 2010, 633.
[934] OLG Celle v. 12. 2. 2001 BauR 2001 = ZflR 2001, 412b m. Anm. *Schmitz.*
[935] Vgl. *Brambring,* DNotZ 2000, 245 (247, 249, 252); *ders.,* ZflR 2000, 245; *Basty,* DNotZ 2000, 260 (261 f.); *Fabis,* ZIP 2000, 865 (868).
[936] Gesetz v. 30. 3. 2000, BGBl. I S. 330.

B. Der Bauträgererwerb

Ein Verzug ist auch ausgeschlossen, solange dem Erwerber ein Leistungsverweigerungsrecht zusteht[937]. Das kann etwa wegen Mängeln an der bereits erbrachten Bauleistung der Fall sein. Das Leistungsverweigerungsrecht steht dem Verzugseintritt aber nur im Umfang der Mängelbeseitigungskosten – unter Hinzurechnung des Druckzuschlages (§ 641 Abs. 3 BGB) – entgegen; wegen des darüber hinausgehenden Betrages kann der Erwerber mit der Abschlagszahlung in Verzug geraten.

381 Nach neuem Recht gerät der Erwerber mit seiner Zahlungsverpflichtung unter folgenden Voraussetzungen in Verzug:

382 – **Verzug durch Mahnung** nach Fälligkeit der Forderung, § 286 Abs. 1 Satz 1 BGB. Das Erfordernis einer Mahnung kann im Formularvertrag nicht wirksam abbedungen werden, § 309 Nr. 8 a BGB.

383 – Verzug ohne Mahnung, wenn für die Leistung eine **Zeit nach dem Kalender bestimmt** ist, § 286 Abs. 2 Nr. 1 BGB. Diese Gesetzesalternative hat für den Bauträger keine praktische Bedeutung, da eine kalendermäßige Festlegung der Zahlungspflicht wegen der Abhängigkeit der Fälligkeit vom nicht auf den Kalendertag vorherbestimmbaren Baufortschritt nicht in Betracht kommt. Auch wenn die Fertigstellung des Objekts für einen nach dem Kalender bestimmten Zeitpunkt vorgesehen ist und zu diesem Datum die Vergütung (oder eine bestimmte Rate) fällig werden soll, ist dies wegen der nicht vorhersehbaren tatsächlichen Fertigstellung keine den Zahlungsverzug begründende, nach dem Kalender bestimmte Fälligkeit[938].

384 – Verzug ohne Mahnung, wenn die **Fälligkeit der Raten an ein bestimmtes Ereignis geknüpft** ist und eine vereinbarte, angemessene Zahlungsfrist überschritten wird, § 286 Abs. 2 Nr. 2 BGB[939]. Nach dieser Vorschrift kann der Erwerber in Verzug kommen, wenn eine angemessene Zahlungsfrist nach Eintritt der die Fälligkeit auslösenden Ereignisse vereinbart wird. Das können neben den übrigen Voraussetzungen der Zugang der notariellen Fälligkeitsmitteilung durch den Notar und der Beginn der Erdarbeiten bzgl. der ersten Rate bzw. die Mitteilung über einen bestimmten Baufortschritt und dessen tatsächlicher Eintritt für die anderen Abschläge sein. Die Frist ist angemessen, wenn sie dem Erwerber ausreichend Zeit gibt, sich vom Vorliegen der mitgeteilten Umstände zu überzeugen; das gilt insbesondere für den behaupteten Baufortschritt. Die 30-Tages-Frist des § 286 Abs. 3 BGB kann als Vorbild für eine sicher ausreichende Frist angesehen werden[940], da in dieser Vorschrift ein vergleichbarer Sachverhalt geregelt ist: Auch hier soll dem Vertragspartner Gelegenheit gegeben werden, sich in angemessener Zeit über das Bestehen seiner Zahlungsverpflichtung zu vergewissern. Zum Teil wird die Vereinbarung kürzerer Fristen für zulässig gehalten, z.B. 10 bis 14 Tage[941]. Ob so kurz bemessene Fristen angemessen sind, ist wegen der dem Erwerber zu gewährenden Überprüfungsmöglichkeiten zweifelhaft. Unter Berücksichtigung der mit § 286 Abs. 3 BGB gegebenen Orientierung dürfte die unterste Grenze dessen, was als noch angemessen angesehen werden kann, eine Frist von mindestens 20 Tagen sein[942]. Zum Teil wird vertreten, dass angesichts der dem Erwerber einzuräumenden Möglichkeit, den Bautenstand ggf. durch einen Sachverständigen zu überprüfen, auch eine 30-Tages-Frist zu kurz sein kann[943]. Sofern Fristen vereinbart werden, die nicht angemessen

---

[937] BGH v. 6. 5. 1999, NJW 1999, 2110 = BauR 1999, 1025 m.w.N.; OLG Frankfurt v. 12. 4. 2006, IBR 2007, 80 (*Weyer*).
[938] OLG Köln v. 18. 2. 1994, NJW-RR 1994, 916.
[939] Vgl. *Heinrichs*, BB 2001, 157 (158) zur Frage, ob diese Gesetzesregelung richtlinienkonform ist.
[940] Vgl. *Basty*, Rdn. 234.
[941] *Hertel*, DNotZ 2001, 910 (916); *Wälzholz/Bülow*, MittBayNot 2001, 509 (521).
[942] *Pause*, NZBau 2002, 648 (650); *Vogel* in Koeble/Grziwotz, Teil 4, Rdn. 99.
[943] *Basty*, Rdn. 234.

III. Vergütungsanspruch des Bauträgers

sind, ist die Vereinbarung unwirksam. Statt der unwirksamen Vereinbarung gilt keine angemessen lange Frist; der Verzug tritt dann nur durch Mahnung ein[944]. Es bedarf keiner besonderen Vereinbarung für die Herbeiführung des Verzuges nach § 286 Abs. 2 Nr. 2 BGB. Es muss lediglich die angemessene Frist vereinbart („bestimmt") werden[945]. Anders als nach § 286 Abs. 3 BGB sind dem Verbraucher durch seinen Vertragspartner nach dem Wortlaut des § 286 Abs. 2 Nr. 2 BGB keine besonderen Belehrungen über den Verzugseintritt bei Nichtbeachtung der Frist zu erteilen. Allerdings ist der Notar aufgrund der ihm obliegenden Belehrungspflicht verpflichtet, den Erwerber auf diese – dem juristischen Laien regelmäßig wohl immer noch unbekannte – Rechtslage hinzuweisen, ihn also auf den Verzugseintritt bei Nichtbeachtung einer im Vertrag bestimmten Frist zu belehren; das wird wegen der Neutralitätspflicht des Notars für bedenklich gehalten[946].

– Bei fälligen Zahlungsverpflichtungen tritt Verzug ferner **30 Tage nach Zugang einer Rechnung** oder einer gleichwertigen Zahlungsaufstellung ein (§ 286 Abs. 3 BGB). Der Verbraucher (§ 13 BGB) gerät nach dieser Vorschrift jedoch nur in Verzug, wenn auf die Wirkung des Fristablaufs in der Rechnung hingewiesen worden ist (§ 286 Abs. 3 S. 2 BGB). Die Mitteilung des Bauträgers über die Fälligkeit einer Abschlagszahlung (Abschlagsrechnung) löst die 30-Tages-Frist nach § 286 Abs. 3 BGB aus und führt mit ihrem Ablauf zum Verzug. Sofern der Vertrag die Fälligkeit der Zahlung auf 10 oder 20 Tage nach Zugang der Mitteilung festlegt, gerät der Erwerber also erst nach 40 bzw. 50 Tagen in Verzug. Diese Regelung war schon ab dem 1. 5. 2000 durch das Gesetz zur Beschleunigung fälliger Zahlungen in das Gesetz eingefügt worden (§ 284 Abs. 3 BGB a. F.). Die Besonderheit dieser Gesetzesänderung bestand darin, dass der Schuldner einer Geldforderung wegen des insoweit eindeutigen Gesetzeswortlautes nur auf diesem Weg in Verzug geraten konnte[947]. Deshalb wurde diese Gesetzesänderung auch massiv kritisiert[948]. Zum Teil wurde vertreten, dass die Bestimmungen nur für Verträge gelten könnten, bei denen üblicherweise eine Rechnung gestellt wird[949]; außerdem könnten die Voraussetzungen für den Verzug vertraglich vom Gesetz abweichend geregelt werden[950]. Zum Teil wurde und wird vertreten, dass zur Abmilderung der dem Gläubiger ungünstigen Rechtsfolgen die 30-Tages-Frist angemessen abgekürzt werden könnte[951]. Da die im alten wie im neuen Gesetz vorgesehene Frist dem Schuldner ausreichend Zeit zur Überprüfung der übermittelten Rechnung geben soll, handelt es sich bei dieser Bestimmung um ein gesetzliches Leitbild mit der Folge, dass eine Abkürzung der 30-Tages-Frist in Formularverträgen gegen § 307 Abs. 2 BGB verstoßen würde[952]. Durch die Umgestaltung der Verzugsregelungen mit der Schuldrechtsmodernisierung hat die Diskussion um diese Regelung an Brisanz verloren. Für die ab dem 1. 1. 2002 abgeschlossenen Verträge eröffnet § 286 BGB wieder zusätzliche Möglichkeiten, den Schuldner in Verzug zu setzen, z. B. durch eine einfache Mahnung noch vor Ablauf der 30-Tages-Frist.

385

---

[944] MünchKomm/*Ernst*, § 286 BGB, Rdn. 58; *Vogel* in Koeble/Grziwotz, Teil 4, Rdn. 99; a. A. *Palandt/Grüneberg*, § 286 Rdn. 23 (und der Autor in der Vorauflage).
[945] A. A. *Basty*, Rdn. 234; auch *Grziwotz*, ZfIR 2001, 1033 (1035 Fn. 16).
[946] *Basty*, Rdn. 235.
[947] OLG Bamberg v. 21. 2. 2001, BauR 2001, 1627; a. A. *Kiesel*, NJW 2000, 1673 (1674); *ders.*, NJW 2001, 108 (110); *Henkel/Kesseler*, NJW 2000, 3089; *Weber*, NJW 2000, 2406 f.
[948] *Koch*, NJW 2000, 3115.
[949] *Fabis*, ZIP 2000, 865.
[950] *Fabis*, ZIP 2000, 865; *Hammacher*, BauR 2000, 1257 (1258).
[951] *Brambring*, DNotZ 2000, 245 (252); *ders.*, ZfIR 2000, 245 (248 f.); *Palandt/Grüneberg*, § 286 Rdn. 31; *Heinze*, NZBau 2001, 233 (234).
[952] *Koeble*, Kap. 17 Rdn. 85; *Pause*, NZBau 2001, 603 (608).

386 Im Übrigen setzt der Verzug ein **Verschulden** voraus. Es obliegt aber dem Schuldner, nachzuweisen, dass ihn kein Verschulden am Verzug trifft (§ 286 Abs. 4 BGB). Ein Beispiel für eine vom Schuldner nicht zu vertretende Verzögerung ist der Fall, dass die Gläubigerbank den angewiesenen Betrag irrtümlich zurücküberwiesen hat[953]. Schwierigkeiten bei der Beschaffung einer Finanzierung exkulpieren den Erwerber dagegen grundsätzlich nicht[954]. Ein Verschulden kann auch dann ausscheiden, wenn die Höhe der Forderung von der Begutachtung eines Sachverständigen abhängt und unterschiedliche Parteigutachten vorliegen[955].

387 Im Falle des Zahlungsverzuges kann der Bauträger **Verzugszinsen** verlangen. Der gesetzliche Verzugszins beträgt bei Geschäften mit Verbrauchern fünf Prozentpunkte über dem Basiszinssatz, sonst (aber nur bei Entgeltforderungen) acht Prozentpunkte über dem Basiszinssatz, § 288 BGB. Der Basiszinssatz ist in § 247 BGB definiert. Dem Bauträger bleibt das Recht vorbehalten, einen tatsächlich höheren Zinsschaden nachzuweisen und geltend zu machen, § 288 Abs. 4 BGB.

Angesichts der nunmehr bestehenden gesetzlichen Zinshöhe besteht kaum noch ein Bedürfnis, vertraglich Zinssätze zu vereinbaren. Nach § 288 Abs. 3 BGB wäre dies aber möglich.

Lässt sich der Bauträger im Erwerbsvertrag für den Verzugsfall höhere als die gesetzlichen Zinsen versprechen, so stellen sie einen **pauschalierten Schadensersatz** i. S. v. § 309 Nr. 5 BGB dar; ihre Vereinbarung ist nur dann zulässig, wenn sie den nach dem gewöhnlichen Lauf der Dinge zu erwartenden Zinsschaden nicht übersteigen und dem Erwerber nicht der Nachweis abgeschnitten wird, dass der Zinsschaden nicht oder wesentlich niedriger eingetreten ist[956]. Eine Formulierung, nach der rückständige Raten „mit 10% p. a. zu verzinsen (sind)", erweckt den Eindruck einer den Gegenbeweis ausschließenden, endgültigen Festlegung und verstößt deshalb gegen § 309 Nr. 5 b) BGB[957].

388 Unter der Voraussetzung, dass eine dem Erwerber gesetzte angemessene Frist zur Nacherfüllung abgelaufen ist, kann der Bauträger **vom Vertrag zurücktreten**, § 323 BGB. Die Frist muss angemessen sein; ihre Länge wird jedoch nicht durch etwaige Schwierigkeiten des Erwerbers bei der Kreditbeschaffung bestimmt[958]. Eine Fristsetzung mit Ablehnungsandrohung – wie vom alten Recht vorausgesetzt – ist nicht erforderlich. Der Rücktritt wegen Teilverzugs richtet sich nach § 323 Abs. 5 BGB. Kommt der Erwerber nur fahrlässig und für den Bauträger ohne weitere Folgen in Verzug und hat der Bauträger den Erwerber auf die Gefahr der Rückübertragung des Objekts nicht aufmerksam gemacht, so soll es dem Bauträger verwehrt sein, sich vom Vertrag zu lösen[959]. Nach dieser Rechtsprechung würde eine Frist zur Nacherfüllung für die Ausübung des Rücktrittsrechts nicht genügen; es wäre zusätzlich auf die möglichen Rechtsfolgen hinzuweisen.

Tritt der Bauträger vom Vertrag wegen Zahlungsverzugs des Erwerbers zurück, kann er vom Erwerber die Zustimmung zur **Löschung der Auflassungsvormerkung** verlangen. Gegenüber dem Grundbuchberichtigungsanspruch kann der Erwerber jedoch ein Zurückbehaltungsrecht ausüben, wenn ihm die bis dahin schon geleisteten Kaufpreisraten noch nicht zurückbezahlt worden sind[960]. Auch wenn dem Bauträger weitere,

---

[953] *Heinrichs,* BB 2001, 157 (159).
[954] BGH v. 21. 6. 1985, NJW 1985, 2640.
[955] OLG Frankfurt v. 27. 7. 2004, BauR 2004, 1961, wobei es hierauf in dieser Entscheidung letztlich nicht ankam.
[956] *Palandt/Grüneberg,* § 309 Rdn. 24 ff.
[957] OLG Düsseldorf v. 25. 7. 2003, BauR 2004, 514.
[958] BGH v. 21. 6. 1985, NJW 1985, 2640.
[959] OLG Düsseldorf v. 27. 11. 2000, BauR 2001, 1629.
[960] BGH v. 4. 12. 1985, NJW 1986, 925 (927); BGH v. 28. 10. 1988, WM 1989, 348 m. Anm. *Hegmanns,* EWiR 1989, 235.

III. Vergütungsanspruch des Bauträgers

noch nicht bezifferbare Schadensersatzansprüche zustehen, mit denen er gegen den Rückzahlungsanspruch aufrechnen möchte, kann er nur eine Zug-um-Zug-Verurteilung erreichen[961]. Dieses Zurückbehaltungsrecht kann gegenüber dem Insolvenzverwalter jedoch nicht ausgeübt werden[962] (vgl. Rdn. 1006). Vor dem damit verbundenen Risiko kann der Erwerber durch eine Vertragsgestaltung geschützt werden, nach der sich der Bauträger nur unter der Voraussetzung vom Vertrag lösen kann, dass sich die ihn finanzierende Bank verpflichtet, die bereits entrichteten Abschlagszahlungen – abzüglich des dem Bauträger entstandenen Schadens (z. B. Verzugszins) – an den Erwerber bzw. die ihn finanzierende Bank zurückzubezahlen[963].

Ferner kann der Bauträger **Schadensersatz statt der Leistung** gemäß § 281 BGB verlangen[964]. Auch für diesen Anspruch ist Voraussetzung, dass eine angemessene Frist zur Nacherfüllung gesetzt wurde und ergebnislos abgelaufen ist. **389**

Die Vereinbarung eines **Fälligkeitszinses** muss Bedenken begegnen. Dieser Zins wird ab Fälligkeit der betreffenden Abschlagszahlung berechnet, und zwar ohne Mahnung oder dass sonstwie Verzug vorliegt. Die Vereinbarung einer verzugsunabhängigen Verzinsung ist im Bauträgervertrag nach § 307 BGB unwirksam[965]. Auch die Vereinbarung eines Nutzungszinses – Verzinsung der Vergütung für den Zeitraum der Nutzung ab Übergabe bis zur vollständigen Entrichtung der Vergütung – verstößt beim Bauträgererwerb gegen § 307 BGB und ist deshalb unwirksam. Sofern der Erwerber die (Rest-)Vergütung in diesem Zeitraum noch nicht entrichtet, beruht dies ausschließlich darauf, dass der Bauträger noch nicht vollständig (oder mängelfrei) fertiggestellt hat, also Umständen, die der Erwerber weder zu vertreten hat, noch beeinflussen kann[966]. **390**

Gerät der Erwerber mit dem Ausgleich der **Erwerbsnebenkosten in Verzug**, kann der Bauträger den Erwerber nach § 426 BGB in Regress nehmen oder nach Ablauf einer angemessenen Frist zur Nacherfüllung Schadensersatz geltend machen oder vom Vertrag zurücktreten, § 323 BGB. **391**

Im Erwerbsvertrag werden die Kosten der Beurkundung und die Kosten ihres Vollzugs sowie die Grunderwerbsteuer der Üblichkeit entsprechend vom Erwerber übernommen (während der Bauträger die Kosten der Lastenfreistellung trägt), vgl. § 448 Abs. 2 BGB. Im Verhältnis zum beauftragten Notar und zum Fiskus haften die Vertragsteile jedoch als Gesamtschuldner. Zahlt der Erwerber nicht und wird der Bauträger deshalb in Anspruch genommen, steht ihm ein Ausgleichsanspruch nach § 426 BGB zu.

Da es sich bei der Übernahme der genannten Erwerbsnebenkosten um eine vom Erwerber eingegangene Vertragspflicht handelt, ist der Bauträger berechtigt, nach § 323 BGB zu verfahren und dem Erwerber eine angemessene Frist zur Nacherfüllung zu setzen (Zahlung der Nebenkosten an den entsprechenden Gläubiger oder Ausgleich an den bereits in Anspruch genommenen Bauträger), um nach fruchtlosem Fristablauf den Rücktritt vom Vertrag zu erklären[967]. Da dieses Rücktrittsrecht – anders als nach § 326 BGB a. F. – nicht davon abhängt, ob es sich bei der Pflicht zur Zahlung der Nebenkosten um eine Hauptleistungspflicht handelt, bedarf es hierzu keiner besonderen **392**

---

[961] BGH v. 28. 10. 1988, WM 1989, 348.
[962] Vgl. *Schmitz*, Die Bauinsolvenz, Rdn. 457.
[963] *Grziwotz*, IBR 2006, 241.
[964] Als Schadensersatz kann aber nicht – auch wenn der Bauträger die Erfüllung seiner Verpflichtungen anbietet – die vereinbarte Vergütung verlangt werden, vgl. BGH v. 6. 10. 1994, NJW 1994, 3351.
[965] BGH v. 11. 12. 1997, NJW 1998, 991; BGH v. 25. 10. 2000, NJW 2001, 365; *Basty*, Rdn. 237; vgl. auch *Eue*, I. 30. Anm. 28; *Reithmann/Meichssner/v. Heymann*, B 78.
[966] *Riemenschneider* in Grziwotz/Koeble, 3. Teil, Rdn. 670; *Vogel* in Koeble/Grziwotz, Teil 4, Rdn. 112; a. A. *Basty*, Rdn. 238; *Blank*, Rdn. 280.
[967] Vgl. zur Grunderwerbsteuer *Förster/Herler*, NJW 2010, 2090.

B. Der Bauträgererwerb

Vereinbarung, die die Entrichtung dieser Kosten zur Hauptleistungspflicht qualifiziert[968]. Die unterlassene Zahlung stellt auch keine nur unerhebliche Pflichtverletzung i. S. v. § 323 Abs. 5 Satz 2 BGB dar; das Rücktrittsrecht ist also auch nicht wegen Unerheblichkeit ausgeschlossen.

4. Verjährung

393 Der Vergütungsanspruch des Bauträgers verjährt nach § 196 BGB in **zehn Jahren**[969]. Es war zwar eines der Grundanliegen der Schuldrechtsmodernisierung, das Verjährungsrecht zu vereinheitlichen und möglichst sämtliche Ansprüche der neuen Regelfrist des § 195 BGB (drei Jahre) zu unterwerfen. Von diesem Grundsatz mussten jedoch verschiedene Ausnahmen gemacht werden. Eine dieser Ausnahmen betrifft den Anspruch auf Übereignung von Grundstücken – und den korrespondierenden Anspruch auf die Gegenleistung, also den Kaufpreisanspruch. Beide Ansprüche verjähren nach § 196 BGB in zehn Jahren. Das gilt auch für den Fall, dass dem Erwerber ein Erbbaurecht verschafft werden soll; § 196 BGB gilt auch für die Übertragung von Rechten an einem Grundstück.

Wegen der unterschiedlichen Leistungspflichten des Bauträgers könnte allerdings zweifelhaft sein, ob die Verjährungsfrist von zehn Jahren für den gesamten Vergütungsanspruch gilt. Die den Bauträger treffende Grundstücksübereignungspflicht und die auf das Grundstück entfallende Vergütung unterliegt sicher der Verjährung des § 196 BGB. Die Verjährung für die auf die Bauleistung entfallende Vergütung könnte dagegen schon nach drei Jahren eintreten, wenn auf sie die regelmäßige Verjährungsfrist des § 195 BGB anzuwenden wäre[970]. Die Übereignungspflicht des Bauträgers bezieht sich auf das Grundstück und damit aber auch auf das – mit der Bauerrichtung zum wesentlichen Bestandteil des Grundstücks gewordene – Gebäude (§ 94 BGB)[971]; die Vergütung für das Grundstück und das mit ihm zu übereignende Gebäude unterliegt deshalb einheitlich der Verjährung des § 196 BGB.

394 Außerdem kann die Vergütung nicht in Teilbeträge für das Grundstück einerseits und die Bauleistung andererseits aufgeteilt werden, weil der Vertrag auf eine pauschale Gesamtleistung gerichtet ist und der Preis eine ebenso pauschalierte Gegenleistung darstellt. Eine Aufteilung der Vergütung entspräche nicht dem Willen der Vertragsparteien. Hinzu kommt, dass es praktisch gar nicht möglich ist, den auf das Grundstück entfallenden Vergütungsanteil sicher festzustellen. Aus den Raten nach § 3 Abs. 2 – ohne Rücksicht auf den wirklichen Grundstückswert – lediglich eine pauschalisierende Wertung durch den Verordnungsgeber zum Schutz des Erwerbers enthalten. Die erste Rate (sog. Grundstücksrate) gilt aber keineswegs nur das zu liefernde Grundstück ab, sondern auch die nicht unerheblichen Kostenanteile für die Entwicklung und Planung, ganz abgesehen davon, dass der Wert des Grundstücks häufig über dem Ansatz des § 3 Abs. 2 MaBV (30%) liegt. Auch Angaben über den auf das Grundstück entfallenden Kaufpreisanteil im Erwerbsvertrag erfolgen nur aus steuerrechtlichen Gründen und nicht deshalb, um eine auf das Grundstück entfallende Vergütung zu verselbstän-

---

[968] A. A. *Grziwotz*, NJW 2000, 2646.
[969] *Amann*, DNotZ 2002, 94, 114; *Basty*, Rdn. 251; *Brambring*, DNotZ 2001, 904; *Hertel*, DNotZ 2002, 6 (10, 22); *Palandt/Ellenberger*, § 196 Rdn. 4; *Pause*, NZBau 2002, 648 (650); a. A. *Wagner*, ZfIR 2002, 257 (260); *Ott*, NZBau 2003, 233 (234); *Werner/Pastor*, Rdn. 2376 halten § 195 BGB für einschlägig; zweifelnd *Kniffka*, ibr-online-Kommentar (Stand: 26. 5. 2009), § 631 BGB, Rdn. 776.
[970] So *Ott*, NZBau 2003, 233 (234).
[971] *Pause*, NZBau 2002, 648 (650); *Basty*, Erg.-Bd., Rdn. 83, vgl. aber OLG Saarbrücken v. 11. 12. 2007, IBR 2009, 33 (*Müller-Stoy*).

III. Vergütungsanspruch des Bauträgers

digen[972]. Das entspricht im Ergebnis der Rechtsprechung zur früheren Rechtslage; von ihr wurde der gesamte Vergütungsanspruch wegen seiner Einheitlichkeit ebenfalls nur einer Verjährungsfrist unterworfen, nämlich der kurzen Frist des § 196 BGB a. F.[973]

Im Übrigen wäre es nunmehr zulässig, verbleibende Zweifel durch die Vereinbarung einer einheitlichen Verjährungsfrist von bis zu 30 Jahren für den gesamten Kaufpreis auszuräumen (§ 202 Abs. 2 BGB)[974]; vgl. dazu unten Rdn. 397.

Die zehnjährige **Verjährungsfrist des § 196 BGB beginnt** mit der Anspruchsentstehung (§ 200 BGB); sie endet deshalb – anders als die regelmäßige Verjährungsfrist des § 195 BGB (vgl. § 199 BGB) – nicht zum Jahresende. Der Anspruch ist entstanden, wenn er klagbar ist; also beim Eintritt der Fälligkeit[975]. 395

Ungeklärt ist jedoch der Beginn der Verjährung der einzelnen Abschlagszahlungen (Raten nach § 3 Abs. 2 MaBV). Der BGH hat diese Frage bislang nicht entschieden. Weil es sich bei den Raten des § 3 Abs. 2 MaBV um Abschlagszahlungen handelt[976], könnte eine ähnliche Beurteilung wie bei den Abschlagszahlungen eines Bau- oder Architektenvertrages nahe liegen. Bei Bau- und Architektenverträgen ist eine abschließende Rechnung über die Gesamtleistung aufzustellen; auch wenn die vorher gestellten Abschlagsrechnungen selbständig fällig werden und der eigenständigen Verjährung unterliegen, entsteht mit der Schlussrechnung eine diese Abschlagsrechnungen überholende Gesamtforderung, in die die Leistungen, die Gegenstand der Abschlagsrechnungen waren, einfließen und damit neuerlich fällig werden und auf diese Weise einer eigenen Verjährung (aus der Schlussrechnung) unterliegen[977]. 396

Da die Abschläge beim Bauträgervertrag vereinbarungsgemäß fällig und klagbar sein sollen, unterliegt jede der Raten – wie die Abschlagsforderungen eines Architektenvertrages[978] – der selbständigen Verjährung[979]. Eine Schlussrechnung, in der die Gesamtleistung des Bauträgers zusammengefasst und abgerechnet wird und in der die Abschlagsforderungen als Rechnungsposten eingestellt werden, wird beim Bauträgervertrag im Regelfall jedoch nicht erstellt. Deshalb entsteht auch keine die früheren Abschläge überholende Gesamtforderung, in die die früheren Abschlagsforderungen aufgingen. Folglich unterliegen die einzelnen Raten beim Bauträgervertrag nicht nur der selbständigen, sondern auch der endgültigen Verjährung[980]. Dies kann allerdings dann anders zu beurteilen sein, wenn – wie bei den oben erwähnten Architekten- und Bauverträgen – eine Schlussrechnung über die Gesamtleistung zu erstellen ist. Das kommt dann in Betracht, wenn die Gesamtvergütung erst noch berechnet werden muss[981], etwa unter Berücksichtigung der endgültigen Größe des Grundstücks (bei noch nicht vermessenen Grundstücksflächen) oder nach Aufmaß der tatsächlich hergestellten Wohnflächen oder – häufig bei Gewerbeobjekten – nach Abrechnung unter Beachtung der hergestellten Flächen und der erlösten Mieten. Dies gilt erst recht,

---

[972] Zweifelnd *Amann*, DNotZ 2002, 94, 116.
[973] BGH v. 12. 7. 1979, NJW 1979, 2193; BGH v. 9. 10. 1980, NJW 1981, 273; BGH v. 12. 10. 1978, NJW 1979, 156; OLG Hamm v. 27. 3. 1990, NJW-RR 1991, 89.
[974] *Wälzholz/Bülow*, MittBayNot 2002, 509 (523).
[975] *Palandt/Ellenberger*, § 199 Rdn. 3 ff.
[976] BGH v. 10. 11. 1983, BauR 1984, 166 (168); BGH v. 14. 1. 1999, BauR 1999, 659.
[977] Vgl. zum Architektenhonorar BGH v. 5. 11. 1998, NJW 1999, 713 = BauR 1999, 267; OLG Celle v. 7. 10. 1998, BauR 1999, 268; zum Werklohn bei einem Pauschalpreisvertrag mit Abschlägen OLG Düsseldorf v. 26. 6. 1999, NJW-RR 1999, 858 = BauR 1999, 176.
[978] BGH v. 5. 11. 1998, NJW 1999, 713 = BauR 1999, 267.
[979] OLG Saarbrücken v. 26. 4. 2000, NZBau 2000, 429; *Basty*, MittBayNot 1999, 530; *ders.*, Rdn. 207.
[980] OLG Saarbrücken v. 26. 4. 2000, NZBau 2000, 429; *Pause*, NJW 2000, 769 (772); *Basty*, MittBayNot 1999, 530; a. A. *Koeble*, a. a. O., Kap. 17 Rdn. 95.
[981] Vgl. *Basty*, Rdn. 207.

B. Der Bauträgererwerb

wenn abweichend vom Regeltyp des Bauträgervertrages Teile der Bauleistung oder die Gesamtleistung wie beim Einheitspreisvertrag abgerechnet werden müssen.

397 Zwischen den Parteien kann die **Verlängerung der Verjährungsfrist** vereinbart werden. Die 10jährige Verjährungsfrist kann nach § 202 Abs. 2 BGB bis zu einer Höchstdauer von 30 Jahren verlängert werden[982]. Die Verlängerung der Verjährungsfrist für den Vergütungsanspruch ist aber nur dann wirksam, wenn die Verjährungsfrist für den Übereignungsanspruch des Erwerbers entsprechend verlängert wird[983]. In der einseitigen Verlängerung der Verjährungsfrist nur für den Bauträger würde eine unangemessene Benachteiligung des Erwerbers liegen (§ 307 Abs. 1 BGB). Dass der Gesetzgeber für den Übereignungs- und den Vergütungsanspruch nur gleich lange Verjährungsfristen für angemessen hält, ergibt sich aus dem Vorbild des § 196 BGB; mit dieser Vorschrift wird wegen der Verlängerung der einen Verjährungsfrist die Verjährungsfrist für die korrespondierende Gegenleistung entsprechend verlängert. Die vereinbarte Fristverlängerung ist jedoch nur dann wirklich angemessen, wenn sie sich nicht nur auf den Übereignungsanspruch, sondern auch auf den Erfüllungsanspruch für die Bauleistung bezieht (er verjährt in der Frist des § 195 BGB). Das folgt daraus, dass sich der Vergütungsanspruch, dessen Verjährung erschwert wird, ja zum überwiegenden Teil auch auf die Bauleistung bezieht[984].

398 Für die Vergütung von mit dem Bauträger vereinbarten **Sonderwünschen** gilt keine besondere Verjährungsfrist, da der Preis für Sonderwünsche die Gesamtvergütung und dementsprechend die einzelnen Abschläge nach § 3 Abs. 2 MaBV ebenfalls verändert (erhöht)[985]. Werklohnansprüche des durch den Erwerber unmittelbar beauftragten Handwerkers verjähren dagegen nach § 195 BGB in drei Jahren ab Abnahme; maßgeblich ist hier die Abnahme der Sonderwunschleistungen gegenüber dem Handwerker.

399 Unterwirft sich der Erwerber in der notariellen Erwerbsurkunde in zulässiger Weise der **sofortigen Zwangsvollstreckung** gemäß § 794 Abs. 1 Nr. 5 ZPO (vgl. unten Rdn. 407 f.), verjährt der Vergütungsanspruch gemäß § 197 Abs. 1 Nr. 4 BGB in **30 Jahren**. Eine materiell-rechtlich unwirksame Vollstreckungsunterwerfung lässt jedoch auch die fristverlängernde Wirkung des § 197 Abs. 1 Nr. 4 BGB entfallen[986].

400 Steht dem Bauträger ausnahmsweise ein vertraglich vereinbarter Anspruch auf Erstattung von **Erschließungskosten** zu, verjährt dieser ebenfalls nach § 196 BGB[987], wobei der Erstattungsanspruch erst fällig wird, also die Verjährungsfrist zu laufen beginnt, wenn die Erschließungskosten von der Gemeinde abschließend abgerechnet und umgelegt werden können[988].

401 Der Grundsatz des **Übergangsrechts,** dass die vor dem 1. 1. 2002 abgeschlossenen Verträge nach altem Recht abgewickelt werden (Art. 229 § 5 EGBGB), gilt für das Verjährungsrecht nicht. Im Gegenteil: Die Verjährung alter Ansprüche richtet sich ab

---

[982] *Wälzholz/Bülow,* MittBayNot 2002, 509 (523).
[983] *Hertel,* DNotZ 2002, 6 (22); *Vogel* in Koeble/Grziwotz, Teil 4, Rdn. 127; zweifelnd *Basty,* Rdn. 253.
[984] *Pause,* NZBau 2002, 648 (650).
[985] A. A. OLG Düsseldorf v. 22. 3. 2002, BauR 2002, 94 (Verjährungsbeginn insoweit mit der Abnahme).
[986] BGH v. 22. 10. 1998, NJW 1999, 51 = BauR 1999, 53; OLG Zweibrücken v. 15. 12. 1999, BauR 2000, 1209; AG Dortmund v. 17. 8. 1999, NZBau 2000, 251; OLG Karlsruhe v. 29. 9. 2008, IBR 2009, 520 (*Schwenker*); *v. Heymann/Wagner/Rösler,* Rdn. 236 ff. meinen, dass sich die Verjährung für Verträge vor der Entscheidung des BGH v. 22. 10. 1998 trotz unwirksamer Vollstreckungsunterwerfung aus verfassungsrechtlichen Gründen (Art. 14 GG) noch nach § 218 BGB a. F. (§ 197 Abs. 1 Nr. 4 BGB) richten müsse.
[987] BGH v. 5. 11. 1987, NJW 1988, 483, zu § 196 BGB a. F. und zu einem Sachverhalt, bei dem der BGH es immerhin für möglich gehalten hatte, dass eine Nachberechnung von nachträglich angefallenen Erschließungskosten des Bauträgers gegenüber dem Erwerber wirksam vereinbart werden kann, worauf es aber nicht ankam, weil ein solcher Anspruch verjährt war.
[988] BGH v. 5. 11. 1987, NJW 1988, 483; BGH v. 28. 9. 1989, NJW 1990, 1170 (zu einem Baubetreuungsvertrag); OLG Hamm v. 12. 2. 1990, BauR 1991, 821.

III. Vergütungsanspruch des Bauträgers

1. 1. 2002 grundsätzlich nach neuem Recht, Art. 229 § 6 Abs. 1 EGBGB. Ist jedoch die Verjährungsfrist nach der neuen Fassung des BGB länger als die der alten Fassung, dann gilt die alte, kürzere Frist, Art. 229 § 6 Abs. 3 EGBGB. Deshalb ist für die alten Erwerbsverträge nicht die (längere) zehnjährige Frist des § 196 BGB, sondern die (kürzere) des § 196 BGB a. F. maßgeblich.

Die Verjährungsfrist beträgt nach § 196 Abs. 1 Nr. 1 BGB a. F. **zwei Jahre.** Die Verjährung beträgt allerdings dann **vier Jahre,** wenn das Teileigentum von einem Gewerbetreibenden für sein Unternehmen erworben wurde (§ 196 Abs. 2 BGB a. F.). Freiberufler sind jedoch keine Gewerbetreibenden i. S. v. § 196 Abs. 2 BGB a. F.[989] **402**

Die Verjährungsfrist kann gem. §§ 203 ff. BGB durch Verhandlungen oder durch die Rechtsverfolgung **gehemmt** werden. Bei einem Anerkenntnis beginnt die Verjährung erneut zu laufen, § 212 BGB. **403**

Sofern der Bauträger die Auflassung noch nicht erklärt hat, steht dem Bauträger hinsichtlich des Auflassungsanspruchs auch wegen eines bereits verjährten Vergütungsanspruchs ein **Leistungsverweigerungsrecht** bis zum Ausgleich der verjährten Vergütungsforderungen zu[990]. Auch ein bereits verjährter Anspruch begründet nach § 215 BGB das Leistungsverweigerungsrecht i. S. d. § 320 BGB, wenn die Verjährung noch nicht eingetreten war, als der Anspruch des Gläubigers entstand[991]. In gleicher Weise kann auch die Lastenfreistellung durch die Bank zurückbehalten werden[992]. **404**

5. Sicherung der Vergütung

a) Vollstreckungsunterwerfung

Beim Bauträgervertrag unterwarf sich der Erwerber früher üblicherweise wegen sämtlicher Zahlungsverpflichtungen der sofortigen Zwangsvollstreckung in sein gesamtes Vermögen. Die Besonderheit bestand allerdings darin, dass dem Bauträger die Befugnis eingeräumt wurde, sich eine vollstreckbare Ausfertigung der Urkunde ohne Nachweis der die Fälligkeit begründenden Tatsachen erteilen zu lassen[993]. Auf den Nachweis der Fälligkeit musste verzichtet werden, weil für die Fälligkeit der einzelnen Abschlagszahlungen ein bestimmter Baufortschritt vorausgesetzt wird, der sich jedoch nicht durch öffentliche Urkunden i. S. v. §§ 795, 726 Abs. 1 ZPO nachweisen lässt[994]. Der Vorteil der Unterwerfungsklausel lag für den Bauträger vor allem darin, dass er sich – wie der Verkäufer beim gewöhnlichen Grundstückskaufvertrag – bei Zahlungsrückständen auf eine einfache Weise einen Titel besorgen konnte. **405**

Ob Unterwerfungsklauseln im Bauträgervertrag zulässig sind, war in Rechtsprechung und Literatur umstritten. Die Unwirksamkeit der Vollstreckungsunterwerfung wurde mit den Bestimmungen der §§ 3, 12 MaBV[995], mit der Verletzung der Vor- **406**

---

[989] BGH v. 24. 1. 1983, NJW 1983, 1050 (1052); OLG Nürnberg v. 13. 11. 1972, NJW 1973, 1414; zu ihnen gehören Heilpraktiker jedoch nicht, BGH v. 16. 3. 2000, NJW 2000, 1940.
[990] BGH v. 19. 5. 2006, NZBau 2006, 645 = BauR 2006, 1464; *Pause,* NJW 2000, 769 (772); *Basty,* MittBayNot 1999, 530; *Reithmann,* NotBZ 1998, 235 (237); vgl. auch das von der BGH-Entscheidung abweichende Urteil der Vorinstanz, OLG Frankfurt v. 27. 1. 2005, BauR 2005, 1491.
[991] BGH v. 15. 12. 1969, NJW 1970, 561; *Palandt/Grüneberg,* § 320 Rdn. 5.
[992] *Reithmann,* NotBZ 1998, 235 (237).
[993] Vgl. die Zusammenstellung der früher üblichen Formulierungen bei *Reithmann/Meichssner/v. Heymann,* B Rdn. 224; *Eue,* I. 30 Anm. 61.
[994] Vgl. *Klosak,* BB 1984, 1128; *Eue,* I. 30 Anm. 61 (2); *Reithmann/Meichssner/v. Heymann,* B Rdn. 218; *Wolfsteiner,* Die vollstreckbare Urkunde, S. 89.
[995] OLG Hamm v. 23. 1. 1995, ZfBR 1995, 1996, 95 = BauR 1996, 141; OLG München v. 11. 5. 1993 – 9 U 7188/92; OLG München v. 14. 10. 1993 – 9 W 2532/93; OLG Köln v. 15. 5 1998, NJW-RR 1999, 22; *Kniffka,* ZfBR 1992, 195 (197); *Marcks,* § 3 Rdn. 29; *Vogel,* BauR 1998, 925, 929.

B. Der Bauträgererwerb

schriften des AGBG[996], aber auch mit einer Veränderung der Beweislast[997] begründet. Von einem Teil der Rechtsprechung und Literatur wurde die Vollstreckungsunterwerfung unter Hinweis darauf, dass § 794 ZPO diese Möglichkeit eröffnet, für zulässig gehalten[998].

Der BGH[999] hat die Streitfrage entschieden. Auch nach seiner Auffassung verletzt die Vollstreckungsunterwerfung mit Nachweisdispens die zwingenden Vorschriften der MaBV: Nach § 3 Abs. 1 Satz 1, Abs. 2 Satz 1 MaBV darf der Bauträger Vermögenswerte des Erwerbers erst nach Eintritt der dort genannten Fälligkeitsvoraussetzungen entgegennehmen oder sich dazu ermächtigen lassen. Diese Formulierungen sind nach Auffassung des BGH weit auszulegen. Deshalb stellt schon die Möglichkeit des Zugriffs auf das Vermögen des Erwerbers durch eine Vollstreckungsunterwerfungsklausel vor Eintritt der Fälligkeit eine Verletzung von § 3 MaBV dar. Der Verstoß gegen § 12 MaBV führt zu einem verbotswidrigen Rechtsgeschäft im Sinne des § 134 BGB und damit zur Nichtigkeit der Unterwerfungsklausel.

Das OLG Dresden wendet die MaBV auch auf einen selbständig beurkundeten Werkvertrag an, der aber in einem Zusammenhang mit dem Kaufvertrag stand, und kommt bezüglich der auch im notariell beurkundeten Bauvertrag vereinbarten Vollstreckungsunterwerfung zu dem Ergebnis der Unwirksamkeit nach §§ 3, 12 MaBV[1000]. Die Rechtsprechung des BGH ist auch auf Ausbauhäuser anzuwenden. Für die Anwendbarkeit der MaBV und damit die Unwirksamkeit einer Vollstreckungsunterwerfungsklausel nach §§ 3, 12 MaBV genügt schon die Verpflichtung des Veräußerers, die Genehmigungsplanung und die Werkplanung zu erstellen[1001].

407 Auch **abgeschwächte Unterwerfungsklauseln** können nicht wirksam vereinbart werden. So verstoßen Klauseln, in denen ausdrücklich klargestellt wird, dass die Vollstreckungsunterwerfung die Beweislast in einem gerichtlichen Verfahren unberührt lässt, ebenfalls gegen die §§ 3, 12 MaBV[1002].

Eine Vollstreckungsunterwerfung verstößt auch dann gegen die §§ 3, 12 MaBV, wenn die Fälligkeit von einer Bautenstandsanzeige eines im Lager des Bauträgers stehenden Architekten oder Sachverständigen abhängig gemacht wird[1003]. Da diese Personen im Lager des Bauträgers stehen, ist durch eine **Bauleiterbestätigung** eine ob-

---

[996] OLG Nürnberg v. 8. 5. 1990, NJW-RR 1990, 1467; LG Mainz v. 12. 12. 1986, DNotZ 1990, 567; OLG Düsseldorf v. 27. 6. 1995, NJW-RR 1996, 148; *Koeble*, Rechtshandbuch Immobilien, Kap. 17 Rdn. 115g.

[997] OLG Koblenz v. 25. 3. 1988, BauR 1988, 748 m. Anm. *Brandt*; LG Mainz v. 12. 12. 1986, DNotZ 1990, 567; LG Köln v. 12. 4. 1990, DNotZ 1990, 570; LG Waldshut-Tiengen v. 19. 9. 1989, NJW 1990, 192; differenzierend OLG Nürnberg v. 8. 5. 1990, WM 1991, 426 = NJW-RR 1990, 1467; zustimmend *Ritzinger*, BWNotZ 1990, 25 (32); OLG Düsseldorf v. 27. 6. 1995, NJW-RR 1996, 148 = BauR 1996, 143; ablehnend BGH v. 27. 9. 2001, NJW 2002, 138 = NZBau 2002, 25 = BauR 2002, 83.

[998] OLG Celle v. 9. 10. 1990, NJW-RR 1991, 667; OLG München v. 5. 3. 1991, NJW-RR 1992, 125; LG München II v. 21. 7. 1989, NJW-RR 1990, 1465; LG Mönchengladbach v. 24. 1. 1991, NJW-RR 1991, 696; OLG Celle v. 10. 12. 1997, BauR 1998, 802; *Basty*, 4. Aufl., Rdn. 379; *Pause*, NJW 2000, 769; *Cuypers*, ZfBR 1998, 4f.; *Reithmann/Meichssner/v. Heymann*, Kauf vom Bauträger, 7. Aufl., B Rdn. 219; *Rastätter*, NJW 1991, 392; *Wolfsteiner*, DNotZ 1990, 531 (544ff.); *ders.*, MittBayNot 1995, 438.

[999] BGH v. 22. 10. 1998, NJW 1999, 51 = BauR 1999, 53 m. Anm. *Blomeyer*, NJW 1999, 472; *Drasdo*, NZM 1999, 1; *Pause*, NJW 2000, 769; *F. Schmidt*, WE 1999, 130; *ders.*, MittBayNot 1998, 458; *Reithmann*, WuB 1999, 737; *Basty*, LM H. 3/1999, § 134 BGB Nr. 162; *Hertel*, ZNotP 1999, 3; *Scheel*, NotBZ 1999, 62.

[1000] OLG Dresden v. 3. 3. 1999, NJW-RR 1999, 1398.

[1001] LG Mainz v. 20. 9. 1999, NJW-RR 2000, 167.

[1002] OLG Frankfurt/M. v. 4. 2. 1999, BauR 2000, 739; OLG Hamm v. 16. 6. 2000, BauR 2000, 1509.

[1003] OLG München v. 3. 2. 2009, BauR 2009, 988; OLG München v. 3. 2. 2009, MittBayNot 2009, 462 = IBR 2009, 584 (*Vogel*); OLG Jena v. 4. 5. 1999, OLGR 1999, 400; OLG Nürnberg v. 26. 3. 1999 – 13 W 563/99; LG Berlin v. 20. 11. 2003, BauR 2004, 1019; vgl. auch BGH v. 10. 7. 2008, BauR 2008, 1888 zur Belehrungspflicht des Notars bzgl. der Neutralität eines Bauleiters bei der Abwicklung der Zahlung über Notaranderkonto.

III. Vergütungsanspruch des Bauträgers

jektive Bautenstandsfeststellung nicht zu erwarten, besteht also die Gefahr einer vorzeitigen Inanspruchnahme des Erwerbers wie beim einfachen Nachweisverzicht.

In der Literatur waren als Antwort auf die Rechtsprechung des BGH auch Unterwerfungsklauseln mit einem eingeschränkten Nachweisverzicht erörtert worden[1004]. Die Erteilung der Klausel sollte von der Vorlage eines Bautenstandsgutachtens abhängig gemacht werden, das in einem Verfahren nach dem Muster der Fertigstellungsbescheinigung des früheren § 641a BGB durch einen **öffentlich bestellten und vereidigten Sachverständigen** erstellt wird[1005]. Neben Bedenken, die sich daraus ergeben, dass eine fehlerfreie und neutrale Baufortschrittsbegutachtung auch hier zweifelhaft und die Klausel allein deshalb unwirksam sein kann[1006], ist vor allem einzuwenden, dass es sich auch bei einem solchen Gutachten um eine Privaturkunde und nicht – wie von § 726 ZPO vorausgesetzt – um eine öffentliche Urkunde handelt. Auch dadurch, dass das Gutachten beurkundet oder beglaubigt wird, ändert sich an dieser Beurteilung nichts, denn auch diese Urkunde beweist nur, dass das Gutachten erstellt wurde (vom Sachverständigen unterzeichnet wurde), nicht aber die Fälligkeitsvoraussetzung selbst, nämlich die richtige Darstellung des Baufortschritts[1007]. Infolge der Aufhebung von § 641a BGB fehlt es zudem für zukünftige Gestaltungen an einem gesetzlichen Leitbild, das die Fälligkeit vom Nachweis durch einen Sachverständigen überhaupt vorsehen würde.

Unter engen Voraussetzungen kann eine Unterwerfungsklausel mit Nachweisverzicht zulässig sein: Eine Zwangsvollstreckungsunterwerfung kann dann wirksam vereinbart werden, wenn das Bauvorhaben bei Abschluss des Vertrages vollständig fertig gestellt ist[1008]. Auf Verträge, in denen der Bauträger **keine Herstellungsverpflichtung** eingeht und keine Abschlagszahlungen vereinbart werden, finden die Vorschriften der MaBV keine Anwendung. Ob gleiches für den Fall angenommen werden kann, dass zum Zeitpunkt des Vertragsschlusses bereits ein Teil der Bauleistungen ausgeführt wurde[1009], ist fraglich. Für die Bauleistungen, für die bei Abschluss des Vertrages durch entsprechenden Baufortschritt die Fälligkeitsvoraussetzungen des § 3 Abs. MaBV vorliegen, könnte dies vertraglich vereinbart und sich damit der weitere Nachweis der Fälligkeit (durch Geständnis i. S. v. § 288 ZPO) erübrigen. Die Gefahr, dass der Erwerber einen bestimmten – vom Bauträger mitgeteilten –, aber tatsächlich nicht gegebenen Bautenstand vertraglich bestätigt und sich in dieser Situation der Zwangsvollstreckung ausgesetzt sehen könnte, ist real gegeben – und dürfte bei Anlegung der vom BGH entwickelten Maßstäbe für die Unwirksamkeit einer solchen Gestaltung genügen. Es darf nicht übersehen werden, dass bei der Abwicklung des gesamten Vertrages die Vorschriften der MaBV zu beachten sind; dies gilt auch für bereits erbrachte Leistungen, für die unter den Voraussetzungen der MaBV Abschläge fällig gestellt werden dürfen. Unwirksam ist eine Vollstreckungsunterwerfung zweifellos dann, wenn zwar die Bezugsfertigkeit gegeben und nur noch die Restarbeiten auszuführen sind, sich der Erwerber wegen der gesamten Vergütung, also auch der Fertigstellungsrate, der Zwangsvollstreckung unterwirft[1010].

[1004] *Drasdo*, NZM 1998, 256; *ders.*, NZM 1999, 1 (2); *Hertel*, ZNotP 1999, 3 (8); *Scheel*, NotBZ 1999, 62 (64); *Vogel*, BauR 1998, 925; *v. Heymann/Wagner/Rösler*, Rdn. 302; ablehnend *Blank*, Rdn. 285 f.; *Basty*, Rdn. 703 f.; *Koeble*, Kap. 17 Rdn. 115 h.

[1005] LG Schwerin v. 8. 10. 2004, IBR 2005, 597 (*Vogel*); ihm folgend OLG Bamberg v. 13. 3. 2008, NJW 2008, 2928 = NZBau 2009, 253 = BauR 2009, 116.

[1006] LG Nürnberg-Fürth v. 16. 4. 1997, IBR 1998, 11 (*Kniffka*); vgl. auch LG Berlin v. 20. 11. 2003, BauR 2004, 1019; *Pause*, PiG Bd. 78 (2007), S. 77.

[1007] Vgl. auch *Vogel*, BauR 1998, 925 (926, 935); vgl. BGH v. 18. 9. 2007 NZBau 2008, 52, Rdn. 20 f. zum ähnlich gelagerten Problem beim Beweis durch Sachverständigengutachten aus einem Beweisverfahren im Urkundenprozess.

[1008] *Basty*, Rdn. 705; *Pause*, PiG Bd. 78 (2007), S. 77 (84).

[1009] *Basty*, Rdn. 704; *Kutter*, A. II Rdn. 93 a.

[1010] OLG Zweibrücken v. 2. 5. 2002, IBR 2003, 308 (*Schulze-Hagen*).

B. Der Bauträgererwerb

Auch eine **Unterwerfungsklausel ohne Nachweisverzicht** (mit Nachweiszwang) ist regelmäßig unwirksam. Da der Bauträger den Bautenstand als Voraussetzung für die Klauselerteilung niemals in der Form des § 726 ZPO nachweisen kann, hätte eine solche Gestaltung nur den Zweck, dem Bauträger für seinen Vergütungsanspruch einseitig die dreißigjährige Verjährungsfrist des § 197 Abs. 1 Nr. 4 BGB zu verschaffen[1011]; das würde gegen das gesetzliche Leitbild gleich langer Verjährungsfristen für die Vergütung und die Gegenleistung des § 196 BGB verstoßen, § 307 BGB[1012], vgl. oben Rdn. 397, 399.

408 **Unterwerfungsklauseln außerhalb** des Anwendungsbereichs **der MaBV**, also bei anderen Bauverträgen, können ebenfalls unwirksam sein. Die Rechtsprechung hat in Ergänzung der Entscheidung des BGH zur Unwirksamkeit nach §§ 3, 12 MaBV ausgeführt, dass die Zwangsvollstreckungsunterwerfung mit Nachweisverzicht auch gegen § 9 AGBG (§ 307 BGB) verstößt[1013]. Der BGH hebt hervor, dass die Klausel wesentlichen Grundgedanken der gesetzlichen Rechtsordnung widerspricht, weil sie dem Unternehmer den Zugriff auf das Vermögen des Auftraggebers eröffne, ohne dass er nachweisen muss, dass er seine Bauleistung in einem der geltend gemachten Rate entsprechenden Umfang erbracht hat; sie setzt den Auftraggeber der Gefahr einer Vorleistung aus, die dem Werkvertragsrecht fremd ist (§§ 641, 320 BGB)[1014]. Diese Rechtsprechung ist für Verträge bedeutsam, auf die § 34 c GewO und damit die MaBV deshalb nicht anzuwenden ist, weil der Bauträger – wie in dem vom BGH entschiedenen Sachverhalt – nicht gewerblich tätig ist oder weil der Erwerber (etwa als ins Handelsregister eingetragener Kaufmann) gemäß § 7 Abs. 2 MaBV auf die Anwendung der Vorschriften der MaBV verzichtet hat oder es sich – wie beim Generalunternehmermodell – um einen selbständigen, aber beurkundeten Bauvertrag handelt. Auch in einem reinen Bauvertrag (Generalunternehmervertrag) ohne Grundstücksübereignungsverpflichtung ist deshalb die Vollstreckungsunterwerfung nach § 307 BGB unwirksam[1015].

409 Sofern der Bauträger die **Vergütung** (an die finanzierende Bank oder an Dritte) **abgetreten** hat, war die Unterwerfungsklausel – unabhängig von §§ 3, 12 MaBV und § 307 BGB – auch deshalb unwirksam, weil der Bauträger bei der Einleitung der Zwangsvollstreckungsmaßnahmen nicht mehr Forderungsinhaber war[1016]. Bei diesem Sachverhalt liegt eine unstatthafte Vollstreckungsstandschaft vor[1017]. Das galt jedoch nicht, sofern für den Bauträger ein zusätzlicher und eigener Zahlungsanspruch im Umfang des Vergütungsanspruchs begründet wurde[1018] und der Erwerber sich auch insoweit der sofortigen Zwangsvollstreckung in sein gesamtes Vermögen unterwarf.

410 Nach der Veröffentlichung der Rechtsprechung des BGH dürfen Unterwerfungsklauseln in Bauträgerverträgen nicht mehr beurkundet werden (§ 14 BNotO). Verträge, die noch vor der Entscheidung des BGH vom 22. 10. 1998 beurkundet worden sind, enthalten regelmäßig Unterwerfungsklauseln.

411 Die Erteilung der vollstreckbaren Ausfertigung richtet sich nach den Bestimmungen der §§ 724 ff., 797 Abs. 2 ZPO (§ 52 BeurkG, § 795 ZPO). Obwohl die Wirksamkeit des Titels bei der Klauselerteilung grundsätzlich nicht zu prüfen ist, darf der Notar die Klausel

---

[1011] *Hertel*, ZNotP 1999, 3 (8).
[1012] *Blank*, Rdn. 292.
[1013] BGH v. 27. 9. 2001, NJW 2002, 138 = NZBau 2002, 25 = BauR 2002, 83; OLG Hamm v. 16. 6. 2000, BauR 2000, 1509; OLG München v. 4. 7. 2000, BauR 2000, 1760; so bereits *Kniffka*, ZfBR 1992, 195 (198); *Koeble*, Kap. 17 Rdn. 115 e.
[1014] BGH v. 27. 9. 2001, NJW 2002, 138 = NZBau 2002, 25 = BauR 2002, 83; vgl. *Kniffka*, ZfBR 1992, 195 (198).
[1015] OLG München v. 4. 7. 2000, BauR 2000, 1760.
[1016] OLG München v. 19. 7. 1985, 9 W 1759/85.
[1017] BGH v. 26. 10. 1984, DNotZ 1985, 472; BGH v. 5. 7. 1991, NJW-RR 1992, 61.
[1018] *Reithmann/Meichssner/v. Heymann*, B Rdn. 223; ablehnend *Hoffmann*, NJW 1987, 3153.

III. Vergütungsanspruch des Bauträgers

nicht erteilen, da es wegen der eindeutigen Nichtigkeit des Titels an der Vollstreckungsbefugnis des Gläubigers fehlt[1019]. Verletzt der Notar diese Verpflichtung, macht er sich schadensersatzpflichtig. Vor Erteilung der Vollstreckungsklausel muss der Notar dem Erwerber rechtliches Gehör gewähren[1020]. Für den Fall, dass die Klausel gleichwohl erteilt wird oder bereits früher erteilt wurde und der Bauträger die Zwangsvollstreckung einzuleiten droht oder damit schon begonnen hat, stehen dem Erwerber folgende Rechtsbehelfe zur Seite[1021]:

– Der Erwerber kann die Nichtigkeit der Unterwerfungsklausel im Wege einer prozessualen **Gestaltungsklage analog § 767 ZPO** geltend machen[1022]. Durch sie wird die Vollstreckungsfähigkeit des titulierten Anspruchs beseitigt. Über den Inhalt und Umfang der vom Bauträger vollstreckten Forderung wird aufgrund einer solchen Klage jedoch nicht entschieden.

– Der Erwerber kann sich gegen die Zwangsvollstreckung stattdessen auch mit der **Vollstreckungsabwehrklage nach § 767 ZPO** wehren[1023]. Diese Möglichkeit war für Fälle unwirksamer Klauseln umstritten, wurde vom BGH aber ausdrücklich zugelassen[1024]. Der Vorteil dieser Klage liegt darin, dass über den Bestand bzw. den Umfang der Forderung des Bauträgers und die Erheblichkeit der Einwendungen des Erwerbers entschieden und nicht allein die Unwirksamkeit der Unterwerfungsklausel festgestellt wird[1025]. Es ist möglich, die Gestaltungsklage analog § 767 ZPO mit der Vollstreckungsabwehrklage zu verbinden[1026]. Sofern sich der Kläger bei einer von ihm erhobenen Vollstreckungsabwehrklage der Sache nach in erster Linie gegen die Unwirksamkeit der Klausel wendet, kann das Klagebegehren dahin ausgelegt werden, dass die Unwirksamkeit im Wege der Gestaltungsklage analog § 767 ZPO geltend gemacht wird. Ggf. kann darin auch eine Klageänderung auf eine Gestaltungsklage analog § 767 ZPO gesehen werden[1027].

– Ferner besteht die Möglichkeit der **Klauselerinnerung nach § 732 ZPO**[1028]. Für die Entscheidung ist das Amtsgericht zuständig, in dessen Bezirk der Notar seinen Amtssitz hat. Mit der Klauselerinnerung erreicht der Erwerber jedoch keine rechtskräftige Entscheidung darüber, dass die Zwangsvollstreckung wegen der Nichtigkeit der Unterwerfungsklausel unwirksam ist. Mit der Erinnerung wird lediglich über die Unzulässigkeit der Zwangsvollstreckung aus der erteilten Klausel entschieden[1029].

412

[1019] Vgl. MünchKomm-ZPO/*Wolfsteiner,* § 724 ZPO, Rdn. 38 f.; ablehnend *Zöller/Stöber,* § 797 Rd. 5 f.
[1020] Einschränkend Reithmann/Meichssner/v. Heymann, B Rdn. 221.
[1021] *Koeble,* Kap. 17 Rdn. 115j ff.
[1022] BGH v. 27. 9. 2001, NJW 2002, 138 = NZBau 2002, 25 = BauR 2002, 83; BGH v. 18. 11. 1993, NJW 1994, 460; OLG Köln v. 15. 5. 1998, NJW-RR 1999, 22; OLG Hamm v. 23. 1. 1995, BauR 1996, 141; OLG Düsseldorf v. 27. 6. 1995, NJW-RR 1996, 148 = BauR 1996, 143; OLG Köln v. 13. 2. 1998, MDR 1998, 1089 = BauR 1998, 1119 (LS); OLG Zweibrücken v. 12. 4. 1999, NJW-RR 2000, 548; *Vogel,* BauR 1998, 925 (932 f.); *Pause,* NJW 2000, 769 (770); *Greilich,* BauR 2001, 12.
[1023] *Pause,* NJW 2000, 769 (770).
[1024] BGH v. 14. 5. 1992, NJW 1992, 2160.
[1025] Bei Ausübung eines Leistungsverweigerungsrechts ist der vollstreckbare Anspruch bis zur Bewirkung der Gegenleistung gehemmt; es ist deshalb zu beantragen, dass die Zwangsvollstreckung nur für zulässig erklärt wird Zug-um-Zug gegen Beseitigung der Mängel und Ausführung der Restarbeiten, BGH v. 14. 5. 1992, NJW 1992, 2160, 2163; BGH v. 30. 4. 1998, BauR 1998, 783, 785; *Thomas/Putzo/Hüßtege,* § 767 Rdn. 12.
[1026] BGH v. 27. 9. 2001, NJW 2002, 138 = NZBau 2002, 25 = BauR 2002, 83; BGH v. 14. 5. 1992, NJW 1992, 2160; *Pause,* NJW 2000, 769 (770).
[1027] OLG Zweibrücken v. 12. 4. 1999, NJW-RR 2000, 548; restriktiv dagegen OLG Braunschweig v. 23. 3. 2000, BauR 2000, 1228: beruft sich der Kläger bei einer Vollstreckungsabwehrklage auch auf die Unwirksamkeit der Klausel, so genüge dies nicht.
[1028] LG Essen v. 10. 8. 2001, NJW-RR 2001, 1077; LG Mainz v. 20. 9. 1999, NJW-RR 2000, 167.
[1029] *Thomas/Putzo/Hüßtege,* § 732 ZPO Rdn. 2; vgl. BGH v. 14. 5. 1992, NJW 1992, 2160; BGH v. 18. 11. 1993, NJW 1994, 460.

B. Der Bauträgererwerb

Namentlich darauf, dass die Klausel materiell-rechtlich unwirksam ist, kann sich der Schuldner nicht berufen[1030].

– Wendet sich der Erwerber mit der Vollstreckungsabwehrklage gegen die Zwangsvollstreckung, wird er neben der Klage die **Einstellung der Zwangsvollstreckung** beantragen. Das Gericht kann die Zwangsvollstreckung ohne oder gegen Sicherheitsleistung einstellen; es kann die weitere Zwangsvollstreckung aber auch von einer Sicherheitsleistung des Gläubigers abhängig machen (§ 769 ZPO). Eine Einstellung der Zwangsvollstreckung ohne Sicherheitsleistung kann nur in begründeten Ausnahmefällen angeordnet werden; der Erwerber muss in besonderem Maß schutzwürdig sein. Bei der heute gegebenen materiellen Rechtslage, nach der die Nichtigkeit der Klausel regelmäßig auszusprechen ist, ist die Zwangsvollstreckung ohne Sicherheitsleistung einzustellen.

b) Sicherungshypothek?

413 Eine Sicherung des Vergütungsanspruchs durch eine **Bauhandwerkersicherungshypothek** nach § 648 BGB ist regelmäßig nicht möglich. Dem steht schon entgegen, dass der Bauträger bis zur vollständigen Bezahlung der Vergütung selbst Eigentümer des Grundstücks bleibt, also weder eine Sicherungsbedürftigkeit noch eine Sicherungsmöglichkeit besteht[1031]. Das kann im Einzelfall aber dann anders zu beurteilen sein, wenn nach Eigentumsübertragung vertragsgemäß noch werterhöhende Bauleistungen zu erbringen sind; im Umfang dieser nach Übereignung auszuführenden Arbeiten kann eine Sicherheit nach § 648 BGB beansprucht werden[1032].

414 Auch die **Subunternehmer** des Bauträgers können, sollte der Erwerber schon Eigentum am Grundstück erhalten haben, nicht die Eintragung einer Sicherungshypothek vom Erwerber verlangen. Voraussetzung für den Anspruch nach § 648 BGB ist die Identität zwischen Auftraggeber und Grundstückseigentümer. Da der Subunternehmer nicht vom Erwerber, sondern vom Bauträger beauftragt wird, fehlt es daran. Das gilt auch, wenn der Erwerber des Objekts ein mit dem Bauträger verbundenes Unternehmen ist[1033]. Denkbar wäre allerdings eine Sicherungshypothek bezüglich **Sonderwunschleistungen von Subunternehmern** oder Drittfirmen, die im Auftrage des Erwerbers Bauleistungen erbracht haben und nach Eigentumsübergang eine dahingehende Forderung an den Erwerber richten.

c) Sicherheit nach § 648 a BGB?

415 Nach § 648 a BGB[1034] hat der Unternehmer eines Bauwerks einen Anspruch auf Gestellung einer Sicherheit für die von ihm zu erbringenden Vorleistungen, wobei ihm, sollte der Besteller keine Sicherheit leisten, er diese entweder einfordern, die weitere Leistung verweigern oder den Vertrag kündigen kann. Mit der Einfügung von § 648a BGB durch das Bauhandwerkersicherungsgesetz vom 27. 4. 1993[1035] wurde § 651 Abs. 1 Satz 2 BGB a. F. um die Klarstellung erweitert[1036], dass die Verpflichtung zur Sicherheitsleistung nach § 648a BGB beim Werklieferungsvertrag entfällt. Der Bauträgervertrag war insoweit als Werklieferungsvertrag verstanden worden mit der Folge, dass vom Erwerber eine Bauhandwerkersicherung nicht verlangt werden konnte[1037].

[1030] BGH v. 16. 4. 2009, NJW 2009, 1887 = BauR 2009, 1330 = ZfIR 2009, 431.
[1031] Vgl. *Palandt/Sprau*, § 648 Rdn. 2; *Koeble*, Kap. 17 Rdn. 122.
[1032] KG v. 12. 10. 2007, IBR 2008, 739 (*Schmitz*).
[1033] OLG Celle v. 31. 10. 2002, NZBau 2003, 332; a. A. LG Hamburg v. 23. 1. 2003, NZBau 2003, 334.
[1034] Zuletzt geändert mit dem FordSiG v. 23. 10. 2008, BGBl. I S. 2022.
[1035] BGBl. I S. 509.
[1036] Vgl. BT-Dr. 12/1836, S. 13; BT-Dr. 12/4526, S. 12.
[1037] *Pause*, NZBau 2002, 648 (650); *Koeble*, Rechtshandbuch Immobilien, Kap. 17, Rdn. 124.

III. Vergütungsanspruch des Bauträgers

Bei der Neugestaltung des Werklieferungsvertrages im Zuge der Schuldrechtsmodernisierung ist die zitierte Regelung in § 651 BGB entfallen – offensichtlich ohne die möglichen Konsequenzen – Anwendbarkeit von § 648a BGB auf den Bauträgererwerb – zu bedenken. Trotz dieser Gesetzesänderung kann der Bauträger vom Erwerber keine Bauhandwerkersicherung nach § 648a BGB beanspruchen. Für die Errichtung von Einfamilienhäusern folgt dies bereits aus § 648a Abs. 6 Nr. 2 BGB, im Übrigen, also bei Verträgen über Eigentumswohnungen, aus einer einschränkenden Auslegung von § 648a BGB[1038]. Nach Sinn und Zweck der Vorschrift soll der Bauträgererwerb von § 648a BGB nicht erfasst werden. § 648a BGB betrifft den reinen Werkvertrag, nicht aber Mischverträge, Werklieferungsverträge und insbesondere nicht Verträge der vorliegenden Art, bei denen der Unternehmer auf *seinem* Grundstück baut und sich zur Übereignung der Gesamtleistung verpflichtet. § 648a BGB bezweckt den Schutz des auf fremdem Grund bauenden und vorleistenden Unternehmers (der überdies beim Auseinanderfallen von Auftraggeber und Grundstückseigentümer nicht einmal durch § 648 BGB geschützt wird). Im Gegensatz dazu baut der Bauträger auf seinem Grundstück, das er erst nach vollständiger Bezahlung übereignet, weshalb er nicht in gleicher Weise schutzwürdig ist. Hinzu kommt, dass beim Erwerb vom Bauträger zumeist eine solide Finanzierung und die lebenslängliche Haftung des Vertragspartners besteht, also genau die Voraussetzungen vorliegen, die den Gesetzgeber auch zur Befreiung der Einfamilienhäuser von der Bauhandwerkersicherung bewogen haben.

416

Bei einer Aufspaltung des Vertrags in einen Bau- und einen Werkvertrag (Generalunternehmermodell) baut der Erwerber auf seinem Grundstück; hier ist die Anwendung von § 648a BGB nur im Umfang von § 648a Abs. 6 BGB ausgeschlossen[1039].

417

d) Zahlungsbürgschaft gegen Gewährleistungsbürgschaft

Dem Sicherungsbedürfnis des Bauträgers kann durch eine vom Erwerber zu stellende Zahlungsbürgschaft Rechnung getragen werden. Grundlage dieser Verpflichtung ist nicht das Gesetz (§ 648a BGB), sondern eine Vereinbarung im Bauträgervertrag. Bedenken gegen die Wirksamkeit einer entsprechenden Abrede können sich schon daraus ergeben, dass auch hier die Gefahr einer Inanspruchnahme der Bürgin (und einer darauf folgenden Zahlung vor Fälligkeit) besteht. Diese Gefahr könnte bei Anlegung strengster Maßstäbe genauso wie bei der Vollstreckungsunterwerfung für die Unwirksamkeit nach §§ 3, 12 MaBV sprechen[1040].

418

Fraglich ist darüber hinaus, ob eine dahingehende Klausel in einem Formularvertrag wirksam ist. Bedenken können sich schon aus § 305c BGB ergeben. Eine überraschende Klausel liegt dann vor, wenn eine ungewöhnliche Bestimmung verwendet wird, mit der der Vertragspartner des Bauträgers nicht zu rechnen braucht. Die Ungewöhnlichkeit kann sich aus der Abweichung von den üblichen Bedingungen ergeben[1041]. Allerdings kann es wegen der notariellen Beurkundung an dem Überraschungsmoment i. S. d. § 305c BGB fehlen, zumal der Erwerber zwei Wochen vor dem Beurkundungstermin Kenntnis von der Urkunde erhalten haben soll. Da eine vom Erwerber zu beschaffende Zahlungsbürgschaft beim Bauträgererwerb ausgesprochen ungewöhnlich ist, wird man gleichwohl davon ausgehen müssen, dass der Erwer-

---

[1038] OLG München v. 15. 1. 2008, BauR 2008, 1163; OLG Celle v. 6. 8. 2003, BauR 2004, 1007 (1010); *Vogel* in Koeble/Grziwotz, Teil 4, Rdn. 150; *Glöckner*, in Kleine-Möller/Merl, § 4, Rdn. 282; a. A. *Kniffka*, ibr-online-Kommentar (Stand: 26. 5. 2009), § 648a BGB, Rdn. 24.

[1039] Vgl. zur alten Rechtslage *Wagner*, WM 2001, 718 (723).

[1040] *Pause*, PiG Bd. 78 (2007), S. 77 f.

[1041] *Palandt/Grüneberg*, § 305c Rdn. 3.

B. Der Bauträgererwerb

ber auch im Rahmen einer notariellen Urkunde mit einer solchen Regelung nicht zu rechnen braucht, es sei denn, sie wird gesondert erörtert[1042].

419 Die isolierte Vereinbarung einer Zahlungsbürgschaft zugunsten des Bauträgers würde wohl auch an § 307 Abs. 1 BGB scheitern. Zwar stellt die Vereinbarung einer Zahlungsbürgschaft in einem (Fertighaus-)Bauvertrag keinen Verstoß gegen § 307 BGB dar[1043]. Das Sicherungsbedürfnis des Bauträgers unterscheidet sich jedoch von dem des Bauunternehmers: Während jener auf dem Grundstück des Auftraggebers baut, erhöht der Bauträger mit seinen Leistungen den Wert des noch in seinem Eigentum stehenden Grundstücks. Daraus, dass § 648a BGB die Vereinbarung einer Zahlungssicherheit beim Bauvertrag nicht ausschließt[1044], lässt sich für den Bauträgervertrag nichts ableiten, weil § 648a BGB auf diesen nicht anwendbar ist (Rdn. 416). Die Gestellung einer Zahlungssicherheit durch den Erwerber wäre im Rahmen der üblichen Abwicklung nach § 3 MaBV einseitig (bei einer Zahlung nach Fertigstellung wäre das sicher anders zu beurteilen). Die einseitige Gestellung einer Sicherheit durch den Erwerber würde ihn entgegen den Geboten von Treu und Glauben unangemessen benachteiligen[1045]. Eine ausgewogene und nicht zu beanstandende Regelung könnte aber darin liegen, dass auch die Belange des Vertragspartners berücksichtigt werden und ihnen hinreichend Rechnung getragen wird. Die Sicherung des Bauträgers durch Gestellung einer Zahlungsbürgschaft wäre danach dann ausgewogen, wenn den Sicherungsbedürfnissen des Erwerbers ebenfalls Rechnung getragen wird. Deshalb kann eine Zahlungsbürgschaft dann zulässig sein, wenn dem Erwerber im Gegenzug eine Sicherheit für die Ansprüche verschafft wird, wegen derer er üblicherweise (ebenfalls) nicht gesichert ist, nämlich für seine Mängelansprüche (nach Abnahme). Eine Zahlungsbürgschaft in üblicher Höhe (5% bis 10% der Gesamtvergütung) ist also dann angemessen, wenn der Erwerber eine Bürgschaft für Mängelansprüche – Gewährleistungsbürgschaft – ebenfalls in üblicher Höhe (5% der Gesamtvergütung) auf die Dauer der Gewährleistungsfrist erhält.

420 Der Bauträger kann jedoch keine Bürgschaft auf erstes Anfordern verlangen[1046]. Wegen ihrer hohen Liquidität würde eine solche Bürgschaft ebenso wie eine Vollstreckungsunterwerfung einen Missbrauch durch die Inanspruchnahme vor Fälligkeit ermöglichen und damit gegen die §§ 3, 12 MaBV verstoßen.

e) Besitz gegen vollständige Bezahlung

421 Sollten die Parteien keine ausgewogene Regelung über den Austausch von Sicherheiten finden, bleibt dem Bauträger zur Sicherung seiner Vergütung nur die Möglichkeit, im Umfang der letzten Rate vorzuleisten: Mit Besitzübergabe wird dann nicht nur die hierfür ohnehin vorgesehene Abschlagszahlung einschließlich der Fassadenrate, sondern zugleich auch die Fertigstellungsrate fällig, und zwar unter der Voraussetzung, dass die Arbeiten zu diesem Zeitpunkt auch tatsächlich und frei von wesentlichen Mängeln abgeschlossen sind. Diese Vorgehensweise kann insbesondere bei Einfamilien- und Reihenhäusern, aber auch bei kleinen Wohnanlagen dadurch erleichtert werden, dass die Herstellung der Außenanlagen nicht vom Bauträger, sondern vom Erwerber übernommen wird. Auch in diesem Fall muss aber eine Fertigstellungsrate vereinbart und ausgewiesen werden; die entsprechende Leistung – Restarbeiten und die Beseitigung wesentlicher Mängel – muss im Zeitpunkt der Übergabe erbracht sein.

[1042] BGH v. 24. 10. 2000, NJW-RR 2001, 1420 (1422).
[1043] BGH v. 27. 5. 2010, NJW 2010, 2272 = NZBau 2010, 495 = BauR 2010, 1219.
[1044] BGH v. 27. 5. 2010, NJW 2010, 2272 = NZBau 2010, 495 = BauR 2010, 1219, Rdn. 21.
[1045] Ähnlich *Lucenti*, NZBau 2010, 469 (472).
[1046] LG München I v. 27. 7. 1999, Az. 5 O 2148/99, nicht veröffentlicht.

III. Vergütungsanspruch des Bauträgers

f) Hinterlegung der Vergütung bzw. der letzten Rate(n)

Eine Vereinbarung über die Hinterlegung der gesamten Vergütung oder der letzten **422** Rate(n) vor Ausführung der Bauleistungen auf ein Notaranderkonto oder ein Sperrkonto stellt kein zulässiges Sicherungsmittel dar; Vertragsklauseln, die den Kaufpreis auf diese Weise sichern, verstoßen zwar nicht gegen die gewerberechtlichen Anforderungen der MaBV, weil bei der Hinterlegung keine Entgegennahme von Zahlungsmitteln durch den Gewerbetreibenden erfolgt[1047]; sie sind jedoch zivilrechtlich unwirksam. Diese Frage hat der BGH bereits entschieden[1048], und zwar für einen Sachverhalt, bei dem der Erwerber verpflichtet wurde, die beiden letzten Raten (10,5% und 3,5% des Kaufpreises) auf Notaranderkonto zu hinterlegen. Durch eine solche Hinterlegung wird eine Vorleistungspflicht des Erwerbers begründet, die das Leistungsverweigerungsrecht des § 320 Abs. 1 Satz 1 BGB ausschließt und damit gegen § 309 Nr. 2a BGB verstößt.

Trotz dieser Rechtsprechung wird die Auffassung vertreten, dass eine Hinterlegung auf **423** Notaranderkonto vor Ausführung der entsprechenden Bauleistung unter Einhaltung gewisser Modalitäten doch wirksam sei. Eine Hinterlegung auf Notaranderkonto sei insbesondere dann möglich, wenn sie auf die letzte Rate (Fertigstellungsrate in Höhe von 3,5%) beschränkt sei und eine Auszahlung an den Bauträger erst dann erfolgen könne, wenn der Erwerber die Fertigstellung bestätigt[1049]. Begründet wird die Zulässigkeit dieser Form der Sicherung damit, dass sie der Interessenlage der Vertragsparteien entspräche, nämlich dem Interesse des Erwerbers an der Besitzverschaffung vor vollständiger Bezahlung und dem Interesse des Bauträgers an der Sicherung seiner Vergütung[1050].

Abgesehen davon, dass schon die berufsrechtlichen Voraussetzungen – das berechtigte Sicherungsinteresse i. S. v. § 54a Abs. 2 Nr. 1 BeurkG – für eine Hinterlegung zweifelhaft sein können[1051], verstößt auch diese modifizierte Hinterlegung von Teilen der Vergütung auf Notaranderkonto gegen § 309 Nr. 2a BGB. Das Leistungsverweigerungsrecht des Erwerbers wird durch diese Gestaltung gravierend eingeschränkt[1052]. Auch wenn eine Auszahlung an den Bauträger nur mit Zustimmung des Erwerbers erfolgt, hat er aus seiner Sicht geleistet und den entsprechenden Gegenwert verloren. Infolge der Zahlung auf das Notaranderkonto verliert der Erwerber vor allem die Möglichkeit, etwaige Mängel im Wege der Selbstvornahme beseitigen und die Selbstvornahmekosten gegen den Vergütungsanspruch aufrechnen zu können. Sobald der restliche Kaufpreis aber hinterlegt ist, besteht diese Möglichkeit so nicht mehr (der Erwerber müsste den Bauträger in Höhe des durch Aufrechnung erloschenen Kaufpreisteils auf Freigabe verklagen).

Aus diesen Gründen ist die Hinterlegung der letzten Rate auch dann unwirksam, wenn sie Zug-um-Zug gegen Übertragung des Eigentums erfolgen soll[1053]; zwar ist das Hinterlegungsverlangen nach Übereignung der Situation des § 648a BGB vergleichbar. Sie entspricht den Vorgaben von § 648a BGB jedoch nicht, denn eine Sicherheit nach dieser Vorschrift könnte – nach Wahl des Bestellers – auch durch Bürgschaft erbracht werden.

Ob eine Hinterlegung dann unbedenklich ist, wenn sie zum Ausgleich der Bauträgerrisiken und zur Ausräumung von Zweifeln an der Solvenz des Erwerbers an einem

---

[1047] *Basty*, Rdn. 136.
[1048] BGH v. 11. 10. 1984, NJW 1985, 852; dazu in diesem Zusammenhang *Blank*, DNotZ 1997, 298.
[1049] *Brambring*, DNotZ 1990, 615 (620); ders., DNotZ 1999, 381 (391); *Usinger*, NJW 1987, 934 (936); *Warda*, MittRhNotK 1987, 173 = MittBayNot 1988, 1.
[1050] *Brambring*, DNotZ 1990, 615 (620); ders., DNotZ 1999, 381 (391).
[1051] *Basty*, Rdn. 135.
[1052] *Blank*, Rdn. 226.
[1053] Vgl. *Riemenschneider* in Grziwotz/Koeble, 3. Teil, Rdn. 661.

B. Der Bauträgererwerb

angemessenen Teilbetrag der Vergütung (20%) erfolgt[1054], erscheint zweifelhaft, weil auch in diesen Fällen das Leistungsverweigerungsrecht des Erwerbers in vollem Umfang gewahrt bleiben muss.

424   Möglich erscheinen Gestaltungen, bei denen der Erwerber Teile der Vergütung in Höhe der Abschlagszahlungen baufortschrittsweise (entsprechend § 3 Abs. 2 MaBV) auf Notarandekonto hinterlegt und ihm ausdrücklich die Möglichkeit zur Ausübung des Leistungsverweigerungsrechts eingeräumt wird[1055]. Hinterlegungsvereinbarungen dieser Art könnten dann von Bedeutung sein, wenn die allgemeinen Voraussetzungen des § 3 Abs. 1 MaBV auf absehbare Zeit nicht gegeben sind. Gewerberechtlich wäre eine Hinterlegungsvereinbarung dieser Art nicht zu beanstanden, weil der Bauträger die hinterlegten Beträge noch nicht entgegennimmt.

g) Ausschluss von Leistungsverweigerungsrechten, Aufrechnungsverbot

425   Der Bauträger könnte versucht sein, seinen Vergütungsanspruch in der Weise zu schützen, dass dem Erwerber Einbehalte wegen vertragswidriger Leistungen vertraglich untersagt werden. In Formularverträgen kann jedoch weder das **Leistungsverweigerungsrecht** (§ 320 BGB) noch das Zurückbehaltungsrecht (§ 273 BGB), soweit es auf demselben Vertrag beruht, ausgeschlossen oder eingeschränkt werden (§ 309 Nr. 2 BGB).

426   Zur Sicherung der Vergütungsansprüche kann die Aufrechnung auf unbestrittene und rechtskräftig festgestellte Forderungen beschränkt werden (§ 309 Nr. 3 BGB). Allerdings bleibt es dem Erwerber trotz eines solchen **Aufrechnungsverbots** unbenommen, mit Gegenforderungen aufgrund solcher Sachverhalte aufzurechnen, bei denen er sich auch auf ein Leistungsverweigerungsrecht berufen könnte. Praktisch ist dies der Aufwendungsersatzanspruch nach § 637 Abs. 1 BGB wegen der Kosten einer durchgeführten Selbstvornahme oder der Anspruch auf Vorschuss für eine beabsichtigte Mängelbeseitigung nach § 637 Abs. 3 BGB[1056].

6. Finanzierung des Kaufpreises

427   Die Beschaffung der Finanzierung ist ausschließlich Sache des Erwerbers; es obliegt ihm, die Kaufpreisbezahlung sicherzustellen. Er trägt folglich auch das Risiko, dass eine von ihm in Aussicht genommene Finanzierung fehlschlägt[1057]. Für den Fall, dass der Kaufpreis mit **öffentlichen Mitteln finanziert** werden soll, ist die Aufnahme eines Finanzierungsplans und die Vereinbarung eines Rücktrittsrechts für den Erwerber erforderlich[1058].

428   Allerdings ist der Bauträger – auch wenn dies nicht ausdrücklich im Vertrag vereinbart wurde – verpflichtet, an der Beschaffung der Finanzierung dadurch mitzuwirken, dass er die **dingliche Sicherung** durch die Bestellung von Grundpfandrechten am Vertragsgegenstand gestattet[1059]. Die dingliche Sicherung erfolgt durch die Bestellung einer Grundschuld zugunsten der finanzierenden Bank am bereits gebildeten Wohnungseigentum, also nach Aufteilung des Grundstücks und Anlegung der Wohnungsgrundbücher. Diese Grundschuld ist gegenüber der Globalgrundschuld der den Bauträger finanzierenden Bank nachrangig.

[1054] *Basty*, Rdn. 143; *ders.* FS Thode, S. 217 (231).
[1055] *Basty*, Rdn. 143; *ders.* FS Thode, S. 217 (231).
[1056] *Palandt/Grüneberg*, § 309 Rdn. 20; *Heinrichs*, NJW 1997, 1407 (1419); LG München I v. 14. 7. 1989, NJW-RR 1990, 30; OLG Düsseldorf v. 19. 6. 1996, BB 1997, 598.
[1057] *Eue*, I. 30 Anm. 32; *Reithmann/Meichssner/v. Heymann*, B Rdn. 203.
[1058] *Basty*, Rdn. 1144; *Eue*, I. 30 Anm. 34 (3).
[1059] *Eue*, I. 30 Anm. 34.

IV. Leistungspflichten des Bauträgers

Der Bauträger, der sein Grundstück als Beleihungsobjekt für fremde Verbindlichkeiten zur Verfügung stellt, soll dabei vor einer zweckfremden Verwendung der Finanzierungsmittel geschützt werden. Das Darlehen darf deshalb ausschließlich zur Bezahlung der Vergütungsansprüche des Bauträgers dienen. Als Sicherung kommt eine **Abtretung der Auszahlungsansprüche** des Erwerbers gegen seine Bank an den Bauträger (und gegebenenfalls eine Weiterabtretung an die globalfinanzierende Bank) in Betracht[1060]. Eine Zession der Darlehensansprüche ist freilich wirkungslos, wenn der Darlehensvertrag zwischen Erwerber und Bank die Abtretung ausschließt. **429**

Eine sachgerechte Sicherung kann dann durch die dem Grundpfandrecht zugrundeliegende **Zweckerklärung** erfolgen, also zum Gegenstand der Sicherungsvereinbarung zwischen Erwerber und dessen Bank gemacht werden[1061]. In der Zweckerklärung wird bestimmt, dass das Grundpfandrecht nur als Sicherheit für Zahlungen auf den Vergütungsanspruch an den Bauträger bzw. die Globalgläubigerin dient[1062]. **430**

Die Beschaffung der Fremdmittel und deren Besicherung stellt sich dann ungleich schwieriger dar, wenn das Wohnungseigentum etwa wegen der fehlenden Abgeschlossenheitsbescheinigung noch nicht gebildet ist und der Bauträger (deshalb) als Zahlungsvoraussetzung eine **Bürgschaft nach § 7 MaBV** vorlegt[1063]. Hier fehlt es an einem geeigneten Beleihungsobjekt, an dem – wenn auch nachrangig – ein Grundpfandrecht bestellt werden könnte. Der Erwerber kann seiner Bank – bezogen auf das Objekt – kaum andere Sicherheiten vorweisen: es bleibt praktisch nur die Abtretung seiner Ansprüche aus der Bürgschaft (nach § 7 MaBV) an seine Bank, gegebenenfalls auch die Abtretung des Auflassungsanspruchs – Sicherungsmittel, mit denen sich Hypothekenbanken regelmäßig nicht begnügen wollen. Was bleibt, ist die Beschaffung einer Darlehensbürgschaft der globalfinanzierenden Bank[1064] oder die Aufnahme einer (teureren) Zwischenfinanzierung (vgl. im einzelnen Rdn. 364 f.). **431**

IV. Leistungspflichten des Bauträgers

1. Vorbemerkung

Der Bauträger ist zur Errichtung des geschuldeten Bauwerks – je nach Vertragsgegenstand kann dies ein Einfamilienhaus, die Herstellung einer Eigentumswohnung samt dem übrigen Gemeinschaftseigentum oder ein Gewerbeobjekt sein – und zur Eigentums- und Besitzverschaffung von Grundstück und Gebäude verpflichtet. **432**

Die Erfüllungsansprüche des Erwerbers beruhen auf dem Bauträgervertrag und den für die fragliche Leistung einschlägigen Gesetzesbestimmungen, nämlich § 433 Abs. 1 BGB für die Pflicht, das Eigentum an der Sache zu verschaffen, §§ 631, 633 Abs. 1 BGB für die Bauerrichtungspflicht. Im Falle des Verzugs gelten die Bestimmungen der §§ 280, 286 BGB. **433**

2. Eigentums- und Besitzverschaffungspflicht

Die Grundstücksübereignungspflicht beurteilt sich nach Kaufvertragsrecht (§ 433 Abs. 1 BGB). So wie beim Grundstückskaufvertrag entsteht der Auflassungsanspruch des Erwerbers grundsätzlich mit dem Abschluss eines wirksamen Bauträgervertra- **434**

[1060] *Basty*, Rdn. 1152 f.; *Brambring*, DNotZ 1995, 88 (89); *Eue*, I. 30 Anm. 34 (2); *Reithmann/Meichssner/v. Heymann*, B Rdn. 208.
[1061] *Basty*, Rdn. 1153; *Eue*, I. 30 Anm. 34 (2); *Reithmann/Meichssner/v. Heymann*, B Rdn. 209.
[1062] Zu Formulierungsvorschlägen und Einzelheiten vgl. *Reithmann/Meichssner/v. Heymann*, B Rdn. 208 ff.; *Eue*, I. 30 Anm. 34.
[1063] *Basty*, Rdn. 1160; *Eue*, I. 30 Anm. 34 (4).
[1064] *Vossius*, MittBayNot 1995, 169; *Basty*, Rdn. 1162.

ges[1065]. Die Fälligkeit des Übereignungsanspruchs wird üblicherweise hinausgeschoben und von der Zahlung der geschuldeten Vergütung abhängig gemacht[1066].

Da eine Zahlung Zug-um-Zug gegen Eigentumsübertragung (§ 320 BGB) nicht möglich ist, will der Bauträger bis zur vollständigen Bezahlung der Vergütung das Eigentum nicht aufgeben, während der Erwerber seine Zahlungen nicht ungeichert leisten möchte. Der Bauträgervertrag wird deshalb bezüglich der Übereigung wie ein gewöhnlicher Grundstückskauf abgewickelt. Um dem gegenseitigen Interesse an einer sicheren Abwicklung zu genügen, werden die vom Erwerber geschuldeten Zahlungen durch eine vorher einzutragende Auflassungsvormerkung gesichert. Erst nach der (ratenweisen) Zahlung des Kaufpreises erfolgt die Auflassung.

435 Die Auflassung ist bedingungsfeindlich (§ 925 Abs. 2 BGB), kann also nicht unter der Bedingung der vollständigen Zahlung der Vergütung im Erwerbsvertrag erklärt werden. Für die Erklärung der Auflassung bestehen zwei Wege. Die Auflassung kann entweder zu gesonderter Urkunde (nach Zahlung des Kaufpreises) erklärt werden oder sogleich im Erwerbsvertrag beurkundet werden mit der Maßgabe, dass die Auflassung erst nach vollständiger Kaufpreiszahlung vollzogen werden darf[1067].

Beim ersten Weg – **Vorbehalt der Auflassung** – erfolgt die Beurkundung der Auflassung erst dann, wenn die Vergütung vollständig gezahlt worden ist. Für die gesonderte Beurkundung fällt eine eigene Gebühr an (§ 38 Abs. 2 Nr. 6 a KostO). Beim zweiten Weg – **Vorbehalt der Eigentumsumschreibung** – wird der Bauträger dadurch gesichert, dass die Vertragsparteien den Notar im Erwerbsvertrag übereinstimmend anweisen, die Eintragungsbewilligung bezüglich der bereits im Vertrag erklärten Auflassung (§ 19 GBO) dem Grundbuchamt erst nach Kaufpreiszahlung vorzulegen. Die Vorlage erfolgt erst dann, wenn die ordnungsgemäße Zahlung entweder vom Bauträger bestätigt oder vom Erwerber nachgewiesen worden ist. Vorher dürfen Ausfertigungen der Urkunde nur im Auszug (ohne die Auflassung) erteilt und insbesondere so auch nur dem Grundbuchamt (zunächst nur zur Eintragung der Auflassungsvormerkung) vorgelegt werden. Diese Form der Abwicklung hat vor allem den Vorzug, dass nachträgliche Vertragsänderungen ohne zusätzliche Beurkundung vorgenommen werden können; die Rechtsprechung ist der Auffassung, dass Vertragsänderungen, die nach Erklärung der Auflassung erfolgen, nicht den Anforderungen des § 311 b BGB unterliegen[1068] (vgl. Rdn. 131).

436 **Voraussetzung der Auflassung** ist die Bezahlung der **geschuldeten Vergütung** durch den Erwerber (Rdn. 434). Die *geschuldete* Vergütung muss nicht mit der im Vertrag *vereinbarten* Vergütung identisch sein; sie kann infolge von Minderungen oder Aufrechnungen (z. B. mit Schadensersatzansprüchen) geringer, aber aufgrund wirksamer Sonderwunschvereinbarungen auch höher sein[1069]. Eine Vertragsbestimmung, nach der der Bauträger die Auflassung nur dann erklären muss, wenn der vereinbarte Kaufpreis vollständig bezahlt ist, verstößt gegen § 307 BGB; der Erwerber müsste Kaufpreisteile vorausentrichten, die dem Bauträger wegen etwaiger Minderungen oder Aufrechnungen nicht oder nicht in dem Umfang zustehen[1070].

Nur Vertragsbestimmungen, die die Auflassung (bzw. die Vorlage der bereits erklärten Auflassung beim Grundbuchamt) vom Nachweis der Zahlung des geschuldeten Kaufpreises abhängig machen, sind deshalb gesetzeskonform.

[1065] BGH v. 19. 5. 2006, NZBau 2006, 645 = BauR 2006, 1464, Rdn. 12.
[1066] BGH v. 19. 5. 2006, NZBau 2006, 645 = BauR 2006, 1464, Rdn. 13.
[1067] *Basty*, Rdn. 758; *Blank*, Rdn. 383; *Reithmann/Meichssner/v. Heymann*, B Rdn. 225; *Reithmann/Blank/Rinck*, Rdn. 100; *Kutter*, A II Rdn. 54; *Eue*, I. 30 Anm. 14 (2).
[1068] BGH v. 28. 9. 1984, NJW 1985, 266; ablehnend *MünchKomm/Kanzleiter*, § 311 b Rdn. 59.
[1069] *Basty*, Rdn. 776; *Blank*, Rdn. 386; *Riemenschneider* in Grziwotz/Koeble, 3. Teil, Rdn. 251.
[1070] BGH v. 7. 6. 2001, NJW 2002, 140 = NZBau 2002, 26 = BauR 2002, 81 m. Anm. *Keim*, MittBayNot 2003, 21.

IV. Leistungspflichten des Bauträgers

Regelungen, nach denen die Auflassung auch von der **Abnahme** der Bauleistung abhängig gemacht wird[1071], sind bedenklich[1072]. Die Erklärung der Abnahme ist vom Erwerber erst und nur dann geschuldet, wenn die Bauleistung vollständig fertiggestellt und frei von wesentlichen Mängeln ist. Ob die Abnahme erklärt werden muss, hängt also allein davon ab, ob der Bauträger seine Leistungen ordnungsgemäß erbracht hat. Der Erwerber wird unangemessen benachteiligt (§ 307 Abs. 1 BGB), wenn der Bauträger die Auflassung trotz Zahlung der geschuldeten Vergütung verweigern dürfte, weil die Abnahme wegen von ihm noch nicht oder nicht ordnungsgemäß erbrachter Leistungen verweigert wird und werden darf[1073]. Eine andere Frage ist es, ob ihm ein Zurückbehaltungsrecht zusteht, wenn die Bauleistung abnahmefähig ist und die Abnahme gleichwohl verweigert wird.

Sofern die geschuldete Vergütung bezahlt ist und die Auflassung verweigert wird, kann der Erwerber **Auflassungsklage** erheben. Sie ist auf die Abgabe der Auflassungserklärung gerichtet; die Vollstreckung erfolgt nach § 894 ZPO. **437**

Der **Streitwert** einer Auflassungsklage bemisst sich nach wohl noch herrschender Meinung nach dem Verkehrswert des Objekts, und zwar auch dann, wenn die Auflassung nur wegen eines kleinen, zwischen den Parteien strittigen Teils der Vergütung (z. B. letzte Rate) verweigert wird[1074]. Die wohl noch überwiegende Meinung überzeugt nicht. Wegen der Unteilbarkeit der Auflassung muss auch bei einem Streit über einen kleineren Restkaufpreisteil zwar das gesamte Eigentum eingeklagt werden; wirtschaftlich gesehen streiten die Parteien aber nur um die strittige Restkaufpreisforderung. Deshalb ist es interessengerecht, sie auch zur Grundlage der Streitwertbemessung zu machen[1075]. Es könnte auch eine (negative) Feststellungsklage mit dem Antrag, dass dem Bauträger keine Vergütung mehr zusteht, erhoben werden; der Streitwert bemisst sich nach der noch streitigen Vergütungsforderung[1076]. Allerdings kann hier die Zulässigkeit zweifelhaft sein, da eine Leistungsklage (Auflassungsklage) möglich wäre[1077]; außerdem müsste selbst im Fall des Obsiegens bei einer weiteren Verweigerung der Auflassung durch den Bauträger eine Auflassungsklage erhoben werden, allerdings dann mit gesichertem Prozessausgang.

Sofern die Auflassung bereits im Erwerbsvertrag erklärt wurde und ihre Eintragung nur noch von der Bestätigung der Kaufpreiszahlung durch den Bauträger, vom Nachweis der vollständigen Kaufpreiszahlung oder einer entsprechenden Anweisung des Bauträgers gegenüber dem Notar abhängt, kann der Bauträger auf Abgabe der Bestätigung bzw. Erteilung der Anweisung verklagt werden. In diesen Fällen bemisst sich der Streitwert nach der Höhe des strittigen Betrages[1078].

[1071] *Basty*, Rdn. 785; *Kutter*, A II Rdn. 55.
[1072] *Eue*, I. 30 Anm. 14 (1); *Riemenschneider* in Grziwotz/Koeble, 3. Teil, Rdn. 753.
[1073] OLG Nürnberg v. 18. 5. 2001, BauR 2002, 106, das eine Vertragsklausel, nach der die Abnahme Voraussetzung für die Auflassung ist, in diesem Sinne auslegt.
[1074] OLG München v. 10. 3. 1997, NJW-RR 1998, 142; OLG Hamm v. 16. 7. 2002, BauR 2003, 132; OLG Köln v. 12. 11. 2004, MittBayNot 2005, 139; ausdrücklich offen gelassen BGH v. 6. 12. 2001, NJW 2002, 684.
[1075] *Thomas/Putzo/Hüßtege*, § 6 Rdn. 4; OLG München v. 13. 11. 2007, BauR 2008, 1011 (1015); OLG Stuttgart v. 23. 9. 2009, IBR 2010, 31 (*Vogel*); OLG Schleswig-Holstein v. 9. 11. 2004, MittBayNot 2005, 139; OLG Frankfurt v. 11. 10. 1995, NJW-RR 1996, 636 und OLG Stuttgart v. 14. 12. 1994, IBR 1995, 141 *(Metzger)*: der Wert der strittigen Kaufpreisforderung ist maßgeblich; OLG Celle v. 5. 5. 1997, NJW-RR 1998, 141: nicht die strittige Gegenforderung, sondern ein Bruchteil des Verkehrswertes, bemessen nach dem Interesse des Klägers (§ 3 ZPO).
[1076] OLG Düsseldorf v. 17. 2. 2003, BauR 2003, 1760, zu einer Feststellungs-Widerklage, m. Anm. *Klaft*, BauR 2003, 1820.
[1077] *Thomas/Putzo/Reichold*, § 256 Rdn. 18.
[1078] BGH v. 6. 12. 2001, NJW 2002, 684 für den Fall einer gegenüber dem Notar abzugebenden Zustimmung zur Auflassung; BGH v. 11. 10. 2007, BauR 2008, 400 für den Fall einer Klage auf Anweisung des Notars.

B. Der Bauträgererwerb

Für die Vorlage der Eintragungsbewilligung durch den Notar genügt aber auch der Nachweis der Kaufpreiszahlung durch den Erwerber, also eine Feststellungsklage mit dem Antrag, dass die vollständige Zahlung der Vergütung und das Nichtbestehen weiterer Zahlungsansprüche festgestellt werde. Bei dieser Klage richtet sich der Streitwert nach der vom Bauträger behaupteten Restforderung.

438 Dem Bauträger kann an der Auflassung ein **Zurückbehaltungsrecht** zustehen. Das kann einmal dann der Fall sein, wenn die Abnahme zu Unrecht verweigert, also trotz abnahmefähiger Leistung nicht erklärt wird (Rdn. 580). Ein Leistungsverweigerungsrecht kommt zum anderen dann in Betracht, wenn dem Vergütungsanspruch des Bauträgers die Einrede der Verjährung entgegengehalten wird[1079] (Rdn. 404).

439 Solange der Erwerber ein Leistungsverweigerungsrecht wegen **Mängeln** oder Resterfüllungsansprüchen ausübt, also der Vergütungsanspruch fortbesteht, kann der Bauträger die Auflassung grundsätzlich verweigern[1080]. Auch wenn der Einbehalt von Teilen der Vergütung wegen Mängeln oder Bauzeitverzögerung zu Recht erfolgt, muss es der Erwerber hinnehmen, dass der Bauträger die Auflassung noch nicht erklärt. Dabei ist zu berücksichtigen, dass das noch nicht übertragene Eigentum die einzige dem Bauträger verbleibende Sicherheit ist[1081].

Die Verweigerung der Auflassung kann jedoch im Einzelfall unter Anwendung des Rechtsgedankens von § 320 Abs. 2 BGB treuwidrig sein[1082]. Das kann der Fall sein, wenn sich der der Bauträger mit der Mängelbeseitigung in Verzug befindet, der Erwerber wegen dieser Mängel das Leistungsverweigerungsrecht in einer den Rückstand erreichenden Höhe (ohne Druckzuschlag) ausübt und nur noch eine geringfügige Zahlungsverpflichtung besteht[1083]. Nur im Fall einer verhältnismäßigen Geringfügigkeit kann davon ausgegangen werden, dass die Verweigerung der Auflassung treuwidrig ist; die noch nicht entrichtete Vergütung ist dann geringfügig, wenn sie 2%[1084] bis 3,5%[1085] der Gesamtvergütung nicht übersteigt.

Sollten erhebliche Teile der Vergütung noch nicht bezahlt sein oder die Berechtigung zur Leistungsverweigerung nicht geklärt sein, der Erwerber aber ein billigenswertes Interesse an der Auflassung nachweisen, etwa wegen einer beabsichtigten Weiterveräußerung oder zur Sicherung der Endfinanzierung, kann eine Auflassungspflicht aus dem Gesichtspunkt von Treu und Glauben nur dann in Betracht gezogen werden, wenn der Bauträger vom Erwerber Sicherheit z. B. durch eine Zahlungsbürgschaft erhält. Dadurch wird verhindert, dass sich dieser nicht nach erfolgter Mängelbeseitigung seiner Zahlungspflicht entzieht.

440 Nach § 433 Abs. 1 BGB ist der Kaufgegenstand zu übergeben; nach §§ 631, 633 Abs. 1 BGB ist das Werk herzustellen und zu verschaffen. Der Bauträger hat dem Erwerber den **Besitz** am Vertragsgegenstand einzuräumen. Bei der Vertragsabwicklung nach § 3 Abs. 2 MaBV gilt, dass die Besitzübergabe bei Bezugsfertigkeit zu erfolgen hat, und zwar Zug-um-Zug gegen Bezahlung der „Bezugsfertigkeitsrate".

Die Besitzübergabe erfolgt regelmäßig bei der Abnahme, und zwar als Bestandteil der Abnahme. Die Besitzeinräumung ist jedoch mit der Abnahme nicht identisch. Der

---

[1079] BGH v. 19. 5. 2006, NZBau 2006, 645 = BauR 2006, 1464, Rdn. 21; OLG Karlsruhe v. 18. 7. 2006, IBR 2006, 1039 (*Röder*); vgl. auch das von der Entscheidung des BGH abweichende Urteil der Vorinstanz, OLG Frankfurt v. 27. 1. 2005, BauR 2005, 1491.
[1080] *Basty*, Rdn. 779; *ders.* BTR 2005, 14; *Eue*, I. 30 Anm. 14 (1).
[1081] *Basty*, Rdn. 784; *ders.* BTR 2005, 14.
[1082] BGH v. 25. 8. 2005, BauR 2005, 1799; OLG München v. 13. 11. 2007, BauR 2008, 1011; LG Heilbronn v. 11. 7. 2001, BauR 2002, 107; *Eue*, I. 30 Anm. 14 (2); ablehnend *Basty*, Rdn. 784.
[1083] OLG München v. 13. 11. 2007, BauR 2008, 1011.
[1084] OLG München v. 13. 11. 2007, BauR 2008, 1011; ohne eine solche Einschränkung wohl LG Hagen v. 30. 11. 2006, IBR 2007, 138..
[1085] LG Heilbronn v. 11. 7. 2001, IBR 2001, 489 (*Vogel*).

IV. Leistungspflichten des Bauträgers

Vertragsgegenstand kann übergeben und übernommen werden, ohne dass die Abnahme erklärt wird. Das kann dann der Fall sein, wenn die Abnahme wegen wesentlicher Mängel verweigert werden kann.

Ist die Bezugsfertigkeitsrate bezahlt worden oder befindet sich der Bauträger mit der Entgegennahme dieser Rate in Annahmeverzug, kann er auf Besitzeinräumung (Übergabe des Vertragsobjekts) verklagt werden.

Es ist nicht anzunehmen, dass der Besitzverschaffungsanspruch vom Erwerber im Wege der **einstweiligen Verfügung** durchgesetzt werden kann. Gegen diese Möglichkeit spricht bereits, dass mit der Besitzeinräumung grundsätzlich die endgültige Befriedigung des Erwerbers herbeigeführt würde, was gegen die Zulässigkeit einer einstweiligen Verfügung spricht[1086]. Da die Besitzüberlassung einen wesentlichen Teil der Erfüllung durch den Bauträger darstellt[1087], und er dazu üblicherweise (vertragsgemäß) erst nach Bezahlung der sog. Besitzübergaberate verpflichtet ist, kann über die Besitzeinräumung erst nach Klärung der Erfüllung dieser Zahlungspflicht entschieden werden. Dies wiederum wird in einem Verfügungsverfahren regelmäßig nicht möglich sein. 441

Wenn sich der Erwerber den Besitz am Vertragsobjekt eigenmächtig verschafft hat (§ 858 BGB), kann der Bauträger die Räumung nach § 861 BGB verlangen, und zwar auch im Wege der einstweiligen Verfügung[1088]. **Verbotene Eigenmacht** i. S. v. § 858 BGB besteht auch dann, wenn ein Anspruch auf die Besitzeinräumung besteht[1089]. Anders verhält es sich jedoch dann, wenn der Erwerber das Objekt mit Zustimmung des Bauträgers, aber vor dem vereinbarten Übergabezeitpunkt (Fertigstellungstermin) in Besitz nimmt; hier kann der Bauträger auch bei Zahlungsverzug des Erwerbers weder die Räumung noch eine Nutzungsentschädigung verlangen[1090].

3. Bauverpflichtung

a) Geschuldete Bauleistung – Globalpauschalvertrag

Der werkvertragliche Erfolg i. S. v. § 631 Abs. 1 BGB, nämlich die vertraglich geschuldete Bauleistung, ergibt sich aus dem Bauträgervertrag, insbesondere aus der **Baubeschreibung** und den **Vertragsplänen**. Die Ausführung der in diesen Vertragsunterlagen beschriebenen Leistungen ist jedenfalls geschuldet. Der Baubeschreibung und den Vertragsplänen kommen deshalb eine herausragende Bedeutung zu, weil sie zugleich die vereinbarte Beschaffenheit i. S. v. § 633 Abs. 2 BGB wiedergeben und damit Anknüpfungspunkt für die Mängelhaftung sind (vgl. unten Rdn. 642). 442

Die Bauleistungspflicht hängt aber nicht nur von den Vertragsunterlagen, sondern auch von der Struktur der Baubeschreibung ab.

Die Bauleistung kann durch den Vertrag sehr differenziert und dem Umfang nach vollständig und abschließend beschrieben sein. Das ist etwa der Fall, wenn dem Vertrag Leistungsverzeichnisse der verschiedenen Gewerke, Bauzeichnungen, ausführliche Baubeschreibungen (bei gewerblichen Objekten ggf. auch Mieterbaubeschreibungen) und Raumbücher zugrunde gelegt werden. Bei dieser Vertragsgestaltung ist die im Detail beschriebene Leistung geschuldet; es ist „nicht mehr und nicht weniger" als beschrieben auszuführen. Sofern bei dieser Art der Leistungsbeschreibung ein Pau-

---
[1086] *Thomas/Putzo/Reichold*, § 938 ZPO, Rdn. 3; § 940 ZPO, Rdn. 12.
[1087] BGH v. 24. 1. 2008, NJW 2008, 1319, Rdn. 9.
[1088] OLG Celle v. 17. 5. 2001, BauR 2001, 1465; *Thomas/Putzo/Reichold*, § 940 ZPO, Rdn. 12.
[1089] *Palandt/Bassenge*, § 858 Rdn. 5.
[1090] OLG Karlsruhe v. 23. 4. 1998, NJW-RR 1999, 1318.

schalpreis vereinbart wird, handelt es sich um einen **Detailpauschalvertrag**[1091]. Zusätzliche gewünschte oder erforderlich gewordene Leistungen sind nicht geschuldet; sie sind ggf. zusätzlich zu vergüten[1092]. Entfallene oder reduzierte Leistungen sind nach den Grundsätzen der Teilkündigung zu behandeln. Wenn einem Pauschalvertrag detaillierte Leistungsbeschreibungen im beschriebenen Sinne zugrunde gelegt werden, ist er in der Regel in diesem Sinne zu verstehen[1093]. Es gilt vor allem der Grundsatz, dass nur die ausdrücklich beschriebene Leistung geschuldet (und zu vergüten) ist.

Die Bauleistung kann im Gegensatz dazu allgemein und an der beabsichtigten Nutzung orientiert beschrieben werden. In diesem Fall wird von einem **Globalpauschalvertrag** gesprochen. Merkmale einer pauschal beschriebenen Bauleistung sind die wenig detaillierte Baubeschreibung, die bewusste Beschreibung der vertraglichen Leistung durch ein grobes Raster, die Orientierung der Beschreibung an der Funktion des Gebäudes und vor allem die erkennbar und gewollt unvollständige und lückenhafte Leistungsbeschreibung. Bei dieser Form der Vergabe wird das Leistungsziel in den Vordergrund gestellt. In der Folge sind Mehr- und Minderleistungen, aber auch Erschwernisse nicht gesondert und zusätzlich auszugleichen. Dem Unternehmer werden durch die pauschale Leistungsbeschreibung planerische Gestaltungsräume für die Ausführung eröffnet. Die Risiken, die sich aus der unvollständigen und pauschalen Leistungsbeschreibung ergeben, trägt der Unternehmer[1094]. Sind die Leistungen funktional oder erkennbar unvollständig beschrieben, kann in der Regel von einem Globalpauschalvertrag ausgegangen werden[1095].

Sofern die Errichtung eines **schlüsselfertigen Bauwerks** geschuldet ist, sind sämtliche Leistungen zu erbringen, die für die Zweckerreichung (Schlüsselfertigkeit) und die Funktion erforderlich und vorhersehbar sind[1096]. Wird eine schlüsselfertige Leistung übernommen, handelt es sich um eine besondere Form der Pauschalierung. Es sind – pauschal – sämtliche Leistungen für ein schlüsselfertiges Objekt geschuldet, ohne dass diese im einzelnen beschrieben werden. Unter schlüsselfertiger Leistung wird deshalb im Wohnungsbau verstanden, dass der Auftraggeber sofort mit der Möblierung und dem Bezug beginnen kann[1097]. Dazu gehören neben den eigentlichen Bauleistungen auch all die Leistungen, die nötig sind, um das Objekt vertragsgemäß nutzen zu können[1098]. Der mit der schlüsselfertigen Errichtung eines Objekts beauftragte Unternehmer muss auch sämtliche Informationen einholen, die eine ordnungsgemäße Planung und Ausführung des Objekts ermöglichen[1099], und diese sodann umsetzen. Werden im Vertrag bzw. in der Baubeschreibung einzelne Leistungen, die üblicherweise zu einer schlüsselfertigen Leistung gehören, ausdrücklich ausgenommen, besteht für diese – ohne dass dadurch die Verpflichtung zur Erbringung einer schlüsselfertigen Leistung im übrigen aufgehoben würde – keine Leistungspflicht[1100]. Werden, anders als bei einer schlüsselfertig geschuldeten Leistung vorausgesetzt, sämtliche Leistungen im einzelnen detailliert und abschließend beschrieben, können keine über die positive Leistungsbe-

---

[1091] Grundlegend *Kapellmann/Schiffers*, Bd. 2 Rdn. 2 ff.; *Kniffka/Koeble*, Teil 5 Rdn. 81; BGH v. 15. 12. 1994, NJW-RR 1994, 722 = BauR 1995, 237; OLG Düsseldorf v. 1. 7. 1997, NJW-RR 1997, 1378.
[1092] BGH v. 8. 1. 2002, NJW-RR 2002, 740 = NZBau 2002, 325 = BauR 2002, 787.
[1093] *Werner/Pastor*, Rdn. 1190.
[1094] BGH v. 23. 1. 1997, NJW 1997, 1772 = BauR 1997, 464.
[1095] *Werner/Pastor*, Rdn. 1192.
[1096] BGH v. 14. 2. 2001, NJW 2001, 1276 zu den Anforderungen an die Planung.
[1097] OLG Düsseldorf v. 16. 8. 1995, BauR 1996, 396.
[1098] *Werner/Pastor*, Rdn. 1194.
[1099] BGH v. 10. 5. 2001, NJW 2001, 2167 = NZBau 2001, 446 = BauR 2001, 1254.
[1100] OLG Koblenz v. 30. 5. 2008, NZBau 2009, 382 = NJW-RR 2009, 163.

IV. Leistungspflichten des Bauträgers

schreibung hinausgehenden Leistungen beansprucht werden[1101]; die Leistungsbeschreibung geht dann vor, denn es handelt sich in diesem Fall tatsächlich um keine globalpauschalierte Leistungspflicht.

Beim **Bauträgervertrag** stellen die Baubeschreibung und die Pläne in der Regel eine nur allgemeine, wenig differenzierte und kaum detaillierte Beschreibung der Bauleistung dar. Die Baubeschreibung enthält nur wenige Aussagen zu den Baustoffen in quantitativer und qualitativer Hinsicht. Die Pläne geben nur einen groben Anhalt für das zu errichtende Bauwerk (bei Eigentumswohnungen häufig beschränkt auf das Sondereigentum); sie enthalten allenfalls Flächenangaben, sind jedoch nicht vermaßt und enthalten keine Aussagen über die konkrete Bauausführung (im Sinne einer Werkplanung). Die vereinbarte Nutzung und die dazu nötigen Funktionen stehen im Vordergrund der Leistungsbeschreibung. Ansätze einer differenzierteren Beschreibung sind allenfalls im Zusammenhang mit Ausstattungsmerkmalen zu finden. Die Leistungen werden erkennbar und gewollt unvollständig beschrieben (das wird besonders deutlich beim Vergleich der Baubeschreibung im Erwerbsvertrag mit der Art der Leistungsbeschreibungen bei der Vergabe der Bauleistungen an den oder die Handwerker). Die Baubeschreibung stellt eher ein grobes Raster für die Bauausführung dar. Die Funktion und die Nutzung stehen im Vordergrund. Der Bauträgervertrag stellt deshalb in der Regel einen Globalpauschalvertrag dar[1102]. Dabei sind etwaige Einzelleistungen, die detailliert beschrieben werden, für diese Teilbereiche bausollbestimmend[1103]. Umgekehrt können ausdrücklich und bewusst nicht vorgesehene Leistungen oder Ausführungsarten nicht oder nur gegen eine zusätzliche Vergütung beansprucht werden[1104]; entsprechende Einschränkungen der schlüsselfertig geschuldeten Bauleistung müssen aber transparent gestaltet sein, vgl. Rdn. 452f.

Andere Gestaltungen sind allerdings möglich; sie können insbesondere bei der Errichtung gewerblicher Objekte vorkommen.

Bei der Errichtung von Wohnimmobilien ist außerdem davon auszugehen, dass der Bauträger in der Regel[1105] und nicht nur im Falle der ausdrücklichen Vereinbarung[1106] die **schlüsselfertige Errichtung** schuldet. Auch wenn das im Vertrag oder in der Baubeschreibung nicht besonders erwähnt wird, geht es den Vertragsparteien des Bauträgervertrages erkennbar darum, eine Bauleistung zu erbringen bzw. zu erhalten, die ohne weiteres vertragsgemäß genutzt, also z.B. zu Wohnzwecken bezogen werden kann. Zusätzliche Eigenleistungen des Erwerbers sind regelmäßig nicht vorgesehen. Dieses Verständnis wird dadurch bestätigt, dass die nach § 3 Abs. 2 MaBV bei der Übergabe vorgesehene Abschlagszahlung die „Bezugsfertigkeit" des Vertragsgegenstandes voraussetzt. Bei der schlüsselfertigen Herstellung sind sämtliche Leistungen geschuldet, die die Aufnahme der vertraglich vorausgesetzten Nutzung erlauben, auch wenn sie nicht im Einzelnen beschrieben sind.

Die Pflicht zur schlüsselfertigen Herstellung gilt jedoch nicht, wenn ausdrücklich nur eine Teilleistung vereinbart wird (z.B. Ausbauhaus). Werden dagegen bestimmte Leistungen von der Gesamtleistung ausgeklammert (die Außenanlagen oder die gärt-

443

444

[1101] OLG Koblenz v. 30. 5. 2008, NZBau 2009, 382 = NJW-RR 2009, 163; vgl. auch *Kapellmann*, NJW 2005, 182 (187): eine detaillierte Leistungsbeschreibung hat die Vermutung der Richtigkeit und Vollständigkeit für sich.
[1102] *Kniffka/Koeble*, Teil 5 Rdn. 80.
[1103] OLG Schleswig v. 23. 12. 2008, IBR 2009, 273 (*Reinhard*); *Kapellmann*, NJW 2005, 182 (188).
[1104] OLG Düsseldorf v. 29. 4. 2004, NJW-RR 2004, 1540 = BauR 2004, 1630.
[1105] *Kniffka/Koeble*, Teil 5 Rdn. 80; *Riemenschneider* in Grziwotz/Koeble, 3. Teil, Rdn. 313, meint, es sei stets schlüsselfertig zu errichten, wenngleich der Begriff mangels Definition abzulehnen sei; *Glöckner*, in Kleine-Möller/Merl, § 4, Rdn. 247.
[1106] *Basty*, Rdn. 858; vgl. auch *Blank*, Rdn. 106.

B. Der Bauträgererwerb

nerische Gestaltung werden vom Erwerber auf seine Kosten übernommen), sind die übrigen Vertragsleistungen (das Gebäude) weiterhin als globalpauschal und schlüsselfertig vereinbart anzusehen.

445   Wegen der regelmäßig globalpauschal und schlüsselfertig beschriebenen Bauleistung sind beim Bauträgervertrag sämtliche Leistungen geschuldet, die für die beabsichtigte Funktion und Nutzung notwendig sind. Das sind die kompletten Bauleistungen, aber auch sämtliche Planungsleistungen. Vertragsklauseln, die eine gesonderte Vergütung für Leistungen vorsehen, die bei einer pauschalen Beschreibung zur Leistungspflicht des Bauträges gehören, verstoßen gegen § 307 BGB, da der Erwerber durch die Überbürdung des Kalkulationsrisikos für solche Leistungen unangemessen benachteiligt wird[1107]. Bei einer pauschal und schlüsselfertig beschriebenen Bauleistung sind deshalb insbesondere auch geschuldet:
– Funktionstaugliche Entwässerungsanlagen (Innenentwässerung, Dachentwässerung, Kanalanschluss usw.)[1108], Gas- und Wasserversorgung bzw. -anschlüsse[1109],
– bei Häusern auf selbständigen Grundstücken der unmittelbare Anschluss der Wasserver- und Entsorgung sowie der Elektroversorgung an das öffentliche Netz (und ggf. Absicherung einer Leitungsführung über andere Grundstücke durch Dienstbarkeiten)[1110],
– Herstellung einer den Grundwasserverhältnissen entsprechenden Bauwerksabdichtung[1111],
– Rückstauventile[1112],
– Abfuhr des Bodenaushubs, auch wenn sie nicht ausdrücklich in der Baubeschreibung erwähnt wird[1113],
– Ringdrainage und Kellerabdichtung als Maßnahmen zum Schutz des Hauses vor Feuchtigkeitseinflüssen[1114],
– Erschließung im weiteren Sinne samt Gebäudeeinmessung,
– Außenbeleuchtung innerhalb der Wohnanlage,
– Vermessungskosten[1115],
– Bodenbeläge, Tapeten und Malerarbeiten[1116],
– bei einer Lagerhalle die Herstellung einer Nutzschicht auf der Betonbodenplatte[1117],
– Absturzsicherung (Geländer) an einer Rampe im Außenbereich eines Supermarktes zur Sicherung der Besucher[1118],
– Antennenanlage, Satellitenanlage oder Anschlussmöglichkeit für Kabelversorgung,
– Klingel- und Türschließanlagen sowie Mülltonnenhäuschen, Grenzanlagen (Zäune) usw.

446   Die Globalität der Beschreibung räumt dem Bauträger aber bei der Ausführung der geschuldeten Leistungen Spielräume ein:
– Aus der Pflicht zur schlüsselfertigen Herstellung folgt nicht, dass eine zum Vertragsgegenstand gehörige Straße zu asphaltieren ist[1119].

[1107] OLG Stuttgart v. 21. 7. 1998, NJW-RR 1998, 1715 = BauR 1999, 283 LS.
[1108] BGH v. 10. 5. 2001, NJW 2001, 2167 = NZBau 2001, 446 = BauR 2001, 1254.
[1109] LG Nürnberg-Fürth v. 25. 8. 1988, NJW-RR 1989, 668 zu einem Generalübernehmervertrag.
[1110] OLG Koblenz v. 26. 2. 2002, BauR 2003, 721.
[1111] OLG Celle v. 26. 3. 2001, BauR 2001, 1778.
[1112] OLG Hamm v. 24. 11. 1992, NJW-RR 1993, 594.
[1113] OLG Hamm v. 2. 11. 1995, NJW-RR 1996, 977; OLG Stuttgart v. 21. 7. 1998, NJW-RR 1998, 1715 = BauR 1999, 283 LS.
[1114] LG Nürnberg-Fürth v. 25. 8. 1988, NJW-RR 1989, 668; OLG Celle v. 14. 1. 1998, BauR 1998, 801.
[1115] AG Beckum v. 15. 5. 1990, NJW-RR 1990, 1241.
[1116] OLG Nürnberg v. 11. 2. 1999, IBR 2000, 487.
[1117] OLG Düsseldorf v. 16. 8. 1995, BauR 1996, 396.
[1118] OLG Hamm v. 26. 11. 2003, BauR 2005, 731.

IV. Leistungspflichten des Bauträgers

- Die Anbringung eines Vordaches, das in der Baubeschreibung nicht erwähnt wird, ist nicht geschuldet[1120].

Zum Leistungsumfang gehört auch das nicht, was der Nutzung selbst zuzurechnen ist, z. B. die Haus- bzw. Wohnungseinrichtung und auch die ab den Übergabestellen für Versorgungsleitungen und Kommunikation anfallenden Gebühren oder weitere Einrichtungen. Vorbehaltlich anderer Angaben in der Baubeschreibung sind dies z. B.:

- Kücheneinrichtung (der Klarheit halber sollte in Plänen und Abbildungen darauf hingewiesen werden, dass etwaige Einrichtungsgegenstände oder besondere Anlagen – z. B. Sauna – nicht zum Leistungsumfang gehören, sondern nur Einrichtungsvorschläge darstellen),
- Telefonanlagen (insoweit sind vom Bauträger mangels abweichender Beschreibungen allerdings die entsprechenden baulichen Voraussetzungen zu schaffen, nämlich Leerrohre vorzusehen).

Bei **Altbausanierungen** kommt es ebenfalls zunächst auf die Baubeschreibung und die Vertragspläne an. Sofern sich aber aus dem Umfang der beschriebenen Bauleistung ergibt, dass die Sanierungsmaßnahme einem Neubau gleichkommt, sind – ohne Rücksicht darauf, ob sie in den Bauunterlagen beschrieben wurden – sämtliche Leistungen, die für einen Neubau erforderlich sind, geschuldet[1121]. Sollen bei einer einem Neubau gleichenden Altbausanierung gleichwohl einzelne dazugehörige Leistungen ausgespart bleiben, muss dies im Bauträgervertrag besonders dargestellt werden. Bei geringeren Instandsetzungs- und Renovierungsarbeiten, die insgesamt keinem Neubau gleichkommen, beschränkt sich die Leistungspflicht des Bauträgers auf die in der Baubeschreibung – wenn auch globalpauschal – beschriebenen Leistungen; im übrigen ist lediglich die vorhandene, unberührte Altbausubstanz geschuldet. Vgl. im Einzelnen Rdn. 632 f.

Der vom Bauträger geschuldete werkvertragliche Erfolg besteht in der Bauleistung. **447** Sämtliche hierfür erforderliche Arbeiten und Vorleistungen stellen keine selbständige Verpflichtung des Bauträgers dar. Namentlich besteht keine selbständige Verpflichtung zur Erbringung von **Planungsleistungen**, zur Anfertigung von Gutachten usw. Deshalb ist der Bauträger auch nicht verpflichtet, bei der Abnahme und der späteren Verfolgung etwaiger Baumängel als Sachwalter des Erwerbers tätig zu werden; die Objektüberwachung und Objektbetreuung gehören nicht zu den dem Erwerber geschuldeten Leistungen[1122]. Vgl. aber zur Herausgabe von Plänen Rdn. 470.

b) Widersprüche in den Vertragsunterlagen

Nicht selten bestehen zwischen den die Bauleistung beschreibenden Vertragsunter- **448** lagen Widersprüche. So kann z. B. in der Baubeschreibung die Ausführung eines (baubehördlich nicht geforderten) Kinderspielplatzes beschrieben sein, während der Plan in den Außenanlagen keine entsprechenden Einträge enthält. Der Vertragsplan kann z. B. Angaben zu einem Hausmeisterraum im Kellergeschoss enthalten, während es dazu keinen entsprechenden Hinweis in der Baubeschreibung gibt.

Zeichnungen und Pläne einerseits und die geschriebene Baubeschreibung andererseits stehen in keiner bestimmten **Rangordnung** zueinander. Sie haben grundsätzlich die gleiche Bedeutung (das gilt auch für den VOB-Vertrag, da die Bauzeichnung nach

---

[1119] LG München I v. 22. 1. 2001, BauR 2001, 1755; eine solche Pflicht soll sich aber aus dem Vertrag i. V. m. § 315 Abs. 3 BGB ergeben.
[1120] OLG München v. 5. 4. 1995, BauR 1995, 739 (LS) = IBR 1995, 336.
[1121] Vgl. BGH v. 26. 4. 2007, NZBau 2007, 507, Rdn. 18 m. w. N.; vgl. auch *Pause*, BTR 2004, 142.
[1122] OLG Düsseldorf v. 20. 3. 1990, BauR 1990, 752; vgl. BGH v. 10. 2. 1994, NJW 1994, 1276 zur abnahmefähigen Herstellung des Architektenwerks, wenn die Leistungsphase 9 übernommen wurde.

§ 7 Abs. 10 VOB/A Bestandteil der Baubeschreibung ist)[1123]. Der Vertrag kann jedoch eine Bestimmung enthalten, die die Rangfolge zwischen den verschiedenen Vertragsunterlagen regelt, insbesondere festlegt, welche Vertragsunterlage bei Zweifeln und Widersprüchen Vorrang haben soll[1124].

449 Im Übrigen ist der Bauträgervertrag bei Widersprüchen und Unklarheiten auszulegen. Nach der Rechtsprechung des BGH[1125] ist für die **Auslegung** die Vertragsunterlage maßgeblich, die die Bauleistung konkreter beschreibt. Stellen die Pläne das Objekt nur sehr allgemein dar und enthält die Baubeschreibung (oder der Vertrag) eine konkretere Angabe zu einem Ausführungsdetail, so ist die Baubeschreibung bzw. die abweichende vertragliche Bestimmung für das zu erbringende Bausoll maßgeblich. Nach der erwähnten BGH-Entscheidung ist z. B. ein in der Baubeschreibung eigens beschriebener Treppenabgang in das Kellergeschoss geschuldet, auch wenn er in den Plänen, die sich nicht im Detail an dem angebotenen Bauvorhaben orientieren, nicht dargestellt oder erwähnt wird[1126]. Es ist aber auch möglich, dass das Bauvorhaben durch den Plan konkreter beschrieben wird, wenn es sich bei der Baubeschreibung z. B. um einen für mehrere Bauvorhaben vorgesehenen oder verwendeten Text handelt, während der Plan die Leistung detailliert für das vertragsgegenständliche Bauvorhaben beschreibt[1127].

c) Leistungsbestimmungsrecht, Wahlschuld

450 Dem Bauträger können ausdrücklich oder stillschweigend Leistungsbestimmungsrechte im Sinne des § 315 BGB eingeräumt worden sein. Ein **Leistungsbestimmungsrecht** ist anzunehmen, wenn dem Bauträger aufgrund vertraglicher Vorgaben die Konkretisierung der Leistung überlassen bleibt. Die Gestaltung von Leistungsbestimmungsrechten muss hinreichend transparent erfolgen, die Voraussetzungen und der Umfang für die Ausübung des Leistungsbestimmungsrechts müssen tatbestandlich hinreichend konkretisiert werden[1128]. Ein Leistungsbestimmungsrecht ist aber nicht allein deshalb anzunehmen, weil bei einer funktional und globalpauschal vereinbarten Bauleistung Spielräume bei der Ausführung der Leistung bestehen; diese Freiheit in der Ausführung ist durch den geschuldeten Leistungserfolg begrenzt[1129]. Von einem Leistungsbestimmungsrecht kann aber z. B. ausgegangen werden, wenn in der Baubeschreibung bestimmte Fabrikate genannt werden und der Bauträger berechtigt ist, die konkret bezeichneten oder „gleichwertige" Produkte zu verwenden – sofern man darin nicht einen Änderungsvorbehalt i. S. v. § 308 Nr. 4 BGB sehen wollte[1130]. Leistungsbestimmungsrechte können auch im Zusammenhang mit der Gestaltung und Sicherstellung von (zukünftigen) Versorgungsleistungen, namentlich mit der Wärmebereitstellung vorkommen.

451 Möglich ist aber auch die Gestaltung einer **Wahlschuld** i. S. v. § 262 BGB[1131]. Dem Bauträger kann bei der Bauausführung die Wahl zwischen konkret bezeichneten Alternativen überlassen bleiben, z. B. die Errichtung von Garagen in Massivbauweise

---

[1123] *Werner/Pastor*, Rdn. 1029 f.
[1124] *Basty*, Rdn. 861; *Werner/Pastor*, Rdn. 1029. 1029
[1125] BGH v. 5. 12. 2002, NJW 2003, 743 = NZBau 2003, 149 = BauR 2003, 388.
[1126] BGH v. 5. 12. 2002, NJW 2003, 743 = NZBau 2003, 149 = BauR 2003, 388.
[1127] Vgl. auch BGH v. 11. 3. 1999, NJW 1999, 2432 = BauR 1999, 897 zum Verhältnis eines Standardleistungsverzeichnisses zu konkreten Vorbemerkungen.
[1128] Vgl. zu Geschäftsbedingungen von Kreditinstituten BGH v. 19. 10. 1999, NJW 2000, 651 (652).
[1129] A. A. LG München I v. 22. 1. 2001, BauR 2001, 1755.
[1130] Vgl. BGH v. 23. 6. 2005, NJW 2005, 3420 = NZBau 2005, 511 (512) = BauR 2005, 1473 = MittBayNot 2006, 140 m. Anm. *Riemenschneider*; *Basty*, Rdn. 880.
[1131] *Basty*, Rdn. 847.

oder als Betonfertigteilgaragen. Der Bauträgervertrag kann vorsehen, dass statt des Einbaus einer öl- oder gasbefeuerten Warmwasserzentralheizung der Erwerber in einen vom Bauträger mit einem Energieversorgungsunternehmen abgeschlossenen und durch Dienstbarkeit gesicherten Wärmeservice-Vertrag – Heizungs-Contracting – eintritt, der zu einer monatlichen Pauschale für eine feste Laufzeit die Bereitstellung der Heiz- und Warmwasserversorgung samt Anlage und Wartung beinhaltet. Das OLG Düsseldorf[1132] beurteilt diese Gestaltung allerdings als Leistungsbestimmungsrecht und geht davon aus, dass das Recht, eine bestimmte Art der Energieversorgung erst noch festzulegen, nicht zu beanstanden ist, wenn sich die Vor- und Nachteile der Alternativen die Waage halten und der Vertrag, in den der Erwerber nach Ausübung der Leistungsbestimmung eintritt, den Anforderungen der §§ 305 ff. BGB standhält[1133], vgl. auch Rdn. 503 zum Heizungs-Contracting.

d) Baubeschreibung und Pläne

aa) Grundsätzlich keine Inhaltskontrolle, § 307 Abs. 3 Satz 1 BGB. Nach § 307 Abs. 3 **452** Satz 1 BGB findet eine Inhaltskontrolle nach den Vorschriften der § 307 Abs. 1 und 2, §§ 308 und 309 BGB nur bei von Rechtsvorschriften abweichenden oder diese ergänzenden Regelungen, nicht aber bei der Beschreibung des Leistungsinhalts und der Vergütung statt. Die die Leistung selbst beschreibenden Elemente (z.B. Baubeschreibung und Pläne) sind von einer Inhaltskontrolle ausgenommen. Ihre Überprüfung ist nach § 307 Abs. 3 Satz 2 BGB auf ihre Transparenz beschränkt.

Sofern der Bauträgervertrag eine schlüsselfertige Gesamtleistung vorsieht, dann aber einzelne Leistungen ausklammert oder für Leistungen, die zur schlüsselfertigen Errichtung gehören, zusätzliche Vergütungen vorsieht, soll dies nach einer früheren Entscheidung des OLG Stuttgart einer Inhaltskontrolle nach § 9 AGBG (heute § 307 Abs. 1 BGB) nicht standhalten, da der Erwerber unangemessen benachteiligt wird[1134]. Bei dem vom OLG Stuttgart entschiedenen Sachverhalt ging es um die trotz vereinbarter Pauschalvergütung gesondert zu vergütenden Aushubabfahrkosten. Eine Regelung dieses Inhalts könnte nach geltendem Recht nur dann unwirksam sein, wenn sie sich entweder als intransparent erweist oder als überraschende Klausel zu werten ist (§ 305 c BGB)[1135].

bb) Transparenzgebot. Nach § 307 Abs. 1 Satz 2 BGB kann sich eine unangemessene **453** Benachteiligung daraus ergeben, dass eine Vertragsbestimmung nicht klar und verständlich ist. Mit dieser Erweiterung in § 307 Abs. 1 BGB wird Art. 5 Satz 1 Klauselrichtlinie umgesetzt[1136]. Das Transparenzgebot gilt nicht nur für die Vertragsbedingungen, sondern nach § 307 Abs. 3 BGB (und Art. 4 Abs. 2 Klauselrichtlinie) auch für die Leistungsbeschreibung, also auch für die Baubeschreibung des Bauträgervertrages[1137]. Da die Leistungen des Bauträgers nicht nur durch die Baubeschreibung, sondern auch durch die Baupläne festgelegt werden, gilt das Transparenzgebot auch für sie.

Das in Art. 5 Klauselrichtlinie formulierte Transparenzgebot geht in seinen Voraussetzungen und Rechtsfolgen teilweise über die Bestimmungen der §§ 306, 307 Abs. 1, 3 BGB hinaus[1138]. Intransparente Klauseln sind gemäß Art. 6 Abs. 1 Klauselrichtlinie un-

---

[1132] OLG Düsseldorf v. 23. 4. 2007, BauR 2008, 1319 = IBR 2008, 158 (*Waldmann*).
[1133] OLG Düsseldorf v. 23. 4. 2007, BauR 2008, 1319 = IBR 2008, 158 (*Waldmann*).
[1134] OLG Stuttgart v. 21. 7. 1998 NJW-RR 1998, 1715 = BauR 1999, 283 LS.
[1135] BGH v. 29. 9. 1983, NJW 1984, 171.
[1136] BT-Drs. 14/6040, S. 153; das Transparenzgebot war aber schon nach früherem Recht zu beachten, vgl. *Palandt/Grüneberg,* § 307 Rdn. 16.
[1137] *Kniffka,* ibr-online-Kommentar (Stand: 26. 5. 2009), § 631 BGB, Rdn. 27; *Palandt/Grüneberg,* § 307 Rdn. 57.
[1138] *Pause,* FS Thode, S. 275 (279).

B. Der Bauträgererwerb

abhängig davon unverbindlich, ob sie den Verbraucher unangemessen benachteiligen[1139]. Die zusätzliche Hürde einer unangemessenen Benachteiligung in § 307 Abs. 1 BGB kennt die Klauselrichtlinie nicht; insbesondere erfolgt keine Rückverweisung auf Art. 3 Abs. 1 Klauselrichtlinie, der für die Missbräuchlichkeit einer Klausel ebenfalls einen Nachteil für den Verbraucher voraussetzt (Missbräuchlichkeit der Klausel, sofern sie entgegen dem Gebot von Treu und Glauben zum Nachteil des Verbrauchers ein erhebliches und ungerechtfertigtes Missverhältnis erzeugt). Zwischen Art. 5 Klauselrichtlinie und § 307 Abs. 1 BGB besteht aber bei konsequenter Anwendung des nationalen Rechts im Ergebnis kein Wertungsunterschied. Eine Hauptleistungsklausel, die nicht klar und verständlich ist, benachteiligt den Verbraucher in fast allen Fällen unangemessen, ist also nach § 307 Abs. 1 BGB zu missbilligen[1140]. In den Fällen, in denen eine Leistungsbeschreibung unklar oder unverständlich ist, aber nicht benachteiligt, wäre sie zwar nach Art. 6 Abs. 1 Klauselrichtlinie unverbindlich, der Vertrag wäre dann jedoch im Wege der ergänzenden Vertragsauslegung dahin zu ergänzen, dass die – unverständlich beschriebene, aber nicht benachteiligende – Leistung gleichwohl zu erbringen ist.

Sofern bei einer gebotenen Auslegung verschiedene Auslegungsmöglichkeiten in Betracht kommen, ist nach Art. 5 Abs. 2 Klauselrichtlinie die für den Verbraucher günstigste Möglichkeit zu wählen. Zwar findet auch im Rahmen von § 306 BGB eine ergänzende Vertragsauslegung statt; eine Auslegungsregel für den Fall verschiedener Auslegungsmöglichkeiten enthält das BGB nicht. Art. 5 Abs. 2 Klauselrichtlinie ist neben den Vorschriften der §§ 305 ff. BGB anzuwenden[1141].

Nach Art. 6 Abs. 1 Satz 2 Klauselrichtlinie bleibt der Vertrag bindend, wenn er ohne die missbräuchliche Klausel bestehen bleiben kann. Eine dem § 306 Abs. 3 BGB entsprechende Regelung enthält die Klauselrichtlinie nicht. Der Vertrag bleibt also auch dann bindend, wenn er mit den an die Stelle der unwirksamen Klauseln tretenden Regelungen für eine Partei, also insbesondere auch für den Verwender, zu einer unzumutbaren Härte führt. Mit Rücksicht auf Art. 6 sind die Voraussetzungen von § 306 Abs. 3 BGB eng auszulegen[1142].

454 **Unklare und unverständliche Klauseln** und Darstellungen in Baubeschreibungen und Plänen sind unwirksam.

Leistungsbeschreibungen durch technische Begriffe, Abkürzungen oder Vorschriften, deren vollständige oder richtige Bedeutung der verständige Verbraucher nicht kennt und die zu einer minderwertigen oder nur eingeschränkten Leistungspflicht des Bauträgers führen, sind intransparent und deshalb unwirksam:
– Bezugnahme auf DIN-Normen[1143], die insgesamt oder teilweise nicht mehr den anerkannten Regeln der Technik oder dem üblichen Standard entsprechen (z.B. DIN 4109 (1989) für den Schallschutz zwischen Doppel- und Reihenhäusern, vgl. Rdn. 657),
– Vereinbarung der Wärmeschutzverordnung statt der heute maßgeblichen (und strengeren) Energieeinsparverordnung (ungeachtet dessen, dass dies öffentlich-rechtlich unzulässig ist)[1144],
– Beschreibung des Umfangs der Elektroinstallation unter Bezugnahme auf die DIN 18015/2, die eine Ausstattung mit Steckdosen, Lichtauslässen usw. im unteren Bereich des heute üblichen Standards vorsieht,

---

[1139] Vgl. *Thode*, NZBau 2002, 360, 364; *Kniffka*, ibr-online-Kommentar (Stand: 26. 5. 2009), § 631 BGB, Rdn. 28.
[1140] *Palandt/Grüneberg*, § 307 Rdn. 20.
[1141] *Heinrichs* NJW 1996, 2190, 2195, 2196; *Hertel*, DNotZ 2002, 6 (12); *Pause*, FS Thode, S. 275 (279).
[1142] *Palandt/Grüneberg*, § 306 Rdn. 10; *Heinrichs* NJW 1996, 2190, 2195.
[1143] *J. Schmidt*, PiG Bd. 87 (2010), S. 53 (56).
[1144] *Basty*, Rdn. 839.

IV. Leistungspflichten des Bauträgers

– Beschreibung eines begrenzten Leistungsumfangs bei der Erbringung der Außenanlagen durch die Verwendung des Begriffs Rohplanie, ohne deutlich zu machen, dass zur Rohplanie die Humusierung des Grundstücks nicht gehört.

Neben der Intransparenz ist das gemeinsame Merkmal dieser Beschreibungselemente die unangemessene Benachteiligung des Verbrauchers. Durch die leistungsbeschreibenden Merkmale wird geradewegs eine hochwertige Ausführung suggeriert, während mit der Verwendung des in der laienhaften Wertung Qualität vortäuschenden Begriffs (DIN-gerecht) das Gegenteil gemeint ist[1145].

Das Transparenzgebot gilt auch für die Vertragspläne. Sie sind für die Festlegung der Hauptleistungspflicht des Bauträgers mindestens genauso bedeutsam wie die Baubeschreibung. Die Darstellung des Vertragsgegenstandes in den Plänen soll den Erwerber möglichst klar über die räumliche Gestaltung des Vertragsgegenstandes informieren. Intransparent sind Darstellungen, technische Begriffe und Abkürzungen, die sich – in Verbindung mit den zeichnerischen Darstellungen – nicht eindeutig erschließen. Intransparent ist

– die Angabe von Rohbau-Flächenangaben, wenn nicht zugleich eindeutig darauf hingewiesen wird, daß sich die Maße um den Putz mit etwa 3% verringern,
– die Angabe von Maßketten ohne Hinweis auf die Rohbaumaße, z.B. Raumhöhe gemessen ab Oberkante Rohdecke bis Unterkante Rohdecke oder Oberkante Estrich (ohne Bodenbelag) bis Unterkante Rohdecke,
– die zeichnerische Darstellung von Betonwänden, Mauerwerk und Trockenbauwänden durch verschiedene Schraffuren, wenn nicht zugleich erläutert wird, welche Schraffur/Darstellung für welche Ausführungsart steht.

Pläne, in denen Abkürzungen, Symbole und Fachtermini verwendet werden, müssen deshalb eine Legende enthalten, die auf den verständigen Durchschnittserwerber zugeschnitten ist.

Die **Rechtsfolge** der Verletzung des Transparenzgebots ist die Unwirksamkeit der **455** zu beanstandenden Klausel (§ 306 Abs. 1 BGB). Eine Unwirksamkeit des gesamten Vertrages ist – auch wenn wesentliche Inhalte der Leistungsbeschreibung unwirksam sind – regelmäßig nicht anzunehmen. Im Falle der Unwirksamkeit des gesamten Vertrages würde der Zweck des mit dem Transparenzgebot verfolgten Verbraucherschutzes unterlaufen, zumal das Vermögen des Erwerbers, der bereits Zahlungen geleistet hat, gefährdet würde[1146].

Eine Ergänzung der Baubeschreibung nach § 306 Abs. 2 BGB kommt nicht in Betracht. Deshalb ist die durch die Unwirksamkeit entstandene Lücke durch Vertragsauslegung zu schließen[1147]. Es ist die Leistung geschuldet, die dem heutigen Stand der Technik entspricht. In Bezug auf die Qualität und die Quantität ist bei der Auslegung nicht auf den üblichen Standard[1148], sondern auf das durch die übrige Beschreibung vorgegebene Leistungsniveau abzustellen[1149]. Bei verbleibenden Zweifeln und bei mehreren Auslegungsmöglichkeiten ist zugunsten des Erwerbers zu entscheiden, Art. 5 Abs. 2 Klauselrichtlinie.

Zum Teil wird darüber hinaus vertreten, dass die in Bauträgerverträgen üblichen **456** **Kurz-Baubeschreibungen** den Anforderungen des Art. 5 der Verbraucherrichtlinie und § 307 Abs. 1 BGB generell nicht genügen, und zwar mit der Begründung, dass nur unzureichend über den Umfang der geschuldeten Werkleistung und die Äquiva-

---

[1145] *Kniffka/Koeble*, 6. Teil, Rdn. 24.
[1146] *Basty*, Rdn. 842;
[1147] *Palandt/Grüneberg*, § 306 Rdn. 6; *Sienz*, BauR 2009, 361 (368).
[1148] *Kniffka/Koeble*, 11. Teil, Rdn. 164.
[1149] *Basty*, Rdn. 842; *Grziwotz*, FS Thode, S. 243 (254); *Pause*, NZBau 2002, 648 (650).

B. Der Bauträgererwerb

lenz von Leistung und Gegenleistung informiert werde[1150]. Der Ansatz scheint verfehlt. Das Transparenzgebot verlangt eine klare und verständliche Darstellung der geschuldeten Bauleistung. Es stellt jedoch keine Anforderungen an die Darstellungstiefe, es verlangt insbesondere keine „Vollständigkeit" der Baubeschreibung. Mit anderen Worten: § 307 Abs. 1 Satz 2 BGB verbietet es nicht, den Leistungserfolg in den Vordergrund zu stellen und die geschuldete Leistung deshalb nur globalpauschal zu beschreiben. Danach ist es auch nach der Klauselrichtlinie zulässig, die Bauverpflichtung für ein schlüsselfertiges Objekt mit einer (unvollständigen) funktionalen Baubeschreibung zu beschreiben. Soweit es um die Quantität und die Qualität der zu erbringenden Leistung geht, hat der Bauträger sämtliche Arbeiten auszuführen, die für die vom Vertrag vorausgesetzte Funktion und den Leistungserfolg erforderlich sind[1151]. Allerdings wird eine globale Baubeschreibung dem Transparenzgebot nur dann genügen, wenn sie dem Erwerber verdeutlicht, dass es sich um eine unvollständige, globale Leistungsbeschreibung handelt, die dem Bauträger weitgehende Gestaltungs- und Planungsfreiheiten einräumt. Der Erwerber ist darauf hinzuweisen, dass die Baubeschreibung und die Vertragspläne noch zahlreiche Gestaltungsspielräume aufweisen und es dem Bauträger überlassen ist, die nur global und funktional beschriebene Leistung nach seinem Ermessen weiter zu planen und entsprechend auszuführen. Dazu gehört auch die Information, dass abweichende Planungsvorstellungen des Erwerbers zu vergütungspflichtigen Sonderwünschen führen können[1152]. Erfolgt die Leistungsbeschreibung global und funktional und enthält sie keinen Hinweis auf die dem Bauträger verbleibenden Planungs- und Gestaltungsmöglichkeiten, führt dies nach § 307 Abs. 1 Satz 3 BGB zur Unwirksamkeit der fraglichen Regelungen der Baubeschreibung. Das führt nicht zur Unwirksamkeit des gesamten Vertrages (Rdn. 455); die geschuldete Bauleistung wäre im Wege der ergänzenden Vertragsauslegung zu bestimmen[1153].

Im übrigen ist zweifelhaft, ob eine ausführliche Baubeschreibung, die den vermeintlichen Informationsbedürfnissen des Erwerbers gerecht wird, die „transparentere" Baubeschreibung ist. Eine ausführliche Baubeschreibung würde die geschuldete Leistung wie bei einem Detailpauschalvertrag ausführlich darstellen (also die Anforderung von § 7 Abs. 1 VOB/A erfüllen). Es darf davon ausgegangen werden, dass es für den technischen Laien unmöglich ist, Unzulänglichkeiten eines solch umfassenden Leistungsverzeichnisses auszumachen und die Tragweite der technischen Beschreibungen, die ja ihrerseits klar und verständlich sein sollen, also ausführlich sein müssen, zu überblicken. Eine ausführliche Baubeschreibung dürfte systembedingt intransparent sein[1154]. Das gilt auch für Beschreibungen, die in diesem Sinne nicht vollständig, aber doch zu allen wesentlichen Bauteilen um technische Aussagen bemüht sind; auch sie kommen nicht ohne Fachbegriffe aus, verwenden also eine Terminologie, die nur Fachleuten verständlich, also im Sinne des Transparenzgebots unverständlich ist: Technische Angaben zu Schalldämmaßen (R'_w) in dB oder zum Wärmedurchgangskoeffizienten (W/m² K) mögen für den Fachmann aussagekräftig sein, für den technischen Laien sind sie unverständlich, also intransparent[1155].

Der **Notar** ist verpflichtet, bei der Beurkundung Zweifel und Irrtümer zu vermeiden. Er hat bei der Gestaltung der Urkunde auch für deren Transparenz zu sorgen. Die

---

[1150] *Hertel*, DNotZ 2002, 6 (11 f.); *ders.*, ZNotP 2002, 4, (11); *Kniffka*, ibr-online-Kommentar (Stand: 26. 5. 2009), § 633 BGB, Rdn. 30; *Riemenschneider* in Grziwotz/Koeble, 3. Teil, Rdn. 314; *Sienz*, BauR 2009, 361 (367); *Thode*, NZBau 2002, 360 (366); vgl. aber *Glöckner*, FS Koeble, S. 271 f.
[1151] *Pause*, FS Thode, S. 275 (284 f.); *ders.*, NZBau 2002, 648 (650 f.).
[1152] *Pause*, FS Thode, S. 275 (284).
[1153] *Pause*, FS Thode, S. 275 (287); *Glöckner*, FS Koeble, S. 271 (282).
[1154] *Glöckner*, FS Koeble, S. 271 (284, 295); a. A. *Sienz*, BauR 2009, 361 (367).
[1155] *Pause*, FS Thode, S. 275 (286).

IV. Leistungspflichten des Bauträgers

Belehrungspflicht des Notars ist aber auf Rechtsfragen beschränkt[1156]. Es ist deshalb zweifelhaft, ob der Notar in Bezug auf die leistungsbeschreibenden Merkmale einer Baubeschreibung oder von Plänen belehren kann und muss[1157], also insoweit für die Transparenz dieses Teils der Urkunde verantwortlich ist. Fraglich ist auch, ob die Transparenz dadurch erhöht würde, wenn die Baubeschreibung vom Notar vorgelesen würde, statt sie – wie dies üblicherweise geschieht – gem. § 13a BeurkG zum Inhalt einer Bezugsurkunde zu machen[1158].

cc) Änderungsvorbehalte. Vertragsbestimmungen, die es dem Bauträger gestatten, die vertragsgemäß geschuldeten Leistungen abzuändern oder von ihnen abzuweichen, müssen den Anforderungen des § 308 Nr. 4 BGB entsprechen. Ein **Änderungsvorbehalt** ist nur wirksam, wenn er unter Berücksichtigung der Interessen des Bauträgers für den Erwerber zumutbar ist. Diese Voraussetzung ist nur erfüllt, wenn für die Änderung ein triftiger Grund vorliegt[1159]. Dieses weitere Erfordernis ergibt sich aus der zusätzlich zu beachtenden EG-Richtlinie 93/13 (Ziff. 1k im Anhang zu Art. 3 Abs. 3)[1160]. Eine Bedingung, die die Änderung schon unter der Voraussetzung gestattet, dass dadurch der Bauwert oder die Gebrauchsfähigkeit nicht beeinträchtigt wird, entspricht diesen Anforderungen nicht[1161]. **457**

Ein Änderungsvorbehalt kann eine überraschende Klausel darstellen oder zu einem Verstoß gegen das Transparenzgebot führen[1162], wenn er sich in der Baubeschreibung befindet, also an einem Ort, an dem neben den technischen Angaben mit rechtsgeschäftlichen Erklärungen nicht gerechnet werden muss.

Von der wirksamen Vereinbarung des Änderungsvorbehalts ist die Ausübung des Änderungsrechts zu unterscheiden. Insoweit ist § 315 BGB einschlägig. Deshalb muss als Voraussetzung für die Änderung ein triftiger Grund bestehen und die Änderung zumutbar sein. Die Änderung selbst muss nach billigem Ermessen erfolgen, § 315 BGB[1163].

dd) Baubeschreibung für fertige Leistungen. Zum Teil wird erwogen, bei Bauwerken, die teilweise hergestellt sind, für die Beschreibung der bereits ausgeführten Leistungen vertraglich auf den **Ist-Zustand des ausgeführten Bauwerks** zu verweisen[1164]. Das ist nicht unbedenklich. Soweit mit der Bezugnahme auf die vorhandene und besichtigte Bauleistung lediglich leicht überprüfbare Eigenschaften festgelegt werden, wäre diese Vereinbarung wohl noch vertretbar[1165]. Gedacht sei etwa an die Abmessungen und den Zuschnitt der Räume, die Farbgebung und die Gestaltung der Fassade usw. Soweit aber direkt oder indirekt auf technische Eigenschaften verwiesen wird, die für den Verbraucher kaum überprüfbar sind, handelt es sich der Sache nicht mehr um eine Leistungsbeschreibung, sondern um eine Haftungsbeschränkung. Durch eine solche Vertragsbestimmung könnte eine unzureichende bzw. technisch mangelhafte Ausführung als vereinbarte Beschaffenheit anzusehen sein und den Erwerber damit um seine Mängelansprüche bringen. Dies hält einer Inhaltskontrolle nach § 309 Nr. 8 BGB **458**

[1156] *Basty*, Rdn. 837; *Eue*, I. 30 Anm. 5 (2c).
[1157] *Grziwotz*, FS Thode, S. 243 (254f.).
[1158] *Glöckner*, FS Koeble, S. 271 (284).
[1159] BGH v. 23. 6. 2005, NJW 2005, 3420 = NZBau 2005, 511 (512) = BauR 2005, 1473 = MittBayNot 2006, 140 m. Anm. *Riemenschneider*.
[1160] BGH v. 23. 6. 2005, NJW 2005, 3420 = NZBau 2005, 511 (512) = BauR 2005, 1473 = MittBayNot 2006, 140 m. Anm. *Riemenschneider*; *Palandt/Grüneberg*, § 308 Rdn. 22, § 310 Rdn. 39; *Basty*, Rdn. 845 f; *Riemenschneider* in Grziwotz/Koeble, 3. Teil, Rdn. 317.
[1161] OLG Stuttgart v. 17. 10. 2002, BauR 2003, 1394; *Palandt/Grüneberg*, § 308 Rdn. 23.
[1162] *Basty*, Rdn. 846.
[1163] OLG Frankfurt v. 30. 7. 1998, BauR 2000, 1204 (1207).
[1164] *Schmidt-Räntsch*, ZfIR 2004, 569 (573).
[1165] *Basty*, Rdn. 828.

B. Der Bauträgererwerb

nicht stand und wäre deshalb unwirksam[1166]. Hinzu kommt, dass die geschuldete Leistung unter Bezugnahme auf die bereits ausgeführten Arbeiten nicht ausreichend bestimmbar sein dürfte, weil sich der Umfang und die Qualität sämtlicher bereits ausgeführter Arbeiten allein durch eine Besichtigung kaum erschließen lässt[1167].

e) Erschließung

459 In Bezug auf den vereinbarten Festpreis stellen die Erschließungskosten eine Besonderheit dar, weil der Erwerber bei einem Bauträgerangebot davon ausgehen darf, mit öffentlichen Abgaben, die mit der Herstellung des Objekts zusammenhängen, nicht gesondert belastet zu werden, während im Gegensatz zu dieser Erwartung das Grundstück tatsächlich auch nach Eigentumsübergang noch für die Kosten der Erschließung haftet und der Verkäufer überdies auch nach den Vorstellungen des reformierten BGB nur die Kosten der bei Vertragsschluss bautechnisch bereits begonnenen Maßnahmen zu tragen hat (§ 436 BGB).

460 *aa) Begriff der Erschließung.* Da Neubauten häufig auf noch unerschlossenen Grundstücken errichtet werden, ist die Erschließung unabdingbare Voraussetzung für eine ordnungsgemäße Bebauung, ja auch dafür, dass überhaupt eine Baugenehmigung erteilt werden kann. Für die Erschließung bieten sich zwei Wege an: Die Gemeinde erschließt selbst (§ 123 Abs. 1 BauGB) und gibt die Kosten an die Grundstückseigentümer weiter oder die Gemeinde überträgt die Erschließung durch Vertrag auf den Bauträger (§ 124 Abs. 1 BauGB). Auch im Falle der Erschließung durch den Bauträger verbleibt die öffentlich-rechtliche Erschließungslast bei der Gemeinde[1168], die gem. § 129 Abs. 1 Satz 3 BauGB zudem verpflichtet ist, mindestens 10% des beitragsfähigen Erschließungsaufwandes zu tragen.

461 Unter **Erschließungskosten** sind zunächst diejenigen des § 127 Abs. 2 BauGB zu verstehen, nämlich die Straßenbaukosten. Für den Bauträgervertrag ist jedoch von den Erschließungskosten im weiteren Sinn, wie sie in § 127 Abs. 4 BauGB genannt sind, auszugehen. Sie umfassen neben den öffentlichen Straßen und Wegen auch die Herstellung von Anlagen zur Versorgung mit Wasser, Gas, Wärme und Strom sowie Abwasserbeseitigung (sogenannte Anliegerbeiträge für öffentliche Versorgungs- und Entsorgungsleitungen)[1169]. Daneben umfasst dieser erweiterte Begriff der Erschließung auch solche Maßnahmen, die eine bereits vorhandene Erschließungssituation verbessern, also den aus einer zulässigen Bebauung folgenden Erschließungsvorteil erhöhen (z.B. Herstellung von Parkplätzen und Grünanlagen, Kinderspielplätzen, Immissionsschutzanlagen).

462 Nicht zu den Erschließungskosten gehören die **Aufwendungen für den Hausanschluss** von Gas, Wasser, Kanal und Elektrizität. Hierbei handelt es sich um Baukosten[1170] und nicht um die hier zu erörternden öffentlichen Gebühren und Abgaben.

Von den Erschließungskosten sind außerdem Folgelasten zu trennen. **Folgelasten** sind Aufwendungen, zu deren Übernahme sich der Bauträger gegenüber der Gemeinde im Zuge des Genehmigungsverfahrens verpflichtet. Gegenstand derartiger Folgelasten können soziale Einrichtungen oder sonstige Anlagen sein (z.B. die Errichtung einer Kindertagesstätte, eines Hallenbades usw.).

[1166] *Basty*, Rdn. 827; *Vogel*, ZflR 2002, 675 (681) unter Hinweis auf die parallelen Wertungen der Verbrauchsgüterrichtlinie.
[1167] Thode, ZNotP 2005, 162 (168).
[1168] *Grziwotz* in Reithmann/Meichssner/v. Heymann, H Rdn. 17.
[1169] *Grziwotz* in Reithmann/Meichssner/v. Heymann, H Rdn. 2 f.; *Matloch*, MittBayNot 1983, 54 und 159; *Dietrich*, DNotZ 1983, 297; *Riemenschneider* in Grziwotz/Koeble, 3. Teil, Rdn. 278.
[1170] LG Nürnberg-Fürth v. 25. 8. 1988, NJW-RR 1989, 668 zur schlüsselfertigen Errichtung eines Einfamilienhauses.

IV. Leistungspflichten des Bauträgers

bb) Erschließungskosten als Bestandteil der Gesamtleistung/des Gesamtpreises. Nach § 436 **463**
BGB ist der Verkäufer eines Grundstücks verpflichtet, Erschließungsbeiträge und sonstige Anliegerbeiträge nur für solche Maßnahmen zu tragen, die bei Vertragsschluss schon begonnen sind, und zwar unabhängig vom Entstehen der Beitragsschuld. Bei Baumaßnahmen in Neubaugebieten oder in neu erschlossenen Straßen würden bei Anwendung dieser Vorschrift auf den Erwerber erheblich zusätzliche Kosten zukommen können, da zum Zeitpunkt des Vertragsschlusses die Erschließungsmaßnahmen häufig erst mit oder zum Teil auch nach Ausführung der Bauträgerleistungen ausgeführt werden, mit ihnen also bei Vertragsschluss bautechnisch noch nicht begonnen sein muss. § 436 BGB ist allerdings abdingbar.

Er findet auf den Bauträgervertrag wegen der hier gegebenen Besonderheiten – Bauverpflichtung des Bauträgers – keine Anwendung[1171]. Das sollte aber vorsorglich vertraglich klargestellt werden:

Sofern die Bauträgerleistung schlüsselfertig zu erbringen ist, was regelmäßig der Fall **464**
ist (Rdn. 444), umfasst sie auch die öffentliche Erschließung, die im Zusammenhang mit der Errichtung des Objekts durchgeführt wird und Voraussetzung für die vertragsgemäße Nutzung ist[1172]. Auch wenn der Bauträger die öffentliche Wasserver- und Entsorgung, die Straße und deren Beleuchtung nicht selbst ausführen kann und soll, sind diese Leistungen doch Voraussetzung dafür, dass die Wohnung bzw. das Haus bezogen und genutzt werden kann. Von ihm sind außerdem auch die Kosten für solche Maßnahmen zu übernehmen, die nicht der unmittelbaren Erschließung dienen, die aber vor Vertragsschluss beschlossen wurden und deshalb für den Bauträger erkennbar und kalkulierbar sind. Folglich umfasst der **Gesamtpreis** sämtliche Erschließungskosten (im weiteren Sinn)[1173]. Das ist die Regel beim Bauträgererwerb. Deshalb würden, sollte der Bauträgervertrag keine Vertragsbestimmungen zur Erschließung enthalten, die Erschließungskosten vom Bauträger zu übernehmen und § 436 BGB als stillschweigend abbedungen anzusehen sein.

Hinsichtlich der Kosten, die unmittelbar durch die Erschließung des Objekts veranlasst sind, kommt es für die Kostentragungspflicht des Bauträgers nicht darauf an, ob sie im Zeitpunkt des Vertragsabschlusses bekannt oder bereits erhoben worden sind; er hat sie auch dann zu tragen, wenn die Maßnahmen erst später beschlossen oder die Heranziehungsbescheide erst nach der Übergabe erlassen werden[1174]. Für die Erschließungsmaßnahmen, die nicht der unmittelbaren Erschließung des Vertragsgegenstandes dienen, wie z.B. die Erweiterung der gemeindlichen Kläranlage, kommt es darauf an, ob sie von der Gemeinde vor Abschluss des Bauträgervertrages beschlossen waren. Der Erwerber geht erkennbar davon aus, dass sämtliche Kosten, die für den Bauträger absehbar und kalkulierbar sind, nicht ihn, sondern den Bauträger treffen. Es entspricht deshalb der In-

---

[1171] *Pause,* NZBau 2002, 648 (651); a. A. *Kniffka,* ibr-online-Kommentar (Stand: 26. 5. 2009), § 633 BGB, Rdn. 63.
[1172] *Basty,* Rdn. 727; *Blank,* Rdn. 130, 140; *Eue,* I. 30 Anm. 31 (2); *Riemenschneider* in Grziwotz/Koeble, 3. Teil, Rdn. 298; so auch *Kniffka,* ibr-online-Kommentar (Stand: 26. 5. 2009), § 633 BGB, Rdn 63 für schlüsselfertig zu erbringende Leistungen.
[1173] OLG Köln v. 20. 9. 1978, BB 1978, 1641, mit Hinweis darauf, dass die vom Bauträger übernommene Erschließungskostentragungspflicht sich auf sämtliche Kosten bezieht, die ihren Entstehungsgrund in der vorgesehenen Bebauung haben; OLG Hamm v. 9. 3. 1992, OLGR Hamm 1992, 225; OLG Düsseldorf v. 20. 7. 1994, BauR 1994, 803; LG Gießen v. 18. 2. 1998, BauR 1998, 1268 = MittBayNot 1999, 209 m. Anm. *Basty; Grziwotz* in *Reithmann/Meichssner/v. Heymann,* H Rdn. 36; *Basty,* Rdn. 734; *Blank,* Rdn. 125; *Eue,* I. 30 Anm. 31 (2); *Schmidt,* MittBayNot 1998, 85 hält abweichende Vereinbarungen für interessengerecht; *Koeble,* Rechtshandbuch Immobilien, Kap. 17 Rdn. 23.
[1174] OLG Hamm v. 9. 3. 1992, OLGR 1992, 225 = *Deckert* ETW 2/1758; vgl. auch OLG Köln v. 20. 9. 1978, BB 1978, 1641; OLG Hamm v. 5. 5. 1988, DNotZ 1989, 313 sowie OLG Hamm v. 3. 12. 1992, NJW-RR 1994, 339 jeweils dazu, dass sich die vom Veräußerer zu tragenden Kosten auch auf die Anliegerbeiträge (Erschließung im weiteren Sinn) beziehen.

teressenlage, wenn jedenfalls Kosten für solche Maßnahmen, die für den Bauträger vorhersehbar sind, mit dem Gesamtpreis abgegolten sind[1175].

465 Um Missverständnisse und Risiken zu vermeiden, empfehlen sich gleichwohl klare **Vertragsregelungen**[1176]. Sachgerecht ist eine Regelung, die dem Bauträger sämtliche Erschließungskosten auferlegt, die der unmittelbaren Erschließung dienen, gleichgültig, wann sie beschlossen und fällig werden[1177]. Die Haftung für Erschließungskosten, die unabhängig von der konkreten Bauträgermaßnahme entstehen, kann auf Maßnahmen beschränkt werden, die vor Abschluss des Bauträgervertrages vom Erschließungsträger beschlossen wurden.

Eine Vertragsklausel, nach der Erschließungskosten insgesamt oder zum Teil dem Erwerber auferlegt werden sollen, verstößt gegen §§ 305c, 307 BGB und ist unwirksam[1178]. Anderes kann aber dann gelten, wenn keine schlüsselfertige Leistung geschuldet ist, die zu erbringende Bauleistung konkret beschrieben wird und der Erwerber für seine Vergütung ohnehin nicht mit einem bezugsfertigen Objekt rechnen kann (z.B. bei Ausbauhäusern).

466 Die Erschließungskosten stellen eine **öffentliche Last** dar, die auf dem Grundstück ruht und im Falle der Nichtbegleichung durch den Bauträger dazu führen kann, dass sie vom Erwerber verlangt werden können (§ 134 Abs. 2 BauGB). Beitragspflichtig ist nach § 134 Abs. 1 BauGB derjenige, der im Zeitpunkt der Bekanntgabe Eigentümer des Grundstücks ist. Da der tatsächliche Erschließungsaufwand häufig erst nach Abschluss einer Baumaßnahme feststeht und von der Gemeinde abgerechnet wird, sind Nachforderungen trotz früher eingeforderter Vorauszahlungen nach Eigentumsübergang auf den Erwerber ohne weiteres möglich. Selbst im Falle einer – im Übrigen – ordnungsgemäßen Vertragserfüllung durch den Bauträger könnte die Gemeinde z.B. im Falle einer Insolvenz des Bauträgers noch geraume Zeit nach Fertigstellung einer Wohnanlage auf den Käufer zukommen.

467 Solange der Anspruch der Gemeinde gegen den Erwerber weder fällig noch bestimmbar ist, steht dem Erwerber (noch) kein **Freistellungsanspruch** gegen den Bauträger zu. Nach herrschender Meinung besteht zwar ein Risiko einer Inanspruchnahme durch die Gemeinde, nicht aber schon ein hinreichend bestimmter Anspruch. Deshalb steht dem Erwerber in dieser Situation auch kein Zurückbehaltungsrecht zu[1179]. Ein gesetzliches Zurückbehaltungsrecht ist aber dann anzuerkennen, wenn sicher ist, dass das Grundstück in bestimmter Höhe für weitere Erschließungskosten haften wird, selbst wenn noch kein Bescheid ergangen ist[1180].

Das Risiko einer ungesicherten Vorleistung i.S.v. § 3 MaBV kann deshalb nur durch eine entsprechende vertragliche Sicherung des Erwerbers ausgeschlossen werden; andernfalls darf der Bauträger die Vergütung nicht entgegennehmen (Rdn. 318). Nach der

---

[1175] *Grziwotz* in Reithmann/Meichssner/v. Heymann, G Rdn. 37; *Basty*, Rdn. 734, stellt auf den Zeitpunkt der Besitzübergabe ab, ebenso *Blank*, Rdn. 125.

[1176] Vgl. BGH v. 28.4.1994, NJW 1994, 2283 m. Anm. *Grziwotz*, NJW 1995, 641, zur Verpflichtung des Notars, mit den Parteien eines Kaufvertrages die Problematik noch nicht abgerechneter Erschließungsbeiträge zu erörtern und entsprechende vertragliche Regelungen vorzuschlagen; vgl. auch *Reithmann/Meichssner/v. Heymann*, B Rdn. 70 ff.; *Eue*, I. 30 Anm. 31 (1); a.A. *Riemenschneider* in Grziwotz/Koeble, 3. Teil, Rdn. 300.

[1177] *Eue*, I. 30 Anm. 31 (2); *Reithmann/Meichssner/v. Heymann*, B Rdn. 70 ff.; vgl. auch BGH v. 12.6.1992, DNotZ 1993, 328 m. Anm. *Grziwotz*.

[1178] Vgl. BGH v. 29.9.1983, NJW 1984, 171, zu einer AGB-Klausel über die Pflicht zur gesonderten Übernahme von „Aufschließungskosten"; *Grziwotz* in Reithmann/Meichssner/v. Heymann, H Rdn. 36; a.A. wohl OLG Celle v. 13.2.2002, BauR 2003, 390, das die (teilweise) Weitergabe von Erschließungskosten auf den Erwerber bedenkenlos zulässt; so wohl auch *Basty*, Rdn. 735 f; *Eue*, I. 30 Anm. 31 (3).

[1179] BGH v. 17.1.2008, NJW 2008, 1321, Rdn. 12; OLG Frankfurt v. 28.3.2007, IBR 2007, 560 (*Basty*).

[1180] *Basty*, Rdn. 753; *Eue*, I. 30 Anm. 31 (6); *Riemenschneider* in Grziwotz/Koeble, 3. Teil, Rdn. 307; a.A. *Blank*, Rdn. 141.

IV. Leistungspflichten des Bauträgers

hierzu ergangenen Entscheidung des BGH[1181] kommen als **Sicherheit** die Einzahlung eines Betrages in Höhe der möglichen Erschließungskosten auf ein der freien Verfügung des Bauträgers entzogenen Sperrkontos, die Stellung einer Bürgschaft durch den Bauträger oder die Vereinbarung eines (vertraglichen) Zurückbehaltungsrechts der Erwerber in Betracht. Die Problematik der von der Rechtsprechung hierzu aufgezeigten Lösungen liegt in der Bestimmung der Höhe der Sicherheit. In aller Regel ist die Höhe der voraussichtlichen Erschließungskosten nicht näherungsweise bekannt; auch die von den Kommunen geschätzte Höhe der Erschließungskosten ist zumeist kein geeigneter Maßstab, weil die prognostizierten Kosten meist erheblich überschritten werden.

Für etwaige Rückstände haften die Erwerber von Wohnungs- und Teileigentum **nicht als Gesamtschuldner,** sondern nur anteilig, also beschränkt auf ihren jeweiligen Miteigentumsanteil (§ 134 Abs. 1 Satz 4 BauGB)[1182]. Bei Wohnungs- oder Teileigentum beschränkt sich die vom Bauträger zu stellende Sicherheit deshalb auf den Miteigentumsanteil des einzelnen Erwerbers.

Ergeht gegen den Erwerber ein Bescheid über Erschließungskosten, obwohl sie vom Bauträger zu tragen sind – wovon grundsätzlich auszugehen ist –, steht ihm ein Freistellungsanspruch (Rdn. 467) oder – hat er bereits gezahlt – ein **Rückgriffsanspruch** gegen den Bauträger zu[1183]. Enthält der Vertrag eine Regelung, derzufolge die Erschließungskosten im Gesamtpreis enthalten sind – wie dies in der Entscheidung des LG Hanau[1184] der Fall war –, hat der Erwerber dann aber dennoch die Erschließungskosten zu tragen, weil der an den Veräußerer gerichtete Vorleistungsbescheid unwirksam war, so kann der Erwerber ebenfalls vom Bauträger den Ausgleich verlangen. **468**

Sofern im Bauträgervertrag nichts anderes vereinbart ist, stehen etwaige Erstattungsansprüche für vom Bauträger auf die Erschließungskosten geleistete Vorauszahlungen dem Bauträger und nicht dem Erwerber zu, und zwar ohne Rücksicht darauf, ob der Bauträger zum Zeitpunkt der Abrechnung noch Eigentümer ist[1185].

Überträgt die Gemeinde die Erschließung auf den Bauträger, so gibt der Bauträger diese Kosten ebenfalls in der Gesamtvergütung an den Erwerber weiter. Sollte die Erschließung vom Bauträger sodann nicht oder nicht vollständig oder vertragswidrig durchgeführt werden, ist die Gemeinde berechtigt und verpflichtet, die Erschließung zu vollenden, weil die Erschließungslast auch in diesem Fall bei ihr verbleibt. Sie kann die ihr entstandenen Kosten bei ihrem Vertragspartner, dem Bauträger, geltend machen. Im Falle einer Insolvenz wird sich die Gemeinde im nächsten Schritt durch entsprechende Bescheide an die (neuen) Grundstückseigentümer, nämlich die Erwerber, wenden. Auch bei Erschließungsverträgen kann der neue Grundstückseigentümer der Gemeinde nicht entgegenhalten, dass er die Kosten der Erschließung bereits mit dem Gesamtkaufpreis entrichtet hat – was somit auch bei einem solchen Sachverhalt zu einer Doppelbelastung führen wird[1186].

[1181] BGH v. 17. 1. 2008, NJW 2008, 1321, Rdn. 12 f.; OLG Frankfurt v. 28. 3. 2007, IBR 2007, 560 (*Basty*); *Eue*, I. 30 Anm. 31 (6).
[1182] VGH München v. 12. 10. 1990, NJW-RR 1991, 1171; vgl. VGH München v. 17. 6. 1993, NJW 1993, 12 zu den Anforderungen an einen Abgabenbescheid bei **gesamtschuldnerischer** Haftung von Wohnungseigentümern sowie BVerwG v. 13. 3. 1995, NVwZ 1995, 1207 = NJW 1995, 1075 (LS) zum Ausgleichsanspruch gesamtschuldnerisch haftender Miteigentümer.
[1183] OLG Hamm, v. 9. 3. 1992, OLGR 1992, 225. Da es sich bei einer vertraglichen Übernahme der Erschließungskosten durch den Bauträger nicht um eine Mängelhaftung im Sinne des § 633 BGB handelt, unterliegt der hier einschlägige Anspruch auf Schadensersatz wegen Nichterfüllung nicht der **Verjährung** des § 634a BGB, sondern der des § 195 BGB, LG Gießen v. 18. 2. 1998, BauR 1998, 1268 = MittBayNot 1999, 209 m. Anm. *Basty*; vgl. BGH v. 2. 7. 1993, NJW 1993, 2796 zu einem ähnlich gelagerten Fall bei einem Kaufvertrag.
[1184] LG Hanau v. 21. 11. 1983, NJW 1984, 983.
[1185] LG Mainz v. 11. 12. 2007, IBR 2008, 95 (*Gallois*); *Basty*, Rdn. 742; *Eue*, I. 30 Anm. 31 (4).
[1186] Vgl. *Battis/Krautzberger/Löhr*, § 124 Rdn. 10.

B. Der Bauträgererwerb

469 Genauso wie die Erschließung gehört auch die **Gebäudevermessung** zu den Leistungen, die bei einer schlüsselfertigen Errichtung mit dem Gesamtpreis abgegolten sind. Sie wären im Übrigen auch nach § 448 Abs. 1 BGB vom Bauträger als Grundstücksverkäufer zu tragen[1187]. Sollte der Erwerber vom Katasteramt zur Beibringung der nötigen Unterlagen aufgefordert werden, weil auch diese Verpflichtung eine **öffentliche Last** des Grundstücks darstellt, hat der Bauträger die Vermessungskosten nach den Grundsätzen der Geschäftsführung ohne Auftrag zu erstatten[1188].

4. Herausgabe von Bauunterlagen

470 Der Bauträger ist zur Herausgabe der **Baupläne** verpflichtet. Zwar schuldet er dem Erwerber die schlüsselfertige Errichtung des Gebäudes; die von ihm bzw. den damit beauftragten Architekten und Ingenieuren zu diesem Zweck hergestellten Planunterlagen, Berechnungen und Zeichnungen sind in Bezug auf die geschuldete Bauleistung nur Mittel zum Zweck. Deshalb ist der Bauträger vor oder bei Ausführung der Arbeiten auch nicht zur Vorlage der Baupläne verpflichtet.

Dem Erwerber bzw. Eigentümer ist die Unterhaltung der Bausubstanz nur dann (ohne erhebliche Mehrkosten) möglich, wenn ihm die für die Errichtung des Bauvorhabens hergestellten Unterlagen und Pläne (die Ausführungsplanung und nicht nur die Genehmigungsplanung) zur Verfügung stehen. Die Baupläne einschließlich Statik werden für spätere Änderungen und Erweiterungen, vor allem aber für Reparaturen und Sanierungsmaßnahmen benötigt. Gleiches gilt für Installationspläne (Bestandspläne für Heizung, Wasserver- und Entsorgung, Be- und Entlüftung usw.). Dieses Bedürfnis besteht in besonderem Maß beim Betrieb und der Unterhaltung von Gewerbeobjekten oder mittlerer und großer Wohnanlagen. Dass die Verfügbarkeit all dieser Unterlagen den praktischen Erfordernissen der Verwaltung eines Objekts entspricht, liegt auf der Hand.

Der Erwerber kann die Aushändigung dieser Unterlagen in Kopie verlangen; die Verpflichtung ergibt sich im Wege der Vertragsauslegung, mindestens aber als vertragliche Nebenpflicht aus dem Bauträgervertrag aus § 242 BGB[1189]. Für den Architektenvertrag hat der BGH[1190] im Wege der Auslegung des Architektenvertrages – ohne dass dies ausdrücklich als Teilschritt seiner Leistung vertraglich vereinbart gewesen wäre – eine Verpflichtung des Planers angenommen, die Unterlagen zu erstellen und auszuhändigen, die den Auftraggeber in die Lage versetzen, Maßnahmen zur Unterhaltung und dessen Bewirtschaftung zu planen. Ebenso wie beim Architektenvertrag ist der vom Bauträger geschuldete Erfolg nicht auf die mängelfreie Errichtung des Bauwerks beschränkt. Im Wege der interessengerechten Auslegung des Vertrages sind die Interessen des Erwerbers an einzelnen Arbeitsschritten zu berücksichtigen[1191]. Dazu gehören Planungsleistungen, die für die spätere Benutzung und Instandsetzung des Bauwerks erstellt wurden. Denn die Vertragsunterlagen und etwaige Auskünfte stellen bezogen auf die Lebenszeit eines Gebäudes keine ausreichende Grundlage für später erforderlich werdende Arbeiten dar. Deshalb besteht die Vertragspflicht, die Bauleistung zu **dokumentieren**[1192] und Ablichtungen der erwähnten Pläne **herauszugeben**[1193]. Die

---

[1187] *Palandt/Weidenkaff*, § 448 Rdn. 7.
[1188] AG Beckum v. 15. 5. 1990, NJW-RR 1990, 1241; *Grziwotz*, MittBayNot 1988, 15.
[1189] *Palandt/Grüneberg*, § 242 Rdn. 23.
[1190] BGH v. 24. 6. 2004, NJW 2004, 2588 = NZBau 2004, 509 = BauR 2004, 1640.
[1191] *Basty*, Rdn. 464.
[1192] LG Heidelberg v. 14. 2. 1992, NJW-RR 1992, 668 zur Dokumentationspflicht beim Bauvertrag.
[1193] Dies ist streitig. Wie hier: OLG Hamm v. 29. 10. 1987, NJW-RR 1988, 268; OLG Köln v. 22. 11. 1979, BauR 1980, 283; LG Detmold v. 14. 1. 1969, NJW 1969, 2144; LG München I v. 19. 2. 1991 – 8 O 2417/90; AG Traunstein v. 20. 4. 1988, NJW-RR 1989, 598; *Basty*, Rdn. 464; a. A. OLG Karlsruhe v. 5. 7. 1974, NJW

IV. Leistungspflichten des Bauträgers

Dokumentationspflicht besteht wegen der Besonderheit des Vertragsgegenstandes – hohe Lebensdauer und zunehmend anspruchsvolle Bautechnik bei stets zu erwartendem späteren Instandsetzungsbedarf – unabhängig davon, dass der Bauträger für die Ausführung der Bauarbeiten (ohnehin) Baupläne erstellen muss. Wenn von der Werkplanung abweichend ausgeführt wurde, wird der Bauträger darüber hinaus auch verpflichtet sein, Bestandspläne[1194] zu erstellen und herauszugeben. Der Erwerber muss sich nicht auf die Baubehörde und die dort vorhandene Eingabeplanung verweisen lassen, zumal sie nur Einsicht gewähren muss[1195].

Sofern es sich um eine Wohnungseigentumsanlage handelt, ist der Anspruch gemäß § 242 BGB dem Umfang nach begrenzt; es genügt, wenn die Unterlagen an die Gemeinschaft bzw. den Verwalter herausgegeben werden. Der Bauträger, der auch Verwalter des Gemeinschaftseigentums ist, muss bei Beendigung seines Verwalteramtes neben den übrigen Verwalterunterlagen auch die Bauunterlagen herausgeben, soweit sie die Errichtung der Wohnanlage betreffen[1196].

Daneben ist der Bauträger verpflichtet, **Betriebs- und Bedienungsanleitungen** und Prüfzeugnisse für die Aufzugs-, Heizungs- und Lüftungsanlage sowie Schließpläne usw. herauszugeben. Das gilt wegen seiner besonderen Bedeutung im Falle der Weiterveräußerung der Wohnung bzw. des Hauses auch für den **Energieausweis** nach § 16 EnEV[1197]. **471**

Die Aufforderung, bestimmte Nachweise vorzulegen, ersetzt nicht die Aufforderung zur Mängelbeseitigung für Mängel, die im Zusammenhang mit solchen Nachweisen stehen[1198].

Eine noch umfassendere Herausgabepflicht besteht dann, wenn der Erwerber im Rahmen des heute Zulässigen die Mängelansprüche des Bauträgers gegen seine Vertragspartner (Nachunternehmer, Planer, Lieferanten) im Wege der **Abtretung** erhalten hat. In diesem Fall muss der Erwerber nicht nur über die technische Seite des Objekts, sondern auch über die Rechtsbeziehungen zu den Bauhandwerkern unterrichtet sein. Deshalb ist der Bauträger bei der Abtretung der Mängelansprüche gemäß § 402 BGB nicht nur zur Herausgabe der Baupläne, sondern auch zur Aushändigung der Bauverträge samt Leistungsverzeichnissen und sonstiger Ausschreibungsunterlagen, Zeichnungen, Schlussrechnungen, einschlägiger Korrespondenz usw. verpflichtet[1199]. **472**

Schließlich steht dem Käufer nach einhelliger Meinung ein **Einsichtsrecht** nach § 810 BGB in sämtliche Bauunterlagen zu[1200]. **473**

5. Verzug

a) Fälligkeit – Fertigstellungstermin

Voraussetzung für den Verzug ist die Fälligkeit der geschuldeten Leistung (§ 286 Abs. 1 Satz 1 BGB). Sofern für die vereinbarte Bauleistung ein Termin vereinbart ist, **474**

1975, 694; LG München I v. 2. 3. 2007, BauR 2007, 1431; LG Krefeld v. 11. 12. 2008, IBR 2009, 276 (*Heiliger*); Feser, BTR 2007, 127; *Koeble*, NJW 1975, 695; *Werner/Pastor*, Rdn. 1195; OLG München v. 15. 10. 1991, BauR 1992, 95; *Koeble*, Kap. 20 Rdn. 8, begrenzt die Herausgabepflicht auf die Entwurfsplanung.
[1194] Bestandspläne stellen eine Besondere Leistung i. S. v. § 15 HOAI dar; vgl. OLG Hamm v. 4. 6. 1998, BauR 1998, 1110, zur begrenzten Verpflichtung des Architekten, sie erstellen zu müssen.
[1195] Dies verkennt das OLG Karlsruhe v. 5. 7. 1974, NJW 1975, 694.
[1196] BayObLG v. 23. 3. 2001, NJW-RR 2001, 1667 = NZM 2001, 469; OLG Hamm v. 29. 10. 1987, NJW-RR 1988, 268.
[1197] *Flatow*, NJW 2008, 2886 f.
[1198] OLG Düsseldorf v. 18. 11. 2008, IBR 2009, 378 (*Heiland*), zum Brandschutznachweis.
[1199] OLG Hamm v. 29. 10. 1987, NJW-RR 1988, 268; BGH v. 29. 3. 1974, NJW 1974, 1135; *Jagenburg*, NJW 1972, 1222; *Koeble*, NJW 1975, 695.
[1200] *Koeble*, NJW 1975, 695.

wird die Leistung zu diesem Termin fällig, § 271 BGB. Das Objekt ist dann zum **vereinbarten Fertigstellungstermin** abnahmefähig zu übergeben. Häufig werden mit Rücksicht auf den Bauablauf und die Witterungsverhältnisse für Gebäude und Außenanlagen unterschiedliche Termine vereinbart. Die Fertigstellung kann zu einem fixen Termin versprochen werden (die Wohnung wird bis spätestens zum 10. 12. 2012 fertiggestellt und übergeben). Häufig wird aber nur der voraussichtliche Fertigstellungstermin genannt, der dem Bauträger noch einen gewissen Spielraum belässt (Fertigstellung voraussichtlich zum 30. 10. 2012)[1201]. In beiden Fällen ist eine Leistungszeit i. S. v. § 271 BGB vereinbart, im zweiten Fall allerdings unter Einräumung eines mäßigen Spielraums[1202] (zu den Rechtsfolgen Rdn. 477). Es ist auch möglich, beides zu kombinieren, nämlich einen voraussichtlichen Termin (30. 10. 2012) und einen spätesten Fertigstellungstermin (10. 12. 2012) festzulegen.

Wurde zwischen den Parteien ein fester Fertigstellungstermin individuell vereinbart, ist eine Klausel, nach der dem Unternehmer eine Verschiebung des Termins von bis zu sechs Wochen gestattet wird, wegen des Vorrangs der Individualabrede unwirksam[1203].

Beim Bauträgervertrag ist davon auszugehen, dass der Bauträger die Bauzeit vorsichtig kalkuliert, es also bei einem ungestörten Bauablauf auch zu einer früheren Fertigstellung kommen kann. Deshalb ist anzunehmen, dass er im Rahmen des Üblichen auch früher übergeben darf, § 271 Abs. 2 BGB; eine dadurch verursachte geringfügig frühere Fälligkeit der Besitzübergaberate und entsprechend längere Vorhaltung einer Mietwohnung ist zumutbar. Vertragsbedingungen, die diesem Umstand Rechnung tragen, benachteiligen den Erwerber nicht unangemessen, sind also nicht unwirksam[1204].

475 Vertragsbestimmungen, die dem Bauträger **unangemessen lange** oder **nicht hinreichend bestimmte Fristen** für seine Leistung einräumen, verstoßen gegen § 308 Nr. 1 BGB und sind unwirksam. Die angemessene Frist für die Erbringung der Leistung richtet sich nach der Bauzeit für vergleichbare Bauvorhaben. Bei einer sich über mehrere Monate erstreckende Bauleistung ist eine Monatsangabe (Dezember 2012) für den Fertigstellungstermin hinreichend bestimmt. Das gilt auch für die Angabe „voraussichtlich 30. 11. 2012". Unter Berücksichtigung der Größe des Objekts und der Gesamtbauzeit kann mit einer Verlängerung von zwei bis vier Wochen gerechnet werden; die Bauzeit ist folglich hinreichend bestimmt. Bei der Bestimmung der angemessenen Herstellungsfrist haben aber andere Gesichtspunkte, die sich nicht aus dem zu erwartenden regelmäßigen Bauablauf ergeben, außer Betracht zubleiben. Mit dem Baubeginn kann deshalb nicht gewartet werden, bis für eine seriell zu errichtende Anlage – Reihenhaussiedlung, Eigentumswohnungsanlage – Erwerber in ausreichender Anzahl für die Wohnanlage gefunden worden sind[1205]. Das Vertriebs- und Finanzierungsrisiko des Bauträgers kann nicht auf den Käufer abgewälzt werden. Bei einem „voraussichtlichen" Fertigstellungstermin ist davon auszugehen, dass diese Terminsvereinbarung nur geringfügige und begründete Terminsüberschreitungen zulässt; unter dieser Voraussetzung verstößt sie nicht gegen § 308 Nr. 1 BGB[1206]. Gleiches gilt für Vertragsbestimmungen, die die Fertigstellung zu einem bestimmten Termin nur „in Aussicht stellen" oder zum Ausdruck bringen, dass sich der Bauträger um die Einhaltung des Termins bemühen wird.

Ebenfalls zweifelhaft ist eine Klausel, die die Fertigstellung innerhalb einer bestimmten Bauzeit vorsieht, wobei diese Bauzeit erst mit der Erteilung der Baugenehmigung

---

[1201] BGH v. 28. 6. 1984, NJW 1984, 2468 = MDR 1985, 46 allerdings zur Lieferung eines Fertighauses.
[1202] BGH v. 17. 1. 2002, NZBau 2002, 331, konnte diese Frage im entschiedenen Fall offen lassen.
[1203] BGH v. 28. 6. 1984, NJW 1984, 2468 = MDR 1985, 46 zur Lieferung eines Fertighauses.
[1204] A. A. *Vogel*, BTR 2007, 54 (58) = PiG Bd. 74 (2006), S. 83 (90).
[1205] *Basty*, Rdn. 964; *Vogel*, BTR 2007, 54 (57) = PiG Bd. 74 (2006), S. 83 (88).
[1206] *Basty*, Rdn. 967; a. A. *Vogel*, BTR 2007, 54 (57) = PiG Bd. 74 (2006), S. 83 (88).

zu laufen beginnt. Auch wenn der Bauträger auf die Dauer des Genehmigungsverfahrens regelmäßig kaum Einfluss hat, ist es für den Erwerber noch weniger zu überblicken ob und in welchem Umfang der Bauträger den Antrag rechtzeitig und vollständig stellt und alles tut, um die Genehmigung zügig zu erhalten. Eine Bestimmung, die den Fertigstellungstermin auf diese Weise festlegt, dürfte unwirksam sein[1207]. Bedenklich sind schließlich Vertragsbestimmungen, die den Fertigstellungstermin für den Fall der Beauftragung von Sonderwünschen für unverbindlich erklären. Nicht jede zusätzliche Leistung führt zu einer Bauzeitverlängerung; diesem Umstand trägt eine solche Gestaltung aber nicht Rechnung und ist deshalb nach § 307 BGB unwirksam[1208]. Im übrigen obliegt es dem Bauträger, bei der nachträglichen Änderung der vereinbarten Bauleistung auf etwaige Auswirkungen auf eine mögliche Bauzeitverlängerung hinzuweisen und diese im Rahmen des zu vereinbarenden Sonderwunschvertrages im Wege der Vereinbarung zu berücksichtigen.

Vertragsbestimmungen, die in Anlehnung an § 6 Abs. 2 VOB/B eine Verlängerung der Bauzeit wegen Streiks, höherer Gewalt oder anderer unabwendbarer Umstände vorsehen, sind nicht zu beanstanden[1209], aber auch nicht erforderlich, weil der Bauträger Verzögerungen, die durch solche Umstände verursacht werden, ohnehin nicht zu vertreten hätte (§ 286 Abs. 4 BGB)[1210].

Wurde im Erwerbsvertrag **kein Fertigstellungstermin** vereinbart, ist die Bauzeit und damit der Fertigstellungstermin aus den Umständen des Einzelfalles zu entnehmen, § 271 BGB. Der Bauträger hat im Zweifel alsbald nach Vertragsschluss mit den Arbeiten zu beginnen und sie in angemessener Zeit zügig zu Ende zu führen; dabei ist die für die Herstellung notwendige Zeit in Rechnung zu stellen. Mit Ablauf dieser angemessenen Fertigstellungsfrist wird die Leistung fällig[1211]. Sofern nicht „vom Plan weg" verkauft wird, ist bei der Bestimmung der angemessenen Frist der bereits erreichte Baufortschritt im Zeitpunkt des Vertragsabschlusses zu berücksichtigen (in Abzug zu bringen). **476**

b) Rechtliche Voraussetzungen des Verzuges (§ 286 BGB)

Der Bauträger gerät mit seiner Leistung ohne weiteres in Verzug, wenn für die Fertigstellung eine **Zeit nach dem Kalender bestimmt** ist (§ 286 Abs. 2 Nr. 1 BGB). Für die zu erbringende Bauleistung wird zumeist ein fester Termin festgelegt. Das ist bei Vereinbarungen der Fall, bei denen die Bezugsfertigkeit für ein bestimmtes Datum zugesagt wurde (Fertigstellung bis zum … oder bis spätestens zum …)[1212]. Auch bei der Angabe „Ende Dezember 2012" oder „Dezember 2012" ist die Leistungszeit ausreichend nach dem Kalender bestimmt. Die Folge ist, dass automatisch und ohne weitere Mahnung Verzug eintritt. Eine Mahnung ist aber dann erforderlich, wenn zwar ein bestimmter Fertigstellungstermin vereinbart war, aber ohne Verschulden des Bauträgers überschritten wurde[1213]. **477**

Sofern für die Leistung kein bestimmter Termin vereinbart wurde, gerät der Bauträger durch eine **Mahnung** in Verzug, § 286 Abs. 1 Satz 1 BGB. Das gilt für Bauleistungen, für die kein fester Termin bestimmt wurde[1214], aber auch für die Übereignung

---

[1207] *Vogel*, BTR 2007, 54 (57 f.) = PiG Bd. 74 (2006), S. 83 (90); a. A. *Basty*, Rdn. 965.
[1208] *Vogel*, BTR 2007, 54 (58) = PiG Bd. 74 (2006), S. 83 (90).
[1209] *Basty*, Rdn. 969.
[1210] *Vogel*, BTR 2007, 54 (58) = PiG Bd. 74 (2006), S. 83 (90).
[1211] BGH v. 8. 3. 2001, NZBau 2001, 389 = NJW-RR 2001, 806 = BauR 2001, 946.
[1212] BGH v. 20. 1. 2000, BauR 2000, 881, (883).
[1213] BGH v. 22. 5. 2003, BauR 2003, 1215 = NJW-RR 2003, 1238.
[1214] BGH v. 8. 3. 2001, NZBau 2001, 389 = NJW-RR 2001, 806 = BauR 2001, 946; BGH v. 30. 7. 1998, BauR 2000, 1205 (1208).

des Grundstücks, für die ein fester Zeitpunkt im Vorhinein praktisch ohnehin nicht vereinbart werden kann.

Voraussetzung für den Verzug durch Mahnung ist außerdem, dass die Leistung überhaupt fällig ist, also die angemessene Frist für die Fertigstellung des Objekts verstrichen ist bzw. für die Fälligkeit der Auflassung der vollständige Kaufpreis entrichtet wurde.

Der Verzug muss zu vertreten sein (§ 286 Abs. 4 BGB), wobei der Schuldner beweisen muss, dass ihn am Verzug kein **Verschulden** trifft[1215]. Es obliegt dem Bauträger, bei der Erstellung des Bauzeitenplanes angemessene Fristen für die Planung, die Erteilung der erforderlichen Genehmigungen und für die eigentliche Bauausführung zu berücksichtigen. Da bei der Durchführung von Bauvorhaben stets mit unvorhergesehenen Ereignissen zu rechnen ist, muss dieser Umstand in üblicher und angemessener Weise von vornherein eingeplant werden. Deshalb muss der Bauträger bei seinem Bauzeitenplan auch Zeitpuffer einkalkulieren, mit denen Verzögerungen, Schwierigkeiten und unvorgesehene Ereignisse aufgefangen werden können.

Der Verzug wird deshalb nicht allein dadurch ausgeschlossen, dass die Abgeschlossenheitsbescheinigung nach § 7 Abs. 4 WEG von der Behörde nicht rechtzeitig erteilt wurde[1216]. Auch bei einer nicht fristgerechten Fertigstellung wegen einer verspätet erteilten Baugenehmigung kann sich der Bauträger nicht allein damit entschuldigen, dass die Baubehörde laufend zur zügigen Erteilung der Genehmigung gedrängt wurde[1217]. Witterungseinflüsse (z. B. winterliche Witterungsverhältnisse, Schlechtwettertage) entschuldigen den Bauträger ebenfalls nicht, da sie bei der Planung einzukalkulieren sind (vgl. auch § 6 Abs. 2 Nr. 2 VOB/B).

478 Nach dem bis zum 31. 12. 2001 geltenden Recht ist für den Verzug bzw. die verspätete Herstellung zwischen der Bauverpflichtung einerseits und der Eigentums- und Besitzverschaffungsverpflichtung sowie etwaigen sonstigen Erfüllungsverpflichtungen andererseits zu unterscheiden. Wird die Rückabwicklung des Vertrages wegen einer verspäteten Fertigstellung des Bauwerks angestrebt, ist § 636 BGB a. F. einschlägig[1218]. Wird – ebenfalls in Bezug auf die Bauverpflichtung – der Ersatz des Verzugsschadens oder Schadensersatz wegen Nichterfüllung begehrt, finden die allgemeinen Vorschriften der §§ 286 Abs. 1 bzw. 326 BGB a. F. Anwendung (§ 636 Abs. 1 Satz 2 BGB a. F.). Wenn sich der Bauträger mit der Auflassung, der Besitzverschaffung oder mit sonstigen Verpflichtungen in Verzug befindet, gelten die §§ 286 Abs. 1, 326 BGB a. F.

Das Rücktrittsrecht nach § 636 BGB setzt voraus, dass „das Werk ganz oder zum Teil nicht rechtzeitig hergestellt" wurde und dem Bauträger eine Nachfrist mit Ablehnungsandrohung gesetzt wurde (§§ 636 Abs. 1, 634 Abs. 1 BGB a. F.). Der Grund für die verspätete Herstellung ist unerheblich, insbesondere ist ein Verschulden nicht erforderlich.

c) Schadensersatz und Rücktritt (§§ 280, 281, 323 BGB)

479 Kommt der Bauträger in Verzug, kann der Erwerber vom Vertrag zurücktreten (§ 323 BGB), Schadensersatz statt der Leistung (§ 281 BGB) geltend machen oder den Ersatz des Verzögerungsschadens verlangen (§ 280 BGB).

480 *aa) Rücktritt.* Der Erwerber kann gemäß § 323 BGB den **Rücktritt** vom Vertrag erklären, wenn er dem Bauträger vergeblich eine angemessene Frist zur Nacherfüllung gesetzt hat (zu den Anforderungen an die Fristsetzung vgl. Rdn. 482). Die gesetzte

---

[1215] BGH v. 8. 3. 2001, NZBau 2001, 389 = NJW-RR 2001, 806 – BauR 2001, 946.
[1216] OLG Karlsruhe v. 24. 5. 1989, NJW-RR 1989, 1245.
[1217] BGH v. 17. 1. 2002, NZBau 2002, 331.
[1218] OLG Nürnberg v. 9. 7. 1985, NJW-RR 1986, 247.

IV. Leistungspflichten des Bauträgers

Frist muss angemessen sein. Dabei ist davon auszugehen, dass die Bauausführung erheblich beschleunigt werden muss. Wenn vom Erwerber eine zu kurze Frist gesetzt wird, gilt eine angemessene Frist[1219]. Im übrigen gebietet die Kooperationspflicht, den Erwerber auf eine zu kurz gesetzte Frist hinzuweisen und einen Bauzeitenplan vorzulegen, der die beabsichtigte beschleunigte Bauausführung dokumentiert[1220].

Eine Fristsetzung ist entbehrlich, wenn die Leistung ernsthaft und endgültig verweigert wird (§ 323 Abs. 2 Nr. 2 BGB). Im Falle einer nur unwesentlichen Pflichtverletzung kann vom Vertrag nicht zurückgetreten werden (§ 323 Abs. 5 Satz 2 BGB). Das Rücktrittsrecht ist deshalb bei einer nur geringfügigen Fristüberschreitung oder bei nur untergeordneten Restleistungen, die nicht fristgerecht fertiggestellt wurden, ausgeschlossen. Der Rücktritt kann ausnahmsweise schon vor Fälligkeit erklärt werden, wenn offensichtlich ist, dass die Voraussetzungen für das Rückrittsrecht eintreten werden (§ 323 Abs. 4 BGB). Das kann etwa der Fall sein, wenn ein oder zwei Monate vor dem vereinbarten Fertigstellungstermin, also vor Fälligkeit, eine fristgerechte Fertigstellung objektiv nicht mehr zu bewerkstelligen ist, etwa weil mit den Arbeiten noch gar nicht begonnen wurde[1221].

Der Rücktritt ist ein Gestaltungsrecht; mit seiner Ausübung – nicht schon mit der Fristsetzung – erlischt der Erfüllungsanspruch. Die für den Erwerber bestehenden Sicherungen – Auflassungsvormerkung, Lastenfreistellungserklärung – werden dadurch gegenstandslos, darin besteht ein erhebliches Risiko[1222]. Allerdings steht dem Erwerber gegenüber dem Grundbuchberichtigungsanspruch des Bauträgers ein Zurückbehaltungsrecht zu[1223]; das gilt jedoch nicht in der Insolvenz des Bauträgers[1224] (vgl. auch Rdn. 1006). **481**

Hat der Erwerber den Rücktritt vom Vertrag erklärt, wird der gesamte Vertrag rückabgewickelt. Der Kaufpreis ist zurückzubezahlen. Neben dem Rücktritt bleibt der Schadensersatzanspruch erhalten, § 325 BGB.

bb) Schadensersatz statt der Leistung. Der Erwerber kann **Schadensersatz statt der Leistung** nach § 280 Abs. 3 BGB i. V. m. § 281 BGB verlangen. Dazu muss dem Bauträger erfolglos eine angemessene Frist zur Nacherfüllung gesetzt worden sein (vgl. Rdn. 480). Für die Fristsetzung genügt es nach der Rechtsprechung des BGH[1225], wenn dem Schuldner durch das Verlangen nach sofortiger, unverzüglicher oder umgehender Leistung verdeutlicht wird, dass ihm für die Erfüllung nur ein begrenzter, aber bestimmbarer Zeitraum zur Verfügung steht; auf die Bestimmung einer bestimmten Frist oder die Nennung eines konkreten Termins kommt es nicht an. Sobald Schadensersatz statt der Leistung verlangt wird, ist der Anspruch auf Leistung ausgeschlossen, (§ 281 Abs. 4 BGB). **482**

Bei einer nur unerheblichen Pflichtverletzung ist der Schadensersatz statt der Leistung ausgeschlossen (§ 281 Abs. 1 Satz 3 BGB). Deshalb ist der Schadensersatz statt der Leistung bei einem Verzug mit nur unwesentlichen Restleistungen oder bei einer nur unwesentlichen Terminsüberschreitung mit auch wichtigen Leistungen – ebenso wie das Rücktrittsrecht – ausgeschlossen.

Der Erwerber ist beim Schadensersatz statt der Leistung so zu stellen, wie er gestanden hätte, wenn bei Fälligkeit ordnungsgemäß geleistet worden wäre (kleiner Schadens- **483**

[1219] *Palandt/Grüneberg,* § 323 Rdn. 14.
[1220] OLG Hamm v. 31. 5. 2007, NZBau 2007, 709.
[1221] *Palandt/Grüneberg,* § 323 Rdn. 23.
[1222] Vgl. *Blomeyer,* NJW 1999, 472 (473); *Schmid,* BauR 2000, 971 (978).
[1223] BGH v. 4. 12. 1985, NJW 1986, 925 (927); BGH v. 28. 10. 1988, WM 1989, 348 m. Anm. *Hegmanns,* EWiR 1989, 235.
[1224] BGH v. 20. 12. 2001, NJW 2002, 1050; BGH v. 7. 3. 2002, NJW 2002, 2313; BGH v. 22. 1. 2009, NJW 2009, 1414 = BauR 2009, 817; *Schmitz,* Die Bauinsolvenz, Rdn. 457.
[1225] BGH v. 12. 8. 2009, NJW 2009, 3153 m. abl. Anm. *Klein.*

ersatz). Statt dessen kann der Erwerber auch vom Vertrag Abstand nehmen und die Erstattung sämtlicher Schäden, insbesondere die Rückzahlung bereits geleisteter Vergütungen verlangen (großer Schadensersatz)[1226]. Wegen § 281 Abs. 4 BGB entfällt in diesem Fall die Grundlage für die Auflassungsvormerkung und das Recht zum Besitz[1227]. Beim Schadensersatz statt der Leistung verliert der Erwerber deshalb ebenfalls die Auflassungsvormerkung als wesentliche Sicherheit; es besteht deshalb im Falle einer Insolvenz auch bei diesem Anspruch die Gefahr des Verlusts der bereits geleisteten Zahlungen[1228], vgl. Rdn. 1006. Macht der Erwerber Schadensersatz statt der Leistung geltend, bemisst sich der Schaden nach dem Wert des Interesses, das der Gläubiger an der ordnungsgemäßen Erfüllung zum vorgesehenen Erfüllungszeitpunkt hatte; spätere Entwicklungen muss er sich grundsätzlich nicht entgegenhalten lassen. Deshalb sind zukünftige Renditeentwicklungen einer Immobilie (Entwicklung der Mieten einerseits, Kosten der Wohnung andererseits) nicht zu berücksichtigen. Ferner sind sämtliche Aufwendungen des Käufers, die sich als nutzlos erweisen, als Schaden erstattungsfähig, wenn ihnen im Falle der Erfüllung ein Gegenwert gegenüber gestanden hätte. Dafür besteht eine – widerlegbare – Vermutung, da angenommen werden kann, dass Aufwendungen durch die erwarteten Gegenleistungen ausgeglichen worden wären („Rentabilitätsvermutung"). Das gilt jedoch nicht, wenn der Geschädigte nicht nur den Ersatz der nutzlosen Aufwendungen beansprucht, sondern darüber hinaus den Ersatz der entgangenen Vorteile[1229].

484 Schadensersatz statt der Leistung kann aber auch – soweit sich der Bauträger mit **Teilleistungen** (z.B. Resterfüllungsansprüchen) in Verzug befindet – wegen solcher Teilleistungen geltend gemacht werden, § 281 Abs. 1 Satz 2 BGB. Schadensersatz statt der Leistung nach § 281 Abs. 1 Satz 2 BGB kommt allerdings nur in Betracht, wenn der Erwerber den erbrachten Teil der Leistung abgenommen und nicht die gesamte Leistung wegen der fehlenden Teilleistung zurückgewiesen hat. Sofern der Gläubiger an der erbrachten Teilleistung dann kein Interesse hat, kann er wegen der Gesamtleistung Schadensersatz verlangen. Hat die Teilleistung für den Gläubiger Interesse, zerfällt die Leistung in zwei selbständige Teile. Der Schadensersatzanspruch beschränkt sich auf die ausstehende Teilleistung[1230].

Weigert sich der Bauträger nach Bezug der Wohnanlage, nun noch die Außenanlagen vertragsgerecht herzustellen und wurde die Teilleistung durch den Bezug der Wohnung entgegengenommen, könnte der Erwerber unter den Voraussetzungen des § 323 BGB vom Vertrag zurücktreten oder – soweit sich die Gemeinschaft dahin entscheidet – nach § 281 BGB die Kosten für die Herstellung der Außenanlagen als Schadensersatz verlangen. Unabhängig davon könnte allerdings auch der ursprüngliche Erfüllungsanspruch verfolgt werden, also die Herstellung der Außenanlagen gemäß Baubeschreibung (Freiflächengestaltungsplan) eingefordert werden. Dies müsste auch im Wege einer Vorschussklage – genauso wie bei der Mängelbeseitigung – zulässig sein.

485 *cc) Verzögerungsschaden.* Im Falle des Verzuges kann der Erwerber unter der Voraussetzung des § 286 BGB ohne weiteres Schadensersatz gemäß § 280 Abs. 2 BGB geltend machen. Der Schadensersatz ist auf den Ausgleich des **Verzögerungsschadens** gerichtet. Er erfasst z.B. die wegen der verspäteten Übergabe notwendig gewordene

---

[1226] *Palandt/Grüneberg,* § 281 Rdn. 46.
[1227] *Palandt/Grüneberg,* § 281 Rdn. 51.
[1228] BGH v. 20. 12. 2001, NJW 2002, 1050; BGH v. 7. 3. 2002, NJW 2002, 2313; BGH v. 22. 1. 2009, NJW 2009, 1414 = BauR 2009, 817.
[1229] BGH v. 24. 9. 1999, NJW 1999, 3625.
[1230] *Palandt/Grüneberg,* § 281 Rdn. 36 f.

IV. Leistungspflichten des Bauträgers

Unterbringung im Hotel und die dadurch entstandenen Hotelkosten oder z.B. auch die entgangene Nutzung (im Folgenden Rdn. 488).

dd) Kündigung. Statt Rücktritt und Schadensersatz nach §§ 323, 281 BGB kann bei entsprechend schweren Vertragsverletzungen ausnahmsweise auch eine **(Teil-) Kündigung** des Vertrages (Kündigung der weiteren Bauleistungen bei Aufrechterhaltung des Übereignungsanspruchs) in Betracht kommen (Rdn. 753 f.). **486**

ee) Verhältnis zur Mängelhaftung. Wegen Mängeln hat der Erwerber bis zur Abnahme einen auf mangelfreie Herstellung gerichteten Erfüllungsanspruch. Insoweit finden die Grundsätze der allgemeinen Vorschriften Anwendung[1231]. Ob die Mängelansprüche der §§ 634 ff. BGB ebenfalls schon vor der Abnahme bestehen, ist zweifelhaft. Dagegen spricht die Systematik des modernisierten Schuldrechts, die grundsätzlich davon ausgeht, dass bis zur Abnahme Erfüllung und erst nach der Abnahme Nacherfüllung (§ 635 BGB) beansprucht werden kann, was dann auch für die anderen Rechte wie das Selbstvornahmerecht, den Kostenvorschussanspruch oder die Minderung gelten würde. Andererseits ist nicht recht einzusehen, dass der Besteller, der die Abnahme wegen wesentlicher Mängel zu Recht verweigert, auf den Erfüllungsanspruch beschränkt sein soll[1232]. Es wird deshalb vertreten, dass – wie unter dem früheren Recht[1233] – die weitergehenden Rechte der §§ 634 ff. BGB auch schon vor der Abnahme eingreifen[1234]. **487**

d) Verzögerungsschaden (§ 280 BGB), insbesondere Nutzungsentschädigung

Als Verzögerungsschaden kann der Erwerber zunächst sämtliche auf die Verzugszeit entfallenden **Mehraufwendungen für die Finanzierung** verlangen, und zwar in Höhe des gesamten Zinsaufwandes in der Verzugszeit[1235]. Etwaige Vorteile aus den Erträgnissen des bereitgestellten Kapitals muss er sich aber anrechnen lassen. Ebenso sind Steuervorteile, die durch die Geltendmachung der Schuldzinsen als Werbungskosten eintreten können, als **Vorteilsausgleich** anzusetzen[1236]. Entgangene Abschreibungsvorteile kommen ebenfalls als Verzugsschaden in Betracht[1237]. **488**

Bei Wohn- oder Gewerberaum, den der Erwerber nicht selbst nutzen, sondern vermieten will, kommt die entgangene Mieteinnahme als Schaden, nämlich als **entgangener Gewinn** i.S.v. § 252 BGB in Betracht[1238]. Der Erwerber verstößt nicht gegen seine Schadensminderungspflicht, wenn er es unterlässt, statt des Vertragsgegenstandes eine andere Wohnung zu vermieten[1239]. Die entgangene Miete ist allerdings um solche Posten zu berichtigen, die durch die Nichtbenutzung der Wohnung entfallen (dies trifft für Teile der Betriebskosten zu)[1240]. Sollte dem Erwerber eine Garantiemiete versprochen worden sein, kann er den entgangenen Gewinn während des Verzugs nicht in Höhe der Garantiemiete berechnen, wenn sich der Zeitraum, für den die Garantie abgegeben wurde, ab tatsächlichem Bezug berechnet, also entsprechend verlängert. Außerdem kann der Er- **489**

[1231] *Palandt/Sprau,* vor § 633 Rdn. 7.
[1232] *Kniffka,* ibr-online-Kommentar (Stand: 26. 5. 2009), § 633 BGB, Rdn. 11.
[1233] BGH v. 17. 2. 1999, NJW 1999, 2046 = BauR 1999, 760.
[1234] *Vorwerk,* BauR 2003, 1, 8 f.; *Kniffka,* ibr-online-Kommentar (Stand: 26. 5. 2009), § 634 BGB, Rdn. 11; *Palandt/Sprau,* vor § 633 BGB Rdn. 7.
[1235] BGH v. 29. 3. 1990, BB 1990, 1298 = MittBayNot 1990, 349.
[1236] BGH v. 15. 4. 1983, NJW 1983, 2137. Nicht zu erstatten ist ein abstrakt berechneter Teuerungszuschlag wegen gestiegener Immobilienpreise, BGH v. 2. 12. 1994, BB 1995, 588.
[1237] BGH v. 27. 1. 2005, BauR 2005, 869.
[1238] BGH v. 29. 3. 1990, BB 1990, 1298; OLG Düsseldorf v. 7. 3. 1997, NJW-RR 1998, 89 zum Darlegungsumfang bei einem Mietausfallschaden.
[1239] BGH v. 27. 1. 2005, BauR 2005, 869.
[1240] BGH v. 29. 3. 1990, BB 1990, 1298.

werber neben der entgangenen Miete nicht den Finanzierungsaufwand ersetzt verlangen, weil die als Schadensersatz geschuldete Miete ja gerade zum Ausgleich der Finanzierungskosten dient[1241]. Ebenso wenig kann eine Deckungslücke zwischen (entgangener) Miete und den diese übersteigenden Finanzierungskosten verlangt werden, weil sie auf der Disposition des Erwerbers und nicht auf dem Verzug des Bauträgers beruht[1242]. Im Ergebnis müssen sämtliche Nachteile, aber auch etwaige Ersparnisse und sonstige Vorteile in eine **Schadensbilanz** eingestellt werden.

490 Der **Schaden des Eigennutzers** kann in Aufwendungen für die Zwischenlagerung von Möbeln, der vorübergehenden Anmietung einer Ersatzunterkunft oder doppelten Umzugskosten bestehen; auch hier – wie im gesamten Schadensrecht – besteht der Grundsatz der Schadensminderungspflicht[1243]. Außerdem sind etwaige für den Verzugszeitraum ersparte Zinsen und Steuerersparnisse im Wege des Vorteilsausgleichs in Abzug zu bringen[1244].

491 Für die selbstgenutzte Wohnung stellt sich aber vor allem die Frage, ob der Erwerber für den Zeitraum der Gebrauchsvorenthaltung eine **Nutzungsentschädigung** verlangen kann. Gemeint ist hier die Situation, in der der Erwerber während des Verzugs etwa von seiner Familie, Freunden oder Bekannten aufgenommen wird und ihm insoweit keine belegbare Vermögenseinbuße entsteht. Die Rechtsprechung zur Nutzungsentschädigung bei vorenthaltenem oder entzogenem Wohnraum ist trotz der Entscheidung des Großen Senats vom 9. 7. 1986[1245] nach wie vor uneinheitlich und alles andere als gefestigt. Dies ist umso erstaunlicher, als Nutzungsentschädigungen für selbstgenutzte Kraftfahrzeuge, also ein vergleichsweise weniger wichtiges Rechts- und Lebensgut, durch den BGH bereits seit dem Beginn der 60er Jahre anerkannt werden[1246]. Es ist allerdings festzustellen, dass die Rechtsprechung immer mehr zur Anerkennung einer Nutzungsentschädigung bei vorenthaltenem Wohnraum tendiert. Die Diskussion dreht sich stets um die Frage, ob die entgangene Nutzung einen Vermögensschaden darstellen kann oder einen nicht ersatzfähigen immateriellen Schaden verursacht – wie etwa die vorenthaltene Nutzung eines Luxusgegenstandes (Pelzmantel-Fall[1247]) oder eines Gegenstandes der Liebhaberei oder der Freizeitgestaltung (z. B. Motorboot-Fall[1248]):

492 – Mit Urteil vom 28. 2. 1980[1249] hat der BGH für die vorübergehende **Vorenthaltung eines Schwimmbads** während Mängelbeseitigungsarbeiten keine Nutzungsentschädigung zugesprochen, weil es sich bei einem im Gemeinschaftseigentum befindlichen Schwimmbad um eine „Liebhaberei" handelt; der VII. Senat hat in dieser Entscheidung aber zugleich angedeutet, dass er entgegen dem V. Zivilsenat eine Nutzungsentschädigung für Wohnraum grundsätzlich für möglich hält.
– Mit Urteil vom 10. 10. 1985[1250] hat der VII. Senat des BGH sodann eine Nutzungsentschädigung für die Vorenthaltung von **Tiefgaragenstellplätzen** während der Mängelbeseitigungsarbeiten zuerkannt, und zwar mit der zutreffenden Begründung, dass die Nichtbenutzbarkeit zu einer fühlbaren Gebrauchsminderung führt.
– Auf Vorlage des V. Zivilsenats hat der Große Senat mit Beschluss vom 9. 7. 1986 die bereits zuvor eingeschlagene Richtung bekräftigt[1251]. Nach dieser Entscheidung

---

[1241] BGH v. 29. 3. 1990, BB 1990, 1298.
[1242] BGH v. 29. 3. 1990, BB 1990, 1298.
[1243] BGH v. 15. 4. 1983, NJW 1983, 2137.
[1244] BGH v. 15. 4. 1983, NJW 1983, 2137.
[1245] NJW 1987, 50.
[1246] BGH v. 30. 9. 1963, NJW 1964, 542.
[1247] BGH v. 12. 2. 1975, NJW 1975, 733.
[1248] BGH v. 15 11. 1983, NJW 1984, 724.
[1249] NJW 1980, 1386.
[1250] NJW 1986, 427.
[1251] NJW 1987, 50.

IV. Leistungspflichten des Bauträgers

kann es einen ersatzfähigen Vermögensschaden darstellen, wenn die selbstgenutzte **Wohnung** infolge eines **deliktischen Eingriffs** vorübergehend nicht genutzt werden kann, wobei der Große Senat darauf abhebt, dass die „eigenwirtschaftliche Lebenshaltung" des Nutzers auf die ständige Verfügbarkeit der Wohnung angewiesen sein muss, womit wohl gemeint ist, dass Luxus oder Liebhaberei im Bereich des Wohnens nicht unter den Begriff des Vermögensschadens fallen soll.

- Mit Urteil vom 31. 10. 1986[1252] hat der V. Senat des BGH eine Nutzungsentschädigung für die Vorenthaltung der Gebrauchsmöglichkeit einer **Wohnung** als **vertraglichen Verzugsschaden** abgelehnt.
- Allerdings hat der IV b-Senat des BGH mit Urteil vom 16. 9. 1987[1253] eine Nutzungsentschädigung für ein **Ferienhaus** zuerkannt, weil durch die Vorenthaltung des Ferienhauses das – wenn auch nur vertraglich begründete – Gebrauchsrecht verletzt wurde.
- Das BayObLG[1254] ist der Auffassung, dass einem Wohnungseigentümer für den Entzug des Gebrauchs der zur Wohnung gehörigen **Terrasse** eine Nutzungsentschädigung zusteht, und zwar bei dem entschiedenen Sachverhalt aufgrund des Aufopferungsanspruchs nach § 14 Nr. 4 Halbsatz 2 WEG, also nicht aufgrund eines deliktischen Eingriffs.
- Die vorübergehende Unbenutzbarkeit eines **Bades** – so das LG Stuttgart[1255] – soll dagegen keinen Schadensersatz rechtfertigen.
- Mit Urteil vom 21. 2. 1992[1256] hat der V. Senat des BGH dahin entschieden, dass die Unbenutzbarkeit einer **Einliegerwohnung** keine Nutzungsentschädigung rechtfertigt, weil ihre ständige Verfügbarkeit für die eigenwirtschaftliche Lebenshaltung nicht von zentraler Bedeutung sei.
- Im Urteil vom 5. 3. 1993[1257] hat sich der V. Zivilsenat abermals ausführlich mit der Vorenthaltung von **Wohnräumen** und dazugehörigen Einrichtungen beschäftigt: Danach sollen die **Garage**, die **Terrasse** und der Garten nicht zu den Wirtschaftsgütern von zentraler Bedeutung gehören, bei deren Vorenthaltung eine Nutzungsentschädigung zu bezahlen ist. Die selbstgenutzte Wohnung sei zwar anders zu beurteilen; hier würde eine **vorübergehende Vorenthaltung** allerdings auch dann entschädigungslos bleiben, wenn sie vom Berechtigten durch zumutbare Umdispositionen aufgefangen werden kann.
- Nach Auffassung des LG Osnabrück ist vom Lieferanten einer **Einbauküche** eine mäßige Nutzungsentschädigung geschuldet, wenn die Küche wegen Mängeln nur eingeschränkt nutzbar ist[1258].
- Das OLG Stuttgart hat eine Nutzungsentschädigung wegen erheblicher Lärmbeeinträchtigungen aufgrund **unzureichenden Schallschutzes** und einer deshalb gegebenen Nutzungsbeeinträchtigung zugesprochen[1259].

In der Rechtsprechung hat sich nach der Entscheidung des Großen Senats vom 9. 7. 1986[1260] der **Grundsatz** durchgesetzt, Nutzungsentschädigungen für vorenthaltene Wohnräume nur unter der Voraussetzung anzuerkennen, dass die ständige Verfügbarkeit

493

[1252] NJW 1987, 771.
[1253] NJW 1988, 251; vgl. aber OLG Frankfurt v. 6. 4. 2009, IBR 2010, 319 *(Rodemann)*.
[1254] BayObLG v. 6. 2. 1987, BayObLGZ 1987, 50; vgl. aber BayObLG v. 19. 5. 1994, WE 1995, 190 (191), zu der einer Gewerbeeinheit vorgelagerten Terrasse.
[1255] Urteil v. 11. 1. 1989, NJW 1989, 2823.
[1256] NJW 1992, 1500.
[1257] NJW 1993, 1793; KG v. 21. 1. 1998 – 24 W 5061/97.
[1258] LG Osnabrück v. 24. 7. 1998, NJW-RR 1999, 349.
[1259] OLG Stuttgart v. 25. 7. 2000, NJW-RR 2000, 1617.
[1260] BGH v. 9. 7. 1986, NJW 1987, 50.

B. Der Bauträgererwerb

des Wohnraums für die eigenwirtschaftliche Lebenshaltung von zentraler Bedeutung ist und der Erwerber die Wohnung auch tatsächlich nutzen wollte[1261]. Dadurch wird der Erwerber, dem noch anderer Wohnraum zur Verfügung steht[1262] oder dem der geschuldete Wohnraum zu einem gewissen „angemessenen" Teil zur Verfügung gestellt wird, von einer Nutzungsentschädigung ausgeschlossen.

494 Es sollten aber – genauso wie im Bereich der Kfz-Nutzung – **standardisierte Kriterien** gelten, die eine größere Rechtssicherheit für Erwerber und Bauträger und eine bessere Vorhersehbarkeit gerichtlicher Entscheidungen gewährleisten. In Übereinstimmung mit der Rechtsprechung des Großen Senats[1263] ist davon auszugehen, dass der Entzug oder die Vorenthaltung der selbstgenutzten Wohnung einen Vermögensschaden darstellt. Dabei kann es keinen Unterschied machen, ob der Schaden auf einem deliktischen Eingriff in das Eigentum beruht[1264] oder auf einer Pflichtverletzung – sei dies durch Verzug oder durch notwendige Mängelbeseitigungsarbeiten[1265], da die vertragliche Verpflichtung des Bauträgers ja gerade den Inhalt hat, für den Erwerber Wohnraum zu schaffen. Eine auf den entsprechenden Anteil reduzierte Nutzungsentschädigung ist aber auch dann zuzusprechen, wenn nur **Teile der Wohnung** (Einliegerwohnung, Bad oder einzelne Wohnräume) oder Nebenräume bzw. -flächen (z.B. Kfz-Stellplatz, Garage, Keller oder Terrasse) nicht genutzt werden können, da diese zur vertragsgegenständlichen Wohnung gehören und der Bewohner auf solche Räumlichkeiten ebenfalls mehr oder weniger angewiesen ist. Im Sinne einer standardisierten Rechtsprechung muss bei Wohnungen einschließlich sämtlicher Nebenräume und zusätzlicher Einrichtungen auf das „Luxus-" bzw. „Liebhaberei-"Argument[1266] verzichtet werden – ganz genau so, wie es bei der Nutzungsentschädigung für Kraftfahrzeuge schon lange und richtigerweise keine Beachtung findet (kein Halter einer „Luxuslimousine" muss sich auf die Nutzungsentschädigung eines Klein- oder Mittelklassewagens verweisen lassen)[1267].

495 Einzuschränken ist allerdings Folgendes: In Übereinstimmung mit der Rechtsprechung des BGH muss der Nutzung ein tatsächliches oder ein rechtliches Hindernis in der Weise entgegenstehen, dass der Erwerber die Wohnung oder Teile von ihr objektiv nicht nutzen kann oder die Verwendungsfähigkeit wenigstens wesentlich eingeschränkt ist[1268]; die **Wohnung** muss sich vollständig oder in Teilen als **unbewohnbar** darstellen. Ein Nutzungsentzug kann deshalb nicht angenommen werden, wenn etwa die Außenanlagen noch nicht hergestellt sind oder das Mülltonnenhäuschen fehlt – in diesen Fällen handelt es sich nicht um einen Nutzungsentzug der Wohnung, sondern um eine Beeinträchtigung der im Übrigen gegebenen Nutzung.

496 Die **Höhe der Nutzungsentschädigung** soll sich nach dem Wert, den der Verkehr dem Eigengebrauch beimisst, richten[1269]. Praktisch wird auf die zeitanteiligen

---

[1261] BGH v. 21. 2. 1992, NJW 1992, 1500.
[1262] OLG Stuttgart v. 30. 3. 2010, BauR 2010, 1240 = IBR 2010, 393 *(Weyer)* wegen einer noch zur Verfügung stehenden „angemessenen" Mietwohnung; OLG Frankfurt v. 6. 4. 2009, IBR 2010, 319 *(Rodemann)* zu einer erworbenen Ferienwohnung.
[1263] BGH v. 9. 7. 1986, NJW 1987, 50.
[1264] So aber BGH v. 9. 7. 1986, NJW 1987, 50; BGH v. 31. 10. 1986, NJW 1987, 771.
[1265] So schon BGH v. 10. 10. 1985, NJW 1986, 427 mit auch BayObLG v. 6. 2. 1987, BayObLGZ 1987, 50; vgl. auch KG v. 8. 9. 1993, WE 1994, 51 (53) zur Entschädigung eines Nutzungsausfalls aufgrund des „Aufopferungsanspruchs" nach § 14 Nr. 4 WEG.
[1266] Vgl. BGH v. 5. 3. 1993, NJW 1993, 1793; OLG Stuttgart v. 30. 3. 2010, BauR 2010, 1240 = IBR 2010, 393 *(Weyer)*.
[1267] Vgl. *Palandt/Grüneberg*, § 249 Rdn. 48 f.; ähnlich auch *Medicus*, NJW 1989, 1889 (1992 ff.); Münch-Komm/*Grunsky*, vor § 249 Rdn. 19 ff.; vgl. auch *Basty*, Rdn. 637; *Schulze*, NJW 1997, 3337.
[1268] BGH v. 11. 11. 1993, NJW 1994, 442 (m.w. N.) zu einem Fall, in dem der Erwerber aus eigenem Entschluss in die an sich bewohnbare Wohnung nicht einzog, um Steuernachteile zu vermeiden – eine tatsächliche oder rechtliche Nutzungseinschränkung existierte aber nicht.
[1269] BGH v. 9. 7. 1986, NJW 1987, 50.

IV. Leistungspflichten des Bauträgers

Vorhaltekosten oder die übliche Miete, vermindert um die Gewinnspanne des Vermieters und sonstige bei privater Nutzung nicht anfallende Kosten, abzustellen sein[1270]. Die Nutzungsentschädigung in angemessener Höhe steht dem Geschädigten auch dann zu, wenn er tatsächlich niedrigere Anmietungskosten für eine Ersatzunterkunft hatte, weil er sich etwa mit der Anmietung eines Campingbusses begnügt hat; er ist nicht auf den Ersatz des konkret berechneten Schadens beschränkt[1271].

e) Haftungsbeschränkungen

Geschäftsbedingungen, die für den Fall des Verzuges das **Rücktrittsrecht** des § 323 BGB ausschließen oder einschränken, sind unwirksam (§ 309 Nr. 8 a BGB). Die Beschränkung von **Schadensersatzansprüchen** ist nur im Rahmen des § 309 Nr. 7 a, b BGB zulässig. Sofern kein Vorsatz oder grobe Fahrlässigkeit vorliegt, ist eine Begrenzung der Haftung auf Höchstbeträge oder eine vereinbarte Vertragsstrafe zulässig. Ferner ist es unzulässig, wenn sich der Bauträger im Erwerbsvertrag zu seinen Gunsten unangemessen lange Nachfristen einräumen lässt (§ 308 Nr. 2 BGB)[1272]. **497**

f) Vertragsstrafe, pauschalierter Schadensersatz

Durch die Vereinbarung einer **Vertragsstrafe** lassen sich Auseinandersetzungen über die Höhe des (Mindest-)Schadens im Falle des Verzugs vermeiden. Der Vertragsstrafeanspruch besteht auch dann, wenn kein Schaden entstanden ist. Statt der Vertragsstrafe kann ein weitergehender Schadensersatzanspruch geltend gemacht werden. Die Vertragsstrafe kann nicht daneben beansprucht werden; sie ist anzurechnen[1273]. Der Bauträger kann sich bei einem von ihm gestellten Vertragsentwurf nicht auf § 307 BGB berufen und die Unangemessenheit eines Vertragsstrafeversprechens behaupten[1274]. **498**

Sollte die Vertragsstrafe infolge Verzugs verwirkt worden sein, muss der Erwerber sich die Geltendmachung der Vertragsstrafe bei der Erfüllung vorbehalten (§ 341 Satz 3 BGB)[1275]. Unterbleibt der **Vorbehalt** bei der Erfüllung, erlischt der Vertragsstrafeanspruch. Für die Erfüllung der Bauverpflichtung ist der Vorbehalt bei der Abnahme bzw. Übergabe zu erklären.

Mit dem gleichen Ziel kann ein **pauschalierter Schadensersatz** vereinbart werden[1276]. Durch den pauschalierten Schadensersatz sollen sämtliche Verzugsschäden abgegolten sein. Die Pauschalierung des Schadensersatzes ist in Geschäftsbedingungen aber nur dann wirksam, wenn sie den vertragstypischen, vorhersehbaren Schaden umfasst[1277]. Sie muss neben dem Ersatz des Mietwerts des erworbenen Objekts auch Umzugskosten und sonst typischerweise entstehende Schäden beinhalten. Andernfalls verstößt die Pauschalierung gegen § 307 BGB[1278].

6. Verjährung

Anders als nach früherem Recht – die Erfüllungsansprüche verjährten unterschiedslos in 30 Jahren – muss nunmehr zwischen den Ansprüchen für die Bauleistung und für die Grundstücksübereignung unterschieden werden. **499**

[1270] BGH v. 9. 7. 1986, NJW 1987, 50.
[1271] OLG Koblenz v. 7. 4. 1989, NJW 1989, 1808.
[1272] BGH v. 6. 12. 1984, NJW 1985, 855.
[1273] *Palandt/Grüneberg*, § 341 BGB Rdn. 1.
[1274] OLG Köln v. 12. 4. 1995, BauR 1995, 708.
[1275] OLG Köln v. 12. 4. 1995, BauR 1995, 708, zum Vorbehalt der Vertragsstrafe bei noch nicht vollständiger Fertigstellung der Außenanlagen.
[1276] *Doerry*, ZfBR 1982, 194.
[1277] BGH v. 19. 1. 1984, NJW 1984, 1350.
[1278] *Vogel*, BTR 2007, 54 (59) = PiG Bd. 74 (2006), S. 83 (90); *Basty*, Rdn. 974.

B. Der Bauträgererwerb

500 Bis zur Abnahme der Bauleistung steht dem Erwerber ein auf die **Herstellung des Bauwerks** gerichteter Erfüllungsanspruch zu. Dieser Anspruch verjährt in der regelmäßigen Verjährungsfrist des § 195 BGB, also in **drei Jahren**. Die Verjährungsfrist beginnt mit der Fälligkeit, also z. B. mit dem vereinbarten Fertigstellungstermin, sonst mit Ablauf der angemessenen Fertigstellungsfrist[1279]. Diese Verjährungsfrist gilt insbesondere auch für eine noch nicht abgenommene und folglich noch zu erbringende Teilbauleistung; sie ist damit kürzer als die Verjährungsfrist des § 634a BGB für Sachmängel an der (übrigen) Bauleistung. Sofern auch die Voraussetzungen für die Mängelansprüche der §§ 634ff. BGB vorliegen, kann der Erwerber auf die Erfüllungsansprüche zugunsten der Mängelansprüche verzichten und damit in den Genuss der längeren Verjährungsfrist kommen[1280]; die Ansprüche der §§ 634ff. BGB sind schon vor der Abnahme anwendbar, sofern der Unternehmer seine Leistung erbracht hat und der Erfüllungsanspruch sich auf das konkrete Werk beschränkt hat[1281], vgl. Rdn. 487.

Die regelmäßige Verjährungsfrist des § 195 BGB ist auch für Schadensersatzansprüche nach § 280 BGB (z. B. wegen Verzögerungsschäden) und für die an die Stelle des Erfüllungsanspruchs tretenden Rechte (Schadensersatz gem. § 281 BGB, Rücktritt gem. § 323 BGB) maßgeblich.

501 Der Anspruch des Erwerbers auf **Übereignung des Grundstücks** verjährt gemäß § 196 BGB in **zehn Jahren**[1282]. Die Verjährungsfrist beginnt mit der Fälligkeit des Anspruchs, also regelmäßig mit der Zahlung der letzten Rate in der geschuldeten Höhe. Die Verjährungsfrist läuft nicht zum Ende des Kalenderjahres; es gilt § 200 BGB, nicht § 199 BGB.

502 Der Übereignungsanspruch, der sich aus einem vor dem 1. 1. 2002 abgeschlossenen Bauträgervertrag ergibt, verjährt wegen der Überleitungsvorschriften ebenfalls in der Frist des § 196 BGB: Die Verjährung richtet sich grundsätzlich nach dem neuen Verjährungsrecht, Art. 229 § 6 Abs. 1 EGBGB. Ist die nach neuem Recht vorgesehene Verjährungsfrist kürzer als die des alten Rechts, bestimmt Art. 229 § 6 Abs. 4 EGBGB, dass die neue, kürzere Frist ab dem 1. 1. 2002 läuft. Die alte Frist bleibt aber maßgeblich, falls sie vorher ablaufen sollte. Diese Übergangsregeln haben für den Übereignungsanspruch aufgrund eines früher abgeschlossenen Vertrages zur Folge, dass er am 2. 1. 2012 verjährt, es sei denn, er war schon vor dem 1. 1. 1982 fällig und verjährt deshalb noch nach altem Recht entsprechend früher.

7. Versorgungsanlagen, gemeinschaftliche Einrichtungen und Räumlichkeiten

a) Verpflichtung zum Eintritt in Versorgungs- und Wartungsverträge

503 Für Versorgungsanlagen, für gemeinschaftliche Einrichtungen und Räumlichkeiten können rechtliche Besonderheiten gelten.

Sofern der Bauträgervertrag keine besonderen Regelungen enthält, schuldet der Bauträger die Herstellung und Übereignung der gesamten vereinbarten Bauleistung. Das gilt namentlich auch für die in der Baubeschreibung beschriebenen technischen Ein-

---

[1279] BGH v. 8. 3. 2001, NZBau 2001, 389 = BauR 2001, 946.
[1280] BGH v. 17. 2. 1999, NJW 1999, 2046 = BauR 1999, 760; OLG Köln v. 17. 1. 2001, NJW-RR 2001, 1458; OLG Hamm v. 19. 2. 2002, BauR 2003, 106 – jeweils noch zum alten Recht, *Palandt/Sprau*, vor § 633 Rdn. 6f.
[1281] *Kniffka*, ibr-online-Kommentar (Stand: 26. 5. 2009), § 634 BGB, Rdn. 11; *Palandt/Sprau*, vor § 633 Rdn. 7.
[1282] *Staudinger/Peters/Jacoby* (2009), § 196 BGB, Rdn. 6.

IV. Leistungspflichten des Bauträgers

richtungen wie die Heizanlage, Energiemessgeräte und Fernseh- und Rundfunkempfangs- und Verteilungsanlagen. In der Folge hat der Erwerber das Recht, diese Anlagen auf eigene Kosten zu nutzen und zu bewirtschaften. Abweichend davon kann der Vertrag aber vorsehen, dass sich der Erwerber zum Eintritt in einen vom Bauträger mit einem Dritten abgeschlossenen entgeltlichen **Wärmebereitstellungsvertrag** über die Wärmelieferung und den Betrieb einschließlich Wartung und Instandsetzung der Heizanlage (sog. Heizungs-Contracting) verpflichtet. Ebenso kann der Erwerber dazu verpflichtet werden, in einen Antennen- bzw. Kabelmiet- und Betriebsvertrag einzutreten. Voraussetzung für die Wirksamkeit derartiger Vereinbarungen ist allerdings, dass der Erwerber entweder bei Abschluss des Bauträgervertrages Kenntnis von den Bedingungen des Vertrages, in den er eintreten soll, erhält oder vom Bauträger in dem erst noch abzuschließenden Vertrag Bedingungen ausgehandelt werden, die billigem Ermessen i. S. v. § 315 BGB entsprechen. Für den zweiten Fall wird davon ausgegangen, dass dem Bauträger bei nur stichpunktartiger Beschreibung des noch abzuschließenden Vertrages ein Leistungsbestimmungsrecht eingeräumt ist[1283]. Die Einräumung eines Leistungsbestimmungsrechts sei dann i. S. v. § 307 BGB unbedenklich, wenn dafür ein berechtigtes Interesse besteht, wofür der Umstand genügen soll, dass zum Zeitpunkt des Abschlusses des Bauträgervertrages der Vertrag, in den eingetreten werden soll, noch nicht abgeschlossen war. Jedenfalls muss der Versorgungsvertrag selbst den Anforderungen der §§ 305 ff. BGB genügen. Dabei wird davon ausgegangen, dass es sich bei einem Wärmebereitstellungsvertrag um ein typisches Dauerschuldverhältnis handelt, auf das § 309 Nr. 9 BGB nicht anzuwenden ist, und selbst Vertragslaufzeiten von 15 Jahren nicht gegen § 307 BGB verstoßen[1284].

Der Bauträger kann in diesem Zusammenhang auch eine Wahlschuld in der Art begründen, dass er zwischen der Herstellung und Übereignung der Anlage einerseits und dem Abschluss eines Wärmebereitstellungsvertrages (mit Eintrittsverpflichtung des Erwerbers) wählen kann[1285] (vgl. Rdn. 451).

Bei allen Gestaltungen ist zu berücksichtigen, dass bei Wohnungseigentumsanlagen aus den Liefer-, Versorgungs- und Wartungsverträge nicht unmittelbar der Erwerber, sondern der teilrechtsfähige Verband berechtigt und verpflichtet sein soll. Bei der Vertragsgestaltung kann dem dadurch Rechnung werden, dass der Erwerber als Miteigentümer verpflichtet wird, in der Eigentümerversammlung entsprechend zu beschließen.

Ohne besondere Vereinbarung ist der Erwerber im übrigen auch nicht verpflichtet, etwa in **Wartungsverträge** für technischer Einrichtungen (Aufzugsanlage, Heizung, elektrisch betriebene Toranlagen usw.) einzutreten. Ob eine Klausel, die den Erwerber zum Eintritt in Wartungsverträge verpflichtet, wirksam ist, muss bezweifelt werden. Es mag zwar eine Verpflichtung des Bauträgers darstellen, den Erwerber auf die Notwendigkeit zur Wartung hinzuweisen; ebenso mag es eine Obliegenheit des Erwerbers darstellen, Wartungsarbeiten ausführen zu lassen. Die Verpflichtung zum Eintritt in Wartungsverträge dürfte aber eine unzulässige Überwälzung des den Bauträger treffenden Gewährleistungsrisikos auf den Erwerber, also eine mittelbare Einschränkung der eigenen Gewährleistungspflicht darstellen und deshalb nach § 307 BGB zu missbilligen sein. Mit den Regelungen des § 13 Abs. 4 Nr. 2 VOB/B kann die Verpflichtung zum Eintritt in Wartungsverträge nicht begründet werden, weil der Bauträger dem Risiko unterschiedlicher Verjährungsfristen ohnehin durch geeignete Regelungen in den

504

[1283] OLG Düsseldorf v. 23. 4. 2007, BauR 2008, 1319 (1320) = IBR 2008, 158 (*Waldmann*).
[1284] OLG Düsseldorf v. 23. 4. 2007, BauR 2008, 1319 (1320) = IBR 2008, 158 (*Waldmann*); vgl. auch Palandt/Grüneberg, § 309 Rdn. 79.
[1285] OLG Düsseldorf v. 23. 4. 2007, BauR 2008, 1319 (1320) = IBR 2008, 158 (*Waldmann*) geht auch insoweit von einem Leistungsbestimmungsrecht aus; vgl. dazu *Basty*, Rdn. 847.

B. Der Bauträgererwerb

Nachunternehmerverträgen Rechnung tragen muss. Im übrigen wäre insoweit eine Laufzeit von mehr als zwei Jahren nach § 309 Nr. 9 BGB zu beanstanden.

b) Ansprüche wegen fehlender Anlagen und Einrichtungen (Teilleistungen)

505   Sofern vom Bauträger geschuldete Leistungen nicht erbracht worden sind, können sich unterschiedliche Rechtsfolgen ergeben. Gedacht sei an die Außenanlagen oder Teile von ihnen (Carport, Gehweg, Zaun, Mülltonnenhäuschen), die nicht hergestellt worden sind oder andere Einrichtungen (zentrale Waschanlage, Fahrradkeller, Trockenraum), die nach dem Vertrag als Gemeinschaftseigentum hergestellt werden sollen und nicht vorhanden sind.

Bis zur Abnahme steht dem Erwerber wegen fehlender Teilleistungen ein auf die Herstellung und Verschaffung des versprochenen gesamten Werkes gerichteter **Erfüllungsanspruch** zu. Der Erwerber ist außerdem zur Verweigerung der Abnahme berechtigt, denn die Abnahmereife setzt die vollständige Leistung voraus. Sofern Teilabnahmen vereinbart sind, bezieht sich das Abnahmeverweigerungsrecht nur auf die betreffende Teilleistung. Der Bauträger kann klageweise auf Erfüllung in Anspruch genommen werden, gegebenenfalls auch in Verbindung mit einer in das Urteil aufzunehmenden Frist nach § 255 Abs. 1 ZPO. Das gilt z.B. für den Fall, dass die geschuldete Entwässerungsanlage, Gas- und Wasserversorgungsanschlüsse und die Ringdrainage nicht ausgeführt wurden[1286]. Wenn der Erwerber wegen einer noch nicht fertiggestellten Teilleistung das Objekt nicht entgegennimmt bzw. die Abnahme verweigert, hält er sich die Rechte in vollem Umfang offen. Er kann bei Verzug gemäß §§ 281, 323 BGB die Totalrechte geltend machen, nämlich **Schadensersatz statt der Leistung** auch wegen des gesamten Vertrages oder den **Rücktritt** vom gesamten Vertrag erklären.

506   Sofern nur eine Teilleistung wegen fehlender Fertigstellung nicht abgenommen wurde (die vereinbarte Teilabnahme für die Außenanlagen wurde wegen der noch nicht erstellten Gartenanlage nicht erklärt), bestehen die Erfüllungsansprüche für die noch nicht abgenommene Teilleistung fort. Auch wenn das Objekt im Übrigen abgenommen wurde (Teilabnahme), unterliegt die fehlende und nicht abgenommene Teilleistung den Regeln der §§ 281 Abs. 1 Satz 2, 323 Abs. 5 BGB. Der Erwerber kann aus dem Gesichtspunkt des Teilverzuges Schadensersatz verlangen oder den Rücktritt erklären. Hat der Erwerber an der erbrachten Teilleistung Interesse, zerfällt der Vertrag in zwei Teile; wegen der nicht erbrachten Leistung kann er Schadensersatz verlangen[1287] oder im Umfang der noch nicht erbrachten Leistung zurücktreten[1288]. Hat er an der erbrachten Teilleistung kein Interesse, kann er wegen der Gesamtleistung Schadensersatz verlangen[1289] oder vom gesamten Vertrag zurücktreten[1290].

Durch die Abnahme konkretisiert sich die Leistungsverpflichtung des Bauträgers auf das hergestellte Werk[1291]. Nach der Abnahme[1292] können wegen fehlender Anlagen und Einrichtungen die Mängelansprüche der §§ 633 ff. BGB geltend gemacht werden. Im übrigen schließt die Mängelhaftung der §§ 633 ff. BGB auch nach erklärter Ab-

---

[1286] LG Nürnberg-Fürth v. 25. 8. 1988, NJW-RR 1989, 668; zu weitgehend wohl OLG München v. 17. 7. 1978, DB 1978, 2360 zu einer Aufzugsanlage, bei der nicht sämtliche Haltestellen ausgeführt worden sind.
[1287] *Palandt/Grüneberg,* § 281 Rdn. 37.
[1288] *Palandt/Grüneberg,* § 323 Rdn. 25.
[1289] *Kniffka/Koeble,* 7. Teil, Rdn. 6; *Palandt/Grüneberg,* § 281 Rdn. 38.
[1290] *Palandt/Grüneberg,* § 323 Rdn. 26.
[1291] BGH v. 25. 2. 2010, NZBau 2010, 318, Rdn. 28.
[1292] OLG Brandenburg v. 29. 4. 2009, NJW-RR 2009, 957 zur stillschweigenden Abnahme bei einer noch fehlenden Teilleistung.

IV. Leistungspflichten des Bauträgers

nahme einen Teilrücktritt bzw. Teilschadensersatz wegen nicht ausgeführter Teilleistungen nach den allgemeinen Vorschriften nicht aus. Bei einer fehlenden Teilleistung können insoweit auch die Vorschriften der §§ 281 Abs. 1 S. 2, 323 Abs. 5 BGB angewendet werden[1293].

Schadensersatz und Rücktritt gemäß §§ 281 Abs. 1 S. 2, 323 Abs. 5 BGB kommen auch in Betracht, wenn das Eigentum nicht in dem Umfang verschafft wird, wie es vereinbart wurde. Das gilt z. B. auch, wenn ein dingliches Sondernutzungsrecht versprochen wurde, aber nicht übertragen werden kann[1294]. Sofern dem Bauträger die teilweise Verschaffung des Eigentums oder eines Sondernutzungsrechts von vornherein unmöglich war oder nachträglich unmöglich wird, wird er zwar von der Leistungspflicht frei (§ 275 BGB), macht sich aber unter den Voraussetzungen des § 311a BGB schadensersatzpflichtig[1295].

Sofern die Leistung insgesamt nicht abgenommen wurde oder die Teilabnahme für eine Teilleistung verweigert wurde, richtet sich die Verjährung für die gesamte bzw. für die Teilleistung nach den allgemeinen Verjährungsvorschriften. Der Erfüllungsanspruch bzw. die an seine Stelle tretenden Rechte unterliegen der **Verjährung** des § 195 BGB; sie verjähren in drei Jahren (vgl. Rdn. 500). Während die Mängelrechte in der fünfjährigen Frist des § 634a BGB verjähren, können die Erfüllungsansprüche wegen nicht ausgeführter Teilleistungen bereits zuvor in der dreijährigen Frist verjährt sein. **507**

c) Sachenrechtliche Ansprüche

Nach den Vorschriften des Wohnungseigentumsgesetzes können bestimmte Anlagen, Einrichtungen und Räumlichkeiten dem **Gemeinschaftseigentum** nicht entzogen werden. An ihnen lässt sich kein Sondereigentum begründen, sie sind deshalb **nicht sonderrechtsfähig**. Zu den nicht sonderrechtsfähigen Einrichtungen gehören die zur Wärmeversorgung der Wohnanlage bestimmte Heizanlage, die Antennenanlage und vergleichbare Einrichtungen. Anders als an der Hausmeisterwohnung, der Sauna oder dem Schwimmbad kann an der Heizanlage, die für die Versorgung einer Wohnanlage ausgelegt und bestimmt ist, kein Sondereigentum gebildet werden. Die Heizanlage dient – ebenso wie die Aufzugsanlage[1296], die Treppenaufgänge[1297] und die Eingangshalle[1298] – dem gemeinschaftlichen Gebrauch im Sinne des § 5 Abs. 2 WEG. Dies gilt nicht nur für die Heizanlage (Kessel, Brenner usw.), sondern auch für die Heizräume, wenn diese Räume ausschließlich den Zwecken der Heizanlage dienen[1299]. An Anlagen und Einrichtungen, die dem gemeinschaftlichen Gebrauch dienen, kann kein Sondereigentum begründet werden. Entgegenstehende Vereinbarungen in Teilungserklärungen sind unwirksam[1300]. Sofern eine Heizanlage oder eine sonstige Versorgungseinrichtung so ausgelegt ist, dass sie nicht nur der Versorgung der **508**

[1293] *Kniffka*, ibr-online-Kommentar (Stand: 26. 5. 2009), § 633 BGB, Rdn. 51; *Palandt/Sprau*, § 633 Rdn. 8. Vgl. auch zur früheren Rechtslage: BGH v. 26. 9. 1996 NJW 1997, 50; vgl. OLG Düsseldorf v. 23. 5. 1995, NJW-RR 1996, 661; a. A. *Sienz*, BauR 2002, 181 (182 f.).
[1294] OLG Düsseldorf v. 27. 11. 2000, BauR 2001, 1629 LS = OLGR 2001, 333; OLG Naumburg v. 27. 10. 1998, ZMR 2000, 252.
[1295] BGH v. 20. 12. 1996, NJW 1997, 938 zur alten Rechtslage.
[1296] BGH v. 10. 10. 1980, NJW 1981, 455 (456).
[1297] BGH v. 10. 10. 1980, NJW 1981, 455; BayObLG v. 6. 2. 1986, DNotZ 1986, 494.
[1298] Zum „Sondereigentum" an einer Eingangshalle und der unzulässigen Umdeutung zu einem Sondernutzungsrecht vgl. BayObLG v. 1. 10. 1980, MDR 1981, 145. Ebenfalls nicht sonderrechtsfähig sind Kellerräume, wenn sie als Zugang zum Kellerausgang dienen, BayObLG v. 7. 8. 1980, MittBayNot 1980, 212.
[1299] BGH v. 2. 2. 1979, NJW 1979, 2391 (2393); OLG Schleswig v. 6. 3. 2006, MittBayNot 2008, 45, m. Anm. *Weigl*; *Röll*, DNotZ 1986, 706 (707); *Hurst*, DNotZ 1984, 66 und 140.
[1300] BGH v. 18. 10. 1974, NJW 1975, 688; BGH v. 2. 2. 1979, NJW 1979, 2391; BayObLG v. 21. 2. 1980, MittBayNot 1980, 76.

B. Der Bauträgererwerb

Wohnanlage dient, in der sie untergebracht ist, sondern darüber hinaus noch andere selbständige Eigentumswohnanlagen versorgt, kann an ihr Teileigentum begründet werden[1301]. Wurde eine nicht sonderrechtsfähige Einheit gleichwohl als Sondereigentum dargestellt, kann **Grundbuchberichtigung** beantragt werden.

d) Nachträglicher Erwerb sonderrechtsfähiger Räume oder Anlagen

509 Sollte weder ein Anspruch auf Übereignung der (sonderrechtsfähigen) Hausmeisterwohnung (bzw. Sauna usw.) bestehen – der Bauträger mag für die Hausmeisterwohnung in keiner Weise geworben oder sie in keiner Weise zugesichert, aber gleichwohl eine solche Einheit hergestellt und für sich zurückbehalten haben –, noch eine Grundbuchberichtigung an einer im Einzelfall doch sonderrechtsfähigen Anlage – die Heizanlage mag etwa für mehrere Eigentumswohnanlagen bestimmt sein – in Betracht kommen, kann das betreffende Teileigentum bisweilen nachträglich erworben[1302] oder – was bei Heizwerken häufiger vorkam – infolge einer Insolvenz des Eigentümers und Betreibers eingesteigert werden. Bei beiden Wegen handelt es sich gewissermaßen um den Versuch der Erwerber, die Eigentumswohnanlage nachträglich auf eigene Kosten zu komplettieren.

Nach heute wohl überwiegender Meinung kommt ein Erwerb von Wohnungs- bzw. Teileigentum durch die teilrechtsfähige Wohnungseigentümergemeinschaft als Maßnahme ordnungsgemäßer Verwaltung in Betracht[1303]. Die Anschaffung einer Hausmeisterwohnung oder einer Heizzentrale kann deshalb im Rahmen ordnungsgemäßer Verwaltung durch die Wohnungseigentümergemeinschaft beschlossen werden. Die dafür erforderliche Beschlusskompetenz dürfte jedenfalls beim Erwerb von Teileigentum in der eigenen Wohnanlage zum Zwecke der gemeinschaftlichen Nutzung bestehen[1304]. Entschließen sich die Wohnungseigentümer zum Erwerb, ist der Ankauf bzw. die Einsteigerung unproblematisch. Das Teileigentum kann als Folge der Anerkennung der Teilrechtsfähigkeit der Wohnungseigentümergemeinschaft durch die Wohnungseigentümergemeinschaft selbst (durch den teilrechtsfähigen Verband) erworben werden[1305]. Wird die Wohnungseigentümergemeinschaft Eigentümerin der Einheit, bleibt die Miteigentümerstellung der Gemeinschaft von einer Wohnungsveräußerung unberührt.

510 Kommt ein Erwerb durch die Wohnungseigentümergemeinschaft nicht in Betracht, weil er den Grundsätzen ordnungsgemäßer Verwaltung widerspricht, kann das Sondereigentum durch die Bildung einer Gesellschaft bürgerlichen Rechts, deren Zweck im gemeinschaftlichen Eigentumserwerb und der Verwaltung des Sondereigentums besteht, erworben werden. Die Hausmeisterwohnung kann sodann von der BGB-Gesellschaft erworben[1306] und an die Wohnungseigentümergemeinschaft vermietet bzw. die Heizzentrale von ihr betrieben und die Wärmeversorgung sichergestellt werden, wobei hier entweder Vertragsbeziehungen mit den einzelnen Eigentümern oder mit der Eigentümergemeinschaft als solcher in Betracht kommen.

[1301] BGH v. 18. 10. 1974, NJW 1975, 688; *Hagen*, MittBayNot 1985, 57.

[1302] Hierzu vgl. *Müller*, Wohnung und Haus 1978, 104.

[1303] OLG Hamm v. 20. 10. 2009, NJW 2010, 1464 = NZM 2009, 914 = ZfIR 2010, 190 (192) m. Anm. *Rüscher*; OLG Celle v. 26. 2. 2008, NJW 2008, 1537; LG Frankenthal v. 3. 12. 2007, MittBayNot 2008, 128; *Palandt/Bassenge*, § 10 WEG, Rdn. 26; *Basty*, ZWE 2009, 253; a. A. LG Nürnberg-Fürth v. 19. 6. 2006, ZMR 2006, 812, m. abl. Anm. *Schneider*.

[1304] OLG Hamm v. 20. 10. 2009, NZM 2009, 914 = ZfIR 2010, 190 (192).

[1305] OLG Celle v. 26. 2. 2008, NJW 2008, 1537; OLG Hamm v. 20. 10. 2009, NZM 2009, 914 = ZfIR 2010, 190; *Basty*, ZWE 2009, 253.

[1306] Zur Eintragung der GbR in das Grundbuch vgl. BGH v. 4. 12. 2008, ZfIR 2009, 92, m. Anm. *Volmer*; *Ruhwinkel*, MittBayNot 2009, 177.

8. Sonderwünsche und Eigenleistungen

a) Abgrenzung zwischen Sonderwunsch, Eigenleistung und Ausstattungsvariante

Sonderausführungen spielen beim Erwerb vom Bauträger eine große Rolle. Bauträgerobjekte – Eigentumswohnungen, Einfamilienhäuser und Reihenhäuser – werden seriell geplant und hergestellt. Die Planung ist bei Vertragsabschluss meistens abgeschlossen; individuelle Vorstellungen des Erwerbers haben aus technischen und kaufmännischen Gründen keine Priorität. Die persönlichen Ideen des zukünftigen Eigentümers finden dann aber häufig doch auf die eine oder andere Art Berücksichtigung: 511

Der Bauträgervertrag verpflichtet den Bauträger zur Herstellung eines fest umrissenen Objekts; die Bauleistung wird vor allem durch die Baubeschreibung und die Baupläne festgelegt. Durch den **Sonderwunschvertrag**[1307] wird der vertragliche Leistungsumfang des Bauträgervertrages nachträglich geändert. Zumeist werden – bei Fortfall geplanter Leistungen – zusätzliche Bauleistungen oder eine andersartige Bauausführung gewünscht. Denkbar ist auch, dass Leistungen nur wegfallen, weil sie vom Erwerber als Eigenleistung erbracht werden sollen. Durch den Sonderwunsch wird nicht nur das Bausoll, sondern regelmäßig auch die vereinbarte Vergütung abgeändert. 512

Wird bereits im Bauträgervertrag ein von der Baubeschreibung bzw. der Planung abweichender Wunsch des Erwerbers berücksichtigt, handelt es sich nicht um einen Sonderwunsch im hier erörterten Sinn, sondern um die ursprüngliche vertragliche Bauträgerleistung. Sonderwunschverträge haben *nachträgliche* Änderungen des Bauträgervertrages zum Inhalt. 513

Der **Bauträger-Sonderwunschvertrag** beinhaltet die nachträgliche Vereinbarung über einen Sonderwunsch mit dem Bauträger. Der abgeänderte Leistungsumfang und etwaige Änderungen der Vergütung werden ausschließlich zwischen dem Erwerber und dem Bauträger vereinbart, während der Bauträger sämtliche zur Umsetzung des Sonderwunschs nötigen Bau- und Planungsverträge mit den Handwerkern selbst abschließt bzw. entsprechend ändert. Der Erwerber geht mit Dritten keine Rechtsbeziehungen ein. Der Sonderwunschvertrag mit dem Bauträger ist ein Änderungsvertrag im Sinne des § 311 Abs. 1 BGB. Auf die Sonderwunschvereinbarung und ihre Abwicklung finden die übrigen Vertragsbestimmungen des Bauträgervertrages Anwendung[1308]. 514

Mit dem Sonderwunschvertrag zwischen Erwerber und Bauträger kann im Allgemeinen **kein selbständiges Vertragsverhältnis** neben dem Bauträgervertrag begründet werden[1309]. Zumeist werden ursprünglich vereinbarte Leistungen abgeändert. Schon daraus ergibt sich zwingend eine Verzahnung mit dem Bauträgervertrag. In der Regel liegt deshalb ein einheitliches Rechtsgeschäfts im Sinne des § 139 BGB vor. Nur ausnahmsweise wird ein vom Bauträgervertrag vollständig gelöstes und selbständiges Rechtsgeschäft angenommen werden können[1310]. Das kann dann zutreffen, wenn der Bauträger eine zusätzliche Leistung erbringt, die in der vereinbarten Weise ohne Änderung des Bauträgervertrages auch von jedem Dritten erbracht werden könnte (z. B. zusätzliche Errichtung oder Aufstellung einer Fertigteil-Garage). 515

Bei einem **Handwerker-Sonderwunschvertrag**[1311] kommen unmittelbare Vereinbarungen über einen Sonderwunsch zwischen dem Erwerber und dem Nachunternehmer des Bauträgers zustande. Es ist möglich, dass im Handwerker-Sonderwunschvertrag 516

[1307] Vgl. zu allem *Pause*, FS Nordemann, S. 155 ff.; *Virneburg*, BauR 2004, 1681; *Sauter*, FS Bub, S. 415 ff.
[1308] OLG Düsseldorf v. 2. 10. 1976, NJW 1977, 253 = BauR 1977, 61 zur Geltung der VOB/B bei einem zweiten Auftrag.
[1309] *Eue*, I. 30 Anm. 45 (3).
[1310] *Basty*, Rdn. 629, spricht von „neuen Regelungskreisen".
[1311] *Baden*, BauR 1983, 313, spricht vom „selbständigen" Sonderwunschvertrag.

B. Der Bauträgererwerb

sämtliche Regelungen über den Sonderwunsch enthalten sind, es also zusätzlicher Abreden mit dem Bauträger – ausgenommen seiner Zustimmung – nicht bedarf. In diesem Fall ändert der Sonderwunschvertrag den bestehenden Bauträgervertrag nicht ab; beide Vertragsverhältnisse sind strikt voneinander zu trennen. Es kommt aber auch vor, dass hinsichtlich der entfallenden Leistungen eine Vereinbarung mit dem Bauträger und bzgl. der zusätzlichen Arbeiten ein Vertrag mit dem Subunternehmer des Bauträgers abgeschlossen wird. Schließlich ist es möglich, dass die Änderung der Bauleistung zwar ausschließlich mit dem Handwerker vereinbart wird, dabei aber die vom Bauträger gegenüber dem Erwerber geschuldete ursprüngliche Leistung ebenfalls ausschließlich zwischen Erwerber und Handwerker geregelt wird (z. B. Gutschriften für entfallene Leistungen). Bei diesem Sachverhalt wird vom **„scheinselbständigen" Sonderwunschvertrag** gesprochen[1312]. Die Besonderheit dieser Variante liegt vor allem in der Abwicklung der Vergütung über den Handwerker (Rdn. 545), aber auch bei der Haftungsverteilung zwischen Handwerker und Bauträger.

Wenn für die Verwirklichung einer abweichenden Ausführung nicht ein Nachunternehmer des Bauträgers, sondern ein vom Erwerber frei ausgewählter Drittunternehmer tätig wird, liegt eine Eigenleistung vor.

517 **Eigenleistungen**[1313] unterscheiden sich vom Sonderwunschvertrag dadurch, dass Bauleistungen nicht vom Bauträger oder von dessen Subunternehmern, sondern vom Erwerber selbst erbracht werden, d. h. in eigener Regie, ggf. unter Beauftragung *eigener* Planer und Handwerker. Eigenleistungen können schon im Bauträgervertrag vereinbart werden. Das ist beispielsweise bei den sog. Ausbauhäusern der Fall, bei denen der Bauträger z. B. nur die Baumeisterarbeiten erbringt, während die gesamten Ausbaugewerke vom Erwerber bzw. den von ihm unmittelbar beauftragten Handwerkern übernommen werden. Die Rechtsbeziehungen zwischen Erwerber und Handwerker beurteilen sich weitgehend nach den Grundsätzen des Handwerker-Sonderwunschvertrages. Sofern Eigenleistungen nachträglich gestattet werden und diese das Bausoll des Bauträgers verändern (verringern), führt dies zur Änderung der Bauträgerleistung; insoweit liegt zugleich auch ein Bauträger-Sonderwunschvertrag vor[1314].

518 Bei bereits im Bauträgervertrag vereinbarten **Ausstattungsvarianten** liegt kein Sonderwunschvertrag vor. Je nach vertraglicher Gestaltung kann es sich um ein Leistungsbestimmungsrecht im Sinne von § 315 BGB[1315] oder um eine Ersetzungsbefugnis (des Gläubigers) handeln[1316]. Die Festlegung der auszuführenden Leistung kann formfrei[1317] und ohne Änderung des Bauträgervertrages erfolgen. Ausstattungsvarianten werden zumeist in der Weise vereinbart, dass eine Grundausstattung vereinbart ist, dem Erwerber aber in der Baubeschreibung das Recht zur Bestimmung davon abweichender Ausführungen (z. B. hinsichtlich Sanitärgegenständen, Fliesen, Fußbodenbelägen usw.) eingeräumt wird, ggf. gegen eine bereits im Vertrag (Baubeschreibung) ausgewiesene, zusätzliche Vergütung (Aufpreis) oder Gutschrift. Nimmt der Erwerber diese Möglichkeit nicht wahr, wird die beschriebene Grundausstattung ausgeführt.

b) Eingeschränkter Anspruch auf Sonderwünsche

519 Die Leistungspflichten des Bauträgers sind im Bauträgervertrag (insbesondere in der Baubeschreibung und in den Vertragsplänen) festgelegt; ein Recht zur einseitigen Än-

---

[1312] *Virneburg*, BauR 2004, 1681 (1682).
[1313] *Kutter*, A. II Rdn. 50, nennt sie „negative" Sonderwünsche; *Eue*, I. 30 Anm. 45 (6).
[1314] *Basty*, Rdn. 929.
[1315] *Basty*, Rdn. 928; *Kutter*, A. II Rdn. 49; *Eue*, I. 30 Anm. 45 (5) mit Hinweis darauf, dass sich auch hier der Gesamtpreis im Sinne von § 3 MaBV ändern kann.
[1316] *Palandt/Grüneberg*, § 262 Rdn. 9.
[1317] *Kutter*, A. II Rdn. 49.

IV. Leistungspflichten des Bauträgers

derung der geschuldeten Leistung besteht nicht. Namentlich bei der (seriellen) Errichtung von Eigentumswohnungen ist für die Verwirklichung individueller Bauherrenwünsche technisch und kaufmännisch nur wenig Raum. Daran wird auch deutlich, dass der Erwerber nicht Bauherr ist und – zum Schutze des Erwerbers – die VOB/B dem Vertragsverhältnis nicht wirksam zugrunde gelegt werden kann: Der Bauherr eines VOB/B-Vertrages hätte allerdings das Recht, nachträglich Änderungen (Sonderwünsche) durch entsprechende Anordnungen einseitig durchzusetzen (§ 1 Abs. 3, 4 VOB/B). Dieses vertragliche Eingriffs- und Änderungsrecht besteht beim Bauträgervertrag nicht. Der Erwerber kann deshalb eigene Vorstellungen grundsätzlich erst nach der Abnahme – im Rahmen des wohnungseigentumsrechtlich Zulässigen – durch nachträgliche Veränderungen verwirklichen.

Häufig wird dem Erwerber im Bauträgervertrag die Möglichkeit eröffnet, Sonderwünsche zu verwirklichen. Sofern der Vertrag Sonderwünsche gestattet, sind die vertraglichen Voraussetzungen, unter denen ein Anspruch auf nachträgliche Änderung der geschuldeten Bauleistung besteht, maßgeblich. **520**

Im Übrigen ist dem Erwerber dann ein Anspruch auf die Umsetzung eines Sonderwunsches aus Treu und Glauben zuzubilligen, wenn die Änderung wegen des geringen Umfangs und des erreichten Baufortschritts nicht wesentlich ins Gewicht fällt, insbesondere die Auswirkungen auf den weiteren Bauablauf und die anderen Gewerke gering sind; unter diesen Voraussetzungen wäre die Verweigerung einer abweichenden Ausführung treuwidrig, § 242 BGB[1318]. **521**

c) Übliche Vertragsgestaltungen

Die Bauträgerverträge sehen häufig Bestimmungen über Sonderwünsche vor. Für gewöhnlich enthalten die Bauträgerverträge bzw. die Vertragsmuster den Grundsatz, dass Sonderwünsche im Allgemeinen ausgeschlossen sind. Diese Klarstellung entspricht der Rechtslage und steht doch einem Anspruch aus Treu und Glauben nicht entgegen[1319]. Soweit Sonderwünsche dann als Ausnahme zugelassen werden, sollen sie unmittelbar an den Handwerker vergeben und mit diesem abgewickelt werden, wobei dies nur mit der Zustimmung des Bauträgers möglich ist, die er dann verweigern darf, wenn Behinderungen, Verzögerungen oder sonstige Beeinträchtigungen des Bauvorhabens zu besorgen sind[1320]. **522**

In der Praxis wird häufig vorgesehen, Sonderwünsche durch die Nachunternehmer des Bauträgers abwickeln zu lassen, also Änderungswünsche des Erwerbers durch Handwerker-Sonderwunschverträge zu realisieren. Dem trägt die Notarliteratur – weitgehend – Rechnung[1321]. Diese Vertragsgestaltung kommt dem Interesse des Bauträgers entgegen. Die Abwicklung des Sonderwunsches belastet ihn nur unwesentlich. Er muss allerdings bei der Genehmigung der Änderung prüfen, ob der Änderungswunsch mit der **523**

[1318] Zu den allgemeinen Voraussetzungen *Palandt/Grüneberg*, § 311 Rdn. 5; vgl. insbesondere zum Sonderwunschvertrag *Basty*, Rdn. 982f.; *Kapellmann/Schiffers*, Bd. 2 Rdn. 1024, 1233 ff.; *Koeble*, Kap. 17 Rdn. 36; *Kutter*, A. II Rdn. 50; *Locher/Koeble*, Rdn. 479; *Eue*, I. 30 Anm. 45 (2); *Weigl*, MittBayNot 1996, 10 (11 f.), mit positiver Konkretisierung des Anspruchs aus § 242 BGB (16); *Riemenschneider* in Grziwotz/Koeble, 3. Teil, Rdn. 387; *Sauter*, FS Bub, S. 415 (419).

[1319] *Wolfsteiner*, in: Kersten/Bühling, Formularbuch und Praxis der Freiwilligen Gerichtsbarkeit, 20. Aufl., 1994, S. 427; *Weigl*, MittBayNot 1996, 10 (12).

[1320] Vgl. *Reithmann/Meichssner/v. Heymann*, B Rdn. 16; *Schippel*, in: Beck'sches Formularbuch zum Bürgerlichen Recht, Handels- und Wirtschaftsrecht, 6. Aufl. 1995, S. 148; *Eue*, I. 30 Anm. 45 (4); *Wolfsteiner*, S. 427; *Götte*, in: Wurm/Wagner/Zartmann, Formularbuch, S. 640, dem dem Bauträger bei der Abwicklung (wohl) eine Vermittler- oder sogar Vertreterrolle zuspricht, was Bedenken begegnen muss; *Basty*, Formular S. 556, favorisiert ggf. die Gestattung von Eigenleistungen; *Weigl*, MittBayNot 1996, 10 (14) schlägt den Handwerker-Sonderwunschvertrag vor; *Virneburg*, BauR 2004, 1681 (1682).

[1321] Vgl. die vorstehende Fußn.

B. Der Bauträgererwerb

Planung und dem Ablauf des übrigen Bauvorhabens kollidiert. Alle anderen Vereinbarungen berühren ihn nicht, insbesondere auch nicht seine vertragliche Vergütung. Für den Erwerber ist bei dieser Gestaltung ungünstig, dass die Schutzvorschriften der MaBV keine Anwendung finden; im Umfang der Sonderwunschleistung baut der Erwerber auf fremdem Grund mit dem Risiko, bei einer Rückabwicklung des Bauträgervertrages die für den Sonderwunsch getätigten Aufwendungen zu verlieren. Infolge der Formfreiheit erfährt der Erwerber keine notarielle Betreuung. Außerdem ist die Mängelhaftung zumeist ungünstiger. Ferner befindet er sich bei den Preisverhandlungen gegenüber dem vom Bauträger bereits ausgesuchten und beauftragten Handwerker in einer ungünstigen Ausgangslage.

Der Bauträger kann sich – klarstellend und im Rahmen des gesetzlich Zulässigen – schon im Bauträgervertrag für Mängel, die der vom Erwerber unmittelbar beauftragte Handwerker verursacht, freizeichnen.

d) Bauträger-Sonderwunschvertrag

524 *aa) Form des Sonderwunschvertrages.* Der Bauträger-Sonderwunschvertrag führt zu einer Vertragsänderung des bestehenden Bauträgervertrages. Die vom Bauträger zu erbringenden Leistungen und zumeist auch die Vergütung werden durch den Sonderwunschvertrag mit dem Bauträger abgeändert (vgl. aber Rdn. 515). Nach der überwiegenden Literaturmeinung ist der Bauträger-Sonderwunschvertrag deshalb gemäß § 311b BGB notariell zu beurkunden[1322], im Einzelnen Rdn. 127 f. Wird – wie in der Praxis verbreitet – die Form des § 311b BGB nicht beobachtet, ist der Sonderwunschvertrag, wenn nicht sogar der gesamte Vertrag formnichtig (Rdn. 127). Beruft sich eine Partei auf die Nichtigkeit des Bauträgervertrages wegen eines nicht beurkundeten Sonderwunsches, trifft diese Partei die Beweislast dafür, dass ein solcher Sonderwunsch (formunwirksam) vereinbart wurde[1323].

525 Der Bauträger kann die formwidrig zugesagten Sonderwunschleistungen verweigern; der Erwerber kann auf die Nichtigkeit der Vergütungszusage verweisen. Erst durch die Auflassung und ihren Vollzug wird die Nichtigkeit geheilt, § 311b Abs. 1 Satz 2 BGB[1324].

Beruft sich eine der Parteien auf die Nichtigkeit der Vereinbarung, steht dem Bauträger für die erbrachten Leistungen lediglich ein Wertersatz nach §§ 812f. BGB zu. Da die ausgeführten Arbeiten den Vorstellungen des Erwerbers entsprechen, berechnet sich der Wertersatz aus Billigkeitsgründen nicht nach der objektiv zu bemessenden Steigerung des Grundstücksverkehrswerts, sondern nach dem Aufwand, den der Erwerber bei eigener Vergabe der Arbeiten gehabt hätte[1325].

526 Zur Wahrung der Form könnte daran gedacht werden, die Auflassung sogleich im Bauträgervertrag zu erklären. Wird die Auflassung bereits im Bauträgervertrag beurkundet, sind die Änderungen des Vertrages, also auch Sonderwunschverträge formfrei möglich[1326]. Wenn die Rechtsfolge auch unstreitig und anzuerkennen ist, überzeugt die mit ihr gesuchte und angeratene Lösung nicht: Der Beurkundungszwang bezweckt

---

[1322] *Basty,* Rdn. 958f.; *Korte,* Handbuch der Beurkundung von Grundstücksgeschäften, S. 128, *Reithmann/Meichssner/v. Heymann,* B Rdn. 15; *Eue,* I. 30 Anm. 45 (3); *ders.,* DNotZ 1990, 332; *Wolfsteiner,* MittBayNot 1981, 7; *Weigl,* MittBayNot 1996, 10 (12); a.A. *Koeble,* Kap. 16 Rdn. 5d; *Locher/Koeble,* Rdn. 76; auch *Pauker,* MittBayNot 1987, 121 (124); *Sauter,* FS Bub, S. 415 (421); *Riemenschneider,* in Koeble/Grziwotz, Teil 3, Rdn. 383.
[1323] OLG München v. 18. 6. 2006, IBR 2007, 491 (*Sienz*).
[1324] Es sei denn, im Zeitpunkt der Auflassung fehlt es an der fortbestehenden Willensübereinstimmung der Parteien bezüglich des nichtigen Vertrages, vgl. *Palandt/Grüneberg,* § 311b Rdn. 49.
[1325] BGH v. 26. 4. 2001, NJW, 2001, 3184.
[1326] BGH v. 28. 9. 1984, NJW 1985, 266.

IV. Leistungspflichten des Bauträgers

die Betreuung durch den Notar und eine mit dem Gesetz übereinstimmende Vereinbarung, insbesondere die Anwendung der MaBV bei Änderungen der Vergütung. Bei privatschriftlichen Sonderwunschvereinbarungen wird die Geltung der MaBV erfahrungsgemäß nicht beachtet. Der mit dem Formzwang verfolgte Zweck läuft aber leer, wenn dem ansonsten nichtigen Sonderwunschvertrag die nötige Form durch die im Bauträgervertrag vorweg erklärte Auflassung „geschenkt" wird. Statt der Auflassung würde sich in der Urkunde der notarielle und aufklärende Hinweis, dass Sonderwunschvereinbarungen für ihre Wirksamkeit der notariellen Beurkundung bedürfen, weit besser ausnehmen, nämlich tatsächlich dem mit der Beurkundung angestrebten Zweck dienen[1327]. In der Praxis wird bei Sonderwunschverträgen, wenn sie überhaupt unmittelbar mit dem Bauträger abgeschlossen werden, die nötige Form nicht beachtet, was wegen der bereits erklärten Auflassung entweder unschädlich ist, oder durch Auflassung nachträglich geheilt wird, und zwar ohne dass sich die Beteiligten der vorübergehenden, aber nicht ungefährlichen Nichtigkeit bewusst sind.

Ein Sonderwunsch kann ausnahmsweise dann formfrei vereinbart werden, wenn er **527** und der Bauträgervertrag nicht als ein einheitliches Rechtsgeschäft erscheinen, er also eine zusätzliche Leistung beinhaltet, die auch von jedem anderen erbracht werden könnte, und der Bauträgervertrag, insbesondere die ursprünglichen Vertragsleistungen, durch ihn nicht verändert wird (vgl. Rdn. 515)[1328].

bb) Vergütung. Die Höhe der Vergütung ist Vereinbarungssache. Eine ordnungsgemä- **528** ße Vereinbarung hierzu kann bei beurkundeten Sonderwunschverträgen vorausgesetzt werden. Wurde jedoch in formwidrigen, nachträglich aber geheilten Vereinbarungen zwar der Leistungsumfang, nicht aber der Werklohn festgelegt, ist die übliche Vergütung geschuldet, § 632 Abs. 2 BGB. Entsprechendes gilt, wenn der Erwerber die Durchführung eines Sonderwunsches nach § 242 BGB geltend machen kann. Der Sonderwunsch löst jedoch dann keine zusätzliche Vergütung aus, wenn die Änderung unwesentlich und als von der Pauschalvergütung abgegolten anzusehen ist[1329].

Die ortsübliche und angemessene Vergütung im Sinne des § 632 Abs. 2 BGB orien- **529** tiert sich an den Preisen der Nachunternehmer des Bauträgers. Bei Leistungen, für die (Einheits-)Preise vereinbart sind, kann auf diese zurückgegriffen werden. Ortsüblich und angemessen ist also der Preis, der für das konkrete Bauvorhaben vereinbart wurde[1330]. Bei Massenüber- und -unterschreitungen von mehr als 10% kann § 2 Abs. 3 VOB/B zu Preisänderungen führen. Für nicht angebotene und deshalb nicht kalkulierte Leistungen ist unter Berücksichtigung des übrigen Preisgefüges eine Vergütung zu bestimmen. Je nach Art und Umfang der Sonderausführung können auch zusätzliche Planungskosten anfallen und die Beauftragung anderer Handwerker erforderlich werden. Zum ortsüblichen und angemessenen Preis im Sinne von § 632 Abs. 2 BGB gehört bei Bauträgerleistungen auch der Bauträgerzuschlag. Mit diesem Zuschlag werden die Gemeinkosten des Bauträgers sowie das Bauträgerrisiko abgedeckt. Der Zuschlag beträgt zwischen 5 und 15% auf die Preise der Subunternehmer[1331]. Der Erwerber hat keinen Anspruch auf Aufdeckung der Bauträgerkalkulation; ebenso wenig

---

[1327] Es sollte dabei nicht (nur) von nachträglichen Vertragsänderungen (vgl. *Weigl,* MittBayNot 1996, 10, 15), sondern ausdrücklich von Sonderwunschvereinbarungen mit dem Bauträger die Rede sein.
[1328] Ähnlich *Basty,* Rdn. 961, der von „neuen Regelungskreisen" spricht; vgl. BGH v. 13. 12. 2001, NJW 2002, 1492 = NZBau 2002, 215 zur Abgrenzung eines selbständigen weiteren Auftrages von der Erweiterung eines bestehenden Vertrages.
[1329] BGH v. 24. 6. 1974, NJW 1974, 1864, 1865; OLG v. 16. 6. 1992, Hamm NJW-RR 1992, 1203.
[1330] Vgl. *Koeble,* Kap. 17 Rdn. 39, der die so gefundene Vergütung nicht als „ortsüblich" bezeichnen möchte, aber zum selben Ergebnis gelangt; *Kapellmann/Schiffers,* Rdn. 1235, verweisen insoweit auf die „Grundlagen der Preisermittlung" wie beim gewöhnlichen Pauschalvertrag.
[1331] *Koeble,* Kap. 17 Rdn. 39: 5–8%.

B. Der Bauträgererwerb

kann er die Vorlage der Urkalkulation des vom Bauträger zu einem Pauschalpreis beauftragten Generalunternehmers verlangen[1332]. Im Streitfall ist die angemessene und ortsübliche Vergütung unter Beachtung der oben dargestellten Grundsätze von einem Sachverständigen zu bestimmen.

530   *cc) Gutschriften.* Sonderwünsche führen regelmäßig auch zum Wegfall ursprünglich geplanter Bauleistungen. Für fortgefallene Leistungen kann der Erwerber eine Gutschrift, also eine Anpassung der vereinbarten Vergütung verlangen. Wurde zwischen den Parteien keine Vereinbarung über die Höhe der zu erteilenden Gutschrift getroffen, steht dem Erwerber gleichwohl eine Gutschrift zu. Rechtlicher Ansatzpunkt für die Erteilung einer Gutschrift ist § 649 BGB[1333]. Diese Vorschrift kann zwar nicht unmittelbar auf den Bauträgervertrag angewendet werden. Eine Kündigung oder Teilkündigung der mit dem Bauträger vereinbarten Bauleistungen ist grundsätzlich ausgeschlossen (vgl. Rdn. 753 f.). Haben die Parteien jedoch die Verminderung der Bauleistungen einvernehmlich festgelegt, ohne die Höhe des dafür entfallenden Vergütungsteils zu bestimmen oder hat der Erwerber einen Anspruch aus § 242 BGB auf Berücksichtigung eines Sonderwunsches, ist – soweit Leistungen entfallen – § 649 BGB für die Bestimmung der Vergütung anzuwenden. Im einen Fall liegt eine einvernehmliche Teilkündigung von Bauleistungen vor (akzeptierte „freie Kündigung"), im anderen Fall kann der Erwerber nach Treu und Glauben einen Teil der Bauleistungen kündigen. In beiden Fällen gilt deshalb, dass der Bauträger Anspruch auf die vereinbarte Vergütung hat, sich aber dasjenige anrechnen lassen muss, was er infolge der Teilkündigung an Aufwendungen erspart[1334]. Rechnerisch wird die Gutschrift deshalb aus den eingesparten Handwerkervergütungen gebildet. Dabei können aber höhere Einheitspreise für die übrigen Leistungen nach § 2 Abs. 3 VOB/B wegen Massenreduzierungen zu berücksichtigen sein.

531   Die Handwerkergutschriften sind um den Bauträgerzuschlag zu erhöhen, wenn und soweit der Bauträger diesen Teil der Bauträgervergütung nicht durch zusätzliche Sonderwunschvergütungen (einschließlich Bauträgerzuschlag) kompensieren kann. In dem Umfang, in dem der Bauträger vom Erwerber keinen Sonderwunschauftrag erhält (weil die Leistungen gänzlich entfallen oder durch Eigenleistungen ersetzt werden), verbleibt der Bauträgerzuschlag dem Bauträger. Soweit der Bauträger aber im Rahmen der Sonderwunschvereinbarung einen Anspruch auf eine zusätzliche Vergütung erhält, die die zu erteilende Gutschrift erreicht oder übersteigt, besteht keine Grundlage für einen kalkulatorischen Ansatz des Bauträgerzuschlags (arg. § 649 BGB: er muss sich anrechnen lassen, was er durch die anderweitige Verwendung seiner Arbeitskraft erwirbt); rechnerisch ist das durch eine Gutschrift *ohne* Bauträgerzuschlag darzustellen.

532   *dd) Abgetretene Bauträgervergütung.* Wurde der Vergütungsanspruch – wie üblich – an die den Bauträger finanzierende Bank abgetreten, bedarf es, soweit er sich infolge eines Sonderwunsches verringert, der Zustimmung der Bank. Der Bauträger ist aufgrund der Abtretung zu Verfügungen und Vereinbarungen über den Anspruch nicht mehr berechtigt. Es ist nicht anzunehmen, dass die Bank den Bauträger (stillschweigend) zur Abänderung der an sie abgetretenen Forderung ermächtigt hat[1335]. Bei einer zusätzlichen Vergütung infolge des Sonderwunsches wird diese ebenfalls von der Abtretung erfasst und kann schuldbefreiend nur an die Zessionarin geleistet werden.

[1332] A. A. *Locher/Koeble,* Rdn. 485 f.; *Kapellmann/Schiffers,* Rdn. 1235, 1392.
[1333] *Basty,* Rdn. 941, stellt auf § 649 BGB dann ab, wenn sich der Erwerber das Recht zur Teilkündigung ausbedungen hat; vgl. auch *Ingenstau/Korbion,* VOB, 13. Auflage, 1996, Anh. Rdn. 231.
[1334] A. A. *Kapellmann/Schiffers,* Rdn. 1392, unter Hinweis darauf, dass der Erwerber bei dieser wohl an sich für richtig befundenen Lösung unbillig überrascht würde.
[1335] A. A. wohl *Weigl,* MittBayNot 1996, 10 (13), der aber empfiehlt, im Zweifel die Zustimmung der Bank einzuholen.

IV. Leistungspflichten des Bauträgers

ee) Anwendung der MaBV. Unter Berücksichtigung des Sonderwunschpreises und etwaiger Gutschriften ist gemäß § 3 Abs. 2 MaBV ein neuer Vertragspreis zu bilden[1336]. Danach müssen sämtliche Raten aus der so berechneten Gesamtvergütung neu bestimmt werden. Führt der Sonderwunsch zu einer insgesamt höheren Vergütung, kann für bereits vorher fällig gewordene Abschlagszahlungen ein entsprechender Betrag nachberechnet werden; die zukünftigen Abschlagszahlungen erhöhen sich anteilig[1337]. Deshalb ist es unzulässig, nach erbrachter Leistung eine gesonderte Rechnung über den Sonderwunsch zu stellen; mit dieser Verfahrensweise würde gegen die Vorschriften der MaBV verstoßen[1338]. Möglich ist jedoch die gesonderte Abrechnung der zusätzlichen Vergütung mit der letzten Rate. Führt der Sonderwunsch zu einer Verringerung der Gesamtvergütung, ist die Differenz für bereits zuvor geleistete Raten zurückzubezahlen; die späteren Abschlagszahlungen vermindern sich entsprechend[1339]. **533**

Sonderwünsche können auch die Fälligkeit der vereinbarten Raten beeinflussen. Ist der Sonderwunsch einem Gewerk des § 3 Abs. 2 MaBV zuzuordnen, kann die betreffende Rate insgesamt erst fällig werden, wenn der Sonderwunsch ausgeführt worden ist. **534**

Nach § 3 Abs. 1 Satz 1 Nr. 3 MaBV hat der Bauträger dem Erwerber eine Lastenfreistellungserklärung der Globalgläubigerin vorzulegen. Die Lastenfreistellung darf die Bank davon abhängig machen, dass die „geschuldete" Vertragssumme – aufgrund entsprechender Abtretung – an die Bank gezahlt wird und das Objekt nur unter Einhaltung bestimmter Listenpreise veräußert wird. Ergibt sich aus der Sonderwunschvereinbarung zwar eine *höhere* Vergütung, ist der Sonderwunschvertrag aber mangels Beurkundung unwirksam, bleibt es für die Lastenfreistellung bei dem ursprünglich wirksam vereinbarten „geschuldeten" Kaufpreis. Wurde der Sonderwunsch ordnungsgemäß beurkundet (oder durch vorangegangene Auflassung wirksam), kann der Erwerber die Lastenfreistellung nur erreichen, wenn die zusätzliche Vergütung vereinbarungsgemäß (auch) an die Bank gezahlt wird[1340]. **535**

Ergibt sich aufgrund eines unwirksamen Sonderwunschvertrages eine *geringere* Vergütung, kann die Freistellung nur nach Zahlung der nach wie vor wirksamen, vertraglich geschuldeten (höheren) Vergütung verlangt werden. Ist die Auflassung bereits im Vertrag erklärt und wurde die Vergütung nicht an die Bank abgetreten, führt die dann wirksame vertragliche Herabsetzung der Bauträgervergütung zu einer neuen „geschuldeten" Vertragssumme im Sinne von § 3 Abs. 1 Satz 2 MaBV mit der Folge, dass das Objekt nach Entrichtung der geringeren Vergütung freizustellen ist[1341]. Das würde auch dann gelten, wenn die Freistellungserklärung von der Einhaltung eines Listenpreises abhängig gemacht wurde: Bei Abschluss des Vertrages war der Listenpreis eingehalten. Die spätere Reduzierung führt auch zu einem geringeren Bauvolumen, also zu einer geringeren Inanspruchnahme der finanzierenden Bank, weshalb sie auch in diesem Fall unter Berücksichtigung der zu erteilenden Gutschrift freizustellen hätte. Auch wenn die Freistellungserklärung die Lastenfreistellung – unzulässigerweise – von der Bezahlung eines betragsmäßig ausgewiesenen Kaufpreises abhängig macht, ist die Bank nach Zahlung des

---

[1336] *Basty,* Rdn. 947; *Marcks,* § 3 Rdn. 25; *Kutter,* A. II Rdn. 49; *Weigl,* MittBayNot 1996, 10 (13); *Sauter,* FS Bub, S. 415 (429).
[1337] *Marcks,* § 3 Rdn. 25; *Riemenschneider* in Grziwotz/Koeble, 3. Teil, Rdn. 401.
[1338] A. A. *Koeble,* Kap. 12 Rdn. 99; *Blank,* Rdn. 252; *Reithmann/Meichssner/v. Heymann,* B Rdn. 114.
[1339] A. A. *Reithmann/Meichssner/v. Heymann,* B Rdn. 115: nur die betroffene Rate sei entsprechend zu kürzen.
[1340] *Basty,* Rdn. 952; *Virneburg,* BauR 2004, 1681 (1686); a. A. *Reithmann/Meichssner/v. Heymann,* B Rdn. 231.
[1341] Vgl. *Weigl,* MittBayNot 1996, 10 (13), der eine automatische Anpassung auch bzgl. der Abtretung für möglich hält, was aber zweifelhaft sein dürfte.

infolge der Sonderwunschvereinbarung reduzierten Preises zur Lastenfreistellung verpflichtet[1342], vgl. im Übrigen Rdn. 249, 251.

536 Hat der Sonderwunsch eine höhere Vergütung zur Folge und wurde vom Bauträger eine Bürgschaft nach § 7 MaBV gestellt, ist die Bürgschaft um den entsprechenden Betrag zu erhöhen bzw. eine zusätzliche Bürgschaft vorzulegen. Die ursprüngliche Bürgschaft bezieht sich nicht auf die zwischen Bauträger und Erwerber vereinbarte Erhöhung der Vergütung und die damit vorgenommene Erweiterung der Verpflichtung (§ 767 Abs. 1 Satz 3 BGB). Wird die Bürgschaft der vereinbarten Vergütungserhöhung nicht angepasst, fehlt es an der für die Fälligkeit vorausgesetzten nötigen Sicherheit.

537 *ff) Abnahme.* Die Abnahme der aufgrund des Bauträger-Sonderwunschvertrages erbrachten Leistungen erfolgt nach den Bestimmungen des Bauträgervertrages. Die Sonderwunschleistungen werden Bestandteil der übrigen Bauträgerleistungen und werden deshalb mit den übrigen Bauträgerleistungen abgenommen.

538 *gg) Mängelhaftung.* Die Haftung wegen Mängeln an den Sonderwunscharbeiten richtet sich nach den Regelungen des Bauträgervertrages. In ihm wird für die Mängelhaftung regelmäßig auf die Bestimmungen der §§ 633 ff. BGB verwiesen. Von der gesetzlichen Mängelhaftung kann im übrigen auch in Geschäftsbedingungen, die (zusätzlich) für den Sonderwunschvertrag gelten sollen, nicht wirksam abgewichen werden.

539 Unabhängig von der Leistungspflicht gegenüber dem Sonderwunschauftraggeber bleibt der Bauträger gegenüber den Erwerbern der anderen Wohneinheiten einer Wohnanlage zur ordnungsgemäßen Erfüllung verpflichtet. Die Ausführung des Sonderwunsches darf weder zu technischen Mängeln noch zu Veränderungen des **Gemeinschaftseigentums** führen[1343]. Wird durch die Veränderung des Fußbodenaufbaus ein Schallmangel, der sich in den angrenzenden Wohnungen auswirkt, verursacht, haftet der Bauträger den anderen Erwerbern dafür. Wird infolge eines Decken- oder eines Wanddurchbruchs die Abgeschlossenheit einer Wohnung aufgehoben, entsteht ein der Teilungserklärung widersprechender Zustand, dessen Beseitigung von den anderen Miteigentümern verlangt werden kann; ggf. kann der betroffene Erwerber die beiden Eigentumseinheiten zu einer einzigen, dann wieder in sich abgeschlossenen Einheit vereinigen[1344].

Für den Fall, dass Sonderwünsche nach Invollzugsetzung der Wohnungseigentümergemeinschaft bzw. nach Entstehung der „werdenden Gemeinschaft" ausgeführt werden, können sie eine bauliche Veränderung des Gemeinschaftseigentums im Sinne von § 22 Abs. 1 WEG darstellen. Die anderen Erwerbern haben dann einen wohnungseigentumsrechtlichen Beseitigungsanspruch gem. § 1004 BGB[1345].

Solange der Bauträger aber alleiniger Eigentümer des Objekts ist und auch noch keine „werdende Gemeinschaft" besteht, stellen von der Teilungserklärung bzw. dem Aufteilungsplan abweichende Bauausführungen keine bauliche Veränderung im Sinne von § 22 WEG dar und unterliegen deshalb auch keinen wohnungseigentumsrechtlichen Beschränkungen[1346]. Die Auflassungsvormerkung schützt nicht vor einer planwidrigen Ausführung; solange der Bauträger Alleineigentümer ist, kann er (sachenrechtlich) allein über

---

[1342] A. A. OLG Dresden v. 27. 6. 1997, NJW-RR 1997, 1506; *Vogel,* BauR 1999, 992 (999 f.); vgl. auch *Weigl,* MittBayNot 1996, 10 (16), für den Fall, dass die Kaufpreisermäßigung bereits im Vertrag angelegt ist und nicht erst später vereinbart wird.

[1343] *Pause,* NJW 1993, 553 f.

[1344] BayObLG v. 2. 2. 1995, NJW-RR 1995, 649.

[1345] *Palandt/Bassenge,* § 22 WEG, Rdn. 34.

[1346] BayObLG v. 5. 11. 1993, NJW-RR 1994, 276; anders aber für Sonderwünsche, die bei Durchführung einer Bauherrengemeinschaft verwirklicht werden, BayObLG v. 29. 5. 1998, NZM 1999, 286 = WE 1999, 36.

IV. Leistungspflichten des Bauträgers

bauliche Änderungen entscheiden[1347]. Jeder Erwerber kann dann von den anderen Eigentümern in ihrer Gesamtheit die erstmalige ordnungsgemäße Herstellung des Gemeinschaftseigentums verlangen[1348]; die Haftung des Bauträgers bleibt davon unberührt. Der Erwerber, der den Sonderwunsch veranlasst hat, haftet den anderen Erwerbern nicht.

e) Handwerker-Sonderwunschvertrag

aa) Zulässigkeit. Zunächst ist der Frage nachzugehen, ob eine Aufspaltung der Gesamtbauleistung in eine vom Bauträger zu erbringende Standardausführung und in eine Sonderwunschleistung, die von einem Dritten aufgrund eines Handwerker-Sonderwunschvertrages erbracht wird, überhaupt zulässig ist[1349]. Für die Verweisung des Erwerbers auf die Mängelansprüche des Bauträgers gegen die Nachunternehmer (Subsidiaritätsklausel) hat der BGH immerhin entschieden, dass der Erwerber durch derartige Vertragsgestaltungen unangemessen benachteiligt wird. Der Zweck des Bauträgervertrages, die Leistungen aus einer Hand zu erhalten, wird weitgehend aufgehoben; der Erwerber wird gezwungen, sich bei der Verfolgung von Mängelansprüchen, mit verschiedenen Handwerkern auseinanderzusetzen. Darin liegt ein Verstoß gegen § 307 Abs. 2 Nr. 2 BGB[1350]. Was für die Mängelansprüche gilt, könnte auch für die Beauftragung abgeänderter oder zusätzlicher Leistungen gelten. Immerhin wird der Erwerber auch hier durch die Verweisung auf die Nachunternehmer gezwungen, sich schon bei der Vergabe und Abwicklung der Sonderwunschleistung nicht nur mit dem Bauträger, sondern auch mit den entsprechenden Handwerkern auseinanderzusetzen. Wie bei der Subsidiärhaftung muss sich der Erwerber wegen etwaiger Mängel zusätzlich an die Handwerker wenden und sie auch auf ihre Ursache hin untersuchen, um sie zutreffend zuordnen und geltend machen zu können. Skepsis gegen die Auslagerung von Sonderwünschen auf die Nachunternehmer des Bauträgers ist angebracht[1351]. **540**

Gleichwohl ist die Rechtsprechung des BGH zur Subsidiaritätsklausel nicht auf den Handwerker-Sonderwunschvertrag übertragbar, die (vertragliche) Verweisung auf den Handwerker also nicht per se unwirksam. Zwar entspricht es dem Wesen des Bauträgervertrages, die Vertragsleistung einschließlich der Mängelhaftung aus einer Hand zu erhalten. Fremd ist dem Bauträgervertrag jedoch die Berechtigung des Erwerbers, die vertraglich festgelegte Bauleistung abändern zu können. Sofern von diesem Grundsatz zum Vorteil des Erwerbers abgewichen wird und ihm im Einzelfall die Verwirklichung eines Sonderwunschs gestattet wird, ist es nicht unangemessen, ihm auch die Abwicklung mit den entsprechenden Handwerkern zuzumuten.

bb) Form. Wird der Sonderwunschvertrag zwischen Erwerber und Handwerker abgeschlossen, sind sämtliche Vereinbarungen formfrei wirksam[1352]. Da sich der Handwerker im Zusammenhang mit dem Sonderwunschvertrag nicht zur Verschaffung von Grundeigentum verpflichtet, findet § 311b BGB keine Anwendung. Das gilt aber nur dann, wenn sich der Erwerber mit den Handwerkern des Bauträgers in vollem Umfang über sämtliche zusätzlichen Arbeiten ebenso wie über entfallende Leistungen verständigen kann. Werden zusätzlich Vereinbarungen mit dem Bauträger erforderlich – etwa wegen fortfallender Leistungen anderer Handwerker – gelten für Form, Inhalt und Abwicklung zusätzlich die Ausführungen zum Bauträger-Sonderwunschvertrag. **541**

[1347] BayObLG v. 23. 8. 1990, NJW-RR 1990, 1494; *Röll,* WE 1996, 285 (286).
[1348] BayObLG v. 23. 8. 1990, NJW-RR 1990, 1494; OLG Hamm v. 21. 7. 1997, NJW-RR 1998, 371.
[1349] *Vogelheim,* BauR 1999, 117 lehnt einen selbständigen Handwerker-Sonderwunschvertrag ab; vgl. auch *Riemenschneider* in Grziwotz/Koeble, 3. Teil, Rdn. 397; kritisch dazu *Baden,* BauR 1999, 712.
[1350] BGH v. 21. 3. 2002, NJW 2002, 2470.
[1351] *Basty,* Rdn. 938.
[1352] *Basty,* Rdn. 956.

B. Der Bauträgererwerb

542   cc) *Zustimmung des Bauträgers.* Ohne Zustimmung des Bauträgers kann der Erwerber mit den Handwerkern keine Sonderwünsche vereinbaren. Das gilt für das Gemeinschaftseigentum wie für das Sondereigentum. Beim Bauträgererwerb ist der Bauträger Bauherr; er hat bis zur Abnahme bzw. Besitzübergabe das Baugeschehen in der Hand. Der Erwerber hat keinerlei Weisungsbefugnisse gegenüber dem Bauträger und darf auch nicht unter Umgehung des Bauträgers Änderungen der von den Bauhandwerkern vertragsgemäß zu erbringenden Leistungen herbeiführen. Letztere sind allein dem Bauträger zur Leistungserbringung verpflichtet und würden sich bei eigenmächtigen Änderungen haftbar machen[1353]. Auf das Erfordernis der Zustimmung wird in den Bauträgerverträgen deshalb regelmäßig hingewiesen. Die Zustimmung des Bauträgers ist, sofern die Leistungspflichten des Bauträgervertrages unberührt bleiben, formfrei möglich[1354].

543   Es kommt vor, dass sich der Bauträger im Zusammenhang mit der unmittelbaren Erteilung von Sonderwunschaufträgen an den Bauhandwerker selbst mit Architekten- und Bauleitungsaufgaben beauftragen lässt. Für die Durchführung solcher zusätzlichen Bauträgerleistungen ist eine **Honorierung** nur dann gerechtfertigt, wenn der Bauträger die Honorarpflichtigkeit dem Erwerber vor Ausführung des Sonderwunsches mitteilt[1355]. Andernfalls kann der Erwerber davon ausgehen, dass zusätzliche Leistungen im Planungs- oder Bauleitungsbereich mit der Gesamtvergütung abgegolten sind.

544   dd) *Vergütung des Handwerkers.* Bei dem Handwerker-Sonderwunschvertrag handelt es sich um einen Werkvertrag im Sinne der §§ 631 ff. BGB. Die Vorschriften der MaBV finden keine Anwendung. Wurde für den Sonderwunsch keine Vergütung vereinbart, ist die übliche Vergütung geschuldet, § 632 Abs. 2 BGB. Bei der Bestimmung der üblichen und angemessenen Vergütung ist zu berücksichtigen, dass der Handwerker als Subunternehmer des Bauträgers bereits vergleichbare Leistungen auf der Baustelle ausführt. Die schon vorhandene Baustelleneinrichtung und die Erhöhung der zu erbringenden Massen gleicher Leistungen wirkt sich preismindernd aus. Allerdings hat der Erwerber keinen Anspruch auf den Preis, den der Handwerker dem Bauträger – etwa mit Blick auf eine bestehende Geschäftsbeziehung – gemacht hat[1356]. Ebenso wenig hat er einen Anspruch auf Auskunft über die mit dem Bauträger vereinbarten Preise. Das Preisgebaren des Unternehmers gegenüber dem Bauträger bei Vereinbarung der Standardausführungen ist für den Sonderwunsch grundsätzlich nicht zu berücksichtigen; Sonderwunschvertrag und Bauträgervertrag sind (auch) insofern zu trennen. Beim Streit über die Ortsüblichkeit und Angemessenheit der Preise sind die dargestellten Grundsätze vom Sachverständigen zu beachten, also die zusätzliche (Sonder-)Leistung unter Berücksichtigung vergleichbarer Arbeiten desselben Gewerks auf derselben Baustelle zu bewerten. Werden dagegen Arbeiten, die bei diesem Bauvorhaben ansonsten nicht auszuführen sind, beauftragt und kommt dabei noch besonderes Material unter Einsatz nicht vorgehaltener Maschinen zum Einbau, wird der Auftraggeber wegen der geringen Mengen spürbar höhere Preise hinnehmen müssen. Für den Erwerber ist die Beauftragung der ohnehin schon auf der Baustelle vorhandenen Subunternehmer des Bauträgers oder dessen Generalunternehmer eher ungünstig, da diese – wie auch sonst bei Nachträgen – stets geneigt sind, die Preisnachlässe, die sie dem Bauträger eingeräumt haben, wieder auszugleichen. Der dem Erwerber günstigere, durch den Vertrag aber häufig –

[1353] Vgl. OLG Dresden v. 1. 3. 2000, NJW-RR 2001, 664 zum Verhältnis zwischen Bauherr, Unternehmer und Subunternehmer.
[1354] *Kutter*, A. II Rdn. 49; *Weigl*, MittBayNot 1996, 10 (12).
[1355] Vgl. *Kapellmann/Schiffers*, Bd. 2 Rdn. 1024, 1392.
[1356] A. A. *Baden*, BauR 1983, 313 (315): eine Rückorientierung auf den Vertrag zwischen Handwerker und Bauträger sei für technische Vorgaben, in gewissem Umfang auch für rechtliche Bedingungen zulässig (316); ähnlich *Locher/Koeble*, Rdn. 484.

IV. Leistungspflichten des Bauträgers

unter Verweis auf die Übersichtlichkeit der Bauabläufe und der Baustelle – abgeschnittene Weg ist die Verwirklichung des Sonderwunsches durch Eigenleistungen, etwa auch durch die Beauftragung eigener Handwerker.

ee) Gutschriften. Häufig geht es nicht nur um die Ausführung zusätzlicher Arbeiten, sondern zugleich auch um die Verringerung ursprünglich geplanter Leistungen. **545**
Sofern Leistungen aufgrund einer Vereinbarung zwischen Handwerker und Erwerber entfallen, soll der Ausgleich regelmäßig ausschließlich zwischen Handwerker und Erwerber erfolgen, während die Vergütungspflichten zwischen Bauträger und Erwerber ebenso wie zwischen Handwerker und Bauträger unberührt bleiben sollen[1357]. Der Bauträger vergütet den Handwerker so, als ob die geschuldete Leistung ausgeführt worden wäre. Ebenso wenig verringert sich die vom Erwerber an den Bauträger geschuldete Vergütung. Der Ausgleich für die nicht ausgeführte Leistung wird allein im Verhältnis zwischen Handwerker und Erwerber hergestellt. Grundlage für die dem Erwerber vom Handwerker zu leistende Zahlung ist regelmäßig die Vereinbarung über den Entfall einer Leistung; Inhalt der Vereinbarung ist sodann auch die Höhe der zu leistenden Gutschrift.

Wird über die dem Erwerber für die entfallene Leistung zu gewährende Vergütung keine Vereinbarung getroffen bzw. vom Handwerker kein hinreichendes Angebot unterbreitet, ist anzunehmen, dass dem Erwerber gegen den Handwerker ein unmittelbarer Anspruch auf Rückzahlung der vom Bauträger geleisteten bzw. noch zu leistenden Vergütung zusteht, und zwar aufgrund der Zustimmung des Bauträgers zu der Leistungsänderung (Entfall einer Leistung). Dabei muss der Handwerker dem Erwerber für die entfallene Leistung im Grundsatz eine Gutschrift auf der Basis des Rechtsverhältnisses zwischen Bauträger und Erwerber erteilen. Die Gutschrift ist den ersparten Aufwendungen i. S. v. § 649 BGB vergleichbar; die Rechtsgedanken des § 649 BGB können auf sie angewendet werden. Aus der Sicht des Erwerbers muss die Gutschrift so ermittelt werden, als ob der Bauträger diese selbst erteilen würde: Der Bauträger würde seinen Vergütungsanspruch unter Abzug der ersparten Aufwendungen wie bei einer (Teil-)Kündigung behalten (§ 649 Satz 2 BGB). Gutzuschreiben sind die ersparten Aufwendungen, also die gegenüber dem Handwerker infolge des Fortfalls der Leistung ersparte Vergütung. Der Vergütungsanspruch des Handwerkers bleibt zwar bestehen, jedoch ebenfalls gekürzt um die ersparten Aufwendungen. In der Konsequenz bestimmt sich deshalb der Anspruch des Erwerbers nach den ersparten Aufwendung des Handwerkers. M. a. W.: Sofern im Verhältnis zwischen Erwerber und Bauträger eine bestimmte Leistung ersatzlos entfällt, bleiben der Bauträgergewinn und der Handwerkergewinn für diese Leistung erhalten. Der Handwerker ist verpflichtet, dem Erwerber die Grundlagen für die ersparten Aufwendungen (Einheitspreise und Kalkulationsunterlagen) mitzuteilen[1358].

Allerdings muss sich der Handwerker das anrechnen lassen, was er infolge der Nichtausführung der entfallenen Leistung anderweit erwirbt (§ 649 Satz 2 BGB). Sofern der Handwerker also vom Erwerber statt der nicht ausgeführten Leistung einen diesen wertmäßig erreichenden oder übersteigenden Auftrag erhält, muss er sich den hier kalkulierten Gewinn ebenfalls abziehen lassen. Es sind bei entsprechenden Ersatzaufträgen des Erwerbers im Ergebnis die Preise, wie sie vom Handwerker mit dem Bauträger vereinbar sind, in voller Höhe gutzuschreiben.

ff) Vertragsbedingungen. Für den Handwerker-Sonderwunschvertrag gelten ausschließ- **546**
lich die zwischen ihm und dem Erwerber vereinbarten Vertragsbedingungen; auf den Bauträgervertrag kann insoweit nicht zurückgegriffen werden. Ebenso wenig sind die dem Erwerber regelmäßig unbekannten Bedingungen des Vertrages zwischen Bauträger

---

[1357] Vgl. hierzu auch *Virneburg*, BauR 2004, 1681 (1682).
[1358] *Palandt/Sprau*, § 649 Rdn. 10.

und Handwerker maßgeblich[1359]. Soll dem Handwerker-Sonderwunschvertrag die VOB/B zugrunde gelegt werden, muss dem Auftraggeber, da er in der Regel kein Baufachmann sein wird, durch Aushändigung des Textes der VOB/B Gelegenheit gegeben werden, von ihrem Inhalt Kenntnis zu nehmen; andernfalls sind die Bestimmungen der VOB/B nicht wirksam in den Vertrag einbezogen[1360].

547 *gg) Abnahme, Kündigung.* Die vom Unternehmer für den Auftraggeber als Sonderwunsch zusätzlich erbrachten Arbeiten sind gesondert abzunehmen. Die Abnahme der vom Bauträger erbrachten Leistungen ist insoweit ohne Wirkung, es sei denn, der Bauträger wurde zur Entgegennahme der Abnahmeerklärung für den Unternehmer bevollmächtigt und der Erwerber hat bei der Abnahme auch einen Abnahmewillen hinsichtlich der Sonderwunschleistungen, wovon aber im Regelfall nicht ausgegangen werden kann. Sind die vom Handwerker erbrachten Arbeiten nicht förmlich oder ausdrücklich abgenommen worden, kommt allerdings eine stillschweigende Abnahme durch die Ingebrauchnahme in Betracht.

548 Sollte der Vertrag zwischen Erwerber und Bauträger vorzeitig beendet werden, so berührt dies den Sonderwunschvertrag mit dem unabhängig beauftragten Unternehmer nicht. Der Erwerber kann den Vertrag **kündigen** mit der Folge, dass er dem Unternehmer zur Vergütung (abzüglich ersparter Aufwendungen) verpflichtet ist (§ 649 Satz 2 BGB)[1361]. Ist der Bauträgervertrag infolge eines Umstandes, den der Bauträger zu vertreten hat, aufgehoben oder sonst wie unwirksam geworden, kann der Erwerber bei ihm in Höhe der an den Unternehmer zu leistenden Vergütung Regress nehmen.

549 *hh) Mängelhaftung.* Die Mängelrechte des Erwerbers ergeben sich aus den Bestimmungen der §§ 634 ff. BGB. Wurde die VOB/B wirksam vereinbart, folgt die Mängelhaftung aus § 13 VOB/B. Der vom Erwerber beauftragte Handwerker haftet grundsätzlich im Umfang der von ihm ausgeführten Sonderleistungen allein und unmittelbar[1362]. Sofern sich diese Leistungen im Einzelfall von den Standardleistungen, die der Handwerker für den Bauträger erbracht hat, nicht eindeutig trennen lassen, läuft der Handwerker Gefahr, dem Erwerber aber auch für Mängel an den vom Bauträger geschuldeten (Standard-)Leistungen unmittelbar zu haften[1363].

Neben der Haftung des Handwerkers kommen aber auch Ansprüche gegen den Bauträger in Betracht. Dafür, ob der Bauträger mit oder neben dem Handwerker für Mängel an der Sonderwunschleistung oder Mangelfolgen an anderen Gewerken einzustehen hat, lassen sich folgende Regeln aufstellen:

550 – Bezieht sich die Sonderwunschvereinbarung zwischen Erwerber und Handwerker auf die Verwendung eines anderen oder höherwertigen Baustoffs und wird dafür nur ein Aufpreis vergütet, haftet der Handwerker für Fehler dieses Baustoffs. Weisen beispielsweise die höherwertigen Fliesen Farbabweichungen auf, kann der Erwerber seine Mängelrechte insoweit gegenüber dem Handwerker geltend machen.

551 – Wenn sich der Sonderwunschvertrag nur auf ein anderes bzw. höherwertiges Material bei Vergütung des Mehrpreises an den Handwerker bezieht, bleibt die Haftung des Bauträgers für Ausführungsfehler bestehen. Wurden vom Handwerker zwar mängelfreie Sonderwunsch-Fliesen verwendet, diese aber entgegen den anerkannten Regeln der Technik eingebaut (sie wurden in den Bewegungsfugen starr und nicht

---

[1359] *Baden,* BauR 1983, 313 (314); vgl. zur Selbständigkeit beider Vertragsverhältnisse BGH v. 23. 3. 1981, BauR 1981, 383.
[1360] BGH v. 19. 5. 1994, NJW 1994, 2547; *Basty,* Rdn. 939.
[1361] Insoweit teilweise a. A. *Baden,* BauR 1993, 313 (317).
[1362] A. A. *Vogelheim,* BauR 1999, 117 (121).
[1363] OLG Schleswig v. 18. 6. 1998, NJW-RR 1998, 1551.

IV. Leistungspflichten des Bauträgers

dauerelastisch verfugt), richten sich die Mängelansprüche insoweit gegen den Bauträger[1364]. Das Gleiche gilt, wenn der Aufpreis nur für ein anderes Design gezahlt wurde und das betreffende und ansonsten identische Bauteil in seiner Funktion mangelhaft ist[1365].

– Hat sich durch den Sonderwunsch nicht nur das Material, sondern auch die Art der Ausführung geändert, muss sich der Erwerber auch wegen eigentlicher Ausführungsfehler an den Unternehmer halten. Statt des als Standardausführung vorgesehenen Teppichbodens wird ein Parkett verlegt, und zwar bei Erteilung einer Gutschrift in Höhe der Standardausführung und voller Berechnung der Sonderausführung. Bei diesem Sachverhalt haftet der Handwerker dem Erwerber sowohl für Material- wie auch für Ausführungsfehler (z. B. unzureichende Stärke des Parketts, Hohllagen bei der Verlegung)[1366]. **552**

– Umfasst der Sonderwunschvertrag zwar den abweichenden oder zusätzlichen Baustoff sowie die gesamte Ausführung bei voller Vergütung durch den Erwerber, kann der Bauträger für Mängel an der Sonderwunschleistung oder an anderen Gewerken ggf. gesamtschuldnerisch mit dem Handwerker haften, und zwar aufgrund der von ihm zur Ausführung des Sonderwunsches (fehlerhaft) erteilten Zustimmung. Die Zustimmung ist Bestandteil der dem Erwerber geschuldeten Gesamtleistung, zu der auch eine fehlerfreie Planung, Koordination und Bauleitung gehört. Durch sie soll ein Sonderwunsch, der Mängel an anderen Bauteilen verursacht, verhindert werden, und zwar im eigenen Interesse (zum Schutz der Erwerber anderer Wohnungen) wie auch zum Schutz des Sonderwunschauftraggebers[1367]. Lässt der Erwerber vom Heizungsbauer für bestimmte Bereiche eine Fußbodenheizung einbauen und ist deren Funktion nicht gegeben, weil sie an den Heizkreislauf der Radiatorheizkörper angeschlossen wird, liegt darin auch eine Verletzung der dem Bauträger obliegenden Planungs- und Koordinationspflicht; diese Koordinationspflicht ist vor allem bei Schnittstellen zwischen der Sonderwunschleistung und der Leistung des Bauträgers anzunehmen[1368]. Wurde statt des bauseits geplanten Teppichbodens mit Zustimmung des Bauträgers ein Steinboden (Sonderwunsch) eingebaut und führt dieser aus konstruktiven Gründen zu Schallmängeln (mit einem Steinboden lässt sich unter den gegebenen Umständen der geforderte Schallschutz nicht erreichen), hat der Bauträger dafür einzustehen. Da die Planung des Gebäudes bei ihm und nicht beim Erwerber liegt, ist allein der Bauträger in der Lage, planerische Anforderungen an einen Sonderwunsch zu artikulieren und die abweichende Ausführung ggf. abzulehnen (soweit zusätzliche Planungskosten entstehen, kann er diese dem Erwerber berechnen)[1369]. Wenn der ausführende Handwerker gegen die vom Erwerber gewählte Ausführung aufgrund seiner Sachkunde selbst hätte Bedenken haben und anmelden müssen oder wenn zum Planungsfehler des Bauträgers zusätzlich Ausführungsfehler hinzutreten, haftet dieser mit dem Bauträger gesamtschuldnerisch[1370]. **553**

– Beruht der Mangel an anderen Bauteilen jedoch nicht darauf, dass die gewählte und vom Bauträger genehmigte Sonderwunschausführung an sich zu Mängeln führt (also ein Planungsfehler vorliegt), sondern darauf, dass der Sonderwunschauftrag **554**

[1364] Vgl. OLG Celle v. 10. 12. 1997, BauR 1998, 802.
[1365] *Baden*, BauR 1983, 313 (317).
[1366] OLG Koblenz v. 30. 4. 1996, BauR 1996, 868.
[1367] *Eue*, I. 30 Anm. 45 (4); *Virneburg*, BauR 2004, 1681 (1688); *Sauter*, FS Bub, S. 415 (433 f.); *Locher/Koeble*, Rdn. 482 f.; *Basty*, Rdn. 943; sehr weitgehend *Vogel* in Koeble/Grziwotz, Teil 4, Rdn. 71.
[1368] OLG Hamm v. 19. 9. 2006, NZBau 2007, 41= BauR 2006, 1916 = DNotZ 2007, 291 m. Anm. *Pause*; vgl. auch OLG Düsseldorf v. 17. 3. 1995, NJW-RR 1995, 1108.
[1369] Vgl. *Kutter*, A. II Rdn. 50.
[1370] *Pause*, FS Nordemann, S. 155 (170).

fehlerhaft ausgeführt wurde, haftet der Bauträger dem Erwerber für solche Mängel nicht; gegenüber dem Erwerber haftet allein der Handwerker. Dies ist etwa dann der Fall, wenn sich der Schallschutz nicht wegen der Änderung des Fußbodenbelags (Steinboden statt Teppichbelag), sondern allein wegen Ausführungsfehlern bei der Verlegung des Materials verschlechtert hat.

555 – Bei dem zuletzt erläuterten Sachverhalt wird zugleich die vom Bauträger gegenüber den anderen Eigentümern geschuldete Leistung mangelhaft. Die Verschlechterung des Trittschallschutzes führt vor allem an den benachbarten Wohnungen zu Beeinträchtigungen. Führt die Verwirklichung des Sonderwunsches durch einen Handwerker-Sonderwunschvertrag – wie hier – zu einem Mangel am Gemeinschaftseigentum (oder auch nur an anderem Sondereigentum), haftet der Bauträger gegenüber den anderen Erwerbern für diesen Mangel[1371]. Er kann die anderen Erwerber nicht etwa auf den Sonderwunschhandwerker verweisen. Allerdings steht ihm ein Anspruch auf Schadensersatz aus dem Gesichtspunkt der Vertragsverletzung gegen den Erwerber zu, dem der Sonderwunsch gestattet wurde[1372]; jener hat für seinen Sonderwunschhandwerker nach § 278 BGB einzustehen. Er kann seinen Vertragspartner aufgrund seiner eigenen Mängelrechte in Regress nehmen.

556 – Schließlich stellt sich die Frage, ob der Sonderwunschauftraggeber den anderen Erwerbern selbst für Mängel am Gemeinschaftseigentum einzustehen hat. Vor Entstehung der werdenden Wohnungseigentümergemeinschaft – bis zu diesem Zeitpunkt sind die Sonderwünsche für gewöhnlich verwirklicht – bestehen zwischen den Erwerbern keinerlei Rechtsbeziehungen. Ein Anknüpfungspunkt etwa für Ansprüche aus dem Gesichtspunkt einer Vertragsverletzung ist nicht gegeben. Auch wohnungseigentumsrechtliche Ansprüche kommen nicht in Betracht, da zum Zeitpunkt der Ausführung von Sonderwünschen noch nicht einmal eine „werdende Gemeinschaft" besteht, also wohnungseigentumsrechtliche Ansprüche schon tatbestandlich nicht bestehen können[1373].

557 – Daraus folgt zugleich der Umfang, in dem sich der Bauträger bei Erteilung der Zustimmung zur Ausführung eines Sonderwunsches (oder bereits im Bauträgervertrag) wegen Mängeln freizeichnen darf: Der Bauträger kann seine Haftung für Material- und Ausführungsfehler im Umfang der dem Handwerkern beauftragten Sonderwunschleistung ausschließen. Er kann auch die Haftung für Mängel an anderen Gewerken ausschließen und insoweit die Freistellung von Ansprüchen Dritter verlangen, dies jedoch nur, sofern die Mängel an anderen Gewerken und Bauteilen nicht auf unzureichender Planung, Koordination, Bauaufsicht oder Belehrung durch den Bauträger[1374] oder darauf beruhen, dass der Bauträger dem Sonderwunsch seine Zustimmung bei pflichtgemäßer Prüfung hätte versagen müssen.

f) Eigenleistungen

558   Zur Erbringung von Eigenleistungen[1375] ist der Erwerber nur berechtigt, wenn sie im Erwerbsvertrag oder nachträglich durch eine Vertragsänderung vereinbart wur-

---

[1371] *Pause*, NJW 1993, 553 f., zur Verfolgung von Mängeln am Gemeinschaftseigentum.
[1372] Ähnlich *Basty*, Rdn. 944.
[1373] Ebensowenig bestehen Ansprüche aus dem Gesichtspunkt der baulichen Veränderung gem. §§ 1004 BGB, 22 WEG, vgl. BayObLG v. 5. 11. 1993, NJW-RR 1994, 276; vgl. aber BayObLG v. 29. 5. 1998, WE 1999, 36 (37) = NZM 1998, 286, für nicht vom Bauträger errichtete Objekte.
[1374] *Locher/Koeble*, Rdn. 483; *Eue*, I. 30 Anm. 45 (4).
[1375] Zur Bemessungsgrundlage für die Grunderwerbsteuer bei der Übernahme von Eigenleistungen vgl. BFH v. 1. 12. 1982, BB 1983, 1205; BFH v. 18. 7. 1990, BB 1990, 2178: danach sind Eigenleistungen nicht Gegenstand der Gegenleistung, sie unterliegen also nicht der Grunderwerbsteuer; *Eue*, I. 30 Anm. 45 (7).

IV. Leistungspflichten des Bauträgers

den. Eigenleistungen sind auch dann gestattet, wenn die Verweigerung durch den Bauträger – etwa wegen des geringen Umfangs – gegen Treu und Glauben verstoßen würde (Rdn. 521). Bei der Zulassung von Eigenleistungen wird von vornherein ein unfertiges Objekt erworben. Eigenleistungen sind auch bei Altbausanierungen möglich[1376]. Eigenleistungen können vom Erwerber persönlich oder durch von ihm beauftragte Handwerker ausgeführt werden. Eigenleistungen des Erwerbers dürfen die Bauleistungen des Bauträgers ebenso wenig behindern wie Sonderwunschaufträge. Für Gutschriften wegen entfallener Bauträgerleistungen gilt das oben Ausgeführte (Rdn. 530).

Ausbauhäuser werden vom Bauträger vereinbarungsgemäß nur bis zu einem bestimmten Fertigstellungsgrad (z. B. bis zum Rohbau oder einschließlich Rohinstallation) errichtet; die weiteren Arbeiten werden sodann vom Erwerber in Eigenleistung (durch eigene Ausbauleistungen oder die Beauftragung anderer Handwerker) selbst erbracht[1377]. Zur Ausführung der vom Erwerber übernommenen Eigenleistungen kann der Bauträger je nach Art und Umfang der dafür notwendigen Arbeiten verpflichtet sein, dem Erwerber noch vor der Abnahme der vom Bauträger zu erbringenden Leistungen den Zutritt zur Baustelle zu gewähren[1378]. Sofern eine Ausbauleistung vereinbart wird, muss das tatsächlich gewollte Bausoll ordnungsgemäß beurkundet werden; wird die Bauleistung nur bis zu einer bestimmten Leistungsgrenze beurkundet (Oberkante Kellerdecke), während tatsächlich der gesamte Rohbau ausgeführt werden soll, ist der gesamte Vertrag wegen Verletzung von § 311b BGB nichtig[1379].

Der Bauträger haftet dem Erwerber nicht für die vom Erwerber selbst ausgeführten Leistungen[1380]. Für Bauträgerleistungen, die auf Erwerberleistungen aufbauen, trifft den Bauträger aber eine Koordinations- und Überprüfungspflicht[1381]. Der Bauträger hat etwaige Bedenken hinsichtlich der Eigenleistungen anzumelden oder Behinderungen anzuzeigen. Ob er darüber hinaus Bauaufsichtspflichten hat, ist zweifelhaft. Soweit die Arbeiten des Bauträgers und die Eigenleistungen des Erwerbers ineinandergreifen, ist aber davon auszugehen, dass er ggf. Bedenken anmelden muss. **559**

Für Mängel an benachbarten Einheiten oder am Gemeinschaftseigentum aufgrund der vom Bauträger zugelassenen Eigenleistungen haftet er den anderen Erwerbern; insoweit muss er Mängel an den anderen Objekten verhindern[1382]. Hier trifft ihn auch gegenüber dem zur Eigenleistung berechtigten Erwerber eine mittelbare Planungs- und Bauleitungspflicht.

Für Mängel an Eigenleistungen bei der Errichtung von Eigentumswohnungen soll der Erwerber den anderen Erwerbern unmittelbar zur mängelfreien Ausführung verpflichtet sein[1383]. Das dürfte nur dann zutreffen, wenn die Arbeiten nach Entstehung der (werdenden) Wohnungseigentümergemeinschaft ausgeführt wurden oder wenn der betreffende Erwerber nicht nur als Erfüllungsgehilfe des Bauträgers, sondern aufgrund weiterer Bestimmungen im Erwerbsvertrag (Gemeinschaftsordnung) auch gegenüber den anderen Eigentümern verpflichtet sein sollte. **560**

[1376] BGH v. 8. 3. 2007, NZBau 2007, 371 = BauR 2007, 1036, Rdn. 23 f.
[1377] Zur Abnahme vgl. OLG Köln v. 30. 6. 1994 BauR 1995, 246.
[1378] OLG Hamm v. 22. 1. 1996, BauR 1996, 728.
[1379] BGH v. 20. 6. 2000, NJW-RR 2000, 1658.
[1380] BGH v. 8. 3. 2007, NZBau 2007, 371 = BauR 2007, 1036, Rdn. 24.
[1381] OLG Düsseldorf v. 17. 3. 1995, NJW-RR 1995, 1108, auch zur Abgrenzung der Eigenleistung von der Vertragsleistung des Bauträgers (hier: Anschluss der vom Erwerber übernommenen Innenentwässerung an die Außenentwässerung).
[1382] OLG Hamm v. 8. 3. 2001, NJW-RR 2001, 1460 = BauR 2001, 1757; OLG München v. 3. 2. 1998, BauR 1999, 399 = IBR 2000, 23.
[1383] OLG Köln v. 8. 11. 1996, WE 1997, 427.

561 Für die vom Bauträger übernommenen und ausgeführten Leistungen haftet er nach den allgemeinen Grundsätzen nach Werkvertragsrecht. Das gilt auch für die von ihm erstellte und dem Erwerber vertragsgemäß für die Eigenleistungen überlassene Planung[1384].

g) Ausstattungs- und Ausführungsvarianten

562 Ausstattungs- und Ausführungsvarianten sowie bestimmte Zusatzleistungen sind keine Sonderwünsche, wenn sie standardmäßig zu festgelegten Preisen im Bauträgervertrag (z. B. in der Baubeschreibung) von vornherein vereinbart worden sind. Theoretisch kommen als Ausstattungs- und Ausführungsvarianten Leistungen aller Gewerke in Betracht. In der Praxis handelt es sich hierbei zumeist um die Auswahl zwischen verschiedenen Fliesen, Sanitäreinrichtungen oder Fußbodenbelägen, und zwar bei zuvor festgelegten Preisen. In rechtlicher Hinsicht übt der Erwerber hierbei ein **Leistungsbestimmungsrecht** i. S. v. § 315 BGB[1385] oder eine **Gläubigerersetzungsbefugnis** aus (Rdn. 518). Die Rechtsbeziehungen spielen sich dabei ausschließlich zwischen Erwerber und Bauträger ab; Preisgestaltung, Abnahme und Mängelhaftung richten sich nach dem Bauträgervertrag[1386].

V. Exkurs: Gemeinschaftseigentum – Sondereigentum

1. Vorbemerkung

563 Wird mit dem Bauträgervertrag eine Eigentumswohnung oder eine Gewerbeeinheit (als Teileigentum) erworben, spielen auf jeder Stufe seiner Abwicklung wohnungseigentumsrechtliche Fragen eine Rolle. Schon die **Beschreibung des Vertragsgegenstandes** und die Einbindung des Erwerbers in die künftig geltende Teilungserklärung enthalten wohnungseigentumsrechtliche Aspekte. Sodann ist der Vollzug der Teilungserklärung als Fälligkeitsvoraussetzung für die Bauträgervergütung zu beachten (§ 3 Abs. 1 Satz 1 Nr. 2 MaBV). Ganz besonders ist das Wohnungseigentumsrecht aber bei der eigentlichen Vertragsabwicklung zu berücksichtigen, nämlich bei der **Abnahme** und der hier erforderlichen Unterscheidung zwischen Sonder- und Gemeinschaftseigentum. Gleiches gilt für die Verfolgung von **Mängelansprüchen;** auch hier ist zwischen Sondereigentum und gemeinschaftlichem Eigentum zu unterscheiden, weil bei der Geltendmachung von Ansprüchen mit Bezug zum Gemeinschaftseigentum die Belange der anderen Erwerber berücksichtigt werden müssen.

564 Das gilt nicht nur bei Eigentumswohnungen, sondern auch bei **Reihenhäusern** und **Einfamilienhäusern,** wenn sie als Wohnungseigentum im Rechtssinne gestaltet und veräußert worden sind.

2. Gemeinschaftseigentum

565 Nach § 1 Abs. 5 WEG sind das Grundstück sowie die Teile, Anlagen und Einrichtungen des Gebäudes, die nicht im Sondereigentum stehen, gemeinschaftliches Eigentum. § 5 WEG bestimmt sodann, was jedenfalls nicht zum Sondereigentum gehören kann, nämlich die Teile des Gebäudes, die für dessen Bestand oder die Sicherheit er-

---

[1384] Anders für die Übergabe von Planungsunterlagen beim Kaufvertrag LG Köln v. 2. 7. 1999, BauR 2000, 735.
[1385] Vgl. *Eue,* I. 30 Anm. 45 (5); *Weigl,* MittBayNot 1996, 10.
[1386] A. A. *Pauker,* MittBayNot 1987, 121 (124), der generell eine sechsmonatige Gewährleistungsfrist gelten lassen möchte.

V. Exkurs: Gemeinschaftseigentum

forderlich sind, die Anlagen und Einrichtungen, die dem gemeinschaftlichen Gebrauch aller Wohnungseigentümer dienen, und die Bestandteile des Gebäudes, die nicht verändert, beseitigt oder eingefügt werden können, ohne dass dadurch das gemeinschaftliche Eigentum beeinträchtigt oder die äußere Gestaltung des Gebäudes verändert wird. Das Gesetz geht außerdem davon aus, dass alles, was nicht ausdrücklich zum Sondereigentum erklärt wurde, gemeinschaftliches Eigentum ist: eine widerlegbare Vermutung für gemeinschaftliches Eigentum[1387]. § 1 Abs. 5 WEG ist unabdingbar; das, was nach § 5 WEG nicht sondereigentumsfähig ist, kann auch nicht im Wege einer abweichenden Vereinbarung – z. B. im Rahmen der Teilungserklärung – als Sondereigentum ausgestaltet werden[1388]. Im Übrigen ist für die Abgrenzung zwischen gemeinschaftlichem Eigentum und Sondereigentum aber die Grundbucheintragung maßgebend, und zwar unter Berücksichtigung der in Bezug genommenen Eintragungsunterlagen, wie Teilungserklärung, Gemeinschaftsordnung und Aufteilungsplan[1389].

Das **Grundstück** gehört folglich zwingend zum Gemeinschaftseigentum, was sowohl für die überbauten wie auch für die nicht überbauten Grundstücksflächen gilt. Die gesamten Außenanlagen stehen deshalb im gemeinschaftlichen Eigentum. Das trifft auch dann zu, wenn an solchen Grundstücksflächen für einzelne Miteigentümer durch Benutzungsregelungen Sondernutzungsrechte (§§ 15, 10 WEG) begründet wurden, wie dies häufig bei ebenerdigen Terrassen, Gartenanteilen bei Reihenhäusern bzw. Doppelhaushälften oder Pkw-Stellplätzen der Fall ist[1390]. 566

Zwingendes Gemeinschaftseigentum sind sämtliche **Gebäudeteile,** die für den Bestand und die Sicherheit des gesamten Gebäudes notwendig sind[1391], und zwar auch dann, wenn sie sich im Bereich einzelner im Sondereigentum stehender Räume befinden. Das gilt für die Fundamente des Gebäudes, die tragenden Innen- und Außenwände, die Fassaden, das Dach, die Außenfenster einschließlich der Innenseiten, Wohnungszugangstüren einschließlich Schloss sowie Rollladenkästen[1392]. Dazu gehören insbesondere auch sämtliche Bauteile, die dem Schutz konstruktiv notwendiger und tragender Gebäudeteile dienen, etwa die Feuchtigkeitsisolierung und Wärmedämmung des Flachdachs, der Dachterrassen Balkone oder Terrassen[1393], das auf der Balkontragplatte zum Feuchtigkeitsschutz angeordnete Gefälle[1394] und der dem Schallschutz dienende schwimmende Estrich[1395]. Auch bei nachträglich ausgebauten Dachgeschosswohnungen entsteht an allen für den Dachausbau konstruktiv wichtigen Teilen der Außenumgrenzung Gemeinschaftseigentum[1396]. 567

Außerdem sind all die Anlagen und Einrichtungen, die dem **gemeinschaftlichen Gebrauch** dienen, gemeinschaftliches Eigenum (§ 5 Abs. 2 WEG). So sind z. B. Treppenhaus, Eingangshalle[1397] und Aufzugsanlage[1398], Zugangs- und Vorräume zu gemeinschaftlichen Räumen[1399], gemeinschaftliche Speicherräume, insbesondere aber auch 568

[1387] BGH v. 3. 11. 1989, NJW 1990, 447; BayObLG v. 30. 3. 1990, NJW-RR 1990, 784; *Armbrüster* in Bärmann, § 1 Rdn. 53; *Weitnauer/Briesemeister,* § 5 Rdn. 5; *Palandt/Bassenge,* § 5 WEG Rdn. 1.
[1388] *Palandt/Bassenge,* § 1 WEG Rdn. 10.
[1389] BayObLG v. 23. 5. 1991, BayObLGZ 91, 186.
[1390] *Staudinger/Rapp* (2005), § 1 WEG Rdn. 24; *Weitnauer/Briesemeister,* § 5 Rdn. 21.
[1391] *Riecke/Schmid/Schneider,* § 5 WEG Rdn. 27 f.; *Staudinger/Rapp* (2005), § 5 WEG Rdn. 27 f.
[1392] *Palandt/Bassenge,* § 5 WEG Rdn. 6.
[1393] BGH v. 21. 2. 1985, NJW 1985, 1551; BayObLG v. 20. 3. 1991, NJW-RR 1991, 976.
[1394] OLG Düsseldorf v. 25. 7. 2003, BauR 2004, 514 (516).
[1395] BGH v. 6. 6. 1991, NJW 1991, 2480; BayObLG v. 16. 12. 1993, NJW-RR 1994, 598.
[1396] KG v. 28. 2. 2000, NZM 2000, 1012.
[1397] BGH v. 10. 10. 1980, NJW 1981, 455 (456); BayObLG v. 6. 2. 1986, DNotZ 1986, 494, zur Unzulässigkeit von Sondereigentum an einer Eingangshalle.
[1398] BGH v. 10. 10. 1980, NJW 1981, 455 (456).
[1399] BGH v. 5. 7. 1991, WM 1991, 1805; BayObLG v. 7. 8. 1980, MittBayNot 1980, 212: Kellerräume sind nicht sonderrechtsfähig, wenn sie den Zugang zum Kellerausgang darstellen.

B. Der Bauträgererwerb

gemeinschaftliche Versorgungsleitungen und die Heizanlage[1400] (dazu im einzelnen Rdn. 508f.) Gemeinschaftseigentum[1401]. Verbrauchszähler (Heizkostenverteiler, Wärmemengenzähler, Kaltwasserzäher, Gasuhren usw.)[1402] und Heizungs- und Thermostatventile[1403] dienen ebenfalls dem gemeinschaftlichen Gebrauch und sind deshalb ebenfalls nicht sondereigentumsfähig.

569 Die für den Bestand und die Sicherheit des Gebäudes nötigen Bauteile stehen auch dann im Gemeinschaftseigentum, wenn **Reihenhäuser, Einfamilienhäuser** oder freistehende Garagen in der Form des Wohnungseigentums errichtet werden[1404]. Diese Frage ist deshalb von Bedeutung, weil davon abhängen kann, ob auch hier bezüglich des Gemeinschaftseigentums eine gemeinschaftliche Zuständigkeit sämtlicher Erwerber besteht.

3. Sondereigentum

570 Zum **Sondereigentum** können zunächst die „lichten", also vollständig von Boden, Decke und Wänden umbauten Räume gehören[1405]. Neben diesem zum Sondereigentum erklärten „Luftraum" sind die raumzugehörigen Gebäudeteile, **sofern sie nicht zwingend Gemeinschaftseigentum** sein müssen, Sondereigentum, nämlich nichttragende Innenwände, Innentüren, Fußbodenbeläge[1406]. Auch sonstige Anlagen und Einrichtungen, die nicht notwendig Gemeinschaftseigentum sind, gehören ohne weiteres zum Sondereigentum. Das sind beispielsweise Einbauschränke, Sanitärgegenstände, Ver- und Entsorgungsleitungen ab der Abzweigung von der gemeinschaftlichen Hauptleitung, wohl auch die Heizkörper und deren Bestandteile[1407], soweit von ihnen nicht die Funktionsfähigkeit der Gesamtanlage abhängt. Heizungsanlagen können ausnahmsweise dann im Sondereigentum stehen, wenn sie nicht nur die Wohnungen der Wohnungseigentümergemeinschaft selbst, sondern daneben noch andere Objekte oder Wohnanlagen mit Warmwasser und Heizenergie versorgen[1408]. Ist das nicht der Fall, dient die Heizanlage also ausschließlich der Versorgung der Wohnungseigentümergemeinschaft, in der sie installiert ist, kann an ihr kein selbständiges Teileigentum begründet werden[1409]. Dagegen ist die Einräumung von Sondereigentum an einem nicht notwendig dem gemeinschaftlichen Gebrauch dienenden Schwimmbad oder einer Sauna möglich[1410].

571 An **Pkw-Stellplätzen** im Freien kann wegen des fehlenden abgeschlossenen Raums kein Sondereigentum begründet werden[1411]; an Pkw-Sammelgaragen, insbesondere Tiefgaragenanlagen, ergeben sich dagegen verschiedene Gestaltungsmöglich-

---

[1400] BGH v. 18. 10. 1974, NJW 1975, 688; BGH v. 2. 2. 1979, NJW 1979, 2391; BayObLG v. 21. 2. 1980, MittBayNot 1980, 76; *Röll*, DNotZ 1986, 706; *Hurst*, DNotZ 1984, 66 und 140.
[1401] *Palandt/Bassenge*, § 1 WEG Rdn. 12; *Riecke/Schmid/Schneider*, § 5 WEG Rdn. 12f.; *Weitnauer/Briesemeister*, § 5 Rdn. 20.
[1402] *Bielefeld*, NZM 1998, 249.
[1403] OLG Hamm v. 6. 3. 2001, NJW-RR 2002, 156.
[1404] BGH v. 25. 1. 2001, NZBau 2001, 266 = BauR 2001, 798; BGH v. 3. 4. 1968, NJW 1968, 1230; *Riecke/Schmid/Schneider*, § 5 WEG Rdn. 9; diese Frage war lange umstritten, vgl. zur Entwicklung der Rechtsprechung *Weitnauer/Briesemeister*, § 5 Rdn. 19 m. w. N.
[1405] *Weitnauer/Briesemeister*, § 5 Rdn. 9; *Bärmann/Pick/Merle*, § 5 Rdn. 17f.; *Brych*, MDR 1978, 180 (184); *Riecke/Schmid/Schneider*, § 5 WEG Rdn. 12.
[1406] BayObLG v. 16. 12. 1993, NJW-RR 1994, 598 zum Bodenbelag, i. Ü. *Palandt/Bassenge*, § 5 WEG Rdn. 5.
[1407] *Riecke/Schmid/Schneider*, § 5 WEG Rdn. 52 m. w. N.; *Weitnauer/Briesemeister*, § 5 Rdn. 17.
[1408] BGH v. 18. 10. 1974, NJW 1975, 688.
[1409] BGH v. 2. 2. 1979, NJW 1979, 2391 = BGHZ 73, 302.
[1410] BGH v. 10. 10. 1980, NJW 1981, 455.
[1411] OLG Hamm v. 2. 10. 1974, NJW 1975, 60; *Riecke/Schmid/Schneider*, § 5 WEG Rdn. 64; *Weitnauer/Briesemeister*, § 5 Rdn. 21.

keiten: Die gesamte Tiefgaragenanlage kann im gemeinschaftlichen Eigentum verbleiben und die Zuordnung einzelner Stellplätze durch die Begründung von Sondernutzungsrechten nach § 15 Abs. 1 WEG erfolgen. Die gesamte Tiefgaragenanlage kann aber auch als eine Sondereigentumseinheit ausgewiesen werden (jedem Miteigentümer steht dann aufgrund einer besonderen Benutzungsregelung ein bestimmter Stellplatz zu)[1412]. Schließlich kann für jeden Stellplatz ein Miteigentumsanteil gebildet und mit einem Sondereigentum an einem Pkw-Stellplatz verbunden werden, und zwar unter Anwendung von § 3 Abs. 2 Satz 2 WEG[1413]. Dies soll auch bei Abstellplätzen auf einem nicht überdachten Oberdeck eines Parkhauses möglich sein[1414]. Bei der Verfolgung von Mängelansprüchen sind diese Besonderheiten zu berücksichtigen.

4. Sondernutzungsrechte

Vom Sondereigentum sind Sondernutzungsrechte zu unterscheiden. Sondernutzungsrechte stellen eine – zumeist bereits in der Teilungserklärung niedergelegte – Vereinbarung über den **Gebrauch gemeinschaftlichen Eigentums** dar, und zwar in der Art und Weise, dass im Gemeinschaftseigentum stehende Grundstücksflächen, Räume oder Anlagen einem einzelnen Wohnungseigentümer zur ausschließlichen Nutzung zugewiesen werden. Derartige Vereinbarungen haben (aus der Sicht des Begünstigten) eine zuweisende und (aus der Sicht der anderen Eigentümer) eine entziehende Komponente[1415]. Sondernutzungsrechte stellen weder ein beschränktes dingliches Recht dar, noch eine Gebrauchsregelung i.S.v. § 15 WEG, sondern eine Änderung von § 13 Abs. 2 WEG, nämlich für die anderen Eigentümer den Ausschluss des gesetzlichen Mitgebrauchsrechts am Gemeinschaftseigentum[1416]. Sondernutzungsrechte werden häufig an ebenerdigen, den betreffenden Wohnungen vorgelagerten Terrassen, Doppel- bzw. Reihenhäusern zugeordneten Grundstücksflächen, Pkw-Stellplätzen im Außenbereich bzw. in Tiefgaragenanlagen oder an im Gemeinschaftseigentum stehenden (und vielleicht nicht sondereigentumsfähigen) Räumlichkeiten gebildet.

Sondernutzungsrechte ändern für die hier interessierenden Fragen – Abnahme, Verfolgung von Mängelansprüchen usw. – nichts daran, dass es sich um Gemeinschaftseigentum handelt. Wenn in Bauträgerverträgen für das Gemeinschaftseigentum (und das Sondereigentum) besondere Regelungen über die **Abnahme** oder/und die **Mängelhaftung** getroffen worden sind, dabei aber Sondernutzungsrechte keine Erwähnung finden, kann dies nur bedeuten, dass die für das Gemeinschaftseigentum geltenden Bestimmungen auch für jene Flächen, Räume oder Anlagen des Gemeinschaftseigentums gelten, an denen Sondernutzungsrechte begründet sind. Eine abweichende Beurteilung ist auch in jenen Fällen nicht gerechtfertigt, in denen im Erwerbsvertrag keine Regelungen über die Abnahme und Mängelhaftung für das Gemeinschafts- und das Sondereigentum enthalten sind. Hierdurch wird zugleich dem Umstand Rechnung getragen, dass das Sondernutzungsrecht lediglich eine unter den Wohnungseigentümern wirkende Gebrauchsregelung darstellt.

[1412] OLG Frankfurt a. M. v. 23. 12. 1999, MittBayNot 2000, 440 m. Anm. *v. Oefele*, dazu, dass die Gebrauchsregelung sowohl nach § 1010 BGB als auch nach §§ 10 Abs. 2, 15 Abs. 1 WEG möglich ist (str.).
[1413] *Riecke/Schmid/Schneider*, § 5 WEG Rdn. 43; *Weitnauer/Briesemeister*, § 5 Rdn. 28 f., dort jeweils auch zu den Besonderheiten bei Doppelparkern bzw. Duplex-Garagen.
[1414] OLG Hamm v. 26. 1. 1998, MittBayNot 1998, 186.
[1415] BayObLG v. 24. 10. 1974, NJW 1975, 59; *Riecke/Schmid/Abramenko*, § 13 WEG Rdn 27; *Staudinger/Kreuzer* (2005), § 15 WEG Rdn. 12.
[1416] Vgl. BGH v. 20. 9. 2000, NJW 2000, 3500 (3502); *Palandt/Bassenge*, § 13 WEG Rdn. 8, § 15 WEG, Rdn. 3; *Weitnauer/Lüke*, § 15 Rdn. 25 ff.; *Röll*, RPfleger 1978, 352.

5. Sonder- und Gemeinschaftseigentum beim Wohnungserbbaurecht

574 Nicht selten haben Bauträgerverträge **Erbbaurechte** an Grundstücken zum Gegenstand. Der Bauträger teilt das Erbbaurecht nach §§ 30 Abs. 2, 8 WEG in Wohnungs- bzw. Teilerbbaurechte auf und verpflichtet sich im Erwerbsvertrag zur Herstellung der Wohnung sowie zur Verschaffung des Wohnungserbbaurechts. Das Gebäude steht in dem Umfang im Gemeinschaftseigentum, als daran nicht zulässigerweise Sondereigentum begründet wurde[1417]. Da für den Erbbauberechtigten am Grundstück kein Eigentum begründet wird, entsteht am Grundstück selbst auch kein Gemeinschaftseigentum; insoweit besteht ein Mitgebrauchsrecht in analoger Anwendung von § 13 Abs. 2 WEG[1418]. Gemeinschaftliches Eigentum und Sondereigentum sind aufgrund der in § 30 Abs. 3 WEG enthaltenen Verweisung genauso wie beim Erwerb ganz gewöhnlichen Wohnungseigentums abzugrenzen.

Die Rechtsbeziehungen zwischen Wohnungserbbauberechtigtem und Grundstückseigentümer richten sich nach dem ErbbauRG[1419].

VI. Abnahme und Wohnungsübergabe

1. Die Abnahme im Allgemeinen

a) Inhalt und Voraussetzungen der Abnahme

575 Die werkvertragliche Einordnung der zu erbringenden Bauleistungen hat zur Folge, dass der Bauträger gegenüber dem Erwerber einen Anspruch auf Abnahme des Bauwerks hat (§ 640 Abs. 1 BGB). Das Gesetz gewährt dem Unternehmer einen selbständigen **Anspruch auf Abnahme**[1420]. Die Interessenlage ist genauso wie beim gewöhnlichen Werkvertrag. Der Bauträger hat ein nachhaltiges und ebenso schutzwürdiges Interesse an der Abnahme, denn mit der Abnahme beginnt die Verjährung zu laufen, geht die Gefahr des zufälligen Untergangs auf den Erwerber über und wird die Beweislast hinsichtlich etwaiger Mängel umgekehrt.

576 Die Abnahme nach § 640 BGB ist die Hinnahme des Werks durch den Besteller als eine in der Hauptsache dem Vertrag entsprechende Leistung. Die Abnahme ist in dem Sinne **zweigliedrig**, als sie die Übergabe an den Besteller *und* dessen Erklärung beinhaltet, dass er das Werk als in der Hauptsache vertragsgerecht anerkennt[1421]. Da die körperliche Entgegennahme des vom Bauträger errichteten Objekts möglich ist, erfolgt die Abnahme durch eine Übergabe und die damit verbundene Erklärung, dass die Leistung im Wesentlichen dem Vertrag entspricht[1422].

577 Zur Abnahme ist der Erwerber nur dann verpflichtet, wenn der Vertragsgegenstand (Sonder- und Gemeinschaftseigentum) **abnahmereif,** nämlich vollständig fertiggestellt und frei von wesentlichen Mängeln ist[1423]. Die Abnahme setzt deshalb zunächst voraus, dass sämtliche Vertragsleistungen erbracht sind. Bei Teilabnahmen muss die abzuneh-

---

[1417] Vgl. *Palandt/Bassenge,* § 30 WEG Rdn. 1.
[1418] *Palandt/Bassenge,* § 30 WEG Rdn. 1.
[1419] Vgl. *Palandt/Bassenge,* § 30 WEG Rdn. 2.
[1420] *Kniffka,* ibr-online-Kommentar (Stand: 26. 5. 2009), § 640 BGB, Rdn. 22; *Staudinger/Peters/Jacoby* (2008), § 640 BGB, Rdn. 27.
[1421] BGH v. 30. 6. 1983, BauR 1983, 573 (575); *Staudinger/Peters/Jacoby* (2008), § 640 BGB, Rdn. 3; *Kniffka,* ibr-online-Kommentar (Stand: 26. 5. 2009), § 640 BGB, Rdn. 3.
[1422] BGH v. 21. 2. 1985, NJW 1985, 1551 (1552).
[1423] *Palandt/Sprau,* § 640 Rdn. 8.

VI. Abnahme und Wohnungsübergabe

mende Teilleistung (Bauteil, Sondereigentum usw.) vollständig hergestellt sein. Sofern unwichtige, nebensächliche Arbeiten noch nicht ausgeführt sind, steht dies der Abnahme nicht entgegen[1424]. Die Abnahme setzt außerdem voraus, dass die Bauleistung keine wesentlichen **Mängel** aufweist, § 640 Abs. 1 Satz 2 BGB. Die Einschränkung, dass die Abnahme wegen unwesentlicher Mängel nicht verweigert werden darf, wurde mit dem Gesetz zur Beschleunigung fälliger Zahlungen[1425] in das Gesetz eingefügt. Das war allerdings auch nach früherem Recht auf der Grundlage von Treu und Glauben anerkannt[1426].

Unwesentlich ist ein Mangel, wenn es dem Erwerber zumutbar ist, die Leistung als eine im Wesentlichen vertragsgerechte Erfüllung anzunehmen und sich mit den Mängelrechten der §§ 634 ff. BGB zu begnügen[1427]. Bei der Beurteilung der Wesentlichkeit kommt es auf den Einzelfall an. Schematische Kriterien verbieten sich deshalb. Von wesentlichen Mängeln kann aber ausgegangen werden, wenn die Funktionalität des Gebäudes fühlbar beeinträchtigt ist oder Mängel zur Gefährdung der Sicherheit von Leib und Leben von Personen führen können[1428]. Um wesentliche und zur Abnahmeverweigerung berechtigende Mängel handelt es sich beispielsweise, wenn abweichend von den Vorgaben der Garagenverordnung die Tiefgaragenrampe ein Gefälle von über 20% aufweist, die Fahrgassen der Tiefgarage zu schmal sind und der Aufzug entgegen den Vorgaben in der Baubeschreibung nicht behindertengerecht ist[1429]. Ein wesentlicher Mangel liegt auch dann vor, wenn der Mängelbeseitigungsaufwand im Verhältnis zur Vergütung zwar gering, die von dem Mangel ausgehende Gefahr für die Nutzer und Besucher des Bauwerks aber groß ist. Davon ist z. B. bei einem fehlenden Geländer an einer Rampe eines Supermarktes auszugehen[1430].

Sofern der Erwerber die Abnahme zu Unrecht verweigert, tritt die Abnahme nach erfolgter Fristsetzung gem. § 640 Abs. 1 Satz 3 BGB ein (vgl. Rdn. 582). Unabhängig davon geht die Rechtsprechung auch dann vom Eintritt der Abnahme aus, wenn der Besteller die **Abnahme zu Unrecht endgültig verweigert**, denn im Falle der endgültigen Erfüllungsverweigerung durch den Besteller kann es auf eine Abnahme nicht mehr ankommen[1431]. Die ernsthafte und endgültige Abnahmeweigerung muss nicht ausdrücklich erklärt werden; sie kann auch stillschweigend erfolgen[1432].

578 Zur Abnahme gehört die **Einräumung des Besitzes**[1433]; nicht jede Besitzübergabe oder sonstige Besitzerlangung durch den Erwerber beinhaltet jedoch auch eine Abnahme. Die Erklärung, dass der Erwerber die Leistung als vertragsgemäß billigt, kann bei einer Besitzeinräumung durchaus fehlen. Das ist etwa in Bezug auf das Gemeinschaftseigentum der Fall, wenn die Wohnung bereits übergeben (und abgenommen) wurde, während die Abnahme des gemeinschaftlichen Eigentums für einen späteren Zeitpunkt vorgesehen ist. Obwohl der Besitz auch an den gemeinschaftlichen Einrichtungen verschafft wurde, fehlt es an der ausdrücklichen oder stillschweigenden Erklärung, dass sie als vertragsgemäß gebilligt werden. Denkbar ist auch, dass die Wohnung selbst zum Bezug übergeben wird – etwa um die Zahlung der Bezugsfertigkeitsrate nach § 3 Abs. 2 MaBV herbeizuführen –, während die Abnahme gesondert erfolgen

---

[1424] *Kniffka*, ibr-online-Kommentar (Stand: 26. 5. 2009), § 640 BGB, Rdn. 37; *Staudinger/Peters/Jacoby* (2008), § 640 BGB, Rdn. 14.
[1425] Gesetz v. 30. 3. 2000, BGBl. I S. 330.
[1426] Vgl. BGH v. 25. 1. 1996, NJW 1996, 1280; *Kleine-Möller/Merl,* § 14 Rdn. 2.
[1427] *Palandt/Sprau,* § 640 Rdn. 9.
[1428] *Kniffka*, ibr-online-Kommentar (Stand: 26. 5. 2009), § 640 BGB, Rdn. 36.
[1429] OLG Hamm v. 16. 12. 2003, BauR 2003, 1459.
[1430] OLG Hamm v. 26. 11. 2003, BauR 2003, 731 m. zust. Anm. *Kniffka*.
[1431] BGH v. 25. 4. 1996, NJW-RR 1996, 883; OLG Dresden v. 13. 12. 2006, IBR 2009 (*Karczewski*); vgl. dazu *Kniffka*, ibr-online-Kommentar (Stand: 26. 5. 2009), § 640 BGB, Rdn. 39; *Thode*, ZfBR 1999, 116 (119).
[1432] OLG Düsseldorf v. 8. 2. 2007, BauR 2010, 480; OLG Düsseldorf v. 2. 7. 2009, NZBau 2010, 177.
[1433] *Palandt/Sprau,* § 640 Rdn. 3; einschränkend *Staudinger/Peters/Jacoby* (2008), § 640 BGB, Rdn. 8.

soll, ganz gleich, ob dies auf einem übereinstimmenden Willen der Parteien oder darauf beruht, dass der Erwerber die Abnahme verweigert hat[1434].

579 Fraglich ist, ob neben den erörterten Voraussetzungen (Abnahmereife und Besitzverschaffung) auch die **Eigentumsverschaffung** als zusätzliche Voraussetzung für die Abnahme verlangt werden muss.

Nach § 633 Abs. 1 BGB ist der Unternehmer verpflichtet, das Werk frei von Sach- und Rechtsmängeln *zu verschaffen*. § 633 Abs. 1 BGB a. F. enthielt dagegen lediglich die Pflicht, das Werk mängelfrei herzustellen. Es wird deshalb für möglich gehalten, dass zur Abnahme nunmehr nicht nur die Übergabe, sondern auch die Übereignung gehört, da andernfalls die Abnahmewirkung eintritt, obwohl der Unternehmer noch nicht vollständig erfüllt hat[1435]. Eine vertragliche Abnahmeverpflichtung vor Eigentumsübergang könnte der Leitbildfunktion der Abnahmeregelungen des § 640 BGB widersprechen und einer Inhaltskontrolle nicht standhalten. Verträge könnten allenfalls noch in der Weise abgewickelt werden, dass der wesentliche Vergütungsteil Zug um Zug gegen Abnahme (und Übereignung) fällig wird[1436].

Die Übereignung als zusätzliche Voraussetzung für die Abnahme wird durch die Schuldrechtsmodernisierung jedoch nicht gefordert. Der in § 633 Abs. 1 BGB eingefügte Hinweis darauf, dass das Werk mängelfrei zu verschaffen sei, beinhaltet – jedenfalls für den Bauträgervertrag – keineswegs eine Eigentumsverschaffungspflicht, denn die werkvertragliche Leistungspflicht geht grundsätzlich nicht von einer Übereignungsverpflichtung des Unternehmers aus[1437]. Die Regelung kann für den Bauträgervertrag nur die Übergabe des Werkes, nämlich dessen „Verschaffung" im Sinne von Besitzeinräumung meinen. Die Verpflichtung zur Übereignung folgt beim Bauträgererwerb aus § 433 Abs. 1 S. 1 BGB[1438]. Beim Bauträgervertrag verbleibt es deshalb bei der Typenmischung aus Kauf- und Werkvertragsrecht auch und gerade in Bezug auf den Inhalt der Abnahme und die (kaufvertragliche) Pflicht zur Eigentumsverschaffung.

Auf derselben Linie liegt die Annahme, Voraussetzung für die Abnahme sei außerdem die **Lastenfreiheit** des Grundstücks, da die Freiheit von Rechten Dritter nunmehr in § 633 BGB ausdrücklich normiert ist[1439]. Das trifft ebenfalls nicht zu, da sich die Verschaffung des (lastenfreien) Grundstücks ebenfalls nach Kaufrecht richtet; der maßgebliche Zeitpunkt für die Lastenfreiheit ist nach Kaufvertragsrecht aber die Vollendung des Eigentumserwerbs infolge der Auflassung und Eintragung[1440]. Voraussetzung der Abnahme ist deshalb nicht die Löschung etwaiger Grundpfandrechte.

580 Die Abnahme ist eine Hauptpflicht des Erwerbers. Der Bauträger kann deshalb eine selbständige **Klage auf Abnahme** erheben[1441]. Die Abnahmeerklärung gilt mit der Rechtskraft des Urteils als abgegeben (§ 894 Abs. 1 Satz 1 ZPO)[1442]. Sofern der Bau-

---

[1434] Vgl. *Kleine-Möller/Merl*, § 14 Rdn. 3 zur Abnahme eines bereits im Besitz des Auftraggebers befindlichen Objekts; vgl. auch *Staudinger/Peters/Jacoby* (2008), § 640 BGB, Rdn. 8.

[1435] *Thode*, NZBau 2002, 297 (301 f.), spricht von einer durch das Gesetz verursachten „Rechtsunsicherheit" (302); *Staudinger/Bub* (2008), § 21 WEG, Rdn. 242.

[1436] *Thode*, NZBau 2002, 297 (301 f.); zum „Drei-Raten-Modell" vgl. *Wagner*, BauR 2001, 1313 (1326): Grundstücksrate wie bisher, aber gesichert nach § 632a BGB i. V.m. § 232 BGB; 2. Rate bei Abnahme und Übereignung; 3. Rate i. H. v. 5% nach Mängelbeseitigung.

[1437] *Leupertz* in Prütting/Wegen/Weneich, § 633 BGB, Rdn. 10; vgl. aber *Staudinger/Peters/Jacoby* (2008), § 633 BGB, Rdn. 150.

[1438] *Pause*, NZBau 2002, 648 (651); *Basty* Rdn. 985 f.; *Riemenschneider* in Grziwotz/Koeble, 3. Teil, Rdn. 254; vgl. auch *Mundt*, NZBau 2003, 73 (78); *Kniffka*, ibr-online-Kommentar (Stand: 26. 5. 2009), § 633 BGB, Rdn. 1.

[1439] *Vorwerk*, BauR 2003, 1 (7).

[1440] *Palandt/Weidenkaff*, § 435 Rdn. 7.

[1441] BGH v. 26. 2. 1981, BauR 1981, 284 (287); BGH v. 27. 2. 1996, BauR 1996, 386.

[1442] *Kniffka*, ibr-online-Kommentar (Stand: 26. 5. 2009), § 640 BGB, Rdn. 31; a. A. *Wolf* in Münchener Prozessformularbuch, Privates Baurecht, B. III.1. Anm. 2; die Abnahme sei nach § 888 ZPO zu vollstrecken.

VI. Abnahme und Wohnungsübergabe

träger eine Frist zur Abnahme gesetzt hat, kommt allerdings auch die Erhebung einer **Feststellungsklage**[1443] des Inhaltes in Betracht, dass die Leistung nach § 640 Abs. 1 Satz 3 BGB wirksam abgenommen worden ist (Rdn. 582). Es ist jedoch nicht anzunehmen, dass allein wegen der Möglichkeit, eine Feststellungsklage nach einer Fristsetzung zur Abnahme gem. § 640 Abs. 1 Satz 3 BGB erheben zu können, das Rechtsschutzbedürfnis für eine Klage auf Abnahme fehlt[1444]. Selbst dann, wenn der Bauträger eine Frist zur Abnahme gesetzt haben sollte, kann ihm eine Klage auf Erfüllung der Abnahmepflicht kaum versagt werden.

Praktisch dürfte die Erhebung einer Klage auf Abnahme als Voraussetzung für die Geltendmachung der Vergütung nicht erforderlich sein. Es wird davon ausgegangen, dass allein mit dem Zahlungsantrag konkludent die Abnahme der Bauleistung behauptet und begehrt wird[1445]. Bei einem zusprechenden Urteil wird dann ggf. die Abnahmefähigkeit in den Urteilsgründen festgestellt, ohne dass dies allerdings in Rechtskraft erwächst; die Abnahme als Voraussetzung für die übrigen Abnahmewirkungen kann also neuerlich in Streit geraten.

Zulässig ist eine Feststellungsklage mit dem Antrag festzustellen, dass zu einem bestimmten Zeitpunkt tatsächlich abgenommen wurde[1446]. Diese Klage kommt dann in Betracht, wenn der Bauträger behauptet, es sei ausdrücklich oder stillschweigend abgenommen worden, während der Erwerber dies bestreitet.

b) Abnahmeformen

aa) Unförmliche Abnahme. Enthält der Bauträgervertrag keine besonderen vertraglichen Bestimmungen über die Abnahme, findet § 640 Abs. 1 BGB Anwendung. Das bedeutet, dass die Abnahme unförmlich durch Übergabe und die Erklärung, dass die Leistung als der Hauptsache nach vertragsgemäß anerkannt wird, erfolgt. Diese Erklärung bedarf keiner besonderen Form. In dieser Art kann sowohl das Sonder- wie auch das Gemeinschaftseigentum abgenommen werden. **581**

bb) Fiktive Abnahme gem. § 640 Abs. 1 Satz 3 BGB. Mit dem Gesetz zur Beschleunigung fälliger Zahlungen[1447] wurde die Möglichkeit einer **fiktiven Abnahme**[1448] geschaffen. Nach § 640 Abs. 1 Satz 3 BGB steht es der Abnahme gleich, wenn der Besteller das Werk nicht innerhalb einer ihm vom Unternehmer hierfür bestimmten angemessenen Frist abnimmt, obwohl er dazu verpflichtet ist. Die Abnahmewirkung tritt danach nur dann ein, wenn die Leistung abnahmereif ist. Die Leistung muss also fertig gestellt und frei von wesentlichen Mängeln sein. Für die Fristsetzung besteht kein Formerfordernis; sie kann also auch mündlich gesetzt werden. Die Frist muss angemessen sein. In Anlehnung an § 12 Abs. 5 VOB/B wird die Frist mindestens 12 Werktage betragen müssen. Hat der Bauträger eine zu kurze Frist gesetzt, gilt statt ihrer eine angemessene Frist. Sofern der Erwerber die Abnahme (zu Unrecht) verweigert, ist eine Fristsetzung entbehrlich; es wäre reine Förmelei, wollte man in diesem Fall ebenfalls eine Fristsetzung verlangen[1449]. **582**

cc) Fertigstellungsbescheinigung. Ebenfalls durch das Gesetz zur Beschleunigung fälliger Zahlungen[1450] wurde die Abnahme durch die Vorlage einer **Fertigstellungsbeschei-** **583**

[1443] BGH v. 27. 2. 1996, BauR 1996, 386.
[1444] *Staudinger/Peters/Jacoby* (2008), § 640 BGB, Rdn. 46; vgl aber *Palandt/Sprau*, § 640 Rdn. 8.
[1445] *Werner/Pastor*, Rdn. 1339; *Kniffka*, ibr-online-Kommentar (Stand: 26. 5. 2009), § 640 BGB, Rdn. 31.
[1446] BGH v. 27. 2. 1996, BauR 1996, 386.
[1447] Gesetz v. 30. 3. 2000, BGBl. I S. 330.
[1448] *Motzke*, NZBau 2000, 489 (494) zur Rechtsnatur.
[1449] BGH v. 8. 11. 2007, BauR 2008, 344 (350); *Werner/Pastor*, Rdn. 1364; a. A. *Palandt/Sprau*, § 640 Rdn. 10.
[1450] Gesetz v. 30. 3. 2000, BGBl. I S. 330.

B. Der Bauträgererwerb

nigung (§ 641a BGB) eingeführt. Da sich diese Abnahmeform als zu kompliziert erwies und deshalb keine praktische Bedeutung erlangt hatte[1451], wurde sie mit dem Forderungssicherungsgesetz wieder abgeschafft[1452].

584 *dd) Stillschweigende Abnahme.* Auch beim Erwerb vom Bauträger kann die Abnahme von Sonder- und Gemeinschaftseigentum stillschweigend erfolgen, also durch schlüssiges Verhalten des Erwerbers. Die **stillschweigende Abnahme** ist auch beim Gemeinschaftseigentum nicht ausgeschlossen, da die an die Ingebrauchnahme des Gemeinschaftseigentums geknüpften Rechtsfolgen keine anderen als beim Sondereigentum sein können[1453].

Voraussetzung für eine stillschweigende Abnahme ist allerdings, dass das Werk überhaupt abnahmefähig ist und die Abnahme vom Erwerber nicht ausdrücklich verweigert wird[1454]. Darüber hinaus muss sich aus dem sonstigen Verhalten des Erwerbers der Wille zur Abnahme ergeben. Erforderlich ist ein tatsächliches Verhalten, das den Abnahmewillen eindeutig und schlüssig zum Ausdruck zu bringen[1455].

Der Bezug der Wohnung und die Benutzung der Wohnung wird allgemein als Anerkennung durch schlüssiges Handeln, also als Abnahme gewertet[1456]. Dabei muss der Erwerber aber Gelegenheit zur Prüfung und Bewertung des Vertragsgegenstandes erhalten haben. Das setzt eine gewisse Dauer der Prüfung voraus[1457]. Deshalb erfolgt die stillschweigende Abnahme nicht schon mit der Ingebrauchnahme, sondern erst nach einer angemessenen Nutzungszeit, deren Länge von den Umständen des Einzelfalls abhängt[1458], also für das Gemeinschaftseigentum anders zu bemessen sein wird als für die Wohnung selbst. Die bloße Schlüsselübergabe bzw. Schlüsselentgegennahme stellt allein noch keine stillschweigende Abnahme dar[1459].

Soweit der Erwerber die Abnahme zu Recht wegen wesentlicher Mängel verweigert hat, kommt eine stillschweigende Abnahme auch nicht bei einer anschließenden Nutzung durch den Bezug der Wohnung in Betracht; ein neuerlicher Vorbehalt der Abnahmeweigerung ist dann auch bei einer anschließenden Nutzung der Wohnung nicht erforderlich[1460].

Die Existenz von Mängeln schließt allerdings eine stillschweigende Abnahme nicht von vornherein aus[1461]. Werden vom Erwerber aber wesentliche Mängel gerügt, wird man auch ohne ausdrückliche Abnahmeweigerung eine stillschweigende Abnahme in

---

[1451] *Kniffka,* ibr-online-Kommentar (Stand: 26. 5. 2009), § 641a BGB, Rdn. 4.
[1452] Gesetz v. 23. 10. 2008, BGBl I, S. 2022; soweit die Vorschrift für Verträge ab dem 1. 5. 2000 bis zum 31. 12. 2008 Bedeutung haben sollte, wird auf die einschlägige Kommentarliteratur verwiesen, für viele *Palandt/Sprau,* 67. Aufl., 2008, § 641a BGB Rdn. 1 ff.
[1453] Ebenso *Kleine-Möller/Merl,* § 14 Rdn. 225; *Bühl,* BauR 1984, 237 (239); *Pause,* NJW 1993, 553 (556); *Koeble,* Rechtshandbuch Immobilien, Kap. 18 Rdn. 23; OLG Düsseldorf v. 11. 6. 1992, IBR 1992, 443 m. Anm. *Schulze-Hagen;* OLG Stuttgart v. 18. 12. 1988, WE 1989, 194; grundsätzlich zur stillschweigenden Abnahme BGH v. 20. 9. 1984, NJW 1985, 731; a. A. OLG Stuttgart v. 19. 12. 1979, MDR 1980, 495; OLG München v. 11. 7. 1978, DB 1978, 2630.
[1454] BGH v. 10. 6. 1999, NJW-RR 1999, 1246.
[1455] BGH v. 25. 2. 2010, NZBau 2010, 318, Rdn. 21.
[1456] BGH v. 12. 6. 1975, NJW 1975, 1701: Ingebrauchnahme durch den Bezug des Objekts ist „typisiertes Verhalten mit normativer Wirkung", bei dem „der Wille des Handelnden außer Betracht" bleibt; BGH v. 10. 6. 1999, NJW-RR 1999, 1246; OLG Celle v. 30. 7. 1998, BauR 1999, 283 (LS) = MDR 1998, 1476; *Palandt/Sprau,* § 640 Rdn. 2 m. w. N.
[1457] BGH v. 28. 4. 1992, NJW-RR 1992, 1078; BGH v. 25. 2. 2010, NZBau 2010, 318, Rdn. 22.
[1458] BGH v. 20. 9. 1984, NJW 1985, 731.
[1459] A. A. OLG Hamm v. 29. 10. 1992, NJW-RR 1993, 340.
[1460] BGH v. 10. 6. 1999, BauR 1999, 1186 = NJW-RR 1999, 1246; vgl. auch BGH v. 8. 1. 2004, NZBau 2004, 210.
[1461] OLG Brandenburg v. 29. 4. 2009, NJW-RR 2009, 957; *Kniffka,* ibr-online-Kommentar (Stand: 26. 5. 2009), § 640 BGB, Rdn. 47.

VI. Abnahme und Wohnungsübergabe

der Regel nicht annehmen können[1462]. Nur ausnahmsweise kann darin eine stillschweigende Abnahme unter Vorbehalt der gerügten Mängel gesehen werden[1463].

Schließlich kann die Abnahme in einer Vergleichsvereinbarung zwischen Erwerber und Bauträger enthalten sein, durch die die geltend gemachten Mängelansprüche mit der Zahlung eines Geldbetrages abgegolten werden. Mit der Entgegennahme der Zahlung wird das mangelhafte Bauwerk hingenommen und sogleich auf die weitere Geltendmachung der Mängelrechte verzichtet, die Leistung des Bauträgers also als Erfüllung akzeptiert[1464].

c) Vereinbarungen über die Abnahme

aa) Förmliche Abnahme. In der Praxis wird sowohl für das Sonder- wie auch für das Gemeinschaftseigentum die **förmliche Abnahme** vereinbart. Das ist nicht nur zulässig, sondern dringend zu empfehlen[1465]: Eine förmliche Abnahme liegt nämlich im Interesse von Erwerber und Bauträger: Die schriftliche Niederlegung der Abnahmeerklärung, etwaiger Vorbehalte und des Abnahmezeitpunkts schafft Rechtssicherheit. Demgemäß sind in das Abnahmeprotokoll erkennbare Mängel aufzunehmen; der Erwerber wird sich wegen solcher Mängel seine Rechte vorbehalten. Entsprechendes gilt für etwaige Restarbeiten. Ob Mängelrügen berechtigt sind oder nicht, muss gelegentlich der Abnahme keineswegs entschieden werden; tatsächlich bestehende Mängel wird der Bauträger anerkennen, ungerechtfertigte Mängelrügen kann er (im Protokoll) zurückweisen und sich in Zweifelsfällen eine Überprüfung vorbehalten. Der Erwerber wird – soweit Mängel festgestellt werden – die Abnahme unter Vorbehalt seiner Rechte erklären oder die Abnahme sogar ablehnen. Wenn der Bauträger Vertragsstrafen (Rdn. 498) verwirkt hat, muss sich der Erwerber deren Geltendmachung ebenfalls vorbehalten (§ 341 Abs. 3 BGB). **585**

Wurde die Durchführung einer förmlichen Abnahme vereinbart, sind **die anderen Abnahmeformen** grundsätzlich **ausgeschlossen,** und zwar sowohl die (einfache) unförmliche Abnahme wie auch die stillschweigende Abnahme. Gleiches gilt für die fiktive Abnahme[1466]. **586**

Da durch die Vereinbarung einer förmlichen Abnahme auch die fiktive Abnahme (§ 640 Abs. 1 Satz 3) ausgeschlossen ist, wird sich der Bauträger, der sich diese Abnahmeformen für den Fall der fehlenden Mitwirkung des Erwerbers an der förmlichen Abnahme offen halten will, bei der Vereinbarung der förmlichen Abnahme die Abnahmemöglichkeit nach §§ 640 Abs. 1 Satz 3 BGB vertraglich vorbehalten müssen.

In der Praxis kommt es durchaus vor, dass die vereinbarte förmliche Abnahme vergessen wird und auch in der Folgezeit keine der Parteien auf die an sich noch ausstehende Abnahme zurückkommt. Dem Verhalten und dem Willen der Parteien würde es wohl kaum entsprechen, das Werk auch nach mehreren Jahren als noch nicht abgenommen anzusehen. Bei einer **„vergessenen" förmlichen Abnahme** muss deshalb nach hinreichendem Zeitablauf davon ausgegangen werden, dass von allen Beteiligten auf die Durchführung der förmlichen Abnahme stillschweigend verzichtet und sodann die Abnahme ebenfalls stillschweigend erklärt wurde[1467]. Schon für die Abnahme des Sonderei- **587**

[1462] Vgl. OLG Koblenz v. 14. 2. 2002, BauR 2003, 96.
[1463] OLG Hamm v. 23. 8. 1994, NJW-RR 1995, 1233.
[1464] OLG München v. 17. 7. 2007, IBR 2009, 274 (*Vogel*) = BauR 2009, 860 (LS).
[1465] Vgl. *Werner/Pastor*, Rdn. 505; *Koeble*, Rechtshandbuch Immobilien, Kap. 18 Rdn. 15; *Basty*, Rdn. 991.
[1466] BGH v. 10. 11. 1983, BauR 1984, 166 (167).
[1467] BayObLG v. 20. 2. 2001, NZM 2001, 539; *Kleine-Möller/Merl*, § 14 Rdn. 62 f.; *Kniffka*, ibr-online-Kommentar (Stand: 26. 5. 2009), § 640 BGB, Rdn. 68.

B. Der Bauträgererwerb

gentums wird sich – wie bei anderen (Bau-)Verträgen – eine angemessen lange Frist über einen längeren Zeitraum erstrecken, in dem die förmliche Abnahme nicht verlangt wird[1468]. Für die Abnahme des Gemeinschaftseigentums wird man je nach Größe der Wohnanlage und den besonderen Umständen des Einzelfalls einen noch größeren Zeitraum für den stillschweigenden Verzicht voraussetzen müssen. Da das Gemeinschaftseigentum für gewöhnlich unter Hinzuziehung eines gemeinschaftlichen Vertreters abgenommen werden soll, wofür entsprechende Beratungen, Beschlussfassungen, die anschließende Beauftragung des gemeinsamen Vertreters usw. erforderlich sein kann, kann der Verzicht auf die förmliche Abnahme keineswegs schon nach einer relativ kurzen Zeitspanne von nur wenigen Wochen oder Monaten angenommen werden.

588 *bb) Vereinbarte fiktive Abnahme.* Für die Vereinbarung einer fiktiven Abnahme besteht nach der Einfügung einer fingierten Abnahme in das Gesetz (§ 640 Abs. 1 Satz 3 BGB) an sich kein Bedürfnis mehr. Vor der Änderung des § 640 BGB waren Klauseln, die eine fiktive Abnahme vorsahen, nur in den Grenzen des § 308 Nr. 5 BGB zulässig[1469]. Es kann aber zweckmäßig sein, im Vertrag die Zulässigkeit einer Abnahme unter den in § 640 Abs. 1 Satz 3 BGB genannten gesetzlichen Voraussetzungen ausdrücklich zu vereinbaren, um die Möglichkeit einer fiktiven Abnahme auch im Falle einer zwar vereinbarten, dann aber gescheiterten förmlichen Abnahme zu eröffnen.

Selbst wenn man für eine derartige Vereinbarung kein Bedürfnis sehen sollte, kann unabhängig oder daneben eine angemessene Frist i.S.v. § 640 Abs. 1 Satz 3 BGB für die Durchführung der Abnahme vereinbart werden. Angemessen ist eine in Anlehnung an § 12 Abs. 5 VOB/B bestimmte Frist von mindestens 12 Werktagen[1470].

Eine Vertragsbestimmung, nach der der Vertragsgegenstand bei einem eigenmächtigen Bezug durch den Erwerber als abgenommen gilt, verstößt jedoch gegen § 308 Nr. 5 BGB[1471]. Möglich ist aber, dass es infolge einer längeren Nutzung zu einer stillschweigenden Abnahme kommt.

589 Für eine Abnahmefiktion durch die isolierte Vereinbarung von § 12 Abs. 5 VOB/B besteht nach der in § 640 Abs. 1 Satz 3 BGB der VOB/B nachgebildeten fingierten Abnahme heute ohnehin kein Bedürfnis mehr.

590 *cc) Teilabnahmen.* Im Erwerbsvertrag können außerdem **Teilabnahmen** vereinbart werden[1472]. Da der Unternehmer nach § 640 BGB – anders als beim VOB-Vertrag (§ 12 Abs. 2 VOB/B) – keinen Anspruch auf die abschnittsweise Abnahme seiner Arbeiten hat, muss sie ggf. gesondert vereinbart werden. Beim Bauträgererwerb werden das Sondereigentum, das Gemeinschaftseigentum (ohne Außenanlagen) und die Außenanlagen häufig gesondert abgenommen. Es ist außerdem möglich, die Teilabnahme für solche Bauteile (z.B. Tiefgaragenanlage) festzulegen, bei denen dies etwa wegen des Herstellungszeitpunkts sachlich gerechtfertigt ist.

2. Die Abnahme des Sondereigentums

591 Das Sondereigentum wird für gewöhnlich aufgrund einer entsprechenden Vereinbarung im Erwerbsvertrag selbständig abgenommen. Hierbei handelt es sich um eine

---

[1468] *Werner/Pastor*, Rdn. 1351.
[1469] Vgl. zur früheren Rechtslage: *Reithmann/Meichssner/v. Heymann*, B Rdn. 28; *Basty*, Rdn. 999; *Eue*, I. 30 Anm. 49 (5); *Staudinger/Bub*, § 21 WEG Rdn. 243.
[1470] *Kniffka*, ibr-online-Kommentar (Stand: 26. 5. 2009), § 640 BGB, Rdn. 75; *Basty*, Rdn. 997; *Blank*, Rdn. 331; *Eue*, I. 30 Anm. 49 (5).
[1471] BGH v. 10. 11. 1983, BauR 1984, 166 (167).
[1472] BGH v. 30. 6. 1983, BauR 1983, 573 (575); *Thode*, ZfBR 1999, 116 (117f.); *Kniffka*, ibr-online-Kommentar (Stand: 26. 5. 2009), § 631 BGB, Rdn. 111.

VI. Abnahme und Wohnungsübergabe

Teilabnahme[1473]. Aus der Sicht des Bauträgers wird die Abnahme des Sondereigentums (Eigentumswohnung, bzw. Teileigentum) zweckmäßigerweise mit der Übergabe des gesamten Vertragsgegenstandes verbunden, ohne jedoch die anderen Teile (Gemeinschaftseigentum) abgenommen zu erhalten. Die Bezugsfertigkeit des Gesamtobjekts unterstellt, kann so die Übergabe Zug-um-Zug gegen Zahlung der Bezugsfertigkeitsrate nach § 3 Abs. 2 MaBV bewerkstelligt werden.

Soll die Eigentumswohnung – das Sondereigentum – gesondert und getrennt vom Gemeinschaftseigentum abgenommen werden, dann erstreckt sich die Abnahme nur auf das Sondereigentum, also die Eigentumswohnung bzw. das Teileigentum sowie etwaige zum Sondereigentum gehörige Nebenräume und sonstige Sondereigentumseinheiten (als Sondereigentum ausgestaltete Kfz-Stellplätze, Hobbyräume usw.). Soweit nichts anderes vereinbart wurde, werden von ihr etwaige **Sondernutzungsrechte** nicht umfasst, da die betreffenden Grundstücksflächen, Bauteile und Anlagen trotz der Einräumung von Sondernutzungsrechten Gemeinschaftseigentum bleiben. Es ist deshalb nicht anzunehmen, dass es in Ermangelung einer besonderen Regelung für die Abnahme von Sondernutzungsrechten zu einer stillschweigenden Abnahme des Gemeinschaftseigentums im Bereich des Sondernutzungsrechts durch den sondernutzungsberechtigten Erwerber kommt, die sodann, sofern das Gemeinschaftseigentum innerhalb einer gewissen Prüffrist unbeanstandet bleibt, den anderen Erwerbern zuzurechnen ist[1474]. Für das Gemeinschaftseigentum im Bereich der Sondernutzungsrechte sind im Grundsatz die vertraglichen Bestimmungen maßgeblich, die auch für das übrige Gemeinschaftseigentum gelten. **592**

Die Vereinbarung über die Durchführung von Teilabnahmen könnte aber dann anders auszulegen sein, wenn den Erwerber nach den Bestimmungen der Teilungserklärung auch sämtliche Instandhaltungs- und Instandsetzungspflichten an dem Gemeinschaftseigentum, an dem das Sondernutzungsrecht besteht, treffen[1475]. Zusätzlich müsste dann aber auch angenommen werden, dass zugunsten der anderen Erwerber für diese Bereiche des Gemeinschaftseigentums keine Erfüllungs- und Mängelansprüche bestehen[1476], weil der Bauträger andernfalls ein nachvollziehbares Interesse an der Abnahme dieser Bereiche durch sämtliche Erwerber hätte. Sofern also das Sondernutzungsrecht infolge der Zuweisung sämtlicher Instandhaltungs- und Instandsetzungspflichten Mängelansprüche anderer Erwerber ausschließt, könnte es in Bezug auf die Abnahme (und die Mängelhaftung) wie Sondereigentum behandelt werden. Diese Auslegung wäre vor allem für Reihen- und Doppelhäuser, an denen Wohnungseigentum mit umfassenden Sondernutzungsrechten an den Häusern, begründet wurde, interessengerecht.

Die Abnahme des Sondereigentums umfasst nicht die in dessen Bereich liegenden **Teile des Gemeinschaftseigentums**[1477]. Zum einen ist der Abnahmewille des Erwerbers bei der Übernahme seiner Wohnung überhaupt nicht auf Erklärungen mit Bezug auf das Gemeinschaftseigentum gerichtet, zum anderen stünde dies auch im **593**

[1473] BGH v. 30. 6. 1983, BauR 1983, 573 (575); so im Grundsatz schon BGH v. 4. 6. 1981, ZfBR 1981, 230 (232); vgl. auch BGH v. 3. 12. 1987, NJW 1988, 1259 (1260), OLG München v. 11. 7. 1978, DB 1978, 2360; OLG Stuttgart v. 19. 12. 1979, MDR 1980, 495.

[1474] So aber OLG Hamm v. 14. 10. 2003, MittBayNot 2005, 228, m. Anm. *Basty*; auch *Staudinger/Bub* (2005), § 21 WEG, Rdn. 243.

[1475] Vgl. OLG München v. 23. 5. 2007, NJW 2007, 2418 = NZBau 2007, 516 zur Unzuständigkeit der Gemeinschaft für Mängel am Gemeinschaftseigentum, soweit den Eigentümer die Instandhaltungspflicht für bestimmte Bauteile trifft.

[1476] So wohl auch *Basty*, MittBayNot 2005, 228, ohne die zusätzliche Voraussetzung der Übernahme der Instandhaltungs- und Instandsetzungspflicht.

[1477] A. A. *Basty*, Rdn 1004; *Blank*, Rdn. 324; *Staudinger/Bub* (2005), § 21 WEG, Rdn. 243; vermittelnd *Werner/Pastor*, Rdn. 504: es hängt vom Einzelfall ab.

B. Der Bauträgererwerb

Gegensatz zu der Vereinbarung, das Gemeinschaftseigentum im Wege einer gesonderten Teilabnahme abnehmen zu wollen. Dem steht auch nicht entgegen, dass bei der späteren Abnahme des Gemeinschaftseigentums für gewöhnlich die innerhalb der Wohnungen gelegenen Teile des Gemeinschaftseigentums nicht gesondert in Augenschein genommen werden (z. B. tragende Innenwände), was aber nichts daran ändert, dass sich die Abnahme des Gemeinschaftseigentums auch auf derartige Teile bezieht.

Auch Vereinbarungen, die die Abnahme des Sondereigentums mit der Abnahme der im Bereich des Teileigentums befindlichen Bauteile des Gemeinschaftseigentums verbinden[1478], sind bedenklich. Mit Blick auf die Abnahmewirkungen genügt dem Bauträger die Abnahme des Gemeinschaftseigentums durch nur einen Erwerber nicht. Bei Vertragsgestaltungen, die die Abnahme von Sonder- und Gemeinschaftseigentum miteinander verbinden, fehlt es nämlich an einer Abnahme dieser Bereiche des Gemeinschaftseigentums durch die anderen Erwerber. Es kann auch nicht davon ausgegangen werden, dass der das Sondereigentum abnehmende Erwerber in Bezug auf das Gemeinschaftseigentum zugleich als Vertreter der anderen Erwerber handelt. Eine solche Vertretung wird schon mangels Vertretungswillens nicht angenommen werden können, ganz abgesehen davon, dass dem Erwerber die mit der Abnahme verbundene Verantwortung kaum aufgebürdet werden kann.

3. Die Abnahme des Gemeinschaftseigentums

a) Teilabnahme

594 Die gesonderte Abnahme des Gemeinschaftseigentums[1479] in Form einer **Teilabnahme** folgt praktischen Erfordernissen, ist aber rechtlich keineswegs zwingend. Wenn im Bauträgervertrag nichts anderes vereinbart ist, kann der Bauträger die Abnahme von Sondereigentum und Gemeinschaftseigentum nur in einer Handlung, also zusammen verlangen, wie der Erwerber umgekehrt die Abnahme so lange verweigern kann, bis auch das Gemeinschaftseigentum (z. B. die Außenanlagen) vollständig fertig gestellt (abnahmereif) ist. Tatsächlich wird das Gemeinschaftseigentum in aller Regel gesondert abgenommen, und zwar auf der Grundlage einer besonderen Vereinbarung im Bauträgervertrag. Dabei soll das Gemeinschaftseigentum zumeist in zwei Schritten abgenommen werden, nämlich zunächst das gesamte Gemeinschaftseigentum ohne Außenanlagen und im nächsten Schritt – mit Rücksicht auf die Pflanzperiode usw. – sodann die Außenanlage. In diesem Fall muss das Gemeinschaftseigentum selbst also vertraglich in zwei weitere Teilabnahmen aufgeteilt werden. Teilabnahmen können nur im vertraglich vereinbarten Umfang verlangt werden. Wird lediglich die gesonderte (Teil-)Abnahme des Gemeinschaftseigentums vereinbart und wird das Gemeinschaftseigentum sodann in mehreren Schritten abgenommen, ohne dass insoweit weitere Teilabnahmen vereinbart worden sind, ist das Gemeinschaftseigentum erst mit der letzten Abnahmehandlung abgenommen[1480].

Dem Erwerber wird meistens schon mit der Übergabe und der Abnahme des Sondereigentums der Besitz am Gemeinschaftseigentum eingeräumt. Eine Abnahme des Gemeinschaftseigentums ist damit nicht verbunden, wenn für das Gemeinschaftseigentum eine gesonderte Abnahme vereinbart worden ist.

[1478] *Basty*, Rdn. 1004; *Blank*, Rdn. 77, 324; *Reithmann/Meichssner/v. Heymann*, O Rdn. 85.
[1479] BGH v. 30. 6. 1983, BauR 1983, 573 (575), i. ü. BGH v. 30. 6. 1983, BauR 1983, 573 (575); *Kniffka*, ibr-online-Kommentar (Stand: 26. 5. 2009), § 640 BGB, Rdn. 111 f.
[1480] OLG Nürnberg v. 12. 12. 2006, IBR 2009, 585 (*Vogel*).

VI. Abnahme und Wohnungsübergabe

Da die Abnahme des Gemeinschaftseigentums regelmäßig erst nach der Übergabe des Sondereigentums erfolgt, die einzelnen Erwerber also zum Zeitpunkt der Abnahme bereits Besitzer ihrer Wohnungen sind, muss durch eine entsprechende vertragliche Regelung vorgesehen werden, dass die einzelnen Erwerber zur Abnahme des in ihrer Wohnung befindlichen Gemeinschaftseigentums (z.B. tragende Bauteile, Fenster, Wohnungseingangstüren, haustechnische Einrichtungen) Zugang gewähren. Eine solche Vertragsbestimmung ist dem einzelnen Erwerber zumutbar, da sie in den Verträgen der anderen Erwerber ebenfalls vorgesehen werden muss und mit der Maßgabe erfolgen kann, dass die Abnahme durch einen gemeinsamen Vertreter erfolgen wird, also grundsätzlich nicht mit einer Begehung durch sämtliche Erwerber verbunden sein wird.

b) Abnahme als individualrechtliche Pflicht

595 Der auf die Abnahme gerichtete Anspruch des Bauträgers gegen den Erwerber aus § 640 BGB beruht auf dem jeweiligen Bauträgervertrag und ist deshalb im Grundsatz **individualrechtlich**. Die Abnahme des Gemeinschaftseigentums kann der Bauträger von jedem Erwerber gesondert und unabhängig von den anderen Erwerbern verlangen. Die Rechtsnatur der Abnahme erfordert keine gemeinsame (und gleichzeitige) Erfüllung dieser Verpflichtung durch sämtliche Erwerber. Soweit die Abnahme nur von einem Teil der Erwerber erklärt wird, treten die Abnahmewirkungen nur im Verhältnis zu diesen ein. Ob und in welchem Umfang die anderen Erwerber zur Abnahme verpflichtet sind, richtet sich nach dem jeweiligen individuellen Rechtsverhältnis. Die individualrechtliche Verpflichtung beruht darauf, dass sich der Bauträger nicht in einem einheitlichen Vertrag zur Herstellung des Gemeinschaftseigentums gegenüber sämtlichen Erwerbern verpflichtet und diese dem Bauträger deshalb nicht aus einem einheitlichen Schuldgrund zur Abnahme verpflichtet sind, wie auch bezüglich der Vergütung keine Gesamtschuldnerschaft besteht. Vorbehaltlich abweichender Vereinbarungen kann der Bauträger deshalb die Abnahme ausschließlich von seinem Vertragspartner, dem einzelnen Erwerber verlangen. Ohne eine dahingehende Vereinbarung besteht seitens des Bauträgers kein Anspruch auf eine einheitliche Abnahme durch sämtliche Erwerber in einem Akt, wie auch der Erwerber den Bauträger nicht auf die Wohnungseigentümergemeinschaft verweisen kann[1481].

Allerdings könnte der Bauträger sämtliche Erwerber zu einem gemeinsamen Termin einladen (gemeinsame Begehung), wie die Erwerber umgekehrt zu einem solchen Termin einen gemeinsamen Vertreter entsenden könnten. Angesichts der Schwierigkeiten bei der Gestaltung wirksamer Regelungen für die Abnahme des Gemeinschaftseigentums kann es bei kleineren Wohnanlagen durchaus zweckmäßig sein, auf eine einheitliche Abnahme des Gemeinschaftseigentums (durch einen gemeinsamen Vertreter) zu verzichten und das gesamte Objekt (Sonder- und Gemeinschaftseigentum) statt dessen von jedem Erwerber individuell abnehmen zu lassen. Es wird dann zwar geringfügig differierende Abnahmezeitpunkte für die einzelnen Erwerber geben. Dadurch wird aber die Unsicherheit einer vielleicht unwirksamen Abnahme durch einen gemeinsamen Vertreter (Rdn. 598) aufgewogen.

Die Risiken, die mit einer Abnahme durch einen gemeinsamen Vertreter bestehen, können auch durch eine zwar individuelle Abnahme, der aber eine koordinierte Vorbereitung voraus geht, vermieden werden: Die von sämtlichen Erwerbern *individuell* zu erklärende Abnahme kann durch eine Begutachtung eines von den Erwerbern – in der

---

[1481] Grundlegend dazu BGH v. 21. 2. 1985, NJW 1985, 1551 (1552); *Pause,* NJW 1993, 553 (555 f.); *Bühl,* BauR 1984, 237 (243).

ersten Wohnungseigentümerversammlung – ausgewählten und gemeinsam beauftragten Sachverständigen vorbereitet werden[1482]. Diese Begutachtung ist zwar keine **technische Abnahme** i. S. v. § 4 Abs. 10 VOB/B, da sie ein Internum bleibt; sie ist ihr aber insofern ähnlich, als mit ihr keine Abnahme im rechtlichen Sinn verbunden ist. Die Erwerber hätten sodann nach Zugang der Stellungnahme des Sachverständigen die Abnahme individuell zu erklären, wobei nach Ablauf einer vertraglich vereinbarten Frist in Anlehnung an § 640 Abs. 1 Satz 3 BGB die Abnahme als erklärt gilt[1483].

c) Zuständigkeit der Wohnungseigentümergemeinschaft?

596 Unter der Geltung früheren Rechts konnte sich die Auffassung, nach der die Wohnungseigentümergemeinschaft a priori für die Abnahme des Gemeinschaftseigentums berufen sei[1484], nicht durchsetzen. Sie wurde mit Hinweis auf den individualvertraglichen Charakter dieser Verpflichtung und wegen des fehlenden Bezugs zur gemeinschaftlichen Verwaltung abgelehnt[1485]. Eine originäre Zuständigkeit der Wohnungseigentümergemeinschaft würde voraussetzen, dass sie das Gemeinschaftseigentum aufgrund einer von ihr selbst eingegangenen Verpflichtung abzunehmen hätte. Das ist aber nicht der Fall.

Nach früherem Recht war von der Rechtsprechung aber angenommen worden, dass die Wohnungseigentümergemeinschaft die Befugnis zur Abnahme durch einen (unangefochtenen) Beschluss der Gemeinschaft an sich ziehen kann[1486], genauso wie dies auch in Bezug auf die Mängelrechte möglich ist. Nachdem die Rechtsprechung des BGH[1487] den Rahmen für Beschlussfassungen auf die gesetzlich geregelten und in der Gemeinschaftsordnung zugewiesenen Fälle beschränkt hat, besteht diese Möglichkeit nicht mehr[1488].

Allerdings hat der Gesetzgeber mit der WEG-Novelle 2007[1489] die Zuständigkeiten und Befugnisse der Wohnungseigentümergemeinschaft in § 10 Abs. 6 Satz 3 WEG erweitert. Nach § 10 Abs. 6 Satz 3 WEG übt die Gemeinschaft nicht nur die gemeinschaftsbezogenen Rechte der Wohnungseigentümer aus, sondern nimmt auch deren gemeinschaftsbezogene Pflichten wahr. Das könnte bedeuten, dass die Gemeinschaft möglicherweise dazu berechtigt ist, die an sich individuelle Verpflichtung zur Abnahme „an sich zu ziehen", um diese sodann für die Erwerber zu erfüllen. Voraussetzung wäre nach § 10 Abs. 6 Satz 3 WEG in seiner ersten Alternative, dass es sich bei der Abnahme um eine gemeinschaftsbezogene Verpflichtung handelt. Das ist aber fraglich. Die Abnahme bezieht sich insoweit zwar auf das Gemeinschaftseigentum als einen Gegenstand gemeinschaftlicher Verwaltung. Das dürfte aber für die Annahme einer gemeinschaftsbezogenen Pflicht allein nicht genügen (andernfalls würde auch der sich auf das Gemeinschaftseigentum beziehende Übereignungsanspruch der Erwerber einen

---

[1482] *Häublein*, DNotZ 2002, 608 (629); ebenso *Basty*, PiG 74 (2006), S. 49 (65); *ders.*, BTR 2006, 150 (157); *Vogel*, FS Merle (2010), S. 375 (378).

[1483] *Häublein*, DNotZ 2002, 608 (629); ebenso *Basty*, PiG 74 (2006), S. 49 (65); *ders.*, BTR 2006, 150 (157); *Vogel*, FS Merle (2010), S. 375 (378, 386).

[1484] *Bärmann/Pick/Merle*, 8. Aufl., § 1 Rdn. 153; *Deckert*, NJW 1975, 854; *ders.*, ZfBR 1980, 495; *ders.*, Baumängel, S. 95 ff.

[1485] *Weitnauer/Briesemeister*, nach § 8 WEG Rdn. 79; BayObLG v. 30. 4. 1999, NJW-RR 2000, 13 (15); BayObLG v. 4. 11. 1999, NJW-RR 2000, 379; BayObLG v. 20. 3. 2001, NZM 2001, 539.

[1486] BayObLG v. 30. 4. 1999, NJW-RR 2000, 13 (15); BayObLG v. 4. 11. 1999, NJW-RR 2000, 379; a. A. AG Hochheim v. 30. 12. 1985, NJW-RR 1986, 563; *Staudinger/Bub* (2005), § 21 WEG Rdn. 245.

[1487] BGH v. 20. 9. 2000, NJW 2000, 3500.

[1488] *Ott*, NZBau 2003, 233 (241).

[1489] Gesetz zur Änderung des Wohnungseigentumsgesetzes und anderer Gesetze v. 26. 3. 2007, BGBl. I S. 370 sowie die Änderung in Art. 5 des Gesetzes zur Vereinfachung des Insolvenzverfahrens v. 13. 4. 2007 BGBl. I S. 509; vgl. zur Gesetzesgeschichte *Pause/Vogel*, BauR 2007, 1298.

VI. Abnahme und Wohnungsübergabe

Gemeinschaftsbezug i. S. v. § 10 Abs. 6 Satz 3 WEG aufweisen). Der Gegenstand muss zusätzlich einen Bezug zur gemeinschaftlichen Verwaltung haben, hier naheliegender Weise zur Instandhaltung und Instandsetzung i. S. v. § 21 WEG (wie das etwa bei Ansprüchen wegen Mängeln am Gemeinschaftseigentum der Fall ist). Das trifft aber für die Abnahme nicht zu. Zweifellos bestehen zwischen der Abnahme und der Verfolgung von (gemeinschaftsbezogenen) Mängelansprüchen Zusammenhänge (z. B. Erfüllungswirkung, Beweislastumkehr, Gewährleistungsfrist). Diese Zusammenhänge sind aber nur mittelbar und berühren die Instandhaltung und Instandsetzung i. S. v. § 21 WEG nicht unmittelbar. Es darf auch nicht übersehen werden, dass es sich bei der Abnahme um eine Verpflichtung gegenüber dem Vertragspartner handelt (und nicht um das Recht, die Abnahme zu verweigern). Die Erfüllung der Abnahmeverpflichtung selbst mag sich zwar auf Mängelrechte auswirken, sie hat aber als Verpflichtung selbst keinen Bezug zur Instandsetzung und Instandhaltung des Gemeinschafseigentums, denn sie bezieht sich beispielsweise nicht auf eine vorangegangene (individuell veranlasste) Reparatur von Gemeinschaftseigentum. Andere Bezüge der Abnahme zur gemeinschaftlichen Verwaltung, die sie als gemeinschaftsbezogen erscheinen lassen könnte, sind kaum vorstellbar. Es ist deshalb davon auszugehen, dass die Abnahme keinen Gemeinschaftsbezug i. S. v. § 10 Abs. 6 Satz 3 WEG aufweist[1490].

§ 10 Abs. 6 Satz 3 WEG enthält in seiner zweiten Alternative außerdem eine Zuständigkeit für sonstige Rechte und Pflichten, soweit diese gemeinschaftlich geltend gemacht werden können oder zu erfüllen sind. Ob mit dieser Formulierung überhaupt ein über die 1. Alt. hinausgehender Anwendungsbereich eröffnet werden soll, ist schon zweifelhaft[1491]. Für die in Rede stehende Abnahmeverpflichtung kann sie schon deshalb nicht bemüht werden, weil es sich bei der Abnahme um keine nach dem Wortlaut des Gesetzes vorausgesetzte gemeinschaftliche, sondern eben nur um eine individuelle Verpflichtung der einzelnen Erwerber handelt.

Mangels Zuständigkeit wären etwaige **Beschlüsse** der Wohnungseigentümergemeinschaft, mit der sie die Abnahme des Gemeinschaftseigentums regeln will, nicht nur anfechtbar, sondern sogar nichtig.

d) Abnahme durch gemeinsamen Vertreter

Vor allem der Bauträger hat ein Interesse an der geordneten, gemeinsamen und **597** gleichzeitigen Abnahme des Gemeinschaftseigentums durch sämtliche Erwerber. Durch sie kann eine einheitliche Wirkung der Abnahme herbeigeführt werden, was vor allem mit Blick auf die Erfüllungswirkung und den Beginn der Verjährungsfrist von Bedeutung ist. Wird die Abnahme nicht gleichzeitig von sämtlichen Erwerbern erklärt, beginnt die Verjährungsfrist für jeden Erwerber zu einem unterschiedlichen Zeitpunkt mit der Folge, dass die Fristen ebenso unterschiedlich enden[1492].

Als zweckmäßige Gestaltung für eine gemeinsame Abnahme durch sämtliche Erwerber bietet sich im Grundsatz die Beauftragung eines gemeinsamen Vertreters an, der mit der Prüfung der Bauleistung und der Erklärung der Abnahme betraut wird. Mit der Abnahme beauftragt werden könnten zum Beispiel

---

[1490] *Basty*, Rdn. 1008; *Lotz*, BauR 2008, 740 (744 f.); *Kniffka/Vogel*, ibr-online-Kommentar (Stand: 16. 7. 2009), § 640 BGB, Rdn. 119; *Pause*, NZBau 2009, 425 (427); *Pause/Vogel*, BauR 2007, 1289 (1304); *Staudinger/Peters/Jacoby* (2008), § 640 BGB, Rdn. 22; *Vogel*, FS Merle (2010), S. 375 (382); auch *Glöckner* in Kleine-Möller/Merl, § 4, Rdn. 133; a. AG München v. 7. 7. 2010 – 482 C 287/10 (nicht rechtskräftig); *Bärmann/Wenzel*, § 10 WEG Rdn. 55; *v. Oefele*, PiG Bd. 59 (2010), S. 59 (69); auch BayObLG v. 30. 4. 1999, NJW-RR 2000, 13 (15).
[1491] *Riecke/Schmid/Elzer*, § 10 WEG Rdn. 431; vgl. aber *Palandt/Bassenge*, § 10 WEG Rdn. 30, der schon die Mängelansprüche den sonstigen Rechten zuordnet.
[1492] BGH v. 21. 2. 1985, NJW 1985, 1551 (1552).

B. Der Bauträgererwerb

– der erste Verwalter,
– ein Architekt bzw. ein Sachverständiger,
– der Verwalter zusammen mit einem Sachverständigen,
– der Verwaltungsbeirat oder ein Dritter.

598 Die im Grundsatz individuelle Abnahme beruht auf dispositivem Recht. Vertragliche Regelungen, die eine zeitgleiche Abnahme durch einen gemeinsamen Bevollmächtigten bezwecken, sind deshalb im Grundsatz möglich[1493]. Sie dürfen den Erwerber aber nicht entgegen den Geboten von Treu und Glauben unangemessen benachteiligen (§ 307 Abs. 1 BGB); sie müssen einer Inhaltskontrolle nach den §§ 305 ff. BGB stand-halten.

Für unwirksam wurde eine Regelung erklärt, nach der die Auswahl und **Beauftragung eines Sachverständigen durch den Bauträger** vorgesehen wurde, um auf seine Rechnung die Abnahme des Gemeinschaftseigentums als Vertreter der Erwerber durchzuführen[1494]. Hinter dieser Rechtsprechung steht die Überlegung, dass dem Erwerber die Auswahl und Beauftragung eines geeigneten, sachkundigen und vertrauenswürdigen Beauftragten für die Durchführung der Abnahme nicht aus der Hand genommen werden darf. Es besteht die Gefahr, dass der vom Bauträger beauftragte und vergütete Beauftragte nicht unabhängig ist und dadurch eine ordnungsgemäße Prüfung des Gemeinschaftseigentums im Interesse der Erwerber nicht gewährleistet ist. Eine solche Regelung benachteiligt den Erwerber unangemessen und ist deshalb nach § 307 BGB unwirksam. Sofern eine Abnahmeerklärung des auf diese Weise beauftragten Sachverständigen unwirksam ist, wird es unter Umständen auch nicht zu einer stillschweigenden Abnahme kommen, wenn wegen der von den Vertragsparteien für wirksam erachteten Abnahmeregelung eine Erklärung der Erwerber nicht abgegeben werden sollte, es also auch für eine stillschweigende Erklärung am erforderlichen Erklärungsbewusstsein fehlt[1495].

Bedenklich erscheinen deshalb auch Regelungen, nach denen der mit der Abnahme Beauftragte bereits im Erwerbsvertrag vertraglich bestimmt wird. Die **Festlegung des Abnahmebeauftragten im Vertrag** erfolgt zwar scheinbar nicht einseitig durch den Bauträger, sondern im Rahmen einer Vereinbarung. Da eine bestimmte Person einheitlich für sämtliche Erwerber bestimmt werden muss, kann die Auswahl bei Abschluss des Erwerbsvertrages nur durch den Bauträger geschehen. Folglich findet auch hier eine Willensbildung durch den Erwerber nicht statt. Entsprechende Regelungen werden deshalb im Ergebnis nicht anders zu beurteilen sein, wie die dem Bauträger vertraglich vorbehaltene Befugnis, den Sachverständigen nachträglich bestimmen zu dürfen. Sie werden deshalb in gleicher Weise § 307 BGB verletzen[1496].

Zweifelhaft sind auch Vertragsbestimmungen, nach denen die Abnahme von einem Sachverständigen durchgeführt werden soll, der von einem unabhängigen Dritten ausgewählt wird und über die Abnahme entscheiden soll. Die Auswahl eines geeigneten Sachverständigen könnte beispielsweise durch den Präsidenten der zuständigen IHK oder HWK erfolgen, um sodann auch vom Bauträger beauftragt und vergütet zu werden. Bedenken bestehen vor allem deshalb, weil derartige Vertragsbestimmungen die

---

[1493] OLG Nürnberg v. 12. 12. 2006, IBR 2009, 585 (*Vogel*); *Weitnauer/Briesemeister*, nach § 8 WEG Rdn. 79; *Kutter*, A II Rdn. 126.

[1494] OLG München v. 15. 12. 2008, BauR 2009, 1444 = IMR 2009, 1033 (*Vogel*); vgl. dazu *Sturmberg*, BauR 2010, 163 (167); *Häublein*, DNotZ 2002, 608 (616); *Werner/Pastor*, Rdn. 507; *Kleine-Möller/Merl*, § 14 Rdn. 222; vgl. auch LG Hamburg v. 11. 3. 2010, BauR 2010, 1953 = IBR 2010, 458 (*Karczewski*).

[1495] OLG München v. 15. 12. 2008, BauR 2009, 1444 = IMR 2009, 1033 (*Vogel*); vgl. dazu BGH v. 11. 6. 2010, NJW 2010, 2873, Rdn. 18.

[1496] *Basty*, Rdn. 1019; *Staudinger/Bub* (2005), § 21 WEG, Rdn. 245; *Riecke/Schmid/Vogel*, nach § 8 WEG Rdn. 29 a; a. A. *Riemenschneider* in Grziwotz/Koeble, 3. Teil, Rdn. 763.

VI. Abnahme und Wohnungsübergabe

Entscheidung über die Abnahmefähigkeit dem Urteil eines Dritten wie einem **Schiedsgutachter** unterstellen und dem Erwerber damit die Entscheidung über die Abnahme endgültig aus der Hand nehmen[1497]. Ob die mit der Abnahme zu betrauende Person ohne zusätzliche Regelungen in der Gemeinschaftsordnung durch den ersten Verwalter ausgewählt und beauftragt werden kann[1498], ist wegen der insoweit fehlenden Zuständigkeit des Verwalters bedenklich.

Eine gemeinsame Abnahme oder eine Abnahme durch einen gemeinsamen Vertreter setzt aber keineswegs eine **einheitliche Baubeschreibung** für das gesamte Gemeinschaftseigentum voraus[1499]. Abweichungen in der tatsächlichen Bauausführung von divergierenden Baubeschreibungen stellen sich als Mangel im Verhältnis zu dem Erwerber dar, dem gegenüber die Vorgaben seiner Baubeschreibung nicht eingehalten werden; die Abweichungen sind auch bei einer Abnahme durch einen gemeinsamen Vertreter entweder als Mangel vorzubehalten oder Anlass für eine Abnahmeweigerung wenigstens für den bzw. die betroffenen Erwerber[1500]. Dass der Bauträger möglicherweise in Bezug auf das Gemeinschaftseigentum für verschiedene Erwerber unterschiedliche Baubeschreibungen verwendet, steht einer gemeinsamen Abnahme ebenso wenig wie einer Abnahme durch einen gemeinschaftlichen Vertreter entgegen.

e) Bestimmung eines gemeinsamen Vertreters durch die Wohnungseigentümergemeinschaft

aa) Vertragliche Pflicht zur Bestellung eines Vertreters. Eine vertragliche Gestaltung, die **599** eine gemeinsame Abnahme durch sämtliche Erwerber vorsieht, muss eine ausreichende Einflussnahmemöglichkeit des Erwerbers auf die Entscheidung über die Abnahme, also auch auf die Auswahl des für die Abnahme zu bestimmenden Beauftragten gewährleisten. Ist diese Voraussetzung erfüllt, dürfte eine vertragliche Gestaltung, die eine Abnahme des Gemeinschaftseigentums durch einen gemeinsamen Vertreter vorsieht, nicht zu beanstanden sein[1501]. In der vertraglich begründeten Pflicht, gemeinsam mit den anderen Erwerbern aufgrund eines gemeinsamen und gerichtlich überprüfbaren Willensbildungsprozesses einen Abnahmevertreter zu bestimmen, ist im Grundsatz keine unangemessene Benachteiligung i. S. v. § 307 Abs. 1 BGB des einzelnen Erwerbers zu sehen. Die vertragliche Gestaltung muss klar und verständlich, also transparent i. S. v. § 307 Abs. 1 Satz 2 BGB sein. Bei der Beurteilung der Angemessenheit der Gestaltung ist zu berücksichtigen, dass die Abnahme durch einen gemeinsamen Beauftragten auch im Interesse der Erwerber liegt. Auf diese Weise wird eine sachkundige Beratung der Erwerber und deren Begleitung bei der Abnahme gewährleistet. Es ist nicht anzunehmen, dass die einzelnen Erwerber im Falle einer individuellen Abnahme des Gemeinschaftseigentums jeweils einen Sachverständigen zu Rate ziehen würden.

bb) Bestellung des Vertreters durch die Wohnungseigentümergemeinschaft. Der Erwerbsvertrag **600** kann vorsehen, dass jeder Erwerber gemeinschaftlich mit den anderen Erwerbern – vermittelt durch die Wohnungseigentümergemeinschaft – einen **gemeinsamen Beauftragten** bestellt. Zur Sicherstellung der Beauftragung eines gemeinsamen Abnahmevertreters werden die Bedingungen im Erwerbsvertrag festgelegt. Die Abnahmemodalitäten müssen im Erwerbsvertrag geregelt werden, da es sich um eine vertragliche Verpflichtung gegenüber dem Bauträger handelt und entsprechende Vorschriften allein in der Gemeinschaftsordnung als sachfremd und überraschend i. S. v. § 305 c

---

[1497] *Basty*, Rdn. 1021, 1142 f.; vgl. BGH v. 10. 10. 1991, NJW 1992, 433 zum Fertighausvertrag.
[1498] So aber *Kutter*, A II Rdn. 126.
[1499] So aber *Basty*, Rdn. 1007; *ders.*, BTR 2006, 150 (151); vgl. auch *Vogel*, FS Merle (2010), S. 375 (378).
[1500] *Bärmann/Wenzel*, § 10 WEG Rdn. 59 f., insbesondere auch zu Abweichungen von der Baubeschreibung infolge von Sonderwünschen.
[1501] *Eue*, I. 31 Anm. 32 (5); *Kutter*, A II Rdn. 126.

B. Der Bauträgererwerb

Abs. 1 BGB zu werten wären; der Erwerber muss nicht damit rechnen, dass die Gemeinschaftsordnung den Bauträgervertrag ergänzende schuldrechtliche Vorschriften enthält[1502].

Danach beauftragt und bevollmächtigt der Erwerber die **Wohnungseigentümergemeinschaft,** ihrerseits einen Dritten mit der Durchführung und Erklärung der Abnahme zu beauftragen. Über die Person des Beauftragten wird in der ersten Eigentümerversammlung beraten und beschlossen[1503]. Die Wohnungseigentümergemeinschaft entscheidet dabei lediglich über den Beauftragten im Rahmen der vertraglichen Vorgaben, nicht aber über die Abnahme selbst (vgl. Rdn. 607). Infolge der parallel in der Gemeinschaftsordnung zu schaffenden Zuständigkeit der Gemeinschaft für die entsprechenden Beschlussfassungen kann die Beratung und Beschlussfassung innerhalb und nicht nur anlässlich[1504] der Eigentümerversammlung erfolgen. Sofern der Bauträger noch Miteigentümer ist, ist er nach § 25 Abs. 5 WEG mit seinem Stimmrecht ausgeschlossen.

Zum Schutz der Erwerber soll schon im Vertrag bestimmt werden, dass nur qualifizierte Personen mit der Abnahme beauftragt werden. In Betracht kommen der erste **Verwalter gemeinsam** mit einem **Sachverständigen**[1505]. Dabei wird der Sachverständige mit der technischen Begutachtung des Gemeinschaftseigentums und der Verwalter mit der rechtsgeschäftlichen Abnahme aufgrund der Begutachtung beauftragt. Statt des Verwalters könnte ein Rechtsanwalt mit den rechtsgeschäftlichen Erklärungen beauftragt werden[1506]. Sofern allein ein Sachverständiger die Abnahme als Beauftragter durchführen soll, muss durch die Formulierung des Auftrages deutlich gemacht werden, dass sich der Auftrag nicht nur auf die Erstellung eines Gutachtens, sondern auch auf die Erklärung der Abnahme bezieht[1507]. Die Qualifikation des Sachverständigen kann dadurch sicher gestellt werden, dass es sich um einen öffentlich bestellten und vereidigten Sachverständigen oder einen Sachverständigen einer anerkannten Prüforganisation (TÜV, Dekra) handeln muss.

Die Beschlussfassung über die Bestimmung und die Beauftragung des Bevollmächtigten erfolgt in einer ersten Eigentümerversammlung. Soweit die Wohnungseigentümergemeinschaft zum Zeitpunkt der Fertigstellung noch nicht entstanden ist, was regelmäßig der Fall sein wird, beschließt die **werdende Wohnungseigentümergemeinschaft** (vgl. Rdn. 619). Da die werdende Gemeinschaft mit Übergabe der Wohnungen entsteht (vgl. Rdn. 620), kann zeitnah nach der Wohnungsübergabe eine erste Versammlung durchgeführt und sodann das Gemeinschaftseigentum abgenommen werden. Dass dies nicht vor oder bei Wohnungsübergabe sein wird, macht diese Gestaltung nicht uninteressant[1508], da vor Entstehung der werdenden Gemeinschaft die Durchführung der Abnahme mittels Beauftragung eines gemeinsamen Vertreters überhaupt nicht zu bewerkstelligen sein wird.

Der Beschluss ist – wie jeder andere von der Gemeinschaft gefasste Beschluss auch – einer gerichtlichen Überprüfung zugänglich.

601 *cc) Auftrag und Vollmacht.* Auftraggeber des bzw. der Abnahmebeauftragten können je nach Gestaltung die Erwerber oder die Wohnungseigentümergemeinschaft sein[1509].

[1502] *Basty,* Rdn. 1011; *Riemenschneider* in Grziwotz/Koeble, 3. Teil, Rdn. 758.
[1503] Ähnlich *Eue,* I. 31 Anm. 32 (5); *Mäule,* WE 1985, 3; *Riecke/Schmid/Vogel,* nach § 8 WEG, Rdn. 29 a; *Riemenschneider* in Grziwotz/Koeble, 3. Teil, Rdn. 763.
[1504] So aber *Basty,* Rdn. 1020.
[1505] *Eue,* I. 31 Anm. 32 (5); ähnlich *Blank,* Rdn. 329.
[1506] *Riemenschneider* in Grziwotz/Koeble, 3. Teil, Rdn. 762, 767.
[1507] *Riemenschneider* in Grziwotz/Koeble, 3. Teil, Rdn. 759.
[1508] Anders *Vogel,* FS Merle (2010), S. 375 (378).
[1509] Eingehend zum Kausalgeschäft *Häublein,* DNotZ 2002, 608 (616).

VI. Abnahme und Wohnungsübergabe

Der **Inhalt des zu erteilenden Auftrages** muss umrissen werden. Der Beauftragte hat das Gemeinschaftseigentum einer Sichtüberprüfung zu unterziehen und die Bauausführung auf ihre Übereinstimmung mit der Baubeschreibung, den Vertragsplänen und den anerkannten Regeln der Technik zu überprüfen. Er hat insbesondere festzustellen, ob wesentliche Mängel vorliegen. Sofern der Beauftragte wesentliche Mängel feststellt, muss er die Abnahme verweigern. Er hat dabei die Sorgfalt eines gewissenhaften Sachverständigen anzuwenden und haftet für etwaige Pflichtverletzungen bei der Abnahme. Solange keine konkreten Anzeichen für Mängel bestehen, genügt für die Abnahme eine Sichtprüfung; darüber hinausgehende zerstörende Untersuchungen (Substanzeingriffe, Bauteilöffnungen) sind im allgemeinen nicht erforderlich[1510].

Dem Beauftragten ist außerdem **Vollmacht** zur Erklärung der Abnahme zu erteilen. Die Vollmacht kann entweder der Wohnungseigentümergemeinschaft oder unmittelbar dem zukünftig erst noch zu benennenden Beauftragten erteilt werden[1511]. Im ersten Fall ist der Gemeinschaft die Befugnis zur Erteilung einer Untervollmacht einzuräumen. Die Vollmacht kann dem mit der Prüfung zu beauftragenden Sachverständigen oder dem neben ihm zu beauftragenden Wohnungseigentumsverwalter erteilt werden. Eine unwiderrufliche Vollmacht ist unwirksam[1512]. Sie würde auf eine verdrängende Vollmacht hinauslaufen, also auf eine endgültige Aufgabe der Befugnis, die Abnahme selbst erklären bzw. verweigern zu können[1513]. Dem Erwerber muss also die Befugnis zum Widerruf der erteilten Vollmacht verbleiben[1514]. Ein berechtigtes Interesse des Bauträgers an einer zügigen und geordneten Abnahme, das die Unwiderruflichkeit der Vollmacht rechtfertigen könnte, ist nicht anzunehmen[1515]. Die Transparenz der Gestaltung dürfte einen Hinweis darauf, dass die Vollmacht bis zur Erklärung der Abnahme widerruflich ist, erfordern. Unabhängig von der Beauftragung eines gemeinsamen Vertreters bleibt jeder Erwerber berechtigt, an der Abnahme persönlich teilzunehmen[1516]. Es muss also gewährleistet sein, dass die Erwerber über die Abnahmebegehung informiert werden. Ebenso kann der Erwerbsvertrag vorsehen, dass jeder Erwerber zur Abnahmebegehung einzuladen ist. Dadurch würde dem Erwerber die Möglichkeit eröffnet, abweichend vom Urteil des Sachverständigen die Abnahme zu verweigern oder zu erklären.

dd) Korrespondierende Regelung in der Gemeinschaftsordnung. Neben den vertraglichen **602** Bestimmungen im Erwerbsvertrag müssen in der **Gemeinschaftsordnung** Regelungen über die Mitwirkung der Wohnungseigentümergemeinschaft an der Abnahme aufgenommen werden, um der Wohnungseigentümergemeinschaft überhaupt eine Befugnis und Zuständigkeit für die Beauftragung eines Abnahmebevollmächtigten zu verschaffen (siehe oben Rdn. 600). Eine Regelung, die die Beschlussfassung über die Beauftragung eines Vertreters der Erwerber zur Abnahme des Gemeinschaftseigentums enthält, dürfte zulässig und wirksam sein[1517]. Regelungen in der Gemeinschaftsordnung, die den gesetzlichen Aufgabenkreis der Wohnungseigentümergemeinschaft erweitern, sind nicht von vornherein unwirksam. Sie müssen aber einer Inhaltskontrolle

---

[1510] OLG Celle v. 4. 7. 2007, BauR 2008, 1925.
[1511] *Häublein*, DNotZ 2002, 608 (619)
[1512] *Basty*, Rdn. 1014 f.
[1513] *Basty*, Rdn. 1013.
[1514] OLG Koblenz v. 17. 10. 2002, BauR 2003, 546 (548) = ZflR 2002, 897 = IBR 2002, 25.
[1515] Anders aber noch die vorangegangene Auflage, Rdn. 601.
[1516] *v. Oefele*, PiG Bd. 59 (2010), S. 59 (68).
[1517] Vgl. *Häublein*, DNotZ 2002, 608 (614); *Hügel*, ZMR 2008, 855, 857; *Niedenführ/Kümmel/Vandenhouten*, Anh. § 21 WEG Rdn. 80; *v. Oefele*, PiG Bd. 59 (2010), S. 59 (70); *Vogel*, FS Merle (2010), S. 375 (384 f.); a. A. *Basty*, Rdn. 1007; *Blank*, Rdn. 325; *Ott*, NZBau 2003, 233 (241); wohl auch *Riecke/Schmid/Vogel*, nach § 8 WEG, Rdn. 29.

B. Der Bauträgererwerb

standhalten. Die Gemeinschaftsordnung unterliegt zwar nicht der Anwendung der §§ 305 ff. BGB, aber einem inhaltsgleichen Prüfungsmaßstab nach § 242 BGB. Darin, dass die Erwerber die Abnahme durch einen gemeinsamen Vertreter durchführen sollen, liegt aber auch im Zusammenhang mit der Gemeinschaftsordnung keine unangemessene Benachteiligung des Erwerbers. Die Interessen des Erwerbers sind bei dieser Gestaltung gewahrt, weil eine sachkundige Beratung des Erwerbers auf diesem Weg überhaupt erst ermöglicht wird und er die von ihm erteilte Vollmacht widerrufen kann.

Die Gestaltung dieser Abnahmeregelung ausschließlich in der Gemeinschaftsordnung wäre aber bedenklich, weil es sich bei ihr zunächst um eine vertragliche Gestaltung der Abnahmemodalitäten handelt, deren alleinige Regelung in der Gemeinschaftsordnung überraschend wäre. Dies umso mehr, als die Gemeinschaftsordnung regelmäßig nur durch eine Bezugnahme nach § 13 a BeurkG zum Vertragsinhalt wird[1518]. Die Regelungen in der Gemeinschaftsordnung begründen lediglich die Zuständigkeit der Wohnungseigentümergemeinschaft; die Grundlage für die gemeinsame Abnahme durch einen Abnahmebevollmächtigten ist dagegen im Erwerbsvertrag zu schaffen.

603 *ee) Wohnungseigentumsverwalter als Beauftragter.* Eine Vertragsbestimmung, nach der die Abnahme *allein* vom ersten **Wohnungseigentumsverwalter** erklärt werden soll, muss Bedenken begegnen[1519]. Die Wahrnehmung der Interessen des Erwerbers bei der Abnahme ist eine überwiegend technische Aufgabe. Bei der Abnahme muss die Abnahmefähigkeit des Bauwerks beurteilt werden. Der Beauftragte muss feststellen, ob Mängel bestehen und welche Qualität sie haben. Es ist anzunehmen, dass der üblicherweise kaufmännisch qualifizierte Verwalter die dafür erforderlichen technischen Kenntnisse nicht besitzt. Die ausschließliche Beauftragung des Verwalters als Vertreter der Erwerber birgt deshalb die Gefahr, dass eine sachkundige Vertretung der Erwerber bei der Abnahme nicht gewährleistet ist, obwohl einer der Hauptgründe, der aus der Sicht des Erwerbers für eine gemeinsame Abnahme spricht, die Sachkunde des gemeinsamen Beauftragten ist (siehe oben Rdn. 603). Die ausschließliche Beauftragung des Verwalters kann deshalb als eine unangemessene Benachteiligung des Erwerbers i. S. v. § 307 Abs. 1 BGB gewertet werden. Die Beauftragung des Verwalters kann nur dann als angemessene Lösung angesehen werden, wenn neben ihm ein Sachverständiger hinzugezogen werden wird. Sein Auftrag beschränkt sich dann auf die rechtsgeschäftliche Erklärung der Abnahme auf der Grundlage der gutachterlichen Feststellungen des zusätzlich beauftragten Sachverständigen.

Die Abnahme des Gemeinschaftseigentums gehört nicht zu den gesetzlichen Aufgaben des Verwalters. Sofern der erste Verwalter an der Abnahme des Gemeinschaftseigentums mitwirken soll, ist ihm diese Aufgabe entweder in der Gemeinschaftsordnung[1520] oder im Verwaltervertrag besonders zuzuweisen. Ohne eine solche Regelung wäre der Verwalter zur Mitwirkung an der Abnahme nicht verpflichtet. Aufgrund des dem Verwalter erteilten Auftrages ist er zur Wahrnehmung der Interessen der Erwerber verpflichtet. Bei Verletzung dieser Pflicht macht er sich schadensersatzpflichtig.

Unwirksam ist die Bevollmächtigung eines sog. **Bauträgerverwalters,** also eines Verwalters, der mit dem Bauträger identisch ist (der Bauträger darf sich aus wohnungseigentumsrechtlicher Sicht durchaus zum ersten Verwalter bestellen) oder bei dem es sich um ein mit ihm (gesellschaftsrechtlich) verbundenes Unternehmen handelt[1521].

[1518] *Riecke/Schmid/Vogel,* nach § 8 WEG, Rdn. 29.
[1519] A. A. *Blank,* Rdn. 325.
[1520] *Basty,* Rdn. 1018; a. A. *Ott,* NZBau 2003, 233 (241), da dies keine Regelung zwischen den Eigentümern i. S. d. § 10 Abs. 1 WEG sei.
[1521] *Staudinger/Bub* (2005), § 21 WEG, Rdn. 245; *Riecke/Schmid/Vogel,* nach § 8 WEG, Rdn. 29a; vgl. OLG Hamm v. 8. 4. 2004, NJW-RR 2004, 1382, zur Abberufung des Bauträgerverwalters aus wichtigem

VI. Abnahme und Wohnungsübergabe

Für den mit dem Bauträger verflochtenen oder von ihm abhängigen Verwalter gilt nichts anderes, weil die Abnahme ein rechtlich und wirtschaftlich unabhängiges Gegenüber des Bauträgers voraussetzt, woran es in allen Fällen von Interessenkollisionen fehlt. Aus diesen Gründen ist auch die Beauftragung eines durch den Bauträger schon bei der Errichtung der Teilungserklärung bestellten Verwalters bedenklich[1522]. Zum Teil wird vertreten, dass in diesen Fällen nicht die Vollmacht unwirksam ist, sondern die vom Vertreter erklärte Abnahme, sofern diese wegen der wirtschaftlichen Verflechtung nicht gewissenhaft durchgeführt wurde[1523].

Eine Abnahme durch den Bauträger selbst verstößt gegen § 181 BGB, eine Befreiung von § 181 BGB würde § 307 BGB verletzen[1524].

ff) Kosten der Abnahme. Mit der Regelung über die Abnahme sollte zugleich festgelegt werden, wer die **Kosten** trägt. Eine hälftige Kostenteilung zwischen Bauträger und den Erwerbern ist sachgerecht. Zwar ist die Abnahme eine Hauptpflicht der Erwerber (das spräche für eine Übernahme der Kosten durch die Erwerber); an der gemeinsamen Abnahme durch einen Sachverständigen hat der Bauträger aber ein mindestens gleich großes Interesse, weshalb eine entsprechende Abnahmeregelung ja auch von ihm initiiert wird. Mangels Vereinbarung soll der Bauträger die Kosten als Bestandteil des Festpreises zu tragen haben[1525]. **604**

gg) Verstoß gegen das Rechtsdienstleistungsgesetz (RDG)? Die Rechtsprechung des BGH zur Nichtigkeit von Geschäftsbesorgungsverträgen in Baumodellen nach den Bestimmungen des früheren RBerG[1526] gibt Anlass zu der Frage, ob die Tätigkeit des mit der Abnahme beauftragten Verwalters bzw. Sachverständigen nicht eine **unzulässige Rechtsdienstleistung** i. S. d. Rechtsdienstleistungsgesetzes (RDG) darstellt[1527]. Für die Treuhänderaufgaben im Rahmen der Baumodelle hat der BGH entschieden, dass es sich bei ihnen überwiegend um rechtsbesorgende Leistungen handelt; in Ermangelung einer Erlaubnis nach den Bestimmungen des außer Kraft getretenen RBerG ist der Treuhandvertrag nach § 134 BGB nichtig. **605**

Der Beauftragung eines Sachverständigen (Architekten) bzw. Verwalters mit der Abnahme des Gemeinschaftseigentums stehen die Bestimmungen des RDG nicht entgegen[1528]. Dem Verwalter ist die Mitwirkung an der Abnahme bereits nach § 5 Abs. 2 RDG gestattet.

Nach § 5 Abs. 1 RDG sind auch anderen Berufszweigen Rechtsdienstleistungen gestattet, wenn sie als Nebenleistung zum Berufs- und Tätigkeitsbild gehören. Das trifft für den Sachverständigen zu, sofern er als Beauftragter mit der Durchführung der Abnahme und sodann auch der Abgabe der Abnahmeerklärung beauftragt wird. Die Abgabe der Abnahmeerklärung stellt sich als eine untergeordnete Nebentätigkeit dar. Der Schwerpunkt der Tätigkeit bei der Abnahme besteht in der technischen Beurtei-

---

Grund wegen konkreter Interessenkollisionen bei der Abnahme; sogar die Bestellung des Bauträgers zum Verwalter kann wegen Interessenkollisionen gegen die Grundsätze ordnungsgemäßer Verwaltung verstoßen und bei entsprechender Anfechtung aufgehoben werden, BayObLG v. 27. 6. 1996 – 2 ZBR 46/96.
[1522] *Riemenschneider* in Grziwotz/Koeble, 3. Teil, Rdn. 762.
[1523] *Häublein*, DNotZ 2002, 608 (628); zustimmend *Basty*, Rdn. 1018.
[1524] Vgl. *Bühl*, BauR 1984, 237 (241); *Koeble*, Rechtshandbuch Immobilien, Kap. 18 Rdn. 18; *Reithmann/Meichssner/v. Heymann*, B Rdn. 30.
[1525] *Basty*, Rdn. 1022.
[1526] Dazu BGH v. 28. 9. 2000, NJW 2001, 70; BGH v. 18. 9. 2001, NJW 2001, 3774; BGH v. 11. 10. 2001, NJW 2002, 66; BGH v. 14. 5. 2002, NJW 2002, 2325; BGH v. 16. 12. 2002, NJW 2003, 1252; BGH v. 26. 3. 2003, NJW 2003, 1594.
[1527] *Basty*, BTR 2002, 12 (13 f.); *ders.*, Rdn. 1025 f.
[1528] *Blank*, Rdn. 325; *Eue*, I. 31 Anm. 32 (5); *Riecke/Schmid/Vogel*, nach § 8 WEG, Rdn. 29 a; vgl. BGH v. 7. 12. 2006, NJW 2007, 842 = BauR 2007, 576 zur fachtechnischen Überprüfung von Architektenleistungen (noch zum RBerG); OLG Düsseldorf v. 20. 9. 2005, NZBau 2006, 517; a. A. *Basty*, BTR 2002, 12 (13 f.); *ders.*, 1027 f.; wohl auch *Riemenschneider* in Grziwotz/Koeble, 3. Teil, Rdn. 760.

lung der erbrachten Leistung. Die Bauleistung ist vor allem auf ihre – technische – Übereinstimmung mit der Baubeschreibung, den Vertragsplänen und den anerkannten Regel der Technik zu überprüfen. Die Erklärung der Abnahme setzt keine wesentlichen rechtlichen Leistungen voraus. Bei der Entscheidung darüber, ob die Leistung abnahmereif und frei von wesentlichen Mängeln ist, handelt es sich um eine überwiegend technische Beurteilung. Dafür, dass die Vertretung des Erwerbers durch einen Sachverständigen nicht als unzulässige Rechtsdienstleistung zu werten ist, spricht auch, dass der Gesetzgeber einen vergleichbaren Sachverhalt, nämlich die Erstellung einer Fertigstellungsbescheinigung nach den Vorschriften des früheren § 641a BGB durch einen Gutachter offenbar für erlaubnisfrei hielt; auch hier muss das Werk zur Herbeiführung der Abnahme daraufhin überprüft werden, ob es vollendet und frei von Sach- und Rechtsmängeln ist[1529].

606 *hh) Beauftragung des Verwaltungsbeirats.* Die Bestimmung des erst später noch zu wählenden **Verwaltungsbeirats** als gemeinsamen Vertreter sämtlicher Erwerber erscheint bedenklich[1530]. Gegen eine solche Regelung spricht bereits, dass die Wahl eines Verwaltungsbeirats von § 29 WEG nicht zwingend vorgesehen ist, also durchaus unterbleiben kann. Zum anderen entspricht die Abnahme des Gemeinschaftseigentums nicht dem gesetzlichen Tätigkeitsfeld des Verwaltungsbeirats, wenngleich die in § 29 WEG vorgesehenen Aufgaben erweitert werden können. Vor allem werden Beiräte, die ja ehrenamtlich tätig sind, durch eine derartige Bestimmung in eine Rolle gedrängt, die mit der Bedeutung des Amts nicht in Übereinstimmung zu bringen ist und im Ergebnis dazu führen kann, dass sich kein Beirat zur Wahl stellt[1531]. Ähnliches gilt für einen in der ersten Eigentümerversammlung zu wählenden **Abnahmeausschuss**. Sinnvoll kann es aber sein, wenn der mit der Abnahme beauftragte Verwalter und Sachverständige den Verwaltungsbeirat zur Abnahme hinzuzieht bzw. aufgrund einer entsprechenden Bestimmung im Erwerbsvertrag und in der Gemeinschaftsordnung hinzuziehen soll.

607 *ii) Entscheidung über die Abnahme durch die Wohnungseigentümergemeinschaft?* Denkbar wäre auch, dass der **Wohnungseigentümergemeinschaft** durch entsprechende Regelungen in der Gemeinschaftsordnung weitergehende Kompetenzen in Bezug auf die Abnahme eingeräumt werden. Sie könnte aufgrund einer entsprechenden Vereinbarung in der Gemeinschaftsordnung zur Entscheidung über die Erklärung bzw. die Verweigerung der Abnahme berufen sein[1532]. Das würde in der Konsequenz bedeuten, dass die Gemeinschaft nicht nur über die Auswahl und Beauftragung der mit der Abnahme zu beauftragenden Person beschließt, sondern auch darüber, ob abgenommen wird. Es ist aber zweifelhaft, ob die Entscheidung über die Abnahmefähigkeit zulässigerweise in das pflichtgemäße Ermessen der Gemeinschaft gestellt werden kann. Entsprechende Beschlüsse der Gemeinschaft wären zwar gerichtlich überprüfbar, würden aber eine Verschlechterung der Position des Erwerbers insofern bedeuten, als er dann, wenn er die Abnahmefähigkeit für nicht gegeben hält, nicht einfach – wie im Falle der Beauftragung eines Abnahmebevollmächtigten durch den Widerruf der Vollmacht – mittels einer einfachen Erklärung die Abnahme verhindern könnte.

[1529] Vgl. zur (zulässigen) Geltendmachung von Ansprüchen durch den Verwalter für die Gemeinschaft BayObLG v. 8.5.1991, BayObLGZ 1991, 165 (168) = NJW-RR 1992, 81; BGH v. 6.5.1993, NJW 1993, 1924 auch dazu, dass sich der Verwalter eine an der BRAGO orientierte Sondervergütung bewilligen lassen darf.

[1530] Vgl. auch *Basty*, Rdn. 1023; a.A *Sturmberg*, BauR 2010, 163 (167).

[1531] Vgl. *Mäule*, WE 1985, 3; a. A. *Deckert*, ETW 6/43.

[1532] *Staudinger/Bub* (2005), § 21 WEG Rdn. 245; vgl. aber *Bärmann/Wenzel*, § 10 WEG Rdn. 61, der die Beschlussfassung schon infolge einer generellen Zuständigkeit der Gemeinschaft für zulässig hält.

VI. Abnahme und Wohnungsübergabe

Ob allerdings spätere Erwerber an eine Beschlussfassung nach § 10 Abs. 5 WEG gebunden wären, ist zweifelhaft[1533].

f) Nachzüglererwerber

Durch die gemeinschaftliche (förmliche) Abnahme des Gemeinschaftseigentums wird **608** die **Verjährungsfrist** für Mängel am gemeinschaftlichen Eigentum nur im Idealfall für sämtliche Erwerber einheitlich in Lauf gesetzt. Der einheitliche Beginn der Verjährungsfrist für sämtliche Erwerber setzt nämlich voraus, dass zum Zeitpunkt der gemeinschaftlichen Abnahme die gesamten Wohnungen veräußert sind und sämtliche Erwerber infolge gleich lautender Vertragsbestimmungen bei der Abnahme vertreten sind. Wurden einzelne Wohnungen erst nach der bereits durchgeführten Abnahme veräußert, entfaltet diese Abnahme gegenüber den späteren Erwerbern keine Wirkung. Grundsätzlich beginnt die Verjährungsfrist wegen Mängeln deshalb für Nachzüglererwerber erst mit der Abnahme des Gemeinschaftseigentums durch diese Nacherwerber[1534].

Aus der Sicht des Bauträgers wird diese Situation als unbefriedigend empfunden, kann doch eine Veräußerung, die ein oder zwei Jahre nach der gemeinschaftlichen Abnahme stattfindet und nun eine neuerliche Abnahme des Gemeinschaftseigentums durch diesen Nachzüglererwerber nach sich zieht, dazu führen, dass der Nachzügler vom Tag seiner Abnahme an wiederum fünf Jahre lang Mängelansprüche in Bezug auf das gesamte Gemeinschaftseigentum geltend machen kann. Macht der Nachzügler etwa am Ende der für ihn laufenden Verjährungsfrist seinen Nacherfüllungsanspruch geltend, kommen auch die anderen Erwerber in den Genuss einer unangemessen langen Verjährungsfrist, während der Bauträger für Mängel am Gemeinschaftseigentum weit länger als fünf Jahre haftet[1535].

In der notariellen Praxis wird deshalb häufig eine **Fristenangleichung** vorgeschlagen, sei dies durch einen Verweis auf das Datum der bereits zuvor erfolgten (gemein- **609** samen) Abnahme durch die anderen Erwerber für den Verjährungsbeginn oder die Festlegung des Endes der Verjährungsfrist, wie es sich für die anderen Erwerber aus der gemeinschaftlichen Abnahme ergibt[1536]. Es ist allerdings fraglich, ob eine Fristenangleichung in der einen oder anderen Form zulässig ist.

Ohne besondere Regelungen muss der spätere Erwerber die zu einem früheren Zeitpunkt erklärte Abnahmen nicht gegen sich gelten lassen[1537]. Aus diesem Grund sind auch von der Wohnungseigentümergemeinschaft möglicherweise hierzu gefasste Beschlüsse für das Rechtsverhältnis des Nachzüglers gegenüber dem Bauträger nicht verbindlich[1538]. Der einfache vertragliche **Verweis auf die bereits vorangegangene Abnahme** des Gemeinschaftseigentums ist ebenfalls bedenklich, und zwar in doppelter Hinsicht: Zum einen stellt sich die Frage, ob eine bereits erklärte Abnahme, an der der Nachzügler nicht beteiligt war und bei der für ihn keine Erklärungen abgegeben wurden, diesem ohne Besitzübergabe und ohne Prüfung des Vertragsgegenstandes wirksam zugerechnet werden kann[1539]; zum anderen wird in solchen Regelungen auch

---

[1533] *Staudinger/Bub* (2005), § 21 WEG Rdn. 245; anders aber *Bärmann/Wenzel*, § 10 WEG Rdn. 61.
[1534] BGH v. 21. 2. 1985, NJW 1985, 1551 (1552).
[1535] Vgl. dazu *Brambring*, NJW 1987, 97 (102) m. w. N.
[1536] Vgl. *Brambring*, NJW 1987, 97 (102f.); *Jagenburg*, NJW 1992, 282 (290); *ders.*, NJW 1983, 2687; *Schmidt*, Münchener Vertragshandbuch, I. 31 Anm. 30 (4); *Kanzleiter*, DNotZ 1987, 651 (667); *Basty*, Rdn. 718f.; *Schulze-Hagen*, BauR 1992, 320 (328); *Pause*, NJW 1993, 553 (556); *Reithmann/Meichssner/v. Heymann*, B Rdn. 34f.; *Scheuvens*, MittRheinNot 1985, 87; *Staudinger/Bub*, § 21 WEG Rdn. 238.
[1537] *Kniffka*, ibr-online-Kommentar (Stand: 26. 5. 2009), § 631 BGB, Rdn. 115.
[1538] *Staudinger/Bub* (2005), § 21 WEG Rdn. 245; a. A. *Bärmann/Wenzel*, § 10 WEG Rdn. 61.
[1539] LG Hamburg v. 11. 3. 2010, IBR 2010, 458 *(Karczewski); Basty*, Rdn. 1034; *Riemenschneider* in Grziwotz/Koeble, 3. Teil, Rdn. 770; vgl. auch OLG Schleswig v. 8. 6. 2009, IBR 2009, 655.

eine unzulässige Abnahmefiktion gesehen[1540]. Vor allem wird durch die Bezugnahme auf die vorangegangene Abnahme nicht deutlich, dass dadurch die Verjährungsfrist abgekürzt wird. Selbst wenn eine Abkürzung zulässig wäre (Rdn. 610), würde eine Regelung als überraschend im Sinne von § 305c Abs. 1 BGB zu werten sein, wenn sie durch die Bezugnahme auf ein zurückliegendes Abnahmedatum zugleich eine Abkürzung der gesetzlichen Verjährungsfrist bewirkt, ohne dies hinreichend deutlich zu machen.

610 Bei der Fristenangleichung handelt es sich der Sache nach um eine Einschränkung der Mängelhaftung, nämlich um die **Abkürzung der gesetzlichen Verjährungsfrist** des § 634a BGB für Mängelansprüche. Eine Abküzug der Gewährleistungsfrist würde einer Inhaltskontrolle nach § 309 Nr. 8bff BGB nur dann standhalten, wenn insoweit kein Werkvertragsrecht anzuwenden und es sich um keine neue Sache handeln würde[1541]. Nach der Rechtsprechung des BGH wird auf Wohnungen und Häuser aber auch nach einer längeren Zeit des Leerstands noch Werkvertragsrecht angewendet[1542] (im Einzelnen unten Rdn. 627f.). Danach würde eine Abkürzung der Gewährleistungsfrist bei Veräußerungen in einem Zeitraum von bis zu zwei Jahren nach Fertigstellung der Wohnanlage gegen § 309 Nr. 8bff BGB verstoßen. Sofern eine einheitliche Anwendung von Werkvertragsrecht auf das gesamte Bauwerk angenommen wird, verbietet sich die Abkürzung der Verjährungsfrist. Allerdings hatte die vorliegende Rechtsprechung bislang keinen Anlass, bei (ursprünglich) neu errichteten Wohnanlagen zwischen schon benutzten und noch neuwertigen Teilen eines Bauwerks, hier also zwischen Gemeinschafts- und Sondereigentum zu unterscheiden[1543]. Die Rechtsprechung hat sich grundsätzlich auf das gesamte Bauwerk bezogen; eine differenzierte Anwendung von Kauf- und Werkvertragsrecht kommt allerdings bei Altbausanierungen in Betracht, wenn diese nicht insgesamt einem Neubau gleichkommen[1544].

611 Diskutabel, aber ebenfalls problematisch wäre die Anwendung von Kaufvertragsrecht auf das Gemeinschaftseigentum, soweit dieses bereits einen längeren Zeitraum genutzt wurde und deshalb als nicht mehr neu zu bezeichnen wäre. Es scheint vertretbar zu sein, nach einer Nutzungsdauer von zwischen einem halben und einem Jahr in Bezug auf das Gemeinschaftseigentum nicht länger von einer werkvertraglichen Herstellungsverpflichtung und einer neu hergestellten Sache zu sprechen[1545]. Das setzt aber voraus, dass die bislang sehr strenge Rechtsprechung für Teile des Vertragsgegenstandes differenzierter angewendet würde. Dass Teile des Vertragsgegenstandes rechtlich unterschiedlich zu beurteilen sein können, stellt gerade beim Bauträgervertrag keine Besonderheit dar, weil die Haftung für das Grundstück oder in Sanierungsfällen auch für Teile des vorhandenen Altbaus einerseits und das zu erstellende Bauwerk andererseits nach unterschiedlichen Vorschriften zu beurteilen sind. Es ist rechtlich nicht ausgeschlossen, dass die Trennlinie zwischen Kauf- und Werkvertragsrecht zwischen Sonder- und Gemeinschaftseigentum verläuft. Unter dieser Prämisse könnte der Teil des Vertragsgegenstandes, der bereits gebraucht ist, dem Kaufrecht unterstellt und insoweit

---

[1540] *Blank*, Rdn. 478.
[1541] *Kniffka*, ibr-online-Kommentar (Stand: 26. 5. 2009), § 631 BGB, Rdn. 115.
[1542] BGH v. 20. 2. 1986, NJW-RR 1986, 1026.
[1543] Ablehnend *Kniffka*, ibr-online-Kommentar (Stand: 26. 5. 2009), § 631 BGB, Rdn. 115.
[1544] OLG Frankfurt v. 23. 5. 1984, NJW 1984, 2586; anders aber bei einer so durchgreifenden Sanierung von Altbauten, dass insgesamt von einer Neuherstellung auszugehen ist, vgl. BGH v. 7. 5. 1987, NJW-RR 1987, 1046.
[1545] *Basty*, Rdn. 1120; *Brambring*, NJW 1987, 97 (102); *Jagenburg*, NJW 1992, 290; *Kanzleiter*, DNotZ 1987, 651 (667); vgl. auch *Riemenschneider* in Grziwotz/Koeble, 3. Teil, Rdn. 771; *Staudinger/Bub* (2008), § 21 WEG, Rdn. 238; ablehnend *Kniffka*, ibr-online-Kommentar (Stand: 26. 5. 2009), § 631 BGB, Rdn. 115; *Riecke/Schmid/Vogel*, nach § 8 WEG, Rdn. 31; *Vogel*, FS Merle, S. 375 (380f.); *Staudinger/Peters/Jacoby* (2008), § 640 BGB, Rdn. 22; wohl auch *Lotz*, BauR 2008, 740 (748).

VI. Abnahme und Wohnungsübergabe

– da es sich um keine neue Sache mehr handelt – die fünfjährige Verjährungsfrist des hier sodann einschlägigen § 438 Abs. 1 Nr. 2 BGB (auf die Länge der Frist der Vorerwerber) abgekürzt wird.

Bei der Errichtung einer **Wohnanlage in mehreren Bauabschnitten** können die für den Nachzügler aufgezeigten Probleme noch massiver auftreten. Größere Bauvorhaben werden zumeist sukzessive in mehreren Bauabschnitten geplant und errichtet (Rdn. 116). Dabei kann die gesamte Maßnahme bauabschnittsweise auf einem – unparzellierten – Grundstück entstehen[1546]. Dementsprechend werden die Erwerber ihre Wohnungen ebenfalls nach und nach – bauabschnittsweise – erhalten und abnehmen. Auch hier haben die letzten Erwerber, also die des jüngsten Bauabschnitts, Anspruch auf ein insgesamt mängelfreies Gemeinschaftseigentum. Die Verjährung der den letzten Erwerbern zustehenden Ansprüche beginnt mit der Abnahme des Gemeinschaftseigentums durch diese Erwerber des letzten Bauabschnitts. Zum Gemeinschaftseigentum gehören hier auch die bereits früher errichteten und von den anderen Erwerbern abgenommenen Bauabschnitte. Die Erwerber des letzten Bauabschnitts können deshalb Mängelansprüche auch wegen Mängeln an den vielleicht schon Jahre vorher von den anderen Erwerbern abgenommenen Gebäuden geltend machen, und zwar auch dann, wenn sie für die Erwerber der früheren Bauabschnitte schon lange verjährt sind. Umgekehrt können die Erwerber von Wohnungen in früher fertiggestellten Bauabschnitten auch Mängel an den später errichteten Gebäuden verfolgen, da insoweit eine Abnahme zu einem früheren Zeitpunkt nicht erfolgt ist. Eine Beschränkung der Haftung auf Mängel des (letzten) Bauabschnitts ist zulässig[1547], wenn gegenüber den späteren Erwerbern insoweit keine Herstellungsverpflichtung eingegangen wird und das insoweit mitveräußerte Gemeinschaftseigentum nicht mehr als „neu" im Sinne von § 309 Nr. 8b BGB anzusehen ist. Zur Beschränkung der Haftung auf den jeweiligen Bauabschnitt bzw. auf das jeweilige Reihenhaus vgl. im einzelnen Rdn. 841.

4. Wirkung der Abnahme

Mit der Abnahme endet die vertragliche Erfüllungsphase; die Leistungspflicht des Bauträgers konzentriert sich auf die abgenommene Bauleistung. Die Ansprüche des Erwerbers sind auf die Rechte des § 634 BGB beschränkt und gehen nicht mehr auf Neuherstellung[1548]. Davon unberührt bleiben Resterfüllungsansprüche wegen noch nicht abgenommener Teilleistungen (oben Rdn. 506).

Während bis zur Abnahme die dreijährige Verjährungsfrist nach § 195 BGB für den Erfüllungsanspruch gilt, verjähren die nunmehr bestehenden Gewährleistungsansprüche nach § 634a BGB in fünf Jahren. Mit dem Tag der Abnahme beginnt die **Verjährungsfrist** zu laufen, und zwar – nach Durchführung von Teilabnahmen – getrennt für das Sondereigentum und das gemeinschaftliche Eigentum und in Bezug auf das Sondereigentum getrennt für jeden Erwerber. Soweit das Gemeinschaftseigentum von den Erwerbern gemeinschaftlich abgenommen wurde, läuft die Verjährungsfrist einheitlich, andernfalls auch insofern für jeden einzelnen Erwerber gesondert.

Wie beim gewöhnlichen Bauvertrag geht die **Vergütungs- und Leistungsgefahr** mit der Abnahme auf den Erwerber über. Bis dahin trägt der Bauträger das Risiko des zufälligen Untergangs oder der zufälligen Verschlechterung, muss also die betreffenden Leistungen ggf. nochmals erbringen oder instand setzen (§ 644 BGB).

[1546] Vgl. Röll, MittBayNot 1993, 5, insbesondere zu den vertraglichen und wohnungseigentumsrechtlichen Fragen; Basty, Rdn. 563.
[1547] Vgl. auch Pause, NJW 1993, 553 (556); Basty, Rdn. 563f.
[1548] BGH v. 25. 2. 2010, NZBau 2010, 318, Rdn. 28; Palandt/Sprau, § 640 Rdn. 11.

616 Wenn der Erwerber die Leistungen des Bauträgers in **Kenntnis der Mangelhaftigkeit** abnimmt, verliert er die Mängelansprüche – ausgenommen die Ansprüche gemäß § 634 Nr. 4 BGB auf Schadensersatz in Geld (§ 640 Abs. 2 BGB)[1549]. Die Wirkungen des § 640 Abs. 2 BGB treten auch bei einer stillschweigenden[1550] und bei einer fiktiven Abnahme ein. Der Erwerber kann sich vor dem Rechtsverlust dadurch schützen, dass er sich bei der Abnahme seine Rechte wegen erkannter Mängel vorbehält[1551]. Möchte sich der Bauträger darauf berufen, dass der Erwerber in Kenntnis eines Mangels abgenommen und sich seine Rechte dabei nicht vorbehalten hat, muss er nachweisen, dass der Erwerber positive Kenntnis vom Mangel hatte; Kennenmüssen genügt nicht[1552].

617 Die Abnahme ist grundsätzlich Voraussetzung für die **Fälligkeit** der vereinbarten Vergütung (§ 641 BGB). Die Fälligkeit der Vergütung wird beim Bauträgervertrag regelmäßig in der Weise geregelt, dass Abschlagszahlungen (Raten) nach Baufortschritt entsprechend den Bestimmungen der MaBV vereinbart werden. Nur dann, wenn § 3 Abs. 2 MaBV ausnahmsweise keine Anwendung findet – der Bauträger mag Sicherheit durch Bürgschaft nach § 7 MaBV gestellt haben oder die MaBV findet wegen der Kaufmannseigenschaft des Erwerbers keine Anwendung (vgl. Rdn. 212) –, würde die (Rest-)Vergütung vorbehaltlich abweichender Vereinbarungen mit der Abnahme nach § 641 BGB fällig werden.

618 Mit der Abnahme tritt eine **Umkehr der Beweislast** ein (§ 363 BGB). Bis zur Abnahme muss der Bauträger die Mangelfreiheit seiner Leistungen beweisen; nach der Abnahme ist der Erwerber mit der Behauptung, dass das Objekt Mängel aufweist, beweisbelastet[1553]. Die dem Bauträger bis zur Abnahme treffende Beweislast kehrt sich auch nicht allein deshalb um, weil der Erwerber die Mängel im Wege der Ersatzvornahme hat beseitigen lassen[1554]. Für Mängel, die sich der Erwerber bei der Abnahme vorbehalten hat (§ 640 Abs. 2 BGB), bleibt der Bauträger für die von ihm behauptete Mangelfreiheit beweispflichtig[1555].

5. Werdende Gemeinschaft – wohnungseigentumsrechtliche Folgen der Übergabe

619 Die Wohnungsübergabe ist nicht nur für die Abnahme, sondern auch für den Beginn der Verwaltung der Wohnungseigentumsanlage bedeutsam: Wurde dem Erwerber die Wohnung im Zuge der Abnahme übergeben und ist ihm eine Auflassungsvormerkung eingetragen, hat er bis zur Eintragung der Auflassung die Rechtsposition eines **„werdenden Wohnungseigentümers"**.

620 Bei einer Teilung nach § 8 WEG entsteht die Wohnungseigentümergemeinschaft erst, wenn neben dem teilenden Eigentümer ein Erwerber als Miteigentümer in das Grundbuch eingetragen wird. Beim Erwerb vom Bauträger können jedoch nach der Fertigstellung der Wohnanlage und deren Übergabe bis zur Eintragung der Erwerber als Eigentümer viele Monate, wenn nicht Jahre vergehen. Mit der Bezugsfertigkeit und Übergabe besteht die Notwendigkeit, die Wohnanlage zu verwalten. Dabei entspricht

---

[1549] *Palandt/Sprau*, § 640 Rdn. 13; zur alten Rechtslage: BGH v. 12. 5. 1980, NJW 1980, 1952.
[1550] BGH v. 25. 2. 2010, NZBau 2010, 318, Rdn. 30.
[1551] BGH v. 8. 12. 1983, WM 1984, 317.
[1552] BGH v. 22. 10. 1969, NJW 1970, 383.
[1553] BGH v. 29. 6. 1981, NJW 1981, 2403; BGH v. 10. 3. 1977, NJW 1977, 947.
[1554] BGH v. 14. 10. 2008, NJW 2009, 360, Rdn. 16, auch dazu, dass der Auftraggeber aus seiner Kooperationspflicht zur Dokumentation der Mängelbeseitigung verpflichtet ist; vgl. *Kniffka*, ibr-online-Kommentar (Stand: 26. 5. 2009), § 640 BGB, Rdn. 18 f.
[1555] BGH v. 24. 10. 1996, NJW-RR 1997, 339.

VI. Abnahme und Wohnungsübergabe

es dem Interesse des Veräußerers und der Erwerber, dass letztere vorzeitig an der Verwaltung beteiligt werden, also noch vor ihrer Eintragung als Wohnungseigentümer die mit dem Wohnungseigentum verbundenen Mitwirkungsrechte ausüben können[1556].

Aus diesem Grund werden die Vorschriften des WEG auch schon im Gründungsstadium der Wohnungseigentümergemeinschaft angewendet. Sobald der Käufer eine rechtlich verfestigte Erwerbsposition erlangt hat und infolge des vereinbarten Übergangs von Lasten und Nutzen auch ein rechtliches Interesse an der Ausübung der Mitwirkungsrechte an der Verwaltung hat, können die Vorschriften des WEG zeitlich vorverlagert angewendet werden. Unter folgenden Voraussetzungen sind nach der Rechtsprechung des BGH[1557] und der überwiegenden Meinung in Rechtsprechung und Literatur[1558] die Bestimmungen des WEG vorzeitig anzuwenden: Die (faktische) Wohnungseigentümergemeinschaft entsteht, wenn ein wirksamer, auf die Übereignung des Wohnungseigentums gerichteter Erwerbsvertrag vorliegt, der Übereignungsanspruch durch eine Auflassungsvormerkung gesichert ist und der Besitz an der Wohnung auf den Erwerber übergegangen ist. Für die Entstehung der werdenden Gemeinschaft ist es nicht erforderlich, dass die Wohnungsgrundbücher bereits angelegt sind[1559]. Im Übrigen muss eine (einseitige) Vorratsteilung nach § 8 WEG vorausgegangen sein; auf eine Teilungsvereinbarung nach § 3 WEG – etwa durch eine Bauherrengemeinschaft – finden die Grundsätze der werdenden Gemeinschaft keine Anwendung[1560].

Die werdende Wohnungseigentümergemeinschaft besteht aus allen Erwerbern, auf die die genannten Voraussetzungen zutreffen. Sie dauert bis zu dem Zeitpunkt, in dem die Wohnungseigentümergemeinschaft entsteht. Das ist der Fall, wenn neben dem Bauträger ein erster Erwerber als Eigentümer ins Grundbuch eingetragen ist. Diejenigen, die bis dahin sog. werdende Eigentümer geworden sind, verlieren diese Rechtsposition dadurch nicht[1561]. Die in Vollzug gesetzte Wohnungseigentümergemeinschaft besteht sodann aus den eingetragenen Eigentümern und den werdenden Eigentümern. Für Erwerber, für die die genannten Voraussetzungen erst nach Invollzugsetzung der Gemeinschaft eintreten, wird es nach der Rechtsprechung des BGH[1562] immerhin für diskussionswürdig gehalten, dass sie für eine gewisse Übergangszeit ebenfalls wie werdende Eigentümer behandelt werden – die frühere obergerichtliche Rechtsprechung war der Meinung[1563], dass sie ihre Eigentümerrechte erst mit vollständigem Eigentumserwerb erhalten – genauso wie bei jedem späteren Wohnungserwerb auch[1564]. Die

---

[1556] BGH v. 5. 6. 2008, NJW 2008, 2639, Rdn. 7 ff.
[1557] BGH v. 5. 6. 2008, NJW 2008, 2639, Rdn. 14.
[1558] BayObLG v. 11. 4. 1990, NJW 1990, 3216 m. Anm. *Coester*, NJW 1990, 3184; bestätigt durch BayObLG v. 23. 1. 1992, NJW-RR 1992, 597, BayObLG v. 20. 2. 1993, WE 1993, 142; BayObLG v. 19. 6. 1997, WE 1998, 114; OLG Karlsruhe v. 16. 7. 1998, WE 1998, 500; OLG Hamm v. 19. 10. 1999, ZMR 2000, 128 = MittBayNot 2000, 42 (LS); *Staudinger/Rapp* (2005), § 8 WEG, Rdn. 24 f.; *Riecke/Schmid/Elzer*, § 10 WEG, Rdn. 21 f.; *Weitnauer/Lüke*, § 10 Anh. Rdn. 3; *ders.*, WE 1986, 92 f.; *Bärmann/Pick*, Einl. Rdn. 64 f.; *Bärmann/Wenzel*, § 10 Rdn. 16; *Bielefeld*, DWE 1986, 105; für die Übergabe der Wohnung kommt es nach OLG Düsseldorf v. 2. 2. 1998, NJW-RR 1999, 163, auf den tatsächlichen Besitz, nicht auf die Qualität des Besitzerwerbs an.
[1559] BGH v. 5. 6. 2008, NJW 2008, 2639, Rdn. 15; a. A. KG v. 30. 4. 1986, WE 1986, 103 = NJW-RR 1986, 1274 und v. 16. 9. 1988, NJW-RR 1989, 17.
[1560] BGH v. 5. 6. 2008, NJW 2008, 2639, Rdn. 12; BayObLG v. 23. 1. 1992, NJW-RR 1992, 597.
[1561] A. A. OLG Köln v. 28. 1. 1999, NJW-RR 1999, 959 mit der Konsequenz, dass der werdende Eigentümer für Verpflichtungen aus Beschlüssen der entstandenen Gemeinschaft nicht haftet.
[1562] BGH v. 5. 6. 2008, NJW 2008, 2639, Rdn. 20 f.; vgl. auch *Bärmann/Wenzel*, § 10 Rdn. 18.
[1563] BayObLG v. 11. 4. 1990, NJW 1990, 3216; BayObLG v. 9. 10. 1997, WE 1998, 157 m. Anm. *Merle*, WE 1998, 160; vgl. auch LG Ellwangen v. 10. 1. 1996, NJW-RR 1996, 973; kritisch auch zu den Erwägungen des BGH *Riecke/Schmid/Elzer*, § 10 WEG, Rdn. 33.
[1564] Vgl. zum Zweiterwerb BGH v. 1. 12. 1988, NJW 1989, 1087 m. Anm. *Röll*, NJW 1989, 1070; BGH v. 18. 5. 1989, NJW 1989, 2697.

B. Der Bauträgererwerb

Stellung als werdender Eigentümer geht dem Erwerber jedoch mit der Erklärung des Rücktritts vom Vertrag verloren, da er zugleich seinen Übereignungsanspruch verliert. Dies gilt auch dann, wenn er noch als Vormerkungsberechtigter im Grundbuch eingetragen ist, da das Grundbuch insoweit unrichtig wird[1565].

621   Auf die werdende Wohnungseigentümergemeinschaft sind die Bestimmungen der §§ 10 bis 29 WEG über das Innenverhältnis der Wohnungseigentümer und das Verfahrensrecht der §§ 43 ff. WEG entsprechend anzuwenden. Der werdende Eigentümer hat weitgehend die **Rechte und Pflichten** eines Wohnungseigentümers. Er kann bei der Bestellung eines Verwalters oder dessen Abwahl mitwirken[1566]. Er ist – unabhängig von korrespondierenden Verpflichtungen im Erwerbsvertrag – zur Wohngeldzahlung verpflichtet[1567]; der Bauträger bleibt neben dem Erwerber – aufgrund seiner Eigentümerstellung – weiterhin Wohngeldschuldner. Erwerber und Bauträger haften gesamtschuldnerisch[1568]. Davon unberührt bleibt allerdings die Verpflichtung des Bauträgers, das Wohngeld für die Wohnungen zu tragen, die noch nicht veräußert und noch nicht bezugsfertig sind[1569]. Diese Verpflichtung besteht selbst dann, wenn die Gemeinschaftsordnung (für die Erwerber) eine Kostentragungspflicht erst ab Bezugsfertigkeit vorsieht und die dem Bauträger verbliebenen Wohnungen noch nicht bezugsfertig sind[1570]. Allerdings gilt eine Bestimmung in der Teilungserklärung, wonach der Erwerber gesamtschuldnerisch mit dem Veräußerer für etwaige Wohngeldrückstände haftet, auch schon im Verhältnis zwischen Ersterwerber und Bauträger[1571].

622   Der werdende Eigentümer kann sein **Besitzrecht** in den Grenzen der §§ 13, 14, 16 Abs. 1 WEG ausüben[1572] und – insbesondere auch vom Bauträger – die **Beseitigung baulicher Veränderungen,** die nach Entstehung der werdenden Gemeinschaft vorgenommen worden sind, (gerichtlich) verlangen[1573] (zu baulichen Veränderungen durch Sonderwünsche oben Rdn. 539). Eine in der Teilungserklärung enthaltene **Vollmacht des Verwalters** zur Durchsetzung derartiger Ansprüche gilt auch schon für die werdenden Eigentümer[1574].

623   Der Erwerber ist zur Teilnahme und zur Ausübung des **Stimmrechts** in der Eigentümerversammlung auch ohne Erteilung einer gesonderten Vollmacht durch den Bauträger berechtigt[1575]. In der Regel ist der Erwerber schon mit der Vereinbarung über den Nutzungsübergang konkludent ermächtigt[1576]. Durch diese Berechtigung wird dem Bauträger das Recht zur Abstimmung in der Eigentümerversammlung genommen, da eine Verdoppelung dieser Befugnis nicht möglich ist. Der Erwerber ist ebenso wie der Bauträger zur **Anfechtung von Beschlüssen** berechtigt, da beide durch Be-

---

[1565] BayObLG v. 5. 10. 1995, NJW-RR 1996, 334 = WE 1996, 399; KG v. 28. 2. 2001, Deckert 2/4694.

[1566] BayObLG v. 13. 9. 1968, NJW 1969, 191 = BayObLG Z 1968, 233; die in der Teilungserklärung dem Bauträger vorbehaltene Befugnis, den ersten Verwalter bestellen zu dürfen, endet mit Entstehung der faktischen Gemeinschaft, BayObLG v. 3. 3. 1994, NJW-RR 1994, 784.

[1567] BGH v. 5. 6. 2008, NJW 2008, 2639, Rdn. 6 ff, 21.

[1568] BayObLG v. 14. 11. 1985, WE 1986, 98; a. A. KG v. 16. 9. 1988, NJW-RR 1989, 17.

[1569] OLG Düsseldorf v. 20. 3. 1998, NJW-RR 1998, 1547; *Drasdo*, BTR 2003, 119 zum (nicht gegebenen) Anspruch auf Änderung des Verteilungsschlüssels.

[1570] BayObLG v. 28. 9. 1978, DB 1979, 646.

[1571] OLG Düsseldorf v. 14. 2. 1997, WE 1997, 229.

[1572] *Weitnauer/Lüke*, § 10 Anh. Rdn. 8.

[1573] BayObLG v. 11. 9. 1985, WuM 1986, 158; BayObLG v. 5. 3. 1987, NJW-RR 1987, 717; BayObLG v. 5. 11. 1993, NJW-RR 1994, 276; OLG Schleswig v. 7. 10. 1993, WE 1994, 87; zum Rechtsweg BayObLG v. 18. 10. 1994, NJW-RR 1995, 209; er kann aber auch baulichen Veränderungen zustimmen, BayObLG v. 7. 9. 1994, NJW-RR 1995, 654; vgl. dazu auch BayObLG v. 13. 1. 1994, WuM 1994, 222.

[1574] BayObLG v. 4. 1. 1996, WE 1996, 473.

[1575] BayObLG v. 9. 10. 1997, WE 1998, 157, m. Anm. *Merle*, WE 1998, 160.

[1576] *Weitnauer/Lüke*, § 10 Anh. Rdn. 8; KG v. 8. 5. 1979, OLGZ 1979, 290; vgl. auch BGH v. 1. 12. 1988, NJW 1989, 1087 (1089).

schlüsse beschwert sein können und das Anfechtungsrecht des einen durch dasjenige des anderen nicht ausgeschlossen wird[1577].

Der Verwalter muss die **Einnahmen und Ausgaben** ab Beginn der werdenden Wohnungseigentümergemeinschaft, also ab Eintragung der Auflassungsvormerkung und Besitzübergabe an den ersten Erwerber, erfassen und in der **ersten Jahresabrechnung** ausweisen[1578]. Soweit diese Voraussetzungen für andere Wohnungen noch nicht vorliegen, ist bis zu deren Eintritt der Bauträger entsprechend zu beteiligen (zu belasten). Die Abgrenzung zwischen ihm und den anderen Erwerbern erfolgt im Innenverhältnis. 624

Die Gemeinschaft der werdenden Eigentümer ist auch zur Beratung und Beschlussfassung über bestimmte Fragen, die den Erwerb des Gemeinschaftseigentums betreffen, zuständig. Das gilt namentlich für die das Gemeinschaftseigentum betreffenden **Mängelansprüche.** Obwohl die Ansprüche aus dem Bauträgervertrag individualrechtlich sind, wird dieser Grundsatz wegen der Gemeinschaftsbezogenheit der Resterfüllungs- und Mängelansprüche durchbrochen[1579] (vgl. im Einzelnen Rdn. 889 f.). Solange die Wohnungseigentümergemeinschaft nicht in Vollzug gesetzt worden ist, entscheidet die werdende Gemeinschaft über die Verfolgung von Mängelansprüchen, hernach dann die in Vollzug gesetzte Eigentümergemeinschaft unter Einschluss der – regelmäßig noch vorhandenen – werdenden Eigentümer (Rdn. 892). 625

Die werdenden Eigentümer sind schließlich auch dann zuständig, wenn infolge einer Bauträgerinsolvenz über die **Fortsetzung des steckengebliebenen Baus** entschieden werden soll[1580] (Rdn. 977 f.).

VII. Haftung für Mängel der Bauleistung

1. Abgrenzung von Werk- und Kaufvertragsrecht

a) Werkvertragliche Haftung für die Herstellungsverpflichtung

Für neu zu errichtende Häuser und Eigentumswohnungen richtet sich die Sachmängelhaftung nach Werkvertragsrecht. Die Anwendung der §§ 633 ff. BGB ergibt sich aus der vom Bauträger eingegangenen Herstellungsverpflichtung. Insoweit hat sich durch die Schuldrechtsreform gegenüber der früheren Rechtslage[1581] nichts geändert. Auch wenn das Kaufvertragsrecht den werkvertraglichen Regeln angenähert wurde, wird allein das Werkvertragsrecht den Besonderheiten der beim Bauträgervertrag bestehenden Bauverpflichtung gerecht (vgl. Rdn. 70 f.). 626

In einer ganzen Reihe von Entscheidungen hatte der BGH seine Rechtsprechung zur Anwendung des Werkvertragsrechts auf den Bauträgervertrag entwickelt. Ging es zum Beginn der 70er Jahre noch um die Klarstellung, dass nicht die kaufvertragliche, sondern die werkvertragliche Sachmängelhaftung für die Bauverpflichtung einschlägig ist[1582], so 627

[1577] *Riecke/Schmid/Elzer,* § 10 WEG, Rdn. 26; *Weitnauer/Lüke,* § 10 Anh. Rdn. 8.
[1578] KG v. 16. 9. 1988, WE 1989, 148 = NJW-RR 1989, 17 – erst ab Entstehen der Wohnungseigentümergemeinschaft; BayObLG v. 24. 6. 1993, WE 1994, 247 zur ersten Abrechnung eines nach § 3 WEG geteilten Grundstücks (Bauherrenmodell).
[1579] *Pause,* NJW 1993, 553 (554).
[1580] *Röll,* WE 1997, 94, 96.
[1581] Vgl. BGH v. 16. 4. 1973, NJW 1973, 1235; BGH v. 8. 11. 1973, NJW 1974, 143; BGH v. 10. 10. 1974, NJW 1975, 47; BGH v. 13. 1. 1975, MDR 1975, 569; BGH v. 4. 12. 1975, NJW 1976, 515. In den Entscheidungen vom 10. 10. 1974 und vom 4. 12. 1975 hat der BGH noch ausdrücklich offen gelassen, ob etwas anderes zu gelten hätte, wenn das Objekt schon vollständig fertiggestellt ist.
[1582] BGH v. 16. 4. 1973, NJW 1973, 1235.

B. Der Bauträgererwerb

waren alsbald Objekte zu beurteilen, die sich entweder im Bau befanden, bis auf geringfügige Restarbeiten bereits abgeschlossen oder sogar schon seit geraumer Zeit fertiggestellt waren. Auch dann, wenn eigentlich **keine Herstellungsverpflichtung** mehr bestand, wurde vom BGH Werkvertragsrecht angewendet. Voraussetzung war lediglich, dass es sich um eine neu errichtete Eigentumswohnung oder um ein neu errichtetes Gebäude handelt. Diese Rechtsprechung fand ihre Begründung darin, dass das Werkvertragsrecht bei zwar schon fertiggestellten, aber eben doch neu errichteten Gebäuden sowohl dem Erwerber wie auch dem Bauträger besser dient[1583]. Der längeren Verjährungsfrist für Sachmängel auf Seiten des Erwerbers stand das Nachbesserungsrecht auf Seiten des Bauträgers als Ausgleich gegenüber.

Ob auf die Mängelhaftung bereits hergestellter, aber noch neuer Objekte auch heute noch Werkvertragsrecht angewendet werden muss, ist umstritten. Wegen der Verbesserung der Rechtsstellung des Grundstückskäufers durch die Schuldrechtsmodernisierung wird vertreten, dass ausschließlich die Mängelhaftung der §§ 437, 439 BGB anzuwenden ist. Wegen der nach wie vor bestehenden Unterschiede zwischen Werk- und Kaufvertragsrecht ist jedoch weiterhin davon auszugehen, dass in diesen Fällen Werkvertragsrecht gilt (im Einzelnen oben Rdn. 72).

628 Werkvertragsrecht wurde von der Rechtsprechung etwa dann angewendet, wenn bei Vertragsschluss zwar keine umfangreichen Bauarbeiten mehr zu erbringen waren, aber immerhin noch Restarbeiten (Tapezierarbeiten, Teppichböden, Fliesen, sanitäre Einrichtungen und ein Teil der Elektroinstallation) ausstanden[1584]. In einer späteren Entscheidung war das Objekt bereits vollständig fertiggestellt. Gleichwohl war im Erwerbsvertrag eine „Bauverpflichtung" des Bauträgers enthalten; umso leichter fiel es dem BGH, mit den oben dargestellten Grundsätzen zum Werkvertragsrecht zu gelangen[1585]. In der Folge wurde Werkvertragsrecht nicht nur auf soeben fertiggestellte und sodann veräußerte Häuser und Wohnungen[1586], sondern darüber hinaus auch auf Objekte angewendet, die bereits seit längerer Zeit fertiggestellt waren, bei denen die Anwendung von Werkvertragsrecht also immerhin zweifelhaft war. So wurde die Mängelhaftung für Eigentumswohnungen dem Werkvertragsrecht unterstellt, obwohl die Wohnungen nach Fertigstellung 2¹/₂ Jahre leer gestanden sind und erst dann veräußert worden waren[1587]. In gleicher Weise wurde ein bezugsfertiges **Musterhaus**, das ein halbes Jahr als Ausstellungsobjekt gedient hatte, beurteilt[1588]. Auch Objekte, die vom Veräußerer (Bauträger) oder sogar vom Erwerber (von diesem zunächst als Mieter) nach Fertigstellung und vor Abschluss des Vertrages ein halbes bzw. ein dreiviertel Jahr benutzt wurden, sind noch so neu, dass nach Auffassung des BGH die Anwendung von Werkvertragsrecht gerechtfertigt war[1589].

629 Das bedeutet im Ergebnis, dass Objekte, so lange sie von der überwiegenden Allgemeinheit als „neu" betrachtet werden, also auch dann, wenn sie **etwa zwei Jahre leer standen** und dabei sogar vorübergehend fremd- oder eigengenutzt wurden, dem

---

[1583] BGH v. 21. 2. 1985, NJW 1985, 1551; BGH v. 6. 5. 1982, NJW 1982, 2243.
[1584] Z. B. BGH v. 4. 12. 1975, NJW 1976, 515; so auch später BGH v. 7. 5. 1987, NJW 1987, 2373.
[1585] BGH v. 5. 5. 1977, NJW 1977, 1336. Zur Kritik an dieser Entscheidung vgl. *Wolfsteiner*, DNotZ Sonderheft, Notartag 1977, S. 90 Fußn. 47; *Brambring*, NJW 1978, 777 (779); *Hiddemann*, WM 1977, 1242 (1243); vgl. auch *Kellmann*, NJW 1980, 401 (402).
[1586] BGH v. 21. 2. 1985, NJW 1985, 1551, unter Bezug auf BGH v. 12. 7. 1984, NJW 1984, 2573 (2574) m. w. N. Vgl. ausführlich *Pauker*, MittBayNot 1987, 121.
[1587] BGH v. 21. 2. 1985, NJW 1985, 1551.
[1588] BGH v. 6. 5. 1982, NJW 1982, 2243.
[1589] BGH v. 5. 4. 1979, NJW 1979, 1406 m. abl. Anm. *Brambring/Schippel*, NJW 1979, 1802, auch DNotZ 1977, 209; *Brambring*, NJW 1978, 777; *Peters*, NJW 1979, 1820 und *Thomas*, DNotZ 1979, 746; BGH v. 20. 2. 1986, WM 1986, 799, m. abl. Anm. *Brambring*, DNotZ 1986, 613; vgl. auch *Kanzleiter*, DNotZ 1987, 651 (658). Vgl. auch OLG München v. 8. 10. 1980, NJW 1981, 2472.

VII. Haftung für Mängel der Bauleistung

Werkvertragsrecht unterstehen – und damit auch „neu" im Sinne von § 308 Nr. 8b BGB sein können, wobei hier ggf. zwischen Sonder- und Gemeinschaftseigentum zu differenzieren ist (vgl. Rdn. 611). Für die Beurteilung der Leerstandszeit bzw. Benutzungsdauer kommt es nach der Rechtsprechung im übrigen stets auf den Einzelfall an[1590], weshalb die genannten Zeiträume nur der Orientierung dienen können, aber keine Faustregel darstellen[1591]. Daraus erklärt sich auch, dass in der Literatur zum Teil kürzere, zum Teil auch längere Fristen genannt werden[1592].

b) Abgrenzung zur kaufvertraglichen Haftung für Grundstücksmängel

Der Bauträgervertrag enthält – soweit das Grundstück in Rede steht – kaufvertragliche Elemente[1593]. Das hat zur Folge, dass auf Mängel am Grundstück die kaufrechtlichen Bestimmungen der §§ 434, 437 ff. BGB anzuwenden sind[1594]. Vorbehaltlich abweichender Vertragsregelungen kann der Erwerber wegen Mängeln am Grundstück Nacherfüllung, Minderung oder Schadensersatz verlangen oder vom Vertrag zurücktreten. Diese Mängelansprüche unterliegen der eigenen Verjährung[1595], die aber nun ebenfalls fünf Jahre beträgt, § 438 Abs. 1 Nr. 2 BGB (Rdn. 803). Die Tatsache, dass sich der Vertrag insoweit auf die Veräußerung einer gebrauchten Sache bezieht, eröffnet Möglichkeiten zur Freizeichnung (vgl. Rdn. 832 f.). 630

Bei der **Abgrenzung** zwischen der kaufvertraglichen und der werkvertraglichen Haftung ist allerdings zu beachten, dass sich Mängel der Bauleistung auch auf das Grundstück auswirken oder einen Bezug zu ihm haben können. Das gilt beispielsweise für die Gründungsarbeiten, die Herstellung der Außenanlagen, der Planungsleistungen und Baugrunduntersuchungen zur Vorbereitung der Bauleistungen (Bauwerk und Außenanlagen). Insoweit ist das Grundstück zugleich Baustoff für die geschuldete Bauleistung[1596]. Das Grundstück selbst ist Gegenstand der Planung des Architekten und der notwendig hinzuzuziehenden Fachplaner[1597]. Mängel, die in diesem Zusammenhang auftreten, beurteilen sich nach Werkvertragsrecht[1598].

Bei der Veräußerung gebrauchter Immobilien von Verbraucher an Verbraucher richtet sich die Mängelhaftung grundsätzlich nach Kaufvertragsrecht. Das hat der BGH für etwa 20 Jahre alte Gebäude entschieden[1599]. Die kaufrechtliche Mängelhaftung ist des- 631

[1590] BGH v. 6. 5. 1982, NJW 1982, 2243.
[1591] *Riemenschneider* in Grziwotz/Koeble, 3. Teil, Rdn. 784.
[1592] Vgl. *Kanzleiter*, DNotZ 1987, 651 (659), der für unbenutzte Räume „einen längeren Zeitraum" annimmt; *Ulmer/Brandner/Hensen*, AGBG, § 11 Nr. 10 Rdn. 6, halten Häuser bzw. Wohnungen, die kurzfristig bezogen waren, schon nach einem Jahr nicht mehr für neu; *Staudinger/Schlosser*, § 11 Nr. 10 AGBG Rdn. 5, hält ein Objekt frühestens nach drei Jahren für gebraucht; *Wolf/Horn/Lindacher*, AGBG, § 11 Nr. 10 Rdn. 2, gehen davon aus, dass eine Wohnung schon dann nicht mehr neu ist, wenn sie einem Dritten – nicht nur zur Besichtigung – überlassen war; *Klumpp*, NJW 1993, 372, meint, ein ungenutztes Objekt sei nach fünf Jahren noch neu, ein benutztes dagegen schon nach zwei Jahren gebraucht; *Palandt/Grüneberg*, § 309 Rdn. 55, meint ebenfalls, eine Wohnung bzw. ein Haus ist nach Leerstand von fünf Jahren bzw. nach einer Benutzung von zwei Jahren nicht mehr neu.
[1593] BGH v. 12. 7. 1984, NJW 1984, 2573 (2574); BGH v. 22. 11. 1985, NJW 1986, 925 (926); BGH v. 27. 4. 1984, WM 1984, 941 (942).
[1594] Vgl. OLG Düsseldorf v. 11. 12. 1985, NJW-RR 1986, 320; OLG Karlsruhe v. 8. 1. 1991, NJW 1991, 1836.
[1595] OLG Düsseldorf v. 11. 12. 1985, NJW-RR 1986, 320, noch zur einjährigen Frist alten Rechts.
[1596] Vgl. zur Mangelhaftigkeit des vom Besteller zur Verfügung gestellten Grundstücks *Kniffka*, ibr-online-Kommentar (Stand: 26. 5. 2009), § 645 BGB, Rdn. 6; *Staudinger/Peters/Jacoby* (2008), § 645 BGB, Rdn. 12 f.
[1597] *Basty*, Rdn. 1047.
[1598] Undeutlich insoweit *Vogel* in Grziwotz/Koeble, 4. Teil, Rdn. 202, der diese Mängel wohl dem Kaufrecht unterstellen will.
[1599] BGH v. 6. 6. 1986, NJW 1986, 282; BGH v. 7. 5. 1987, NJW 1988, 490; BGH v. 23. 6. 1989, NJW 1989, 2534; dazu eingehend *Sturmberg*, NJW 1989, 1832.

B. Der Bauträgererwerb

halb auch auf die Rechtsbeziehungen zwischen **Erst- und Zweiterwerber** bezüglich der vom Bauträger errichteten Wohnungen und Häuser anzuwenden. Werkvertragsrecht ist nur dann anzuwenden, wenn vom Bauträger erworben wird, also von demjenigen, der das Haus oder die Wohnung als Bauherr hergestellt hat. Werkvertragsecht ist außerdem dann anzuwenden, wenn der Veräußerer eine Bauverpflichtung eingeht, sei diese auch untergeordnet; die werkvertragliche Haftung bezieht sich jedoch nur auf die eingegangene Herstellungsverpflichtung.

c) Mängelhaftung bei Altbauten

632 *aa) Anwendung von Werkvertragsrecht.* Beim Erwerb eines Altbauobjekts kann es sich ebenfalls um einen Bauträgererwerb handeln, wenn neben der Veräußerung des Grundstücks(-anteils) Herstellungsverpflichtungen übernommen werden. Demgemäß ist auch hier die Sachmängelhaftung des Kauf- und des Werkvertragsrechts anzuwenden.

Grundsätzlich findet auf Bauleistungen, die im Zuge des Erwerbs einer gebrauchten Immobilie erbracht werden, Werkvertragsrecht Anwendung[1600]. Das folgt aus § 631 Abs. 1 BGB. Der Bauträger unterliegt deshalb auch hier der werkvertraglichen Haftung[1601]. Dabei kommt es nicht auf den Umfang der eingegangenen Verpflichtung an. Werkvertragsrecht ist also nicht nur in den Fällen anzuwenden, in denen es um eine Totalsanierung, also gleichsam um eine Neuherstellung (Neubau hinter historischer Fassade) geht, sondern auch in allen anderen Fällen, bei denen der Veräußerer überhaupt eine Bauverpflichtung eingeht, mag sie auch von untergeordneter Bedeutung sein. Eine andere Frage ist allerdings, wie weit die werkvertragliche Haftung reicht und in welchem Umfang Kaufvertragsrecht anzuwenden ist. Dem Kaufrecht untersteht zunächst das Grundstück, aber möglicherweise auch der Teil der Altbausubstanz, für den keine Instandsetzungsarbeiten vorgesehen sind. Tatsächlich bereitet in der Praxis die **Abgrenzung** der Leistungen, für die die Haftung des **Kaufrechts** anzuwenden ist, von denjenigen, für die das **Werkvertragsrecht** gilt, größte Probleme. Häufig treten nämlich Mängel gerade an solchen Bauteilen auf, die nicht ausdrücklich Gegenstand der vereinbarten Bauleistung sind.

Die Abgrenzung ist für die Begrenzung der Haftung bedeutsam. Im Grundsatz kann die Mängelhaftung für das Grundstück und die Altbausubstanz ausgeschlossen werden, es sei denn, den Bauträger trifft Vorsatz oder grobe Fahrlässigkeit (vgl. Rdn. 832, 836).

633 *bb) Beschaffenheitsvereinbarungen.* In welchem Umfang Werkvertragsrecht anzuwenden ist, hängt vom Inhalt und Umfang der übernommenen Bauleistungen ab. Inhalt und Umfang der Bauleistungspflicht ergeben sich aus den Beschaffenheitsvereinbarungen[1602], und damit insbesondere aus der **Baubeschreibung.** Bei Altbausanierungen hat die Baubeschreibung eine besondere Bedeutung, weil zunächst die vereinbarten Leistungen, also die in der Baubeschreibung dargestellten Arbeiten geschuldet sind[1603]. Aus dem Umfang und der Qualität der in der Baubeschreibung dargestellten Arbeiten ist außerdem zu entnehmen, ob es sich bei den übernommenen Leistungen um Arbeiten handelt, die einer Neuherstellung gleichkommen, also eine sehr weitgehende werkvertragliche Haftung auslösen; aus ihnen kann ferner – auch bei einer nur teilweisen Sanierung – abgeleitet werden, für welche Bauteile Untersuchungs- und Planungspflichten bestehen.

[1600] Grundlegend: BGH v. 7. 5. 1987, NJW 1988, 490; OLG Frankfurt v. 23. 5. 1984, NJW 1984, 2586.
[1601] *Pause*, NZBau 2000, 234 (236); *Fuchs*, BauR 2007, 264 (267); *Koeble*, Kap. 26 Rdn. 42; *ders.*, BauR 1992, 569.
[1602] BGH v. 8. 3. 2007, NZBau 2007, 371 = BauR 2007, 1036, Rdn. 24; BGH v. 26. 4. 2007, NJW 2007, 3275 = NZBau 2007, 507 = BauR 2007, 1407, Rdn. 23.
[1603] OLG Hamm v. 4. 5. 1995, NJW-RR 1996, 213; OLG Hamm v. 20. 12. 2007, BauR 2009, 1320.

VII. Haftung für Mängel der Bauleistung

Selbst wenn eine umfassende Sanierung geschuldet ist, weil die übernommene Bauverpflichtung einem Neubau gleichkommt, sind solche Leistungen nicht geschuldet, deren Ausführung im Vertrag bzw. in der Baubeschreibung ausdrücklich ausgeschlossen wurden. Entsprechendes gilt für die Bauteile, die nach dem Vertrag bzw. nach der Baubeschreibung in unverändertem Zustand bleiben sollen[1604]. Durch die konkrete Bezeichnung bestimmter Leistungen kann der Bauträger bei Kernsanierungen durch eine **negative Baubeschreibung** solche Arbeiten ausschließen, deren Ausführung möglicherweise auch erwartet werden könnte[1605].

Außerdem werden von der Rechtsprechung auch hier **Prospektaussagen** für die Beurteilung des vertraglich Geschuldeten berücksichtigt. Der BGH[1606] begründet den Haftungsumfang mit den Erwartungshaltungen, die durch die Anpreisung eines Objekts geweckt werden. Wenn der Erwerber aufgrund des Verkaufsexposés mit einem „Neubau hinter historischer Fassade" rechnen darf, ist dies mit einer Neuherstellung des Gesamtobjekts gleichzusetzen, weshalb der Bauträger auch für eine Neuherstellung zu haften hat.

cc) Kernsanierungen. Ausgehend vom Umfang der Sanierungsleistungen hat die **634** Rechtsprechung herausgearbeitet, auf welche Sachverhalte für das gesamte Bauwerk Werkvertragsrecht anzuwenden ist:

In einer Entscheidung aus dem Jahre 1987 hatte der BGH[1607] einen „**Neubau hinter historischer Fassade**" zu beurteilen, bei dem ein durchgreifender Umbau eines Altbaus mit erheblichen Eingriffen in die alte Substanz bei weitgehender Entkernung versprochen worden war. Wegen des Umfangs der übernommenen Leistungen war Werkvertragsrecht anzuwenden, und zwar nicht nur für die unmittelbar erbrachten Umbauleistungen, sondern auch für den dabei verwendeten Altbau. Deshalb kam der BGH zur Haftung des Bauträgers für die unterlassene Abdichtung des Kellermauerwerks nach Werkvertragsrecht. Ebenso umfassend lässt die Rechtsprechung[1608] den Bauträger haften, wenn die Veränderung von Außenwänden, der Einbau neuer Zwischenwände, die Erneuerung der Heizung und der Sanitäranlagen vereinbart sind. Sie stellen so nachhaltige Arbeiten an der Altbausubstanz dar, dass der Bauträger auch für Mängel an anderen Bauteilen nach Werkvertragsrecht haftet, etwa für die Mangelhaftigkeit der Außenwände (Schimmelbildung). Ähnlich liegt es bei der Herstellung von Wohnungseigentum durch die Aufstockung und Aufteilung eines Bungalows in zwei Wohnungen. Der Bauträger haftet aufgrund der übernommenen Leistungspflicht nach den Bestimmungen des Werkvertragsrechts für die Kosten der ordnungsgemäßen Fertigstellung und ggf. für Schallmängel[1609].

In mehreren neuen Entscheidungen hat der BGH die so begonnene Rechtsprechung fortgesetzt. Nach diesen Entscheidungen haftet der Bauträger immer dann nicht nur für die eigentlichen Umbauarbeiten, sondern auch für die Altbausubstanz nach den Gewährleistungsregeln des Werkvertragsrechts, wenn die vertraglich übernommenen Bauleistungen nach ihrem Umfang und ihrer Bedeutung ein solches Gewicht ha-

---

[1604] Vgl. OLG Düsseldorf v. 30. 4. 1998, BauR 1999, 1120 = OLG Report 1998, 337, das eine Haftung für Kellerwände ablehnt, weil die Außenmauern von der Sanierung ausgeschlossen worden waren; vgl. dagegen OLG München v. 2. 10. 2001, BauR 2003, 396, das zur Haftung für die Trockenlegung des Kellers kam, weil diese nicht ausgeschlossen worden war; vgl. *Pause*, BTR 2004, 142.
[1605] *Basty*, Rdn. 922 spricht insoweit von einer „Nichtleistungsbeschreibung".
[1606] BGH v. 7. 5. 1987, NJW 1988, 490.
[1607] BGH v. 7. 5. 1987, NJW 1988, 490; ähnlich schon früher OLG Frankfurt v. 23. 5. 1984, NJW 1984, 2486; vgl. auch OLG München v. 2. 10. 2001, BauR 2003, 396; OLG Düsseldorf v. 30. 4. 1998, BauR 1999, 1120 = OLG Report 1998, 337, kam zum entgegengesetzten Ergebnis, weil die Außenmauern von der Sanierung ausgeschlossen worden waren.
[1608] BGH v. 21. 4. 1988, NJW 1988, 1972.
[1609] BGH v. 29. 6. 1989, NJW 1989, 2748.

ben, dass der Erwerber von einer umfassenden Sanierungstätigkeit ausgehen kann, die einer **Neuherstellung des Gebäudes gleichkommt**[1610]. Für die Beantwortung der Frage, ob die übernommenen Leistungen einer Neuherstellung gleichkommen, ist auf das Gesamtbild der bereits erbrachten und noch zu erbringenden Leistungen abzustellen[1611]. Von einer einem Neubau gleichkommenden Sanierung wird man ausgehen müssen, wenn die Altbausubstanz durch verschiedene Arbeiten wesentlich verändert wird[1612]. Von Sanierungsleistungen, die einer Neuherstellung entsprechen, kann ausgegangen werden, wenn die Boden- und Wandbeläge, der Außenputz sowie der Anstrich erneuert, die Wasser- und Elektroleitungen ausgetauscht, eine Gasheizung eingebaut, neue Innentreppen und Türen angefertigt sowie ein Teil der Fenster und Dacheindeckung erneuert werden. Erklärt der Bauträger zusätzlich, dass das Objekt bis auf die Grundmauern saniert wird, kommt eine Haftung für Mängel am Schallschutz und der Kellerabdichtung in Betracht[1613]. Bei einer vergleichbar umfassenden Sanierung haftet der Bauträger selbst dann für die Trockenlegung des Kellermauerwerks, wenn er für dieses nur einen Putz und einen Anstrich in der Baubeschreibung dargestellt hat[1614]. Auch die Aufstockung von früheren Wohngebäuden der amerikanischen Streitkräfte um zwei Geschosse bei gleichzeitiger umfassender Modernisierung der übrigen Wohnungen kommt einer Neuherstellung gleich. Bei der geschuldeten Maßnahme handelt es sich um eine „Kernsanierung", selbst wenn ausweislich der Baubeschreibung nicht in die Fundamente, Außenwände und Geschossdecken eingegriffen werden soll[1615]. Eine der Neuherstellung gleichkommende Bauleistung kann selbst dann vorliegen, wenn bestimmte erforderliche Arbeiten ausdrücklich nicht vom Bauträger übernommen und vom Erwerber in Eigenleistung ausgeführt werden sollen. Davon ist dann auszugehen, wenn das Gebäude komplett entkernt werden soll (Entfernung der Bodenplatte im EG, der Zwischendecke zum OG, sämtlicher Zwischenwände, des Innenputzes und Erneuerung der Haustechnik), obwohl der Erwerber die Erneuerung des Dachstuhls übernimmt[1616].

Von der Feststellung, dass wegen des Umfangs der insgesamt auszuführenden Leistungen für das Bauwerk Werkvertragsrecht angewendet werden muss, ist die Frage des **Haftungsumfangs** zu unterscheiden[1617]. Welche Leistungspflichten den Bauträger für die verwendete Altbausubstanz treffen, richtet sich nach dem Inhalt der Baubeschreibung[1618] und ist im übrigen im Wege der Vertragsauslegung zu bestimmen[1619]. Es kommt zunächst darauf an, welche Beschaffenheitsvereinbarung die Parteien hinsichtlich der von den Bauleistungen nicht berührten Bauteile getroffen haben[1620]. Danach ist es möglich, dass die (unveränderte) Beschaffenheit bestimmter Bauteile bzw. vorhandener Bausubstanz vertraglich festgelegt wird. Allein daraus, dass laut Baubeschrei-

---

[1610] BGH v. 16. 12. 2004, NJW 2005, 1115 = NZBau 2005, 216 = BauR 2005, 542; BGH v. 6. 10. 2005, NJW 2006, 214 = NZBau 2006, 113 = BauR 2006, 99; BGH v. 8. 3. 2007, NZBau 2007, 371 = BauR 2007, 1036, Rdn. 17; BGH v. 26. 4. 2007, NJW 2007, 3275 = NZBau 2007, 507 = BauR 2007, 1407, Rdn. 18; OLG Hamm v. 20. 12. 2007, BauR 2009, 1320; OLG Nürnberg v. 15. 12. 2005, BauR 2007, 413; LG Karlsruhe v. 28. 10. 2005, BauR 2006, 1003.
[1611] KG v. 16. 10. 2007, BauR 2008, 1149 = NZBau 2008, 325 (LS).
[1612] BGH v. 7. 5. 1987, NJW 1988, 490.
[1613] BGH v. 16. 12. 2004, NJW 2005, 1115 = NZBau 2005, 216 = BauR 2005, 542.
[1614] OLG Nürnberg v. 15. 12. 2005, BauR 2007, 413.
[1615] BGH v. 26. 4. 2007, NJW 2007, 3275 = NZBau 2007, 507 = BauR 2007, 1407, Rdn. 21.
[1616] BGH v. 8. 3. 2007, NZBau 2007, 371 = BauR 2007, 1036, Rdn. 21 f.
[1617] BGH v. 16. 12. 2004, NJW 2005, 1115 = NZBau 2005, 216 = BauR 2005, 542.
[1618] Basty, Rdn. 915.
[1619] OLG Hamm v. 4. 5. 1995, NJW-RR 1996, 213.
[1620] BGH v. 6. 10. 2005, NJW 2006, 214 = NZBau 2006, 113 = BauR 2006, 99, Rdn. 28; BGH v. 8. 3. 2007, NZBau 2007, 371 = BauR 2007, 1036, Rdn. 24; BGH v. 26. 4. 2007, NJW 2007, 3275 = NZBau 2007, 507 = BauR 2007, 1407, Rdn. 23.

bung die Wasserleitungen des Gebäudes nicht erneuert werden sollen, kann jedoch nicht gefolgt werden, dass deren Korrosion und Braunfärbungen des Wassers der vereinbarten Beschaffenheit entsprechen[1621].

Wurden insoweit keine Festlegungen getroffen, kommt es auf die Auslegung des Vertrages an. Die Beschreibung, dass bis auf die Grundmauern saniert wird, darf der Erwerber dahin verstehen, dass sie zwar die Beseitigung von Schallmängeln und die Herstellung einer Kellerabdichtung umfasst, nicht aber auch die Anpassung der Treppenstufen an die heutigen anerkannten Regeln der Technik, wenn dies nur mit erheblichen Eingriffen in die Altbausubstanz möglich wäre[1622].

dd) Punktuelle Sanierungsleistungen. Auf Altbausanierungen, die einer **Neuerrichtung nicht gleichkommen**, ist ebenfalls Werkvertragsrecht anzuwenden. Wegen der nur beschränkten, die gesamte Leistung nicht prägende Herstellungsverpflichtung bezieht sich die werkvertragliche Haftung hier allerdings nur auf die (positiv) übernommenen Bauleistungen. Darüber hinaus ist es nicht gerechtfertigt, Werkvertragsrecht auch auf sämtliche Bauteile anzuwenden, die von der Herstellungsverpflichtung unberührt bleiben. Insoweit richtet sich die Gewährleistung nach Kaufvertragsrecht[1623]. Von derartig punktuellen Eingriffen kann etwa ausgegangen werden, wenn keine Arbeiten an den tragenden Bauteilen, den Innenwänden und der Haustechnik geschuldet sind und sich die versprochenen Leistungen etwa auf die Entfernung der Badeinrichtung und eines Handwaschbeckens, die Ersetzung einer Balkontür und eines Fensters, den Einbau eines Heizkörpers und eines Rundbogens beschränken[1624]. Auch wenn bei einer nur partiellen Sanierung nicht sämtliche Bauteile dem aktuellen Stand der Technik entsprechen müssen, kann eine ordnungsgemäße Herstellung der von der Instandsetzung berührten Bauteile erwartet werden. So kann bei einer Fassadensanierung erwartet werden, dass auch die Balkone und deren Abdichtung nach dem Stand der Technik überarbeitet werden[1625].

Soweit in der Rechtsprechung der Instanzgerichte[1626] vertreten wurde, Werkvertragsrecht sei bei punktuellen Eingriffen erst ab einem gewissen Umfang bzw. ab einer bestimmten Intensität der Arbeiten anzuwenden, ist dem zu widersprechen[1627].

– Das OLG Hamburg[1628] will, wenn der Einbau von Fahrstühlen geschuldet ist, insgesamt Kaufrecht anwenden, weil die Herstellungspflicht hinter die Eigentumsverschaffungspflicht zurücktritt, die Bauleistungen also ein zu geringes Gewicht hätten.

– Das OLG Frankfurt[1629] meint beiläufig, dass die verkaufte Wohnung lediglich renoviert worden sei, also keine Sanierungsmaßnahme vorlag, die von Art und Umfang dem Neubau einer Wohnung gleichzusetzen sei, weshalb die Anwendung von Werkvertragsrecht nicht gerechtfertigt sei.

Sofern eine Herstellungsverpflichtung übernommen wird, und sei sie auch noch so gering (punktueller Eingriff), handelt es sich insoweit nicht mehr um Kauf, sondern

---

[1621] BGH v. 26. 4. 2007, NJW 2007, 3275 = NZBau 2007, 507 = BauR 2007, 1407, Rdn. 23.
[1622] BGH v. 16. 12. 2004, NJW 2005, 1115 = NZBau 2005, 216 = BauR 2005, 542.
[1623] BGH v. 6. 10. 2005, NJW 2006, 214 = NZBau 2006, 113 = BauR 2006, 99, Rdn. 16; *Pause*, BauR 2000, 234 (237); *Basty*, Rdn. 916; *Blank*, Rdn. 950.
[1624] BGH v. 6. 10. 2005, NJW 2006, 214 = NZBau 2006, 113 = BauR 2006, 99, Rdn. 24; KG v. 16. 10. 2007, BauR 2008, 1149 = NZBau 2008, 325 (LS).
[1625] OLG Düsseldorf v. 22. 5. 2003, BauR 2004, 1014.
[1626] OLG Düsseldorf v. 25. 3. 2004, BauR 2005, 1368, mit Hinweis auf die vom BGH im Beschluss über die Nichtzulassungsbeschwerde geäußerten Bedenken.
[1627] *Basty*, Rdn. 917.
[1628] OLG Hamburg v. 21. 6. 1989, NJW-RR 1989, 1497 (worauf es im entschiedenen Fall im Übrigen nicht angekommen wäre, weil der Erwerber keine Mängel am Fahrstuhl gerügt hatte).
[1629] OLG Frankfurt v. 21. 9. 1992, NJW-RR 1993, 121.

wird ein Leistungserfolg versprochen, ist also – jedenfalls für die übernommene Bauleistung – Werkvertragsrecht anzuwenden[1630].

Der Bauträger ist auch bei einer nur punktuellen Sanierung wegen ihm bekannter Mängel an der übrigen Bausubstanz offenbarungspflichtig. Für arglistig verschwiegene Mängel an den nicht sanierten Bauteilen haftet der Bauträger nach Kaufvertragsrecht; auf Haftungsbeschränkungen kann er sich bei arglistig verschwiegenen Mängeln nicht berufen (§ 444 BGB). Offenbarungspflichtig sind z. B. in der Bausubstanz vorhandene **gesundheitsschädliche Baustoffe** wie Asbest, mögen diese bei der ursprünglichen Errichtung auch üblich gewesen und nach früherem Wissensstand als unbedenklich angesehen worden sein. Gesundheitsgefährdende Baustoffe stellen einen Sachmangel i. S. v. § 434 Abs. 1 Satz 2 BGB dar[1631]. Eine Aufklärungspflicht über gesundheitsschädliche Stoffe besteht dann, wenn die ernsthafte Gefahr besteht, dass diese Stoffe mit einem erheblichen gesundheitsgefährdenden Potential im Rahmen der üblichen Nutzung austreten[1632]. Zur üblichen Nutzung des Erwerbers gehören auch solche Arbeiten am Gebäude, die üblicherweise vom Laien selbst ausgeführt werden. Ein asbesthaltiges Kleinteil innerhalb eines Elektrospeicherheizgeräts, von dem weder bei der Nutzung noch bei erwartbaren Reparaturen Gesundheitsgefahren ausgehen, stellt dagegen keinen offenbarungspflichtigen Mangel dar[1633].

636 *ee) Planungs- und Untersuchungspflichten.* Allerdings obliegt dem Bauträger – wie beim Neubau – auch die **Planung** der Sanierungsleistungen; deshalb schuldet er für die von ihm übernommenen Arbeiten auch die **Untersuchung** und Beurteilung der für die Sanierung verwendeten Altbausubstanz. Bei jeder Reparatur, Sanierung und Modernisierung muss sich dem Planer die Frage stellen, ob die angrenzenden, die mitverwendeten, die als Grundlage benutzten Bauteile und -stoffe für den beabsichtigten Sanierungserfolg geeignet sind – oder nicht selbst ausgetauscht oder instandgesetzt werden müssen. Diese Leistung ist auch vom sanierenden Bauträger gegenüber dem Erwerber im Rahmen der Gesamtleistung geschuldet, denn sie gehört zu einer fehlerfreien Altbausanierung. Für Fehler, die dem Bauträger dabei unterlaufen, hat er wie für andere Planungs- und Ausführungsfehler einzustehen[1634]. Der Bauträger schuldet nicht nur eine mangelfreie Bauausführung, sondern auch eine fehlerfreie (Sanierungs-)Planung[1635]. Die im Zuge einer ordnungsgemäßen Untersuchung festzustellenden Defizite sind planerisch zu bewältigen und zu sanieren.

Folglich muss der Bauträger auch bei einer nur begrenzten Erneuerung bestimmter Bauteile (bei punktuellen Eingriffen) die Eignung der dabei verwendeten oder angrenzenden Altbausubstanz untersuchen und in die Planung mit einbeziehen.

Bei Sanierungen (Entkernungen), die einer Neuherstellung gleichkommen, ergibt sich daraus zwangsläufig eine noch umfassendere Haftung des Bauträgers. Der hier zwangsläufig deutlich größere Anteil der Altbausubstanz ist ebenfalls in die Planung mit einzubeziehen, auf seine Eignung zu prüfen und ggf. auch zu sanieren. Werden z. B. in den vorhandenen Dachspeicher neue Wohnungen eingebaut, ist die Eignung

---

[1630] Vgl. auch OLG Hamburg v. 11. 5. 1994, BauR 1995, 242, zu einem Kaufvertrag mit werkvertraglichen Nebenabreden.

[1631] BGH v. 27. 3. 2009, NJW 2009, 2120 = NZBau 2009, 510 l BauR 2009, 1143; vgl. dazu *Fischinger/Lettmaier*, NJW 2009, 2496.

[1632] BGH v. 27. 3. 2009, NJW 2009, 2120 = NZBau 2009, 510 l BauR 2009, 1143.

[1633] OLG München v. 1. 12. 2009, NJW-RR 2010, 677.

[1634] *Pause*, NZBau 2000, 234 (237); *Glöckner*, FS Craushaar, 1997, S. 349, spricht von einer Verpflichtung zur Sanierungsplanung; zustimmend *Basty*, Rdn. 918; *Blank*, Rdn. 954; *Fuchs*, BauR 2007, 264 (268 f.); *Riemenschneider* in Grziwotz/Koeble, 3. Teil, Rdn. 794.

[1635] Vgl. BGH v. 18. 5. 2000, NJW 2000, 2500, zu den erhöhten Anforderungen an die Architektenleistungen bei einer Altbausanierung; OLG Düsseldorf v. 5. 3. 2004, NZBau 2005, 406, zur erforderlichen Abdichtung gegen Bodenfeuchtigkeit bei Umbau eines Altbaus.

VII. Haftung für Mängel der Bauleistung

der vorhandenen Dachkonstruktion einschließlich Dämmung und Abdichtung zu überprüfen.

ff) Bereits fertiggestellte Sanierungsobjekte. Fraglich ist schließlich, ob der Veräußerer **637** nach Kauf- oder Werkvertragsrecht haftet, wenn die Modernisierung oder **Sanierung** bei Abschluss des Vertrages **bereits (teilweise) abgeschlossen** ist.

Für Neubauten wird in ständiger Rechtsprechung davon ausgegangen, dass auf den Erwerb einer Wohnung auch dann Werkvertragsrecht anzuwenden ist, wenn die Bauleistungen bei Abschluss des Vertrages bereits abgeschlossen sind[1636]. Diese Grundsätze gelten in gleicher Weise für den Erwerb einer Wohnung in einem bereits vollständig[1637] oder teilweise[1638] sanierten Altbau, andernfalls würde – je nach dem Datum des Vertragsschlusses – der eine Erwerber werkvertragliche Ansprüche geltend machen können, während der andere wegen derselben Bauleistung auf kaufvertragliche Ansprüche beschränkt würde. Die Anwendung von Werkvertragsrecht ist auch hier sachgerecht (vgl. im Einzelnen Rdn. 70 f.). Darauf, ob im Zeitpunkt der Ausführung der Sanierungsarbeiten bereits eine Veräußerungsabsicht bestand, kommt es nicht an[1639]. Der BGH hat in einer Entscheidung, die noch zum 1ten Schuldrecht erging, angedeutet, dass die werkvertragliche Haftung für bereits abgeschlossene Sanierungsleistungen auch unter dem modernisierten Schuldrecht nach Werkvertragsrecht zu beurteilen sein wird[1640].

Voraussetzung für eine Haftung nach Werkvertragsrecht in diesen Fällen muss aber sein, dass im Erwerbsvertrag oder im Prospekt auf die zuvor ausgeführten Sanierungsleistungen hingewiesen wurde, der Erwerber also neu erbrachte Bauleistungen erwarten durfte. Andernfalls würde der Verkäufer einer gebrauchten Immobilie stets für die Mangelfreiheit von Instandsetzungsarbeiten, die er zuvor ausgeführt hat, haften.

Sofern man bei bereits hergestellten, aber noch neuen Objekten Kaufvertragsrecht anwenden wollte (Rdn. 71), dürfte die Mängelhaftung für die bereits erbrachten Renovierungsleistungen nicht ausgeschlossen werden, § 309 Nr. 8 b BGB.

gg) Mängel. Vertraglich übernommene Sanierungsleistungen müssen mängelfrei sein **638** (im einzelnen Rdn. 652 ff.). Sie müssen der vereinbarten Beschaffenheit und den **anerkannten Regeln der Technik** entsprechen[1641]. Bei Sanierungsleistungen muss die Funktionstauglichkeit[1642] der vereinbarten und ausgeführten Leistungen gegeben sein[1643]. Wurden im Speicher des Altbaus neue Wohnungen hergestellt und dazu auch die Böden erneuert, muss der Trittschallschutz den Anforderungen der DIN 4109 genügen[1644]; dabei kann unter Berücksichtigung der konkreten Nutzung ggf. auch der erhöhte Schallschutz als der heute übliche Schallschutz gefordert werden[1645]. Erneuert der Bauträger die Treppenstufen des Treppenhauses, weil der Belag mangelhaft war, so schuldet er auch eine Anpassung der Stufenhöhen nach dem aktuellen Stand der

---

[1636] BGH v. 21. 2. 1985, NJW 1985, 1551; BGH v. 6. 5. 1982, NJW 1982, 2243.
[1637] BGH v. 16. 12. 2004, NJW 2005, 1115 = NZBau 2005, 216 = BauR 2005, 542; BGH v. 8. 3. 2007, NZBau 2007, 371 = BauR 2007, 1036, Rdn. 18; BGH v. 26. 4. 2007, NJW 2007, 3275 = NZBau 2007, 507 = BauR 2007, 1407, Rdn. 19; LG Karlsruhe v. 28. 10. 2005, BauR 2006, 1003; *Pause*, BTR 2005, 72; a. A. OLG Hamburg v. 26. 2. 1997, BauR 1997, 835 m. abl. Anm. *Karczewski*; LG Landshut v. 11. 11. 1992, NJW 1993, 407; *Samson*, BauR 1996, 58, 62 f.
[1638] OLG Hamm v. 20. 12. 2007, BauR 2009, 1320, zu einer teilweise fertiggestellten Leistung.
[1639] BGH v. 8. 3. 2007, NZBau 2007, 371 = BauR 2007, 1036, Rdn. 18.
[1640] BGH v. 26. 4. 2007, NJW 2007, 3275 = NZBau 2007, 507 = BauR 2007, 1407, Rdn. 19 = ZWE 2007, 404 m. Anm. *Grziwotz*.
[1641] OLG Hamm v. 4. 5. 1995, NJW-RR 1996, 213.
[1642] BGH v. 11. 11. 1999, BauR 2000, 411; BGH v. 8. 11. 2007, NZBau 2008, 109 = BauR 2008, 344.
[1643] *Basty*, Rdn. 913.
[1644] LG Hamburg v. 5. 7. 2002, BauR 2003, 394; vgl. BGH v. 6. 10. 2004, NJW 2005, 218, zu den mietvertragsrechtlichen Anforderungen.
[1645] LG Karlsruhe v. 28. 10. 2005, BauR 2006, 1003 (1005).

Technik[1646]. Soweit die heutigen anerkannten Regeln der Technik nicht eingehalten werden können oder sollen, muss dies ausdrücklich vereinbart werden[1647]. Zum Schallschutz vgl. Rdn. 659.

Für etwaige Wohnflächenabweichungen haftet der Bauträger bei einer im Zuge der Sanierung überhaupt erst noch herzustellenden (Dachgeschoss-)Wohnung ebenfalls nach Werkvertragsrecht[1648].

Neben den ausdrücklich vereinbarten Beschaffenheitsvereinbarungen ist davon auszugehen, dass die Einhaltung der zum Zeitpunkt der Sanierungsleistung zwingend zu beachtenden öffentlich-rechtlichen Vorschriften als wenigstens stillschweigend vereinbart gilt. Das trifft zum Beispiel auf die Anforderungen der Energieeinsparverordnung (EnEV) zu[1649].

639   *hh) Veräußerung von Altbauten ohne Herstellungsverpflichtung.* Nur auf die Veräußerung von **Altbauten ohne Herstellungsverpflichtung,** also ohne jede Renovierungs- oder Sanierungsverpflichtung, ist grundsätzlich Kaufvertragsrecht anzuwenden. Hier kann darüber hinaus die Haftung im gesetzlich zulässigen Umfang beschränkt werden[1650].

2. Haftung für Baumängel

a) Der Mangel

640   Der neu gefasste § 633 BGB folgt dem **subjektiven Fehlerbegriff.** Nach § 633 Abs. 2 BGB ist die Bauleistung mangelfrei, wenn sie
– die vereinbarte Beschaffenheit aufweist (Beschaffenheitsvereinbarung), im Fall einer fehlenden Vereinbarung
– sich für die vertraglich vorausgesetzte Verwendung eignet (vertragliche Verwendungseignung), sonst (hilfsweise)
– sich für die gewöhnliche Verwendung eignet und dabei die Beschaffenheit vergleichbarer Bauleistungen aufweist und der Besteller diese Beschaffenheit erwarten durfte (gewöhnliche Verwendungseignung).

Unter Beschaffenheit des Werkes sind sämtliche ihm anhaftenden Eigenschaften, die sich auf die Verwendung des Werkes und seinen Wert auswirken, zu verstehen. Von diesem Begriff sind deshalb auch die zusicherungsfähigen Eigenschaften im Sinne des früheren Rechts (§ 633 Abs. 1 BGB a. F.) erfasst[1651].

641   Das geschuldete Bauleistung ist dem Gesetz folgend in der Weise zu bestimmen, dass es zunächst auf die Beschaffenheitsvereinbarung, im Falle des Fehlens einer solchen Vereinbarung auf die Eignung für die vertraglich vorausgesetzte Verwendung und, soweit sich auch eine solche nicht bestimmen lässt, auf die Eignung zur gewöhnlichen Verwendung ankommt[1652].

Die sich auf diese Weise gegenseitig ausschließenden **alternativen Mängeltatbestände** könnten allerdings dazu führen, dass die Funktionstauglichkeit des Werkes als Bestandteil des subjektiven Mangelbegriffs[1653] ausgeblendet wird. Das wäre dann des

---

[1646] OLG Hamm v. 4. 5. 1995, NJW-RR 1996, 213.
[1647] *Basty*, Rdn. 915.
[1648] OLG Karlsruhe v. 15. 5. 2007, BauR 2008, 1147 = IBR 2007, 489 (*U. Locher*).
[1649] Vgl. *Drasdo* in Basty/Beck/Haaß, Rdn. 705, 750 noch zur alten Fassung der EnEV.
[1650] BGH v. 6. 6. 1986, NJW 1986, 2824; BGH v. 7. 5. 1987, NJW 1988, 490; BGH v. 23. 6. 1989, NJW 1989, 2534.
[1651] *Palandt/Sprau*, § 633 Rdn. 5.
[1652] *Palandt/Sprau*, § 633 Rdn. 5.
[1653] BGH v. 19. 1. 1995, NJW-RR 1995, 472; BGH v. 11. 11. 1999, NZBau 2000, 74 = BauR 2000, 411 (412); BGH v. 15. 10. 2002, NZBau 2003, 33 = BauR 2003, 236 (238).

VII. Haftung für Mängel der Bauleistung

Fall, wenn man die Funktionstauglichkeit der gewöhnlichen Verwendungseignung (§ 633 Abs. 2 Satz 2 Nr. 2 BGB) zuordnen wollte[1654]. Nach dem Wortlaut des Gesetzes würde das Werk des Unternehmers, sofern es die vereinbarte Beschaffenheit aufweist, selbst dann mangelfrei sein, wenn es sich gleichzeitig nicht für die vertraglich vorausgesetzte oder die gewöhnliche Verwendung eignet. Soweit einer der drei Mängeltatbestände des § 633 Abs. 2 BGB erfüllt ist, wäre das Werk frei von Sachmängeln. Durch die Erfüllung der vertraglich vereinbarten Beschaffenheit käme es auf die weiteren Mängeltatbestände nicht mehr an.

Im Schrifttum wird zur Vermeidung dieses Ergebnisses zum Teil eine kumulative Anwendung der Mängeltatbestände des § 633 Abs. 2 BGB vertreten[1655]. Die Rechtsprechung des BGH hat einen anderen Weg eingeschlagen: Unter Hinweis auf den fortgeltenden subjektiven Mangelbegriff und den Gesetzeszweck wird die vertraglich vereinbarte Beschaffenheit auf den vertraglich vereinbarten Gebrauchszweck und die vereinbarte Funktion[1656] als Beschaffenheitsmerkmal erweitert[1657]. Damit werden Elemente der vertraglich vorausgesetzten Verwendungseignung in die Beschaffenheitsvereinbarung einbezogen. Soweit Gebrauchszweck und Funktion des Werks nicht ausdrücklich festgelegt sind, wird man auf eine entsprechende stillschweigende Vereinbarung abheben müssen. Der Anwendungsbereich der Beschaffenheitsvereinbarung des § 633 Abs. 2 Satz 1 BGB ist dadurch, dass weitgehende stillschweigende Beschaffenheitsvereinbarungen angenommen werden, so zu verstehen, dass diese jedenfalls auch die **Funktionstauglichkeit** umfassen. Die Mehrzahl der Mängel werden auf diese Weise vom Tatbestand der Beschaffenheitsvereinbarung erfasst[1658]. Das gilt für den Bauträgervertrag schon deshalb, weil bei den üblicherweise verwendeten Leistungsbeschreibungen die Funktion des geschuldeten Bauwerks im Vordergrund steht, also jedenfalls ein funktionstaugliches Werk geschuldet ist[1659].

Zwar liegt der Werkvertrag nicht im Anwendungsbereich der Verbrauchsgüterrichtlinie 1999/44 EG vom 25. 5. 1999. Allerdings kann nicht unberücksichtigt bleiben, dass der insoweit gleichlautende § 434 Abs. 1 BGB im Sinne der Verbrauchsgüterrichtlinie EG-konform ausgelegt werden muss. Das ist aber dann auch bei der Auslegung des insoweit vergleichbaren Wortlauts von § 633 Abs. 2 BGB beachtlich[1660]. Nach Art. 2 Abs. 2 der Verbrauchsgüterrichtlinie wird die Vertragsmäßigkeit vermutet, wenn die Güter ihrer Beschreibung bzw. dem Muster entsprechen, sich für den angestrebten Zweck eignen, sich für den üblichen Zweck eignen und die Qualität und Leistung aufweisen, die bei Gütern gleicher Art üblich sind. Die Mängeltatbestände des Art. 2 Abs. 2 der Verbrauchsgüterrichtlinie gelten nach Art. 8 der Erwägungsgründe zu dieser Richtlinie kumulativ. Danach sind die sich gegenseitig nicht ausschließenden Tatbestände über die Beschaffenheit, den Verwendungszweck und die übliche Verwendung nebeneinander anzuwenden. Der Gesetzgeber wollte mit der Schuldrechtsmodernisierung die Verbrauchsgüterrichtlinie in § 434 BGB umsetzen. Die Gestaltung des Mangelbegriffs in § 633 Abs. 2 BGB würde diesen Wertungen widersprechen, wenn die Beschaffenheitsvereinbarung nicht in dem von der Rechtsprechung[1661] aufgezeigten Sinn weit

---

[1654] *Staudinger/Peters/Jacoby* (2008), § 633 BGB, Rdn. 176.
[1655] *Leupertz* in Prütting/Wegen/Weinreich, § 633 BGB, Rdn. 21; *Mundt,* NZBau 2003, 73 (77); *Thode,* NZBau 2002, 297 (304); *Werner/Pastor,* Rdn. 1457.
[1656] BGH v. 8. 11. 2007, NZBau 2008, 109 = BauR 2008, 344, Rdn. 19.
[1657] *Kniffka,* ibr-online-Kommentar (Stand: 26. 5. 2009), § 633 BGB, Rdn. 15; *Kniffka/Koeble,* 6. Teil, Rdn. 23.
[1658] *Kniffka,* ibr-online-Kommentar (Stand: 26. 5. 2009), § 633 BGB, Rdn. 14.
[1659] *Basty,* Rdn. 816, hebt auf die (auch) zu erbringenden Planungsleistungen ab.
[1660] *Kniffka,* ibr-online-Kommentar (Stand: 26. 5. 2009), § 633 BGB, Rdn. 2; *Leupertz* in Prütting/Wegen/Weinreich, § 633 BGB, Rdn. 20; *Thode,* NZBau 2002, 297 (304).
[1661] BGH v. 8. 11. 2007, NZBau 2008, 109 = BauR 2008, 344, Rdn. 16f.

B. Der Bauträgererwerb

gefaßt wird. Eine kumulative Anwendung der Mängeltatbestände ist dann aber nicht erforderlich.

Soweit die Funktionstauglichkeit des Werkes nicht gegeben ist, ist das Werk mangelhaft, selbst wenn es andere vereinbarte Beschaffenheitsmerkmale aufweist:
– Eine Tiefgaragenabfahrt entspricht exakt der Baubeschreibung und den mitbeurkundeten Plänen (Beschaffenheitsvereinbarung); der (vereinbarte) Radius der Tiefgaragenzufahrt ist jedoch so eng, dass sie mit größeren Fahrzeugen nur unter Mühen und mit Rangieren benutzt werden kann. Obwohl die Garage die Merkmale der Beschaffenheitsvereinbarung aufweist, ist sie wegen der fehlenden Funktionstauglichkeit mangelhaft[1662].
– Auch wenn die allgemein anerkannten Regeln der Technik bei der Planung und Herstellung beachtet wurden, kann eine Bauleistung mangelhaft sein, wenn sie gleichwohl nicht die vertraglich vorausgesetzte Funktion aufweist[1663].

642 Die für das geschuldete Werk maßgebliche **Beschaffenheitsvereinbarung** ist dem Vertrag, insbesondere aber der Baubeschreibung und den Vertragsplänen zu entnehmen[1664]. Beschaffenheitsmerkmale im Sinne von § 633 Abs. 2 Satz 1 BGB können alle dem Werk auf eine gewisse Dauer unmittelbar anhaftenden Eigenschaften sein. Diese Eigenschaften liegen in der der Sache selbst, können sich aber auch aus ihrer Beziehung zur Umwelt ergeben[1665]. Die geschuldete Beschaffenheit folgt aus den getroffenen Vereinbarungen und aus dem, was die Parteien – auch stillschweigend – vorausgesetzt haben[1666].

Jede Abweichung der Istbeschaffenheit von der vereinbarten Beschaffenheit führt nach dem Gesetzeswortlaut zwangsläufig zur Mängelhaftung. Darauf, ob der Mangel den Wert oder die Gebrauchstauglichkeit aufhebt oder mindert (§ 633 Abs. 1 BGB a. F.), kommt es nach dem modernisierten Schuldrecht nicht mehr an. Deshalb könnte es sich selbst dann um einen Mangel handeln, wenn der Unternehmer eine bessere, aber von der vereinbarten Beschaffenheit abweichende Ausführung wählt, z.B. einen stärkeren oder besseren Wärmedämmputz ausführt[1667]. In dieser Rigorosität liegt ein weiteres Problem des neuen Rechts. Deshalb wird zum Teil ein eingeschränkter Fehlerbegriff vertreten, der Zurückhaltung bei der Annahme von (stillschweigenden) Beschaffenheitsvereinbarungen empfiehlt[1668] und darüber hinaus annimmt, dass nicht schon jede Angabe in der Baubeschreibung zu einer Beschaffenheitsvereinbarung i. S. v. § 633 Abs. 2 BGB führt. Es wird zwischen unselbständigen (einfachen) und selbständigen (qualifizierten) Beschaffenheitsvereinbarungen unterschieden; im Gegensatz zur selbständigen (qualifizierten) beschreibt zwar auch die unselbständige (einfache) das Bausoll, führt aber bei Abweichungen nicht zu den Sanktionen der §§ 633ff. BGB[1669]. Einfache Beschaffenheitsangaben können insbesondere Vorgaben für die vertraglich vorausgesetzte oder die gewöhnliche Verwendungseignung enthalten[1670].

Eine Unterscheidung zwischen einfachen und qualifizierten Beschaffenheitsvereinbarungen lässt sich wegen damit verbundener Abgrenzungsschwierigkeiten nur schwer

---

[1662] Vgl. OLG Nürnberg v. 17. 9. 1999, BauR 2000, 1464 (zur alten Rechtslage).
[1663] BGH v. 9. 7. 2002, NZBau 2002, 611; BGH v. 8. 11. 2007, NZBau 2008, 109 = BauR 2008, 344, Rdn. 18.
[1664] *Blank*, Rdn. 107; *Lucenti*, NZBau 2008, 962; *Mundt*, NZBau 2003, 73 (75); *Preussner*, BauR 2002, 231 (233); *Riemenschneider* in Grziwotz/Koeble, 3. Teil, Rdn. 311, 341; einschränkend *Basty*, Rdn. 822; *Motzke*, BTR, 2003, 15 (17).
[1665] *Palandt/Sprau*, § 633 Rdn. 5; *Staudinger/Peters/Jacoby* (2008), § 633 BGB, Rdn. 158f.
[1666] *Palandt/Sprau*, § 633 Rdn. 5.
[1667] Vgl. *Kniffka*, ibr-online-Kommentar (Stand: 26. 5. 2009), § 633 BGB, Rdn. 41.
[1668] *Palandt/Sprau*, § 633 Rdn. 6b; *Basty*, Rdn. 822; *Motzke* BTR, 2003, 15 (17f.); a.A. *Mundt*, NZBau 2003, 73 (75); auch *Preussner*, BauR 2002, 231 (233).
[1669] *Motzke*, BTR, 2003, 15 (17); ders. IBR 20001, 654; *Basty*, Rdn. 822.
[1670] *Motzke*, BTR, 2003, 15 (19); ders. IBR 20001, 654.

VII. Haftung für Mängel der Bauleistung

vertreten. Im Grundsatz ist davon auszugehen, dass sämtliche Angaben in der Baubeschreibung und in den Vertragsplänen Beschaffenheitsmerkmale darstellen, also zur Beschaffenheitsvereinbarung werden und damit das geschuldete Bausoll beschreiben. Vertragsregelungen, die dem entgegenzuwirken suchen, müssen sich am Maßstab der §§ 305 ff. BBB messen lassen: Bedenken bestehen gegen Vereinbarungen, nach denen in Anlehnung an die frühere Rechtslage nur für Abweichungen von der Sollbeschaffenheit gehaftet werden soll, wenn sie den Wert oder die Tauglichkeit des Werks herabsetzen; eine solche Klausel dürfte in dieser Pauschalität einer Inhaltskontrolle nach § 309 Nr. 8 b) aa) BGB nicht standhalten. Ebenfalls problematisch erscheinen Regelungen, nach denen es sich bei den in der Baubeschreibung beschriebenen Leistungen grundsätzlich um keine Beschaffenheitsangaben handelt, es sei denn, aus dem Vertrag ergibt sich ausdrücklich ein anderes [1671]. Da der Erwerber die Festlegung in der Baubeschreibung und in den Plänen für maßgeblich halten darf, erscheinen Vertragsbestimmungen, die diese Funktion der Leistungsbeschreibung einschränken bzw. aufheben, als intransparent im Sinne von § 307 Abs. 1 Satz 2 BGB.

Tatsächlich wird sich ein Teil der Fälle durch eine sinnvolle Auslegung der Beschaffenheitsvereinbarungen lösen lassen. Dabei ist der der Beschaffenheitsvereinbarung zugrundeliegende Verwendungszweck zu berücksichtigen. So können Maßangaben als Circa-, Mindest- oder Höchstmaß ausgelegt werden[1672].

Deshalb sind auch Toleranzklauseln etwa für Flächenabweichungen zulässig, weil sie die Genauigkeit einer konkreten Beschaffenheitsangabe festlegen und damit selbst zu einer Beschaffenheitsvereinbarung werden. Im Übrigen kann sich der Bauträger wohl nur dadurch schützen, dass er bei Beschaffenheitsangaben Zurückhaltung übt.

Als ein Element der vereinbarten Beschaffenheit ist der vereinbarte Zweck und die vereinbarte Funktion des Werkes, also die **Funktionstauglichkeit** zu verstehen. Zum § 633 BGB a. F. war vom BGH in ständiger Rechtsprechung betont worden, dass der geschuldete Erfolg durch die Erreichung der vereinbarten Leistung und die Ausführungsart, aber darüber hinaus auch durch die Funktion, die das Werk erfüllen soll, bestimmt wird[1673]. Der BGH hat durch seine Entscheidung vom 8. 11. 2007[1674] klargestellt, dass die Funktionstauglichkeit als Bestandteil der vereinbarten Beschaffenheit auch unter dem modernisierten Schuldrecht Voraussetzung für eine mangelfreie Leistung ist (vgl. vorstehend Rdn. 642). Deshalb muss das hergestellte Werk nicht nur die vereinbarten Beschaffenheitsmerkmale aufweisen, den anerkannten Regeln der Technik entsprechen, sondern stets und unabhängig davon auch die vereinbarte Funktion erfüllen[1675].

643

Für den Bauträgervertrag ist zusammengefaßt davon auszugehen, dass die Angaben in den Vertragsunterlagen Beschaffenheitsvereinbarungen enthalten und für die Beurteilung der Mangelhaftigkeit zusätzlich auf den vertraglich vorausgesetzten Verwendungszweck, wie er sich ebenfalls aus dem Vertrag ergibt, abzustellen ist (Rdn. 641). Die vereinbarte Beschaffenheit findet sich danach in den Angaben der Baubeschreibung und den Plänen und ist ggf. im Wege der Auslegung zu ermitteln. Sofern die anerkannten Regeln der Technik nicht ausdrücklich erwähnt sein sollten, ist davon auszugehen, dass sie stillschweigend vereinbart sind, die Funktionstauglichkeit, der Verwendungszweck, aber Vorrang hat[1676].

[1671] Vgl. aber *Basty*, Rdn. 823.
[1672] *Kniffka*, ibr-online-Kommentar (Stand: 26. 5. 2009), § 633 BGB, Rdn. 41 f.
[1673] BGH v. 19. 1. 1995, NJW-RR 1995, 472; BGH v. 11. 11. 1999, NZBau 2000, 74 = BauR 2000, 411 (412); BGH v. 15. 10. 2002, NZBau 2003, 33 = BauR 2003, 236 (238).
[1674] BGH v. 8. 11. 2007, NZBau 2008, 109 = BauR 2008, 344, Rdn. 15 ff.
[1675] BGH v. 8. 11. 2007, NZBau 2008, 109 = BauR 2008, 344, Rdn. 19.
[1676] *Kniffka*, ibr-online-Kommentar (Stand: 26. 5. 2009), § 633 BGB, Rdn. 47; *Kniffka/Koeble*, 6. Teil, Rdn. 23.

644 Soweit keine Beschaffenheit vereinbart ist, muss sich das Werk gem. § 633 Abs. 2 Satz 2 Nr. 1 BGB für die vom Vertrag vorausgesetzte Verwendung eignen[1677]. Fälle der fehlenden **vertraglichen Verwendungseignung** dürften in der Praxis eher selten sein[1678]: Sofern die mit dem Werk verfolgten Zwecke und Funktionen vertraglich vorausgesetzt werden, sind sie auch vertraglich vereinbart, also selbst Beschaffenheitsmerkmal (vgl. Rdn. 641). Auf den alternativen Mangeltatbestand der Verwendungseignung kann es dann nicht mehr ankommen.

645 Die **gewöhnliche Verwendungseignung** des § 633 Abs. 2 Satz 2 Nr. 2 BGB stellt hilfsweise auf die Funktionstauglichkeit für die gewöhnliche Verwendung ab; es kommt darauf an, was bei Werken der gleichen Art üblich ist und vom Erwerber erwartet werden kann[1679]. Die Bestimmung der gewöhnlichen Verwendung wird umso schwieriger, je weniger Anhaltspunkte der Vertrag in Bezug auf die Verwendung enthält.

– Die Gestaltung (Planung) für ein Mehrfamilienwohnhaus eignet sich nicht für die gewöhnliche Verwendung, wenn sie bei vergleichbaren Objekten nicht üblich ist, z.B. den Zugang zum Dach (und zum Kamin) nicht durch das Gemeinschaftseigentum, nämlich das gemeinschaftliche Treppenhaus (und statt dessen über eine der Dachgeschosswohnungen) vorsieht.

– Sofern eine Lagerhalle errichtet werden soll, der Vertrag aber keine näheren Angaben zur Nutzung enthält, wird es schwierig zu entscheiden, ob bei Gewerbeflächen dieser Art die Nutzung durch Gabelstapler üblich ist, also dafür geeignete Bodenbeläge gefordert werden können[1680].

646 Die Mangelhaftigkeit der Leistung folgt allein aus der Abweichung der tatsächlichen Bauausführung von der vereinbarten Beschaffenheit. Mangelfolgen oder **Schäden** am Bauwerk oder an anderen Rechtsgütern werden nicht vorausgesetzt. Ein Mangel besteht deshalb auch dann, wenn ein Verstoß gegen die allgemein anerkannten Regeln der Technik vorliegt, es aber noch nicht zu Schäden gekommen ist[1681].

647 Der **Rechtsmangel** steht dem Sachmangel gleich; Rechtsmängel werden sich beim Bauträgererwerb kaum auf die Bauleistung beziehen, sondern auf das Grundstück; deshalb ist nicht § 633 Abs. 3 BGB, sondern § 435 BGB einschlägig[1682].

b) Garantien

648 Eine Haftung für **zugesicherte Eigenschaften** kennt das modernisierte BGB im Werk- und Kaufvertragsrecht nicht mehr. Zusicherungsfähige Eigenschaften können ohne weiteres Inhalt einer Beschaffenheitsvereinbarung sein. So wurden nach altem Recht Angaben zu Mieterträgen regelmäßig als Eigenschaftszusicherung verstanden[1683]. Diese Angaben können heute Grundlage einer Beschaffenheitsvereinbarung sein. Damit werden sämtliche Mängelansprüche eröffnet, insbesondere auch Schadensersatzansprüche.

Es ist aber möglich, dass der Bauträger eine **Garantie** abgibt. In Betracht kommt eine unselbständige oder eine selbständige Garantie. Eine **unselbständige Garantie** bezieht sich auf bestimmte Beschaffenheitsmerkmale des Werks und enthält das Versprechen, dass das Werk insofern jedenfalls mangelfrei sein bzw. bestimmte Beschaf-

---

[1677] *Staudinger/Peters/Jacoby* (2008), § 633 BGB, Rdn. 184; *Palandt/Sprau*, § 633 Rdn. 7.
[1678] *Kniffka/Koeble*, 6. Teil, Rdn. 28.
[1679] *Palandt/Sprau*, § 633 Rdn. 7.
[1680] *Kniffka*, ibr-online-Kommentar (Stand: 26. 5. 2009), § 631 BGB, Rdn. 22.
[1681] OLG Düsseldorf v. 14. 7. 1995, NJW-RR 1996, 146 m. w. N.
[1682] *Mundt*, NZBau 2003, 73 (78); *Kniffka*, ibr-online-Kommentar (Stand: 26. 5. 2009), § 633 BGB, Rdn. 57 f.; a. A. *Thode*, NZBau 2003, 297 (303); *Vorwerk*, BauR 2003, 1 (7).
[1683] BGH v. 5. 10. 2001, NJW 2002, 208.

VII. Haftung für Mängel der Bauleistung

fenheitsmerkmale zuverlässig aufweisen wird. Die Haftung richtet sich nach den §§ 633 ff. BGB mit der Verschärfung des § 276 BGB; sie begründet für den Unternehmer also eine verschuldensunabhängige Einstandspflicht[1684]. Haftungsausschlüsse und -beschränkungen sind im Umfang der abgegebenen Garantie ausgeschlossen, § 639 BGB. Vereinbarungen, die nach altem Recht als Zusicherung qualifiziert wurden, können im Einzelfall als unselbständige Garantie ausgelegt werden[1685].

Denkbar ist auch, dass eine **selbständige Garantie** übernommen wird. Sie ist auf einen über die Herstellung des Werks hinausgehenden Erfolg gerichtet (Haltbarkeit des Werks auf eine bestimmte Dauer, z.B. Dichtigkeit des Dachs auf 10 Jahre). Die Haftung richtet sich nicht nach den §§ 633 ff. BGB, sondern folgt – wie bei § 443 BGB – den selbständig begründeten Garantieansprüchen[1686]. 649

Um eine Garantie annehmen zu können, wird im Vertrag entweder ausdrücklich von ihr die Rede sein oder sonst wie deutlich werden müssen, dass der Bauträger verschuldensunabhängig, also verschärft haften soll. 650

Garantien bedürfen beim Bauträgervertrag der gesetzlichen **Form des § 311 b BGB**; werden vom Bauträger Garantien außerhalb des Vertrages abgegeben, also nicht ordnungsgemäß beurkundet, sind sie formnichtig[1687]. Hätte der Erwerber den Vertrag ohne die Garantie nicht abgeschlossen, so wird auch der Vertrag im Übrigen unwirksam[1688]. Im Übrigen kann die nichtige Garantie durch die Eintragung der Auflassung in das Grundbuch geheilt werden[1689]. 651

c) Einzelne Beschaffenheitsmerkmale

aa) Vertragspläne und Baubeschreibung. Das Bauwerk des Bauträgers ist mangelhaft, wenn es die in der **Baubeschreibung** und in den **Vertragsplänen** beschriebenen Eigenschaften nicht aufweist. Das gilt für sämtliche Beschaffenheitsmerkmale: die Größe, die Abmessungen und die Grundrisse des zu errichtenden Bauwerks, die sich aus den Plänen ergebende Gestaltung des Bauwerks und die in der Baubeschreibung enthaltenen Festlegungen der Baustoffe, Mengen und Qualitäten. Im Grundsatz stellt jede Abweichung der tatsächlichen Bauausführung von der geschuldeten Bauleistung einen Mangel dar. Die vom Bauträger geschuldete Leistung ist ggf. im Wege der **Auslegung** zu ermitteln. Das gilt vor allem dann, wenn die Pläne oder die Baubeschreibung nicht eindeutig sind[1690]. 652

Die **Abweichung der tatsächlichen Bauausführung von den Vertragsplänen** stellt einen Mangel dar, und zwar unabhängig davon, ob das errichtete Bauwerk technische Mängel aufweist[1691]. Die vom Plan abweichende, höhere Gründung des Gebäudes führt zu einem Mangel; sie verändert zum einen den optischen Gesamteindruck des Hauses und erfordert zum anderen eine Treppe zum Hauseingang und die veränderte Gestaltung der Terrasse[1692]. Auch die planwidrige Anordnung eines Müllcontainerplatzes in unmittelbarer Nachbarschaft zur Terrasse einer im Erdgeschoss gelegenen Eigentumswohnung wirkt sich als Sachmangel aus; die Wohnung hat den Makel, dass die Wohnung neben einem Müllplatz liegt[1693]. Dagegen soll es keinen Mangel des Sonder-

---

[1684] *Palandt/Sprau,* § 634 Rdn. 25; *Kniffka/Koeble,* 6. Teil, Rdn. 29.
[1685] *Palandt/Heinrichs,* § 276 Rdn. 29.
[1686] *Palandt/Sprau,* § 634 Rdn. 26.
[1687] BGH v. 3. 3. 1989, WM 1989, 883, zur Eigenschaftszusicherung.
[1688] Vgl. BGH v. 20. 6. 1980, NJW 1981, 222.
[1689] BGH v. 3. 3. 1989, WM 1989, 883.
[1690] *Kniffka,* ibr-online-Kommentar (Stand: 26. 5. 2009), § 633 BGB, Rdn. 16.
[1691] OLG Celle v. 6. 2. 2003, BauR 2003, 1408.
[1692] BGH v. 7. 3. 2002, NJW 2002, 3543 = NZBau 2002, 571.
[1693] OLG Düsseldorf v. 13. 11. 2000, NJW-RR 2001, 523.

B. Der Bauträgererwerb

eigentums darstellen, wenn entgegen den Vertragsplänen in den der Wohnung benachbarten Außenanlagen ein Spielplatz und ein Gartenpavillon angelegt und dadurch eine Lärmquelle geschaffen wird[1694]. Zu Planabweichungen kommt es häufig bei der Erfüllung von Sonderwünschen, wenn sich diese nicht nur auf das Sondereigentum auswirken, sondern zugleich auch das Gemeinschaftseigentum berühren[1695]. Sie können aber auch bei einer ursprünglich unzureichenden Planung und dadurch nachträglich verursachte behördliche Auflagen entstehen. Derartige Planabweichungen stellen einen Mangel dar.

Der Erwerber muss willkürliche **Planänderungen** nicht hinnehmen. Der vom Bauträger mit der Planung beauftragte Architekt muss bei Bauträgerobjekten darauf Bedacht nehmen, dass der Bauträger durch die Veräußerung der Wohnungen bzw. Häuser an die erstellte Planung gebunden ist[1696].

Bei **Abweichungen der tatsächlichen Bauausführung vom Aufteilungsplan** sind die Mängelansprüche von den wohnungseigentumsrechtlichen Ansprüchen zu unterscheiden. Der Bauträger ist für Planabweichungen dieser Art gewährleistungspflichtig. Er hat den geplanten Zustand bis zur Zumutbarkeitsgrenze des § 635 Abs. 3 BGB herzustellen. Im Verhältnis zwischen den Wohnungseigentümern gilt, dass jeder Eigentümer von den anderen gemäß § 21 Abs. 4, 5 Nr. 2 WEG die Mitwirkung bei der Herstellung eines erstmaligen ordnungsgemäßen Zustandes entsprechend dem Teilungsplan verlangen kann, wobei dieser Anspruch nach Treu und Glauben ausgeschlossen sein kann[1697]. Für die dingliche Zuordnung von Sondereigentums- und Gemeinschaftsflächen kommt es grundsätzlich auf den Aufteilungsplan und nicht auf die tatsächliche Bauausführung an[1698].

653 Die von der **Baubeschreibung** abweichende Bauausführung stellt ebenfalls einen Mangel dar. Das ist etwa der Fall, wenn in der Baubeschreibung ein geschlossenes Treppenhaus beschrieben wird, während das Treppenhaus tatsächlich offen gestaltet wurde[1699]. Ein als **Massivhaus** beschriebenes Bauwerk ist Stein auf Stein errichtet. Sofern es sich abweichend davon um ein Fertighaus oder ein Fachwerkhaus handelt, fehlt ihm die vereinbarte Beschaffenheit[1700]. Die Angabe des Bauträgers, nur **umweltfreundliche Baustoffe** zu verwenden, ist dahin auszulegen, dass gesundheitlich unbedenkliche Baustoffe verwendet werden müssen, aber auch ausreichend sind. Im zulässigen Umfang stellen Strahlungen, Ausgasungen usw. keinen Mangel dar. So dürfen Formaldehyd-Ausgasungen im zulässigen Umfang auftreten, da das Wohnen in solchen Häusern gesundheitlich unbedenklich ist[1701].

Die Beschaffenheit des Vertragsgegenstandes wird auch durch die Bezeichnung als Wohnung oder als **Gewerbeeinheit** beschrieben. Ob der Vertragsgegenstand wegen dieser Bezeichnung besondere Beschaffenheitsmerkmale aufweisen muss, ist dem Vertrag (der Baubeschreibung) zu entnehmen. Erforderlichenfalls ist der Vertrag auszulegen. Danach kann es einen Mangel darstellen, wenn ein Laden veräußert wird, der nach der Teilungserklärung gastronomisch genutzt werden darf und nach dem Einrichtungs-

---

[1694] OLG Düsseldorf v. 1. 9. 1999, BauR 2000, 286.
[1695] Nicht passivlegitimiert ist aber der durch die Sonderwunschausführung begünstigte andere Erwerber, vgl. BayObLG v. 2. 9. 1993, NJW-RR 1994, 82; anders dagegen bei nachträglichen baulichen Veränderungen i. S. d. § 22 Abs. 1 Satz 1 WEG durch den Erwerber: BayObLG v. 5. 11. 1993, NJW-RR 1994, 276.
[1696] BGH v. 9. 5. 1996, NJW 1996, 2370.
[1697] BayObLG v. 9. 5. 1996, WE 1997, 73; BayObLG v. 14. 5. 1996, WE 1997, 76; zur dinglichen Rechtslage bei derartigen Abweichungen vgl. Palandt/Bassenge, § 2 WEG Rdn. 4 f.; BayObLG v. 9. 5. 1996, WE 1997, 73.
[1698] BayObLG v. 30. 7. 1998, MittBayNot 1998, 440.
[1699] OLG Stuttgart v. 17. 10. 2002, BauR 2003, 1394.
[1700] Vgl. OLG Celle v. 13. 5. 2004, MittBayNot 2004, 436, zu §§ 434, 443 BGB.
[1701] OLG Bamberg v. 6. 10. 1999, NJW-RR 2000, 97.

vorschlag eine Nutzung als Café vorsieht, sich aber nach den öffentlich-rechtlichen Anforderungen nicht für eine vollgastronomische Nutzung eignet, aber nur auf diese Art rentabel betrieben werden kann. Dabei kann es für die Beurteilung der Frage der Mangelhaftigkeit eines Gewerbeobjekts sogar auf die Wirtschaftlichkeit und damit auch auf die Rentabilität ankommen[1702]. Andererseits können aus der Bezeichnung „Gewerbeeinheit", wenn keine zusätzlichen Anforderungen oder Nutzungszwecke vereinbart sind, keine bestimmten Raumhöhen abgeleitet werden. Sie sind mangels Vereinbarung nicht geschuldet, auch wenn sie bei der Beschäftigung von Arbeitnehmern aus arbeitsschutzrechtlichen Gründen erforderlich sein können[1703].

Auch die **Teilungserklärung** kann für die Beschaffenheit des Vertragsgegenstandes maßgebliche Bedeutung haben. Werden in der dem Vertrag zugrundeliegenden Teilungserklärung sämtliche Einheiten als Wohnungseinheiten beschrieben, stellt es einen Mangel dar, wenn davon abweichend im Wege der Änderung der Teilungserklärung für einzelne Einheiten eine gewerbliche Nutzung zugelassen wird. Jedenfalls durch eine unbeschränkt gewerbliche Nutzung wird der Charakter einer Wohnanlage verändert[1704].

Verwendet der Bauträger gegenüber den Erwerbern ein und desselben Objekts in Bezug auf das Gemeinschaftseigentum **verschiedene Baubeschreibungen**, so ist das Werk bei Umsetzung einer der Baubeschreibungen im Verhältnis zu dem einen Erwerber vertragsgerecht, während dieselbe Leistung im Verhältnis zum anderen Erwerber einen Mangel darstellt[1705]. Der Erwerber, dem gegenüber mangelhaft geleistet wurde, hat die auf eine mangelfreie Leistung gerichteten Nacherfüllungsansprüche. Ob er den Anspruch durchsetzen kann, hängt auch vom Innenverhältnis ab, nämlich von der Frage, ob die anderen Miteigentümer die begehrte Nacherfüllung (Änderung des Gemeinschaftseigentums) hinnehmen wollen oder müssen. Sofern sich aus der Teilungserklärung und den Aufteilungsplänen ebenfalls ergibt, dass abweichend ausgeführt wurde, kann der Erwerber die Beseitigung des vertragswidrigen Zustandes auch von den Miteigentümern verlangen. Ist das nicht der Fall und stimmen die anderen Miteigentümer der vom Anspruchsteller gewünschten Nachbesserung nicht zu, ist dem Bauträger die Mängelbeseitigung unmöglich und der betroffene Erwerber auf die anderen Mängelrechte (z. B. Minderung, kleiner Schadensersatz) beschränkt[1706], die er in diesem Fall ohne Zustimmung (Beschluss) der Gemeinschaft geltend machen kann.

bb) Die anerkannten Regeln der Technik. Die **anerkannten Regeln der Technik** sollen technisch mängelfreie Bauwerke gewährleisten. Die Definition der anerkannten Regeln der Technik geht auf eine Entscheidung des Reichsgerichts zurück. Das Reichsgericht hat sinngemäß entschieden, dass es für eine den anerkannten Regeln der Technik entsprechende Bauausführung nicht genügt, wenn die Notwendigkeit gewisser Maßnahmen in der Wissenschaft (Theorie) erkannt und gelehrt wird, sei es auf Hochschulen, sei es in Büchern. Vielmehr muss die Notwendigkeit solcher Maßnahmen auch in die ausübende Baukunst und das Baugewerbe (in die Praxis) eingedrungen sein und sich dort befestigt haben; vorher könne nicht von einer allgemeinen Anerkennung der betreffenden Regel gesprochen werden[1707]. Durch die Entscheidung wird also die notwendige Anerkennung theoretischer Erkenntnisse durch die Baupraxis betont.

654

[1702] BGH v. 5. 7. 2001, NJW 2001, 3476 = NZBau 2001, 551 = BauR 2001, 1731.
[1703] KG v. 5. 9. 2006, BauR 2008, 530.
[1704] BGH v. 17. 6. 2005, NZBau 2005, 587.
[1705] *Kniffka*, FS Ganten, S. 125 (134); *Basty*, Rdn. 807.
[1706] *Kniffka*, FS Ganten, S. 125 (134); *Blank*, BauR 2010, 4 (9).
[1707] RG v. v. 11. 10. 1910 – IV 644/10, RGSt 44, 75 (78 f.).

B. Der Bauträgererwerb

Diese Rechtsprechung wird heute auf die Formel gebracht, dass technische Regeln dann als allgemein anerkannt anzusehen und deshalb maßgeblich sind, wenn sie sich in der Wissenschaft als theoretisch richtig erwiesen und in der Baupraxis bewährt haben. Sowohl für die wissenschaftliche wie auch für die baupraktische Anerkennung kommt es auf die Mehrheit der Fachleute an[1708].

Zu den anerkannten Regeln der Technik gehören sämtliche überbetrieblichen Normen und Regelwerke, insbesondere die DIN-Vorschriften, die VDI-Richtlinien, die VDE-Bestimmungen, die ETB-Bestimmungen des Instituts für Bautechnik, die Flachdachrichtlinien (Teil der Fachregeln des Dachdeckerhandwerks), Herstellerrichtlinien[1709] usw. Als anerkannte Regeln der Technik gelten nicht nur die schriftlich gefassten Vorschriften und Normen, sondern auch die mündlich und im Handwerk überlieferten technischen Regeln[1710].

655 Die anerkannten Regeln der Technik, insbesondere auch die schriftlich gefassten Regelwerke, sind rein privatrechtlicher Natur. Sie enthalten private technische Regelungen mit Empfehlungscharakter[1711]. Als Anforderung an das zu planende bzw. auszuführende Bauwerk werden sie dadurch verbindlich, dass sie zwischen den Vertragsparteien des Vertrages vereinbart werden.

Zunächst kommt die Geltung der anerkannten Regeln der Technik auf der Grundlage einer ausdrücklichen **Vereinbarung** in Betracht. Für den Bauträgervertrag wird bei der Beschreibung der geschuldeten Bauleistung regelmäßig auf die dabei einzuhaltenden anerkannten Regeln der Technik hingewiesen[1712]. Klauseln, die eine norm- oder DIN-gerechte Ausführung fordern, werden dahin ausgelegt werden können, dass damit eine Ausführung nach den anerkannten Regeln der Technik gemeint ist, also auch geschuldet ist.

Soweit der Vertrag keine Aussagen zur technischen Qualität der Bauausführung enthält, kann angenommen werden, dass eine Verpflichtung zur Beachtung der anerkannten Regeln der Technik **stillschweigend vereinbart** ist. Unter Beachtung der Interessen des Bestellers muss davon ausgegangen werden, dass die technische Qualität des geschuldeten Werks den anerkannten Regeln der Technik entsprechen soll – und der Unternehmer dafür auch geradestehen will. Die Rechtsprechung des BGH geht davon aus, dass der Unternehmer die Einhaltung der anerkannten Regeln der Technik stillschweigend zusichert[1713].

Allein durch die Einhaltung der anerkannten Regeln der Technik ist ein insgesamt mängelfreies Werk nicht gewährleistet; die anerkannten Regeln der Technik als Beschaffenheitsmerkmal sind neben den übrigen Beschaffenheitsvereinbarungen einzuhalten[1714]. Dazu gehören insbesondere die vertraglich vorausgesetzte Gebrauchs- und **Funktionstauglichkeit**. Die Bauleistung kann also mangelhaft sein, obwohl die anerkannten Regeln der Technik beobachtet wurden, wenn die vereinbarte Funktionstauglichkeit nicht gegeben ist[1715].

Da die maßgeblichen Regeln der Technik von ihrer Anerkennung in Wissenschaft und Praxis abhängen und diese sich in einer ständigen Weiterentwicklung befinden, ist

---

[1708] Vgl. *Oppler* in Ingenstau/Korbion, § 4 Abs. 2 VOB/B, Rdn. 49; *Kniffka/Koeble*, 6. Teil, Rdn. 34; *Kleine-Möller/Merl*, § 15, Rdn. 247 f.; *Seibel*, Baumängel und anerkannte Regeln der Technik (2009), Rdn. 20 f.; *Werner/Pastor*, Rdn. 1459.
[1709] OLG Thüringen v. 27. 7. 2006, BauR 2009, 670.
[1710] *Kniffka/Koeble*, 6. Teil, Rdn. 34.
[1711] BGH v. 14. 5. 1998, BauR 1998, 872 = NJW 1998, 2814.
[1712] *Basty*, Rdn. 1172, S. 555, 611; *Blank*, Rdn. 45; *Reithmann/Blank/Rinck*, Rdn. 618.
[1713] BGH v. 14. 5. 1998, BauR 1998, 872 = NJW 1998, 2814.
[1714] *Wirth* in Ingenstau/Korbion, § 13 Abs. 1 VOB/B, Rdn. 87.
[1715] BGH v. 3. 11. 2004, BauR 2005, 552 = NZBau 2005, 145; BGH v. 8. 11. 2007, NZBau 2008, 109 = BauR 2008, 344; vgl. auch BGH v. 19. 1. 1995, NJW-RR 1995, 472; BGH v. 9. 7. 2002, NZBau 2002, 611; OLG Frankfurt v. 6. 6. 1997, NJW-RR 1998, 669.

VII. Haftung für Mängel der Bauleistung

es möglich, dass die tatsächlich anerkannten Regeln der Technik von den schriftlich gefassten Regelwerken abweichen. Letztere können hinter diesen zurückbleiben oder Anforderungen formulieren, die tatsächlich noch nicht allgemein anerkannt sind. Zwar haben die Regelwerke die **Vermutung** für sich[1716], eine anerkannte Regel darzustellen; der Nachweis des Gegenteils ist aber möglich[1717].

Nach der Rechtsprechung des BGH[1718] kommt es für die Mangelfreiheit im allgemeinen auf den Stand der anerkannten Regeln der Technik im **Zeitpunkt der Abnahme** an. Der BGH hat unter Hinweis auf diese Entscheidung wiederholt auf die Abnahme als den Zeitpunkt, der für die anerkannten Regeln der Technik maßgeblich ist, verwiesen[1719]. Allerdings kam es weder bei der Ausgangsentscheidung noch in den späteren Urteilen auf Änderungen der anerkannten Regeln der Technik etwa zwischen Vertragsschluss und Abnahme an. Für einen solchen Fall hat das OLG Zweibrücken[1720] entschieden, dass die Bauausführung mangelhaft ist, wenn nach den zum Zeitpunkt des Vertragsschlusses einschlägigen Regeln eine bestimmte Ausführung zwar noch nicht gefordert würde, diese Anforderung aber noch vor der tatsächlichen Bauausführung allgemein anerkannt ist, denn es obliegt dem Bauträger, sich über Änderungen der einschlägigen Regelwerke zu informieren – und diese zu berücksichtigen. Das OLG Zweibrücken hatte einen Sachverhalt zu entscheiden, bei dem die Bodenplatte der Tiefgarage einer Wohnanlage nicht beschichtet worden war. Zwar war eine Beschichtung nach den zum Zeitpunkt des Vertragsschlusses einschlägigen anerkannten Regeln der Technik nicht vorgeschrieben. Noch vor der Bauausführung war die DIN 1045 (Teil I Tab. 3) aber dahin geändert worden, dass die Bodenplatte zum Schutz vor eindringenden Taumitteln mit einer Beschichtung ausgestattet werden musste.

656

In der Literatur wird der Rechtsprechung, dass es für die maßgeblichen anerkannten Regeln der Technik auf den Zeitpunkt der Abnahme ankommt, zugestimmt[1721]. Allerdings sollen unvorhersehbare Reglenänderungen, die nach der Bauausführung eintreten, dabei außer Betracht bleiben[1722]. Dagegen wird auch vertreten, dass selbst Regeländerungen nach der Bauausführung beachtet werden müssen, da andernfalls ein mangelhaftes Werk entsteht; in diesem Fall werden Hinweispflichten des Unternehmers und zusätzliche Vergütungsansprüche nach § 2 Abs. 5 VOB/B bzw. § 2 Abs. 6 VOB/B angenommen[1723].

Ob der BGH seine Rechtsprechung auch auf die Fälle, bei denen sich die anerkannten Regeln der Technik nach Abschluss des Vertrages ändern, einschränkungslos anwenden würde, muss bezweifelt werden[1724]. Vertretbar erscheint eine Lösung, bei der im Grundsatz davon ausgegangen wird, dass – vorbehaltlich anderer Vereinbarungen – dem Vertrag die im Zeitpunkt des Vertragsschlusses anerkannten Regeln der Technik stillschweigend zugrunde gelegt werden[1725].

Für den Fall, dass sich die anerkannten Regeln der Technik nach Auftragserteilung (überraschend) ändern sollten, ist der Bauträger, da er keine Möglichkeit hatte, die

---

[1716] Kritisch *Quack*, BauR 2010, 863.
[1717] OLG Brandenburg v. 18. 6. 2009, NZBau 2010, 246; OLG Hamm v. 17. 2. 1998, NJW-RR 1998, 668; *Kniffka/Koeble*, 6. Teil, Rdn. 34.
[1718] BGH v. 14. 5. 1998, NJW 1998, 2814 = BauR 1998, 872 (873).
[1719] BGH v. 19. 1. 1995, BauR 1995, 230 = NJW-RR 1995, 472; BGH v. 28. 10. 1999, BauR 2000, 261; ähnlich bereits BGH v. 20. 3. 1986, BauR 1986, 447 (448); vgl. auch OLG Koblenz v. 29. 6. 2005, BauR 2006, 843.
[1720] OLG Zweibrücken v. 21. 12. 2006, DNotZ 2008, 187 (m. Anm. *Pause*) = IBR 2007, 264 (*Siegburg*); vgl. zu dieser Entscheidung *Basty*, PiG Bd. 84, S. 171 (176).
[1721] Für viele: *Werner/Pastor*, Rdn. 1467.
[1722] *Kniffka*, ibr-online Kommentar, Stand 26. 5. 2009, § 633 BGB, Rdn. 48.
[1723] Z. B. *Kapellmann/Schiffers*, 2. Bd., 4. Aufl. (2006), Rdn. 570 f.
[1724] Einschränkend *Kniffka*, ibr-online Kommentar, Stand 26. 5. 2009, § 633 BGB, Rdn. 48.
[1725] *Jagenburg*, FS Korbion (1986), S. 179 (186); *Pause*, FS Koeble, S. 177 (188 f.).

daraus entstehenden Aufwendungen zu kalkulieren, nicht verpflichtet, diese Änderungen zu berücksichtigen; ihn trifft aber die Verpflichtung, auf sich nunmehr anbahnende Änderungen hinzuweisen, um dem Erwerber die Gelegenheit zu geben, einer – ggf. aufpreispflichtigen – Vertragsänderung, die die Änderungen berücksichtigt, zuzustimmen[1726]. Eine weitergehende Verpflichtung wird in der ausdrücklichen oder stillschweigenden Erklärung, nach den anerkannten Regeln der Technik ausführen zu wollen, nicht gesehen werden können.

Anerkannte Regeln der Technik ändern sich jedoch nicht über Nacht. Änderungen gehen meist mehrjährige Diskussionen in den Fachkreisen voraus. Bei neuen DIN-Normen werden Entwürfe (Gelb-Drucke) veröffentlicht. Bereits absehbare Regeländerungen können in der Planung berücksichtigt und kalkuliert werden. Bei absehbar bevorstehenden Änderungen der technischen Regeln ist deshalb davon auszugehen, dass der Bauträger nicht lediglich zu einem Hinweis verpflichtet ist, sondern davon, dass die in absehbarer Zukunft geänderten Regeln selbst – stillschweigend – Vertragsinhalt werden, also von vornherein einzuhalten sind[1727].

Beim Geschosswohnungsbau verpflichtet sich der Bauträger für ein und dasselbe Bauwerk gegenüber verschiedenen Erwerbern zur Errichtung des Gemeinschaftseigentums, wobei zwischen dem Abschluss der Verträge mit den ersten und letzten Erwerbern ein erheblicher Zeitraum liegen kann, möglicherweise auch eine Zeitspanne, bei der die geplante Bauausführung bei den anfänglichen Vertragsabschlüssen noch, später aber nicht mehr regelkonform sein könnte. Ebenso können beim ersten Vertragsschluss bestimmte Regeländerungen noch nicht absehbar und deshalb noch nicht zu berücksichtigen sein, bei den letzten Verträgen aber schon. Daraus ergibt sich, dass an das Gemeinschaftseigentum von den verschiedenen Erwerbern infolge der Regeländerungen während der Verkaufsphase unterschiedliche technische Anforderungen gestellt werden könnten. Mit einem ähnlichen Problem hätte der Bauträger aber auch dann zu kämpfen, wenn man strikt auf den Zeitpunkt der Abnahme abstellen würde: Zwischen der Abnahme (des Gemeinschaftseigentums) durch den ersten und den letzten (Nachzügler-)Erwerber kann – falls es nicht zu einer einheitlichen und wirksamen Abnahme durch sämtliche Erwerber kommt – ebenfalls eine größere Zeitspanne mit dem Risiko von Regeländerungen liegen.

Da die Bauleistung (jedenfalls in Bezug auf das Gemeinschaftseigentum) nicht gleichzeitig unterschiedlichen Regeln folgen kann, muss es dem Bauträger gestattet sein, im Bauträgervertrag (nicht in der Baubeschreibung) die maßgeblichen anerkannten Regeln der Technik durch eine transparente Regelung zu vereinbaren. Danach käme eine Vereinbarung in Betracht, dass das Bauwerk nach den bei Vertragsschluss geltenden anerkannten Regeln der Technik ausgeführt werden muss, wobei auch absehbar bevorstehende Änderungen zu berücksichtigen sind. Um eine einheitliche Bauausführung der gesamten Bauleistung zu ermöglichen, werden die im Zeitpunkt der ersten Veräußerung geltenden und absehbaren anerkannten Regeln der Technik zugrunde gelegt[1728].

657 *cc) Schallschutz.* Zwar ist der **Schallschutz** Gegenstand verschiedener Regelwerke. Wegen ihrer Defizite gegenüber dem heute technisch Möglichen und der fehlenden allgemeinen Anerkennung als Regeln der Technik kann auf sie zur Bestimmung der geschuldeten Leistung jedoch nicht ohne weiteres zurückgegriffen werden[1729]. Es

---

[1726] Ebenso *Jagenburg*, FS Korbion (1986), S. 179 (186).
[1727] Im Einzelnen *Pause*, FS Koeble, S. 177 (189 f.).
[1728] Vgl. *Pause*, PiG Bd. 87 (2010), S. 41 (50); a. A. *Basty*, Rdn. 874; *ders.*, PiG Bd. 84 (2009), S. 171 (176), der eine Klausel für die Regeln der Technik im Zeitpunkt der Bauausführung vorschlägt, i. Ü. aber auf den Zeitpunkt der Abnahme abhebt.
[1729] *Quack*, BauR 2010, 863 (866).

VII. Haftung für Mängel der Bauleistung

kommt deshalb vor allem auf die Beschaffenheitsvereinbarung, in Ermangelung einer solchen auf den üblichen Schallschutz an.

Die technischen Regelwerke zum Schallschutz finden sich in der DIN 4109 und in der Richtlinie VDI 4100. Zusätzlich liegen Empfehlungen der Deutschen Gesellschaft für Akustik (DEGA) vor[1730].

Die vom Normenausschuss des Deutschen Instituts für Normung e. V. herausgegebene **DIN 4109 (1989)**[1731] enthält Mindestanforderungen an den Schutz vor Luft- und Trittschallübertragungen aus fremden Wohn- oder Arbeitsbereichen sowie vor Geräuschen aus haustechnischen Anlagen. Im Beiblatt 2 finden sich u. a. Hinweise für die Planung und die Ausführung von Schallschutzmaßnahmen nebst Vorschlägen für einen erhöhten Schallschutz sowie Empfehlungen zum Schallschutz im eigenen Wohn- und Arbeitsbereich. Wie die Norm selbst klarstellt, sollen durch sie nur Mindestwerte im Interesse von Gesundheit und Wohlbefinden der Bewohner festgelegt werden. Durch sie soll vor unzumutbaren Belästigungen durch Schallübertragung geschützt werden. Eine umfassende Überarbeitung der DIN 4109[1732] einschließlich einer Neuformulierung der Anforderungen an den Schallschutz unter Berücksichtigung der europäischen Normen wird zwar seit vielen Jahren von den Fachgremien des Normenausschusses Bauwesen betrieben. Ein im Jahr 2000 vorgelegter Entwurf, der drei Schallschutzklassen mit z. T. höheren Anforderungen enthielt, wurde in 2005 zurückgezogen.

Die vom Normenausschuss NALS 1994 herausgegebene und zum 1. 8. 2007 überarbeitete Richtlinie **VDI 4100** (VDI 4100: 2007-08) enthält differenzierte Kriterien für die Planung und Beurteilung von Schallschutz. Sie unterscheidet nach dem Grad der „Wahrnehmung üblicher Geräusche aus Nachbarwohnungen" zwischen drei verschiedenen Schallschutzstufen für Wohnungen unter Einschluss der Geräusche aus dem eigenen Wohnbereich, wobei die niedrigste, die Schallschutzstufe I (SSt I) dem Mindestniveau der DIN 4109 gleichkommt. Ein mittleres Niveau beschreibt die SSt II, die dem erhöhten Schallschutz gemäß Beiblatt 2 zur DIN 4109 entspricht. Gehobenen bis hohen Komfort regelt die SSt III; dort sind Sprache mit normaler Sprechweise in der Nachbarwohnung als „nicht hörbar", Sprache mit angehobener Sprechweise als „nicht verstehbar" und Gehgeräusche als „nicht störend" bezeichnet. Zum Teil wurde der in der SSt II beschriebene Schallschutz von der Rechtsprechung schon als das übliche Schallschutzniveau bei Neubauten angesehen[1733], obwohl die Richtlinie bauordnungsrechtlich nicht eingeführt ist.

Die **DEGA** schlägt eine neu strukturierte, siebenstufige Auffächerung der Anforderungsprofile für den Schallschutz vor, der sich ebenfalls am Grad der Wahrnehmung von Geräuschen orientiert. Ihren im einzelnen begründeten Gesamtvorschlag hat die DEGA im Juni 2008 als Entwurf zur DEGA-Empfehlung 103 „Schallschutz im Wohnungsbau – Schallschutzausweis" vorgelegt. In der Empfehlung wird die Auffassung vertreten, dass unter Berücksichtigung von baulichen Randbedingungen und psychoakustischen Erkenntnissen die in den Klassen A* bis D angegebenen Anforderungen an die Luft- und Trittschalldämmung mit üblichen Bauweisen realisierbar seien. Dementsprechend liegt das Schallschutz-Niveau, von der Luxusklasse A* abgesehen, im erweiterten Bereich der dreistufigen VDI-Richtlinie.

[1730] Vgl. *v. Behr/Pause/Vogel*, NJW 2009, 1385 ff.

[1731] Zur Entwicklung der DIN 4109 und der Schallschutzanforderungen: vgl. *Locher-Weiß*, Rechtliche Probleme des Schallschutzes, 4. Aufl. (2004), S. 9; *dies.*, BauR 2005, 17; *Werner/Pastor*, Rdn. 1464.

[1732] Normentwurf DIN 4109-1: 2006-10; vgl. *Fischer*, Technische Regeln zum baulichen Schallschutz – aktuelle Entwicklungen, S. 6 ff, in Tagungsband IHK-Akademie München 7. 2. 2007 „Zusammenarbeit von Gerichten, Anwaltschaft, Sachverständigen"; vgl. dazu *Locher-Weiss*, BauR 2005, 17.

[1733] OLG Karlsruhe v. 29. 12. 2005, BauR 2007, 557; ähnlich OLG Karlsruhe v. 11. 4. 2006, BauR 2008, 390; vgl. auch BGH v. 14. 6. 2007, NJW 2007, 2983 = NZBau 2007, 574 = BauR 2007, 1570; kritisch *Locher-Weiß* BauR 2005, 17, 21.

658 Der **Mindestschallschutz der DIN 4109** stellt **keine anerkannte Regel der Technik** in dem Sinne dar, dass mit seiner Hilfe der übliche Schallschutz bestimmt werden könnte[1734].

Die vorliegenden Regelwerke haben bis heute keine allgemeine und mehrheitliche Anerkennung durch die Fachwelt gefunden. Die mehrjährige Diskussion um Aufbau und Inhalt einer neu zu fassenden Schallschutznorm macht deutlich, dass sich die Vorstellungen über den notwendigen und üblichen Umfang des Schallschutzes bei beachtlichen Teilen der Fachwelt von der DIN 4109 (1989) entfernt haben[1735]. Hierzu hat der BGH[1736] hervorgehoben, es sei verfehlt, die in der DIN 4109 formulierten Schallschutzanforderungen, sei es für einen Mindeststandard, sei es für einen erhöhten Schallschutz, unabhängig von den zur Verfügung stehenden Bauweisen als anerkannte Regeln der Technik zu bewerten. Die Schalldämm-Maße der DIN 4109 könnten nicht als anerkannte Regeln der Technik herangezogen werden, wenn es wirtschaftlich akzeptable, ihrerseits den anerkannten Regeln der Technik entsprechende Bauweisen gäbe, die ohne weiteres höhere Schalldämm-Maße erreichen[1737]. Die Diskrepanz zwischen den Mindestanforderungen der DIN 4109 einerseits und der tatsächlich möglichen besseren Bauausführung andererseits wurde wiederholt am möglichen Luftschallschutz zwischen Doppel- bzw. Reihenhäusern nachgewiesen[1738]. Die Schallschutzanforderungen der DIN 4109 sind tatsächlich nur insoweit anerkannte Regeln der Technik, als sie eine **Mindestabschirmung vor unzumutbaren Belästigungen** beschreiben[1739]. Soweit es aber um weitergehende Schallschutzanforderungen geht, sind die Anforderungen der DIN 4109 von vornherein nicht geeignet, als anerkannte Regeln der Technik zu gelten[1740]. Aber auch die anderen Regelwerke (VDI 4100, Beiblatt 2 zu DIN 4109, DEGA-Empfehlung, der zurückgezogene Entwurf zur DIN 4109-Teil 10) können nicht als Regeln der Technik anerkannt werden, weil sie Gegenstand einer noch nicht abgeschlossenen Diskussion sind und ebenfalls noch keine allgemeine Anerkennung gefunden haben[1741].

659 Eine Bauausführung nach den anerkannten Regeln der Technik mag ausdrücklich oder stillschweigend vereinbart sein. Weil sie keine allgemein anerkannten Standards für den geschuldeten Schallschutz enthalten, lassen sich aus der Verweisung auf die anerkannten Regeln der Technik keine konkreten Schallschutzanforderungen ableiten. Deshalb kommt es für die Bestimmung des geschuldeten Schallschutzes wesentlich auf die Beschaffenheitsvereinbarungen an. In ständiger Rechtsprechung betont der BGH[1742], dass es für die Beurteilung des geschuldeten Schallschutzes maßgeblich auf die im Vertrag getroffenen Vereinbarungen und deren Auslegung ankommt.

Vorrang haben die ausdrücklichen Festlegungen des Vertrages bzw. der Baubeschreibung, also **vereinbarte Schallschutzanforderungen**. Sämtliche Angaben zum Schall-

---

[1734] *Schnaubelt*, Der Sachverständige, 1991, 271 (272).
[1735] Vgl. DGfM Deutsche Gesellschaft für Mauerwerksbau e. V. (Hrsg.), „Schallschutz nach DIN 4109", 1. Aufl. 2006, S. 4ff, 13ff (*Locher-Weiß*); *Locher-Weiß*, Rechtliche Probleme, S. 58ff, 74; dies., BauR 2005, 17, 21.
[1736] BGH v. 14. 6. 2007, NJW 2007, 2983 = NZBau 2007, 574 = BauR 2007, 1570.
[1737] BGH v. 14. 6. 2007, NJW 2007, 2983 = NZBau 2007, 574 = BauR 2007, 1570.
[1738] OLG München v. 14. 6. 2005, NJW-RR 2006, 1163; OLG Koblenz v. 29. 6. 2005, BauR 2006, 843; BGH v. 14. 6. 2007, NJW 2007, 2983 = NZBau 2007, 574 = BauR 2007, 1570.
[1739] BGH v. 14. 6. 2007, NJW 2007, 2983 = NZBau 2007, 574 = BauR 2007,1570; BGH v. 4. 6. 2009, NJW 2009, 2439 = NZBau 2009, 448 = BauR 2009, 1288, Rdn. 12; LG München I v. 25. 7. 2008, IBR 2008 727 (*Kögl*).
[1740] BGH v. 4. 6. 2009, NJW 2009, 2439 = NZBau 2009, 448 = BauR 2009, 1288, Rdn. 12.
[1741] *v. Behr/Pause/Vogel*, NJW 2009, 1385 (1386).
[1742] BGH v. 14. 5. 1998, NJW 1998, 2814 = BauR 1998, 872; BGH v. 14. 6. 2007, NJW 2007, 2983 = NZBau 2007, 574 = BauR 2007, 1570, Rdn. 24; BGH v. 4. 6. 2009, NJW 2009, 2439 = NZBau 2009, 448 = BauR 2009, 1288, Rdn. 12.

schutz sind auf ihre Bedeutung für den vertraglich geschuldeten Schallschutz hin zu untersuchen. Nach der Rechtsprechung des BGH[1743] enthält die Ankündigung, „die in den Verordnungen festgelegten Mindestwerte werden überschritten", eine über den Mindestschallschutz der DIN 4109 hinausgehende vertragliche Anforderung. Maßgeblich ist der übliche Qualitäts- und Komfortstandard; für diesen üblichen Qualitäts- und Komfortstandard geben die Schallschutzstufen II oder III der Richtlinie VDI 4100 oder das Beiblatt 2 der DIN 4109 Anhaltspunkte. Wenn in einem Bauträgervertrag bzw. in der Baubeschreibung ein „hochwertiger Schalldämmwert" versprochen wird, deutet dies – entgegen OLG Frankfurt[1744] – auf einen üblichen Qualitäts- und Komfortstandard hin und ist deshalb ebenfalls gleichbedeutend mit einem erhöhten Schallschutz gemäß Beiblatt 2 der DIN 4109. Auch vertragliche Angaben wie „sehr guter" oder „guter Schallschutz", die auf einen mindestens üblichen Schallschutz deuten, verweisen folglich unmittelbar auf das Beiblatt 2 der DIN 4109 bzw. auf die Schallschutzstufen II oder III der VDI-Richtlinie 4100.

Soweit der Vertrag keine oder keine eindeutigen Vorgaben für den Schallschutz enthält, kann im Wege der **Vertragsauslegung** aus der übrigen Beschreibung des Objekts auf den geschuldeten Schallschutz geschlossen werden, denn dieser hat sich an dem übrigen Qualitäts- und Komfortstandard zu orientieren[1745]. Am ehesten lassen sich aus etwaigen Angaben, die selbst einen Bezug zum Schallschutz aufweisen, Rückschlüsse auf den geschuldeten Schallschutz ziehen. Werden Schallschutzmaßnahmen besonders hervorgehoben, deutet dies auf die Vereinbarung des erhöhten Schallschutzes[1746], mindestens aber des üblichen Schallschutzes hin. Auch allgemeine Hinweise auf die Qualität der Wohnung bzw. des Hauses erlauben derartige Rückschlüsse. Das Versprechen, eine „exklusive Wohnungseigentumsanlage" zu errichten, die „Maßstäbe für Traumwohnungen" setzt, führt zu einem Trittschalldämm-Maß gemäß Beiblatt 2 der DIN 4109 bzw. zur Schallschutzstufe II des Entwurfs der DIN 4109-10 (2000)[1747]. Entsprechendes gilt für die Bezeichnungen „exklusive Luxuseigentumswohnung"[1748] und „modernster Standard"[1749]. Qualitätsbestimmende Merkmale können dabei nicht nur dem Vertrag selbst, sondern auch aus den erläuternden und präzisierenden Erklärungen der Parteien, dem Umfeld des Bauwerks und dem qualitativen Zuschnitt und architektonischen Anspruch des Gebäudes entnommen werden[1750]. Dabei ist allerdings zu beachten, dass der erhöhte Schallschutz des Beiblatts 2 der DIN 4109 nun nicht mehr allein den Wohnungen bzw. Häusern vorbehalten ist, für die eine gehobene Qualität vereinbart wurde. Nach der Rechtsprechung des BGH ist auch bei einem Objekt mit nur üblichem Standard ein erhöhter Schallschutz geschuldet, denn dieser ist heute üblich[1751].

Ein weiteres Kriterium für die Bestimmung des geschuldeten Schallschutzes sind die vereinbarte Konstruktion und die mit ihr – bei einwandfreier Ausführung – erreichbaren Schallschutzwerte. Lassen sich durch die vereinbarte Bauweise höhere Werte erreichen als

---

[1743] BGH v. 14. 6. 2007, NJW 2007, 2983 = NZBau 2007, 574 = BauR 2007, 1570, Rdn. 27, 25.
[1744] OLG Frankfurt v. 26. 11. 2004, BauR 2005, 1327.
[1745] BGH v. 14. 6. 2007, NJW 2007, 2983 = NZBau 2007, 574 = BauR 2007, 1570, Rdn. 25; vgl. bereits BGH v. 30. 4. 1998, NJW 1998, 2967 = BauR 1998, 783; BGH v. 14. 5. 1998, NJW 1998, 2814 = BauR 1998, 872.
[1746] OLG Karlsruhe v. 29. 12. 2005, BauR 2007, 557.
[1747] OLG Stuttgart v. 21. 5. 2007, NJW-RR 2007, 1614 = NZBau 2007, 717.
[1748] OLG Celle v. 10. 5. 2007, NJOZ 2008, 1556 = NZBau 2008, 120 (LS).
[1749] LG Flensburg v. 11. 3. 2010, IBR 2010, 325 *(Groß)*.
[1750] BGH v. 16. 12. 2004, NZBau 2005, 216 = BauR 2005, 542; BGH v. 22. 4. 1993, NJW-RR 1993, 1109 = BauR 1993, 595.
[1751] BGH v. 14. 6. 2007, NJW 2007, 2983 = NZBau 2007, 574 = BauR 2007, 1570, Rdn. 25; BGH v. 4. 6. 2009, NJW 2009, 2439 = NZBau 2009, 448 = BauR 2009, 1288, Rdn. 20; OLG München v. 19. 5. 2009, IBR 2009, 241 *(Kögl)*.

B. Der Bauträgererwerb

in der DIN 4109 vorgesehen, ist für die Beurteilung des geschuldeten Bausolls auf diese höheren Werte abzustellen[1752]. Werden in der Baubeschreibung eine schalltechnisch getrennte Ausführung der Aufzugsanlage, die schalltechnisch entkoppelte Innentreppe, gegen Körperschallübertragungen isolierte Haustechnik und die geplante Trittschalldämmung dargestellt[1753], ist der mit dieser Konstruktion erreichbare Schallschutz geschuldet. Bei Doppel- und Reihenhäusern ist für den Luft- und Trittschallschutz zwischen den Häusern darauf abzustellen, dass bei richtiger Planung und Ausführung der zwischen den Gebäuden angeordneten Trennfuge der erhöhte Schallschutz gemäß Beiblatt 2 der DIN 4109 erreicht werden kann – und deshalb geschuldet ist[1754]; dabei kommt es im übrigen nicht darauf an, ob es sich um Doppelhäuser im technischen Sinn handelt oder ob die Häuser rechtlich als Wohnungseigentum aufgeteilt bzw. auf selbständigen Grundstücken errichtet worden sind[1755]. Es ist aber anzunehmen, dass aus der vereinbarten Konstruktion ohne besondere Belehrung keine geringeren als die üblichen Schallschutzwerte abgeleitet werden können[1756]. Das würde etwa für Bauausführungen wie eine reine Holzkonstruktion, mit denen sich der heute übliche Schallschutz nicht erreichen lässt, gelten.

Bei der Bestimmung des geschuldeten Schallschutzes im Wege der Vertragsauslegung sind allerdings auch die technischen Randbedingungen zu berücksichtigen. So kann es beachtlich sein, dass der erhöhte Schallschutz der DIN 4109 wegen der Besonderheiten des Bauvorhabens unter Umständen nicht oder nur mit ungewöhnlich hohen Schwierigkeiten eingehalten werden kann[1757].

Als konkrete Beschaffenheitsvereinbarungen kommen ausdrücklich **vereinbarte Schalldämm-Maße** oder Hinweise auf bestimmte Normen (DIN 4109) in Betracht. Der allgemeine Hinweis auf die DIN 4109 stellt wegen der Abweichung des Mindestschutzes vom üblichen Schutzniveau keine eindeutige Festlegung eines bestimmten Schallschutzes dar, lässt er doch offen, ob der Mindestschutz oder der erhöhte Schallschutz maßgeblich sein soll. Eine Regelung dieses Inhalts ist schon deshalb intransparent (§ 307 Abs. 1 Satz 2 BGB). Sofern mit der Inbezugnahme der DIN 4109 auf den Mindestschallschutz verwiesen werden soll, würde dadurch der heute übliche Qualitäts- und Komfortstandard unterschritten und ggf. der durch den Vertrag im übrigen vorgegebene Qualitätsstandard in unzulässiger Weise überspielt[1758]. Das würde mit dem Verweis auf eine DIN-Vorschrift aber nicht verdeutlicht. Aus diesem Grund wird der Schallschutz durch die pauschale Vereinbarung der DIN 4109 nicht auf den Mindestschutz beschränkt[1759]. Sofern für den Schallschutz ausdrücklich die Mindestanforderungen der DIN 4109 vereinbart werden sollen, dürfte dies ohne besondere Aufklärung des Erwerbers ebenfalls nicht wirksam sein[1760]. Der technische Laie hat in aller Regel keine Vorstellung vom Schallschutz, der sich in Schalldämm-Maßen nach der DIN 4109 ausdrückt[1761];

[1752] BGH v. 14. 5. 1998, NJW 1998, 2814 = BauR 1998, 872; BGH v. 14. 6. 2007, NJW 2007, 2983 = NZBau 2007, 574 = BauR 2007, 1570, Rdn. 29.
[1753] Vgl. OLG Karlsruhe v. 29. 12. 2005, BauR 2007, 557.
[1754] OLG München v. 3. 2. 1998, BauR 1999, 399; OLG Hamm v. 8. 3. 2001, BauR 2001, 1262 = NJW-RR 2001, 1460; LG Stuttgart v. 15. 7. 2005, BauR 2006, 550; vgl. auch OLG Stuttgart v. 22. 11. 1995, BauR 1996, 718, für den Fall, dass nur eine einschalige Ausführung vereinbart ist.
[1755] OLG Koblenz v. 29. 6. 2005, BauR 2006, 843; OLG München v. 14. 6. 2005, NJW-RR 2006, 1163; OLG Hamm v. 6. 10. 2004, BauR 2005, 743.
[1756] Vgl. *Locher-Weiß*, BauR 2010, 368 (372).
[1757] BGH v. 4. 6. 2009, NJW 2009, 2439 = NZBau 2009, 448 = BauR 2009, 1288, Rdn. 16.
[1758] BGH v. 4. 6. 2009, NJW 2009, 2439 = NZBau 2009, 448 = BauR 2009, 1288, Rdn. 15.
[1759] BGH v. 4. 6. 2009, NJW 2009, 2439 = NZBau 2009, 448 = BauR 2009, 1288, Rdn. 14; im Ergebnis a. A. OLG Hamm v. 13. 2. 2007, NW-RR 2007, 897, 901.
[1760] BGH v. 4. 6. 2009, NJW 2009, 2439 = NZBau 2009, 448 = BauR 2009, 1288, Rdn. 15; vgl. dazu *Klepper*, NZBau 2009, 636 f.; *J. Schmidt*, PiG Bd. 87 (2010), S. 53 (56).
[1761] BGH v. 14. 6. 2007, NJW 2007, 2983 = NZBau 2007, 574 = BauR 2007, 1570, Rdn. 25.

VII. Haftung für Mängel der Bauleistung

ebenso wenig wird er eine Idee davon haben, was sich hinter den Mindestanforderungen der DIN 4109 verbirgt. Ein schlichter Verweis auf die Mindestanforderungen würde deshalb gegen das Transparenzgebot verstoßen[1762]. Entsprechendes gilt für einzelne Schalldämm-Maße, die die Werte des erhöhten Schallschutzes unterschreiten. Geringere als die üblichen Anforderungen dürften deshalb nur in Individualvereinbarungen zulässig sein[1763].

Neben dem Erwerbsvertrag und der Baubeschreibung samt Plänen können auch **Prospektangaben** zum Schallschutz und die hier dargestellten Qualitäts- und Komfortstandards herangezogen werden[1764]; vgl. dazu im Einzelnen Rdn. 879 f.

Sofern sich dem Vertrag keine Schallschutzanforderungen im Sinne einer Beschaffenheitsvereinbarung entnehmen lassen, kann auf die **vertragliche Verwendungseignung** nach § 633 Abs. 2 Satz 2 Nr. 1 BGB abgestellt werden. Danach ist der Schallschutz dann mangelhaft, wenn er sich nicht für die vom Vertrag vorausgesetzte Verwendung eignet. Als vertraglich vorausgesetzte oder vereinbarte Verwendungen, die einen bestimmten Schallschutz indizieren, kommen z. B. vereinbarte Verwendungszwecke von Gewerbeflächen in Betracht, etwa die Verwendung einer Gewerbeeinheit als Arztpraxis oder als Klinik. Auch ohne nähere Vereinbarung sind die Behandlungsräume, Türen zu solchen Räume usw. so zu planen und auszuführen, dass sie einen hinreichenden Schallschutz aufweisen. Das gilt auch für den Tritt- und Luftschallschutz innerhalb von Wohnungen und innerhalb von Reihen- bzw. Einfamilienhäusern (z. B. zwischen Schlaf-, Wohn- und anderen Aufenthaltsräumen sowie zu etwaigen Einliegerwohnungen). Auch wenn für sie keine vertraglichen Vorgaben bestehen und Regelwerke nur eingeschränkt Anforderungen formulieren, ist auch hier ein Schallschutz zu realisieren, der die Eignung für die vorausgesetzte Verwendung gewährleistet, also Lärm und Geräusche innerhalb der eigenen vier Wände, die zu Störungen führen, vermeidet[1765]. Maßstäbe dafür finden sich sowohl im Beiblatt 2 zur DIN 4109 wie auch in der VDI-Richtlinie 4100. Sie enthalten Kennwerte für den Schallschutz zwischen den Räumen im eigenen Wohnbereich.

Da aussagekräftige Beschaffenheitsvereinbarungen nach dem Vorhergesagten eher selten sind, kommt der Frage, ob der Schallschutz der gewöhnlichen Verwendungseignung entspricht, erhebliche Bedeutung zu. Danach erweist sich der Schallschutz insbesondere dann als mangelhaft, wenn er nicht das hält, was bei **Bauwerken der gleichen Art üblich** ist und vom Erwerber erwartet werden kann (§ 633 Abs. 2 Satz 2 Nr. 2 BGB). Der Erwerber kann an den Schallschutz die Anforderungen stellen, die bei vergleichbaren Gebäuden heute ebenfalls verwirklicht werden. Für die Vergleichbarkeit ist – wie aus der Rechtsprechung[1766] bekannt – auf die Beschreibung des Objekts in Vertrag, Baubeschreibung und Prospekt, im Übrigen auch auf die Lage und die Ausstattung abzustellen. Die neuere, allerdings noch zum alten Schuldrecht ergangene Rechtsprechung des BGH[1767] enthält bereits deutliche Hinweise in diese Richtung, denn sie stellt ebenfalls darauf ab, dass der Erwerber eine Ausführung erwarten kann, die dem üblichen Qualitäts- und Komfortstandard entspricht. Derselben Entscheidung

660

[1762] *Pause*, FS Thode (2005), 275, 281 f.; *J. Schmidt*, PiG Bd. 87 (2010), S. 53 (56).
[1763] Vgl. *Kniffka/Koeble*, 11. Teil, Rdn. 227.
[1764] BGH v. 25. 10. 2007, NJW-RR 2008, 258 = NZBau 2008, 113 = BauR 2008, 351, Rdn. 16; BGH v. 11. 7. 1997, NJW 1997, 2874; BGH v. 28. 2. 1997, NJW 1997, 1778; BGH v. 13. 2. 1989, NJW-RR 1989, 931 (932); dazu *Vogel*, BauR 2008, 273.
[1765] Vgl. *Locher-Weiß*, Rechtliche Probleme des Schallschutzes, 4. Aufl. (2004), S. 116.
[1766] BGH v. 16. 12. 2004, NZBau 2005, 216 = BauR 2005, 542; BGH v. 22. 4. 1993, NJW-RR 1993, 1109 = BauR 1993, 595.
[1767] BGH v. 14. 6. 2007, NJW 2007, 2983 = NZBau 2007, 574 = BauR 2007, 1570, Rdn. 25; vgl. dazu auch bereits BGH v. 14. 5. 1998, NJW 1998, 2814 = BauR 1998, 872.

B. Der Bauträgererwerb

kann entnommen werden, dass der erhöhte Schallschutz gemäß Schallschutzstufen II oder III der VDI-Richtlinie 4100 bzw. gemäß Beiblatt 2 der DIN 4109 heute der Üblichkeit entspricht. Danach kann der Erwerber, sofern nichts anders vereinbart wurde, regelmäßig den **erhöhten Schallschutz als übliche Bauausführung** beanspruchen, und zwar ohne dass ansonsten eine Komfortwohnung geschuldet sein müsste[1768]. Das ist auch der VDI-Richtlinie 4100 (Nr. 3.1.2) zu entnehmen, die die Kennwerte der Schallschutzstufe II solchen Wohnungen zuordnet, die auch in ihrer sonstigen Ausstattung üblichen Komfortansprüchen genügen.

Früher wurde angenommen, dass zwischen den verschiedenen Aufenthaltsräumen **innerhalb eines Einfamilienhauses** oder einer Wohnung keine Schallschutzanforderungen gelten[1769]. Heute entspricht es der Üblichkeit, einen hinreichenden Schallschutz auch zwischen den Räumen innerhalb eines Eigenheims zu fordern[1770].

Die **Wohnungseingangstüren** müssen den erforderlichen Schallschutz aufweisen. Das gilt zunächst für Grundrisse, bei denen sie den Hausflur vom Flur der Wohnung trennen, also nicht unmittelbar in Wohnräume führen. Befinden sich unmittelbar hinter der Wohnungseingangstür Wohnräume, müssen höhere Anforderungen eingehalten werden. Dieser Verpflichtung kann nicht dadurch ausgewichen werden, dass die Wohnräume als Flur bezeichnet werden, es sich bei ihnen aber der Funktion nach tatsächlich um Aufenthaltsräume handelt[1771].

Auch bei der **Haustechnik** (Aufzugsanlagen, Wassergeräusche, Jalousien usw.) muss der Schallschutz gewährleistet werden. Der Motor und das Getriebe eines Garagentores müssen schallentkoppelt eingebaut werden[1772]. Elektrisch betriebene Rollläden gelten als haustechnische Anlagen im Sinne der DIN 4109 und müssen, auch wenn sie nur kurzzeitige Geräusche entwickeln, die an solche Anlagen gestellten Anforderungen erfüllen[1773].

Schließlich können auch übermäßige **Außengeräusche** (Straßenlärm) einen Mangel darstellen, wenn der festgestellte Lärmpegel das Doppelte des zulässigen Maßes beträgt[1774].

661 Sofern eine **Altbausanierung** nach den vertraglichen Vorgaben insgesamt einem Neubau gleichkommt, muß das gesamte Bauwerk mangelfrei sein[1775], also in puncto Schallschutz den heute üblichen Anforderungen an einen Neubau entsprechen[1776]. Im Grundsatz gilt deshalb auch hier – unter den entsprechenden Voraussetzungen – als übliche Schallschutzanforderung der erhöhte Schallschutz gemäß Beiblatt 2 der DIN 4109 bzw. die SSt II der VDI 4100. Diese Anforderungen werden aber möglicherweise auch bei einer vollständigen Entkernung etwa aus Gründen der Statik oder des Denkmalschutzes nicht erreicht werden können; eine damit begründete Abweichung bedarf im Grundsatz einer ausdrücklichen Vereinbarung[1777]. Ausnahmsweise

---

[1768] BGH v. 14. 6. 2007, NJW 2007, 2983 = NZBau 2007, 574 = BauR 2007, 1570, Rdn. 25; BGH v. 4. 6. 2009, NJW 2009, 2439 = NZBau 2009, 448 = BauR 2009, 1288, Rdn. 20; OLG München v. 19. 5. 2009, IBR 2009, 241 (*Kögl*).
[1769] OLG Hamm v. 18. 9. 1981, BB 1981, 1975.
[1770] OLG Hamm v. 4. 11. 1993, NJW-RR 1994, 282 = BauR 1994, 246 m. Anm. *Weiss*, BauR 1994, 513; OLG Düsseldorf, v. 22. 10. 1993, NJW 1994, 341.
[1771] OLG Frankfurt v. 17. 8. 2001, BauR 2002, 324.
[1772] LG Hamburg v. 6. 12. 1996, NJW-RR 1997, 917.
[1773] OLG Frankfurt v. 8. 9. 2009, NJW-RR 2010, 26 = IBR 2009, 647 (*Weyer*).
[1774] OLG Stuttgart v. 25. 7. 2000, NJW-RR 2000, 1617.
[1775] BGH v. 26. 4. 2007, NZBau 2007, 507 = BauR 2007, 1407; BGH v. 16. 12. 2004, NJW 2005, 1115 = NZBau 2005, 216 = BauR 2005, 542.
[1776] OLG Frankfurt v. 7. 3. 2007, BauR 2008, 90; LG Karlsruhe v. 28. 10. 2005 BauR 2006, 1003; LG Hamburg v. 5. 7. 2002, BauR 2003, 394.
[1777] *Basty*, Rdn. 922.

VII. Haftung für Mängel der Bauleistung

kann dann etwas anderes gelten, wenn wegen der Besonderheiten der Bauweise der erhöhte Schallschutz nicht oder nur mit ungewöhnlichen Schwierigkeiten eingehalten werden kann[1778]. Sofern vertragsgemäß nur partielle Instandsetzungs- und Erneuerungsarbeiten ausgeführt werden, ist bei diesen Arbeiten ebenfalls der heute übliche Schallschutz zu beachten[1779]. Werden beispielsweise nur die Fußböden ausgetauscht oder im Zuge eines Dachgeschossausbaus erstmals eingebaut, muß der Trittschallschutz der neuen Böden ebenfalls den heute üblichen Anforderungen genügen[1780]. An andere Bauteile können dann aber keine besonderen Anforderungen gestellt werden[1781].

dd) Wärmeschutz, EnEV. Auf der Grundlage des Energieeinsparungsgesetzes (EnEG) vom 1. 9. 2005[1782] wurde von der Bundesregierung die **Energieeinsparverordnung (EnEV)** erlassen[1783]. In ihrer neuesten Fassung vom 29. 4. 2009[1784] (EnEV 2009) werden noch höhere Anforderungen gestellt; durch sie wird die Energieeffizienz in zwei Stufen gesteigert, und zwar in den Jahren 2009 und 2012. Adressat der EnEV ist der Bauherr; die öffentlich-rechtlichen Vorschriften der EnEV sind strafbewehrt. Die Anforderungen der EnEV sind vom Bauträger als Bauherr zu beachten. Aus den Vorschriften der EnEV ergibt sich kein unmittelbarer Anspruch des Erwerbers gegen den Bauträger auf Einhaltung der Vorgaben der EnEV. Durch § 5a Satz 3 EnEG wird klargestellt, dass eine privatrechtliche Wirkung nicht erzeugt werden soll. **662**

Die Anforderungen der EnEV an die Energieeinsprung stellen keine anerkannten Regeln der Technik dar. Die von ihr geforderten Werte beruhen nicht auf Bauweisen, die sich in der Praxis bewährt und in der Theorie als richtig erwiesen hätten. Die Anforderungen der EnEV beruhen allein auf energiepolitischen Entscheidungen des Gesetz- und Verordnungsgebers[1785]. Der Erwerber kann folglich die Beachtung der EnEV nicht unter Berufung darauf beanspruchen, dass es sich bei ihr um eine anerkannte Regel der Technik handelt.

Sofern die Einhaltung der Vorgaben der EnEV nicht ausdrücklich oder stillschweigend vereinbart ist, kommt bei ihrer Nichtbeachtung die Mangelhaftigkeit der Bauleistung nach § 633 Abs. 2 Satz 2 Nr. 2 BGB in Betracht. Die EnEV wird bei vergleichbaren Bauwerken üblicherweise eingehalten, weshalb der Erwerber dies auch für das von ihm erworbene Objekt erwarten darf[1786]. Die Verpflichtung zur Einhaltung der EnEV gegenüber dem Erwerber ergibt sich außerdem daraus, dass der Bauträger bei der Errichtung des Bauwerks sämtliche öffentlich-rechtlichen Vorschriften einhalten muss, also auch die Vorgaben der EnEV (Rdn. 669). Deshalb stellt es zum Beispiel einen Mangel dar, wenn die nach § 12 EnEV erforderlichen Thermostatventile nicht ausgeführt worden sind[1787].

Wegen der häufig geänderten Anforderungen stellt sich für die EnEV in besonderer Weise die Frage, welche Fassung der Verordnung im Verhältnis zum Erwerber anzuwenden ist. Die EnEV enthält Übergangsvorschriften. Danach kommt es für die maßgebliche Fassung auf das Datum des Bauantrages an. Da dieses Datum weit vor dem Abschluss des Bauträgervertrages und der Durchführung der Baumaßnahme liegen

---

[1778] BGH v. 4. 6. 2009, NJW 2009, 2439 = NZBau 2009, 448 = BauR 2009, 1288, Rdn. 16.
[1779] BGH v. 6. 10. 2005, NJW 2006, 214 = NZBau 2006, 113 = BauR 2006, 99.
[1780] Vgl. BGH v. 6. 10. 2004, NJW 2005, 218, zum unzureichenden Trittschallschutz der ausgebauten Dachwohnung gegenüber benachbarter Mietwohnung.
[1781] KG v. 16. 10. 2007, BauR 2008, 1149.
[1782] BGBl. I S. 2684.
[1783] Vgl. *Vogel*, BauR 2009, 1196 f., zu den verfassungsrechtlichen Bedenken gegen die Ermächtigungsgrundlage.
[1784] BGBl. I S. 954.
[1785] *Schulze-Hagen*, IBR 2009, 252; *Vogel*, BauR 2009, 1196 (1200).
[1786] *Flatow*, NJW 2008, 2886 (2887).
[1787] OLG Brandenburg v. 2. 10. 2008, IBR 2008, 724 (*Reichert*).

kann, spricht alles dafür, auch hier – wie bei den anerkannten Regeln der Technik (vgl. Rdn. 656) – auf den Zeitpunkt des Vertragsschlusses abzustellen und die hier bekannten bzw. vorhersehbaren Vorschriften der EnEV zugrunde zu legen[1788].

663 Nach § 16 Abs. 2 EnEV ist der Bauträger in seiner Eigenschaft als Bauherr verpflichtet, einen **Energieausweis** erstellen zu lassen[1789]. Für neu errichtete Gebäude handelt es sich nach § 18 EnEV um einen sog. Bedarfsausweis. Der Ausweis enthält eine Energieprognose, die aber von den tatsächlich erreichbaren Werten deshalb ganz erheblich abweichen muss, weil sie wesentlich durch das Verbrauchsverhalten beeinflusst werden. Die Energiekennwerte stellen deshalb keine geeignete Grundlage für eine Beschaffenheitsvereinbarung dar. Da dies dem Erwerber nicht geläufig sein wird, kann zur Vermeidung von Missverständnissen vertraglich klargestellt werden, dass der Energieausweis keine Angaben zur Beschaffenheit und zum tatsächlichen Energieverbrauch enthält[1790]. Gleiches gilt für den Energieausweis, der bei der Sanierung und Veräußerung von Altbauten erstellt werden muss. Hier ist zusätzlich zu berücksichtigen, dass der Energieausweis Modernisierungsempfehlungen enthalten muss (§ 20 EnEV). Der vom Bauträger bei einer Altbausanierung aufgrund der Baubeschreibung tatsächlich geschuldete Sanierungsumfang kann von den Modernisierungsempfehlungen gem. § 20 EnEV abweichen. Auch insoweit kann auf den Unterschied zwischen der tatsächlich geschuldeten Bauausführung und den Modernisierungsempfehlungen des Energieausweises im Vertrag hingewiesen werden[1791].

Nach § 16 Abs. 2 EnEV ist der Bauträger dazu verpflichtet, dem Erwerber den Energieausweis „zugänglich" zu machen. Eine Verpflichtung zur Aushändigung besteht nach den Vorschriften der EnEV nicht. Es ist jedoch davon auszugehen, dass der Bauträger den Energieausweis – ebenso wie die anderen Objektunterlagen (vgl. Rdn. 471) – an den Erwerber nach privatrechtlichen Grundsätzen übergeben muss, da der Erwerber den Energieausweis für die zukünftige Bewirtschaftung des Objekts benötigt, ihn z.B. seinerseits einem Nacherwerber oder Mieter vorlegen bzw. aushändigen können muss[1792].

Die **Wärmebedarfsberechnung** stellt, falls nichts anderes vereinbart ist, nur eine Auskunft über den voraussichtlichen Wärmebedarf des Gebäudes dar. Die Eigenschaften der in ihr beschriebenen Bauteile (z.B. „k-Werte" bestimmter Bauteile) werden nicht vertraglich geschuldet[1793].

664 Einschlägig ist ferner die **DIN 4108 (Wärmeschutz am Hochbau)**[1794]. Von der Rechtsprechung[1795] werden höhere Anforderungen als von der DIN 4108 gestellt, wenn nur so in Eckbereichen durch zusätzliche Isolierungsmaßnahmen das Auftreten von Kältebrücken, in deren Folge Feuchtigkeitsflecken entstehen, verhindert werden kann. Entsprechendes gilt auch bei auskragenden Bauteilen, wie Balkonplatten usw.

Es stellt einen Mangel dar, wenn das an das erworbene Reihenmittelhaus angrenzende Reihen(eck)haus nicht oder zunächst nicht errichtet wird und die Außenwand dadurch ohne die erforderliche Feuchtigkeits- und Wärmeisolierung bleibt. Der Erwerber kann auch dann die gesamten Kosten für die Mängelbeseitigung einer ordnungsgemäßen Isolierung verlangen, wenn das angrenzende Nachbarhaus später errichtet wird bzw. errich-

---

[1788] OLG Düsseldorf v. 23. 12. 2005, BauR 2006, 996.
[1789] *Schlarmann/Maroldt*, BauR 2009, 32.
[1790] *Basty*, Rdn. 468.
[1791] *Basty*, Rdn. 469.
[1792] *Flatow*, NJW 2008, 2886 (2887).
[1793] OLG Frankfurt v. 27. 11. 2007, IBR 2008, 726 (*Steiger*); LG Mainz v. 2. 6. 2008, IBR 2008, 580 (*Stritter*).
[1794] Vgl. OLG Köln v. 30. 3. 1988, BauR 1989, 119; vgl. auch *Werner/Pastor*, Rdn. 1465.
[1795] BGH v. 9. 4. 1981, BauR 1981, 395.

VII. Haftung für Mängel der Bauleistung

tet werden soll. Der Bauträger hat keinen Anspruch darauf, dass der Erwerber abwartet, ob sich die Mängelbeseitigung später erübrigt oder billiger gestalten lässt[1796].

Die erheblich erhöhten energetischen Anforderungen an die Bauausführung bedingen vor allem eine hohe Luftdichtigkeit der Gebäude. Dies wiederum führt dazu, dass auch die Anforderungen an einen geregelten **Mindestluftwechsel** eingehalten werden müssen. Neben den Vorschriften in § 6 Abs. 2 EnEV und in Nr. 4.2.3 der DIN 4108-2 dürfte zukünftig die heute als Gelbdruck vorliegende DIN 1946-6:2006-12 zu beachten sein[1797].

ee) Alten- und behindertengerechtes Wohnen. Wird ein Objekt für **„Betreutes Woh-** 665 **nen"** errichtet, kommt es auf die vertraglichen Vereinbarungen an. Das gilt insbesondere für die Verpflichtung zum Eintritt in etwaige Betreuungsverträge.

Die DIN 18025 enthält Qualitätsrichtlinien für alten- und behindertengerechtes Wohnen. Es ist nicht anzunehmen, dass diese Richtlinien zugleich die Voraussetzungen für eine anerkannte Regel der Technik erfüllen. Ohne entsprechende Beschaffenheitsvereinbarung ist die Einhaltung der verschiedenen Anforderungen der DIN 18025 deshalb nicht ohne weiteres geschuldet. Es stellt deshalb keinen Mangel dar, wenn nicht sämtliche Erfordernisse für sehbehinderte oder rollstuhlfahrende Personen der DIN 18025 eingehalten sind[1798]. Wird für eine Seniorenresidenz dagegen eine behinderten- und rollstuhlgerechte sowie barrierefreie Ausführung zugesagt oder auch nur beworben, kann dies gleichbedeutend damit sein, dass sämtliche Qualitätsanforderungen der DIN 18025 geschuldet sind[1799].

ff) Aggregate, Verschleißteile. Ein erheblicher Teil der Baustoffe ist von kürzerer Halt- 666 barkeit als die erwartete Lebensdauer des Bauwerks selbst. Gedacht sei an Glühbirnen, bewegliche Teile der Aufzugsanlagen, elektrisch angetriebene Garagentore, Außenanstriche und -lackierungen sowie von Feuer berührte Teile. Diese **Verschleißteile** müssen bei der Abnahme mängelfrei sein. Dass diese Baustoffe dem Verschleiß unterliegen, macht sie nicht mangelhaft. Es stellt insbesondere keinen Mangel dar, wenn solche, dem raschen Verschleiß unterliegenden Baustoffe noch vor Ablauf der fünfjährigen Gewährleistungsfrist einer Wartung oder des Ersatzes bedürfen[1800]. Sofern der Erwerber eine von der üblichen Beschaffenheit abweichende Abnutzung behauptet, ist er dafür – nach erfolgter Abnahme – beweisbelastet. Der Bauträger ist allerdings – im Rahmen der ihm obliegenden vertraglichen Nebenpflichten – gehalten, für wartungsbedürftige Verschleißteile auf Wartungsbedarf, -umfang und -intervalle hinzuweisen.

Um den mit diesen Bauteilen verbundenen Unsicherheiten aus dem Weg zu gehen, 667 könnte – in Anlehnung an § 13 Abs. 4 Nr. 1 VOB/B – an eine **Abkürzung der Verjährungsfrist** für diese Verschleißteile gedacht werden[1801]. Dahingehende Vertragsbedingungen sind nach § 309 Nr. 8 b ff) BGB unwirksam. Die Dauer der Gewährleistung ist von der Frage, ob ein Mangel vorliegt, zu unterscheiden. Das Gesetz schreibt für Arbeiten bei Bauwerken generell eine fünfjährige Verjährungsfrist vor, ohne zwischen

---

[1796] BGH v. 28. 10. 1993, NJW 1994, 314; vgl. auch LG Dortmund v. 9. 10. 1987, NJW-RR 1989, 469, zur Errichtung eines Reihenhauses aufgrund eines reinen Bauvertrages, das ohne den Anbau des Nachbarreihenhauses verblieb – das LG hat den Bauvertrag nach den Grundsätzen des Wegfalls der Geschäftsgrundlage angepasst (weshalb der Unternehmer in einem solchen Fall das Risiko der unterbliebenen Nachbarbebauung mittragen soll, ist allerdings nicht recht einsehbar).

[1797] *Lucenti/Westfeld*, NZBau 2009, 291.

[1798] OLG Zweibrücken v. 30. 3. 2000, BauR 2000, 1912; weitergehend OLG Düsseldorf v. 15. 12. 2009, BauR 2010, 1594.

[1799] OLG Düsseldorf v. 15. 12. 2009, IBR 2010274 (*Kirschner*).

[1800] LG Stuttgart v. 1. 6. 1987, MittBayNot 1989, 82 (Lasuranstrich der Fenster); *Hahn*, BauR 1985, 521; *Reithmann/Meichssner/v. Heymann*, B Rdn. 61; *Kleine-Möller/Merl*, § 15 Rdn. 232, 962; a. A. *Jagenburg*, Aachener Bausachverständigentage 1996, S. 9 (10).

[1801] Vgl. *Brych*, ZfBR 1989, 237; *ders.*, NJW 1986, 302 (303f.); *Grziwotz*, NJW 1989, 193 (195).

B. Der Bauträgererwerb

den verschiedenen für das Bauwerk eingesetzten Baustoffen und deren Verschleißanfälligkeit zu unterscheiden. Im übrigen bestünde die Gefahr, dass die der voraussichtlichen Lebensdauer angepasste Verjährungsfrist geringer bemessen wird, als dies der tatsächlichen Lebenserwartung des fraglichen Aggregats entspricht. Allein dadurch würde die gesetzliche Verjährungsfrist in unzulässiger Weise verkürzt[1802].

668 *gg) Planungsfehler.* Zur Bauträgerleistung gehört neben der Bauleistung die gesamte Objekt- und Fachplanung. Der Bauträger hat deshalb nicht nur für eigentliche (technische) Ausführungsfehler, sondern auch für **Planungsfehler** einzustehen. So stellt es einen Planungsfehler dar, wenn die Dächer und die Kamine eines Mehrfamilienwohnhauses nur durch eine Dachgeschosswohnung und nicht von im Gemeinschaftseigentum stehenden Räumlichkeiten aus erreichbar sind. Die Zufahrt zur Tiefgarage ist mangelhaft, wenn die Tiefgaragenabfahrt für die Benutzung mit größeren, aber üblichen Pkw nur unter Mühen und mit Rangieren geeignet ist[1803].

Bei Einfamilienhäusern auf selbständigen (real geteilten) Grundstücken entspricht es zumindest der gewöhnlichen Verwendungseignung, dass jedes Objekt einen eigenen und unmittelbaren Anschluss an das öffentliche Wasser-, Kanal- und Stromnetz erhält[1804]. Sollte eine Leitungsführung über das Grundeigentum benachbarter Privatgrundstücke nicht vermeidbar sein, muss diese Leitungsführung durch entsprechende Dienstbarkeiten so gesichert sein, dass jeder Erwerber eine dem Direktanschluss in wirtschaftlicher und rechtlicher Hinsicht vergleichbare Position erhält[1805]. Eine Frage der Planung ist es auch, wie der Bauträger außerhalb planerischer Vorgaben das Objekt und die Außenanlagen gestaltet. So hat er – im Rahmen pflichtgemäßen Ermessens – auf das Elektrizitätswerk bei der Situierung des Kabelverteilerschranks Einfluss zu nehmen; es stellt einen Mangel dar, wenn ein Kabelverteilerschrank so platziert wird, dass die Nutzung des Gartens in nicht unerheblichem Maß beeinträchtigt wird. Es obliegt dem Bauträger, gegenüber dem Elektrizitätswerk dahin Einfluss zu nehmen, dass der Kabelverteilerschrank an einen geeigneten Platz versetzt wird[1806].

Eine eingeschränkte Nutzung aufgrund einer unzureichenden Planung kann ebenfalls einen Sachmangel begründen. Das gilt etwa dann, wenn ein Pkw-Abstellplatz verkauft wird, sich aber als Garagenvorplatz entpuppt (und die Zufahrt zur mitverkauften Garage so eng ist, dass der Erwerber nur unter Mitbenutzung der Garagenvorplätze der Nachbarn zu seiner Garage gelangen kann)[1807].

Der Bauträger hat ein Recht, den Mangel zunächst selbst zu beseitigen. Bei Planungsfehlern des Architekten, die sich bereits im Bauwerk verkörpert haben, wurde zum Architektenvertrag nach altem Recht angenommen, dass eine Nachbesserung nicht verlangt und unmittelbar Schadensersatz geltend gemacht werden kann. Diese Rechtsprechung ist beim Bauträgervertrag nicht anzuwenden, da keine selbständigen Planungsleistungen erbracht werden und auch ein Planungsfehler durch den Vertragspartner des Erwerbers beseitigt werden kann. Dem Bauträger ist deshalb auch bei Planungsfehlern Gelegenheit zur Nacherfüllung zu geben[1808].

669 *hh) Baugenehmigung und öffentlich-rechtliche (Bau-) Vorschriften.* Der Bauträger schuldet die Einhaltung sämtlicher **öffentlich-rechtlicher Vorschriften** und die Beschaffung der für die beschriebene Bauleistung erforderlichen **Genehmigungen.** Das gilt auch

---

[1802] *Basty,* Rdn. 1111; *Blank,* Rdn. 363; *Riemenschneider* in Grziwotz/Koeble, 3. Teil, Rdn. 357.
[1803] OLG Nürnberg v. 17. 9. 1999, BauR 1999, 1464.
[1804] Vgl. KG v. 19. 2. 2008, NZBau 2008, 1708, das im Grundsatz eine Einzelver- und -entsorgung für erforderlich hält, aber bei Gesamtbauvorhaben ebenfalls andere Lösungen zulässt.
[1805] OLG Koblenz v. 26. 2. 2002, BauR 2003, 721; OLG München v. 17. 5. 2005, NZBau 2006, 578.
[1806] BGH v. 9. 11. 2000, NZBau 2001, 264.
[1807] OLG Düsseldorf v. 11. 12. 1985, NJW-RR 1986, 320.
[1808] OLG Düsseldorf v. 23. 8. 2002, NZBau 2003, 445 zum GU-Vertrag.

VII. Haftung für Mängel der Bauleistung

dann, wenn dies nicht ausdrücklich im Vertrag geregelt ist. Die Verpflichtung ergibt sich zum einen daraus, dass der Bauträger auch sämtliche planerischen Leistungen zu erbringen hat. Zum anderen kann sich die Beachtung der öffentlich-rechtlichen Vorschriften (vgl. z. B. für die EnEV Rdn. 660) auch daraus ergeben, dass sie bei Bauwerken gleicher Art üblich ist und vom Erwerber erwartet werden kann (§ 633 Abs. 2 Satz 2 Nr. 2 BGB). Öffentlich-rechtliche Beschränkungen, die auf bauordnungs- oder planungsrechtlichen Bestimmungen beruhen, stellen einen Sachmangel dar[1809]. Auch der baurechtswidrige Zustand des vom Bauträger errichteten Gebäudes oder die baurechtlich nicht zulässige, vertraglich aber vorausgesetzte Nutzung des Objekts werden als Sachmangel angesehen.

Die dem Bauträger erteilte Baugenehmigung wirkt gegenüber den Erwerbern in vollem Umfang, da sie als Rechtsnachfolger gleichermaßen gebunden werden[1810]. Das folgt aus dem dinglichen Charakter der Baugenehmigung, der dem neuen Eigentümer des Grundstücks die öffentlich-rechtliche Verantwortung für den ordnungsgemäßen Zustand aufbürdet. Sämtliche in der **Baugenehmigung enthaltenen Nebenbestimmungen** wie Auflagen, Bedingungen, Befristungen, Widerrufsvorbehalte und angeordnete Sicherheitsleistungen gelten deshalb auch gegenüber den Erwerbern. Öffentlich-rechtliche Beschränkungen, die auf bauordnungs- oder planungsrechtlichen Vorschriften beruhen, werden von der Rechtsprechung als Sachmangel angesehen[1811]. **670**

Zwar ist die Baugenehmigung Fälligkeitsvoraussetzung für die Abschlagszahlungen nach § 3 Abs. 2 MaBV, was aber eine davon abweichende tatsächliche Ausführung keineswegs verhindern kann. **671**

Eine **baugenehmigungswidrige Ausführung** und deshalb mangelhafte Leistung liegt z. B. vor, wenn die Außenanlagen nicht dem (zur Baugenehmigung gehörenden) Freiflächengestaltungsplan (z. B. keine hinreichende Bepflanzung, kein Spielplatz) oder die Entwässerungseinrichtungen nicht den sanierungsrechtlichen Anforderungen[1812] entsprechen.

Ebenso sind Divergenzen zwischen Baugenehmigung und vertraglich Geschuldetem möglich. Ein Mangel i. S. d. § 633 BGB liegt insbesondere auch dann vor, wenn die vertraglich **vereinbarte Nutzung** des Objekts baurechtlich **nicht genehmigt** ist. Schuldet der Bauträger die Errichtung eines Wohnhauses und liegt lediglich eine Baugenehmigung für ein Bürogebäude vor, ist die Leistung mangelhaft[1813]. Ebenso hat der BGH für einen Sachverhalt entschieden[1814], bei dem in einem neu zu errichtenden Einfamilienhaus laut Baubeschreibung ein Kellerausbau mit Büroräumen vorgesehen war, der sich dann aber wegen der unzureichenden Raumhöhe des Kellergeschosses nicht realisieren ließ – die zuständige Baubehörde hatte insoweit die Genehmigung versagt. Die – bauordnungsrechtlich – eingeschränkte Benutzbarkeit der vertraglich geschuldeten Gewerberäume stellt einen Sachmangel dar. Ähnlich hatte das OLG Düsseldorf in einem Fall geurteilt[1815], in dem statt der vertraglich vorgesehenen Nutzung von drei Untergeschossräumen als Kinderzimmer, nur ein Kinderzimmer genehmigt wurde. Genauso wie beim Grundstücks- bzw. Wohnungskauf stellt es einen Sachmangel i. S. v. § 633 BGB dar, wenn ein Speicher im Dachgeschoss ohne die erforderliche Baugenehmigung zu Wohnraum umgebaut und als solcher veräußert wird[1816] oder baurechtswid- **672**

[1809] BGH v. 13. 10. 2000, NJW 2001, 65.
[1810] *Simon*, Art. 74 BayBO Rdn. 9 f. (S. 22 f.).
[1811] BGH v. 13. 10. 2000, NJW 2001, 65.
[1812] KG v. 8. 2. 2006, BauR 2006, 1323.
[1813] OLG Stuttgart v. 24. 11. 2004, BauR 2006, 532 = IBR 2006, 97 (*Metzger*).
[1814] BGH v. 21. 11. 1988, NJW 1989, 775.
[1815] OLG Düsseldorf, v. 22. 2. 1983, BauR 1984, 294.
[1816] BGH v. 26. 4. 1991, NJW 1991, 2138, m. Anm. *Westermann*, EWiR 1991, 965, zum Kaufvertragsrecht; OLG Hamm v. 21. 2. 2008, BauR 2008, 1468, ebenfalls zum Kaufvertragsrecht.

rig errichtete Hobbyräume als Appartements verkauft werden[1817]. Allerdings müssen Hobbyräume selbst nicht als Aufenthaltsräume genehmigt sein[1818].

673 Die für die fragliche Bauausführung oder vertragliche Nutzung fehlende Baugenehmigung stellt auch dann einen Mangel dar, wenn das Vorhaben **genehmigungsfähig** ist[1819]. Die (nachträgliche) Besorgung der Baugenehmigung, die für den vertraglich geschuldeten Zustand oder vorausgesetzten Gebrauch nötig ist, bleibt Sache des Bauträgers – die Möglichkeit, einen Mangel beseitigen zu können, ändert nichts an der zunächst gegebenen Mangelhaftigkeit. Dagegen stellt es keinen Sachmangel dar, wenn die Baugenehmigung erteilt wurde, aber die baubehördliche Schlussabnahme fehlt. Ihr Fehlen stellt lediglich einen formellen Verstoß dar, der keine Nutzungsuntersagung zur Folge haben kann[1820].

674 Auch die **Denkmaleigenschaft** eines Objekts kann einen Sachmangel darstellen[1821]. Die fehlende **Zweckentfremdungsgenehmigung** führt ebenfalls zur Haftung des Bauträgers; die Bezeichnung eines Objekts in Kaufvertrag und Teilungserklärung als Gewerbeeinheit beinhaltet eine Beschaffenheitsvereinbarung mit der Folge, dass alle für diese Nutzung nötigen Genehmigungen vorliegen bzw. beschafft werden müssen[1822].

675 *ii) Wohnflächenmindermaß.* Die vertragliche Flächenangabe stellt eine Beschaffenheitsvereinbarung i. S. v. § 633 Abs. 2 Satz 1 BGB dar[1823]. Bei der Flächenangabe handelt es sich um eine zentrale Beschaffenheitsangabe, weil sie die Nutzungsmöglichkeiten der Wohnung bzw. des Hauses und damit die Wertschätzung wesentlich beeinflusst. Von ihr hängen die Finanzierungsmöglichkeiten und die zukünftige Wertentwicklung, aber vor allem auch die Vermietbarkeit und damit der Mietertrag ab[1824].

Darauf, ob Wohnflächenangaben als zugesicherte Eigenschaft[1825] oder (nur) als Beschaffenheitsangabe zu werten sind, kommt es nach neuem Recht nicht mehr an. Abgesehen davon, dass der BGH in **Flächenabweichungen** von über 10% zuletzt auch ohne besondere Zusicherung ebenfalls einen Sachmangel gesehen hat[1826], ist nach neuem Recht davon auszugehen, dass im Grundsatz jede Abweichung von der vereinbarten Fläche zur Mängelhaftung des Bauträgers führt. Angesichts der Bedeutung, die die Wohnfläche für die Wertschätzung einer Wohnung (eines Hauses) hat, ist jede auch noch so geringe Flächenabweichung als ein Mangel i. S. v. § 633 Abs. 2 Satz 1 BGB zu werten[1827]. Es

---

[1817] BGH v. 20. 3. 1987, NJW 1987, 2511 unter Bezug auf BGH v. 27. 5. 1977, WM 1977, 1088, zur Nichtbewohnbarkeit eines für Wohnzwecke verkauften Kellers.
[1818] OLG München v. 4. 3. 2008, IBR 2009, 96 (*Müller-Stoy*).
[1819] BGH v. 26. 4. 1991, NJW 1991, 2138, m. Anm. *Westermann*, EWiR 1991, 965, zum Kaufrecht; OLG Hamm v. 30. 5. 1996, NJW-RR 1997, 47.
[1820] OLG Hamm v. 9. 9. 1999, NJW-RR 2000, 1184.
[1821] OLG Celle v. 13. 5. 1988, DNotZ 1988, 702.
[1822] A. A. OLG Düsseldorf v. 29. 3. 1995, NJW-RR 1996, 1353, zu einem Kaufvertrag.
[1823] BGH v. 8. 1. 2004, NJW 2004, 2156 = NZBau 2004, 269 = BauR 2004, 847.
[1824] BGH v. 8. 1. 2004, NJW 2004, 2156 = NZBau 2004, 269 = BauR 2004, 847.
[1825] Davon war bei konkreten Flächenangaben regelmäßig ausgegangen worden: BGH v. 30. 11. 1990, NJW 1991, 912; BGH v. 11. 7. 1997, NJW 1997, 2874; ähnlich KG v. 24. 11. 1988, NJW-RR 1989, 459; auch OLG Düsseldorf v. 29. 11. 1996, NJW-RR 1997, 853 = BauR 1997, 477; OLG Koblenz v. 15. 3. 2000, NZBau 2000, 562; LG Dresden v. 21. 12. 1999, BauR 2000, 1886; nach OLG Düsseldorf v. 28. 6. 2001, BauR 1137, genügt eine bloße Flächenangabe in einem Kaufvertrag jedoch nicht.
[1826] BGH v. 11. 7. 1997, NJW 1997, 2874; BGH v. 14. 5. 1998, NJW-RR 1998, 1169; BGH v. 21. 1. 1999, NJW 1999, 1860 = BauR 1999, 648; ebenso OLG Celle v. 14. 1. 1998, NJW-RR 1999, 816, für eine Abweichung von mehr als 10%; vgl. auch OLG Celle v. 28. 10. 1998, NJW-RR 1999, 816 zu einer Abweichung von mehr als 10% bei einem gewöhnlichen Bauvertrag; OLG Nürnberg v. 27. 7. 2000, BauR 2000, 1883, zu einer Abweichung von 7,69%; OLG Hamm v. 26. 7. 2001, NJW-RR 2002, 415; keine Beschaffenheitsangabe bei geringeren Abweichungen nach OLG Celle v. 25. 11. 1998, BauR 1999, 663.
[1827] A.A. *Koeble*, Kap. 20 Rdn. 17 e: Angaben in Prospekten, Teilungserklärungen oder Plänen führen nicht ohne weiteres zu Beschaffenheitsvereinbarungen, im Übrigen erst ab einer gewissen Erheblichkeit der Abweichung.

VII. Haftung für Mängel der Bauleistung

bleibt dem Bauträger freigestellt, sich wegen nur geringfügiger Abweichungen vor einer Haftung durch die Vereinbarung angemessener Toleranzklauseln zu schützen.

Die Beschaffenheit der Größe kann durch eine ausdrückliche Flächenangabe in der Urkunde[1828], in den Vertragsplänen oder in der Baubeschreibung[1829] vereinbart werden. Möglich ist auch, dass die Fläche aus den mit Maßketten versehenen Grundrissplänen des Aufteilungsplans, der zum Vertragsgegenstand gemacht wurde, errechnet werden kann[1830]. Wird der Bauantrag Vertragsinhalt und enthält er eine Wohnflächenberechnung, sind auch diese Angaben Vertragsinhalt[1831]. Im Wege der Vertragsauslegung kann für die Bestimmung der geschuldeten Wohnflächen auch auf Prospektangaben[1832] oder zurechenbare Erklärungen Dritter[1833] (z. B. Vertriebsbeauftragte) abgestellt werden. **676**

Wegen der Bedeutung der Flächenangabe für die Leistungspflicht des Bauträgers wird davon ausgegangen, dass der Bauträgervertrag im Falle des Fehlens einer Vereinbarung zur Wohnfläche unwirksam ist[1834].

Die Flächenangabe ist bei einer Altbausanierung in der gleichen Weise Beschaffenheitsmerkmal. Auch wenn die Wohnung erst im Zuge der Sanierung entsteht, stellen Flächenabweichungen einen Mangel dar[1835].

Sowenig wie **ungefähre Flächenangaben** (ca.-Angaben) einer Eigenschaftszusicherung entgegenstanden[1836], ist dies bei Beschaffenheitsangaben der Fall. Allerdings werden geringfügige Abweichungen bei der Vereinbarung einer ca.-Angabe vom Erwerber hinzunehmen sein. Das ist dadurch gerechtfertigt, dass sich die exakt vereinbarte Fläche wegen der beim Bau nicht zu vermeidenden Ungenauigkeiten kaum herstellen lässt. Eine Flächenabweichung von 10% kann jedoch nicht mehr als geringfügig angesehen werden[1837]. Als eine geringfügige Abweichung kann aber beispielsweise eine Differenz von 1,94% gelten[1838]. Ob diese Toleranz auch dann gelten kann, wenn keine ca.-Größe vereinbart wurde, ist zweifelhaft, fehlt es in diesem Fall doch an einem vertraglichen Anknüpfungspunkt für eine solche Handhabung[1839]. **677**

Zulässig dürfte die Vereinbarung einer sog. **Geringfügigkeitsklausel** sein. Danach sollen geringfügige Wohnflächenabweichungen den Kaufpreis weder nach oben noch nach unten verändern. Sofern sich eine solche Klausel auf Abweichungen bezieht, die beim Bau üblich und nur schwer zu vermeiden sind (z. B. bis 3%), dürfte es sich um geringfügige Änderungen handeln, die einer Überprüfung nach § 309 Nr. 8 b) aa) BGB standhalten dürfte[1840]. Gut vertretbar erscheint eine Vertragsgestaltung, bei der die Wohnfläche, die sich nach Abzug der 3% Differenzfläche ergibt, als vertraglich geschuldete Beschaffenheit vereinbart wird[1841]. **678**

Enthält der Bauträgervertrag eine solche Klausel, ist sie in der Regel dahin auszulegen, dass bei einer tatsächlich vorzunehmenden Anpassung wegen einer erheblichen Flächenabweichung der Geringfügigkeitsabschlag nicht abgezogen werden soll[1842]. So-

---

[1828] LG Dresden v. 21. 12. 1999, BauR 2000, 1886.
[1829] OLG Koblenz v. 15. 3. 2000, NZBau 2000, 562 (564).
[1830] OLG Hamm v. 26. 7. 2001, NJW-RR 2002, 415.
[1831] BGH v. 14. 5. 1998, NJW-RR 1998, 1169, zu einem Baubetreuungsvertrag.
[1832] BGH v. 22. 12. 2000, NJW 2001, 818.
[1833] BGH v. 8. 1. 2004, NJW 2004, 2156 = NZBau 2004, 269 = BauR 2004, 847.
[1834] *Basty*, Rdn. 890, 891.
[1835] OLG Karlsruhe v. 15. 5. 2007, BauR 2008, 1147 = IBR 2007, 489 (*U. Locher*).
[1836] BGH v. 11. 7. 1997, NJW 1997, 2874; OLG Celle v. 14. 1. 1998, BauR 1998, 805.
[1837] A. A. OLG Nürnberg v. 27. 7. 2000, BauR 2000, 1883, bei einer Abweichung von 8%.
[1838] OLG Celle v. 25. 1. 1998, BauR 1999, 663.
[1839] *Basty*, Rdn. 898.
[1840] *Basty*, Rdn. 901.
[1841] *Basty*, Rdn. 902.
[1842] BGH v. 8. 1. 2004, NJW 2004, 2156 = NZBau 2004, 269 = BauR 2004, 847; BGH v. 22. 10. 1999, NJW-RR 2000, 202; so auch bereits OLG Stuttgart v. 24. 9. 1998, BauR 1999, 788.

B. Der Bauträgererwerb

bald die Grenze der Geringfügigkeit überschritten ist, ist die Minderung der Vergütung deshalb in vollem Umfang und ungekürzt durchzuführen. Enthält der Vertrag eine Bestimmung, nach der Flächenabweichungen von unter 3% keinen Einfluss auf den vereinbarten Verkaufspreis haben sollen, tritt bis zu dieser Grenze keine Minderung ein, während bei einer auch nur geringfügigen Überschreitung das volle Minderungsrecht besteht, also von der Minderung kein Abzug im Umfang von 3% vorzunehmen ist[1843].

679 Es besteht keine allgemeingültige Regel, wie die Wohnfläche einer neu zu errichtenden Wohnung zu berechnen ist[1844]. Es kommt auf die Angaben im Vertrag und in den Vertragsplänen an. Nach Auffassung des BGH[1845] verbindet der allgemeine Sprachgebrauch mit dem Begriff der Wohnfläche jedenfalls nicht eine bestimmte **Berechnungsmethode**; insbesondere gilt dies für die Bestimmungen der Zweiten Berechnungsverordnung. Als Berechnungsgrundlage kommen die Zweite Berechnungsverordnung, die DIN 277, die (zurückgezogene) DIN 283 oder die neue Wohnflächenverordnung (WoFlV) vom 25. 11. 2003 in Betracht[1846].

680 Der BGH[1847] hat für einen Fall, in dem der Bauträger in dem Prospekt die Flächen unter den Dachschrägen voll einberechnet hat, betont, dass der Begriff „Wohnfläche" auslegungsbedürftig ist. Es kommt darauf an, ob die Wohnfläche gemäß Verkehrssitte im Sinne der Zweiten Berechnungsverordnung zu verstehen ist, worüber ggf. Sachverständigenbeweis zu erheben ist. Sofern in Prospekten oder dergleichen von „Nutzflächen" die Rede ist, kann auf die DIN 283 zurückgegriffen werden[1848]. Dort werden unter Nutzflächen Wirtschaftsräume und gewerbliche Räume verstanden. Nach der Rechtsprechung[1849], die hierzu Sachverständige befragt hatte, entspricht es der Verkehrsauffassung, die Wohnungsgröße in Anlehnung an die **DIN 283** und die **Zweite Berechnungsverordnung** zu ermitteln[1850]. Dabei ist die Gültigkeit der (zurückgezogenen) DIN 283 für das Bestehen einer Verkehrssitte unbeachtlich[1851]. Nach beiden Vorschriften werden Dachschrägen, Balkone, Nebenräume usw. nur zum Teil angerechnet. Darauf, ob die Flächen im Gemeinschaftseigentum stehen, kommt es bei Terrassen und überdachten Freisitzen (Sondernutzungsrechten) nicht an[1852]. Auch ist es unerheblich, ob die fragliche Fläche nach bauordnungsrechtlichen Vorschriften zu den Wohnflächen gerechnet wird[1853].

681 Die **Minderung** der Vergütung errechnet sich aus dem Verhältnis zwischen Quadratmeterverkaufspreis und der tatsächlich hergestellten Wohnfläche oder nach den Kubikmetern umbauten Raums[1854]. Wegen des pauschalierten Preises, der im Allgemeinen für das gesamte Objekt einheitlich vereinbart wird, bleiben Unterschiede in der Wertigkeit der Flächen zueinander unberücksichtigt. Abschläge für die auf das Grund-

---

[1843] OLG Koblenz v. 15. 3. 2000, NZBau 2000, 562 (564).
[1844] Vgl. *Kapellmann/Schiffers*, Bd. 2 Rdn. 553 f. zu den verschiedenen Berechnungsmethoden.
[1845] BGH v. 30. 11. 1990, NJW 1991, 912.
[1846] BGBl. I S. 2346; vgl. dazu *Grundmann*, NJW 2003, 3745.
[1847] BGH v. 22. 12. 2000, NJW 2001, 818 = NZBau 2001, 132 = BauR 2001, 391.
[1848] BGH v. 22. 12. 2000, NJW 2001, 818 (821) = NZBau 2001, 132 = BauR 2001, 391; OLG Hamburg v. 25. 1. 1980, BauR 1980, 469.
[1849] OLG Celle v. 14. 1. 1998, NJW-RR 1999, 816 (817) = BauR 1998, 805; ebenso LG Berlin v. 27. 11. 2003, BauR 2004, 721 (LS); vgl. ferner OLG Koblenz v. 5. 1. 2006, BauR 2006, 1758 (1760).
[1850] Vgl. auch BGH v. 24. 3. 2004, NJW 2004, 2230; BGH v. 22. 4. 2009, NJW 2009, 2295, Rdn. 19, jeweils zum Mietrecht.
[1851] BGH v. 11. 7. 1997, NJW 1997, 2874; OLG Hamm v. 7. 11. 1996, NJW-RR 1997, 1551; OLG Celle v. 14. 1. 1998, BauR 1998, 805.
[1852] OLG Nürnberg v. 27. 7. 2000, BauR 2000, 1883.
[1853] BGH v. 16. 12. 2009, NJW 2010, 1064 = NZBau 2010, 238 (zur Wohnraummiete).
[1854] OLG Düsseldorf v. 23. 12. 1980, NJW 1981, 1455; OLG Celle v. 28. 10. 1998, NJW-RR 1999, 816 zu einem Bauvertrag.

stück, den Kellerraum und die Gemeinschaftsräume entfallenden Kaufpreisteile sind bei Geschosswohnungen im Allgemeinen nicht vorzunehmen, da sie auch bei der Preisbildung durch den Bauträger keinen konstanten bzw. selbständigen Preisfaktor darstellen[1855]. Hier kann nur dann anderes gelten, wenn für besondere Flächen (z. B. für den Hobbyraum) im Vertrag ein besonderer Preis ausgeworfen wurde. Bei der Berechnung der dem Erwerber zur Verfügung stehenden Flächen sind die Grundstücksteile, an denen er Sondernutzungsrechte erhält (Terrassen, Freisitze usw.), jedoch nicht allein deshalb unberücksichtigt zu lassen, weil sie im Gemeinschaftseigentum stehen[1856].

Der BGH spricht *neben* der Minderung auch Schadensersatz wegen der höheren **682** Erwerbsnebenkosten (Finanzierungsaufwand, Notar- und Grundbuchkosten) zu, wenn die fehlerhafte Flächenangabe pflichtwidrig erfolgte[1857]. Eine Haftung aus Verschulden bei Vertragsschluss besteht dann, wenn eine bestimmte Wohnfläche vereinbart war und sich durch eine (vereinbarte) Veränderung der Dachneigung die Wohnfläche im Dachgeschoss verringert und der Bauträger über diese Folge nicht aufgeklärt hat[1858].

Beruhen die fehlerhaften Angaben im Vertrag oder im Prospekt auf einem Planungsfehler des Architekten (z. B. fehlerhafte Wohnflächenberechnung), haftet der Architekt dem Bauträger für den daraus entstehenden Schaden[1859].

jj) Steuervorteile, Mieterträge. Beschaffenheitsangaben können sich auch auf **Steuer-** **683** **vorteile** beziehen, wenn es sich um die im Objekt selbst liegenden Voraussetzungen und nicht um die Rechtsfolgen einer ermäßigten persönlichen Steuerschuld handelt. Entsprechendes hat der BGH für die Abschreibung nach § 7b EStG (1981) zur Eigenschaftszusicherung entschieden[1860]. Als zusicherungsfähige Eigenschaft kam für die Steuervorteile des § 10e EStG etwa die Eignung des Objekts als Wohnung in Betracht[1861]. Kein Beschaffenheitsmerkmal können dagegen die persönlichen Voraussetzungen für Abschreibungsmöglichkeiten sein, so z.B. die steuerliche Voraussetzung, dass noch kein Objektverbrauch vorliegt (§ 7b Abs. 6 EStG 1964)[1862] oder Wohnräume vom Erwerber selbst zu Wohnzwecken genutzt werden (§§ 15, 15b BerlinFG 1986)[1863].

Wenn Beschaffenheitsmerkmale des zu errichtenden Objekts mit Blick auf die steu- **684** erlichen Vorteile vereinbart werden, haftet der Bauträger nach §§ 633 ff. BGB. Das hat der BGH zum früheren Recht in einem Fall entschieden[1864], in dem „eine einkommensteuerrechtlich relevante Einliegerwohnung" zugesichert wurde, die sodann aber wegen einer zu geringen lichten Höhe der Räume keine steuerliche Anerkennung fand. Der BGH hat den geltend gemachten Schadensersatz zugesprochen.

Angaben über tatsächlich erzielte **Mieterträge** – nach frühem Recht eine zusicherungsfähige Eigenschaft[1865] – können ebenfalls Gegenstand einer Beschaffenheitsvereinbarung sein.

[1855] A. A. OLG Celle v. 14. 1. 1998, NJW-RR 1999, 816 (817) = BauR 1998, 805; *Koeble,* Rechtshandbuch Immobilien, Kap. 20 Rdn. 17i ff.
[1856] OLG Nürnberg v. 27. 7. 2000, BauR 2000, 1883.
[1857] BGH v. 11. 7. 1997, NJW 1997, 2874.
[1858] OLG Düsseldorf v. 29. 11. 1996, NJW-RR 1997, 853.
[1859] OLG Celle v. 3. 2. 2000, BauR 2000, 1082; OLG Hamm v. 23. 1. 2001, BauR 2001, 984.
[1860] BGH v. 6. 12. 1985, NJW-RR 1986, 700 = WM 1986, 360.
[1861] Vgl. *Handzik,* FR 1991, 108.
[1862] BGH v. 23. 3. 1990, WM 1990, 1210 (1211) = BB 1990, 1223.
[1863] BGH v. 26. 4. 1991, BB 1991, 1371 m. Anm. *Reithmann,* EWiR 1991, 655.
[1864] BGH v. 7. 5. 1987, NJW 1987, 2373; vgl. aber OLG Hamm v. 13. 12. 1988, NJW-RR 1989, 668, zur zulässigen Haftungsbeschränkung bzgl. Steuervorteile beim reinen Bauvertrag.
[1865] BGH v. 5. 10. 2001, NJW 2002, 208.

3. Mängelansprüche des § 634 BGB

a) Überblick

685 Die Mängelrechte des Erwerbers sind durch die Schuldrechtsmodernisierung an das Allgemeine Schuldrecht angepasst und dabei vereinfacht worden. Auch wenn die Vorschriften der §§ 633 ff. BGB dem Allgemeinen Schuldrecht als Spezialrecht vorgehen, wurde die Haftung den allgemeinen Regeln weitgehend angeglichen: Eine mangelhafte Leistung ist zugleich auch eine „nicht wie geschuldet erbrachte Leistung" i. S. v. § 281 BGB bzw. eine nicht vertragsgemäß erbrachte Leistung i. S. v. § 323 BGB. Demgemäß wird für den Schadensersatz und das Rücktrittsrecht auf die Vorschriften des Allgemeinen Schuldrechts zurückverwiesen. Wie schon nach früherem Recht kann der Erwerber statt dessen etwaige Mängel im Wege der Selbstvornahme beseitigen oder Minderung verlangen. Vor allem hat der Unternehmer auch nach neuem Recht zunächst die Befugnis, die Mängel nach seiner Wahl – insoweit auch abweichend vom Kaufrecht – zu beseitigen oder ein neues Werk herzustellen[1866].

686 Der Übergang von der Nacherfüllung zu den eigentlichen Mängelrechten ist vereinfacht worden. Im Unterschied zum früheren Recht kennt das modernisierte Recht keine Fristsetzung mit Ablehnungsandrohung mehr; sie war Voraussetzung für die sekundären Gewährleistungsrechte (Minderung, Schadensersatz, Rücktritt). Nach Ablauf einer angemessenen Frist zur Nacherfüllung stehen nach neuem Recht im Grundsatz sämtliche Rechte des § 634 BGB nebeneinander zur Wahl.

687 Für die **Abgrenzung** der Rechte des allgemeinen Leistungsstörungsrechts von der Mängelhaftung ist auf den Zeitpunkt der Abnahme abzustellen[1867], frühestens aber auf den der abnahmereifen Fertigstellung. Bis zur Abnahme hat der Erwerber den Erfüllungsanspruch aus § 631 BGB; die Rechte ergeben sich aus den allgemeinen Vorschriften, sofern die §§ 634 ff. nicht auch schon vor der Abnahme angewendet werden können[1868] (vgl. Rdn. 487). Mit der Abnahme beschränkt sich die Leistungspflicht auf das konkrete Werk; bezüglich der Mängel bestehen die Rechte des § 634 BGB. Die Ansprüche unterliegen einer unterschiedlichen Verjährung, wobei im Unterschied zur alten Rechtslage die Mängelansprüche einer längeren Verjährung als die Erfüllungsansprüche unterliegen (vgl. einerseits § 634 a Abs. 1 Nr. 2 BGB, andererseits § 195 BGB).

688 Bei einer **Mehrzahl von Mängeln** können unterschiedliche Ansprüche verfolgt werden. Es kann wegen bestimmter Mängel Nacherfüllung, wegen anderer Mängel – nach vergeblicher Fristsetzung zur Nacherfüllung – Minderung oder auch Schadensersatz geltend gemacht werden[1869]. Auch können unterschiedliche Mängelansprüche für das Sondereigentum und das Gemeinschaftseigentum durchgesetzt werden. Die Erheblichkeit der Mängel einerseits und die Bindung der Erwerber an die Grundsätze ordnungsgemäßer Verwaltung (bei Mängeln am Gemeinschaftseigentum) andererseits werden den Ausschlag für die Wahl zwischen Nacherfüllung (zumeist Vorschussklage), Minderung, Schadensersatz oder Rücktritt geben.

b) Nacherfüllung

689 Der Anspruch auf Nacherfüllung folgt aus § 635 BGB. Er setzt das Bestehen eines Mangels i. S. v. § 633 BGB voraus. Nacherfüllung bedeutet die Beseitigung des Man-

---

[1866] *Palandt/Sprau*, vor § 633 Rdn. 1.
[1867] *Palandt/Sprau*, vor § 633 Rdn. 6.
[1868] *Kniffka*, ibr-online-Kommentar (Stand: 26. 5. 2009), § 634 BGB, Rdn. 11.
[1869] Vgl. *Werner/Pastor*, Rdn. 1652.

VII. Haftung für Mängel der Bauleistung

gels durch den Unternehmer; sie entspricht der früheren „Nachbesserung". Der Bauträger kann den Mangel beseitigen oder das Werk neu herstellen. Anders als beim Kaufvertrag (§ 439 Abs. 1 BGB) kann der Unternehmer – und nicht der Besteller – zwischen Mängelbeseitigung und Neuherstellung wählen (§ 635 Abs. 1 BGB). Für die Leistungen des Bauunternehmers und des Bauträgers kommt die Neuherstellung praktisch nicht in Betracht.

Der Bauträger muss unter Mitteilung des Mangels zu dessen Beseitigung aufgefordert werden. Das **Nacherfüllungsverlangen** muss den Mangel so konkret bezeichnen, dass er nach Art und Ort feststellbar ist. Es genügt, wenn der Mangel dem Symptom nach beschrieben wird; zu den Ursachen und zur Verantwortlichkeit bestimmter Nachunternehmer muss sich der Erwerber nicht äußern[1870]. **690**

Die **Art der Nacherfüllung** bestimmt grundsätzlich der Bauträger (bzw. im Verhältnis zu ihm dessen Subunternehmer). Er trägt auch das Risiko eines Fehlschlages. Allerdings kann er im Einzelfall zu einer bestimmten Art der Mängelbeseitigung verpflichtet sein, wenn nur durch diese ein nachhaltiger Erfolg erreicht werden kann[1871]. Der Erwerber ist bei der Mängelbeseitigung insoweit zur Mitwirkung verpflichtet, als er die Arbeiten überhaupt ermöglichen muss. Er ist jedoch nicht verpflichtet, etwa seinen Garten für die notwendige Zwischenlagerung von Erdaushub zur Verfügung zu stellen[1872]. **691**

Der Nacherfüllungsanspruch erstreckt sich dem **Umfang** nach auf sämtliche Vor- und Nacharbeiten, und zwar auch dann, wenn sie die Kosten der eigentlichen Mängelbeseitigung übersteigen[1873]. Zur Nacherfüllung gehören also nicht nur die Reparatur bzw. der Austausch der eigentlich defekten Bauteile, sondern auch alle mit der Reparatur zusammenhängenden Nebenarbeiten[1874]. Zu den Sowieso-Kosten vgl. unten Rdn. 712. **692**

Neben der Mängelbeseitigung kann **Schadensersatz** nach §§ 636, 280, 281, 283 BGB für Folgeschäden verlangt werden, die einer Nacherfüllung nicht zugänglich sind, z.B. für Mietausfälle, Sachverständigenkosten usw. **693**

Der Nacherfüllungsanspruch kann klageweise durchgesetzt und gem. § 887 ZPO vollstreckt werden[1875]. Weit effektiver sind aber die Ausübung des Leistungsverweigerungsrechts und die Selbstvornahme, wobei hier wiederum auf Aufwendungsersatz oder – noch günstiger – auf Vorschuss geklagt werden kann. **694**

Der Bauträger kann die **Nacherfüllung verweigern,** wenn sie unmöglich ist (§ 275 Abs. 1 BGB), mit unverhältnismäßigem Aufwand, der in einem groben Missverhältnis zum Leistungsinteresse des Gläubigers steht, verbunden ist (§ 275 Abs. 2 BGB), die Leistungserbringung persönlich unzumutbar ist (§ 275 Abs. 3 BGB) oder mit unverhältnismäßigen Kosten verbunden ist (§ 635 Abs. 3 BGB). Der Nacherfüllungsanspruch kann jedoch nicht deshalb verweigert werden, weil sich der Erwerber im Annahmeverzug befindet. **695**

Von einer **Unverhältnismäßigkeit der Nacherfüllung** i.S.v. § 635 Abs. 3 BGB wird in der Regel dann ausgegangen, wenn einem objektiv geringen Interesse des Erwerbers an einer vertragsgerechten Leistung ein ganz erheblicher und deshalb unangemessener Aufwand gegenübersteht, bei dem ein Beharren auf ordnungsgemäßer Ver-

---

[1870] BGH v. 27. 2. 2003, NJW 2003, 1526.
[1871] BGH v. 24. 4. 1997, NJW-RR 1997, 1106 m. w. N.
[1872] OLG Hamm v. 1. 8. 2008, IBR 2009, 79 (*Leidig*).
[1873] BGH v. 7. 11. 1985, NJW 1986, 922; BGH v. 22. 3. 1979, NJW 1979, 2095; OLG Düsseldorf v. 10. 12. 1984, BauR 1986, 217.
[1874] OLG Düsseldorf v. 10. 12. 1984, BauR 1986, 217; vgl. auch BGH v. 7. 11. 1985, NJW 1986, 922.
[1875] Zum Übergang auf Schadensersatz (nach § 283 Abs. 1 BGB a. F.) vgl. OLG Düsseldorf v. 10. 12. 1984, BauR 1986, 217.

B. Der Bauträgererwerb

tragserfüllung unter Berücksichtigung aller Umstände gegen Treu und Glauben verstößt[1876]. Ist allerdings die Funktionstauglichkeit der Leistung spürbar beeinträchtigt, kann der Unternehmer die Nacherfüllung grundsätzlich nicht wegen Unverhältnismäßigkeit verweigern[1877]. Das ist etwa dann der Fall, wenn durch eine Nachbesserung Schallmängel mit einigem Aufwand beseitigt werden müssen (Trennung von Reihenhäusern mittels Sägeschnitts zur Herstellung eines verbesserten Schallschutzes)[1878]. Die Mängelbeseitigung ist auch dann nicht unverhältnismäßig, wenn die Leistung zwar den anerkannten Regeln der Technik entspricht, aber die vertraglich geschuldete Leistung eine deutlich höherwertigere Ausführung vorsieht und die höherwertige Bauweise eingefordert wird[1879]. Eine Unverhältnismäßigkeit besteht z.B. bei nur geringfügigen Kantenaufwölbungen eines Parketts von bis zu 0,5 mm; hier kann der Unternehmer die Neuherstellung verweigern[1880]. Unverhältnismäßig ist auch das Verlangen, einen planwidrig hergestellten Dachaustritt an der oberhalb gelegenen Wohnung zu beseitigen, wenn dieser Zustand jahrelang hingenommen wurde und die Beseitigung ca. €90 000,00 kostet. Das Interesse des Erwerbers daran, die „oberste Wohnung" zu erhalten ist in Relation dazu nicht schützenswert[1881]. Wurde statt des geschuldeten mineralischen Kratzputzes ein Kunstharzsilikonputz an den Außenfassaden aufgebracht, ist das Mängelbeseitigungsverlangen unverhältnismäßig, weil der abweichend ausgeführte Putz technisch gleichwertig ist[1882]. Häufig wird die Beseitigung von **optischen Mängeln,** die fraglos als Mangel zu qualifizieren sind[1883], unverhältnismäßig sein. Ein solcher optischer Mangel kann beispielsweise angenommen werden, wenn die Haustürschwellen in kleinen statt in großen Platten ausgeführt wurden[1884].

Bei der Beurteilung der Unverhältnismäßigkeit ist auch zu berücksichtigen, ob und in welchem Ausmaß der Unternehmer den Mangel verschuldet hat[1885]. Der Einwand, durch den nachträglichen Einbau des vertraglich geschuldeten Materials entstünde ein unverhältnismäßiger Aufwand, ist deshalb treuwidrig, wenn der Bauträger bzw. andere Baubeteiligte vorsätzlich billigeres oder geringwertigeres Material verwendet hatten[1886]. Entsprechendes gilt, wenn der zu beseitigende Mangel vom Bauträger oder seinen Subunternehmern grob fahrlässig verursacht worden ist[1887]. Entgegen früherer Rechtsprechung ist eine Nachbesserung nicht schon deshalb unzumutbar, weil sie einer Neuherstellung des Werkes gleichkommt[1888].

Kann der Bauträger die Mängelbeseitigung wegen Unverhältnismäßigkeit verweigern, stehen dem Erwerber ohne weiteres die Rechte auf Minderung und ggf. auch auf Rücktritt vom Vertrag zu. Die Minderung berechnet sich nach den technischen und merkantilen Nachteilen, nicht aber nach den Kosten der Mängelbeseitigung[1889].

Die Einrede der Unverhältnismäßigkeit bezieht sich außerdem nur auf die Kosten der Mängelbeseitigung, nicht aber auf Schadensersatzansprüche wegen Folgeschäden;

[1876] BGH v. 6. 12. 2001, NJW-RR 2002, 661 (663) m.w.N.; BGH v. 10. 4. 2008, NZBau 2008, 575, Rdn. 16; BGH v. 16. 4. 2009, NJW 2009, 2123, Rdn. 3.
[1877] BGH v. 4. 7. 1996, NJW 1996, 3269; BGH v. 24. 4. 1997, NJW-RR 1997, 1106.
[1878] OLG Hamm v. 8. 3. 2001, BauR 2001, 1262.
[1879] BGH v. 10. 4. 2008, NZBau 2008, 575, Rdn. 18 f.
[1880] OLG Düsseldorf v. 10. 6. 1997, NJW-RR 1997, 1450.
[1881] OLG Rostock v. 10. 5. 2007, IBR 2009, 714 (*Vogel*).
[1882] OLG Hamm v. 13. 2. 2007, NJW-RR 2007, 897.
[1883] Vgl. eingehend *Kamphausen*, BauR 1995, 343 (345).
[1884] OLG Hamm v. 24. 3. 2003, NJW-RR 2003, 965 (zu einem VOB/B-Vertrag).
[1885] BGH v. 16. 4. 2009, NJW 2009, 2123, Rdn. 3.
[1886] OLG Hamburg v. 3. 1. 1974, MDR 1974, 489.
[1887] OLG Düsseldorf v. 24. 2. 1987, BauR 1987, 572; OLG Hamm v. 22. 7. 1986, BauR 1988, 340 (343) = BauR 1987, 569 (572).
[1888] BGH v. 10. 10. 1985, NJW 1986, 711; OLG München v. 6. 7. 1987, NJW-RR 1987, 1234.
[1889] *Kniffka*, ibr-online-Kommentar (Stand: 26. 5. 2009), § 635 BGB, Rdn. 47.

VII. Haftung für Mängel der Bauleistung

der Schadensersatzanspruch wegen Folgeschäden wird durch § 635 Abs. 3 BGB nicht begrenzt[1890].

Für den **zu Unrecht geltend gemachten Anspruch** auf Nacherfüllung gilt, was der BGH[1891] für den rechtsgrundlos erklärten Rücktritt entschieden hat und auch für die anderen Mängelrechte anzunehmen ist. Danach macht sich die Vertragspartei gem. § 280 Abs. 1 Satz 1 BGB schadensersatzpflichtig, wenn sie von der anderen Partei etwas verlangt, das nach dem Vertrag nicht geschuldet ist. Die Pflichtwidrigkeit hat der Erwerber nicht schon dann zu vertreten, wenn er nicht erkennt, dass seine Forderung nicht berechtigt ist, sondern nur dann, wenn er seine Rechtsposition auch nicht als plausibel ansehen durfte.

c) Leistungsverweigerungsrecht

Mängel an der Bauleistung führen nicht zum Entfall des Vergütungsanspruchs. Dem **696** Erwerber steht aber nach § 320 BGB die Einrede des nichterfüllten Vertrages und damit ein Leistungsverweigerungsrecht zu[1892]. Der Erwerber kann wegen noch vorhandener Mängel die Bezahlung der Bauträgervergütung verweigern. Der Einbehalt eines angemessenen Teils der Vergütung darf als Druckmittel verwendet werden, um eine zügige Mängelbeseitigung durch den Bauträger zu erreichen[1893]. Da der Einbehalt des einfachen Betrages der Mängelbeseitigungskosten insbesondere bei kleineren Mängeln kaum lästig ist, also kein wirksames Druckmittel darstellt, wurde von der Rechtsprechung ein Einbehalt in Höhe des Zwei- bis Dreifachen der Mängelbeseitigungskosten für angemessen angesehen[1894]. Dieser sog. **Druckzuschlag** betrug nach früherer Rechtslage mindestens das Dreifache der Mängelbeseitigungskosten. Mit dem Forderungssicherungsgesetz wurde § 641 Abs. 3 BGB dahin geändert, dass der Druckzuschlag in der Regel das Doppelte der Mängelbeseitigungskosten beträgt. Dadurch soll – in Anlehnung an die Rechtsprechung – die Höhe des Einbehalts von den Umständen des Einzelfalls abhängen, ohne dass ein Mindesteinbehalt festgelegt ist.

Das Gesetz in seiner früheren Fassung ging davon aus, dass die Vergütung vor der **697** Abnahme ohnehin nicht fällig ist, also kein Bedürfnis für die Gestaltung eines Leistungsverweigerungsrechts für **Abschlagszahlungen** besteht. Dem Besteller bzw. Erwerber war gleichwohl auch schon nach früherem Recht ein Leistungsverweigerungsrecht wegen Mängeln vor der Abnahme zugestanden worden[1895]. Es ist nun durch die Änderungen infolge des Forderungssicherungsgesetzes nach § 632 a Abs. 1 Satz 3 BGB auch von Gesetzes wegen auf Abschlagszahlungen, also auch schon vor der Abnahme anwendbar.

Das Leistungsverweigerungsrecht hat beim Bauträgererwerb in Bezug auf die **letzte Abschlagszahlung** (Fertigstellungsrate) ohnehin eine abnehmende Bedeutung, da nach der Rechtsprechung des BGH wesentliche Mängel nicht nur zur Leistungsverweigerung berechtigen, sondern schon der Fälligkeit der gesamten Rate entgegenstehen[1896].

Die vom Bauträger zur Verfügung zu stellende **Vertragserfüllungssicherheit** nach **698** § 632a Abs. 3 BGB (vgl. Rdn. 201) steht dem Leistungsverweigerungsrecht an Ab-

---

[1890] BGH v. 7. 3. 2002, NJW 2002, 3543.
[1891] BGH v. 16. 1. 2009, NZBau 2009, 237 = BauR 2009, 1147.
[1892] *Palandt/Grüneberg*, § 320 Rdn. 4.
[1893] BGH v. 9. 7. 1981, NJW 1981, 2801.
[1894] BGH v. 16. 1. 1992, NJW 1992, 1632; BGH v. 26. 2. 1981, NJW 1981, 1448 (1449 a. E.) – dreifach; BGH v. 9. 7. 1981, NJW 1981, 2801 – zwei- bis dreifach; BGH v. 10. 11. 1983, NJW 1984, 725 (727) – dreifach oder mehr; OLG Frankfurt v. 9. 2. 1981, BauR 1982, 377 – fünffach; ausführlich *Brügmann*, BauR 1981, 128; *Werner/Pastor*, Rdn. 2527 f.; *Kleine-Möller/Merl*, § 15 Rdn. 995 f.
[1895] *Kniffka*, ibr-online-Kommentar (Stand: 26. 5. 2009), § 641 BGB, Rdn. 68.
[1896] BGH v. 30. 4. 1998, BauR 1998, 783.

schlagszahlungen nicht entgegen (Rdn. 305); der Erwerber muss sich nicht auf die ihm gestellte Sicherheit verweisen lassen[1897]. Ebenso wenig ist der Erwerber gehindert, das Leistungsverweigerungsrecht nach der Abnahme auszuüben, wenn ihm eine Gewährleistungssicherheit zur Verfügung steht[1898].

Leistet der Erwerber in Kenntnis seines Leistungsverweigerungsrechts und in Erwartung baldiger Mängelbeseitigung, so verliert er dadurch seine Mängelansprüche nicht[1899].

Der Druckzuschlag – nicht aber das (einfache) Leistungsverweigerungsrecht – kann aber dann entfallen, wenn der Bauträger zur Mängelbeseitigung bereit ist und die Nachbesserungsarbeiten nur wegen des Verhaltens des Erwerbers nicht ausgeführt werden können, der Erwerber sich also in **Annahmeverzug** befindet[1900].

Das Leistungsverweigerungsrecht kann auch deshalb nicht ausgeschlossen werden, weil die Untersuchung der Mängel, auf die das Leistungsverweigerungsrecht gestützt wird, schwierig und zeitaufwändig ist[1901].

699 Für die sog. **Subsidiaritätsklausel,** die nach der neueren Rechtsprechung des BGH nicht wirksam vereinbart werden kann[1902], hatte der BGH schon früher entschieden, dass die Einrede des nichterfüllten Vertrages dem Erwerber auch dann erhalten bleibt, wenn sich der Bauträger von seiner Mängelhaftung unter Abtretung der ihm gegen die Bauunternehmen zustehenden Ansprüche freigezeichnet hat, er also den Erwerber auch wegen der Nacherfüllung auf die Subunternehmer verweist[1903]. Diese Grundsätze sind auch dann anzuwenden, wenn dem Erwerber die Mängelansprüche des Bauträgers, die diesem gegen seine Nachunternehmer zustehen, zur Sicherung des Erwerbers abgetreten werden. Durch die Sicherungsabtretung wird die Haftung des Bauträgers nicht eingeschränkt, bleibt also auch die Befugnis zur Leistungsverweigerung bestehen.

700 Das Leistungsverweigerungsrecht nach § 320 BGB kann in Formularverträgen weder eingeschränkt noch **ausgeschlossen** werden (§ 309 Nr. 2 BGB)[1904]. Eine unzulässige Einschränkung des Leistungsverweigerungsrechts kann z. B. in der Verpflichtung des Erwerbers liegen, die Restvergütung trotz vorhandener Mängel hinterlegen zu müssen[1905].

701 Das Leistungsverweigerungsrecht ist eine **Einrede.** Sie muss im Prozess ausdrücklich erhoben werden, um eine Zug-um-Zug-Verurteilung zu erreichen[1906]. Das bloße Bestehen des Leistungsverweigerungsrechts hindert dagegen ohne weiteres den Eintritt des Schuldnerverzugs[1907].

d) Fristsetzung zur Nacherfüllung – Verhältnis der Nacherfüllung zu den anderen Mängelrechten

702 Der Nacherfüllungsanspruch steht zu den anderen Mängelrechten in einem **Stufenverhältnis;** die anderen Rechte können erst nach ergebnislosem Ablauf einer angemessenen Frist zur Nacherfüllung geltend gemacht werden. Bis zur Ausübung der Ge-

---

[1897] *Pause,* BauR 2009, 898 (908).
[1898] BGH v. 9. 7. 1981, NJW 1981, 2801; BGH v. 8. 7. 1982, NJW 1982, 2494; bezüglich der Fälligkeit der Restvergütung vgl. OLG Düsseldorf v. 14. 7. 1981, BauR 1982, 168.
[1899] BGH v. 30. 1. 1972, DB 1973, 125, bezüglich des Mietrechts; eine Analogie für den Bauträgererwerb ist angebracht. Vgl. insbes. BGH v. 2. 7. 1971, WM 1971, 1251 (1253), demzufolge der Käufer einer Eigentumswohnung nicht dadurch auf Gewährleistungsansprüche verzichtet, dass er die Wohnung eine Zeit lang in Kenntnis des unfertigen Zustandes benutzt hat.
[1900] OLG Hamm v. 23. 6. 1995, NJW-RR 1996, 86 (88).
[1901] BGH v. 31. 3. 2005, NZBau 2005, 391.
[1902] BGH v. 21. 3. 2002, NJW 2002, 2470 = NZBau 2002, 49 = BauR 2002, 1385.
[1903] BGH v. 22. 12. 1977, NJW 1978, 634 (635); BGH v. 22. 2. 1971, NJW 1971, 838; BGH v. 18. 5. 1978, ZfBR 1978, 25; BGH v. 14. 5. 1992, NJW 1992, 2160 (2163); *Brych,* NJW 1972, 896; a. A. *Ludewig,* NJW 1972, 516.
[1904] BGH v. 31. 3. 2005, NZBau 2005, 392.
[1905] BGH v. 11. 10. 1984, NJW 1985, 852.
[1906] BGH v. 7. 10. 1998, NJW 1999, 53 = BauR 1999, 69.
[1907] BGH v. 6. 5. 1999, NJW 1999, 2110 = BauR 1999, 1025.

staltungsrechte Minderung oder Rücktritt hat der Erwerber das uneingeschränkte Wahlrecht zwischen allen Mängelrechten der §§ 634ff. BGB, während der Bauträger nur bis zum Ablauf der zur Nacherfüllung gesetzten angemessenen Frist zur Mängelbeseitigung berechtigt ist[1908] (zu beachten sind allerdings Einschränkungen der Wahlfreiheit des Erwerbers bei Mängeln am Gemeinschaftseigentum, vgl. Rdn. 918f.). Nach Ablauf dieser Frist ist er grundsätzlich nicht mehr zur Nacherfüllung berechtigt, da dies mit der Befugnis des Erwerbers zur Ausübung der anderen Mängelrechte kollidieren würde. Das Nacherfüllungsrecht des Bauträgers besteht nur dann fort, wenn der Erwerber auch nach Fristablauf Nacherfüllung geltend macht[1909]. Der Nacherfüllungsanspruch erlischt jedoch mit der Ausübung des Rücktritts- oder Minderungsrechts oder der Geltendmachung von Schadensersatz statt der Leistung.

Sämtliche dem Nacherfüllungsanspruch nachgehenden Rechte (Ersatz der Selbstvornahmekosten, Vorschuss, Rücktritt, Minderung, Schadensersatz) setzen den vergeblichen Ablauf einer vom Erwerber gesetzten **Frist zur Nacherfüllung** voraus (vgl. §§ 637, 634, 323, 281 BGB). Eine Fristsetzung mit Ablehnungsandrohung kennt das modernisierte Werkvertragsrecht nicht mehr; im Unterschied zur Fristsetzung mit Ablehnungsandrohung schließt die nunmehr erforderliche Fristsetzung zur Nacherfüllung die weitere Geltendmachung von Nacherfüllungsansprüchen nicht aus. **703**

Die Fristsetzung muss eine eindeutige Aufforderung zur Leistung (Mängelbeseitigung) enthalten. Noch zum früheren Recht hat der BGH entschieden, dass es keine ausreichende Fristsetzung mit Ablehnungsandrohung darstellt, wenn der Unternehmer nur zur Aufnahme der Arbeiten und zum Nachweis der Beauftragung eines Drittunternehmers aufgefordert wird[1910]. Da sich die Anforderungen insofern nicht wesentlich verändert haben, ist anzunehmen, dass eine vergleichbare Aufforderung auch den §§ 637, 634, 323, 281 BGB nicht genügt. **704**

Die Frist muss **angemessen** sein. Sie soll dem Schuldner eine letzte Gelegenheit zur Vertragserfüllung geben. Eine – nicht missbräuchlich – zu kurz gesetzte Frist setzt eine angemessene Frist in Lauf[1911]. Die Angemessenheit einer Frist beurteilt sich nicht danach, ob der Bauträger die Mängelbeseitigung im gewöhnlichen Geschäftsablauf innerhalb der Frist bewerkstelligen kann. Es kann vielmehr davon ausgegangen werden, dass der Bauträger die Mängelbeseitigung „unter größten Anstrengungen" durchführt[1912]. Die Fristsetzung mit der Aufforderung zur Mängelbeseitigung dient jedenfalls dann, wenn die Mangelhaftigkeit schon vorher gerügt wurde, nicht dazu, erstmals geeignete Schritte einzuleiten, sondern dazu, die Mängelbeseitigung zu vollenden[1913]. Ob deshalb bei Fristsetzungen generell davon ausgegangen werden darf, dass der Bauträger bzw. dessen Nachunternehmer die für die Mängelbeseitigung eingesetzten Arbeitnehmer zu verdoppeln und Samstagsarbeit anzuordnen hat[1914], muss bezweifelt werden. Bei umfangreichen Mängelbeseitigungsarbeiten wird aber verlangt werden dürfen, dass diese durch einen Sanierungsplan organisiert werden und der Bauträger den Erwerber im Rahmen der auch beim Bauträgervertrag anzuwendenden Kooperationspflicht entsprechend informiert[1915].

Eine unter gewöhnlichen Umständen angemessene Frist kann dann zu kurz sein, wenn der Erwerber die Mängelbeseitigung bislang abgelehnt hat und sich im Annah-

---

[1908] BGH v. 27. 2. 2003, NJW 2003, 1526.
[1909] *Palandt/Sprau*, § 634 Rdn. 2.
[1910] BGH v. 23. 2. 2006, NJW 2006, 2254 = NZBau 2006, 371, Rdn. 20.
[1911] *Palandt/Grüneberg*, § 323 Rdn. 12ff.
[1912] BGH v. 23. 2. 2006, NJW 2006, 2254 = NZBau 2006, 371, Rdn. 30.
[1913] BGH v. 23. 2. 2006, NJW 2006, 2254 = NZBau 2006, 371, Rdn. 30.
[1914] OLG Hamm v. 31. 5. 2007, BauR 2007, 1737 = BeckRS 2007, 13355.
[1915] OLG Hamm v. 31. 5. 2007, BauR 2007, 1737 = BeckRS 2007, 13355.

B. Der Bauträgererwerb

meverzug befindet; da sich der Bauträger nicht dauernd zur Erbringung der Mängelbeseitigung bereithalten muss, ist unter dieser Voraussetzung eine längere Frist angemessen[1916].

Die Mängelrechte setzen den erfolglosen Ablauf der Frist voraus. Die Frist ist erfolglos abgelaufen, wenn der Bauträger den Mangel nicht beseitigt hat. Hat er die Mängelbeseitigung in einer den Annahmeverzug begründenden Weise angeboten und wurde die Beseitigung des Mangels nicht ermöglicht, ist die Frist nicht erfolglos abgelaufen[1917]. Die Mängelrechte können jedoch schon vor Fristablauf geltend gemacht werden, wenn feststeht, dass der Bauträger die Frist nicht einhalten wird[1918]. Nach Ablauf der Frist muss der Erwerber Angebote des Bauträgers zur Mängelbeseitigung nicht mehr annehmen; ohne Zustimmung des Erwerbers kann er die Mängel nicht mehr beseitigen[1919].

705 Unter bestimmten Voraussetzungen kann eine **Fristsetzung entbehrlich** sein. Einer Fristsetzung bedarf es z.B. nicht, wenn
- der Bauträger die Nacherfüllung ernsthaft und endgültig verweigert, §§ 323 Abs. 2 Nr. 1 BGB; 281 Abs. 2 BGB[1920],
- besondere Umstände vorliegen, die die sofortige Geltendmachung des Rücktritts oder des Schadensersatzanspruchs oder die sofortige Durchführung der Selbstvornahme rechtfertigen (§§ 323 Abs. 2 Nr. 2 BGB; 281 Abs. 2, 637 Abs. 2 BGB),
- der Nacherfüllungsanspruch aus den Gründen des § 275 Abs. 1 bis 3 BGB z.B. wegen Unmöglichkeit ausgeschlossen ist,
- der Bauträger die Nacherfüllung wegen unverhältnismäßiger Kosten (§§ 636, 635 Abs. 3 BGB) verweigert,
- die Nacherfüllung fehlgeschlagen ist (§§ 636, 637 Abs. 2 BGB),
- die Nacherfüllung dem Erwerber unzumutbar ist (§§ 636, 637 Abs. 2 BGB).

706 Von einer **fehlgeschlagenen Nacherfüllung** kann dann ausgegangen werden, wenn der Mangel nach einem ggf. auch wiederholten Beseitigungsversuch nicht behoben werden konnte. In der Regel wird auch beim Werkvertrag – in Anlehnung an die kaufvertragsrechtliche Regelung des § 440 Satz 2 BGB – von einem Fehlschlagen nach einem zweiten Nacherfüllungsversuch ausgegangen werden können. Wegen der Besonderheiten bei der Erbringung von Bauleistungen kann diese Regel nicht schematisch übernommen werden; ggf. sind auch weitere Mängelbeseitigungen zuzulassen[1921] (z.B. bei notwendigen Verpressarbeiten zur Herstellung der Wasserundurchlässigkeit einer Weißen Wanne, bei denen sich der Umfang der erforderlichen Arbeiten erst nach ersten Verpressversuchen zeigt).

707 Der Erwerber kann auf eine Fristsetzung zur Nacherfüllung verzichten und die Nachbesserung ablehnen, wenn die Mängelbeseitigung durch den Bauträger **unzumutbar** ist, etwa weil die vom Bauträger gewählte Mängelbeseitigung offensichtlich ungeeignet oder das Vertrauen in den Bauträger bzw. dessen Subunternehmer wegen unqualifizierter Arbeitnehmer erschüttert ist oder eine Nachbesserung bereits vergeblich versucht wurde[1922].

[1916] BGH v. 2. 4. 2007, NZBau 2007, 506.
[1917] OLG Düsseldorf v. 20. 3. 1998, NJW-RR 1998, 1030.
[1918] BGH v. 12. 9. 2002, NJW-RR 2003, 13 (zu § 634 BGB a. F.).
[1919] BGH v. 27. 2. 2003, NJW 2003, 1526 = BauR 2003, 267.
[1920] Bloße Meinungsverschiedenheiten bedeuten noch keine endgültige Erfüllungsverweigerung, OLG Düsseldorf v. 20. 3. 1998, NJW-RR 1998, 1030.
[1921] *Palandt/Sprau*, § 636 Rdn. 15.
[1922] BGH v. 3. 3. 1998, NJW-RR 1998, 1268 (zur Entbehrlichkeit eine Fristsetzung nach § 634 BGB a. F.; *Werner/Pastor*, Rdn. 1657; *Kleine-Möller/Merl*, § 15 Rdn. 378.

VII. Haftung für Mängel der Bauleistung

e) Selbstvornahme – Aufwendungsersatz

Das Selbstvornahmerecht des § 637 BGB ist dem früheren Ersatzvornahmerecht sehr ähnlich; im Unterschied zur früheren Rechtslage genügt für das Selbstvornahmerecht und den Aufwendungsersatzanspruch der einfache Ablauf der zur Nacherfüllung gesetzten Frist; Verzug und ein Vertretenmüssen ist nicht erforderlich. **708**

Das Selbstvornahmerecht setzt das Bestehen des Nacherfüllungsanspruchs voraus (der Vorschussanspruch wiederum das Selbstvornahmerecht). Das Selbstvornahmerecht (und der Aufwendungsersatzanspruch) ist ausgeschlossen, sofern der Bauträger die Nacherfüllung zu Recht verweigern kann (§ 637 Abs. 1 BGB), vgl. oben Rdn. 695. **709**

Nach ergebnislosem Ablauf der zur Nacherfüllung gesetzten Frist kann der Erwerber den Mangel selbst beseitigen und Ersatz der erforderlichen Aufwendungen verlangen, § 637 BGB. Ist eine **Fristsetzung zur Nacherfüllung** nicht ausnahmsweise entbehrlich (§ 637 Abs. 2 BGB) und wird die Selbstvornahme ohne Fristsetzung[1923] oder vor Fristablauf durchgeführt, besteht kein Aufwendungsersatzanspruch[1924]. Auf die Fristsetzung als Anspruchsvoraussetzung kann auch dann nicht verzichtet werden, wenn der Bauträger die Mängelbeseitigung zwar verweigert, die Selbstvornahme aber schon zu einem früheren Zeitpunkt durchgeführt wurde[1925].

Der **Aufwendungsersatzanspruch** umfasst die eigentlichen Kosten der Mängelbehebung wie auch sämtliche Vor- und Nebenarbeiten[1926]. Dazu gehören auch sämtliche Kosten, die nach der Mängelbeseitigung für die Wiederherstellung des ursprünglichen Zustandes notwendig sind, etwa bei Mängeln an Hausinstallationen auch die sich anschließenden Maurer- und Malerarbeiten, aber auch Architekten- und Bauaufsichtsleistungen. Bei der Mängelbeseitigung muss sich der Erwerber nicht auf eine Ersatzlösung einlassen; Maßstab für die erforderlichen Arbeiten ist das geschuldete Werk[1927]. Nicht als Aufwendungsersatz, sondern neben diesem als Schadensersatz nach § 280 BGB sind andere Vermögensnachteile auszugleichen, etwa Schäden an anderen Bauteilen (z. B. Durchfeuchtung infolge eines Rohrbruchs) oder Rechtsverfolgungskosten (Rechtsanwalts- und Sachverständigenkosten[1928]), vgl. Rdn. 747. **710**

In diesem Zusammenhang sind auch die Kosten zu erwähnen, die den Erwerbern durch die Beauftragung des **Wohnungseigentumsverwalters** mit der Mängelfeststellung, mit der Einforderung von Vorschüssen für die Mängelbeseitigung, mit der Durchführung der Mängelbeseitigung usw. entstehen. Diese Tätigkeiten gehören nicht zum gesetzlichen Aufgabenkatalog des Verwalters und sind deshalb auch nicht mit der gewöhnlichen Vergütung abgegolten. Es entspricht ordnungsgemäßer Verwaltung, wenn dem Verwalter für besondere Bauleitungsaufgaben eine Sondervergütung versprochen wird[1929]. **711**

Den Wohnungseigentümern steht – im Unterschied zum Bauherrn gewöhnlicher Bauvorhaben oder auch den Teilnehmern an Bauherrenmodellen – kein umfassend beauftragter und zur Unterstützung bei der Mängelfeststellung und -verfolgung verpflichteter Architekt[1930] zur Seite. Auch dem vom Bauträger beschäftigten Architekten, dessen Leistungen aber im Gesamtpreis kalkuliert sind, obliegt keineswegs die Unterstützung der Erwerber in Gewährleistungsfragen; im Gegenteil: auch bei der Mängel-

---

[1923] OLG Hamm v. 29. 6. 1994, NJW-RR 1996, 272.
[1924] *Palandt/Sprau*, § 637 Rdn. 5; vgl. BGH v. 23. 2. 2005, NJW 2005, 1348 zum Kaufvertragsrecht.
[1925] BGH v. 20. 1. 2009, NJW-RR 2009, 667.
[1926] BGH v. 22. 3. 1979, NJW 1979, 2095 (2096); BGH v. 7. 11. 1985, NJW 1986, 922 (923) m. w. N.
[1927] BGH v. 27. 3. 2003, NJW-RR 2003, 1021 = BauR 2003, 1209.
[1928] BGH v. 17. 2. 1999, NJW-RR 1999, 813, hält auch diese Kosten für Kosten der Nachbesserung.
[1929] OLG Köln v. 19. 3. 2001, NZM 2001, 470.
[1930] BGH v. 6. 6. 1991, NJW 1991, 2480 (2483) zu den Architektenpflichten bei der Mängelfeststellung und -verfolgung.

B. Der Bauträgererwerb

haftung hat er die Interessen seines Auftraggebers wahrzunehmen[1931]. Deshalb sind die bei der Mängelbeseitigung durch die wirtschaftliche und technische Betreuung entstehenden Kosten, die bei größeren Sanierungen ganz erheblichen Umfang annehmen können, als notwendige Mängelbeseitigungskosten zu ersetzen[1932]. Für die Höhe der zu ersetzenden Kosten kommt es auf die zwischen der Verwaltung und der Gemeinschaft vereinbarten Vergütungen an, wobei sich diese im üblichen Umfang bewegen müssen[1933]. Dazu gehören neben etwaigen Architektenhonoraren auch besondere Verwaltungskosten. Soweit es sich um Aufwendungen für die Prüfung und Feststellung der Mängel und der Mängelursachen handelt, steht dem Erwerber Schadensersatz nach § 280 BGB zu.

712 Die beim gewöhnlichen Bauvertrag im Rahmen der Mängelbeseitigung (und des Schadensersatzes) häufig auftretenden **Sowieso-Kosten**[1934] spielen beim Bauträgererwerb in der Regel keine Rolle. Bei den Sowieso-Kosten handelt es sich um Aufwendungen für solche Leistungen, die der Unternehmer nach dem Vertrag zwar nicht zu erbringen hatte (sie sind z. B. im Leistungsverzeichnis nicht enthalten), aber zur Mängelbeseitigung doch nötig sind, also vom Auftraggeber auch bei einer von vornherein ordnungsgemäßen Vertragserfüllung ohnehin (sowieso) hätten vergütet werden müssen. Solche Kosten können beim Bauträgervertrag in der Regel nicht entstehen, da mit dem vereinbarten Pauschalfestpreis sämtliche für die vertragsgerechte und mangelfreie Herstellung der bezugsfertigen Eigentumswohnung zu erbringenden Leistungen, also auch etwaige Sowieso-Kosten, abgegolten sind[1935]. Sofern für einzelne Leistungsbereiche andere Vergütungsformen vereinbart sind (z. B. bei abzurechnenden Sonderwünschen), kann der Erwerber u. U. ebenfalls zur Übernahme von Sowieso-Kosten verpflichtet sein.

713 In der Regel ist es nicht gerechtfertigt, von den Mängelbeseitigungskosten im Wege des Vorteilsausgleichs einen **Abzug „neu für alt"** vorzunehmen, auch wenn im Rahmen einer späteren Mängelbeseitigung bestimmte Bauteile eine längere Lebensdauer oder einen höheren Wert erhalten. Dies folgt daraus, dass die Vorteile ersparter (Wartungs-)Aufwendungen in der Regel auf einer verzögerten Mängelbeseitigung durch den Bauträger beruhen und sich der Erwerber folglich geraume Zeit mit einer mangelhaften Leistung begnügen musste[1936]. Lassen sich beispielsweise erhebliche Mauerwerksrisse in den Gebäudefassaden nur durch eine vorgehängte Fassade beseitigen und gehört hierzu nach Sachverständigenurteil auch der Einbau einer Wärmedämmung, so sind die gesamten Kosten zu erstatten. Der vielleicht fällige, aber nun ersparte Fassadenanstrich und die zusätzliche Wärmedämmung stellen keinen auszugleichenden Vorteil dar, weil mit den erbrachten Leistungen nur die vom Bauträger zu vertretenden Nachteile der Mangelhaftigkeit des Mauerwerks ausgeglichen werden.

Ein Abzug „neu für alt" kommt allenfalls dann in Betracht, wenn sich die Mängel erst relativ spät gezeigt haben und von ihnen keine Gebrauchsnachteile ausgegangen sind. Hier kann es geboten sein, die mit der Mängelbeseitigung erzielte längere Le-

---

[1931] Vgl. OLG Düsseldorf v. 20. 3. 1990, BauR 1990, 752, dazu, dass der Architekt des Bauträgers bei der Abnahme und hernach gerade nicht im Interesse des Erwerbers tätig werden muss; vgl. auch *Jagenburg*, NJW 1992, 289.
[1932] *Kleine-Möller/Merl*, § 15 Rdn. 382 f.
[1933] Abzulehnen BayObLG v. 31. 3. 2004, NZM 2004, 587, das die Vergütung an der des Berufsbetreuers misst.
[1934] BGH v. 22. 3. 1984, NJW 1984, 1676; vgl. auch BGH v. 19. 5. 1988, BauR 1988, 468.
[1935] Vgl. BGH v. 30. 6. 1994, BB 1994, 1888 (1890) zum vergleichbaren Problem beim Baubetreuungsvertrag.
[1936] BGH v. 17. 5. 1984, NJW 1984, 2457; OLG Hamm v. 29. 6. 1994, NJW-RR 1996, 272; OLG Koblenz v. 8. 1. 2009, NJW-RR 2009, 1318; *Werner/Pastor* Rdn. 2471; *Freund/Barthelmess*, NJW 1975, 281 (285); a. A. *Brandt*, BauR 1982, 524 (534).

VII. Haftung für Mängel der Bauleistung

bensdauer und den ersparten Instandhaltungsaufwand anspruchsmindernd zu berücksichtigen[1937].

Mit dem Aufwendungsersatzanspruch nach § 637 BGB kann der Erwerber gegen Restvergütungsansprüche des Bauträgers die **Aufrechnung** erklären. Zu einem etwaigen Aufrechnungsverbot vgl. Rdn. 426. **714**

f) Vorschuss

Bei erheblichen Mängeln – gedacht sei an eine notwendig gewordene Fassaden-, Dach- oder Tiefgaragensanierung – wird es dem Erwerber häufig nicht möglich sein, die Selbstvornahme aus eigenen Mitteln vorzufinanzieren. Ihm wird deshalb ein Anspruch auf Zahlung eines Vorschusses zur Durchführung der Mängelbeseitigung eingeräumt. Der von der Rechtsprechung schon früher aus § 242 BGB abgeleitete Vorschussanspruch[1938] wurde mit der Schuldrechtsmodernisierung in § 637 Abs. 3 BGB ausdrücklich geregelt. Der Vorschuss eröffnet die Möglichkeit, die Mängelbeseitigung unter Verwendung der vom Bauträger vorgelegten Mittel in eigener Regie durchführen. **715**

Um den Anspruch auf Vorschusszahlung nach § 637 Abs. 3 BGB geltend machen zu können, muss der Erwerber zur Durchführung der Selbstvornahme berechtigt sein, müssen also die Anspruchsvoraussetzungen für den Aufwendungsersatzanspruch nach durchgeführter Selbstvornahme (§ 637 Abs. 1 BGB) vorliegen. Dem Bauträger muss also eine ergebnislose Frist zur Mängelbeseitigung gesetzt worden sein und der Bauträger darf nicht zur Verweigerung der Nacherfüllung berechtigt sein (vgl. Rdn. 709). **716**

Außerdem ist der Anspruch ausgeschlossen, wenn der Erwerber die Mängel gar nicht beseitigen will[1939]. Das kann dann der Fall sein, wenn die Wohnungseigentümergemeinschaft bis auf weiteres (vor Abschluss eines langwierigen Beweisverfahrens) eine Mängelbeseitigung nicht durchführen will[1940]. Wird von der Gemeinschaft vorrangig Minderung und hilfsweise Vorschuss geltend gemacht, kann daraus die fehlende Mängelbeseitigungsbereitschaft jedoch nicht geschlossen werden[1941].

Der Vorschuss muss in seiner **Höhe** so bemessen sein, dass die Mängel den Regeln der Technik entsprechend beseitigt werden können und sämtliche notwendigen Nebenleistungen (Transport-, Wege- und Lagerkosten, Architektenleistungen, Bauaufsicht usw.) ebenfalls abgedeckt sind (vgl. im Übrigen zum Aufwendungsersatz, Rdn. 710). Für den Umfang des Vorschusses kann durch Sachverständigengutachten, u. U. aber auch durch die Vorlage mehrerer nachvollziehbarer Kostenangebote anderer Bauunternehmen, Beweis geführt werden[1942]. Der Erwerber ist nicht verpflichtet, die voraussichtlichen Sanierungskosten durch ein Privatgutachten zu ermitteln; eine – durch Sachverständigengutachten unter Beweis gestellte – Schätzung ist ausreichend[1943]. Dabei ist es auch nicht erforderlich, den für einen Mangel beanspruchten Vorschuss im Einzelnen aufzuschlüsseln[1944]. Eine etwaige Ungenauigkeit bei der Bemessung des Vorschusses wird im Zuge der Abrechnung des Vorschusses und der sich **717**

[1937] BGH v. 17. 5. 1984, NJW 1984, 2457 (2459); BGH v. 13. 9. 2001, NJW 2002, 141; OLG Koblenz v. 8. 1. 2009, NJW-RR 2009, 1318.
[1938] BGH v. 13. 7. 1970, NJW 1971, 2019 f.; BGH v. 7. 5. 1971, NJW 1971, 1450; BGH v. 5. 5. 1977, NJW 1977, 1336; zur prozessualen Geltendmachung vgl. *Grunsky*, NJW 1984, 2545.
[1939] BGH 22. 10. 1981, BauR 1982, 66 (67).
[1940] OLG Nürnberg v. 27. 6. 2003, NZBau 2003, 614 = NJW-RR 2003, 1601.
[1941] BGH v. 14. 1. 1999, BauR 1999, 631.
[1942] *Werner/Pastor*, Rdn. 1593; *Kleine-Möller/Merl*, § 15 Rdn. 396.
[1943] BGH v. 28. 11. 2002, NJW 2003, 1038.
[1944] BGH v. 22. 2. 2001, NJW-RR 2001, 739.

B. Der Bauträgererwerb

daraus ergebenden Nachforderung[1945] bzw. Rückforderung ausgeglichen. Wenn die Beseitigung der Mängel nur durch eine Neuherstellung des Werkes möglich ist, so erstreckt sich die Vorschusspflicht auch auf die Kosten einer völligen Neuherstellung[1946].

718 Der Vorschussanspruch ist dann ausgeschlossen, wenn sich der Erwerber aus einbehaltener Vergütung befriedigen kann[1947]. In dieser Situation kann der Erwerber mit dem Anspruch auf Vorschusszahlung gegen den Restvergütungsanspruch aufrechnen[1948]. Im Grundsatz kann auch der Bauträger mit seinem Vergütungsanspruch gegen den Vorschussanspruch des Erwerbers die **Aufrechnung** erklären[1949]. Wird allerdings ein Vorschussanspruch wegen Mängeln am Gemeinschaftseigentum geltend gemacht, ist dem Bauträger wegen der Zweckgebundenheit des Vorschusses die Aufrechnung versagt[1950].

Im Anschluss an die vom Erwerber erklärte Aufrechnung hat der Bauträger die **Auflassung** zu erklären[1951], vorausgesetzt, der Restvergütungsanspruch ist durch die Aufrechnung in vollem Umfang erloschen.

Das in Bauträgerverträgen häufig vereinbarte **Aufrechnungsverbot** ist zwar im Allgemeinen von § 309 Nr. 3 BGB gedeckt. Es verstößt aber gegen Treu und Glauben, wenn sich der Bauträger mit einem Aufrechnungsverbot gegen Ansprüche wehrt, für die dem Erwerber das unverzichtbare Leistungsverweigerungsrecht des § 320 BGB (§ 309 Nr. 2 BGB) zusteht. Der in der Literatur verbreiteten Meinung, dass das nicht entziehbare Leistungsverweigerungsrecht wegen einer Forderung praktisch einer Aufrechnung entspricht und folglich nicht ausgeschlossen werden darf[1952], ist beizupflichten. Deshalb kann der Bauträger eine Aufrechnung mit konnexen Gegenforderungen, die auf einem zur Ausübung des Leistungsverweigerungsrechts berechtigenden Mangel beruhen, nicht verhindern[1953]. Als Gegenforderung, deren Aufrechnung von einem solchen Verbot nicht ausgeschlossen ist, kommt insbesondere auch der Aufwendungsersatzanspruch bei einer bereits durchgeführten Mängelbeseitigung in Betracht.

719 Die **Durchführung der Mängelbeseitigung** und deren Abrechnung darf zwar nicht bewusst verzögert werden; die Erwerber haben aber die Freiheit, größere Maßnahmen unter Berücksichtigung der Witterung, der Jahreszeit und in Abstimmung mit etwaigen anderen Arbeiten vorzunehmen[1954].

Über die vom Bauträger zur Verfügung gestellten Mittel muss nach Durchführung der Mängelbeseitigung eine **Abrechnung** erteilt und ein etwaiges Guthaben erstattet werden[1955]. Die Abrechnungspflicht des Vorschusses folgt aus seiner Zweckgebundenheit. Der Erwerber muss die Aufwendungen im Zuge der Abrechnung nachweisen. Der nicht verwendete Teil des Vorschusses ist an den Bauträger zurückzuerstatten. Der Rückforderungsanspruch des Bauträgers unterliegt der dreijährigen Verjährungsfrist des § 195 BGB[1956]. Ihr Lauf beginnt mit der Entstehung des Rückforderungsanspruchs; das ist der

---

[1945] OLG München v. 26. 1. 1994, BauR 1994, 516, die Nachforderung kann noch vor Abschluss der Mängelbeseitigung und vor ihrer Abrechnung als weiterer Vorschuss verlangt werden.
[1946] *Werner/Pastor*, Rdn. 1591, 1559.
[1947] BGH v. 20. 1. 2000, BauR 2000, 881 (885).
[1948] BGH v. 13. 3. 1970, NJW 1971, 2019 (2020); OLG München v. 22. 5. 2007, BauR 2008, 373.
[1949] *Kniffka*, ibr-online-Kommentar (Stand: 26. 5. 2009), § 637 BGB, Rdn. 61.
[1950] BGH v. 26. 9. 1991, NJW 1992, 435; OLG Karlsruhe v. 1. 2. 1989, BauR 1990, 662; *Koeble*, Kap. 22 Rdn. 23 a; *Kleine-Möller/Merl*, § 25 Rdn. 399; a. A. *Werner/Pastor*, Rdn. 1596.
[1951] OLG München v. 22. 5. 2007, BauR 2008, 373; OLG Frankfurt v. 27. 8. 1992, NJW-RR 1993, 339.
[1952] *Palandt/Grüneberg*, § 309 Rdn. 20; *Heinrichs*, NJW 1997, 1407 (1419); MünchKomm/*Kieninger*, § 309 Nr. 2 BGB, Rdn. 4; a. A. allerdings BGH v. 14. 12. 1988, NJW-RR 1989, 481.
[1953] LG München I v. 14. 7. 1989, NJW-RR 1990, 30, zur Aufrechnung mit Vorschussanspruch.
[1954] *Werner/Pastor*, Rdn. 1606; *Kleine-Möller/Merl/Oelmaier*, § 15 Rdn. 402.
[1955] Vgl. im Einzelnen *Mantscheff*, BauR 1985, 389.
[1956] BGH v. 14. 1. 2010, NJW 2010, 1195 = NZBau 2010, 236, Rdn. 11.

VII. Haftung für Mängel der Bauleistung

Zeitpunkt, zu dem der Erwerber die Mängelbeseitigung in angemessener Frist spätestens durchgeführt haben muss[1957]. Der Rückforderungsanspruch entsteht auch dann, wenn der Erwerber den Willen, die Mängel zu beseitigen, endgültig aufgegeben hat[1958].

Wurde der Vorschuss nicht für die Mängelbeseitigung verwendet, kann der Erwerber gegen den Rückgewähranspruch des Bauträgers mit einem Schadensersatzanspruch nach § 636 BGB aufrechnen. Auch dann entfällt der Rückforderungsanspruch[1959].

In diesem Zusammenhang ist auf die neuere Rechtsprechung des BGH[1960] hinzuweisen, die sich mit der Frage befasst hat, unter welchen Voraussetzungen der Nachunternehmer aus dem Gesichtspunkt des Vorteilsausgleichs vom Auftraggeber (Bauträger) wegen Mängeln nicht mehr in Anspruch genommen werden kann, weil dieser wegen derselben Mängel ebenfalls keinen Ansprüchen mehr ausgesetzt ist. Für den vom Erwerber an den Bauträger mangels Verwendung zurückzuerstattenden Vorschuss hat der BGH[1961] entschieden, dass sich der Nachunternehmer auf die Rückzahlungspflicht des Erwerbers gegenüber dem Bauträger solange nicht berufen kann, wie der Vorschuss nicht tatsächlich zurückgeflossen ist, solange also, wie nicht ausgeschlossen ist, dass der Erwerber nicht noch mit Schadensersatzansprüchen wegen desselben Mangels gegen den Rückzahlungsanspruch aufrechnet.

Auf den Vorschuss sind **Verzugs- bzw. Prozesszinsen** zu bezahlen, wobei Verzug nicht schon durch den Ablauf der vorher gesetzten Frist zur Nacherfüllung eintritt; es bedarf vielmehr einer ausdrücklichen Mahnung zur Zahlung des Vorschusses[1962]. Die Pflicht zur Abrechnung des Vorschusses gilt nur für den eigentlichen Vorschuss, nicht dagegen für die Verzugszinsen[1963]. Eine Rückzahlung von Verzugs- oder Prozesszinsen, die auf den verbrauchten Teil des Vorschusses gezahlt worden sind, kann nicht verlangt werden; soweit der Vorschuss nicht verwendet wurde, er sich der Höhe nach also im Nachhinein als unberechtigt erwiesen hat, müssen die insoweit gezahlten Zinsen erstattet werden[1964]. 720

Durch die gerichtliche Geltendmachung des Vorschusses wird die **Verjährung** der Mängelrechte **gehemmt.** Nach altem Recht unterbrach die Vorschussklage die Verjährung in Höhe der gesamten Mängelbeseitigungskosten für den verfahrensgegenständlichen Mangel, auch wenn zunächst ein nur zu geringer Vorschuss (etwa in Unkenntnis des tatsächlich weit höheren Mängelbeseitigungsaufwandes) geltend gemacht wurde[1965]. Es konnte also auch nach Verjährungseintritt für den bereits konkret verfolgten Mangel weiterer Vorschuss verlangt werden, sei dies durch Klageerhöhung[1966] oder durch Erhebung einer neuen Klage. Die Erhebung einer Feststellungsklage zur Unterbrechung der Verjährung war entbehrlich; entsprechendes galt für die teilweise übliche Verbindung der Vorschussklage mit einem Feststellungsantrag für den betragsmäßig noch nicht bezifferten Vorschuss wegen desselben Mangels[1967]. 721

[1957] BGH v. 14. 1. 2010, NJW 2010, 1192 = NZBau 2010, 233, Rdn. 20; BGH v. 14. 1. 2010, NJW 2010, 1195 = NZBau 2010, 236, Rdn. 19; OLG Oldenburg v. 8. 11. 2007, BauR 2008, 2051.
[1958] BGH v. 14. 1. 2010, NJW 2010, 1192 = NZBau 2010, 233, Rdn. 16.
[1959] BGH v. 14. 1. 2010, NJW 2010, 1192 = NZBau 2010, 233, Rdn. 17; BGH v. 7. 7. 1988, NJW 1988, 2728.
[1960] BGH v. 28. 6. 2007, NJW 2007, 2695 = NZBau 2007, 578; BGH v. 28. 6. 2007, NJW 2007, 2697 = NZBau 2007, 580.
[1961] BGH v. 10. 7. 2008, NJW 2008, 3359.
[1962] BGH v. 27. 3. 1980, NJW 1980, 1955; BGH v. 14. 4. 1983, NJW 1983, 2191, mit zust. Anm. *Kaiser*, BauR 1984, 177; BGH v. 20. 5. 1985, NJW 1985, 2325.
[1963] BGH v. 27. 3. 1980, NJW 1980, 1955.
[1964] BGH v. 20. 5. 1985, BauR 1985, 569.
[1965] BGH v. 24. 4. 1986, WM 1986, 1026 (1027); BGH v. 18. 3. 1976, NJW 1976, 956.
[1966] BGH v. 18. 3. 1976, NJW 1976, 956.
[1967] BGH v. 20. 2. 1986, WM 1986, 799, 800.

B. Der Bauträgererwerb

Der BGH[1968] hat nun klargestellt, dass sich die Rechtslage nach dem neuen Schuldrecht nicht wesentlich anders darstellt. Die Vorschuss ist dem Charakter nach ein in die Zukunft gerichteter Anspruch. Er umfasst den Betrag, der zur Beseitigung des Mangels tatsächlich erforderlich ist; der geltend gemachte Anspruch ist nicht endgültig, muss abgerechnet werden und steht unter dem Vorbehalt einer Nachforderung. Daraus wird abgeleitet, dass ein Vorschussurteil auch Elemente eines Feststellungsurteils enthält, auch wenn dies im Tenor so keinen Ausdruck findet. Deshalb ist die Vorschussklage so zu verstehen, dass, falls der zugesprochene Vorschuss nicht ausreicht, gleichzeitig eine Nachschusspflicht festgestellt werden soll. Diesen Inhalt hat dann auch das zusprechende Vorschussurteil, weshalb eine zusätzlich erhobene Feststellungsklage (klarstellend) möglich, aber nicht erforderlich ist. Mit der rechtskräftigen Feststellung des Vorschussanspruchs durch das Urteil unterliegt nicht nur der zugesprochene Betrag, sondern auch ein etwa darüber hinaus erforderlicher Betrag (weiterer Vorschuss, darüber hinausgehende Selbstvornahmekosten nach erfolgter Mängelbeseitigung) der 30-jährigen Verjährungsfrist des § 197 Abs. 1 Nr. 3 BGB.

Rechnet der Besteller im Werklohnprozess mit einem Anspruch auf Kostenvorschuss auf, so wird dadurch die Verjährung des die Werklohnforderung etwa übersteigenden Anspruchs nicht gehemmt[1969]. Wird ausdrücklich nur ein *Teil*anspruch durch *Teil*klage geltend gemacht, so hemmt dies die Verjährung wegen des anderen Teils nicht, kann also insoweit zum Rechtsverlust durch Verjährung führen[1970]. Mit der Vorschussklage muss zum Ausdruck gebracht werden, dass der Auftraggeber bei Klageerhebung davon ausgeht, dass der Vorschuss für die erforderliche Mängelbeseitigung ausreichend ist, auch wenn sich dies nachträglich als falsch herausstellt; nur dann ist nicht von einer Teilklage auszugehen und es kann auch nach Ablauf der Gewährleistungsfrist aufgrund des zusprechenden Vorschussurteils ein weiterer Vorschuss gefordert werden.

g) Minderung

722   Nach Ablauf der angemessenen Frist zur Nacherfüllung kann der Erwerber Minderung verlangen, § 638 BGB. Mit der Erklärung der Minderung erlischt das Wahlrecht zwischen der Minderung und den anderen Rechten. Die Minderung ist eine rechtsgestaltende Erklärung; sie ist unwiderruflich[1971]. Die Minderung ist ausgeschlossen, sofern zuvor der Rücktritt erklärt oder Schadensersatz statt der Leistung geltend gemacht wurde.

723   Die Minderung kann auch wegen unwesentlicher Mängel verlangt werden, die Bagatellgrenze des § 323 Abs. 5 BGB gilt hier nicht.

724   Die Minderung berechnet sich danach, in welchem Verhältnis „der Wert des Werkes in mangelfreiem Zustand zu dem wirklichen Wert gestanden haben würde" (§ 638 Abs. 3 Satz 1 BGB). Die geminderte Vergütung ergibt sich danach aus der Relation des „mangelfreien Verkehrswertes" zum „mangelhaften Verkehrswert" zur vereinbarten Vergütung[1972]. Für die Bewertung maßgeblich ist – abweichend von der BGH-Rechtsprechung[1973] und ohne nähere Begründung durch den Gesetzgeber – der Zeitpunkt des Vertragsschlusses[1974]. Der Wert des mangelfreien Objekts mag 200 000 EUR betra-

---

[1968] BGH v. 25. 9. 2008, NJW 2009, 60 = NZBau 2009, 120.
[1969] BGH v. 24. 4. 1986, WM 1986, 1026.
[1970] BGH v. 19. 11. 1987, NJW-RR 1988, 692; OLG Celle v. 14. 4. 1987, BauR 1988, 226.
[1971] *Palandt/Sprau*, § 638 Rdn. 3.
[1972] *Palandt/Sprau*, § 638 Rdn. 4; vgl. auch *Pauly*, BauR 2002, 1321.
[1973] BGH v. 24. 2. 1972, BGHZ 58, 181 (183).
[1974] Vgl. *Kniffka*, ibr-online-Kommentar (Stand: 26. 5. 2009), § 638 BGB, Rdn. 15.

gen, der mit Mangel 190 000 EUR. Aus der Relation zum Kaufpreis (240 000 EUR) ergibt sich ein auf 95% herabgesetzter Kaufpreis, also eine Minderung von 5%.

$$\frac{\times \text{ (geminderte Vergütung)}}{240\,000 \text{ (vereinbarte Vergütung)}} = \frac{190\,000 \text{ (Verkehrswert mit Mangel)}}{200\,000 \text{ (Verkehrswert ohne Mangel)}}$$

Für die Berechnung der Minderung ist jedoch nur dann an den Verkehrswert des Vertragsgegenstandes bei Vertragsschluss anzuknüpfen, wenn eine der Parteien einen von der vereinbarten Vergütung abweichenden Verkehrswert behauptet[1975].

Die Minderung kann auch im Wege der Schätzung nach § 638 Abs. 3 Satz 2 BGB ermittelt werden. Anhaltspunkt für den Minderwert können dabei insbesondere die Mängelbeseitigungskosten sein[1976]. Die Mängelbeseitigungskosten scheiden aber dann als Berechnungsgrundlage aus, wenn eine Nacherfüllung unmöglich oder unverhältnismäßig ist[1977].

Daneben kann auch ein merkantiler oder/und verbleibender technischer Minderwert geltend gemacht werden[1978]. Die Minderung wegen eines **merkantilen Minderwerts** kommt insbesondere dann in Betracht, wenn die vertragswidrige Ausführung eine verringerte Verwertbarkeit des Objekts zur Folge hat[1979].

725 Sind auf einer Seite mehrere Personen beteiligt, kann die Minderung nur von allen gegenüber allen erklärt werden, § 638 Abs. 2 BGB. Deshalb muss die Minderung beim gemeinschaftlichen Erwerb einer Wohnung durch Eheleute von beiden Erwerbern verlangt werden.

726 Soweit **Mängel am Sondereigentum** in Rede stehen, kann jeder Eigentümer für sich die Minderung des Erwerbspreises durchführen. Die übrigen Erwerber werden dadurch nicht berührt. Sollte dagegen die Minderung wegen **Mängeln am Gemeinschaftseigentum** durchgesetzt werden, muss nach herrschender Meinung wegen des Wahlrechts zwischen den alternierenden Mängelrechten eine Beschlussfassung durch die Wohnungseigentümergemeinschaft herbeigeführt werden; vgl. hierzu im Einzelnen Rdn. 898 ff.

h) Rücktritt

727 Nach fruchtlosem Ablauf einer angemessenen Frist zur Nacherfüllung ist der Erwerber berechtigt, vom Vertrag zurückzutreten, §§ 634 Nr. 3, 636 BGB. Eine Fristsetzung ist nicht erforderlich, wenn besondere Umstände vorliegen, die unter Abwägung der beiderseitigen Interessen den sofortigen Rücktritt rechtfertigen (§ 323 Abs. 2 Nr. 3 BGB). Derartige Umstände können angenommen werden, wenn der Erwerber bei Abschluss des Vertrages arglistig getäuscht wurde. Unter dieser Voraussetzung wird das Vertrauen in die Ordnungsmäßigkeit der Nacherfüllung regelmäßig zerstört sein[1980]. Wurde gleichwohl eine Frist gesetzt, behält der Vertragspartner auch das Recht zur Nacherfüllung[1981].

728 Der Rücktritt ist jedoch ausgeschlossen, wenn die Pflichtverletzung nur unerheblich ist, §§ 634 Nr. 3, 323 Abs. 5 BGB. Das bedeutet, dass sich der Erwerber – wie früher bei der Wandelung – wegen unwesentlicher Mängel nicht vom Vertrag lösen kann. Ob ein

---

[1975] *Kniffka*, ibr-online-Kommentar (Stand: 26. 5. 2009), § 638 BGB, Rdn. 16.
[1976] Vgl. zum alten Recht BGH v. 24. 2. 1972, NJW 1972, 821; BGH v. 17. 12. 1996, NJW-RR 1997, 689.
[1977] BGH v. 9. 1. 2003, NJW 2003, 1188.
[1978] BGH v. 14. 1. 1971, NJW 1971, 615; BGH v. 9. 1. 2003, NJW 2003, 1188; OLG Hamm v. 16. 12. 1988, NJW-RR 1989, 602.
[1979] BGH v. 9. 1. 2003, NJW 2003, 1188.
[1980] BGH v. 12. 3. 2010, NJW 2010, 1805, Rdn. 9.
[1981] BGH v. 12. 3. 2010, NJW 2010, 1805, Rdn. 10.

B. Der Bauträgererwerb

Mangel unwesentlich ist, hängt vom Einzelfall ab und beurteilt sich nach einer umfassenden Interessenabwägung. Mängel, die die Funktion beeinträchtigen, werden regelmäßig zum Rücktritt berechtigen[1982]. Sobald die Mängelbeseitigungskosten 10 bis 20% der Vergütung übersteigen, nimmt die Rechtsprechung einen nicht mehr unwesentlichen Mangel an[1983]. Eine schematische Anwendung derartiger Sätze verbietet sich, weil eine Funktionsbeeinträchtigung auch schon bei niedrigerem Mängelbeseitigungsaufwand gegeben sein kann, wie umgekehrt auch bei höheren Kosten nicht zwingend eine wesentliche Gebrauchs- oder Funktionsbeeinträchtigung vorliegen muss.

Der Rücktritt ist auch dann ausgeschlossen, wenn der Erwerber eine angebotene Mängelbeseitigung ablehnt, sich also im Annahmeverzug befindet[1984].

Im Falle eines unberechtigt erklärten Rücktritts kann sich der Erwerber nach § 280 Abs. 1 Satz 1 BGB schadensersatzpflichtig machen, wenn er bei Ausübung des vermeintlichen Rechts mindestens fahrlässig handelt, was aber nur dann anzunehmen ist, wenn er seine Rechtsposition nicht als plausibel ansehen durfte[1985].

Der Erwerber muss sich nicht auf einen Teilrücktritt verweisen lassen, da die Vorschriften über den Teilrücktritt (§ 323 Abs. 5 Satz 1 BGB) nur auf eine quantitative, nicht aber auch auf eine qualitative Schlechtleistung anzuwenden sind[1986]. Da ein Teilrücktritt wegen Mängeln ausgeschlossen ist, kann aber auch der Erwerber bei einem Interesse an der erbrachten Teilleistung keinen Teilrücktritt erklären. Soweit der Erwerber eine Kompensation wegen einer mangelhaften Ausführung verfolgt, ohne auf die Lieferung des Vertragsgegenstandes verzichten zu wollen, stehen ihm das Minderungsrecht und der kleine Schadensersatz zur Verfügung. Ein Teilrücktritt kommt aber wegen einem nur teilweise fertiggestellten Bauwerk, also einer quantitativen Abweichung in Betracht[1987].

729 Die Rücktrittserklärung gestaltet den Vertrag in ein Rückabwicklungsverhältnis um; der einmal erklärte Rücktritt kann nicht widerrufen werden. Das Wahlrecht zwischen ihm und den anderen Rechten erlischt mit der Rücktrittserklärung.

Mit der Ausübung des Rücktritts erlischt der Erfüllungsanspruch des Erwerbers; infolge ihrer Akzessorietät erlischt damit aber auch die **Auflassungsvormerkung** und die Verpflichtung der Globalgläubigerin zur Lastenfreistellung[1988]. Gegenüber dem Grundbuchberichtigungsanspruch des Bauträgers kann der Erwerber jedoch ein – durch § 309 Nr. 2 BGB geschütztes[1989] – Zurückbehaltungsrecht wegen seiner Ansprüche geltend machen[1990], das sich in der Insolvenz des Bauträgers aber als wertlos erweist[1991]. Der ihm verbleibende Rückzahlungsanspruch ist nicht durch § 3 MaBV gesichert. Der Erwerber riskiert bei der Ausübung des Rücktrittsrechts den Verlust der bereits geleisteten Zahlungen[1992].

730 Der Rücktritt kann von jedem Eigentümer wegen Mängeln am Sondereigentum[1993], aber ebenso wegen Mängeln am **Gemeinschaftseigentum** erklärt werden,

---

[1982] *Kniffka*, ibr-online-Kommentar (Stand: 26. 5. 2009), § 636 BGB, Rdn. 9.
[1983] OLG Karlsruhe v. 13. 11. 2008, NJW-RR 2009, 741; *Palandt/Grüneberg*, § 323 Rdn. 32.
[1984] *Kniffka*, ibr-online-Kommentar (Stand: 26. 5. 2009), § 636 BGB, Rdn. 13.
[1985] BGH v. 16. 1. 2009, NZBau 2009, 237 = BauR 2009, 1147.
[1986] *Palandt/Grüneberg*, § 323 Rdn. 24; *Medicus* in Prütting/Wegen/Weinreich, § 323 BGB, Rdn. 35.
[1987] *Leupertz* in Prütting/Wegen/Weinreich, § 634 BGB, Rdn. 11.
[1988] BGH v. 5. 4. 2001, NJW 2001, 2249 = NZBau 2001, 388 = BauR 2001, 1096.
[1989] *Basty*, Rdn. 322.
[1990] BGH v. 5. 10. 1979, NJW 1980, 833; BGH v. 4. 12. 1985, NJW 1986, 925 (927); BGH v. 28. 10. 1988, WM 1989, 348 m. Anm. *Hegmanns*, EWiR 1989, 235.
[1991] BGH v. 20. 12. 2001, NJW 2002, 1050; BGH v. 7. 3. 2002, NJW 2002, 2313; BGH v. 22. 1. 2009, NJW 2009, 1414 = BauR 2009, 817, Rdn. 8, 18; vgl. *Schmitz*, Die Bauinsolvenz, Rdn. 457.
[1992] *Blomeyer*, NJW 1999, 472 (473); *M. Schmid*, BauR 2000, 971 (978).
[1993] OLG Düsseldorf v. 14. 1. 1971, NJW 1971, 1847.

VII. Haftung für Mängel der Bauleistung

und zwar ohne Rücksicht darauf, ob und wie die anderen Eigentümer bzw. die Wohnungseigentümergemeinschaft ihre Mängelrechte wahrnehmen[1994]. Der Ausübung des Rücktrittsrechts stehen weder die §§ 11, 12 WEG (Unauflöslichkeit der Gemeinschaft bzw. Zustimmungserfordernisse durch den Verwalter)[1995] noch § 351 BGB (Unteilbarkeit des Rücktrittsrechts)[1996] entgegen.

Die **Rückabwicklung** richtet sich nach den §§ 326, 346 f. BGB. Nach § 346 BGB sind die gegenseitig empfangenen Leistungen zurückzugewähren, also der Kaufpreis zurückzubezahlen, und zwar Zug-um-Zug gegen Räumung und Herausgabe sowie Rückauflassung der Eigentumswohnung (§ 348 BGB). Soweit die Auflassung noch nicht erklärt war, ist statt der Rückauflassung die Löschung der Auflassungsvormerkung zu bewilligen. **731**

Nach § 346 Abs. 1 BGB sind die gezogenen Nutzungen herauszugeben[1997]. Zu den Nutzungen gehören insbesondere die **Gebrauchsvorteile** auf Seiten des Erwerbers. Nach der unterschiedlichen Rechtsprechung des V. und VII. Zivilsenats des BGH zur Berechnung der Gebrauchsvorteile ist bis heute nicht klar[1998], ob die Nutzungsvorteile nach der üblichen Miete oder als lineare Abschreibung aus dem (Brutto-)Gesamtpreis zu berechnen sind (vgl. unten Rdn. 745). Nach der Rechtsprechung des VII. Senats ist bei der vermieteten Wohnung auf die Miete[1999], ansonsten (bei Eigennutzung) auf die zeitanteilig linear ermittelte Wertminderung abzustellen[2000]. Der V. Senat stellt auf den (üblichen) Mietzins ab, wenn der Erwerber seine Finanzierungskosten geltend macht, und belässt es bei der linearen Abschreibung, wenn lediglich der Kaufpreis und die Erwerbsnebenkosten zurückverlangt werden[2001]. Werterhöhende Investitionen des Erwerbers haben jedenfalls außer Betracht zu bleiben[2002]. **732**

Zwar haftet der Erwerber nach § 346 Abs. 2 Nr. 3 BGB für eine Verschlechterung des Objekts; von dieser Haftung ist aber die Wertminderung ausgenommen, die durch den bestimmungsgemäßen Gebrauch entsteht. Die sich aus der anschließenden Nutzung ergebende Wertminderung wird durch das Gesetz gesondert in § 346 Abs. 3 Nr. 3 BGB privilegiert. Bei Verschlechterungen besteht keine Pflicht zum Wertersatz, wenn der zum Rücktritt Berechtigte, hier also der Erwerber, im Umgang mit dem Objekt die Sorgfalt beobachtet, die er mit eigenen Sachen anwendet (§ 277 BGB). Deshalb besteht auch keine Verpflichtung zur Durchführung von Schönheitsreparaturen bei Rückgabe des Objekts.

Notwendige Verwendungen (§ 994 BGB) und auch gewöhnliche Erhaltungskosten[2003] – z. B. die Durchführung von Reparaturen – sind nach § 347 Abs. 2 BGB zu ersetzen. Nützliche Aufwendungen sind zu ersetzen, wenn der Bauträger durch sie bereichert ist (§ 347 Abs. 2 Satz 2 BGB). **733**

Nach § 325 BGB wird das Recht, **Schadensersatz** zu verlangen, durch den Rücktritt nicht ausgeschlossen. Auch darin unterscheiden sich die Bestimmungen zum **734**

[1994] BGH v. 2. 7. 1971, WM 1971, 1251; bestätigt durch Urteil v. 10. 5. 1979, NJW 1979, 2207; OLG Frankfurt v. 23. 9. 1975, NJW 2297; *Kapellmann*, MDR 1973, 1 (2); *Baginski*, MittRheinNotK 1975, 63 (90).
[1995] OLG Düsseldorf v. 1. 4. 1971, NJW 1971, 1847.
[1996] Vgl. BGH v. 2. 7. 1971, WM 1971, 1251, wobei diese Entscheidung noch Kaufvertragsrecht zugrunde legte; *Kapellmann,* MDR 1973, 1 (2).
[1997] Vgl. BGH v. 26. 11. 2008, NJW 2009, 427, zum Ausschluss des Ausgleichs der Gebrauchsvorteile bei richtlinienkonformer Auslegung von § 439 Abs. 4 BGB beim Verbrauchsgüterkauf.
[1998] *Kniffka*, ibr-online-Kommentar (Stand: 26. 5. 2009), § 636 BGB, Rdn. 26.
[1999] BGH v. 12. 3. 2009, NZBau 2009, 376 = BauR 2009, 1140, Rdn. 15, 17; BGH v. 9. 2. 2006, NJW-RR 2006, 890, Rdn. 11.
[2000] BGH v. 6. 10. 2005, NJW 2006, 53 = BauR 2006, 103, Rdn. 14 f.
[2001] BGH v. 31. 3. 2006, NJW 2006, 1582 = BauR 2006, 983.
[2002] BGH v. 22. 11. 1991, NJW 1992, 892.
[2003] *Palandt/Grüneberg,* § 347 Rdn. 3.

Rücktrittsrecht vom alten Recht. Nach früherem Recht waren Schadensersatzansprüche nach Erklärung des Rücktritts ausgeschlossen[2004]; der Rücktritt (die Wandelung) war deshalb – verglichen mit dem großen Schadensersatz – der ungünstigere Rechtsbehelf[2005]. Neben dem Rücktritt kann deshalb ein mangelbedingter Nutzungsausfallschaden (vgl. 749) beansprucht werden[2006].

Neben dem Rücktritt kann außerdem Ersatz der **Vertragskosten** usw. nach § 284 BGB (Ersatz vergeblicher Aufwendungen) geltend gemacht werden. Das sind z. B. die Notarkosten für die Beurkundung des Erwerbsvertrages und die Auflassung und die Grundbuchkosten (§ 448 Abs. 2 BGB) und ggf. die Maklerprovision sowie Finanzierungs-, Umzugs- und sonstige gelegentlich des Erwerbs entstandene, aber nicht für den Wohnungserwerb selbst verwendete Kosten und Nachteile.

Der Erwerb ist **grunderwerbsteuerfrei,** wenn das Geschäft aufgrund eines Rechtsanspruchs, also etwa nach erklärtem Rücktritt wegen eines wesentlichen Mangels, zurückabgewickelt wird, § 16 GrEStG[2007].

735 Der Erwerber hat das Grundstück bzw. das Wohnungseigentum frei von **Grundpfandrechten** und frei von sonstigen **Belastungen** zurückzugewähren[2008]. Andernfalls ist er zum Wertersatz nach § 346 Abs. 2 Nr. 2 BGB verpflichtet[2009].

736 Durch die Rückabwicklung des Bauträgervertrages werden etwaige mit anderen Handwerkern abgeschlossene **Sonderwunschverträge** nicht automatisch wirkungslos; sie können zwar gekündigt werden (§ 649 BGB), aber nur um den Preis einer fortbestehenden, wenn auch um ersparte Aufwendungen verminderten Vergütungspflicht – eine weitere Schadensposition, die ggf. beim Schadensersatzanspruch gegenüber dem Bauträger zu berücksichtigen ist.

737 Im Falle des Rücktritts durch den Erwerber kommt ein Anspruch des Bauträgers gegenüber dem Bauunternehmer auf **Freistellung** vom – noch nicht vollzogenen – Rücktritt in Betracht[2010]. Dieser Anspruch beinhaltet die Verpflichtung des Unternehmers, die Vergütung an den Erwerber zu bezahlen Zug-um-Zug gegen Übertragung des Bauwerks, und zwar einschließlich des Grundstücks (-anteils). Das gilt auch dann, wenn zwischen Bauträger und Bauunternehmer die Geltung der VOB/B vereinbart wurde; Voraussetzung ist jedoch, dass der Tatbestand des § 13 Abs. 7 Nr. 2 VOB/B erfüllt ist[2011].

i) Schadensersatz

738 Gemäß §§ 634 Nr. 4, 636 BGB kann der Erwerber Schadensersatz nach den Vorschriften des Allgemeinen Schuldrechts (§§ 280, 281, 283 BGB) verlangen.

739 *aa) Schadensersatz statt der Leistung.* Nach §§ 281, 283, 311a BGB kann Schadensersatz statt der Leistung verlangt werden. Mit diesem Anspruch können die sog. Mangelschäden geltend gemacht werden. Voraussetzung ist, dass der Bauträger eine Hauptpflicht verletzt hat. Das ist bei der Ablieferung einer mangelhaften Leistung der Fall, da – in der Sprache des Allgemeinen Schuldrechts – in der Verschaffung einer mangelhaften Bauleistung auch eine Pflichtverletzung liegt. Ferner muss eine zur Nacherfüllung gesetzte Frist nach § 281 Abs. 1 BGB ergebnislos abgelaufen sein. Das von

---

[2004] OLG Düsseldorf v. 11. 5. 2000, BauR 2001, 1605.
[2005] Vgl. zuletzt OLG Düsseldorf v. 23. 10. 2001, BauR 2002, 266.
[2006] BGH v. 14. 4. 2010, NJW 2010, 2426 zum Kaufvertragsrecht.
[2007] Vgl. FG Niedersachsen v. 22. 7. 1992, NJW-RR 1993, 910 m. w. N.
[2008] BGH v. 10. 10. 2008, NJW 2009, 63 = BauR 2009, 246, Rdn. 21 f.
[2009] BGH v. 10. 10. 2008, NJW 2009, 63 = BauR 2009, 246, Rdn. 21 f.
[2010] OLG Celle v. 31. 1. 2006, NZBau 2007, 175 = BauR 2007, 720.
[2011] Zustimmend vgl. dazu *Weyer*, NZBau 2007, 281; ablehnend *Schnapp*, NZBau 2007, 177.

VII. Haftung für Mängel der Bauleistung

§ 280 Abs. 1 BGB vorausgesetzte Verschulden wird beim Vorliegen von Mängeln vermutet[2012]. Schließlich muss eine Kausalität zwischen Mangel und Schaden bestehen[2013].

Der Erwerber kann stets den **kleinen Schadensersatz** geltend machen, also die **740**
Beseitigung des durch den Mangel selbst verursachten Schadens. Das sind insbesondere die Mängelbeseitigungskosten oder der durch den Mangel bedingte technische und merkantile Minderwert[2014]. Zu ersetzen sind die Aufwendungen, die dafür erforderlich sind, die mangelhafte Leistung in einen mangelfreien Zustand zu versetzen. Wird der Schadensersatz nach den Mängelbeseitigungskosten berechnet, muss sich der Erwerber nicht auf eine Ersatzlösung verweisen lassen; auch beim Schadensersatz ist der Maßstab das vertraglich geschuldete Werk[2015].

Vom BGH ist nunmehr geklärt, dass in analoger Anwendung von § 249 Abs. 2 Satz 2 BGB die **Umsatzsteuer** auf die Mängelbeseitigungskosten nur verlangt werden kann, wenn der Mangel bereits tatsächlich beseitigt worden ist[2016]. Der Erwerber wird dadurch nicht unangemessen benachteiligt, weil es ihm freisteht, den Vorschussanspruch nach § 637 Abs. 3 BGB geltend zu machen. Dieser Anspruch umfasst grundsätzlich auch die Umsatzsteuer.

Neben den eigentlichen Mängelbeseitigungsarbeiten sind die Arbeiten zu berücksichtigen, die nötig sind, um nach der durchgeführten Mängelbeseitigung den ursprünglichen Zustand wieder herzustellen. Der Bauträger muss insbesondere auch Ausgleich für Schäden am sonstigen Eigentum der Erwerbers leisten, die im Zuge einer Mängelbeseitigung zwangsläufig entstehen. Auch der Aufwand, der betrieben werden muss, um die Mängelbeseitigung überhaupt erst zu ermöglichen, ist zu ersetzen (z. B. auch Hotelunterbringung der Bewohner)[2017]. Die Schadensermittlung erfolgt nach der Differenzmethode; der Erwerber kann über den Schadensersatz frei verfügen und muss ihn nicht zur Mängelbeseitigung benutzen[2018].

Der Schadensersatz ist in voller Höhe zu leisten, auch wenn der Schaden später wegfällt **741**
oder sich verringert. So kann sich der Bauträger dann, wenn die Außenwand eines Reihenhauses wegen des zunächst nicht errichteten Nachbarreihenhauses eine zusätzliche Wärme- und Feuchtigkeitsisolierung erhalten musste, nicht darauf berufen, dass der Schaden wegen der späteren Nachbarbebauung geringer geworden oder sogar ganz weggefallen wäre[2019].

Zur Vorteilsausgleichung, insbesondere zum Abzug „neu für alt" gilt das Gleiche **742**
wie beim Aufwendungsersatz der Selbstvornahme (vgl. Rdn. 712f.). Die Frage der Unverhältnismäßigkeit beantwortet sich beim Schadensersatz nach § 251 Abs. 2 Satz 1 BGB[2020]. Solange die Schadensberechnung nicht unter analoger Anwendung von § 251 Abs. 2 BGB als unverhältnismäßig erscheint, kann der Schaden vom Erwerber nach den tatsächlichen Mängelbeseitigungskosten berechnet werden; unter dieser Vor-

---

[2012] *Palandt/Sprau*, § 636 Rdn. 12.
[2013] BGH v. 19. 9. 1985, NJW 1986, 428 (zugleich zum merkantilen Minderwert).
[2014] BGH v. 11. 7. 1991, BauR 1991, 744; BGH v. 19. 9. 1985, NJW 1986, 428; BGH v. 26. 10. 1972, NJW 1973, 138.
[2015] BGH v. 27. 3. 2003, NJW-RR 2003, 1021 = BauR 2003, 1209.
[2016] BGH v. 22. 7. 2010 – VII ZR 176/09; so schon OLG München v. 19. 6. 2008, BauR 2008, 1909; anders OLG Stuttgart v. 18. 10. 2007, IBR 2008, 265; OLG Brandenburg v. 20. 4. 2005, IBR 2006, 136; OLG Düsseldorf v. 25. 6. 2009, NZBau 2010, 242; OLG Celle v. 18. 1. 2010, BauR 2010, 921.
[2017] BGH v. 10. 4. 2003, NZBau 2003, 375 = BauR 2003, 1211.
[2018] BGH v. 26. 10. 1972, NJW 1973, 138; vgl. auch BGH v. 20. 10. 1994, NJW 1995, 449 (450); BGH v. 10. 4. 2003, NZBau 2003, 375 = BauR 2003, 1211.
[2019] BGH v. 28. 10. 1993, NJW 1994, 314.
[2020] BGH v. 27. 3. 2003, NJW-RR 2003, 1021 = BauR 2003, 1209.

B. Der Bauträgererwerb

aussetzung muss er sich nicht auf einen nach dem objektiven Minderwert berechneten Schadensersatz verweisen lassen[2021].

Der Erwerber muss sich ein Mitverschulden an einem durch den Mangel verursachten Schaden (Durchfeuchtung der Fassade infolge eines fehlenden Spritzwasserschutzes) gemäß § 254 Abs. 2 BGB zurechnen lassen, wenn sich aus einem Gutachten dringender Handlungsbedarf ergibt[2022].

743 Der Erwerber kann im Wege des **großen Schadensersatzes** die Rückabwicklung des Vertrages verlangen, also den Ersatz des gesamten Schadens bei Zurückweisung des Werkes ersetzt verlangen[2023]. Der Bauträger kann die von ihm erbrachten Leistungen zurückfordern, § 281 Abs. 5 BGB (Rückgabe des Objekts, Löschung der Auflassungsvormerkung, ggf. Rückübereignung).

Der große Schadensersatz kann nur unter der zusätzlichen Voraussetzung beansprucht werden, dass ein erheblicher Mangel besteht, § 281 Abs. 1 Satz 3 BGB. Die Erheblichkeit ist dann gegeben, wenn der Erwerber nicht auf den kleinen Schadensersatz und auf die dahinter stehende Möglichkeit, mit diesem den Mangel selbst zu beseitigen, verwiesen werden kann. Das wird bei größeren Mängeln regelmäßig der Fall sein, zumal der Erwerber schlüsselfertig aus einer Hand erwirbt und deshalb auf die Beseitigung von Mängeln nicht eingestellt sein muss[2024].

744 Mit dem Verlangen des Schadensersatzes statt der Leistung tritt der Verlust des Erfüllungsanspruchs des Erwerbers ein, § 281 Abs. 4 BGB.

Wegen des Untergangs des Erfüllungsanspruchs verliert eine bereits eingetragene Auflassungsvormerkung ihre Wirkung. Die Geltendmachung des großen Schadensersatzes ist deshalb ebenso wie der Rücktritt riskant, weil der Erwerber nun nur noch über eine ungesicherte Geldforderung verfügt[2025]. Er kann nur noch sein Zurückbehaltungsrecht an der Auflassungsvormerkung (dem Grundbuchberichtigungsanspruch[2026]) geltend machen, dies aber nicht im Falle einer Insolvenz gegenüber dem Insolvenzverwalter[2027] (vgl. Rdn. 729).

745 Macht der Erwerber nicht den kleinen, sondern den großen Schadensersatzanspruch (Schadensersatz statt der ganzen Leistung) als Mängelrecht geltend, so hat dies im Ergebnis ebenfalls – wie der Rücktritt – die Rückabwicklung des Vertrages zur Folge: Der Erwerber kann als Schadenersatz Zug-um-Zug gegen Rückgabe und Rückübereignung der Wohnung den bereits bezahlten Erwerbspreis, Vertragskosten sowie etwaige weitere Schadenspositionen, z.B. Damnum, besondere Treuhand- oder Geschäftsbesorgungsgebühren, Bereitstellungszinsen, Bauzeit- und Verzugszinsen sowie Maklerhonorare ersetzt verlangen[2028].

Der Schaden berechnet sich nach der Differenzmethode durch einen Vergleich der Vermögenslage des tatsächlich vorhandenen Vermögens und dem Vermögen, das bei ordnungsgemäßer Erfüllung des Vertrages vorhanden gewesen wäre[2029].

Der Erwerber ist berechtigt, die Finanzierungskosten in die Schadensbilanz einzustellen und geltend zu machen. Dem liegt der Gedanke zugrunde, dass diese Aufwendun-

---

[2021] BGH v. 10. 3. 2005, NZBau 2005, 390 = BauR 2005, 1014.
[2022] OLG Celle v. 24. 8. 2000, BauR 2001, 650.
[2023] Vgl. OLG Naumburg v. 19. 9. 2006, BauR 2008, 1156, zum großen Schadensersatz auf der Grundlage von § 13 Abs. 7 VOB/B.
[2024] *Kniffka*, ibr-online-Kommentar (Stand: 26. 5. 2009), § 636 BGB, Rdn. 80.
[2025] Vgl. *Blomeyer*, NJW 1999, 472 (473); *Schmid*, BauR 2000, 971 (978).
[2026] BGH v. 4. 12. 1985, NJW 1986, 925 (927); BGH v. 28. 10. 1988, WM 1989, 348 m. Anm. *Hegmanns*, EWiR 1989, 235.
[2027] *Schmitz*, Die Bauinsolvenz, Rdn. 457.
[2028] OLG Hamm v. 16. 1. 1998, NJW-RR 1998, 1031, zu den einzelnen Schadenspositionen.
[2029] BGH v. 12. 3. 2009, NZBau 2009, 376 = BauR 2009, 1140, Rdn. 15; BGH v. 31. 3. 2006, NJW 2006, 1582 = BauR 2006, 983.

VII. Haftung für Mängel der Bauleistung

gen durch den Vorteil des Erwerbs wieder eingebracht worden wären (Rentabilitätsvermutung)[2030]. In gleicher Weise ist er berechtigt, die entgangenen Zinsvorteile aus dem eingesetzten Eigenkapital zu verlangen[2031]. Allerdings muss sich der Erwerber dann auch im Wege der Vorteilsausgleichung, die bei der Ermittlung des Schadens nach der Differenzmethode zu beachten ist, die Nutzungsvorteile des Objekts anrechnen lassen[2032]. Wie dies zu geschehen hat, ist nach der unterschiedlichen Rechtsprechung des V. und des VII. Zivilsenats des BGH unklar[2033]. Nach den hierzu in jüngerer Zeit ergangenen Entscheidungen des VII. Senats ergibt sich folgendes: Sofern der Vertragsgegenstand vermietet wurde, ist die tatsächlich vereinnahmte Miete der zu berücksichtigende Vorteil; etwaige Mietausfälle, die auf der Mangelhaftigkeit beruhen, sind darin bereits berücksichtigt und können nicht gesondert als Schadensposition in Ansatz gebracht werden[2034]. Ein Nutzungsvorteil besteht auch in der vom Erwerber selbst genutzten Wohnung. Für seine Bemessung ist jedoch nicht auf die ortsübliche Miete abzustellen, sondern nach dem geldwerten Vorteil zu bemessen, den der Erwerber aus dem für die Anschaffung getätigten Aufwand hat. Zu diesem Zweck ist der Investitionsaufwand linear auf die Gesamtnutzungsdauer zu verteilen und dem Zeitraum des Nutzungsvorteils zeitanteilig zuzurechnen[2035]. Bei einer Eigentumswohnung mit einer Gesamtnutzungsdauer von 80 Jahren entfallen demnach auf jedes Jahr der Nutzung 1/80 der Nutzung. Der V. Zivilsenat des BGH judiziert hiervon abweichend dahin, dass der Vorteil der Nutzung zeitanteilig linear aus den Anschaffungskosten dann zu berechnen ist, wenn nur der Kaufpreis und die Nebenkosten, nicht aber die Finanzierungskosten beansprucht werden, während auf den üblichen Mietzins dann abzustellen ist, wenn der Käufer die Finanzierungskosten beansprucht, sich also dadurch vom Erwerb insgesamt löst[2036].

Im Grundsatz können auch Steuervorteile bei der Schadensberechnung im Wege des Vorteilsausgleichs zu berücksichtigen sein[2037]. Wenn aber die Rückzahlung bei der Rückabwicklung zu einer Besteuerung führt, stellt die vom Erwerber zuvor in Anspruch genommene AfA keinen Vorteil dar[2038]. Auch eine empfangene Eigenheimzulage kann grundsätzlich als auszugleichender Vorteil des Erwerbers zu berücksichtigen sein; das gilt aber dann nicht, wenn die Eigenheimzulage bei einem späteren Erwerb aufgrund geänderter Vorschriften nicht mehr gewährt wird[2039].

Stehen einzelne Schadenspositionen (Damnum, Geschäftsbesorgungsgebühr) noch nicht endgültig fest, weil Erstattungsansprüche möglich sind, kann der Erwerber die Beträge dennoch geltend machen, und zwar Zug-um-Zug gegen Abtretung von etwaigen Rückzahlungsansprüchen gegen Dritte[2040]. Sofern der Erwerber den Ersatz eines hypothetischen Zinsverlusts als entgangenen Gewinn geltend macht, muss er konkret vortragen und nachweisen, wie und mit welchen Erträgen der Kaufpreis anderweit angelegt worden wäre[2041].

[2030] BGH v. 12. 3. 2009, NZBau 2009, 376 = BauR 2009, 1140, Rdn. 19; BGH v. 9. 2. 2006, NJW-RR 2006, 890, Rdn. 11.
[2031] OLG Karlsruhe v. 22. 12. 2009, IBR 2010, 89 (*Weyer*).
[2032] BGH v. 12. 3. 2009, NZBau 2009, 376 = BauR 2009, 1140, Rdn. 15.
[2033] *Kniffka*, ibr-online-Kommentar (Stand: 26. 5. 2009), § 636 BGB, Rdn. 77.
[2034] BGH v. 12. 3. 2009, NZBau 2009, 376 = BauR 2009, 1140, Rdn. 15, 17; BGH v. 9. 2. 2006, NJW-RR 2006, 890, Rdn. 11; OLG Karlsruhe v. 22. 12. 2009, IBR 2010, 89 (*Weyer*).
[2035] BGH v. 6. 10. 2005, NJW 2006, 53 = BauR 2006, 103, Rdn. 14 f.
[2036] BGH v. 31. 3. 2006, NJW 2006, 1582 = BauR 2006, 983.
[2037] BGH v. 19. 6. 2008, BauR 2008, 1450, 7.
[2038] BGH v. 19. 6. 2008, BauR 2008, 1450, 7 f.
[2039] BGH v. 12. 11. 2009, NZBau 2010, 165 = BauR 2010, 225.
[2040] OLG Hamm v. 16. 1. 1998, NJW-RR 1998, 1031.
[2041] OLG München v. 12. 3. 2002 – 9 U 5333/01.

B. Der Bauträgererwerb

746   *bb) Schadensersatz neben der Erfüllung.* Der Erwerber kann nach § 280 BGB den Ersatz all der Schäden verlangen, die durch einen Mangel verursacht wurden, aber durch die Nacherfüllung nicht erfasst werden. Von diesem Anspruch werden die sog. **Mangelfolgeschäden** erfasst. Eine Fristsetzung zur Nacherfüllung ist für diesen Anspruch nicht erforderlich.

747   Erfasst werden nahe und entfernte Mangelfolgeschäden (z. B. Nutzungsentschädigung, entgangener Gewinn[2042], merkantiler Minderwert, Sachverständigenkosten[2043], Rechtsverfolgungskosten) und Verzögerungsschäden (für sie ist aber § 286 BGB zusätzlich zu beachten). Da es sich um einen Anspruch nach den allgemeinen Vorschriften handelt (für den lediglich die Verjährung des Werkvertragsrechts gilt), ist nach neuem Recht nun auch keine Unterscheidung zwischen engerem (früher Gewährleistung nach § 635 BGB a. F.) und entferntem Mangelfolgeschaden (früher Haftung nach den Grundsätzen der positiven Vertragsverletzung) mehr erforderlich (der Unterschied bestand vor allem in den unterschiedlichen Verjährungsfristen).

748   Der Schadensersatz umfasst auch die Kosten einer **Hotelunterbringung** oder einer Ersatzwohnung, die notwendig wird, um die ordnungsgemäße Mängelbeseitigung zu ermöglichen. Da der Erwerber durch den Schadensersatz in die Lage versetzt werden soll, den Mangel ohne Vermögenseinbußen zu beseitigen, sind insbesondere auch die Aufwendungen zu erstatten, die eine Mängelbehebung erst ermöglichen[2044].

749   In welchem Umfang der Erwerber im Einzelfall **Nutzungsentschädigung** wegen entgangener Gebrauchsvorteile geltend machen kann, ist – wie bereits dargelegt (Rdn. 491 f.) – nach wie vor nicht abschließend geklärt, wenngleich die Rechtsprechung deutlich dahin tendiert, für die entzogene Nutzungsmöglichkeit Schadensausgleich zuzusprechen. Grundsätzlich ist eine Nutzungsentschädigung nicht nur wegen der verspäteten Fertigstellung des Vertragsgegenstandes (Verzug), sondern auch wegen Nutzungsbeeinträchtigungen möglich, in deren Folge die Wohnung überhaupt nicht nutzbar ist. Ob Nutzungsbeeinträchtigungen durch die Einwirkung von Mängeln zu einer Entschädigung führen können, ist zweifelhaft. Eine Nutzungsentschädigung wurde aber z. B. bei erheblichen, nicht behebbaren Schallmängeln zugesprochen[2045]. Wird wegen eines mangelbedingten Nutzungsausfalls Schadensersatz verlangt, obliegt es allerdings dem Erwerber, sich um eine baldmögliche Behebung der Mängel zu bemühen[2046].

Auch eine vom Mieter des Erwerbers wegen eines Mangels durchgeführte **Mietminderung** kann als Schadensersatz geltend gemacht werden. Eine unterlassene gerichtliche Inanspruchnahme des Mieters kann ein Mitverschulden begründen[2047]. Ein Mitverschulden kann auch in der unterlassenen Mängelbeseitigung durch den Erwerber liegen, da die Verpflichtung zur Mängelbeseitigung sich selbständig aus dem Mietvertrag gegenüber dem Mieter ergibt[2048].

Auch ein nach erfolgter Mängelbeseitigung verbleibender **merkantiler und technischer Minderwert** ist als Mangelfolgeschaden nach § 280 Abs. 1 BGB zu ersetzen[2049].

[2042] BGH v. 8. 6. 1978, NJW 1978, 1626 sowie BGH v. 28. 9. 1978, DB 1979, 258.
[2043] Vgl. BGH v. 4. 3. 2008, NJW 2008, 1597, zur ausnahmsweisen Erstattung von Gutachterkosten nach § 91 ZPO.
[2044] BGH v. 10. 4. 2003, NZBau 2003, 375 = BauR 2003, 1211.
[2045] OLG Stuttgart v. 25. 7. 2000, NJW-RR 2000, 1617.
[2046] BGH v. 27. 4. 1995, NJW-RR 1995, 1169.
[2047] BGH v. 25. 9. 2003, NZBau 2003, 667; OLG Hamm v. 21. 5. 2003, BauR 2003, 1417; BGH v. 19. 6. 2009, NZBau 2009, 715 (zur Abgrenzung zum Verzugsschaden).
[2048] BGH v. 26. 10. 1972, WM 1973, 69 (71).
[2049] BGH v. 19. 9. 1985, BauR 1986, 103; *Kniffka*, ibr-online-Kommentar (Stand: 26. 5. 2009), § 636 BGB, Rdn. 54.

VII. Haftung für Mängel der Bauleistung

Als Mangelfolgeschäden können auch beim Bauträgererwerb etwa Unfälle infolge von Mängeln[2050], Brandschäden an anderen Gegenständen[2051], Wasserschäden[2052] und auch die Kosten aufgrund fehlerhafter Einweisung in Bedienung und Wartung in Betracht kommen. **750**

Der Schadensersatz kann neben dem Rücktritt verlangt werden (§ 325 BGB). **751**

cc) Aufwendungsersatz. Unter den Voraussetzungen des § 281 BGB kann der Erwerber anstelle des Schadensersatzes (statt der Leistungen) den Ersatz seiner Aufwendungen, die er im Vertrauen auf den Erhalt der Leistung gemacht hat, verlangen (z. B. im Falle des Rücktritts die vergeblichen Vertragskosten), §§ 634 Nr. 4, 284 BGB. **752**

4. Kündigung nach § 649 BGB? – Teilkündigung des Bauträgervertrages aus wichtigem Grund

Obwohl auf die Bauverpflichtung Werkvertragsrecht anzuwenden ist, kann der Bauträgervertrag **nicht nach § 649 BGB frei gekündigt** werden. Wäre eine Beendigung des Bauträgervertrages durch eine willkürliche Kündigung des Erwerbers möglich, würde sie – wie jede Kündigung – ex nunc wirken, also dazu führen, dass der Erwerber das Grundstück bzw. den Grundstücksanteil samt der bis zum Kündigungszeitpunkt erbrachten Bauleistungen bei entsprechender Vergütung beanspruchen könnte. Eine solche Möglichkeit der Vertragsbeendigung würde dem kaufvertraglichen Element des Bauträgervertrages widersprechen. Wollte man sie zulassen, würde dies dazu führen, dass der Erwerber noch vor Beginn der Bauarbeiten dem Bauträger das Grundstück nehmen und die Arbeiten anderweit ausführen lassen könnte. Da das Kündigungsrecht des § 649 BGB den Besonderheiten des Bauträgererwerbs nicht Rechnung trägt, hat der BGH seine Anwendung auf diesen Sachverhalt abgelehnt[2053]. Die Begründung liegt darin, dass dem Kaufrecht eine Kündigung unbekannt ist und für den Kaufvertrag auch nicht erklärbar wäre[2054]. Aus denselben Gründen hat der BGH schon früher entschieden, dass ein etwaiger Rücktritt vom Bauträgervertrag ebenfalls nur einheitlich, also bezogen auf das Grundstück und die Bauleistungen, erklärt werden kann[2055]. **753**

In derselben Entscheidung[2056], mit der der BGH diese Grundsätze entwickelt hat, wurden sie sogleich eingeschränkt: Danach kann der Bauträgervertrag ausnahmsweise dann gekündigt werden, wenn der Bauträger dem Erwerber einen wichtigen Grund zur Kündigung der Bauleistung gibt[2057]. Der BGH begründet dieses **außerordentliche Kündigungsrecht** mit dem Vorbild, das der Gesetzgeber im früheren § 24 KO (vgl. heute § 106 InsO) durch die Einfügung des zweiten Satzes gegeben hat. Danach kann der Erwerber vom Insolvenzverwalter die Übertragung des Eigentums am Grundstück auch dann verlangen, wenn der Insolvenzverwalter die weitere Erfüllung des Vertrages nach **754**

[2050] BGH v. 20. 1. 1972, NJW 1972, 625.
[2051] BGH v. 13. 4. 1972, NJW 1972, 1195.
[2052] BGH v. 9. 7. 1962, NJW 1962, 1764; vgl. aber OLG München v. 11. 10. 1988, BauR 1990, 736 zu Ölschäden.
[2053] BGH v. 21. 11. 1985, NJW 1986, 925 = BauR 1986, 208; KG v. 22. 12. 1998, BauR 2000, 114; vgl. auch *Doerry*, WM-Beilage 8/1991, S. 5.
[2054] Vgl. *Eue*, I. 30 Anm. 52 (4); vgl. auch *Basty*, Rdn. 1129; *Koeble*, Kap. 24 Rdn. 3 ff.; *Reithmann/Meichssner/v. Heymann*, B 56; *Staudinger/Bub*, § 21 WEG, Rdn. 235 a. E.
[2055] BGH v. 30. 4. 1976, NJW 1976, 1931 (1932); ähnlich bereits BGH v. 25. 10. 1968, WM 1969, 96.
[2056] BGH v. 21. 11. 1985, NJW 1986, 925 = BauR 1986, 208.
[2057] BGH v. 21. 11. 1985, NJW 1986, 925 (927) = BauR 1986, 208; *Eue*, I. 30 Anm. 52 (4); *Basty*, Rdn. 1130; *Koeble*, Kap. 24 Rdn. 3 ff.; *Reithmann/Meichssner/v. Heymann*, B 56; *Staudinger/Bub*, § 21 WEG, Rdn. 235 a. E.

B. Der Bauträgererwerb

§ 103 InsO ablehnt[2058]. Der Erwerber ist also nicht – schlussfolgert der BGH – ausschließlich auf den Rücktritt und Schadensersatzansprüche beschränkt. Im Falle der Erfüllungsweigerung durch den Konkursverwalter (Insolvenzverwalter) findet keine Rückabwicklung, sondern praktisch eine Beendigung mit Wirkung ex nunc statt.

Daraus darf auf der Grundlage der BGH-Rechtsprechung gefolgert werden, dass dies auch in anderen, vergleichbaren Situationen gelten kann, etwa dann, wenn der Bauträger schwerwiegend vertragsuntreu wird[2059]. Das ist sachgerecht, da er dann in seinem Interesse, die Grundstücksveräußerung als Bestandteil des Gesamtgeschäfts nach kaufvertragsrechtlichen Regeln abzuwickeln, weniger schutzwürdig ist, als der Erwerber darin, dasjenige, was er bis dahin bereits vergütet hat, nun auch tatsächlich zu erhalten.

Ungeklärt ist allerdings, auf welcher rechtlichen Grundlage eine vorzeitige Beendigung des Bauträgervertrages durch den Erwerber herbeigeführt werden kann. Auch nach den Änderungen durch die Schuldrechtsmodernisierung wird von einem Recht zur außerordentlichen Kündigung im Werkvertragsrecht ausgegangen werden können. Zwar könnte sich der Erwerber auch unter den Voraussetzungen des §§ 281, 323 BGB vom Vertrag lösen[2060]. Für das außerordentliche Kündigungsrecht im Werkvertragsrecht und damit auch beim Bauträgervertrag spricht aber, dass ein gesetzlicher Anspruch auf einen *Teil*rücktritt wenigstens zweifelhaft ist[2061] und der Rücktritt nach den Vorstellungen des Gesetzgebers[2062] selbst bei den Dauerschuldverhältnissen, auf die die außerordentliche Kündigung nach § 314 BGB zugeschnitten ist, nachrangig ist[2063]. Ein außerordentliches Kündigungsrecht gegenüber dem vertragsuntreuen Bauträger dürfte sich deshalb auch weiterhin aus einer analogen Anwendung von § 314 BGB ableiten lassen[2064].

755 Der vertragsuntreue Bauträger muss einen **wichtigen Grund** für eine sofortige Vertragskündigung gegeben haben. Dafür genügt nicht jede Vertragsverletzung. Zu denken ist etwa an einen erheblichen Verzug, der unter Berücksichtigung der Erwerberinteressen unzumutbar ist[2065], die Weigerung, den Vertrag weiter zu erfüllen, noch vor der Abnahme offenbar gewordene erhebliche Baumängel, die beispielsweise die Standsicherheit des Gebäudes berühren und deren Beseitigung vom Bauträger abgelehnt wird oder nicht in ordnungsgemäßer Weise zu erwarten ist. Ob allerdings die Stellung eines Antrages auf Durchführung des Insolvenzverfahrens allein einen wichtigen Grund darstellt, erscheint zweifelhaft, weil dem Insolvenzverwalter andernfalls die gesetzlich gegebene Möglichkeit genommen würde, den Bauträgervertrag noch ordnungsgemäß zu erfüllen[2066].

Voraussetzung für eine Kündigung aus wichtigem Grund wegen Verletzung einer Vertragspflicht ist der ergebnislose Ablauf einer zur Abhilfe gesetzten **Frist** (§ 314 Abs. 2 BGB). Nach § 314 Abs. 1 BGB wäre eine Fristsetzung nur dann entbehrlich, wenn die Vertragsfortsetzung aus sonstigen Gründen unzumutbar geworden wäre.

Die außerordentliche Kündigung kann auf die noch nicht erbrachte Bauleistung beschränkt werden mit der Folge, dass das Grundstück mit dem vorhandenen Bauwerk vom Bauträger zu übereignen ist.

[2058] Gesetz zur Änderung sachenrechtlicher Vorschriften vom 22. 6. 1977, BGBl. I S. 1000; vgl. dazu BGH v. 21. 11. 1985, NJW 1986, 925 (927).
[2059] KG v. 22. 12. 1998, BauR 2000, 114; vgl. zum neuen Schuldrecht *Voit*, BauR 2002, 1776.
[2060] Eingehend *Vogel* in Koeble/Grziwotz, Teil 4, Rdn. 394 f.
[2061] *Sienz*, BauR 2002, 181 (194 f.).
[2062] BT-Drs. 14/6040, S. 177: § 314 RE „verdrängt" § 323 RE.
[2063] Vgl. *Kniffka*, ibr-online-Kommentar (Stand: 26. 5. 2009), § 649 BGB, Rdn. 7.
[2064] *Voit*, BauR 2002, 1776 (1783); *Palandt/Sprau*, § 649 Rdn. 10; *Kniffka*, ibr-online-Kommentar (Stand: 26. 5. 2009), § 649 BGB, Rdn. 6, 14; *Sienz*, BauR 2002, 181 (194 f.); a.A. *Vogel* in Koeble/Grziwotz, Teil 4, Rdn. 394 f; *Boldt*, NZBau 2002, 655.
[2065] BGH v. 12. 2. 2003, BauR 2003, 880; KG v. 22. 12. 1998, BauR 2000, 114.
[2066] Anders zur Kündigung eines Baubetreuungsvertrages OLG München vom 11. 3. 1986, BauR 1988, 605.

VII. Haftung für Mängel der Bauleistung

Dem Bauträger steht sodann eine dem Wert des Grundstücks und der erbrachten Bauleistungen entsprechende **anteilige Vergütung** zu. Sofern im Bauträgervertrag eine Aufteilung der Gesamtvergütung für das Grundstück und die Bauleistungen verbindlich und nicht nur zu steuerlichen Zwecken[2067] erfolgt ist, ist der vereinbarte Grundstücksanteil maßgeblich[2068]. Die Abrechnung der Bauleistung ist wie bei einem gekündigten Pauschalpreisbauvertrag vorzunehmen[2069], vgl. oben Rdn. 254 f. Etwaige Rückzahlungsansprüche des Erwerbers aufgrund bereits geleisteter Überzahlungen stehen weiter unter dem Schutz der MaBV. Deshalb kann der Erwerber Zahlungen, die über die Raten des Zahlungsplans nach § 3 Abs. 2 MaBV hinaus gehen, auch nach einer Kündigung aus wichtigem Grund zurückverlangen[2070].

Die Kündigung des Bauträgervertrages aus wichtigem Grund ist aber – ausgenommen bei der Errichtung von Einfamilienhäusern und Reihenhäusern – aus einem weiteren Grund problematisch: Insbesondere bei der Errichtung von Eigentumswohnungen in Wohnanlagen erscheint es rechtlich und praktisch unmöglich, etwa dem einen Wohnungseigentümer, der zur Kündigung aus wichtigem Grund berechtigt sein mag, ein Kündigungsrecht zuzubilligen mit der Folge, dass er das Objekt mit eigenem Personal zu Ende führen kann, während andere Wohnungseigentümer entweder ein solches Kündigungsrecht nicht besitzen oder aber davon keinen Gebrauch machen. Deshalb kann eine Kündigung des Bauträgervertrags aus wichtigem Grund nur nach einem vorangegangenem **Mehrheitsbeschluss sämtlicher Erwerber** erklärt werden, wenn die Fertigstellung des Sondereigentums anderer Erwerber von einer isoliert ausgesprochenen Kündigung berührt würde[2071]. Dagegen kann nicht gefordert werden, dass sämtliche Erwerber zur außerordentlichen Kündigung berechtigt sein müssen. Für diejenigen Erwerber, die von der Vertragsuntreue des Bauträgers nicht oder nicht so gravierend tangiert werden, muss die Beendigung des Bauträgervertrages zumutbar sein und ihnen dürfen durch die Kündigung keine erheblichen Nachteile entstehen. Für sie würde eine mehrheitlich ausgesprochene fristlose Kündigung immerhin ein gravierender Eingriff in die eigenen Vertragsbeziehungen darstellen. Die Situation ist derjenigen beim steckengebliebenen Bau vergleichbar bzw. muss – von den Anforderungen her gesehen – vergleichbar sein. Zur Beschlussfassung der werdenden Eigentümergemeinschaft über Belange des Gemeinschaftseigentums[2072] vgl. Rdn. 977, 892. Die Frage nach einer gemeinsamen Entscheidung der Erwerber stellt sich dann nicht, wenn durch die Kündigung eines Erwerbers die Fertigstellung des Gemeinschaftseigentums nicht gefährdet ist, weil der Bauträger die Arbeiten fortsetzt und der kündigende Erwerber dies hinnimmt. Für diesen Fall wird der dem kündigenden Erwerber dadurch entstehende Vorteil (ersparte Beauftragung eines Drittunternehmers) bei der Abrechnung der Vergütung auszugleichen sein[2073].

756

5. Objektveräußerung und Abtretung von Mängelansprüchen

a) Haftung des Verkäufers

Auf die Veräußerung eines vom Bauträger errichteten Objekts von einem Ersterwerber an einen Zweiterwerber findet grundsätzlich Kaufvertragsrecht Anwen-

757

[2067] *Kniffka,* ibr-online-Kommentar (Stand: 26. 5. 2009), § 649 BGB, Rdn. 16.
[2068] KG v. 22. 12. 1998, BauR 2000, 114.
[2069] KG v. 22. 12. 1998, BauR 2000, 114.
[2070] OLG Frankfurt v. 11. 9. 2009, MittBayNot 2010,124 = IBR 2010, 457 *(Vogel).*
[2071] Vgl. *Vogel* in Koeble/Grziwotz, Teil 4, Rdn. 408 zum Teilrücktritt; a.A. *Basty,* Rdn. 1139, der eine Kündigung durch einen Wohnungserwerber und die Fertigstellung des Objekts durch den Bauträger für die anderen Erwerber für möglich hält, dabei aber das Interesse des kündigenden Erwerbers an einer einheitlichen Fertigstellung durch einen anderen Unternehmer übersieht.
[2072] Vgl. dazu *Pause,* NJW 1993, 553.
[2073] Offen gelassen von *Kniffka,* ibr-online-Kommentar (Stand: 26. 5. 2009), § 649 BGB, Rdn. 17.

dung[2074]. Die Mängelhaftung richtet sich deshalb selbst dann nach Kaufvertragsrecht, wenn ein Objekt aus zweiter Hand gekauft wird, das noch nicht bewohnt war[2075], solange vom Veräußerer keine Bauverpflichtung eingegangen wird. Demgemäß kann der Verkäufer die Haftung für Mängel im Rahmen der gesetzlichen Vorschriften (§§ 305 ff., 309 Nr. 8 b aa BGB) beschränken. Das soll dann anders zu beurteilen sein, wenn im Vertrag geregelt ist, dass es sich um den „Erstbezug durch den Käufer" handelt. Unter dieser Voraussetzung soll der Kauf dem Erwerb vom Bauträger gleichstehen, weshalb auf den Vertrag Werkvertragsrecht anzuwenden und der Gewährleistungsausschluss unwirksam sei[2076]. Es ist aber zweifelhaft, ob allein mit dem Hinweis, es handele sich um eine Erstbezug, die werkvertragliche Haftung begründet werden kann. Bei der Beurteilung des Vertrages dürfte weit schwerer der Umstand wiegen, dass vom Verkäufer keine Herstellungsverpflichtung eingegangen wird.

Bei einer Veräußerung an einen Zweit- oder Dritterwerber muss sich der Verkäufer die Kenntnis des Wohnungseigentumsverwalters über Mängel am Gemeinschaftseigentum, die der Verwalter z. B. durch eine behördliche Mängelbeseitigungsaufforderung erhalten hat, nicht zurechnen lassen[2077].

b) Ansprüche des Verkäufers (Ersterwerbers) gegen den Bauträger

758 Sofern der Ersterwerber die Wohnung bzw. das Haus an einen Zweiterwerber veräußert und seine gegen den Bauträger gerichteten Mängelansprüche nicht an diesen abgetreten hat, stellt sich die Frage, ob und in welchem Umfang der Ersterwerber Ansprüche wegen Mängeln gegenüber dem Bauträger selbst (weiter) verfolgen kann. Die Veräußerung des mangelhaften Objekts soll der weiteren Verfolgung des **Anspruchs auf Nacherfüllung** entgegenstehen[2078], da der durch die Nacherfüllung beabsichtigte Rechtsgüterschutz nicht mehr erreicht werden kann. Für einen Anspruch auf Ersatz der Selbstvornahmekosten sei kein Raum mehr, weshalb er mit der Veräußerung untergehe. Der Erwerber soll sodann nur noch den bei der Veräußerung erlittenen mängelbedingten Mindererlös als Schadensersatz (§ 251 BGB) geltend machen können[2079]. Diese Auffassung lehnt sich an die ähnliche Rechtsprechung der BGH zu (deliktischen) Schadensersatzansprüchen an, bei denen § 249 BGB, also die Naturalrestitution, Grundlage der Schadensberechnung ist[2080]. Dagegen steht eine Veräußerung des Objekts der weiteren Geltendmachung des Schadensersatzanspruchs nach §§ 634, 636 BGB wegen der Besonderheiten des werkvertraglichen Anspruchs nicht entgegen[2081].

Die Rechtsprechung zum Nacherfüllungsanspruch überzeugt nicht. Durch die Veräußerung der Wohnung bzw. des Grundstücks wird eine Nacherfüllung weder rechtlich noch tatsächlich unmöglich oder sonst wie ausgeschlossen. Das gilt sowohl für den

---

[2074] BGH v. 6. 6. 1986, NJW 1986, 282; BGH v. 7. 5. 1987, NJW 1988, 490; BGH v. 23. 6. 1989, NJW 1989, 2534; dazu eingehend *Sturmberg*, NJW 1989, 1832.
[2075] OLG Celle v. 26. 6. 1996, NJW-RR 1996, 1416.
[2076] OLG Saarbrücken v. 5. 4. 2006, IBR 2006 (*Thode*).
[2077] BGH v. 27. 9. 2002, NJW 2003, 589.
[2078] OLG Köln v. 18. 6. 1993, NJW-RR 1993, 1367, zu Ersatzvornahmekosten nach § 13 Abs. 5 Nr. 2 VOB/B. Vgl. auch *Jagenburg*, NJW 1994, 2864 (2874); *ders.*, NJW 1995, 91 (94); anders im Grundsatz OLG Düsseldorf v. 29. 4. 2004, BauR 2004, 1630 für den Vorschussanspruch.
[2079] Vgl. OLG Koblenz v. 18. 10. 1990, NJW-RR 1991, 847 zum Schaden des Zweiterwerbers beim Kauf einer mangelhaften und von der Eigentümergemeinschaft noch zu sanierenden Wohnung (der Schaden besteht nicht in den anteiligen Sanierungskosten, sondern im Minderwert – Unterschied zwischen Markt- und Vertragspreis).
[2080] BGH v. 5. 3. 1993, NJW 1993, 1793; BGH v. 4. 5. 2001, NZBau 2001, 493.
[2081] BGH v. 22. 7. 2004, NZBau 2004, 610; BGH v. 6. 11. 1986, NJW 1987, 645; OLG Düsseldorf v. 29. 1. 1999, NJW-RR 1999, 960 = BauR 1999, 789 LS; ähnlich für den kaufvertraglichen Schadensersatzanspruch nach § 463 BGB a. F. BGH v. 10. 6. 1998, NJW 1998, 2905.

VII. Haftung für Mängel der Bauleistung

eigentlichen Nacherfüllungsanspruch wie auch für den Anspruch auf Aufwendungsersatz (der bereits erfolgten Mängelbeseitigung) bzw. den Vorschussanspruch (für eine beabsichtigte Mängelbeseitigung). Der Rechtsgüterschutz bezieht sich bei der Nacherfüllung nicht auf das (veräußerte) Eigentum, sondern auf den vertraglich übernommenen Leistungserfolg – in wessen Eigentum das Objekt auch immer steht[2082].

c) Ansprüche des Erwerbers gegen den Bauträger – Abtretung der Mängelansprüche vom Erst- an den Zweiterwerber

Mangels vertragsrechtlicher Beziehungen zum Bauträger stehen dem Zweiterwerber **759** gegen den Bauträger keine eigenen Ansprüche zu; das gilt trotz der Zugehörigkeit zur Wohnungseigentümergemeinschaft auch für Mängel am Gemeinschaftseigentum.

Die Mängelansprüche sind jedoch übertragbar; der Ersterwerber kann die Mängelansprüche seinem Käufer im Wege der **Abtretung** übertragen[2083]. Das gilt für den Nacherfüllungsanspruch[2084], den Schadensersatzanspruch und auch für die Minderung[2085]. Von der Abtretung der Mängelrechte nicht umfasst sind jedoch die den Bestand des Erwerbsvertrages berührenden Rechte, nämlich der Rücktritt und der große Schadensersatz[2086]. Der Ersterwerber kann gegenüber dem Bauträger auch weiterhin die Einrede des nichterfüllten Vertrages, also das Leistungsverweigerungsrecht nach § 320 BGB geltend machen[2087].

Sofern die Verjährungsfrist für die Mängelansprüche noch vor der Abtretung gehemmt oder unterbrochen wurde, wirkt dies auch für den Zweiterwerber; er erwirbt die Forderung in dem Rechtszustand, den sie beim Zedenten hatte[2088].

Soweit die Mängelansprüche aus dem Bauträgervertrag den Zweit- und späteren **760** Nacherwerbern nicht ausdrücklich im Kaufvertrag oder wenigstens nachträglich (formlos) abgetreten worden sind, kommt auch eine stillschweigende Übertragung auf den Erwerber in Betracht[2089]. Bringt der Verkäufer nicht seine entgegengesetzte Absicht zum Ausdruck[2090], kann davon ausgegangen werden, dass er nach der Veräußerung selbst keine Ansprüche mehr gegen den Bauträger geltend machen will, sondern diese – ebenso wie alle anderen mit der Wohnung zusammenhängenden Rechte – mitveräußert sein sollen. Dies umso mehr, als beim Verkäufer verbliebene Mängelansprüche wenig wert sind, da die übrigen Erwerber wegen Mängeln am Gemeinschaftseigentum auf einer Mängelbeseitigung bestehen und dadurch die individuelle Verfolgung von Minderungs- und Schadensersatzansprüchen ohnehin konterkarieren können. Nach der Rechtsprechung des BGH ist im Regelfall zu vermuten, dass der Zweiterwerber vom Ersterwerber jedenfalls stillschweigend dazu ermächtigt wurde, Zahlungen für die Mängelbeseitigung – im entschiedenen Fall: Kostenvorschussanspruch – an die Wohnungseigentümergemeinschaft verlangen zu können[2091]. Der BGH hat außerdem entschieden, dass dann, wenn ein Objekt unter Ausschluss jeglicher Mängelhaftung weiter veräußert wird – wie dies beim Zweiterwerb von Bauträgerobjekten regelmäßig der Fall ist –, dieser Veräußerungsvertrag

---

[2082] Eingehend *Hochstein,* FS Heiermann, S. 121 ff.
[2083] BGH v. 4. 5. 2001, NZBau 2001, 493; BGH v. 17. 1. 2002, BauR 2002, 779.
[2084] BGH v. 24. 10. 1985, NJW 1986, 713.
[2085] BGH v. 11. 7. 1985, NJW 1985, 2822.
[2086] *Kleine-Möller/Merl,* § 15 Rdn. 562.
[2087] BGH v. 26. 7. 2007, NZBau 2007, 639 = BauR 2007, 1727.
[2088] OLG Köln v. 25. 6. 1997, BauR 1999, 259.
[2089] BayObLG v. 30. 8. 1989, WuM 1990, 178 (180), zur Übertragung von gegen den Verwalter gerichteten Schadensersatzansprüchen auf den Erwerber; a. A. *Müller,* WE 1995, 106, (110), ablehnend auch *Staudinger/Bub,* § 21 WEG, Rdn. 257.
[2090] Vgl. dazu OLG Frankfurt v. 6. 12. 1990, NJW-RR 1991, 665.
[2091] BGH v. 19. 12. 1996, NJW 1997, 2173.

B. Der Bauträgererwerb

dann, wenn sich von den Parteien nicht vorhergesehene erhebliche Risiken zeigen (Bodenkontamination), ergänzend dahin auszulegen sein kann, dass die Abtretung der gegen den Bauträger gerichteten Mängelansprüche vereinbart ist[2092]. Allerdings kann daraus nicht der allgemeine Grundsatz abgeleitet werden, dass beim Ausschluss der Gewährleistung regelmäßig eine ausfüllungsbedürftige Regelungslücke in Bezug auf die Abtretung der Mängelansprüche gegen den Erstverkäufer besteht[2093].

6. Wohnungseigentumsrechtliche Ansprüche anlässlich erbrachter Bauträgerleistungen

761 Beim Neubau von Bauträgerobjekten bestehen gegen den Bauträger wegen der Bauleistungen grundsätzlich nur vertragliche Mängelansprüche. Wohnungseigentumsrechtliche Ansprüche – z. B. Schadensersatzansprüche wegen Beschädigungen am Gemeinschaftseigentum oder Ansprüche auf erstmalige ordnungsgemäße Herstellung – kommen nicht in Betracht, weil die Wohnungseigentümergemeinschaft während der Ausführung der Bauleistungen noch nicht besteht und die Ausführung der Arbeiten nicht unter die typischen Tatbestände des Wohnungseigentumsgesetzes subsumiert werden kann.

762 Das verhält sich aber dann anders, wenn der Bauträger nur in einem Teil eines bestehenden Objekts, das zugleich nach den Bestimmungen des WEG in Wohnungseigentum aufgeteilt wurde, neue Wohnungen errichtet oder Sanierungsleistungen erbringt.

Dachgeschossausbauten in bestehenden Altbauten werden häufig auf diese Weise realisiert. Dabei wird dem aufteilenden Eigentümer eines Altbaus der Dachausbau durch den Einbau neuer Wohnungen gestattet. Die dafür erforderlichen Arbeiten sind fachgerecht auszuführen. Soweit Gemeinschaftseigentum betroffen ist, hat der Bauträger mit der Sorgfalt eines Beauftragten vorzugehen. Für Mängel am Gemeinschaftseigentum, die beim Dachgeschossausbau entstehen, haftet er nach den allgemeinen Vorschriften entweder im Sinne einer Garantiehaftung oder zumindest bei objektiver Pflichtverletzung nach § 280 BGB innerhalb der gesetzlichen Regelverjährung[2094].

763 Die Haftung ist jedoch auf die Person des ausbauenden Eigentümers (Bauträgers) beschränkt; spätere Nacherwerber haften nicht für Mängel des Ausbaus. Werden jedoch genehmigte Bauarbeiten für einen Dachausbau nicht vom Eigentümer, sondern vom Käufer dieser Dachgeschosseinheiten noch vor Eigentumsumschreibung ausgeführt, haftet der noch eingetragene Eigentümer für Beschädigungen des Gemeinschaftseigentums nach § 14 WEG gegenüber der Gemeinschaft auf Schadensersatz[2095].

VIII. Der Mangel des Grundstücks

1. Sach- und Rechtsmängel

a) Mangelbegriff

764 Soweit die Mangelhaftigkeit des Grundstücks in Rede steht, ist **Kaufvertragsrecht** anzuwenden[2096]. Die Mängelhaftung wegen Grundstücksmängeln richtet sich folglich nach den §§ 434 ff. BGB.

[2092] BGH v. 20. 12. 1996, NJW 1997, 652.
[2093] BGH v. 13. 2. 2004, NJW 2004, 1873; vgl. dazu *Klimke/Lehmann-Richter*, NJW 2004, 3672.
[2094] KG v. 28. 2. 2000, NZM 2000, 1012; vgl. dazu auch *Armbrüster*, ZMR 1997, 395; WE 1998, 480.
[2095] KG v. 19. 4. 2000, NJW-RR 2000, 1684.
[2096] OLG Düsseldorf v. 11. 12. 1985, NJW-RR 1986, 320; OLG Karlsruhe v. 8. 1. 1991, NJW 1991, 1836.

VIII. Der Mangel des Grundstücks

Der Mangelbegriff des modernisierten Kaufvertragsrechts knüpft – wie beim Werkvertrag – in erster Linie an die **vereinbarte Beschaffenheit** an, § 434 Abs. 1 BGB. Danach ist das Grundstück frei von Mängeln, wenn es die vereinbarte Beschaffenheit hat. Zur Beschaffenheitsvereinbarung können die das Grundstück beschreibenden Angaben im Erwerbsvertrag und in der Baubeschreibung gehören[2097]. Sofern keine Beschaffenheit vereinbart ist, besteht Mangelfreiheit, wenn sich das Grundstück für die nach dem Vertrag vorausgesetzte Verwendung eignet. Fehlen Anhaltspunkte für vertragliche Verwendungseignungen, kommt es auf die gewöhnliche Verwendung an. In Erweiterung der Tatbestandsvoraussetzungen des § 633 BGB kann für die gewöhnliche Verwendungseignung des Grundstücks auch auf **öffentliche Äußerungen** des Bauträgers oder seiner Gehilfen (Vertrieb) abgestellt werden.

765

Maßgeblicher Zeitpunkt für die Mangelfreiheit ist der **Gefahrübergang,** mangels abweichender Vereinbarungen ist das der Augenblick der Übergabe, § 446 BGB. Bei Mängeln, die nach Gefahrübergang, aber vor Übereignung entstehen, sind die Vorschriften der §§ 434 ff. BGB nicht anwendbar. Bei schuldhaftem Handeln kommt aber eine Haftung aus dem Gesichtspunkt der positiven Vertragsverletzung in Betracht[2098].

766

Das Kaufvertragsrecht kennt ebenfalls keine Eigenschaftszusicherungen mehr. Denkbar ist aber, dass der Bauträger bezüglich einzelner Beschaffenheitsmerkmale des Grundstücks eine **Garantie** abgibt und dadurch eine verschuldensunabhängige Einstandspflicht begründet (vgl. oben Rdn. 648).

767

b) Altlasten

Die Gebrauchstauglichkeit und der Wert des Grundstücks werden ganz erheblich dadurch beeinflusst wird, ob der Baugrund früher als Mülldeponie, Fabrikationsgelände mit Abraumhalden, Gerberei, Kokerei usw. benutzt wurde. Vor allem geht es darum, ob vorhandene gesundheitsgefährdende Stoffe – wie Schwermetalle, chemische Rückstände usw. – ordnungsgemäß beseitigt wurden.

768

Es stellt einen Mangel des Grundstücks dar, wenn es mit **gesundheitsgefährdenden Schadstoffen** belastet ist[2099]. Das gilt etwa für den vom OLG Karlsruhe entschiedenen Sachverhalt[2100]. Dort hat der Erwerber einen – allerdings verjährten – Mangelanspruch deshalb geltend gemacht, weil der Grund (des zur Eigentumswohnung gehörigen Sondernutzungsrechts) nach seinen Angaben bis zum Jahre 1954 als Erzwäscherei genutzt wurde. In diesem Gewerbebetrieb sind mit Schwermetallen versetzte Produktionsrückstände angefallen und auf Halden gelagert worden. Derartige **Altlasten** stellen einen Mangel dar, weil sich das Grundstück nicht zu der vertraglich vorausgesetzten Verwendung eignet, § 434 BGB. Allein die Existenz derartiger Altlasten stellt einen Mangel dar[2101]. Es kommt nicht darauf an, ob sie bei der Veräußerung oder bei der Übergabe bekannt sind oder behördlicherseits jemals die Beseitigung solcher Schadstoffbelastungen verlangt wird[2102]. Schon der Verdacht auf Altlasten kann

769

[2097] *Palandt/Weidekaff,* § 434 Rdn. 13 f.
[2098] OLG Düsseldorf v. 9. 11. 1998, NJW-RR 1999, 929; zu Haftungsausschlüssen für Mängel, die zu diesem Zeitpunkt entstehen, vgl. OLG Hamm v. 28. 1. 1999, DNotZ 1999, 273 = MittBayNot 2000, 33 (LS) m. Anm. *Weigl.*
[2099] OLG Düsseldorf v. 21. 8. 1996, NJW 1996, 3284; OLG München v. 21. 4. 1994, NJW 1995, 2566; *Knoche,* NJW 1995, 1985.
[2100] OLG Karlsruhe v. 8. 1. 1991, NJW 1991, 1836; vgl. *Brych,* BauR 1992, 167 (169); vgl. aber *Grziwotz,* MittBayNot 1990, 282 (291), nach dessen Auffassung die kaufvertragliche Gewährleistung auf die Altlastenproblematik nicht passt.
[2101] BGH v. 12. 7. 1991, NJW 1991, 2900.
[2102] A. A. LG Bochum v. 13. 4. 1988, BB 1989, 651 m. Anm. *Reuter.* Vgl. zur Zustandshaftung des Grundstückseigentümers für Altlasten VGH Baden-Württemberg v. 4. 8. 1995, BB 1996, 392; *Knopp,* BB 1996, 389.

einen Mangel darstellen[2103]. Hat der Bauträger Kenntnis davon, dass das Grundstück früher als wilde Müllkippe benutzt wurde und verschweigt er dem Erwerber diese Tatsache, so liegt Arglist i. S. v. § 438 Abs. 3 BGB vor[2104].

770 Der Bauträger wird sich im Erwerbsvertrag für Mängel des Grundstücks, insbesondere auch für etwaige Altlasten, im gesetzlich zulässigen Umfang freizeichnen[2105], dazu unten im einzelnen Rdn. 832. Eine einschränkungslose **Freizeichnung** des Bauträgers in Bezug auf Altlasten ist jedoch unwirksam. Jeder Bauherr wird, wenn er für die Durchführung eines Bauvorhabens einen Baugrund erwirbt, Untersuchungen über die Qualität des Baugrundes durchführen. Das gilt für die Bodengüte, aber auch für etwaige Kontaminationen. Zu solchen Untersuchungen ist der Bauträger als Bauherr des zu errichtenden Objekts ebenfalls verpflichtet[2106]. Dabei handelt es sich um vertraglich geschuldete Planungsleistungen. Er darf sie nicht etwa deshalb unterlassen, weil seine Gutgläubigkeit dadurch beseitigt würde und bei rechtstreuem Verhalten ggf. kostenintensive Entsorgungsmaßnahmen nötig würden, ja im Einzelfall eine Baumaßnahme sogar unterbleiben müsste. Eine Freizeichnung für Grundstücksmängel einschließlich Altlasten entbindet den Bauträger nicht von den dargestellten Untersuchungspflichten (Planungsleistungen). Die Erfüllung dieser Verpflichtung, für die er im Rahmen seiner Herstellungsverpflichtung nach §§ 633 ff. BGB einzustehen hat, erlaubt es erst, sich im Übrigen (z. B. für gleichwohl unerkannt gebliebene Altlasten) freizuzeichnen.

c) Bebaubarkeit

771 Die **fehlende Bebaubarkeit** des Grundstücks kann – anders als beim isolierten Erwerb eines Baugrundstücks[2107] – nicht zu einem Fehler der Grundstücks führen. Der Bauträger schuldet die vertragsgemäße Errichtung eines Gebäudes (unter Verwendung des Grundstücks). Ist er dazu wegen der nicht gegebenen Bebaubarkeit des Grundstücks nicht in der Lage – etwa infolge der verweigerten Baugenehmigung oder unüberwindbarer (technischer) Gründungsschwierigkeiten –, so richten sich die Rechtsfolgen nach den allgemeinen Vorschriften. Kann nur mit Abstrichen gebaut werden, handelt es sich ebenfalls nicht um einen Mangel des Grundstücks, sondern um einen solchen der Bauleistung.

d) Nachbarbebauung, Grundstückslage

772 Grundsätzlich haftet der Bauträger für die Lage des Baugrundstücks, dessen Umgebung und die zukünftige Nachbarbebauung nicht[2108]. Das kann aber dann anders liegen, wenn in Lageplänen oder Prospektmaterial **Beschaffenheitsangaben in Bezug auf die Lage des Objekts** enthalten sind. Der Bauträger haftet für Abweichungen von der von ihm für die Nachbarschaft angekündigten (mäßigen) Bebauung mit Reihenhäusern, wenn statt dessen zweieinhalbgeschossige Mehrfamilienhäuser errichtet werden[2109]. Ent-

---

[2103] OLG München v. 3. 4. 1998, NJW-RR 1999, 455; OLG München v. 21. 4. 1994, NJW 1995, 2566; OLG Düsseldorf v. 21. 8. 1996, NJW 1996, 3284. Vgl. auch zur Anfechtung nach § 123 BGB und zur Aufklärungspflicht des Verkäufers BGH v. 20. 10. 2000, NJW 2001, 64; eingehend *Müggenborg*, NJW 2005, 2810.
[2104] BGH v. 12. 7. 1991, NJW 1991, 2900; BGH v. 3. 3. 1995, NJW 1995, 1549; OLG Düsseldorf v. 21. 8. 1996, NJW 1996, 3284, zu § 463 S. 2 BGB a. F.
[2105] Vgl. *Pape*, NJW 1994, 409 (412).
[2106] Insoweit a. A. *Basty*, Rdn. 1103.
[2107] Vgl. OLG Karlsruhe v. 30. 4. 1986, NJW-RR 1986, 1204; nach BGH v. 4. 6. 1982, ZfBR 1982, 204, kann die aus dem örtlichen Bauplanungsrecht folgende Verpflichtung, als Straßenland ausgewiesenes Gelände an die Gemeinde zu veräußern, einen Rechtsmangel darstellen.
[2108] Vgl. *Koeble*, Rechtshandbuch Immobilien, Kap. 20 Rdn. 20.
[2109] LG Hannover v. 30. 12. 1985, NJW-RR 1986, 320; OLG Köln v. 14. 11. 1994, NJW-RR 1995, 531, zu Lärmimmissionen.

VIII. Der Mangel des Grundstücks

sprechendes muss gelten, wenn eine besondere Aussicht – z. B. ungehinderter Blick auf das Wattenmeer – versprochen wird und diese Aussicht hernach nicht besteht. Der BGH hat auch in einem solchen Fall einen Grundstücksmangel angenommen[2110].

Unabhängig davon besteht eine Aufklärungspflicht des Bauträgers über ihm bekannte zukünftige Baumaßnahmen in der Nachbarschaft des Vertragsobjekts, von denen er bei Vertragsschluss bereits Kenntnis hat[2111]. **773**

e) Grundstücksmindermaß

Nach § 434 Abs. 3 BGB steht es einem Sachmangel gleich, wenn eine zu geringe Menge geliefert wird. Angaben zur **Grundstücksgröße** stellen Mengenangaben i. S. v. § 434 Abs. 3 BGB dar[2112]. **774**

Enthält der Bauträgervertrag über die Errichtung eines **Reihenhauses** oder eines **Einfamilienhauses** eine Angabe zur Größe des Grundstücks, liegt darin regelmäßig zugleich eine Beschaffenheitsangabe. Die Grundstücksgröße spielt bei Hausobjekten eine entscheidende Rolle, „da der Grundstückswert eines zu Wohnzwecken bebauten Grundstücks erfahrungsgemäß nicht nur von dem Wohnwert, sondern auch von der Grundstücksflächengröße entscheidend mitbestimmt wird"[2113]. Ergeben sich aus dem Bauträgervertrag Angaben zur Grundstücksgröße und weicht die tatsächliche Grundstücksgröße davon ab, so kommt einer Haftung nach § 437 BGB in Betracht. **775**

Ca.-Angaben stehen einer Beschaffenheitsangabe nicht entgegen[2114]; allerdings werden bei ihnen geringfügige Abweichungen im Rahmen üblicher Toleranzen hingenommen (vgl. oben Rdn. 677). **776**

Ein Ausschluss der Mängelhaftung für die Grundstücksgröße ist jedenfalls dann zulässig, wenn das Grundstück bei Vertragsschluss vermessen ist und die Grundstücksgröße im Vertrag lediglich vom Notar als Grundbuchinhalt wiedergegeben wird[2115]. **778**

Ist die Flächenangabe Inhalt einer Garantie, kann sich der Bauträger aber nicht auf einen vereinbarten **Haftungsausschluss** berufen, § 444 BGB[2116]. Allerdings liegt nicht schon in jeder einfachen Flächenangabe eine Garantie[2117], vgl. Rdn. 648. Falls die Grundstücksgröße garantiert wurde, ist die Rechtsposition des Erwerbers derjenigen vor der Schuldrechtsmodernisierung angenähert, denn früher war die Grundstücksgröße regelmäßig als zugesicherte Eigenschaft angesehen worden mit der Folge, dass Haftungsausschlüsse nach § 11 Nr. 11 AGBG unwirksam waren.

Zum Teil wird angenommen, dass eine ca.-Angabe das Vertrauen in eine weitestgehende Genauigkeit der Angabe erweckt und dann im Ausschluss der Haftung ein Verstoß gegen Treu und Glauben liegt[2118].

[2110] BGH v. 17. 9. 1971, WM 1971, 1382. Das OLG Köln geht bei vergleichbarem Sachverhalt – wohl treffender – von einer positiven Vertragsverletzung aus, vgl. *Jagenburg*, NJW 1981, 2395.
[2111] Vgl. *Koeble*, Rechtshandbuch Immobilien, Kap. 20 Rdn. 20.
[2112] Wenn das zu vermessende Grundstück im Plan eindeutig definiert ist und davon abweichend eine im Plan dargestellte gewisse Teilfläche nicht geliefert wird (und wegen anderweitiger Veräußerung auch nicht mehr verschafft werden kann), kommt ein Schadensersatzanspruch nach den allgemeinen Vorschriften in Betracht (OLG Düsseldorf v. 31. 5. 1995, NJW-RR 1996, 82 zu §§ 325, 433 Abs. 1 Satz 1 BGB a. F. wegen teilweiser Nichterfüllung). Im Gegensatz dazu ist das Grundstück bei Beschaffenheitsvereinbarungen entsprechend den im Plan eingezeichneten Grenzen maßstabsgerecht gebildet worden – es hat nur nicht die im Vertrag genannte Größe (BGH v. 27. 4. 1984, WM 1984, 941 zur Eigenschaftszusicherung).
[2113] BGH v. 14. 7. 1978, WM 1978, 1291; BGH v. 27. 4. 1984, WM 1984, 941 (942).
[2114] BGH v. 22. 11. 1985, NJW 1986, 920; OLG Düsseldorf v. 8. 5. 2000, BauR 2000, 1758 = MDR 2000, 1310 = ZflR 2000, 528, beide Entscheidungen zur Zusicherung i. S. v. § 468 BGB a. F.
[2115] *Basty*, Rdn. 1102.
[2116] Vgl. *Palandt/Weidenkaff*, § 444 Rdn. 12.
[2117] *Basty*, Rdn. 1100.
[2118] OLG Düsseldorf v. 8. 5. 2000, BauR 2000, 1758 = MDR 2000, 1310 = ZflR 2000, 528.

B. Der Bauträgererwerb

779 Beim Erwerb einer **Eigentumswohnung** spielt die Grundstücksgröße eine geringere Rolle. Der Wert einer Wohnung wird – anders als bei einem Reihen- oder einem frei stehenden Einfamilienhaus – weit weniger durch die Grundstücksgröße beeinflusst. Beim Wohnungseigentum steht die Größe der Wohnfläche im Vordergrund. Deshalb bestehen hier gegen den Haftungsausschluss für die Grundstückgröße grundsätzlich keine Bedenken. Außerdem wird man hier bei ca.-Angaben die Toleranzgrenze, innerhalb derer eine Flächenabweichung als geringfügig zu bezeichnen ist, bei etwa 3% ansetzen können. Erst beim Überschreiten dieser Grenze würden, sollte die Haftung nicht wirksam ausgeschlossen worden sein, den Erwerbern Mängelansprüche zustehen.

780 Gehört allerdings zur Eigentumswohnung ein **Sondernutzungsrecht** an einer – mit Flächenangabe veräußerten – **Gartenfläche,** sind Mindermaße wie beim Reihen- bzw. Einfamilienhaus zu behandeln; für etwaige Sondernutzungsrechte an Terrassen und Freisitzen gelten die Ausführungen zum Wohnflächenmindermaß (Rdn. 675), da sie (insoweit) der Wohnung zuzurechnen sind.

f) Grundstücksübermaß

781 Ist das Grundstück größer, als im Vertrag bestimmt, stellt dies keinen Mangel, sondern eine Zuviellieferung dar[2119]. Der Bauträger ist jedoch nicht berechtigt, für die zusätzliche Fläche eine weitere Vergütung zu verlangen; dem steht die Festpreisabrede entgegen. Anderes könnte nur dann gelten, wenn – unter Ausweisung eines besonderen Verrechnungspreises – das Messungsergebnis für die Abrechnung des Grundstücks zugrunde gelegt werden soll[2120].

g) Rechtsmängel

782 Sowohl beim Kauf- wie auch beim Werkvertragsrecht sind Rechtsmängel den Sachmängeln hinsichtlich der Rechtsfolgen gleichgestellt (§ 435 Satz 1 BGB). Etwaige Rechtsmängel beurteilen sich beim Bauträgererwerb nach Kaufvertragsrecht, da sie nicht an der Werkleistung, sondern am Grundstück auftreten (z.B. Belastung des Grundstücks mit einer nicht zu übernehmenden Dienstbarkeit, Belastung der Wohnung mit einem Mietvertrag)[2121].

783 Nach § 435 BGB haftet der Bauträger für die **Lastenfreiheit des Grundstücks** im Zeitpunkt des Eigentumsübergangs. Sämtliche Belastungen in Abteilung II und III des Grundbuchs müssen beseitigt sein, ausgenommen solche, die der Erwerber vertragsgemäß zu übernehmen hat. Eine im Vertrag eingeräumte Vollmacht, Dienstbarkeiten eintragen lassen zu dürfen, betrifft in dieser Form regelmäßig nur das Außenverhältnis und berechtigt nicht zu zusätzlichen, im Vertrag nicht ausdrücklich übernommen Belastungen[2122]. Die Verpflichtung nach § 435 BGB bezieht sich in den neuen Ländern auch auf außerhalb des Grundbuchs nach den Bestimmungen des ZGB entstandene und ohne Grundbucheintragung fortbestehende Rechte (z.B. Nutzungsrechte nach §§ 287 Abs. 1, 291 ZGB, Gebäudeeigentum nach §§ 312 ff. ZGB).

[2119] *Palandt/Weidenkaff,* § 434 Rdn. 53.
[2120] Dementsprechend hat das OLG München einen Nachforderungsanspruch abgelehnt, da das Grundstück mit zu errichtendem Gebäude „ohne Rücksicht auf das Messungsergebnis" veräußert worden war, Urteil v. 27. 2. 1973, DB 1973, 1743.
[2121] *Kniffka,* ibr-online-Kommentar (Stand: 26. 5. 2009), § 633 BGB, Rdn. 57; auch *Mundt,* NZBau 2003, 73 (78); a.A. *Thode,* NZBau 2003, 297 (303); *Vorwerk,* BauR 2003, 1 (7).
[2122] BGH v. 4. 3. 2004, NJW 2004, 1865.

VIII. Der Mangel des Grundstücks

Ein Rechtsmangel kann auch darin liegen, dass ein allein von der Wohnung des Erwerbers aus erreichbarer Raum (Dachspitz) weder als Sondereigentum noch als Sondernutzungsrecht ausgestaltet wurde, also die alleinige Nutzung nicht gesichert ist[2123]. Als Rechtsmangel kommen auch Festsetzungen eines Bebauungsplans in Betracht, wenn eine öffentlich-rechtliche Körperschaft die Übertragung des Eigentums an bestimmten Flächen verlangen kann[2124]. Kein Rechtsmangel soll dagegen in der fehlenden Zweckentfremdungsgenehmigung liegen[2125]. **784**

Zu den Rechten Dritter i.S.v. § 435 BGB gehören vor allem **dingliche Rechte**, nicht aber öffentliche Lasten i.S.v. § 436 BGB (dazu oben Rdn. 466) und Baulasten. Neben den dinglichen Rechten kann auch ein **Mietverhältnis,** auf das sich der Mieter gegenüber dem Käufer nach § 566 BGB berufen kann, einen Rechtsmangel darstellen[2126]. **785**

Bei Rechtsmängeln treten ohne weiteres die **Rechtsfolgen** der §§ 437 ff. BGB ein[2127]. **786**

2. Mängelansprüche

a) Nacherfüllung

Durch die Schuldrechtsmodernisierung wurde das Kaufvertragsrecht geändert. Es wurde dem Werkvertragsrecht insofern angeglichen, als nun ebenfalls als vorrangiges Käuferrecht der Nacherfüllungsanspruch geltend gemacht werden muss. Der Käufer kann als Nacherfüllung entweder die Beseitigung des Mangels (Nachbesserung) oder die Neulieferung verlangen; das Recht zur Wahl zwischen diesen Möglichkeiten steht dabei – anders als beim Werkvertrag – dem Käufer zu, §§ 437, 439 Abs. 1 BGB. Ist die gewählte Art der Nacherfüllung unmöglich, unverhältnismäßig teuer oder unzumutbar, richtet sich der Anspruch des Käufers auf die andere Art (§ 439 Abs. 3 BGB). Ist auch die andere Art der Nacherfüllung unmöglich, unverhältnismäßig teuer oder unzumutbar, so ist der Käufer auf Rücktritt, Minderung und ggf. auf Schadensersatz beschränkt[2128]. **787**

Diese Grundsätze gelten auch im Verhältnis zwischen Erwerber und Bauträger wegen Mängeln am Grundstück.

b) Rücktritt

Der Käufer kann bei einem Mangel statt der Nacherfüllung vom Vertrag zurücktreten (§ 437 i.V.m. §§ 440, 323, 326 BGB). Voraussetzung für den Rücktritt ist der Ablauf einer angemessenen Frist zur Nacherfüllung, die Verweigerung einer Nacherfüllung oder das Fehlschlagen der Nachbesserung; die Nachbesserung gilt in der Regel mit dem zweiten Versuch als fehlgeschlagen, § 440 BGB. **788**

Wegen unerheblicher Pflichtverletzungen, was unwesentlichen Mängel gleichsteht, kann der Käufer nicht zurücktreten, § 323 Abs. 5 Satz 2 BGB. Das ist z.B. bei einer nur geringen Abweichung der geschuldeten Grundstücksfläche der Fall. **789**

Durch den erklärten Rücktritt entfällt das Wahlrecht zwischen Rücktritt und Minderung[2129]. **790**

[2123] BGH v. 28. 2. 1997, NJW 1997, 1778; OLG Düsseldorf v. 30. 10. 1996, MittBayNot 1998, 178.
[2124] OLG Köln v. 1. 7. 1998, MittBayNot 1999, 59.
[2125] OLG Düsseldorf v. 29. 3. 1995, NJW-RR 1996, 1353.
[2126] BGH v. 25. 10. 1991, NJW-RR 1992, 201.
[2127] *Palandt/Weidenkaff,* § 435 Rdn. 18.
[2128] *Palandt/Weidenkaff,* § 439 Rdn. 20.
[2129] *Palandt/Weidenkaff,* § 437 Rdn. 27.

c) Minderung

791   Voraussetzung für die Minderung ist wie beim Rücktritt eine erfolglos abgelaufene Frist zur Nacherfüllung, es sei denn sie ist – wie dort – entbehrlich. Die Minderung ist nach der Schuldrechtsmodernisierung ein Gestaltungsrecht (der Käufer mindert „durch Erklärung", § 441 Abs. 1 BGB). Die Bagatellgrenze, die beim Rücktritt zu beachten ist (§ 323 Abs. 5 Satz 2 BGB), gilt für die Minderung nicht; sie kann auch wegen unwesentlicher Mängel beansprucht werden. Das Wahlrecht darf noch nicht erloschen sein.

792   Die Berechnung der Minderung erfolgt nach § 441 Abs. 3 BGB, nämlich nach der Relation des Wertes der mangelfreien Sache zum Wert der Sache mit Mangel; ggf. erfolgt die Minderung durch Schätzung, § 441 Abs. 3 BGB.

Sind auf einer Seite mehrere Personen beteiligt, kann die Minderung nur von allen gegenüber allen erklärt werden, § 441 Abs. 2 BGB.

d) Schadensersatz

793   Der Käufer hat wegen eines Mangels Schadensersatzansprüche nach dem Allgemeinen Schuldrecht und nicht nur – wie nach altem Recht – wegen fehlender zugesicherter Eigenschaften oder arglistiger Täuschung. Nach § 437 Nr. 3 BGB kann Schadensersatz unter den allgemeinen Voraussetzungen der §§ 440, 280, 281 BGB verlangt werden:

794   Wegen des **Mangelschadens** (Minderwert oder Mängelbeseitigungskosten) – er besteht z. B. im Minderwert des Objekts, im Reparaturaufwand, in entgangener Nutzung, in entgangenem Gewinn – kann Schadensersatz in dieser Höhe verlangt werden. Voraussetzung ist die verschuldet mangelhafte Sache als Pflichtverletzung (§ 280 BGB) und der erfolglose Ablauf einer Frist zur Nacherfüllung (§ 281 Abs. 1 Satz 1 BGB). Es kann auch der (große) Schadensersatz statt der Leistung verlangt werden (Rückabwicklung mit Ersatz der zusätzlich entstandenen Aufwendungen); zusätzliche Voraussetzung hierfür ist aber, dass die Pflichtverletzung (der Mangel) nicht unerheblich ist (§ 281 Abs. 1 Satz 3 BGB).

795   Ein **Mangelfolgeschaden** kann nach § 280 Abs. 1 Satz 1 BGB (ohne Fristsetzung) ersetzt verlangt werden, sofern der Verkäufer den Schaden zu vertreten hat (§ 276 BGB).

Nach § 284 BGB kann auch der **Ersatz vergeblicher Aufwendungen** anstelle von Schadensersatz verlangt werden.

796   Schadensersatzansprüche werden durch den Rücktritt vom Vertrag nicht ausgeschlossen (§ 325 BGB).

IX. Verjährung der Mängelansprüche

1. Ansprüche wegen Baumängeln

797   Folge des werkvertraglichen Charakters der Herstellungsverpflichtung und der daran anknüpfenden Sachmängelhaftung ist schließlich die Anwendung der werkvertraglichen Verjährungsfrist des § 634a BGB auf die Mängelansprüche[2130]. Die werkvertrag-

---

[2130] BGH v. 16. 4. 1973, NJW 1973, 1235.

IX. Verjährung der Mängelansprüche

liche Verjährungsfrist gilt für die Objekte, die vom Bauträger neu zu errichten sind, sie gilt aber gleichermaßen für schon im Bau befindliche oder bereits (neu) hergestellte Wohnungen und Gebäude[2131], also immer dann, wenn die Leistungen des Bauträgers nach Werkvertragsrecht zu beurteilen sind. Dabei kommt es auf den Umfang der zu erbringenden Bauleistungen nicht an; soweit Mängel an geschuldeten Bauleistungen bestehen, richtet sich die Verjährung nach Werkvertragsrecht[2132].

Die Verjährungsfrist für Mängelansprüche wegen Baumängeln ist trotz der durchgreifenden Änderungen des Verjährungsrechts im Grundsatz unverändert geblieben. Sie beträgt nach § 634a Abs. 1 Nr. 2 BGB für die Ansprüche wegen Nacherfüllung, Selbstvornahme, Schadensersatz und Aufwendungsersatz **fünf Jahre.**

Diese Frist gilt gemäß § 634a Abs. 4 und 5 i.V.m. § 218 BGB auch für die Gestaltungsrechte, nämlich die Minderung und den Rücktritt. Beim Rücktritt kommt es gem. § 218 Abs. 1 Satz 1 BGB darauf an, dass der Rücktritt erklärt wird, bevor der – hypothetische – Nacherfüllungsanspruch verjährt[2133]. Auf die gerichtliche Geltendmachung des aus dem Rücktritt entstandenen Rückgewährschuldverhältnisses innerhalb dieser Frist kommt es nicht an. Dieser Anspruch unterliegt einer eigenen Verjährungsfrist; er verjährt in der regelmäßigen Verjährungsfrist der §§ 195, 199 BGB und könnte – sofern der Rücktritt rechtzeitig erklärt wurde – auch nach Ablauf der Frist des § 634a BGB noch geltend gemacht werden[2134]. Gleiches gilt für die Minderung (§ 643a Abs. 5 i.V.m. § 218 Abs. 1 BGB).

Da die Herstellungsverpflichtung des Bauträgers auf einem einheitlichen Vertrag beruht, beziehen sich sämtliche Ansprüche auf ein **Bauwerk.** Dies gilt auch für solchen Leistungen, die bei isolierter Beauftragung als sonstige Werkleistungen i.S.v. § 634a Abs. 1 Nr. 3 BGB zu werten wären, beispielsweise die Herstellung der Außenanlagen. Eine Differenzierung der Verjährungsfrist nach Gewerken erfolgt nicht[2135]. **798**

Auch die Mängelansprüche wegen der **Sanierung von Altbauten** beurteilen sich nach Werkvertragsrecht und unterliegen deshalb der Verjährung des § 634a BGB. Bei Altbausanierungen kann es aber zweifelhaft sein, welche der Alternativen des § 634a Abs. 1 BGB einschlägig ist, ob es sich also um **Arbeiten an einem Bauwerk** handelt (die Verjährungsfrist beträgt dann fünf Jahre, § 634a Abs. 1 Nr. 2 BGB) oder ob es sich um ein Werk handelt, dessen Erfolg in der Herstellung, Wartung oder Veränderung einer Sache (samt dazugehöriger Planungsleistungen) besteht (die Verjährungsfrist beträgt dann nur zwei Jahre, § 634a Abs. 1 Nr. 1 BGB). **799**

Werden von einem Malerbetrieb umfassende Malerarbeiten u.a. an der Fassade sowie im Treppenhaus, Keller und Wohnbereich eines Hauses übernommen, so liegt darin eine die Bausubstanz des Hauses schützende und erhaltende Maßnahme, die nach Umfang und Bedeutung Neubauarbeiten durchaus vergleichbar ist. Der BGH nahm bei diesem Sachverhalt deshalb zur alten Rechtslage Arbeiten „bei einem Bauwerk" an, kam also zur fünfjährigen Gewährleistungsfrist[2136]. Ebenso wurde die

---

[2131] BGH v. 4. 12. 1975, NJW 1976, 515; BGH v. 21. 2. 1985, NJW 1985, 1551; BGH v. 29. 6. 1981, NJW 1981, 2344.
[2132] OLG Hamm v. 8. 3. 2001, BauR 2001, 1273; a. A. OLG Düsseldorf v. 18. 12. 1997, NJW-RR 1998, 1354 = MittBayNot 1998, 436, m. abl. Anm. *Westermeier*, MittBayNot 1999, 531.
[2133] BGH v. 15. 11. 2006, NJW 2007, 674, Rdn. 37 zum Kaufvertragsrecht. Vgl. für das Werkvertragsrecht *Palandt/Sprau*, § 634a Rdn. 6.
[2134] BGH v. 15. 11. 2006, NJW 2007, 674, Rdn. 37; *Palandt/Sprau*, § 634a Rdn. 6; *Palandt/Grüneberg*, § 218 Rdn. 7; *Kesseler* in Prütting/Wegen/Weinreich, § 218 BGB, Rdn. 1; a.A. *Peters*, NJW 2008, 119; *Staudinger/Peters/Jacoby* (2008), § 634a BGB, Rdn. 18.
[2135] Vgl. *Kniffka*, ibr-online-Kommentar (Stand: 26. 5. 2009), § 634a BGB, Rdn. 37; *Werner/Pastor*, Rdn. 2384; *Palandt/Sprau*, § 634a Rdn. 7.
[2136] BGH v. 16. 9. 1993, NJW 1993, 3195.

nachträgliche Montage einer Einbauküche[2137], das Auslegen einer Wohnung mit Teppichböden[2138] und die Erneuerung wesentlicher Teile der elektrischen Anlage[2139] als Arbeiten „bei einem Bauwerk" angesehen[2140]. Allerdings wurden bei der einfachen Erneuerung der Fassade zu Schönheitszwecken, bei der bloßen Erneuerung des Fensteranstrichs oder bei der Anlegung eines Dachgartens Arbeiten an einem Grundstück angenommen[2141]. Bei technischen Anlagen geht der BGH dann von Arbeiten bei Bauwerken aus, wenn sie der Errichtung des Gebäudes dienen, für das Gebäude eine Funktion haben und nicht nur im Gebäude untergebracht sind[2142].

800 Es ist nicht ersichtlich, dass der Gesetzgeber mit der Schuldrechtsmodernisierung diese Abgrenzung anders beurteilt sehen wollte[2143]. Für die Aufteilung von Altbauten bei gleichzeitiger Renovierung und Instandsetzung wird also auch nach neuem Recht immer dann von der fünfjährigen Gewährleistungsfrist des § 634a Abs. 1 Nr. 2 BGB auszugehen sein, wenn diese Arbeiten eine die Substanz des Hauses schützende und erhaltende Maßnahme darstellen. Bei rein kosmetischen Schönheitsreparaturen kann es sich aber – kommen keine weiteren Leistungen hinzu – durchaus um Arbeiten am Grundstück handeln mit der Folge, dass der Veräußerer hierfür zwar nach Werkvertragsrecht haftet, aber die Mängelansprüche schon nach zwei Jahren verjähren.

801 Von der Verjährungsfrist des § 634a BGB werden sämtliche Mängelfolgen erfasst. Dazu gehören insbesondere auch die Schadensersatzansprüche wegen der **Mangelfolgeschäden**. Anders als nach früherem Recht haftet der Bauträger für die sog. entfernten Mangelfolgeschäden ebenfalls nach § 634 Nr. 4, §§ 280, 281, 283 BGB mit der Folge, dass sich die Haftungsgrundlage für sie nicht länger in der positiven Vertragsverletzung findet, für deren Verjährung § 195 BGB einschlägig wäre.

802 Eine Verlängerung der Verjährungsfrist für Mängelrechte ist möglich – und wird bei bestimmten Bauleistungen (z. B. Abdichtungen) nicht selten vereinbart. Zulässig ist auch die Verlängerung der gesetzlichen Verjährungsfrist um einen angemessenen Zeitraum im Nachunternehmervertrag zwischen Bauträger und Subunternehmer[2144]. Eine Erschwerung der Verjährung über 30 Jahre hinaus ist jedoch unwirksam, § 202 Abs. 2 BGB. Wird die Verjährungsfrist verbotswidrig verlängert, tritt an die Stelle der unzulässigen Regelung die gesetzliche Frist[2145].

2. Ansprüche wegen Grundstücksmängeln

803 Aus der Anwendung der kaufrechtlichen Regeln für den Grundstücksteil des Bauträgervertrages folgt, dass die Mängelansprüche der insoweit einschlägigen §§ 437,

---

[2137] BGH v. 15. 2. 1990, NJW-RR 1990, 787, mit dem Hinweis darauf, dass es für die Beurteilung der Gewährleistung nicht auf die sachenrechtliche Zuordnung als wesentlicher Bestandteil des Grundstücks ankommt.
[2138] BGH v. 16. 5. 1991, NJW 1991, 2486.
[2139] BGH v. 30. 3. 1978, BauR, 1978, 303; OLG Hamburg v. 29. 4. 1988, NJW-RR 1988, 1106 (nachträglich eingebaute Beschallungsanlage: ebenfalls fünf Jahre); BGH v. 20. 6. 1991, WM 1991, 1804 (Alarmanlage: mindestens ein Jahr); aber OLG Frankfurt v. 11. 5. 1988, NJW 1988, 2546 (nachträglicher Einbau einer Alarmanlage: sechs Monate).
[2140] Vgl. auch *Kleine-Möller/Merl*, § 15 Rdn. 1114; *Werner/Pastor*, Rdn. 2379.
[2141] OLG München v. 13. 2. 1990, NJW-RR 1990, 917; OLG Köln v. 7. 6. 1989, NJW-RR 1989, 1181. Das gilt auch für die Verlegung eines Hofbelags, OLG Stuttgart v. 8. 11. 1990, BauR 1991, 462; anders für die Hofpflasterung OLG Schleswig v. 19. 7. 1990, BauR 1991, 463: Arbeiten an einem Bauwerk.
[2142] BGH v. 15. 5. 1997, NJW-RR 1998, 89.
[2143] *Palandt/Sprau*, § 634a Rdn. 10.
[2144] OLG Düsseldorf v. 7. 6. 1994, NJW-RR 1994, 1298: fünf Jahre und vier Wochen.
[2145] BGH v. 3. 12. 1987, NJW 1988, 1259, zu § 225 BGB a. F.

IX. Verjährung der Mängelansprüche

439 ff. BGB nach § 438 Abs. 1 Nr. 3 BGB in **zwei Jahren** verjähren[2146]; das gilt auch für die Gestaltungsrechte, nämlich die Minderung und den Rücktritt (§ 438 Abs. 3 und 4, § 218 BGB). Diese kaufvertragliche Verjährungsfrist ist also für Mängel infolge Grundstücksminderflächen[2147], kontaminierter Böden (Altlasten)[2148], beschränkter Benutzbarkeit des Grundstücks (soweit nicht zugleich ein Planungs- oder Ausführungsfehler vorliegt)[2149] usw. einschlägig.

Die Verjährungsfrist beträgt jedoch für **Rechtsmängel** nach § 438 Abs. 1 Nr. 1 BGB **30 Jahre**. Diese Verjährungsfrist ist z.B. einschlägig, wenn das Grundstück mit einer Dienstbarkeit oder einem Grundpfandrecht belastet ist, das vom Erwerber nicht zu übernehmen ist. **804**

Auch die Verjährungsfrist des § 438 Abs. 1 Nr. 3 BGB kann durch Vertrag im Rahmen des § 202 Abs. 2 BGB verlängert, etwa derjenigen des § 634a BGB angepasst werden. **805**

3. Abkürzung der Verjährungsfrist

In Allgemeinen Geschäftsbedingungen und Formularverträgen kann die gesetzliche Verjährungsfrist des § 634a BGB nicht abgekürzt werden (§ 309 Nr. 8b ff) BGB). **806**

Zwar kann die Verjährung in Vertragsverhältnissen, für die die Geltung der **VOB/B** vereinbart wird, durch § 13 Abs. 4 VOB/B erleichtert werden, § 310 Abs. 1 Satz 2 BGB. Die VOB/B kann dem Bauträgervertrag jedoch nicht zugrunde gelegt werden (vgl. oben Rdn. 162ff.). Im Übrigen würden die kürzeren Verjährungsfristen gem. § 13 Abs. 4 VOB/B im Verbrauchervertrag einer Inhaltskontrolle gem. § 309 Nr. 8b f) BGB auch nicht stand halten. Die isolierte Vereinbarung von § 13 VOB/B war schon früher als unwirksam erkannt worden[2150]. Diese Grundsätze gelten für noch zu errichtende, schon fertiggestellte Neubauobjekte, aber auch für zu renovierende Altbauten.

Für **Verschleißteile,** bewegliche und mit vom Feuer berührte Teile, Motoren, Pumpen usw. gilt ebenfalls die gesetzliche Verjährungsfrist. Sie kann folglich für solche Baustoffe und Aggregate ebenfalls nicht abgekürzt werden (§ 309 Nr. 8b ff) BGB)[2151]. Das bedeutet jedoch nicht, dass der Bauträger fünf Jahre für die Haltbarkeit solcher Teile einzustehen, also das Verschleißrisiko zu tragen hätte. Verschleißteile, die während der Verjährungsfrist einem gewöhnlichen Verschleiß unterliegen, sind wegen dieses Verschleißes nicht mangelhaft – es handelt sich hierbei also nicht um ein Problem der Verjährungsfrist, sondern des Mangelbegriffs[2152], vgl. Rdn. 667. **807**

Dem Ziel, sich den Rückgriff auf seine Subunternehmer zu sichern, kann sich der Bauträger nicht dadurch nähern, dass er gegenüber den Erwerbern die Verjährungsfrist in unzulässiger Weise abkürzt, sondern nur dadurch, dass er mit seinen **Handwerkern** eine fünfjährige Verjährungsfrist vereinbart; das ist auch bei VOB/B-Verträgen zulässig[2153]. Unzulässig ist dagegen eine Klausel im Vertrag mit dem Handwerker, dass seine **808**

[2146] OLG Düsseldorf v. 11. 12. 1985, NJW-RR 1986, 320; OLG Karlsruhe v. 8. 1. 1991; NJW 1991, 1836; krit.: *Brych,* FS Locher, 1990, S. 1ff.; *ders.,* BauR 1992, 167.
[2147] BGH v. 27. 4. 1984, WM 1984, 941.
[2148] OLG Karlsruhe v. 8. 1. 1991, NJW 1991, 1836.
[2149] OLG Düsseldorf v. 11. 12. 1985, NJW-RR 1986, 320.
[2150] BGH v. 10. 10. 1985, NJW 1986, 315; BGH v. 29. 9. 1988, BB 1988, 2413 zur Unzulässigkeit der isolierten Vereinbarung der Gewährleistung nach § 13 VOB/B in Individualverträgen.
[2151] Zustimmend *Basty,* Rdn. 1111f.; *Blank,* Rdn. 363; *Riemenschneider* in Grziwotz/Koeble, 3. Teil, Rdn. 357. Anders aber *Brych,* ZfBR 1989, 237; *ders.,* NJW 1986, 302 (303f.) und *Grziwotz,* NJW 1989, 193 (195), die eine dem Verschleiß angepasste Gewährleistungsfrist für zulässig halten.
[2152] *Basty,* Rdn. 1111 f.
[2153] OLG Düsseldorf v. 19. 6. 1998, NJW-RR 1998, 1553 = BauR 1998, 1263; BGH v. 9. 5. 1996, NJW 1996, 2155, gestattet in einem VOB-Vertrag für Flachdacharbeiten sogar die Vereinbarung einer Frist von

Leistung erst mit der Abnahme durch den Erwerber als abgenommen gilt (und damit auch jetzt erst die Verjährung zu laufen beginnt)[2154]. Die Baustofflieferanten haften dem Bauträger nach neuem Recht nun ebenfalls fünf Jahre, § 438 Abs. 1 Nr. 2b BGB.

809 Die fünfjährige Verjährungsfrist des § 634a BGB für Baumängel kann auch nicht in **Individualverträgen** durch formelhafte Klauseln verkürzt werden; eine abweichende Vereinbarung wäre nur nach einer ausführlichen Belehrung des Notars über die einschneidenden Rechtsfolgen zulässig[2155]. Die Beurkundung einer kürzeren als der gesetzlichen Frist durch den Notar, ohne dass diese individuell ausgehandelt wäre und der Notar über die Bedeutung eindringlich über die damit verbundenen Nachteile belehrt hätte, ist unwirksam[2156]. Im Anwendungsbereich des § 310 Abs. 3 BGB gelten für Verbraucherverträge ohnehin strengere Maßstäbe.

810 Die kaufvertragliche Verjährungsfrist für das **Grundstück** (§ 438 BGB) kann, da § 309 Nr. 8 b ff) BGB insoweit nicht einschlägig ist, abgekürzt werden; regelmäßig wird die Haftung für die Beschaffenheit des Grundstücks ohnehin gänzlich ausgeschlossen. Entsprechendes gilt für **Altbauten,** sofern sie nicht renoviert oder instandgesetzt werden.

4. Lauf der Verjährungsfrist

a) Beginn der Verjährung mit Abnahme bzw. Übergabe

811 Die Verjährungsfrist für Mängelansprüche wegen **Baumängeln beginnt mit der Abnahme,** § 634a Abs. 2 BGB. Dabei muss, sofern entsprechende Teilabnahmen vereinbart sind, zwischen der Abnahme von Sonder- und Gemeinschaftseigentum unterschieden werden. Vorbehaltlich abweichender Vereinbarungen kann sich aus der individualrechtlichen Verpflichtung zur Abnahme theoretisch für jeden Erwerber eine eigene Verjährungsfrist ergeben, und zwar für jeden von ihnen nochmals differenziert nach Sonder- und Gemeinschaftseigentum. Eine Vertragsklausel, nach der die Verjährung nicht mit der Abnahme, sondern mit Übergabe zu laufen beginnt, verstößt gegen § 307 BGB; nach dem gesetzlichen Leitbild beginnt die Verjährungsfrist nicht mit der Übergabe, sondern mit der Abnahme[2157].

812 Hinsichtlich der Mängel am Grundstück berechnet sich die Verjährungsfrist nach § 438 BGB; sie beginnt bei **Grundstücken mit der Übergabe** und unabhängig von der Kenntnis des Mangels, § 438 Abs. 2 BGB. Die Übergabe ist die Besitzverschaffung[2158]. Sie kann, muss aber nicht zeitgleich mit der Abnahme erfolgen (die Abnahme kann z. B. einige Zeit nach der Besitzeinräumung bzw. Übergabe erfolgen). Das wird häufig auf das Gemeinschaftseigentum zutreffen, das mit der Übergabe (und Abnahme) des Sondereigentums ebenfalls übergeben, aber meistens nicht zugleich abgenommen wird. Deshalb kann aus dem (vielleicht schriftlich niedergelegten) Abnahmedatum nicht mit Sicherheit auf den Zeitpunkt der Übergabe (Beginn der Verjährungsfrist für Grundstücksmängel) geschlossen werden. Da mit der Übergabe der Wohnung auch

---

10 Jahren; *Kniffka/Koeble,* 6. Teil, Rdn. 101; offen gelassen BGH v. 23. 2. 1989, EWiR 1989, 419 m. Anm. *Schulze-Hagen.* Vgl. auch OLG Düsseldorf v. 7. 6. 1994, NJW-RR 1994, 1298, zur Zulässigkeit der Vereinbarung einer Frist von fünf Jahren und vier Wochen (i. Ü. aber auch zur Unwirksamkeit des Fristbeginns bei Gesamtabnahme durch den Bauherrn); a. A. aber OLG München v. 25. 1. 1994, BauR 1994, 666; *Anker/Zumschlinge,* BauR 1995, 323.

[2154] OLG Düsseldorf v. 8. 7. 1998, BauR 1999, 497.
[2155] BGH v. 17. 9. 1987, NJW 1988, 135. Vgl. auch BGH v. 29. 9. 1988, BB 1988, 2413.
[2156] OLG Celle v. 27. 5. 2004, BauR 2004, 1624.
[2157] BGH v.15. 4. 2004, NZBau 2004, 1148 = NZBau 2004, 435.
[2158] *Palandt/Weidenkaff,* § 438 Rdn. 13, 14; dabei kommt es auf den unmittelbaren Besitz an, Übergabesurrogate genügen nicht, BGH v. 24. 11. 1995, NJW 1996, 586.

IX. Verjährung der Mängelansprüche

der Besitz an der übrigen Wohnanlage eingeräumt wird, beginnt der Lauf der Verjährungsfrist bzgl. des Grundstücks zugleich mit der Besitzübergabe der Wohnung.

b) Hemmung der Verjährung

Die Tatbestände, die nach altem Recht zu einer Verlängerung der Verjährungsfrist geführt haben (Hemmung und Unterbrechung) wurden mit der Schuldrechtsmodernisierung durchgreifend geändert. Nach neuem Recht beginnt die Verjährungsfrist nur noch ausnahmsweise neu zu laufen (bei Anerkenntnissen oder Vollstreckungshandlungen), ansonsten wird die Verjährungsfrist nur noch gehemmt. 813

Die **Hemmung der Verjährung** bewirkt, dass der Zeitraum, während dessen die Verjährung gehemmt ist, in die Verjährungsfrist nicht einberechnet wird, § 209 BGB. 814
Die Voraussetzungen für die Hemmung der Verjährung ergeben sich aus den §§ 203 ff. BGB. Die wichtigsten Hemmungstatbestände sind zum einen Verhandlungen zwischen den Parteien (§ 203 BGB), zum anderen die Rechtsverfolgung (§ 204 BGB).

Nach § 203 BGB ist die Verjährung gehemmt, wenn zwischen den Parteien **Verhandlungen** über den Anspruch oder die den Anspruch begründenden Umstände schweben. Der aus dem Deliktsrecht bekannte Hemmungstatbestand wird durch § 203 BGB auf das gesamte Schuldrecht erweitert. 815
Der Begriff des Verhandelns ist weit auszulegen. Es ist nicht erforderlich, dass die Parteien den Versuch einer gütlichen Einigung vereinbaren oder Vergleichsbereitschaft signalisiert wird. Es genügt jeder Meinungsaustausch über den Anspruch oder seine tatsächlichen Grundlagen. Verhandlungen werden jedoch dann nicht geführt, wenn sie von einem Teil ausdrücklich abgelehnt werden[2159].
Die Hemmung hält so lange an, bis die eine oder die andere Seite die Fortsetzung der Verhandlungen verweigert; die Verjährung tritt jedoch frühestens drei Monate nach dem Ende der Verhandlungen ein (§ 203 Satz 2 BGB).

Die Verjährung wird außerdem durch die Rechtverfolgung gehemmt. Hier ist an erster Stelle die Hemmung durch **Klageerhebung** zu nennen, § 204 Nr. 1 BGB. Sowohl die Leistungs- wie auch die Feststellungsklage führen zur Hemmung. Auch die Vorschussklage unterbricht die Verjährungsfrist[2160], und zwar wegen der gesamten zur Mängelbeseitigung benötigten Mittel; Nachforderungen können also auch nach Verjährungseintritt erhoben werden[2161], ausgenommen den Fall, dass ausdrücklich ein Teilanspruch geltend gemacht oder Teilklage erhoben wurde[2162], vgl. im einzelnen Rdn. 721. 816
Die Verjährung wird in gleicher Weise gehemmt durch die Zustellung eines **Mahnbescheids** im gerichtlichen Mahnverfahren (§ 204 Nr. 3 BGB), die Beantragung eines **selbständigen Beweisverfahrens** (§ 204 Nr. 7 BGB, §§ 485 ff. ZPO)[2163], die Anmeldung des Anspruchs im Insolvenzverfahren (§ 204 Nr. 10 BGB) und die Aufrechnung im Prozess, (§ 204 Nr. 5 BGB). Die Streitverkündung unterbricht ebenfalls die Verjährung (§ 204 Nr. 6 BGB). Das ist vor allem für den Bauträger bei seiner Inanspruchnahme von Bedeutung; er wird gegenüber seinen Subunternehmern von dieser Möglichkeit Gebrach machen.

Derjenige, der eine Klage oder auch einen Antrag im selbständigen Beweisverfahren zum Zwecke der Verjährungshemmung einreicht, muss **Forderungsinhaber** (an- 817

[2159] *Palandt/Grüneberg*, § 203 Rdn. 2.
[2160] BGH v. 20. 2. 1986, WM 1986, 799 (800); *Palandt/Grüneberg*, § 204 Rdn. 16.
[2161] BGH v. 25. 9. 2008, NJE 2009, 60 = NZBau 2009, 120.
[2162] BGH v. 19. 11. 1987, NJW-RR 1988, 692; OLG Celle v. 14. 4. 1987, BauR 1988, 226.
[2163] Vgl. OLG Düsseldorf v. 23. 12. 2005, BauR 2006, 996; OLG Oldenburg v. 28. 2. 2006, BauR 2007, 1428, jeweils zur Verjährungshemmung bei noch vor dem 1. 1. 2002 eingeleiteten, aber erst nach dem 1. 1. 2002 abgeschlossenen Verfahren.

B. Der Bauträgererwerb

spruchsberechtigt) sein[2164]. Die Frage der Aktivlegitimation kann dann bedeutsam werden, wenn der Kläger (oder Antragsteller) nicht der unmittelbare Vertragspartner des Bauträgers, sondern ein Nacherwerber (Zweiterwerber) ist. Zur Verjährungshemmung ist es dann erforderlich, dass dem Zweiterwerber die Mängelansprüche abgetreten worden sind (Rdn. 759 f.) und die **Abtretung** offengelegt wurde. Auf die Mitteilung der Abtretung kann nur dann verzichtet werden, wenn der Forderungsübergang ohnehin bekannt ist[2165]. Das gilt sowohl für eine Klageerhebung wie auch für das selbständige Beweisverfahren. In gleicher Weise ist im Antrag auf Erlass eines Mahnbescheids deutlich zu machen, dass der Antragsteller aus abgetretenem Recht vorgeht. Wurde dem Kläger bzw. Antragsteller der Anspruch erst während des Verfahrens abgetreten, tritt die Verjährungsunterbrechung auch erst im Zeitpunkt der Zession ein, wobei es für die Unterbrechungswirkung beim selbständigen Beweisverfahren allerdings nicht auf die Kenntnis oder eine gesonderte Mitteilung der Abtretung ankommt[2166]. Auch das von einem Prozeßstandschafter eingeleitete Verfahren hemmt die Verjährung, sofern er entsprechend ermächtigt ist und dies offenbart. Das wurde für ein vom Wohnungseigentumsverwalter für die Erwerber – noch vor der Schuldrechtsmodernisierung und der WEG-Novelle – eingeleitetes selbständiges Beweisverfahren entschieden[2167]. Für die nach § 10 Abs. 6 Satz 3 WEG ermächtigte Wohnungseigentümergemeinschaft, die als gesetzliche Prozessstandschafterin tätig wird, gilt dies ohnehin.

818 Die Hemmung bezieht sich immer nur auf den oder die mit der Klage oder im selbständigen Beweisverfahren bezeichneten Mängel. Die technisch genaue und die Mangelursachen zutreffend erfassende Beschreibung eines Mangels wird dem Erwerber, ja ohne zerstörende Untersuchungen bisweilen auch dem hinzugezogenen Fachmann, kaum möglich sein. Häufig wird von den Erscheinungen eines Mangels (Feuchtigkeitsflecken) auf die tatsächlichen Ursachen (undichte, weil mangelhafte Dacheindeckung oder leckende Wasserleitung) noch gar nicht eindeutig geschlossen werden können. Nach ständiger Rechtsprechung des BGH kann der Erwerber mit einer Beschreibung der Mängelerscheinungen zugleich den Fehler, der der Werkleistung insgesamt anhaftet und der die aufgetretenen Mangelerscheinungen verursacht hat, zum Gegenstand des Verfahrens machen. Damit ist eine Beschränkung auf die in der Klage oder im Antrag konkret bezeichneten Stellen oder die vom Erwerber vermuteten Ursachen nicht verbunden; sämtliche Mangelursachen werden erfasst.

819 Diese vom BGH entwickelte **Symptomrechtsprechung**[2168] hat zur Folge, dass es für die Hemmung der Verjährung hinsichtlich des gesamten Mangels einschließlich aller Ursachen genügt, wenn (nur) die Schadstellen und die aufgetretenen Schäden beschrieben werden. Durch die Darstellung der Mangelerscheinung wird der Mangel selbst Gegenstand des Verfahrens. So hat der BGH in einer Reihe von Urteilen entschieden, dass die nur in einer Wohnung hervorgetretene und die hier gerügte Feuchtigkeit oder die an nur einer Stelle aufgetretenen und gerügten Risse keine Begrenzung

---

[2164] *Palandt/Grüneberg,* § 204 Rdn. 9.
[2165] BGH v. 4. 3. 1993, NJW 1993, 1916 m. w. N.
[2166] BGH v. 4. 3. 1993, NJW 1993, 1916.
[2167] BGH v. 24. 7. 2003, NJW 2003, 3196 = NZBau 2003, 613 = BauR 2003, 1759.
[2168] BGH v. 7. 3. 1985, ZfBR 1985, 171; BGH v. 9. 10. 1986, NJW 1987, 381; BGH v. 20. 11. 1986, NJW-RR 1987, 336; BGH v. 26. 2. 1987, NJW-RR 1987, 798; BGH v. 21. 4. 1988, ZfBR 1988, 215; BGH v. 6. 10. 1988, BB 1988, 2415; BGH v. 10. 11. 1988, BauR 1989, 54, 125 m. Anm. *Siegburg,* EWiR 1989, 125; BGH v. 23. 2. 1989, NJW-RR 1989, 667 m. Anm. *Doerry,* EWiR 1989, 559; BGH v. 20. 4. 1989, ZfBR 1989, 202; BGH v. 18. 1. 1990, NJW 1990, 1472; BGH v. 26. 3. 1992, NJW-RR 1992, 913; BGH v. 3. 7. 1997, NJW-RR 1997, 1376; BGH v. 3. 12. 1998, NJW 1999, 1330; BGH v. 14. 1. 1999, NJW-RR 1999, 813; BGH v. 28. 10. 1999, NJW-RR 2000, 309 = BauR 2000, 261; BGH v. 21. 12. 2000, NJW-RR 2001, 380.

IX. Verjährung der Mängelansprüche

auf diese bezeichneten Stellen beinhaltet[2169], sondern die in bestimmten Bereichen konkret gerügten Mängel, z. B. konstruktive Mängel der Dacheindeckung, der Dach- und Terrassenabdeckung, des gewählten Putzuntergrundes zugleich auch dieselben Mängel in anderen, nicht gerügten Bereichen erfassen[2170].

Das **Ende der Hemmung** tritt bei der Rechtverfolgung sechs Monate nach der rechtskräftigen Entscheidung oder anderweitigen Beendigung des eingeleiteten Verfahrens ein (§ 204 Abs. 2 BGB). 820

Das Beweisverfahren endet nicht mit einer gerichtlichen Entscheidung, sondern auf anderweitige Art, nämlich mit der Übermittlung des schriftlichen Sachverständigengutachtens oder mit der mündlichen Erläuterung des Gutachtens durch den Sachverständigen[2171] oder des Ablaufs einer angemessenen Frist nach der mündlichen Anhörung zur Beantragung einer ergänzenden Begutachtung[2172]. Sind mehrere Mängel unabhängig voneinander im selben Verfahren von verschiedenen Sachverständigen zu begutachten gewesen, endet das Verfahren für jeden dieser Mängel mit der Übersendung des auf ihn bezogenen Gutachtens[2173].

Unterzieht sich der Bauträger im Einverständnis mit dem Erwerber der **Prüfung** des Vorhandenseins eines Baumangels oder der Beseitigung des Mangels, so war die Verjährung nach früherem Recht so lange gehemmt, bis der Bauträger das Ergebnis seiner Prüfung mitteilt, dem Erwerber gegenüber den Mangel für beseitigt erklärt oder die weitere Beseitigung verweigert, § 639 Abs. 2 BGB a. F.[2174]. Dieser Hemmungstatbestand wurde ersatzlos aufgegeben; § 203 BGB soll den Anwendungsbereich des früheren § 639 Abs. 2 BGB voll abdecken[2175]. 821

c) Neubeginn der Verjährung

Mit der Schuldrechtsmodernisierung wurde der Begriff der Verjährungsunterbrechung aufgegeben. Das Gesetz kennt nunmehr den **Neubeginn der Verjährung**. Als Tatbestände, die zu einem Neubeginn der Verjährung führen können, kennt das Gesetz nunmehr nur noch zwei: zum einen das Anerkenntnis, zum anderen Vollstreckungshandlungen, § 212 BGB. 822

Ein **Anerkenntnis** führt zum Neubeginn der Verjährung (§ 212 BGB)[2176]. In einer bloßen „Beschwichtigung", die ohne rechtsverbindlichen Willen erfolgt, liegt jedoch noch kein Anerkenntnis[2177]. Ergibt sich jedoch aus dem Verhalten des Schuldners klar und unzweideutig, dass ihm die Schuld bewusst ist und der Berechtigte deshalb darauf vertrauen darf, dass er sich nach Verjährungseintritt hierauf nicht alsbald berufen werde, so genügt dies bereits für ein Anerkenntnis[2178]. Ein Anerkenntnis liegt z. B. vor, wenn der Handwerker sich verpflichtet, einen Mangel zu beseitigen[2179]. Der häufigste Fall eines Anerkenntnisses sind die vom Bauträger aufgenommenen Nachbesserungsarbeiten, ja schon die Zusage von Mängelbeseitigungsarbeiten genügt[2180] – insoweit übernimmt § 212 BGB ebenfalls einen Teil der Funktion des fortgefallenen § 639 Abs. 2 BGB a. F. 823

[2169] BGH v. 9. 10. 1986, NJW 1987, 381 (382); BGH v. 26. 2. 1987, BauR 1987, 443.
[2170] BGH v. 26. 2. 1987, BauR 1987, 443; BGH v. 9. 10. 1986, NJW 1987, 381.
[2171] *Kniffka/Koeble*, 2. Teil, Rdn. 142.
[2172] BGH v.24. 3. 2009, BauR 2009, 979.
[2173] BGH v. 3. 12. 1992, NJW 1993, 851.
[2174] BGH v. 18. 1. 1990, NJW 1990, 1472; vgl. zu allem *Usinger,* NJW 1982, 1021.
[2175] *Weyer,* NZBau 2002, 366.
[2176] BGH v. 18. 1. 1990, NJW 1990, 1472, zur Verjährungsunterbrechung nach altem Recht und zugleich dazu, dass die Anerkennung der Mangelerscheinung zugleich sämtliche Mangelursachen erfasst.
[2177] BGH v. 3. 12. 1987, NJW 1988, 1259 (1260).
[2178] BGH v. 3. 12. 1987, NJW 1988, 1259 (1260).
[2179] OLG Celle v. 29. 11. 2001, BauR 2003, 403; OLG Frankfurt v. 25. 8. 2008, IBR 2009, 143 (*Penzkofer*).
[2180] OLG Schleswig v. 4. 8. 1993, NJW-RR 1995, 1171; OLG Düsseldorf v. 23. 6. 1995, NJW-RR 1995, 1232: jeweils Anerkenntnis durch Ausführung von Nachbesserungsarbeiten.

824 Eine Quasiunterbrechung der Verjährung durch eine **schriftliche Mängelrüge** nach § 13 Abs. 5 VOB/B kommt beim Bauträgervertrag nicht in Betracht. Die Frage, ob ein Nachbesserungsverlangen zur Unterbrechung nach § 13 Abs. 5 VOB/B führt, taucht dann auf, wenn zur Abkürzung der Verjährungsfrist auf die Mängelhaftung nach § 13 VOB/B verwiesen oder die Geltung der gesamten VOB/B vereinbart wurde. Die vierjährige Regelfrist des § 13 Abs. 4 VOB/B kann aber im Bauträgervertrag nicht wirksam vereinbart werden (§ 309 Nr. 8 b ff) BGB)[2181]; bleibt die Frage, ob die Unwirksamkeit der Fristverkürzung die übrigen Bestimmungen des § 13 VOB/B unberührt lässt[2182] oder sie ebenfalls ergreift. § 13 Abs. 5 VOB/B stellt keine von § 13 Abs. 4 VOB/B abtrennbare Regelung dar, die trotz Unwirksamkeit der Nr. 4 weiterhin Bestand haben könnte. Bei § 13 VOB/B handelt es sich um eine einheitliche und aufeinander abgestimmte Regelung, wobei die Unterbrechung der Verjährung durch eine einfache schriftliche Rüge (Nr. 5) die immer noch kurze Regelverjährungsfrist der Nr. 4 ausgleichen soll[2183]. Sollte also in unzulässiger Weise auf die Gewährleistung der VOB/B Bezug genommen worden sein, würde dies doch nicht dazu führen, dass der Erwerber eine Unterbrechung nach § 13 Abs. 5 VOB/B herbeiführen kann.

825 Sowohl das Anerkenntnis wie auch die Vollstreckungshandlung bewirken, dass die Verjährung mit dem auf das Anerkenntnis bzw. die Vollstreckungshandlung folgenden Tag (§ 187 Abs. 1 BGB) im ganzen neu zu laufen beginnt.

Aus § 213 BGB folgt, dass der Neubeginn der Verjährung von einem der in den §§ 437, 634 BGB genannten Mängelansprüche auch den Neubeginn der anderen Ansprüche nach §§ 437, 634 BGB bewirkt.

Der Neubeginn der Verjährung kann auch während einer Hemmung eintreten[2184].

826 Ein Neubeginn der Verjährung tritt weder durch einen Beweisantrag nach § 282 ZPO[2185] noch durch eine schriftliche, wenn auch noch so nachdrückliche **Mängelrüge** oder **Mahnung** ein.

5. Verjährung bei Arglist und bei Organisationsverschulden

827 Bei arglistig verschwiegenen Baumängeln richtet sich die Verjährung gemäß § 634 a Abs. 3 BGB nach der regelmäßigen Verjährungsfrist der allgemeinen Vorschriften. Sie beträgt nach §§ 195, 199 BGB **drei Jahre** ab Kenntnis des Mangels[2186]. Die Verjährung tritt jedoch nicht vor Ablauf der fünfjährigen Verjährungsfrist des § 634 a Abs. 1 Nr. 2 BGB ein.

Entsprechendes gilt für Mängelansprüche wegen Grundstücksmängeln. Sie verjähren bei arglistig verschwiegenen Mängeln nach § 438 Abs. 3 BGB ebenfalls in drei Jahren nach den allgemeinen Vorschriften der §§ 195, 199 BGB, also ab Kenntnis.

Die dreijährige Verjährungsfrist des § 195 BGB beginnt mit dem Schluss des Jahres, in dem der Anspruch entstanden ist und Kenntnis von ihm besteht (§ 199 Abs. 1 BGB). Die Verjährung tritt jedoch ohne Rücksicht auf die Kenntnis in **zehn Jahren** ein (§ 199 Abs. 3 BGB).

828 Ein Mangel wurde mit **Arglist** verschwiegen, wenn der Bauträger im Zeitpunkt der Abnahme die Mangelfreiheit des Objekts vorspiegelt bzw. die Mangelhaftigkeit pflichtwidrig nicht offenbart, obwohl er den Mangel und seine Bedeutung für den Bestand oder

---

[2181] BGH v. 10. 10. 1985, NJW 1986, 315.
[2182] Vgl. *Brych*, NJW 1986, 302.
[2183] OLG Hamm v. 12. 2. 1993, NJW-RR 1993, 718.
[2184] BGH v. 8. 7. 1987, NJW 1988, 254.
[2185] BGH v. 12. 10. 1972, NJW 1973, 38.
[2186] Vgl. OLG Celle v. 26. 3. 2008, BauR 2009, 667, zur Umwandlung der früheren 30-jährigen Frist des § 638 BGB a. F. in die Frist des § 195 BGB.

IX. Verjährung der Mängelansprüche

die Nutzbarkeit des Objekts kennt[2187]. Kennt der Bauträger Mängel am Objekt, so verhält er sich also nur dann rechtstreu, wenn er sie offenbart. Wird das Kellergeschoss eines Hauses nicht – wie in der Baubeschreibung dargestellt – als Weiße Wanne, sondern aufgrund einer nachträglichen Planungsänderung als Schwarze Wanne mit Flächendrainage ausgeführt und wird dieser Mangel nicht spätestens bei der Abnahme offenbart, besteht Arglist[2188]. Wird der Keller bewusst planwidrig und entgegen den Hinweisen der Baubehörde ohne Abdichtung ausgeführt in der Hoffnung, es werde schon keine Grundwasserschäden geben, so liegt darin ein arglistiges Verschweigen dieser Tatsachen[2189]. Dagegen begründet nicht jede mangelhafte Ausführung eine Arglist, da es häufig am Bewusstsein einer fehlerhaften und deshalb offenbarungspflichtigen Ausführung fehlen wird[2190]. Allerdings können auch – unzutreffende – **Angaben ins Blaue hinein** den Tatbestand der Arglist erfüllen. Das ist etwa dann der Fall, wenn der Erwerber den Verdacht von Mängeln wegen sichtbarer Risse äußert und der Bauträger ihn mit der sachlich unzutreffenden Behauptung beschwichtigt, es handele sich lediglich um Schwundrisse, während tatsächlich, wovon auch er keine Kenntnis hatte, ein Baumangel vorlag[2191]. Arglist setzt nicht zusätzlich voraus, dass mit Schädigungsabsicht und Streben nach eigenem Vorteil gehandelt wird[2192]. Nur wenn dem Erwerber die Existenz der Mangelhaftigkeit positiv bekannt ist – Kennen müssen genügt nicht –, entfällt die **Offenbarungspflicht**[2193]. Die Offenbarung durch den Bauträger muss vollständig erfolgen. Es genügt nicht, auf die Verwendung eines bestimmten Baustoffs oder eine bestimmte Ausführungsart hinzuweisen, ohne zugleich die damit verbundenen erhöhten Risiken zu offenbaren.

Da der Bauträger seine Vertragsleistungen zumeist hochgradig arbeitsteilig erbringt – nicht selten betraut er einen Generalübernehmer, der seinerseits Subunternehmer beauftragt und diesen vielleicht für einzelne Gewerke die Hinzuziehung weiterer Nachunternehmer gestattet –, ist die Rechtsprechung des BGH zum sog. **Organisationsverschulden**[2194] auch für den Bauträgervertrag zu beachten[2195]. Schon bislang war anerkannt, dass sich der Bauunternehmer die Arglist solcher Mitarbeiter zurechnen lassen muss, derer er sich bei der Erfüllung gegenüber dem Besteller bedient. Diese Zurechnung fremder Arglist war aber auf die Personen beschränkt, die speziell bei der Prüfung, Ablieferung oder Abnahme des Werkes eingesetzt wurden[2196]. Mit dieser Rechtsprechung sollte verhindert werden, dass sich der Unternehmer durch eine bewusste oder unbewusste Unkenntnis seiner Offenbarungspflicht entzieht. **829**

Der BGH ist in seiner Entscheidung vom 12. 3. 1992[2197] noch einen Schritt weiter gegangen: Der Unternehmer, der ein Bauwerk arbeitsteilig herstellt, muss die organisatori- **830**

[2187] BGH v. 5. 12. 1985, NJW 1986, 980.
[2188] OLG Celle v. 26. 3. 2008, BauR 2009, 667.
[2189] BGH v. 5. 12. 1985, NJW 1986, 980; BGH v. 3. 3. 1995, NJW 1995, 1549; OLG Köln v. 14. 11. 1994, NJW-RR 1995, 531; OLG Koblenz v. 5. 12. 1996, NJW-RR 1997, 1179, zu einer von einem Behördenbescheid abweichenden Ausführung; zu den Voraussetzungen vgl. auch OLG München v. 17. 9. 1997, NJW-RR 1998, 529.
[2190] OLG München v. 19. 4. 2005, BauR 2005, 1493.
[2191] BGH v. 6. 12. 1985, NJW-RR 1986, 700, zu Angaben ins Blaue hinein bezüglich steuerlicher Abschreibungsmöglichkeiten.
[2192] BGH v. 5. 12. 1985, NJW 1986, 980.
[2193] Vgl. BGH v. 11. 5. 2001, NZBau 2001, 494; OLG Hamm v. 13. 4. 1999, BauR 2000, 736.
[2194] BGH v. 11. 10. 2007, NJW 2008, 145 m. Anm. *Kapellmann*; BGH v. 12. 3. 1992, NJW 1992, 1754 m. Anm. *Koeble*, LM H. 9/1992 § 638 BGB Nr. 77; *Kniffka*, EWiR 1992, 661; *ders.*, ZfBR 1993, 255; ablehnend *Rutkowsky*, NJW 1993, 1748; *ders.*, ZfBR 1994, 201. Im Sinne der BGH-Rechtsprechung bereits *Jagenburg*, NJW 1971, 1427; *ders.*, NJW 1993, 102 (110); *Puhle*, BauR 1999, 106. Ebenso für einen Werklieferungsvertrag über vertretbare Sachen OLG Hamm v. 10. 3. 1993, BB 1993, 1475.
[2195] OLG Frankfurt v. 17. 5. 1995, IBR 1997, 232, zum Erwerb vom Bauträger. Zustimmend *Basty*, Rdn. 1057; *Schotten* in Grziwotz/Koeble, 4. Teil, Rdn. 378; zweifelnd *Eue*, I. 30 Anm. 65 (2).
[2196] BGH v. 20. 12. 1973, NJW 1974, 553; BGH v. 15. 1. 1976, NJW 1976, 516.
[2197] NJW 1992, 1754.

B. Der Bauträgererwerb

schen Voraussetzungen schaffen, um beurteilen zu können, ob das Bauwerk bei der Abnahme mangelfrei ist. Unterlässt er dies und wären die Mängel bei richtiger Organisation entdeckt worden, so verjähren die Mängelansprüche – wie bei arglistigem Verschweigen – in der regelmäßigen Verjährungsfrist der §§ 195, 199 BGB. Auch bei dieser Rechtsprechung lässt sich der BGH von dem Gedanken leiten, dass die größere Arbeitsteiligkeit nicht in der Weise zu Lasten des Bestellers gehen darf, dass der Unternehmer wegen der geringeren Nähe zum eigentlichen Herstellungsprozess praktisch keine Mängelkenntnis haben wird, er also auch aus eigener Kenntnis nichts zu offenbaren hätte. Er darf sich nicht dumm halten; der BGH fordert also eine Organisation der Herstellung, die den Unternehmer in die Lage versetzt, selbst über etwaige Mängel informiert zu werden. Diese Forderung nach Überwachung und Prüfung betrifft nicht nur die Abnahme der Arbeiten der Subunternehmer, sondern zieht sich naturgemäß durch die gesamte Herstellungsphase und wird je nach Objekt und Schwierigkeitsgrad der auszuführenden Arbeiten unterschiedlich sein. Zur Sicherstellung einer ordnungsgemäßen Kontrolle des Herstellungsprozesses sind Stichproben durch einen Fachkundigen durchzuführen; die Überprüfungen sind zu dokumentieren[2198]. Dem Unternehmer bzw. Bauträger ist eine unzureichende Organisation seines Nachunternehmers nicht zuzurechnen. § 278 BGB findet insoweit keine Anwendung, weil es sich bei der richtigen Organisation der Bauabläufe und deren Kontrolle nicht um eine Verpflichtung gegenüber dem Auftraggeber, sondern um eine Obliegenheit handelt[2199]. Bei Leistungen, die besondere Spezialkenntnisse voraussetzen, genügt der Unternehmer bzw. Bauträger dieser Obliegenheit, wenn er den Nachunternehmer mit der erforderlichen Sorgfalt auswählt[2200].

Diese Rechtsprechungsgrundsätze gelten auch für arbeitsteilige Planungsleistungen[2201], was für die Bauträgerleistung wegen der darin enthaltenen Gesamtplanung von großer Bedeutung ist.

Der BGH hat schließlich Grundsätze über die Verteilung der **Darlegungs- und Beweislast** in Fällen des Organisationsverschuldens aufgestellt[2202]. Auch sie gelten für den Bauträgererwerb. Grundsätzlich hat zwar der Erwerber die Voraussetzungen des § 634a Abs. 3 BGB darzulegen und zu beweisen. Für die Verletzung der Organisationspflicht soll aber schon der Vortrag genügen, der Bauträger habe die Überwachung des Herstellungsprozesses nicht oder nicht richtig organisiert, so dass der Mangel nicht erkannt worden sei. Die Substantiierungspflicht ist nach der Schwere des Mangels unterschiedlich. Ein **gravierender Mangel** an besonders wichtigen Gewerken wird ebenso den Schluss auf eine mangelhafte Organisation zulassen wie ein besonders **augenfälliger Mangel** an weniger wichtigen Bauteilen. Diese Voraussetzungen sah der BGH bei dem von ihm entschiedenen Sachverhalt als gegeben an. Die für die Stabilität der Dachkonstruktion wichtige Verankerung der Pfetten in den dafür vorgesehenen Ösen war nicht gegeben, was ein ebenso bedeutsamer wie auch auffälliger Mangel war[2203]. In solchen Fällen muss der Bauträger vortragen und beweisen, dass er seinen Betrieb in einer Art organisiert hat, die die hinreichende Überwachung und Überprüfung des Herstellungsprozesses gewährleistet.

[2198] OLG Köln v. 1. 7. 1994, NJW-RR 1995, 180 = BauR 1995, 107.
[2199] BGH v. 11. 10. 2007, NJW 2008, 145 = NZBau 2008, 60, Rdn. 18, 23.
[2200] BGH v. 11. 10. 2007, NJW 2008, 145 = NZBau 2008, 60, Rdn. 26.
[2201] BGH v. 27. 11. 2008, NJW 2009, 582 = NZBau 2009,185, Rdn. 17; OLG Celle v. 31. 8. 1994, NJW-RR 1995, 1486.
[2202] BGH v. 12. 3. 1992, NJW 1992, 1754; vgl. auch OLG Oldenburg v. 15. 12. 1993, BauR 1995, 105; OLG Köln v. 1. 7. 1994, BauR 1995, 107 = NJW-RR 1995, 180.
[2203] LG Aurich v. 23. 10. 2002, BauR 2003, 743, u. a. zu einer unzureichenden Kellerabdichtung; OLG Frankfurt v. 10. 6. 1998, NJW-RR 1999, 24, zu einer Flachdachabdichtung; aber OLG Hamm v. 4. 11. 1997, NJW-RR 1999, 171: kein Organisationsverschulden bei einer Dachabdichtung; ebenso OLG Düsseldorf v. 13. 7. 2000, IBR 2001, 305, ebenfalls kein Organisationsverschulden.

6. Keine Sekundärhaftung des Bauträgers

Aufgrund seiner besonderen Vertrauensstellung ist der Architekt als Sachwalter seines Auftraggebers verpflichtet, diesen über die Ursachen sichtbar gewordener Mängel zu unterrichten. Das gilt auch dann, wenn die Mängel ihren Grund in Planungs- oder Aufsichtsfehlern des Architekten haben. Unterlässt der Architekt diesen Hinweis, liegt darin eine zum Schadensersatz verpflichtende Pflichtverletzung. Im Falle der Verjährung der Ansprüche gegen den Architekten geht der Schadensersatz dahin, dass eine Verjährung der Ansprüche als nicht eingetreten gilt[2204].

Diese Grundsätze können auf den Bauträgervertrag nicht übertragen werden[2205]. Zwar beinhaltet die Bauträgerleistung umfassende Planungsleistungen; von ihm werden sowohl die gesamte Objektplanung wie auch die Fachplanung erbracht. Allerdings hat der Bauträger keine dem Architekten vergleichbare Vertrauensstellung inne; er ist insbesondere kein Sachwalter des Erwerbers. Das wird auch daran deutlich, dass der Bauträger dem Erwerber keine Objektbetreuung schuldet.

831

X. Haftungsausschlüsse und -beschränkungen

1. Grundstücksmängel

Nach altem Recht konnte die Haftung für Mängel am Grundstück, da es sich insoweit um keine neu hergestellte Sache handelt, wirksam ausgeschlossen werden (§ 11 Nr. 10 AGBG). Auch nach neuem Recht muss der Verkäufer für die **Beschaffenheit des Grundstücks** nicht einschränkungslos haften. § 309 Nr. 8 b aa) BGB bezieht sich nur auf neu hergestellte Sachen und auf Werkleistungen. Der damit im Grundsatz gestattete Ausschluss der Haftung für gebrauchte Immobilien[2206] wird aber durch die daneben bestehenden Vorschriften überlagert. Durch die Umsetzung der Verbraucherrichtlinie bestehen zusätzliche Schranken, die dazu führen, dass die Haftung für Grundstücksmängel (und Mängel an Altbauten) nicht mehr vollständig ausgeschlossen werden kann:
– § 276 Abs. 3 BGB: Der Ausschluss der Haftung für Vorsatz ist unwirksam.
– § 444 bzw. § 639 BGB: Der Ausschluss oder die Beschränkung der Haftung bei Arglist oder für eine übernommene Garantie[2207] ist unwirksam.
– § 309 Nr. 7 a) BGB: Der Ausschluss oder die Beschränkung der Haftung für Schäden aus der Verletzung des Lebens, des Körpers oder der Gesundheit ist unwirksam.
– § 309 Nr. 7 b) BGB: Der Ausschluss oder die Begrenzung der Haftung für sonstige Schäden bei vorsätzlichen oder grobfahrlässigen Pflichtverletzungen ist unwirksam, wobei dies auch für Pflichtverletzungen von Vertretern und Erfüllungsgehilfen gilt.

Nur in diesem Rahmen, also bei Erhaltung der Haftung im genannten Umfang, ist eine Haftungsbegrenzung für das Grundstück und bei Altbausanierungen, die nicht die gesamte Bausubstanz umfassen, auch für das von der Sanierung unberührte Gebäude zulässig[2208].

Hinzu kommt, dass mit der Neufassung des § 433 BGB die **Mängelfreiheit als eine Hauptleistungspflicht** bestimmt wurde: Daraus, dass die mangelfreie Verschaf-

832

833

[2204] BGH v. 26. 10. 2006, NZBau 2007, 108, Rdn. 10 m. w. N.
[2205] OLG Schleswig v. 4. 9. 2009, NZBau 2010, 251; LG Siegen v. 12. 5. 2005, NZBau 2005, 703.
[2206] *Palandt/Grüneberg*, § 307 Rdn. 34a; § 309 Rdn. 78.
[2207] Hier ist die aus dem alten Recht bekannte Zusicherung einer Eigenschaft gemeint, vgl. BT-Drs. 14/6040, S. 240.
[2208] *Pause*, NZBau 2002, 648 (654).

B. Der Bauträgererwerb

fung der Sache in § 433 Abs. 1 Satz 2 BGB ausdrücklich normiert wurde, ergeben sich für die Möglichkeit zu Haftungsbeschränkungen bezüglich des Grundstücks und der Altbausubstanz weitere Konsequenzen: Im Unterschied zur früheren Rechtslage ist die Mangelfreiheit nunmehr eine Hauptleistungspflicht des Verkäufers[2209]. Als weitere Änderung ist zu berücksichtigen, dass Sachmängel nach neuem Recht Schadensersatzansprüche auslösen können (§ 280 BGB). Ob Schadensersatzansprüche wegen der Verletzung der Pflicht zur Verschaffung einer mangelfreien Sache in Formularverträgen abbedungen werden können, ist aber zweifelhaft.

Schon nach altem Recht durfte nach der Rechtsprechung des BGH die Haftung für (einfache) Fahrlässigkeit bei der Verletzung von wesentlichen Vertragspflichten (sog. Kardinalpflichten) nicht ausgeschlossen werden[2210]. Die Mangelfreiheit ist durch die Schuldrechtsmodernisierung nun aber selbst zu einer wesentlichen Vertragspflicht, also zu einer Kardinalpflicht erhoben worden. Deshalb ist auch ein Ausschluss des Anspruchs nach § 280 BGB für vom Verwender zu vertretende Mängel als ein Verstoß gegen § 307 Abs. 2 BGB zu werten[2211]. Der dagegen erhobene Einwand, dass aus der Wertung des § 309 Nr. 8 b aa) BGB die Zulässigkeit des Haftungsausschlusses auch für den Schadensersatzanspruch wegen einer Pflichtverletzung nach § 280 BGB gefolgert werden könne, weil das Rücktrittsrecht bei einer gebrauchten Sache ebenfalls abbedungen werden darf[2212], überzeugt nicht. Zwar verbietet § 309 Nr. 8 b aa) BGB den Haftungsausschluss im dort genannten Umfang nur bei neu hergestellten Sachen und Werkleistungen; damit wird aber nicht automatisch eine nach § 307 Abs. 2 BGB zwingend bestehende Haftung ausgeschlossen oder relativiert[2213].

834 Ansprüche wegen Schäden aufgrund eines Mangels der gebrauchten Immobilie, die der Bauträger zu vertreten hat, können demnach nicht ausgeschlossen werden. Der Bauträger haftet deshalb zum Beispiel für eine von ihm an einem Altbau fahrlässig fehlerhaft durchgeführte Hausinstallation (Reparatur einer Wasserleitung), die später zu einem (Wasser-)Schaden am Objekt führt, und zwar auch und gerade dann, wenn sie keine ausgeschriebene Bauträgerleistung darstellt, sondern ohne Vertragspflicht (Baubeschreibung) oder besondere Werbung (Prospekt) bereits früher zur Instandhaltung des Objekts durchgeführt wurde.

835 Unabhängig von den Möglichkeiten, die Haftung für das Grundstück zu beschränken, besteht die Verpflichtung, das Grundstück vor Beginn der Arbeiten auf seine Eignung für die beabsichtigte Bebauung und spätere Nutzung in tatsächlicher und rechtlicher Hinsicht zu untersuchen, und zwar als eine zur Bauverpflichtung gehörende Planungsleistung, wobei der Umfang dieser Verpflichtung vom Einzelfall abhängt[2214]. Das gilt nicht nur für die Frage, ob der Baugrund eine hinreichende Standsicherheit des Gebäudes gewährleistet, sondern vor allem auch für etwaige Altlasten, die die spätere Benutzbarkeit des Objekts oder dessen Wert beeinflussen können[2215], vgl. Rdn. 770. Bei unzureichenden Untersuchungen des Grundstücks und daraus resultierenden Mängeln haftet der Bauträger nach §§ 633 ff. BGB.

[2209] *v. Westphalen*, BB 2002, 209 (2124); *ders.*, NJW 2002, 12, 22; a. A. *Hertel*, DNotZ 2002, 6 (16).
[2210] BGH v. 26. 1. 1993, NJW-RR 1993, 560 (561); *Palandt/Grüneberg*, § 307 Rdn. 35.
[2211] *v. Westphalen*, BB 2002, 209 (2124); *ders.*, NJW 2002, 12, 22; *Heinemann*, ZfIR 2002, 167 (169); a. A. *Palandt/Grüneberg*, § 307 Rdn. 34a.
[2212] Vgl. aber *Litzenburger*, NJW 2002, 1244, 1245; im Ergebnis ebenso *Palandt/Grüneberg*, § 307 Rdn. 34a.
[2213] *Pause*, NZBau 2002, 648 (654).
[2214] *Basty*, Rdn. 1047, 1099.
[2215] *Basty*, Rdn. 1047, meint, die Bewohnbarkeit eines Objekts sei zugesicherte Eigenschaft; vgl. auch *Eue*, I. 30 Anm. 48; *Pauker*, MittBayNot, 1987, 121 (124f.). Vgl. auch *Schröder*, NZBau 201, 113, zu Altlastenklauseln bei Grundstückskaufverträgen.

2. Altbausubstanz

Bei einer durchgreifenden **Sanierung, die einem Neubau gleichkommt** – z. B. Neubau hinter historischer Fassade, Entkernung –, ist auf die gesamte Leistung Werkvertragsrecht anzuwenden (vgl. oben Rdn. 634). Es entsteht in Bezug auf das Bauwerk ein insgesamt neues Werk. Folglich sind Haftungsausschlüsse und -beschränkungen an § 309 Nr. 8b BGB zu messen – und unwirksam[2216]. Selbst in Individualvereinbarungen können Gewährleistungsausschlüsse bzw. -beschränkungen als formelhafte Haftungssausschlüsse nach § 242 BGB unwirksam sein[2217]. **836**

In der Praxis kommen jedoch auch Bauträgerangebote vor, bei denen nur in geringem Umfang renoviert und saniert wird. Hierbei handelt es sich dann nicht um eine Altbausanierung, die insgesamt einem Neubau gleichsteht, sondern nur um partielle Renovierungs- und Sanierungsarbeiten (z. B.: neuer Außenanstrich und Einbau einer neuen Heizungsanlage). Auch bei diesen **punktuellen Sanierungsleistungen** wird teilweise neu hergestellt, aber teilweise auch ein freizeichnungsfähiger unsanierter Altbau mit Grundstück verkauft[2218]. Für die übrige Altbausubstanz, für die bei punktuell übernommenen Instandsetzungsarbeiten keine Leistungen zu erbringen sind, kann deshalb die Mängelhaftung – wie für das Grundstück – ausgeschlossen werden. Für die (punktuell) zu erbringenden Bauleistungen sind Haftungsausschlüsse und -beschränkungen aber gem. § 309 Nr. 8b BGB unwirksam. **837**

Mit der Abgrenzung zwischen Werk- und Kaufvertrag (vgl. Rdn. 635) wird zugleich die maßgebliche Linie zwischen unzulässiger und erlaubter Freizeichnung markiert, denn mit der vertragsrechtlichen Einordnung wird auch über den Unterschied zwischen „neu" und „gebraucht" i. S. v. § 309 Nr. 8b BGB entschieden. Die Anwendung von Werkvertragsrecht auf eine bestimmte Leistung beinhaltet zugleich eine Neuherstellung i. S. v. § 309 Nr. 8b BGB.

Insbesondere bei nur punktuellen Leistungen ist zu berücksichtigen, dass den Bauträger über die in der Baubeschreibung positiv beschriebenen Bauleistungen hinaus zur Planung und damit auch zur Untersuchung der von den Bauleistungen berührten vorhandenen Bausubstanz verpflichtet ist (Rdn. 636). Die **Untersuchungs- und Planungspflicht** ist Bestandteil der Renovierungs- oder Sanierungsleistung. Diese Planungsleistungen und die ausdrücklich übernommenen Bauleistungen stellen eine einheitliche Werkleistung i. S. v. § 309 Nr. 8b BGB dar, weshalb die Ansprüche der §§ 634 ff. BGB auch wegen der geschuldeten Planungsleistungen nicht ausgeschlossen werden dürfen[2219]. **838**

Wenn beispielsweise nur eine (malermäßige) Renovierung der Fassade und der Einbau einer Heizanlage als abgrenzbare „punktuelle" Leistungen übernommen werden, ist eine Freizeichnung für den übrigen Altbau zwar zulässig. Für eine funktionstaugliche Ausführung ist es aber erforderlich, dass der Untergrund für den Fassadenanstrich geeignet und die beschriebene Heizanlage (die wiederverwendeten Aggregate, Leitungen oder Heizkörper) geeignet und ausreichend dimensioniert sind. Dies ist im Rahmen der ebenfalls geschuldeten Planung zu untersuchen. Denn sind die verwendeten Bauteile für

---

[2216] BGH v. 7. 5. 1987, NJW 1988, 490 (Umwandlung eines Altbaus mit Herstellungsverpflichtung); BGH v. 21. 4. 1988, NJW 1988, 1972 (Herstellung einer Eigentumswohnung in früher gewerblich genutztem Gebäudeteil); BGH v. 29. 6. 1989, NJW 1989, 2748 (Umwandlung eines Bungalows in ein Haus mit zwei Eigentumswohnungen); OLG Frankfurt v. 23. 5. 1984, NJW 1984, 2586.
[2217] BGH v. 29. 6. 1989, NJW 1989, 2748 m. w. N.
[2218] BGH v. 6. 10. 2005, NJW 2006, 214 = NZBau 2006, 113 = BauR 2006, 99, Rdn. 33; *Pause*, BauR 2000, 234 (237); *Basty*, Rdn. 1086.
[2219] Zustimmend *Basty*, Rdn. 1086; ähnlich *Glöckner*, Festschrift Craushaar, S. 349 f., der von einer Pflicht zur Sanierungsplanung ausgeht; vgl. auch *Koeble*, Kap. 26 Rdn. 42 a; *Eue*, I. 32 Anm. 24 (4).

die Erbringung der geschuldeten Leistung ungeeignet und wird dies im Zuge der Planung übersehen, wird die an ihnen erbrachte, geschuldete Leistung selbst ebenfalls mangelhaft. Deshalb haftet der Bauträger ggf. auch für die von den Bauarbeiten „berührten" und als „Vorleistungen" verwendeten Bauteile – auch sie gehören zu der Werkleistung i. S. v. § 309 Nr. 8 b BGB, auch für sie (genauso wie für die Renovierungsarbeiten selbst) kann sich der Veräußerer deshalb nicht freizeichnen.

3. Bauleistungen, neu errichtete und neu zu errichtende Gebäude

839   Der vollständige Ausschluss jeder Mängelhaftung ist im – formularmäßig vom Bauträger gestellten – Bauträgervertrag unwirksam, § 309 Nr. 8 b aa) BGB. Es entspricht gesicherter Rechtsprechung des BGH, dass eine Wohnung oder ein Gebäude nicht nur dann „neu" i. S. d. § 309 Nr. 8 b BGB ist, wenn sich der Bauträger zur (zukünftigen) Errichtung verpflichtet hat **(Bestellbau)**, sondern auch dann, wenn sich das Objekt bei Vertragsschluss bereits im Bau befindet oder sogar schon vollständig errichtet war **(Vorratsbau)**. Wohnungen oder Häuser wurden als neu betrachtet, obwohl sie zweieinhalb Jahre leer standen und erst dann verkauft wurden[2220], ein halbes Jahr als Musterhaus dienten[2221] oder (kurzzeitig) vom Veräußerer oder Erwerber benutzt worden waren[2222]. Die Frage, wie lange ein neu errichtetes Gebäude noch als neu i. S. v. § 309 Nr. 8 b BGB angesehen werden kann, hat ebenso viele Diskussionsbeiträge wie Lösungsvorschläge hervorgebracht. Nach Ablauf einer Zeitspanne von **etwa zwei Jahren** wird man eine Wohnung bzw. ein Haus jedenfalls **nicht mehr als neu** ansehen können (vgl. oben Rdn. 631). Das bedeutet, dass bei der Veräußerung innerhalb dieses Zeitraums ein genereller Ausschluss der Mängelhaftung nach § 309 Nr. 8 b BGB hier ebenso unwirksam ist, wie bei Verträgen über noch zu errichtende Objekte.

840   Dass das **Gemeinschaftseigentum** bei der Veräußerung von Eigentumswohnungen schon viel früher – wenn es durch andere Erwerber bereits eine gewisse Zeit in Gebrauch genommen worden ist – als nicht mehr neu gelten kann, könnte Haftungsbeschränkungen für das gemeinschaftliche Eigentum rechtfertigen, etwa in Form der sog. **Fristenangleichung** (vgl. Rdn. 608 f.).

841   Errichtet der Bauträger eine **Wohnanlage in mehreren Bauabschnitten** auf einem Grundstück (vgl. Rdn. 116, 612) – entsprechendes gilt für mehrere Einfamilien- oder Reihenhäuser –, wird der Bauträger versuchen, seine Haftung auf das Gemeinschaftseigentum dieses Bauabschnitts (Einfamilienhauses) zu beschränken. Eine solche Beschränkung ist dann zulässig, wenn der Erwerber von vornherein auch keinen Anspruch auf die Herstellung des Gemeinschaftseigentums anderer Bauabschnitte (anderer Einfamilienhäuser) erhält, die Mitbenutzung und die Unterhaltung des Gemeinschaftseigentums der anderen Bauabschnitte ebenso wie die Haftung für die Instandsetzung, Instandhaltung und den Wiederaufbau für die anderen Gebäude in der Teilungserklärung ausgeschlossen ist. Allein der Umstand, dass der Erwerber Miteigentum am gesamten Grundstück und den benachbarten Bauwerken erhält, rechtfertigt es nicht, ihm hierfür auch Mängelrechte zu verschaffen, wenn er hinsichtlich des übrigen Gemeinschaftseigentums auch ansonsten weder berechtigt noch verpflichtet ist[2223]. Aus all dem folgt dann auch, dass die Zuständigkeiten der Wohnungseigentümergemeinschaft hinsichtlich der Abnahme und der Mängelrechte in der Teilungser-

---

[2220] BGH v. 21. 2. 1985, NJW 1985, 1551.
[2221] BGH v. 6. 5. 1982, NJW 1982, 2243.
[2222] BGH v. 5. 4. 1979, NJW 1979, 1406; BGH v. 20. 2. 1986, WM 1986, 799; OLG München v. 8. 10. 1980, NJW 1981, 2472.
[2223] Ebenso *Basty*, Rdn. 806.

X. Haftungsausschlüsse und -beschränkungen

klärung und im Erwerbsvertrag auf den einzelnen Bauabschnitt beschränkt werden müssen.

Auch in **Individualverträgen** lässt sich die Mängelhaftung für neu errichtete, im Bau befindliche oder noch zu errichtende Objekte nur erschwert beschränken. Bei der Verwendung von formelhaften Klauseln ist ein Haftungsausschluss nach der Rechtsprechung des BGH nur dann wirksam, wenn zugleich ausführlich über die einschneidende Tragweite einer solchen Regelung belehrt wird[2224], vgl. im Einzelnen Rdn. 151 f. **842**

4. Haftungsausschluss bei gleichzeitiger Abtretung eigener Mängelansprüche

a) Subsidiaritätsklauseln

Die Verweisung des Verbrauchers auf die Vertragspartner des Verwenders ist zwar nach § 309 Nr. 8 b aa) BGB unter den im Gesetz genannten Voraussetzungen zulässig. Beim Bauträgervertrag sind derartige **Subsidiaritätsklauseln** jedoch aufgrund der Besonderheiten dieses Vertrages gemäß § 307 Abs. 2 Nr. 2 BGB unwirksam. Sie benachteiligen den Erwerber unangemessen, da durch sie der Zweck des Bauträgervertrages, nämlich die Leistungen aus einer Hand zu erhalten, (ab der Abnahme) weitgehend aufgehoben wird. Der Erwerber muss sich wegen der Mängel an verschiedene Handwerker und – soweit Planungsfehler vorliegen – ggf. auch an die beteiligten Planer werden. Das widerspricht dem Charakter des Bauträgervertrages. Überdies wird der Erwerber gezwungen, die Mangelerscheinungen auch auf ihre Ursachen hin zu untersuchen, um den verantwortlichen Unternehmer ermitteln zu können, obwohl es für eine Mängelrüge gegenüber dem Bauträger genügen würde, den Mangel dem Symptom nach zu beschreiben[2225]. **843**

Diese Rechtsprechung könnte zur Folge haben, dass sich der Nachunternehmer, der im Falle einer Insolvenz des Bauträgers vom Erwerber in Anspruch genommen wird, ebenfalls auf die Unwirksamkeit der Subsidiaritätsklausel berufen kann[2226]. Das dürfte ihn jedoch nicht aus der Verpflichtung bringen, weil die Unwirksamkeit der Subsidiaritätsklausel nicht ohne weiteres auch die – abstrakte – Abtretung erfasst. Solange der Erwerber die Ansprüche nicht an den Bauträger zurückabgetreten hat[2227], bleibt er Rechtsinhaber. Im übrigen ist es dem Nachunternehmer auch aus AGB-rechtlichen Gründen versagt, sich auf die Unwirksamkeit der Klausel zu berufen. Grundsätzlich führt eine Verletzung von § 307 BGB zwar zur Unwirksamkeit der Klausel. Von diesem Grundsatz werden von der Rechtsprechung allerdings Ausnahmen zugelassen. Sofern eine Geschäftsbedingung den Verbraucher im Einzelfall begünstigt, kann es dem Verwender verwehrt sein, sich auf die Unwirksamkeit zu berufen[2228]. Eine entsprechende Beurteilung gebietet die Interessenlage bei der Inanspruchnahme des Subunternehmers, wenn der Bauträger in eine Krise geraten ist. In diesem Fall kann sich deshalb weder der Bauträger noch der Nachunternehmer auf die Nichtigkeit der Subsidiaritätsklausel berufen. **844**

Liegt keine (wirksame) Abtretung vor, muss sich der Bauträger eine vom Subunternehmer an den Erwerber erbrachte Abgeltungszahlung gleichwohl entgegenhalten lassen; er kann sich ihm gegenüber nicht länger auf den Mangel berufen[2229].

[2224] BGH v. 8. 3. 2007, NZBau 2007, 371 = BauR 2007, 1036, Rdn. 30; BGH v. 5. 4. 1984, NJW 1984, 2094.
[2225] BGH v. 21. 3. 2002, NJW 2002, 2470 = NZBau 2002, 495 = BauR 2002, 1385.
[2226] *Pause*, NZBau 2002, 648 (654).
[2227] *Schonebeck*, BauR 2005, 934 (939).
[2228] BGH v. 4. 12. 1997, NJW-RR 1998, 594 (zur Pauschalierung der ersparte Aufwendungen beim Architektenvertrag); BGH v. 4. 12. 1986, NJW 1987, 837 (838); OLG Koblenz v. 15. 3. 2000, NZBau 2000, 562; *Palandt/Grüneberg*, vor § 307 Rdn. 7.
[2229] OLG Koblenz v. 1. 7. 1997, NJW-RR 1998, 453.

b) Sicherungsabtretung

845 Unverändert zulässig ist aber eine Vereinbarung im Bauträgervertrag, durch die dem Erwerber die dem Bauträger gegen seine Nachunternehmer, Planer und Lieferanten zustehenden Ansprüche sicherheitshalber abgetreten werden[2230], wobei dies aber ohne jede Einschränkung der Bauträgerhaftung zu erfolgen hat. Da der Anspruch gegen den Unternehmer unteilbar ist und nur einmal wirksam abgetreten werden kann, ist der Anspruch bei einer Mehrheit von Erwerbern diesen so abzutreten, dass er ihnen in Bruchteilsgemeinschaft zusteht (Mitgläubigerschaft gemäß § 432 BGB); er könnte auch an einen gemeinsamen Treuhänder (z. B. an den Wohnungseigentumsverwalter) abgetreten werden. Sofern das nicht beachtet wird, wäre nur die Abtretung an den ersten Erwerber wirksam (Grundsatz der Priorität). Die Abtretung der Ansprüche an sämtliche Erwerber ohne jede weitere Regelung – wie zumeist beurkundet – kann aber dahin ausgelegt werden, dass in Bezug auf das Gemeinschaftseigentum Mitgläubigerschaft[2231] bestehen, also jeder Erwerber einen ideellen Bruchteil an der Forderung erhalten soll. Sofern davon auszugehen wäre, dass wegen der zwingenden Grundsätze des Sachenrechts nur dem ersten Erwerber wirksam abgetreten werden kann, wäre dieser aus seiner Treuepflicht gegenüber der Wohnungseigentümergemeinschaft gehalten, die Ansprüche nur so geltend machen, dass dies auch zum Vorteil der anderen Erwerber gereicht[2232].

Die **Sicherungsabtretung der Mängelansprüche** kann in der Weise erfolgen, dass der Bauträger bis zur Aufdeckung der Zession durch den Erwerber ermächtigt (und verpflichtet) bleibt, die Ansprüche gegen die anderen Baubeteiligten selbst geltend zu machen[2233].

846 Eine **Abtretungsvereinbarung,** derzufolge der Bauträger seine Ansprüche gegen Unternehmer, Handwerker, Lieferanten und sonstige Dritte abtritt, ist im Zweifel dahin auszulegen, dass damit Ansprüche gegen den planenden oder Bauaufsicht führenden Architekten (oder Statiker) nicht erfasst sind[2234]. Eine Klausel, nach der sich die Abtretung auf „die am Bau beteiligten Unternehmen, Handwerker und sonstige Dritte" bezieht, umfasst jedoch auch die Ansprüche gegen den Architekten[2235] und alle anderen Beteiligten (z. B. Baustofflieferanten)

847 Der Abtretung der dem Bauträger zustehenden Ansprüche können Grenzen durch seine eigenen Vertragsbeziehungen gesetzt sein. Wurde zwischen Bauträger und Subunternehmer ein wirksames **Abtretungsverbot** bezüglich der Mängelansprüche vereinbart, steht dies der Abtretung entgegen (§ 399 BGB)[2236]. Der Subunternehmer des Bauträgers kann dem Erwerber außerdem sämtliche **Einwendungen** und **Einreden** entgegenhalten, § 404 BGB. Das hat vor allem für die Einrede der Verjährung Bedeutung: In den Bauverträgen mit den Subunternehmern kann die VOB/B unter Beibehaltung der vierjährigen Verjährungsfrist vereinbart sein[2237], was dazu führt, dass der

---

[2230] OLG Düsseldorf v. 1. 9. 1999, BauR 2000, 13; *Basty,* Rdn. 1079.
[2231] Ebenso *Schmitz* in Grziwotz/Koeble, 5. Teil, Rdn. 134; vgl. auch *Graßnack,* BauR 2006, 1394 (1396).
[2232] *Schmitz* in Grziwotz/Koeble, 5. Teil, Rdn. 134; *Schonebeck,* BauR 2005, 934 (940).
[2233] *Kutter,* A II Rdn. 107; *Reithmann/Meichssner/v. Heymann,* B Rdn. 64.
[2234] BGH v. 10. 7. 1980, NJW 1980, 2800; BGH v. 23. 7. 1978, NJW 1978, 1375; BGH v. 22. 12. 1977, NJW 1978, 634; OLG Hamm v. 27. 2. 1991, NJW-RR 1991, 1044.
[2235] OLG Düsseldorf v. 1. 9. 1999, BauR 2000, 13.
[2236] Man wird davon ausgehen können, dass die Abtretung auf dem Bausektor üblich geworden ist und von allen Beteiligten gebilligt wird, vgl. BGH v. 24. 10. 1985, ZfBR 1986, 21 (m. w. N.); BGH v. 11. 10. 1979, WM 1979, 1364 (1365).
[2237] Die Vereinbarung einer fünfjährigen Gewährleistungsfrist in den VOB/B-Verträgen zwischen Bauträger und Unternehmer ist wirksam; insoweit ist dem Bauträger – zu Lasten der Handwerker – eine Harmonisierung der Gewährleistungsfristen möglich, vgl. BGH v. 23. 2. 1989, NJW 1989, 1602 m. Anm. *Schulze-Hagen,* EWiR 1989, 419.

Unternehmer die Verjährung bereits einwenden kann, während der Bauträger noch haftet. Möglich ist auch, dass der Unternehmer seine weitere Leistung wegen der von ihm verlangten, aber nicht verschafften Sicherheit nach § 648a Abs. 5 BGB verweigert. Zwar sind Mängelrechte zedierbar[2238]; in aller Regel hat der Bauträger mit seinen Subunternehmern aber die Geltung der VOB/B vereinbart, weshalb der Erwerber die Ansprüche nur unter Beachtung der Vorschriften der VOB/B geltend machen kann; er kann auch insoweit nicht mehr verlangen, als dem Bauträger zusteht. Mit der Abtretung gehen aber nach § 401 BGB die Sicherheiten für die Forderung, also die Rechte aus **Gewährleistungsbürgschaften** auf den Erwerber über[2239].

Der Bauträger ist dem Erwerber zur Unterstützung verpflichtet. Der Bauträger ist gehalten, dem Erwerber mitzuteilen, welcher bzw. welche Baubeteiligten für die Behebung des Mangels zuständig sind. Er hat ihm die für die Durchsetzung der abgetretenen Ansprüche erforderlichen Unterlagen (Bauverträge, Abnahmeprotokolle usw.) auf seine Kosten herauszugeben (§ 402 BGB)[2240], über den Lauf der Verjährung zu unterrichten[2241] und den Erwerber auch sonst bei der Verfolgung der Ansprüche zu unterstützen[2242].

Während die Mängelansprüche an den Erwerber abgetreten sind, kann der Bauträger aufgrund einer entsprechenden **Ermächtigung** auch selbst vom Dritten die Mängelbeseitigung verlangen, ohne dass er sich vom Erwerber die diesem abgetretenen Ansprüche zurückabtreten lassen muss[2243]. Ohne Einzugsermächtigung und ohne Rückabtretung ist der Bauträger jedoch nicht in der Lage, Ansprüche geltend zu machen, insbesondere die Verjährung durch gerichtliche Maßnahmen zu unterbrechen[2244]. **848**

Das **Leistungsverweigerungsrecht** kann der Bauträger trotz der Abtretung der Mängelansprüche geltend machen[2245]. Bessert der Nachunternehmer des Bauträgers den Mangel nach, erfüllt er damit seine eigene Gewährleistungspflicht und zugleich die des Bauträgers gegenüber dem Erwerber. Entsprechendes gilt, wenn der Handwerker den Erwerber sonstwie zufrieden stellt (z.B. Vereinbarung einer Zahlung). **849**

5. Sonstige Haftungsbeschränkungen

Mit den vorstehend erörterten Subsidiaritätsklauseln sind Vertragsbedingungen verwandt, die dem Erwerber die Verpflichtung auferlegen, seine **Mängelrüge zunächst beim betreffenden Handwerker anzubringen,** wovon er den Bauträger durch Übersendung von Abschriften zu unterrichten hat. Dadurch wird bewirkt, dass sich der Erwerber, wenn das Bauwerk nicht von einem Generalunternehmer errichtet wurde, zunächst mit der Ermittlung des verantwortlichen Unternehmers befassen und sodann mit einer Vielzahl von Einwendungen, die häufig aus der Rechtsbeziehung zwischen Bauträger und Handwerker herrühren, auseinandersetzen muss, also die zügige Durchsetzung seiner Mängelansprüche ganz erheblich erschwert wird. Eine solche Klausel ist ebenfalls aus den vom BGH[2246] zur Subsidiaritätsklausel angestellten Erwägungen nach § 307 Abs. 2 Nr. 2 BGB unwirksam. **850**

[2238] BGH v. 11. 7. 1985, NJW 1985, 2822, zur Abtretung von Minderungsansprüchen.
[2239] BGH v. 15. 8. 2002, BauR 2002, 1849, zu einer erst nach Abtretung erteilten Bürgschaft; LG Tübingen v. 16. 8. 1985, BauR 1988, 232.
[2240] BGH v. 29. 3. 1974, NJW 1974, 1135; BGH v. 23. 2. 1978, NJW 1978, 1375; BGH v. 22. 12. 1988, NJW-RR 1989, 467.
[2241] BGH v. 22. 12. 1988, NJW-RR 1989, 467; OLG Köln v. 4. 11. 1992, NJW-RR 1993, 533.
[2242] BGH v. 13. 1. 1975, DB 1975, 682 (683).
[2243] BGH v. 8. 12. 1983, ZfBR 1984, 69; BGH v. 23. 2. 1978, NJW 1978, 1375.
[2244] OLG Köln v. 9. 3. 1995, BauR 1995, 702.
[2245] BGH v. 18. 5. 1978, DB 1978, 2312.
[2246] BGH v. 21. 3. 2002, NJW 2002, 2470 = NZBau 2002, 495 = BauR 2002, 1385.

B. Der Bauträgererwerb

851 Unwirksam ist die Begrenzung der Haftung auf **sichtbare** Mängel[2247] oder auf **alle erkennbaren Mängel**[2248].

852 Die früher häufig verwendete Klausel, nach der die Haftung auf die Mängel beschränkt wird, die im Abnahmeprotokoll aufgeführt sind – sog. **Protokollmängel** –, ist unwirksam. Sie verletzt nicht nur § 309 Nr. 8 b BGB, sondern ist darüber hinaus auch in Individualverträgen nach § 242 BGB zu beanstanden[2249].

853 Die Regelung, dass der Vertragsgegenstand als mängelfrei gilt, wenn der Erwerber den Abnahmetermin versäumt oder die Wohnung **eigenmächtig bzw. vorzeitig bezogen** hat, ist in dieser Form unwirksam, da – selbst wenn die Voraussetzungen von § 308 Nr. 5 BGB erfüllt sind – von ihr auch solche Mängel erfasst werden, die durch die Benutzung oder den vorzeitigen Bezug nicht verursacht worden sein können. Jedenfalls wird § 307 BGB verletzt.

854 Ebenfalls gegen § 309 Nr. 8 b BGB verstößt eine Vertragsbestimmung, die die Haftung des Bauträgers in den Fällen ausschließt, in denen er nicht selbst Ersatz von Dritten erlangen kann[2250]. Der **Vorbehalt der eigenen Regressmöglichkeit** würde im Übrigen zu einer vollständigen Freizeichnung hinsichtlich der vom Bauträger selbst erbrachten Leistungen führen.

855 Hinsichtlich der Mängelhaftung für **Sonderwünsche** wird auf die Rdn. 538, 549 ff. verwiesen.

6. Beschränkung auf Nacherfüllung, Ausschluss von Rücktritt und Schadensersatz

856 Die Beschränkung der Haftung auf die Nacherfüllung ist im Umfang des § 309 Nr. 8 b bb) BGB zulässig[2251]. Das bedeutet, dass im Falle des **Fehlschlagens der Nacherfüllung** das Recht auf Minderung und Rücktritt erhalten bleiben muss.

857 Das **Rücktrittsrecht** kann beim Scheitern der Nacherfüllung nicht ausgeschlossen werden, weil der Bauträgervertrag keine Bauleistung i. S. v. § 309 Nr. 8 b bb) BGB zum Inhalt hat[2252]. Die gegenteilige Auffassung[2253] überzeugt nicht: Wenn der Verwender das Rücktrittsrecht nach § 309 Nr. 8 b bb) BGB bei Bauleistungen ausschließen darf, so deshalb, weil hier Bauarbeiten auf dem Grundstück des Auftraggebers in Rede stehen, es also um einen Sachverhalt geht, bei dem § 309 Nr. 8 b bb) BGB den Ausschluss des Rücktritts wegen der damit verbundenen Schwierigkeiten – Zerstörung der auf dem Grund des Auftraggebers geschaffenen wirtschaftlichen Werte – nicht verbieten will. Dazu besteht beim Bauträgervertrag keine Veranlassung, da er ja ohne weiteres rückabgewickelt werden kann.

Auch eine Beschränkung der Rückabwicklung – gleich ob im Wege des **Rücktritts** oder des **großen Schadensersatzes** – auf Fälle, in denen der Bauträger den Mangel

---

[2247] BGH v. 17. 9. 1987, NJW 1988, 135.
[2248] BGH v. 20. 2. 1986, WM 1986, 799.
[2249] BGH v. 4. 12. 1975, NJW 1976, 515.
[2250] BGH v. 21. 5. 1987, DB 1987, 1935; BGH v. 2. 7. 1976, WM 1976, 963.
[2251] Vgl. *Weitnauer*, NJW 1980, 1100; *Koeble*, Rechtshandbuch Immobilien, Kap. 20 Rdn. 134.
[2252] BGH v. 27. 7. 2006, NJW 2006, 3275 = NZBau 2006, 706, Rdn. 40; BGH v. 28. 9. 2006, NZBau 2006, 781 = BauR 2007, 111, Rdn. 15; BGH v. 8. 11. 2001, NJW 2002, 511 = NZBau 2002, 89 = BauR 2002, 310; OLG Köln v. 9. 7. 1985, NJW 1986, 330 = BauR 1986, 219; OLG Koblenz v. 7. 4. 1995, NJW-RR 1995, 1104; OLG Stuttgart v. 7. 11. 1995, IBR 1997, 22 (BGH v. 22. 5. 1997 – VII ZR 300/95, Revision nicht angenommen); OLG Oldenburg v. 27. 4. 2004, BauR 2004, 1950; OLG Hamm v. 16. 1. 1998, NJW-RR 1998, 1031 = BauR 1998, 1119 (LS); *Brych*, ZfBR 1979, 222; *Koeble*, Kap. 20 Rdn. 134; *Palandt/Grüneberg*, § 309 Rdn. 63; *Staudinger/Bub*, § 21 WEG, Rdn. 247; *Basty*, Rdn. 1089.
[2253] *Kanzleiter*, DNotZ 1987, 651; *Grziwotz*, NJW 1989, 193 (194); *Brambring*, NJW 1978, 777 (780); *Eue*, I. 30 Anm. 50 (2); *Reithmann/Meichssner/v. Heymann*, B Rdn. 54 f.

X. Haftungsausschlüsse und -beschränkungen

mit grobem Verschulden oder vorsätzlich verursacht hat, ist unwirksam[2254]. Eine dahingehende Bestimmung würde dazu führen, dass eine Rückabwicklung auch bei wesentlichen Mängeln mit erheblichen Beeinträchtigungen ausgeschlossen wäre, wodurch eine unangemessene Benachteiligung gegeben wäre.

Eine Vertragsklausel, die die Mängelhaftung auf die Nacherfüllung beschränkt und die Minderung und den Rücktritt für das Fehlschlagen der Nacherfüllung vorsieht, wurde vom BGH aber allein schon wegen der verwendeten **Rechtsbegriffe „Minderung"** bzw. **„Wandelung"** für unzulässig angesehen[2255]. Eine solche Klausel wäre nicht ordnungsgemäß in den Vertrag miteinbezogen, da der Vertragspartner nicht in „zumutbarer Weise von den AGB Kenntnis" nehmen kann; die (gesetzlichen) Begriffe seien nicht hinreichend verständlich. Es müsste deshalb in Anlehnung an den Wortlaut von § 309 Nr. 8 b bb) BGB für Minderung „Herabsetzung der Vergütung" und – nach dem heutigem Gesetzeswortlaut – für Rücktritt „Rückgängigmachung des Vertrages" hinzu gesetzt werden[2256]. 858

7. Verjährungsfrist

Die Abkürzung der Verjährungsfristen für Mängelansprüche ist nach § 309 Nr. 8 b ff) BGB unwirksam. Wegen der Einzelheiten vgl. Rdn. 806 f. 859

8. Arglistig verschwiegene Mängel und Garantien

Vertragsbestimmungen, die die Mängelhaftung für **arglistig verschwiegene Mängel** ausschließen oder beschränken, sind unwirksam, §§ 639, 444 BGB. 860

Außerdem können die Rechte des Erwerbers nicht ausgeschlossen werden, wenn der Bauträger für die Beschaffenheit der Leistung (Grundstück oder Bauleistung) eine **Garantie** übernommen hat, §§ 444, 639 BGB. 861

9. Verschulden

Schließlich verbietet § 309 Nr. 7 b BGB in Formularverträgen Haftungsbeschränkungen und -ausschlüsse, wenn sie sich auf **grob fahrlässige** Pflichtverletzungen beziehen. 862

Unwirksam ist auch der Ausschluss der Haftung für die Verletzung von **Kardinalpflichten**[2257]. Deshalb sind Haftungsausschlüsse wegen leicht fahrlässig verursachter Mangelschäden unwirksam. In der Folge kann weder der kleine noch der große Schadensersatzanspruch wirksam abbedungen werden[2258]. Für zulässig wird dagegen die Beschränkung der Haftung auf Vorsatz und grobe Fahrlässigkeit bei entfernten Mangelfolgeschäden gehalten[2259].

10. Schiedsgutachterklauseln, Schiedsgerichtsklausel

Die Vereinbarung einer **Schiedsgutachterklausel** im Bauträgervertrag, die eine endgültige Entscheidung über das Vorliegen von Mängeln und die daraus folgenden 863

[2254] BGH v. 27. 7. 2006, NJW 2006, 3275 = NZBau 2006, 706, Rdn. 38.
[2255] BGH v. 10. 12. 1980, NJW 1981, 867; BGH v. 7. 10. 1981, NJW 1982, 331 (333); BGH v. 30. 6. 1982, NJW 1982, 2380.
[2256] *Palandt/Grüneberg*, § 309 Rdn. 63, hält den Sprachgebrauch des modernisierten BGB nicht mehr für erläuterungsbedürftig.
[2257] *Eue*, I. 30 Anm. 50 (3) m. w. N.; *Kutter*, A. II Rdn. 105.
[2258] OLG Hamm v. 16. 1. 1998, NJW-RR 1998, 1031 = BauR 1998, 1119 (LS).
[2259] *Kutter*, A. II Rdn. 105.

B. Der Bauträgererwerb

Ansprüche durch einen Sachverständigen (vorbehaltlich der §§ 317 ff. BGB) vorsieht, ist unwirksam, denn eine solche Klausel benachteiligt den Erwerber wegen der mit ihr verbundenen Risiken unangemessen (§ 307 BGB). Sie ist vor allem deshalb unannehmbar, weil die Folgen möglicher Schlechtleistung am Bau und das sich daraus ergebende Risiko einer Falschbegutachtung ungleich höher ist, als bei anderen Verträgen. Außerdem würde eine juristische Auslegung der vertraglichen Bestimmungen zur geschuldeten Bauleistung, die häufig für die Beurteilung von Mängeln nötig ist, nicht gewährleistet[2260]. Im vorstehenden Sinn hat der BGH[2261] zu einem Fertighausvertrag entschieden; entsprechendes gilt für Schiedsklauseln in Bauträgerverträgen[2262].

Ob eine **Schiedsgerichtsvereinbarung** im Verbrauchervertrag wirksam vereinbart werden kann, ist nicht geklärt. Gegen die Zulässigkeit von Schiedsvereinbarungen spricht Art. 3 Abs. 3 Klauselrichtlinie (Anhang Buchstabe q); danach darf dem Verbraucher die Möglichkeit, Rechtsbehelfe bei Gericht einzulegen oder sonstige Beschwerdemittel zu ergreifen, nicht verkürzt oder erschwert werden. Das nationale Recht ist richtlinienkonform auszulegen. Die nur beschränkte Möglichkeit zur gerichtlichen Überprüfung der schiedsgerichtlichen Entscheidung dürfte deshalb der Zulässigkeit eines Schiedsgerichts in Verbraucherverträgen entgegenstehen, weil sie den Verbraucher unangemessen benachteiligt[2263]. Der III. Zivilsenat hat eine Schiedsvereinbarung zwar unbeanstandet gelassen[2264]. Die Entscheidung hat aber die Klauselrichtlinie als Prüfungsmaßstab nicht gesehen und ist deshalb zu Recht auf erhebliche Kritik gestoßen[2265].

XI. Verletzung vor- und nebenvertraglicher Pflichten, Prospekthaftung

1. Vertragsverletzungen

a) Grundlagen

864 Es war stets anerkannt, dass das Schuldverhältnis sich nicht in der Herbeiführung des geschuldeten Leistungserfolgs erschöpft, sondern darüber hinaus von Treu und Glauben bestimmte Nebenpflichten erzeugt. Mit § 241 Abs. 2 BGB hat der Gesetzgeber diese neben den Leistungspflichten stehenden Schutzpflichten und damit die von der Lehre und Rechtsprechung entwickelten Grundsätze der positiven Vertragsverletzung kodifiziert. Das modernisierte BGB unterscheidet zwischen Leistungspflichten einerseits und **Schutz- und Rücksichtnahmepflichten** andrerseits[2266].

Sofern der Schuldner Pflichten verletzt, die nicht leistungsbezogen sind, kann der Gläubiger **Schadensersatz** verlangen. Anspruchsgrundlage sind die §§ 241 Abs. 2,

---

[2260] Vgl. OLG Hamm v. 13. 2. 2007, BauR 2008, 897 (900), wobei das Gericht die Feststellungen des Sachverständigen auf den technischen Kern beschränkt hat und es deshalb nicht auf die übrigen Feststellungen ankam.

[2261] BGH v. 10. 10. 1991, NJW 1992, 433; OLG Düsseldorf v. 16. 12. 1997, BauR 1998, 195, zur Auslegung einer Vertragsbestimmung, nach der ein Sachverständiger als Schiedsgutachter über Restarbeiten und Mängel zu entscheiden hat.

[2262] OLG Koblenz v. 15. 3. 1900, NZBau 2000, 563, konnte die Frage offen lassen, da sich der Bauträger und nicht der Erwerber auf die Unwirksamkeit der Schiedsgutachterklausel berief.

[2263] *Basty*, Rdn. 1143; *Thode*, DNotZ 2007, 404; *Vogel*, ZfIR 2007, 365; a. A. *Eue*, I. 30 Anm. 7; *Grziwotz* in Grziwotz/Koeble, 4. Teil, Rdn. 536.

[2264] BGH v. 1. 3. 2007, NZBau 2007, 298 = BauR 2007, 1039 = ZfIR 2007, 364.

[2265] *Basty*, Rdn. 1143; *Thode*, DNotZ 2007, 404; *Vogel*, ZfIR 2007, 365.

[2266] *Palandt/Ellenberger*, § 241 Rdn. 6; *Kniffka*, ibr-online-Kommentar (Stand: 26. 5. 2009), § 631 BGB, Rdn. 180.

XI. Verletzung vor- und nebenvertraglicher Pflichten, Prospekthaftung

280, 281, 282 BGB. Unter der Voraussetzung, dass ein Schuldverhältnis besteht, der Schuldner eine Pflichtverletzung begangen hat und sich nicht exkulpieren kann, kann der Gläubiger kleinen Schadensersatz verlangen (§ 280 Abs. 1 BGB). Wenn dem Gläubiger die Leistung des Schuldners nicht mehr zumutbar ist, kann er auch Schadensersatz statt der Leistung verlangen (§ 282 BGB).

Der Schadensersatzanspruch verjährt in der regelmäßigen **Verjährungsfrist** der §§ 195, 199 BGB.

Für Schäden, die ihre Ursache in Mängeln haben, gelten ab der Abnahme grundsätzlich die §§ 633 ff. BGB[2267]. Auf eine Unterscheidung zwischen Mangelschäden und Mangelfolgeschäden kommt es dabei nicht mehr an. Die Haftung nach den §§ 633 ff. BGB gilt für jeden mangelbedingten Schaden, also auch für entfernte Mangelfolgeschäden. Auf sie wurden früher die Grundsätze der positiven Vertragsverletzung – mit der 30 jährigen Verjährungsfrist des § 195 BGB a. F. – angewendet[2268].

865

Die Haftung wegen der Verletzung (nicht leistungsbezogener) Schutz- und Rücksichtnahmepflichten kommt heute bei Schäden, die nicht mit Mängeln zusammenhängen, in Betracht. Sie können insbesondere auf der Verletzung von Aufklärungs-, Beratungs- und Auskunftspflichten beruhen[2269]. Im Einzelfall kann die Abgrenzung der Leistungspflichten von den Schutzpflichten schwierig sein[2270]. Die Verletzung einer (nicht leistungsbezogenen) Schutz- und Rücksichtnahmepflicht kann auch in einer nachträglichen Veränderung des Vertragsgegenstandes liegen. Das hat der BGH[2271] für eine Änderung einer reinen Wohnanlage in eine Wohnanlage, in der nachträglich auch gewerbliches Teileigentum begründet wurde, entschieden; die Änderung der Teilungserklärung erfolgte nach Gefahrübergang bzw. nach Abnahme.

b) Schutz- und Rücksichtnahmepflichten

Der Bauträger ist verpflichtet, den Erwerber bzw. den damit beauftragten Verwalter in technische Anlagen einzuweisen, **Betriebsanleitungen** auszuhändigen, ggf. auch auf **Gefahren bei der Bedienung** oder bei dem Betrieb von Anlagen hinzuweisen. Ebenso obliegt es ihm, Auskunft über Wartungsbedarf, -umfang und -intervalle zu erteilen. Das gilt z. B. für Aufzugsanlagen, Heizung, Lüftung, elektrische Antriebe, aber auch für wartungsintensive (Lasur-)Fensteranstriche. Bezieht sich die Beratungs- und Aufklärungspflicht aber direkt auf einen Mangel oder eine Eigenschaft, von der die vertragsgemäße Verwendungsfähigkeit des Objekts bzw. der technischen Anlagen abhängt, soll die werkvertragliche Haftung Anwendung finden[2272].

866

Auch wenn dahingehendes nicht gesondert vereinbart wurde, ist der Bauträger verpflichtet, dem Erwerber die **Finanzierung** des Objekts zu ermöglichen. Diese Verpflichtung folgt beim Bauträgererwerb[2273] daraus, dass der Erwerber unter den Voraussetzungen der §§ 3 oder 7 MaBV frühzeitig zahlungspflichtig wird, während ihm der Vertragsgegenstand als Beleihungsobjekt für die eigene Finanzierung noch lange nicht zur Verfügung steht. Der Bauträger ist deshalb verpflichtet, an der Finanzierungsbeschaffung mitzuwirken, sämtliche zur Finanzierung erforderlichen Unterlagen zur Ver-

867

[2267] OLG Düsseldorf v. 9. 11. 1998, NJW-RR 1999, 929, zu Mängeln, die nach Gefahrübergang, aber vor Übereignung entstanden sind; vgl. auch OLG Hamm v. 28. 1. 1999 DNotZ 1999, 273 = MittBayNot 2000, 33 (LS) m. Anm. *Weigl*.
[2268] *Palandt/Sprau*, § 634 Rdn. 6.
[2269] *Palandt/Sprau*, § 634 Rdn. 9.
[2270] *Kniffka*, ibr-online-Kommentar (Stand: 26. 5. 2009), § 631 BGB, Rdn. 182.
[2271] BGH v. 17. 6. 2005, NZBau 2005, 587.
[2272] BGH v. 6. 6. 1984, NJW 1984, 2938; OLG München, v. 13. 2. 1990, NJW-RR 1990, 917; OLG Düsseldorf v. 25. 3. 1994, NJW-RR 1994, 1046.
[2273] Vgl. aber *Ertl*, MittBayNot 1989, 53 (61).

B. Der Bauträgererwerb

fügung zu stellen[2274], die **Bestellung der Grundpfandrechte** am Vertragsobjekt zu dulden und die Voraussetzungen für deren ranggerechte Eintragung zu schaffen[2275].

Eine allgemeine Verpflichtung zur Finanzierungsberatung besteht jedoch nicht. Ebenso wenig ist der Bauträger verpflichtet, ungefragt über die monatlichen Belastungen, die aus dem Erwerb einer Eigentumswohnung folgen, zu beraten. Er darf vielmehr davon ausgehen, dass sich der Erwerber über Art und Umfang seiner Vertragspflichten im eigenen Interesse Klarheit verschafft[2276], sich also selbst über die Notwendigkeit und den Umfang einer Finanzierung des Kaufpreises und die daraus folgenden Belastungen informiert. Werden aber diesbezügliche Fragen an den Bauträger herangetragen und verweist er nicht auf Dritte (Banken usw.), sondern erteilt er selbst Auskünfte, so müssen sie sachlich richtig sein.

868   Möchte der Erwerber **Steuervorteile** wahrnehmen und erhält der Bauträger davon Kenntnis, hat er alle Objektdaten von steuerrechtlicher Relevanz mit der erforderlichen Sorgfalt anzugeben. Er ist jedoch nicht verpflichtet, dem Erwerber den Steuerberater zu ersetzen. Für von ihm erteilte fehlerhafte Auskünfte hat er aber einzustehen.

869   Häufig wird der erste **Wohnungseigentumsverwalter** vom Bauträger in der von ihm erstellten Teilungserklärung bestimmt[2277] (vgl. Rdn. 108 f.). Dabei ist allerdings zu fordern, dass der Verwalter sorgfältig ausgewählt und der Vertrag zu angemessenen und üblichen Konditionen abgeschlossen wird. Die Bestellung eines bekanntermaßen unqualifizierten oder unzuverlässigen Verwalters stellt ebenso eine Schutzpflichtverletzung dar wie die Einräumung einer ungewöhnlich hohen Verwaltergebühr. Gerade bei der Auswahl des ersten Verwalters muss beachtet werden, dass die Übernahme eines neu errichteten Objekts – auch wegen evtl. vorhandener Mängel und wegen der Abgrenzung der Lasten- und Kostentragung gegenüber dem Bauträger – besonders schwierig ist. Möchte der Bauträger das Risiko von Pflichtverletzungen in diesem Bereich reduzieren, wird er entweder die Wahl des ersten Verwalters sogleich der (werdenden) Gemeinschaft überlassen oder einen ersten Verwalter auf eine nur kürzere Zeit (z. B. ein Jahr) bestellen.

Im Rahmen von **Sonderwünschen** können den Bauträger weitere Schutzpflichten treffen, wobei das auch dann gilt, wenn er die Ausführung des Sonderwunsches gar nicht selbst übernimmt. Gelegentlich der Gestattung einer Sonderausführung wird der Bauträger den Erwerber auch ungefragt über die technischen Rahmenbedingungen aufklären, auf geeignete Baustoffe hinweisen oder auf eine sachgerechte Ausführung aufmerksam machen müssen[2278].

870   Von den Schutz- und Rücksichtnahmepflichten zu unterscheiden ist die **Kooperationspflicht**. Sie besteht für beide Vertragsparteien bei der Abwicklung von VOB/B-Verträgen[2279], aber auch darüber hinaus beim BGB-Bauvertrag[2280]. Nach der Verpflichtung zur Kooperation müssen Auftraggeber und Auftragnehmer Meinungsverschiedenheiten über die Notwendigkeit oder die Art und Weise einer Anpassung des Bauvertrages an geänderte Umstände im Verhandlungswege beizulegen versuchen[2281]. Die sich vor allem auf §§ 1 Abs. 3, 4 und 2 Abs. 5, 6 VOB/B gründenden Änderungsmöglichkeiten

---

[2274] OLG Köln v. 29. 10. 1982, MDR 1983, 225.
[2275] *Eue,* I. 30 Anm. 34; *Knöchlein/Friedrich,* MittBayNot 1971, 134; *Brych,* DNotZ 1974, 413.
[2276] BGH v. 6. 4. 2001, NJW 2001, 2021; vgl. aber LG Berlin v. 3. 4. 1995, NJW-RR 1997, 852, das eine positive Vertragsverletzung in dem unterlassenen Hinweis darauf sieht, dass Zahlungsverpflichtungen auch dann entstehen, wenn eine Finanzierung nicht möglich ist.
[2277] BGH v. 13. 10. 2006, NJW 2007, 213 Rdn. 15 f.; BGH v. 20. 6. 2002, NJW 2002, 3240 (3244); *Drasdo,* BTR 2005, 2; *Palandt/Bassenge,* § 26 WEG, Rdn. 3.
[2278] BGH v. 25. 11. 1986, NJW-RR 1987, 664.
[2279] BGH v. 28. 10. 1999, NJW 2000, 807 = NZBau 2000,130 = BauR 2000, 409.
[2280] *Kniffka,* ibr-online-Kommentar (Stand: 26. 5. 2009), § 631 BGB, Rdn. 185.
[2281] BGH v. 28. 10. 1999, NJW 2000, 807 = NZBau 2000,130 = BauR 2000, 409.

XI. Verletzung vor- und nebenvertraglicher Pflichten, Prospekthaftung

und dort auch bereits angelegten Kooperationsgebote können auch beim Bauträgervertrag als Ausfluss des Rücksichtnahmegebots bedeutsam werden. Der Erwerber ist zwar nicht Bauherr und Auftraggeber im Sinne der zitierten Vorschriften mit den sich daraus ergebenden Einflussmöglichkeiten auf die geschuldete Bauleistung. Aber bei der Abwicklung von Sonderwünschen oder bei der Zulassung von (vertraglich zugelassenen) Ausbauleistungen vor Fertigstellung durch den Erwerber besteht auch beim Bauträgervertrag die Verpflichtung zur Kooperation. Mit der Kooperationspflicht wird im übrigen auch die Zulässigkeit der vertraglich ausbedungenen Verpflichtung zur Mitwirkung an Änderungen der Teilungserklärung begründet[2282].

c) Abgrenzung von Leistungspflichten

Schutzpflichten sind von Leistungspflichten des Bauträgervertrages, aber auch von Leistungspflichten aus selbständig neben dem Bauträgervertrag begründeten Vertragsverhältnissen abzugrenzen. Die mit dem Erwerber gesondert geschlossenen **Vereinbarungen über Finanzierungsberatung,** Finanzierungsvermittlung, möglicherweise auch über die Vermittlung eines Mieters und Verwalters sowie die spätere Übernahme der Mietverwaltung beruhen auf selbständigen Leistungspflichten, stellen unter Umständen auch selbständige Schuldverhältnisse dar. Die hierbei entstehenden Vertragspflichten beurteilen sich nach dem jeweils maßgeblichen Vertragsrecht. Bei den eingegangenen Pflichten handelt es sich um Leistungspflichten des entsprechenden Schuldverhältnisses und nicht um Schutzpflichten aufgrund des Bauträgervertrages. Werden derartige Leistungen von vornherein zusätzlich angeboten, liegt meistens eine Modellgestaltung vor (dazu Rdn. 1455). **871**

Häufig werden auch Pflichtverletzungen im Rahmen selbständig geschlossener **Beratungsverträge** vorliegen. In diesen Fällen handelt es sich ebenfalls um die Verletzung von Leistungspflichten des neben dem Bauträgervertrag bestehenden Schuldverhältnisses, nämlich des Beratungsvertrages (und nicht um Verletzung von Schutzpflichten des Bauträgervertrages). **872**

Das gilt z.B. für die durch den Makler für den Verkäufer übernommene (fehlerhafte) Beratung über objektbezogene Steuervorteile im Rahmen eines „persönlichen Berechnungsbeispiels"[2283]. Zu einem Beratungsvertrag zwischen Bauträger und Erwerber kommt es, wenn der Makler auf Kundennachfrage einen Rat erteilt oder dem Kunden ein Berechnungsbeispiel über die Kosten und die finanziellen Vorteile des Erwerbs vorlegt[2284]. Zu einem zwischen Bauträger und Erwerber abgeschlossenen Beratungsvertrag kommt es auch dann, wenn der Verkäufer die Beratung dem Makler überlässt. In diesem Fall kann sich eine stillschweigende Bevollmächtigung des Maklers zur Vertretung aus den Umständen ergeben. In gleicher Weise hat der BGH[2285] einen ähnlichen Fall entschieden. Aus diesem Urteil ergibt sich, dass der Bauträger unter Umständen für den von ihm beauftragten Makler aus Verletzung eines Beratungsvertrages nach § 278 BGB haftet. Hier hatte der vom Verkäufer beauftragte Makler ein Berechnungsbeispiel vorgelegt mit dem Hinweis, dass sich die Wohnung fast von selbst tragen werde. Der Beratungsvertrag kommt unmittelbar mit dem Verkäufer zustande, wenn der Makler bei den Vertragsverhandlungen mit dem Erwerber freie Hand hat und er mit den Vertragsverhandlungen im Wesentlichen betraut ist. Er ist dann als Erfüllungsgehilfe des Verkäufers anzusehen, für dessen Falschberatung der Verkäufer haftet.

[2282] *Basty*, Rdn. 204.
[2283] BGH v. 27.11.1998, NJW 1999, 638 = BB 1999, 177.
[2284] BGH v. 27.11.1998, NJW 1999, 638 = BB 1999, 177.
[2285] BGH v. 6.4.2001, NJW 2001, 2021; vgl. auch BGH v. 8.1.2004, NJW 2004, 2156 = NZBau 2004, 269 = BauR 2004, 847.

2. Verschulden bei Vertragsschluss

873 Schutzpflichten i. S. d. § 241 Abs. 2 BGB entstehen auch bei der **Aufnahme von Vertragsverhandlungen** und der Vertragsanbahnung; die früher ungeschriebenen Grundsätze des Verschuldens bei Vertragsschluss sind mit der Schuldrechtsreform durch § 311 Abs. 2 BGB kodifiziert worden[2286]. Sofern der Schuldner eine Pflicht aus dem Schuldverhältnis der Vertragsanbahnung verletzt, macht er sich unter den Voraussetzungen des § 280 BGB schadensersatzpflichtig. Ein Verschulden bei Vertragsschluss ist auch beim Bauträgervertrag möglich, grundsätzlich jedoch nicht wegen Schäden, die mit Mängeln im Zusammenhang stehen[2287]. Der Anspruch verjährt in der regelmäßigen Verjährungsfrist der §§ 195, 199 BGB[2288].

874 Bei den Verhandlungen über den Vertragsabschluss besteht für den Verhandlungspartner – und so auch für den Bauträger – die Verpflichtung, den anderen Teil, also den Erwerber, über sämtliche Umstände aufzuklären, die den Vertragszweck vereiteln könnten. Diese **Offenbarungspflicht** besteht vor allem dann, wenn – für den Bauträger erkennbar – die fraglichen Umstände für die Entscheidung, den Vertrag abzuschließen, von wesentlicher Bedeutung sind. Verletzt der Bauträger diese Offenbarungspflicht, ist er dem Erwerber zum Schadensersatz verpflichtet[2289]. Auf dieser Grundlage hat der BGH einen Veräußerer von sanierten Altbauwohnungen zum Schadensersatz verurteilt, weil er dem Erwerber verschwiegen hatte, dass vor dem Fenster des Wohn- und Schlafraums der Einbau einer Feuertreppe geplant war. Die Schadensersatzverpflichtung konnte sich nur aus den Grundsätzen des Verschuldens bei Vertragsschluss ergeben, weil ein Mangel, der zur Mängelhaftung geführt hätte, nicht bestand; der Einbau der Feuertreppe war notwendig (ein Planungsfehler hat scheinbar nicht vorgelegen) und hatte gerade zur Folge, dass das Objekt überhaupt mängelfrei wurde.

Von einem Verschulden bei Vertragsschluss kann auch ausgegangen werden, wenn es der Bauträger unterlässt, den Erwerber über eine geänderte Flächenberechnung mit geringeren Wohnflächen vor Vertragsschluss aufzuklären[2290]. Eine Haftung aus Verschulden bei Vertragsschluss besteht auch dann, wenn der Verkäufer von gebrauchten Eigentumswohnungen im Prospekt zwar den Einbau eines Aufzuges ankündigt, eine entsprechende vertragliche Verpflichtung im Kaufvertrag aber nicht niedergelegt wird[2291]. In einem solchen Fall ergibt sich die Haftung daraus, dass der Verkäufer den Einbau des Aufzuges im Prospekt und in den Verhandlungen als sicher dargestellt und den Erwartungen des Käufers nicht entgegengewirkt hat.

875 Schadensersatzansprüche wegen Verschuldens bei Vertragsschluss können auch wegen fehlerhafter Angaben im **Verkaufsprospekt** bestehen, sofern hier keine Erfüllungs- oder Mängelansprüche einschlägig sind.

876 Verschulden bei Vertragsschluss liegt etwa in der unzutreffenden Werbeaussage, der **Kaufpreis finanziert sich durch Steuervorteile**[2292] bzw. Mieteinnahmen und Steuerersparnisse gehen plus/minus null auf[2293]. Eine Haftung kommt insbesondere für Angaben in Betracht, die keine Beschaffenheitsmerkmale darstellen, also z. B. für

---

[2286] Palandt/Grüneberg, § 311 Rdn. 3 f.
[2287] BGH v. 19. 3. 1976, DB 1976, 958; Palandt/Grüneberg, § 311 Rdn. 21.
[2288] Palandt/Grüneberg, § 311 Rdn. 48.
[2289] BGH v. 8. 12. 1988, NJW 1989, 1793, mit dem ausdrücklichen Hinweis, dass diese Grundsätze nicht nur für den Erwerb von Geschäftsanteilen an Gesellschaften, sondern auch für den Werkvertrag gelten.
[2290] OLG Celle v. 25. 11. 1998, BauR 1999, 663.
[2291] BGH v. 8. 12. 2000, NJW-RR 2001, 842.
[2292] BGH v. 26. 9. 1997, NJW 1998, 302.
[2293] BGH v. 19. 12. 1997, NJW 1998, 898.

XI. Verletzung vor- und nebenvertraglicher Pflichten, Prospekthaftung

Steuervorteile, die ihre Grundlage nicht im zu errichtenden Objekt, sondern in den persönlichen Verhältnissen des Erwerbers haben und die der Bauträger gleichwohl zum Inhalt werbender Angaben macht. In diesem Sinne hat der BGH[2294] entschieden: Er hatte eine Veräußerin zu Schadensersatz wegen Verletzung vorvertraglicher Pflichten verurteilt, weil sie durch einen von ihr eingeschalteten Anlageberater vor Vertragsschluss Steuervorteile in Aussicht gestellt hatte, die aufgrund einer vorangegangenen Steuerrechtsänderung nicht mehr zu verwirklichen waren. Der BGH hat seine dahingehende Rechtsprechung wie folgt zusammengefasst: „Wer als Verkäufer für eine Immobilie wirbt und dabei Steuervorteile einer Anlage- oder Kaufentscheidung herausstellt oder in konkrete Finanzierungsvorschläge einbezieht, muss Voraussetzungen, Hinderungsgründe und Ausmaß der Steuervorteile richtig und so vollständig darstellen, dass bei dem Kunden oder Käufer über keinen für seine Entscheidung möglicherweise wesentlichen Umstand eine Fehlvorstellung erweckt wird ..."[2295]. Abgesehen davon, dass es sich bei den Steuergrundlagen des vom BGH beurteilten Sachverhalts um Tatbestände gehandelt hatte, die keine Beschaffenheitsmerkmale hätten darstellen können[2296], würde sich für die Sachmängelhaftung immer auch die Frage der Formwirksamkeit einer solchen Angabe – im Prospekt oder mündlich bei den Vertragsverhandlungen abgegeben – stellen (§ 311b BGB); das Problem tritt bei einer Haftung nach den Grundsätzen des Verschuldens bei Vertragsschluss nicht auf, da von ihr gerade vor- und damit auch außervertragliche Angaben in Prospekt- oder anderen Werbematerialien (Zeitungswerbung, Werbeschreiben usw.) erfasst werden sollen.

877 Eine Schadensersatzpflicht nach den Grundsätzen des Verschuldens bei Vertragsschluss konnte nach der Rechtsprechung zur früheren Rechtslage ausnahmsweise auch im Zusammenhang mit Mängeln bestehen, und zwar dann, wenn der Schadensersatzanspruch wegen einer vorsätzlichen Verletzung der Offenbarungspflicht über eine Beschaffenheit des Objekts geltend gemacht wird. In einem solchen Fall schloss die (mögliche) **Sachmängelhaftung** eine Haftung wegen Verschuldens bei Vertragsschluss ausnahmsweise nicht aus[2297]. So konnte der Käufer nach erfolgter Anfechtung wegen arglistiger Täuschung nicht nur die bereicherungsrechtliche Rückabwicklung des Vertrages beanspruchen, sondern darüber hinaus auch den durch den Vertragsschluss entstandenen Schaden aus Verschulden bei Vertragsschluss ersetzt verlangen[2298]. Ob diese Rechtsprechung nach der Schuldrechtsmodernisierung noch zutrifft, ist zweifelhaft, da der Gesetzgeber eine konkurrierende Anwendung von Schadensersatzansprüchen unter den Voraussetzungen des Werkvertragsrechts und nach den allgemeinen Vorschriften wohl nicht zulassen wollte[2299].

878 Der **Schadensersatzanspruch** setzt einen durch die Pflichtverletzung entstandenen **Vermögensschaden** voraus. Er kann unter Umständen schon darin liegen, dass der Erwerber in seiner Vermögensdisposition beeinträchtigt ist, der Schaden setzt also nicht unbedingt einen Minderwert des Objekts voraus[2300]. Der Schadensersatzanspruch ist auf den Ausgleich des **Vertrauensschadens** gerichtet. Der Erwerber ist so zu stellen, wie er ohne den abgeschlossenen Vertrag stünde. Er kann die Befreiung von

---

[2294] BGH v. 26. 4. 1991, BB 1991, 1371 m. Anm. *Reithmann,* EWiR 1990, 655. Vgl. auch OLG Düsseldorf v. 29. 3. 1995, NJW-RR 1996, 1353, zur Haftung für die fehlenden Genehmigungen zur Nutzungsänderung und Zweckentfremdung.
[2295] BGH v. 26. 4. 1991, BB 1991, 1371 m. w. N.
[2296] BGH v. 26. 4. 1991, BB 1991, 1371.
[2297] BGH v. 6. 10. 1989, NJW-RR 1990, 78 (79); OLG Düsseldorf v. 29. 11. 1996, NJW-RR 1997, 853 = BauR 1997, 477.
[2298] BGH v. 6. 10. 1989, NJW-RR 1990, 78 (79).
[2299] *Palandt/Grüneberg,* § 311 Rdn. 18.
[2300] BGH v. 26. 9. 1997, NJW 1998, 302; BGH v. 19. 12. 1997, NJW 1998, 898.

dem abgeschlossenen Vertrag und den Ersatz seiner vergeblich erbrachten Aufwendungen verlangen. Er kann aber auch am Vertrag festhalten und – im Wege der Vertragsanpassung – verlangen, so gestellt zu werden, als wäre es ihm bei Kenntnis der wahren Sachlage gelungen, den Vertrag zu einem günstigeren Preis abzuschließen[2301].

3. Prospekthaftung

879   Die Rechtsprechung hat für die Publikumskommanditgesellschaften die Grundsätze der Prospekthaftung entwickelt – und sodann auch auf die Bauherrenmodelle angewendet[2302]. Schon früher hat der BGH allerdings festgestellt, dass die Prospekthaftung auf die Prospekte des normalen Geschäftsverkehrs keine Anwendung finden[2303].

880   Eine Ausweitung der Prospekthaftung auf den Bauträgererwerb ist nicht geboten[2304]. Hauptgrund für die Entwicklung der Prospekthaftung war, dass die Gestalter und die Verantwortlichen einer Publikums-KG nicht zugleich auch die Vertragspartner der Teilnehmer wurden, also für Prospektinhalt und -angaben oder Mängel nicht vertraglich haften. Eine vergleichbare Haftungslücke besteht beim Bauträgererwerb nicht. Für sämtliche Hauptpflichten haftet der Bauträger als Vertragspartner. Sie sind im Wesentlichen deckungsgleich mit den Werbe- und Prospektangaben.

Soweit außerhalb des Vertrages gelegentlich der Vertragsanbahnung – sei dies in Werbematerialien (Prospekt), sei dies durch beauftragte Vertriebsunternehmen – über den Vertrag hinausgehende Versprechungen gemacht werden, ist zunächst zu prüfen, ob diese Angaben nicht ebenfalls zum **Vertragsinhalt** geworden sind. Davon geht der BGH dann aus, wenn der Bauträger bei Abschluss des Vertrages weiß, dass der Erwerber dem Vertrag die Prospektangaben zugrundelegt. Die einseitige Vorstellung einer Vertragspartei ist für den Vertragsinhalt dann maßgeblich, wenn der Erklärungsempfänger den wirklichen Willen des Erklärenden erkennt und in Kenntnis dieses Willens den Vertrag abschließt[2305]. Voraussetzung dafür, dass sich der Erwerber auf die so zum Vertragsinhalt gewordene Vereinbarung berufen kann, ist allerdings die Heilung der mangelnden Beurkundung durch Auflassung, § 311b Abs. 1 Satz 2 BGB[2306]. Im Übrigen haftet der Bauträger für unzutreffende Prospektangaben aus Verschulden bei Vertragsschluss[2307], vgl. Rdn. 876. Die Werbung für Bauträgerobjekte stellt sich in dieser Beziehung nicht anders dar, als die für andere Produkte auch.

881   Mit der Schuldrechtsmodernisierung wurde für den Kaufvertrag durch § 434 Abs. 1 Satz 3 BGB die vertraglich vereinbarte Soll-Beschaffenheit des Kaufgegenstands um Beschaffenheitsangaben in Werbeaussagen des Verkäufers oder des Herstellers erweitert. Obwohl beim Erwerb vom Bauträger Werbeaussagen und Prospektangaben häufig die einzige Entscheidungsgrundlage für den Erwerb eines bestimmten Objekts sind, hat der Gesetzgeber eine entsprechende Regelung im Werkvertragsrecht mit dem (un-

---

[2301] BGH v. 6. 4. 2001, NJW 2001, 2875; BGH v. 8. 12. 1988, NJW 1989, 1793 m. w. N.; LG München I v. 31. 1. 1995, NJW-RR 1996, 333; OLG Düsseldorf v. 29. 11. 1996, NJW-RR 1997, 853 = BauR 1997, 477.
[2302] *Palandt/Grüneberg,* § 311 Rdn. 57.
[2303] BGH v. 4. 5. 1981, NJW 1981, 2810.
[2304] A. A. *Hertel,* DNotZ 2002, 6 (13).
[2305] BGH v. 11. 7. 1997, NJW 1997, 2874; BGH v. 28. 2. 1997, NJW 1997, 1778; BGH v. 13. 2. 1989, NJW-RR 1989, 931 (932); BGH v. 8. 1. 2004, NJW 2004, 2156 = NZBau 2004, 269 = BauR 2004, 847; BGH v. 25. 10. 2007, NZBau 2008, 113 = NJW-RR 2008, 258 = BauR 2008, 351, Rdn. 16; vgl. dazu auch *J. Schmidt,* PiG Bd. 87 (2010), S. 53 f.; *Vogel,* BauR 2008, 273.
[2306] Vgl. BGH v. 16. 12. 2004, NJW 2005, 1115 = NZBau 2005, 216 = BauR 2005, 542; BGH v. 6. 10. 2005, NJW 2006, 214 = NZBau 2006, 113 = BauR 2006, 99, Rdn. 13; BGH v. 8. 3. 2007, NZBau 2007, 371 = BauR 2007, 1036, Rdn. 20.
[2307] BGH v. 26. 4. 1991, BB 1991, 1371.

zutreffenden) Hinweis abgelehnt, dass hier keine vergleichbare Situation wie bei der Bewerbung von Kaufmassenwaren besteht[2308].

Auch wenn entgegen den Vorstellungen des Gesetzgebers im Verkaufsprospekt des Bauträgers durchaus über den Vertrag hinausgehende Beschaffenheitsangaben enthalten sein können, ist der gesetzgeberische Wille zu respektieren. Für eine analoge Anwendung der kaufvertraglichen Vorschriften besteht deshalb keine Möglichkeit, aber auch keine Notwendigkeit[2309]. Etwaige über den Vertrag hinausgehende Prospektangaben können nach den vorstehend dargestellten Grundsätzen behandelt werden.

Eine Prospekthaftung kommt aber dann in Betracht, wenn es sich nicht mehr um den Erwerb vom Bauträger im eigentlichen Sinne handelt (Erwerb sämtlicher Leistungen zum Festpreis aus einer Hand), nämlich dann, wenn der Bauträger das Objekt in Modell-Form anbietet, also die Gesamtleistung in Einzelleistungen aufspaltet, oder unter Hinzuziehung weiterer Partner zusätzliche Leistungen anbietet, also die Risikolage derjenigen des Bauherrenmodells und der Publikums-KG annähert (Bauträgermodell, Erwerbermodell usw., siehe unten Rdn. 1443 ff.). **882**

XII. Verfolgung von Mängeln am Gemeinschaftseigentum[2310]

1. Zuständigkeit der Wohnungseigentümergemeinschaft

a) Gesetzliche Zuständigkeit der Wohnungseigentümergemeinschaft (§ 10 Abs. 6 Satz 3 WEG)

aa) Mängelansprüche als gemeinschaftsbezogene Rechte. Beim Erwerb von Wohnungseigentum sind die Mängelansprüche der Erwerber im Grundsatz individualrechtlich. Sie beruhen für jeden Erwerber auf der vom Bauträger ihm gegenüber eingegangenen Verpflichtung. An den Mängelansprüchen besteht eine **originär individuelle Rechtsinhaberschaft.** Das gilt nicht nur für das Sondereigentum, sondern auch für das Gemeinschaftseigentum[2311]. Der Bauträger ist jedem Erwerber zur Herstellung des gesamten Gemeinschaftseigentums verpflichtet; deshalb gilt bei der Verfolgung von Mängeln am Gemeinschaftseigentum, dass jeder Erwerber die Beseitigung von Mängeln am Gemeinschaftseigentum verlangen kann. Demgemäß ist der einzelne Erwerber berechtigt, die auf Nacherfüllung gerichteten Ansprüche (Nacherfüllung, Vorschuss und Aufwendungsersatz) selbst geltend zu machen. **883**

Da sich die Mängelansprüche zugleich auf das gemeinschaftlich zu verwaltende Eigentum beziehen, besteht andererseits bei der Ausübung von Wahlrechten, bei der Entscheidung darüber, ob und wie die Mängel nachgebessert oder vom Bauträger erlangte Zahlungen verwendet werden sollen, ein Koordinationsbedarf, der die gemeinschaftliche Wahrnehmung der Mängelrechte durch sämtliche Erwerber nahe legt. Konflikte, die sich aus der **Vielzahl der Anspruchsinhaber** ergeben können, beruhen auch auf den unterschiedlichen, sich teilweise widersprechenden Mängelrechten. Wird der Bauträger von einem Erwerber auf Nacherfüllung, von anderen auf Minderung oder klei-

---

[2308] BT-Drs. 14/6040, S. 261.
[2309] A. A. *Vogel*, BauR 2008, 273 (275 f.).
[2310] Vgl. hierzu grundlegend *Bub*, PiG 56, S. 7 ff. = WE 1999, 202 (208); *Hauger*, WE 1994, 38; *dies.*, PiG 56, S. 137 (152); *Koeble*, Rechtshandbuch Immobilien, Kap. 22 Rdn. 1 f.; *ders.*, FS Soergel, S. 125 f.; *Kleine-Möller/Merl*, § 15 Rdn. 1032 f.; *Kniffka*, ZfBR 1990, 159; *Staudinger/Bub* (2005), § 21 WEG, Rdn. 255 f; *Werner/Pastor*, Rdn. 471 f.; *Weitnauer/Briesemeister*, nach § 8 WEG, Rdn. 52 f.; *Pause*, NJW 1993, 553 f.; *ders.*, in: Koeble/Kniffka, D. II. 1 ff.; *Pause*, BauR 2009, 425; *Kreuzer*, FS Bub (2007), S. 155; *Riecke/Schmid/Vogel*, nach § 8 WEG, Rdn. 40 f.
[2311] BGH v. 12. 4. 2007, NJW 2007, 1952 = BauR 2007, 1221, Rdn. 14.

nen Schadensersatz in Anspruch genommen, könnte sich daraus sogar eine doppelte Inanspruchnahme ergeben.

884   Aus diesen Gründen war in ständiger Rechtsprechung schon unter früherem Recht, also vor den Änderungen des Wohnungseigentumsgesetzes durch die Gesetzesnovelle aus 2007[2312], eine Zuständigkeit der Wohnungseigentümergemeinschaft für die Verfolgung von Mängeln am Gemeinschaftseigentum angenommen worden[2313]. Die Zuständigkeit der Wohnungseigentümergemeinschaft war allerdings rechtsdogmatisch kaum zu begründen. Die Wahrnehmung von Rechtsausübungsbefugnissen aus einem individuell abgeschlossenen Vertrag durch einen Dritten – die Wohnungseigentümergemeinschaft – entbehrte jeder Rechtsgrundlage – und musste allein deshalb erheblichen Bedenken begegnen. Hinzu kommt, dass es an einer eindeutigen Zuständigkeit der Wohnungseigentümergemeinschaft fehlte und Beschlüsse über Angelegenheiten, für die sie nicht zuständig ist, nicht nur anfechtbar, sondern nichtig sind[2314]. Auch wenn die Befassung der Gemeinschaft mit den das Gemeinschaftseigentum berührenden Ansprüchen aus den Erwerbsverträgen schon nach früherem Recht praktischen Erfordernissen entsprach und ihre Zuständigkeit von der baurechtlichen Judikatur mit Verweis auf § 21 Abs. 1, 5 Nr. 2 WEG begründet wurde[2315], bestand angesichts der eindeutigen Rechtsprechung des V. Zivilsenats des BGH[2316] die Notwendigkeit, eine klare gesetzliche Kompetenzzuweisung für die Gemeinschaft zu schaffen[2317]. Dies umso mehr, als sich sämtliche Hilfsbegründungen und Hilfskonstruktionen als nicht tragfähig oder umsetzbar erwiesen. So war z. B. angenommen worden, dass nicht die Wohnungseigentümergemeinschaft, sondern die Gemeinschaft sämtlicher Erwerber für etwaige Entscheidungen zuständig sein könnte[2318], was aber kaum praktikabel war. Auch die Begründung einer Zuständigkeit der Gemeinschaft mit der weitgehenden Personenidentität[2319], kann wegen der Teilrechtsfähigkeit der Gemeinschaft nicht überzeugen.

885   *bb) Gesetzliche Grundlage in § 10 Abs. 6 Satz 3 WEG.* Mit der WEG-Novelle 2007 wurde in § 10 Abs. 6 Satz 3 WEG eine – wenn in vielen Einzelfragen auch unzulängliche – Zuständigkeit der Wohnungseigentümergemeinschaft für **gemeinschaftsbezogene Rechte** und damit eine Befugnis der Gemeinschaft zu entsprechenden Beschlussfassungen geschaffen[2320].

Die insoweit gesetzlich begründete Zuständigkeit der Wohnungseigentümergemeinschaft bezieht sich auf „gemeinschaftsbezogene Rechte". Mit der Verwendung dieses unscharfen und deshalb auslegungsbedürftigen Begriffs wurde allerdings die Chance verpasst, Klarheit darüber zu schaffen, für welche Rechte die Gemeinschaft im einzelnen zuständig sein soll[2321]. Für die Beurteilung der Frage, ob und in welchem Umfang

---

[2312] Gesetz zur Änderung des Wohnungseigentumsgesetzes und anderer Gesetze v. 26. 3. 2007, BGBl. I S. 370; vgl. dazu auch die Änderung in Art. 5 des Gesetzes zur Vereinfachung des Insolvenzverfahrens v. 13. 4. 2007, BGBl. I S. 509; vgl. *Pause*, NZBau 2009, 425; zur Gesetzgebungsgeschichte *Pause/Vogel*, BauR 2007, 1298.
[2313] BGH v. 10. 5. 1979, NJW 1979, 2207; zuletzt BGH v. 12. 4. 2007, NJW 2007, 1952 = BauR 2007, 1221, Rdn. 18, 19.
[2314] BGH v. 20. 9. 2000, NJW 2000, 3500.
[2315] BGH v. 10. 5. 1979, NJW 1979, 2207; vgl. auch BayObLG 28. 6. 1989, NJW-RR 1989, 1165.
[2316] BGH v. 20. 9. 2000, NJW 2000, 3500.
[2317] *Pause*, FS Motzke, S. 323 (335); *ders.*, ZfIR 2006, 356 (359); vgl. auch *Wenzel*, ZWE 2006, 2 (6).
[2318] *Koeble*, Rechtshandbuch Immobilien, Kap. 22 Rdn. 28; beim Erwerb im Bauherrenmodell könnte es auch die Bauherrengemeinschaft sein, zu einem solchen Fall vgl. BGH v. 27. 2. 1992, NJW 1992, 1881; vgl. auch *Kreuzer*, FS Bub (2007), S. 155 (158).
[2319] Vgl. hierzu die Vorauflage, Rdn. 889.
[2320] *Pause/Vogel*, BauR 2007, 1298 (1299); a. A. *Messerschmidt/Voit/Wagner*, E Rdn. 176ff, 184 unter Hinweis auf verfassungsrechtliche Bedenken gegen die dahingehende Auslegung von § 10 Abs. 6 WEG.
[2321] Vgl. *Pause/Vogel*, BauR 2007, 1298 (1301); *Bub*, ZWE 2007, 15 f., zu anderen sprachlichen Unzulänglichkeiten der WEG-Novelle; *Baer*, BTR 2006, 113 f., mit grundlegender Kritik am Begriff der Ge-

die Wohnungseigentümergemeinschaft für die Rechtsausübung zuständig ist, kommt es deshalb auf eine **Auslegung** des in § 10 Abs. 6 Satz 3 WEG verwendeten unbestimmten Rechtsbegriffs der „gemeinschaftsbezogenen Rechte" an.

Da sich der Gesetzgeber bei der Verwendung des Begriffs „Gemeinschaftsbezogenheit" bewusst in die Tradition der Rechtsprechung des VII. Zivilsenats des BGH stellt, kann zur Aufhellung dessen, was unter gemeinschaftsbezogenen Rechten zu verstehen ist, auf die Begründungselemente der bekannten Rechtsprechung zurückgegriffen werden. Der BGH hat die verschiedenen Gesichtspunkte, mit denen die Zuständigkeit der Wohnungseigentümergemeinschaft bei der Verfolgung von Mängelrechten begründet wurden, stets mit dem Gemeinschaftsbezug der Mängelrechte zusammengefaßt[2322]. Der Bezug zum Gemeinschaftseigentum wird vor allem durch die den Eigentümern gem. § 21 Abs. 1, 2 Nr. 5 WEG obliegende Instandhaltungs- und Instandsetzungspflicht hergestellt, die sich auch auf die erstmalige ordnungsgemäße Herstellung des Gemeinschaftseigentums und damit auch auf die Beseitigung der anfänglichen Baumängel bezieht[2323]. Ebenso gewichtig ist die Überlegung, dass es zum Schutze des Bauträgers für den Übergang von den unmittelbar auf die Mängelbeseitigung gerichteten Ansprüchen (Nacherfüllung, Aufwendungsersatz, Kostenvorschuss) auf die sekundären Mängelrechte (Minderung und kleiner Schadensersatz) einer einheitlichen Entscheidung für sämtliche Erwerber bedarf[2324]. Wäre die gleichzeitige Geltendmachung von Nacherfüllung einerseits und Minderung oder kleinem Schadensersatz andererseits möglich, drohte dem Bauträger eine doppelte Inanspruchnahme. Ein Gemeinschaftsbezug im Sinne von § 10 Abs. 6 Satz 3 WEG kann deshalb nur angenommen werden, wen es unmittelbar um die Instandsetzung des Gemeinschaftseigentums oder den Schutz des Bauträgers vor einer mehrfachen Inanspruchnahme geht.

cc) Beschränkung der Zuständigkeit auf Gemeinschaftseigentum. Die Zuständigkeit der **886** Gemeinschaft nach § 10 Abs. 6 Satz 3 WEG bezieht sich wegen der auch nach § 21 Abs. 1, 2 Nr. 5 WEG begrenzten Befugnis ausschließlich auf die Erwerberrechte wegen **Mängeln am Gemeinschaftseigentum** (zur Abgrenzung oben Rdn. 565). Für Mängel am Sondereigentum ist und bleibt der Erwerber im Grundsatz allein zuständig. Dabei ist zu berücksichtigen, dass es sich auch um einen Mangel am Gemeinschaftseigentum handelt, wenn er sich zwar (auch) im **Sondereigentum** auswirkt, seine Ursache aber im Gemeinschaftseigentum hat, wie umgekehrt auch Mängel des Sondereigentums, die auf das Gemeinschafseigentum ausstrahlen, dazugehören können. In diesen Fällen soll neben der Gemeinschaft auch der Erwerber sämtliche Rechte geltend machen können[2325]. Soweit die Instandhaltungs- und Instandsetzungspflicht für Teile des Gemeinschafseigentums einem Sondereigentümer oder bestimmten Gruppen von Sondereigentümern obliegt, besteht keine Zuständigkeit der Gemeinschaft, da von den anderen Erwerbern wegen solcher Mängel keine Ansprüche gegen den Bauträger erhoben werden können, weil sie dem betroffenen Eigentümer auch nicht nach § 21 Abs. 1, 2 Nr. 5 WEG zur Instandsetzung verpflichtet sind. Derartige Regelungen können sich auf einzelne Bauteile beziehen (Fenster, Wohnungseingangstüren)[2326],

---

meinschaftsbezogenheit; *Derleder,* ZWE 2009, 1; *Schmid,* BauR 2009, 727 sieht die Mängelansprüche nicht im Anwendungsbereich von § 10 WEG.

[2322] BGH v. 10. 5. 1979, NJW 1979, 2207; zuletzt BGH v.12. 4. 2007, NJW 2007, 1952 = BauR 2007, 1221, Rdn. 18, 19.
[2323] BGH v. 10. 5. 1979, NJW 1979, 2207; BayObLG v. 27. 7. 1989, NJW-RR 1989, 1293; BayObLG v. 28. 6. 1989, NJW-RR 1989, 1165; OLG Hamm v. 26. 3. 2007, ZWE, 2007, 491; eingehend *Baer,* BTR 2006, 113 f.
[2324] BGH v. 10. 5. 1979, NJW 1979, 2207.
[2325] *Grziwotz/Koeble,* 4. Teil, Rdn. 301.
[2326] OLG München v. 23. 5. 2007, NJW 2007, 2418 = NZBau 2007, 516; vgl. auch OLG Stuttgart v. 20. 1. 2005, BauR 2005, 1490; *Becker,* ZWE 2007, 488.

B. Der Bauträgererwerb

aber auch auf ganze Gebäude, z. B. bei der Aufteilung von Reihenhäusern nach den Vorschriften des Wohnungseigentumsgesetzes oder auf einzelne Häuser bei Mehrhausanlagen[2327]. Ob entsprechendes für **Sondernutzungsrechte** gilt, hängt vom Inhalt des Sondernutzungsrechts und den Pflichten ab, die dem Sondernutzungsberechtigten in Bezug auf die Instandhaltung und Instandsetzung auferlegt sind. In der Regel wird die Instandhaltungspflicht bei der Gemeinschaft verbleiben[2328], was dann auch ihre Zuständigkeit für die Mängelrechte begründet.

887 *dd) Gemeinschaftsbezug von Nacherfüllung, Minderung und kleinem Schadensersatz.* Die Schwäche des Verweises auf die Gemeinschaftsbezogenheit in § 10 Abs. 6 Satz 3 WEG zeigt sich darin, dass offen bleibt, welche der möglichen Erwerberrechte gemeinschaftsbezogen sind bzw. dem Erwerber weiterhin zur freien Disposition stehen. Insofern wurden wichtige Details durch die WEG-Novelle nicht geklärt:

888 Der **Nacherfüllungsanspruch** und die mit ihm korrespondierenden Ansprüche auf Vorschuss und Aufwendungsersatz sind unmittelbar auf die Beseitigung der Mängel oder auf den Kostenersatz für die durchgeführte bzw. die beabsichtigte Mängelbeseitigung gerichtet und wegen ihres direkten Bezugs zur Instandsetzung gemeinschaftsbezogen i. S. v. § 10 Abs. 6 Satz 3 WEG. Für diese Ansprüche war deshalb auch schon nach alter Rechtslage die Durchsetzungsbefugnis der Wohnungseigentümergemeinschaft anerkannt[2329]. Der Gemeinschaftsbezug ergibt sich zusätzlich aus den erforderlichen Entscheidungen darüber, ob eine Mängelbeseitigung im Wege der Nacherfüllung durch den Bauträger oder im Wege der Selbstvornahme erfolgen und auf welche Art und Weise die Mängelbeseitigung durchgeführt werden soll[2330].

889 Gemeinschaftsbezogen ist aus Gründen der Mitgläubigerschaft am Nacherfüllungsanspruch (Rdn. 918) und des Schuldnerschutzes die **Wahl** zwischen der Nacherfüllung einerseits und den anderen Mängelrechten andererseits[2331]. Voraussetzung dafür, dass statt Nacherfüllung Minderung oder kleiner Schadensersatz verlangt werden kann, ist eine für sämtliche Erwerber verbindliche, also gemeinschaftliche Entscheidung.

890 Von der WEG-Novelle unbeantwortet geblieben ist die Frage, ob der **kleine Schadensersatz** und das **Minderungsrecht** ebenfalls gemeinschaftsbezogen sind. Da der Wortlaut von § 10 Abs. 6 Satz 3 WEG keinen Aufschluss gibt, kann auch dieses Problem nur im Wege der Auslegung gelöst werden. Der Gesetzgeber gibt mit seiner Bezugnahme auf die von der Rechtsprechung des VII. Zivilsenats bereits früher verwendete Terminologie immerhin einen Hinweis darauf, dass er den Begriff des Gemeinschaftsbezugs auch für die sekundären Mängelrechte im Sinne dieser Rechtsprechung interpretiert sehen will. Nach der Rechtsprechung kann der kleine Schadensersatz[2332] und die Minderung[2333] selbst nur von der Gemeinschaft geltend gemacht werden, weil sie schon „ihrer Natur nach" gemeinschaftsbezogen sind; das sei auch daran erkennbar, dass diese Ansprüche zumeist nach den Kosten der Mängelbeseiti-

---

[2327] Vgl. aber für den Normalfall bei Mehrhausanlagen OLG Düsseldorf v. 25. 11. 2005, BauR 2007, 1890.
[2328] *Riecke/Schmid/Vogel*, nach § 8 WEG, Rdn. 18, 57 b; *Palandt/Bassenge*, § 13 WEG, Rdn. 17.
[2329] BGH v. 12. 4. 2007, NJW 2007, 1952 = BauR 2007, 1221, Rdn. 16, 18; für viele: *Grziwotz/Koeble*, 4. Teil, Rdn. 307; *Kniffka/Koeble*, 11. Teil, Rdn. 250.
[2330] BGH v. 12. 4. 2007, NJW 2007, 1952 = BauR 2007, 1221, Rdn. 19; *Kniffka*, FS Ganten, S. 125 (128 f.).
[2331] BGH v. 12. 4. 2007, NJW 2007, 1952 = BauR 2007, 1221, Rdn. 19; BGH v. 10. 3. 1988, NJW 1988, 1718; OLG Frankfurt v. 30. 5. 2008, IBR 2008, 517.
[2332] BGH v. 10. 3. 1988, NJW 1988, 1718; BGH v. 15. 12. 1990, NJW 1990, 1663; BGH v. 12. 4. 2007, NJW 2007, 1952 = BauR 2007, 1221, Rdn. 19; OLG Frankfurt v. 30. 5. 2008, IBR 2008, 517; *Grziwotz/Koeble*, 4. Teil, Rdn. 315.
[2333] BGH v. 10. 5. 1979, NJW 1979, 2207; BGH v. 12. 4. 2007, NJW 2007, 1952 = BauR 2007, 1221, Rdn. 19.

XII. Verfolgung von Mängeln am Gemeinschaftseigentum

gung berechnet werden[2334]. Die herrschende Meinung lässt sich dabei von dem Gedanken leiten, dass die Zahlung des Bauträgers auf dem kurzen Weg in die Hände der Gemeinschaft gelangen soll, damit diese die Möglichkeit zur Mängelbeseitigung erhält[2335].

Angesichts des eigentlichen Inhalts dieser Ansprüche ist der für diese Ansprüche hergestellte Gemeinschaftsbezug jedoch wenig überzeugend[2336], zumal eine Entscheidung der Gemeinschaft für diese auf Kompensation gerichteten Mängelrechte eher dahin deutet, den Mangel hinnehmen zu wollen. Die Minderung ist schon im Ausgangspunkt ein individualvertraglicher Anspruch, was sich sowohl an seiner Berechnungsweise zeigt, die wegen ein und desselben Mangels – und seinen unterschiedlichen Wirkungen – individuell sehr verschieden sein kann, wie auch darin, dass der Vertrag durch die Minderungserklärung umgestaltet wird. Beides gilt auch für den Schadensersatzanspruch (vgl. §§ 634 Abs. 4, 281 Abs. 4 BGB).

Die Sorge der Rechtsprechung, der Gemeinschaft könnten Geldmittel für die Instandsetzung entzogen werden, ist unbegründet. Auch wenn der einzelne Erwerber – nach Ausübung des Wahlrechts – für die Verfolgung dieser Ansprüche zuständig bliebe, könnte sich die Gemeinschaft die Mittel für eine möglicherweise doch beabsichtigte Mängelbeseitigung immer noch bei den einzelnen Eigentümern im Rahmen ihrer Lasten- und Kostentragungspflicht nach § 16 Abs. 2 WEG beschaffen[2337]. Außerdem ist gar nicht nachgewiesen, dass – wovon die Rechtsprechung wohl ausgeht – aufgrund von Minderungen erlangte Mittel von den Gemeinschaften im allgemeinen für die Mängelbeseitigung eingesetzt – und nicht etwa der Instandhaltungsrücklage zugeführt oder schlicht ausgezahlt – werden. **891**

Daraus ergibt sich, dass aus § 10 Abs. 6 Satz 3 WEG eine gesetzliche Zuständigkeit der Gemeinschaft für die Minderung und den kleinen Schadensersatzanspruch nicht begründet werden kann. Deshalb dürfte – entgegen der Rechtsprechung des BGH, die insoweit einen Gemeinschaftsbezug, also eine ausschließliche Zuständigkeit der Gemeinschaft annimmt[2338] – die Entscheidung der Gemeinschaft für Minderung oder kleinen Schadensersatz zwei Optionen enthalten: Sie kann aufgrund eines dahingehenden Beschlusses die Verfolgung der Ansprüche den Erwerbern überlassen oder die Ansprüche – sofern man hierfür eine Zuständigkeit annehmen will – in gewillkürter Prozessstandschaft (dazu unten Rdn. 989) selbst geltend machen. Im ersten Fall könnten die Erwerber ohne weiteres unterschiedliche Mängelrechte, also teils Minderung, teils Schadensersatz verlangen, ohne dass dadurch berechtigte Belange der Gemeinschaft oder des Bauträgers berührt würden[2339]. Die von der herrschenden Meinung zugelassene Ausnahme, wonach etwaige individuelle Schäden des Einzelnen (z.B. Mietausfall) von der Beschlusskompetenz der Gemeinschaft unberührt bleiben[2340], bedarf es bei dieser Lösung nicht. **892**

ee) Rückabwicklung ohne Gemeinschaftsbezug. Fraglos sind weder der Rücktritt noch der große Schadensersatz gemeinschaftsbezogen. Beide Rechte können unter den entsprechenden Voraussetzungen im Grundsatz jederzeit individuell und ohne Rücksicht auf die **893**

[2334] BGH v. 15. 2. 1990, NJW 1990, 1663.
[2335] *Kniffka*, FS Ganten, S. 125 (132); *Wenzel*, NJW 2007, 1905 (1907).
[2336] Krit.: *Pause/Vogel* BauR 2007, 1298, 1303 f.; *Weitnauer/Briesemeister*, nach § 8 WEG, Rdn. 59 ff.
[2337] Vgl. auch KG v. 7. 1. 2004, NZBau 2004, 437, das bei vergleichsweisen Zahlungen des Bauträgers einen Anspruch der Gemeinschaft gegen den Erwerber nach § 816 Abs. 1 S. 1 BGB annimmt; *Weitnauer/Briesemeister*, nach § 8 WEG, Rdn. 81.
[2338] BGH v. 10. 3. 1988, NJW 1988, 1718; BGH v. 15. 2. 1990, NJW 1990, 1663.
[2339] Vgl. *Pause*, FS Motzke, 323 (331 f.); so auch *Wenzel*, NJW 2007, 1905 (1907); *Weitnauer/Briesemeister*, nach § 8 WEG, Rdn. 68; a. A. BGH v. 6. 6. 1991, NJW 1991, 2480, 2481: beide Rechte schließen sich gegenseitig aus.
[2340] *Kniffka*, FS Ganten, S. 125 (131).

von der Gemeinschaft beabsichtigte weitere Vorgehensweise geltend gemacht werden[2341].

894 *ff) Kaufvertragsrechtliche Ansprüche.* Gemeinschaftsbezogene Rechte i. S. v. § 10 Abs. 6 Satz. 3 WEG können nicht nur wegen Baumängeln, sondern auch wegen Mängeln am Grundstück bestehen. Die Haftung des Bauträgers ergibt sich insoweit zwar aus den **kaufvertraglichen Mängelrechten** der §§ 434, 437 ff. BGB. Für Mängel am Grundstück können sich aber in gleicher Weise Instandsetzungspflichten i. S. v. § 21 Abs. 1, 2 Nr. 5 WEG ergeben wie bei Baumängeln (z. B. bei Bodenkontaminationen), vor allem kann wegen der nun auch im Kaufvertragsrecht bestehenden Nacherfüllungsberechtigung wie bei den werkvertraglichen Mängelansprüchen derselbe Konflikt zwischen Nacherfüllung einerseits und Minderung bzw. kleinem Schadensersatz andererseits entstehen (im Einzelnen Rdn. 994).

895 *gg) Sonstige Ansprüche des Erwerbers.* Nicht der Gemeinschaft, sondern nur der individuellen Absicherung des einzelnen Erwerbers dienen etwaige Bürgschaften nach § 7 MaBV; Bürgschaftsansprüche sind deshalb nicht gemeinschaftsbezogen[2342]. Auch der Freigabeanspruch aus der Lastenfreistellungserklärung der finanzierenden Bank ist ausschließlich individualvertragsrechtlich und ohne Gemeinschaftsbezug[2343].

b) Ausübungsbefugnisse nach § 10 Abs. 6 Satz 3 WEG

896 *aa) Zugriffsrecht der Gemeinschaft.* Durch die Formulierung des § 10 Abs. 6 Satz 3 WEG „sie übt die gemeinschaftsbezogenen Rechte ... aus" wird der Wohnungseigentümergemeinschaft die Befugnis zur Rechtswahrnehmung eingeräumt. Der Gesetzeswortlaut macht zunächst deutlich, dass es sich um fremde Rechte handelt, die von der Gemeinschaft für den Rechtsinhaber geltend gemacht werden. Die Inhaberschaft der Ansprüche aus dem Erwerbsvertrag bleibt von den Befugnissen der Gemeinschaft unberührt[2344]. Die Erwerber bleiben **Rechtsinhaber**; es erfolgt kein Rechtsübergang auf die Gemeinschaft. Rechtsinhaberschaft und Ausübungsbefugnis fallen auseinander. Die Gemeinschaft nimmt die Ansprüche der Erwerber folglich als Ermächtigte bzw. Prozessstandschafterin wahr.

Die der Gemeinschaft durch § 10 Abs. 6 Satz 3 WEG zugewiesene Ausübungsbefugnis wird jedoch nicht als ein von vornherein und generell bestehendes Recht verstanden (Rdn. 905). Die gesetzliche Zuständigkeit und Ausübungsbefugnis der Gemeinschaft wird einschränkend ausgelegt: Danach besteht die Befugnis, die Ansprüche geltend machen zu können, zunächst beim Erwerber und entsteht bei der Gemeinschaft erst durch einen Rechtsakt (Beschluss). Die Gemeinschaft ist nach § 10 Abs. 6 Satz 3 WEG berechtigt, die Ansprüche der Erwerber zur Geltendmachung durch einen entsprechenden Beschluss an sich ziehen[2345]. Diese fakultative Ausübungsbefugnis begründet demnach ein **Zugriffsrecht** auf die Ansprüche der Erwerber wegen Mängeln am Gemeinschaftseigentum.

Soweit die Gemeinschaft die Geltendmachung der Ansprüche des Erwerbers an sich zieht, ist der Erwerber von der Durchsetzung der Ansprüche ausgeschlossen[2346]. Er

---

[2341] BGH v. 23. 2. 2006, NJW 2006, 2254 = NZBau 2006, 371 = BauR 2006, 979; BGH v. 12. 4. 2007, NJW 2007, 1952 = BauR 2007, 1221, Rdn. 18.
[2342] BGH v. 12. 4. 2007, NJW 2007, 1952 = BauR 2007, 1221, Rdn. 25 f.
[2343] BGH v. 12. 4. 2007, NJW 2007, 1952 = BauR 2007, 1221, Rdn. 39.
[2344] Vgl. BT-Drs. 16/887 S. 61 f.: Die dienende Funktion der „Gemeinschaftsbezogenheit ..." soll individuelle Rechte nicht mehr als nötig einschränken, um das Wohnungseigentum nicht zu entwerten.
[2345] Vgl. BGH v. 12. 4. 2007, NJW 2007, 1952 = BauR 2007, 1221, Rdn. 20, noch zur Rechtslage vor der WEG-Novelle.
[2346] BGH v. 12. 4. 2007, NJW 2007, 1952 = BauR 2007, 1221, Rdn. 20, 21.

kann die Durchsetzung durch die Gemeinschaft auch nicht verhindern[2347]. Die mit dem Zugriffsrecht der Gemeinschaft verbundenen Einschränkungen des Erwerbers werden als nicht gravierend angesehen, weil das Vertragsverhältnis zum Bauträger bereits mit dieser Beschränkung begründet wird[2348].

Aufgrund ihrer Ausübungsbefugnis kann die Wohnungseigentümergemeinschaft **897** insbesondere darüber entscheiden, in welcher **Art und Weise die Ansprüche verfolgt** werden sollen.

Sie hat (nach innen) die Verwaltungsmacht, die für die Durchsetzung der Ansprüche erforderlichen Entscheidungen zu treffen. Sie entscheidet darüber, welche Ansprüche wegen welcher Mängel geltend gemacht werden. Mit der Bestimmung über die Anspruchsart (z. B. Kostenvorschuss) wird regelmäßig auch bestimmt, wie mit dem Mangel umgegangen werden soll (Mängelbeseitigung), weil der Anspruchsinhalt dies indiziert (Verpflichtung zur Abrechnung des Kostenvorschusses). Das ist aber nicht zwingend. Einerseits kann auch später (sogar nach Zahlung des Vorschusses) auf Minderung oder kleinen Schadensersatz übergegangen werden, wie umgekehrt nach Zahlung eines – wie auch immer berechneten Schadensersatzes – die Gemeinschaft die tatsächliche Mängelbeseitigung beschließen kann.

Die Ausübungsbefugnis der Gemeinschaft umfasst auch das Recht, auf **sämtliche** **898** **oder bestimmte Erwerberansprüche zuzugreifen**.

Enthält der Beschluss der Gemeinschaft keine Einschränkungen, wird er die Ansprüche sämtlicher zum Zeitpunkt der Beschlussfassung vorhandener Eigentümer erfassen. Da sich die Ausübungsbefugnis des § 10 Abs. 3 Satz 3 WEG auf die gemeinschaftsbezogenen Rechte „**der Wohnungseigentümer**" bezieht, kann die Gemeinschaft nicht auf Ansprüche bereits aus der Gemeinschaft ausgeschiedener Erwerber zugreifen. Sollen deren Ansprüche geltend gemacht werden, käme es auf eine Abtretung ihrer Ansprüche an die gegenwärtigen Miteigentümer (bzw. deren Rechtsnachfolger, die Zweiterwerber) oder die Gemeinschaft selbst an.

Die Gemeinschaft entscheidet auch darüber, wessen Ansprüche sie verfolgt. Die Gemeinschaft macht die Ansprüche gewissermaßen als **Anspruchsbündel**, bestehend aus den Ansprüchen sämtlicher oder mehrerer Erwerber, geltend[2349]. Dabei kann sie die Ansprüche nur in dem Umfang und mit den Beschränkungen, wie sie sich durch die Einreden und Einwendungen aus den einzelnen Vertragsverhältnissen ergeben, durchsetzen. Es ist ohne weiteres möglich, dass einem Teil der Erwerber wegen desselben Mangels keine oder nur einredebehaftete Ansprüche zustehen. Deshalb kann die Gemeinschaft ggf. nur die erfolgversprechenden Ansprüche bestimmter Erwerber heranziehen und sich auf diese stützen[2350]. Diese Vorgehensweise bietet sich zum Beispiel an, wenn sich der Bauträger nur einigen oder einem Erwerber zur Mängelbeseitigung verpflichtet hat[2351] oder nur einem Teil der Erwerber oder gar nur einem einzigen Nachzüglererwerber noch unverjährte Ansprüche zur Seite stehen[2352]. Dabei macht es im Kostenpunkt keinen Unterschied, ob einer Klage (der Gemeinschaft) wegen sämtlicher oder wegen nur eines einzigen herangezogenen Anspruchs stattgegeben wird.

[2347] BGH v. 15. 1. 2010, BauR 2010, 774 = NJW 2010, 933, Rdn. 7 f., m. Anm. *Schmid* = ZfIR 2010, 243 m. krit. Anm. *Dötsch*.
[2348] BGH v. 12. 4. 2007, NJW 2007, 1952 = BauR 2007, 1221, Rdn. 22; BGH v. 15. 1. 2010, BauR 2010, 774 = NJW 2010, 933, Rdn. 9, m. Anm. *Schmid* = ZfIR 2010, 243 m. krit. Anm. *Dötsch*.
[2349] Vgl. BGH v. 12. 4. 2007, NJW 2007, 1952 = BauR 2007, 1221, Rdn. 32, der hier ebenfalls im Bild eines „Anspruchsbündels" spricht.
[2350] BGH v. 15. 1. 2010, BauR 2010, 774 = NJW 2010, 933, Rdn. 7 f., m. Anm. *Schmid* = ZfIR 2010, 243 m. krit. Anm. *Dötsch*.
[2351] BGH v. 15. 1. 2010, BauR 2010, 774 = NJW 2010, 933, Rdn. 7 f., m. Anm. *Schmid* = ZfIR 2010, 243 m. krit. Anm. *Dötsch*.
[2352] Vgl. *Kniffka*, FS Ganten, S. 125 (133, 137).

B. Der Bauträgererwerb

Ebenso dürfte vorgegangen werden können, wenn z. B. ein einzelner Erwerber bereits eine gleichlautende Klage (z. B. auf Kostenvorschuss) erhoben hat und dieser Klage durch eine Beschlussfassung der Gemeinschaft (ausnahmsweise) nicht der Boden entzogen werden soll (dazu unten Rdn. 969).

Der einzelne Erwerber muss es deshalb hinnehmen, dass unter „Verwendung" seiner Ansprüche Mängelbeseitigung vom Bauträger gefordert wird und ggf. auch eine Klage erhoben wird: Das gilt auch dann, wenn Ansprüche anderer Erwerber nicht herangezogen werden. Das kann dann der Fall sein, wenn nur einige wenige Eigentümer über unverjährte Ansprüche verfügen oder nur diese aktivlegitimiert sind, weil nur ihnen gegenüber Bauleistungen am Gemeinschaftseigentum geschuldet waren (Verpflichtung zum Dachausbau für einen Eigentümer in einer größeren Gemeinschaft)[2353].

899 *bb) Rechtsbefugnisse eines gesetzlich Ermächtigten.* Die Wohnungseigentümergemeinschaft macht die Ansprüche der Erwerber außergerichtlich als **gesetzlich Ermächtigte** geltend, ohne dass das Gesetz in § 10 Abs. 6 Satz 3 WEG den Inhalt und Umfang der Ermächtigung im Einzelnen regeln würde.

Die Befugnisse des Ermächtigten folgen im allgemeinen aus dem Inhalt und dem Zweck der Ermächtigung[2354]. Für die (fakultative) gesetzliche Ermächtigung der Wohnungseigentümergemeinschaft ist aus dem Zweck des § 10 Abs. 6 Satz 3 WEG zu folgern, dass die Gemeinschaft die Forderung nicht nur geltend machen, sondern darüber hinaus auch Wahlrechte ausüben und Erklärungen abgeben kann (Mängelanzeigen, Mahnungen). Die Gemeinschaft ist ferner berechtigt zwischen den Mängelrechten zu wählen (das liegt in der Natur der Sache, weil der gleichzeitig bezweckte Schuldnerschutz nur so erreicht werden kann). Aus dem Gemeinschaftsbezug wird außerdem das Recht der Wohnungseigentümergemeinschaft abgeleitet, über die Mängelansprüche verfügen, also etwa auch einen **Vergleich** abschließen zu können[2355].

900 Dass die Gemeinschaft im Rahmen ihrer Ausübungsbefugnisse berechtigt wäre, mit den Mängelansprüchen gegen etwaige Restvergütungsansprüche des Bauträgers aufzurechnen, ist nicht anzunehmen, weil dadurch in die individuelle Rechtszuständigkeit des einzelnen Erwerbers mehr eingegriffen würde, als für die Geltendmachung der Mängelansprüche erforderlich ist. Für eine **Aufrechnung** mit Vergütungsansprüchen des Bauträgers gegen Ansprüche wegen Mängeln am Gemeinschaftseigentum ist außerdem folgendes zu berücksichtigen: Weil an den Nacherfüllungsansprüchen (samt Kostenvorschuss- und Aufwendungsersatzanspruch) Mitgläubigerschaft besteht (Rdn. 917), fehlt es für eine Aufrechnung seitens der Bauträgers an der erforderlichen Gegenseitigkeit[2356]. Aus denselben Gründen soll umgekehrt eine Aufrechnung des Erwerbers mit einem Ersatzanspruch gegen die restliche Vergütung unzulässig sein[2357]. Das überzeugt nicht. Bei einer Aufrechnung durch einen einzelnen Erwerber bleibt das Interesse der Gemeinschaft gewahrt, weil die Gemeinschaft vom Erwerber die durch die Aufrechnung erlangten Mittel (Befreiung vom Vergütungsanspruch) zur zweckentsprechenden Verwendung beanspruchen kann[2358]. Das wird häufig – auch aus der Sicht der Gemeinschaft – der

---

[2353] OLG München v. 11. 2. 2002, NJW-RR 2002, 1454 = NZM 2002, 826, noch zur früheren Rechtslage.
[2354] *Palandt/Grüneberg*, § 398 Rdn. 31.
[2355] BGH v. 27. 7. 2006, NJW 2006, 3275 = NZBau 2006, 706 = BauR 2006, 1747, Rdn. 32; BayObLG v. 4. 11. 1999, NJW-RR 2000, 379; *Kniffka*, FS Ganten, S. 125 (133); *Wenzel*, NJW 2007, 1905 (1909); *Kniffka/Koeble*, Rdn. 296; *Pause*, NZM 2007, 234; *Weitnauer/Briesemeister*, nach § 8 WEG, Rdn. 81; *Werner/Pastor*, Rdn. 517; a. A. *Kreuzer*, FS Bub (2007), S. 155, (164, 166).
[2356] BGH v. 12. 10. 1995, NJW 1996, 1407, 1409; BGH v. 26. 9. 1991, NJW 1992, 435; *Schulze-Hagen*, ZWE 2007, 113 (116); ablehnend *Grams*, ZflR 2009, 573 (578).
[2357] BGH v. 12. 4. 2007, NJW 2007, 1952 = BauR 2007, 1221, Rdn. 75; *Wenzel*, NJW 2007, 1905 (1906); *Staudinger/Bub* (2005), § 21 WEG, Rdn. 269; *Greiner*, ZfBR 2001, 439 (440 f.); *Riecke/Schmid/Vogel*, nach § 8 WEG, Rdn. 52; *Kleine-Möller/Merl*, § 15 Rdn. 1047.
[2358] OLG München v. 22. 5. 2007, BauR 2008, 373.

einfachste, kostengünstigste und sicherste Weg zur Durchsetzung ihrer Ansprüche sein[2359].

Ebenso bleibt die Ausübung des **Leistungsverweigerungsrechts** dem Erwerber selbst vorbehalten[2360]; diese Befugnis verbliebe ihm sogar im Falle einer Zession[2361]. Dem steht die Befugnis der Gemeinschaft, auf die Ansprüche zugreifen zu können, nicht entgegen[2362].

cc) Gesetzliche Prozessstandschaft. Der Widerspruch, dass die Ansprüche von der einen Person, der Wohnungseigentümergemeinschaft, verfolgt werden dürfen, während dieselben Ansprüche einer anderen Person, dem Erwerber, weiterhin als Inhaber zustehen, wird vom Gesetz in § 10 Abs. 6 S. 3 WEG in der Weise aufgelöst, dass es mit der Wendung „sie übt die ... Rechte ... aus" der Gemeinschaft auch für den Prozessfall die Rechtsmacht zur Wahrnehmung fremder Rechte verleiht. Das Gesetz schafft damit für die gerichtliche Geltendmachung eine besondere **gesetzliche Prozessstandschaft**[2363]. Die Gemeinschaft handelt gegenüber dem Bauträger als Ermächtigte bzw. – im Prozess – als Prozessstandschafterin. Auch wenn die durch die WEG-Novelle eingeführte Ausübungsbefugnis mit den bekannten Fällen der gesetzlichen Prozessstandschaft nur bedingt vergleichbar ist, lässt sich die Rolle der Gemeinschaft bei der Verfolgung fremder Ansprüche prozessrechtlich nur mit dieser Rechtsfigur erklären.

dd) Empfangszuständigkeit der Gemeinschaft. Mit dem Zweck der Ermächtigung ist außerdem die Berechtigung der Wohnungseigentümergemeinschaft zu erklären, Zahlung an sich statt an die Forderungsinhaber verlangen zu können. Die **Empfangszuständigkeit** der Gemeinschaft begründet sich insbesondere für den Kostenvorschuss und den Aufwendungsersatz mit der Instandhaltungs- und Instandsetzungspflicht (§ 21 Abs. 1, 2 Nr. 5 WEG)[2364], zumal diese Ansprüche auch den Erwerbern selbst nur in Mitgläubigerschaft zustehen und auch deshalb an die Gemeinschaft zu fordern wären (Rdn. 917)[2365]. Bei einem Kostenvorschuss ergibt sich die Empfangszuständigkeit der Gemeinschaft zusätzlich daraus, dass der Vorschuss ohnehin für eine (abzurechnende) Selbstvornahme, also eine gemeinschaftliche Maßnahme verwendet werden muss. Da schon der Erwerber, wenn er die Kosten der Mängelbeseitigung berechtigterweise selbst geltend macht, nur Zahlung an die Gemeinschaft fordern kann[2366], ist dies erst Recht für den Fall anzunehmen, dass die Gemeinschaft als Ermächtigte die Zahlung beansprucht. Einzuschränken ist allerdings, dass der Erwerber, wenn er die Selbstvornahme auf eigene Rechnung ausgeführt hat, den Aufwendungsersatz an sich verlangen kann[2367].

Sofern die Gemeinschaft Minderung oder kleinen Schadensersatz geltend macht, geht die Rechtsprechung des BGH infolge des diesen Rechten zugesprochenen Gemeinschaftsbezugs ebenfalls von der Einzugsberechtigung der Gemeinschaft aus. Dies muß aber bezweifelt werden, weil beide Rechte nicht unmittelbar der Instandsetzung

---

[2359] *Grziwotz/Koeble*, 4. Teil, Rdn. 313; vgl. *Palandt/Weidenkaff*, § 428 Rdn. 8.
[2360] OLG Düsseldorf v. 2. 3. 2010, BauR 2010, 1236; OLG Brandenburg v. 8. 2. 2006, BauR 2006, 1323.
[2361] *Palandt/Grüneberg*, § 320 Rdn. 4.
[2362] A. A. *Wenzel*, NJW 2007, 1905 (1906).
[2363] BGH v. 26. 4. 2007, NZBau 2007, 507 = BauR 2007, 1407, Rdn. 14; BGH v. 15. 1. 2010, BauR 2010, 774 = NJW 2010, 933, Rdn. 13, m. Anm. *Schmid* = ZfIR 2010, 243 m. krit. Anm. *Dötsch; Pause/Vogel* BauR 2007, 1289, 1299 = ZMR 2007, 577; *Schmidt*, NZM 2006, 767, 769; *Wenzel*, NJW 2007, 1905 (1908 f.); vor der WEG-Novelle war die Rechtsprechung noch von einer *gewillkürten* Prozessstandschaft ausgegangen, BGH v. 12. 4. 2007, NJW 2007, 1952 = BauR 2007, 1221, Rdn. 22; BGH v. 12. 4. 2007, NJW 2007, 1957 = BauR 2007, 1227, Rdn. 28.
[2364] *Kniffka*, FS Ganten, S. 125 (128).
[2365] A. A. OLG München v. 22. 5. 2007, BauR 2008, 373.
[2366] BGH v. 12. 4. 2007, NJW 2007, 1952 = BauR 2007, 1221, Rdn. 75.
[2367] BGH v. 21. 7. 2005, NZBau 2005, 585 = NJW-RR 2005, 1472 = BauR 2005, 1623.

dienen, also keinen Zweck aufweisen, der eine Einforderung an die Gemeinschaft rechtfertigt (Rdn. 890, 920).

904   *ee) Korrespondierender Rechtsverlust beim Erwerber.* In dem Umfang, in dem die Wohnungseigentümergemeinschaft von ihrem Recht, die Ansprüche der Erwerber an sich zu ziehen, Gebrauch macht, tritt für den einzelnen Erwerber ein korrespondierender Rechtsverlust ein[2368]. Nach einem Beschluss der Gemeinschaft, die Ansprüche selbst geltend machen zu wollen, ist der Erwerber deshalb nicht mehr berechtigt, Maßnahmen zu ergreifen[2369]. Daraus, dass die Gemeinschaft über die Ansprüche etwa im Rahmen eines Vergleichs verfügen kann, folgt im Umkehrschluss dann auch, dass der einzelne Eigentümer über seine Ansprüche nicht mehr verfügen kann. Es wird ihm deshalb auch versagt sein, auf sie zu **verzichten** oder z. B. im Rahmen eines Vergleichs über sie zu verfügen[2370]. Auch wenn der Eigentümer der einzige Erwerber ist, dem ein Anspruch gegen den Bauträger zusteht, muss er es hinnehmen, dass sich die Gemeinschaft dieses Anspruchs zum Zwecke seiner Durchsetzung bedient[2371]. Andernfalls könnte er die Inanspruchnahme des Bauträgers durch die Gemeinschaft unterlaufen. Etwaige Vereinbarungen, die der Bauträger mit einzelnen Erwerbern vor einer Beschlussfassung trifft, hindern die Gemeinschaft nicht, von solchen Vereinbarungen unbelastete Ansprüche anderer Erwerber geltend zu machen. Vereinbarungen mit einzelnen Erwerbern wegen Mängeln am Gemeinschaftseigentum sind für den Bauträger mit dem – von ihm selbst geschaffenen – Risiko einer nochmaligen Inanspruchnahme durch die anderen Erwerber bzw. die Gemeinschaft belastet.

c) Keine zwingende Zuständigkeit der Wohnungseigentümergemeinschaft

905   *aa) Fakultative Zuständigkeit der Gemeinschaft.* Fraglich ist, ob für die Gemeinschaft eine generelle oder nur eine **fakultative Zuständigkeit** besteht. Der Wortlaut von § 10 Abs. 6 Satz 3 WEG könnte eine umfassende und alleinige Zuständigkeit der Gemeinschaft nahelegen, also jegliche Befugnis des einzelnen Erwerbers von Beginn an ausschließen[2372]. In diesem umfassenden Sinn ist § 10 Abs. 6 Abs. 3 WEG aber nicht zu verstehen. Eine so umfassende Zuständigkeit würde zu einer – im Lichte der Eigentumsgarantie des Art. 14 Abs. 1 S. 2 GG – nicht gerechtfertigten Entwertung des Wohnungseigentums führen[2373]. Die Beschränkung der individuellen Ansprüche des Erwerbers darf nicht weiter gehen, als für die zu wahrenden Belange der Gemeinschaft und des Bauträgers erforderlich ist. Eine generelle Ermächtigung der Gemeinschaft ist aber für die Wahrung ihrer Interessen und der des Bauträgers nicht nötig, weil eine fakultative Zuständigkeit den jederzeitigen Zugriff auf die Ansprüche der Erwerber erlaubt. Andererseits bleibt dem Erwerber bei dieser Auslegung seine Grundzuständigkeit erhalten, die ihm jedenfalls ein anfängliches Handeln gestattet.

Die Zuständigkeit der Gemeinschaft ist deshalb nur dann gegeben, wenn sie von ihrem Zugriffsrecht tatsächlich Gebrauch macht[2374]. Die Befugnis der Gemeinschaft ist

---

[2368] BGH v. 15. 1. 2010, BauR 2010, 774 = NJW 2010, 933, Rdn. 9, m. Anm. *Schmid* = ZflR 2010, 243 m. krit. Anm. *Dötsch*; *Kniffka*, FS Ganten, S. 125 (129); so schon BayObLG v. 29. 2. 1996, NJW-RR 1996, 1101.
[2369] BGH v. 12. 4. 2007, NJW 2007, 1952 = BauR 2007, 1221, Rdn. 21.
[2370] Anders wohl *Staudinger/Bub* (2005), § 21 WEG, Rdn. 260, zur früheren Rechtslage.
[2371] BGH v. 15. 1. 2010, BauR 2010, 774 = NJW 2010, 933, Rdn. 7 f., m. Anm. *Schmid* ZflR 2010, 243 m. krit. Anm. *Dötsch*.
[2372] Dagegen bereits während des Gesetzgebungsverfahrens *J.-H. Schmidt*, NZM 2006, 767, 769.
[2373] Vgl. BT Drs. 16/887 S. 61 f.; *Wenzel*, NJW 2007, 1905 (1907 f.); *Pause/Vogel*, BauR 2007, 1298, 1306; *Pause*, BauR 2009, 425 (427); vgl. auch zum früheren Recht BGH v. 12. 4. 2007, NJW 2007, 1952 = BauR 2007, 1221, Rdn. 17 f.
[2374] *Wenzel*, ZWE 2006, 462 (467); *Riecke/Schmid/Elzer*, § 10 WEG, Rdn. 428.

von einem vorangehenden Entschluss der Gemeinschaft abhängig. Anderes gilt nur ausnahmsweise im Falle der Eilzuständigkeit des Verwalters nach § 27 Abs. 3 Nr. 2 WEG (z. B. bei drohendem Verjährungseintritt). Bis zu einem entsprechenden Organisationsakt der Gemeinschaft bleibt der einzelne Eigentümer für die Rechtsausübung zuständig. Die Gemeinschaft ist also nicht ausschließlich, sondern nur fakultativ zuständig.

bb) Pflicht der Gemeinschaft zum Tätigwerden. Fraglich ist weiterhin, ob eine **Pflicht** **906** **der Gemeinschaft zum Tätigwerden** besteht. Die Miteigentümer sind sich nach § 21 Abs. 4 WEG zur ordnungsmäßigen Verwaltung des Gemeinschaftseigentums verpflichtet. Folglich ist die Gemeinschaft nicht nur berechtigt, sondern auch verpflichtet, im Rahmen ordnungsmäßiger Verwaltung von den Befugnissen nach § 10 Abs. 6 Satz 3 WEG Gebrauch zu machen. Jeder Eigentümer kann deshalb von den Miteigentümern – ggf. auch gerichtlich – die Ausübung der Befugnisse gegenüber dem Bauträger verlangen, sofern dies ordnungsmäßiger Verwaltung entspricht. Darüber, ob die Mängelansprüche durch die Gemeinschaft verfolgt werden, hat die Gemeinschaft im Rahmen des ihr zustehenden Ermessens zu entscheiden[2375]. Der einzelne Miteigentümer kann also eine ermessensfehlerfreie Entscheidung der Gemeinschaft darüber verlangen, ob und wie die Ansprüche durchgesetzt werden. Der Beschluss ist nur auf Ermessensüberschreitung und -fehlgebrauch überprüfbar[2376]. Unterlässt die Gemeinschaft die Geltendmachung der Mängelansprüche ermessensfehlerhaft, kann sie auf Vornahme der erforderlichen Maßnahmen verklagt werden; außerdem drohen Schadensersatzansprüche des einzelnen Miteigentümers[2377]. Sofern die Gemeinschaft die Mängelansprüche nicht geltend macht (sie nicht an sich zieht), bleibt der einzelne Erwerber allerdings sachbefugt.

Hiervon unberührt bleibt allerdings die wohnungseigentumsrechtliche Pflicht der **907** Gemeinschaft, das Gemeinschaftseigentum auch dann instand zu halten, also ursprünglich vorhandene Baumängel zu beseitigen, wenn sie die Mängelansprüche – ermessensfehlerfrei – nicht verfolgen will[2378]. Zur Instandhaltung und Instandsetzung im Sinne des § 21 Abs. 5 Nr. 2 WEG gehört auch die erstmalige ordnungsgemäße Herstellung des Gemeinschaftseigentums, also die Mängelbeseitigung[2379].

cc) Anfängliche und durch Beschluss zugelassene Befugnis des Erwerbers. Konsequenz aus **908** der nur fakultativen Zuständigkeit der Gemeinschaft ist aber auch, dass jedenfalls eine **anfängliche Befugnis des Erwerbers** und darüber hinaus ggf. auch eine durch Beschluss zugelassene Berechtigung zur Anspruchsverfolgung besteht.

Wegen der nur fakultativen Zuständigkeit kann der Erwerber bis zu einer Entscheidung der Gemeinschaft die auf die Mängelbeseitigung gerichteten Nacherfüllungsansprüche selbst geltend machen[2380]. Er kann insbesondere sämtliche der Mängelbeseiti-

---

[2375] BayObLG v. 28. 7. 2004, NJW-RR 2004, 1455; *Weitnauer/Lüke*, § 21 Rdn. 12; *Wenzel* in Bärmann, nach § 10 WEG, Rdn. 35; *Pause/Vogel*, BauR 2007, 1298, 1307; *Grziwotz/Koeble*, 4. Teil, Rdn. 309.
[2376] *Kniffka*, FS Ganten, S. 125 (131 f.).
[2377] *Pause/Vogel*, BauR 2007, 1298, 1307.
[2378] Vgl. BayObLG v. 17. 1. 1991, NJW-RR 1991, 1234 dazu, dass die Gemeinschaft ihrer Instandhaltungspflicht (zunächst) genügt, wenn sie die Mängelansprüche gegenüber dem Bauträger verfolgt und deshalb vorhandene Mängel noch nicht beseitigt. Vgl. auch BayObLG v. 21. 5. 1992, NJW-RR 1992, 1102 zur Schadensersatzpflicht der Gemeinschaft gegenüber einem Miteigentümer für Schäden infolge mangelhafter Sanierung. Vgl. ferner BayObLG v. 24. 11. 1994, ZMR 1995, 87 und BayObLG v. 28. 3. 1996, WE 1996, 480 dazu, dass es sich bei der Mängelbeseitigung um keine (zustimmungspflichtige) bauliche Veränderung i. S. v. § 22 Abs. 1 WEG handelt.
[2379] BayObLG v. 28. 3. 1996, WE 1996, 480; BayObLG v. 29. 2. 1996, NJW-RR 1996, 1101.
[2380] BGH v. 27. 7. 2006, NJW 2006, 3275, Rdn. 20 f.; KG v. 24. 2. 2006, BauR 2006, 1482; OLG Brandenburg v. 8. 2. 2006, BauR 2006, 1323; BGH v. 12. 4. 2007, NJW 2007, 1952 = BauR 2007, 1221, Rdn. 18.

gung dienende Ansprüche verfolgen, also die Nacherfüllung, einen Kostenvorschuss oder den Aufwendungsersatz für eine bereits durchgeführte Mängelbeseitigung außergerichtlich und gerichtlich verlangen[2381]. Mehrere (oder sämtliche) Erwerber können ihre Ansprüche dann auch gemeinschaftlich verfolgen und ggf. auch gemeinsam gerichtlich geltend machen; Zahlungen sind dabei aber stets an die Gemeinschaft zu verlangen (Rdn. 917).

Sofern die Erwerber aber Minderung oder kleinen Schadensersatz beanspruchen wollen, bedarf es auch in dieser Situation (keine aktive Verfolgung der Ansprüche durch die Gemeinschaft) eines Beschlusses des Inhaltes, dass der auf Nacherfüllung bzw. Kostenvorschuss gerichtete Anspruch nicht geltend gemacht wird und stattdessen die Ansprüche auf Minderung oder Schadensersatz zur individuellen Verfolgung von der Gemeinschaft freigegeben werden[2382].

909   dd) *Verhältnis zwischen individuellen Maßnahmen und späteren Beschlüssen der Gemeinschaft.* Aufgrund der Berechtigung der einzelnen Erwerber, noch vor dem Tätigwerden der Gemeinschaft die Nacherfüllung gegenüber dem Bauträger verlangen zu können, sind **Kollisionen** zwischen individuellen und von der Gemeinschaft ergriffenen Maßnahmen möglich. Deshalb ist das Verhältnis zwischen bereits eingeleiteten und den sodann von der Gemeinschaft beschlossenen Schritten zu klären: Mängelanzeigen, Mängelbeseitigungsaufforderungen und Inverzugsetzungen des Erwerbers behalten ihre Wirkung und bedürfen keiner Wiederholung durch die Gemeinschaft[2383]. Die Ergebnisse eines von einem einzelnen Erwerber durchgeführten selbständigen Beweisverfahrens[2384] können auch von der Gemeinschaft gem. § 493 ZPO benutzt werden.

910   Der bereits erhobenen Klage des einzelnen Erwerbers (z. B. auf Mängelbeseitigung oder Kostenvorschuss) steht der Beschluss der Gemeinschaft, sich der Ansprüche anzunehmen, entgegen. Da die Gemeinschaft die gesetzliche Befugnis hat, auch auf den schon geltend gemachten Anspruch zuzugreifen, verliert der Erwerber eben dieselbe **Prozessführungsbefugnis** ggf. auch nachträglich (vgl. Rdn. 969). Anders verhält es sich dann, wenn die Gemeinschaft vom Zugriff auf die Forderung des einen bereits klagenden Erwerbers bewusst absieht. Dann bliebe der einzelne Erwerber weiterhin klagebefugt und der Bauträger ggf. sogar beiden Verlangen ausgesetzt, wobei er aber nur einmal zu leisten hätte (im einzelnen Rdn. 969).

d) Aufgaben und Befugnisse des Wohnungseigentumsverwalters

911   Durch die Ausübungsbefugnis der Gemeinschaft gem. § 10 Abs. 6 Satz 3 WEG entstehen dem **Wohnungseigentumsverwalter** zusätzliche gesetzliche Aufgaben und Pflichten. Der Gesetzgeber hat es leider versäumt, die diesbezüglichen Aufgaben der Verwaltung klar zu regeln[2385]. Sie dürften am ehesten in § 27 Abs. 1 Nr. 2, 3 WEG beschrieben sein. Da die Aufgabenzuweisung eher undeutlich erfolgt, empfehlen sich klare Regelungen – auch zur Vergütung – im Verwaltervertrag. Im Grundsatz hat die Verwaltung – wovon die Rechtsprechung allerdings schon bisher ausging – etwaige Baumängel festzustellen, die Eigentümer über Baumängel zu informieren, geeignete Schritte zur Geltendmachung der Ansprüche vorzuschlagen, auf entsprechende Beschlüsse in der Versammlung hinzuwirken[2386] – und diese gem. § 27 Abs. 1 Nr. 1

[2381] BGH v. 12. 4. 2007, NJW 2007, 1952 = BauR 2007, 1221, Rdn. 18.
[2382] Vgl. dazu bereits BGH v. 4. 11. 1982, NJW 1983, 453.
[2383] *Wenzel*, NJW 2007, 1905 (1908).
[2384] Zur Zulässigkeit noch unter altem Recht BGH v. 11. 10. 1979, BauR 1980, 69.
[2385] *Bub*, NZM 2006, 841 (847); *Merle*, ZWE 2006, 365 ff.; *Pause/Vogel*, BauR 2007, 1298, 1305.
[2386] BayObLG v. 18. 9. 2002, NJW-RR 2002, 1668; OLG Hamm v. 17. 12. 1996, NJW-RR 1997, 908; *Greiner*, BTR 2004, 242, 248; *Riecke/Schmid/Vogel*, nach § 8 WEG, Rdn. 53 f.

XII. Verfolgung von Mängeln am Gemeinschaftseigentum

WEG umzusetzen. All das gilt insbesondere bei drohender Verjährung der Ansprüche[2387], was voraussetzt, dass sich die Verwaltung auch über die Umstände des Beginns und des Ablaufs der Verjährung kundig machen bzw. eine rechtliche Beratung der Gemeinschaft veranlassen muß. Im Übrigen bleibt es aber Sache der (informierten) Gemeinschaft, aktiv zu werden und gegebenenfalls auch für die Hinzuziehung geeigneter Fachleute (Sachverständige, Rechtsanwälte usw.) zu sorgen. Dies gilt insbesondere dann, wenn sie bzgl. der Mängel den gleichen Kenntnisstand hat wie der Verwalter[2388].

Der Verwalter ist verpflichtet, das Gebäude während der Gewährleistungsfrist regelmäßig zu begehen und auf Baumängel zu untersuchen; er hat dabei insbesondere etwaigen Mängelhinweisen der Eigentümer nachzugehen[2389]. Der Verwalter macht sich schadensersatzpflichtig, wenn er die Eigentümer nicht auf Baumängel hinweist und nicht auf zweckentsprechende Beschlüsse hinwirkt[2390]. Der Verwalter muss insbesondere auf den drohenden Ablauf der Verjährungsfrist hinweisen und Entscheidungen der Wohnungseigentümer über das weitere Vorgehen herbeiführen[2391]. Das gilt auch dann, wenn es sich beim Verwalter um den Bauträger handelt, er also über Ansprüche gegen sich selbst hinweisen muss[2392]. Ein Verschulden des Verwalters wird von der Rechtsprechung schon dann angenommen, wenn den Wohnungseigentümern zwar der drohende Ablauf der Verjährungsfrist bekannt ist, der Verwalter es aber unterlässt, die Eigentümer über geeignete Maßnahmen entscheiden zu lassen[2393]. Auch entfällt die Aufklärungspflicht nicht schon dann, wenn einzelne Miteigentümer den gleichen Kenntnisstand wie der Verwalter haben[2394]. Die Hinweispflicht kann aber dann entfallen, wenn bekannt ist, dass die Mehrheit der Miteigentümer nicht gegen den Bauträger vorgehen will[2395].

Sofern sich der Bauträger selbst zum ersten Verwalter bestellt bzw. bestellen lässt, dürfen die Wohnungseigentümer erwarten, dass er bei der Mängelverfolgung seine Kenntnisse und Fertigkeiten als Bauträger für die Gemeinschaft einsetzt; der Haftungsmaßstab wird durch seine Bauträgereigenschaft verschärft[2396].

Der **Ausübung von Wahlrechten** durch den Verwalter steht bei einer entsprechenden Ermächtigung nichts entgegen. Die Gemeinschaft kann insbesondere bei der Existenz zahlreicher Mängel, die zudem in tatsächlicher Beziehung unterschiedlich zu beurteilen sein können, beschließen, dass der Verwalter gegebenenfalls im Einvernehmen mit dem Verwaltungsbeirat oder unter Hinzuziehung eines Sachverständigen über die zu verfolgenden Mängel und die jeweils auszuübenden Rechte entscheiden soll[2397]. Vgl. auch Rdn. 964.

912

913

[2387] BayObLG v. 17. 10. 2002, NJW-RR 2003, 78; BayObLG v. 1. 2. 2001, NJW-RR 2001, 731; BayObLG v. 18. 9. 2002, NJW-RR 2002, 1668; zu den Grenzen der Hinweispflichten des Verwalters: OLG Düsseldorf v. 27. 5. 2002, NJW-RR 2002, 1592.
[2388] OLG Hamm v. 17. 12. 1996, NJW-RR 1997, 908.
[2389] OLG München v. 25. 9. 2008, NZBau 2008, 317.
[2390] BayObLG v. 30. 8. 1989, WuM 1990, 178 (179); OLG Hamm v. 25. 7. 1996, NJW-RR 1997, 143; OLG Hamm v. 17. 12. 1996, NJW-RR 1997, 908; BayObLG v. 21. 5. 1992, NJW-RR 1992, 1102, mit Hinweisen auf die Verwalterpflichten bei der Sanierung von Gemeinschaftseigentum und der Haftung der Miteigentümer untereinander. Entsprechendes gilt für den Hausverwalter eines von einer Bauherrengemeinschaft errichteten Objekts nach §§ 675, 666 BGB, BGH v. 20. 11. 1997, NJW 1998, 680.
[2391] BayObLG v. 17. 10. 2002, NJW-RR 2003, 78.
[2392] BayObLG v. 1. 2. 2001, NJW-RR 2001, 731; *Drasdo*, BTR 2005, 2.
[2393] BayObLG v. 18. 9. 2002, NJW-RR 2002, 1668.
[2394] BayObLG v. 1. 2. 2001, NJW-RR 2001, 731; OLG Frankfurt v. 28. 5. 2009, ZWE 2009, 359.
[2395] OLG Düsseldorf v. 27. 5. 2002, NJW-RR 2002, 1592.
[2396] OLG München v. 25. 9. 2008, NZBau 2008, 317.
[2397] BGH v. 20. 3. 1986, NJW-RR 1986, 755, zur Wahl durch den Verwalter zwischen einer Klage der Gemeinschaft oder einer Klage des Verwalters als Prozessstandschafter.

B. Der Bauträgererwerb

914 Bei der außergerichtlichen wie bei der gerichtlichen Geltendmachung der Ansprüche wird die Wohnungseigentümergemeinschaft durch den Wohnungseigentumsverwalter vertreten. Für diese **Vertretung** besteht keine gesetzliche Ermächtigung; der Verwalter muss durch Mehrheitsbeschluss (oder durch eine entsprechende Regelung in der Gemeinschaftsordnung) ermächtigt werden, § 27 Abs. 2 Nr. 3 WEG. Nur dann, wenn der Verwalter zur Wahrung einer Frist oder zur Nachteilsabwendung handeln muss und ein Beschluss nicht rechtzeitig herbeigeführt werden kann, besteht gem. § 27 Abs. 3 Nr. 2 WEG eine gesetzliche Ermächtigung, ggf. auch eine Klage zu erheben oder andere geeignete (gerichtliche) Maßnahmen zu ergreifen.

915 Entgegen der Auffassung des Kammergerichts[2398] verletzt der Verwalter durch die Vertretung der Gemeinschaft vor dem (Amts-)Gericht nicht die Bestimmungen des RBerG – heute **Rechtsdienstleistungsgesetz** (RDG), – da die Durchsetzung der Gewährleistungsrechte im unmittelbaren Zusammenhang mit den Aufgaben des Verwalters steht[2399].

2. Mit-, Gesamt- oder Teilgläubiger?

a) Vorbemerkung

916 Durch die gesetzliche Zuständigkeit und Befugnis der Wohnungseigentümergemeinschaft, Mängelansprüche der Erwerber als Ermächtigte bzw. Prozessstandschafterin geltend machen zu können, ist über das Verhältnis der Gläubiger der im Bündel herangezogenen Ansprüche untereinander nichts gesagt. Ob das, was die Gemeinschaft geltend macht, der Gemeinschaft, den Erwerbern quotal oder diesen in der ihnen gebührenden Höhe individuell zusteht, hängt von der **Gläubigerstellung** ab. Der BGH hat diese Frage bis heute nicht ausdrücklich entschieden[2400]. Sie kann für die verschiedenen Ansprüche (primäre und sekundäre Mängelrechte) aber unterschiedlich zu beantworten sein.

b) Nacherfüllungsanspruch

917 Zwar ist jeder Erwerber berechtigt, Nacherfüllung und etwaige Resterfüllungsansprüche in vollem Umfang, also ohne Rücksicht auf die Größe seines Miteigentumsanteils und ohne Rücksicht auf die Tätigkeit oder Untätigkeit anderer Erwerber, geltend zu machen (Rdn. 883); der Bauträger kann und soll diese Mängel aber nur einmal durch eine Handlung beseitigen. Daraus folgt, dass der Nacherfüllungsanspruch auf eine unteilbare Leistung gerichtet ist, also an ihm **Mitgläubigerschaft** i.S.v. § 432 BGB besteht[2401]. Wenn ein einzelner Erwerber Nacherfüllung oder Vorschuss bzw. Aufwen-

---

[2398] Beschluss v. 19. 12. 1990, NJW 1991, 1304.
[2399] BayObLG v. 8. 5. 1991, BayObLGZ 1991, 165 (168) = NJW-RR 1992, 81; BGH v. 6. 5. 1993, NJW 1993, 1924, auch dazu, dass sich der Verwalter eine an der BRAGO orientierte Sondervergütung bewilligen lassen darf.
[2400] Vgl. BGH v. 27. 2. 1992, NJW 1992, 1881; BGH v. 4. 11. 1982, NJW 1983, 453, m. krit. Anm. *Weitnauer;* BGH v. 21. 2. 1985, NJW 1985, 1551; BGH v. 11. 10. 1979, WM 1979, 1364 = BauR 1980, 69 = ZfBR 1980, 36; in BGH v. 10. 5. 1979, NJW 1979, 2207, wurde allerdings beiläufig Gesamtgläubigerschaft angenommen.
[2401] OLG Stuttgart v. 17. 10. 2002, BauR 2003, 1394 (1397); OLG Karlsruhe v. 1. 2. 1989, BauR 1990, 622; BayObLG v. 21. 2. 1973, NJW 1973, 1086; *Doerry,* WM Beilage 8/91, S. 11; ders. ZfBR 1982, 189 (191); *Kniffka,* ZfBR 1990, 159 (162); *Koeble/Grziwotz,* 4. Teil, Rdn. 305; *Koeble,* FS Soergel, 1993, S. 125 (126); *Schulze-Hagen,* ZWE 2007, 113 (116); *Werner/Pastor,* Rdn. 492; *Staudinger/Bub* (2005), § 21 WEG, Rdn. 255; im Ergebnis auch *Ehmann,* FS Bärmann/Weitnauer, 1990, S. 145 (171); *Weitnauer/Briesemeister,* nach § 8 WEG, Rdn. 52 f.; *Weitnauer,* NJW 1983, 454; *Weitnauer* hatte früher auch Gesamtgläubigerschaft für möglich gehalten, DB Beilage 4/1981, S. 7 und NJW 1980, 400; a. A. *Kellmann,* NJW 1980, 401, der

XII. Verfolgung von Mängeln am Gemeinschaftseigentum

dungsersatz geltend macht, muss er folglich Leistung an sämtliche Erwerber verlangen (§ 432 BGB). Da der Vorschuss der Mängelbeseitigung durch die Wohnungseigentümergemeinschaft dient, ist dieser an die Gemeinschaft, also zu Händen des Verwalters zu fordern[2402]. Gleiches gilt, wenn die beanspruchten Selbstvornahmekosten von der Gemeinschaft aufgewendet worden sind.

c) Ausübung von Wahlrechten

Als Mitgläubiger des Nacherfüllungsanspruchs sind die Erwerber außerdem nur zu gemeinschaftlichen Verfügungen über diesen Anspruch befugt (§ 747 Satz 2 BGB). Die Entscheidung, statt der Nacherfüllung eines der anderen (sekundären) Mängelrechte zu beanspruchen, wird nach neuem Recht durch die Erklärung der Minderung (Gestaltungsrecht) oder das Verlangen von Schadensersatz (§ 281 Abs. 4 BGB) getroffen. Hierzu bedarf es wegen der Mitgläubigerstellung bei der Nacherfüllung einer gemeinschaftlichen Entscheidung, also – als Maßnahme der Rechtsausübung i.S.v. § 10 Abs. 6 Satz 3 WEG – einer Beschlussfassung der Wohnungseigentümergemeinschaft. Entsprechendes gilt für die Entscheidung darüber, ob auf Nacherfüllung verzichtet oder ein Vergleich abgeschlossen wird[2403].

918

Die Wahl zwischen Minderung und kleinem Schadensersatz stellt entgegen der Rechtsprechung[2404] keine Verfügung i.S.v. § 747 Satz 2 BGB dar, da die Rechte unterschiedlich ausgeübt werden können: Von einem Erwerber kann die Minderung der von ihm geschuldeten Vergütung und von einem anderen ein nach den Mängelbeseitigungskosten berechneter anteiliger Schadensersatz verlangt werden, ohne dass sich diese Forderungen gegenseitig ausschließen oder der Bauträger doppelt leisten müsste.

919

d) Minderung und kleiner Schadensersatz

Nach der Rechtsprechung des BGH können die weiteren Ansprüche (kleiner Schadensersatz und Minderung) wegen behebbarer Mängel nur an die Gemeinschaft gefordert werden[2405]. Die Rechtsprechung geht also insoweit ebenfalls von Mitgläubigerschaft aus.

920

Dem kann nicht gefolgt werden. Nach der hier vertretenen Auffassung (oben Rdn. 890 f.) endet die aus § 10 Abs. 6 Satz 3 WEG folgende Zuständigkeit der Wohnungseigentümergemeinschaft mit der Entscheidung, auf eine Nacherfüllung zu verzichten und die Geltendmachung der Minderung oder des kleinen Schadensersatzes zuzulassen.

Die **Minderung** ist ein individueller Anspruch eines jeden Erwerbers, denn sie ermittelt sich aus dem Minderwert seines Vertragsgegenstandes und ist an keinen über das Individualinteresse hinausgehenden Zweck gebunden[2406]. Selbst wenn die Minderung von der Gemeinschaft geltend gemacht wird, stehen die einzelnen Minderungsansprüche nicht in Mitgläubigerschaft, was sich bereits aus der Natur des Anspruchs – Herab-

921

---

weder Mit- noch Gesamt-, sondern Nebengläubigerschaft annimmt; Nebengläubigerschaft ablehnend Doerry, ZfBR 192, 189 (191); vgl. auch KG v. 10. 11. 1989, NJW-RR 1991, 1420: Gesamtgläubigerschaft.

[2402] BGH v. 12. 4. 2007, NJW 2007, 1952 = BauR 2007, 1221, Rdn. 18.
[2403] BGH v. 30. 4. 1998, BauR 1998, 783; *Staudinger/Bub* (2005), § 21 WEG, Rdn. 255.
[2404] BGH v. 23. 6. 2005, NJW 2005, 3420 = NZBau 2005, 511 = BauR 2005, 1473; BGH v. 10. 5. 1979, NJW 1979, 2207 (2208); BGH v. 15. 2. 1990, NJW 1990, 1663 (1664); anders verhält es sich bei Bauherrengemeinschaften, dazu BGH v. 6. 6. 1991, NJW 1991, 2480 (2481).
[2405] BGH v. 6. 6. 1991, NJW 1991, 2480 (2481); BGH v. 15. 2. 1990, NJW 1990, 1663; ebenso *Müller*, PiG 56, S. 83 (92).
[2406] A. A. der BGH in ständiger Rechtsprechung, z.B.: BGH v. 15. 2. 1990, NJW 1990, 1663, wonach die Minderung der Gemeinschaft zusteht; dagegen *Weitnauer/Briesemeister*, nach § 8 WEG, Rdn. 65. Vgl. aber BGH v. 20. 3. 1986, NJW-RR 1986, 755, zur Aufteilung der Minderung im Innenverhältnis der Gemeinschaft.

setzung der persönlich geschuldeten Vergütung – ergibt. Jeder Erwerber kann deshalb den Betrag der ihm zustehenden Minderung verlangen[2407].

922 Der BGH nimmt beim **kleinen Schadensersatzanspruch** an, dass es sich bei ihm um eine unteilbare Leistung handelt, also Mitgläubigerschaft i. S. von § 432 BGB besteht. Nur auf diese Weise sei eine zweckentsprechende Verwendung des Schadensersatzes – Behebung der Mängel durch die Gemeinschaft – gesichert[2408]. Das überzeugt nicht. Selbst wenn der Schadensersatz zur Mängelbeseitigung verwendet werden soll, wird ihm dadurch kein über das Einzelinteresse hinausgehender Zweck – als Maßnahme der Instandsetzung – gegeben[2409]. Er dient auch dann nur dem Ausgleich des Schadens, wie er dem einzelnen Erwerber entsteht. Er berechnet sich danach, wie sich der Mangel des Gemeinschaftseigentums beim Einzelnen konkret auswirkt, und sei dies in Form des Betrages, mit dem die Gemeinschaft den einzelnen Miteigentümer für die Mängelbeseitigung belastet. Der kleine Schadensersatz ist deshalb genauso wie die Minderung zu behandeln und – anders als vom BGH angenommen – keineswegs nur gemeinschaftlich durchzusetzen[2410].

923 Da die Wohnungseigentümergemeinschaft auf die Minderung und den kleinen Schadensersatz von Gesetzes wegen nicht zugreifen kann, käme allenfalls in Betracht, diese Ansprüche aus abgetretenem Recht oder als Ermächtigte bzw. **gewillkürte Prozessstandschafterin** geltend zu machen (Rdn. 989). Auch unter dieser Voraussetzung verändert sich der Charakter der Ansprüche nicht. Die Forderungen als Bündel verschiedener Ansprüche verschiedener Personen stehen weder in Mit-, Gesamt- noch in Teilgläubigerschaft[2411].

3. Rechte des Einzelnen – Befugnisse der Gemeinschaft

a) Grundsatz

924 Die Wohnungseigentümergemeinschaft kann durch die ihr eingeräumten – fakultativen – Zuständigkeiten und Befugnisse nach § 10 Abs. 6 Satz 3 WEG die rechtlichen Möglichkeiten des Einzelnen (Rdn. 883f.) wesentlich beschränken. In dem Maß, wie sich die Gemeinschaft zulässigerweise der Verfolgung der auf die Nacherfüllung gerichteten Ansprüche des Erwerbers durch Beschlussfassung annimmt, wird dem Erwerber die entsprechende Befugnis genommen[2412]. Die Geltendmachung von Minderung und kleinem Schadensersatz bedürfen in jedem Fall einer vorherigen Beschlussfassung durch die Wohnungseigentümergemeinschaft. Nur die auf die Rückabwicklung gerichteten Ansprüche sind stets der individuellen Geltendmachung vorbehalten.

b) Nacherfüllung, Vorschussanspruch, Leistungsverweigerungsrecht

925 Da der **Nacherfüllungsanspruch** jedem Erwerber aufgrund seines Erwerbsvertrages als individueller Anspruch persönlich zusteht, ist jeder Erwerber berechtigt, den

---

[2407] *Staudinger/Bub* (2005), § 21 WEG, Rdn. 285; *Brych*, WE 1991, 60f.; *Doerry*, WM-Beilage 8/91, S. 11; a. A. *Ehmann*, FS Bärmann/Weitnauer, 1990, S. 176.
[2408] BGH v. 6. 6. 1991, NJW 1991, 2480 (2481).
[2409] Anders noch die Vorauflage, Rdn. 901.
[2410] *Staudinger/Bub* (2005), § 21 WEG, Rdn. 285; *Weitnauer/Briesemeister*, nach § 8 WEG, Rdn. 66f.; *Hauger*, WE 1994, 38 (42); *dies.*, PiG 56, S. 137 (152); 286; *Bub*, PiG 56, S. 7ff. = WE 1999, 202 (208); früher ebenso *Wenzel*, WE 1998, 474 (476).
[2411] Vgl. *Staudinger/Bub* (2005), § 21 WEG, Rdn. 286; ebenso *Bub*, PiG 56, S. 7ff. = WE 1999, 202 (208); *Hauger*, WE 1994, 38 (42) noch zur früheren Rechtslage; *dies.*, PiG 56, S. 137 (152); früher ebenso *Wenzel*, WE 1998, 474 (476); dies entspricht der von *Kellmann*, NJW 1980, 401, schon früher formulierten Nebengläubigerschaft; *Müller*, PiG 56, S. 83 (92) nimmt Mitgläubigerschaft an.
[2412] BayObLG v. 29. 2. 1996, NJW-RR 1996, 1101.

XII. Verfolgung von Mängeln am Gemeinschaftseigentum

Bauträger zur Beseitigung von Mängeln am Gemeinschaftseigentum bzw. zur vollständigen Herstellung der geschuldeten Leistung aufzufordern[2413]. Durch die individuelle Geltendmachung der Nacherfüllungsansprüche wird für die anderen Erwerber nichts präjudiziert; der Entscheidung, statt Nacherfüllung Minderung oder Schadensersatz geltend zu machen, wird dadurch nicht vorgegriffen.

Diese Befugnis besteht auch in Bezug auf etwaige den Erwerbern (sicherungshalber) abgetretenen Nacherfüllungsansprüche gegen die **Nachunternehmer** des Bauträgers; auch diese Ansprüche stehen in Mitgläubigerschaft[2414].

Die Befugnis des einzelnen Erwerbers umfasst auch den Anspruch auf **Vorschuss** gemäß § 637 Abs. 3 BGB[2415], der jedoch an die Gemeinschaft zu fordern ist (§ 432 BGB), vgl. Rdn. 917. Der BGH hat dazu schon mit Urteil vom 5. 5. 1977[2416] ausgeführt, dass gerade beim Vorschussanspruch selbst dann keine unbillige Belastung des Bauträgers droht, wenn der Vorschuss von mehreren Eigentümern (parallel) geltend gemacht wird. Der Bauträger muss auch in diesem Fall nur einmal an die Gemeinschaft leisten.

Der Vorschussanspruch ist nicht auf den Miteigentumsanteil beschränkt. Das wäre systemwidrig, da, würde der Vorschussanspruch nur von einem oder von einigen Eigentümern verfolgt, eine ordnungsgemäße und vollständige Beseitigung der Mängel durch einen Teilvorschuss (Quote) nicht gewährleistet wäre. Ein so beschränkter Anspruch kann für die Beseitigung des gesamten Mangels von vornherein nicht genügen. Jeder Erwerber hat aber einen eigenen Anspruch auf eine vollständige Mängelbeseitigung.

Macht ein einzelner Erwerber einen Kostenvorschuss geltend, muss er von der Gemeinschaft zugleich die Instandsetzung (Mängelbeseitigung) verlangen, da andernfalls eine ordnungsgemäße Verwendung des (an die Gemeinschaft geforderten) Vorschusses nicht gewährleistet ist. Dagegen ist es nicht erforderlich, dass die Durchführung einer Ersatzvornahme von der Gemeinschaft schon beschlossen wurde[2417]; der dahingehende Beschluss kann jederzeit nachgeholt werden.

Es ist nicht anzunehmen, dass der Bauträger, der nach wie vor Eigentümer anderer Wohnungen derselben Wohnanlage ist, nach geleistetem Vorschuss gegen die Eigentümer, die nicht von ihm erworben haben (oder die aus sonstigen Gründen keine Ansprüche gegen ihn haben), einen anteiligen (wohnungseigentumsrechtlichen) Anspruch auf Ersatz der Mängelbeseitigungskosten analog § 16 Abs. 2 WEG hat[2418]: Die Mängelbeseitigung bzw. Vorschusszahlung wird von ihm ausschließlich in Erfüllung seiner Verpflichtung gegenüber seinen sachbefugten Vertragspartnern und nicht zur Instandsetzung des Gemeinschaftseigentums erbracht.

In gleicher Weise ist der Einzelne auch berechtigt, die von der Gemeinschaft für die Mängelbeseitigung aufgewendeten Kosten, also den **Aufwendungsersatzanspruch** (§ 637 Abs. 1 BGB) geltend zu machen[2419], und zwar ohne Rücksicht darauf, wie sie

926

927

[2413] BGH v. 10. 3. 1988, WM 1988, 948 = NJW 1988, 1718, zur Fristsetzung mit Ablehnungsandrohung nach § 326 BGB a. F.; *Riecke/Schmid/Vogel*, nach § 8 WEG, Rdn. 42.
[2414] BGH v. 11. 10. 1979, WM 1979, 1364 = BauR 1980, 69 = ZfBR 1980, 36; OLG Düsseldorf v. 25. 5. 1990, BauR 1991, 362 (365).
[2415] BGH v. 10. 5. 1979, NJW 1979, 2207; BGH v. 15. 2. 1990, NJW 1990, 1663; BGH v.12. 4. 2007, NJW 2007, 1952 = BauR 2007, 1221, Rdn. 18; *Riecke/Schmid/Elzer*, § 10 WEG, Rdn. 427; einschränkend *Weitnauer/Briesemeister*, nach § 8 WEG, Rdn. 64; auch die auf Nacherfüllung gerichteten Ansprüche bedürften stets der Koordination.
[2416] NJW 1977, 1336 (1338 a. E.); zuletzt BGH v. 7. 5. 1987, NJW-RR 1987, 1046 für den Vorschussanspruch beim Erwerb einer Altbauwohnung beim Bauträgererwerb; OLG Stuttgart v. 17. 10. 2002, BauR 2003, 1394 (1396).
[2417] A. A. *Staudinger/Bub* (2005), § 21 WEG, Rdn. 269.
[2418] So aber OLG Düsseldorf v. 20. 11. 1998, WE 1999, 108.
[2419] BGH v. 12. 4. 2007, NJW 2007, 1952 = BauR 2007, 1221, Rdn. 18.

B. Der Bauträgererwerb

von der Gemeinschaft aufgebracht bzw. umgelegt worden sind. Für den Aufwendungsersatzanspruch besteht Mitgläubigerschaft, da er ebenfalls der gemeinschaftlichen Verwaltung unterliegt, also unteilbar ist[2420].

928 Für die **Selbstvornahme** ist jedoch zu beachten, dass sie nur von der Gemeinschaft beschlossen und durchgeführt werden kann. Die Mängelbeseitigung stellt zwar keine zustimmungspflichtige bauliche Veränderung dar, da die erstmalige ordnungsgemäße Herstellung des gemeinschaftlichen Eigentums zur Instandsetzung i.S.d. § 22 Abs. 1 WEG gehört[2421]. Als Maßnahme der gemeinschaftlichen Verwaltung unterliegt sie jedoch der Zuständigkeit der Gemeinschaft. Gegebenenfalls kann die Beseitigung einer eigenmächtig durchgeführten Mängelbeseitigungsmaßnahme verlangt werden[2422]. Darauf, dass eine Selbstvornahme von einem Erwerber – möglicherweise rechtsirrig – unter Missachtung der Zuständigkeit der Gemeinschaft durchgeführt hat, kann sich der Bauträger gegenüber dem Erwerber, der die Erstattung der Selbstvornahmekosten beansprucht, nicht berufen. Die Frage der notwendigen Beschlussfassung vor Mängelbeseitigung berührt ausschließlich das Innenverhältnis der Gemeinschaft. Für den Fall, dass der Erwerber die Mängelbeseitigung ausnahmsweise allein und auf seine Rechnung durchgeführt hat, kann er die Erstattung der Kosten an sich verlangen[2423].

929 Solange die Gemeinschaft nicht beschlossen hat, den Bauträger gemeinschaftlich zu verklagen, ist jeder Erwerber berechtigt, die Ansprüche selbst im Wege der **Klage** zu verfolgen[2424] (vgl. hierzu im einzelnen Rdn. 969). Da die Ansprüche auf Nacherfüllung in Mitgläubigerschaft stehen und der Instandsetzung des Gemeinschaftseigentums dienen (Rdn. 917), ist stets Leistung an die Wohnungseigentümergemeinschaft zu verlangen. So wie der Erwerber einen Vorschuss zu Händen der Gemeinschaft ohne einen auf die Mängelbeseitigung gerichteten Beschluss der Gemeinschaft verlangen kann (Rdn. 926), kann er ebenfalls ohne Beschluss oder Zustimmung der Gemeinschaft im Rahmen der Zwangsvollstreckung einen Vorschuss nach § 887 Abs. 1, 2 ZPO aufgrund eines von ihm erstrittenen Urteils an die Gemeinschaft geltend zu machen[2425].

930 Die Gemeinschaft kann die Befugnis zur Geltendmachung der **Ansprüche** – nicht die Ansprüche selbst – durch Beschluss **an sich ziehen**[2426]. Durch den Beschluss, die Mängelbeseitigung gemeinschaftlich geltend zu machen, wird dem einzelnen Erwerber die Möglichkeit genommen, denselben Anspruch eigenständig neben der Gemeinschaft zu verfolgen. Die Gemeinschaft kann beschließen, dass die Erfüllungs- bzw. Nacherfüllungsansprüche von ihr geltend gemacht werden. Sie kann sich zunächst auf eine außergerichtliche Verfolgung der Ansprüche beschränken. Zugleich kann bestimmt werden, ob Vorschuss, nach durchgeführter Selbstvornahme deren Kosten oder die Nacherfüllung selbst verlangt werden soll. Lässt die Entscheidung dies offen, wird darin der Auftrag an die Verwaltung zu sehen sein, zwischen diesen Alternativen, die ja wirtschaftlich in jedem Falle auf die Mängelbehebung

---

[2420] *Staudinger/Bub* (2005), § 21 WEG, Rdn. 267. Mitgläubigerschaft wird man jedenfalls solange annehmen müssen, wie die Ersatzvornahmekosten noch nicht durch die Jahresabrechnung endgültig auf die einzelnen Eigentümer umgelegt worden sind. Zur individuellen Klage wegen Ersatzvornahmekosten vgl. *Pause*, in Koeble/Kniffka, Form. D. III. 2.
[2421] BayObLG v. 28. 3. 1996, WE 1996, 480.
[2422] OLG Karlsruhe v. 17. 7. 2000, NZM 2001, 758.
[2423] BGH v. 12. 4. 2007, NJW 2007, 1952 = BauR 2007, 1221, Rdn. 18.
[2424] OLG Düsseldorf v. 25. 11. 2005, BauR 2007, 1890; OLG Brandenburg v. 8. 2. 2006, BauR 2006, 1323 = IBR 2006, 205 (*Elzer*), KG v. 24. 2. 2006, BauR 2006, 1482.
[2425] OLG München v. 21. 3. 2000, BauR 2006, 2098.
[2426] BayObLG v. 21. 2. 1973, NJW 1973, 1086; BayObLG v. 29. 2. 1996, NJW-RR 1996, 1101; a. A. OLG Köln v. 14. 8. 1968, NJW 1968, 2063.

XII. Verfolgung von Mängeln am Gemeinschaftseigentum

gerichtet sind, zu wählen. Der von der Gemeinschaft gefasste Beschluss ist von der Verwaltung umzusetzen (§ 27 Abs. 1 Nr. 1 WEG). Die Gemeinschaft legt Stoßrichtung und Intensität der Maßnahmen verbindlich zum Vollzug durch die Verwaltung fest[2427].

Der Erwerber ist berechtigt, wegen Mängeln am Gemeinschaftseigentum sein **Leistungsverweigerungsrecht** gegenüber restlichen Vergütungsansprüchen des Bauträgers auszuüben, und zwar grundsätzlich ohne Rücksicht auf die Miteigentumsquote (Rdn. 901) und ohne Rücksicht darauf, ob die Gemeinschaft selbst bereits einen Kostenvorschuss zur Mängelbeseitigung verlangt[2428].

931

So wie jeder Erwerber den Nacherfüllungsanspruch individuell geltend machen kann, darf er auch einen angemessenen Teil der Restvergütung einbehalten, und zwar sowohl wegen Mängeln am Sondereigentum wie auch wegen solcher am Gemeinschaftseigentum[2429]. Dabei ist der einzelne Erwerber bei Mängeln am Gemeinschaftseigentum nicht etwa auf seine anteilige Miteigentumsquote, also auf ein aus seiner Tausendstelbeteiligung am Gemeinschaftseigentum berechnetes Leistungsverweigerungsrecht beschränkt[2430]. Ein so reduziertes Leistungsverweigerungsrecht würde dazu führen, dass die mit ihm verfolgten Zwecke praktisch nicht erreicht werden könnten. Gedacht sei etwa an den Fall, in dem sich ein einziger oder nur wenige Miteigentümer zur Ausübung des Leistungsverweigerungsrechts entschließen oder noch Restvergütungsansprüche schulden. Dass das Leistungsverweigerungsrecht in Höhe einer nur wenige Tausendstel betragenden Quote bei größeren Wohnanlagen kaum die Kosten der tatsächlichen Mängelbeseitigung erreichen, geschweige denn ein Druckmittel zur Herbeiführung der Mängelbeseitigung darstellen kann, liegt auf der Hand. Daraus, dass jeder Erwerber einen Anspruch auf ein insgesamt (und nicht nur auf ein anteilig) mängelfreies Gemeinschaftseigentum hat und deshalb auch den Vorschussanspruch in voller Höhe geltend machen kann[2431], ergibt sich, dass ihm auch das damit korrespondierende Leistungsverweigerungsrecht in angemessener Höhe (§ 641 Abs. 3 BGB) zusteht. Grundsätzlich kann deshalb jeder Erwerber noch offene Zahlungen in angemessener Höhe zurückbehalten.

Der Einbehalt mehrerer Erwerber ist erst dann zu beschränken, wenn sämtliche Einbehalte die Nachbesserungskosten samt Druckzuschlag übersteigen. Daraus, dass der Bauträger einer Mehrzahl an Gläubigern gegenübersteht, denen er ein und dieselbe Leistung schuldet, darf keine unangemessene Privilegierung dieser Gläubiger entstehen (sowenig wie eine Benachteiligung durch ein auf die Miteigentumsquote begrenzter Einbehalt gerechtfertigt wäre). Aus Sinn und Zweck von § 641 Abs. BGB folgt deshalb, dass die Einbehalte sämtlicher Erwerber in ihrer Summe den angemessenen Einbehalt nach § 641 Abs. 3 BGB nicht übersteigen dürfen[2432]. Leistungsverweigerungsrechte wegen Mängeln am Sondereigentum bleiben davon unberührt, können den Einbehalt durch den einzelnen Erwerber also noch erhöhen. Zur Aufrechnung mit dem Vorschussanspruch gegen zurückbehaltene Vergütungsteile durch den einzelnen Erwerber vgl. Rdn. 954.

932

[2427] *Pause* in Koeble/Kniffka, Form. D. II. ff. zu möglichen Beschlussformulierungen.
[2428] OLG Düsseldorf v. 2. 3. 2010, BauR 2010, 1236.
[2429] BGH v. 10. 11. 1983, NJW 1984, 725 (726); OLG Brandenburg v. 8. 2. 2006, BauR 2006, 1323; *Kleine-Möller/Merl*, § 15 Rdn. 1060.
[2430] *Riecke/Schmid/Vogel*, nach § 8 WEG, Rdn. 44; *Kleine-Möller/Merl*, § 15 Rdn. 1060; a. A. OLG Saarbrücken v. 22. 11. 2005, BauR 2006, 1321; *Werner/Pastor*, Rdn. 482, die jedoch, macht nur ein Erwerber Mängel geltend, ihm ein Leistungsverweigerungsrecht in voller Höhe zubilligen (Rdn. 483); für diesen Fall ebenso BGH v. 30. 4. 1998, BauR 1998, 783.
[2431] BGH v. 7. 5. 1987, NJW-RR 1987, 1046.
[2432] *Pause*, NJW 1993, 553 (559).

c) Frist zur Nacherfüllung

933 Der einzelne Erwerber ist ferner berechtigt, ohne Beschlussfassung durch die Wohnungseigentümergemeinschaft eine **Frist zur Nacherfüllung** zu setzen[2433]. Anders als die Fristsetzung mit Ablehnungsandrohung alten Rechts (§ 634 BGB a. F.) führt der Ablauf der Frist zwar für den Bauträger zum Verlust des „Nacherfüllungsrechts", nicht aber zum Verlust des Nacherfüllungsanspruchs der Erwerber. Mit dem Ablauf der Frist ist – im Unterschied zur früheren Rechtslage[2434] – insbesondere keine Entscheidung der Art verbunden, dass nunmehr nur noch Rücktritt, Minderung oder Schadensersatz verlangt werden könnte. Es kann auch nicht angenommen werden, dass der Erwerber nach Treu und Glauben verpflichtet wäre, innerhalb eines angemessenen Zeitraums nach Ablauf der von ihm gesetzten Frist erklären zu müssen, welche Rechte er jetzt geltend machen möchte[2435] – wodurch er die Wohnungseigentümergemeinschaft in die Situation bringen könnte, sich zwischen den verschiedenen Rechten des § 634 BGB entscheiden zu müssen, was ihr vielleicht nicht zumutbar sein könnte (und der Befugnis zur Fristsetzung durch den Einzelnen entgegenstehen könnte). Der bereits säumige Bauträger muss damit rechnen, dass die Wohnungseigentümergemeinschaft sich nach Fristablauf zunächst nicht und dann statt der vom einzelnen Erwerber (zunächst und weiterhin) geforderten Nacherfüllung für ein anderes Recht entscheidet.

934 Der einzelne Erwerber bleibt auch nach Fristablauf weiterhin berechtigt, Nacherfüllung zu verlangen, weil die Wohnungseigentümergemeinschaft dadurch auch jetzt nicht gehindert wird, sich für andere Rechte zu entscheiden. Durch das Nacherfüllungsverlangen nach Fristablauf wird die Vertragsbeziehung weder umgestaltet (dem Rücktritt oder der Minderung vergleichbar), noch wird auf die anderen Mängelrechte verzichtet, noch sonst eine verbindliche Wahl getroffen (vgl. etwa für das Verlangen von Schadensersatz nach § 281 Abs. 4 BGB). Auch wenn der Wortlaut der §§ 634, 635 ff. BGB für ein Wahlrecht i. S. d. § 262 BGB zu sprechen scheint – das würde bedeuten, dass nach Fristablauf zwischen den verschiedenen Mängelrechten nach § 263 BGB verbindlich zu wählen wäre –, ist nach dem Regelungszusammenhang und -zweck doch von einem *jus variandi* auszugehen. Nach Ablauf der Nacherfüllungsfrist kann zwischen den Rechten der §§ 635 ff. BGB einschließlich dem fortbestehenden Nacherfüllungsanspruch grundsätzlich frei gewählt[2436] und eine zunächst erhobene Forderung auch noch geändert werden, sofern sich aus der Natur des geltend gemachten Rechts nichts anderes ergibt. Das trifft auf den Nacherfüllungsanspruch, den Kostenvorschussanspruch und den Aufwendungsersatzanspruch zu, gilt aber für die Gestaltungsrechte Minderung und Rücktritt und wegen § 281 Abs. 4 BGB auch für den Schadensersatz nicht[2437].

935 Deshalb kann der Erwerber nach Fristablauf statt der Nacherfüllung auch den die Selbstvornahme vorbereitenden Vorschussanspruch des § 637 Abs. 3 BGB oder den Aufwendungsersatzanspruch für eine – wohnungseigentumsrechtlich zulässige – Selbstvornahme gemäß § 637 Abs. 1 BGB geltend machen. Die Gemeinschaft kann dann trotzdem statt des Vorschussanspruchs wieder den Anspruch auf Nacherfüllung geltend machen – und umgekehrt.

[2433] BGH v. 8. 12. 2009, NJW 2010, 1284, Rdn. 35; *Pause*, NZBau 2002, 648, (652); *Staudinger/Bub* (2005), § 21 WEG, Rdn. 275.

[2434] Die Fristsetzung mit Ablehnungsandrohung gem. § 634 BGB a. F. setzte wegen ihrer Sperrwirkung einen Beschluss voraus, vgl. BGH v. 30. 4. 1998, NJW 1998, 2967 = BauR 1998, 783; vgl. auch KG v. 22. 4. 1988, BauR 1988, 724 (726); *Koeble*, Kap. 22 Rdn. 21.

[2435] *Palandt/Sprau*, § 634 Rdn. 2.

[2436] *Palandt/Sprau*, § 634 Rdn. 2.

[2437] Vgl. *Staudinger/Peters/Jacoby* (2008), § 634 BGB, Rdn. 75.

XII. Verfolgung von Mängeln am Gemeinschaftseigentum

d) Minderung, kleiner Schadensersatz

Da die Minderung neben der Nacherfüllung zu einer mehrfachen Inanspruchnahme des Bauträgers führen würde, setzt ihre Geltendmachung allein deshalb einen entsprechenden Beschluss der Wohnungseigentümergemeinschaft voraus[2438]. Das gilt auch für den kleinen Schadensersatz, gleich wie dieser berechnet wird (nach dem Minderwert oder den Nachbesserungskosten). Eine **einheitliche Entscheidung gegen die Nacherfüllungsrechte** ist Voraussetzung für die Minderung und den kleinen Schadensersatz. Der Wohnungseigentumsverwalter ist bei der entsprechenden Beschlusslage befugt, dem Beschluss zur Außenwirkung zu verhelfen (§ 27 Abs. 1 Nr. 1 WEG). Der Beschluss hat außerdem insoweit Außenwirkung, als der Bauträger ihn nunmehr etwaigen Nacherfüllungsverlangen oder Vorschussforderungen einzelner Erwerber entgegenhalten kann[2439]. 936

Ohne den Beschluss, statt Nacherfüllung Minderung oder kleinen Schadensersatz geltend zu machen, ist der einzelne Erwerber von vornherein gehindert, diese Ansprüche – außergerichtlich oder gerichtlich – zu verfolgen. Er ist auch nicht berechtigt, Vereinbarungen zur Abgeltung dieser Ansprüche mit dem Bauträger zu treffen[2440]. An derartige Vereinbarungen sind die anderen Erwerber und die Gemeinschaft nicht gebunden.

Nach der Rechtsprechung des BGH[2441] muss auch über die **Wahl zwischen Minderung und kleinem Schadensersatz** von der Wohnungseigentümergemeinschaft für sämtliche Erwerber einheitlich und verbindlich entschieden werden. 937

Die von der Rechtsprechung für die Wahl zwischen Minderung und kleinem Schadensersatz angenommene zwingende Zuständigkeit der Gemeinschaft überzeugt allerdings nicht[2442]. Die Begründung des BGH, dass die Gemeinschaft für diese Ansprüche zuständig sei, weil die Wahl zwischen Minderung und kleinem Schadensersatz im Wesentlichen davon abhängig sein wird, ob und inwieweit die Mängel beseitigt werden sollen, ist nicht zwingend. Selbst wenn sich die Gemeinschaft für die sekundären Mängelrechte entscheidet und sie gleichzeitig eine Mängelbehebung beabsichtigt, kann sie die Wahl zwischen den verschiedenen Ansprüchen dem Einzelnen überlassen. Die gleichzeitige Durchsetzung dieser verschiedenen Rechte verbietet sich weder aus dem Gesichtspunkt des Gläubigerschutzes noch aus der Gläubigerstellung[2443] (vgl. oben Rdn. 920f.). Die Rechtsprechung ist offensichtlich von dem Gedanken getragen, dass mit der Wahl zwischen diesen Mängelrechten zugleich über die tatsächliche Mängelbeseitigung entschieden würde oder zu entscheiden wäre. Das ist nicht der Fall: Ganz gleich, ob Minderung oder kleiner Schadensersatz verlangt oder der eine oder andere Anspruch nach den tatsächlichen Mängelbeseitigungskosten oder dem Minderwert berechnet wird, die tatsächliche Mängelbeseitigung kann einer davon unabhängigen Entscheidung vorbehalten bleiben. Selbst wenn eine Mängelbeseitigung be- 938

[2438] BGH v. 12. 4. 2007, NJW 2007, 1952 = BauR 2007, 1221, Rdn. 19; BGH v. 7. 6. 2001, NZBau 2002, 26; OLG Celle v. 9. 5. 2001, BauR 2001, 1753.

[2439] BGH v. 10. 5. 1979, NJW 1979, 2207 (2209); OLG Düsseldorf v. 8. 10. 1992, NJW-RR 1993, 89 = BauR 1993, 229.

[2440] OLG Düsseldorf v. 8. 10. 1992, NJW-RR 1993, 89 = BauR 1993, 229; OLG Hamm v. 18. 6. 2001, BauR 2001, 1765.

[2441] BGH v. 10. 5. 1979, NJW 1979, 2207, meint, die Erwerber müssten sich für das eine oder das andere Recht entscheiden, da der Bauträger nicht einem Teil der Erwerber Minderung und einem anderen Schadensersatz schulden könne; BGH v. 4. 6. 1981, NJW 1981, 1841.

[2442] *Hauger*, WE 1994, 38 (42); *dies.*, PiG 56, S. 137 (152); *Bub*, PiG 56, S. 7ff. = WE 1999, 202 (208); zwischen Innen- und Außenverhältnis unterscheidend *Staudinger/Bub* (2005), § 21 WEG, Rdn. 276f., 279f.; wie hier früher auch *Wenzel*, WE 1998, 474 (476).

[2443] *Weitnauer/Briesemeister*, nach § 8 WEG, Rdn. 68; *Hauger*, WE 1994, 38 (41); *Staudinger/Bub* (2005), § 21 WEG, Rdn. 287.

B. Der Bauträgererwerb

absichtigt ist, kann Minderung verlangt werden. Auch entsteht keine Benachteiligung des Bauträgers, da jeder Erwerber nur den ihm entstandenen Schaden bzw. den auf seinen Vertragsgegenstand entfallenden Minderwert beanspruchen kann.

939 Mit dem Beschluss, statt der Nacherfüllung den **kleinen Schadensersatz** geltend zu machen, ist nach der Rechtsprechung des BGH[2444] zugleich die alleinige Zuständigkeit der Wohnungseigentümergemeinschaft zur Durchsetzung dieser Ansprüche begründet. Der Schadensersatz steht der Gemeinschaft zu, da nur so seine zweckentsprechende Verwendung für die Mängelbeseitigung gewährleistet ist[2445].

Die Rechtsprechung geht ferner davon aus, dass der einzelne Erwerber, sollte er ermächtigt sein, den Schadensersatz allein geltend zu machen, diesen in voller Höhe fordern kann, jedoch ebenfalls nur an die Gemeinschaft[2446]. Wenn sich die Gemeinschaft nur gegen die Nacherfüllung entscheidet und die Geltendmachung der übrigen Rechte (Minderung oder kleinen Schadensersatz) den einzelnen Erwerbern ausdrücklich überlässt, kann der Erwerber die Ansprüche ausnahmsweise seinem Anteil entsprechend für sich und beanspruchen[2447]. Nur dann, wenn sich der Mangel allein an seiner Wohnung auswirkt und nicht behebbar ist, soll der einzelne Erwerber ausnahmsweise Minderung oder kleinen Schadensersatz ohne besondere Ermächtigung verlangen können[2448]. Eine Ausnahme wird auch dann zugelassen, wenn der Bauträger als alleiniger Miteigentümer seine Mitwirkung an der Verfolgung der Mängelrechte (sich selbst gegenüber) verweigert[2449].

940 Sofern man einen Gemeinschaftsbezug für den kleinen Schadensersatz ablehnt (oben Rdn. 890 f.), bliebe die Durchsetzung dieses Anspruchs dem einzelnen Erwerber von vornherein nach seinem Belieben überlassen. Da § 10 Abs. 6 Satz 3 WEG keine gesetzliche Zuständigkeit für die Gemeinschaft begründet, kommt eine gemeinschaftliche Verfolgung dieser Ansprüche dann nur in der Weise in Betracht, dass die Gemeinschaft als **gewillkürte Prozessstandschafterin** auftritt (Rdn. 989). Die Erwerber könnten die Ansprüche auch sonst gemeinschaftlich verfolgen[2450]; sie wären dann lediglich durch eine subjektive und objektive Klagehäufung miteinander verbunden[2451].

Wie der Schaden auch immer berechnet wird, der ihn ausgleichende Anspruch ist nach der hier vertretenen Auffassung stets individualrechtlich. Auch der ggf. gemeinschaftlich verfolgte Schadensersatz ist deshalb auf die **Quote** der (nur noch) berechtigten Erwerber begrenzt[2452]. Er kann also nicht in Höhe der gesamten Mängelbeseitigungskosten oder des gesamten Minderwerts verlangt werden, wenn z. B. nur noch wenige Erwerber über unverjährte Gewährleistungsansprüche verfügen oder beim Schadensersatz wegen arglistig verschwiegener Mängel nur einige Erwerber getäuscht wurden[2453]. Der einzelne Erwerber kann in diesen Fällen den gesamten Schaden nur

---

[2444] BGH v. 12. 4. 2007, NJW 2007, 1952 = NZBau 2007, 445 (LS) = BauR 2007, 1221, Rdn. 19; ebenso z. B. *Kleine-Möller/Merl*, § 15 Rdn. 1054.
[2445] BGH v. 6. 6. 1991, NJW 1991, 2480 (2481); BGH v. 15. 2. 1990, NJW 1990, 1663.
[2446] BGH v. 4. 11. 1982, NJW 1983, 453 = BauR 1983, 84; BGH v. 15. 2. 1990, NJW 1990, 1663 = BauR 1990, 535; BGH v. 6. 6. 1991, NJW 1991, 2480 (2481); BGH v. 7. 6. 2001, NZBau 2002, 26; zu einem Bauherrenmodell: BGH v. 25. 2. 1999, NJW 1999, 1705 = BauR 1999, 657; a. A. der V. Zivilsenat des BGH für kaufvertragliche Ansprüche: BGH v. 22. 12. 1995, NJW 1996, 1056 = BauR 1996, 104; BGH v. 23. 6. 1989, NJW 1989, 2534 m. Anm. *Schlemminger*, BauR 1990, 221.
[2447] BGH v. 4. 11. 1982, NJW 1983, 453.
[2448] BGH v. 15. 2. 1990, NJW 1990, 1663 (1664); OLG Koblenz v. 29. 6. 2005, BauR 2006, 843.
[2449] BGH v. 7. 6. 2001, NZBau 2002, 26.
[2450] *Staudinger/Bub* (2005), § 21 WEG, Rdn. 286.
[2451] *Staudinger/Bub* (2005), § 21 WEG, Rdn. 286.
[2452] BGH v. 22. 12. 1995, NJW 1996, 1056.
[2453] Vgl. BGH v. 23. 6. 1989, NJW 1989, 2534, zur anteiligen Berechnung des kleinen Schadensersatzes nach § 463 BGB.

XII. Verfolgung von Mängeln am Gemeinschaftseigentum

dann an sich verlangen, wenn ihm die Ansprüche der anderen Erwerber abgetreten wurden[2454]. Genügt der erlangte Schadensersatz nicht zur vollständigen Mängelbeseitigung, müssen die gegenüber dem Bauträger nicht (mehr) aktivlegitimierten Miteigentümer – und nur sie – die Differenz (durch eine Sonderumlage) als Beitrag zur Instandsetzung ausgleichen. In diesem Punkt unterscheiden sich diese Mängelrechte vom Nacherfüllungsanspruch, der, auch wenn er von nur einem Erwerber verfolgt wird, stets auf die Beseitigung des gesamten Mangels geht.

Entscheidet sich die Gemeinschaft für die **Minderung,** ist nach der Rechtsprechung des BGH auch insoweit die Gemeinschaft wegen der Gemeinschaftsbezogenheit dieses Rechts für die Geltendmachung und Durchsetzung allein zuständig[2455] (vgl. dagegen oben Rdn. 890). Auch bei der Minderung folgt dies aus der vorrangigen Befugnis der Gemeinschaft, über die Verwendung der erlangten Mittel entscheiden zu können[2456]. **941**

Mit der Berechnung der gemeinschaftlich verfolgten Minderung hat sich die Rechtsprechung bislang nicht auseinandersetzen müssen. Die Minderung kann nicht als „Gesamtminderung" aus einem (ja nicht existierenden) „Gesamtkaufpreis" ermittelt werden, auch nicht als Quote aus einem solchen „Gesamtminderungsbetrag", sondern von vornherein nur für jeden Erwerber aus seinem Erwerbspreis unter Berücksichtigung des tatsächlichen Minderwerts seiner Wohnung, also der Betroffenheit seiner Wohnung von den fraglichen Mängeln (§ 638 Abs. 3 BGB)[2457]. Allerdings bleiben Mängel, die in dieser Weise auf das Sondereigentum ausstrahlen und deshalb bei der Berechnung der Minderung unterschiedlich zu Buche schlagen können, dennoch stets Mängel am Gemeinschaftseigentum[2458]. Das muss auch bei einer Berechnung des Minderwerts nach den Mängelbeseitigungskosten gelten. Bei einer gemeinschaftlichen Durchsetzung von Minderungsansprüchen berechnet sich die Gesamtforderung als Summe aus den einzelnen Minderungsbeträgen der aktivlegitimierten Erwerber. Trotz der beschlossenen gemeinschaftlichen Verfolgung besteht keine über das Individualinteresse hinausgehende Zweckbindung der Minderungsansprüche, die ja schon dem Wortsinn nach auf den einzelnen Erwerbspreis orientiert sind (Rdn. 958 f.).

e) Rücktritt, großer Schadensersatz

Der Rücktritt vom Vertrag und der große Schadensersatzanspruch sind nicht gemeinschaftsbezogen (Rdn. 893)[2459]. Die vom Erwerber individuell gesetzte Frist zur Nacherfüllung eröffnet ihm die Möglichkeit, wegen wesentlicher Mängel vom Vertrag zurückzutreten oder den auf die Rückabwicklung gerichteten großen Schadensersatz geltend zu machen. Infolge der Rückabwicklung des Vertrages tritt der Bauträger wieder an die Stelle des Erwerbers; es werden weder schutzwürdige Belange des Bauträgers noch Interessen der anderen Erwerber berührt. Einer Mitwirkung oder gar einer vorangehenden Beschlussfassung der Wohnungseigentümergemeinschaft bedarf es bei der Ausübung dieser Rechte deshalb nicht[2460]. Der Rücktritt und der große Schadensersatzanspruch können vom Erwerber ohne Rücksicht auf die von der Gemeinschaft **942**

[2454] BGH v. 25. 2. 1999, NJW 1999, 1705 = BauR 1999, 657, zu einem Bauherrenmodell.
[2455] BGH v. 12. 4. 2007, NJW 2007, 1952 = NZBau 2007, 445 (LS) = BauR 2007, 1221, Rdn. 19; BGH v. 15. 2. 1990, NJW 1990, 1663.
[2456] BGH v. 15. 2. 1990, NJW 1990, 1663.
[2457] *Weitnauer/Briesemeister,* nach § 8 WEG, Rdn. 65; *Weitnauer,* NJW 1983, 454; *Kniffka,* ZfBR 1990, 159 (162).
[2458] BGH v. 15. 2. 1990, NJW 1990, 1663.
2459 Vgl. BGH v. 23. 2. 2006, NJW 2006, 2254 = NZBau 2006, 371 = BauR 2006, 979; BGH v. 8. 12. 2009, NJW 2010, 1284, Rdn. 35.
[2460] *Grziwotz/Koeble,* 4. Teil, Rdn. 319; *Werner/Pastor,* Rdn. 475; vgl. *Weitnauer/Briesemeister,* nach § 8 WEG, Rdn. 60; a. A. *Groß,* BauR 1975, 21.

B. Der Bauträgererwerb

beabsichtigten Maßnahmen durchgesetzt werden, sofern dies nicht mit den Interessen der Gemeinschaft kollidiert[2460a].

943 Andere Probleme des Verhältnisses zwischen individueller Rückabwicklung und den Belangen der Gemeinschaft sind aber noch ungelöst: So stellt sich die Frage, ob der einzelne Erwerber nach einem entsprechenden Beschluss der Gemeinschaft und vor Ablauf einer von ihr gesetzten **Frist zur Nacherfüllung** eine kürzere, aber ebenfalls angemessene Frist mit der Absicht setzen kann, vom Vertrag zurückzutreten. Das ist zu bejahen[2461], denn die Gemeinschaft wird durch eine solche Vorgehensweise nicht gehindert, auch später noch eine Nachbesserung durch den Bauträger zuzulassen. Entsprechendes gilt, wenn die Gemeinschaft einen Vorschuss fordert, er aber noch nicht geleistet wurde[2462]. Aus demselben Grund dürfte auch eine bereits geleistete Vorschusszahlung einem Rücktritt nicht entgegen stehen[2463], sofern der Rücktritt vor der tatsächlichen Mängelbeseitigung erklärt wurde.

Nach der Rechtsprechung des V. Zivilsenats des BGH[2464] kann der Verkäufer (und frühere Miteigentümer) einer Eigentumswohnung einen Mangel am Gemeinschaftseigentum nicht aus eigenem Entschluss und in eigener Zuständigkeit beseitigen. Deshalb steht es hier einer Mangelbeseitigung gleich, wenn die Gemeinschaft die zeitnahe Beseitigung des Mangels beschlossen hat und der Verkäufer den Käufer von den Kosten freistellt und diese Freistellung gesichert ist. Die vom BGH zum Kaufvertrag getroffene Entscheidung ist auf den Bauträgervertrag nicht übertragbar. Beim Bauträgervertrag ist der Veräußerer aus den Bauträgerverträgen gegenüber allen Erwerbern berechtigt, gerügte Mängel zu beseitigen.

944 Die Befugnis, sich im Wege des Schadensersatzes oder des Rücktritts vom Vertrag zu lösen, kann dem Erwerber durch einen von der Gemeinschaft geschlossenen **Vergleich** nicht wieder genommen werden, sofern die Voraussetzungen (Erklärung des Rücktritts, Forderung des Schadensersatzes) vor Vergleichsabschluss erfüllt waren[2465]. Ungeklärt ist die Frage, ob der Erwerber durch einen von der Gemeinschaft rechtswirksam abgeschlossenen Vergleich daran gehindert ist, wegen eines wesentlichen Mangels nach Vergleichsabschluss vom Vertrag zurückzutreten. Die Bindungswirkung des dem Vergleich zugrundeliegenden Beschlusses, spricht dafür[2466]. Der Erwerber, der gleichwohl eine Rückabwicklung seines Vertrages anstrebt, wird darauf hinwirken müssen, vom Vergleich ausdrücklich ausgeklammert zu werden. Sollte die Gemeinschaft nicht in diesem Sinne beschließen, bliebe nur die Beschlussanfechtung[2467].

945 Daraus, dass nach der Rechtsprechung die Wohnungseigentümergemeinschaft für die Geltendmachung und Durchsetzung der **Minderung** zuständig ist[2468], ergibt sich ein weiteres Problem: Dem einzelnen Erwerber könnte die Möglichkeit zur individuellen Durchsetzung seines Rücktrittsrechts oder des großen Schadensersatzanspruchs genommen werden, wenn die Gemeinschaft zuvor aufgrund eines entsprechenden Be-

---

[2460a] BGH v. 19. 8. 2010, NJW 2010, 3089, Rdn. 28 f.
[2461] BGH v. 23. 2. 2006, NJW 2006, 2254 = NZBau 2006, 371 = BauR 2006, 979, Rdn. 18, 26, zum alten Schuldrecht; a. A. *Wenzel*, NJW 2007, 1905 (1908).
[2462] BGH v. 27. 7. 2006, NJW 2006, 3275 = NZBau 2006, 706 = BauR 2006, 1747, Rdn. 21, m. Anm. *Pause*, NZM 2007, 234, Anm. *Grziwotz*, MittBayNot 2007, 208, Anm. *Baer*, BTR 2006, 172.
[2463] A. A. OLG Hamm v. 13. 2. 2007, NJW-RR 2007, 897, allerdings noch zum alten Schuldrecht; wie hier *Kleine-Möller/Merl*, § 15 Rdn. 1058; *Werner/Pastor*, Rdn. 502.
[2464] BGH v. 12. 3. 2010, NJW 2010, 1805.
[2465] BGH v. 27. 7. 2006, NJW 2006, 3275 = NZBau 2006, 706 = BauR 2006, 1747, Rdn. 29 f., noch zum alten Schuldrecht; vgl. dazu *Pause*, NZM 2007, 234.
[2466] *Wenzel*, NJW 2007, 1905 (1906); a. A. OLG Brandenburg v. 4. 12. 2003, BauR 2005, 561.
[2467] Vgl. hierzu bereits *Pause*, NZM 2007, 234, 235.
[2468] BGH v. 12. 4. 2007, NJW 2007, 1952 = NZBau 2007, 445 (LS) = BauR 2007, 1221, Rdn. 19.

XII. Verfolgung von Mängeln am Gemeinschaftseigentum

schlusses Gestaltungsrechte ausübt, also z. B. Minderung verlangt – und durch dieses Verlangen auch den rücktrittswilligen Erwerber bindet.

§ 638 Abs. 2 BGB ist nicht einschlägig, da die verschiedenen Erwerber nicht aufgrund eines einheitlichen Vertrages erworben haben.

Für einen Beschluss, der den Erwerbern die Möglichkeit zur Rückabwicklung ihrer **946** Verträge nimmt, dürfte der Gemeinschaft jedoch die Beschlusszuständigkeit fehlen. Eingriffe in die Rechte des einzelnen Erwerbers sind an dieser Stelle aus keinem Gesichtspunkt gerechtfertigt. Eine Beschränkung zum Schutz des Bauträgers vor einer mehrfachen Inanspruchnahme ist nicht erforderlich, weil sie in diesem Zusammenhang nicht droht. Eine Einschränkung der individuellen Vertragsrechte ist auch nicht erforderlich, um das Gemeinschaftseigentum unmittelbar oder mittelbar instand zu setzen. Sämtliche Mängelrechte, insbesondere Minderungsansprüche können gegenüber dem Bauträger weiterhin geltend gemacht werden. Ein Beschluss, der sämtliche Vergütungsansprüche ohne Rücksicht auf die von einzelnen Erwerbern gewünschte Rückabwicklung ihrer Verträge mindert, wäre mangels einer Zuständigkeit der Gemeinschaft nach § 10 Abs. 6 Satz 3 WEG insoweit nichtig. Da anzunehmen ist, dass der Beschluss für die übrigen Erwerber jedenfalls gefasst worden wäre, es also an einem Einheitlichkeitswillen gefehlt haben wird, liegt **Teilnichtigkeit** vor, § 139 BGB[2469].

Ein auf Minderung gerichteter Beschluss muss danach also die Einschränkung enthalten, dass durch ihn die individuelle Rückabwicklung einzelner Verträge nicht ausgeschlossen wird, die Minderung also nur für diejenigen Erwerber verlangt wird, die nicht rückabwickeln wollen. Je nach dem übrigen Inhalt der Beschlussfassung könnte auch in Betracht kommen, den Beschluss, der eine solche Einschränkung – in Unkenntnis der Rechtslage – nicht ausdrücklich enthält, in diesem Sinne auszulegen[2470].

Sofern sich die Gemeinschaft für die Geltendmachung von Schadensersatz entscheiden sollte, stellt sich diese Frage nicht, da dieser Anspruch einen später erklärten Rücktritt oder den großen Schadensersatz nicht ausschließt.

f) Überlassung der Ansprüche und Ermächtigung zur individuellen Verfolgung

Die Gemeinschaft kann schließlich auch dahin entscheiden, keine Nacherfüllung zu **947** verlangen und die Durchsetzung der verbleibenden Mängelrechte, insbesondere die Minderung oder den kleinen Schadensersatz, **den Erwerbern nach freier Wahl zu überlassen.** Jeder Erwerber kann sodann den kleinen Schadensersatz oder eine Minderung in der ihm zustehenden Höhe auf eigene Rechnung einfordern. Für diesen Weg wird sich die Gemeinschaft vor allem dann entscheiden, wenn die Solvenz des Bauträgers fraglich ist oder die Mängelansprüche schon dem Grunde nach zweifelhaft sind und ihr das Risiko einer gemeinschaftlichen Verfolgung zu hoch ist, während andererseits den einzelnen (oder den besonders betroffenen) Erwerbern die Möglichkeit einer individuellen Auseinandersetzung mit dem Bauträger nicht genommen werden soll. Die individuelle Verfolgung von sekundären Mängelrechten auf der Grundlage eines solchen Beschlusses ist obergerichtlich nicht geklärt. Es ist anzunehmen, das in einem solchen Beschluss von der Rechtsprechung eine Ermächtigung zur individuellen Geltendmachung gesehen würde (vgl. Rdn. 949).

Im übrigen kann der einzelne Erwerber nach der Rechtsprechung des BGH Scha- **948** densersatz (wegen behebbarer Mängel) **nur an die Gemeinschaft fordern**, dann aber in voller Höhe[2471].

[2469] *Palandt/Bassenge*, § 23 WEG, Rdn. 22.
[2470] *Pause*, NZBau 2002, 648, (653).
[2471] BGH v. 6. 6. 1991, NJW 1991, 2480; zur Minderung durch den einzelnen Erwerber BGH v. 4. 11. 1982, NJW 1993, 453.

B. *Der Bauträgererwerb*

949 Allerdings kann der Erwerber auf der Grundlage eines ihn besonders **ermächtigenden Beschlusses** Minderung oder Schadensersatz an sich selbst fordern[2472].

Eine ausreichende Ermächtigung kann in einer Vereinbarung zwischen den (Teil-) Eigentümern von Reihenhäusern gesehen werden, wenn sich diese wechselseitig ermächtigen, sämtliche denkbaren Mängelansprüche auch wegen Mängeln am Gemeinschaftseigentum geltend zu machen, wobei der BGH offen lassen konnte, ob schon die Vereinbarung in der Teilungserklärung, dass jeder Erwerber das im Bereich seines Sondereigentums befindliche Gemeinschaftseigentum beliebig verwalten könne, ausgereicht hätte[2473].

950 Ansonsten gestattet die Rechtsprechung dem Erwerber nur **ausnahmsweise** eine **individuelle Verfolgung** von Minderung oder Schadensersatz ohne Ermächtigung, und zwar dann, wenn er etwa die Minderung seines Kaufpreises wegen eines sich ausschließlich in seiner Wohnung auswirkenden und nicht mehr behebbaren Mangels verlangt, die Gemeinschaft also vom betreffenden Mangel ohnehin nicht tangiert wird[2474]. Der Erwerber kann auch dann gegen den Bauträger ohne Beschluss vorgehen, wenn sich der Bauträger als alleiniger weiterer Miteigentümer der Verfolgung der Mängelrechte (gegen sich selbst) widersetzt[2475]. Der einzelne Erwerber soll in Ausnahme zu diesen Grundsätzen auch wegen naher Mangelfolgeschäden (Gutachterkosten) ohne Beschluss klagebefugt sein[2476].

g) Vergleich

951 Die Gemeinschaft kann sich schließlich dahin entscheiden, die Mängelrechte durch einen Vergleich zu regeln und damit über den Anspruch des Erwerbers zu verfügen (oben Rdn. 899)[2477]. Trotz der Befugnis, im Vergleichsweg über die Ansprüche zu verfügen, bleibt der Erwerber bis zum Beschluss der Gemeinschaft über einen Vergleich zum Rücktritt und zur Geltendmachung des großen Schadensersatzes berechtigt (Rdn. 944).

Zur gerichtlichen Überprüfung der Angemessenheit eines Vergleichs vgl. Rdn. 979.

h) Verwendung der vom Bauträger erhaltenen Mittel

952 *aa) Nacherfüllung, insbesondere Kostenvorschuss.* Gleich, ob der einzelne Erwerber oder die Gemeinschaft Nacherfüllungsansprüche (Vorschussanspruch oder Aufwendungsersatz) geltend gemacht hat, die vom Bauträger an die Gemeinschaft gezahlten Mittel sind in jedem Falle gemeinschaftlich und zweckgebunden zu verwenden. Soweit ein Vorschuss für die Mängelbeseitigung verlangt wurde, kann die Vorschusszahlung des Bauträgers nur zur Mängelbeseitigung und auch nur zur Mängelbeseitigung in der Art

---

[2472] BGH v. 4. 11. 1982, NJW 1983, 453; BGH v. 15. 2. 1990, NJW 1990, 1663; BGH v. 28. 10. 1999, NJW-RR 2000, 304 = BauR 2000, 285; vgl. auch OLG Frankfurt v. 21. 2. 1992, NJW-RR 1993, 121, wonach diese Rechtsprechung auch für die kaufvertraglichen Bestimmungen beim Erwerb von Altbausanierungen anzuwenden ist. Vgl. auch *Jagenburg,* NJW 1992, 282 (291).
[2473] BGH v. 28. 10. 1999, NJW-RR 2000, 304 = BauR 2000, 285.
[2474] BGH v. 15. 2. 1990, NJW 1990, 1663, m. Anm. *Reithmann,* DNotZ 1991, 133. Dasselbe soll gelten, wenn die Ansprüche aller anderen Erwerber schon verjährt sind, vgl. OLG Frankfurt v. 6. 12. 1990, NJW-RR 1991, 665; auch diese Begründung ist abzulehnen, da die Entscheidungskompetenz der Gemeinschaft auch ansonsten nicht durch die Anzahl der Inhaber von noch unverjährten Ansprüchen beeinflusst wird.
[2475] BGH v. 7. 6. 2001, NZBau 2002, 26.
[2476] OLG Dresden v. 7. 2. 2001, BauR 2001, 1277.
[2477] BGH v. 27. 7. 2006, NJW 2006, 3275 = NZBau 2006, 706 = BauR 2006, 1747, Rdn. 32; BayObLG v. 28. 6. 1989, NJW-RR 1989, 1165; BayObLG v. 4. 11. 1999, NJW-RR 2000, 379; LG München I v. 31. 1. 1995, NJW-RR 1996, 333; *Kniffka,* FS Ganten, S. 125 (133); *Wenzel,* NJW 2007, 1905 (1909); *Kniffka/Koeble,* Rdn. 296; *Pause,* NZM 2007, 234; *Weitnauer/Briesemeister,* nach § 8 WEG, Rdn. 81 f.; *Staudinger/Bub* (2005), § 21 WEG, Rdn. 260; a. A. *Kreuzer,* FS Bub (2007), S. 155 (164, 166).

XII. Verfolgung von Mängeln am Gemeinschaftseigentum

und Weise, wie dies zuerkannt wurde, verwendet werden. Dies ergibt sich aus der **Zweckgebundenheit des Vorschusses,** aber auch daraus, dass der Vorschuss nach Durchführung der Arbeiten gegenüber dem Bauträger abgerechnet werden muss. Daraus folgt, dass sich sowohl eine anteilige Auskehrung an die einzelnen Erwerber wie auch die Zuführung der Mittel in die Instandhaltungsrückstellung verbietet. Entsprechendes gilt, wenn der Bauträger unmittelbar auf Nacherfüllung verklagt und der Titel nach § 887 Abs. 1, 2 ZPO vollstreckt wird. Die Verwendung der vom Bauträger erstatteten Kosten einer bereits durchgeführten Selbstvornahme liegt im Ermessen der Gemeinschaft. Je nachdem, ob die **Kosten der Selbstvornahme** durch Sonderumlage von den einzelnen Eigentümern, aus den laufenden Mitteln oder aus der Instandhaltungsrücklage aufgebracht wurden, kann der Erstattungsbetrag ausgekehrt oder von der Gemeinschaft einbehalten werden.

Aus der Zweckgebundenheit von Vorschussmitteln und den Grundsätzen ordnungsgemäßer Verwaltung folgt jedoch, dass eine vom Bauträger **vergleichsweise gezahlte** pauschale und ihm gegenüber nicht abzurechnende **Abgeltung** des Vorschussanspruchs nicht an die Eigentümer ausbezahlt werden darf, sondern zur Mängelbeseitigung zu verwenden ist. Anderes kann aber dann gelten, wenn die Gemeinschaft durch einen weiteren Beschluss von der ursprünglichen Absicht, den Mangel nachzubessern, abrückt, also den dem Vorschuss selbst beigemessenen Zweck aufhebt. Beschlüsse, die den gegenseitigen Verzicht der Eigentümer auf eine Mängelbehebung beinhalten, sind nicht nichtig[2478], aber möglicherweise anfechtbar. **953**

bb) Im Wege der Aufrechnung erlangte Mittel. Wegen der Zweckgebundenheit des Vorschusses kann der Bauträger gegen diesen nicht mit noch offenen, weil von den Erwerbern zurückbehaltenen Restvergütungsansprüchen die **Aufrechnung** erklären – es fehlt wegen der Mitgläubigerschaft (Rdn. 900, 917) an der Gegenseitigkeit der Forderungen[2479]. Dem Erwerber ist es dagegen nicht verwehrt, mit dem Vorschussanspruch gegen den Restkaufpreisanspruch aufzurechnen[2480]. Zur Aufrechnung in der Insolvenz des Bauträgers vgl. Rdn. 1008. **954**

Die Befugnis zur Aufrechnung mit dem Vorschussanspruch gegen Restvergütungsansprüche folgt aus dem einzelnen Erwerbsvertrag, ist folglich individualrechtlich und kann dem jeweiligen Erwerber nicht entzogen werden. Das bedeutet aber auch, dass die Gemeinschaft den Erwerber nicht zwingen kann, mit Ansprüchen wegen Mängeln am Gemeinschaftseigentum aufzurechnen[2481], ihm also die **Aufrechnung wegen Mängeln am Sondereigentum** oder anderer ihm individuell zustehender Ansprüche nicht versagen kann. Der einzelne Erwerber entscheidet bei mehreren Mängeln am Sonder- und Gemeinschaftseigentum, wegen welcher Mängel und in welcher Reihenfolge er seine Zahlungsverpflichtung durch Aufrechnung zum Erlöschen bringen will. **955**

Der Betrag, der wegen Mängeln am Gemeinschaftseigentum durch Aufrechnung erlangt (dem Bauträger infolge der Aufrechnung nicht bezahlt) wurde, ist – im Verhältnis zum Bauträger –, je nachdem, in welcher Weise die Gemeinschaft den Mangel zu beseitigen beabsichtigt, von dem eingeforderten Mängelbeseitigungsvorschuss bzw. den tatsächlich angefallenen Mängelbeseitigungskosten in Abzug zu bringen. Der aufrechnende Eigentümer muss folglich den durch die Aufrechnung erlangten Betrag (Befrei- **956**

[2478] Vgl. BayObLG v. 28. 6. 1989, NJW-RR 1989, 1165.
[2479] BGH v. 26. 9. 1991, NJW 1992, 435; OLG Karlsruhe v. 1. 2. 1989, BauR 1990, 662; a. A. *Grams,* ZfIR 2009, 573 (578).
[2480] LG München I v. 14. 7. 1989, NJW-RR 1990, 30, zu dem dann auch gegebenen Auflassungsanspruch; OLG Frankfurt v. 27. 8. 1992, NJW-RR 1993, 339; a. A. *Staudinger/Bub* (2005), § 21 WEG, Rdn. 269.
[2481] OLG München v. 26. 4. 2006, IMR 2006, 81 (*Abramenko*).

B. Der Bauträgererwerb

ung vom Vergütungsanspruch) zur zweckentsprechenden Verwendung an die Gemeinschaft zu Händen des Verwalters abführen. Die Miteigentümer können die Auszahlung des Vorschusses wegen seiner Zweckgebundenheit verlangen; der Bauträger kann – bei abermaliger Inanspruchnahme wegen dieses Betrages – die Erfüllung seiner Verpflichtung (durch die vom betreffenden Erwerber erklärte Aufrechnung) einwenden.

Wenn die Gemeinschaft die Mängel zunächst auf eigene Kosten beseitigen möchte und dazu eine Sonderumlage erheben muss, sind – das betrifft das **Innenverhältnis** – zunächst die durch Aufrechnung erlangten Beträge an die Gemeinschaft abzuführen; über den dann noch verbleibenden Bedarf ist ggf. eine Umlage zu beschließen, an der auch die aufrechnenden Miterwerber im gleichen Verhältnis zu beteiligen sind.

957 Die Ausübung eines Leistungsverweigerungsrechts oder die Aufrechnungserklärung wegen Mängeln am Gemeinschaftseigentum ist grundsätzlich die freie Entscheidung des einzelnen Eigentümers[2482]. Ist die Gemeinschaft daran interessiert, dass einzelne Eigentümer oder gar einige wenige (Nacherwerber) von solchen Rechten zugunsten der Gemeinschaft Gebrauch machen, so ist es sachgerecht, wenn sie sogleich von den mit der Rechtsausübung verbundenen Risiken (z. B. Prozessrisiko einer Zahlungsklage des Bauträgers, Auflassungsklage des Erwerbers) freigestellt werden.

Fraglich ist, ob es ausnahmsweise eine **Verpflichtung zur Aufrechnung** durch den einzelnen Erwerber gibt, um mit den entsprechenden Kaufpreisteilen Mängel am Gemeinschaftseigentum beseitigen zu können. Daran bestünde bei den anderen Erwerbern dann ein berechtigtes Interesse, wenn sie die Vergütung bereits vollständig entrichtet haben, sich hernach Mängel am Gemeinschaftseigentum zeigen und die Ansprüche dieser Erwerber vielleicht nur noch erschwert oder gar nicht mehr durchsetzbar sind. Haben einzelne oder auch nur ein einziger Erwerber ihre Vergütungspflicht noch nicht vollständig erfüllt, könnte dieser mit einem Vorschussanspruch (ggf. auch mit dem Aufwendungsersatzanspruch) aufrechnen und den entsprechenden Betrag der Gemeinschaft zur Mängelbeseitigung zur Verfügung stellen. Die Annahme einer dahingehenden Verpflichtung scheint durchaus vertretbar zu sein, wenn es einem einzelnen Erwerber ohne große Schwierigkeiten und ohne erhebliche Nachteile möglich ist, die Kosten der Mängelbeseitigung beim Bauträger zu realisieren, während dies den anderen nicht (mehr) oder nur erschwert möglich ist. Zu diesem Ergebnis kann man allerdings nur dann gelangen, wenn man entweder eine entsprechende wohnungseigentumsrechtliche Tätigkeitspflicht zur Schadensabwendung annimmt, die allerdings schon umstritten ist[2483], oder § 242 BGB bemüht. Sofern man eine solche Pflicht annimmt, hat die Gemeinschaft den betreffenden Erwerber von Nachteilen aus Auseinandersetzungen mit dem Bauträger freizustellen. (Zur Aufrechnung in der Insolvenz vgl. Rdn. 1008.)

958 *cc) Minderung.* Nach Auffassung der Rechtsprechung steht der Anspruch auf Minderung der Wohnungseigentümergemeinschaft zu[2484]. Das wird damit begründet, dass nur so die Beseitigung der am Gemeinschaftseigentum vorhandenen Mängel gesichert ist[2485]. Daraus wird dann aber auch zu schlussfolgern sein, dass die von der Gemeinschaft geltend gemachten Minderungsbeträge zur Mängelbeseitigung zu verwenden sind.

959 Die von der Rechtsprechung vorgezeichnete Linie ist mit dem Inhalt des Anspruchs auf Minderung allerdings nur schwer in Einklang zu bringen[2486]. Die Wahl der Minde-

---

[2482] Vgl. OLG München v. 26. 4. 2006, IMR 2006, 81 (*Abramenko*).
[2483] Vgl. einerseits *Bärmann/Pick/Merle*, § 14 Rdn. 29, andererseits *Weitnauer/Lüke*, § 14 Rdn. 1; *Riecke/Schmid/Elzer*, § 10 WEG, Rdn. 382.
[2484] BGH v. 15. 2. 1990, NJW 1990, 1663 mit Anm. *Reithmann*, DNotZ 1991, 133.
[2485] BGH v. 15. 2. 1990, NJW 1990, 1663.
[2486] *Weitnauer/Briesemeister*, nach § 8 WEG, Rdn. 65; *Kreuzer*, FS Bub (2007), S. 155 (164, 166); *Ganten*, FS für Bärmann/Weitnauer, S. 269 (290).

rung beinhaltet regelmäßig die Entscheidung, die mangelhafte Leistung hinzunehmen. Die Minderung soll die Vergütung dem hingenommenen Zustand anpassen. Aus der Funktion der Minderung – Anpassung der jeweils individuell gezahlten Vergütung – muss gefolgert werden, dass sie jedem Erwerber persönlich zukommen soll. Davon ist insbesondere in den Fällen auszugehen, in denen die Gemeinschaft eine Beseitigung der Mängel gerade nicht beabsichtigt, sondern die Minderung deshalb beansprucht, um den auf Dauer hingenommenen mangelhaften Zustand durch die herabgesetzte Vergütung auszugleichen. Außerdem ist – insoweit in Übereinstimmung mit dem BGH – davon auszugehen, dass sich der auf den einzelnen Eigentümer entfallende Minderungsbetrag entsprechend dem Grad der Auswirkung des Mangels am jeweiligen Sondereigentum erhöhen oder reduzieren kann. Schallmängel, die ihre Ursache im Gemeinschaftseigentum haben (z. B. auf einer mangelhaften Aufzugsanlage beruhen), können zu einer unterschiedlich hohen Minderung bei den einzelnen Eigentümern führen, je nachdem, in welchem Grad sie betroffen sind[2487].

960 Nach der hier vertretenen Auffassung wäre eine von der Gemeinschaft – möglicherweise in gewillkürter Prozessstandschaft (Rdn. 989) – geltend gemachte Minderung an die einzelnen Eigentümer zum Ausgleich des Minderwerts auszukehren[2488]. Eine anders lautende Beschlussfassung der Eigentümerversammlung wäre nur dann zulässig, wenn die erhaltene Minderung aufgrund eines entsprechenden Beschlusses sogleich zur Beseitigung der Mängel am Gemeinschaftseigentum verwendet oder, soweit dies technisch nicht möglich ist, die Mängel durch andere Maßnahmen gelindert oder ausgeglichen werden sollen[2489]. Hiervon abweichende Beschlüsse wären anfechtbar[2490].

dd) Kleiner Schadensersatz. Nach der Rechtsprechung des BGH ist auch der kleine **961** Schadensersatzanspruch des Erwerbers deshalb gemeinschaftsbezogen, weil nur bei einer Geltendmachung durch die Gemeinschaft die Beseitigung der Mängel gewährleistet ist[2491]. Daraus ergibt sich, dass der von der Gemeinschaft als Ermächtigte bzw. Prozessstandschafterin erlangte Schadensersatz auch der Gemeinschaft zusteht – und von ihr zur Mängelbeseitigung verwendet werden muss.

In der Folge kann sich der Bauträger gegen gemeinschaftlich verfolgte Schadensersatzansprüche auch nicht durch **Aufrechnung** mit offenen Restvergütungsansprüchen befreien; der Schadensersatz soll der Gemeinschaft als Ersatz für die Mängel am Gemeinschafseigentum zur Verfügung stehen [2492].

Sofern man den kleinen Schadensersatz ebenso wie die Minderung als im Aus- **962** gangspunkt individualrechtlichen Anspruch ansieht, stellt sich die Frage der Verwendung durch die Gemeinschaft im Grundsatz nicht. Nur für den Fall, dass man eine Durchsetzung des kleinen Schadensersatzes durch die Wohnungseigentümergemeinschaft in **gewillkürter Prozessstandschaft** in Betracht zieht (Rdn. 989), müsste über die Verwendung entschieden werden. Auch unter dieser Voraussetzung steht der Schadensersatz jedem Erwerber einzeln und in Höhe des ihm entstandenen Schadens individuell zu (oben Rdn. 890, 922). Hat die Gemeinschaft allerdings beschlossen, den Schadensersatz für die Gemeinschaft zur Mängelbeseitigung zu verwenden, wäre in Betracht zu ziehen, den von der Gemeinschaft erlangten Schadensersatz auf die Ver-

---

[2487] BGH v. 15. 2. 1990, NJW 1990, 1663.
[2488] Vgl. BGH v. 20. 3. 1986, NJW-RR 1986, 755 (756).
[2489] *Riecke/Schmid/Vogel*, nach § 8 WEG, Rdn. 48; Vgl. BGH v. 15. 2. 1990, NJW 1990, 1663; BGH v. 10. 5. 1979, BGHZ 74, 258 (266) = NJW 1979, 2207.
[2490] BayObLG v. 28. 6. 1989, NJW-RR 1989, 1165.
[2491] BGH v. 6. 6. 1991, NJW 1991, 2480 (2481); BGH v. 15. 2. 1990, NJW 1990, 1663.
[2492] OLG Nürnberg v. 17. 9. 1999, BauR 1999, 1464; auch *Müller*, PiG 56, S. 83 (96).

pflichtung der Erwerber, die Mängelbeseitigung gegebenenfalls im Wege einer Sonderumlage zu finanzieren, zu verrechnen – und eine dahingehende Vergemeinschaftung des Schadensersatzes hinzunehmen.

4. Beschlüsse der Wohnungseigentümergemeinschaft

a) Inhalt des Beschlusses

963   Die Wohnungseigentümergemeinschaft – bzw. vor deren Entstehung die werdende Gemeinschaft[2493] (Rdn. 619) – zieht die Ansprüche der Erwerber durch Beschluss an sich[2494]. Der Beschluss muss ausdrücklich oder stillschweigend zum Ausdruck bringen, dass die Gemeinschaft die Ansprüche der einzelnen Erwerber verfolgen will[2495]. Ein Beschluss, durch den sich die Gemeinschaft der Verfolgung der Mängelansprüche wegen Mängeln am Gemeinschaftseigentum annimmt und deren Geltendmachung regelt, ist dahin auszulegen, dass sie damit auf die individuellen Ansprüche der Erwerber zugreift, diese an sich zieht und als Ermächtigte bzw. als gesetzliche Prozessstandschafterin geltend machen will[2496]. Eine ausdrückliche Beschlussformulierung, nach der die Gemeinschaft die Ansprüche „an sich zieht" ist deshalb nicht erforderlich, aber zur Vermeidung von Missverständnissen empfehlenswert[2497].

Soll ein Wohnungseigentümer Mängelansprüche „im Auftrag" und „auf Risiko" der Gemeinschaft geltend machen, kann ein dahingehender Beschluss kaum dahin verstanden werden, dass die Gemeinschaft damit die Ansprüche des Erwerbers zur Geltendmachung an sich zieht[2498]; ob die Ansprüche in gewillkürter Prozessstandschaft geltend gemacht werden sollen, dürfte ebenfalls zweifelhaft sein (vgl. dazu Rdn. 964).

964   Ferner muss beschlossen werden, wegen welcher Mängel des Gemeinschaftseigentums der Bauträger in Anspruch genommen werden soll. Die Mängel sind entweder ausdrücklich zu benennen oder durch Bezugnahme auf Mängellisten, Privatgutachten usw. zu bezeichnen.

Schließlich muss der Beschluss regeln, welche Rechte geltend gemacht werden sollen[2499], also bestimmt werden, ob die Nacherfüllung selbst, die Kosten einer bereits durchgeführten Selbstvornahme, ein Kostenvorschuss oder Minderung bzw. kleiner Schadensersatz verlangt werden soll. Bei einer Mehrzahl an Mängeln ist es möglich, unterschiedliche Mängelrechte geltend zu machen. Insbesondere bei einer Vielzahl von Einzelmängeln ist es auch vertretbar, die Wahl zwischen den Mängelrechten dem – ggf. durch einen Sachverständigen beratenen – Verwalter zu überlassen[2500] (vgl. Rdn. 913).

Die Wohnungseigentümergemeinschaft kann auch beschließen, von einer Verfolgung der Nacherfüllungsansprüche abzusehen und die Geltendmachung der sekundären Mängelrechte den einzelnen Erwerbern zu überlassen bzw. diese hierzu zu ermächtigen (Rdn. 947).

[2493] BGH v. 5. 6. 2008, NJW 2008, 2639.
[2494] *Pause* in Koeble/Kniffka, Form. D. II. ff. zu möglichen Beschlussformulierungen.
[2495] *Pause* in Koeble, D. II.1, Anm. 23; *ders.*, BauR 2009, 425 (430).
[2496] Vgl. BGH v. 26. 4. 2007, NZBau 2007, 507 = BauR 2007, 1407, Rdn. 15; vgl. auch BGH v. 24. 7. 2003, NJW 2003, 3196, zur Ermächtigung des Verwalter, in Prozessstandschaft zu klagen.
[2497] *Riecke/Schmid/Vogel*, nach § 8 WEG, Rdn. 57 a.
[2498] So aber OLG Koblenz v. 29. 5. 2008, IMR 2008, 425; a. A. OLG Köln v. 7. 10. 2008, IBR 2008, 740 (*Christiansen-Geiss*), jeweils zur identischen Beschlussformulierung.
[2499] *Kniffka*, FS Ganten, S. 125 (136).
[2500] BGH v. 20. 3. 1986, NJW-RR 1986, 755, zur Wahl zwischen einer Klage durch die Gemeinschaft oder den Verwalter als Prozessstandschafter.

XII. Verfolgung von Mängeln am Gemeinschaftseigentum

b) Beschlusswirkungen – Ausschluss individueller Verfolgung

Nur auf der Grundlage eines Beschlusses, durch den sich die Gemeinschaft der Mängelrechte annimmt, können die Ansprüche von der Gemeinschaft geltend gemacht werden. Der **Beschluss ist Voraussetzung** für die Verfolgung der Ansprüche durch die Gemeinschaft (Rdn. 905). Nur ausnahmsweise kann der Verwalter ohne Beschluss namens der Gemeinschaft gegen den Bauträger vorgehen, nämlich im Fall der Eilzuständigkeit nach § 27 Abs. 3 Nr. 2 WEG. Ansonsten ist die Verwaltung ohne einen sie ermächtigenden Beschluss zur Klageerhebung nicht berechtigt. Eine gleichwohl erhobene Klage ist als unzulässig abzuweisen[2501]. 965

Der einzelne Erwerber ist an den Beschluss gebunden (§ 10 Abs. 5 WEG). Die **Bindung an den Beschluss** gilt sowohl für Gegenstimmen wie auch für spätere Erwerber. Deshalb können auch Zweiterwerber nicht ausscheren und ihnen abgetretene Ansprüche gesondert geltend machen[2502]. 966

Individuelle Maßnahmen des einzelnen Erwerbers werden durch den Beschluss, mit dem von der Ausübungsbefugnis Gebrauch gemacht wird, grundsätzlich unzulässig. Namentlich kann der einzelne Erwerber nach einem Beschluss der Gemeinschaft, durch den sie die Ansprüche zur Verfolgung an sich zieht, Ansprüche weder außergerichtlich geltend machen noch **Klage** erheben. Sie wäre wegen der fehlenden Prozessführungsbefugnis unzulässig. Der Bauträger kann ihm die Beschlussfassung der Gemeinschaft entgegenhalten (Außenwirkung des Beschlusses)[2503]. Insoweit wird der Bauträger durch den Beschluss vor einer doppelten gleichlaufenden Inanspruchnahme geschützt. 967

Sobald sich die Gemeinschaft für die **Minderung oder den kleinen Schadensersatz** entschieden hat, ist der einzelne Erwerber gehindert, weiterhin Nacherfüllung zu verlangen. 968

c) Prozessrechtliche Auswirkungen

Die Wirkung von Eigentümerbeschlüssen ist unterschiedlich, je nachdem, ob ein einzelner Erwerber im **Zeitpunkt** der Beschlussfassung die Erhebung einer Klage beabsichtigt oder eine Klage bereits eingereicht hat: 969

Dem Erwerber, der zum **Zeitpunkt des Beschlusses bereits Klage** auf Nacherfüllung erhoben hat, wird durch einen Beschluss, durch den die Gemeinschaft den Bauträger nun ebenfalls gerichtlich auf Nacherfüllung in Anspruch nehmen will, die **Prozessführungsbefugnis** genommen[2503a]. Durch den Beschluss zieht die Gemeinschaft das Recht, den Anspruch geltend machen zu können, an sich – und nimmt dem Erwerber eben diese Befugnis. Der Erwerber bleibt zwar Anspruchsinhaber, ist aber infolge der der Gemeinschaft verliehenen Macht, den Anspruch als gesetzliche Prozessstandschafterin verfolgen zu können, an seiner (weiteren) Durchsetzung gehindert. Die Klage wird **nachträglich unzulässig**. Es handelt sich um einen Fall der Hauptsacheerledigung. Eine ansonsten günstige Prozessprognose unterstellt, kann sich der klagende Erwerber einer Klageabweisung nur durch eine Hauptsacheerledigungserklärung entziehen (§ 91a ZPO). Denkbar wäre auch ein Parteiwechsel, also die Fortsetzung des Verfahrens durch die Gemeinschaft statt des bisher klagenden Erwerbers. Ein Parteiwechsel ist in Fällen, in denen die Partei die Prozessführungsbefugnis während

---

[2501] OLG München 11. 12. 2007, IBR 2008, 518 (*Vogel*).
[2502] LG München I v. 31. 1. 1995, NJW-RR 1996, 333.
[2503] BGH v. 10. 5. 1979, NJW 1979, 2207 (2209); OLG Düsseldorf v. 8. 10. 1992, NJW-RR 1993, 89 = BauR 1993, 229; OLG Koblenz v. 29. 5. 2008, IMR 2008, 425.
[2503a] A. A. OLG Hamm v. 5. 11. 2009, ZWE 2010, 44 (§§ 265, 325 ZPO seien einschlägig).

des Rechtsstreits verliert, grundsätzlich möglich[2504], aber an die Zustimmung der Gegenseite gebunden[2505]. Eine andere Frage ist es, ob es in jedem Fall den Grundsätzen ordnungsgemäßer Verwaltung entspricht, eine Klage der Gemeinschaft zu beschließen, wenn bereits von einem Erwerber individuell geklagt wird. Das kann dann zweifelhaft sein, wenn der Prozess ordnungsgemäß und erfolgversprechend geführt wird und bereits weit fortgeschritten ist.

Da die Gemeinschaft durch ihren Beschluss auf die Ansprüche der einzelnen Erwerber zugreift, steht es auch in ihrer Macht, die Ansprüche einzelner Erwerber auszuklammern. Sie kann deshalb bei ihrem Beschluss, Klage zu erheben, den Anspruch des bereits klagenden Erwerbers aussparen. Unter dieser Voraussetzung bleibt die Klage des bereits klagenden Erwerbers zulässig. Es wären sodann **verschiedene gleichgerichtete Klagen** gegen den Bauträger (sämtlichst Leistung an die Gemeinschaft fordernd) anhängig. Dies ist vielleicht unzweckmäßig, prozessual aber nicht unzulässig. Die Klagen könnten im übrigen miteinander verbunden werden. Da die Klage, soweit der geltend gemachte Anspruch mit der Beschlussfassung übereinstimmt, weder unzulässig noch unbegründet wird, liegt auch keine Hauptsacheerledigung vor[2506].

970 Individuelle **Klagen nach dem Zeitpunkt der Beschlussfassung** sind mangels Prozessführungsbefugnis als unzulässig abzuweisen. Infolge des Beschlusses liegt die Prozessführungsbefugnis bei der Wohnungseigentümergemeinschaft als gesetzliche Prozessstandschafterin. Rechtsinhaberschaft und Prozessführungsbefugnis fallen auseinander[2507]. Hat sich die Gemeinschaft für die gerichtliche Geltendmachung bestimmter Ansprüche entschieden, kann der einzelne Eigentümer keine selbstständige Klage mehr erheben.

971 Sollte sich die Beschlussfassung der Wohnungseigentümergemeinschaft auf die Festlegung bestimmter Ansprüche beschränken (vgl. vorstehend Rdn. 947), ohne die gleichzeitige Verfolgung der Ansprüche durch die Gemeinschaft festzulegen, könnte der bereits klagende Erwerber dem durch eine entsprechende **Klageänderung,** die jedenfalls sachdienlich wäre, eine Klageabweisung vermeiden. In diesem Fall ginge dem Erwerber weder die Anspruchsinhaberschaft noch die Prozessführungsbefugnis verloren. Es ginge nur darum, das Klagebegehren etwa vom Vorschussanspruch auf die Kosten der Ersatzvornahme oder auf den Minderungsbetrag usw. umzustellen. Unterlässt der Erwerber die Änderung seiner Klage, wird sie wegen der entgegenstehenden Beschlusslage und deren Außenwirkung nachträglich unbegründet; eine Klageabweisung kann er dann nur noch durch eine Hauptsacheerledigungserklärung abwenden.

972 Hat der Bauträger aufgrund eines von einem einzelnen Erwerber erstrittenen **Urteils** bereits einen **Vorschuss** an die Gemeinschaft bezahlt und wird nunmehr Minderung oder Schadensersatz geltend gemacht, kann die Gemeinschaft gegen den Anspruch des Bauträgers auf Rückerstattung des nicht verwendeten Vorschusses mit den nunmehr zum Zuge kommenden Ansprüchen auf Minderung bzw. Schadensersatz **aufrechnen**[2508].

d) Stimmberechtigung der Eigentümer, Stellung des Bauträgers bei Beschlussfassungen

973 Die Beschlüsse über die Ausübung der Rechte nach § 10 Abs. 6 WEG werden von den Wohnungseigentümern gefaßt. Darauf, ob diese selbst vom Bauträger erworben haben,

---

[2504] *Tomas/Putzo/Hüßtege*, § 51 ZPO Rdn. 22.
[2505] *Tomas/Putzo/Hüßtege*, vor § 50 ZPO Rdn. 20.
[2506] Vgl. auch *Groß*, BauR 1975, 12 (19 ff.); vg. auch *Werner/Pastor*, Rdn. 496 f.
[2507] *Tomas/Putzo/Hüßtege*, § 51 ZPO Rdn. 21.
[2508] BGH v. 7. 7. 1988, NJW 1988, 2728, allgemein zur Verrechnung des Vorschusses auf den Schadensersatzanspruch.

ihnen Ansprüche vom Ersterwerber abgetreten wurden oder ihre Ansprüche zwischenzeitlich an Zweiterwerber abgetreten haben (aber noch Wohnungseigentümer sind), kommt es nicht an. Die Beschlussfassung ist auch in Ansehung der Mängelansprüche allein Sache der Wohnungseigentümergemeinschaft in ihrer gegenwärtigen Zusammensetzung[2509].

Mit dem Beginn der werdenden Gemeinschaft verliert der Bauträger für jede veräußerte Wohnung einen Teil seiner Befugnisse. Die **werdenden Eigentümer** – sie haben insoweit alle Rechte und Pflichten eines Eigentümers – treten an die Stelle des Bauträgers und verdrängen ihn aus der Eigentümerversammlung (vgl. Rdn. 620 f.). Statt des Bauträgers sind die werdenden Eigentümer zur Versammlung zu laden; sie haben das Stimmrecht[2510].

Hinsichtlich noch unveräußerter oder sonst beim Bauträger verbliebener Wohnungen ist er in Bezug auf Beschlussfassungen über die Mängelrechte **von der Abstimmung** gem. § 25 Abs. 5 WEG **ausgeschlossen**[2511]. Auch ein Wohnungseigentümer, der zwar nicht selbst Bauträger ist, ist bei der Beschlussfassung über die Einleitung eines Rechtsstreits gegen den Bauträger ausgeschlossen, wenn er mit ihm eine wirtschaftliche Einheit bildet, mit ihm wirtschaftlich und rechtlich eng verknüpft oder verwandtschaftlich verbunden ist[2512]. **974**

Wegen der Rechtsfähigkeit der Gemeinschaft stellt sich die Frage, ob der Bauträger bei Mängelprozessen auf der klagenden Seite als Partei beteiligt ist, nicht mehr[2513]. Er hat sich als Miteigentümer mittelbar an den Kosten zur Durchsetzung der gegen ihn selbst gerichteten Ansprüche zu beteiligen[2514].

e) Anfechtung von Beschlüssen

Ob der von der Wohnungseigentümergemeinschaft gefasste Beschluss den Grundsätzen ordnungsmäßiger Verwaltung entspricht, kann zur gerichtlichen Überprüfung gestellt werden. Die Entscheidungen der Gemeinschaft können nach den Bestimmungen des WEG angefochten werden. Das Wohnungseigentumsgericht hat zu überprüfen, ob die Beschlüsse im Rahmen des der Gemeinschaft eingeräumten Ermessens ordnungsgemäßer Verwaltung entsprechen, nicht aber das Bestehen oder Nichtbestehen der Mängelansprüche abschließend zu klären[2515]. Nach Ablauf der Anfechtungsfrist des § 46 WEG (Klageerhebungs- und Klagebegründungsfrist) werden die Beschlüsse bestandskräftig. Beschlüsse der vorstehend behandelten Art können – solange das Wohnungseigentumsgericht nicht andere Anordnungen getroffen hat – sofort vollzogen werden; eine Anfechtung hat keine aufschiebende Wirkung. **975**

Einerseits kann der Wohnungseigentümer von den Miteigentümern die Ausübung der durch § 10 Abs. 6 Satz 3 WEG eingeräumten Befugnis verlangen (oben Rdn. 906), andererseits kann er eine Beschlussfassung über eine aussichtslose Rechtsverfolgung anfechten[2516]. **976**

Beschlüsse, die den Grundsätzen einer angemessenen Verfolgung der Mängelansprüche nicht genügen, sind auf entsprechende Anfechtung vom Wohnungseigentumsgericht für ungültig zu erklären (§ 23 Abs. 4 Satz 2 WEG).

[2509] *Wenzel*, NJW 2007, 1905 (1908); *Kleine-Möller/Merl*, § 15 Rdn. 1033.
[2510] BayObLG v. 11. 4. 1990, NJW 1990, 3216; a. A. *Röll*, NJW 1989, 1070.
[2511] OLG Köln v. 10. 12. 1990, NJW-RR 1991, 850; BayObLG v. 31. 1. 1992, NJW 1993, 603.
[2512] BayObLG v. 9. 10. 1997, NJW-RR 1998, 231.
[2513] Zur früheren Rechtslage: BayObLG v. 20. 2. 1978, ZMR 1978, 248; a. A. OLG Düsseldorf v. 25. 5. 1990, BauR 1991, 363.
[2514] BayObLG v. 31. 1. 1992, NJW 1993, 603; BayObLG v. 11. 4. 2001, ZMR 2001, 826 = IBR 2002, 196 = BauR 2002, 140 (LS).
[2515] BayObLG v. 30. 4. 1999, NJW-RR 2000, 13 (15).
[2516] BayObLG v. 30. 4. 1999, NJW-RR 2000, 13, 15.

B. Der Bauträgererwerb

977 Regelmäßig ist die **Gemeinschaft verpflichtet**, sich der Mängelansprüche anzunehmen (Rdn. 906). Bei hinreichenden Erfolgsaussichten widerspräche eine andere Entscheidung einer pflichtgemäßen Ermessensausübung und damit den Grundsätzen ordnungsmäßiger Verwaltung[2517]. Grundsätzlich steht es aber im Ermessen der Gemeinschaft, auf welche Art und Weise sie einen ordnungsgemäßen Zustand des Gemeinschaftseigentums herbeiführt[2518] und ob sie einen nicht oder nur aufwändig behebbaren Mangel hinnimmt[2519] und dafür etwa eine Ausgleich im Wege des kleinen Schadensersatzes oder der Minderung wählt. In Abhängigkeit davon steht es in ihrem Ermessen, welche Ansprüche sie geltend macht.

Anfechtbar wären deshalb Beschlüsse, durch die ohne Gegenleistung auf schlüssige und plausible Ansprüche verzichtet[2520] oder – ohne gleichzeitig selbst tätig zu werden – die Durchsetzung von Ansprüchen durch die einzelnen Erwerber verhindert würde.

978 Es sind aber durchaus Sachverhalte denkbar, bei denen eine Verfolgung der Ansprüche wegen **mangelnder Erfolgsaussicht** den Grundsätzen ordnungsmäßiger Verwaltung zuwiderliefe. Das wird etwa dann der Fall sein, wenn die Solvenz des Vertragspartners zweifelhaft ist oder gar die Insolvenz droht, der Nachweis der Mangelhaftigkeit nicht sicher geführt werden kann oder rechtliche Bedenken an der Durchsetzbarkeit der Forderung bestehen (z.B. wegen ihrer möglichen Verjährung). Den Grundsätzen ordnungsmäßer Verwaltung widerspricht es auch, Ansprüche geltend zu machen, die offenkundig nicht in Betracht kommen, die offenkundig rechtlich unhaltbar oder bereits verjährt sind[2521].

979 Die Angemessenheit eines **Vergleichs** kann der Erwerber (nur) durch eine Anfechtung des Beschlusses, durch den dem Vergleich zugestimmt wird, gerichtlich überprüfen lassen. Ein Vergleich mit einer Abgeltung der Mängelansprüche muss eine angemessene Abgeltungszahlung vorsehen. Ein Vergleich entspricht jedenfalls dann ordnungsgemäßer Verwaltung, wenn die Ansprüche der Gemeinschaft bereits verjährt sind[2522].

5. Gerichtliche Verfolgung der Ansprüche

a) Gesetzliche Prozessstandschaft

980 Der Widerspruch, dass die Ansprüche von der einen Person, der Wohnungseigentümergemeinschaft, verfolgt werden sollen, während dieselben Ansprüche einer anderen Person, dem Erwerber, zustehen, wird vom Gesetz in § 10 Abs. 6 Satz 3 WEG in der Weise aufgelöst, dass es mit der Wendung „sie übt die ... Rechte ... aus" der Gemeinschaft kurzerhand die Rechtsmacht zur Wahrnehmung fremder Rechte verleiht. Das Gesetz enthält damit für den außergerichtlichen Bereich eine eigene gesetzliche Ermächtigung (dazu oben Rdn. 899) und für die gerichtliche Geltendmachung eine besondere **gesetzliche Prozessstandschaft**[2523] (oben Rdn. 902). Die Gemeinschaft handelt gegenüber dem Bauträger als Ermächtigte bzw. – im Prozess – als Prozessstandschafterin. Auch wenn die durch die WEG-Novelle eingeführte Ausübungs-

---

[2517] *Wenzel*, NJW 2007, 1905 (1908); *Riecke/Schmid/Vogel*, nach § 8 WEG, Rdn. 57.
[2518] BayObLG v. 28. 3. 1996, WE 1996, 480.
[2519] BayObLG v. 25. 11. 1998, NJW-RR 1999, 520 = NZM 1999, 262 = WE 1999, 159.
[2520] OLG Düsseldorf v. 25. 8. 1999, NJW-RR 2000, 381.
[2521] BayObLG v. 30. 4. 1999, NJW-RR 2000, 13 (15).
[2522] BayObLG v. 4. 11. 1999, NJW-RR 2000, 379; BayObLG v. 20. 3. 2001, NZM 2001, 539.
[2523] BGH v. 15. 1. 2010, BauR 2010, 774 = NJW 2010, 933, Rdn. 13, m. Anm. *Schmid* = ZflR 2010, 243 m. krit. Anm. *Dötsch*; *Pause/Vogel*, BauR 2007, 1289, 1299 = ZMR 2007, 577; *Schmidt*, NZM 2006, 767, 769; *Wenzel*, NJW 2007, 1905 (1908 f.); vor der WEG-Novelle war der BGH von einer gewillkürten Prozessstandschaft ausgegangen, BGH v. 12. 4. 2007 NJW 2007, 1952, 1953 (Rdn. 15).

XII. Verfolgung von Mängeln am Gemeinschaftseigentum

befugnis mit den bekannten Fällen der gesetzlichen Prozessstandschaft nur bedingt vergleichbar ist, lässt sich die Rolle der Gemeinschaft bei der Verfolgung fremder Ansprüche prozessrechtlich nur mit dieser Rechtsfigur erklären.

Bei der Klage der Gemeinschaft wird diese durch den Verwalter vertreten. Er erteilt **981** die Prozessvollmacht, sofern sie sich nicht unmittelbar aus dem Beschluss der Gemeinschaft ergibt. Auch im Falle einer Klage muss – jedenfalls bei den auf Mängelbeseitigung gerichteten Ansprüchen – Leistung an die Gemeinschaft verlangt werden (Rdn. 917). Durch die Verlagerung der Prozessführungsbefugnis auf die Wohnungseigentümergemeinschaft können die Erwerber aufgrund des formellen Parteibegriffs in ihrem eigenen Prozess **Zeugen** sein[2524].

Dem Rechtsinhaber ist es grundsätzlich gestattet, dem vom Prozessstandschafter geführten Prozess als Nebenintervenient beizutreten[2525]. Das entsprechende rechtliche Interesse dürfte auch für eine **Nebenintervention** des Erwerbers in dem von der Wohnungseigentümergemeinschaft als gesetzliche Prozessstandschafterin geführten Prozess bestehen; ein bedingter Beitritt ist jedoch unwirksam[2526]. Ob auch ein Zweiterwerber, dem keine Mängelansprüche abgetreten worden sind, das erforderliche rechtliche Interesse hat, ist zweifelhaft[2527].

Der **Prozessbevollmächtigte** kann bei der Vertretung der rechtsfähigen Gemeinschaft keine Mehrvertretungsgebühr berechnen. Soweit die Klage aber noch vor Anerkennung der Teilrechtsfähigkeit bzw. der Rechtsprechung zur Zuständigkeit der Wohnungseigentümergemeinschaft als Prozessstandschafterin[2528] erhoben wurde, ist die Mehrvertretungsgebühr angefallen und bleibt als solche erhalten[2529]. Die Erhöhungsgebühr kann vom Anwalt auch bei der Zwangsvollstreckung aufgrund eines Titels, aus dem noch die Wohnungseigentümer als Mehrzahl von Gläubigern berechtigt sind, verlangt werden, und zwar auch dann, wenn die Ansprüche schon vom teilrechtsfähigen Verband hätten geltend gemacht werden können[2530].

b) Parteifähigkeit der Wohnungseigentümergemeinschaft

Im Umfang ihrer Rechtsfähigkeit ist die Gemeinschaft auch parteifähig, § 10 Abs. 6 **982** Satz 5 WEG. Infolge der vorverlagerten Anwendung der Vorschriften des WEG auf die werdende Wohnungseigentümergemeinschaft[2531], ist auch diese parteifähig. Sofern die Wohnungseigentümergemeinschaft infolge einer entsprechenden Beschlussfassung berechtigt ist, Mängelansprüche gegenüber dem Bauträger geltend zu machen, klagen weder die einzelnen Wohnungseigentümer noch die Erwerber (Vertragspartner des Bauträgers), sondern die Wohnungseigentümergemeinschaft selbst. Um den Anforderungen von § 253 Abs. 2 Nr. 1 ZPO zu genügen, muß für die Klage der Gemeinschaft die **Parteibezeichnung** „Wohnungseigentümergemeinschaft" verwendet werden, gefolgt von der bestimmten Angabe des gemeinschaftlichen Grundstücks (§ 10 Abs. 6 Satz 4 WEG). Das Grundstück kann durch Verwendung der postalischen Anschrift („WEG XYZ-Straße, Hausnummer,

---

[2524] BGH v. 2. 10. 1987, NJW-RR 1988, 126, 127; *Pause/Vogel*, BauR, 1298, 1299.
[2525] OLG Karlsruhe v. 27. 11. 2007, Beck RS 2008 15953.
[2526] OLG Karlsruhe v. 1. 12. 2009, NJW 2010, 621.
[2527] *Staudinger/Bub* (2005), § 21 WEG, Rdn. 257, hält einen Streitbeitritt durch den Zweiterwerber für zulässig.
[2528] BGH v. 12. 4. 2007, NJW 2007, 1952 = BauR 2007, 1221, Rdn. 15.
[2529] BGH v. 8. 2. 2007, NZBau 2007, 305; BGH v. 15. 3. 2007, NJW-RR 2007, 955; BGH v. 4. 3. 2008, NJW-RR 2008, 806; OLG Köln v. 15. 8. 2005, NJW 2006, 706; anders aber KG v. 13. 4. 2006, NJW 2006, 1983, für Wohngeldansprüche, die noch nach Anerkennung der Teilrechtsfähigkeit für die einzelnen Wohnungseigentümer geltend gemacht wurden.
[2530] BGH v. 10. 12. 2009, BauR 2009, 497, Rdn. 11 f.
[2531] BGH v. 5. 6. 2008, NJW 2008, 2639.

B. Der Bauträgererwerb

in ...") oder die Grundbuchstelle des Stammgrundstücks oder der Wohnungseigentumsrechte bezeichnet werden[2532]. Die Beifügung eines Eigentümerverzeichnisses ist möglich; es muss aber deutlich bleiben, dass die Gemeinschaft der Wohnungseigentümer Klägerin ist und nicht etwa die einzelnen Miteigentümer.

983 Vor der Rechtsprechung des BGH[2533] zur Teilrechtsfähigkeit der Wohnungseigentümergemeinschaft war die Gewährleistungsklage durch die nicht rechtsfähige Gemeinschaft der Wohnungseigentümer zu erheben[2534]. Nach Anerkennung der Telrechtsfähigkeit der Gemeinschaft durch den BGH und vor der WEG-Novelle war die Erhebung einer Gewährleistungsklage im Namen der Gemeinschaft mangels Sachbefugnis keineswegs naheliegend[2535], wenigstens aber zweifelhaft[2536]. Sofern eine Klage noch vor der WEG-Novelle (und vor der Rechtsprechung des BGH zur Zuständigkeit des teilrechtfähigen Verbandes für die Verfolgung von Mängeln am Gemeinschaftseigentum[2537]) von den Wohnungseigentümern oder den einzelnen Erwerbern erhoben wurde, kommt eine **Berichtigung des Rubrums** in Betracht. Die Berichtigung ist ggf. sogar von Amts wegen vorzunehmen, und zwar selbst dann, wenn sich die Partei selbst falsch bezeichnet hat[2538]. Voraussetzung dafür ist aber, dass der der Klage zugrundeliegende Beschluss dahin geht oder dahin auszulegen ist, die Ansprüche der Erwerber durch die Gemeinschaft selbst (als Prozessstandschafterin) geltend zu machen. Ist das nicht der Fall, kommt – in Abhängigkeit von der Art der verfolgten Ansprüche – auch eine Fortsetzung der Klage der einzelnen Erwerber in Betracht.

c) Prozessvollmacht

984 Der Wohnungseigentumsverwalter muss aufgrund des Beschlusses berechtigt sein, namens der Gemeinschaft **Prozessvollmacht** zu erteilen[2539]. Eine Klage ohne entsprechenden Eigentümerbeschluss ist in Ermangelung ausreichender Bevollmächtigung unzulässig[2540]

985 Der Verwalter ist **gesetzlich bevollmächtigt,** Maßnahmen zu treffen, die zur Wahrung einer Frist oder zur Abwendung eines sonstigen Rechtsnachteils erforderlich sind (§ 27 Abs. 3 Nr. 2 WEG). Droht der Verjährungseintritt oder ist eine schnelle Klärung aus anderen Gründen erforderlich, die rasche Herbeiführung eines Beschlusses aber nicht möglich, so kann, ja muss der Verwalter zur Abwendung von Nachteilen die nötigen gerichtlichen Schritte ergreifen, etwa ein selbständiges Beweisverfahren oder ein gerichtliches Mahnverfahren einleiten[2541]. Im Übrigen ist auch jeder Erwerber zur Einleitung eines selbständigen Beweisverfahrens befugt, und zwar ohne Rücksicht darauf, ob die Ansprüche selbständig oder nur gemeinschaftlich verfolgt werden können[2542].

[2532] *Palandt/Bassenge,* § 10 WEG, Rdn. 32.
[2533] BGH v. 2. 6. 2005, NJW 2005, 2061; BGH v. 30. 3. 2006, NJW 2006, 2187, Rdn. 11.
[2534] BGH v. 12. 5. 1977, NJW 1977, 1686.
[2535] *Pause/Vogel,* NJW 2006, 3670; *Pause,* BTR 2005, 205; *Staudinger/Bub,* (2005), § 21 WEG, Rdn. 226 f.; *Kreuzer,* FS Bub (2007), S. 155, 163 f.; *Sauren,* ZWE 2006, 258, 267.
[2536] BGH v. 10. 12. 2009, BauR 2009, 497, Rdn. 15.
[2537] BGH v. 12. 4. 2007, NJW 2007, 1952 = BauR 2007, 1221.
[2538] BGH v. 12. 4. 2007, NJW 2007, 1952 = BauR 2007, 1221, Rdn. 25; BGH v. 26. 4. 2007, NZBau 2007, 507 = BauR 2007, 1407, Rdn. 15; OLG München v. 13. 7. 2005, NJW-RR 2005, 1326; OLG Düsseldorf v. 29. 11. 2005, BauR 2006, 1153; zur – nicht gerechtfertigten – Berichtigung einer verkündeten Entscheidung nach § 319 ZPO vgl. BGH v. 12. 12. 2006, NJW 2007, 518.
[2539] OLG Düsseldorf v. 25. 5. 1990, BauR 1991, 362; vgl. *Pause,* in: Koeble/Kniffka, Form. D. II. 1 Anm. 5, 6.
[2540] Ein nach Klageerhebung gefasster Beschluss wirkt nur ex nunc, führt also nicht zu einer rückwirkenden Verjährungshemmung, BGH v. 4. 11. 1982, NJW 1983, 453.
[2541] BGH v. 25. 9. 1980, NJW 1981, 282; BayObLG v. 27. 7. 1976, BayObLGZ 1976, 211 = RPfleger 1976, 364.
[2542] BGH v. 6. 6. 1991, NJW 1991, 2480 (2482).

d) Selbstständiges Beweisverfahren

Bei einer dahingehenden Beschlussfassung kann die Gemeinschaft zum Zwecke der Sicherung der Beweise vor einer Selbstvornahme, zur Abklärung der Erfolgsaussichten einer Hauptsacheklage und zum Zwecke der Verjährungshemmung ein **selbständiges Beweisverfahren** durchführen.

986

Ein selbständiges Beweisverfahren kann vor Beschlussfassung der Gemeinschaft auch vom Erwerber eingeleitet werden[2543]. Sofern der Erwerber ein selbständiges Beweisverfahren wegen Mängeln am Gemeinschaftseigentum durchführt, ist für den Streitwert nicht die auf ihn entfallende anteilige Quote, sondern die Höhe der gesamten Mängelbeseitigungskosten maßgeblich[2544]. Die individuelle Rechtsverfolgung erfolgt jedoch auf eigenes Risiko; hat die gerichtliche Verfolgung von Mängeln keinen Erfolg, ist die Wohnungseigentümergemeinschaft nicht verpflichtet, sich an den Kosten des unterlegenen Erwerbers zu beteiligen[2545]. Die Kosten des selbständigen Beweisverfahrens gehören zu den Kosten des Hauptsacheverfahrens. Sofern die Verfahren den gleichen Streitgegenstand haben, gilt dies auch bei einer nachfolgenden Klage der Gemeinschaft bei einem zuvor von einem Erwerber betriebenen Beweisverfahren, da von der Gemeinschaft dieselben Ansprüche geltend gemacht werden, die zuvor Gegenstand des Beweisverfahrens waren[2546].

e) Geltendmachung sonstiger Ansprüche in gewillkürter Prozessstandschaft?

Von der Wohnungseigentümergemeinschaft sollen nach der Rechtsprechung des BGH im übrigen auch sonstige Ansprüche in **gewillkürter Prozessstandschaft** geltend gemacht werden können, sofern dafür ein eigenes schutzwürdiges Interesse besteht, z.B. Ansprüche wegen Mängeln am Sondereigentum[2547] oder wegen Bürgschaftsansprüchen gem. § 7 MaBV[2548]. Das dafür notwendige eigene schutzwürdige Interesse wurde vom BGH auch für die Ansprüche aus Bürgschaften nach § 7 MaBV angenommen, wenn die Bürgschaft in Anspruch genommen wird, um die auf Kosten der Gemeinschaft vorgenommene Mängelbeseitigung auszugleichen[2549]. Der BGH hat ferner für die individuellen Freigabeansprüche aufgrund der Lastenfreistellungserklärung der Bank ein ausreichendes eigenes schutzwürdiges Interesse angenommen, weil durch die gemeinschaftliche Geltendmachung dieser Ansprüche für die Verwaltung des Gemeinschaftseigentums erschwerende Verwicklungen vermieden würden[2550].

987

Voraussetzung für die Geltendmachung von Ansprüchen in gewillkürter Prozessstandschaft ist aber neben dem schutzwürdigen Interesse in jedem Fall die Ermächtigung durch den einzelnen Rechtsinhaber. Diese Voraussetzung wird in den hierzu durch den BGH ergangenen Entscheidungen zum Teil nur andeutungsweise erörtert[2551]. Eine

988

[2543] BGH v. 11. 10. 1979, WM 1979, 1364 = BauR 1980, 69 = ZfBR 1980, 36; zur Gestaltung von Klagen des einzelnen Erwerbers vgl. *Pause* in Koeble/Kniffka, Form. D. III. 1 ff.; vgl. zur Kostenverteilung bei einem gemeinschaftlich betriebenen Verfahren mit anschließenden individuellen Klagen, LG München I v. 3. 3. 2009, NZBau 2009, 445.
[2544] OLG Düsseldorf v. 3. 8. 2000, NJW-RR 2001, 375.
[2545] LG Stuttgart v. 18. 11. 1999, NZM 2000, 669.
[2546] Vgl. zu abweichenden Parteien im Hauptsache- und im Beweisverfahren OLG Celle v. 30. 1. 2009, BauR 2009, 1180.
[2547] BGH v. 12. 4. 2007, NJW 2007, 1952 = BauR 2007, 1221, Rdn. 24; OLG Oldenburg v. 28. 2. 2006, BauR 2007, 1428; OLG Hamm v. 28. 2. 2006, BauR 2007, 1428.
[2548] BGH v. 12. 4. 2007, NJW 2007, 1957 = BauR 2007, 1227, Rdn. 23 f., 39; *Wenzel*, NJW 2007, 1905 (1909).
[2549] BGH v. 12. 4. 2007, NJW 2007, 1957 = BauR 2007, 1227, Rdn. 31 f.
[2550] BGH v. 12. 4. 2007, NJW 2007, 1957 = BauR 2007, 1227, Rdn. 39.
[2551] Vgl. einerseits BGH v. 12. 4. 2007, NJW 2007, 1957 = BauR 2007, 1227, Rdn. 33 f. und andererseits BGH v. 12. 4. 2007, NJW 2007, 1952 = BauR 2007, 1221, Rdn. 25; dazu *Briesemeister*, ZWE 2007, 306.

Ermächtigung zur Verfolgung der Mängel am Sondereigentum kann auch stillschweigend erfolgen[2552]. Außerdem muss eine **wohnungseigentumsrechtliche Zuständigkeit** für die Geltendmachung derartiger Ansprüche in Prozessstandschaft gegeben sein. Ob sie mit § 10 Abs. 6 Satz 3 WEG begründet werden kann, ist nicht sicher. In Betracht käme die Anwendung von § 10 Abs. 6 Satz 3 2. Alt. WEG für Rechte, die gemeinschaftlich geltend gemacht werden können, ohne dass sie gemeinschaftsbezogen sein müssen.

989 Nach dem hier vertreten Standpunkt (vgl. Rdn. 892, 923, 939) könnten mit dieser Begründung auch die **Minderung** oder der **kleine Schadensersatz** in gewillkürter Prozessstandschaft durch die Wohnungseigentümergemeinschaft geltend gemacht werden[2553]. Es handelt sich bei ihnen zwar nicht um gemeinschaftsbezogene Rechte. Die fakultative Zuständigkeit mit dem Zugriffsrecht nach § 10 Abs. 6 Satz 3 WEG ist nicht einschlägig (oben Rdn. 892). Die Gemeinschaft kann die Ansprüche aber bei entsprechender Ermächtigung durch die Erwerber als gewillkürte Prozessstandschafterin verfolgen[2554].

f) Verwalter und Miteigentümer als Prozessstandschafter?

990 Es ist allerdings fraglich, ob bei der heute gegebenen Rechtslage noch eine Notwendigkeit besteht, daneben die Ermächtigung eines Dritten zur Geltendmachung von Ansprüchen wegen Mängeln am Gemeinschaftseigentum durch die Wohnungseigentümergemeinschaft zuzulassen[2555]. Die Gemeinschaft ist zwar gesetzlich nach § 10 Abs. 6 Satz 3 WEG berechtigt, auf die Erwerberansprüche zuzugreifen und sie selbst als Ermächtigte oder Prozessstandschafterin geltend zu machen. Es ist aber nicht ersichtlich, dass diese Befugnis auch das Recht umfasst, nun seitens der Gemeinschaft einen Dritten – den Verwalter, einen Miteigentümer oder einen Außenstehenden – zu ermächtigen[2556]. Jedenfalls kann die Gemeinschaftsbezogenheit der Mängelansprüche eine Weiterleitung der Durchsetzungsbefugnis auf einen Dritten kaum begründen. Ebenso wenig ist ein eigenes rechtsschutzwürdiges Interesse des so Bevollmächtigen erkennbar: Der einzelne Erwerber kann seine Ansprüche auch ohne eine abgeleitete Prozessführungsbefugnis geltend machen. Der BGH scheint aber auch unter den veränderten rechtlichen Ausgangsbedingungen – Anerkennung der Teilrechtsfähigkeit der Wohnungseigentümergemeinschaft – eine gewillkürte Prozessstandschaft von Miteigentümern und dann wohl auch des Verwalters anerkennen zu wollen[2557].

991 Werden dem Erwerber die Minderung oder der kleine Schadensersatz zur Geltendmachung überlassen, stellt dies keine gewillkürte Prozessstandschaft dar, weil er in diesem Fall ebenfalls seinen eigenen Anspruch geltend macht[2558] (vgl. Rdn. 947).

992 Im Falle einer Prozessstandschaft des Verwalters kann dieser die Leistung an sich verlangen[2559]; nach § 27 Abs. 5 WEG ist er jedoch verpflichtet, die Gelder von seinem Vermögen getrennt zu verwahren. Sofern der Verwaltungsbeirat ermächtigt wird, soll sich dies nur auf die jeweils amtierenden Beiräte beziehen[2560].

[2552] OLG Oldenburg v. 28. 2. 2006, BauR 2007, 1428; OLG Hamm v. 28. 2. 2006, BauR 2007, 1428.
[2553] *Pause*, BauR 2009, 425 (431).
[2554] *Pause*, BauR 2009, 425 (431).
[2555] BGH v. 4. 6. 1981, NJW 1981, 1841, zur früheren Rechtslage; *Kniffka/Koeble*, Kompendium des Baurechts, 3. Aufl. (2008), 11. Teil, Rdn. 323, halten die gewillkürte Prozessstandschaft des Verwalters für zulässig; so wohl auch OLG Köln v. 7. 10. 2008, IBR 2008, 740 (*Christiansen-Geiss*); OLG Koblenz v. 29. 5. 2008, IMR 2008, 425.
[2556] *Pause*, BauR 2009, 425 (432).
[2557] Vgl. BGH v. 12. 4. 2007, NJW 2007, 1952 = BauR 2007, 1221, Rdn. 22, unter Hinweis auf BGH v. 24. 6. 2005, NJW 2005, 3146; *Kniffka*, FS Ganten, S. 125 (137).
[2558] A. A. *Wenzel*, NJW 2007, 1905 (1907).
[2559] BGH v. 20. 3. 1986, NJW-RR 1986, 755.
[2560] BGH v. 15. 4. 2004, BauR 2004, 1148.

XII. Verfolgung von Mängeln am Gemeinschaftseigentum

Der Prozessstandschafter ist zwar befugt, die Forderung geltend zu machen, nicht aber berechtigt, auf sie insgesamt oder (durch Vergleich) in Teilen auf sie zu verzichten[2561]. Da der Prozessstandschafter zur Geltendmachung der Forderung berechtigt ist, führt seine Klage, sein Mahnantrag oder das von ihm eingeleitete selbständige Beweisverfahren zu einer wirksamen Hemmung der **Verjährung**. Voraussetzung ist aber die Offenlegung der Prozessstandschaft[2562]. Sofern eine Gesellschaft bürgerlichen Rechts, die selbst nicht wirksam zum Verwalter bestellt werden kann[2563], gleichwohl zur Geltendmachung von Mängelansprüchen ermächtigt wurde, wird der dahingehende Beschluss der Gemeinschaft vom 7. Zivilsenat des BGH dahin ausgelegt, dass die Gesellschaft als solche und unabhängig von ihrer Verwalterstellung ermächtigt ist und durch ihre Klage ggf. die Verjährung wirksam hemmen kann[2564].

Sollte es während des Verfahrens zu einem **Verwalterwechsel** kommen, wird die einmal gegebene Berechtigung des früheren Verwalters dadurch nicht beeinflusst; der Verwalter ist zur Beendigung des Rechtsstreits berechtigt[2565]. In Betracht kommt aber ein gewillkürter Parteiwechsel, wenn der neue Verwalter ebenfalls ermächtigt ist und die Ermächtigung des früheren Verwalter widerrufen wurde[2566]. Scheidet der Verwalter aus, nachdem ein Titel erstritten worden ist, kann eine Umschreibung des Titels in entsprechender Anwendung von § 727 ZPO erfolgen, was jedoch den Widerruf der Ermächtigung in der Form des § 726 ZPO voraussetzt[2567]. Das gilt sinngemäß, wenn der Verwaltungsbeirat oder ein einzelner Erwerber Rechte der übrigen Erwerber in Prozessstandschaft geltend machen sollte.

6. Besonderheiten bei anderen Erwerbsformen und bei kaufvertragsrechtlichen Ansprüchen

Beim Erwerb von **Altbauten mit Sanierungsleistungen** gilt nichts anderes als beim gewöhnlichen Bauträgererwerb. Auch hier ist zunächst der einzelne Erwerber berechtigt, Nacherfüllung zu verlangen; für den Übergang auf die anderen Mängelrechte (Minderung, Schadensersatz) ist die Wohnungseigentümergemeinschaft zuständig, die die Durchsetzung der Mängelrechte auch ansonsten an sich ziehen kann. Bei **Bauherrenmodellen** sind die Befugnisse der Bauherrengemeinschaft zu beachten (Rdn. 1396). 993

Beim Bauträgererwerb beurteilen sich Mängel am Grundstück und an der Altbausubstanz, sofern hier nicht wegen übernommener Sanierungsleistungen Werkvertragsrecht gilt, nach **Kaufvertragsrecht.** Die Mängelrechte der §§ 434 ff. BGB wurden dem Werkvertragsrecht stark angeglichen mit der Folge, dass vom Erwerber nun ebenfalls als vorrangiges Käuferrecht der Nacherfüllungsanspruch nach §§ 437, 439 BGB geltend gemacht werden muss. Erst nach fruchtlosem Ablauf einer zur Nacherfüllung gesetzten Frist und nach Ausübung der anderen Mängelrechte (Rücktritt, Minderung 994

[2561] BayObLG v. 5. 11. 1998, NJW-RR 1999, 235.
[2562] BGH v. 16. 9. 1999, NJW 1999, 3707 (zum Mahnantrag); BGH v. 24. 7. 2003, NJW 2003, 3196 = NZBau 2003, 613 zu § 485 ZPO; BGH v. 30. 9. 2004, BauR 2004, 1977.
[2563] BGH v. 18. 5. 1989, NJW 1989, 2059.
[2564] BGH v. 28. 5. 2009, NJW 2009, 2449, Rdn. 17, m. krit. Anm. F. Schmidt, ZWE 2009, 301.
[2565] BayObLG v. 22. 6. 1989, BayObLGZ 1989, 266 (268); BayObLG v. 21. 1. 1999 – 2 ZBR 173/98; OLG Düsseldorf v. 4. 2. 2000, NJW-RR 2000, 1180; allerdings kann der neue Verwalter, wenn die Gemeinschaft dahin entschieden haben sollte, in das Verfahren eintreten, wenn ein solcher Beteiligtenwechsel sachdienlich ist, § 263 ZPO, BayObLG v. 30. 4. 1986, BayObLGZ 1986, 128 (130).
[2566] OLG Düsseldorf v. 4. 2. 2000, NJW-RR 2000, 1180; vgl. im Einzelnen Becker, WE 1998, 287; ob die Ermächtigung widerrufen werden kann, ist aber strittig, vgl. Zöller/Vollkommer, vor § 50 ZPO Rdn. 45.
[2567] OLG Düsseldorf v. 29. 1. 1997, NJW-RR 1997, 1035; Zöller/Vollkommer, vor § 50 ZPO Rdn. 56; a. A. LG Darmstadt v. 22. 6. 1995, NJW-RR 1996, 398 zu einer Umschreibung auf den neuen Verwalter.

oder Schadensersatz) kann keine Nacherfüllung mehr beansprucht werden (vgl. oben Rdn. 787 ff.). Dadurch ist für kaufrechtliche Ansprüche wegen Mängeln am Gemeinschaftseigentum eine der werkvertraglichen Haftung vergleichbare Situation entstanden.

995 Nach früherem Recht konnten bei Mängeln am Grundstück keine Konflikte zwischen den verschiedenen Gewährleistungsrechten (Minderung, Schadensersatz, Wandelung) entstehen[2568]. Da bei den kaufvertraglichen Ansprüchen alten Rechts (§§ 463, 462 BGB a. F.) weder Kollisionen mit berechtigten Interessen anderer Erwerber noch eine doppelte Inanspruchnahme des Veräußerers drohte, waren sie individualrechtlich. Das hat sich durch die Schuldrechtsreform geändert. Der kaufvertragliche Nacherfüllungsanspruch kann nicht neben dem Minderungsrecht oder dem kleinen Schadensersatzanspruch geltend gemacht werden. Es käme zu einer mehrfachen Inanspruchnahme des Veräußerers. Sie kann bei den kaufvertraglichen Ansprüchen ebenso wenig wie beim Werkvertrag zugelassen werden (vgl. oben Rdn. 883). Folglich müssen die für die werkvertraglichen Ansprüche entwickelten Grundsätze in gleicher Weise gelten. Danach kann jeder Erwerber zunächst (ohne Mitwirkung der anderen Erwerber) Nacherfüllung verlangen. Sobald Minderung oder (kleiner) Schadensersatz begehrt wird, bedarf es eines Beschlusses der Gemeinschaft. Der Rücktritt und der große Schadensersatz können auch wegen Mängeln am Grundstück stets individuell durchgesetzt werden. Im übrigen gelten die für die werkvertraglichen Ansprüche entwickelten Grundsätze in gleicher Weise.

996 Anspruchsberechtigt sind nur die Erwerber, bei denen die Voraussetzungen für kaufvertragliche Mängelrechte vorliegen. Kaufvertragliche Ansprüche wegen Mängeln am Grundstück kommen – wegen der regelmäßig vereinbarten Haftungsausschlüsse – dann in Betracht, wenn Mängel arglistig verschwiegen oder Garantien übernommen wurden, § 444 BGB. Die Anspruchsvoraussetzungen – Garantie, arglistige Täuschung – müssen bei jedem Erwerber, der sich darauf beruft, gegeben sein. Der Nacherfüllungsanspruch bezieht sich auf den Mangel im gesamten Umfang und ist nicht teilbar; er kommt also auch den anderen Erwerbern, bei denen die Anspruchsvoraussetzungen nicht vorliegen, zugute. Die Minderung und der kleine Schadensersatz bemessen sich jedoch nicht nach den gesamten Kosten für die Beseitigung des gesamten Mangels, sondern berechnen sich anteilig nach dem Miteigentumsanteil der anspruchsberechtigten Erwerber[2569].

7. Übergangsrecht

997 Sofern ein Teil der Wohnungen bzw. Teileigentumseinheiten vor dem 1. 1. 2002 und die restlichen Wohnungen nach dem 31. 12. 2001 veräußert wurden, findet auf die früheren Verträge altes, auf die anderen neues Recht Anwendung (Art. 229 § 5 EGBGB). Das hat zur Folge, dass wegen desselben Mangels am Gemeinschaftseigentum unterschiedlich vorgegangen werden muss[2570]: Für die Verträge vor dem 1. 1. 2002 muss, um die sekundären Gewährleistungsrechte alten Rechts geltend machen zu können, eine Frist mit Ablehnungsandrohung gesetzt werden (§ 634 BGB a. F.). Für die nach dem 31. 12. 2001 abgeschlossenen Verträge genügt der fruchtlose Ablauf einer zur Nacherfüllung gesetzten Frist. Unter dieser Voraussetzung kann die Gemeinschaft beschließen, **Minderung** oder **kleinen Schadensersatz** zu beanspruchen. Dass die Minderung in dem einen Fall nach altem, im anderen nach neuem Recht

---

[2568] BGH v. 23. 6. 1989, NJW 1989, 2534.
[2569] BGH v. 23. 6. 1989, NJW 1989, 2534, zur alten Rechtslage.
[2570] *Pause*, NZBau 2002, 648 (653).

durchgeführt wird, bereitet keine Schwierigkeiten, da sie sich stets nur auf die individuelle Vergütungspflicht bezieht. Entsprechendes gilt im Übrigen für den Schadensersatzanspruch (vgl. oben Rdn. 936 f.).

Sofern ein Teil der Erwerber Nachbesserung nach altem und ein anderer Teil **Nacherfüllung** nach neuem Recht geltend macht, ist eine gemeinschaftliche Durchsetzung dieser Ansprüche (in einem gerichtlichen Verfahren) möglich, da die Voraussetzungen, aber vor allem der Inhalt der Ansprüche (einschließlich der Ansprüche auf Vorschuss und Aufwendungsersatz) der Sache nach identisch sind. Die unterschiedlichen Anspruchsgrundlagen (§§ 635, 637 BGB bzw. § 633 BGB a.F.) machen zwar den individualrechtlichen Ursprung der gemeinschaftlich verfolgten Mängelbeseitigung deutlich. In der Sache ist es jedoch unschädlich, wenn ein und derselbe Betrag (z. B. Vorschuss zur Mängelbeseitigung) dem einen Erwerber nach altem Recht gemäß § 242 BGB und dem anderen Erwerber nach § 637 Abs. 3 BGB zugesprochen wird. Die in diesen Fällen bestehende Mitgläubigerschaft (Rdn. 917) bleibt davon unberührt, da sie nicht das Bestehen einer identischen Anspruchsgrundlage, sondern eine auch hier gegebene unteilbare Leistung (Beseitigung eines Mangels am Gemeinschaftseigentum) voraussetzt. 998

XIII. Rückabwicklung des Bauträgervertrages

1. Vorbemerkung

Die Rückabwicklung des Bauträgervertrages beruht entweder auf einer Parteiabrede oder auf der Ausübung eines gesetzlichen Rücktrittsrechts. Gesetzliche Grundlage für die Rückabwicklung sind der Rücktritt wegen Sach- oder Rechtsmängeln (§§ 634 Nr. 3, 636 BGB, vgl. Rdn. 727), der große Schadenersatzanspruch nach §§ 634 Nr. 4, 636, 280, 281 BGB (vgl. Rdn. 745), der Rücktritt des Bauträgers nach § 323 BGB wegen Zahlungsverzugs (Rdn. 388) bzw. der Rücktritt des Erwerbers wegen Fertigstellungsverzugs (Rdn. 480) oder die Nichtigkeit z. B. infolge Anfechtung (§§ 119, 123, 142 BGB) oder wegen Formnichtigkeit (§ 311b BGB). 999

Der Rücktritt wegen Mängeln und wegen Verzuges folgen in gleicher Weise nach den Vorschriften der §§ 346 ff. BGB; es wird deshalb auf die Ausführungen unter Rdn. 727 ff. verwiesen.

Die Rückabwicklung des Vertrages ist von seiner Kündigung zu unterscheiden. Die Kündigung setzt einen wichtigem Grund voraus, wirkt ex nunc und bewirkt gerade keine Rückabwicklung, sondern die Beendigung des Bauträgervertrages, in deren Folge der Erwerber das Grundstück mit dem – teilweise errichteten – Bauwerk erhält (Rdn. 753 f.).

2. Vereinbarte Vertragsaufhebung

Die Rückabwicklung des Vertrages kann ihren Grund in einer einvernehmlichen Vereinbarung haben. Als Parteivereinbarung kommt ein im Erwerbsvertrag festgelegter **Rücktrittsvorbehalt** oder eine erst später gesondert **vereinbarte Vertragsaufhebung** in Betracht. Auf den Rücktrittsvorbehalt und die Vertragsaufhebung finden die zwischen den Parteien vereinbarten Bedingungen, im Übrigen die §§ 346 ff. BGB Anwendung (dazu sei ebenfalls auf die Rdn. 727 ff. verwiesen; während der Bauträger sich vom Vertrag lösen darf, ist ihm die Entgegennahme von Zahlungen untersagt[2571], 1000

[2571] *Basty*, Rdn. 289.

B. Der Bauträgererwerb

Rdn. 226). Der Rückgewähranspruch des Bauträgers ist auf die Erklärung der Auflassung und Bewilligung der Eigentumsumschreibung gerichtet, Zug-um-Zug gegen Rückzahlung einer ggf. bereits erhaltenen Vergütung[2572].

Solange die Auflassung noch nicht im Grundbuch eingetragen ist und auch noch kein Anwartschaftsrecht erlangt wurde, kann die Aufhebung des Vertrages formlos vereinbart werden. Nach Auflassung oder Eintragung einer Auflassungsvormerkung bedarf sie zu ihrer Wirksamkeit der **Form des § 311 b BGB**[2573]. Vgl. auch Rdn. 132.

Sofern Erwerber und Bauträger sich über die Vertragsaufhebung im Wege der Vereinbarung oder des gerichtlichen Vergleichs vereinbaren, stellen die dem Erwerber dabei entstehenden Aufwendungen und Verfahrenskosten keine Werbungskosten dar, da durch sie die Erzielung von Einkünften nicht gefördert wird[2574].

3. Nichtigkeit des Vertrages

1001 Ist der Bauträgervertrag z.B. infolge **Anfechtung** oder wegen **unzulänglicher Beurkundung**[2575] nichtig, findet auf die Rückabwicklung Bereicherungsrecht Anwendung[2576], wobei ab Kenntnis von der Nichtigkeit bzw. Anfechtbarkeit eine verschärfte Haftung nach den allgemeinen Bestimmungen einsetzt (§§ 819, 818 Abs. 4 BGB), weshalb insbesondere für Nutzungen und Aufwendungen die §§ 987, 994 ff. BGB gelten[2577] und der Entreicherungseinwand (§ 818 Abs. 3 BGB) entfällt. Im Falle einer Anfechtung wegen arglistiger Täuschung kommen ggf. Schadensersatzansprüche nach § 823 Abs. 2 BGB, § 263 StGB und § 826 BGB in Betracht[2578]. Auch bei einem infolge Sittenwidrigkeit z.B. wegen eines auffälligen Missverhältnisses zwischen Leistung und Gegenleistung nichtigen Vertrages steht dem Erwerber Schadensersatz zu[2579].

1002 Beim bereicherungsrechtlichen Ausgleich werden allerdings nicht sämtliche mit dem Erwerb zusammenhängenden **Aufwendungen** berücksichtigt. Es kommt darauf an, wer das **Entreicherungsrisiko** zu tragen hat. Die Kosten für die Eintragung der Auflassungsvormerkung, der Finanzierung des Vertrages und der Sicherung der Darlehen können vom Erwerber nicht als entreichernde Posten in das Abrechnungsverhältnis eingestellt werden. Diese Aufwendungen erfolgen ausschließlich im wirtschaftlichen Interesse des Erwerbers. Nach der modifizierten Saldotheorie hat er für diese Posten deshalb auch das Entreicherungsrisiko zu tragen[2580]. Das schließt allerdings nicht aus, dass etwa bei einer bereicherungsrechtlichen Rückabwicklung infolge Anfechtung wegen arglistiger Täuschung für die genannten Kosten Schadensersatz wegen Verschuldens bei Vertragsschluss zu leisten ist. Für Fälle der Vertragsnichtigkeit aufgrund mangelhafter Beurkundung hat der BGH derartige Ansprüche aber grundsätzlich ausgeschlossen[2581]. Der Bauträger hat dem Erwerber die Zinsvorteile zu erstatten, die ihm durch die vom Erwerber geleisteten Geldbeträge und deren Anlage oder Ver-

---

[2572] BGH v. 5. 6. 2009, NJW 2009, 3155, Rdn. 22 f.
[2573] BGH v. 6. 5. 1988, WM 1988, 1064; BGH v. 20. 11. 1987, NJW-RR 1988, 265; *Palandt/Grüneberg*, § 311 b Rdn. 39 f.
[2574] BFH v. 15. 11. 2005, NJW-Spezial 2006, 149 = NZM 2006, 350.
[2575] BGH v. 11. 11. 1994, NJW 1995, 454; OLG Hamm v. 21. 9. 1992, DNotZ 1994, 54.
[2576] BGH v. 16. 7. 1999, NJW 1999, 2890.
[2577] BGH v. 11. 11. 1994, NJW 1995, 454; BGH v. 20. 12. 2001, NJW 2002, 1050.
[2578] OLG Koblenz v. 24. 4. 2003, NJW-RR 2003, 1424.
[2579] BGH v. 12. 1. 1996, NJW 1996, 1204, für den Fall, dass der Erwerber gleichwohl am Vertrag festhält.
[2580] BGH v. 6. 12. 1991, NJW 1992, 1037, m. Anm. *Martinek*, EWiR 1992, 343; OLG Hamm v. 21. 9. 1992, DNotZ 1994, 54 hält im konkret entschiedenen Fall aufgrund der dortigen Verteilung des Entreicherungsrisikos auch die Kosten der Auflassungsvormerkung und der Grundstücksvermessung für ausgleichungspflichtig, allerdings nicht die Kosten für die Baugenehmigung.
[2581] BGH v. 6. 12. 1991, NJW 1992, 1037.

wendung zur Schuldentilgung entstanden sind. Die in diesen Fällen gezogenen Nutzungen (§ 818 Abs. 1 BGB) bzw. aus dem Gebrauch des Geldes gezogenen Nutzungen (entsprechend § 818 Abs. 1, 2 BGB) sind herauszugeben[2582]. Etwaige Investitionen, die zu einer **Wertsteigerung** des Vertragsgegenstandes geführt haben, sind dem Erwerber ebenfalls herauszugeben[2583].

Der Erwerber ist zur **Rückauflassung** Zug-um-Zug gegen Rückzahlung der Vergütung verpflichtet. Wurde das Objekt vom Erwerber zwischenzeitlich (zu Finanzierungszwecken) mit **Grundpfandrechten** belastet, hat er für die Lastenfreistellung zu sorgen[2584]. Dazu kann er auch die Rückzahlung der Vergütung an einen Notar verlangen, der beauftragt ist, zunächst die Grundpfandrechte abzulösen und einen etwaigen Überschuss an den Erwerber auszukehren[2585]. Bei der Rückabwicklung ist der Erwerber jedoch nicht zur Vorleistung verpflichtet[2586], muss also dem Bauträger nicht zunächst die Eigentümerstellung verschaffen. Die Rückabwicklung kann unter Einschaltung eines Notars durch entsprechende Treuhandverfahren unter Wahrung der wechselseitigen Sicherungsinteressen erfolgen.

Ein bereicherungsrechtlicher Anspruch auf Rückzahlung der Vergütung kann sich im Falle der Nichtigkeit des Bauträgervertrages auch gegen die **finanzierende Bank** ergeben. Sofern die den Bauträger finanzierende Bank dem Erwerber eine Freistellungsverpflichtungserklärung (Lastenfreistellungserklärung) gem. § 3 Abs. 1 Satz 1 Nr. 3 MaBV gegeben hat und ihr die Vergütungsansprüche des Bauträgers abgetreten wurden, leistet der Erwerber mit seinen Zahlungen an die Bank nicht nur auf den Vergütungsanspruch des Bauträgers, sondern zugleich auch zu dem Zweck, das Grundstück lastenfrei zu erhalten, denn durch die Zahlung an die Bank begründet der Erwerber seinen Anspruch auf Lastenfreistellung. In der Folge besteht unter diesen Voraussetzungen auch gegen die globalfinanzierende Bank ein bereicherungsrechtlicher Rückzahlungsanspruch (Leistungskondition)[2587]. 1003

XIV. Die Insolvenz des Bauträgers

1. Ablehnung der Erfüllung durch den Insolvenzverwalter

Wird über das Vermögen des Bauträgers das **Insolvenzverfahren** eröffnet, steht dem Insolvenzverwalter das **Wahlrecht** des § 103 InsO zu; er ist berechtigt, die (weitere) Erfüllung abzulehnen (Rdn. 1005f.) oder den Bauträgervertrag ordnungsgemäß abzuwickeln (Rdn. 1012). Die Umgestaltung des noch nicht vollständig erfüllten Vertrages setzt die Erklärung des Insolvenzverwalter voraus, dass er die Erfüllung ablehnt. Die gleiche Wirkung hat die ihm zur Abgabe einer entsprechenden Erklärung gesetzte und fruchtlos abgelaufene Frist[2588]. Gegebenenfalls kann auch eine an den Insolvenzverwalter gerichtete Mängelanzeige als Aufforderung zur Ausübung seines Wahlrechts ausgelegt werden[2589]. 1004

[2582] BGH v. 16. 7. 1999, NJW 1999, 2890.
[2583] BGH v. 16. 7. 1999, NJW 1999, 2890.
[2584] BGH LM § 123 BGB Nr. 47.
[2585] KG v. 7. 3. 1989, NJW-RR 1990, 399.
[2586] Abzulehnen insoweit OLG Dresden v. 7. 6. 2005, IBR 2005, 33 (*Blank*).
[2587] BGH v. 10. 2. 2005, NJW 2005, 1356 = NZBau 2005, 278 = BauR 2005, 866; anders die Vorinstanz, vgl. OLG Frankfurt v. 4. 2. 2004, NJW-RR 2004, 594.
[2588] *Schmitz*, Die Bauinsolvenz, Rdn. 296.
[2589] AG Bremen v. 13. 3. 2009, NZBau 2009, 388.

B. Der Bauträgererwerb

Ohne eine Erklärung des Insolvenzverwalters, dass er nicht erfüllen will, findet eine Umgestaltung des Rechtsverhältnisses nicht statt. Deshalb erlöschen allein durch die Eröffnung des Insolvenzverfahrens die gegen den Bauträger bestehenden Nacherfüllungsansprüche nicht; der Bauträgervertrag befindet sich nicht automatisch in einem Abwicklungsverhältnis. Voraussetzung für die sekundären Mängelrechte des Erwerbers ist deshalb – jedenfalls vor Ausübung des Wahlrechts nach § 103 InsO – auch während des Insolvenzverfahrens, dass dem Insolvenzverwalter eine Frist zur Nacherfüllung gesetzt wird und diese fruchtlos abgelaufen ist; das gilt namentlich auch für den Rücktritt oder den großen Schadensersatz[2590].

a) Anspruch auf Eigentumsverschaffung

1005 Lehnt der Insolvenzverwalter die Vertragserfüllung ab, stellt sich die Frage nach der Durchsetzbarkeit des durch eine Auflassungsvormerkung gesicherten **Übereignungsanspruchs:**

Da der Übereignungsanspruch infolge der vom Insolvenzverwalter abgelehnten Vertragserfüllung untergeht, stünde dem Erwerber kein (gesicherter) Übereignungsanspruch zu. Da die Auflassungsvormerkung vom Bestand des gesicherten Anspruchs abhängt, wäre auch sie wertlos. Der Erwerber würde das Grundstück nicht erhalten, müsste die Löschung der Auflassungsvormerkung bewilligen[2591] und wäre wegen der bereits geleisteten Zahlungen auf die Quote verwiesen. Diesem Missstand wurde bereits durch eine entsprechende Änderung der Konkursordnung in 1977 abgeholfen (vgl. § 24 Satz 2 KO)[2592]. Diese Regelung wurde in die ab 1.1.1999 in Kraft getretene Insolvenzordnung übernommen. Nach § 106 InsO ist der durch eine Vormerkung gesicherte Übereignungsanspruch im Falle einer Ablehnung der Erfüllung vom Insolvenzverwalter aus der Insolvenzmasse zu befriedigen. Der Erwerber erhält das Grundstück einschließlich seiner Bestandteile, also die Bausubstanz mit dem zum Zeitpunkt der Insolvenz erreichten Bautenstand.

Voraussetzung für diesen Übereignungsanspruch ist aber, dass die **Auflassungsvormerkung** eingetragen oder ihre Eintragung wenigstens bindend nach § 878 BGB beantragt worden ist. Nur dann geht der Erwerber dem Grundbuchvermerk (§ 32 InsO) und der dadurch bewirkten Grundbuchsperre vor. Die Auflassungsvormerkung erweist sich danach auch beim Bauträgererwerb als insolvenzfest[2593]. Ferner kann der Insolvenzverwalter die dem Wert der erbrachten Leistung entsprechende Vergütung an sich oder – im Falle der Forderungsabtretung – an die finanzierende Bank verlangen (Rdn. 1010).

1006 Anders ist es, wenn der Bauträgervertrag nichtig ist oder der Erwerber selbst den Vertrag zur Rückabwicklung bringt:

Im Falle der **Vertragsnichtigkeit** fehlt es an einem Erfüllungsanspruch; wegen der Akzessorietät der Auflassungsvormerkung besteht auch für diese keine Rechtsgrundlage. Der Insolvenzverwalter kann vom Erwerber nach § 894 BGB die Zustimmung zur Berichtigung des Grundbuchs verlangen[2594]. Dem Erwerber steht gegenüber dem Berichtigungsanspruch des Insolvenzverwalters auch kein Zurückbehaltungsrecht zu[2595].

[2590] BGH v. 8. 12. 2009, NJW 2010, 1284 = NZBau 2010, 424 = BauR 2010, 765, Rdn. 30 f.; BGH v. 25. 4. 2002, NJW 2002, 2783.
[2591] Vgl. BGH v. 29. 10. 1976, NJW 1977, 146, noch zur früheren Rechtslage.
[2592] Gesetz vom 22. 6. 1977, BGBl. I S. 1000; dazu eingehend *Fehl*, BB 1977, 1228; BGH v. 7. 11. 1980, NJW 1981, 991 m. w. N.; *Wenzel*, WE 1996, 442.
[2593] *Schmitz*, Rdn. 843.
[2594] BGH v. 7. 3. 2002, NJW 2002, 2313; BGH v. 22. 1. 2009, NJW 2009, 1414 = BauR 2009, 817 = ZfIR 2009, 289 m. Anm. *Zimmer*.
[2595] BGH v. 20. 12. 2001, NJW 2002, 1050; BGH v. 7. 3. 2002, NJW 2002, 2313; BGH v. 22. 1. 2009, NJW 2009, 1414 = BauR 2009, 817.

XIV. Die Insolvenz des Bauträgers

Ein Zurückbehaltungsrecht zur Durchsetzung einer rein persönlichen Forderung würde mit dem Grundsatz der gleichmäßigen Befriedigung der Gläubiger nicht vereinbar sein[2596]. Das dem Bauträger gegenüber anerkannte Zurückbehaltungsrecht ist demnach nicht insolvenzbeständig[2597]. In dieser Situation ist der Erwerber auch nicht zum Besitz berechtigt. Er schuldet dem Insolvenzverwalter ab Rechtshängigkeit Nutzungsersatz[2598]. Ferner ist auch die Aufrechnung mit Ansprüchen ausgeschlossen, die schon vor der Insolvenz des Bauträgers entstanden sind[2599].

Erklärt der Erwerber den **Rücktritt** oder macht er den großen Schadensersatz geltend, ist der Anspruch des Erwerbers auf Erfüllung ausgeschlossen und damit auch hier die Grundlage für die Auflassungsvormerkung entzogen[2600]. Der Insolvenzverwalter kann die Berichtigung des Grundbuchs verlangen. Dagegen kann sich der Erwerber auch in diesem Fall nicht mit einem Zurückbehaltungsrecht am Grundbuchberichtigungsanspruch verteidigen[2601]. Wegen dieser Rechtsfolge sind diese Rechtsbehelfe für den Erwerber generell mit einem nicht unerheblichen **Risiko** verbunden.

Zur Kritik an der Rechtsunsicherheit, die durch diese Rechtslage entsteht, vgl. Rdn. 202.

b) Restvergütungsanspruch, Gegenansprüche

Dadurch, dass dem Erwerber im Falle der Erfüllungsablehnung durch den Insolvenzverwalter der Übereignungsanspruch erhalten bleibt, wird der Bauträgervertrag in einer seinem Wesen widersprechenden Art mit Wirkung ex nunc beendet. Folgerichtig ist der Erwerber zur Entrichtung einer **Teilvergütung** für das Grundstück und die erbrachte Bauleistung verpflichtet[2602].

1007

Da § 106 Abs. 1 Satz 2 InsO die Erfüllung des Übereignungsanspruchs anordnet, zerfällt der Vertrag in der Insolvenz in einen zu erfüllenden Teil – die Übereignungspflicht – und einen im Ablehnungsfall nicht zu erfüllenden Teil – die Herstellungspflicht –, wobei der Erwerber insoweit auf seinen Schadensersatz wegen Nichterfüllung beschränkt ist[2603]. Diese aus § 106 Abs. 1 InsO folgende geteilte Abwicklung wurde vom BGH ersichtlich nur auf die Leistung des Insolvenzschuldners, nicht aber auf die Gegenleistung des Erwerbers bezogen. Allerdings hat der BGH in seiner Entscheidung vom 7. 11. 1980[2604] bemerkt, dass dann, wenn der anteilige Grundstückspreis nicht bereits im Vertrag vereinbart wurde, als Korrelat für die Übereignung des Grundstücks im Wege der Auslegung ermittelt werden müsse. Daraus wird geschlussfolgert, dass die vom Erwerber noch geschuldete Teilvergütung generell für das Grundstück und das Bauwerk gesondert zu ermitteln ist. In der Folge soll es für die Fälligkeit der Übereignungspflicht dann nur noch darauf ankommen, ob der auf das Grundstück entfallende Vergütungsanteil entrichtet wurde[2605]. Deshalb könne der Erwerber die Übereignung jedenfalls beanspruchen, wenn er 93% der vereinbarten Vergütung entrichtet hat; in diesem Fall sei der auf die Eigentumsverschaffung entfallende Teil der Vergütung vollständig erfüllt[2606].

[2596] BGH v. 22. 1. 2009, NJW 2009, 1414 = BauR 2009, 817, Rdn. 8.
[2597] BGH v. 22. 1. 2009, NJW 2009, 1414 = BauR 2009, 817, Rdn. 18.
[2598] BGH v. 20. 12. 2001, NJW 2002, 1050.
[2599] BGH v. 20. 12. 2001, NJW 2002, 1050.
[2600] BGH v. 22. 1. 2009, NJW 2009, 1414 = BauR 2009, 817, Rdn. 10 f.
[2601] BGH v. 22. 1. 2009, NJW 2009, 1414 = BauR 2009, 817, Rdn. 13; *Schmitz*, Rdn. 847.
[2602] BGH v. 7. 11. 1980, NJW 1981, 991; BGH v. 21. 11. 1985, NJW 1986, 925 (927).
[2603] BGH v. 7. 11. 1980, NJW 1981, 991 (992 f.); BGH v. 21. 11. 1985, NJW 1986, 925 (927).
[2604] BGH v. 7. 11. 1980, NJW 1981, 991 (993).
[2605] OLG Stuttgart v. 18. 8. 2004, BauR 2004, 1349; OLG Koblenz v. 10. 7. 2006, NJW-RR 2007, 964; ebenso *Schmitz*, Rdn. 849, 854; *ders.* in Grziwotz/Koeble, Teil 5, Rdn. 31.
[2606] OLG Stuttgart v. 18. 8. 2004, BauR 2004, 1349.

B. Der Bauträgererwerb

Der von der Rechtsprechung eingeschlagene Weg überzeugt nicht. Aus § 106 Abs. 1 InsO ergibt sich die Aufteilung der Leistungspflicht des Schuldners, nicht aber zwangsläufig auch die Aufteilung der Gegenleistung (Vergütung). Bei der von den Obergerichten bemühten Entscheidung des BGH vom 7. 11. 1980 waren ersichtlich Bauleistungen noch gar nicht erbracht worden, weshalb es nur um das Grundstück, folglich auch nur um die Bewertung der darauf entfallenden anteiligen Vergütung ging. Sonstige Gesichtspunkte, die eine solche Aufteilung fordern würden, sind nicht ersichtlich. Richtig dürfte vielmehr sein, dass als Gegenleistung für die Auflassung die auf das Grundstück *und* das Teilbauwerk entfallende Vergütung geschuldet ist. Dafür spricht, dass der Erwerber mit der Übereignung nicht nur das Eigentum am Grundstück, sondern zugleich auch das Eigentum am Bauwerk erhält (§ 94 BGB). Die Höhe der Vergütung bestimmt sich deshalb nach dem Verhältnis des Werts des Grundstücks und des nicht vollendeten Bauwerks zur vereinbarten Vergütung. Die Berechnung ist insofern dieselbe, wie sie als Voraussetzung für die Lastenfreistellung erforderlich ist (Rdn. 254 f.).

Soweit die vom Erwerber bis zur Insolvenzeröffnung geleisteten Zahlungen den Wert von Grundstück und ausgeführter Bauleistung nicht erreichen, schuldet er – vorbehaltlich etwaiger Gegenansprüche – die Differenz an die Masse oder – sofern die Vergütung an die finanzierende Bank abgetreten ist – an die Bank (Rdn. 1010).

1008 Der geschuldete Vergütungsanspruch ist entgegen der früher verbreiteten Meinung nicht als ein Saldo aus Vergütung und Gegenansprüchen im Rahmen eines Abrechnungsverhältnisses[2607] zu verstehen; der ermittelte Teilvergütungsanspruch verringert sich vielmehr nur infolge von Aufrechnungen, ist also nur um die **aufrechenbaren Gegenforderungen** zu kürzen[2608]. Aufrechenbare Gegenforderungen können insbesondere auf einer mangelhaften Bauleistung beruhen. Die Aufrechnung ist jedoch wegen § 95 Abs. 1 Satz 3 InsO nur mit Forderungen zulässig, die in einem engen Gegenseitigkeitsverhältnis stehen. Forderungen können vom Erwerber gegen einen restlichen Vergütungsanspruch dann aufgerechnet werden, wenn sie den Erwerber zur Ausübung seines Leistungsverweigerungsrechts berechtigt hätten; insbesondere sind sämtliche Gegenforderungen aufrechenbar, die das durch den Vertrag geschaffene Äquivalenzverhältnis von Leistung und Gegenleistung wiederherstellen. Fraglos darf der Erwerber mit dem Schadensersatzanspruch in Höhe der notwendigen Mängelbeseitigungskosten aufrechnen. Dazu gehören Mängelbeseitigungskosten und Mehrkosten, die infolge der Ausführung der noch unerledigten Restarbeiten entstanden sind[2609]. Mangelfolgeschäden dürften dagegen nicht zu den aufrechenbaren Schäden gehören[2610]. Auch mit dem auf die Mängelbeseitigung gerichteten Vorschussanspruch darf aufgerechnet werden[2611]. Im übrigen kann der Vergütungsanspruch im Umfang der Mängelbeseitigungskosten wegen der vom Insolvenzverwalter nicht beseitigten Mängel gemindert werden[2612]. Ein Leistungsverweigerungsrecht kann dem Insolvenzverwalter, wenn er Nichterfüllung gewählt hat, nicht entgegengehalten werden[2613]. Daneben ist der Erwerber berechtigt, mit der verwirkten Vertragsstrafe und dem Anspruch wegen eines Verzögerungsschadens aufzurechnen[2614].

Steht dem Erwerber nach Aufrechnung ein überschießender Schadensersatzanspruch zu, so handelt es sich dabei um eine einfache Insolvenzforderung.

[2607] So noch BGH v. 16. 1. 1986, DB 1986, 1012; vgl. eingehend *Schmitz*, Rdn. 339 f.
[2608] BGH v. 23. 6. 2005, NJW 2005, 2771.
[2609] BGH v. 24. 11. 2005, BauR 2006, 411 (412 f.).
[2610] Vgl. *Schmitz*, Rdn. 347.
[2611] BGH v. 22. 2. 2001, BauR 2001, 789; ablehnend *Schmitz*, Rdn. 349.
[2612] BGH v. 17. 12. 1998, NJW 1999, 1261; *Schmitz*, Rdn. 351.
[2613] *Schmitz*, Rdn. 350.
[2614] *Schmitz*, Rdn. 415 f.

XIV. Die Insolvenz des Bauträgers

Bei Mängeln am **Gemeinschaftseigentum** ist der Erwerber berechtigt, die Selbstvornahmekosten und einen Kostenvorschuss in voller Höhe (an die Gemeinschaft) geltend zu machen (Rdn. 925f.). Gegenüber dem Insolvenzverwalter kann nichts anderes gelten. Er kann diese Ansprüche bis zur Höhe seiner Zahlungspflicht vollumfänglich (und nicht auf seine Miteigentumsquote beschränkt) zur Aufrechnung bringen mit der Maßgabe, dass er zur Herausgabe an die Gemeinschaft verpflichtet ist. Insoweit gilt nichts anderes als bei der Aufrechnung gegenüber dem Bauträger selbst (Rdn. 956).

1009

Sofern der Erwerber Schadensersatz in Höhe der Mängelbeseitigungskosten – auf der Grundlage eines Beschlusses der Gemeinschaft – zur Aufrechnung stellt, kann er nach der Rechtsprechung des BGH auch diesen in voller Höhe und nicht beschränkt auf seinen Miteigentumsanteil geltend machen (Rdn. 939), also auch aufrechnen[2615], jedoch auch hier mit der Einschränkung, dass die im Wege der Aufrechnung erlangten Beträge an die Gemeinschaft weiterzuleiten sind (Rdn. 956). Der Aufrechnung steht § 406 BGB trotz Abtretung des Kaufpreisanspruchs nicht entgegen[2616].

Soweit der Erwerber im vorstehend beschriebenen Umfang zulässigerweise die Aufrechnung wegen Mängeln am Gemeinschaftseigentum erklärt, ist er daran nicht nach § 96 Abs. 1 Nr. 2 InsO gehindert, da er nach dem Verständnis der Rechtsprechung von vornherein Inhaber dieser Ansprüche in unbeschränkter Höhe ist und diese nicht erst im Wege der Abtretung erhalten müsste[2617].

Lässt sich der Erwerber auch von anderen Erwerbern nach Verfahrenseröffnung Schadensersatzansprüche, zu deren Geltendmachung der einzelne Erwerber nicht originär berechtigt ist, zum Zwecke der Aufrechnung gegen den Restvergütungsanspruch abtreten, steht dieser Aufrechnung § 96 Abs. 1 Nr. 2 InsO entgegen[2618]. Es ist also nicht möglich, dass der Erwerber, der noch größere Kaufpreisforderungen schuldet, sich Ansprüche der anderen Erwerber etwa wegen Mängeln an deren Sondereigentum zum Zwecke der Aufrechnung abtreten lässt und mit diesen aufrechnet. Nach der hier vertretenen Auffassung müsste dies allerdings auch für den kleinen Schadensersatz und die Minderung wegen Mängeln am Gemeinschaftseigentum gelten (Rdn. 890f.).

c) Lastenfreistellung durch die Bank

Durch § 106 Abs. 1 InsO wird nur der Übereignungsanspruch des Erwerbers, nicht aber die Lastenfreiheit des Grundstücks gesichert. Neben der Auflassung durch den Insolvenzverwalter kann der Erwerber von der Grundpfandgläubigerin auf der Grundlage der von ihr abgegebenen Freistellungsverpflichtungserklärung die **Lastenfreistellung** verlangen[2619]. In dieser Situation – Erfüllungsverweigerung durch den Insolvenzverwalter – steht fest, dass das Bauvorhaben durch die Gemeinschuldnerin nicht mehr fertiggestellt wird (§ 3 Abs. 1 Satz 1 Nr. 3 MaBV, oben Rdn. 252). Da sich die Bank sämtliche Einwendungen, Einreden und aufrechenbare Gegenforderungen entgegenhalten lassen muss (Rdn. 254), hat sie für die Lastenfreistellung nicht mehr und nicht weniger als der Insolvenzverwalter zu fordern. Wenn sich unter Berücksichtigung der Gegenforderungen des Erwerbers eine Forderung zugunsten der Schuldnerin bzw. der zur Freistellung verpflichteten Bank ergibt (die Vorleistungen des Bauträgers mögen höher als die bereits geleisteten Zahlungen und der dem Erwerber entstandene Schaden sein), so muss der Erwerber den entsprechenden Betrag als Voraussetzung für die

1010

[2615] *Schmitz*, Rdn. 858; anders der V. Zivilsenat des BGH v. 22.12.1995, NJW 1996, 1056 m. Anm. *Wenzel*, WE 1996, 442.
[2616] BGH v. 22.12.1995, NJW 1996, 1056; vgl. dazu *Wenzel*, WE 1996, 442.
[2617] Vgl. *Schmitz*, Rdn. 859; anders der V. Zivilsenat des BGH v. 22.12.1995, NJW 1996, 1056.
[2618] BGH v. 22.12.1995, NJW 1996, 1056; BGH v. 15.7.1997, NJW 1997, 2754 (2756).
[2619] Vgl. *Vogel*, BauR 1999, 992.

Lastenfreistellung in der Regel an die Bank entrichten, da der Bank der Kaufpreis abgetreten sein wird und sie deshalb die Lastenfreistellung bedingungsgemäß von der Zahlung an sich abhängig machen kann[2620]. Für den Fall, dass sich die Bank in der Freistellungserklärung die Rückzahlung des Kaufpreises vorbehalten hat (§ 3 Abs. 1 Satz 3 MaBV) und von diesem Vorbehalt Gebrauch macht, hat der Erwerber rechtlich keine Handhabe, das Grundstück zu erhalten und das Bauvorhaben selbst fertigzustellen (vgl. Rdn. 252).

d) Bürgschaft nach § 7 MaBV

1011 Hat der Erwerber als Sicherheit eine **Bürgschaft nach § 7 MaBV** erhalten und wurde nicht zusätzlich eine Auflassungsvormerkung zu seinen Gunsten eingetragen, ist er im Falle einer Insolvenz auf die Rechte aus der Bürgschaft beschränkt. Einen Anspruch auf Übereignung hat er nicht. Er kann lediglich die Rückzahlung der von ihm erbrachten Leistungen verlangen (Rdn. 352). Voraussetzung für den Anspruch ist aber, dass dem Bauträger oder – während des Insolvenzverfahrens dem Insolvenzverwalter – vergeblich eine Frist zur Nacherfüllung gesetzt wurde[2621]. Auch dann, wenn das Nachbesserungsverlangen gegenüber dem Insolvenzverwalter wenig Erfolg verspricht, ist es schon deshalb zweckmäßig, um die Wahl der Nichterfüllung durch den Insolvenzverwalter und damit den Sicherungsfall für die Einstandspflicht der Bürgin auszulösen[2622].

2. Vollendung des Bauwerks durch die Erwerber

1012 Die Vollendung des Bauwerks kann – auch in den Fällen der Kündigung aus wichtigem Grund (vgl. oben Rdn. 755f.) – analog § 22 Abs. 4 WEG durch die **Wohnungseigentümergemeinschaft** nach § 21 Abs. 3 WEG beschlossen[2623] oder – weil dies ordnungsgemäßer Verwaltung entspricht – nach § 21 Abs. 4 WEG von den Miteigentümern verlangt werden[2624]. Auch wenn die Wohnungseigentümergemeinschaft noch nicht (durch Eintragung eines ersten Erwerbers in das Grundbuch) in Vollzug gesetzt worden ist, kann die Fertigstellung des Gebäudes beschlossen werden, und zwar, soweit die Voraussetzungen dafür vorliegen, durch die werdende Eigentümergemeinschaft[2625] (zu den Befugnissen der werdenden Wohnungseigentümergemeinschaft vgl. Rdn. 620f.). Die Voraussetzungen der werdenden Gemeinschaft werden häufig zweifelhaft sein, weil die neben dem wirksamen Vertrag und der Auflassungsvormerkung geforderte Übergabe der Wohnung noch nicht vollzogen sein wird. Für die Entstehung der werdenden Gemeinschaft muss beim steckengebliebenen Bau die Besitzeinräumung zur Fertigstellung der Arbeiten durch den Bauträger oder den Insolvenzverwalter genügen. Besteht auch unter dieser Voraussetzung keine werdende

---

[2620] *Marcks*, § 3 Rdn. 17: die in § 3 MaBV vorausgesetzten Zahlungen sind an den Gläubiger, also in der Regel an die Bank zu leisten.

[2621] BGH v. 8. 12. 2009, NJW 2010, 1284 = NZBau 2010, 424 = BauR 2010, 765, Rdn. 30f. noch zur Fristsetzung mit Ablehnungsandrohung als Voraussetzung für die Wandelung nach § 634 BGB a. F.

[2622] BGH v. 8. 12. 2009, NJW 2010, 1284 = NZBau 2010, 424 = BauR 2010, 765, Rdn. 34; vgl. *Schmitz*, Rdn. 488.

[2623] BayObLG v. 20. 11. 2002, NJW 2003, 2323; BayObLG v. 11. 3. 1998, NJW-RR 1998, 1096; BayObLG v. 24. 2. 2000, ZfIR 2000, 552 = BauR 2000, 1787 (LS); *Staudinger/Bub* (2005), § 22 BGB, Rdn. 288; *Merle* in Bärmann, § 22 Rdn. 384; *Riecke/Schmid/Drabek*, nach § 22 WEG, Rdn. 169.

[2624] BayObLG v. 17. 2. 1983, MittBayNot 1983, 68; OLG Karlsruhe v. 8. 3. 1979, NJW 1981, 466, m. Anm. *Röll*; OLG Frankfurt v. 15. 3. 1991, WuM 1994, 35; OLG Frankfurt v. 15. 11. 1993, WuM 1994, 36; *Röll*, NJW 1978, 1507; *Weitnauer/Lüke*, § 22 Rdn. 29; *Weitnauer*, Sonderheft DNotZ 1977, 31 f.; *Merle* in Bärmann, § 22 Rdn. 384f., meinen, dass § 22 Abs. 2 WEG unmittelbar anzuwenden sei.

[2625] BayObLG v. 11. 4. 1990, NJW 1990, 3216; *Pause*, NJW 1993, 553 (554 f.); *Merle* in Bärmann, § 22 Rdn. 383; *Röll*, WE 1997, 94 (96); *Weitnauer/Lüke*, § 22 Rdn. 29.

Wohnungseigentümergemeinschaft, kann eine Vollendung des Objekts weder beschlossen noch sonst wie erzwungen werden. In Betracht kommt allerdings der freie Zusammenschluss der Erwerber zu einer – in diesem Fall nicht steuerrechtlich motivierten – **Bauherrengemeinschaft**[2626].

Die Fortsetzung des Bauvorhabens kann allerdings nur dann beschlossen bzw. verlangt werden, wenn das Gebäude bereits **zu mehr als der Hälfte** seines Wertes **fertig gestellt** worden ist; das folgt ebenfalls aus der entsprechenden Anwendung der in § 22 Abs. 4 WEG enthaltenen Wertung[2627]. 1013

Die Kostentragung und die Aufteilung der noch anfallenden **Fertigstellungskosten** richten sich grundsätzlich nach § 16 Abs. 2 WEG. Sie sind also entsprechend dem Miteigentumsanteil am Gemeinschaftseigentum aufzubringen, es sei denn, die Gemeinschaftsordnung sieht eine andere Verteilung der Kostentragungspflicht vor[2628]. Für den zu erwartenden Finanzbedarf können zur Vermeidung von Liquiditätsengpässen Sonderumlagen beschlossen werden. Die Prognostizierung der voraussichtlichen Kosten darf großzügig erfolgen[2629]. 1014

Erbringt einer der Miteigentümer die von ihm zu leistenden Zahlungen nicht, so soll den anderen Erwerbern kein **Zurückbehaltungsrecht** des Inhaltes zustehen, dass sie dem säumigen Erwerber die Versorgung mit Strom, Wasser usw. verweigern können[2630]. Das überzeugt nicht, weil ein säumiger Wohnungseigentümer sogar innerhalb einer längst bestehenden Gemeinschaft bei erheblichen Rückständen etwa von der Heizung und Warmwasserversorgung ausgeschlossen werden darf[2631].

Unterschiedlich beantwortet wird die Frage, ob eine gleichmäßige Kostentragungspflicht auch dann besteht, wenn die Erwerber ihre **Kaufpreise an den Bauträger in unterschiedlicher Höhe entrichtet** haben[2632]. Grundsätzlich kann von einem einheitlichen Zahlungsstand sämtlicher Erwerber ausgegangen werden, da die Fälligkeit der einzelnen Raten von Wohnung zu Wohnung, von Gebäude zu Gebäude und von Reihenhaus zu Reihenhaus nicht unterschiedlich zu beurteilen ist (vgl. oben Rdn. 306). Zu unterschiedlichen Fälligkeiten und entsprechend unterschiedlichen Zahlungsständen kann es allerdings bei der vorletzten und letzten Rate kommen, da bei ihnen auch auf den Baufortschritt der einzelnen Wohnung bzw. des einzelnen Reihenhauses abgestellt wird. Jedenfalls dann, wenn sämtliche Erwerber ihre Raten vertragsgerecht nach Zahlungsplan, also nach Baufortschritt, gezahlt haben und es dennoch – etwa bei der vorletzten Rate infolge abweichender Bezugsfertigkeiten – zu Unterschieden gekommen ist, bedarf es einer differenzierten Lösung. Soweit unterschiedlich hohe Zahlungen der einzelnen Erwerber direkt durch den unterschiedlichen Baufortschritt der einzelnen Wohnungen 1015

[2626] BayObLG v. 20. 2. 1992, 2 Z 159/91, *Deckert*, ETW 2 S. 1691; *Deckert*, ETW 4 S. 335; vgl. auch *Röll*, WE 1997, 96: er will auch dann, wenn die von der Rechtsprechung aufgestellten Voraussetzungen noch nicht vollständig vorliegen, die Vormerkungsberechtigten als werdende Gemeinschaft entscheiden lassen, den wirksamen Bauträgervertrag und die Auflassungsvormerkung also genügen lassen.
[2627] BayObLG v. 20. 11. 2002, NJW 2003, 2323; OLG Karlsruhe v. 8. 3. 1979, NJW 1981, 466; *Röll*, NJW 1978, 1507; *Staudinger/Bub* (2005), § 22 BGB, Rdn. 288; *Riecke/Schmid/Drabek*, nach § 22 WEG, Rdn. 170; a. A. *Merle* in Bärmann, § 22 Rdn. 379; *Weitnauer/Lüke*, § 22 Rdn. 29.
[2628] BayObLG v. 11. 3. 1998, NJW-RR 1998, 1096; BayObLG v. 24. 2. 2000, ZfIR 2000, 552 = BauR 2000, 1787 (LS); OLG Karlsruhe v. 8. 3. 1979, NJW 1981, 466; *Röll*, NJW 1978, 1507; OLG Frankfurt v. 15. 11. 1993, WuM 1994, 36.
[2629] BayObLG v. 11. 3. 1998, NJW-RR 1998, 1096.
[2630] OLG Hamm v. 16. 3. 1984, NJW 1984, 2708.
[2631] BGH v. 10. 6. 2005, NJW 2005, 2622 ; OLG Celle v. 9. 11. 1990, NJW-RR 1991, 1118; BayObLG v. 16. 1. 1992, NJW-RR 1992, 787 (Leitsatz); OLG Hamm v. 11. 10. 1993, 2 Z BR 91/93.
[2632] Für die Berücksichtigung unterschiedlich hoher Zahlungen: OLG Karlsruhe v. 8. 3. 1979, NJW 1981, 466; offen gelassen: BayObLG v. 17. 2. 1983, MittBayNot 1983, 68; gegen die Berücksichtigung unterschiedlicher Zahlungen: *Röll*, NJW 1981, 467; *ders.*, NJW 1978, 1507; vgl. auch OLG Hamburg v. 17. 4. 1990, WE 1990, 204.

B. Der Bauträgererwerb

oder Reihenhäuser verursacht worden sind, sich die unterschiedlichen Zahlungen also auch unmittelbar im Wert der bereits vergüteten Bausubstanz niederschlagen, ist eine von § 16 Abs. 2 WEG abweichende Kostenverteilung gerechtfertigt, denn bei Zahlungen für bereits ausgeführte Arbeiten besteht ja auch kein Fertigstellungsbedarf und -aufwand mehr. Haben die Erwerber jedoch aus anderen Gründen unterschiedlich hohe Vergütungen entrichtet (z. B. Verzug des einen, vertragswidrige Vorauszahlungen des anderen Erwerbers, Ausübung von Zurückbehaltungsrechten durch einen dritten), ist eine Ausnahme von der gleichmäßigen Verteilung der Fertigstellungskosten nicht gerechtfertigt, da diese Fälle in der jeweils konkreten Vertragsbeziehung zwischen Erwerber und Bauträger bzw. Insolvenzverwalter zu lösen sind. Im Übrigen können die Nachteile desjenigen, der vorzeitig gezahlt oder Leistungsverweigerungsrechte nicht ausgeübt hat, nicht denjenigen angelastet werden, die ihre Vertragsrechte wahrgenommen haben. Zahlungsrückstände wird der Insolvenzverwalter bzw. die Globalgläubigerin (aus abgetretenem Recht und bei Zurückhaltung der Lastenfreistellung) gegenüber den betreffenden Erwerbern geltend machen (vgl. oben Rdn. 1008 f.).

1016 Erwerber, die an der gemeinsamen **Fertigstellung** des Bauvorhabens – sei dies nach §§ 22, 21 Abs. 3, 4 WEG oder durch eine Bauherrengemeinschaft – wegen der damit verbundenen Risiken **nicht teilnehmen** wollen, können vom Bauträgertrag zurücktreten. Bezüglich etwa bereits geleisteter Zahlungen ist der Erwerber dann allerdings auf die Quote beschränkt. Der Rücktritt kann aus wichtigem Grund (vgl. oben Rdn. 755) oder wegen Verzuges gerechtfertigt sein. Er hat im Übrigen zur Folge, dass die Löschung der Auflassungsvormerkung zu bewilligen ist (§ 894 BGB). Der Rücktritt wird vor allem dann in Betracht kommen, wenn der Erwerber noch keine Zahlungen geleistet hat[2633]. Hält der Erwerber jedoch eine Bürgschaft nach § 7 MaBV in Händen, sind seine Rückforderungsansprüche gesichert.

1017 Wird das Objekt endgültig nicht fertig gestellt, entsteht auch nach Vollzug der Teilungserklärung kein Sondereigentum. Jeder Erwerber kann nur die Aufhebung der dann lediglich verbleibenden **Bruchteilsgemeinschaft** nach §§ 749 ff. BGB verlangen[2634].

1018 Wenn der Bauträger noch nicht sämtliche Wohnungen einer Wohnanlage veräußert hatte, nimmt der Insolvenzverwalter an der „Aufbaugemeinschaft" teil und ist – wie alle anderen Erwerber – nach entsprechender Beschlussfassung zur Bezahlung der auf ihn entfallenden Kostenanteile verpflichtet.

3. Erfüllung durch den Insolvenzverwalter

1019 **Entscheidet sich der Insolvenzverwalter** in Ausübung seines Wahlrechts **für die Erfüllung,** ist der Vertrag von beiden Teilen vollständig zu erfüllen. Im Fall der Erfüllung stehen dem Insolvenzverwalter für die von ihm zu erbringenden Leistungen die Gegenleistungen des Erwerbers zu.

Dabei ist allerdings § 105 InsO zu beachten. Sofern die zu erbringende Leistung teilbar ist und Teilleistungen erbracht wurden, ist der Gläubiger wegen der darauf geleisteten Gegenleistungen nur Insolvenzgläubiger. Für Bauleistungen wird von der Rechtsprechung angenommen, dass es sich um eine im Sinne von § 105 InsO teilbare Leistung handelt[2635]. Das muss deshalb auch für den Bauträgervertrag angenommen

---

[2633] *Weitnauer/Lüke,* § 22 Rdn. 29, meint, ein nicht mitwirkungsbereiter Erwerber könne entsprechend § 18 WEG ausgeschlossen werden.
[2634] *Staudinger/Bub* (2005), § 22 BGB, Rdn. 298, 271; *Röll,* NJW 1978, 1507 (1509).
[2635] BGH v. 22. 2. 2001, BauR 2001, 1580 (1582) m. Anm. *Schmitz;* BGH v. 25. 4. 2002, NJW 2002, 2783; BGH v. 15. 11. 2002, BauR 2002, 1264 (1266 m. w. N.).

XIV. Die Insolvenz des Bauträgers

werden[2636]. Die für die bereits erbrachte Leistung (einschließlich Grundstück) und für die noch zu erbringende Leistung geschuldete Vergütung kann wie für den Zahlungsanspruch zur Lastenfreistellung (vgl. Rdn. 254) ermittelt werden. Die Teilung nach § 105 InsO bewirkt, dass der Insolvenzverwalter für die von ihm noch zu erbringende Leistung die entsprechende Teilvergütung vollständig und ohne Rücksicht auf vom Erwerber hierfür möglicherweise bereits geleistete Zahlungen beanspruchen kann. Für vom Erwerber auf diese Restleistung möglicherweise bereits erbrachte Vergütungsteile ist er Insolvenzgläubiger und darauf verwiesen, seine Ansprüche zur Tabelle anzumelden[2637]. Die von § 105 InsO gesetzlich angeordnete Teilung der Gesamtleistung ist von der zum Teil für erforderlich gehaltenen Teilung der Eigentumsverschaffung von der Bauleistung (Rdn. 1007) – sie ist nach dieser Auffassung im ersten Schritt durchzuführen[2638] – zu unterscheiden.

Sofern Gegenansprüche (Mängelansprüche) wegen der noch vom Bauträger erbrachten Leistungen bestehen, kann mit diesen gegen die Forderungen des Insolvenzverwalters für die von diesem nunmehr erbrachten Leistungen nicht aufgerechnet werden[2639]. Es soll sichergestellt sein, dass die Gegenleistung für die zu Lasten der Insolvenzmasse erbrachten Leistungen der Insolvenzmasse in voller Höhe zu gute kommen (§ 105 InsO).

Teilt der Insolvenzverwalter dem Erwerber mit, er werde einen noch nicht erfüllten Vertrag nur bei Änderung der ursprünglich vereinbarten Bedingungen erfüllen, so kommt mit dem Einverständnis des Erwerbers ein neuer Vertrag zustande. Die Erfüllung des ursprünglichen Vertrages ist damit abgelehnt[2640].

4. Schadensersatzansprüche gegen die Handelnden

In diesem Zusammenhang können aber **deliktische Ansprüche** gegen die Handelnden, etwa die Geschäftsführer oder Vorstände des Bauträgers, in Betracht kommen. Neben den einschlägigen Insolvenz- und Betrugsvergehen ist vor allem an die für den Bauträgerbereich einschlägigen **Schutzgesetze** zu denken: 1020

– Verwendet der Bauträger die Zahlungen des Erwerbers nicht zur Befriedigung der am Objekt tätigen Handwerker, sondern verwendet er sie für andere Baustellen oder zu eigenen Zwecken – **objektfremde Verwendung der Erwerbermittel** –, liegt darin eine Verletzung von § 4 MaBV (oben Rdn. 367, 378). § 4 MaBV ist Schutzgesetz i.S.v. § 823 Abs. 2 BGB[2641], weshalb für Schäden durch derartige Verletzungshandlungen eine persönliche Haftung besteht[2642]. 1021

– Bei diesen Sachverhalten kann zugleich ein Verstoß gegen das Gesetz über die Sicherung der Bauforderungen (Bauforderungssicherungsgesetz) – **BauFordSiG** – vorliegen, denn der Bauträger ist als Empfänger von Baugeld anzusehen[2643]. Die Bestimmungen des BauFordSiG schützen allerdings nicht den Erwerber, sondern den 1022

[2636] Schmitz in Koeble/Grziwotz, Teil 5, Rdn. 47.
[2637] Schmitz in Koeble/Grziwotz, Teil 5, Rdn. 47 f.; Basty, Rdn. 304.
[2638] Schmitz in Koeble/Grziwotz, Teil 5, Rdn. 47; eingehend Schmitz, Rdn. 242 f.
[2639] Schmitz in Koeble/Grziwotz, Teil 5, Rdn. 53; Basty, Rdn. 1124.
[2640] BGH v. 11. 2. 1988, NJW 1988, 1790; die Entscheidung erging zum Fahrnisrecht; im Immobilienbereich ist i. ü. eine beurkundete Abänderung (§ 311 b BGB) erforderlich.
[2641] OLG Celle v. 12. 2. 2001 BauR 2001 = ZfIR 2001, 412 b m. Anm. Schmitz; Marcks, § 4 MaBV Rdn. 3.
[2642] BGH v. 5. 12. 2008, NJW 2009, 673 = NZBau 2009, 240 = BauR 2009, 66 = ZfIR 2009, 199, Rdn. 12; OLG Frankfurt v. 23. 12. 2004, BauR 2005, 1040; Vogel in Koeble/Grziwotz, Teil 4, Rdn. 463 ff.
[2643] BGH v. 16. 12. 1999, BauR 2000, 573 m. w. N.; Virneburg, PiG Bd. 87 (2010), S. 25 (29); eingehend Kölbl, NZBau 2010, 220.

Bauhandwerker, dienen so zwar auch der bestimmungsgemäßen Weiterleitung der Zahlungen, jedoch aus der Sicht des Empfängers (Handwerkers) und nicht aus der des Absenders (Erwerbers). Da das Verhältnis des Erwerbers zum Bauträger hinreichend durch § 4 MaBV geschützt wird, ist es auch nicht notwendig, den Anwendungsbereich des BauFordSiG in diese Richtung auszudehnen[2644].

XV. Kauf-Sonderformen

1. Die Veräußerung sanierter Altbauten

1023   Für die Bauträgertätigkeit tritt die **Umwandlung von Mietwohnungen** in Eigentumswohnungsanlagen immer mehr in den Vordergrund. Altobjekte werden von Bauträgern aufgekauft, in Eigentumswohnungen aufgeteilt und nach mehr oder minder umfänglicher Sanierung und Modernisierung veräußert. Die Abwicklung ist als gewöhnliche Bauträgermaßnahme möglich; sie kann aber auch in der einen oder anderen Art als Baumodell erfolgen (vgl. Rdn. 1443 ff.).

Ein **Bauträgervertrag über einen Altbau** liegt dann vor, wenn der Erwerber aus einer Hand sowohl das Grundstück mit Altbauobjekt wie auch die in einer Baubeschreibung dargestellten Bauleistungen erhält, und zwar regelmäßig zu einem Festpreis[2645]. Unter dieser Voraussetzung gelten im Wesentlichen die für den Bauträgervertrag über neu errichtete Objekte dargestellten Grundsätze. Das bedeutet, dass der Veräußerungsvertrag vollumfänglich beurkundet werden muss (Rdn. 75 ff.), die MaBV anzuwenden ist[2646] (Rdn. 49, 338; auch Rdn. 1498 f.), die Verträge der Inhaltskontrolle unterliegen (Rdn. 143 ff.) und die Mängelhaftung sich nach den Regeln des Werkvertragsrechts richtet[2647] (Rdn. 632 f.).

1024   Für den Fall, dass keine Bauleistungen erbracht werden, also bei der Veräußerung eines **unrenovierten Altbaus,** liegt keine Bauträgerschaft vor, sondern lediglich die Veräußerung eines Altbaus – wenn auch in Eigentumswohnungen aufgeteilt. Nur in diesem Falle greifen die dargelegten Regularien bzw. Rechtsfolgen (MaBV, werkvertragliche Mängelhaftung) nicht ein; die Beurkundung reicht aus und eine weitgehende Freizeichnung ist statthaft.

1025   Ist der Vertragsgegenstand vermietet, besteht insbesondere bei Wohnräumen der gesetzliche **Mieterschutz.** Die Miet- und Pachtverhältnisse gehen auf den Erwerber kraft Gesetzes über, § 566 BGB. Eigenbedarfskündigungen sind durch die **Wartefrist** des § 577 a BGB erheblich erschwert[2648]. Durch § 577 BGB[2649] wird dem Mieter darüber hinaus ein Vorkaufsrecht eingeräumt. Das **Vorkaufsrecht des Mieters** betrifft den Fall, dass das Objekt nach Begründung des Mietverhältnisses in Wohnungseigentum aufgeteilt und sodann veräußert wird[2650]. Sofern bei der Veräußerung der Wohnung ein überhöhter Einzelpreis vereinbart wird, ist dieser nach § 138 wegen Sit-

---

[2644] *Heerdt,* BauR 2004, 1661; *Palandt/Sprau,* § 823 Rdn. 62: geschützt sind Baugläubiger aus Bauverträgen für Bauleistungen; vgl. auch BGH v. 19. 11. 1985, NJW 1986, 1105; a. A. *Kniffka/Koeble,* 10. Teil, Rdn. 171; *Koeble,* Rechtshandbuch Immobilien, Kap. 16 Rdn. 175; vgl. auch *Virneburg,* PiG Bd. 87 (2010), S. 25 (27).
[2645] Generell zur Gestaltung bei Altbauobjekten *Basty,* Rdn. 1180; *Eue,* I. 32 Anm. 1 ff.
[2646] *Warda,* 34 c GewO, Rdn. 36.
[2647] BGH v. 7. 5. 1987, NJW 1988, 490.
[2648] Vgl. *Sonnenschein,* NJW 1998, 2172 (2185).
[2649] Eingefügt durch Gesetz v. 21. 7. 1993, BGBl. I S. 1257.
[2650] Zu den Einzelheiten: *Palandt/Weidenkaff,* § 577 Rdn. 1 f.; *Derleder,* NJW 1996, 2817 f.; *Eue,* I. 31 Anm. 12.

tenwidrigkeit nichtig und der Veräußerer macht sich schadensersatzpflichtig[2651]. **Mieterhöhungen** wegen Modernisierungen richten sich nach § 559 BGB[2652].

Durch das BauROG 1998 hat der Gesetzgeber dem privatrechtlichen Mieterschutz einen öffentlich-rechtlichen hinzugefügt. Aufgrund des geänderten § 172 BauGB können die Gemeinden durch **Erhaltungssatzung** die Umwandlung von Miet- in Eigentumswohnungen – befristet – von einer Genehmigung abhängig machen[2653]. Durch den geänderten § 172 BauGB wurde den Gemeinden gestattet, was sie durch die Verweigerung von Abgeschlossenheitsbescheinigungen zunächst vergeblich versucht hatten, nämlich die Umwandlung in Wohnungseigentum von einer Verwaltungsentscheidung abhängig zu machen. 1026

2. Erwerb durch Tausch

Der Tausch eines Grundstücks gegen eine vom Bauträger sodann zu errichtende Eigentumswohnung oder ein (Reihen-)Haus ist nicht neu. Er wurde aber – soweit ersichtlich – erst in neuerer Zeit in der Literatur behandelt[2654]. Es bestehen im Wesentlichen drei Möglichkeiten, den Erwerb einer Eigentumswohnung unter Verwendung bzw. Hingabe eines eigenen Grundstücks zu gestalten: 1027

a) Grundstückstausch (Grundstücksmodell)

Der Grundstückseigentümer verpflichtet sich zur Übereignung seines gesamten Grundstücks, während sich der Bauträger zur Errichtung und Übereignung einer Wohnung bzw. eines (Reihen-)Hauses verpflichtet. Voraussetzung für die Erfüllung der vom Bauträger übernommenen Verpflichtung ist die Teilung, sei dies nach § 8 WEG für eine Wohnungseigentumsanlage oder eine Realteilung bei der Errichtung von Häusern. 1028

Bei dieser Gestaltung liegt **Tausch im Sinne des § 480 BGB** vor. Die Verweisung in § 480 BGB auf das Kaufrecht ist zu eng; für die vom Bauträger übernommenen Bauleistungen muss hier wie beim gewöhnlichen Bauträgervertrag Werkvertragsrecht angewendet werden. Dies ist bei der Gestaltung derartiger Verträge festzulegen[2655]. Beim Tausch können grundsätzlich keine Vorkaufsrechte ausgeübt werden[2656]. 1029

Auf den Vertrag findet die **MaBV** Anwendung[2657]. Der Partner des Eigentümers ist Bauherr (Bauträger) im Sinne des § 34c Abs. 1 Nr. 4a GewO. Der Bauträger verpflichtet sich zur Ausführung von Bauleistungen und zur Verschaffung eines Grundstücks. Er nimmt auch Vermögenswerte seines Vertragspartners entgegen. § 3 MaBV ist weit gefasst; er macht die Anwendung der MaBV nicht etwa davon abhängig, dass die Gegenleistung des Erwerbers durch Zahlungen erfolgt; § 3 MaBV spricht allgemein von der Entgegennahme von Vermögenswerten[2658]. Beim Tausch besteht die Gegenleistung in dem vom Eigentümer zu überlassenden Grundstück. Nach § 3 Abs. 2 1030

[2651] BGH v. 15. 6. 2005, NJW-RR 2005, 1534.
[2652] *Riecke/Schmid/Vogel*, nach § 22 WEG, Rdn. 1 ff.
[2653] Bau- und Raumordnungsgesetz 1998 v. 18. 8. 1997 (BGBl. I S. 2081); vgl. *Battis/Krautzberger/Löhr*, NVwZ 1997, 1145; *Groschupf*, NJW 1998; 418 (421); *Grziwotz*, DNotZ 1997, 924. Zur Wirksamkeit von Erhaltungssatzungen VG München v. 21. 11. 1994, NJW-RR 1995, 856.
[2654] *Basty*, Rdn. 131 f.; *Albrecht*, DNotZ 1997, 269; *Riemenschneider* in Grziwotz/Koeble, 3. Teil, Rdn. 806 f.; *Schmidt*, MittBayNot 1995, 434; zu den grunderwerbsteuerlichen Besonderheiten *Albrecht*, MittBayNot 1998, 418.
[2655] *Albrecht*, DNotZ 1997, 269 (278 f.).
[2656] Eingehend *Albrecht*, DNotZ 1997, 269 (277 f.).
[2657] *Basty*, Rdn. 131; *Albrecht*, DNotZ 1997, 269 (272).
[2658] *Marcks*, § 3 Rdn. 7; *Basty*, Rdn. 131; *Albrecht*, DNotZ 1997, 269 (272).

B. Der Bauträgererwerb

MaBV darf der Bauträger die Vermögenswerte nur in Teilbeträgen nach Baufortschritt entgegennehmen. Wird die Überlassung eines Grundstücks als Gegenleistung geschuldet, kann, da das Grundstück nicht nach Baufortschritt entrichtet werden kann, der Vertrag nicht nach § 3 MaBV abgewickelt werden. In Betracht kommt deshalb nur die Gestellung einer Bürgschaft nach § 7 MaBV[2659].

1031 Sofern der Erwerber dem Bauträger eine Zuzahlung leisten muss, handelt es sich dabei um einen Kaufpreis, der dann (sobald der Wert des Grundstücks aufgebraucht ist) nach Vorliegen der allgemeinen Fälligkeitsvoraussetzungen des § 3 Abs. 1 MaBV und nach Baufortschritt gemäß § 3 Abs. 2 MaBV verlangt werden kann (insofern liegt ein Fall des zulässigen Sicherheitentauschs vor). Sofern der Bauträger eine Zuzahlung leistet, beeinflusst dies die Abwicklung nach den Vorschriften der MaBV (§ 7 MaBV) nicht.

1032 Das Grundstücksmodell könnte jedoch gegen die §§ 305 ff. BGB verstoßen. Der Bauträger beleibt trotz Vorlage einer Bürgschaft nach § 7 MaBV vorleistungspflichtig, §§ 307, 641 BGB (vgl. Rdn. 207). Beim Grundstücksmodell übereignet der Erwerber das Grundstück noch vor Erbringung der Bauleistungen durch den Bauträger, leistet also vor. Zwar wird ein Tauschvertrag der beschriebenen Art nicht als Formular, ja vielleicht nicht einmal aus Textbausteinen gefertigt, seine Wirksamkeit kann aber trotzdem am Maßstab der §§ 307, 641 BGB scheitern, da der Text eine Einzelvertragsklausel im Sinne des § 310 Abs. 3 Nr. 2 BGB darstellen kann. Dem Grundstückseigentümer muss bei Verbraucherverträgen im Sinne des § 310 Abs. 3 BGB hinreichend Gelegenheit zur Einflussnahme auf die Vertragsgestaltung gegeben werden[2660].

b) Stundungsmodell

1033 Als Alternative wird eine Gestaltung vorgeschlagen, bei der der Erwerber sein Grundstück an den Bauträger verkauft und der Erwerber sogleich vom Bauträger eine Wohnung (ein Haus) aufgrund Bauträgervertrages erwirbt. Beides erfolgt in einem Vertrag, wird aber nicht als Tausch vereinbart. Auch bei dieser Variante soll das Grundstück alsbald an den Bauträger aufgelassen werden, um die Voraussetzungen für die weitere Verwertung schaffen und die entstehenden neuen Einheiten mit den anderen Erwerbern nach § 3 MaBV abwickeln zu können. Die Kaufpreisforderung des Eigentümers wird von ihm gestundet und sukzessive durch Aufrechnung mit den nach Baufortschritt fällig werdenden Vergütungsansprüchen des Bauträgers erfüllt. Der gestundete Kaufpreisanspruch des Eigentümers soll – bis zu seinem Erlöschen durch Aufrechnung – durch eine Bankbürgschaft gesichert werden, die sich aber – anders als eine Bürgschaft nach § 7 MaBV – nach jeder Verringerung des Kaufpreisanspruchs infolge Teilaufrechnung entsprechend reduziert[2661]. Die Ausübung von Vorkaufsrechten ist bei diesem Modell möglich[2662].

1034 Auch auf diese Gestaltung ist die MaBV anzuwenden, da zweifellos ein Erwerb vom Bauträger vorliegt. Hier wird allerdings eine **Abwicklung nach § 3 MaBV** für zulässig gehalten, weil der Erwerber die Vergütung für das Bauträgerobjekt durch eine Geldleistung erbringt, wenn auch im Wege der Aufrechnung[2663]. Das überzeugt nicht. Eine Abwicklung nach § 3 MaBV erscheint nur deshalb als möglich, weil die Hingabe des Grundstückskaufpreises (durch Verrechnung) als Gegenleistung dargestellt wird. Tatsächlich ist aber auch bei diesem Modell die Übereignung des Grundstücks die Gegenleistung, was daran deutlich wird, dass das Grundstück sogleich aufgelassen und der

---

[2659] *Basty*, Rdn. 131; *Albrecht*, DNotZ 1997, 269 (273); *Schmidt*, MittBayNot 1995, 434.
[2660] *Albrecht*, DNotZ 1997, 269 (275).
[2661] *Basty*, Rdn. 132; *Albrecht*, DNotZ 1997, 269 (271).
[2662] Eingehend *Albrecht*, DNotZ 1997, 269 (277 f.).
[2663] *Basty*, Rdn. 132; *Albrecht*, DNotZ 1997, 269 (274).

Kaufpreisanspruch gesondert gesichert werden soll. Das bedeutet, dass auch hier die Überlassung des Grundstücks nur gegen eine Bürgschaft nach § 7 MaBV erfolgen darf[2664]. Nach § 3 MaBV könnte nur dann verfahren werden, wenn die Grundstücksübereignung bis zur vollständigen Verrechnung des Kaufpreises, also bis zur Fertigstellung des Bauträgerobjekts zurückgestellt würde.

c) Anteilsmodell

Schließlich ist es möglich, dass der Grundstückseigentümer dem Bauträger nur den vom Bauträger benötigten Grundstücksanteil veräußert und der Bauträger auf dem dem Veräußerer verbliebenen Anteil für diesen eine Wohnung oder ein Haus errichtet. Dabei kann eine Realteilung in Betracht kommen, wenn etwa Einfamilien- oder Reihenhäuser errichtet werden sollen. Für die Errichtung von Wohnungen muss das Grundstück nach den Bestimmungen des WEG geteilt werden. Möglich ist die Aufteilung nach § 8 WEG durch den Veräußerer, der dem Bauträger sodann nur die Anzahl der von ihm benötigten Einheiten verkauft. Diese Teilung kann aber dazu führen, dass der Veräußerer wegen der Überschreitung der „Drei-Objekt-Grenze" steuerrechtlich als gewerblicher Grundstückshändler gilt[2665]. Stattdessen wäre die Veräußerung eines Miteigentumsanteils an den Bauträger und die anschließende Teilung nach § 3 WEG durch Vereinbarung möglich[2666]. Der Kaufpreis für das Grundstück wird mit der Vergütung für die zu erbringenden Bauleistungen verrechnet. Ebenso wie beim Grundstücksmodell können hier keine Vorkaufsrechte geltend gemacht werden[2667]. **1035**

Auf diesen Sachverhalt findet die **MaBV keine Anwendung**[2668], da das Objekt auf dem Grundstück des Eigentümers errichtet wird. Der Bauträger ist in Bezug auf das für den Eigentümer zu errichtende Objekt nicht Bauherr im Sinne des § 34c Abs. 1 Nr. 4a GewO. **1036**

Beim Anteilsmodell erbringt der Grundstücksveräußerer jedoch ebenfalls eine zu sichernde Vorleistung auf das vom Bauträger noch herzustellende Objekt. Dem Grundstücksveräußerer ist deshalb eine **Vertragserfüllungsbürgschaft** oder eine **Vorauszahlungsbürgschaft** zur Sicherung aller Schadensersatz- und Erfüllungsansprüche bzw. Rückzahlungsansprüche auszuhändigen, wie sie auch sonst bei Vorleistungen des Bauherrn aufgrund von Bauverträgen vereinbart werden[2669]. Eine Bürgschaft dieser Art muss nicht in voller Höhe bis zur vollständigen Fertigstellung bestehen bleiben; sie kann sich nach Baufortschritt reduzieren. **1037**

Die **Mängelhaftung** bestimmt sich nach Werkvertragsrecht. **1038**

3. Betreutes Wohnen

Der Erwerb einer Eigentumswohnung für „Betreutes Wohnen" ist ein Bauträgervertrag mit zusätzlichen Vereinbarungen über die zukünftige Nutzung. Projekte, die für „Betreutes Wohnen" angeboten werden, sollen Senioren und Behinderten Wohnraum verschaffen, bei dem die Nutzer weitgehend selbständig wohnen, aber bestimmte Dienste eines Betreuers (Pflege, Versorgung) fakultativ in Anspruch nehmen können. Bei der Konzeption wird die Selbständigkeit betont; es sollen keine Wohnheime entstehen, die dem Anwendungsbereich des Heimgesetzes (HeimG) unterliegen[2670]. **1039**

[2664] Ebenso *Blank*, Rdn. 840; *Riemenschneider* in Grziwotz/Koeble, 3. Teil, Rdn. 810f.
[2665] Vgl. BFH v. 3. 7. 1995 BStBl. II 1995, 617 = BB 1995, 1827.
[2666] *Basty*, Rdn. 133; *Albrecht*, DNotZ 1997, 269 (271).
[2667] Eingehend *Albrecht*, DNotZ 1997, 269 (277f.).
[2668] *Basty*, Rdn. 132; *Albrecht*, DNotZ 1997, 269 (275).
[2669] *Blank*, Rdn. 1557; *Riemenschneider* in Grziwotz/Koeble, 3. Teil, Rdn. 813.
[2670] *Heinemann*, MittBayNot 2002, 69ff.

B. Der Bauträgererwerb

1040 Beim „Betreuten Wohnen" ist der Grundstückserwerb und die Bauleistung einerseits und die besonderen Vereinbarungen über die beabsichtigte Nutzung andererseits von einander zu unterscheiden.

Wie beim gewöhnlichen Bauträgererwerb verpflichtet sich der Bauträger auch hier zur Verschaffung von Wohnungseigentum und zur Errichtung der Wohnanlage einschließlich der dem Erwerber versprochenen Eigentumswohnung. Insoweit gilt für die Vertragspflichten, namentlich für die Mängelhaftung nichts anderes als beim gewöhnlichen Bauträgervertrag.

Allerdings werden sich aus der beabsichtigen Nutzung „Betreutes Wohnen" besondere Anforderungen an die Bauausführung ergeben. Maßgeblich für die zu erbringenden Bauleistungen ist auch hier die vertragsgegenständliche Baubeschreibung. Vorschriften oder allgemeingültige Regeln über die Ausstattung von Wohnanlagen, die für „Betreutes Wohnen" geeignet sind, bestehen nicht. Die DIN 18025, die Anforderungen für alten- und behindertengerechtes Wohnen formuliert, kann nicht ohne weiteres zum Maßstab für die geschuldeten Leistungen gemacht werden, weil diese Norm zwar Vorschriften z.B. darüber enthält, wie Einrichtungen für sehbehinderte Personen gestaltet sein müssen, nicht aber festlegt, dass sie für „Betreutes Wohnen" gilt[2671]. Für die Anforderungen an Aufzüge, Türen (Abmessungen), Treppen (Handläufe), Rollstuhlgeeignetheit, Barrierefreiheit usw. kommt es deshalb auf die Baubeschreibung (vereinbarte Beschaffenheit), sodann aber auf die vertraglich vorausgesetzte, sonst auf die gewöhnliche Verwendungseignung an (§ 633 Abs. 2 BGB). Bei der Bestimmung dessen, was die vertraglich vorausgesetzte oder zumindest gewöhnliche Verwendungseignung ist, wird auf Bestimmungen der DIN 18025 zurückgegriffen werden können, sofern die Geltung der DIN 18025 nicht ausdrücklich vereinbart ist.

1041 „Betreutes Wohnen" lässt sich nur verwirklichen, wenn ein Betreuer – zumeist eine der bekannten karitativen Organisationen – Betreuungsleistungen für sämtliche Bewohner vorhält und anbietet. Das setzt voraus, dass die Nutzung des Objekts auf ältere Menschen eingeschränkt und ein Vertragsverhältnis zum Betreuer begründet wird. Deshalb wird die Teilungserklärung eine Zweckbestimmung enthalten, nach der die zu errichtende Wohnanlage nur von Personen über einem gewissen Lebensalter (z.B. nach Erreichung des 60. Lebensjahres) bewohnet werden darf. Ferner muss die Teilungserklärung eine Verpflichtung enthalten, dass näher zu beschreibende Gemeinschaftsflächen von einem Betreuungsdienst genutzt werden dürfen und dass Vertragsverhältnisse mit einem Betreuungsdienst – über zu erbringende Grundleistungen – begründet werden können (der erste Vertrag mit dem ersten Betreuer wird zumeist vom Bauträger vermittelt). Bestimmungen, nach denen eine Verpflichtung sämtlicher Wohnungseigentümer begründet wird, einen Betreuungsvertrag abzuschließen, ist wohnungseigentumsrechtlich unbedenklich[2672]. Da der Betreuungsvertrag seinen Schwerpunkt im Dienstvertrag hat, kann er, sofern nichts anderes vereinbart ist, gemäß § 620 Abs. 2 BGB ordentlich gekündigt werden. Die Vereinbarung einer längeren Laufzeit als zwei Jahre verstößt gegen § 309 Nr. 9a BGB. Das gilt nach § 242 BGB auch für einen in der Teilungserklärung begründeten Kontrahierungszwang für Verträge mit einer längeren als einer zweijährigen Bindungsfrist[2673].

Eine Zweckbestimmung, die der beabsichtigten Nutzung des Wohnungseigentums Rechnung trägt, ist zulässig und kann zum Inhalt des Wohnungseigentums (der Teilungserklärung) gemacht werden[2674]. Es ist auch zulässig, eine Vermietungspflicht für

---

[2671] OLG Zweibrücken v. 30. 3. 2000, OLGR 2000, 447 = BauR 2000, 1912 (LS).
[2672] BGH v. 13. 10. 2006, NJW 2007, 213 = MittBayNot 2007, 43.
[2673] BGH v. 13. 10. 2006, NJW 2007, 213 = MittBayNot 2007, 43.
[2674] BGH v. 13. 10. 2006, NJW 2007, 213 = MittBayNot 2007, 43.

den Fall zu statuieren, dass ein Wohnungseigentümer die persönlichen Voraussetzungen (Alter, ggf. Behinderung) nicht erfüllt[2675]. Denkbar sind auch Wohnungsbesetzungsrechte für Dritte, z. B. für die Gemeinde; sie können als beschränkt persönliche Dienstbarkeit eingetragen werden[2676].

XVI. Rechtsbeziehungen des Erwerbers zu Dritten

1. Bauausführende Unternehmen, Architekten

Zu den Hauptmerkmalen des Bauträgererwerbs gehört es, dass sämtliche Leistungen aus einer Hand erworben werden. Für die Eigentumsverschaffung und die vollständige Bauerstellung gibt es einen einzigen Vertragspartner: den Bauträger. Der Erwerber muss deshalb zu den Planern, den bauausführenden Unternehmern, den Lieferanten usw. keinerlei vertragliche Beziehungen eingehen. Er hat weder Einfluss auf die Auswahl der Unternehmer noch Weisungsrechte bzgl. der auszuführenden Arbeiten. Der Bauträger hat andererseits auch keine **Vollmacht,** namens des Erwerbers Bauverträge abzuschließen oder ihn sonst wie zu verpflichten. Anders lautende Vereinbarungen im Bauträgervertrag würden seinem Wesen so erheblich widersprechen, dass sie als überraschende Klausel unwirksam wären (§ 305 c BGB)[2677]. Der Bauträgervertrag gibt für gewöhnlich auch keine Grundlage für Anscheins- oder Duldungsvollmachten. Bauhandwerker, die die Einstellung ihrer Arbeiten wegen offener Rechnungen androhen und die Fortsetzung der Arbeiten von Zahlungen des Erwerbers abhängig machen, haben hierfür also keinerlei Handhabe, so wenig wie der Erwerber gut beraten ist, solchen Forderungen nachzugeben, da sie nicht schuldbefreiend wirken und in der Insolvenz des Bauträgers bei einer Fertigstellung durch die Wohnungseigentümergemeinschaft überdies nicht angerechnet werden müssen (vgl. auch Rdn. 1015). Da es sich beim Bauträgervertrag nicht um einen VOB-Vertrag handelt, ist der Erwerber bei einem Zahlungsverzug des Bauträgers auch nicht berechtigt, nach § 16 Abs. 6 VOB/B unmittelbar an den Handwerker zu zahlen. **1042**

Unmittelbare Vertragsbeziehungen zu den Subunternehmern des Bauträgers können allerdings im Zusammenhang mit der Ausführung von **Sonderwünschen** eingegangen werden (Rdn. 540). Direkte Rechtsbeziehungen bestehen selbstverständlich auch dann, wenn die Wohnungseigentümergemeinschaft nach einer Insolvenz des Bauträgers den **steckengebliebenen Bau** auf eigene Rechnung fertigstellt (Rdn. 1012). Hier kann der die Restarbeiten übernehmende Subunternehmer gegenüber den Erwerbern nicht nur für die den Erwerbern versprochenen Restarbeiten, sondern – wenn dies die Auslegung der zwischen Erwerber und Unternehmer geschlossenen Vereinbarung ergibt – auch für die Mangelfreiheit der vorher im Auftrag des Bauträgers ausgeführten Leistungen haften[2678]. Sowohl im Falle der Fertigstellung der Wohnanlage durch die Wohnungseigentümergemeinschaft wie auch bei den Bauherrenmo- **1043**

[2675] BayObLG v. 10. 3. 1988, NJW-RR 1988, 1163 (Verpflichtung zur Verpachtung an Betriebsgesellschaft).
[2676] BayObLG v. 29. 12. 2000, MittBayNot 2000, 317.
[2677] BGH v. 27. 6. 2002, BauR 2002, 1544; vgl. auch OLG Nürnberg v. 15. 6. 1982, NJW 1982, 2326, das eine unangemessene Benachteiligung i. S. v. § 9 Abs. 2 AGBG annimmt. Vgl. ferner OLG Hamm v. 16. 5. 1994, BauR 1994, 644, zur Formbedürftigkeit einer Abänderung des Vertrages dahin, dass der Veräußerer die Handwerker in Vollmacht des Erwerbers beauftragt sowie OLG Hamm v. 27. 9. 1991 – 26 U 31/91, dazu, dass Bauträger und Generalunternehmer – selbst wenn eine Innenvollmacht erteilt wurde – im eigenen Namen und auf eigene Rechnung tätig werden.
[2678] OLG Schleswig v. 18. 6. 1998, NJW-RR 1998, 1551 = BauR 1998, 1120.

B. Der Bauträgererwerb

dellen handelt es sich um **Aufbauschulden,** für die die einzelnen Erwerber nicht gesamtschuldnerisch, sondern beschränkt auf ihren Miteigentumsanteil haften[2679].

1044   Dem Erwerber stehen gegen den ausführenden Handwerker grundsätzlich auch **keine unmittelbaren Mängelansprüche** zu. Das verhält sich nur dann anders, wenn der Bauträger dem Erwerber die gegen den Handwerker gerichteten Mängelansprüche abtritt (vgl. im Einzelnen Rdn. 845 f.). Außerdem soll das bauausführende Unternehmen dem Erwerber auch dann unmittelbar verpflichtet sein, wenn es sich – etwa im Falle einer Insolvenz des Bauträgers – zur Mängelbeseitigung bereit erklärt und dadurch zu erkennen gegeben hat, dass es seine Mängelhaftung anerkennt[2680].

1045   Da der Erwerber zu den Subunternehmern des Bauträgers nicht in Vertragsbeziehungen steht, haben diese ihm gegenüber – soweit er überhaupt schon Eigentum am Vertragsgegenstand erlangt hat – keinen Anspruch auf Eintragung einer **Bauhandwerkersicherungshypothek** nach § 648 BGB. Von § 648 BGB wird vorausgesetzt, dass Auftraggeber und Eigentümer des Baugrundstücks personenidentisch sind, was im Verhältnis zwischen Subunternehmer und Erwerber nicht der Fall ist[2681]. Allerdings hat der Subunternehmer gegenüber seinem eigenen Vertragspartner, dem Bauträger, Anspruch auf Bewilligung einer Sicherungshypothek. Infolge der Verwirklichung dieses Anspruchs kann es durchaus zur Belastung der verkauften, aber noch nicht übereigneten Wohnung kommen[2682]. Die vom Bauhandwerker erwirkte Sicherungshypothek wird sich in aller Regel als wertlos erweisen, da dem Erwerber für gewöhnlich schon vorher eine Auflassungsvormerkung eingetragen wurde, weshalb dieser nach Eintragung der Auflassung einen Anspruch auf Löschung der Bauhandwerkersicherungshypothek hat, §§ 883 Abs. 2, 888 BGB. Der Bauhandwerker kann mangels unmittelbarer Vertragsbeziehungen zum Erwerber von diesem auch keine **Sicherheit nach § 648 a BGB** verlangen.

1046   Im Falle einer Krise des Bauträgers werden Handwerker und Lieferanten, die noch Forderungen gegen den Bauträger haben, versuchen, die von ihnen in das Bauwerk bereits eingebauten **Baustoffe** wieder auszubauen und abzutransportieren. Wäre der Erwerber zu diesem Zeitpunkt bereits Eigentümer des Grundstücks bzw. des Grundstücksmiteigentumsanteils – was zumeist nicht zutrifft –, hätte er an den Baustoffen, die durch ihren Einbau wesentlicher Bestandteil des Grundstücks werden, originär Eigentum erworben, § 946 BGB. Das Eigentumsrecht stünde einem Wegnahmerecht entgegen. Als Ausgleich für den Rechtsverlust hätte der Unternehmer auch keine bereicherungsrechtlichen Ansprüche gegen den Erwerber nach § 951 BGB, da die Leistungsbeziehungen zwischen den Beteiligten eine Eingriffskondiktion ausschließen[2683]. Solange der Erwerber noch nicht Eigentümer ist, sind Unterlassungsansprüche auf der Grundlage der Auflassungsvormerkung analog § 1134 Abs. 1 BGB zweifelhaft[2684].

[2679] Zur Rechtslage bei Bauherrenmodellen vgl. BGH v. 18. 11. 1976, NJW 1977, 294; BGH v. 17. 1. 1980, NJW 1980, 992. Zu den gewöhnlichen Verwaltungsschulden der Wohnungseigentümergemeinschaft vgl. BGH v. 29. 6. 1977, NJW 1977, 1964 (LS) = WM 1977, 1173, zu einem Liefervertrag über Heizöl.

[2680] OLG Köln v. 26. 8. 1994 – 19 U 45/94.

[2681] Zur Identität von Besteller und Grundstückseigentümer vgl. BGH v. 22. 10. 1987, NJW 1988, 255 m. w. N., m. Anm. *Fehl*, BB 1988, 1000; *Siegburg*, EWiR 1988, 43 und *Clemm*, BauR 1988, 558.

[2682] Und zwar bis zur vollen Höhe seiner Forderung und nicht nur anteilig, wobei, sollen mehrere Wohnungen als Sicherheit dienen, nur eine anteilige Belastung möglich ist (§ 867 Abs. 2 ZPO); vgl. LG Frankfurt v. 22. 2. 1974, MDR 1974, 579; OLG Düsseldorf v. 19. 9. 1974, BauR 1975, 62; OLG Köln v. 24. 10. 1974, *Schäfer/Finnern/Hochstein*, 2. 321 Bl. 37; OLG München v. 11. 11. 1974, NJW 1975, 220; OLG Frankfurt v. 14. 11. 1974, NJW 1975, 785; OLG Celle v. 18. 6. 1976, BauR 1976, 365; OLG Düsseldorf v. 27. 7. 1982, BauR 1983, 376; anders bei nicht locker verbundenen Baueinheiten (Kettenbungalows) LG Köln v. 9. 10. 1974, *Schäfer/Finnern/Hochstein*, 2. 321 Bl. 34; *Brych*, NJW 1974, 483; a. A. OLG Frankfurt v. 17. 9. 1973, NJW 1974, 62 m. zust. Anm. *Schmalzl*; vgl. auch zu Finzelheiten *Kapellmann*, BauR 1976, 323.

[2683] Vgl. MünchKomm/*Quack*, § 951 BGB, Rdn. 5 f.; BGH v. 31. 10. 1963, NJW 1964, 399; OLG Hamm v. 31. 10. 1973, MDR 1974, 313.

[2684] Vgl. MünchKomm/*Kohler*, § 888 BGB, Rdn. 21.

XVI. Rechtsbeziehungen des Erwerbers zu Dritten

Führt der Vertragspartner des Erwerbers die Baumaßnahme nicht allein, sondern mit anderen Bauträgerunternehmen gemeinschaftlich durch, so ergeben sich für den Erwerber daraus keinerlei Ansprüche gegen die anderen Unternehmen. Bei größeren Vorhaben werden gelegentlich **mehrere Bauträger auf einem Grundstück** tätig. Das Bauvorhaben wird in mehreren Bauabschnitten von verschiedenen Bauträgern gemeinschaftlich ausgeführt, wobei jeder dieser Bauträger die Wohnungen aus seinem Abschnitt selbständig veräußert. Zweckmäßigerweise wird die Leistungspflicht und Haftung auf diesen Bauabschnitt beschränkt. Gleichwohl erhält der Erwerber Gemeinschaftseigentum nicht nur an dem von „seinem" Bauträger errichteten Bauabschnitt, sondern an der gesamten Wohnanlage. Für Mängel haftet jedoch nur sein Vertragspartner, nicht aber eines der anderen Unternehmen, und zwar auch dann nicht, wenn es sich um einen Mangel am Gemeinschaftseigentum handelt, das von einem anderen Bauträger hergestellt wurde. Die verschiedenen Bauträger haften für solche Mängel auch nicht gesamtschuldnerisch[2685]. **1047**

Auch zu den vom Bauträger beauftragten Planern bestehen keine unmittelbaren Rechtsbeziehungen. Allerdings kann sich aus dem Vertragsverhältnis zwischen Bauträger und **Architekt** eine Schutzwirkung zugunsten des Erwerbers oder die ihn finanzierende Bank ergeben. Unter dieser Voraussetzung können Schadensersatzansprüche des Erwerbers auf der Grundlage eines **Vertrages mit Schutzwirkung für Dritte** unmittelbar gegen den Architekten entstehen[2686]. Deshalb macht sich der Architekt des Bauträgers unmittelbar gegenüber dem Erwerber schadensersatzpflichtig, wenn er fehlerhafte Bautenstandsberichte erstellt, die insbesondere auch dazu dienen, gegenüber dem Erwerber den Baufortschritt nachzuweisen, um die Zahlungen nach dem vereinbarten Zahlungsplan (§ 3 Abs. 2 MaBV) abzurufen (Rdn. 310). Sofern sich der Architekt gegenüber dem Erwerber oder dessen Bank als Bauleiter ausweist, kommen seinen Bautenstandsberichten besondere Beweiskraft zu und erwecken folglich Vertrauen in ihre Richtigkeit[2687]. **1048**

Eine Schutzwirkung für Dritte kann aber nicht ohne weiteres für sämtliche vom Bauträger mit den Handwerkern abgeschlossenen Verträgen angenommen werden[2688].

2. Produkthaftung: Ansprüche gegen die Hersteller von Baustoffen, Aggregaten usw.

Zur Umsetzung der **EG-Richtlinie Produkthaftung** vom 25. 7. 1985 hat der deutsche Gesetzgeber das Gesetz über die Haftung für fehlerhafte Produkte (ProdHaftG)[2689] erlassen. Statt der verschuldensabhängigen Haftung nach Deliktsrecht (mit gewissen Beweiserleichterungen) gilt eine Gefährdungshaftung mit festen Beweisregeln, Höchstbeträgen bei Tod und Körperverletzung sowie einer Selbstbeteiligung bei Sachschäden. Die Möglichkeit, sich für sog. Ausreißer exkulpieren zu können, besteht nun nicht mehr. **1049**

Unter den Voraussetzungen des Produkthaftungsgesetzes können dem Erwerber – und auch Dritten – Schadensersatzansprüche gegen die **Hersteller fehlerhafter Baustoffe** zustehen[2690]. Fehlerhafte Produkte im Sinne von § 2 ProdHaftG können nur be- **1050**

[2685] BGH v. 11. 11. 1993, NJW 1994, 443.
[2686] BGH v. 25. 9. 2008, NZBau 2009, 126, Rdn. 14.
[2687] BGH v. 25. 9. 2008, NZBau 2009, 126, Rdn. 17.
[2688] Vgl. OLG Hamm v. 5. 8. 2003, BauR 2004, 864; OLG Hamm v. 4. 9. 2006, NJW-RR 2007, 736.
[2689] Gesetz v. 15. 12. 1989, BGBl. I S. 2198. Vgl. *Palandt/Sprau*, vor § 1 ProdHaftG Rdn. 1 ff.
[2690] Vgl. *Palandt/Sprau*, § 1 ProdHaftG Rdn. 1 ff.

B. Der Bauträgererwerb

wegliche Sachen sein. Im Zusammenhang mit Bauleistungen kommt eine Haftung nach den Bestimmungen des ProdHaftG für das vom Unternehmer bzw. Bauträger hergestellte Gebäude deshalb nicht in Betracht, weil es sich bei diesen Leistungen im Ergebnis um unbewegliche Sachen handelt. Bewegliche Sachen sind aber die für das Bauwerk verwendeten Baustoffe, Aggregate, Anlagen usw. Ihre Produkteigenschaft geht durch den Einbau in eine unbewegliche Sache – was § 2 ProdHaftG ausdrücklich anordnet – nicht verloren[2691], weshalb die Haftung für fehlerhafte Produkte auch bei Bauleistungen eingreift. Von Produktfehlern können etwa Dachabdeckfolien[2692], stromführende Anlagen und Geräte[2693], unter Einwirkung von Feuchtigkeit aggressiv wirkende Mörtel[2694], Lacke[2695] usw. betroffen sein.

1051 Nach § 1 ProdHaftG sind Schäden infolge einer Tötung, einer **Körper- oder Gesundheitsverletzung** und **Sachschäden** auszugleichen, wobei im Falle von Sachschäden nur andere Sachen als das fehlerhafte Produkt selbst in Betracht kommen. Unklar ist dabei, ob die übrige Bausubstanz dabei als „andere Sache" im Sinne von § 1 Abs. 1 ProdHaftG angesehen werden kann oder als dieselbe Sache gilt mit der Folge, dass Schäden an ihr nicht ersatzfähig wären[2696]. In Anlehnung an die Rechtsprechung zur deliktischen Produkthaftung wird man auch hier die Pflicht zum Ersatz des Schadens am übrigen Bauwerk (für sog. weiterfressende Schäden) bejahen können[2697]. Im Übrigen wird die Produkthaftung etwa bei **Gesundheitsschäden** infolge der Verwendung gesundheitsschädlicher Baustoffe eine Rolle spielen[2698]. Vermögensschäden und immaterielle Schäden werden nach dem ProdHaftG allerdings nicht ausgeglichen. Auch Schmerzensgeld kann nicht verlangt werden – insoweit kann aber auf die Bestimmungen der §§ 823, 847 BGB zurückgegriffen werden.

1052 Da es sich bei der Produkthaftung um eine Gefährdungshaftung und nicht um einen vertraglichen Anspruch handelt, ist nicht nur der Vertragspartner, also der Erwerber, sondern jeder **Geschädigte** anspruchsberechtigt, also auch der Mieter, Besucher, Lieferant usw. Ersatzpflichtig ist der Hersteller des Produkts, also der Baustoffproduzent, wobei die Haftungsausschlüsse des § 1 Abs. 1, 2 ProdHaftG zu beachten sind. Mehrere Ersatzpflichtige haften nach § 5 ProdHaftG als Gesamtschuldner.

1053 Die Ansprüche nach den Bestimmungen des ProdHaftG **verjähren** in drei Jahren, wobei die Frist bereits in dem Zeitpunkt zu laufen beginnt, in dem der Berechtigte Kenntnis hatte oder hätte haben müssen (§ 12 ProdHaftG). Außerdem erlöschen die Ansprüche unabhängig von einer etwaigen Unkenntnis in zehn Jahren (§ 13 ProdHaftG).

1054 Die **deliktsrechtliche Produkthaftung** bleibt von der Einführung des ProdHaftG unberührt (§ 15 Abs. 2 ProdHaftG). Das hat insbesondere Bedeutung für Schmerzensgeldansprüche, die dann jedoch – anders als die Gefährdungshaftung nach dem ProdHaftG – ein Verschulden des Herstellers voraussetzen. Bedeutung haben die Ansprüche nach § 823 BGB auch für Ersatzansprüche wegen gewerblich genutzter Sachen (vgl. den Ausschlusstatbestand des § 1 Abs. 1 Satz 2 ProdHaftG) und wegen Schäden an dem fehlerhaften Produkt selbst – wobei nach dem hier vertretenen Standpunkt

---

[2691] Palandt/Sprau, § 2 ProdHaftG Rdn. 1.
[2692] BGH v. 18. 9. 1984, NJW 1985, 194 m. Anm. Thürmann, VersR 1985, 692; vgl. auch BGH v. 24. 5. 1981, ZfBR 1981, 216.
[2693] BGH v. 24. 4. 1990, NJW 1992, 41 zum Eingriff in den eingerichteten und ausgeübten Gewerbebetrieb infolge eines Produktfehlers.
[2694] OLG Karlsruhe v. 7. 8. 1990, NJW-RR 1992, 285.
[2695] BGH v. 14. 12. 1993, BauR 1994, 524; BGH v. 26. 2. 1991, NJW-RR 1992, 283.
[2696] Vgl. Palandt/Sprau, § 1 ProdHaftG Rdn. 6 m. w. N.
[2697] Vgl. Werner/Pastor, Rdn. 1877; a. A. Palandt/Sprau, § 1 ProdHaftG Rdn. 6 m. w. N.; MünchKomm/Wagner, § 1 ProdHaftG, Rdn. 10 f.; Tiedtke, NJW 1990, 2961.
[2698] Vgl. Bottke-Mayer, ZfBR 1991, 183 ff., 233 ff.

das übrige Bauwerk als andere Sache im Sinne des § 1 Abs. 1 ProdHaftG anzusehen ist[2699].

3. Amtspflichten des Notars

Nach § 17 BeurkG treffen den Notar umfassende **Belehrungs-, Beratungs- und Betreuungspflichten.** Er ist gehalten, nur rechtlich einwandfreie Urkunden zu errichten und die Beteiligten über die rechtliche Tragweite des Geschäfts zu belehren[2700] (vgl. Rdn. 78). Das gilt auch für den Zentralnotar gegenüber dem Erwerber, der sein Angebot bei einem anderen Notar beurkundet hat[2701] (Rdn. 79). Bestehen Zweifel, ob das Geschäft dem Gesetz entspricht, sollen die Bedenken mit den Beteiligten erörtert werden. Außerdem soll der Notar den sichersten und gefahrlosesten Weg bei der Vertragsgestaltung wählen[2702]. Wenn einem Beteiligten wegen mangelnder Rechtskenntnis Gefahr und Schaden droht, obliegen dem Notar darüber hinaus **Warnungs- und Hinweispflichten**[2703]. 1055

Bei Verletzung der Belehrungs- und Beratungspflicht oder einer sonstigen dem Notar obliegenden Amtspflicht macht er sich schadensersatzpflichtig, § 19 BNotO. **Schadensersatzansprüche** gegen den Notar verjähren gemäß §§ 195, 199 BGB. Die Verjährungsfrist beginnt bereits dann zu laufen, wenn der Geschädigte weiß, dass der Schaden von einer anderweitigen Ersatzmöglichkeit (vgl. § 19 Abs. 1 Satz 2 BNotO) mindestens teilweise nicht gedeckt wird und ihm daher die Erhebung einer Feststellungsklage zuzumuten ist[2704].

Der Notar soll auf eine rechtswirksame, vollständige und etwaigen Bedenken Rechnung tragende Beurkundung hinwirken. Er darf nicht sehenden Auges ein **nichtiges Geschäft** beurkunden. Um ein nichtiges Scheingeschäft im Sinne von § 117 BGB handelt es sich, wenn lediglich ein bestimmter Teil der Bauleistung (Ausführung „bis zur Oberkante Kellerdecke") beurkundet wird, während weit darüber hinaus gehende Bauleistungen (der gesamte Rohbau) ausgeführt werden sollen[2705]. 1056

Diesen Anforderungen genügt der Notar nicht, wenn er erkennen muss, dass die von den Beteiligten gewünschte Vertragsgestaltung gegen das Verbot der **Architektenbindung** verstößt oder verstoßen kann und er nicht auf die damit verbundenen Risiken hinweist. In dieser Situation darf er das Rechtsgeschäft erst dann beurkunden, wenn die Vertragsparteien auf der Beurkundung bestehen, obwohl sie der Notar über die mit der Vertragsgestaltung verbundenen Risiken belehrt hat[2706]. Gefahren für die Wirksamkeit des Vertrages bestehen insbesondere dann, wenn sie von höchstrichterlich noch nicht entschiedenen Rechtsfragen abhängt. Die Rechtsprechung sieht eine Betreuungspflicht des Notars sogar dann, wenn er erkennen muss, dass aufgrund des ge-

---

[2699] Vgl. *Palandt/Sprau*, § 15 ProdHaftG Rdn. 7 und § 1 ProdHaftG Rdn. 6 m. w. N. zu der Frage, ob das Endprodukt gegenüber dem eingebauten Teilprodukt eine andere Sache ist, also hierfür nach ProdHaftG gehaftet wird, was nach h. M. nicht der Fall ist.
[2700] BGH v. 17. 1. 2008, NJW 2008, 1321; BGH v. 12. 2. 2004, NJW-RR 2004, 1071; BGH v. 15. 4. 1999, DNotZ 2001, 473; BGH v. 27. 10. 1994, NJW 1995, 330; BGH v. 9. 7. 1992, NJW 1992, 3237; BGH v. 29. 10. 1987, NJW 1988, 1143 (1144); BGH v. 24. 1. 2008, NJW 2008, 1319; OLG Celle v. 14. 7. 2004, NZM 2004, 918 = IBR 2005, 1012.
[2701] BGH v. 4. 3. 2004, NJW 2004, 1865.
[2702] BGH v. 13. 11. 1973, BB 1974, 106; BGH v. 27. 9. 1990, NJW-RR 1991, 143 (144).
[2703] BGH v. 22. 6. 1995, NJW 1995, 2713, m. Anm. *Reithmann*, NJW 1995, 3370.
[2704] BGH v. 26. 11. 1987, NJW 1988, 1146 (m. Anm. *Reithmann*, EWiR 1988, 155) entgegen BGH v. 21. 9. 1976, NJW 1977, 198; zum Schaden und zur Kausalität vgl. BGH v. 29. 10. 1987, NJW 1988, 1143; BGH v. 16. 6. 1988, NJW-RR 1988, 1367.
[2705] BGH v. 20. 6. 2000, NJW-RR 2000, 1658.
[2706] BGH v. 27. 9. 1990, NJW-RR 1991, 143 (144).

B. Der Bauträgererwerb

gebenen Sachverhalts **steuerliche Nachteile** drohen. Wenn etwa infolge des kurzfristigen Weiterverkaufs eines Grundstücks ein Spekulationsgewinn anfällt, soll es dem Notar obliegen, auf die steuerlichen Auswirkungen hinzuweisen[2707]. Im Allgemeinen ist der Notar jedoch nicht zur Belehrung über steuerliche und wirtschaftliche Fragen verpflichtet (Rdn. 1388).

1057 Auf dem Hintergrund dieser Rechtsprechung wird der Notar, der einen Bauträgervertrag mit einer **Sicherheitsleistung nach § 7 MaBV** beurkundet, darüber belehren müssen, dass, sollte der Erwerber den Kauf zwischenfinanzieren wollen, die Bürgschaft gem. § 7 MaBV der zwischenfinanzierenden Bank häufig nicht als Sicherheit genügen wird und deshalb eine zusätzliche Bürgschaft gegenüber der Bank des Erwerbers in Betracht gezogen oder wenigstens eine entsprechende Finanzierungszusage der Bank abgewartet werden sollte (vgl. Rdn. 364 f.).

1058 Die beurkundeten Vertragsklauseln müssen einer Inhaltskontrolle nach den Bestimmungen der §§ 305 ff. BGB standhalten. Der Notar hat ggf. darüber zu belehren, dass eine gewünschte Vertragsbestimmung gegen die §§ 305 ff. BGB verstößt und deshalb unwirksam ist, ja auch schon darüber, dass die Wirksamkeit einer Klausel fraglich ist[2708]. So stellt es eine Amtspflichtverletzung dar, wenn der Notar ohne besondere Belehrung die **isolierte Vereinbarung** der Gewährleistung des **§ 13 VOB/B** in einem Bauträgervertrag zulässt[2709] (Rdn. 162 f.). Eine Amtspflichtverletzung liegt auch darin, wenn über die einschneidenden Rechtsfolgen **„formelhafter" Klauseln** nicht hinreichend belehrt wird. Der Haftungsausschluss für ein neu errichtetes Objekt ist auch in einer Individualvereinbarung nur wirksam, wenn dem Erwerber die Rechtsfolgen deutlich „vor Augen" geführt worden sind[2710]; er ist in einem Verbrauchervertrag praktisch nicht zu vereinbaren (vgl. Rdn. 151 f.).

1059 In gleicher Weise ist die Beurkundung von **Fälligkeitsvereinbarungen,** die zu einer Vorleistungspflicht des Erwerbers führen, wegen Verstoßes gegen § 309 Nr. 2 BGB unwirksam[2711]. Dies entspricht nunmehr höchstrichterlicher Rechtsprechung. Aber auch schon vor dem Urteil des BGH vom 11. 10. 1984[2712] hätten die ansonsten in der Literatur empfohlenen Fälligkeits- und Hinterlegungsklauseln zu einer entsprechenden Belehrung führen müssen[2713]. In diesen Fällen geht es stets zugleich um die Frage, inwieweit vom Notar eine Rechtsprechungsprognose erwartet werden darf. Bei Zweifeln wird er hierüber belehren und den sichersten Weg wählen müssen, weshalb bei der Beurteilung einzelner Klauseln ein eher strenger Maßstab anzulegen ist.

1060 Vor allem besteht die Verpflichtung, keine der **MaBV** widersprechenden Klauseln zu verwenden. Das gilt etwa für die Gestaltung der Zahlungspläne, was bei zu sanierenden Altbauobjekten durchaus Schwierigkeiten bereiten kann (vgl. oben Rdn. 338 f.), wie auch für die übrigen Fälligkeitsvoraussetzungen nach § 3 MaBV.

[2707] BGH v. 10. 11. 1988, NJW 1989, 586 m. abl. Anm. *Brambring,* DNotZ 1989, 355; a. A. LG Aachen v. 27. 7. 1988, DNotZ 1989, 457.

[2708] *Reithmann/Meichssner/v. Heymann,* G Rdn. 69 ff.

[2709] BGH v. 10. 10. 1985, NJW 1986, 315 zur Unwirksamkeit der isolierten Vereinbarung von § 13 VOB/B.

[2710] BGH v. 5. 4. 1984, NJW 1984, 2094; BGH v. 20. 2. 1986, NJW 1986, 1026; BGH v. 21. 5. 1987, NJW-RR 1987, 1035; BGH v. 17. 9. 1987, NJW 1988, 135; BGH v. 21. 4. 1988, NJW 1988, 1972, m. Anm. *Kanzleiter,* DNotZ 1989, 301; BGH v. 29. 6. 1989, NJW 1989, 2748; BGH v. 8. 3. 2007, NZBau 2007, 371 = BauR 2007, 1036, Rdn. 30; OLG Hamm v. 20. 12. 2007, IBR 2009, 275.

[2711] BGH v. 11. 10. 1984, NJW 1985, 852; vgl. im übrigen BGH v. 24. 1. 2008, NJW 2008, 1319; BGH v. 17. 1. 2008, NJW 2008, 1321; BGH v. 12. 2. 2004, NJW-RR 2004, 1071; BGH v. 15. 4. 1999, DNotZ 2001, 473; BGH v. 27. 10. 1994, NJW 1995, 330; OLG Celle v. 14. 7. 2004, NZM 2004, 918 = IBR 2005, 1012.

[2712] BGH v. 11. 10. 1984, NJW 1985, 852.

[2713] OLG Köln v. 1. 6. 1989, BB 1991, 1211.

Liegt bei Beurkundung eine den Bestimmungen des § 3 Abs. 1 MaBV nicht genügende **Freistellungserklärung** der Grundpfandgläubigerin vor, so darf der Notar nicht auf sie Bezug nehmen. Es bleibt nur der Weg, in der Urkunde darauf hinzuweisen, dass der Bauträger zur Aushändigung der Freistellungserklärung, die der MaBV und dem Vertrag entsprechen muss, verpflichtet bleibt (§ 3 Abs. 1 Satz 5 MaBV)[2714].

Den Notar treffen bei der Abwicklung des Bauträgervertrages eine Vielzahl an Betreuungspflichten. Nach § 3 Abs. 1 Satz 1 Nr. 1 MaBV muss er die **Rechtswirksamkeit des Vertrages**, also das Vorliegen sämtlicher für die Wirksamkeit und den Vollzug nötiger Genehmigungen, bestätigen. Neben den Fälligkeitsvoraussetzungen (Auflassungsvormerkung usw.) bleibt eine etwa erst später ausgehändigte Lastenfreistellungserklärung daraufhin zu überprüfen, ob sie der MaBV und dem Vertrag entspricht. **1061**

Soweit bei Grundstücken in den neuen Ländern die Genehmigung nach § 2 Grundstücksverkehrsordnung (GVO) widerrufen werden kann, also gegen sie eingelegte Rechtsbehelfe nach § 2 Abs. 2 Satz 2 GVO aufschiebende Wirkung haben mit der Folge, dass eine Auflassungsvormerkung nicht eingetragen werden kann, stellt sich die Frage, ob der Notar nicht eine Sicherheit durch Bürgschaft nach § 7 MaBV als die bessere Gestaltung vorschlagen muss. **1062**

4. Die finanzierende Bank

a) Pflichtverletzungen

Grundsätzlich haftet die den Erwerber finanzierende Bank für den von ihr finanzierten Erwerb nicht. Eine Haftung für die Verletzung eigener **Sorgfalts- und Aufklärungspflichten** kann gleichwohl in Betracht kommen. Die Bank kann ausnahmsweise für Mängel des Bauträgerobjekts haften. Von einer Pflichtverletzung ist insbesondere dann auszugehen, wenn die Bank von Mängeln am Vertragsgegenstand Kenntnis hat – es mag sich um ein im Vorratsbau errichtetes und mit erheblichen Baumängeln behaftetes Objekt handeln – und diese Umstände dem Erwerber verschweigt. Im Allgemeinen verbleibt es allerdings dabei, dass sich der Erwerber selbst über den Zustand des Kaufgegenstandes zu vergewissern hat, insbesondere ist die Bank nicht zur Durchführung von Untersuchungen bzgl. der Bausubstanz verpflichtet[2715]. **1063**

Für fehlerhafte Prospekt- und Werbeangaben haftet die Bank, wenn ihr die Fehlerhaftigkeit bekannt war und vom Bauträger mit den falschen Angaben die Beeinflussung des Erwerbers bei Abschluss des Vertrages bezweckt wurde. Gedacht sei etwa an falsche Angaben über die erzielbaren Mieteinnahmen oder die Rentabilität eines Objekts[2716]. Eine besondere Pflicht zur Aufklärung trifft die Bank außerdem dann, wenn sie sich aktiv an der Planung, Gestaltung oder Realisierung eines Bauvorhabens beteiligt[2717].

Die Bank ist ferner nicht gehalten, vor Durchführung von Zahlungen an den Bauträger im Interesse des Erwerbers den **Baufortschritt** und die zwecksprechende Mittelverwendung zu kontrollieren[2718].

Sofern der Bauträger dem Vertrieb sog. **Innenprovisionen** bezahlt, ist die Bank darüber grundsätzlich nicht aufklärungspflichtig. Es ist nicht zu beanstanden, dass in

---

[2714] OLG Nürnberg v. 13. 7. 1983, DNotZ 1984, 327 = MittBayNot 1983, 213 m. zust. Anm. *Schelter* m. w. N.
[2715] BGH v. 21. 1. 1988, NJW 1988, 1583 m. Anm. *Hegmanns*, EWiR 1988, 437.
[2716] BGH v. 1. 6. 1989, NJW 1989, 2881; BGH v. 1. 6. 1989, NJW 1989, 2879.
[2717] BGH v. 8. 6. 1978, NJW 1978, 2145.
[2718] OLG Naumburg v. 8. 5. 2008, IBR 2009, 87 (*Vogel*).

B. Der Bauträgererwerb

dem kalkulierten Preis auch Vertriebskosten (Maklerprovisionen) enthalten sind; sie können auch dazu führen, dass das Objekt wegen dieser Provisionen den Verkehrswert übersteigt. Jedoch führt ein Wissensvorsprung der Bank über diesen Sachverhalt nicht zu einer Aufklärungspflicht, denn die Bank ist auch sonst nicht zur Aufklärung über ein Missverhältnis des Kaufpreises zum Wert des Objekts verpflichtet[2719]. Nur dann, wenn die Bank von einer sittenwidrigen Übervorteilung des Darlehensnehmers ausgehen muss, besteht eine Aufklärungspflicht[2720].

b) Einwendungsdurchgriff

1064 Fraglich ist, ob und unter welchen Voraussetzungen sich der Erwerber gegenüber seiner Bank auf Einwendungen aus dem Bauträgervertrag berufen, also die Bedienung des Kredits etwa wegen Mängeln am Objekt verweigern darf. Grundsätzlich kann der Erwerber – wie beim Immobilienerwerb sonst auch – seiner Bank keine Einwendungen aus dem Grundgeschäft entgegenhalten. Erwerbs- und Finanzierungsvertrag sind trotz ihres engen wirtschaftlichen Zusammenhangs zwei rechtlich selbständige und isoliert zu betrachtende Verträge (Trennungsprinzip)[2721].

Unter den Voraussetzungen der §§ 358, 359 BGB kann auch der Erwerber einer Immobilie die ihm gegen den Veräußerer zustehenden Einwendungen dem Kreditgeber entgegenhalten. Bei dem Immobilienerwerbsvertrag und dem Darlehensvertrag muss es sich um ein **verbundenes Geschäft** handeln. Durch die Ergänzung des § 358 Abs. 3 BGB, die erst auf Verträge ab dem 1. 8. 2002 anzuwenden ist[2722], enthält das Gesetz für den Verbrauchervertrag nun Tatbestände, bei deren Vorliegen von einer wirtschaftlichen Einheit zwischen Darlehens- und Erwerbsvertrag auszugehen ist. Nach den in § 358 Abs. 3 Satz 3 BGB generalklauselartig beschriebenen Voraussetzungen[2723], die die Vorschriften des Abs. 3 Satz 1 und 2 als Sonderregelung verdrängen, liegt ein verbundenes Grundstücksgeschäft vor, wenn

– der Darlehensgeber das Grundstück selbst verschafft; das ist auch dann der Fall, wenn das Objekt von einer Tochtergesellschaft der finanzierenden Bank erworben wird[2724],
– der Darlehensgeber über die Zurverfügungstellung des Darlehens hinaus den Erwerb des Objekts durch Zusammenwirken mit dem Bauträger fördert, indem er sich dessen Veräußerungsinteressen ganz oder teilweise zu eigen macht, bei der Planung, Werbung oder Durchführung des Projekts Funktionen der Veräußerers übernimmt; davon ist auszugehen, wenn die Bank Aufgaben des Vertriebs oder des Bauträgers selbst übernimmt[2725]; eine einfache Empfehlung[2726] oder der bloße Hinweis auf das Bauträgerangebot in einem Schaukasten dürfte jedoch nicht genügen[2727]; oder
– der Darlehensgeber den Veräußerer einseitig begünstigt; das ist der Fall, wenn die Bank ihr bekannte Mängel des Objekts verschweigt[2728].

[2719] BGH v. 12. 11. 2002, NJW 2003, 424.
[2720] BGH v. 12. 11. 2002, NJW 2003, 424.
[2721] BGH v. 18. 9. 1970, WM 1970, 1362; BGH v. 19. 5. 2000, WM 2000, 1287; BGH v. 9. 4. 2002, NJW 2002, 1881; BGH v. 10. 9. 2002, NJW 2003, 199; BGH v. 16. 9. 2003, NJW 2004, 153.
[2722] OLGVertrÄndG v. 23. 7. 2002, BGBl. I S. 2850.
[2723] *Palandt/Grüneberg*, § 358 Rdn. 15; MünchKomm/*Habersack*, § 358 BGB, Rdn. 50, 54.
[2724] *Palandt/Grüneberg*, § 358 Rdn. 16.
[2725] OLG Frankfurt v. 23. 8. 2001, ZfIR 2001, 982 = BauR 2002, 678 (LS); BGH v. 23. 9. 2003 NJW 2003, 3703 zur Vermittlung der Finanzierung durch den Vertrieb des Initiators; *Riemenschneider* in Grziwotz/Koeble, 3. Teil, Rdn. 51 f.
[2726] OLG München v. 19. 12. 2002, IBR 2003, 250.
[2727] *Palandt/Grüneberg*, § 358 Rdn. 17.
[2728] *Palandt/Grüneberg*, § 358 Rdn. 18.

XVI. Rechtsbeziehungen des Erwerbers zu Dritten

Allein die Tatsache, dass die Grundstücksfinanzierung zweckgebunden für den Erwerb **1065** eines ganz bestimmten Objekts und unter der Voraussetzung einer entsprechenden Sicherung an diesem Grundstück vergeben wird, führt zu keinem verbundenen Geschäft[2729]. Das folgt bereits aus der Einschränkung in § 358 Abs. 3 Satz 3 BGB, wonach von einer wirtschaftlichen Einheit nur unter den dort genannten Voraussetzungen auszugehen ist.

Sofern es sich bei beiden Geschäften um „verbundene Verträge" i. S. d. § 358 Abs. 3 Satz 3 BGB handelt, steht dem Erwerber gemäß § 359 BGB dem Darlehensgeber gegenüber ein Leistungsverweigerungsrecht in dem Umfang zu, wie er seine Leistung auch gegenüber dem Bauträger verweigern kann. Das Leistungsverweigerungsrecht steht ihm jedoch erst zu, wenn – sofern einschlägig – eine Nacherfüllung fehlgeschlagen ist (§ 359 Satz 3 BGB).

c) Widerrufsrecht nach § 495 BGB

Die früheren gesetzlichen Bestimmungen (§ 491 Abs. 1 Nr. 1 BGB a. F.), nach de- **1066** nen Verbraucherrealkredite grundsätzlich nicht widerrufen werden konnten, sind durch das OLGVertrÄndG v. 23. 7. 2002[2730] geändert worden. Für Immobiliendarlehensverträge, die in einer Haustürsituation zustande kamen, bestand schon nach früherem Recht ein Widerrufsrecht. Sofern § 312a BGB a. F. dem entgegenzustehen schien, stellte dies einen Verstoß gegen die EG-Verbraucherrichtlinie (RL 86/577/EWG) dar[2731] und war durch eine richtlinienkonforme Auslegung auszugleichen[2732]. Durch die gesetzgeberische Korrektur (Aufhebung von § 491 Abs. 3 Nr. 1 BGB a. F. durch das OLGVertrÄndG) besteht nunmehr – sofern es sich um Verbraucherverträge handelt – für sämtliche Immobiliendarlehensverträge ein gesetzliches Widerrufsrecht.

Der Erwerber kann den Darlehensvertrag gemäß §§ 495, 355 BGB widerrufen. Die **1067** **Widerrufsfrist** beträgt zwei Wochen. Über das Widerrufsrecht und die Widerrufsfrist ist der Erwerber gemäß § 355 BGB i. V. m. § 14 BGB-InfoV zu informieren. Das Widerrufsrecht erlischt nicht, wenn der Erwerber nicht oder nicht ordnungsgemäß belehrt wurde[2733].

Die Ausübung des Widerrufsrechts führt zur **Rückabwicklung** nach den Vor- **1068** schriften über den Rücktritt (§ 357 BGB). Der Darlehensgeber hat dem Erwerber Zins- und Tilgungsleistungen zu erstatten, während der Erwerber seinerseits den Nettokreditbetrag sowie dessen Verzinsung schuldet[2734]. Die Rückzahlungspflicht des Darlehensnehmers besteht auch dann, wenn das Darlehen von der Bank nicht an ihn, sondern auf seine Veranlassung an einen Dritten (den Bauträger bzw. den Verkäufer) ausbezahlt wurde[2735]. Die in diesem Sinne ergangene Rechtsprechung des BGH wurde auf entsprechende Vorlagen des LG Bochum[2736] und des OLG Bremen[2737] durch den EuGH in seinen Entscheidungen zu den sog. Schrottimmobilen bestätigt[2738].

[2729] Vgl. BGH v. 12. 7. 1979, NJW 1980, 41 (42); *Riemenschneider* in Grziwotz/Koeble, 3. Teil, Rdn. 47.
[2730] BGBl. I S. 2850; vgl. zur neuen Rechtslage *Volmer*, MittBayNot 2002, 336 f.; *Schmucker*, DNotZ 2002, 900.
[2731] EuGH v. 13. 12. 2001, NJW 2002, 281.
[2732] BGH v. 9. 4. 2002, NJW 2002, 1881.
[2733] BGH v. 12. 11. 2002, NJW 2003, 424; BGH v. 10. 9. 2002, NJW 2003, 199; Palandt/Grüneberg, § 355 Rdn. 19, 20.
[2734] BGH v. 12. 11. 2002, NJW 2003, 422; OLG Karlsruhe v. 29. 10. 2002, NJW-RR 2003, 185.
[2735] BGH v. 12. 11. 2002, NJW 2003, 422; BGH v. 16. 5. 2006, NJW 2006, 2099.
[2736] LG Bochum v. 29. 7. 2003, WM 2003, 1609 = NJW 2003, 2612.
[2737] OLG Bremen v. 27. 5. 2004, NJW 2004, 2238.
[2738] EuGH v. 25. 10. 2005, NJW 2005, 3551, Tz. 885; auch EuGH v. 25. 10. 2005, NJW 2005, 3555; dazu *Staudinger*, NJW 2005, 3521.

B. Der Bauträgererwerb

Demgemäß kann sich der Darlehensnehmer auch nicht auf Entreicherung berufen und wegen der Rückzahlungspflicht auf den Bauträger verweisen[2739].

Wegen des Trennungsprinzips berührt der Widerruf des Realkreditvertrages die Wirksamkeit des Grundstücksgeschäfts grundsätzlich nicht[2740], was durch den Gesetzgeber mit der Einfügung in § 358 Abs. 3 Satz 3 BGB bestätigt wurde[2741]. Besteht aber – ausnahmsweise – ein verbundenes Geschäfts, weil eine wirtschaftliche Einheit i. S. d. § 358 Abs. 3 Satz 3 BGB vorliegt, erfasst der Widerruf des Realkreditvertrages auch den Bauträgervertrag, § 358 Abs. 1 BGB.

1069 Sofern ein verbundenes Geschäft i. S. d. § 358 Abs. 3 Satz 3 BGB besteht – was in der Praxis die Ausnahme sein wird –, stellt sich die Frage, ob und wie der Notar diesen Umstand bei der Bestätigung der Wirksamkeit des Bauträgervertrages nach § 3 MaBV – als Fälligkeitsvoraussetzung – berücksichtigen muss (vgl. oben Rdn. 218). Das Widerrufsrecht führt nicht dazu, dass der Vertrag bis zum Ablauf der Widerrufsfrist schwebend unwirksam ist; das Widerrufsrecht ist ein Gestaltungsrecht, durch dessen Ausübung der zunächst wirksame Vertrag in ein Abwicklungsverhältnis gewandelt wird[2742]. Da der Bauträger auch bei bestehendem Rücktrittsrecht wirksam ist, hängt die **Mitteilung über die Wirksamkeit** des Bauträgervertrages durch den Notar nicht vom Ablauf der Widerrufsfrist oder vom Erlöschen des Widerrufsrechts ab[2743]. Sofern der Widerruf erklärt wurde, kann der Notar, sofern er Kenntnis von der Verbundenheit und dem Widerruf erhält, die Wirksamkeit des Vertrages nicht mehr bestätigen[2744]. Der Notar wird gehalten sein, auf diese Rechtsfolgen hinzuweisen[2745].

5. Gemeinde und Baubehörde

1070 Die **Erschließungskosten** stellen eine öffentliche Last dar, die auf dem Grundstück ruht. Demzufolge kann die Gemeinde diese Kosten beim Erwerber, sobald er Eigentümer ist, geltend machen, selbst wenn sich der Bauträger der Gemeinde und dem Erwerber gegenüber zur Herstellung der Erschließungsanlage oder zur Übernahme der Erschließungskosten verpflichtet hat (vgl. im übrigen Rdn. 466 f.).

1071 Die Baubehörde kann den Erwerber wegen **bauordnungs- und baugenehmigungswidriger Zustände** in Anspruch nehmen. Eine Errichtung des Gebäudes ohne Baugenehmigung wird – auch wegen § 3 Abs. 1 MaBV – in der Praxis kaum vorkommen. Abweichungen von der Baugenehmigung – sei dies in Bezug auf die Bauausführung oder die Nutzung – sind dagegen keine Seltenheit. Unbeschadet der Haftung des Bauträgers gegenüber dem Erwerber[2746] (vgl. Rdn. 669) kann die Baubehörde den Erwerber als **Zustandsstörer** in Anspruch nehmen[2747].

1072 bis 1099 bleiben unbesetzt

[2739] BGH v. 16. 9. 2003, NJW 2004, 153; OLG Karlsruhe v. 29. 10. 2002, NJW-RR 2003, 185.
[2740] BGH v. 9. 4. 2002, NJW 2002, 1881; BGH v. 10. 9. 2002, NJW 2003, 199.
[2741] BGH v. 10. 9. 2002, NJW 2003, 199.
[2742] *Palandt/Grüneberg*, § 355 Rdn. 3; *Volmer*, MittBayNot 2002, 336 (341).
[2743] *Basty*, Rdn. 266; *Blank*, Rdn. 148; *von Heymann/Wagner/Rösler*, Rdn. 58; *Volmer*, MittBayNot 2002, 336 (341).
[2744] *Basty*, Rdn. 266.
[2745] *Riemenschneider* in Grziwotz/Koeble, 3. Teil, Rdn. 432.
[2746] BGH v. 26. 4. 1991, NJW 1991, 2138, m. Anm. *Westermann* EWiR 1991, 965.
[2747] Zur Haftung des Erwerbers und der Wohnungseigentümergemeinschaft als Zustandsstörer vgl. *Decker* in Simon/Busse, Art. 76 BayBO Rdn. 166 f.

C. Baumodelle

I. Entstehung und Entwicklung des Bauherrenmodells

Trotz der nur noch geringen steuerrechtlichen Möglichkeiten werden nach wie vor Baumodelle in der einen oder anderen Form angeboten. Außerdem sind geschlossene Fonds weiterhin stark am Markt vertreten. Wegen der Ähnlichkeit in Bezug auf Treuhänderstellung, Vertragsgestaltung und Haftung gelten die rechtlichen Grundlagen für sie gleichermaßen (Rdn. 1136). **1100**

Das Bauherrenmodell ist mit seinen vielfältigen Vertragsbeziehungen für Leistungsstörungen und bedenkliche Vertragsgestaltungen anfällig. Die hohe Zahl obergerichtlicher Entscheidungen zeugt davon. Es sei die Rechtsprechung zur Unwirksamkeit des Treuhandvertrages wegen Verstößen gegen das RBerG[1], zur Haftung des Treuhänders[2], zur Prospekthaftung[3], zur Verflechtung zwischen den Vertragspartnern bei Vermittlungsleistungen[4], aber auch zu sonstigen Problemen bei der Abwicklung[5] erwähnt. Die Diskussion über die Bauherrenmodelle wird heute von den aufgetretenen Abwicklungsschwierigkeiten bestimmt, gleich ob diese ihre Ursachen im steuerlichen oder privatrechtlichen Bereich haben. Die Veröffentlichungen der letzten Jahre spiegeln diese Entwicklung wider[6].

Die aus dem Bauherrenmodell abgeleiteten Varianten – insbesondere das **Bauträgermodell**[7] und das **Generalübernehmermodell**[8] – sind zwar in Bezug auf den Verbreitungsgrad von geringerer Bedeutung, markieren aber Entwicklungstendenzen im Bereich der „Baumodelle"[9]. Die Entwicklung wird von zwei Strömungen beeinflusst: Einerseits vom klassischen Erwerb vom Bauträger, und zwar entweder in der Form des direkten „Kaufs" vom Bauträger oder in Gestalt des Bauträgermodells (Rdn. 1455). Daneben behauptet sich das „Generalübernehmermodell"[10]. Mit der Aufspaltung des Erwerbs in den Grundstückskauf einerseits und den Bauvertrag (Generalübernehmervertrag) andererseits wird sowohl die Umgehung der MaBV wie auch die wirksame Vereinbarung der VOB/B bezweckt (Rdn. 1497). **1101**

1. Das Bauherrenmodell – ein Kind des Steuerrechts

Der Aufstieg der Bauherrenmodelle war vom **Steuerrecht** bestimmt[11]. Das Bauherrenmodell hatte auf dem Immobilien- bzw. Anlagemarkt deshalb eine so große **1102**

---

[1] BGH v. 28. 9. 2000, NJW 2001, 70 = BauR 2001, 397.
[2] BGH v. 2. 3. 1994, NJW 1994, 1864; BGH v. 8. 6. 1994, NJW 1994, 2228; OLG Köln v. 9. 8. 1995, NJW-RR 1996, 469.
[3] BGH v. 31. 5. 1990, NJW 1990, 2461; BGH v. 1. 6. 1994, NJW 1994, 2226.
[4] BGH v. 20. 3. 1985, NJW 1985, 2477; BGH v. 24. 1. 1991, NJW 1991, 1225.
[5] Vgl. BGH v. 18. 3. 1996, NJW-RR 1996, 869, zu den gesellschaftsrechtlichen Pflichten der Bauherren untereinander; OLG Hamburg v. 24. 11. 1995, NJW-RR 1996, 1436, zur Auslegung von Gesellschaftsverträgen; BayObLG v. 17. 7. 1997, WE 1998, 149, zur Entstehung der Wohnungseigentümergemeinschaft.
[6] Vgl. auch die Entwicklung im neueren Schrifttum, etwa *Koeble,* Kap. 15 ff.
[7] *Brych,* BB 1983, 737 ff.
[8] *Reithmann,* WM 1987, 61.
[9] Zur Bildung des Begriffs „Baumodell" für den Immobilienerwerb durch Abschluss verschiedener, ineinander verzahnter Verträge vgl. *Reithmann,* WM 1987, 61; *Koeble,* FS Korbion, S. 215.
[10] Vgl. *Reithmann,* WM 1987, 61.
[11] *Brych,* ZfBR 1979, 181, 184 Fußn. 38; *ders.,* in: FS Korbion 1986, S. 1.

Verbreitung gefunden, weil das Steuerrecht die Stellung des Bauherrn weit stärker begünstigte als die des Käufers einer fertigen Immobilie. Es lag deshalb nahe, den Erwerber durch komplizierte und risikoträchtige Vertragsgestaltungen zum Bauherrn zu machen. Die **Steuervorteile** waren bis zum Beginn der achtziger Jahre erheblich; auch heute wird der Bauherr bei denkmalgeschützten Bauvorhaben oder bei Projekten in Sanierungsgebieten gegenüber dem Käufer steuerrechtlich bevorzugt (vgl. Rdn. 1106).

1103   Für die Steuervorteile musste sich der Erwerber jedoch in die Rolle des Bauherrn begeben und damit das **Bauherrenrisiko** übernehmen. Der Erwerber war nicht nur pro forma, also gewissermaßen für den Fiskus, sondern auch wirtschaftlich und rechtlich für sämtliche am Bauvorhaben Beteiligten der unmittelbar haftende Bauherr. Die Rechtsprechung hat daran – trotz wiederholt geäußerter Bedenken[12] – keinen Zweifel gelassen. Der BGH ist davon ausgegangen, dass Sinn und Zweck der Durchführung eines Bauherrenmodells der sei, steuerliche Vorteile zu erlangen. Voraussetzung für solche steuerlichen Vorteile sei aber, dass der Steuerpflichtige als „Bauherr" anerkannt wird. Dies könne er auf legalem Wege aber nur dann erreichen, wenn er das Bauherrenrisiko trägt. Eine bestimmte vertragliche Regelung könne nicht gleichzeitig als steuerrechtlich gewollt und als zivilrechtlich nicht gewollt angesehen werden[13]. Der BGH hat also das, was steuerrechtlich erwünscht und privatrechtlich auch formal so gestaltet war – nämlich die Bauherreneigenschaft des Erwerbers –, gelten lassen.

1104   Für die Praxis ist deshalb festzustellen, dass sich derjenige, der sich an einem Bauherrenmodell beteiligt, auch wie ein Bauherr behandeln lassen muss. Der Bauherr haftet deshalb im Verhältnis zu den Handwerkern trotz Baukosten- oder Gesamtaufwandsgarantie für offene Bauhandwerkerrechnungen und muss im ungünstigsten Fall auch erhebliche Bauzeitüberschreitungen (und damit gestiegene Zwischenfinanzierungskosten) hinnehmen. Der Wert von Baukosten- oder Gesamtaufwandsgarantien bestimmt sich durch die Solvenz des Garanten (vgl. Rdn. 1419).

1105   Das wegen der sofortigen Steuervorteile besonders bedeutsame Werbungskostenpaket (Gebühren für Geschäftsbesorgungen wie Baubetreuung, Finanzierungsvermittlung, Garantien usw.) enthielt zum überwiegenden Teil Leistungen, die beim konventionellen Bauträgererwerb ebenfalls erbracht werden und im Gesamtpreis enthalten sind, hier aber herausgeschält werden mit der Folge, dass die Einführung der gesondert ausgewiesenen und sofort steuerwirksamen Werbungskosten zu einer Verminderung des abschreibungsfähigen Herstellungsaufwandes und damit nur zu einer **Vorverlagerung von Steuervorteilen** führte.

1106   Die mit dem Bauherrenmodell verbundenen steuerlichen Abschreibungsmöglichkeiten wurden durch die Rechtsprechung und den Gesetzgeber der Finanzgerichte so weit eingeebnet, dass der Erwerb im Wege des Bauherrenmodells unattraktiv wurde. Den Ausschlag für diese Entwicklung gaben die **Änderungen des Steuerrechts:**

1107   – Der Umfang der sofort abzugsfähigen **Werbungskosten** wurde vom BFH[14] und insbesondere vom FG Saarland[15] stark begrenzt;

---

[12] *Reithmann/Brych/Manhart*, Rdn. 137 a; *Krämer*, AnwBl. 1980, 332.

[13] BGH v. 18. 11. 1976, NJW 1977, 294 (295); auch BGH v. 17. 1. 1980, BB 1980, 1298 = NJW 1980, 992.

[14] Urteile v. 14. 11. 1989, BB 1990, 186 und v. 22. 4. 1980, DB 1980, 1669 mit Anm. durch – ohne Anspruch auf Vollständigkeit – *Beker*, FR 1980, 556 und FR 1981, 582; *Brych*, DB 1980, 1669; *Fleischmann*, Beilage Nr. 9 zu DB Heft 19/1981; *Görlich*, BB 1981, 1451; *Jehner*, BB 1981, 921; *Ludewig*, DB 1980, 2208; *Martens*, StRK EStG § 9 Sätze 1 und 2 R 512; *Quast/R. M. Wollny*, FR 1981, 264 – als Erwiderung auf den obengenannten Beitrag von Beker und Duplik von *Beker*, FR 1981, 582; *Seckelmann*, DB 1981, 338; *Söffing*, DB 1982, 1189; *Sturm*, WM 1982, 346; *Woeber*, DB 1980, 2164; *Paul Wollny*, BB 1980, 1139 und Beilage 1 zu BB Heft 7/1982.

[15] Urteil v. 22. 4. 1983, BB 1984, 962 mit Anm. *Brych* ebenda.

I. Entstehung und Entwicklung des Bauherrenmodells

– die **Herabsetzung der Steuervorauszahlungen** war mit der Ergänzung des § 37 Abs. 3 EStG nicht mehr für das Jahr der Beauftragung des Treuhänders (Zeichnung) und der darauf unverzüglich veranlassten Bezahlung der Funktionsträgergebühren, sondern erst im Jahre der Fertigstellung des Objekts möglich[16];
– durch das zum 1. 1. 1983 in Kraft getretene bundeseinheitliche **Grunderwerbsteuerrecht** (GrEStG)[17] wurden die Landesrechte mit den für die Bauherrenmodelle angewandten Befreiungstatbeständen (bei 7%igen Steuersätzen) zugunsten eines einheitlichen Steuersatzes von 2% ohne Befreiungsmöglichkeiten abgelöst. Überdies wurde vom BFH[18] entschieden, dass dieser Steuersatz aus dem Gesamtaufwand und nicht nur aus dem Grundstücksanteil zu entrichten ist, da ein einheitlicher Erwerbsvorgang vorliegt;
– die Möglichkeit der **Mehrwertsteuer-Option** lief zum 31. 3. 1985 aus. Schon vorher hatte der BFH die Einschaltung eines gewerblichen Zwischenmieters beim Mietkaufmodell als Gestaltungsmissbrauch gekennzeichnet[19].
– Steuerliche Begünstigungen des Bauherrn bestehen aber nach wie vor bei **denkmalgeschützten Gebäuden** (§ 7i EStG) und bei Maßnahmen in **Sanierungsgebieten** (§ 7h EStG).

1108

1109

1110

1111

2. Bauherrenrisiko

a) Das eigentliche Baurisiko

Die Anerkennung der Bauherrenstellung in der Person des Erwerbers[20] führt zu einer grundlegenden Risikoumverteilung. Sämtliche mit der Bauherreneigenschaft verbundenen Wagnisse verlagern sich vom gewerblichen Anbieter zum Erwerber[21], während der Initiator der Bauträgergewährleistung entgeht und auch nicht dem Anwendungsbereich der MaBV unterliegt[22].

aa) Herstellungsrisiko. Der Teilnehmer an einem Bauherrenmodell trägt das Risiko, dass das Vorhaben überhaupt nicht oder nicht in der geplanten Weise errichtet werden kann. Hierfür kommen tatsächliche oder rechtliche Ursachen in Betracht. Wird etwa die Baugenehmigung versagt, läuft der Bauherr Gefahr, bereits entrichtete Vermittlungsprovisionen und Treuhandhonorare (teilweise) zu verlieren oder – wenn bereits Grundeigentum erworben wurde – Miteigentümer eines wertlosen Grundstücks zu sein[23].

bb) Baukostenrisiko; unmittelbare Haftung. Beim Erwerb vom Bauträger erhält der Erwerber die Eigentumswohnung zum vereinbarten Festpreis. Unvorhergesehene Baupreissteigerungen gehen ausschließlich zu Lasten des Bauträgers. Ganz anders beim Bauherrenmodell: Der Erwerber trägt das Risiko von Baukostensteigerungen in vollem Umfang selbst. Er wird auf Grund der dem Treuhänder erteilten Vollmacht un-

1112

1113

1114

---

[16] BGBl. I 1983, S. 1583.
[17] BGBl. I 1982, S. 1977.
[18] Urteil v. 21. 12. 1981, DB 1982, 1602 mit Anm. *Brych*, DB 1982, 1590; *Eggesiecker/Eisenach/Schürner*, FR 1982, 372 und *Jehner*, BB 1982, 1656; Urteil v. 23. 6. 1982, BB 1982, 1906 mit Anm. *Hein*, BB 1982, 1979 und *Brych*, BB 1983, 122; Urteil v. 27. 10. 1982, BB 1983, 45 mit Anm. *Brych*, BB 1983, 122 und *Dornfeld*, DB 1983, 141; *Hergarten*, DB 1983, 1278; Urteil v. 11. 7. 1985, DB 1985, 2229.
[19] Urteil v. 17. 5. 1984, DB 1984, 1967.
[20] BGH v. 18. 11. 1976, NJW 1977, 294 (295).
[21] Vgl. hierzu insbes. *Rosenberger*, Gefährliches Bauherrenmodell, ZfBR 1981, 253; *Moritz*, Erwerberschutz bei Bauherrenmodellen, JZ 1980, 714; *Schniewind*, Baukostenüberschreitung beim Bauherrenmodell, BB 1983, 2196.
[22] *Reithmann/Brych/Manhart*, Rdn. 122 d.
[23] Zur Verantwortung des Treuhänders in diesem Bereich vgl. *Koeble*, Kap. 25 Rdn. 12.

mittelbar Vertragspartner der bauausführenden Unternehmen[24], gleich ob die Gewerke einzeln an verschiedene Handwerker oder das gesamte Bauvorhaben an einen Generalunternehmer oder Generalübernehmer vergeben werden. Soweit die Baukosten die kalkulierten Ansätze übersteigen, gehen diese Erhöhungen zu Lasten des Bauherrn. Wegen der unmittelbaren Vertragsbeziehungen zu den Bauhandwerkern können diese den einzelnen Bauherrn – entsprechend seiner Beteiligung am Bauvorhaben[25] – persönlich in Anspruch nehmen. Selbst wenn dem Bauherrn eine Baukosten- oder Gesamtaufwandsgarantie gegeben wurde, befreit ihn diese nicht von seiner unmittelbaren Haftung gegenüber dem Bauhandwerker; er hat lediglich gegenüber dem Garanten einen Freistellungs- bzw. Rückgriffsanspruch.

1115 cc) *Bauzeitüberschreitungen.* Aus verschiedensten Gründen kann es zu Bauzeitüberschreitungen kommen: Der Fertigstellungszeitpunkt kann sich infolge einer verspätet erteilten Baugenehmigung, Gründungsschwierigkeiten, fehlerhafter Planung, witterungsbedingter Einflüsse, unzuverlässiger oder vertragsbrüchiger Bauhandwerker usw. erheblich verschieben. Bauzeitüberschreitungen führen regelmäßig zu erhöhten Bau- und Zwischenfinanzierungskosten. Auch das Risiko der Durchsetzbarkeit und der Einbringlichkeit etwaiger Schadensersatz- und Vertragsstrafeforderungen für Terminsüberschreitungen gegenüber vertragsbrüchigen Bauhandwerkern trägt allein der Bauherr.

1116 dd) *Mängelhaftung, Leistungsverweigerungsrechte.* Im Bereich der Sachmängelhaftung steht der Bauherr regelmäßig erheblich schlechter da als der Erwerber vom Bauträger. Die Verjährungsfrist für die Mängelansprüche beträgt beim Bauträgererwerb fünf Jahre nach § 634a BGB[26]. Bei der Vergabe der Bauleistungen im Bauherrenmodell wird mit den Handwerkern regelmäßig die VOB/B vereinbart[27], weshalb hier auch die kürzere Regelfrist des § 13 Abs. 4 VOB/B zur Anwendung kommen kann.

1117 Auch bei der Ausübung von Leistungsverweigerungsrechten hat der Bauherr eine schwächere Position. Während der Erwerber vom Bauträger bei jedwedem Mangel oder einer verspäteten Übergabe seinen an den Bauträger geschuldeten Kaufpreis zurückbehalten kann, stellt sich dies beim Bauherrn ungleich komplizierter dar. Da der Bauherr gleichzeitig Vertragspartner einer Reihe von eingeschalteten Personen (Treuhänder, Baubetreuer usw.) und Firmen (Bauhandwerkern, Lieferanten usw.) wird, kann er Zurückbehaltungsrechte nur jeweils dem schlechtleistenden oder nichterfüllenden Vertragspartner gegenüber geltend machen. Der Bauherr kann die Restwerklohnforderung des Rohbauunternehmers nicht mit der Behauptung mangelhafter Leistungen anderer Vertragspartner (z.B. des Architekten oder eines anderen Handwerkers) einbehalten.

1118 ee) *Finanzierungsrisiko.* Der Bauherr trägt schließlich das Risiko, dass die für die Durchführung des Bauvorhabens erforderlichen Zwischenfinanzierungsmittel überhaupt bzw. zu den kalkulierten Konditionen zur Verfügung stehen.

b) Weitreichende Vollmachten zugunsten der Beauftragten

1119 Die Konzeption des Bauherrenmodells erfordert die Erteilung umfangreicher Vollmachten. Die Vollmachten berechtigen zum Abschluss von Darlehens-, Bau- und Geschäftsbesorgungsverträgen und deren Abwicklung und Erfüllung. Die Gefahr von Vollmachtsüberschreitungen oder von Vollmachtsmissbrauch liegt auf der Hand. Es be-

---

[24] BGH a.a.O.; BGH v. 17.1.1980, NJW 1980, 992 (993).
[25] BGH v. 17.1.1980, NJW 1980, 992 (994).
[26] BGH v. 10.10.1985, NJW 1986, 315 mit Anm. *Brych*, NJW 1986, 302.
[27] *Müller*, Rdn. 244.

I. Entstehung und Entwicklung des Bauherrenmodells

steht das Risiko, dass Mittel des Bauherrn an Bauhandwerker zur Auszahlung gelangen, obwohl der dafür erforderliche Baufortschritt nicht gegeben ist bzw. von den vereinbarten Zahlungsplänen abgewichen wird. Entsprechendes gilt für Zahlungen an andere Beteiligte, die zu Unrecht oder vor Fälligkeit erfolgen.

c) Unübersichtliche Vertragsgestaltung

Um dem Immobilienerwerber die Bauherrenstellung zu verschaffen[28], ist ein Bündel von Verträgen abzuschließen, das ineinander verzahnt und meistens sehr unübersichtlich ist. Die Folge hiervon können Auslegungszweifel und Rechtsunsicherheit sein. Der Bauherr kann seine Rechte und Pflichten kaum ohne fachkundigen Rat ausloten. 1120

Zugunsten des Bauherrn ist allerdings entschieden, dass die notariellen Urkunden samt Anlagenkonvolut als Allgemeine Geschäftsbedingungen zu werten sind, die nicht etwa vom Bauherrn, sondern vielmehr von seinen Vertragspartnern verwendet werden und damit einer Überprüfung nach den §§ 305 ff. BGB unterzogen werden können[29]. 1121

d) Steuerliche Risiken

Für die mit der Teilnahme am Bauherrenmodell verfolgten steuerlichen Ziele übernimmt keiner der Vertragspartner die Gewähr; in den Vertragsunterlagen wird regelmäßig darauf hingewiesen, dass der Eintritt steuerlicher Vorteile nicht versprochen wird. Ob sich der Bauherr allerdings beim Nichteintritt der von ihm erwarteten Steuervorteile gleichwohl beim Initiator, Treuhänder oder Steuerberater trotz entsprechender Haftungsausschlüsse schadlos halten kann, entscheidet sich nach den allgemeinen Grundsätzen über die vertragliche Haftung und die Prospekthaftung[30]. 1122

e) Wirtschaftlichkeit in der Vermietungsphase

Zu den prospektierten und mitbeurkundeten Daten gehört zumeist auch die ab Bezugsfertigkeit auf einen bestimmten Zeitraum (fünf Jahre) garantierte Miete. Mit Blick auf die zu leistenden Zinsen und Tilgung ist dies eine wichtige kalkulatorische Größe. Wegen der hohen Gesamtherstellungskosten[31] müssen auch hohe Mieterträge in Aussicht gestellt werden. Die garantierten Mieteinnahmen können am Markt jedoch häufig nicht realisiert werden. Das Risiko einer Insolvenz des gewerblichen Zwischenmieters und des Mietgaranten trägt der Bauherr. 1123

3. Vom kleinen zum großen Bauherrenmodell

a) Das Kölner Modell

Während beim konventionellen Bauträgererwerb die Vorbereitung und Durchführung des Bauvorhabens allein beim Bauträger liegt, ging es beim Bauherrenmodell darum, den Erwerber in seiner Bauherrenrolle in den Vordergrund zu rücken. Bei den frühen Formen des Bauherrenmodells geschah dies in der Weise, dass der Bauträger nun die Funktion des Initiators, Baubetreuers und Treuhänders übernahm und die 1124

---

[28] Obwohl die zivilrechtliche Ausgestaltung des Vertrages nicht den wirtschaftlichen Interessen des Erwerbers entspricht, so *Moritz*, JZ 1980, 714.
[29] Zur Anwendung des AGBG auf den Treuhandvertrag BGH v. 20. 3. 1985, NJW 1985, 2477.
[30] BGH v. 27. 10. 1983, NJW 1984, 863; BGH v. 6. 11. 1986, NJW-RR 1987, 273.
[31] Vgl. auch BGH v. 4. 3. 1987, BB 1987, 1204, zur Haftung des Steuerberaters bei einer wirtschaftlich verfehlten Empfehlung zur Teilnahme an einem Bauherrenmodell.

C. Baumodelle

Verträge (Grundstückskauf- und Bauverträge) im Namen des Erwerbers abschloss. Der **Begriff „Modell"** steht hier, wie auch bei den anderen, späteren Baumodellen (Ersterwerbermodell, Bauträgermodell usw.) dafür, dass nicht ein einheitlicher Erwerbsvertrag, sondern eine Mehrheit von Verträgen, die ineinander verzahnt und abgestimmt sind, abgeschlossen werden[32]. Die anfängliche Zweiteilung (einerseits Kauf des Grundstücks, andererseits Abschluss der Bauverträge über den Baubetreuer) weitete sich vor allem wegen der steuerlichen Anforderungen zunehmend aus.

1125 Die Rechtsprechung des BFH[33] erforderte alsbald den zusätzlichen Zusammenschluss der Bauherren zu einer **Bauherrengemeinschaft** als BGB-Gesellschaft. Die steuerrechtliche Anerkennung des Bauherrenmodells war von der Bildung einer Bauherrengemeinschaft abhängig gemacht worden, weil die Errichtung der einzelnen Eigentumswohnungen nur im Zusammenwirken aller Bauherren für möglich gehalten wurde. Deshalb mussten sich die Bauherrn im Rahmen eines Gesellschaftsvertrages gegenseitig zur Errichtung des Gesamtgebäudes verpflichten[34].

1126 Der ungehinderte Zugriff des Initiators (Baubetreuers) auf erhebliche Vermögenswerte der Bauherren erforderte die **Einführung eines Treuhänders,** der zunächst nur für die Kontrolle des Geldverkehrs verantwortlich war (sog. Kontotreuhänder)[35].

1127 Das Kölner Modell bestand ursprünglich aus
– den zur **Bauherrengemeinschaft** zusammengeschlossenen Bauherren,
– dem **Baubetreuer,** der die zentrale Funktion (Abschluss der verschiedenen Verträge als Vertreter der Bauherren) innehatte, und
– dem **Kontotreuhänder,** der zur Vermeidung der Sicherungspflichten nach den Bestimmungen der MaBV[36] über die Gelder verfügte.

1128 Die Entwicklung des Bauherrenmodells war von den differierenden Interessen der Erwerber (einerseits Eigennutzer, andererseits Kapitalanleger) sowie der unterschiedlichen Branchenherkunft der Anbieter (einerseits Bauträger, andererseits Kapitalanlagegesellschaften) geprägt. Zum Teil wurden für den Eigennutzer Modelle entwickelt, bei denen es im Wesentlichen nur um die Verminderung oder den Fortfall der Grunderwerbsteuer und den sofortigen steuerlichen Abzug der Zwischenfinanzierungszinsen als Werbungskosten ging. Die überwiegende Nachfrage kam aber von Anlegern, die sich wegen der Steuervorteile an Bauherrenmodellen beteiligten. Dementsprechend wurden die Modelle so konzipiert, dass hohe Verlustzuweisungen noch in der Bauphase möglich wurden. Außerdem konnte – da eine Eigennutzung meist nicht beabsichtigt war – im Wege der Vermietung an einen gewerblichen Zwischenmieter durch die Mehrwertsteuer-Option die Rückerstattung der Umsatzsteuer erreicht werden[37].

b) Die gebräuchlichste Gestaltung: Das große Bauherrenmodell

1129 Bis zuletzt hatte sich kein einheitliches Vertragskonzept für das Bauherrenmodell durchgesetzt. Man kann deshalb auch nicht von *dem* Bauherrenmodell sprechen. Zu vielfältig sind die Varianten, die die Praxis hervorgebracht hat. Jedoch hat sich aus dem kleinen Kölner Modell (Rdn. 1124) eine Grundgestaltung entwickelt, die letztlich den meisten Modellen zugrunde lag: das große (Kölner) Bauherrenmodell. Es unterscheidet sich vom kleinen Modell im Wesentlichen durch die zentrale Stellung des (Basis-)

---

[32] *Koeble,* Kap. 15 Rdn. 37; *Reithmann,* BB 1984, 681; *ders.,* WM 1987, 61.
[33] BFH v. 6. 10. 1978, BStBl. II 1977, 88; *Reithmann/Brych/Manhart,* Rdn. 140 a.
[34] BFH v. 6. 10. 1978, BStBl. II 1977, 88.
[35] *Reithmann/Brych/Manhart,* Rdn. 122 i; *Koeble,* Kap. 15 Rdn. 37.
[36] BGH v. 19. 11. 1987, WM 1988, 54 (55); *Brych,* FS Korbion, S. 3 f.
[37] *Reithmann/Brych/Manhart,* Rdn. 122 g.

I. Entstehung und Entwicklung des Bauherrenmodells

Treuhänders und die – für die Steuervorteile erforderliche – große Anzahl von Geschäftsbesorgungsverträgen[38].

Anders als beim kleinen Modell hat der Treuhänder nicht nur über die Verwendung der Mittel zu wachen; er wird vom Bauherrn vielmehr mit der umfassenden Wahrnehmung seiner Interessen betraut. Wegen dieser zentralen Funktion wird er **„Basistreuhänder"** genannt[39]. Der Treuhänder wird in notarieller Form beauftragt und bevollmächtigt, sämtliche für das Bauvorhaben erforderlichen Verträge abzuschließen und deren Durchführung sicherzustellen. Dazu gehört zunächst die Schließung der Bauherrengemeinschaft, die Beschaffung der Zwischenfinanzierungsmittel, der Abschluss des Grundstückskaufvertrages, sodann der Baubetreuungs- und der Bauverträge sowie einer Vielzahl weiterer Verträge, etwa mit Versicherungen, Garanten usw. (dazu unten Rdn. 1176f.). Während der Durchführung des Bauvorhabens obliegt dem Treuhänder – unter Hinzuziehung weiterer Erfüllungsgehilfen (Steuerberater, Baubetreuer usw.) – der Ausgleich fälliger Bauhandwerkerrechnungen, die Führung der Bauherrenbuchhaltung und -konten und bei Fertigstellung des Objekts schließlich der Abschluss der Mietverträge, die Bestellung eines Wohnungseigentumsverwalters und die Abrechnung des Gesamtvorhabens. Dem **Baubetreuer** (häufig zugleich der **Initiator** des Vorhabens und derjenige, der das Grundstück an der Hand hat) wird demgegenüber nur noch eine untergeordnete Funktion im wirtschaftlich-technischen Bereich übertragen. 1130

In der Form des Kölner Modells wurden auch **Sanierungsmodelle** durchgeführt. Der Bauherr erwirbt zusammen mit anderen Anlegern ein Mietshaus, schließt sich zu einer Bauherren-(Sanierungs-)gemeinschaft zusammen, renoviert und modernisiert die vorhandene Bausubstanz und begründet Wohnungs- bzw. Sondereigentum nach dem Wohnungseigentumsgesetz. Die Abwicklung liegt auch hier in den Händen eines Treuhänders und eines Baubetreuers[40]. Das Sanierungsmodell ist nichts anderes als ein Bauherrenmodell unter Verwendung bereits vorhandener Bausubstanz. In zivilrechtlicher Hinsicht gelten deshalb sämtliche Ausführungen zum Bauherrenmodell entsprechend; im Bereich der Mängelhaftung bestehen allerdings, da nur teilweise eine Neuherstellung vorliegt, Abweichungen gegenüber der Abwicklung von Bauherrenmodellen[41]. 1131

4. Varianten

Bereits Anfang der 80er Jahre entwickelten sich aus missglückten oder nicht vollständig geschlossenen Bauherrenmodellen die **Ersterwerbermodelle.** Dabei handelt es sich um den Kauf einer bereits fertiggestellten Immobilie (Eigentumswohnung), wobei der Erwerbsvorgang „modellartig" ausgestaltet ist. Die Abwicklung ist dem Bauherrenmodell angenähert: Der Erwerber bedient sich eines Treuhänders, mit dessen Hilfe der Kauf, die Finanzierung, die Vermietung usw. abgewickelt werden. Die Vergütung für den Treuhänder und andere Dienstleistungen führt zu sofort abzugsfähigen Werbungskosten. Das Werbungskostenpaket ist allerdings deutlich schmaler als beim Bauherrenmodell, weil z.B. Baubetreuungsleistungen und Zwischenfinanzierungszinsen während der Bauphase nicht anfallen. Die Eigentumswohnung bzw. das 1132

---

[38] Im Einzelnen *Crezelius,* JuS 1981, 494; *v. Heymann,* BB 1980 Beilage 12; *Moritz,* JZ 1980, 714; *Maser,* NJW 1980, 961; *Döring,* DNotZ 1981, 25; *Jehner,* BB 1981, 921; *Quast/Richter/Schmider/Wollny,* Praxis der steuerbegünstigten Kapitalanlagen, 1983.
[39] *Reithmann,* BB 1984, 681; *Brych,* FS Korbion, S. 6f.
[40] Vgl. *Koeble,* Kap. 14 Rdn. 17.
[41] *Gebhard,* MittBayNot 1977, 102ff.

Reihenhaus war schon errichtet und konnte in Augenschein genommen werden; vor allem musste das Bauherrenrisiko nicht getragen werden. Bei neu errichteten Objekten haftet der Veräußerer für etwaige Baumängel wie ein Bauträger.

1133 Mit dem Ersterwerbermodell war die konzeptionelle Grundlage für das **Bauträgermodell** gelegt. Da sich die Bauherrenstellung ab 1983 aus steuerlicher Sicht kaum noch lohnte[42], lag es nahe, zum Bauträgererwerb zurückzukehren. Neben dem klassischen Bauträgerkauf wurde nun auch der Erwerb noch zu errichtender Eigentumswohnungen (worin der Unterschied zum Ersterwerbermodell besteht) vom Bauträger in der Art des Bauherrenmodells gestaltet. Die Besonderheit des Bauträgermodells gegenüber dem konventionellen Bauträgererwerb besteht darin, dass die vom Bauträger an sich geschuldeten Gesamtleistungen insoweit aufgespalten werden, als Dienstleistungen, die steuerlich zu den Werbungskosten gezählt und als solche geltend gemacht werden konnten, besonders ausgewiesen und berechnet werden. Bei diesen besonderen Leistungen, die entweder vom Bauträger oder von einem Dritten erbracht werden, handelt es sich etwa um Finanzierungsvermittlungsgebühren, Finanzierungsbürgschaften, die Vermietung der Wohnung, die Bestellung des Wohnungseigentumsverwalters usw. Daneben kommt auch die Einschaltung eines Treuhänders in Betracht, der entweder nur als Kontotreuhänder zum Zwecke der Überwachung des Zahlungsverkehrs oder sogar als Basistreuhänder mit der Aufgabe, den Bauträgervertrag und die übrigen Verträge abzuschließen, tätig wird (im Einzelnen unten Rdn. 1457).

1134 Der Unterschied zwischen Ersterwerber- und Bauträgermodell besteht im Wesentlichen darin, dass beim Ersterwerbermodell schon fertiggestellte Objekte und beim Bauträgermodell erst noch im Rahmen der Bauträgerschaft zu errichtende Einheiten veräußert werden[43]. Die Bauträgergewährleistung greift sowohl beim Bauträger- wie auch beim Ersterwerbermodell. Beim reinen Erwerbermodell – Kauf eines bereits geraume Zeit genutzten und in Wohnungseigentum umgewandelten Objekts – regelt sich die Mängelhaftung nach den Vorschriften über den Kauf (vgl. Rdn. 1451, 1453).

1135 Hinzuweisen ist außerdem auf das **Generalübernehmermodell.** Ähnlich dem Fertighausvertrag kauft der Erwerber selbst ein Grundstück bzw. einen Grundstücksanteil und schließt sodann mit dem Anbieter einen Generalübernehmervertrag ab; § 34 c GewO und die MaBV finden keine Anwendung. Der Generalübernehmer erbringt sämtliche Leistungen; eines Treuhänders oder Baubetreuers bedarf es nicht[44] (vgl. Rdn. 1460 f.).

1136 Der **Geschlossene Immobilienfonds** ist dem Bauherrenmodell vergleichbar[45]. Ebenso wie beim Bauherrenmodell werden unmittelbare Rechtsbeziehungen zwischen dem Anleger und den Baubeteiligten begründet. Die Bauherrengemeinschaft wird als BGB-Gesellschaft oder als KG konstituiert, wobei die Initiatoren als Mitgesellschafter beteiligt sind. Der geschlossene Fonds unterscheidet sich von den Bauherrenmodellen jedoch darin, dass der einzelne Teilnehmer einen Gesellschaftsanteil, nicht aber unmittelbar Sondereigentum an einer Wohn- bzw. Gewerbeeinheit erhält. Das Eigentum an dem errichteten Objekt steht den Gesellschaftern gesamthänderisch zu. Bei der KG hält der Anleger den Kommanditanteil entweder selbst oder beauftragt damit einen Treuhandkommanditisten. Die Gestaltung und Abwicklung ist der des Bauherrenmodells ähnlich; für den geschlossenen Fonds kann deshalb auf die Ausführungen zum Bauherrenmodell verwiesen werden.

---

[42] *Brych,* BB 1983, 737.
[43] *Koeble,* Kap. 15 Rdn. 10.
[44] *Reithmann,* WM, Kap. 15 Rdn. 84.
[45] *Koeble,* Kap. 35 Rdn. 1 f.

II. Treuhandvertrag

1. Funktion des Treuhänders

Bei der zuletzt üblichen Form des Bauherrenmodells war die Einschaltung eines Treuhänders obligatorisch. Ihm kam die **zentrale Stellung bei der Abwicklung** des gesamten Bauvorhabens zu. Die folgenden Ausführungen gelten aber nicht nur für das Bauherrenmodell, sondern auch für andere Erwerbsformen, bei denen ein Treuhänder eingeschaltet wird. Dies trifft etwa für Sanierungsmodelle, Erwerbermodelle, Bauträgermodelle und geschlossene Immobilienfonds zu. 1137

Wegen der umfassenden Wahrnehmung von Vermögensinteressen des Bauherrn durch den Treuhänder ist der Treuhandvertrag ein **Geschäftsbesorgungsvertrag mit Dienstleistungscharakter** i. S. der §§ 675, 611 BGB[46]. 1138

a) Kontotreuhänder – Basistreuhänder

Die Einschaltung eines Treuhänders war zunächst deshalb erforderlich geworden, um den Mittelfluss von der Bank zum Baubetreuer bzw. zu den Bauhandwerkern koordinieren, vor allem aber kontrollieren zu können. Gleichzeitig wurde mit der Hinzuziehung eines Treuhänders das Bauherrenmodell aus dem Anwendungsbereich der MaBV gebracht[47]. Wenn ein Treuhänder Zahlungen von einem Treuhandkonto namens des Bauherrn an die Vertragspartner vornimmt, sind für den Baubetreuer (meistens zugleich der Initiator) die in den §§ 2, 7 MaBV genannten Voraussetzungen nicht erfüllt; er erlangt keinen unmittelbaren Zugriff bzw. keine Verfügungsgewalt über die Finanzierungsmittel des Bauherrn (vgl. unten Rdn. 1304, 1306). Für diese Zwecke genügt die Beauftragung eines **Kontotreuhänders**[48] (Mittelverwendungstreuhänder). Seine Funktion erschöpft sich darin, über die Mittel der Bauherrn durch Zahlungen an die Vertragspartner, insbesondere an die bauausführenden Unternehmen zu verfügen und dabei die Fälligkeitsvoraussetzungen zu überprüfen. Bei zweifelhafter oder unklarer Rechtslage darf er keine Zahlungen leisten und muss erforderlichenfalls eine Entscheidung seiner Auftraggeber herbeiführen[49]. Bei Abschlagszahlungen an die Bauhandwerker ist auch der jeweilige Baufortschritt zu kontrollieren. Die **Bautenstandsberichte** müssen der vertraglich vereinbarten Form entsprechen. Der vom Unternehmer unterzeichnete Bericht genügt nicht, wenn vorgesehen ist, dass der bauleitende Architekt gegengezeichnet haben muss[50]. 1139

Um die steuerrechtlich erwünschte Bauherreneigenschaft des Bauherrn stärker zu betonen, hat sich der zuletzt nahezu allein gebräuchliche **Basistreuhänder**[51] durchgesetzt. Er nimmt dem Bauherrn jegliche Arbeit ab, vertritt ihn bei sämtlichen im Zusammenhang mit dem Bauvorhaben anfallenden Rechtsgeschäften. Der Erwerber erscheint via Treuhänder unmittelbar als Herr des Geschehens, obwohl er praktisch nicht 1140

---

[46] *Reithmann/Brych/Manhart*, Rdn. 430; *Koeble*, FS Korbion, S. 215 (217); BGH v. 16. 1. 1986, NJW-RR 1986, 1171, wendet § 675 BGB und §§ 641, 646 BGB an. Vgl. auch *Brych*, DB 1979, 1589 (1590) und DB 1980, 531; *Doerry*, ZfBR 1982, 189 (190); *v. Heymann*, BB 1980, Beilage 12, S. 17; *Locher/Koeble*, Rdn. 554.
[47] BGH v. 19. 11. 1987, WM 1988, 54 (55); *Koeble*, Kap. 25 Rdn. 7; *v. Heymann*, Beilage Nr. 12 zu BB, Heft 32/1980, S. 4; *Maser*, NJW 1980, 961, 965; *Tewes*, Bauherrenmodelle, 5/6.1.; vgl. auch *Vollhardt*, BB 1982, 2142.
[48] Die Begriffe „Kontotreuhänder" und „Basistreuhänder" wurden von *Reithmann* geprägt und haben sich weithin durchgesetzt; vgl. *Reithmann*, BB 1984, 681; *Reithmann/Brych/Manhart*, Rdn. 125, 419; auch *Koeble*, Kap. 25 Rdn. 5.
[49] BGH v. 11. 5. 1989, NJW-RR 1989, 1102.
[50] BGH v. 12. 7. 1979, NJW 1980, 41, 43.
[51] *Birkenfeld*, BB 1983, 1086.

in Aktion tritt. Als verlängerter Arm des Bauherrn schließt der Basistreuhänder die Kreditverträge für die Zwischenfinanzierung, den Grundstückskaufvertrag, die Bauverträge, den Gesellschaftsvertrag und alle anderen Geschäftsbesorgungsverträge ab. Ihm obliegt sodann auch die Durchführung und Überwachung dieser Verträge[52].

b) Unabhängigkeit des Treuhänders

1141　Da der Bauherr den Treuhänder umfassend mit der Wahrnehmung seiner Vermögensinteressen beauftragt und der Treuhänder bei der Durchführung seiner Aufgaben nicht den Bestimmungen der MaBV unterliegt, muss er vom Initiatorenkreis, von den anderen Geschäftsbesorgern und von allen am Bau beteiligten Unternehmen tatsächlich und rechtlich unabhängig sein. Nur so ist zu gewährleisten, dass die Vermögenswerte des Auftraggebers nicht gefährdet werden[53]. Ein Treuhänder, der etwa durch gesellschaftsrechtliche Verflechtung im Firmenverbund mit dem Promotor oder anderen beteiligten Unternehmen steht, erfüllt diese Voraussetzungen von vornherein nicht; persönliche und wirtschaftliche Abhängigkeiten sind evident[54].

1142　Auch der **externe Treuhänder** kann vom Initiatorenkreis abhängig werden und damit die Interessen seiner Auftraggeber gefährden. Beim planmäßigen Ablauf eines Bauherrenmodells wird der Treuhänder ja nicht von seinen Treugebern ausgewählt, sondern praktisch vom Initiator installiert. Treuhänder, die vom Initiator für verschiedene Bauvorhaben wiederholt vorgeschlagen werden wollen, müssen schon aus eigenem geschäftlichen Interesse bei der Ausübung ihrer Kontrollaufgaben gegenüber dem Initiatorenkreis Rücksicht nehmen[55]. Vor Anfechtungen dieser Art schützen auch die Standesrichtlinien der häufig als Treuhänder beauftragten Rechtsanwälte, Steuerberater und Wirtschaftsprüfer nicht. Zutreffend weist *Rosenberger* darauf hin, dass sich diese Freiberufler durchaus auch in wirtschaftliche Abhängigkeit begeben und die Standespflichten darüber vernachlässigen können[56]. Von einem tatsächlich unabhängigen Treuhänder wird man nur dann sprechen können, wenn der Treuhänder von den Bauherren selbst ausgewählt und sodann beauftragt wird.

1143　Wenn der Treuhänder neben seiner eigentlichen Funktion auch noch **Aufgaben aus dem Bereich der Baubetreuung** übernimmt, sich als Vermittler von Finanzierungen usw. betätigt, dann liegt überhaupt keine Treuhänderschaft mehr vor. Da sich der Treuhänder in der Ausübung der anderen – treuhänderfremden – Tätigkeiten nicht selbst kontrollieren kann, darf er neben seiner eigentlichen Aufgabe nicht zugleich auch andere Funktionen wahrnehmen[57].

1144　Begibt sich der externe Treuhänder gleichwohl in eine wirtschaftliche Abhängigkeit zum Baubetreuer bzw. zum Initiatorenkreis oder übernimmt er in eigener Person von vornherein auch wirtschaftliche Betreuungsleistungen, wird also die Trennungslinie zwischen Treuhänder- und sonstigen Baubetreuungs- und Bauausführungsleistungen verwischt, so erfüllt der Treuhänder auch die tatbestandlichen Voraussetzungen des **§ 34 c Abs. 1 Nr. 4 b GewO**[58]. Der Treuhänder muss sich also wie ein Baubetreuer behandeln lassen, wenn er
- entweder neben den eigentlichen Treuhandaufgaben noch wirtschaftliche Betreuungsleistungen übernimmt oder

---

[52] *Locher/König*, Rdn. 29 ff.; *Müller*, Rdn. 110.
[53] *Wolfsteiner*, DNotZ 1979, 579, 586; *Schniewind*, BB 1982, 2015, 2016.
[54] *Fleischmann*, Beilage Nr. 9 zu DB Heft 19/1981, S. 2; OLG München v. 2. 4. 1982, DB 1982, 1003.
[55] *Koeble*, Kap. 25 Rdn. 6.
[56] *Rosenberger*, ZfBR 1981, 253, 254.
[57] *Locher/Koeble*, Rdn. 557.
[58] *Locher/König*, Kap. 10 Rdn. 84 und Kap. 25 Rdn. 5 f.; vgl. auch *Maser*, NJW 1980, 961, 964.

II. Treuhandvertrag

– von den Personen, die Leistungen i. S. des § 34c Abs. 1 Nr. 4b GewO erbringen, in einer Weise abhängig oder mit ihnen verflochten ist, dass aus der Sicht des Bauherrn der Treuhänder den anderen Beteiligten so nahe steht, dass die dem Bauherrn geschuldete Treue gefährdet ist[59].

In diesen Fällen ist die Tätigkeit des Treuhänders – auch wenn es sich um einen Freiberufler i. S. des § 6 GewO handelt – nach § 34c Abs. 1 Nr. 4b GewO erlaubnispflichtig. Die Befreiung nach § 6 GewO von den Bestimmungen der GewO gilt nur insoweit, als typisch freiberufliche Aufgaben wahrgenommen werden. Wird der Freiberufler gewerblich tätig, greifen die Bestimmungen der Gewerbeordnung ein[60]. Vor allem finden aber die **§§ 2, 7 MaBV** Anwendung. Danach sind etwaige Schadensersatzansprüche des Bauherrn in Form einer Bankbürgschaft oder durch Abschluss geeigneter Versicherungen abzudecken. Soweit diese Sicherheiten nicht zu beschaffen sind, ist die zusätzliche Einschaltung eines besonderen Kontotreuhänders möglich[61]. Diese Lösung entspricht dem von der MaBV und von § 34c GewO vorgezeichneten Prinzip, wonach eine Sicherung des Auftraggebers – sei dies durch einen unabhängigen Treuhänder oder durch Beachtung der MaBV – dort zu erfolgen hat, wo ein Zugriff auf Vermögenswerte des Auftraggebers ermöglicht wird[62].

1145

Bis zur Gestellung der Sicherheit nach § 2 MaBV bzw. bis zur Sicherstellung der Zahlungen über einen Kontotreuhänder muss dem Bauherrn ein **Zurückbehaltungsrecht**[63] und auch ein außerordentliches **Kündigungsrecht** eingeräumt werden.

2. Unwirksamkeit bei Verstoß gegen das RDG

Unter der Geltung des früheren RBerG war in ständiger Rechtsprechung für den Treuhandvertrag angenommen worden, dass dieser nach Art. 1 § 1 RBerG nichtig ist, wenn der zur Rechtsberatung nicht zugelassene Treuhänder den Auftraggeber im Rahmen eines Bauherrenmodells beim Abschluss des Funktions-, Bau- und Finanzierungsvertrages, bei der dinglichen Belastung des Eigentums und den Geschäften zur Bildung des Wohnungseigentums berät und vertritt[64]. Nach dem RBerG durfte der gewerbliche Unternehmer für seinen Kunden zwar rechtliche Angelegenheiten erledigen, die mit dem Geschäft des Gewerbebetriebes in unmittelbarem Zusammenhang stehen; dabei durfte es sich aber lediglich um Hilfsgeschäfte handeln. So waren die rechtsberatenden Leistungen des Baubetreuers gegenüber der Bauerrichtung lediglich ein Nebenzweck und deshalb erlaubt. Die auf den Abschluss und die Abwicklung der Verträge gerichtete Tätigkeit des Treuhänders ist jedoch hauptsächlich rechtsbesorgender Art und stellte deshalb eine nicht erlaubte Rechtsberatung dar[65].

1146

---

[59] *Marcks,* § 34c GewO Rdn. 49f., 51; *Goldbeck/Uhde,* Rdn. 328f.
[60] Vgl. *Koeble,* Kap. 10 Rdn. 81; *Pause/Weiss,* Kap. 10 Rdn. 40; *Marcks,* § 34c GewO Rdn. 7; Eine Genehmigung nach §§ 1, 32, 37 KWG ist nicht erforderlich, VG Berlin v. 4. 7. 1985, WM 1986, 879.
[61] *Reithmann/Brych/Manhart,* Rdn. 440, ferner 436f.
[62] *Reithmann/Brych/Manhart,* Rdn. 137f., favorisierte eine Lösung, nach der bei den hier besprochenen Fällen der Baubetreuer § 3 MaBV zu beachten hat.
[63] Vgl. *Merle,* FS Otto Mühl, S. 431 (447f.); *Koeble,* Kap. 12 Rdn. 134, nimmt fehlende Fälligkeit an.
[64] BGH v. 28. 9. 2000, NJW 2001, 70 = BauR 2001, 397; BGH v. 11. 10. 2001, NJW 2002, 66 = NZBau 2002, 92; BGH v. 14. 5. 2002, NJW 2002, 2325 jeweils zu einem Bauträgermodell; BGH v. 18. 9. 2001, NJW 2001, 3774; BGH v. 16. 12. 2002, NJW 2003, 1252, jeweils zu einem Fondsbeitritt; BGH v. 26. 3. 2003, NJW 2003, 1594; BGH v. 9. 11. 2004, NJW 2005, 668; BGH v. 20. 4. 2004, NJW 2004, 2745; BGH v. 14. 6. 2004, NJW 2004, 2736; BGH v. 26. 10. 2004, NJW 2005, 664; BGH v. 11. 1. 2005, NJW 2005, 1190; BGH v. 17. 6. 2005, NJW 2005, 2983; BGH v. 23. 1. 2007 NJW 2007, 1584, Rdn. 11; BGH v. 26. 2. 2008, NJW 2008, 1585, Rdn. 26; BGH v. 29. 7. 2008, NJW 2008, 3357; OLG Brandenburg v. 15. 1. 2002, NZBau 2002, 336 zu einem Generalübernehmermodell.
[65] BGH v. 28. 9. 2000, NJW 2001, 70 = BauR 2001, 397.

C. Baumodelle

Die beschriebene Treuhandtätigkeit ist auch unter der Geltung des Rechtsdienstleistungsgesetzes (RDG) als eine unzulässige Rechtsdienstleistung anzusehen. Das bedeutet, dass Treuhänderaufgaben in dem umfassend beschriebenen Sinn nur von Rechtsanwälten oder Personen mit einer Erlaubnis nach den Bestimmungen des RDG übernommen werden dürfen.

Sofern der Treuhandvertrag infolge eines Verstoßes gegen das RDG nichtig ist, erfasst die Nichtigkeit des Geschäftsbesorgungsvertrages nach der Rechtsprechung des BGH auch die mit ihm erteilte **Vollmacht**[66]. Obwohl es sich bei der Vollmacht um ein einseitiges und abstraktes Rechtsgeschäft handelt, geht die Rechtsprechung davon aus, dass die Nichtigkeit des Geschäftsbesorgungsvertrages auch die Vollmacht umfasst, da dies der Schutzzweck des Gesetzes gebietet, ganz abgesehen davon, dass sich die Nichtigkeit auch aus § 139 BGB ergeben würde[67]. Allerdings sind bei einer Gesellschaftsbeteiligung (Immobilienfonds) die Grundsätze über die fehlerhafte Gesellschaft anzuwenden, so dass sich der Beitretende nur für die Zukunft von den Verpflichtungen aus dem Beitritt befreien kann[68]. Die Berufung auf die Nichtigkeit des (Darlehens-)Vertrages verstößt mit Rücksicht auf den Schutzzweck der gesetzlichen Vorschriften über die Rechtsberatung bzw. die Rechtsdienstleistungen regelmäßig nicht gegen Treu und Glauben[69].

Jedoch kommt eine Haftung des Auftraggebers nach Rechtsscheingrundsätzen gem. §§ 171, 172 BGB in Betracht. Jedenfalls die bis zum Bekanntwerden der Entscheidung des BGH vom 28. 9. 2000[70] vom Treuhänder abgeschlossenen Verträge werden als wirksam angesehen, wenn beim Abschluss der Verträge z.B. mit der zwischenfinanzierenden Bank[71] oder mit dem Bauträger[72] eine Original-Vollmacht oder eine notarielle Ausfertigung der Vollmachtsurkunde[73] vorgelegt wurde. Der an die Vorlage der Urkunde anknüpfende Rechtsschein wird auch nicht durch § 173 BGB ausgeschlossen, wenn dem Vertragspartner der Mangel der Vertretungsmacht nicht hatte bekannt sein müssen[74]. Ebenso wenig wird die Anwendung der §§ 171, 172 BGB dadurch ausgeschlossen, dass es sich um ein verbundenes Geschäft i.S.v. § 358 BGB handelt[75].

Die Nichtigkeit erfasst auch die Prozessvollmacht i.S.v. § 78 ZPO mit der Folge, dass eine Vollstreckungsunterwerfung nach § 794 Abs. 1 Nr. 5 ZPO ebenfalls nichtig ist[76], wobei die Rechtsscheingrundsätze nach §§ 171, 172 BGB auf die Prozessvoll-

---

[66] BGH v. 11. 10. 2001, NJW 2002, 66 = NZBau 2002, 92; BGH v. 16. 12. 2002, NJW 2003, 1252; BGH v. 14. 5. 2002, NJW 2002, 2325; BGH v. 22. 10. 2003, NJW 2004, 59; BGH v. 9. 11. 2004, NJW 2005, 668; BGH v. 20. 4. 2004, NJW 2004, 2745; BGH v. 26. 10. 2004, NJW 2005, 664; BGH v. 11. 1. 2005, NJW 2005, 1190.
[67] BGH v. 11. 10. 2001, NJW 2002, 66 = NZBau 2002, 92.
[68] BGH v. 16. 12. 2002, NJW 2003, 1252.
[69] BGH v. 29. 7. 2008, NJW 2008, 3357, Rdn. 15; BGH v. 14. 6. 2004, NJW 2004, 2736 (2738).
[70] NJW 2001, 70 = BauR 2001, 397.
[71] BGH v. 3. 6. 2003, NJW-RR 2003, 1203; BGH v. 16. 9. 2003, NJW 2003, 153; BGH v. 14. 5. 2002, NJW 2002, 2325; BGH v. 18. 9. 2001, NJW 2001, 3774; nicht aber gegenüber dem Bauträger beim Bauträgermodell, BayObLG v. 17. 7. 2003, NZBau 2003, 670; BGH v. 9. 11. 2004, NJW 2005, 668; BGH v. 20. 4. 2004, NJW 2004, 2745; BGH v. 14. 6. 2004, NJW 2004, 2736; BGH v. 26. 10. 2004, NJW 2005, 664; BGH v. 25. 4. 2006, NJW 2006, 1952, Rdn. 12; BGH v. 25. 4. 2006, NJW 2006, 1957, Rdn. 13; BGH v. 23. 1. 2007, NJW 2007, 1584, Rdn. 11.
[72] BGH v. 26. 2. 2008, NJW 2008, 1585, Rdn. 29; a.A. BayObLG v. 17. 7. 2003, NZBau 2003, 670.
[73] BGH v.20. 4. 2004, NJW 2004, 2745 und OLG Nürnberg v. 10. 3. 2004, NJW 2004, 2838: Selbstauskunft bzw. Bonitätsunterlagen genügen nicht.
[74] BGH v. 23. 1. 2007, NJW 2007, 1584, Rdn. 11; BGH v. 26. 2. 2008, NJW 2008, 1585, Rdn. 29 f.
[75] BGH v. 26. 10. 2004, NJW 2005, 664; BGH v. 25. 4. 2006, NJW 2006, 1952, Rdn. 18, 24 f.; BGH v. 17. 6. 2005, NJW 2005, 2983; anders noch der II. Zivilsenat in BGH v. 14. 6. 2004, NJW 2004, 2736, ohne dass es darauf ankam.
[76] BGH v. 21. 6. 2005, NJW 2005, 2985; BGH v. 22. 10. 2003, NJW 2004, 59; BGH v. 22. 10. 2003, NZBau 2004, 36; BGH v. 26. 3. 2003, NJW 2003, 1594; OLG Brandenburg v. 15. 1. 2002, NZBau 2002, 336 = BauR 2002, 1448 (LS).

II. Treuhandvertrag

macht nicht anzuwenden sind, eine Bindung des Vollmachtgebers aber aus Treu und Glauben folgen kann[77].

Dazu, ob eine unerlaubte Rechtsdienstleistung auch dann vorliegt, wenn der Treuhänder einen nur eingeschränkten Auftrag als **Mittelverwendungstreuhänder** übernimmt und nicht mit der umfassenden Vertragsabwicklung betraut wird (z.B. Beschränkung auf die Mittelverwendungskontrolle), hat sich der BGH in den von ihm entschiedenen Fällen nicht äußern müssen. Einige Entscheidungen des BGH[78], die die Frage der Unwirksamkeit wegen eines Verstoßes gegen die Bestimmungen des RBerG nicht thematisieren, obwohl dies nahe gelegen hätte, lassen vermuten, dass Verträge mit Mittelverwendungstreuhändern nicht als unerlaubte Rechtsdienstleistung gewertet werden könnten.

3. Form des Treuhandvertrages, Treuhandvollmacht

a) Beurkundung des Treuhandvertrages

Da der Treuhänder mit dem Treuhandvertrag beauftragt wird, ein Grundstück oder einen Grundstücksmiteigentumsanteil für den Bauherrn zu erwerben und die Parteien das eine nicht ohne das andere Geschäft durchzuführen beabsichtigen, ist der Treuhandvertrag **gem. § 311 b BGB zu beurkunden**[79] (zur Beurkundung vgl. im einzelnen Rdn. 75f.). Der BGH hat dies mit Urteil vom 24.9.1987 ausdrücklich bestätigt[80] und dabei auch klargestellt, dass die gewollte Verknüpfung von Treuhand- und Grundstückserwerbsvertrag nicht durch ein dem Bauherrn eingeräumtes Widerrufs- und Rücktrittsrecht beseitigt werden kann[81]. **1147**

Die alleinige Beurkundung der dem Treuhänder erteilten **Vollmacht** ist nach ganz herrschender Auffassung in Rechtsprechung[82] und Literatur[83] nicht ausreichend. Zur Frage der Beurkundung der Vollmacht unten Rdn. 1150. **1148**

Der Treuhandvertrag kann materiellrechtlich in Angebot und Annahme aufgespalten und **sukzessive beurkundet** werden (§ 128 BGB). Diese Vorgehensweise verstößt aber gegen § 17 Abs. 2a Satz 1 BeurkG (vgl. im einzelnen Rdn. 79). Wird der Bauherr dabei zur annehmenden Partei, ist seine Belehrung nicht mehr hinreichend gesichert, weshalb, sollte ausnahmsweise sukzessive beurkundet werden (Rdn. 80), das Angebot jedenfalls vom Bauherrn und nicht vom Treuhänder ausgehen muss[84]. Auch wenn der Bauherr das Angebot abgibt, bleibt der das Angebot formulierende Treuhänder oder Initiator Verwender der Vertragsklauseln im Sinne der §§ 305ff. BGB, vgl. unten Rdn. 1188. **1149**

---

[77] BGH v. 22.10.2003, NJW 2004, 59; BGH v. 22.10.2003, NJW 2004, 62; BGH v. 11.1.2005, NJW 2005, 1190; BGH v. 21.6.2005, NJW 2005, 2985.

[78] BGH v. 11.10.2001, NJW 2002, 888 = NZBau 2002, 94 = BauR 2002, 621; BGH v. 24.7.2002, BB 2003, 1923; auch BGH v. 26.9.2000, NJW 2001, 360.

[79] Vgl. *Brych*, FS Korbion, 1986, S. 1f.; *Reithmann/Meichssner/v. Heymann*, D Rdn. 203f.

[80] NJW 1988, 132 = DNotZ 1988, 547 m. Anm. *Lichtenberger*, vgl. auch BGH v. 8.11.1984, WM 1985, 81; BGH v. 10.10.1986, WM 1987, 215; BGH v. 15.10.1987, WM 1987, 1426; BGH v. 7.12.1989, NJW-RR 1990, 340; BGH v. 18.6.1990, WM 1990, 1543; BGH v. 17.5.1994, NJW 1994, 2095; BGH v. 22.10.1996, MittBayNot 1997, 33.

[81] *A. A. Locher/Koeble*, Rdn. 71; *Greuner/Wagner*, NJW 1983, 193 (196).

[82] BGH v. 8.11.1984, NJW 1985, 730; OLG Düsseldorf v. 23.10.1980, DNotZ 1981, 325; BayObLG v. 1.3.1982, DNotZ 1982, 770; OLG Köln v. 17.9.1984, WM 1985, 983. Vgl. auch zur Formbedürftigkeit eines auf Verschaffung eines Grundstücks gerichteten Auftrages BGH v. 17.10.1980, NJW 1981, 1267,

[83] So die ganz h. M. vgl. *Staudinger/Wufka*, § 313, Rdn. 90 und 99; *Wolfsteiner*, DNotZ 1982, 436 (437); *Hagen*, DNotZ 1984, 267 (291); *Reithmann/Meichssner/v. Heymann*, D Rdn. 203; *Lode*, BB 1986, 84.

[84] *Reithmann/Meichssner/v. Heymann*, D Rdn. 208ff.

C. Baumodelle

b) Beurkundung der Treuhandvollmacht?

1150 Die dem Treuhänder zu erteilende Vollmacht ist von dem ihr zugrundeliegenden Rechtsverhältnis, dem Treuhandauftrag, zu unterscheiden; die Vollmacht ist abstrakt[85]. Schon durch den Treuhandauftrag wird der Bauherr zum Grundstückserwerb verpflichtet, weshalb der Treuhandauftrag als Grundgeschäft zu beurkunden ist (§ 311 b BGB)[86]. Aus § 167 Abs. 2 BGB folgt sodann, dass die davon zu unterscheidende Vollmacht an sich keiner Form bedarf[87], soweit nicht ein formgebundener Nachweis etwa nach den §§ 29, 30 GBO (Unterschriftsbeglaubigung) erforderlich ist[88].

1151 Die herrschende Meinung in Rechtsprechung und Literatur hält darüber hinaus – mit zum Teil unterschiedlichen Begründungen – auch die Treuhandvollmacht für beurkundungspflichtig. Vor allem im Schrifttum[89] wurde – wohl von einem fehlenden oder nicht beurkundeten Grundgeschäft ausgehend – in § 167 Abs. 2 BGB eine Schutzlücke gesehen, da der Vollmachtgeber nicht immer hinreichend gewarnt werde. Im Wege einer teleologischen Reduktion des § 167 Abs. 2 BGB wurde die Formbedürftigkeit der Vollmacht angenommen[90]. Dagegen ist einzuwenden, dass bei einer Beurkundung der Vollmacht wegen des abstrakten Inhalts eine nachhaltige Belehrung gar nicht zu erreichen sein wird.

Die Rechtsprechung begründet dasselbe Ergebnis damit, dass Vollmacht und Treuhandauftrag ein **einheitliches Rechtsgeschäft** im Sinne von § 139 BGB bilden, was eine Beurkundung sowohl des einen wie auch des anderen gebiete[91]. Auch wenn das Grundgeschäft (Treuhandvertrag) und das darauf basierende abstrakte Erfüllungsgeschäft (Vollmacht) in der Regel gerade kein einheitliches Rechtsgeschäft im Sinne des § 139 BGB darstellen[92], wird für die Treuhändervollmacht eine Ausnahme gemacht, weil Treuhandvertrag, Grundstückserwerb und Errichtung der Eigentumswohnung nach den Vorstellungen der Beteiligten untrennbar voneinander abhängig sein sollen[93].

1152 Das führt dazu, dass dann, wenn das Grundgeschäft zutreffenderweise beurkundet wurde, die in gesonderter Urkunde erteilte Vollmacht zusätzlich beurkundet werden muss, also praktisch eine Verdoppelung der Beurkundung statt findet.

1153 Die Vollmacht ist außerdem dann zu beurkunden, wenn sie nicht aufgrund eines Basisvertrages (Treuhandvertrages), sondern selbständig, also abstrakt erteilt wird und wenn sie unwiderruflich ist, also bereits die (indirekte) Verpflichtung zum Grunderwerb enthält. Derartige abstrakte und unwiderrufliche Treuhändervollmachten werden in der Praxis aber kaum je erteilt[94].

---

[85] *Staudinger/Dilcher*, Vorbem. zu § 164 Rdn. 33, während nach *Staudinger/Wufka*, § 313 Rdn. 117, die h. M. die Möglichkeit einer abstrakten Vollmacht ohne ein zugrunde liegendes Rechtsgeschäft bejaht; ähnlich auch *Korte*, DNotZ 1984, 84 ff.

[86] BayObLG v. 14. 3. 1996, DNotZ 1997, 312, m. Anm. *Wufka*.

[87] *Brych*, FS Korbion, S. 7; *Wufka*, DWW 1980, 272, 274; OLG Karlsruhe v. 28. 10. 1985, NJW-RR 1986, 100 mit Anm. *Reithmann*, MittBayNot 1986, 229; *Greuner/Wagner*, NJW 1983, 193, 196.

[88] OLG Karlsruhe, v. 28. 10. 1985, MittBayNot 1986, 244 = NJW-RR 1986, 100 mit Anm. *Reithmann*, MittBayNot 1986, 229; *Wufka*, DWW 1980, 272, 275; OLG Köln v. 9. 1. 1984, DNotZ 1984, 389.

[89] *Reithmann/Brych/Manhart*, Kauf vom Bauträger und Bauherrenmodelle, Rdn. 429; *Lauer*, WM 1983, 1254 (1256).

[90] MünchKomm/*Kanzleiter*, § 313 BGB, Rdn. 42. Vgl. auch BGH v. 21. 5. 1965, DNotZ 1966, 92, wonach die Vollmacht zu beurkunden ist, wenn sie nur das äußere Gewand der Verpflichtung (des Grundgeschäftes) darstellt.

[91] BGH v. 15. 10. 1987, WM 1987, 1426 = NJW 1988, 697 (698); BGH v. 17. 3. 1989, NJW-RR 1989, 1100 (Auflassungsvollmacht); BGH v. 9. 7. 1992, NJW 1992, 3237; BGH v. 17. 5. 1994, NJW 1994, 2095; BGH v. 22. 10. 1996, NJW 1997, 312 = MittBayNot 1997, 33.

[92] Vgl. BGH v. 23. 2. 1979, NJW 1979, 1495 (1496), dazu, dass die Nichtigkeit des Grundgeschäfts (Kauf) nicht automatisch das Erfüllungsgeschäft (Auflassung) ergreift.

[93] BGH v. 22. 10. 1996, NJW 1997, 312 = MittBayNot 1997, 33.

[94] BayObLG v. 14. 3. 1996, DNotZ 1997, 312, m. Anm. *Wufka*, dazu, dass das Widerrufsrecht nur im (zu beurkundenden) Grundgeschäft ausgeschlossen werden kann.

II. Treuhandvertrag

Die alleinige Beurkundung der Vollmacht genügt für eine wirksame Beauftragung und Bevollmächtigung des Treuhänders nicht. **1154**

c) Form der weiteren vom Treuhänder abzuschließenden Verträge

Die Verträge, die der Treuhänder auf Grund des mit ihm abgeschlossenen Treuhandvertrages und der ihm erteilten Vollmacht abschließt, wie etwa den **Baubetreuungsvertrag,** den **Bauvertrag,** Geschäftsbesorgungs- und Maklerverträge mit Miet- und Darlehensvermittlern, den Finanzierungsvertrag[95] usw., bedürfen nicht der Form des § 311b BGB. Sie sind nicht allein deshalb zu beurkunden, weil sie im Rahmen eines Bauherrenmodells abgeschlossen werden[96]. **1155**

Zu beurkunden sind aber die **Grundstückskaufverträge** sowie der **Gesellschaftsvertrag,** soweit dieser dazu verpflichtet, das Grundstück in Wohnungseigentum aufzuteilen (§§ 311b BGB, 4 Abs. 3 WEG)[97]. Enthält der Gesellschaftsvertrag keine dahingehende Verpflichtung, kann auch er formfrei abgeschlossen werden. Ist die Verpflichtung zur Begründung von Wohnungseigentum bzw. Sondereigentum in einer gesonderten Urkunde enthalten, so ist diese zu beurkunden[98]. **1156**

d) Fehlende Beurkundung des Treuhandvertrages

aa) Heilung durch Beurkundung der Vollmacht? Wird das Grundgeschäft – der Treuhandvertrag – nicht beurkundet, so tritt selbst durch die Beurkundung der Vollmacht **keine Heilung** ein[99]. Dies beruht darauf, dass die Verpflichtung zur Erteilung der Vollmacht und die Befugnis, einen Grundstückskaufvertrag mit unmittelbarer Wirkung für den Treugeber abzuschließen, im – nicht beurkundeten – Grundgeschäft und nicht in der – beurkundeten – Vollmacht begründet wird[100]. **1157**

bb) Bedingte Außenwirkung der Vollmacht. Wird der Treuhandvertrag nicht (ordnungsgemäß) beurkundet, so ist die auf seiner Grundlage erteilte Vollmacht ebenfalls nichtig[101]. **1158**

Würde die Nichtigkeit des Grundgeschäfts die Vollmacht nicht erfassen, könnte der Vollmachtgeber die dann nach außen (fort-)wirkende Vollmacht dem Bevollmächtigten und den Dritten gegenüber widerrufen; die Rechtsfolge ergäbe sich dann aus § 173 BGB. Eine bedingte Weiterwirkung der Vollmacht bis zu ihrem Widerruf besteht jedoch nicht. **1159**

Es kommt aber eine Rechtsscheinhaftung des Vollmachtgebers nach den Vorschriften der §§ 171 bis 173 BGB in Betracht: Die – notabene: beurkundete – Vollmacht ist dem Vertragspartner gegenüber wirksam, wenn dieser die Unwirksamkeit des Grundgeschäftes weder kannte noch kennen musste[102]. Dieses eventuelle „Kennen müssen" **1160**

---

[95] BGH v. 8. 11. 1984, NJW 1985, 730; OLG Hamm v. 3. 12. 1984, BB 1985, 1420, so auch *Mink,* BB 1985, 1421.
[96] *Greuner/Wagner,* NJW 1983, 193 (194); a. A. *Maser,* NJW 1980, 961 (963); *Klaas,* BauR 1981, 35 (39); *Mümmler,* JurBüro 1982, 1459.
[97] BayObLG v. 1. 3. 1982, DNotZ 1982, 770.
[98] *Greuner/Wagner,* NJW 1983, 193 (195).
[99] BGH v. 15. 10. 1987, NJW 1988, 697; BGH v. 8. 11. 1984, NJW 1985, 730; OLG Düsseldorf v. 14. 7. 1983, WM 1984, 132. Anders wohl BGH v. 21. 5. 1965, DNotZ 1966, 92, der zumindest die Beurkundung der Vollmacht verlangte, wenn sie nur das äußere Gewand der Verpflichtung darstellt.
[100] BGH v. 8. 11. 1984, NJW 1985, 730.
[101] BGH v. 17. 5. 1994, NJW 1994, 2095; BGH v. 22. 10. 1996, NJW 1997, 312 = MittBayNot 1997, 33.
[102] BGH v. 8. 11. 1984, NJW 1985, 730; auch BGH v. 10. 1. 1985, WM 1985, 596 (597); aber BGH v. 22. 10. 1996, NJW 1997, 312 = MittBayNot 1997, 33; vgl. ergänzend OLG Braunschweig v. 31. 7. 1985, WM 1985, 1311 mit Anm. *Geimer,* EWiR 1986, 33; sowie BGH v. 30. 10. 1986, WM 1987, 307 (diese Entscheidung betrifft ein Ersterwerbermodell) und OLG Hamm v. 30. 4. 1986, WM 1987, 343.

des Fehlens der Vollmacht, das sich in § 173 BGB über den Wortlaut hinaus nicht nur auf das Erlöschen der Vertretungsmacht, sondern auch auf den Fall der nicht wirksamen Erteilung der Vollmacht erstreckt, führt in der erwähnten Entscheidung des III. Senats des BGH vom 8. 11. 1984[103] zu einer Reihe von beachtenswerten Feststellungen:

1161 Die **Sorgfaltspflicht** bezieht sich grundsätzlich nur auf die Vollmacht selbst und nicht auf das Grundgeschäft[104]. Das müsste an sich bedeuten, dass die Überprüfung der Wirksamkeit der Vollmacht „grundsätzlich" ausreicht. Die Frage bleibt: Wann reicht die Überprüfung der Vollmacht nicht aus? Etwa dann, wenn eine privatschriftliche Vollmacht vorliegt? Als Fazit bleibt somit: Eine Bank (um eine solche handelte es sich im entschiedenen Fall) ist wie jeder andere Vertragspartner gut beraten, wenn sie neben der (beurkundeten) Vollmacht jedenfalls noch die ordnungsgemäße Beurkundung des Grundgeschäfts (Treuhandvertrag, bisweilen auch Baubetreuungsvertrag usw.) überprüft[105].

1162 Wird in der beurkundeten Vollmacht auf das Grundverhältnis Bezug genommen und liegt diese Grundvereinbarung vor, so darf sich der Vertragsgegner – im entschiedenen Fall die Bank – Bedenken, die sich daraus gegen die Wirksamkeit der Vollmacht ergeben, nicht verschließen. Im entschiedenen Fall hat der BGH aber festgestellt, dass die Bank auf die Wirksamkeit der Vollmacht vertrauen durfte (ohne die Beurkundung des vorgelegten Basisvertrages überprüft zu haben), da die Vollmacht beurkundet war und im Jahre 1979 noch keine höchstrichterlichen Entscheidungen zu diesem Fragenkreis vorlagen und auch das juristische Schrifttum diese Materie noch nicht voll erfasst hatte.

1163 Der BGH[106] nimmt in den Fällen des nichtigen Treuhandvertrages zwar die gleichzeitige Nichtigkeit der Vollmacht nach § 139 BGB an, gibt den Vertragsgegnern des Bauherrn – im entschiedenen Fall wiederum einer Bank – aber einen Vertrauensschutz: Der Bauherr kann für die aufgrund nichtiger Vollmacht vom Treuhänder eingegangenen Verbindlichkeiten aufgrund **Duldungsvollmacht** haften. Eine Duldungsvollmacht kommt schon dann in Betracht, wenn die Bank die Auszahlung des Kredits gegenüber dem Bauherrn ankündigt und der Bauherr der Überweisung durch den Treuhänder dann nicht entgegentritt[107].

1164 *cc) Heilung durch Eintragung im Grundbuch?* Ist der Basisvertrag (der Treuhandvertrag) mangels Beurkundung nichtig, so wird der Treugeber auch nicht aufgrund der später durch den Treuhänder erklärten Auflassung und die nachfolgende Eintragung im Grundbuch Eigentümer. Eine Heilung nach § 311b Abs. 1 Satz 2 BGB scheitert daran, dass der Treuhänder auch zur Erklärung der **Auflassung nicht rechtswirksam** bevollmächtigt ist[108]. Allerdings ist eine nichtige Auflassung genehmigungsfähig[109], wobei die Genehmigung[110] „ihrem Wesen nach voraussetzt, dass der Genehmigende sich der schwebenden Unwirksamkeit des ohne Vertretungsmacht abgeschlossenen

---

[103] BGH v. 8. 11. 1984, NJW 1985, 730.
[104] In seiner Entscheidung v. 15. 10. 1987, NJW 1988, 697 = DNotZ 1988, 551 mit abl. Anm. *Bohrer*, hat der BGH überdies festgestellt, dass die Rechtsscheinhaftung des § 173 BGB nicht nur bei Vorlage der Originalvollmacht – wie von § 172 Abs. 1 BGB vorausgesetzt –, sondern auch bei Aushändigung einer beglaubigten Abschrift durchgreift; vgl. aber BGH v. 22. 10. 1996, NJW 1997, 312 = MittBayNot 1997, 33.
[105] *Reithmann*, EWiR 1985, 53 (54).
[106] BGH v. 22. 10. 1996, NJW 1997, 312 = MittBayNot 1997, 33.
[107] BGH v. 22. 10. 1996, NJW 1997, 312 = MittBayNot 1997, 33.
[108] BGH v. 21. 5. 1965, DNotZ 1966, 92 (96).
[109] *Doerry*, WM-Beilage 8/1991, S. 9: in der Regel wird von einer stillschweigend erteilten Genehmigung auszugehen sein.
[110] Vgl. BGH v. 12. 3. 1993, NJW-RR 1993, 1364 zur Formfreiheit der Genehmigung; BGH v. 23. 6. 1988, WM 1988, 1418 m. Anm. *Brambring*, EWiR 1988, 1153.

II. Treuhandvertrag

Geschäfts bewusst ist oder mindestens mit der Möglichkeit, dass es unwirksam sei, rechnet"[111].

e) Abweichungen vom beurkundeten Treuhandvertrag

Nach Beurkundung des Treuhandvertrages zeigt sich während der Durchführung des Vorhabens häufig der Wunsch oder die Notwendigkeit, die ursprüngliche und notariell beurkundete Konzeption zu ändern. Derartige Abweichungen können etwa Veränderungen in der technischen Durchführung des Bauvorhabens, die vom Treuhänder abzuschließenden Bau- und/oder Geschäftsbesorgungsverträge usw. zum Gegenstand haben[112]. Abweichungen gegenüber dem Inhalt des beurkundeten Treuhandvertrages können von Fall zu Fall in der Form des § 311b BGB oder formfrei vereinbart werden. Da der gesamte Treuhandvertrag als einheitliches Rechtsgeschäft anzusehen ist, stellt sich die Frage nach der Beurkundung von nachträglichen Abweichungen nicht nur hinsichtlich des Auftrages zum Erwerb von Grundeigentum, sondern wegen § 139 BGB auch bezüglich der Änderung aller anderen Bedingungen des Treuhandvertrages.

1165

Änderungen der mit dem Treuhandvertrag festgelegten Konditionen sind **nach Auflassung**[113] und **Einigung über die Einräumung des Sondereigentums** (§ 4 Abs. 1 WEG) formfrei möglich, weil die Erwerbs- und Teilungspflichten – derentwegen der gesamte Vertrag ja überhaupt beurkundungspflichtig ist – mit der Auflassung durch Erfüllung erloschen sind[114].

1166

Bei Abweichungen vom Treuhandvertrag, die vor Auflassung und Teilung erfolgen, stellt sich zunächst die Frage, ob der vom Treuhandvertrag vorgegebene Rahmen mit der beabsichtigten Änderung überhaupt gesprengt wird. Die Öffnung des Treuhandvertrages für spätere konkretisierende Treuhänder- oder Bauherrenentscheidungen führt nicht zur beurkundungspflichtigen Abweichung vom Treuhandvertrag. Entscheidungen etwa zur Vergabe der Bauarbeiten entweder an einen Generalübernehmer, an einen Generalunternehmer oder im Wege der Einzelvergabe, die der Treuhänder aufgrund von Regelungen im Treuhandvertrag oder auf der Grundlage einer entsprechenden Beschlussfassung trifft, stellen keine Abweichung, sondern nur eine Konkretisierung der vorher bereits eingegangenen Verpflichtungen dar.

1167

Beurkundungspflichtig ist aber die **Änderung von** im Treuhandvertrag konkret **festgelegten Vertrags- und Abwicklungsbedingungen**. Will der Treuhänder etwa vom Abschluss des nach dem Treuhandvertrag vorgesehenen Baukostengarantievertrages absehen, weil er vom zuständigen Betriebsfinanzamt auf die mögliche Gefährdung der Bauherreneigenschaft seiner Treugeber hingewiesen worden ist, so erfordert dies die Änderung des Treuhandvertrages in notarieller Form[115]; derartiges kann nicht privatschriftlich vereinbart werden. Im Übrigen lässt sich die Frage, ob eine Änderung der notariellen Beurkundung bedarf, keinesfalls an der wirtschaftlichen Bedeutung festmachen: Soll etwa in Abweichung von der ursprünglichen und beurkundeten Planung ein bestimmter Bauabschnitt unterkellert oder die Tiefgarage als Weiße Wanne ausgebildet werden, so kann dies in einem Fall beurkundungspflichtig sein, in einem anderen dagegen formfrei geregelt werden. Eine derartige Änderung ist beurkundungspflichtig, wenn sie willkürlich vorgenommen wird, etwa deshalb, weil der Initiator dies aus bestimmten Gründen für zweckmäßig hält. Dagegen können die gleichen Abwei-

1168

---

[111] BGH v. 21. 5. 1965, DNotZ 1966, 92 (96).
[112] Vgl. *Lode,* BB 1986, 84f.
[113] *Palandt/Grüneberg,* § 311b Rdn. 44.
[114] *Palandt/Grüneberg,* § 311b Rdn. 44; MünchKomm/*Kanzleiter,* § 313 BGB, Rdn. 48, will formfreie Abweichungen erst nach Auflassung *und* Eintragung zulassen.
[115] *Lode,* BB 1986, 84f.

chungen von der ursprünglichen Planung formfrei vereinbart bzw. beschlossen werden, wenn sie zur Durchführung des gesamten Bauvorhabens notwendig werden, weil andernfalls die Baugenehmigung versagt oder eine mängelfreie Errichtung des Objekts überhaupt nicht möglich wird[116].

f) Untervollmachten

1169 Der Treuhänder ist nicht gehindert, einem Dritten eine Untervollmacht zu erteilen: Zunächst wird dies häufig vertraglich vorgesehen; aber auch ohne Vereinbarung mit dem Bauherrn ist die Erteilung einer Untervollmacht durch den Treuhänder **nicht ausgeschlossen,** da der Treuhänder keine höchstpersönliche Leistung erbringt[117].

1170 Das Problem ist somit nicht das „Ob" einer Unterbevollmächtigung, sondern das „Wem" und „Wozu". Dem Treuhänder ist es nicht gestattet – dies hängt mit dem Zweck und der Natur des ihm erteilten Auftrages zusammen –, etwa dem **Baubetreuer,** den der Treuhänder im Interesse des Bauherrn kontrollieren soll, Untervollmacht zum Abruf von Geldmitteln nach eigener Bestätigung des Baufortschritts zu erteilen. Eine derartige Bevollmächtigung würde den Bauherrn zur fristlosen Kündigung des Treuhandverhältnisses berechtigen und den Treuhänder schadensersatzpflichtig machen. Dagegen darf der Treuhänder den bauleitenden Architekten oder den von ihm hinzugezogenen Steuerberater so bevollmächtigen, wie es der Treugeber – würde er im Übrigen alle anderen Aufgaben ebenfalls selbst ausüben – auch täte (vgl. auch Rdn. 1304).

g) Beschränkung der Vollmacht; anteilige Haftung des Bauherrn

1171 Aufgrund gefestigter Rechtsprechung haftet der Bauherr (anders als später der Wohnungseigentümer als Mitglied der Wohnungseigentümergemeinschaft) nur anteilig für die Kosten „seiner" Wohnung. Dies galt schon zu Zeiten des Betreuungsbaus der auslaufenden 50er und 60er Jahre[118] und gilt auch für die (Bau-)Verträge beim Bauherrenmodell[119]. Die anteilige Haftung des einzelnen Bauherrn bestimmt sich – sofern keine anderweitige Regelung getroffen wurde – nach den **Miteigentumsanteilen;** sie kann sich aber auch aus der Wohnfläche ergeben[120].

1172 Regelmäßig wird im Treuhandvertrag die ohnehin auf den Anteil begrenzte Haftung niedergelegt und besonders hervorgehoben. Auch wenn der Treuhänder bei einer derartigen Klausel nach außen gleichwohl namens der Bauherrengemeinschaft auftritt, verbleibt es bei der anteiligen Haftung[121]. Dies gilt selbst dann, wenn der Vertragspartner nicht auf die beschränkte Vollmacht hingewiesen wurde, er aber die Beschränkung der Vollmacht erkennen konnte[122]. Davon ist schon dann auszugehen, wenn die Vollmachtsbeschränkung bei Prüfung durch den Vertragspartner ersichtlich wird[123].

1173 Die in der Vollmacht enthaltene **Beschränkung auf einen bestimmten Höchstbetrag** (der auf den Bauherrn entfallende Gesamtaufwand) ist dagegen im Außenver-

---

[116] *Müller,* Rdn. 195; *Lode,* BB 1986, 84 f.
[117] MünchKomm/*Thiele,* § 167 BGB, Rdn. 88.
[118] BGH v. 29. 9. 1959, NJW 1959, 2160; OLG Hamm v. 10. 7. 1973, DB 1973, 1890.
[119] BGH v. 18. 11. 1976, NJW 1977, 294; BGH v. 18. 6. 1979, NJW 1979, 2101; BGH v. 17. 1. 1980, NJW 1980, 922; anders aber bei Bauherrengesellschaften, die nicht für jeden Mitgesellschafter eine Wohnung errichten, BGH v. 8. 12. 1988, NJW-RR 1989, 465.
[120] Vgl. hierzu BGH v. 15. 1. 1981, ZfBR 1981, 136 (137) und BGH v. 17. 1. 1980, NJW 1980, 992 (994).
[121] BGH v. 25. 10. 1984, BB 1985, 84.
[122] BGH v. 25. 10. 1984, BB 1985, 84.
[123] BGH v. 25. 10. 1984, BB 1985, 84 (85); vgl. auch BGH v. 8. 11. 1984, NJW 1985, 730; ferner BGH v. 16. 6. 1983, ZfBR 1983, 220.

II. Treuhandvertrag

hältnis **unwirksam**[124]. Dies folgt daraus, dass für den Vertragspartner in keiner Weise überprüfbar ist, in welchem Umfang der in der Vollmacht genannte Gesamtaufwand bei Vertragsabschluss bereits ausgeschöpft, also die Vollmacht bereits verbraucht ist.

h) Selbstkontrahieren

Es ist weder erforderlich noch geboten, dem Treuhänder eine Vollmacht mit einer Befreiung vom Verbot des Selbstkontrahierens (§ 181 BGB) zu erteilen. Hierzu gilt lediglich eine Ausnahme: Die Befreiung von § 181 BGB ist insoweit sinnvoll, als dem Treuhänder gestattet wird, als Vertreter des einen Bauherrn Geschäfte mit den anderen von ihm vertretenen Bauherren abzuschließen, was insbesondere für den Gesellschaftsvertrag gilt[125]. 1174

i) Dem Treuhänder widersprechende Erklärungen und Verfügungen des Bauherrn

Durch die Bevollmächtigung des Treuhänders verliert der Bauherr keineswegs seine Stellung als Rechtsträger. Eine verdrängende Vollmacht gibt es nicht[126]. Er kann trotz Bevollmächtigung des Treuhänders selbst Zahlungen stornieren, Überweisungsaufträge widerrufen und die Bank anweisen, Zahlungen nur mit seiner ausdrücklichen Einwilligung auszuführen. Die Zulässigkeit einer vertraglichen Beschränkung dieses Rechts beurteilt sich nach den Bestimmungen der §§ 305 ff. BGB. Als unzulässig muss das Verbot, direkte Weisungen und Erklärungen gegenüber der Bank abzugeben, angesehen werden; nicht zu beanstanden sein dürfte ein Verbot, direkte Weisungen gegenüber den ausführenden Handwerkern oder gegenüber dem Architekten zu erteilen[127]. 1175

4. Hauptpflichten des Treuhänders

a) Abschluss und Durchführung der Verträge

Je nach Konzeption des Bauherrenmodells hat der Treuhänder eine unterschiedliche Anzahl an Verträgen abzuschließen. Der Inhalt der Verträge ist in groben Zügen durch den Treuhandvertrag vorgegeben. Über die Vergabe der Arbeiten wird häufig die erste Bauherrenversammlung entscheiden. Für die Durchführung des großen Bauherrenmodells sind vom Treuhänder üblicherweise die folgenden Verträge abzuschließen[128]: 1176

– Abschluss des **Grundstückskaufvertrages** über jeweils einen Miteigentumsanteil, Auflassungserklärungen, Belastung des Grundstücks mit Grundpfandrechten, Einräumung von Dienstbarkeiten, Löschung und Rangänderung eingetragener Rechte, Stellung aller erforderlichen Grundbuchanträge; Vereinbarung über die **Begründung von Wohnungs- bzw. Sondereigentum** zwischen den Bauherren (soweit nicht bereits Bestandteil des Gesellschaftsvertrages) sowie Bestellung des zukünftigen Wohnungseigentumsverwalters; 1177

– Abschluss des **Gesellschaftsvertrages** der Bauherrengemeinschaft; 1178

– Abschluss der **Darlehensverträge** über die Zwischen- und gegebenenfalls auch über die Endfinanzierung, **Finanzierungsvermittlungsverträge** sowie erforderlichenfalls Bürgschafts- und Ausbietungsgarantieverträge; 1179

---

[124] OLG Karlsruhe v. 4. 8. 1983, MDR 1984, 142 und OLG München v. 30. 5. 1983, ebenfalls MDR 1984, 142.
[125] *Koeble*, Kap. 25 Rdn. 10.
[126] *Korte*, DNotZ 1984, 82, 83;
[127] *Brych*, FS Korbion, S. 12.
[128] Übersichten hierzu bei *Müller*, Rdn. 110 ff.; *Evers*, NJW 1983, 1652; *Koeble*, Kap. 25 Rdn. 27 ff.; *Reithmann/Meichssner/v. Heymann*, D Rdn. 200.

C. Baumodelle

1180 – Abschluss der Verträge über die wirtschaftliche **Baubetreuung** sowie der eigentlichen **Bauverträge** (technische Baubetreuung, Vergabe an einen Generalunternehmer, einen Generalübernehmer oder Einzelvergabe);

1181 – Abschluss von **Versicherungsverträgen**, soweit während der Baudurchführung und im Rahmen der späteren ordnungsgemäßen Verwaltung erforderlich;

1182 – Abschluss von **Steuerberatungs- und Rechtsberatungsverträgen**;

1183 – Abschluss der **Vermietungsgarantie-** und **Mietverträge**.

1184 Beim Abschluss der einzelnen Verträge muss der Treuhänder darauf achten, dass der **kalkulierte Gesamtaufwand** nicht überschritten wird[129] (im Einzelnen unten Rdn. 1236).

1185 Mit größter Sorgfalt hat der Treuhänder (sofern dies nicht der Bauherrengemeinschaft vorbehalten ist) die Vertragspartner auszuwählen und die Verträge zu gestalten. Bei der Vertragsgestaltung und den **Vertragskonditionen** hat er jeweils um die bestmöglichen Bedingungen bemüht zu sein[130]. Über den Umfang der Vertragspflichten wird im Einzelnen bei der Darstellung der Haftung des Treuhänders eingegangen, Rdn. 1223 f.

1186 Dem Treuhänder obliegt die **Durchführung der Verträge.** Dazu gehört die Bezahlung von fällig gewordenen Forderungen, erforderlichenfalls die Kündigung und Auflösung von Verträgen, die Durchführung etwaiger Prozesse und die Abnahme des Gemeinschafts- und Sondereigentums nach Herstellung des Objekts (Rdn. 1228).

b) Anwendung der §§ 305 ff. BGB auf das Vertragswerk

1187 Auf den **Geschäftsbesorgungsvertrag** mit dem Treuhänder finden die §§ 305 ff. BGB Anwendung. Das vorformulierte Vertragsformular wird vom Treuhänder einseitig gestellt und in einer Vielzahl von Fällen verwendet. Dabei kann es keine Rolle spielen, ob das Angebot zum Abschluss des Treuhandvertrages vom zukünftigen Bauherrn – wie dies einer ordnungsgemäßen Beurkundung entspricht – oder vom Treuhänder abgegeben wird. In jedem Falle werden vom Treuhänder einseitig gestellte Bedingungen Vertragsinhalt[131]. Die Zulässigkeit von Haftungsausschlüssen, Haftungsbegrenzungen und die Verkürzung von (gesetzlichen) Verjährungsfristen beurteilt sich deshalb nach den Bestimmungen der §§ 307, 308 und 309 BGB (Rdn. 1256).

1188 Die **Verträge,** die der Treuhänder für den Bauherrn **mit den anderen Funktionsträgern** (Baubetreuer, Finanzierungsvermittler, Mietgarant usw.) abschließt, sind in aller Regel ebenfalls Formularverträge, die nicht vom Bauherrn, sondern vielmehr vom jeweiligen Vertragspartner „verwendet" werden[132]. Eine Inhaltskontrolle nach den §§ 305 ff. BGB zugunsten des Bauherrn findet dann statt, wenn die betreffenden Verträge vom Funktionsträger vorformuliert worden sind. Nach einhelliger Meinung gilt dies auch dann, wenn zwar der Treuhänder die Vertragsmuster entwickelt und entworfen hat, bei dieser Tätigkeit aber noch nicht als Treuhänder der späteren Bauherren, sondern vielmehr im Auftrage der Initiatoren und späteren Funktionsträger tätig war[133]. Aber auch dann, wenn sich dieser zeitliche Ablauf nicht nachweisen lässt oder auch nicht bestanden hat, ist der Bauherr nicht von vornherein Verwender der vom Treuhänder benutzten Formularverträge. Der Treuhänder kann nämlich auch nach

---
[129] *Locher/Koeble,* Rdn. 554, 252 ff.; *Koeble,* FS Korbion, S. 215 (223); *Müller,* Rdn. 115.
[130] *Reithmann/Brych/Manhart,* Rdn. 134 f.; *Rosenberger,* ZfBR 1981, 253 (257); einschränkend: OLG Hamburg v. 11. 7. 1984, WM 1984, 1400 (1401); *Koeble,* FS Korbion, S. 215, 222. Vom BGH wurde diese Frage offen gelassen: Urt. v. 19. 11. 1987, WM 1988, 54 (55).
[131] Vgl. BGH v. 5. 4. 1984, NJW 1984, 2094.
[132] BGH v. 30. 6. 1994, NJW 1994, 2825.
[133] BGH v. 20. 3. 1985, NJW 1985, 2477.

II. Treuhandvertrag

Abschluss des Treuhandvertrages bei der Formulierung der Vertragsbedingungen für die einzelnen Funktionsverträge dem Interesse der Initiatoren mehr verbunden sein als dem seiner förmlichen Auftraggeber[134]. Abgesehen von den eklatanten Fällen der gesellschaftsrechtlichen oder wirtschaftlichen Verflechtung zwischen Treuhänder und Initiator gibt es eine Vielzahl von tatsächlichen Anhaltspunkten, die es gerechtfertigt erscheinen lassen, die vom Treuhänder niedergelegten Vertragsbedingungen als solche der Initiatoren anzusehen: Der Treuhänder war für den Initiator schon bei der Durchführung anderer Vorhaben tätig, er berät den Initiator – etwa als Hausanwalt – auch in sonstigen Angelegenheiten, er hat die rechtliche und steuerliche Konzeption für dieses oder für andere Vorhaben entwickelt oder er wurde – und dies sollte eigentlich schon genügen – vom Initiator als Treuhänder für das konkrete Bauvorhaben vorgeschlagen[135]. Beim Vorliegen derartiger Anhaltspunkte muss vermutet werden, dass der jeweilige Funktionsträger und nicht der Bauherr Verwender der Geschäftsbedingungen ist[136].

All dies gilt nicht im **Verhältnis zu Dritten,** also zu Personen, die dem Initiatorenkreis weder angehören noch nahe stehen. Gedacht sei etwa an vom Treuhänder vorformulierte Verträge, die gegenüber einzelnen Bauhandwerkern verwendet werden. Kann sich ein Auftragnehmer zu Recht auf die Unwirksamkeit einer – dem Bauherrn günstigen – Klausel nach den §§ 305 ff. BGB berufen, so stehen allerdings Schadensersatzansprüche des Bauherrn gegen den Treuhänder im Raum[137], vgl. Rdn. 935. 1189

c) Interessenwahrnehmung gegenüber Behörden

Der Treuhänder vertritt den Bauherrn gegenüber der **Baubehörde;** sämtliche Anträge und Eingaben werden von ihm namens des Bauherrn abgegeben; er ist für den Bauherrn zustellungsbevollmächtigt. 1190

Der **Treuhänder** nimmt die Interessen des Bauherrn gegenüber der Finanzverwaltung wahr. Auch wenn sich der Treuhänder zur Wahrnehmung der steuerrechtlichen Aufgaben einer Hilfsperson (eines Steuerberaters) bedienen sollte, obliegt es ihm, die **Steuererklärungen** abzugeben. Erforderlichenfalls hat der Treuhänder Rechtsmittel einzulegen und einstweilige Anordnungen zu beantragen. Die Bekanntgabe des Feststellungsbescheids an den Treuhänder als Empfangsbevollmächtigten gem. § 6 der Verordnung zu § 180 Abs. 2 AO ist auch gegenüber einem aus der Bauherrengemeinschaft ausgeschiedenen Bauherrn wirksam[138]. 1191

d) Auskunfts- und Rechnungslegungspflicht

Der Treuhänder ist berechtigt, den Bauherrn durch die Begründung verschiedenster Verbindlichkeiten sehr weitgehend zu verpflichten und über Gelder des Auftraggebers in namhafter Höhe zu verfügen. Um die ordnungsgemäße Durchführung des Treuhandauftrages sicherzustellen, ist der Treuhänder verpflichtet, Auskünfte zu erteilen, Rechnung zu legen usw. Die rechtliche Verpflichtung folgt aus den Vorschriften der §§ 675, 666, 667, 259 BGB und auch aus § 810 BGB[139]. Danach hat der Treuhänder **Nachrichten zu geben,** auf Verlangen über den Stand des Geschäfts **Auskunft zu erteilen,** nach Beendigung des Bauvorhabens **Rechenschaft zu legen,** eine 1192

---

[134] Anders BGH v. 7. 12. 1983, BB 1984, 564; zur Kritik an dieser Entscheidung vgl. *Brych,* BB 1985, 158; *Wagner,* BB 1984, 1757; *Bartsch,* NJW 1986, 28; zustimmend dagegen *Koeble,* Kap. 16 Rdn. 71.
[135] *Brych,* BB 1985, 158, 160.
[136] *Brych,* 986, 28 (31); a. A. LG München I v. 9. 11. 1983, BB 1984, 1773.
[137] *Koeble,* FS Korbion, S. 215 (221).
[138] BFH v. 7. 2. 1995, NJW 1995, 2055.
[139] BGH v. 29. 1. 1985, MDR 1985, 578 (579).

C. Baumodelle

Schlussabrechnung zu erstellen und darüber hinaus all das, was er im Rahmen der Durchführung des Auftrages erlangt hat, herauszugeben[140].

1193   Ab dem Beginn des Bauvorhabens, ja schon ab Abschluss des Treuhandvertrages ist der Treuhänder zur **Erteilung von Nachrichten** und Auskünften verpflichtet. Der Unterschied zwischen der Benachrichtigungs- und der Auskunftspflicht besteht darin, dass erstere unaufgefordert, letztere nur auf Verlangen zu erfüllen ist. Unaufgefordert ist der Bauherr etwa über die Erteilung der Baugenehmigung, den Baubeginn und etwaige Planungsänderungen, wie überhaupt hinsichtlich aller Abweichungen gegenüber der ursprünglichen Planung, Baukosten- und Bauzeitüberschreitungen, den Fertigstellungszeitpunkt usw. zu unterrichten[141]. Der Treuhänder hat den Bauherrn regelmäßig über den planmäßigen Ablauf – bei etwaigen Unregelmäßigkeiten auch kurzfristig – zu informieren.

1194   Auf Anfordern ist der Treuhänder zur Erteilung aller erforderlichen Auskünfte verpflichtet. Die **Auskunftspflicht** besteht schon während der Durchführung des Bauvorhabens, sodann im Zusammenhang mit der Schlussabrechnung sowie auch noch nach Beendigung des Treuhandvertrages. Die Auskunftspflicht kann sich auf den Ablauf des Bauvorhabens, den Inhalt und die Abwicklung der mit Dritten abgeschlossenen Verträge (Darlehensverträge, Funktionsträgerverträge, Bauverträge usw.), die Mittelverwendung (Kontenstände) sowie auf alle anderen tatsächlichen und rechtsgeschäftlichen Maßnahmen, die im Zusammenhang mit dem Treuhandauftrag stehen, beziehen. Hinsichtlich der Mittelverwendung – Verfügungen über das Treuhandkonto – ist die Auskunft nur dann hinreichend erteilt, wenn vom Treuhänder mitgeteilt worden ist, wann, in welcher Höhe und an wen die Zahlungen jeweils konkret geleistet worden sind. Die Übersendung eines Kontenspiegels ist ebenso ungenügend wie der Hinweis darauf, dass sich der Bauherr durch Einsichtnahme in die Treuhandbuchhaltung die Daten selbst zusammensuchen könne[142].

1195   Wegen der großen Unabhängigkeit des Treuhänders und der sehr weitgehenden Befugnisse ist die Auskunftspflicht zugunsten des Bauherrn weit zu fassen. Der Treuhänder ist – wie dies von der Rechtsprechung für den Architekten[143] und vom Schrifttum für den Baubetreuer[144] bereits angenommen wird – auch zur Auskunft darüber verpflichtet, ob er von Dritten (Bauunternehmungen, Initiatoren usw.) **Provisionen oder andere Vergünstigungen** erhalten hat, und zwar auch dann, wenn er sich bei wahrheitsgemäßer Beantwortung einer strafrechtlichen Verfolgung aussetzen würde.

1196   Der Treuhänder kann die Erteilung von Auskünften oder die Einsichtnahme in Unterlagen der Bauherrengemeinschaft nicht mit der Behauptung verweigern, er sei gegenüber den anderen Mitbauherren (vertraglich, standesrechtlich oder gesetzlich) zur **Verschwiegenheit** verpflichtet. Durch die gemeinsame Beauftragung eines Treuhänders wird von jedem Auftraggeber die stillschweigende Einwilligung erteilt, dass ihn persönlich betreffende Daten den anderen Bauherren bekannt werden können[145]. Dies gilt jedenfalls für solche Daten, die sich notwendig aus der gemeinsamen Durchführung des Bauvorhabens ergeben. Aus diesen Gründen kann die Einsichtnahme in die Bauherrenkonten nicht verweigert werden, auch wenn dadurch in Erfahrung gebracht werden könnte, inwieweit andere Bauherren Eigenkapitalleistungen erbracht bzw.

---

[140] *Locher*, NJW 1968, 2324.
[141] BGB v. 24. 3. 1988, NJW-RR 1988, 915, zur Unterrichtungs- und Beratungspflicht; OLG Köln v. 9. 8. 1995, NJW-RR 1996, 469, zu einer baubehördlich veranlassten, vom Prospekt abweichenden Ausführung.
[142] OLG München v. 17. 4. 1986, DB 1986, 1970.
[143] BGH v. 30. 4. 1964, NJW 1964, 1469.
[144] *Locher*, NJW 1968, 2324.
[145] OLG München v. 17. 4. 1986, DB 1986, 1970; LG Stuttgart v. 20. 6. 1968, NJW 1968, 2337 (2338).

II. Treuhandvertrag

Fremdfinanzierungsleistungen in Anspruch genommen haben[146]. In gleicher Weise ist der Treuhänder zur Auskunft darüber verpflichtet, ob und in welchem Umfang andere Bauherren Sonderwünsche, die außerhalb der Planung und des kalkulierten Gesamtaufwandes liegen, in Auftrag gegeben und selbst bezahlt haben[147].

Selbstverständlich hat der Bauherr gegenüber dem Treuhänder ganz genauso wie der Wohnungseigentümer gegenüber dem Wohnungseigentumsverwalter[148] einen Anspruch darauf, dass ihm **Namen und Anschriften der Mitbauherren** mitgeteilt werden. Der Bauherr muss nicht besonders begründen, weshalb und wofür er diese Informationen benötigt – auch ohne besonderen Anlass ist der Bauherr berechtigt, Kenntnis über die anderen Mitglieder „seiner" Bauherrengemeinschaft und der zukünftigen Wohnungseigentümergemeinschaft zu erhalten. 1197

Mit dem Abschluss des Bauvorhabens – auch bei einer etwaigen vorzeitigen Beendigung des Treuhandvertrages – ist der Treuhänder zur **Rechenschaftslegung** verpflichtet (§§ 666, 259 f. BGB). Die Rechenschaftslegung umfasst die Rechnungslegung, also die Erstellung einer Schlussabrechnung, die erschöpfende Mitteilung sämtlicher für die Beurteilung der Geschäftsvorgänge erforderlichen Tatsachen sowie die Vorlage von Belegen. Mit der Fertigstellung des Objekts ist also nicht nur eine Schlussabrechnung zu erstellen, sondern vielmehr umfassend Rechenschaft zu legen, wobei sich die Rechenschaftspflicht zusammensetzt aus 1198
– Schlussabrechnung
– Erläuterungen über die Durchführung der Baumaßnahme und Erläuterungen zum Verständnis der Schlussabrechnung sowie
– Vorlage von Belegen (Recht zur Einsichtnahme)[149].

Die Pflicht zur Rechenschaftslegung besteht in noch stärkerem Maß, wenn es zu Abwicklungsschwierigkeiten bzw. Unregelmäßigkeiten kam oder das **Bauvorhaben nicht fertiggestellt** wurde, der Auftraggeber also noch weit mehr an einer Aufklärung darüber interessiert ist, ob noch offene Forderungen und Verbindlichkeiten bestehen, in welchem Zustand sich die Bausubstanz befindet usw.[150]

Besteht ein berechtigter Grund zu der Annahme, dass die Schlussabrechnung nicht mit der erforderlichen Sorgfalt gefertigt wurde, fehlerhafte Angaben enthält oder unvollständig ist, kann vom Treuhänder die **Abgabe der eidesstattlichen Versicherung** verlangt werden (§ 259 Abs. 2 BGB). 1199

Die **Schlussabrechnung** – das Kernstück der Rechenschaftslegung – besteht aus einer geordneten und übersichtlichen Zusammenstellung sämtlicher Einnahmen und Ausgaben für die Gesamtmaßnahme; es ist Aufschluss über die Mittelherkunft und Mittelverwendung zu geben. Die Schlussabrechnung hat deshalb Angaben über die Höhe des Eigenkapitals und der in Anspruch genommenen Finanzierung zu enthalten. Die Ausgaben für den Grundstückskauf, für die Leistungen der Funktionsträger (Treuhandgebühren, Baubetreuungshonorar usw.), für die Beschaffung und die Durchführung der Finanzierung, für die Beurkundung der Verträge und insbesondere für die Bau- und Baunebenleistungen sind spezifiziert darzulegen. Die Abrechnung muss Aufschluss über die Kosten des Gesamtbauvorhabens und über deren Zusammensetzung geben. Die auf den einzelnen Bauherrn entfallenden Baukosten sind aus den Gesamtbaukosten – entsprechend den Vereinbarungen im Treuhand- und Gesellschaftsvertrag – abzuleiten[151]. 1200

---
[146] OLG München v. 17. 4. 1986, DB 1986, 1970.
[147] LG Stuttgart v. 20. 6. 1968, NJW 1968, 2337 (2338).
[148] BayObLG v. 8. 6. 1984, BayObLGZ 84, 133; OLG Frankfurt v. 16. 2. 1984, OLGZ 84, 113. Zum Recht auf Grundbucheinsicht vgl. OLG Düsseldorf v. 15. 10. 1986, NJW 1987, 1651.
[149] OLG Hamm v. 6. 7. 2000, BauR 2001, 958; BGH v. 29. 1. 1985, MDR 1985, 578 (579).
[150] OLG Köln v. 17. 2. 1989, NJW-RR 1989, 528.
[151] LG Stuttgart v. 20. 6. 1968, NJW 1968, 2337; *Locher*, NJW 1968, 2324 (2325).

Der Schlussabrechnung sind die für den Bauherrn tatsächlich hergestellten **Wohn- bzw. Gewerbeflächen** zugrunde zu legen. Abweichungen gegenüber dem Treuhand- und Gesellschaftsvertrag sind zu berücksichtigen[152]. Eine bereits erteilte Schlussabrechnung ist erforderlichenfalls zu berichten (vgl. Rdn. 1248). Daran ist der Treuhänder nicht etwa deshalb gehindert, weil andere Bauherren infolge einer Neuberechnung nachzahlungspflichtig werden, denn keiner der Auftraggeber hat einen Anspruch auf Erteilung oder Beibehaltung einer falschen, aber ihn begünstigenden Abrechnung. Jeder Auftraggeber hat zumindest stillschweigend eingewilligt, dass der Treuhänder gerecht abrechnet und keinen der Beteiligten bevorzugt[153]. Unabhängig davon ist er dazu auch aus dem Gesellschaftsvertrag verpflichtet (Rdn. 1330). Folglich hat der Treuhänder unter den Bauherren für einen entsprechenden Ausgleich zu sorgen.

1201 Die Schlussabrechnung ist so zu gestalten und zu erläutern, dass der Auftraggeber ohne die Hinzuziehung eines eigenen Steuerberaters bzw. Rechtsanwalts tatsächlich Aufschluss erlangt; die Schlussabrechnung muss also auch für den Laien verständlich und nachvollziehbar sein. Neben den der Verständlichkeit dienenden Erläuterungen ist der Treuhänder im Rahmen der Rechenschaftslegung verpflichtet, über von ihm ergriffene besondere Maßnahmen, Abweichungen von der ursprünglichen Planung usw. zu berichten. Dazu gehören etwa die Darstellung und Begründung der **Ausübung von Zurückbehaltungsrechten** gegenüber Bauhandwerkern wegen etwaiger Baumängel, die (zum Teil) verweigerte **Abnahme von Bauleistungen,** die Berichterstattung über die Kündigung von Verträgen mit Funktionsträgern usw. Durch die Rechenschaftslegung muss dem Bauherrn ein Überblick über den Verlauf der Gesamtmaßnahme sowohl in bautechnischer wie auch in wirtschaftlicher Hinsicht gegeben werden.

1202 Mit der Rechenschaftslegung und der Erstellung der Schlussabrechnung ist schließlich die **Vorlage von Belegen** geschuldet[154]. Da nicht jedem Bauherrn die Originale der Schlussrechnungen und Zahlungsbelege gleichzeitig vorgelegt werden können, genügt die Übermittlung von Ablichtungen unter gleichzeitigem Hinweis auf das Recht zur Einsichtnahme beim Treuhänder. Jeder Bauherr hat Anspruch zur Einsichtnahme in die abgeschlossenen Verträge, Zahlungsbelege und die Bauherrenkonten[155]. Der Treuhänder kann sich seiner Verpflichtung nicht unter Hinweis darauf entziehen, dass sich die Unterlagen bei der Bank oder beim Steuerberater befinden; ggf. hat er die Unterlagen bei dem Dritten anzufordern[156].

1203 Wurde den Bauherren eine in wesentlichen Punkten **unvollständige Schlussabrechnung** erteilt, handelt es sich hierbei nicht um eine Teilerfüllung, sondern vielmehr um eine überhaupt noch nicht vertragsgerechte Abrechnung. Sind etwa die Bau- und Baunebenkosten nicht entsprechend den abgeschlossenen Verträgen aus den Gesamtbau- und Baunebenkosten ermittelt worden (statt dessen nur das auf den einzelnen Bauherrn entfallende Ergebnis mitgeteilt worden), so besteht der Anspruch auf Erstellung einer vollständigen Schlussabrechnung fort[157].

1204 Die Verpflichtung zur Erstellung der Schlussabrechnung wird **fällig,** wenn die Baumaßnahme abgeschlossen ist. Ist innerhalb einer angemessenen Frist nach Fertigstellung die Erstellung der Schlussabrechnung noch nicht möglich, weil etwa Bauhandwerkerrechnungen in erheblichem Umfang noch nicht bezahlt werden konnten (fehlende Schlussrechnungen, Auseinandersetzungen wegen Leistungsverweigerungsrechten usw.),

---

[152] BGH v. 15. 5. 1991, NJW-RR 1991, 1120; BGH v. 17. 1. 1991, NJW-RR 1991, 662.
[153] BGH v. 15. 5. 1991, NJW-RR 1991, 1120.
[154] OLG Hamm v. 6. 7. 2000, BauR 2001, 958.
[155] OLG München v. 17. 4. 1986, DB 1986, 1970.
[156] OLG Hamm v. 6. 7. 2000, BauR 2001, 958.
[157] Vgl. für ähnlich gelagerten Fall BGH v. 29. 6. 1983, NJW 1983, 2243 (2344).

II. Treuhandvertrag

so hat der Treuhänder eine **vorläufige Schlussabrechnung** zu erteilen[158]. Spätestens sechs bis neun Monate nach Bezugsfertigkeit ist eine (vorläufige) Schlussabrechnung geschuldet. Die vorläufige Schlussabrechnung unterscheidet sich von der endgültigen Schlussabrechnung darin, dass bei den betreffenden Positionen Vorbehalte bzw. Hinweise anzubringen sind, ob und in welchem Umfang mit Nachforderungen bzw. Rückerstattungen zu rechnen ist.

Weder eine Gesamtaufwandsgarantie noch eine Baukostengarantie entheben den Treuhänder von der Verpflichtung zur Erstellung einer Schlussabrechnung. In beiden Fällen hat der Bauherr einen Anspruch darauf, Kenntnis über die tatsächlich aufgewendeten Mittel zu erhalten, und zwar auch dann, wenn die garantierten Kosten überschritten wurden und der Garant eintreten muss. Dies folgt schon daraus, dass Rechnung über die Herkunft sämtlicher Mittel zu legen ist (Rdn. 1200), also auch über Zahlungen des Garanten. Vgl. auch unten Rdn. 1422.

Schließlich ist der Treuhänder verpflichtet, alles, was er im Rahmen des Treuhandauftrages erhalten bzw. erlangt hat, herauszugeben (§ 667 BGB). Fraglos hat der Bauherr einen **Anspruch auf Aushändigung sämtlicher Baupläne,** insbesondere die Bestandspläne, die Baustatik, der Bewehrungspläne usw. Der Treuhänder hat die Bauverträge, Baugenehmigungen, sonstige Verträge und Bescheide herauszugeben (zu den in Betracht kommenden Unterlagen vgl. Rdn. 470 f.). Dieser Anspruch folgt unmittelbar aus dem Geschäftsbesorgungsverhältnis und ist nicht auf die Einsichtnahme nach § 810 BGB beschränkt. Der einzelne Bauherr kann die Herausgabe dieser Unterlagen nicht an sich selbst, sondern nur an alle Bauherren oder – nach entsprechender Vereinbarung (statt der Hinterlegung an einen gerichtlich bestellten Verwahrer) – an den Wohnungseigentumsverwalter verlangen. Die Fälligkeit zur Herausgabe fällt nicht mit der Erstellung der Schlussabrechnung zusammen, da der Treuhänder die obengenannten Unterlagen auch nach diesem Zeitpunkt etwa für die Verfolgung von Mängelansprüchen noch benötigen kann (vgl. Rdn. 1239). 1205

Zwar enthalten die Bestimmungen der §§ 666, 667 BGB dispositives Recht[159], die Auskunfts-, Rechenschafts- und Herausgabepflichten können jedoch nicht durch **Allgemeine Geschäftsbedingungen** bzw. Formularverträge abbedungen werden. Eine solche Klausel widerspräche dem gesetzlichen Leitbild des Geschäftsbesorgungsvertrages, wie es durch die §§ 675, 666, 667 BGB vorgezeichnet ist (§ 307 BGB)[160]. Im Übrigen würde eine solche Vertragsbestimmung auch als überraschende Klausel zu werten sein (§ 305 c BGB). 1206

Neben den erwähnten Urkunden und Plänen hat der Treuhänder ebenfalls nach §§ 675, 667 BGB etwaige **Provisionen, Kickbacks, Rabatte** oder andere Vergünstigungen, die beispielsweise von Bauhandwerkern, Baustofflieferanten oder sonstigen Vertragspartnern im Rahmen der Vertragsabwicklung gewährt werden, herauszugeben. Derartige Leistungen dürfen vom Treuhänder nur namens seines Auftraggebers vereinbart und entgegengenommen werden, müssen also auch an den Bauherrn ausgekehrt werden; andernfalls verletzt der Treuhänder nicht nur seine vertragliche Treuepflicht, sondern auch die einschlägigen strafrechtlichen Bestimmungen (vgl auch 1243). 1207

e) Vergütung des Treuhänders

Die Vergütung des Treuhänders richtet sich, da der Auftrag an sich unentgeltlich ist, primär und zunächst nach den getroffenen Vereinbarungen, in Ermangelung einer sol- 1208

---

[158] LG Stuttgart v. 20. 6. 1968, NJW 1968, 2337 (2338).
[159] Vgl. OLG Stuttgart v. 20. 6. 1968, NJW 1968, 2338; OLG Köln v. 27. 4. 1988, NJW-RR 1988, 1459, zur (fingierten) Anerkennung der Abrechnung; auch LG Freiburg v. 7. 3. 1985, NJW-RR 1986, 1288 f., zum Ausschluss des Einsichtsrechts.
[160] *Reithmann/Brych/Manhart,* Rdn. 130; *Brych,* BB 1980, 531 (532); *Wolfsteiner,* DNotZ 1979, 579 (591).

chen Vereinbarung nach § 612 BGB. Regelmäßig wird die Vergütung des Treuhänders im Geschäftsbesorgungsvertrag präzise festgelegt, und zwar in einem Vomhundertsatz, der sich aus dem jeweils anteiligen kalkulierten Gesamtaufwand ermittelt[161]. Die Vergütung wird spätestens mit der Beendigung des Treuhandvertrages, also mit Zweckerreichung, fällig[162].

1209 Wird der Treuhandvertrag vorzeitig, also vor Zweckerreichung, aufgelöst, kann dem Treuhänder – je nachdem, aus welchem Grunde es zur vorzeitigen Beendigung des Geschäftsbesorgungsvertrages kam – ein Anspruch auf eine **Teilvergütung** zustehen (§ 628 BGB). Hatte der Bauherr einen wichtigen Grund zur fristlosen Kündigung des Treuhandvertrages nach § 626 BGB, wird ein Teilvergütungsanspruch regelmäßig schon deshalb ausgeschlossen sein, weil die bis dahin erbrachten Leistungen des Treuhänders für den Bauherrn infolge der Kündigung kein Interesse haben (§ 628 Abs. 1 Satz 2 Alt. 2 BGB). Das bereits zur Auszahlung gelangte Treuhänderhonorar ist zurück zu vergüten. Eine Rückzahlungsverpflichtung wird sich ohnehin schon (bzw. konkurrierend) aus der Schadensersatzpflicht wegen der Verletzung von Vertragspflichten, die ja den wichtigen Grund i.S. von § 626 BGB darstellen, ergeben, § 628 Abs. 2 BGB (dazu unten Rdn. 1216). Ein Teilvergütungsanspruch kann aber dann bestehen, wenn der Vertrag einvernehmlich vorzeitig beendet wird – die Anwendung von § 627 BGB ist regelmäßig vertraglich abbedungen – oder die Zweckerreichung aus Gründen, die weder der Treuhänder noch der Bauherr zu vertreten haben, unmöglich wird[163].

f) Eigenkapitalzahlung und sonstige Mitwirkung durch den Bauherrn

1210 Der Bauherr verpflichtet sich im Treuhandvertrag, dem Treuhänder einen bestimmten Anteil der Gesamtkosten als Eigenkapital unmittelbar zur Verfügung zu stellen. Vom Treuhandvertrag abweichende Zusagen des Initiators zur Höhe des Eigenkapitals muss der Treuhänder grundsätzlich beachten[164]. Der Anspruch auf Bezahlung des Eigenkapitals kann sowohl vom Treuhänder im eigenen Namen wie auch von den übrigen Bauherren geltend gemacht werden, wobei im letzteren Fall Zahlung auf das Treuhandkonto verlangt werden muss[165] (vgl. unten Rdn. 1323). Entsprechendes gilt auch für spätere Eigenkapitalleistungen, die etwa wegen nicht vorausehbarer Baukostensteigerungen vom Bauherrn übernommen worden sind[166].

1211 Der Bauherr ist ferner verpflichtet, bei der Beschaffung der Zwischenfinanzierung mitzuwirken, insbesondere die erforderlichen Selbstauskünfte über seine Bonität zu erteilen.

5. Beendigung des Treuhandvertrages

a) Beendigung durch Zweckerreichung

1212 Der Treuhandvertrag wird nicht durch eine ordentliche Kündigung, sondern durch die Erreichung des mit dem Vertrag verfolgten wirtschaftlichen Zwecks beendet. Eine vorzeitige (ordentliche) Kündigung zu einem früheren Zeitpunkt kann zulässigerweise abbedungen werden. Die Berechtigung zur Kündigung aus wichtigem Grund bleibt davon allerdings unberührt.

---

[161] *Koeble*, Kap. 25 Rdn. 16 ff.
[162] BGH v. 17. 1. 1991, NJW-RR 1991, 662. Ob eine Vorleistungspflicht des Bauherrn gegen § 9 AGBG (§ 307 BGB) verstößt, hat der BGH offen gelassen.
[163] BGH v. 16. 1. 1986, NJW 1986, 1171, unter Hinweis auf den Rechtsgedanken der §§ 641, 646 BGB, wonach die volle Vergütung erst mit Abschluss der Tätigkeit vollständig verdient ist.
[164] OLG Karlsruhe v. 13. 5. 1988, WM 1988, 1068 (1070).
[165] BGH v. 14. 4. 1986, NJW-RR 1986, 1419; BGH v. 5. 10. 1987, NJW-RR 1988, 220.
[166] BGH v. 14. 4. 1986, NJW-RR 1986, 1419; BGH v. 5. 10. 1987, NJW-RR 1988, 220.

II. Treuhandvertrag

Die Treuhandverträge sehen regelmäßig vor, dass das Vertragsverhältnis mit 1213
- der Fertigstellung des Bauvorhabens,
- der Erstellung der Schlussabrechnung und
- dem Erlass und der Aushändigung des letzten Steuerbescheids des Betriebsfinanzamtes über die einheitliche und gesonderte Feststellung der Einkünfte aus Vermietung und Verpachtung des Betriebsfinanzamts beendet wird[167].

Der Zeitpunkt des letzten Feststellungsbescheids ist ebenso leicht zu ermitteln wie 1214 der der Vorlage der Schlussabrechnung, wobei die Treuhändertätigkeit insofern natürlich erst mit der Vorlage einer ordnungsgemäßen und vollständigen Schlussabrechnung beendet sein kann (Rdn. 1203). Ungleich schwieriger ist der Zeitpunkt zu bestimmen, an dem das **Bauvorhaben fertiggestellt** ist. Zweifellos kann von einer Fertigstellung und damit von einer Beendigung des Treuhandvertrages noch nicht gesprochen werden, wenn das Objekt bezugsfertig geworden ist[168]. In Anlehnung an die Rechtsprechung zum Architektenrecht, wonach „der umfassend beauftragte Architekt den Bauherrn noch nach Beendigung seiner eigentlichen Tätigkeit bei der Behebung von Baumängeln zur Seite zu stehen" hat[169], muss der regelmäßig ja mindestens ebenso umfassend beauftragte Treuhänder gleichfalls über den Zeitpunkt der Bezugsfertigkeit hinaus zur weiteren Betreuung des Bauvorhabens verpflichtet sein. Der Treuhänder wird deshalb bei der **Abnahme** der (letzten) Gewerke, der Feststellung der bei der Abnahme erkannten Mängel, deren Verfolgung und Beseitigung sowie bei der Durchführung von Nachbesserungsarbeiten mitwirken müssen[170]. Der zeitliche Umfang der Treuhänderpflichten folgt also schon aus dem weit zu fassenden Begriff „Fertigstellung des Bauvorhabens"; eine Einschränkung der Treuhandtätigkeit etwa durch die Einführung des Begriffs „Abnahme der Bauleistungen" würde mit dem Leitbild des umfassend beauftragten und tätig werdenden Treuhänders nicht in Übereinstimmung zu bringen sein und deshalb vor § 307 BGB keinen Bestand haben können[171].

Die Verfolgung und die Geltendmachung von **Mängelansprüchen** sowie Nachbes- 1215 serungs- und Restarbeiten muss aber auf die bei der Abnahme oder in unmittelbarem zeitlichen Zusammenhang mit der Abnahme festgestellten Mängel beschränkt bleiben, da der Treuhänder andernfalls noch nach Jahren mit der Durchsetzung vielleicht erst viel später auftretender Mängel zu befassen wäre. Für die Feststellung später erkannter Mängel, für die Einleitung etwaiger selbständiger Beweisverfahren bezüglich solcher Mängel ist die Wohnungseigentümergemeinschaft, nicht aber der Treuhänder zuständig[172], vgl. unten Rdn. 1339, 1396, 1441.

b) Vorzeitige Beendigung durch Kündigung

Das Treuhandverhältnis kann nach § 626 BGB aus wichtigem Grund fristlos gekündigt 1216 werden. Als **wichtiger Grund** kommen zunächst nachhaltige Vertragsverletzungen durch den Treuhänder in Betracht. Als Beispiele seien etwa kollusives Zusammenwirken mit anderen Vertragspartnern zum Nachteil des Bauherrn, mangelnder Einsatz für den Auftraggeber und strafbare Handlungen zu Lasten der Auftraggeber genannt, im Einzelnen Rdn. 1242.

Als wichtiger Grund kommen jedoch nicht nur schuldhafte Vertragsverletzungen, 1217 sondern auch **von keiner der Parteien zu vertretende Umstände** in Betracht. Dies können etwa folgende Gründe sein:

---

[167] *Brych,* FS Korbion, S. 1 (15).
[168] *Müller,* Rdn. 126.
[169] BGH v. 4. 10. 1984, NJW 1985, 230.
[170] *Brych,* FS Korbion, S. 1 (15).
[171] *Brych,* FS Korbion, S. 15.
[172] *Müller,* S. 211 ff.

- Die zur Durchführung des Bauvorhabens **erforderliche Zahl von Bauherren** konnte nicht gefunden werden; der Initiator ist nicht zum Selbsteintritt bereit oder in der Lage[173].
- Die **Baugenehmigung** kann nicht innerhalb einer angemessenen Frist bzw. bis zu einem bestimmten (vereinbarten) Zeitpunkt erwirkt werden.
- Das **Bauvorhaben wird nicht** bis zu einem bestimmten Zeitpunkt **begonnen.**
- Die **Fertigstellung** des Bauvorhabens ist z.B. aus technischen Gründen **nicht zu gewährleisten.**

1218 Besteht ein wichtiger Grund für eine außerordentliche Beendigung des Treuhandvertrages, so kann jeder einzelne Bauherr von dem Kündigungsrecht Gebrauch machen[174]. Auch wenn nicht übersehen werden kann, dass sich aus der uneinheitlichen Ausübung eines solchen Kündigungsrechts (sei dies, weil nicht in der Person aller Bauherren ein solches Kündigungsrecht besteht, oder weil einige Bauherren hiervon keinen Gebrauch machen wollen) Abwicklungsschwierigkeiten ergeben können[175], so muss das **individuelle Kündigungsrecht** doch höher bewertet werden als eine – im Übrigen ja weder gesetzlich noch vertraglich in dieser Weise verankerte – Bauherrengemeinschafts-Disziplin. Der Treuhandvertrag wird auf der Bauherrenseite nicht von einer Bauherrengemeinschaft, sondern von den einzelnen Bauherren abgeschlossen. Eine kollektive Beendigung des Treuhandverhältnisses ist weder notwendig noch geboten (dies schließt nicht aus, dass sämtliche Bauherren parallel und koordiniert die einzelnen Treuhandverträge gleichzeitig kündigen). Der Bauherr muss weder in der Bauherrenversammlung um eine Kollektiventscheidung ringen, noch muss er im Unterliegensfall gegenüber den Mitbauherren eine entsprechende gerichtliche Entscheidung herbeiführen[176].

1219 Mit der (vorzeitigen) Beendigung des Treuhandvertrages sind die vom Treuhänder abgeschlossenen oder sogar schon durchgeführten Verträge in keiner Weise automatisch hinfällig. Im Grundsatz obliegt es den Bauherren, je nach Anlass der fristlosen Kündigung und nach Baufortschritt für die **Bestellung eines neuen Treuhänders** oder einer anderen geeigneten Person zu sorgen (auf die Beauftragung eines neuen Treuhänders kann etwa verzichtet werden, wenn das Bauvorhaben überhaupt nicht durchgeführt werden soll oder schon abgeschlossen ist und nur noch die Abnahme und die Erstellung der Schlussabrechnung sowie die Durchführung der Nachbesserungsarbeiten unerledigt sind). Es ist auch Aufgabe des Bauherrn bzw. der Bauherren, den denkbaren Konflikt des Nebeneinanders von zwei Treuhändern – der etwa dann eintreten kann, wenn sich nur ein Teil der Bauherren zur fristlosen Kündigung entschließt – zu lösen.

1220 Der Bauherr kann sich von den anderen Verträgen (**Kaufvertrag, Baubetreuungsvertrag, Bauverträge** usw.) nur dann gleichzeitig lösen, wenn gegenüber jedem dieser Vertragspartner ebenfalls ein Grund zur Rückabwicklung besteht und geltend gemacht wird. Zwar können auch mehrere Vereinbarungen mit verschiedenen Vertragspartnern ein einheitliches Rechtsgeschäft darstellen mit der Folge, dass der gegenüber dem einen Vertragspartner bestehende Kündigungsgrund auch zur Kündigung gegenüber den anderen Beteiligten rechtfertigt (§ 139 BGB), jedoch muss dieser Einheitlichkeitswille von den Vertragspartnern gebilligt oder doch mindestens hinge-

---

[173] *Schniewind*, BB 1982, 2015 (2016).
[174] *Müller*, Rdn. 140 f.
[175] *Müller*, Rdn. 140 f.
[176] Rechtsprechung existiert – soweit ersichtlich – lediglich zu den insoweit vergleichbaren Problemen bei den Publikumsgesellschaften, vgl. etwa BGH v. 12. 5. 1977, NJW 1977, 2160; BGH v. 11. 11. 1999, BB 2000, 790; auch *Schlarmann*, BB 1979, 192 f. m. w. N.

II. Treuhandvertrag

nommen werden[177]. Davon kann bei einer wirtschaftlichen Verflechtung zwischen Treuhänder und Initiatorenkreis etwa im Verhältnis zu den Funktionsträgern ausgegangen werden, nicht jedoch bezüglich der anderen Bauherren, denen gegenüber sich der Einzelne ebenfalls vertraglich zur Durchführung der Maßnahme verpflichtet hat, auch nicht gegenüber den Bauhandwerkern, den Baustofflieferanten und in aller Regel wohl auch nicht gegenüber dem Grundstücksverkäufer.

c) Pflichten bei Vertragsbeendigung

Bei Beendigung des Treuhandverhältnisses durch Zweckerreichung sind die im Rahmen der Treuhandschaft erlangten Unterlagen, Pläne usw. herauszugeben. Bei einer vorzeitigen Beendigung hat der Treuhänder eine Schlussabrechnung zu erstellen. Hiervon ist er bei einer fristlosen Kündigung nicht befreit; das Gleiche gilt für die oben beschriebenen Auskunftspflichten. 1221

Mit der Beendigung – sei dies durch Zweckerreichung oder durch fristlose Kündigung – erlischt die Vollmacht nach § 168 BGB; der Treuhänder hat dem Bauherrn die Vollmachtsurkunde unverzüglich zurückzugeben (§ 175 BGB). 1222

6. Die Haftung des Treuhänders

Bei jedem Modell nimmt der Treuhänder die zentrale Stellung ein. Wegen der komplizierten Abläufe muss ihm – in Ermangelung eigener Fachkenntnis des Bauherrn zumeist blindlings – hohes Vertrauen entgegengebracht und überdies ein erheblicher Vermögenswert anvertraut werden. Mit dieser Vertrauensstellung korrespondieren beachtliche Treue-, Sorgfalts- und Aufklärungspflichten auf Seiten des Treuhänders. Ihn treffen im bautechnischen, wirtschaftlichen und steuerrechtlichen Bereich weitgehende Obliegenheiten und eine ebenso umfassende Haftung. Seine Haftung geht über das im Auftragsrecht vorgesehene Maß hinaus[178]. 1223

Die **verschärfte Haftung** des Treuhänders ergibt sich auch daraus, dass die Schutzvorschriften der MaBV wegen der Einschaltung des Treuhänders nicht anzuwenden sind. Der BGH hat diesen Zusammenhang zwischen vermindertem öffentlich-rechtlichen Schutz und erhöhten Anforderungen an die Sorgfaltspflichten ausdrücklich hervorgehoben: Mit der Einschaltung des Treuhänders werde versucht, die Schutzvorschriften der Makler- und Bauträgerverordnung zu umgehen, was nur dann Erfolg haben dürfe, wenn die Treuhandschaft jene Schutzvorschriften entbehrlich macht. Der Treuhänder hat deshalb die Interessen des Treugebers gewissenhaft zu wahren[179]. 1224

Der BGH hat außerdem hervorgehoben, dass die vom Bauherrn erwünschten Steuervorteile, die im Wesentlichen durch die gesondert ausgewiesenen Werbungskosten erzielt wurden, die **Sorgfalts- und Treuepflichten** des Treuhänders beim Abschluss der Werbungskostenverträge nicht etwa abschwächen. Im Gegenteil: Das Interesse des Bauherrn an der Erzielung möglichst hoher Steuervorteile befreit den Treuhänder nicht von der Verpflichtung, in erster Linie für die ordnungsgemäße Durchführung des Bauvorhabens, insbesondere die Sicherstellung der von dem Bauherrn eingesetzten Mittel zu sorgen[180]. 1225

---
[177] BGH v. 30. 4. 1976, NJW 1976, 1931 (1932).
[178] Umfassend zur Haftung des Treuhänders *Koeble*, FS Korbion, S. 215 f.
[179] BGH v. 19. 11. 1987, WM 1988, 54 (55); BGH v. 7. 11. 1991, NJW-RR 1992, 531.
[180] BGH v. 19. 11. 1987, WM 1988, 54 (56); zur daraus folgenden Verpflichtung, keine überflüssigen Verbindlichkeiten einzugehen, BGH v. 7. 12. 1983, BB 1984, 564.

C. Baumodelle

1226 In Ermangelung besonderer gesetzlicher Bestimmungen haftet der Treuhänder bei Nicht- oder Schlechtausführung und bei Verletzung anderer Pflichten im Rahmen von § 280 BGB nach § 276 BGB für Vorsatz und Fahrlässigkeit[181]. Daneben kommt die Haftung des Treuhänders wegen **Verschuldens bei den Vertragsverhandlungen** in Betracht. Schon vor und bei Abschluss des Treuhandvertrages ist der Treuhänder zur Aufklärung, Beratung und zum Schutz seines zukünftigen Treugebers verpflichtet – bei entsprechenden Unterlassungen haftet er aus culpa in contrahendo. Schließlich hat der Treuhänder als Mitinitiator für unvollständige und fehlerhafte Prospektangaben aus dem Gesichtspunkt der **Prospekthaftung** einzustehen (Rdn. 1268 f.).

1227 Der umfassend beauftragte Treuhänder ist zumeist berechtigt und verpflichtet, für bestimmte Aufgaben weitere Geschäftsbesorger (Steuerberater, Baubetreuer usw.) hinzuzuziehen. Er bleibt aber trotzdem zur umfassenden Interessenwahrnehmung verpflichtet. Durch die Einschaltung eines Steuerberaters oder Baubetreuers kann er sich seiner Pflichten nicht entledigen[182] (vgl. Rdn. 1251).

a) Haftung im bautechnischen Bereich

1228 Bei der **Vergabe der Bauleistungen** hat der Treuhänder die gleiche Sorgfalt anzuwenden wie ein Architekt. Besonderes Augenmerk ist auf die Auswahl geeigneter und leistungsfähiger Unternehmer zu richten. Ob die Gewerke einzeln vergeben werden sollen, ein Generalunternehmer oder ein Generalübernehmer eingeschaltet oder die Rohbauarbeiten an einen Rohbauer, die übrigen Gewerke an einen einzigen Bauunternehmer vergeben werden sollen, muss in Übereinstimmung mit den Prospektangaben, den kalkulierten Baukosten und je nach Vertragsgestaltung unter Befragung der Auftraggeber (Bauherrenversammlung) entschieden werden. Zu einer ordnungsgemäßen Vergabe der Bauleistungen gehört eine **Ausschreibung** und die anschließende Auswahl der einerseits preisgünstigsten, andererseits aber auch leistungsstärksten Bieter. Wird vom Bauherrn nach Durchführung des Vorhabens eine unsachgemäße Vergabe behauptet, muss im Prozess konkret nachgewiesen werden, dass der Treuhänder beispielsweise den Generalübernehmervertrag nicht zu marktgerechten Bedingungen abgeschlossen hat. Es genügt nicht, aufgrund gewisser Anhaltspunkte (vermutete Manipulationen usw.) eine Überteuerung zu behaupten[183].

1229 **Planerische und gestalterische Aufgaben** hat der Treuhänder nicht; insoweit haftet der Architekt[184]. Allerdings haftet der Treuhänder für ihm erkennbare und durch ihn abwendbare Abweichungen der Planung oder Ausführung von den prospektierten Angaben.

Der Treuhänder ist nicht berechtigt, die prospektierte oder vertraglich vorgesehene Zweckbestimmung des Objekts zu ändern. Selbst wenn behördliche Auflagen die **Änderung der Zweckbestimmung** erfordern sollten, muss der Treuhänder hierzu die Entscheidung der Bauherren herbeiführen[185].

1230 Besondere Verantwortung trägt der Treuhänder bei der Gestaltung der Bauverträge und den auszuhandelnden Konditionen. Der Treuhänder hat im Interesse seines Auftraggebers stets die **bestmöglichen Konditionen** und die optimale Vertragsgestaltung zu wählen und durchzusetzen. Der Formulierung des OLG Hamburg[186], nach der eine Haftung des Treuhänders erst dort beginnen könne, wo sein Verhalten augenfällig

---

[181] *Palandt/Sprau,* § 662 Rdn. 11; vgl. auch BGH v. 24. 3. 1988, NJW-RR 1988, 915.
[182] BGH v. 6. 2. 1991, NJW-RR 1991, 660.
[183] OLG Hamburg, v. 11. 7. 1984, WM 1984, 1400 (1403).
[184] *Koeble,* FS Korbion, S. 215 (220).
[185] OLG Köln v. 9. 8. 1995, NJW-RR 1996, 469.
[186] OLG Hamburg v. 11. 7. 1984, WM 1984, 1400 (1401).

II. Treuhandvertrag

schädlich wird, er im Übrigen aber nicht zu den jeweils denkbar besten Konditionen mit Dritten abschließen müsse, kann nicht beigetreten werden (dieser Obersatz steht im Übrigen auch deutlich im Widerspruch zu den sich anschließenden, strengen und zutreffenden Erwägungen der Entscheidungsbegründung). Der BGH[187] hat es allerdings offen gelassen, ob der Treuhänder gehalten ist, Darlehen zu günstigsten Konditionen aufzunehmen.

Auch wenn beim Abschluss der Bauverträge die denkbar günstigsten Vertragskonditionen weitaus schwieriger zu ermitteln und auszuhandeln sind als etwa beim Abschluss der Finanzierungsverträge, so vermag dies nichts daran zu ändern, dass die verschiedenen Parameter eines Bau- oder Generalübernehmervertrages vom Treuhänder optimal abgestimmt werden müssen[188]. 1231

Ob die im Einzelnen vereinbarten Konditionen angemessen oder fehlerhaft sind, lässt sich nicht isoliert, sondern nur im Kontext beurteilen. So ist es dem pflichtgemäßen Ermessen des Treuhänders (oder der Bauherrenversammlung) überlassen, die Bauleistungen auf **Einheitspreis-Basis** oder als **Pauschalpreisvertrag** zu vergeben. Letzteres gibt größere Sicherheit bezüglich der kalkulierten Baukosten, muss aber zumeist durch von vornherein höhere Preise bezahlt werden. Der Einheitspreisvertrag kann nur bei optimaler Planung, sorgfältiger Erstellung der Leistungsverzeichnisse und entsprechend präziser Vergabe als vorteilhaft gelten (Ziel muss hier immer die Einhaltung der kalkulierten Baukosten sein). 1232

Der Abschluss der Bauverträge unter **Zugrundelegung der VOB/B** ist ausreichend und auch vertretbar[189], weil die dem Bauherrn nach der VOB/B zustehenden Rechte während der Baumaßnahme durch sachkundige Vertragspartner (Architekt, Baubetreuer und Treuhänder) wahrgenommen werden können und müssen. 1233

Im Rahmen der Vertragsgestaltung sind vom Treuhänder **Ausführungsfristen** – entsprechend den im Prospekt oder im Treuhandvertrag vorgesehenen Fertigstellungszeitpunkten – zu vereinbaren. Hierbei muss beachtet werden, dass sich der Bauherr schadensersatzpflichtig machen kann, wenn die Bauhandwerker durch nicht rechtzeitig hergestellte Vorarbeiten behindert werden. Ausführungsfristen sind durch Vertragsstrafen in angemessener Höhe und durch wirksame Bedingungen zu bewehren. 1234

Die Vertragspartner müssen den Bauherren ausreichende **Sicherheiten** für die Fertigstellung und die spätere Mängelhaftung stellen. Zur ordnungsgemäßen Vertretung der Bauherren gehört deshalb die Vereinbarung einer angemessenen Vertragserfüllungsbürgschaft und die Vereinbarung einer Sicherheit für die Mängelhaftung auf die Dauer der Gewährleistungsfrist.

Schließlich muss der Treuhänder beachten, dass die Bauherren gegenüber den Bauhandwerkern – insbesondere dann, wenn die Gewerke aufgrund eines vom Treuhänder entwickelten Vertragsmusters einzeln vergeben werden – Verwender der Vertragsbedingungen im Sinne der §§ 305 ff. BGB sein werden. Zur Vermeidung von **unwirksamen Vertragsklauseln** hat der Treuhänder die Vereinbarkeit der von ihm verwendeten Vertragsmuster bzw. Geschäftsbedingungen mit den §§ 305 ff. BGB zu überprüfen und sicherzustellen[190]. 1235

Ebenso wie bei den anderen Verträgen (dazu unten Rdn. 1245) darf der Treuhänder auch bei den Bauverträgen die Bauherren nicht über den **kalkulierten Gesamtaufwand** hinaus und nur auf den jeweils übernommenen Anteil, also **nicht als Gesamtschuldner verpflichten.** 1236

---

[187] BGH v. 19. 11. 1987, WM 1988, 54 (55); BGH v. 26. 4. 1979, BB 1979, 909.
[188] A. A. *Koeble,* FS Korbion, S. 215 (222).
[189] Vgl. *Jagenburg,* NJW 1994, 2864 (2867); a. A. LG Oldenburg v. 13. 8. 1991, NJW-RR 1992, 154.
[190] Vgl. BGH v. 7. 12. 1983, BB 1984, 564 (565); LG München I v. 9. 11. 1983, BB 1984, 1773.

1237 Bei der Überwachung der Baudurchführung, den (Teil-)Abnahmen und der Verfolgung von Nacherfüllungs- und Mängelansprüchen kann sich der Treuhänder des Architekten bedienen. Gehört der Architekt dem Initiatorenkreis an, muss der Treuhänder einen weiteren **Architekten** zum Zwecke der Überwachung und Kontrolle hinzuziehen[191].

1238 Dem Treuhänder obliegt die **Abnahme** der Bauleistungen. Dazu gehören etwaige Teilabnahmen, bei Vergabe an einen Generalunternehmer bzw. -übernehmer jedenfalls nach Fertigstellung des Objekts die Abnahme des Sondereigentums und des Gemeinschaftseigentums. Der Treuhänder hat darauf hinzuwirken, dass unter Hinzuziehung des Architekten und erforderlichenfalls sogar eines Sachverständigen mit großer Sorgfalt sämtliche Mängel und alle noch nicht ausgeführten Leistungen festgestellt werden.

1239 Schließlich ist es Aufgabe des Treuhänders, auf die Beseitigung sämtlicher bei der Abnahme erkannter Mängel und auf die Erledigung noch offener Restarbeiten hinzuwirken, Leistungsverweigerungsrechte an Restwerklohnansprüchen auszuüben und – wenn dies im Stadium vor oder bei der Abnahme geboten ist – Maßnahmen zur Beweissicherung einzuleiten[192]; vgl. dazu auch Rdn. 1338, 1396, 1441.

Alle im zeitlichen Zusammenhang mit der Abnahme begonnenen Maßnahmen zur Mängelbeseitigung oder Erledigung von Restarbeiten (z.B. die Außenanlagen) sind vom Treuhänder zu Ende zu führen. Vorher ist der Treuhandvertrag nicht beendet (vgl. Rdn. 1214). Im Übrigen hat der Treuhänder seinen Auftraggebern – zweckmäßigerweise dem zu diesem Zeitpunkt längst bestellten Wohnungseigentumsverwalter – sämtliche Informationen und Unterlagen für die Verfolgung etwaiger erst später auftretender Mängel zur Verfügung zu stellen.

Der Treuhänder haftet den Bauherren aber grundsätzlich nicht für **Baukostensteigerungen,** für Planungs- oder für Bauausführungsmängel. In diesem Bereich können ihn Ansprüche nur dann treffen, wenn er vor, bei oder nach Abschluss des Treuhandvertrages entsprechende Auskünfte oder Informationen nicht erteilt, er vorwerfbare unzuverlässige Baubeteiligte ausgewählt oder gegenüber den Vertragspartnern (Architekt, Bauarbeiter und Bauhandwerker) nicht auf eine vertragsgerechte Erfüllung hingewirkt hat.

1240 Der in einem **Erwerbermodell** beauftragte Treuhänder soll beim Kauf einer Altbauimmobilie, wenn dies unter Ausschluss jeder Gewährleistung für Sachmängel erfolgt, verpflichtet sein, vor Abschluss eines solchen Vertrages den Bauzustand durch einen Sachverständigen auf besonders kostenträchtige und den Wohnwert erheblich mindernde Mängel hin untersuchen zu lassen[193]. Ist das Erwerbermodell auf den Kauf eines Wohnungs-Erbbaurechts gerichtet, hat der Treuhänder den Kaufvertrag so abzuschließen, dass eine reibungslose Beleihung des Objekts möglich ist; ist eine fast hundertprozentige Beleihung vorgesehen, so muss die Lastenfreiheit des Objekts gewährleistet sein[194].

b) Haftung im wirtschaftlich-finanziellen Bereich

1241 Durch den Abschluss der **Funktionsträgerverträge** dürfen keine Leistungen vereinbart werden, die zur Erreichung des erstrebten wirtschaftlichen und steuerlichen Erfolgs nicht nötig sind und an denen der Bauherr auch sonst kein vernünftiges Inte-

---

[191] *Koeble,* Kap. 25 Rdn. 14.
[192] *Koeble,* FS Korbion, S. 215 (224), ist der Meinung, dass die Verfolgung von Gewährleistungsansprüchen allein dem Wohnungseigentumsverwalter obliegt.
[193] OLG Köln v. 22. 9. 1989, BauR 1991, 626.
[194] OLG Frankfurt v. 21. 9. 1989, NJW-RR 1990, 281.

II. Treuhandvertrag

resse haben kann[195]. Demgemäß handelt der Treuhänder pflichtwidrig, wenn er in Abweichung von § 652 BGB Vermittlungsverträge (etwa für die Beschaffung von Finanzierungen) mit erfolgsunabhängigen Vergütungen abschließt und die vereinbarten Gebühren bezahlt[196] (vgl. auch Rdn. 1413). Entsprechendes gilt für Vergütungen, die deshalb nicht geschuldet sind, weil die Vertragspartner gesellschaftsrechtlich oder wirtschaftlich miteinander verflochten sind[197].

Der Treuhänder ist verpflichtet, über **eigene Verflechtungen** mit anderen am Bauherrenmodell Beteiligten aufzuklären. Verletzt der Treuhänder diese Verpflichtung, macht er sich schadensersatzpflichtig[198]. Allerdings kann der Bauherr nur den Betrag als Schaden geltend machen, den er sich bei Beauftragung eines unabhängigen Treuhänders erspart hätte; den Schaden kann er nicht durch einen Vergleich der tatsächlich aufgewendeten Mittel mit dem Verkehrswert des Objekts ermitteln, da auch ein unabhängiger Treuhänder etwa den Anfall sog. Funktionsträgergebühren nicht hätte vermeiden können[199].

Der Treuhänder macht sich schadensersatzpflichtig, wenn er bei der Auftragsvergabe **1242** von Bauunternehmern, Lieferanten oder anderen Vertragspartnern (z.B. auch Banken) **persönliche Vorteile** („Provisionen", „Beraterhonorare" usw.) fordert bzw. sich solche versprechen oder gewähren lässt[200]. Durch derartige Handlungen werden nicht nur die vertraglichen Treuepflichten, sondern auch die einschlägigen Strafrechtsbestimmungen verletzt, nämlich die Tatbestände der Untreue, des Betruges und ggf. auch der Bestechlichkeit. Unabhängig davon, dass sich der Treuhänder schadensersatzpflichtig macht, ist er zur Aufklärung[201] über etwaige Rückvergütungen und zur Herausgabe etwaiger Vorteile nach Geschäftsgebesorgungsrecht verpflichtet (oben Rdn. 1195, 1207). Die Vereinbarung mit dem Geschäftspartner des Bauherrn ist gemäß § 138 Abs. 1 BGB nichtig, wenn der Treuhänder als Vertreter des Bauherrn im Einverständnis mit dem Vertragsgegner Abreden zum eigenen Vorteil und zum Schaden des Vertretenen trifft[202].

Eine besondere Form der Schmiergeldabsprachen ist die Vereinbarung von **Kick- 1243 backs**. Vom Treuhänder bzw. Baubetreuer gedeckt oder mit diesen abgesprochen werden dem Bauherrn seitens der Vertragspartner (z.B. Generalunternehmer) überhöhte Preise oder nicht erbrachte Leistungen oder nicht eingebaute Massen berechnet – und anstandslos bezahlt. Der dem Vertragspartner auf diese Weise zugeflossene Betrag wird geteilt: Der Treuhänder (bzw. Baubetreuer) erhält seinen Teil entweder in der Form von Geldzahlungen (Kickbacks) oder in Gestalt von Naturalleistungen (der von den Bauherren beauftragte und bezahlte Bauhandwerker betätigt sich z.B. – ohne besondere Rechnungsstellung – zugleich auf der privaten Baustelle des Treuhänders/Baubetreuers, Baustoffe werden „kostenlos" an die Initiatoren geliefert, Sonderwünsche in der vom

---

[195] BGH v. 7. 12. 1983, BB 1984, 564; BGH v. 19. 11. 1987, WM 1988, 54 (55).
[196] BGH v. 1. 12. 1982, NJW 1983, 985; OLG München v. 28. 7. 1983, BB 1983, 1692; BGH v. 5. 4. 1984, NJW 1984, 2162; OLG Hamburg v. 17. 2. 1984, BB 1984, 934.
[197] BGH v. 24. 4. 1985, BB 1985, 1221; BGH v. 25. 5. 1973, NJW 1973, 1649; OLG Hamm v. 9. 7. 1987, BB 1987, 1977.
[198] BGH v. 16. 1. 1991, NJW-RR 1991, 599.
[199] BGH v. 16. 1. 1991, NJW-RR 1991, 599.
[200] OLG München v. 29. 1. 1986, WM 1986, 1141, zur Schadensersatzpflicht eines Brokers gem. § 263 StGB i.V.m. § 823 Abs. 2 BGB wegen eines verheimlichten Einbehalts von Provisionsrückvergütungen (Kickbacks); OLG Köln v. 27. 11. 1986, NJW-RR 1988, 144, zur Sittenwidrigkeit eines Provisionsversprechens des Bauhandwerkers gegenüber einer Vertrauensperson der Bauherren zum Zwecke der Einflussnahme auf die Auftragsvergabe (Schmiergeld); BGH v. 25. 6. 1986, NJW-RR 1987, 42.
[201] BGH v. 19. 12. 2006, NJW 2007, 1876, Rdn. 22 (zur entsprechenden Aufklärungspflicht der Bank über Rückvergütungen bei der Empfehlung von Fondsanteilen).
[202] BGH v. 17. 5. 1988, WM 1988, 1380.

C. Baumodelle

Treuhänder/Baubetreuer als Bauherr übernommenen Eigentumswohnung werden ausgeführt usw.).

1244 **Zu früh** eingegangene Verpflichtungen und zu früh **geleistete Zahlungen** können dem Bauherrn erhebliche Schäden bereiten. Der Treuhänder darf keine Verpflichtungen eingehen und keine Zahlungen zu Lasten des Bauherrn leisten, bevor nicht
- die Baugenehmigung erteilt[203],
- die Bauherrengemeinschaft geschlossen[204] und
- die Gesamtfinanzierung für das Bauvorhaben gesichert ist[205].

Bei der Beurteilung der Frage, ob das Modell geschlossen ist, kann nicht rein formell auf den Beitritt einer ausreichenden Anzahl an Bauherren abgestellt werden. Es kommt vielmehr auf den Zweck der entsprechenden vertraglichen Regelung an. Zweck ist vor allem die Sicherstellung ausreichender finanzieller Mittel, weshalb der Beitritt einer Gesellschaft aus dem Initiatorenkreis – nur um den formellen Anforderungen des Vertrages zu genügen – nicht ausreicht[206].

1245 Hinsichtlich des Umfangs der einzugehenden Verpflichtungen muss vom Treuhänder beachtet werden, dass der **kalkulierte Gesamtaufwand** nicht überschritten werden darf[207] und keiner der Bauherren über das Maß seiner Beteiligung hinaus als Gesamtschuldner für die anderen Bauherren mitverpflichtet wird. Die Einhaltung des kalkulierten Gesamtaufwandes bei Abschluss der Verträge schützt den Bauherrn allerdings nicht davor, dass etwa durch unvorhergesehene Mehrungen oder Bauzeitüberschreitungen doch Baukostenerhöhungen zu tragen sein können. Die **Beschränkung der Haftung auf den jeweiligen Anteil** muss zur Vermeidung von Unsicherheiten erfolgen, obwohl die Rechtsprechung den einzelnen Bauherrn ohnehin nur für den von ihm übernommenen Anteil haften lässt[208] (vgl. auch Rdn. 1392). Außerdem ist der Treuhänder verpflichtet, dem Bauunternehmer, der noch Werklohn beanspruchen kann, mitzuteilen, ob eine etwaige Teilleistung von allen Bauherren gleichmäßig (anteilig) erbracht wurde oder auf dem Verzug nur einzelner Bauherren beruht. Erst nach einer entsprechenden Mitteilung tritt im Falle des Rückstandes einzelner Bauherren die Haftungsbeschränkung für die anderen Bauherren ein, so dass nun nur noch die säumigen Bauherren vom Unternehmer belangt werden können[209]. Unterlässt der Treuhänder diese Mitteilung an den Unternehmer, besteht für den vertragstreuen Bauherrn die Gefahr, doppelt in Anspruch genommen zu werden.

1246 Regelmäßig ist der Treuhänder auch mit der **Beschaffung** der **Zwischenfinanzierung**, häufig auch mit der Besorgung der **Endfinanzierung** befasst. Der Treuhänder haftet deshalb auch für die korrekte Abwicklung, also die Aufnahme der Darlehen zu optimalen Konditionen[210] (vgl. auch Rdn. 1230). Der Treuhänder kann seine Verantwortlichkeit für die Darlehensbedingungen nicht unter Hinweis auf den von ihm eingeschalteten Darlehensvermittler in Abrede stellen. Er haftet für unübliche und dem

---

[203] BGH v. 19. 6. 1986, BB 1986, 1987.
[204] BGH v. 2. 3. 1994, NJW 1994, 1864.
[205] BGH v. 2. 3. 1994, NJW 1994, 1864.
[206] BGH v. 11. 10. 2001, NJW 2002, 888 = NZBau 2002, 94 = BauR 2002, 621, zur Schließung eines geschlossenen Fonds.
[207] BGH v. 24. 3. 1988, NJW-RR 1988, 915; BGH v. 16. 12. 1993, BB 1994, 1741.
[208] BGH v. 18. 11. 1976, NJW 1977, 294; BGH v. 17. 1. 1980, NJW 1980, 992; LG Kassel v. 6. 10. 1982, NJW 1983, 827.
[209] BGH v. 21. 4. 1988, BauR 1988, 492.
[210] *Rosenberger*, ZfBR 1981, 253 (257); *Wolfsteiner*, DNotZ 1979, 579 (586). A. A. OLG Hamburg v. 11. 7. 1984, WM 1984, 1400 (1403). Der BGH hat es bislang offen gelassen, ob der Treuhänder die Finanzierung zu bestmöglichen Konditionen besorgen muss, vgl. BGH v. 19. 11. 1987, WM 1988, 54 (55), auch BGH v. 26. 4. 1979, BB 1979, 909.

II. Treuhandvertrag

Bauherrn nachteilige Kreditbedingungen (z. B. rückwirkende Bereitstellungszinsen oder nicht annähernd marktgerechte Kreditkosten)[211].

Bei der **Abwicklung des Zahlungsverkehrs** hat sich der Treuhänder ausschließlich von den Interessen seiner Auftraggeber leiten zu lassen. Zahlungen sind niemals vor Fälligkeit, aber unter Ausnutzung der eingeräumten Skonti zu leisten. Es stellt eine grobe Vertragsverletzung dar, wenn der Treuhänder z. B. die Vergütung des Baubetreuers oder anderer Funktionsträger vor den vereinbarten Fälligkeiten bezahlt[212]. Entsprechendes gilt für die Werklohnforderungen: Die Bauhandwerker dürfen nur nach **Baufortschritt** und Vorlage geprüfter und freigegebener Abschlags- bzw. Schlussrechnungen bezahlt werden[213]. Erforderlich ist auch, dass vor Mittelfreigabe geprüft wird, ob die Bauherrengemeinschaft geschlossen ist[214]. Der Treuhänder muss über Einbehalte in angemessener Höhe wegen vorhandener Mängel oder noch nicht erledigter Restarbeiten entscheiden. Er muss andererseits die Zahlungen so leisten, dass Verzugsschäden oder überflüssige Prozesskosten vermieden werden.

Im **Bauträgermodell** setzen Zahlungen das Vorliegen der Fälligkeitsvoraussetzungen des § 3 Abs. 1 MaBV voraus; sie müssen außerdem dem Zahlungsplan gemäß § 3 Abs. 2 MaBV entsprechen. Der Treuhänder muss beides prüfen. Er muss die vom Baufortschritt abhängige Fälligkeit der Abschlagszahlungen überprüfen bzw. (bei Zweifeln) durch einen unabhängigen Architekten prüfen lassen.

Der **Mittelverwendungstreuhänder** hat sicherzustellen, dass sämtliche Anlagegelder in seine (Mit-)Verfügungsgewalt gelangen und seiner Mitteverwendungskontrolle nicht entzogen werden können[215].

Der Treuhänder hat bei Konflikten zwischen den Bauherren um einen sachgerechten Ausgleich besorgt zu sein. Weicht die Größe der tatsächlich hergestellten Wohnungen von den geplanten bzw. prospektierten **Wohnflächen** ab, muss der Treuhänder diesem Umstand bei der Kostenverteilung Rechnung tragen[216]. Bei der Abrechnung sind die – bezogen auf die einzelne Wohnung – tatsächlich angefallenen Bau- und Baunebenkosten zugrunde zu legen. Sobald der Treuhänder von derartigen Abweichungen Kenntnis hat, muss er eine bereits erstellte Schlussabrechnung neu erstellen. Weicht die tatsächlich hergestellte Wohnfläche von den im Treuhandvertrag bzw. im Prospekt vorgegebenen Angaben ab und beruht dies darauf, dass der Treuhänder seine Überwachungs- und Beratungspflicht verletzt hat, haftet der Treuhänder für dadurch verursachte Schäden[217]. Er kann sich nicht darauf berufen, dass dem Bauherrn (bereicherungsrechtliche) Ausgleichsansprüche gegen die anderen, durch die fehlerhafte Flächenberechnung bzw. Abrechnung begünstigten Bauherren zustehen (vgl. dazu Rdn. 1330). Selbst wenn solche Ansprüche in Betracht kommen, darf der Geschädigte zwischen diesen Ansprüchen und dem Schadensersatzanspruch gegen den Treuhänder frei wählen[218]. Veränderungen bei den Wohn- bzw. sonstigen Nutzflächen sind auch bei der Errichtung der Teilungserklärung zu berücksichtigen[219], und zwar

1247

1248

---

[211] OLG Hamburg v. 11. 7. 1984, WM 1984, 1400 (1402).
[212] BGH v. 11. 5. 1989, NJW-RR 1989, 1102; OLG Hamburg, v. 11. 7. 1984, WM 1984, 1400.
[213] *Brych,* BB 1980, 531; *v. Heymann,* BB 1980, Beilage 12, S. 17, 18; *Maser,* NJW 1980, 961 (965); vgl. OLG Hamm v. 29. 4. 1986, NJW-RR 1987, 209, zur Haftung des Architekten für unrichtige Baufortschrittsanzeige gegenüber der Bank aufgrund stillschweigend abgeschlossenen Auskunftsvertrages; ebenso OLG Köln v. 20. 10. 1987, NJW-RR 1988, 335.
[214] *Schniewind,* BB 1982, 2015 (2017).
[215] BGH v. 24. 7. 2003, BB 2003, 1923; BGH v. 26. 9. 2000, NJW 2001, 360.
[216] BGH v. 15. 5. 1991, NJW-RR 1991, 1120; BGH v. 17. 1. 1991, NJW-RR 1991, 662.
[217] Vgl. BGH v. 25. 10. 1990, NJW-RR 1991, 218, zur entsprechenden Haftung des Baubetreuers.
[218] BGH v. 15. 5. 1991, NJW-RR 1991, 1120 (1123); BGH v. 17. 1. 1991, NJW-RR 1991, 662, geht von Gesamtschuldnerschaft zwischen Treuhänder und begünstigten Mitbauherrn aus.
[219] BGH v. 17. 1. 1991, NJW-RR 1991, 662.

sowohl für die Abrechnung der Baukosten – soweit sich diese an den in der Teilungserklärung ausgewiesenen Anteilen orientiert – wie auch mit Blick auf die künftige Kosten- und Lastentragung innerhalb der Wohnungseigentümergemeinschaft. Schließlich kommen auch Ansprüche aus Prospekthaftung oder aus Verschulden bei Vertragsschluss in Betracht, wenn Fragen des Bauherrn bzgl. der Größe der Wohnfläche unzutreffend beantwortet werden[220]. Dem Treuhänder obliegt es ferner, Abweichungen von der vorgesehenen **Nutzungsmöglichkeit** (Wohnnutzung, gewerbliche Nutzung usw.) zu vermeiden[221]; er muss um die öffentlich-rechtliche Zulässigkeit der vereinbarten Nutzung ebenso besorgt sein wie um die vereinbarungsgemäße Ausweisung in der Teilungserklärung[222].

1249 Der Treuhänder schuldet dem Bauherrn die Führung einer von den sonstigen Unterlagen getrennten **Buchhaltung**.

Die Mittel der Bauherren sind vom eigenen Vermögen getrennt auf **Treuhandkonten** zu verwahren, die als solche gekennzeichnet sind.

1250 Zahlungen dürfen vom Treuhänder – wenn der Bauherr zur Mehrwertsteuer optiert – nur aufgrund von Rechnungen, auf denen die **Umsatzsteuer ausgewiesen** worden ist, geleistet werden[223].

c) Haftung im steuerlichen Bereich

1251 Hinsichtlich der steuerrechtlichen Wirkungen treffen den Treuhänder vertragliche[224], aber auch schon vorvertragliche[225] Aufklärungspflichten. Der Treuhänder hat beispielsweise über Bedenken bezüglich der Anerkennung der Bauherreneigenschaft aufzuklären. Bei der Gestaltung und Abwicklung der Maßnahme muss vom Treuhänder gewährleistet werden, dass der zum Zeitpunkt der Durchführung des Vorhabens maßgeblichen – insbesondere durch bundeseinheitliche Erlasse vorgegebenen – **Praxis der Finanzverwaltung** entsprochen wird[226]. Diese Verpflichtung trifft ihn auch dann, wenn er für die Gestaltung und Abwicklung einen Steuerberater und Baubetreuer einschaltet; hierdurch kann er sich nicht von seinen Pflichten als umfassend beauftragter Treuhänder entledigen (Rdn. 1227). Er muss aber in der Regel keine besonderen Vorkehrungen für etwaige unrichtige Entscheidungen der Finanzbehörde treffen, weshalb er dann nicht haftet, wenn die tatsächliche Abwicklung des Bauherrenmodells mit der maßgeblichen Verwaltungspraxis zum fraglichen Zeitpunkt übereinstimmt[227]. Er ist grundsätzlich auch dazu verpflichtet, auf vorhersehbare **Unsicherheiten in der Steuerrechtsprechung** hinzuweisen. Seit der Entscheidung des BFH vom 21. 12. 1981, mit der nicht nur der Grundstücksanteil, sondern auch die Herstellungskosten als Bemessungsgrundlage für die Grunderwerbsteuer herangezogen wurden[228], hatte der Treuhänder zum Beispiel auf die Auswirkungen – soweit diese nicht bereits im Prospekt berücksichtigt waren – hinzuweisen[229]. Bei etwaigen Änderungen während der Durchführung der Maßnahme muss der Treuhänder seinen Auftraggeber unverzüglich benachrichtigen. Abweichungen gegenüber den ursprünglich angenommenen Daten können sich etwa aufgrund einer Betriebsprüfung ergeben. Weichen die Ergeb-

---

[220] BGH v. 25. 10. 1990, NJW-RR 1991, 217.
[221] OLG Köln v. 9. 8. 1995, NJW-RR 1996, 469.
[222] BGH v. 5. 7. 1990, BB 1990, 1582; BGH v. 25. 10. 1990, NJW-RR 1991, 217.
[223] OLG Hamburg v. 11. 7. 1984, WM 1984, 1400 (1401).
[224] BGH v. 27. 10. 1983, BB 1984, 93 (94).
[225] BGH v. 9. 11. 1992, NJW 1993, 199.
[226] BGH v. 6. 2. 1991, NJW-RR 1991, 660.
[227] BGH v. 6. 2. 1991, NJW-RR 1991, 660.
[228] BFH v. 21. 12. 1981, DB 1982, 1602.
[229] OLG Frankfurt v. 27. 1. 1988, DB 1988, 437.

II. Treuhandvertrag

nisse der Betriebsprüfung von den zuvor angenommenen und dem Finanzamt mitgeteilten Verlusten ab, muss der Bauherr die Möglichkeit haben, sich hierauf einzurichten. Unterlässt der Treuhänder die Benachrichtigung, haftet er aus dem Gesichtspunkt der Vertragsverletzung[230].

Eine Haftung für den **Nichteintritt der steuerlich erwünschten Vorteile** kann sich aus dem Gesichtspunkt der Prospekthaftung ergeben (vgl. Rdn. 1283). Für den nur mit beschränktem Aufgabenbereich innerhalb eines Ersterwerbermodells tätigen (Mittelverwendungs-)Treuhänder hat der BGH aber festgestellt, dass dieser für die in Aussicht gestellten Steuervorteile deshalb nicht haftet, weil er weder zur Wahrnehmung der steuerlichen Belange eingeschaltet wurde, noch sonst mit der steuerlichen Betreuung betraut war[231]. Diese Entscheidung schließt jedoch nicht aus, dass die Haftung eines umfassend beauftragten Treuhänders anders zu beurteilen ist, hier insbesondere auch eine Haftung nach den Grundsätzen der Prospekthaftung in Betracht kommen kann. 1252

d) Haftung für Prospektangaben

Unabhängig davon, dass der Treuhänder für fehlerhafte oder unvollständige Prospekte nach den Grundsätzen der Prospekthaftung einzustehen hat (unten Rdn. 1275f.), haben die Prospektangaben für vorvertragliche wie auch für die vertraglichen Rechtsbeziehungen erhebliche Bedeutung. Vor und bei Abschluss des Treuhandvertrages hat der Treuhänder vollständig über die wirtschaftliche Bedeutung und die Risiken aufzuklären. Für Unterlassungen oder Fehlinformationen haftet der Treuhänder aus Verschulden bei Vertragsschluss[232]. Nach Vertragsschluss hat der Treuhänder über ihm nachträglich bekannt gewordene Fehler oder Unzulänglichkeiten des Prospekts aufzuklären. Dies gilt etwa dann, wenn das Objekt aus planungsrechtlichen[233] oder technischen Gründen nicht wie geplant errichtet werden kann, wenn Bauzeit- oder Kostensteigerungen absehbar werden, wenn die prospektierten Steuervorteile nicht zu erreichen sind[234]. 1253

Auch wenn der Treuhänder im Treuhandvertrag den Eintritt des im Prospekt vorgezeichneten und beabsichtigten wirtschaftlichen und steuerlichen Erfolgs nicht verspricht, so gehören die im **Prospekt** enthaltenen Daten gleichwohl zu den **Grundlagen des Treuhandauftrages**[235]. Dies hat zur Folge, dass der Treuhänder bei der Durchführung seines Auftrages stets die prospektierten Daten vor Augen haben und etwaige Abweichungen unverzüglich mitteilen muss[236]. Dies ist nicht mit der – daneben möglichen – Prospekthaftung zu verwechseln[237]. Zur Prospekthaftung vgl. unten Rdn. 1268 und Rdn. 1277. 1254

e) Gesamtschuldnerische Haftung mit anderen Beteiligten

Treuhänder und Baubetreuer können für die Verletzung von Sorgfaltspflichten als Gesamtschuldner in Anspruch genommen werden[238]. Das für eine Gesamtschuld vor- 1255

---

[230] BGH v. 27. 10. 1983, BB 1984, 93 (94).
[231] BGH v. 6. 11. 1986, NJW-RR 1987, 273; BGH v. 6. 2. 1991, NJW-RR 1991, 660, (661).
[232] BGH v. 9. 11. 1992, NJW 1993, 199; BGH v. 7. 11. 1991, NJW-RR 1992, 531. Vgl. *Palandt/Grüneberg*, § 280 Rdn. 54 f.; zur erforderlichen Ursächlichkeit von Aufklärungspflichtverletzungen vgl. OLG Stuttgart v. 10. 3. 1987, WM 1987, 1160.
[233] OLG Köln v. 9. 8. 1995, NJW-RR 1996, 469.
[234] BGH v. 27. 10. 1983, BB 1984, 93.
[235] BGH v. 6. 11. 1986, NJW-RR 1987, 273; OLG Köln v. 9. 8. 1995, NJW-RR 1996, 469.
[236] OLG Köln v. 9. 8. 1995, NJW-RR 1996, 469.
[237] Vgl. BGH v. 6. 11. 1986, NJW-RR 1987, 273; BGH v. 9. 11. 1992, NJW 1992, NJW 1993, 199.
[238] BGH v. 11. 5. 1989, NJW-RR 1989, 1102 (1103); OLG Hamburg v. 29. 10. 1986, NJW-RR 1987, 915; vgl. auch OLG Hamm v. 9. 7. 1987, BB 1987, 1977; OLG Düsseldorf v. 13. 6. 1991, NJW-RR 1992, 914.

C. Baumodelle

ausgesetzte wesentliche Strukturelement einer Zweckgemeinschaft liegt zwischen diesen Beteiligten vor. Allerdings muss – wie bei jeder anderen Gesamtschuld auch – geprüft werden, ob die dem einen zur Last gelegte Pflichtverletzung auch vom anderen zu vertreten ist[239]. Dementsprechend kommen auch Ausgleichsansprüche nach § 426 BGB zwischen den Funktionsträgern in Betracht.

f) Haftungsbeschränkungen

1256 Eine Beschränkung der Haftung ist dem Treuhänder grundsätzlich sowohl für vertragliche Ansprüche wie auch für die Prospekthaftung – bei ihr handelt es sich um die Haftung aufgrund eines gesetzlichen Schuldverhältnisses[240] – möglich. Einer Freizeichnung werden aber sowohl durch § 276 BGB wie insbesondere auch durch die §§ 305 ff. BGB enge Grenzen gezogen[241]. Nach § 276 Abs. 3 BGB kann dem Schuldner die Haftung für **Vorsatz** nicht im Voraus erlassen werden, also auch nicht im Wege einer Individualvereinbarung.

1257 In Allgemeinen Geschäftsbedingungen bzw. Formularverträgen sind darüber hinaus Bestimmungen unwirksam, die eine Haftung für **grob fahrlässig** begangene Vertragsverletzungen ausschließen oder begrenzen (§ 309 Nr. 7 BGB). Eine Haftungsbeschränkung auf bestimmte Summen ist ebenso unwirksam wie die Haftungseinschränkung durch Subsidiaritätsklauseln (hier greift auch § 309 Nr. 8 b bb BGB ein)[242].

1258 Schließlich ist auch der generelle Ausschluss der Haftung für **leichte Fahrlässigkeit** unwirksam. Zwar stünde einer solchen Freizeichnung § 309 Nr. 7 BGB nicht entgegen. Die Haftungsbefreiung für einfache Fahrlässigkeit kann den Bauherrn aber „entgegen den Geboten von Treu und Glauben unangemessen benachteiligen" (§ 307 Abs. 1 BGB) und deshalb unwirksam sein[243]. Der Bauherr überträgt dem Treuhänder unter Erteilung weitreichender Vollmachten sämtliche mit dem Bauvorhaben zusammenhängende Tätigkeiten. In Ermangelung eigener Sachkenntnis kann der Bauherr den Treuhänder bei der Ausübung seiner Tätigkeiten weder anleiten noch überwachen. Er muss ihm im großen Umfang vertrauen. Er darf aufgrund des Treuhandvertrages vor allem erwarten, dass der Treuhänder mit größtmöglicher Sorgfalt seine Aufgaben verrichtet. Bei dieser Ausgangslage ist es dem Bauherrn nicht zuzumuten, würde ihn also entgegen Treu und Glauben unangemessen benachteiligen, wenn sich der Treuhänder für die von ihm geschuldete größtmögliche Sorgfalt durch den Ausschluss der Haftung für eben jene Sorgfalt befreien könnte. Ein Ausschluss der Haftung für einfache Fahrlässigkeit ist insoweit unzulässig, als dadurch auch die für das Treuhandverhältnis grundlegende Sorgfaltspflicht abbedungen würde. Die Einschränkung der vom Treuhänder geschuldeten „Kardinalpflichten" durch die umfassende Freizeichnung würde zugleich eine Aushöhlung der vom Treuhänder geschuldeten Hauptpflichten bedeuten[244].

Durch eine Beschränkung der Haftung auf die **unmittelbaren Schäden** kann die Pflicht zum Ersatz eines Zinsschadens, der durch eine Bauzeitüberschreitung aufgrund Vergabe der Bauarbeiten an einen unqualifizierten Generalübernehmer entstanden ist, nicht ausgeschlossen werden. Die Vermeidung derartiger Schäden gehört zu den Hauptpflichten des Treuhänders. Schäden aufgrund solcher Pflichtverletzungen sind deshalb als unmittelbar durch die Treuhandleistung entstandene Schäden anzusehen[245].

---

[239] OLG Hamburg v. 29. 10, 1986, NJW-RR 1987, 915.
[240] BGH v. 6. 10. 1980, NJW 1981, 1449 (1450).
[241] *Vollhardt*, BB 1982, 2142 f.
[242] Vgl. BGH v. 5. 7. 1990, BB 1990, 1582; BGH v. 17. 1. 1991, NJW-RR 1991, 662 (664); BGH v. 6. 2. 1991, NJW-RR 1991, 660 (661); BGH v. 15. 5. 1991, NJW-RR 1991, 1120 (1123).
[243] OLG Celle v. 25. 7. 1985, NJW 1986, 260 (261); *Koeble*, FS Korbion, S. 215 (225).
[244] Vgl. auch BGH v. 8. 6. 1994, NJW 1994, 2228; OLG Celle v. 25. 7. 1985, NJW 1986, 260.
[245] BGH v. 8. 6. 1994, NJW 1994, 2228.

II. Treuhandvertrag

Eine Beschränkung der Haftung auf einen angemessenen **Höchstbetrag** dürfte zulässig sein[246].

Treuhandverträge – ähnlich auch Baubetreuungsverträge – schließen häufig die Haftung für die mit der Baumaßnahme verbundenen „steuerlichen und wirtschaftlichen Ziele" aus. Mit einer solchen Klausel kann und darf sich der Treuhänder nicht für Vertragsverletzungen und für fehlerhafte Prospektangaben freizeichnen, deren Schadensauswirkungen jeweils im **steuerlichen Bereich** liegen. Es stellt eine Pflichtverletzung dar, wenn der Treuhänder ein ungünstiges Betriebsprüfungsergebnis nicht unverzüglich an seinen Auftraggeber bekanntgibt, damit dieser sich hierauf rechtzeitig einstellen und erforderliche Maßnahmen ergreifen kann[247]. Soweit hierdurch Schäden – auch im steuerlichen Bereich – entstehen, haftet der Treuhänder trotz der erwähnten Klausel. **1259**

g) Verjährung

Ansprüche gegen den Treuhänder wegen Vertragsverletzungen verjähren nach § 195 BGB, also in drei Jahren[248]. **1260**

Für Wirtschaftsprüfer, Steuerberater und Rechtsanwälte galten nach den Berufsordnungen jeweils besondere berufsrechtliche Verjährungsfristen[249]. Die Schadensersatzansprüche gegen Rechtsanwälte verjährten in drei Jahren ab Entstehung des Anspruchs[250], spätestens in drei Jahren nach Beendigung des Vertrages (§ 51b BRAO a.F.). Die Schadensersatzansprüche gegen den Steuerberater verjährten in drei Jahren (§ 68 StBerG a.F.)[251], die Ansprüche gegen Wirtschaftsprüfer in fünf Jahren (§ 51a WPO a.F.). Die berufsbezogenen Sonderregelungen zur Verjährung sind durch die Aufhebung der genannten Vorschriften weggefallen. Die Schadensersatzansprüche gegen diese Berufsträger verjähren deshalb ebenfalls nach § 195 BGB. Zu beachten sind dabei die Überleitungsvorschriften in Art. 229 § 12 EGBGB zur BRAO bzw. zum StBerG und in § 139b WPO.

Auch soweit Schadensersatzansprüche aus dem Gesichtspunkt der **Prospekthaftung** in Betracht kommen, verjähren diese wegen des durch den Treuhandvertrag gegebenen persönlichen Vertrauens nicht schon in sechs Monaten (was sonst die allgemeine Verjährungsfrist für Prospekthaftungsansprüche gegenüber Nicht-Vertragspartnern ist), sondern innerhalb der regelmäßigen Verjährungsfrist des § 195 BGB, also in drei Jahren (vgl. unten Rdn. 1289f.). **1261**

Die **Abkürzung der Verjährungsfristen** durch Rechtsanwälte, Wirtschaftsprüfer und Steuerberater ist nicht statthaft[252]. Sie haften in jedem Falle drei bzw. fünf Jahre. **1262**

Wenn der Treuhänder die Doppelqualifikation des Rechtsanwalts und Wirtschaftsprüfers besitzt, fanden unter der Geltung früheren Rechts die Bestimmungen der WPO Anwendung. Schadensersatzansprüche verjährten bei diesen Doppelberuflern also nach § 51a WPO a.F. erst in fünf Jahren. Abgesehen davon, dass das Berufsbild **1263**

---

[246] BGH v. 11. 10. 2001, NJW 2002, 888 = NZBau 2002, 94 = BauR 2002, 621.
[247] BGH v. 27. 10. 1983, BB 1984, 93 (94).
[248] BGH v. 15. 5. 1991, NJW-RR 1991, 1120 (1123); OLG Frankfurt v. 21. 9. 1989, NJW-RR 1990, 281, jeweils zum früheren Recht.
[249] BGH v. 5. 7. 1990, BB 1990, 1582 (Steuerberater); BGH v. 16. 1. 1991, NJW-RR 1991, 599 (Steuerberater); BGH v. 16. 1. 1986, NJW 1986, 1171 (Steuerberater); BGH v. 11. 3. 1987, WM 1987, 631 (Wirtschaftsprüfer); BGH v. 7. 11. 1991, NJW-RR 1992, 531 (533) (Wirtschaftsprüfer); BGH v. 9. 11. 1992, NJW 1993, 199 (Rechtsanwalt).
[250] BGH v. 11. 10. 2001, NJW 2002, 888 = NZBau 2002, 94 = BauR 2002, 621.
[251] BGH v. 11. 10. 2001, NJW 2002, 888 = NZBau 2002, 94 = BauR 2002, 621.
[252] BGH v. 22. 2. 1979, NJW 1979, 1550; BGH v. 16. 1. 1986, NJW 1986, 1171 (1172); OLG Celle v. 23. 12. 1986, DB 1987, 480; OLG Hamburg v. 11. 7. 1984, WM 1984, 1400.

C. Baumodelle

des Wirtschaftsprüfers von vornherein besonders auf die Wahrnehmung von Treuhandschaften zugeschnitten ist[253], wird – worauf der BGH[254] in der hierzu ergangenen Rechtsprechung hinweist – die besondere Vertrauenswürdigkeit des Wirtschaftsprüfers von den Initiatoren ja auch gerade dafür eingesetzt. Vgl hierzu die besondere Überleitungsvorschrift in § 139b WPO.

1264 Soweit andere Berufsträger in zulässiger Weise als Treuhänder tätig werden, können auch sie die nun ohnehin schon kurze Frist des § 195 BGB nicht zusätzlich abkürzen; dies würde gegen § 307 BGB verstoßen.

h) Pflichten des Treuhänders gegenüber Dritten

1265 Der Treuhänder ist nach den Vorschriften des Bauforderungssicherungsgesetzes (BauFordSiG) auch den **Bauunternehmern** zur ordnungsgemäßen Weiterleitung der ihm anvertrauten Gelder verpflichtet[255]. Da diese Bestimmungen Schutzgesetze i. S. v. § 823 Abs. 2 BGB sind, haftet der Treuhänder bei falscher Verwendung der Baugelder, also bei Nichtbezahlung der Handwerkerrechnungen, den Bauhandwerkern persönlich. Da es sich um deliktische Ansprüche handelt, sind auch die Geschäftsführer bzw. Vorstände von Kapitalgesellschaften den Bauunternehmen zum Schadensersatz verpflichtet[256].

1266 Es ist durchaus üblich, dass Bauherrengemeinschaften, obwohl sie nicht als rechtsfähiger Verband konstituiert sind (z.B. als BGB-Außengesellschaft), unter einem Oberbegriff (Bauherrengemeinschaft XY-Straße oder Z-Domizil usw.) auftreten und so auch am Rechtsverkehr teilnehmen. Das Vertretungsrecht der §§ 164f. BGB verbietet es nicht, dass der Treuhänder Bau- oder Lieferverträge namens einer XYZ-Bauherrengemeinschaft abschließt und dabei die Namen der einzelnen Vertragspartner nicht offenbart. Teilt der Treuhänder die Namen der Bauherren aber auch im Nachhinein nicht mit, haftet er für die Bauhandwerker- bzw. Lieferantenforderung gem. § 179 BGB als **Vertreter ohne Vertretungsmacht** persönlich[257]. Entsprechendes gilt, wenn die Bauherrengemeinschaft nicht vollständig geschlossen ist, also für einen Bruchteil der eingegangenen Verpflichtungen in Wirklichkeit eine vom Treuhänder vertretene Person überhaupt nicht existiert und deshalb auch nicht verpflichtet worden ist[258] oder die Bauherrengemeinschaft überhaupt noch nicht existiert und dann auch nicht zustande kommt[259]. Vgl. auch Rdn. 1390.

1267 Es entspricht gefestigter obergerichtlicher Rechtsprechung, dass der Architekt gegenüber dem **Kreditinstitut** für eine falsche Baufortschrittsanzeige, in deren Folge Kreditmittel ausgezahlt werden, auf Schadensersatz haftet[260]. Anspruchsgrundlage ist die mangelhafte Erfüllung eines stillschweigend abgeschlossenen Auskunftsvertrages mit der Bank. Diese Grundsätze müssen auch für den Treuhänder (und den Baubetreuer) zur Anwendung kommen, wenn er allein oder zusammen mit dem Architekten unrichtige Erklärungen über den Baufortschritt abgibt, um (weitere) Darlehensmittel für die Bauherren zu erlangen.

---

[253] BGH v. 11. 3. 1987, WM 1987, 631.
[254] BGH v. 19. 11. 1987, WM 1988, 54 (56) mit Anm. *von Westphalen*, EWiR 1988, 305.
[255] OLG Karlsruhe v. 3. 5. 1979, BB 1980, 233; auch BGH v. 24. 11. 1981, NJW 1982, 1037; *Koeble*, FS Korbion, S. 215 (224); *Virneburg*, PiG Bd. 87 (2010), S. 25 (29); *Kölbl*, NZBau 2010, 220.
[256] OLG Karlsruhe, v. 3. 5. 1979, BB 1980, 233; BGH v. 9. 12. 1986, BB 1987, 437.
[257] OLG Frankfurt v. 11. 3. 1987, NJW-RR 1987, 914.
[258] OLG Köln v. 16. 6. 1987, NJW-RR 1987, 1375.
[259] BGH v. 20. 10. 1988, NJW 1989, 894; OLG Hamm v. 13. 11. 1986, NJW-RR 1987, 633; OLG Köln v. 16. 6. 1987, NJW-RR 1987, 1375; OLG Frankfurt v. 7. 2. 1984, BB 1984, 692.
[260] OLG Hamm v. 29. 4. 1986, NJW-RR 1987, 209; OLG Köln v. 20. 10. 1987, NJW-RR 1988, 335.

III. Prospekthaftung

1. Grundlagen

Die Haftung für korrekte Prospektangaben im technischen, wirtschaftlichen und steuerlichen Bereich ist eine von der Rechtsprechung[261] in Anlehnung an die Bestimmungen der §§ 45 BörsenG, 20 KAGG, 12 AuslInvestmG entwickelte Ausgestaltung des „Verschuldens bei den Vertragsverhandlungen"[262]. Die Grundsätze zur Prospekthaftung galten zunächst nur für die Publikums-KG. Dieser Rechtsprechung „liegt der allgemeine Rechtsgedanke zugrunde, dass für die Vollständigkeit und Richtigkeit der in Verkehr gebrachten Werbeprospekte einer Publikums-KG jeder einstehen muss, der durch von ihm in Anspruch genommenes und ihm entgegengebrachtes Vertrauen auf den Willensentschluss des Kapitalanlegers Einfluss genommen hat"[263]. Beim Beitritt zu einer Publikums-KG werden dies regelmäßig die Initiatoren, Gründer und Gestalter der Gesellschaft sein, daneben aber auch der bzw. die persönlich haftende Gesellschafter und deren Geschäftsführung sowie andere Personen, die Verantwortung tragen und auf die Gesellschaft Einfluss nehmen. Dieser Personenkreis – und nicht die späteren Vertragspartner, nämlich die anderen Kommanditisten – nimmt durch die Werbung auf die Anlageentscheidung Einfluss und hat von Anfang an die Geschicke der Gesellschaft in der Hand. Deshalb muss er für in Anspruch genommenes Vertrauen haften ohne Rücksicht darauf, ob eine unmittelbare vertragliche Beziehung besteht oder auch nur angestrebt war. Selbstverständlich können neben der Prospekthaftung auch Ansprüche aus Verschulden bei den Vertragsverhandlungen bestehen, wenn der Haftende an den Vertragsverhandlungen selbst beteiligt oder doch wenigstens mit Anspruch auf Vertrauen hervorgetreten ist – also persönlich und nicht nur als Prospektgestalter oder bzw. und Initiator agiert[264].

1268

Zum Personenkreis derjenigen, die bei der Publikums-KG auf Grund der Prospekthaftung zum Schadensersatz verpflichtet sein können, gehören nicht nur die Geschäftsführer der Gesellschaft, sondern auch weitere Personen, die daneben besonderen Einfluss in der Gesellschaft ausüben und Mitverantwortung tragen[265]. Hierzu zählen u.a. Anlageberater[266], Beiratsmitglieder[267] und ganz allgemein Initiatoren[268], Gründer und Gestalter[269] und schließlich Rechtsanwälte, Wirtschaftsprüfer und Steuerberater[270], wenn sie durch eine nach außen in Erscheinung tretende Mitwirkung am Prospekt einen Vertrauenstatbestand geschaffen haben[271] oder ein bevollmächtigter Dritter diesen

1269

---

[261] BGH v. 4. 5. 1981, NJW 1981, 2810.
[262] BGH v. 6. 10. 1980, NJW 1981, 1449; BGH v. 21. 11. 1983, NJW 1984, 865; BGH v. 22. 5. 1980, NJW 1980, 1840; BGH v. 18. 12. 2000, NJW 2001, 1203; vgl. hierzu auch *Lehmann*, NJW 1981, 1233; *Schwark*, BB 1979, 897; *Coing*, WM 1980, 206 und speziell für das Bauherrenmodell *v. Heymann*, BB 1980, Beilage 12, S. 17; *Rosenberger*, ZfBR 1981, 235 (256) und *Assmann*, WM 1983, 138; *Schlund*, BB 1984, 1437 f.; ablehnend *v. Teuffel*, DB 1985, 373.
[263] BGH v. 22. 5. 1980, NJW 1980, 1840.
[264] BGH v. 21. 5. 1984, BB 1984, 1254; BGH v. 14. 1. 1985, WM 1985, 433; OLG Frankfurt v. 28. 6. 1984, WM 1985, 383; BGH v. 12. 5. 1986, NJW-RR 1986, 1478.
[265] BGH v. 16. 11. 1978, NJW 1979, 718; vgl. auch BGH v. 24. 4. 1978, NJW 1978, 1625.
[266] Ausführlich BGH v. 22. 3. 1979, NJW 1979, 1449; Anm. *Ungnade*, ZKW 1979, 1132; LG Hagen v. 26. 1. 1979, BB 1979, 1076.
[267] BGH v. 22. 10. 1979, DB 1980, 71.
[268] Ausführlich *v. Heymann*, DB 1981, 563 (565).
[269] BGH v. 6. 10. 1980, NJW 1981, 1449 (1450); BGH v. 30. 3. 1987, BB 1987, 1275.
[270] BGH v. 21. 11. 1983, NJW 1984, 865; *Eggesiecker/Eisenach/Schürner*, FR 1981, 65.
[271] BGH v. 14. 4. 1986, WM 1986, 904 (906); BGH v. 22. 5. 1980, NJW 1980, 1840; sei dies auch nur für einzelne von ihnen zu vertretende Angaben (z.B. Verwendung des Begriffs „Anderkonto"), BGH v.

Vertrauenstatbestand schuf[272]. Dies gilt selbst dann, wenn die vorgenannten Personen zwar nicht aktiv beim Vertrieb mitwirken, aber – positive – gutachterliche Stellungnahmen abgeben, die die Anlageentscheidung des Interessenten beeinflussen[273].

2. Prospekthaftung bei Baumodellen

1270 Das OLG Köln[274] und das OLG Celle[275] haben die Grundsätze zur **Prospekthaftung** auch auf die Beteiligten **beim Bauherrenmodell,** nämlich Initiatoren und Treuhänder, angewendet. Der BGH konnte die Frage, ob beim Bauherrenmodell für Prospektangaben ebenso wie bei der Publikums-KG gehaftet wird, zunächst offen lassen[276].

1271 Mit dem grundlegenden Urteil aus dem Jahr 1990 hat der VII. Senat des BGH sodann entschieden, dass die Grundsätze der Prospekthaftung auch für die Bauherrenmodelle Gültigkeit haben[277]. Zur Begründung führt der BGH an, dass der Prospekt beim Bauherrenmodell – genauso wie bei einer Publikums-KG – zumeist die einzige Informationsquelle für den interessierten Kapitalanleger sei. Der Prospekt müsse daher alle Angaben enthalten, die für die Anlageentscheidung von wesentlicher Bedeutung sind. Für die Vollständigkeit und Richtigkeit der in Verkehr gebrachten Prospekte müsse deswegen jeder einstehen, der durch den Prospekt auf den Anleger Einfluss genommen hat[278]. Dieser Rechtsprechung ist beizupflichten[279]. Neben dem vom BGH betonten Informationsbedarf auf Seiten der Anleger[280] rechtfertigt die vergleichbare Risikolage die Übertragung der Prospekthaftung auf das Bauherrenmodell:

1272 Anders als bei der Publikums-KG tritt der Bauherr beim Bauherrenmodell zwar zu einer Vielzahl von Personen in unmittelbare **Vertragsbeziehungen.** Gegen sämtliche Vertragspartner hat der Bauherr zunächst Erfüllungs- und im Falle der Nicht- oder Schlechtleistung Schadensersatz- und Mängelansprüche. Schon zur Beurteilung der Vertragspflichten sind neben den Verträgen (Treuhandvertrag, Baubetreuungsvertrag usw.) die diesen zugrundeliegenden Prospektaussagen mit heranzuziehen[281]. Deshalb erlangen Prospektangaben nicht erst bei der eigentlichen Prospekthaftung, sondern bereits bei der Vertragshaftung Bedeutung, und zwar als wesentliche Auslegungshilfe für die Bestimmung der zu erbringenden Vertragsleistungen[282]. Allerdings haften die Vertragspartner des Bauherrn – je nach Stellung und abgeschlossenem Vertrag – höchst unterschiedlich, z. B.:

---

21. 11. 1983, NJW 1984, 865; einschränkend für Mittelverwendungstreuhänder BGH v. 1. 12. 1994, NJW 1995, 1025.
[272] BGH v. 24. 5. 1982, NJW 1982, 2493.
[273] BGH v. 22. 5. 1980, NJW 1980, 1840.
[274] OLG Köln v. 22. 5. 1981, WM 1982, 23; vgl. auch OLG Hamburg v. 4. 4. 1985, WM 1986, 13, wobei diese Frage letztlich offen bleiben konnte.
[275] OLG Celle v. 25. 7. 1986, NJW 1985, 260; die Rechtsprechung bewegt sich damit auf der vom Schrifttum bereits vorgezeichneten Bahn; *Brych,* BB 1979, 1589 (1591) und DB 1980, 631 (632); *Rosenberger,* ZfBR 1981, 253 (256); *Locher/Koeble,* Rdn. 158; *Koeble,* FS Korbion, S. 215 (218f.).
[276] BGH v. 27. 10. 1983, BB 1984, 93 (94).
[277] BGH v. 31. 5. 1990, NJW 1990, 2461 m. Anm. *v. Heymann,* WuB 1990, 1219; vgl. auch BGH v. 25. 10. 1990, NJW-RR 1991, 217 m. Anm. *v. Heymann,* WuB 1991, 223; BGH v. 26. 9. 1991, NJW 1992, 228 m. Anm. *Koeble,* LM § 276 (Fa) BGB Nr. 120 und *Müller,* EWiR 1991, 1171; BGH v. 1. 6. 1994, NJW 1994, 2226; BGH v. 7. 9. 2000, NJW 2001, 436 = BauR 2001, 253 = NZM 2001, 154; BGH v. 8. 12. 2005, BauR 2006, 513.
[278] BGH v. 31. 5. 1990, NJW 1990, 2461.
[279] Vgl. auch *Thode* in *Reithmann/Meichssner/v. Heymann,* J Rdn. 13; *Koeble,* Kap. 19 Rdn. 22f.; *Wolf,* NJW 1994, 24; *Jagenburg,* NJW 1992, 282; *Waza,* ZfBR 1987, 221; kritisch: *Wagner,* ZfBR 1991, 133.
[280] BGH v. 31. 5. 1990, NJW 1990, 2461.
[281] BGH v. 6. 11. 1986, NJW-RR 1987, 273.
[282] BGH v. 22. 3. 1979, NJW 1979, 1449; BGH v. 25. 11. 1981, NJW 1982, 1095, zu den vertraglich geschuldeten Auskünften über Prospektangaben beim Vermittlungsvertrag.

III. Prospekthaftung

Der **Treuhänder** hat für die ordnungsgemäße Durchführung des Bauherrenmodells auf Grund des Treuhandvertrages umfassend einzustehen. Er haftet dem Bauherrn für unterlassene Aufklärung, Prüfung, Belehrung und Warnung auch und gerade im Hinblick auf den Prospekt[283]. Ferner haftet er für sämtliche Pflichtverletzungen während der Durchführung des Bauvorhabens[284] (im Einzelnen oben Rdn. 1223 f.). 1273

Der **Initiator** haftet dagegen in seiner Initiatorenfunktion nicht aufgrund Vertrages. Soweit er Vertragspartner wird, etwa als Baubetreuer oder als Garant usw., hat er auf Grund dieser Verträge für die jeweiligen Vertragspflichten, nicht aber umfassend für Abweichungen zwischen Prospekt und tatsächlichem Ablauf des Vorhabens einzustehen. 1274

Die Anwendung der **Prospekthaftungsgrundsätze** neben der vertraglichen Haftung ist im Interesse eines effektiven Anlegerschutzes geboten. Die Situation beim Bauherrenmodell ist der Publikums-KG insoweit vergleichbar, als hier ebenfalls eine deutliche Diskrepanz zwischen dem beim Bauherrn in Anspruch genommenen Vertrauen durch die Initiatoren und der vergleichbar geringen und damit jedenfalls nicht korrespondierenden vertraglichen Haftung besteht[285]. Der als Prospektherausgeber agierende Initiator hat den maßgeblichen Einfluss auf die Vorbereitung und Durchführung des Bauherrenmodells. Er sucht den Treuhänder aus, er wählt die übrigen Vertragspartner aus, er gestaltet den Prospekt, er bereitet das Vertragswerk vor usw. Ob sich der Initiator sodann als solcher überhaupt vertraglichen Ansprüchen aussetzt, kann von ihm frei entschieden werden. Jedenfalls wird er sich persönlich weder als Baubetreuer noch sonst als Funktionsträger zur Verfügung stellen, sondern stets beschränkt haftende Kapitalgesellschaften einschalten. Das Auseinanderklaffen von tatsächlichem Einfluss einerseits und beschränkter Vertragshaftung andererseits rechtfertigt die Anwendung der Prospekthaftung auch auf die Bauherren-, Ersterwerber- und sonstigen Baumodelle. 1275

Die Prospekthaftung vergrößert vor allem den **Kreis der Haftenden,** und zwar auch auf solche Personen, gegen die keine oder hinsichtlich des Prospektinhalts keine vertraglichen Ansprüche bestehen. Für die Richtigkeit und Vollständigkeit des Prospekts haften die Initiatoren und Gestalter des Vorhabens[286]. Daneben haften auch all die Personen, die durch ihre erkennbare Mitwirkung an der Prospektgestaltung einen besonderen Vertrauenstatbestand geschaffen haben. Das sind insbesondere diejenigen, die mit Rücksicht auf ihre allgemein anerkannte und herausgehobene berufliche Stellung dem Interessenten als besonders vertrauenswürdig erscheinen, also Rechtsanwälte, Wirtschaftsprüfer und Steuerberater. In Betracht kommen aber auch Kreditinstitute[287], Gutachter, Anlageberater usw. Werden sie im Prospekt mit ihrer Einwilligung genannt und geben sie Erklärungen ab, haften sie aus dem Gesichtspunkt der Prospekthaftung[288]. Die Initiatoren, Gründer und Gestalter eines Bauherrenmodells haften persönlich, und zwar ohne Rücksicht darauf, ob sie gleichzeitig Gesellschafter von (beschränkt haftenden) Gesellschaften sind, die etwa als Treuhänder, Baubetreuer, Vertriebsunternehmen usw. agieren[289]. Gesellschafter, die auf das Projekt maßgeblichen 1276

---

[283] Vgl. OLG Köln v. 9. 8. 1995, NJW-RR 1996, 469.
[284] BGH v. 27. 10. 1983, BB 1984, 93 (94).
[285] BGH v. 7. 9. 2000, NJW 2001, 436 = BauR 2001, 253 = NZM 2001, 154.
[286] BGH v. 31. 5. 1990, NJW 1990, 2461; vgl. zum Mittelverwendungstreuhänder BGH v. 26. 9. 2000, NJW 2001, 360.
[287] OLG München v. 20. 4. 1999, BB 1999, 2267.
[288] BGH v. 31. 5. 1990, NJW 1990, 2461; BGH v. 1. 12. 1994, NJW 1995, 1025. Vgl. auch BGH v. 26. 9. 2000, NJW 2001, 360, zur geduldeten Verwendung von Testaten des Mittelverwendungstreuhänders.
[289] *Thode* in *Reithmann/Meichssner/v. Heymann,* J Rdn. 50 f.; *Koeble,* Kap. 19 Rdn. 23 f. Der als Mittelverwendungstreuhänder im Prospekt erwähnte Rechtsanwalt haftet jedoch nicht für den Inhalt des Prospekts, BGH v. 1. 12. 1994, NJW 1995, 1025.

Einfluss haben, können allein wegen dieser Stellung in Anspruch genommen werden[290]. Zu den Personen, gegen die Ansprüche aus Prospekthaftung in Betracht kommen, gehören aber nicht nur die „Hintermänner", sondern auch die unmittelbaren Vertragspartner (nämlich die bereits erwähnten Treuhänder, Baubetreuer, Garanten usw.), wenn die Voraussetzungen für die Prospekthaftung auf sie zutreffen.

1277 Prospekthaftungsansprüche stehen in **Anspruchskonkurrenz** zu vorvertraglichen[291] und zu vertraglichen Ansprüchen[292]. Für die Praxis bedeutet dies, dass etwa für Vermögensschäden infolge unrichtiger Prospektangaben über steuerlich zu erreichende Vorteile, über die Kalkulation, über den Gesamtaufwand, insbesondere die Baukosten, die Berechnung der Bauzeit, die Bebaubarkeit usw.

1278 – der **Treuhänder** sowohl wegen Pflichtverletzungen aus dem Treuhandvertrag wie auch aus Prospekthaftung[293] haften kann,

1279 – der **Initiator** aus Prospekthaftung in Anspruch genommen werden kann, und zwar unabhängig davon, ob daneben etwa Vertragspflichten aufgrund eines Baubetreuungsvertrages oder aus anderen Verträgen bestehen[294],

1280 – der **Vermittler** aus Maklervertrag[295] haftet, es sei denn, dass er sich darüber hinaus den Prospekt erkennbar zu eigen macht und deshalb ebenfalls aus Prospekthaftung einstehen muss[296] (vgl. zur Haftung des Maklers Rdn. 1374 f.).

1281 Sonstige Beteiligte haften nach den gleichen Grundsätzen wie sie für die Publikums-KG entwickelt worden sind.

1282 Aus dem Zusammenwirken von Initiator und Treuhänder folgt, dass sie **Gesamtschuldner** sind[297].

3. Haftung für Prospektinhalt

1283 Die Prospektverantwortlichen müssen für die **Richtigkeit und Vollständigkeit des Prospekts**[298] einstehen. Der Prospekt muss deshalb sämtliche für die Anlageentscheidung wesentlichen Angaben enthalten. Sie müssen sachlich richtig sein. Schadensersatzansprüche können sich wegen folgender Prospektfehler ergeben:
– falsche Angaben zum Gesamtaufwand und zu den Finanzierungskosten aufgrund fehlerhafter Baupreis- oder Bauzeitkalkulation, also Werbung mit „geschönten" Herstellungskosten;
– fehlerhafte, weil im Vergleich zu den ortsüblichen Mieten überhöhte Miet- bzw. Pachtangaben[299];
– unzutreffende Angabe zur Lage des Grundstücks[300];
– abweichende Angaben über den Umfang oder die Bauqualität des zu errichtenden Gebäudes[301];

---

[290] BGH v. 8. 12. 2005, BauR 2006, 513.
[291] Konkurrenz von Prospekthaftung und c. i. c.: BGH v. 7. 9. 2000, NJW 2001, 436 = BauR 2001, 253 = NZM 2001, 154; BGH v. 21. 5. 1984, BB 1984, 1254 = NJW 1984, 2523; OLG Celle v. 25. 7. 1985, NJW 1986, 260; auch *Schlund*, BB 1984, 1437 (1444); vgl. *Thode*, in: Reithmann/Meichssner/v. Heymann, J Rdn. 17 f.
[292] Konkurrenz von Prospekthaftung und Vertragsverletzung: BGH v. 22. 3. 1979, NJW 1979, 1449; OLG Köln v. 23. 1. 1991, NJW-RR 1991, 278; *Schlund*, BB 1984, 1437 (1444); a. A. *Wagner*, ZfBR 1991, 133.
[293] OLG Koblenz v. 10. 12. 1987, AnwBl. 1989, 119.
[294] *Thode* in Reithmann/Meichssner/v. Heymann, J Rdn. 51.
[295] *Thode* in Reithmann/Meichssner/v. Heymann, J Rdn. 53.
[296] BGH v. 31. 5. 1990, NJW 1990, 2461.
[297] BGH v. 11. 5. 1989, NJW-RR 1989, 1102.
[298] BGH v. 1. 3. 2004, NJW 2004, 2228.
[299] BGH v. 1. 3. 2004, NJW 2004, 2228; BGH v. 1. 6. 1994, NJW 1994, 2226.
[300] BGH v. 2. 3. 2009, ZfIR 2009, 511 m. Anm. *Jenn*.
[301] BGH v. 25. 10. 1990, NJW-RR 1991, 217 (fehlende Wohnfläche, fehlende Baugenehmigung für Wohnnutzung); BGH v. 26. 9. 1991, NJW 1992, 228 (Abweichung der Baugenehmigung von Baubeschreibung).

III. Prospekthaftung

- falsche oder missverständliche Angaben über die Wohnflächen[302],
- im Prospekt zugesicherte, aber tatsächlich nicht eingetretene Steuervorteile und Renditeangaben[303];
- falsche Angaben über persönliche Eigenschaften (z. B. Unabhängigkeit des Treuhänders)[304];
- unterlassene Angabe der sog. weichen Kosten (Gebühren)[305].

Der Prospekt muss grundsätzlich keine Aussage über die vom Initiator an den Vertrieb bezahlten **Innenprovisionen** enthalten[306]. Eine Aufklärungspflicht besteht aber dann, wenn Innenprovisionen von 15% oder mehr gezahlt werden. Bei ihnen handelt es sich um eine erhebliche überdurchschnittliche Vergütung, bei der eine Auskunftspflicht angenommen wird[307]. Vgl. im Einzelnen Rdn. 1355.

Die Prospekthaftung stellt aber **keine umfassende Erfolgshaftung** dar. Sie verschafft lediglich Kompensation für falsche oder unrichtige Aussagen im Prospektmaterial. Das Bauherrenrisiko bleibt unberührt: Baukostenüberschreitungen etwa wegen unvorhersehbarer Ausführungswidrigkeiten (Kostensteigerungen durch Gründungsschwierigkeiten, Bauzeitverzögerungen durch Witterungsverhältnisse, nicht absehbarer Konkurs eines Bauunternehmers usw.) müssen vom Bauherrn – soweit hierfür nicht Garanten einzuspringen haben – getragen werden. 1284

Ein **Ausschluss der Haftung** auch für (leichte) Fahrlässigkeit ist bei Prospektangaben nach § 307 BGB unwirksam. Ein Haftungsausschluss widerspricht der Aufgabe des Prospekts, den Anleger verlässlich, umfassend und wahrheitsgemäß über das Projekt zu informieren[308].

4. Schadensumfang, Mitverschulden

Dem Bauherrn ist der **Vertrauensschaden** (das negative Interesse) zu ersetzen, also der Zustand herzustellen, der bestünde, wenn der Prospekt keine fehlerhaften Angaben enthalten hätte[309]. Über § 249 BGB gelangt man zur Rückgängigmachung des Vertrages und zum Ersatz der vergeblichen Aufwendungen (Mitteleinsatz einschließlich Provisionen und Nebenkosten) Zug-um-Zug gegen Rückübertragung des erworbenen Wohnungseigentums[310]. 1285

Der auf Verschulden bei Vertragsschluss gestützte Anspruch geht dagegen auf Ersatz des Vermögensschadens, der sich durch den Vergleich der wirklichen mit der Vermögenslage ergibt, wie sie bestünde, wäre das Projekt ordnungsgemäß abgewickelt worden[311]. Ob für den Schadensersatzanspruch ein Vermögensschaden eingetreten sein muss, ist umstritten. Wurde z. B. eine fehlerhafte Angabe über die nutzbaren Wohnflächen gemacht, kann aber von einem Schaden ausgegangen werden[312]. Soweit die Vor- 1286

---

[302] BGH v. 7. 9. 2000, NJW 2001, 436 = BauR 2001, 253 = NZM 2001, 154.
[303] BGH v. 1. 6. 1994, NJW 1994, 2226; OLG Köln v. 23. 1. 1991, NJW-RR 1992, 278.
[304] BGH v. 10. 10. 1994, NJW 1995, 130, zur Offenbarungspflicht über Verflechtungen zwischen den beteiligten Unternehmen; OLG Köln v. 23. 1. 1991, NJW-RR 1992, 278, ebenfalls zu personellen Verflechtungen und zur Aufklärungspflicht über den Austausch der im Prospekt genannten Mietvermittlerin.
[305] BGH v. 1. 3. 2004, NJW 2004, 2228; BGH v. 6. 2. 2006, NJW 2006, 2042.
[306] Noch offen gelassen von BGH v. 7. 9. 2000, NJW 2001, 436 = BauR 2001, 253 = NZM 2001, 154 m. w. N.; BGH v. 14. 3. 2003, NJW 2003, 1811 m. w. N.
[307] BGH v. 12. 2. 2004, NJW 2004, 1732 (1734); auch BGH v. 28. 7. 2005, NJW 2005, 3208 (3210).
[308] BGH v. 14. 1. 2002, NJW-RR 2002, 915.
[309] BGH v. 19. 5. 1980, WM 1980, 953.
[310] BGH v. 23. 3. 1990, NJW-RR 1990, 970; BGH v. 17. 6. 1991, NJW-RR 1991, 1246 (1248); BGH v. 5. 7. 1993, NJW 1993, 2865; *Rosenberger*, ZfBR 1981, 253 (256).
[311] *Thode* in Reithmann/Meichssner/*v. Heymann*, J Rdn. 90; *Rosenberger*, ZfBR 1981, 253 (256); vgl. aber OLG Hamburg v. 4. 4. 1985, WM 1985, 13.
[312] BGH v. 7. 9. 2000, NJW 2001, 436 = BauR 2001, 253 = NZM 2001, 154.

aussetzungen für Ansprüche aus Verschulden bei Vertragsschluss vorliegen, empfiehlt sich dieser Weg, da hier die Differenz eingeklagt wird und somit der Streitwert und das Prozessrisiko überschaubar bleiben.

Steuervorteile muss sich der Bauherr bei der Schadensberechnung grundsätzlich nicht anrechnen lassen, weil er die Ersatzleistung wieder versteuern muss[313].

1287   Hinsichtlich des **Verschuldens** liegt die Beweislast analog § 281 Abs. 1 Satz 2 BGB beim zur Haftung Verpflichteten, da er darzulegen hat, unter Verwendung welcher Angaben er den Prospekt erstellt und geprüft hat[314].

1288   Ein **Mitverschulden** des Bauherrn, das zur Minderung des Schadensersatzanspruchs führen könnte, wird im Regelfalle auszuschließen sein, da der Bauherr (üblicherweise) keine Fachkenntnisse besitzt und deshalb auf den Rat der eingeschalteten Betreuer angewiesen ist[315]. Der BGH hat diese Frage bislang entweder verneint oder offen gelassen[316]. Ein Mitverschulden kann allenfalls dann vorliegen, wenn der Anleger etwa Warnungen oder differenzierende Hinweise des Vertragspartners nicht genügend beachtet hat oder sonstige Umstände besondere Skepsis hätten wecken müssen[317].

5. Verjährung

1289   Für die Prospekthaftungsansprüche beim Beitritt zu einer Publikums-KG hat der BGH festgestellt, dass die Verjährung entsprechend den Bestimmungen der §§ 20 Abs. 5 KAGG und 12 Abs. 5 AuslInvestmG – beide Gesetze wurden durch das Investmentmodernisierungsgesetz[318] abgelöst – in sechs Monaten seit dem Zeitpunkt eintritt, in dem der Gesellschafter von der Unrichtigkeit oder Unvollständigkeit des Prospekts Kenntnis erlangt hat, spätestens jedoch in drei Jahren seit dem Beitritt zur Gesellschaft[319]. Diese recht kurze Verjährungsfrist wird damit begründet, dass mit der Prospekthaftung nicht an einem dem Verhandlungspartner persönlich geschenkten Vertrauen, sondern vielmehr nur an dem den unbekannten Initiatoren und Gründern entgegengebrachten typisierten Vertrauen angeknüpft wird. Die Verjährungsfrist wurde mit dem Investmentmodernisierungsgesetz verlängert und beträgt gem. § 127 Investmentmodernisierungsgesetz nunmehr ein Jahr.

Für die Baumodelle hat sich der BGH[320] anders entschieden[321]: Er hat die **regelmäßige Verjährungsfrist** des § 195 BGB a. F. und nicht – was er zunächst auch erwogen hatte[322] – die fünfjährige des § 638 BGB a. F. angewendet. Zur Begründung

---

[313] BGH v. 30. 11. 2007, BauR 2008, 823; BGH v. 22. 3. 1979, DB 1979, 1219; BGH v. 9. 12. 1981, WM 1982, 128 (129); BGH v. 27. 6. 1984, NJW 1984, 2524; BGH v. 9. 12. 1987, ZfBR 1988, 74; BGH v. 25. 2. 1988, BB 1988, 793; BGH v. 11. 5. 1989, NJW-RR 1989, 1102; BGH v. 6. 11. 1989, NJW 1990, 571.
[314] BGH v. 4. 3. 1987, NJW 1987, 1815; OLG Köln v. 22. 5. 1981, WM 1982, 23 (25); *Wittmann*, DB 1980, 1579 (1586).
[315] OLG Köln v. 23. 1. 1991, NJW-RR 1992, 278.
[316] *v. Heymann*, BB 1980, Beilage 12, S. 18, unter Bezug auf BGH v. 22. 3. 1979, DB 1979, 1219 und BGH v. 8. 2. 1978, BB 1978, 980. Vgl. aber OLG Karlsruhe v. 20. 4. 1988, NJW-RR 1988, 1237.
[317] BGH v. 25. 11. 1981, NJW 1982, 1095 mit Anm. *Assmann*, NJW 1982, 1083.
[318] Gesetz v. 15. 12. 2003, BGBl. I S. 2676.
[319] BGH v. 22. 3. 1982, NJW 1982, 1514 mit Anm. *Liesegang*, NJW 1982, 1515; *Kaligin*, DB 1982, 1160; vgl. auch BGH v. 21. 5. 1984, NJW 1984, 2523; BGH v. 18. 12. 2000, NJW 2001, 1203; BGH 14. 1. 2002, NJW 2002, 1711; OLG München v. 21. 12. 1999, NJW-RR 2000, 624; OLG Köln v. 16. 7. 2001, BauR 2002, 532 (LS).
[320] In BGH v. 31. 5. 1990, NJW 1990, 2461; BGH v. 25. 10. 1990, NJW-RR 1991, 217 und auch BGH v. 26. 9. 1991, NJW 1992, 228, wurde die Frage, ob die Frist des § 638 BGB oder des § 195 BGB gilt, offen gelassen, wohingegen das OLG Hamburg v. 7. 7. 1994, NJW-RR 1995, 14, zum Anlass nahm, auf die Prospekthaftungsansprüche beim Erwerbermodell § 477 BGB anzuwenden.
[321] BGH v. 13. 11. 2003, NJW 2004, 288 = NZBau 2004, 98 = BauR 2004, 330; BGH v. 1. 6. 1994, NJW 1994, 2226.
[322] BGH v. 31. 5. 1990, NJW 1990, 2461; BGH v. 25. 10. 1990, NJW-RR 1991, 217.

III. Prospekthaftung

führte der BGH die Verjährungsfrist für die Haftung beim Verschulden bei den Vertragsverhandlungen an, also die Grundsätze, aus denen die Prospekthaftung entwickelt worden ist. Ob diese Ableitung den Besonderheiten der Prospekthaftung gerecht wird, erscheint zweifelhaft. Da der Prospekthaftung beim Bauherrenmodell – genauso wie bei der Publikums-KG – gerade kein persönliches, sondern ausschließlich das typisierte Vertrauen zugrunde liegt, wäre es wohl gerechtfertigt gewesen, die in Anlehnung an die früheren §§ 20 Abs. 5 KAGG, 12 Abs. 5 AuslInvestmG für die Publikums-KG übernommene Verjährungsfrist auch bei den Baumodellen anzuwenden[323].

Nach der Schuldrechtsreform dürfte diese Diskussion überholt sein. Da die regelmäßige Verjährungsfrist des § 195 BGB nun nur noch drei Jahre beträgt, ist die Haftungsdauer beim Bauherrenmodell derjenigen bei den Publikumsgesellschaften deutlich und angemessen angenähert – zumal diese auf ein Jahr verlängert wurde. Auf Prospekthaftungsansprüche bei Baumodellen ist deshalb die regelmäßige Verjährungsfrist der §§ 195, 199 BGB anzuwenden.

Allerdings hat der BGH in einem weiteren Urteil für ein Bau*träger*modell entschieden, dass die Prospekthaftungsansprüche nach der werkvertraglichen Frist verjähren[324]. Diese Entscheidung überzeugt nicht. Zwar hat der BGH in seiner früheren Rechtsprechung ausgeführt, dass die Prospekthaftungsansprüche nicht vor Ablauf der fünfjährigen Verjährungsfrist des § 638 BGB a. F. verjähren[325], die Anwendung der damals noch längeren Frist des § 195 BGB a. F. dann aber zutreffend mit den Unterschieden zwischen der Prospekthaftung und der Mängelhaftung begründet[326]. Das ist auch heute noch zutreffend und führt bei den Bauträgermodellen im Ergebnis ebenfalls zur Anwendung der Verjährungsfrist des § 195 BGB.

Soweit Ansprüche wegen fehlerhafter Prospektangaben oder wegen **Verschuldens bei Vertragsschluss** gegenüber Vertragspartnern oder aufgrund persönlich in Anspruch genommenen Vertrauens geltend gemacht werden, verjähren diese grundsätzlich in der Regelfrist der §§ 195, 199 BGB[327]. Das gilt auch dann, wenn dem Haftenden – ohne dass ein Vertrag zustande kam – im Rahmen der Beitrittsverhandlungen usw. sonstwie persönliches Vertrauen entgegengebracht wurde, also nicht lediglich aufgrund des typisierten, sondern vielmehr aufgrund eines mit einer Garantiestellung verbundenen Vertrauens gehaftet wird[328]. 1290

Auch für die Berufsgruppen, für die die Verjährung von Schadensersatzansprüchen früher gesondert gesetzlich geregelt war (Rdn. 1260), also für **Rechtsanwälte, Wirtschaftsprüfer und Steuerberater,** gilt heute nicht anderes und war auch schon nach früherem Recht die regelmäßige Verjährungsfrist anzuwenden[329]; das galt jedenfalls dann, wenn mit dem Freiberufler kein Vertragsverhältnis zustande gekommen war[330]. 1291

6. Deliktische Haftung – Kapitalanlagebetrug (§ 264a StGB)

Abgesehen von der ohnehin bestehenden deliktischen Haftung der Beteiligten nach § 823 Abs. 2 BGB für **Betrug** und **Untreue**[331], kann darüber hinaus im Anwen- 1292

---

[323] *Kort*, DB 1991, 1057; *Wagner*, ZfBR 1991, 133 (138 f.).
[324] BGH v. 7. 9. 2000, NJW 2001, 436 = BauR 2001, 253 = NZM 2001, 154.
[325] BGH v. 31. 5. 1990, NJW 1990, 2461.
[326] BGH v. 1. 6. 1994, NJW 1994, 2226 (2227).
[327] OLG Stuttgart v. 31. 3. 1989, NJW-RR 1990, 473.
[328] BGH v. 22. 3. 1982, NJW 1982, 1514 (1515); BGH v. 21. 5. 1984, NJW 1984, 2523; BGH v. 14. 1. 1985, WM 1985, 533.
[329] BGH v. 8. 6. 2004, NJW 2004, 3420; BGH v. 1. 6. 1994, NJW 1994, 2226.
[330] BGH v. 26. 9. 1991, NJW 1992, 228; BGH v. 1. 6. 1994, NJW 1994, 2226; vgl. *Thode* in *Reithmann/ Meichssner/v. Heymann,* J Rdn. 112 f.; *Jagenburg*, NJW 1992, 282 (283).
[331] OLG Düsseldorf v. 17. 7. 1992, NJW 1993, 743.

dungsbereich des § 264 a StGB ein weiterer Anspruch aus unerlaubter Handlung wegen Kapitalanlagebetruges gegeben sein.

1293 Nach dem Straftatbestand des **Kapitalanlagebetruges** (§ 264a StGB) sind „unrichtige vorteilhafte" Prospektangaben oder das Verschweigen nachteiliger Tatsachen strafbar[332]. Der Tatbestand des § 264 a StGB erfasst jedoch nicht die Beteiligungen an Bauherren-, Ersterwerber- oder Bauträgermodellen, weil es sich bei ihnen nicht um eine Unternehmensbeteiligung handelt[333]. Der Vertrieb von offenen, aber auch von geschlossenen Immobilienfonds, z.B. in der Rechtsform der Kommanditgesellschaft, unterliegt dagegen dem Anwendungsbereich dieser Strafnorm[334]. Insoweit stellt die Bestimmung des § 264a StGB auch ein Schutzgesetz i.S.d. § 823 Abs. 2 BGB dar[335].

7. Prospektprüfung

1294 Börsennotierte Papiere unterliegen der Prospektpflicht (§ 32 BörsG i.V.m. § 13 BörsZulG). Mit dem Gesetz zur Verbesserung des Anlegerschutzes vom 28. 10. 2004[336] wurde das Verkaufsprospektgesetz (VerkProspG) dahin erweitert, dass die Prospektierungspflicht auch für die Anlageformen des Grauen Kapitalmarkts gilt, und zwar insbesondere auch für geschlossene Fonds, wenn diese Immobilien zum Gegenstand haben[337].

1295 Vom Wohnungswirtschaftlichen Fachausschuss des Instituts der Wirtschaftsprüfer in Deutschland e. V. (IdW) sind bereits 1983 „Grundsätze ordnungsmäßiger Durchführung von Prospektprüfungen" für die übrigen Baumodelle aufgestellt[338] und 1987 durch eine neue Stellungnahme (WFA 1/1987) aktualisiert worden[339]. Für die Baumodelle besteht jedoch keine gesetzliche Pflicht zur Prospektierung und Prospektprüfung.

1296 Da der Prüfbericht für die Anleger bestimmt ist, haftet der Prüfer – sofern eine Prospektprüfung erfolgt – für etwaige Fehler und Unvollständigkeiten nach § 823 BGB[340] und – soweit er im Prospekt erwähnt wird – auch nach den Grundsätzen der Prospekthaftung.

IV. Baubetreuung – Stellung des Bauherrn zum Initiator

1. Funktion des Baubetreuers

1297 Hinter dem Baubetreuer verbarg sich häufig die Person, die das Bauvorhaben initiiert, also das Grundstück gesichert, die Konzeption und das Vertragswerk entwickelt, die zukünftigen Funktionsträger (Treuhänder, Bauhandwerker) ausgewählt und die Bauherren – sei dies auch unter Einschaltung eines selbständigen Vertriebs – zusammengeführt hat. Folgerichtig wurde dem **Initiator** beim kleinen Bauherrenmodell auch vertraglich die zentrale Stellung gesichert: Er wurde als Baubetreuer mit der umfassenden Abwicklung des Vorhabens unter Erteilung entsprechender Vollmachten be-

---

[332] *Achenbach*, NJW 1986, 1835; *Grotherr*, DB 1986, 2584; *Schniewind/Hausmann*, BB 1986, Beilage 16, S. 26f.; *Rössner/Worms*, BB 1988, 93; *Knauth*, NJW 1987, 28; *Schmidt-Lademann*, WM 1986, 1241.
[333] *Pause*, Rechtshandbuch Immobilien, Kap. 10 Rdn. 67; Kap. 211 Rdn. 80; *Otto*, WM 1988, 729 (737); a. A. *Schmidt-Lademann*, WM 1986, 1241 (1242).
[334] *Pleyer/Hegel*, ZIP 1987, 79.
[335] *Pleyer/Hegel*, ZIP 1987, 79.
[336] BGBl. I S. 2630.
[337] *Beck*, BTR 2005, 34; *Moritz/Grimm*, BB 2004, 1801; dies. BB 2005, 337.
[338] Vgl. *Dedner*, BB 1983, 2026.
[339] Wiedergegeben in ZIP 1987, 947f.
[340] Vgl. BGH v. 2. 11. 1983, NJW 1984, 355.

IV. Baubetreuung – Stellung des Bauherrn zum Initiator

auftragt; eines besonderen Treuhänders bedurfte es nicht (vgl. oben Rdn. 1129f.). Diese Praxis spiegelt sich in der früheren Rechtsprechung der Instanzgerichte[341] und auch des BGH[342] wider.

Bei der späteren Entwicklung trat der **Treuhänder** in den Vordergrund und bildete den Gegenpol zum Initiator. Der Treuhänder wird im Treuhandvertrag bevollmächtigt, die zur Baudurchführung erforderlichen Verträge abzuschließen, wozu auch der Vertrag mit dem Baubetreuer zum Zwecke der wirtschaftlichen, zum Teil auch technischen Baubetreuung gehört. Der Baubetreuer ist nicht zur Verfügung über die Finanzierungsmittel des Erwerbers befugt. Die Vorschriften der MaBV sind auf ihn nicht anwendbar (vgl. Rdn. 1311 zur Haftung und Rdn. 1302 zur MaBV). 1298

Der Baubetreuer wird regelmäßig mit der **wirtschaftlichen Baubetreuung** beauftragt. Sie beinhaltet die Vorbereitung, Organisation und Koordination der Baudurchführung, die Unterstützung des Treuhänders im Baugenehmigungsverfahren, die erforderlichen Verhandlungen mit den Baubeteiligten, die Mitwirkung bei der Erstellung der Teilungserklärung, bei der Geltendmachung von Gewährleistungsansprüchen, bei der Erstellung der Schlussabrechnungen usw. Der Baubetreuer darf in **Steuerangelegenheiten** nicht beratend tätig werden. Ebenso ist ihm die Vertretung der Bauherren im Einspruchs- und Klageverfahren untersagt; hierbei handelt es sich keine nach dem RDG zugelassenen untergeordneten Tätigkeiten[343]. Der Baubetreuungsvertrag kann auch vorsehen, dass **technische Betreuungsleistungen**[344] zu erbringen sind, etwa typische Architektenleistungen (z.B. Planungsleistungen). Den Baubetreuer treffen dann auch die entsprechenden Bauaufsichts- und Koordinationspflichten[345]. Eine Vertragsbestimmung, durch die sich der Baubetreuer die Berechtigung einräumen lässt, den Architekten mit den eigentlich ihm obliegenden technischen Betreuungsleistungen zu betrauen, verstößt gegen § 309 Nr. 10 BGB[346]. 1299

Schließlich – und unabhängig von den eigentlichen Betreuungsleistungen – kann der Baubetreuer oder ein mit ihm verbundenes Unternehmen verschiedene vertragliche Garantien, Bürgschaften und Vermittlungsdienste übernehmen (vgl. Rdn. 1315). 1300

Soweit wirtschaftliche Betreuungsleistungen (Koordination, Vorbereitungshandlungen) geschuldet sind, ist der **Baubetreuungsvertrag** als Dienstvertrag mit Geschäftsbesorgungscharakter einzuordnen[347]. Auf technische Betreuungsleistungen sind die Bestimmungen des Werkvertragsrechts anzuwenden[348]. Für andere vom Baubetreuer übernommene Vertragspflichten gelten die hier jeweils einschlägigen Bestimmungen: Vermittlungsleistungen (Finanzierungsvermittlung, Vermittlung von Mietverhältnissen usw.) beurteilen sich z.B. nach Maklervertragsrecht. 1301

2. Anwendung des § 34c GewO und der MaBV

Der BGH hat die Bauherreneigenschaft des Erwerbers – obwohl kein zivilrechtlicher Begriff – schon immer anerkannt[349]. Deshalb ist **§ 34c Abs. 1 Nr. 4a GewO** 1302

---

[341] OLG Köln v. 22. 5. 1981, WM 1982, 23.
[342] Urteil v. 18. 11. 1976, NJW 1977, 294 und v. 17. 1. 1980, NJW 1980, 992, mit Anm. *Maser*, NJW 1980, 961.
[343] OLG Frankfurt v. 27. 10. 1994, NJW-RR 1995, 633.
[344] BGH v. 25. 10. 1990, NJW-RR 1991, 218 m. Anm. *Schulze-Hagen*, EWiR 1991, 39; BGH v. 30. 6. 1994, NJW 1994, 2825.
[345] BGH v. 13. 7. 2000, NZBau 2000, 523 = BauR 2000, 1762 = NJW-RR 2000, 1547.
[346] OLG Saarbrücken v. 10. 3. 1999, NJW-RR 1999, 1397.
[347] OLG Saarbrücken v. 3. 8. 2004, BauR 2005, 890.
[348] *Palandt/Sprau*, § 675 Rdn. 20.
[349] BGH v. 17. 1. 1980, NJW 1980, 992; insbes. zum Baubetreuer BGH v. 1. 6. 1987, NJW-RR 1987, 1233; zur Abgrenzung zwischen Bauträger und Bauherr auch BGH v. 26. 1. 1978, NJW 1978, 1054.

auf den Baubetreuer im Bauherrenmodell nicht anwendbar. Diese Bestimmung setzt voraus, dass sich der Gewerbetreibende als Bauherr betätigt. Die Bauverträge werden aber vom Treuhänder namens der Erwerber abgeschlossen, weshalb die Bestimmungen über den Bauträger nicht angewandt werden können. Mit der herrschenden Meinung ist davon auszugehen, dass der Baubetreuer die Erlaubnis nach § 34c Abs. 1 Nr. 4b GewO benötigt[350]. Die Sicherungspflichten nach der **MaBV** kommen jedoch nur dann zur Anwendung, wenn der Baubetreuer – was durch die Einschaltung des Treuhänders regelmäßig nicht der Fall ist – für die Ausführung seines Auftrages Vermögenswerte des Auftraggebers erhält oder zu deren Verwendung ermächtigt wird (§ 2 Abs. 1 MaBV).

3. Form des Betreuungsvertrages

1303   Der zwischen Bauherren – vertreten durch den Treuhänder – und Baubetreuer abgeschlossene Vertrag ist ohne die Einhaltung einer bestimmten Form wirksam[351]. Der Baubetreuungsvertrag muss grundsätzlich nicht beurkundet werden (dazu bereits oben Rdn. 1155). Bei den ersten Formen des „kleinen" Bauherrenmodells, bei denen noch kein Treuhänder eingeschaltet wurde, war der Betreuungsvertrag jedoch vollumfänglich zu beurkunden, da sich der Erwerber bereits im Baubetreuungsvertrag – unwiderruflich – zum Grundstückserwerb verpflichtete[352]. Der Baubetreuungsvertrag ist auch dann zu beurkunden, wenn er mit dem Grundstückserwerb eine Einheit bildet, weil die Bebauung eines bestimmten noch zu erwerbenden Grundstücks zu den Bedingungen des Betreuungsvertrages erfolgen soll[353].

4. Vollmachten, Auskunfts- und Rechnungslegungspflicht

1304   Es ist weder geboten noch erforderlich, dass dem Baubetreuer unmittelbar oder über den Treuhänder **(Unter-) Vollmacht** zum Abschluss von Verträgen oder sonstigen rechtsgeschäftlichen Handlungen erteilt wird. Gleichwohl wurde dem Baubetreuer häufig Vollmacht zum Abschluss insbesondere der Verträge mit den Bauhandwerkern bzw. dem Generalübernehmer oder -unternehmer erteilt. Soweit der Baubetreuer den Bauherrn vertritt, gelten für ihn die gleichen Grundsätze wie für den Treuhänder[354] (vgl. im Übrigen oben Rdn. 1176, 1192 f., 1228 f.). So haftet der Baubetreuer dem Werkunternehmer nach § 179 BGB für den Werklohn, wenn die Bauherrengemeinschaft nicht zustande kommt (nicht geschlossen werden kann), aber zuvor bereits namens der noch zu bildenden Bauherrengemeinschaft ein Werkvertrag durch den Baubetreuer abgeschlossen wird. Dies gilt auch dann, wenn dem Bauunternehmer bei Vertragsschluss bekannt ist, dass die Bauherrengemeinschaft noch nicht geschlossen ist[355].

1305   Der Bauherr wird durch die vom Baubetreuer abgeschlossenen Verträge ebenso berechtigt und verpflichtet wie durch die vom Treuhänder vorgenommenen Rechtsge-

---

[350] *Locher/Koeble*, Rdn. 557; nach *Maser*, NJW 1980, 961 (965) ist § 34c GewO überhaupt nicht anwendbar.
[351] OLG Saarbrücken v. 3. 8. 2004, BauR 2005, 890.
[352] Vgl. OLG Stuttgart v. 20. 6. 1978, MittBayNot 1979, 63 und BGH v. 12. 7. 1979, NJW 1980, 41 (43); vgl. ferner BGH v. 6. 11. 1980, NJW 1981, 274 in Abgrenzung zu BGH v. 6. 12. 1979, NJW 1980, 829 mit Anm. *Schmitt*, ZfBR 1980, 170 sowie OLG Hamm v. 4. 6. 1981, BB 1982, 151.
[353] BGH v. 12. 2. 2009, NJW 2009, 953.
[354] BGH v. 30. 6. 1994, NJW 1994, 2825, zu den Pflichten des mit Vollmacht ausgestatteten Baubetreuers; BGH v. 27. 6. 2002, BauR 2002, 1544, zur Abgrenzung zum Generalübernehmer.
[355] OLG Frankfurt v. 7. 2. 1984, BB 1984, 692.

schäfte. Auch ein der Bauherrengemeinschaft erst später beitretender Bauherr muss sich den vom Baubetreuer bereits früher abgeschlossenen **Bauvertrag** entgegenhalten lassen, weil er durch die Beauftragung des Treuhänders und den Beitritt zur Bauherrengemeinschaft bereits zuvor abgeschlossene Verträge genehmigt[356].

Den Baubetreuer treffen umfassende **Auskunfts- und Informationspflichten.** Je nachdem in welchem Umfang der Baubetreuer den Bauherrn bei der Durchführung des Bauvorhabens zu unterstützen und Koordinations- und Planungsleistungen zu erbringen hat, ist er – wie der Treuhänder – zur unaufgeforderten Benachrichtigung, zur Auskunft und zur Rechenschaftslegung verpflichtet (vgl. oben Rdn. 1192). Soweit der Baubetreuer gelegentlich – was aber erheblichen Bedenken begegnen muss[357] – auch mit der Abwicklung des Zahlungsverkehrs betraut wurde, ist er ebenso wie der Treuhänder zur umfassenden **Rechnungslegung** und zur **Herausgabe** sämtlicher im Zusammenhang mit dem Bauvorhaben erlangter Mittel (Provisionen oder sonstige Vermögensvorteile) verpflichtet, §§ 666, 667 BGB[358]. 1306

Dass dem Bauherrn diese Auskunfts- und Rechnungslegungsansprüche gegenüber dem Betreuer unmittelbar zustehen – also parallel zu den gleichartigen Ansprüchen gegenüber dem Treuhänder –, ergibt sich daraus, dass der Baubetreuer unmittelbarer Vertragspartner des Bauherrn ist[359].

5. Architektenbindung

Durch den Initiator und Baubetreuer wird dem Bauherrn eine Planung, an die der Bauherr im Wesentlichen gebunden ist, vorgegeben. Das ist bei der Errichtung von Eigentumswohnungen wegen der späteren Aufteilung nach den Bestimmungen des WEG, aber auch zur Definition der vom beitretenden Bauherrn zu errichtenden Wohnanlage und der dabei für ihn herzustellenden Wohnung erforderlich. Ein Verstoß gegen das Verbot der **Koppelung von Grundstückskauf und Planung** im Sinne des Art. 10 § 3 MRVerbG liegt darin nicht. Das Verbot der Architektenbindung richtet sich streng berufsbezogen nur an die Architekten und Ingenieure[360], nicht aber an Bauträger, Generalübernehmer, Generalunternehmer[361] – und ist aus denselben Gründen auch nicht auf das Bauherrenmodell, insbesondere nicht auf den Baubetreuer[362] und Initiator anwendbar. 1307

6. Vergütung des Baubetreuers

Die Höhe des Honorars richtet sich nach den vertraglichen Vereinbarungen. Es gelten dieselben Grundsätze wie beim Treuhandvertrag; es kann deshalb auf die Ausführungen unter Rdn. 1208 f. verwiesen werden. 1308

Der nicht zum Baubetreuer (oder Generalübernehmer) bestellte **Initiator** hat keinerlei Vergütungsansprüche. Vertragliche Ansprüche stehen dem Initiator ohnehin nicht zu. Ihm stehen aber auch keine Ansprüche aus Geschäftsführung ohne Auftrag oder Bereicherungsrecht zu[363]. 1309

---

[356] BGH v. 1. 6. 1987, NJW 1987, 1233; BGH v. 16. 6. 1983, ZfBR 1983, 220 (221).
[357] *Müller,* Rdn. 201.
[358] OLG Saarbrücken v. 3. 8. 2004, BauR 2005, 890.
[359] *Locher/König,* Rdn. 45.
[360] BGH v. 29. 9. 1988, NJW-RR 1989, 147; vgl. *Doerry,* ZfBR 1991, 49.
[361] BGH v. 22. 12. 1983, NJW 1984, 732 (733); BGH v. 29. 9. 1988, NJW-RR 1989, 147 m. Anm. *Lichtenberger,* MittBayNot 1989, 80; BGH v. 26. 1. 1978, NJW 1978, 1054 (1055).
[362] *Locher/Koeble,* Rdn. 66; vgl. auch *Jagenburg,* BauR 1979, 91 (108); *Maser,* NJW 1980, 961 (965); a. A. *Wolfsteiner,* DNotZ 1979, 579 (583).
[363] OLG Nürnberg v. 13. 11. 1985, NJW-RR 1987, 405.

C. Baumodelle

1310 Der Baubetreuer kann zur Sicherung seiner Vergütungsansprüche nicht die Einräumung einer **Sicherungshypothek** verlangen[364]. Die vom Baubetreuer im Rahmen von Bauherrenmodellen zu erbringenden Leistungen haben überwiegend dienstvertraglichen Charakter. Selbst wenn Elemente aus dem Bereich der technischen Betreuung hinzutreten, dominiert die wirtschaftliche Betreuung, weshalb auch dann § 648 BGB nicht zur Anwendung kommt. Im Übrigen sehen die vorformulierten Verträge ohnehin eine vollständige oder doch wenigstens teilweise Vorleistungspflicht des Bauherrn vor; der Baubetreuer ist ungleich weniger schutzbedürftig als die Bauhandwerker[365].

7. Haftung des Baubetreuers

a) Bauträgerhaftung?

1311 Weil der Baubetreuer wirtschaftlich und funktional der Stellung eines Bauträgers vergleichbar scheint, wurde anfänglich die Anwendung der Bauträgergewährleistung auf den Baubetreuer, also die Haftung des Baubetreuers für die **Mängelfreiheit des Gesamtbauwerks** gefordert[366]. Die vom Erwerber (aus steuerlichen Gründen gewollte) Vertragsaufspaltung und die sich daraus ergebende unmittelbare Vertragsbeziehung zum bauausführenden Unternehmen führt aber grundsätzlich dazu, dass nicht der Baubetreuer, sondern das Bauunternehmen für Baumängel (und der Architekt ggfl. für Planungs- und Bauaufsichtsfehler) einzustehen hat[367]. Auch wenn die Baumodelle grunderwerb- und einkommensteuerrechtlich als ein einheitliches Rechtsgeschäft angesehen werden, verbleibt es zivilrechtlich in der Regel bei der Aufspaltung in die verschiedenen Verträge.

b) Haftung für ordnungsgemäße Betreuungsleistungen

1312 Der Baubetreuer hat für die ordnungsgemäße und gewissenhafte Erbringung der im Vertrag übernommenen Betreuungsleistungen einzustehen. Soweit es sich um die üblicherweise geschuldete wirtschaftliche Betreuung handelt, also ein Dienstvertrag mit Geschäftsbesorgungscharakter vorliegt, haftet der Baubetreuer für Vertragsverletzungen nach §§ 280, 281 BGB. Werden darüber hinaus technische Betreuungsleistungen erbracht, kommt insoweit Werkvertragsrecht und somit die Gewährleistung nach den §§ 633ff. BGB zur Anwendung[368]. Die Übernahme der technischen Betreuung kann darin liegen, dass der Baubetreuer vertraglich zur Überwachung des Bauunternehmers in Bezug auf Mängelfreiheit und sonstige wirtschaftlich relevante Unregelmäßigkeiten der Bauausführung[369] oder gar zu Planungsleistungen verpflichtet ist[370]. Der Umfang der Haftung hängt von den im Einzelfall übernommenen Beratungs- und Prüfungspflichten ab. So haftet der Baubetreuer dann auf Schadensersatz, wenn es infolge fehlerhafter technischer Betreuung – mangelhafte Prüfung der Bauausführung in Bezug auf Flächenabweichungen – zu einem Schaden kommt[371]. Hat er die Betreuung der Planung über-

---

[364] A. A. *Koeble,* Kap. 17 Rdn. 123.
[365] A. A. *Locher/Koeble,* Rdn. 454.
[366] *Reithmann/Brych/Manhart,* Rdn. 137 i; *Wolfensberger/Langhein,* BauR 1980, 498 (500); *Brych,* DB 1980, 531 (532).
[367] BGH v. 17. 1. 1980, NJW 1980, 992.
[368] BGH v. 13. 7. 2000, NZBau 2000, 523 = BauR 2000, 1762 = NJW-RR 2000, 1547; BGH v. 25. 10. 1990, NJW-RR 1991, 218 m. Anm. *Schulze-Hagen,* EWiR 1991, 39; BGH v. 20. 11. 1997, NJW 1998, 680.
[369] BGH v. 25. 10. 1990, NJW-RR 1991, 218 m. Anm. *Schulze-Hagen,* EWiR 1991, 39.
[370] BGH v. 30. 6. 1994, NJW 1994, 2825; LG Tübingen v. 28. 2. 1994, NJW-RR 1994, 1175.
[371] BGH v. 25. 10. 1990, NJW-RR 1991, 218 m. Anm. *Schulze-Hagen,* EWiR 1991, 39.

nommen, muss er – ähnlich einem Architekten – für Planungsmängel einstehen, wenn sie durch eine ordnungsgemäße Überprüfung vermieden worden wären[372]. Wurde dem Baubetreuer jedoch nur ein fest umrissener Auftrag zum Abschluss des Generalunternehmervertrages erteilt, so haftet er nicht für Baumängel[373].

c) Prospekthaftung

Neben der vertraglichen Haftung für die unmittelbar übernommenen Leistungspflichten hat der Baubetreuer, soweit er – was regelmäßig der Fall ist – zugleich Initiator oder doch wenigstens **Mitherausgeber des Prospekts** ist, für die Vollständigkeit und Richtigkeit der im Prospekt enthaltenen Angaben zu haften (vgl. oben Rdn. 1279, auch 1276.). Der Baubetreuer hat insoweit – und zwar unabhängig von etwaigen von ihm gegebenen Höchstaufwands- oder Festpreisgarantien – für die Einhaltung der Gesamtkosten, die von ihm im Prospekt als garantiert bezeichnet werden, einzutreten. 1313

Hinzuweisen ist schließlich auch darauf, dass für den Bauherrn, wurde er durch die Prospektangaben bei Abschluss des Treuhandvertrages oder des Baubetreuungsvertrages arglistig getäuscht, auch die Voraussetzungen für eine **Anfechtung wegen arglistiger Täuschung** gegeben sind[374]. 1314

d) Garantien

Neben dem Baubetreuungsvertrag werden mit dem Baubetreuer (oder einer mit ihm bzw. dem Initiator verbundenen anderen Gesellschaft) die übrigen Garantieverträge abgeschlossen. Hierbei handelt es sich etwa um die Schließungsgarantie, Höchstaufwandsgarantie, Festpreisgarantie, Vermietungsgarantie sowie Finanzierungs- und Vermietungsvermittlung usw. Da all diese Leistungen nicht notwendig, sondern nur fakultativ vom Baubetreuer übernommen werden[375], werden die mit diesen Verträgen zusammenhängenden Probleme jeweils unten gesondert dargestellt. 1315

V. Gesellschaftsvertrag

1. Notwendigkeit einer BGB-Gesellschaft

Die Vorläufer der (zuletzt üblichen) Bauherrenmodelle kamen ohne den Abschluss eines Gesellschaftsvertrages zwischen den Bauherren aus. Die Bildung der Bauherrengemeinschaft als Gesellschaft geht auf die Entscheidung des für die Grunderwerbsteuer zuständigen II. Senats des BFH vom 6. 10. 1976[376] zurück. In ihr geht der BFH davon aus, dass eine Mehrheit von Personen nur dann als Bauherr im Sinne des Steuerrechts angesehen werden kann, wenn eine Bauvereinbarung oder ein Aufbauvertrag vorliegt und sich die Erwerber zur gemeinsamen Errichtung der Eigentumswohnanlage zusammengeschlossen haben. Der BFH hat mit dieser Rechtsprechung den Zusammenschluss der Bauherren zu einer BGB-Gesellschaft erforderlich gemacht. 1316

---

[372] BGH v. 30. 6. 1994, NJW 1994, 2825.
[373] OLG Düsseldorf v. 15. 6. 1989, NJW-RR 1991, 219.
[374] BGH v. 22. 5. 1970, WM 1970, 906; OLG Düsseldorf v. 18. 4. 1985, NJW-RR 1986, 320.
[375] Vgl. etwa zur Baubetreuer-Festpreisgarantie BGH v. 6. 11. 1986, NJW-RR 1987, 274 und LG Stuttgart v. 5. 9. 1986, NJW-RR 1987, 276.
[376] BStBl. II 1977, 88.

C. Baumodelle

1317   Die gegenseitige Bindung zur **Erreichung des gemeinsamen Zwecks,** nämlich der gemeinsamen Errichtung eines Gebäudes, ist auch aus zivilrechtlicher Sicht notwenig. Anders als der Erwerb vom Bauträger lässt sich die Errichtung eines Bauwerks auf einem gemeinschaftlichen Grundstück nur koordiniert und vor allem unter Mitwirkung der anderen Bauherren bewerkstelligen; die Mitwirkung am gemeinsamen Zweck besteht wenigstens in der Erfüllung der im Treuhandvertrag übernommenen Verpflichtungen[377].

Der Grundstücksverkäufer gehört allerdings auch dann nicht zur Bauherrengemeinschaft, wenn er sich als Gegenleistung für das Grundstück die Errichtung einer Wohnung versprechen lässt, da er den gemeinsamen Zweck nicht verfolgt[378].

2. Rechtsform der Bauherrengemeinschaft – Beurkundung

1318   Der zwischen den Bauherren abgeschlossene Vertrag beinhaltet in aller Regel mindestens folgende Bestimmungen:
– gegenseitige **Aufbauverpflichtung** des Gebäudes aufgrund der in der ersten Bauherrenversammlung beschlossenen Planung;
– Bestimmung des **Verteilungsschlüssels** für die Bau- und Baunebenkosten (üblicherweise dienen die Miteigentumsanteile als Verteilungsmaßstab[379]);
– fakultativ die Verpflichtung, das im Miteigentum stehende Grundstück in **Wohnungseigentum** bzw. Teileigentum aufzuteilen.

1319   Verträge zwischen den Bauherren, die vorstehende Regelungen enthalten, sind auf eine Gesellschaft bürgerlichen Rechts gerichtet[380]. Die Bestimmungen dienen der gemeinsamen Zweckerreichung. Dass die Bauherren ihre Beiträge nicht an die Gesellschaft, sondern an den Treuhänder entrichten[381], dass es kein Gesamthandsvermögen gibt[382], dass die Geschäftsführung nicht ausschließlich den Gesellschaftern, sondern zum Teil einem Dritten (dem Treuhänder) obliegt und dass die Bauverträge nicht namens der BGB-Gesellschaft, sondern unmittelbar in Vollmacht der Bauherren abgeschlossen werden, all dies führt zwar zu einem **atypischen Gesellschaftsvertrag**[383], nicht aber zu einer Scheingesellschaft[384] oder zu einer WEG-Vorgemeinschaft[385].

1320   Die BGB-Gesellschaft ist eine **Innengesellschaft**[386]. Bei der üblicherweise verwendeten Vertragsgestaltung soll und will sie als solche nicht am Rechtsverkehr teilnehmen. Die Bauverträge werden zwischen den Bauherren (vermittelt durch den Treuhänder) und den am Bau Beteiligten unmittelbar abgeschlossen. Ein Tätigwerden der Bauherrengesellschaft ist nicht erforderlich[387].

---

[377] *Locher/Koeble,* Rdn. 550; BGH v. 14. 4. 1986, NJW-RR 1986, 1419; BGH v. 2. 11. 1987, WM 1988, 661.
[378] BGH v. 8. 4. 1991, NJW-RR 1991, 1186.
[379] Vgl. BGH v. 19. 1. 1980, NJW 1980, 992.
[380] Vgl. BGH v. 29. 9. 1959, NJW 1959, 2161; BGH v. 14. 4. 1986, NJW-RR 1986, 1419; *Maser,* NJW 1980, 961 (962); *Wolfsteiner,* DNotZ 1979, 585.
[381] Vgl. BGH v. 14. 4. 1986, NJW-RR 1986, 1419; vgl. aber BGH v. 8. 12. 1986, WM 1987, 691.
[382] Die Bildung von Gesamthandsvermögen ist nicht notwendig, aber möglich, vgl. BGH v. 8. 12. 1986, WM 1987, 691.
[383] *Palandt/Sprau,* § 705 Rdn. 33.
[384] *Reithmann/Brych/Manhart,* Rdn. 140 a f.; zweifelnd auch BFH v. 18. 9. 1985, BB 1985, 1965 (1967).
[385] *Bärmann/Pick/Merle,* 5. Aufl., Einl. WEG, Rdn. 686.
[386] BGH v. 5. 10. 1987, WM 1987, 1515; BGH v. 2. 11. 1987, WM 1988, 661; BGH v. 18. 3. 1996, WM 1996, 1004 (1005); BGH v. 18. 6. 1990, BB 1990, 1997, dazu, ob die Grundsätze über die „fehlerhafte Gesellschaft" Gültigkeit haben; vgl. auch OLG Hamm v. 9. 7. 1987, BB 1987, 1977.
[387] *Palandt/Sprau,* § 705 Rdn. 38; MünchKomm/*Ulmer,* vor § 705 BGB, Rdn. 25, zur Innengesellschaft im Einzelnen § 705 BGB, Rdn. 229 f.; a. A. *Locher/Koeble,* Rdn. 550.

V. Gesellschaftsvertrag

Da die hier beschriebene Bauherrengesellschaft als Innengesellschaft konzipiert ist, findet auf sie die Rechtsprechung des BGH zur **Rechtsfähigkeit** der Gesellschaft des bürgerlichen Rechts[388] keine Anwendung[389].

Die von den Bauherren gebildete Gesellschaft tritt regelmäßig nicht nach außen auf, beansprucht keine Beiträge ihrer Gesellschafter und bildet kein Gesellschaftsvermögen. Sie erfüllt die für eine Innengesellschaft typischen Merkmale[390]. 1321

Der Gesellschaftsvertrag bedarf grundsätzlich keiner besonderen **Form**. Er muss namentlich nicht notariell beurkundet werden (vgl. Rdn. 1156)[391]. Anderes kann sich dann ergeben, wenn im Gesellschaftsvertrag – und nicht in einer anderen Urkunde – die unbedingte Verpflichtung zur Teilung des im Miteigentum stehenden Grundstücks nach den Bestimmungen des WEG enthalten ist (§§ 4 WEG, 311 b Abs. 1 Satz 1 BGB)[392]. 1322

Für die **Auslegung des Gesellschaftsvertrages** ist der objektive Erklärungsinhalt maßgeblich. Auf die Vorstellungen und den Willen der Initiatoren oder (bei Publikumsgesellschaften) der Gründungsgesellschafter kommt es nicht an. Das gebietet der Schutz des Bauherrn bzw. Anlegers. Er muss sich darauf verlassen können, dass ihn nur die aus dem Vertrag erkennbaren Pflichten treffen[393].

3. Rechtsverhältnis der Bauherren untereinander

a) Beitragspflichten

Obwohl die Bauherrengemeinschaft als solche kein eigenes Vermögen bildet und die Bauherren auch keine Beiträge an die BGB-Gesellschaft zu entrichten haben (Rdn. 1319), kann die BGB-Gesellschaft Zahlung der vom einzelnen Bauherrn geschuldeten **Eigenkapitalleistungen** an den Treuhänder verlangen. Der BGH begründet dies damit, dass ohne die vertragsgemäße Zahlung des Eigenkapitals der gemeinsame Zweck, das gemeinschaftliche Projekt fertigzustellen, nicht erreicht werden könne[394]. Die Gesellschafter schulden sich untereinander die Erfüllung der gegenüber dem Treuhänder übernommenen Verpflichtung auf Einzahlung des Eigenkapitals. Dies gilt nicht nur für die ursprünglich übernommene Eigenkapitalleistung, sondern auch für eine später erforderlich gewordene und – durch einstimmigen Beschluss (vgl. Rdn. 1328) – anerkannte Aufstockung der Eigenleistungen[395]. 1323

Eine Beitragspflicht gegenüber der Bauherrengesellschaft besteht dann, wenn – was aber aus den oben dargelegten Gründen weder zweckmäßig noch nötig ist – die Leistung von Beiträgen an die Gesellschaft und die Bildung von Gesellschaftsvermögen im Gesellschaftsvertrag vereinbart wurde. 1324

b) Geschäftsführung

Die Gesellschaftsverträge der Bauherrengemeinschaften sehen regelmäßig die Übernahme der **Geschäftsführung durch den Treuhänder** vor. Diese nicht unbedenkli- 1325

---

[388] BGH v. 29. 1. 2001, NJW 2001, 1056.
[389] *Palandt/Sprau,* § 705 Rdn. 24.
[390] MünchKomm/*Ulmer,* vor § 705 BGB, Rdn. 229; es sei aber darauf hingewiesen, dass die Gesellschaft auch als Außengesellschaft mit Beitragspflicht und Gesamthandsvermögen konstituiert werden kann, vgl. BGH v. 8. 12. 1986, WM 1987, 691.
[391] *Locher/Koeble,* Rdn. 556; *Brych,* FS Korbion, S. 1 (9); zweifelnd *Greuner/Wagner,* NJW 1983, 193 (195–199); a. A. BayObLG v. 4. 6. 1987, MittBayNot 1987, 270 (273); BayObLG v. 1. 3. 1982, DNotZ 1982, 770; *Wolfsteiner,* DNotZ 1979, 579 (588); *Maser,* NJW 1980, 961 (963); Reithmann in Reithmann/Brych/Manhart, Rdn. 423.
[392] *Goldbeck/Uhde,* Rdn. 538.
[393] OLG Hamburg v. 24. 11. 1995, DB 1996, 1403 = BB 1997, 696 m. Anm. *Bähr.*
[394] BGH v. 14. 4. 1986, NJW-RR 1986, 1419; BGH v. 5. 10. 1987, WM 1987, 1515; BGH v. 18. 6. 1990, BB 1990, 1997.
[395] BGH v. 14. 4. 1986, NJW-RR 1986, 1419.

che³⁹⁶ Regelung – immerhin begibt sich der Bauherr hierdurch (scheinbar) wesentlicher Befugnisse hinsichtlich der Abwicklung des Bauvorhabens – darf allerdings nicht überbewertet werden, weil sie durch den der Bauherrenversammlung zugewiesenen Aufgabenbereich praktisch kaum zum Tragen kommt. Die Gesellschaftsverträge bestimmen üblicherweise, dass die **Gesellschafterversammlung** für
– die endgültige Planung des Bauvorhabens,
– die Art und Weise der Vergabe (Abschluss der Bauverträge) und
– zum Teil auch über den Abschluss der Funktionsträgerverträge
zuständig ist und Beschluss fasst. Insoweit liegt die Kompetenz zur Geschäftsführung nicht beim Treuhänder, sondern bei den Bauherren³⁹⁷. Der Treuhänder ist bezüglich der Beschlüsse Vollzugsorgan der Bauherrengemeinschaft.

1326 Von der Geschäftsführung zu unterscheiden ist die **Vertretung der Gesellschaft.** Da sie regelmäßig als Innengesellschaft konstituiert ist, besteht grundsätzlich keine Notwendigkeit zur Vertretung der Gesellschaft. Sollte ausnahmsweise doch eine Vertretung der Gesellschaft notwendig werden, ist der Treuhänder nach § 714 BGB – soweit dies nicht ohnehin im Treuhandvertrag festgelegt ist – im Rahmen seiner Geschäftsführungsbefugnis auch zur Vertretung berechtigt. Das gilt beispielsweise für die klageweise Geltendmachung von Eigenkapitalleistungen namens der Bauherrengemeinschaft zu Händen des Treuhänders³⁹⁸.

c) Keine Nachschusspflicht, Ausgleichsansprüche

1327 Gegenüber der Bauherrengemeinschaft besteht grundsätzlich **keine Nachschussverpflichtung** (§ 707 BGB). Dies folgt schon daraus, dass eine Beitragspflicht nicht vereinbart ist (Innengesellschaft), also auch eine Pflicht zur Erhöhung solcher Beiträge nicht in Rede stehen kann. Im Übrigen kann auch dann, wenn die Bauherrengesellschaft als Außengesellschaft mit Beitragsverpflichtung gebildet worden ist, nicht allein aus dem Gesellschaftszweck – Fertigstellung des Bauvorhabens – eine Nachschusspflicht abgeleitet werden³⁹⁹. Mit Abschluss des Gesellschaftsvertrages hat sich keiner der Bauherren gegenüber den anderen Mitgliedern zu einer Errichtung des Bauvorhabens um jeden Preis verpflichten wollen. Die entgegengesetzte Auffassung übersieht, dass es im Einzelfall nicht nur um mehr oder weniger vertretbare Kostensteigerungen, sondern um Nachschüsse gehen kann, die die Eigenkapitalleistung um ein Vielfaches übersteigen⁴⁰⁰.

1328 Eine Nachschussverpflichtung kann nur dann angenommen werden, wenn sie im Gesellschaftsvertrag vereinbart wurde – bei einer Außengesellschaft als Beitragsleistung zugunsten der Gesellschaft, bei Innengesellschaften als Pflicht zur Leistung an den Treuhänder. Die Erhöhung der Eigenleistungen kann im Übrigen auch durch **einstimmigen Beschluss** der Gesellschafter – im Wege einer Änderung des Gesellschaftsvertrages – herbeigeführt werden⁴⁰¹.

1329 Die Frage der Nachschusspflicht tritt regelmäßig im Zusammenhang mit **Baukostensteigerungen** auf. Wegen solcher Baukostensteigerungen haftet der Bauherr im Außenverhältnis unmittelbar gegenüber den Bauhandwerkern aus den Bauverträgen⁴⁰², und zwar auch ohne gesellschaftsvertragliche Verpflichtung und trotz entsprechender Baukostengarantien.

---

[396] *Reithmann/Brych/Manhart,* Rdn. 140 b.
[397] Vgl. zur Geschäftsführung durch Beschlussfassung *Palandt/Sprau,* vor § 709 Rdn. 10 f.
[398] BGH v. 14. 4. 1986, NJW-RR 1986, 1419.
[399] A. A. *Müller,* Rdn. 195.
[400] *Goldbeck/Uhde,* Rdn. 568.
[401] BGH v. 14. 4. 1986, NJW-RR 1986, 1419.
[402] BGH v. 1. 6. 1987, NJW-RR 1987, 1233.

V. Gesellschaftsvertrag

Von der Nachschusspflicht sind etwaige **Ausgleichsansprüche** zwischen den einzelnen Bauherren, die z.B. infolge von Flächenmehrungen bzw. Flächenminderungen entstehen können, zu unterscheiden. Im Gesellschaftsvertrag wird regelmäßig bestimmt, dass die Bauherren unter gewissen Voraussetzungen (Toleranzgrenzen) zum Baukostenausgleich verpflichtet sind. Würde eine solche Vereinbarung fehlen, hätte ein Ausgleich nach Bereicherungsrecht zu erfolgen, da die Bauherren im Außenverhältnis ja nicht gesamtschuldnerisch haften[403] (zu den Treuhänderpflichten bei Ausgleichsansprüchen oben Rdn. 1248). 1330

4. Ausscheiden aus der Gesellschaft, Wechsel der Gesellschafter

a) Ausschließung eines Gesellschafters

Für den Fall, dass in der Person des Bauherrn Gründe eintreten, die die Durchführung des Bauvorhabens (Gesellschaftszweck) gefährden können, z.B. **Insolvenz, Zahlungsverzug mit dem Eigenkapital**, wird der Gesellschaft zumeist das Recht eingeräumt, den betreffenden Bauherrn aus der Gesellschaft auszuschließen. Dies wird allgemein für zulässig gehalten[404], wenngleich eine Fertigstellungsgarantie für die übrigen Bauherren die größere Sicherheit bietet und deshalb daneben Vertragsgegenstand sein sollte. 1331

Probleme können sich bei der **Rückabwicklung** der einzelnen Verträge zwischen dem ausscheidenden Bauherrn und den anderen Beteiligten ergeben, insbesondere bezüglich des Grundstückskaufvertrages und der Werkverträge. Die Verträge müssen deshalb für den Fall des Ausschlusses eines Bauherrn vorsehen, dass der Bauherr aus den Verträgen entlassen wird und statt seiner ein anderer Bauherr oder der Initiator in die Verträge eintritt. 1332

Die Miteigentumsanteile am Grundstück sind an einen etwaigen Nachfolger oder in Ermangelung eines solchen an den Initiator zu übertragen. Die Entlassung aus den Werkverträgen hängt von den Baubeteiligten ab. Sicherzustellen ist jedenfalls, dass ein neu hinzutretender Dritter in die Verpflichtungen eintritt, um ihm die Bauherrenstellung zu sichern. Soweit für das Ausscheiden eines Bauherrn weder durch geeignete Garantien noch durch die Verpflichtung der Übertragung des Grundstücks und der Ansprüche aus den verschiedenen Verträgen auf Dritte – die im Übrigen ja auch erst gefunden werden müssen – konzeptionell Vorsorge getroffen wurde[405], haften die Initiatoren und der Treuhänder für die Fertigstellung des Objekts trotz des Ausscheidens eines Bauherrn, nicht aber die verbliebenen Bauherren[406].

b) Ausscheiden eines Bauherrn

Die gesetzlich vorgesehene jederzeitige **Kündigungsmöglichkeit** des Gesellschaftsvertrages (§ 723 BGB) wird regelmäßig vertraglich abbedungen. Das ist zulässig, weil die Gesellschaft auf bestimmte Zeit, nämlich die Zeit bis zur Erreichung des Gesellschaftszwecks, eingegangen wird und die geordnete Durchführung des Bauvorhabens anders auch nicht sicherzustellen ist; das ist vom Begriff der „Zeitdauer" in § 723 Abs. 1 Satz 2 BGB gedeckt[407]. 1333

---

[403] BGH v. 19.1.1980, NJW 1980, 992; vgl. BGH v. 15.5.1991, NJW-RR 1991, 1120.
[404] *Locher/Koeble*, Rdn. 550; *Maser*, NJW 1980, 961 (963); *Wilhelmi*, DB 1986, 1003.
[405] *Wilhelmi*, DB 1986, 1003.
[406] A.A. *Locher/Koeble*, Rdn. 550.
[407] *Palandt/Sprau*, § 723 Rdn. 3.

1334 Das Kündigungsrecht nach § 723 BGB ist an sich unabdingbar; die Einschränkung dieses Rechts darf nur soweit gehen, wie dies zur Erreichung des Vertragszwecks erforderlich ist. Da die Bauherrengemeinschaft ein eher anonymer Zusammenschluss verschiedener Kapitalanleger ist, also die Person des anderen Mitbauherrn nur insoweit von Interesse ist, als es um die für die Durchführung des Bauvorhabens erforderliche Bonität geht, muss jedem Bauherrn die Kündigung des Gesellschaftsvertrages (einschließlich aller anderen Verträge) für den Fall gestattet bleiben, dass statt seiner ein anderer Bauherr der Gesellschaft beitritt und auch alle anderen bereits begründeten Verbindlichkeiten übernimmt. Der Gesellschaftsvertrag muss vorsehen, dass die Gesellschaft im Falle einer solchen Kündigung durch die anderen Gesellschafter fortgesetzt wird (§ 736 BGB). Die Kündigung der Gesellschaft und die Veräußerung des Miteigentumsanteils an einen Nachfolger stellt aber dann eine Verletzung des Gesellschaftsvertrages dar, wenn den verbleibenden Bauherren eine Zusammenarbeit mit dem neu eintretenden Bauherrn unzumutbar ist.

1335 Der in ein Bauherrenmodell **neu eintretende Gesellschafter** haftet grundsätzlich nicht für die **Altschulden**[408], soweit solche Verbindlichkeiten überhaupt zu Lasten der (Innen-)Gesellschaft begründet worden sein sollten (vgl. Rdn. 1320). Jedenfalls wird eine entsprechende Anwendung der einschlägigen Vorschriften des HGB auf die BGB-Gesellschaft abgelehnt. Von den – im Außenverhältnis ja regelmäßig gar nicht bestehenden – Verbindlichkeiten der BGB-Gesellschaft sind die vom ausscheidenden Bauherrn persönlich eingegangenen Verpflichtungen zu unterscheiden. Soweit der neu hinzutretende Bauherr die bereits abgeschlossenen Verträge, insbesondere die Bauverträge, durch Vereinbarung in vollem Umfang gegen sich gelten lässt, hat er auch die bereits früher fällig gewordenen und noch nicht beglichenen Forderungen auszugleichen.

1336 Entsprechendes gilt für den der Bauherrengemeinschaft erst nach Abschluss der Bauverträge beitretenden Mitbauherrn, wenn dieser nicht einen ausscheidenden Mitbauherrn ersetzt, sondern eine noch freie Einheit (für die der Treuhänder bis zu diesem Zeitpunkt nach § 179 BGB haftet) zeichnet[409]. In diesen Fällen genehmigt der **später beitretende Bauherr** durch die entsprechende Bevollmächtigung des Treuhänders die schon zu einem früheren Zeitpunkt abgeschlossenen Verträge.

5. Beendigung der Bauherrengesellschaft – Begründung der Wohnungseigentümergemeinschaft

1337 Der Gesellschaftsvertrag endet mit Erreichung des Gesellschaftszwecks. Die **Zweckerreichung** tritt mit der Herstellung des Bauvorhabens und der vollständigen Mängelbeseitigung ein. Die Gesellschaft existiert also regelmäßig über den Zeitpunkt der Bezugsfertigkeit hinaus fort[410].

1338 Die Bauherrengesellschaft endet nicht schon mit der Entstehung der **Wohnungseigentümergemeinschaft**[411]. Die Wohnungseigentümergemeinschaft wird häufig während oder in der Endphase der Baumaßnahme durch Teilungserklärung und Anlegung der Wohnungsgrundbücher gebildet, kann aber – bei Vollzugsschwierigkeiten – auch erst nach Fertigstellung des Bauvorhabens entstehen. Im Unterschied zur Bauherrengemeinschaft, die die Errichtung des Objekts zum Vertragsgegenstand hat, ist die Wohnungseigentümergemeinschaft durch die dinglichen Rechtsbeziehungen zum Ob-

---
[408] BGH v. 30. 4. 1979, NJW 1979, 1821.
[409] BGH v. 1. 6. 1987, NJW-RR 1987, 1233; BGH v. 16. 6. 1983, ZfBR 1983, 220.
[410] BGH v. 2. 11. 1987, WM 1988, 661.
[411] *Müller*, FS Seuß, S. 211 ff.

jekt (Wohnungs- bzw. Teileigentum und Gemeinschaftseigentum) und die laufende Verwaltung des Gemeinschaftseigentums gekennzeichnet. Zur Verwaltung im Sinne des WEG gehört jedoch auch die Instandsetzung des Gebäudes, wozu wiederum die Beseitigung anfänglicher Baumängel zu rechnen ist[412].

Daraus folgt, dass es zwar vorrangig Sache der Bauherrengemeinschaft ist, **Restarbeiten** sowie **Nachbesserungs- und Gewährleistungsansprüche** gegenüber den Bauhandwerkern geltend zu machen[413] (vgl. auch Rdn. 1215, 1396, 1441). Das ist zumeist auch zweckmäßig, weil für die Wahrnehmung dieser Aufgaben die mit dem Bauvorhaben, der Ausschreibung und der Abwicklung vertrauten Treuhänder, Baubetreuer und Architekten zur Verfügung stehen, die für diese Betreuungstätigkeit ja auch schon vergütet sind. 1339

Die Grundsätze über die „**werdende Wohnungseigentümergemeinschaft**" sind auf die Bildung von Wohnungseigentum nach § 3 WEG – wie beim Bauherrenmodell – nicht anwendbar[414]; auf sie kann also für die Übergangszeit nicht zurückgegriffen werden.

Es kann sich aber auch als günstig oder sogar als erforderlich erweisen, die Mängelhaftung zur Sache der Wohnungseigentümergemeinschaft zu machen, etwa dann, wenn das erforderliche Vertrauen zum Treuhänder und Baubetreuer zerstört ist. Unabhängig von den Aufgaben der Bauherrengemeinschaft und des Treuhänders kann die Wohnungseigentümergemeinschaft durch entsprechende Beschlussfassung auf die Mängelansprüche der Bauherren nach § 10 Abs. 6 Satz 3 WEG zugreifen und diese geltend machen (vgl. Rdn. 883 ff.). Dass die Ansprüche nicht auf Bauträgerverträgen, sondern auf Planungs- und Bauverträgen beruhen, ändert an der mit der WEG-Novelle 2007 gesetzlich gegebenen Zuständigkeit der Gemeinschaft nichts. So ist die Wohnungseigentümergemeinschaft berechtigt, die Nacherfüllungsansprüche (z.B. Kostenvorschuss) aufgrund eines Beschlusses geltend zu machen und Zahlung an die Gemeinschaft zu verlangen[415]. 1340

VI. Der Bauherr und die finanzierende Bank

1. Vorbemerkung

Für die Finanzierung eines Bauvorhabens ist die **Zwischenfinanzierung** während der Bauphase und die sich daran anschließende **Endfinanzierung** als langfristiger Kredit erforderlich. Die Bedingungen der Zwischenfinanzierung werden von den Initiatoren regelmäßig schon vor Herausgabe des Prospekts mit dem Kreditinstitut festgelegt. Diese Vereinbarungen münden jedoch noch nicht in einen Darlehensvertrag, sondern zunächst nur in eine bankseitige Finanzierungszusage oder Bereitschaftserklärung. Die **Darlehensverträge** werden erst mit den einzelnen Bauherren abgeschlossen, und zwar – nach Bonitätsprüfung[416] – zunächst der Zwischenfinanzierungsvertrag[417]. Anders als beim Bauträgervertrag wird auch schon der Darlehensvertrag für die 1341

---

[412] BayObLG v. 23. 1. 1992, NJW-RR 1992, 597.
[413] BGH v. 21. 10. 1976, NJW 1977, 44 (45).
[414] Vgl. BayObLG v. 17. 7. 1997, WE 1998, 149; BayObLG v. 23. 1. 1992, NJW-RR 1992, 597 (598).
[415] BGH v. 19. 12. 1996, NJW 1997, 2173; a. A. *Müller*, FS Seuß, S. 211 ff.
[416] Vgl. OLG Düsseldorf v. 8. 3. 1990, BB 1990, 2220, dazu, unter welchen Umständen der Bauherr nach Einräumung der Zwischenfinanzierung auf die Gewährung der Endfinanzierung vertrauen darf.
[417] OLG Düsseldorf v. 19. 5. 1988, NJW-RR 1989, 434, zur Kontoinhaberschaft bei Abwicklung der Zwischenfinanzierung über ein Treuhandanderkonto.

Zwischenfinanzierung unmittelbar mit jedem einzelnen Bauherrn bezüglich der von ihm übernommenen anteiligen Kosten abgeschlossen. Häufig werden für die Zwischenfinanzierung **Zinsgarantien** abgegeben. Das Risiko der Endfinanzierungskosten trägt der Bauherr allein.

1342 Für die Bank kann die Finanzierung eines Bauherrenmodells riskant sein, wenn sie nicht nur als Darlehensgeber, sondern darüber hinaus auch als Mitinitiator, Garant oder als Anlagenvermittler auftritt. Aber auch bei der schlichten Finanzierung eines Bauvorhabens können sich wegen der hohen Beleihung und der gar nicht so selten eintretenden Insolvenz von Bauherren beachtliche Verwertungsprobleme ergeben.

1343 Der hohe und wenig werthaltige Werbungskostenapparat, der regelmäßig zu überhöhten Gestehungskosten führt, muss bei der **Wertermittlung** und Beleihung berücksichtigt werden. Dieser Gesichtspunkt hatte das Bundesaufsichtsamt für das Kreditwesen bereits 1981 zu dem Hinweis veranlasst, dass wegen der nach steuerlichen Gesichtspunkten ausgewiesenen Kosten bei der Bewertung lediglich die über die angemessenen Herstellungskosten hinausgehenden Werbungskosten mit 15% der Baukosten als Baunebenkosten veranschlagt werden dürfen[418]. Die besondere Kostengestaltung der Bauherrenmodelle ließe es nicht zu, von den realisierten Herstellungskosten auszugehen, da andernfalls die Gefahr von Überbewertungen bestünde. Für das finanzierende Institut stellt sich deshalb die Spitze des Darlehens nicht als Realkredit, sondern vielmehr als persönliches Darlehen dar, für welches die persönlichen Einkommens- und Vermögensverhältnisse maßgeblich und deshalb auch zu prüfen sind (vgl. § 18 KWG)[419].

2. Wirksamer Abschluss des Darlehensvertrages

a) Form des Kreditvertrages

1344 Der zwischen dem Bauherrn – regelmäßig vertreten durch den Treuhänder – und der Bank abgeschlossene Vertrag ist in der heute maßgeblichen Fassung des § 491 Abs. 3 Nr. 1 BGB ein **Verbraucherdarlehensvertrag** i. S. der §§ 491 ff. BGB. Er bedarf der Schriftform und muss die vom Gesetz geforderten Mindestangaben enthalten, § 492 BGB[420].

1345 Der Darlehensvertrag muss jedoch nicht notariell beurkundet werden (oben Rdn. 1155). Auch dann, wenn die Beurkundung des zu finanzierenden Geschäfts unterblieben und dieses deshalb nichtig ist, ergreift diese Nichtigkeit regelmäßig nicht die Wirksamkeit des vom Erwerber selbst abgeschlossenen Darlehensvertrages. Für die Anwendung von § 139 BGB wird es am hierfür erforderlichen Einheitlichkeitswillen fehlen, weil die Parteien des Darlehensvertrages – ebenfalls eine dem Bauherrenmodell immanente Konsequenz – die rechtliche Selbständigkeit sämtlicher Verträge, also auch des Darlehensvertrages wollen[421].

1346 Wird der Darlehensnehmer (Bauherr/Erwerber) beim Abschluss des Kreditvertrages aber von einem Treuhänder vertreten – was meist für die Zwischenfinanzierung zutrifft –, hängt die Wirksamkeit des Darlehensvertrages von der formgerechten (notariellen) Beauftragung des Treuhänders und der Erteilung einer entsprechenden **Treuhändervollmacht** ab.

---

[418] *Steiner,* Der Langfristige Kredit, 1983, 736.
[419] Vgl. *Steiner,* Der Langfristige Kredit, 1983, 736 (745).
[420] *Palandt/ Weidenkaff,* § 492 Rdn. 7, 9 f.
[421] BGH v. 17. 1. 1985, NJW 1985, 1020 und BGH v. 10. 4. 1986, NJW-RR 1986, 1433, jeweils zum Beitritt zu einer Abschreibungsgesellschaft; BGH v. 9. 10. 1986, NJW-RR 1987, 523, zum Ersterwerbermodell.

VI. Der Bauherr und die finanzierende Bank

Wurde der Treuhänder nicht in **notarieller Form** beauftragt, ist der Kreditvertrag mangels wirksamer Vollmacht unwirksam. Auf sie kann sich eine Bank, der lediglich eine beurkundete Vollmacht vorgelegt wurde, heute aber nicht mehr berufen (dazu oben Rdn. 1161). Von der Bank sollte die Vorlage des notariell beurkundeten Treuhandvertrages nebst Vollmacht verlangt werden. Allerdings kann sich die Bank auf eine Duldungsvollmacht berufen, wenn der Bauherr von der Bank über die Auszahlung des Kredits informiert wurde und er der Inanspruchnahme des Darlehens durch den Treuhänder nicht entgegentritt[422].

Der Darlehensvertrag ist auch unwirksam, wenn der dem Treuhänder erteilte Auftrag eine **unerlaubte Rechtsdienstleistung** darstellt und nach den Vorschriften des RBerG bzw. des neuen RDG nichtig ist[423] (Rdn. 1146).

Bei Verbraucherverträgen ist der Bauherr zum Widerruf des Vertrages berechtigt, sofern der Vertrag als **Haustürgeschäft** abgeschlossen wurde, §§ 312, 355 BGB. Allerdings kommt es für die Haustürsituation im Verhältnis zum Vertragsgegner (Bank) nicht auf die Person des Vertretenen bei der Vollmachtserteilung, sondern auf die Person des Vertreters (bei Abschluss des Darlehensvertrages) an[424]. Selbst wenn der Treuhandvertrag in einer Haustürsituation zustande gekommen sein sollte, wäre dies unschädlich, weil die Bank bei Vorlage einer notariell beurkundeten Vollmacht auf die Wirksamkeit nach § 312 Abs. 3 Nr. 3 BGB vertrauen darf[425]. Auch die nachfolgende Beurkundung eines in einer Haustürsituation geschlossenen Vertrages genügt den Anforderungen des § 312 Abs. 3 Nr. 3 BGB[426]. Wird der Darlehensvertrag nicht durch den Treuhänder, sondern vom Erwerber selbst in einer Haustürsituation abgeschlossen, kommt das Widerrufsrecht nach § 355 BGB zum Tragen. Unter Berücksichtigung der Richtlinie 85/577/EWG gilt dies auch dann, wenn die Verhandlungen nicht von einem Bankvertreter, sondern von einem Dritten (Verhandlungsführer, Vertriebsbeauftragten des Initiators) geführt wurden, denn die Bank muss sich eine Haustürsituation bereits dann zurechnen lassen, wenn sie objektiv bestanden hat[427]. Entgegen der früheren Rechtsprechung des BGH[428] kommt es nicht – wie bei § 123 BGB – darauf an, ob die Bank die Tätigkeit des Vermittlers kannte oder kennen musste.

Der Widerruf bewirkt eine Rückabwicklung nach den Vorschriften über den Rücktritt, § 357 BGB. Die Darlehenssumme ist nebst marktüblicher Verzinsung sofort zu erstatten[429]. Ob diese Rechtsfolgen dem Verbraucherschutz des Gemeinschaftsrechts (Richtlinie 85/577/EWG) entsprechen, wurde entgegen der Rechtsprechung des BGH[430] bezweifelt und hat zu entsprechenden Vorlagen zum EuGH nach Art. 234 EGBGB geführt[431]. Der EuGH hat dahin entschieden, dass die Beschränkung des Widerrufs auf die Rückabwicklung des Darlehensvertrags der Richtlinie 85/577/EWG nicht widerspricht[432] (vgl. auch oben Rdn. 1068). Auch die Verpflichtung des Verbrauchers, neben der Rückzahlung der erhaltenen Beträge auch die marktüblichen

---

[422] BGH v. 22. 10. 1996, MittBayNot 1997, 33.
[423] zuletzt BGH v. 23. 1. 2007, NJW 2007, 1584.
[424] BGH v. 2. 5. 2000, NJW 2000, 2268; BGH v. 2. 5. 2000, NJW 2000, 2270, m. Anm. *Hoffman*, NJW 2001, 421.
[425] BGH v. 2. 5. 2000, NJW 2000, 2268.
[426] *Palandt/Grüneberg,* § 312 Rdn. 28; a. A. OLG Stuttgart v. 30. 3. 1999, BB 1999, 1453.
[427] BGH v. 14. 2. 2006, NJW 2006, 1340; BGH v. 19. 9. 2006, NJW 2007, 364, Rdn. 11.
[428] BGH v. 30. 5. 2005, NJW 2005, 2545; BGH v. 20. 1. 2004, NJW-RR 2004, 1126.
[429] BGH v. 12. 11. 2002, NJW 2003, 423; OLG Karlsruhe v. 29. 10. 2002, NJW-RR 2003, 185.
[430] BGH v. 16. 9. 2003, NJW 2004, 153.
[431] LG Bochum v. 29. 7. 2003, NJW 2003, 2612; OLG Bremen v. 27. 5. 2004, NJW 2004, 2238.
[432] EuGH v. 25. 10. 2005, NJW 2005, 3551, Tz. 885; auch EuGH v. 25. 10. 2005, NJW 2005, 3555; dazu *Staudinger,* NJW 2005, 3521.

Zinsen zahlen zu müssen, ist von der Richtlinie 85/577/EWG gedeckt[433]. Im Anschluss an diese Rechtsprechung hat der BGH sodann dahin entschieden, dass der Darlehensnehmer bei einer Auszahlung des Darlehens an einen Dritten auch im Lichte der Richtlinie 85/577/EWG bereicherungsrechtlich als Zahlungsempfänger anzusehen ist[434]. Allerdings kann ein Schadensersatzanspruch wegen Verschuldens bei Vertragsschluss bestehen, wenn über das Widerrufsrecht schuldhaft nicht belehrt wurde[435]. Die unterlassene Belehrung muss für den Kauf bzw. die Anlageentscheidung ursächlich sein, wovon nicht ausgegangen werden kann, wenn der Verbraucher an seinen Objekterwerb bei Darlehensabschluss bereits gebunden war[436].

Wenn das Geschäft widerrufen wurde, kann der Verpflichtung zur Rückzahlung des empfangenen Darlehens auch nicht damit begegnet werden, dass das Geschäft nach § 242 BGB als verbundenes Geschäft zu werten ist[437]. Hat es sich aber um ein in einer Haustürsituation zustande gekommenes verbundenes Geschäft gehandelt, steht dem Darlehensgeber kein Rückzahlungsanspruch zu; die Rückabwicklung hat vielmehr zwischen dem Darlehensnehmer und dem Vertragspartner des finanzierten Geschäfts zu erfolgen[438].

Auch eine Vollmacht zum Abschluss des Darlehensvertrages muss den Anforderungen des § 492 Abs. 4 Satz 1 BGB genügen[439]. Sie muss also insbesondere den von § 492 Abs. 1 BGB beschriebenen Inhalt aufweisen, also die **Mindestangaben über die Kreditbedingungen** enthalten, § 492 Abs. 4 Satz 1 BGB. Damit wurde der Streit, der zu § 4 Abs. 1 Satz 5 VerbrKrG bestand, im Grundsatz gegen die Rechtsprechung des BGH[440] und im Sinne des Verbrauchers entschieden. Allerdings verbleibt es für den hier erörterten Anwendungsbereich bei der Rechsprechung des BGH, da die Treuhändervollmacht beurkundet wird und die Vollmacht die Mindestangaben bei beurkundeten Vollmachten dann nicht enthalten muss, § 492 Abs. 4 Satz 2 BGB, es sei denn, der Verbraucher wird mit der Vollmachtserteilung rechtlich gebunden[441].

b) Widerrufsrecht nach § 495 BGB

1347 Dem Erwerber steht das Widerrufsrecht gemäß §§ 495, 355 BGB zu. Die früheren gesetzlichen Bestimmungen (§ 491 Abs. 1 Nr. 1 BGB a. F.), nach denen Verbraucherrealkredite grundsätzlich nicht widerrufen werden konnten, sind durch das OLGVertrÄndG v. 23. 7. 2002[442] mit Wirkung ab 1. 8. 2002 entsprechend geändert worden (vgl. oben Rdn. 1066)[443].

Die **Widerrufsfrist** für die Erklärung des Widerrufs beträgt zwei Wochen. Der Darlehensgeber muss den Kreditnehmer über das Widerrufsrecht und die Widerrufsfrist gemäß § 355 BGB i. V. m. § 14 BGB-InfoV informieren. Das Widerrufsrecht er-

---

[433] EuGH v. 25. 10. 2005, NJW 2005, 3551, Tz. 885; auch EuGH v. 25. 10. 2005, NJW 2005, 3555.
[434] BGH v. 26. 9. 2006, NJW 2007, 361, Rdn. 19.
[435] BGH v. 26. 2. 2008, NJW 2008, 1585, Rdn. 21; BGH v. 19. 9. 2006, NJW 2007, 364, Rdn. 16; BGH v. 26. 9. 2006, NJW 2007, 361; BGH v. 16. 5. 2006, NJW 2006, 2099, Rdn. 29; vgl. aber OLG Celle v. 3. 4. 2006, NJW 2006, 1817; vgl. *Jungmann*, NJW 2007, 1562 (1564).
[436] BGH v. 26. 2. 2008, NJW 2008, 1585, Rdn. 25 f; BGH v. 19. 9. 2006, NJW 2007, 364, Rdn. 16.
[437] BGH v. 27. 1. 2004, NJW 2004, 1376 (1378); BGH v. 16. 5. 2006, NJW 2006, 2099, Rdn. 21.
[438] BGH v. 24. 4. 2007, NJW 2007, 2401, Rdn. 21.
[439] BGH v. 3. 6. 2003, NJW-RR 2003, 1203 (1204).
[440] BGH v. 24. 4. 2001, NJW 2001, 1931 = BB 2001, 1114; BGH v. 10. 7. 2001, NJW 2001, 2963; BGH v. 10. 7. 2001, NJW 2001, 3479; ebenso OLG München v. 22. 4. 1999, NJW 1999, 2169; LG München I v. 8. 2. 1999, NJW 1999, 1193; a. A. LG Chemnitz v. 30. 9. 1998, NJW 1999, 1193; LG Mannheim v. 29. 7. 1999, BB 1999, 2049; vgl. *Ulmer*, BB 2001, 1365; zum neuen Recht *v. Bülow*, NJW 2002, 1145.
[441] *Palandt/Weidenkaff*, § 492 Rdn. 21.
[442] BGBl. I S. 2850; vgl. zur neuen Rechtslage *Volmer*, MittBayNot 2002, 336 f.; *Schmucker*, DNotZ 2002, 900.
[443] Vgl. *v. Bülow*, NJW 2002, 1145.

VI. Der Bauherr und die finanzierende Bank

lischt nicht, wenn der Kreditnehmer nicht oder nicht ordnungsgemäß belehrt wurde[444]. Sofern ein verbundenes Geschäft besteht, muss sich die Widerrufsbelehrung auch auf das finanzierte Geschäft beziehen; sie darf nicht den Eindruck erwecken, dass sich der Verbraucher nur von den Bindungen des Darlehensvertrages lösen könne[445]. Die Ausübung des Widerrufsrechts führt zur **Rückabwicklung** nach den Vorschriften über den Rücktritt (§ 357 BGB), vgl. oben Rdn. 1068.

c) Nichtigkeit des Darlehensvertrages

Beim Beitritt zu **Abschreibungsgesellschaften** wurden dem Bauherrn in dessen Wohnung oder an seinem Arbeitsplatz neben der Beitrittserklärung häufig auch Anträge auf Abschluss von Kreditverträgen (sofern nicht vom Treuhänder oder Dritten vermittelt) zur Finanzierung der Beteiligung vorgelegt (bei der Beteiligung am großen Bauherrenmodell kümmert sich der Initiator bzw. der Treuhänder um die Finanzierung; nur gelegentlich wird das Eigenkapital fremdfinanziert). Solche – verbotenerweise (§§ 55, 56 Abs. 1 Nr. 5 GewO) – **im Reisegewerbe vermittelten Darlehensverträge** sind jedoch nicht gem. § 134 BGB nichtig[446]. 1348

Der Darlehensvertrag kann schließlich infolge einer wirksamen **Anfechtung** der auf den Abschluss des Vertrages gerichteten Willenserklärung nichtig sein. Anfechtungsgrund kann eine **arglistige Täuschung** i. S. d. § 123 BGB sein. Solange sich die Bank an dem Vorhaben nicht selbst als Initiator oder Vermittler beteiligt, stellt sich immer noch die Frage, ob sie sich Täuschungshandlungen etwa der Anlageberater oder der Darlehensvermittler zurechnen lassen muss. 1349

Wird die Finanzierung im Rahmen eines Bauherrenmodells dem Bauherrn von einem Beteiligten aus dem Initiatorenkreis vermittelt, ist dieser Vermittler „Dritter" i. S. v. § 123 Abs. 2 BGB mit der Folge, dass der Bank etwaige Täuschungshandlungen nur dann zuzurechnen sind, wenn sie sie kannte oder kennen musste. Dies gilt auch, wenn der Anlagenberater die Beteiligung an einer Abschreibungsgesellschaft und gleichzeitig die Finanzierung vermittelt[447].

Voraussetzung dafür, dass ein Darlehen zurückgefordert werden kann, ist dessen **Auszahlung an den Bauherrn**[448]. Bei Bauherrenmodellen werden die Zwischenfinanzierungsmittel auf ein namens des Bauherrn errichtetes und geführtes Konto ausgezahlt. Zweifel darüber, dass er der Empfänger der Darlehenssumme ist, können nicht bestehen. Auch dann, wenn die Mittel etwa bei Abschreibungsgesellschaften vereinbarungsgemäß auf ein Treuhandkonto fließen oder direkt auf ein Konto der Kommanditgesellschaft geleitet werden, liegt darin eine Zuwendung des Darlehens an den Darlehensnehmer[449]. Dies könnte nur dann anders beurteilt werden, wenn der Dritte, an den die Mittel ausgezahlt werden – etwa ein Treuhänder –, nicht im Interesse des Erwerbers, sondern im Interesse der finanzierenden Bank tätig wird. 1350

---

[444] BGH v. 12. 11. 2002, NJW 2003, 424; BGH v. 10. 9. 2002, NJW 2003, 199; *Palandt/Grüneberg*, § 355 Rdn. 19, 20.
[445] BGH v. 23. 6. 2009, NJW 2009, 3020; BGH v. 24. 4. 2007, NJW 2007, 2404, Rdn. 27.
[446] BGH v. 18. 11. 1982, NJW 1983, 868; BGH v. 17. 1. 1985, NJW 1985, 1020 mit Anm. v. *Löwe*, EWiR 1985, 39 und *Jehle*, NJW 1985, 1010; BGH v. 25. 4. 1985, WM 1985, 910; BGH v. 10. 10. 1985, WM 1986, 6 (7); BGH v. 20. 2. 1986, NJW-RR 1986, 1167; BGH v. 10. 4. 1986, NJW-RR 1986, 1433; OLG Hamm v. 22. 5. 1989, WM 1989, 1376.
[447] *Immenga*, BB 1984, 5 f.; MünchKomm/*Krämer*, § 123 BGB, Rdn. 18 f.
[448] BGH v. 24. 3. 1983, WM 1983, 484 m. w. N.; BGH v. 21. 9. 1989, NJW-RR 1990, 246; OLG Hamm v. 22. 5. 1989, WM 1989, 1376.
[449] BGH v. 17. 1. 1985, NJW 1985, 1020 (1022); BGH v. 25. 4. 1985, WM 1985, 910; BGH v. 10. 10. 1985, WM 1986, 6; BGH v. 20. 2. 1986, NJW-RR 1986, 1167; BGH v. 21. 9. 1989, NJW-RR 1990, 246.

3. Einwendungsdurchgriff

1351 Der Erwerber kann Einwendungen, die ihm gegenüber Funktionsträgern, Baubeteiligten oder Personen aus dem Initiatorenkreis zustehen, dem Darlehensrückzahlungsanspruch der finanzierenden Bank grundsätzlich nicht entgegenhalten. Der Darlehensvertrag einerseits und die übrigen zum Erwerb erforderlichen Verträge andererseits sind als rechtlich selbstständige Verträge zu werten (Trennungsprinzip)[450], vgl. auch Rdn. 1064.

1352 Durch das OLGVertrÄndG v. 23. 7. 2002 wurde mit Wirkung ab dem 1. 8. 2002 für Realkredite eine gesetzliche Regelung über den Einwendungsdurchgriff geschaffen[451]. Das Trennungsprinzip wird damit unter bestimmten Voraussetzungen durchbrochen. Nach §§ 358, 359 BGB kann der Kreditnehmer bei einem Verbraucherkreditvertrag dem Darlehensgeber die Einwendungen entgegenhalten, die ihm gegen den Geschäftspartner des finanzierten Geschäfts zustehen. Nach § 358 Abs. 3 BGB ist unter den dort genannten Voraussetzungen von einem **verbundenen Geschäft** auszugehen. Ein verbundenes Geschäft liegt vor, wenn der Darlehensgeber das Grundstück selbst verschafft, über die Zurverfügungstellung des Darlehens hinaus den Erwerb des Objekts durch Zusammenwirken mit dem Anbieter fördert, indem er sich dessen Veräußerungsinteressen ganz oder teilweise zu eigen macht, bei der Planung, Werbung oder Durchführung des Projekts Funktionen der Veräußerers übernimmt oder den Veräußerer einseitig begünstigt (dazu im einzelnen Rdn. 1064 f.).

Bei Anlegung dieser Maßstäbe werden verbundene Geschäfte eher selten vorkommen[452]. Dies beruht schon darauf, dass sich die Bankinstitute zumeist auf die Funktion des Darlehensgebers beschränken und darüber hinausgehende Aufgaben im Bereich des Initiatorenkreises nicht übernehmen. Der vom BGH im Ansatz schon unter früherem Recht für möglich gehaltene Einwendungsdurchgriff kann bei den Modellen aber dann zum Zuge kommen, wenn die Bank über ihre eigentliche Finanzierungsfunktion hinaus auch andere Aufgaben i. S. des § 358 Abs. 3 BGB bei der Durchführung des Bauvorhabens wahrnimmt[453]. Von einem verbundenen Geschäft ist aber auch auszugehen, wenn sich die Bank bei der Vorbereitung oder beim Abschluss des Kreditvertrages des Initiators bzw. Verkäufers bedient. Gleiches gilt, wenn der Vertriebsbeauftragte der Verkäuferin beim Abschluss des Kreditvertrages mitwirkt[454] oder die Bank sich derselben Vertriebsorganisation wie der Bauträger bedient[455]. Entsprechendes gilt für vom Vertrieb hinzugezogene Finanzierungsvermittler[456]. Davon, dass sich die Bank des Vertriebs des Anbieters bedient, kann aber nur dann die Rede sein, wenn der Bank das Zusammenwirken des für sie tätigen Vermittlers mit dem Verkäufer positiv bekannt ist[457].

Beim geschlossenen Immobilienfonds gilt dies in gleicher Weise, wobei der BGH hier auf die Mitwirkung der Fondsgesellschaft beim Abschluss des Darlehensvertrages

---

[450] BGH v. 9. 2. 1978, NJW 1978, 1427; BGH v. 21. 1. 1988, BB 1988, 794. m. w. N.; vgl. *v. Heymann*, NJW 1990, 1137 (1146); BGH v. 1. 10. 2002, BauR 2003, 1749; zum Einwendungsdurchgriff nach früherem Recht bei nicht grundpfandrechtlich gesicherten Krediten BGH v. 23. 9. 2003, NJW 2003, 3703.
[451] OLGVertrÄndG v. 23. 7. 2002, BGBl. I S. 2850.
[452] Vgl. zur früheren Rechtslage: BGH v. 21. 1. 1988, BB 1988, 794, zu einem Ersterwerbermodell; BGH v. 9. 10. 1986, NJW-RR 1987, 523, zu einem Ersterwerbermodell; OLG Düsseldorf v. 24. 5. 1984, BB 1984, 1579, zu einem Bauherrenmodell; BGH v. 13. 11. 1980, NJW 1981, 389; BGH v. 24. 3. 1983, WM 1983, 652; BGH v. 17. 1. 1985, NJW 1985, 1020 (1022), BGH v. 11. 7. 1985, WM 1985, 1287, BGH v. 10. 10. 1985, WM 1986, 6, BGH v. 20. 2. 1986, NJW-RR 1986, 1167, jeweils zum Beitritt zu einer Abschreibungsgesellschaft; *v. Heymann*, NJW 1990, 1137 (1146).
[453] BGH v. 12. 7. 1979, NJW 1980, 41 f.; OLG Düsseldorf v. 24. 5. 1984, BB 1984, 1579 (1580); BGH v. 9. 10. 1986, NJW-RR 1987, 523; BGH v. 21. 1. 1988, BB 1988, 794.
[454] BGH v. 23. 9. 2003, NJW 2003, 3703.
[455] BGH v. 14. 6. 2004, NJW 2004, 2742.
[456] BGH v. 28. 6. 2004, NJW 2004, 3332.
[457] BGH v. 19. 6. 2007, NJW 2007, 3200.

abstellt. Dabei genügt es, wenn der Vertriebsbeauftragte der Fondsgesellschaft dem Interessenten mit den Beitrittsunterlagen zugleich einen Kreditantrag der Bank vorlegt, die sich der Fondsgesellschaft gegenüber bereits zur Finanzierung der Maßnahme bereit erklärt hat[458].

Darauf, dass der Bauherr an der Aufspaltung in den Erwerbsvorgang einerseits und die Finanzierung andererseits aus steuerlichen Gründen geradewegs ein besonderes Interesse haben kann, kommt es nach heute geltendem Recht nicht mehr an[459].

1353 Die in § 358 Abs. 3 Satz 3 BGB genannten Voraussetzungen sind abschließend[460]. Allein daraus, dass das Darlehen zweckgebunden für den Erwerb eines bestimmten Objekts und unter der Voraussetzung einer entsprechenden Sicherung an diesem Grundstück vergeben wird, kann kein verbundenes Geschäft abgeleitet werden[461].

1354 Sofern ein verbundenes Geschäft i. S. d. § 358 Abs. 3 Satz 3 BGB vorliegt, kann der Darlehensnehmer gegenüber dem Darlehensgeber gemäß § 359 BGB ein **Leistungsverweigerungsrecht** in dem Umfang geltend machen, wie er seine Leistung auch gegenüber dem Geschäftspartner verweigern kann. Das Leistungsverweigerungsrecht steht ihm jedoch erst dann zu, wenn eine Nacherfüllung fehlgeschlagen ist (§ 359 Satz 3 BGB). Kann der Darlehensnehmer wegen der Nichtigkeit des finanzierten Geschäfts die Zahlung des Kaufpreises verweigern, steht ihm auch gegenüber dem Kreditgeber die dauernde Einrede im Sinne von § 813 Abs. 1 Satz 1 BGB zu; etwaige trotz dieser Einrede geleistete Zahlungen kann er nach § 812 Abs. 1 Satz 1 BGB zurückverlangen[462].

Bei einer Beteiligung an einem Fonds wird für die Geltendmachung von Rechten (Leistungsverweigerungsrechte) gegenüber der Bank verlangt, dass ein Schadensersatzanspruch entstanden ist, der seinerseits die Kündigung des Gesellschaftsbeitritts gegenüber der Fondsgesellschaft voraussetzt[463], wobei die Kündigung auch gegenüber der Bank ausgeübt werden kann[464]. Der Anleger kann die Rückzahlung des Kredits verweigern, soweit ihm ein Abfindungsanspruch gegen den Fonds zusteht[465]. Unter Berufung auf ein verbundenes Geschäft können keine Ansprüche gegen Initiatoren abgeleitet werden, weil es für sie als außerhalb des finanzierten Geschäfts stehende Personen an einem Finanzierungszusammenhang fehlt[466].

Sofern aus Gründen, die der Initiatorenkreis zu vertreten hat, eine **Rückabwicklung** erfolgt (vgl. auch Rdn. 1332), erhält der Initiator das Objekt, der Bauherr von der Bank die geleisteten Zahlungen und die Bank vom Initiator den ausgereichten Kredit zurück[467].

4. Vertragliche und vorvertragliche Aufklärungspflicht

1355 Im Allgemeinen besteht keine besondere vorvertragliche Aufklärungspflicht der finanzierenden Bank gegenüber dem Erwerber[468]. Die finanzierende Bank muss weder

---

[458] BGH v. 25. 4. 2006, NJW 2006, 1788; BGH v. 31. 1. 2005, BB 2005, 624; BGH v. 21. 7. 2003 = NJW 2003, 2821; BB 2003, 2089; BGH v. 23. 9. 2003, NJW 2003, 3703.
[459] Vgl. BGH v. 13. 11. 1980, NJW 1981, 389, BGH v. 20. 2. 1986, NJW-RR 1986, 1167.
[460] *Palandt/Grüneberg*, § 358 Rdn. 18; MünchKomm/*Habersack*, § 358 BGB, Rdn. 50, 54.
[461] Vgl. BGH v. 16. 9. 2003, NJW 2004, 153; BGH v. 12. 7. 1979, NJW 1980, 41 (42); *Palandt/Grüneberg*, § 358 Rdn. 18.
[462] BGH v. 4. 12. 2007, NJW 2008, 845.
[463] BGH v. 27. 6. 2000, NJW 2000, 3558; vgl. auch BGH v. 21. 7. 2003, BB 2003, 2089.
[464] BGH v. 21. 7. 2003, BB 2003, 2089 = NJW 2003, 2821.
[465] BGH v. 25. 4. 2006, NJW 2006, 1955.
[466] BGH v. 5. 6. 2007, NJW 2007, 2407.
[467] *Palandt/Grüneberg*, § 359 Rdn. 5 f.
[468] BGH v. 13. 11. 1980, NJW 1981, 389 (391); BGH v. 17. 1. 1985, NJW 1985, 1020 (1023); BGH v. 25. 4. 1985, WM 1985, 910 (911); BGH v. 10. 10. 1985, WM 1986, 6; OLG Hamburg v. 13. 8. 1985, WM

darauf hinweisen, dass das Darlehen unabhängig von den Risiken der Kapitalanlage zurückzubezahlen ist (sog. Aufspaltungsrisiko)[469], noch darüber, ob und welche Risiken mit dem finanzierten Grundgeschäft verbunden sind[470]. Die Bank ist auch nicht verpflichtet, im Interesse des Bauherrn den Baufortschritt und die **zweckentsprechende Verwendung der Gelder** zu überwachen[471] oder über die Sanierungsbedürftigkeit des Objekts aufzuklären[472]. Ein besonderes Aufklärungs- und Schutzbedürfnis des Erwerbers wird von der Rechtsprechung deshalb abgelehnt, weil Teilnehmer an Abschreibungsgesellschaften bzw. Bauherrenmodellen entweder selbst über die nötigen Kenntnisse und Erfahrungen zur Beurteilung der Risiken verfügen oder sich der Hilfe von Fachberatern – etwa Anlageberatern – bedienen können[473]. Obwohl die vergangenen Jahre gerade davon geprägt waren, Immobilienobjekte auch an Interessenten mit geringeren Einkünften (häufig über Strukturvertriebe) zu veräußern, ist die Rechtsprechung bei dieser Linie geblieben[474].

Sofern die Bank das Vorhaben empfiehlt, wird sie über (verdeckte) Rückvergütungen, die sie vom Initiator erhält, aufklären, weil der Anleger andernfalls nicht beurteilen kann, ob die Anlageempfehlung allein im Interesse des Erwerbers oder im Interesse der Bank erfolgt[475].

Die Bank ist nicht verpflichtet, über **Innenprovisionen,** die vom Initiator an den Vertrieb bezahlt werden, aufzuklären. Die Provision ist Teil der Vertriebskosten, die bei jedem Absatzgeschäft in den Preis einkalkuliert werden. Auch wenn der Preis eines Objekts dadurch über den Verkehrswert steigt, besteht keine Aufklärungspflicht, da es eine Angelegenheit des Erwerbers bzw. Bauherrn ist, die Angemessenheit des Preises zu prüfen[476]. Die Bewertung des zu finanzierenden Vorhabens durch die Bank erfolgt im eigenen, nicht im Kundeninteresse. Aus einer fehlerhaften Bewertung kann der Kunde keine Rechte herleiten, insbesondere nicht behaupten, die Bank hätte die Finanzierung ablehnen müssen[477]. Die Rechtsprechung des BGH zu den Innenprovisionen ist auch für andere Aufwendungen des Anbieters wie die Kosten für die Projektentwicklung usw. anzuwenden[478]. Über eine Innenprovision ist aber dann aufzuklären, wenn durch sie eine so wesentliche Verschiebung zwischen Kaufpreis und Verkehrswert entsteht, dass die Bank von einer sittenwidrigen Übervorteilung des Kunden ausgehen muss[479]. Sofern die Bank als Abwicklungsbeauftragte tätig sein sollte, würde sie nicht nur bei einer sittenwidrigen Übervorteilung, sondern schon bei deutlich überhöhten Innenprovisionen aufklären müssen[480].

1356 Eine besondere Aufklärungspflicht – außerhalb eines mit der Bank zustande gekommenen Vermittlungs- oder Beratungsvertrages (dazu unten Rdn. 1362, 1380) –

1985, 1260; BGH v. 9. 10. 1986, NJW-RR 1987, 523 (525); BGH v. 21. 1. 1988, BB 1988, 794 m. w. N. *Jungmann,* NJW 2007, 1562 (1563 f.).
[469] BGH v. 13. 11. 1980, NJW 1981, 389 (391).
[470] BGH v. 25. 4. 1985, WM 1985, 910 (911).
[471] BGH v. 1. 10. 1987, NJW 1988, 1468; OLG Düsseldorf v. 24. 5. 1984, BB 1984, 1579.
[472] BGH v. 21. 1. 1988, BB 1988, 794.
[473] BGH v. 17. 1. 1985, NJW 1985, 1020 (1023); BGH v. 25. 4. 1985, WM 1985, 910 (911); BGH v. 31. 3. 1992, NJW 1992, 901; OLG Hamm v. 22. 5. 1989, WM 1989, 1376.
[474] Vgl. *v. Heymann,* BB 2000, 1149.
[475] BGH v. 19. 12. 2006, NJW 2007, 1876, zu Kapitalanlageempfehlungen.
[476] BGH v. 23. 3. 2004, NJW 2004, 2378; BGH v. 20. 1. 2004, NJW-RR 2004, 1126; BGH v. 18. 4. 2000, NJW 2000, 2352; BGH v. 12. 11. 2002, NJW 2003, 424; BGH v. 2. 12. 2003, NJW-RR 2004, 632; OLG Stuttgart v. 22. 7. 1998, NJW-RR 1999, 1138; vgl. zur möglichen Strafbarkeit des Initiators BGH v. 7. 3. 2006, NJW 2006, 1679, Rdn. 14.
[477] BGH v. 3. 6. 2008, NJW 2008, 2472, Rdn. 24; BGH v. 21. 10. 1997, NJW 1998, 305 m. w. N.
[478] BGH v. 8. 10. 2004, BauR 2005, 99 (101).
[479] BGH v. 20. 1. 2004, NJW-RR 2004, 1126 (1128); BGH v. 19. 9. 2006, NJW 2007, 357, Rdn. 19.
[480] BGH v. 28. 7. 2005, NJW 2005, 3208 (3210).

VI. Der Bauherr und die finanzierende Bank

besteht allerdings dann, wenn etwa die Bank selbst einen zu den allgemeinen wirtschaftlichen Risiken des Projekts hinzutretenden speziellen **Gefährdungstatbestand** schafft oder dessen Entstehung begünstigt[481]. Eine solche Gefährdung des Anlegers kann darin bestehen, dass die Bank durch Nachlässigkeit beim Abschluss des Darlehensvertrages es Personen aus dem Initiatorenkreis ermöglicht, diese Personen – und nicht den Treuhänder – im Vertrag als Zahlungsempfänger erscheinen zu lassen[482].

Allein daraus, dass die Bank die Finanzierung vom Beitritt zu einem Mietpool abhängig macht, trifft sie hinsichtlich des Mietpools keine besondere Aufklärungspflicht[483]. Mit einer dahingehenden Forderung überschreitet die Bank auch nicht ihre Rolle als Kreditgeberin, sondern handelt zur Absicherung des Kreditrisikos[484].

Auch dann, wenn die Bank in Bezug auf die speziellen Risiken einen konkreten **Wissensvorsprung** vor dem Darlehensnehmer hat und dies auch erkennen kann, bestehen im Einzelfall Aufklärungs- und Hinweispflichten[485]. Deshalb ist etwa für das Bauherrenmodell ein allgemeiner Hinweis auf das Bauherrenrisiko verfehlt. Die Bank ist verpflichtet, Kenntnisse über Umstände, die dieses gewöhnliche Risiko übersteigen, zu offenbaren. Eine Aufklärungspflicht der Bank ist dann anzunehmen, wenn ihr bekannt ist, dass die im Prospekt vorgesehenen Steuervorteile wegen einer Überzeichnung nicht mehr erreicht werden können[486]. Sie hat den Bauherrn aufzuklären, wenn ihr beispielsweise eine Verflechtung zwischen Treuhänder und Initiator[487], wirtschaftliche Schwierigkeiten des Baubetreuers, Zahlungsunfähigkeit der Abschreibungsgesellschaft bei Beitritt usw. bekannt sind[488]. Sie ist auch bei riskanten Finanzierungskonzepten aufklärungspflichtig; das soll z.B. bei einer Tilgungsaussetzung verbunden mit einer Kapitallebensversicherung der Fall sein[489]. Im Falle institutionalisierten Zusammenwirkens[490] von Bank und Initiator bzw. Verkäufer kann der Anleger sich unter erleichterten Voraussetzungen auf die Verletzung der Aufklärungspflicht wegen eines konkreten Wissensvorsprungs bei einer arglistigen Täuschung durch evident unrichtige Angaben berufen, denn die Kenntnis der Bank von der Täuschung wird widerleglich vermutet[491].

Zu unterscheiden von der (nur eingeschränkt bestehenden) Aufklärungspflicht der nur als Darlehensgeber tätig werdenden Bank sind die Fälle, in denen sie auch oder ausschließlich als **Anlageberater oder -vermittler** tätig wird[492]. Zwischen der Bank und ihrem Kunden kommt ein stillschweigender Auskunfts- oder Beratungsvertrag zustande, wenn der Kunde sich für seine Anlageentscheidung der besonderen Kenntnisse und Verbindungen der Bank bedienen will. Empfiehlt die Bank – gleich ob die Finan-

1357

---

[481] BGH v. 20. 2. 1986, NJW-RR 1986, 1167 (1168); BGH v. 24. 4. 1990, NJW-RR 1990, 876; BGH v. 27. 11. 1990, NJW 1991, 693; BGH v. 17. 12. 1991, NJW-RR 1992, 373; BGH v. 28. 4. 1992, NJW 1992, 2146; BGH v. 16. 6. 1992, NJW 1992, 2148; ein Rechtsanwalt aus dem Initiatorenkreis ist jedoch nicht schutzbedürftig, OLG Düsseldorf v. 23. 5. 1990, BB 1990, 2220.
[482] BGH v. 20. 2. 1986, NJW-RR 1986, 1167 (1168); vgl. auch BGH v. 18. 4. 1988, NJW-RR 1988, 1071, zu auffälligen Unregelmäßigkeiten beim finanzierten Erwerb neu emittierter Aktien.
[483] BGH v. 3. 6. 2008, NJW 2008, 2472, Rdn. 15 f.; BGH v. 20. 3. 2007, NJW 2007, 2396, Rdn. 19.
[484] BGH v. 3. 6. 2008, NJW 2008, 2472, Rdn. 17; BGH v. 20. 3. 2007, NJW 2007, 2396, Rdn. 19.
[485] BGH v. 18. 4. 2000, NJW 2000, 2352; BGH v. 27. 6. 2000, NJW 2000, 3558 m. w. N.
[486] BGH v. 10. 4. 1986, NJW 1986, 1433 (1434).
[487] OLG Karlsruhe v. 10. 11. 1998, NJW-RR 1999, 990.
[488] BGH v. 20. 2. 1986, NJW-RR 1986, 1186; BGH v. 24. 4. 1990, NJW-RR 1990, 876; BGH v. 27. 11. 1990, NJW 1991, 693; BGH v. 28. 4. 1992, NJW 1992, 2146; BGH v. 16. 6. 1992, NJW 1992, 2148.
[489] OLG Frankfurt v. 23. 8. 2001, ZfIR 2001, 982 = BauR 2002, 679.
[490] Oechsler, NJW, 2006, 2451.
[491] BGH v. 3. 6. 2008, NJW 2008, 2576, auch zum Beginn der Verjährungsfrist; BGH v. 3. 6. 2008, NJW 2008, 2472, Rdn. 20; BGH v. 19. 9. 2006, NJW 2007, 357, Rdn. 17.
[492] BGH v. 13. 1. 2004, NJW 2004, 1868; BGH v. 4. 3. 1987, BB 1987, 850. Vgl. auch LG Stuttgart v. 24. 2. 1987, WM 1988, 620 f., zur Haftungsbeschränkung für Anlageberatung im Wertpapiergeschäft.

zierung anschließend von ihr oder einem anderen Institut durchgeführt wird – eine bestimmte Abschreibungsgesellschaft, ein Bauherrenmodell usw., so haftet sie zumindest für eine kritische Untersuchung der angebotenen Beteiligungsmöglichkeit anhand des Prospektmaterials auf etwaige erkennbare Unrichtigkeiten und Unvollständigkeiten. Das gilt jedenfalls dann, wenn die Bank Beteiligungsmöglichkeiten aus „ihrem Angebot" vorschlägt[493].

5. Prospekthaftung

1358   Eine Prospekthaftung der finanzierenden Bank scheidet aus, wenn und soweit sich die Bank auf ihre Rolle als Darlehensgeber beschränkt. Prospekthaftungsansprüche nach allgemeinen Grundsätzen (dazu oben Rdn. 1268 f.) kommen allerdings dann in Betracht, wenn die Bank als Mitinitiatorin aktiv an der Prospektgestaltung oder Werbung mitwirkt[494] oder doch wenigstens duldet, dass sie in der Werbung besonders herausgestellt wird, wodurch der Eindruck eines „bankgeprüften" Vorhabens entstehen könnte[495]. Dafür genügt jedoch nicht ihre Erwähnung als Zwischenfinanzierer, dem die Überprüfung der Freigabe der Anlegergelder obliegt[496].

VII. Der Bauherr und die anderen Vertragspartner

1. Anlageberater und Makler

a) Makler-, Auskunfts- und Beratungsverträge

1359   Mit dem Absatz steuerbegünstigter Anlagen (Bauherrenmodelle, Beteiligungen an geschlossenen Fonds usw.) werden von den Initiatoren professionelle Anlageberater, große Vertriebsgesellschaften, Immobilienmakler, Banken bzw. Bankinstituten angeschlossene Immobiliengesellschaften usw. betraut. Das Rechtsverhältnis zwischen Initiator und „Vertrieb" wird in aller Regel als **Maklervertrag,** bisweilen aber auch als **Handelsvertretervertrag**[497] einzuordnen sein.

1360   Aus der Sicht des Erwerbers kommt mit dem Vertriebsbeauftragten entweder ein **Makler-,** ein **Auskunfts-** oder ein **Beratungsvertrag** zustande[498]. Je nachdem, ob die Rechtsbeziehungen dem einen oder dem anderen Vertragstyp zuzuordnen sind, unterscheiden sich auch die Anforderungen an die vertragliche (und vorvertragliche) Haftung. Der Vertrag bedarf der notariellen Form (§ 311 b BGB), wenn durch eine vorweg zu zahlende Provision ein unangemessener Druck zum Abschluss des Hauptvertrages ausgeübt wird[499].

1361   Lässt sich der Vermittler vom Erwerber bzw. Anleger für den Nachweis bzw. die Vermittlung der Vertragsgelegenheit eine Provision versprechen und werden über die

---

[493] BGH v. 13. 1. 2004, NJW 2004, 1868; BGH v. 4. 3. 1987, BB 1987, 850; BGH v. 12. 2. 1986, WM 1986, 517.
[494] BGH v. 17. 1. 1985, NJW 1985, 1020 m. w. N.; BGH v. 25. 4. 1985, WM 1985, 910 (911); vgl. auch BGH v. 21. 1. 1988, BB 1988, 794 (795).
[495] BGH v. 12. 2. 1986, WM 1986, 517, zu einer von der Bank als „bankgeprüft" bezeichneten Beteiligung an einer Abschreibungsgesellschaft, für die mit fehlerhaften Prospektangaben geworben wurde.
[496] BGH v. 27. 1. 2004, NJW 2004, 1376 (1379).
[497] Vgl. BGH v. 27. 6. 1984, BB 1984, 1577.
[498] BGH v. 25. 11. 1981, NJW 1982, 1095; zu den vielfältigen Erscheinungsformen der Anlageberatung vgl. *Lutter,* FS Bärmann, S. 609; *Lammel,* AcP 179, 358 f.
[499] BGH v. 19. 9. 1989, NJW 1990, 390 m. Anm. *Heckschen,* DNotZ 1990, 651.

VII. Der Bauherr und die anderen Vertragspartner

Nachweistätigkeit hinaus keine besonderen Beratungsleistungen des Vermittlers vereinbart, so kommt lediglich ein **Maklervertrag** i.S. des § 652 BGB zustande. Die Vertragspflichten richten sich nach Maklervertragsrecht. Das hat sowohl für den Umfang der vertraglichen Auskunfts- und Informationspflichten wie auch für die Entstehung der Provision seine Bedeutung.

Von der entgeltlichen Vermittlungsleistung ist die – ebenfalls zu vergütende – Beratungstätigkeit zu unterscheiden. Beim **Beratungsvertrag** ist der (Anlage-)Berater zu einer sehr differenzierten und fundierten Beratung des Auftraggebers verpflichtet, weil es dem Auftraggeber um die Vermittlung der ihm gerade nicht zur Verfügung stehenden Sachkunde und Fachkompetenz geht[500]. Die Anlageberatung ist regelmäßig ein Geschäftsbesorgungsvertrag mit Dienstvertragscharakter (§ 675 BGB)[501], und zwar auch dann, wenn die Beratung über Anlagemöglichkeiten etwa im Rahmen eines bestehenden Steuerberatungsvertrages vereinbart und geschuldet ist[502]. Einen Erfahrungsgrundsatz, dass jede Vermittlung von Kapitalanlagen stets zugleich auch als Anlageberatung gewertet werden muss, besteht nicht[503]. **1362**

Der BGH hatte wiederholt Gelegenheit zum Zustandekommen von Beratungsverträgen Stellung zu nehmen. Dabei ging es jeweils um Berechnungsbeispiele, die von Vertriebsmitarbeitern für den Interessenten aufgestellt wurden. Von einem selbständigen, ggf. stillschweigend abgeschlossenen Beratungsvertrag ist auszugehen, wenn der Anbieter im Rahmen eingehender Vertragsverhandlungen und auf Befragen des Erwerbers einen Rat erteilt, wobei es einem Rat gleichsteht, wenn der Verkäufer dem Interessenten als Ergebnis der Verhandlung ein individuelles Berechnungsbeispiel über die Kosten und den Ertrag der Anlage vorlegt[504].

Ein **Beratungsvertrag** kann mit dem Anlageberater bzw. Makler, aber auch – vermittelt durch den Makler – **unmittelbar mit dem Anbieter** (Initiator oder Verkäufer) zustande kommen. Die vom Makler erbrachten Beratungsleistungen können dem Initiator (Verkäufer) zuzurechnen sein, wenn sich beim Verkauf Beratungsbedarf zeigt und der Initiator bzw. Verkäufer die Beratungsleistung dem Makler überlässt. In dieser Situation kann eine stillschweigende Bevollmächtigung des Maklers bzw. Beraters zum Abschluss eines Beratervertrages namens des Verkäufers angenommen werden. Der Makler ist dann bei der Beratung als Erfüllungsgehilfe des Initiators anzusehen – mit der Folge, dass der Initiator (Anbieter) für eine fehlerhafte Beratung durch den Makler haftet[505]. Von dem Abschluss eines stillschweigenden Beratungsvertrages ist insbesondere dann auszugehen, wenn der Vermittler im Rahmen eingehender Verhandlungen mittels Berechnungen über die Kosten des Erwerbs und die steuerlichen Vorteile unterrichtet und den Erwerb einer Wohnung bzw. Anlage empfiehlt[506]. Das ist vor allem beim **Strukturvertrieb** von Bedeutung, also dann, wenn für den Vertrieb verschiedene Makler und Untermakler eingeschaltet sind, ohne dass zwischen ihnen und dem Interessenten ein Maklervertrag abgeschlossen wird[507] oder ein zur Unternehmensgruppe des Anbieters gehörendes Unternehmen Vertriebsaufgaben wahrnimmt[508].

---

[500] BGH v. 25. 11. 1981, NJW 1982, 1095; auch OLG Köln v. 10. 6. 1987, NJW-RR 1988, 1113.
[501] BGH v. 25. 11. 1981, NJW 1982, 1095.
[502] BGH v. 1. 4. 1987, BB 1987, 1350; zu den Grenzen der Haftung des Steuerberaters für unternehmerische Fehlentscheidung seines Mandanten vgl. BGH v. 4. 3. 1987, BB 1987, 1204.
[503] BGH v. 12. 2. 2004, NJW 2004, 1732.
[504] BGH v. 27. 11. 1998, NJW 1999, 638; BGH v. 6. 4. 2001, NJW 2001, 2021; BGH v. 15. 6. 2000, NJW 2000, 3275; BGH v. 14. 3. 2003, NJW 2003, 1811.
[505] BGH v. 27. 11. 1998, NJW 1999, 638; BGH v. 6. 4. 2001, NJW 2001, 2021; BGH v. 14. 3. 2003, NJW 2003, 1811.
[506] BGH v. 13. 6. 2008, NJW 2008, 2852.
[507] BGH v. 14. 3. 2003, NJW 2003, 1811 (1813).
[508] BGH v. 15. 6. 2000, NJW 2000, 3275.

C. Baumodelle

1363 Werden zwischen dem Erwerber (Anleger) und dem Anlagevermittler keine besonderen Vertragsbeziehungen begründet, vom Berater aber mit Blick auf den Vertragsschluss bestimmte Auskünfte erteilt, so kommt allein durch die Erteilung der Auskunft ein **Auskunftsvertrag** zustande[509]. Diese Vertragsbeziehung führt trotz ihrer Unentgeltlichkeit zur vollen vertraglichen Haftung des Vermittlers für die von ihm erteilten Auskünfte und Informationen[510].

b) Provisionen und Provisionsrückforderungen

1364 Die Vergütung für Vermittlungs- und Beratungsleistungen ist nach den allgemeinen Grundsätzen geschuldet. Provisions- und Honoraransprüche setzen eine entsprechende Vereinbarung voraus. Fehlt es an einer ausdrücklichen **Provisionsabsprache,** so wird der Erwerber bzw. Anleger gerade bei steuerbegünstigten Erwerbsformen davon ausgehen dürfen, dass der Vermittler vom Initiator vergütet wird[511] und deshalb von ihm ohne besondere Provisionsvereinbarung bzw. entsprechende Hinweise auf die Entgeltlichkeit der Vermittlungsdienste keine Provision gefordert werden kann[512]. Die vom Initiator gegenüber dem Vertriebsbeauftragten geschuldete **(Innen-)Provision** darf der Treuhänder aus denselben Gründen nicht vom Bauherrenkonto abbuchen. Wird der Bauherr mit einer solchen, von ihm nicht geschuldeten Provision gleichwohl belastet, so ist sie ihm vom Vermittler aus Bereicherungsrecht und vom Treuhänder wegen schuldhafter Pflichtverletzung zurückzuzahlen[513].

1365 Die Entstehung einer Maklerprovision setzt u. a. den Nachweis bzw. die Vermittlung eines Vertrages mit einem Dritten, also mit einer vom Makler verschiedenen Person voraus. Die Maklervergütung ist deshalb dann nicht geschuldet – und kann, sollte sie bereits entrichtet worden sein, nach § 812 BGB zurückverlangt werden –, wenn der Vermittler mit dem Vertragsgegner wirtschaftlich oder rechtlich verflochten ist. Bei einer **Verflechtung zwischen Makler und Vertragspartner** fehlt es aus der Sicht des Erwerbers an einer echten Maklertätigkeit. Die – häufig gesellschaftsrechtliche – Verflechtung zwischen Makler und Initiatorenkreis kann in verschiedenster Form bestehen, etwa in der Weise, dass der Vermittler und der Vertragsgegner gemeinsame Hauptgesellschafter haben[514], der Makler am Vertragsgegner beteiligt ist (oder umgekehrt), beide denselben Geschäftsführer haben[515] usw.

1366 Bei der Vermittlung einer Beteiligung an einem Bauherrenmodell (entsprechendes gilt für andere Modelle mit einem Treuhänder) wird vom Makler der Treuhandvertrag nachgewiesen. Bei formaler Betrachtungsweise müsste es deshalb für die **Verflechtung** des Vermittlers ausschließlich auf die **Person des Treuhänders** und nicht auf die anderen Beteiligten ankommen (eine Verflechtung zwischen Makler und Initiatorenkreis wäre also unschädlich). Diese Auffassung vertritt das OLG München[516]. Das ist zweifelhaft. Zwar wird infolge der Nachweistätigkeit zunächst nur der Treuhandvertrag abgeschlossen; wirtschaftlich betrachtet ist die Vermittlungsleistung aber (auch) auf den Abschluss der sich daran anschließenden Verträge (Grundstückskaufvertrag, Baube-

---

[509] BGH v. 22. 3. 1979, NJW 1979, 1449 m. w. N.; BGH v. 27. 6. 1984, BB 1984, 1577 (1578); BGH v. 12. 6. 1997, NJW 1998, 448.
[510] BGH v. 22. 3. 1979, NJW 1979, 1449; BGH v. 8. 2. 1978, NJW 1978, 997, zu einer Anlageempfehlung in einem Börsendienst; BGH v. 12. 6. 1997, NJW 1998, 448, zu der Verpflichtung beim Auskunftsvertrag, fehlerhafte Prospektangaben richtig zu stellen.
[511] BGH v. 25. 9. 1985, NJW 1986, 177.
[512] Vgl. hierzu *Pause/Weiss,* Kap. 211 Rdn. 34 f.
[513] OLG Hamm v. 9. 7. 1987, BB 1987, 1977.
[514] BGH v. 23. 10. 1980, NJW 1981, 277.
[515] BGH v. 30. 6. 1976, BB 1976, 1432; BGH v. 16. 4. 1975, NJW 1975, 1215.
[516] OLG München v. 9. 12. 1983, DB 1984, 979.

VII. Der Bauherr und die anderen Vertragspartner

treuungsvertrag, Bauverträge usw.) gerichtet. Ist der Vermittler etwa mit dem Baubetreuer oder dem Initiatorenkreis identisch oder verflochten, kann auch mit Blick auf den Treuhandvertrag von einer echten Vermittlung eines Vertrages mit einem „Dritten" keine Rede sein, weil dieser Vertrag mit dem Ziel, auch die anderen Verträge ins Werk zu setzen, abgeschlossen wird. Auch im vorliegenden Zusammenhang ist nicht auf die formale Identität, sondern – wie dies der Rechtsprechung des BGH[517] entspricht – auf die „zugrundeliegenden wirtschaftlichen Verhältnisse" abzustellen.

Im Übrigen gelten für die Provisionsentstehung im Rahmen der Anlagevermittlung auch alle anderen zum Maklervertragsrecht entwickelten Grundsätze. Danach ist etwa die Vereinbarung einer **erfolgsunabhängigen Provision** durch Allgemeine Geschäftsbedingungen unwirksam (dazu Rdn. 1404). **1367**

Eine standes- und sittenwidrige[518] „Kooperation" zwischen steuerberatenden Berufen und Initiatoren besteht darin, dass **Steuerberatern** und **Wirtschaftsprüfern** für die Zuführung von Interessenten durch den Initiator Provisionen gezahlt werden. Der Mandant erfährt davon nichts. Bei der Vermittlung von Anlagen durch diese Berufsgruppe wird die Nähe zum Mandanten ausgenutzt. Im Unterschied zu Anlageberatern genießt der Steuerberater von vornherein das Vertrauen seines Mandanten (von ihm werden bisweilen Anlageempfehlungen erwartet). **1368**

Der vom Steuerberater hintergangene Mandant hat einen Anspruch auf **Herausgabe der** von seinem Steuerberater erlangten **Provision** nach §§ 675, 667 BGB[519]. Die hiernach bestehende Pflicht zur Herausgabe des Erlangten bezieht sich nicht nur auf die im Interesse des Mandanten erhaltenen Leistungen, sondern auch und gerade auf solche Vorteile, die ausschließlich dem Steuerberater von dritter Seite zugewandt werden und eine dem Mandanten nachteilige Willensbeeinflussung des Steuerberaters befürchten lassen[520]. Eine ungünstige Willensbeeinflussung ist regelmäßig zu befürchten: Der Steuerberater wird seine Anlageempfehlung nicht in erster Linie an dem Interesse seines Mandanten, sondern an seinem eigenen Interesse an der ihm versprochenen Provision orientieren. Aus der Sicht des uninformierten Mandanten handelt es sich um nichts anderes als um ein Schmiergeld. Die Herausgabepflicht besteht auch dann, wenn die Provision nicht an den Steuerberater persönlich, sondern an einen ihm nahe stehenden Dritten (Strohmann) erfolgt. Der Steuerberater muss praktisch nachweisen, dass für die Leistung an den ihm nahe stehenden Dritten ein plausibler Grund besteht[521]. Der Herausgabeanspruch verjährt in der regelmäßigen Verjährungsfrist gemäß §§ 195, 199 BGB[522]. **1369**

Dem Mandanten des Steuerberaters steht neben dem Herausgabeanspruch auch der diesen Anspruch vorbereitende **Auskunftsanspruch** gem. §§ 675, 666 BGB zur Seite. Er kann von seinem Steuerberater also Auskunft über etwaige Provisionen oder andere Vorteile, die dem Steuerberater anlässlich einer Anlageempfehlung gewährt worden sind, fordern und – beim Vorliegen der Voraussetzungen – auch verlangen, dass die Richtigkeit der Auskunft an Eides Statt versichert wird (§ 259 Abs. 2 BGB). Schließlich haftet der Steuerberater auf **Schadensersatz,** wobei es keineswegs darauf ankommt, dass die Anlageempfehlung (zusätzlich) mangelhaft war. Der Steuerberater haftet allein wegen der pflichtwidrig entgegengenommenen Provision[523]. Da der Man- **1370**

---

[517] BGH v. 24. 4. 1985, NJW 1985, 2473.
[518] Vgl. OLG Koblenz v. 16. 3. 1989, BB 1989, 2001.
[519] BGH v. 1. 4. 1987, BB 1987, 1350; BGH v. 20. 5. 1987, NJW-RR 1987, 1381; BGH v. 24. 1. 1991, NJW 1991, 1225.
[520] BGH v. 1. 4. 1987, BB 1987, 1350; für ähnlich gelagerte Fälle: BGH v. 24. 2. 1982, NJW 1982, 1752.
[521] BGH v. 1. 4. 1987, BB 1987, 1350; BGH v. 18. 12. 1990, NJW 1991, 1224.
[522] BGH v. 18. 12. 1990, NJW 1991, 1224: nach § 195 BGB a. F.: 30 Jahre.
[523] BGH v. 20. 5. 1987, NJW-RR 1987, 1381.

dant in Kenntnis der Provisionszahlung die Anlageentscheidung nicht getroffen hätte, hat ihn der Steuerberater von allen eingegangenen Verbindlichkeiten freizustellen und bereits getätigte Aufwendungen zu ersetzen.

1371 Wegen der gleichzeitig begangenen **Untreue** haftet der Steuerberater außerdem nach § 823 Abs. 2 BGB i.V.m. § 266 StGB. Für die Verjährung ist zusätzlich § 852 BGB zu beachten.

Außerdem haftet ein Anlagenvermittler aus dem Gesichtspunkt des **Verschuldens bei Vertragsschluss,** wenn er dem Steuerberater Provisionen verspricht oder zahlt; der Initiator muss sich dieses Verschulden des Maklers zurechnen lassen und macht sich deshalb ggf. gegenüber dem Erwerber schadensersatzpflichtig[524].

1372 Der Steuerberater hat gegen den Initiator bzw. die Anlagegesellschaft seinerseits keinen klagbaren Provisionsanspruch, weil die Provisionsvereinbarung regelmäßig sittenwidrig ist (§ 138 BGB). Dabei muss die Provisionszusage gar nicht in der Absicht gegeben worden sein, das Objekt bzw. die Anlagemöglichkeit dem Mandanten entgegen der eigenen Überzeugung oder ohne Rücksicht auf entgegenstehende Prüfungsergebnisse zu empfehlen. Für eine sittenwidrige und deshalb nichtige Provisionszusage genügt es, wenn der die Provision Versprechende damit rechnet, dass der Steuerberater die Vergütung gegenüber seinem Mandanten verschweigen wird[525]. Die Provisionszusage verstößt also allein deshalb gegen die guten Sitten, weil mit einer Verheimlichung gegenüber dem Mandanten zu rechnen ist. Umgekehrt kann die Provisionsvereinbarung dann als wirksam betrachtet werden, wenn der Mandant über diese besondere Vergütung aufgeklärt wird und dem Vertragspartner dies bekannt ist bzw. er davon ausgehen konnte[526].

1373 Die Sittenwidrigkeit der Provisionszusage kann dem Herausgabeverlangen des Mandanten nach § 667 BGB nicht entgegengehalten werden. Die Behauptung des Steuerberaters, dass er die Provision wegen der Nichtigkeit der Provisionszusage nach bereicherungsrechtlichen Grundsätzen an den Initiator (bzw. Anlage- oder Vertriebsgesellschaft) zurückzubezahlen hätte, greift nicht, da er dem Anspruch jener Dritten § 814 BGB entgegenhalten kann[527]. Allerdings kann vom Steuerberater nicht die Auszahlung einer ihm noch nicht zugegangenen und wegen § 138 BGB auch nicht einklagbaren Provision verlangt werden[528].

c) Haftung

1374 Die Verletzung von Vertragspflichten führt sowohl beim Maklervertrag wie auch beim Auskunfts- und Beratungsvertrag zur Haftung auf Schadensersatz nach § 280 BGB[529].

1375 Der Vermittler, also sowohl der Immobilienmakler wie auch der Anlagevermittler, der aufgrund eines Maklervertrages tätig wird, haftet seinem Auftraggeber für die ordnungsgemäße Erfüllung der ihm obliegenden **Auskunfts- und Aufklärungspflichten.** Für den Umfang dieser Pflichten ist nach der Rechtsprechung des BGH[530] zu berücksichtigen, dass der Makler zu seinem Auftraggeber in einem besonderen Treueverhältnis steht. Er ist deshalb als Interessenwahrer seines Auftraggebers anzusehen. Eine sachgemäße Interessenwahrnehmung gebietet es, den Auftraggeber nicht nur

---
[524] OLG Köln v. 13. 2. 1997, NJW-RR 1998, 1431.
[525] BGH v. 23. 10. 1980, NJW 1981, 399; BGH v. 19. 6. 1985, NJW 1985, 2523.
[526] BGH v. 25. 2. 1987, NJW-RR 1987, 1108.
[527] Vgl. zur Rückforderung von Bestechungsgeldern *Palandt/Sprau*, § 667 Rdn. 3.
[528] *Palandt/Sprau*, § 667, Rdn. 4.
[529] *Palandt/Sprau*, § 652 Rdn. 18.
[530] BGH v. 8. 7. 1981, NJW 1981, 2685.

VII. Der Bauherr und die anderen Vertragspartner

über das aufzuklären, was unerlässlich ist, damit dieser vor Schaden bewahrt wird, sondern auch über alle dem Makler darüber hinaus bekannten Umstände, die für die Entschließung des Auftraggebers von Bedeutung sein können. Die Intensität und den Umfang der Aufklärung ist für den jeweiligen konkreten Fall individuell zu bestimmen[531].

Vom **Makler** wird zwar bloß eine Information über solche Umstände erwartet, die für den Entschluss des Auftraggebers von Bedeutung sind und über die der Auftraggeber offenbar belehrungsbedürftig ist. Der Makler darf aber die Aufklärung über solche Tatsachen und Umstände nicht deshalb unterlassen, weil er über die betreffenden Fragen – etwa bezüglich spezieller rechtlicher oder steuerrechtlicher Probleme – keine eigene Sachkunde und Vorbildung hat. Erforderlichenfalls muss vom Vermittler ein Fachberater hinzugezogen oder der Auftraggeber auf die Notwendigkeit der Hinzuziehung eines Spezialisten hingewiesen werden[532]. Vom Makler wird allerdings keine umfassende eigene Analyse eines Baumodells oder einer Kapitalanlage erwartet. Aufgrund eines einfachen Maklerauftrages wird keine besondere Beratungsleistung geschuldet. Das vom Makler in eigener Verantwortung erstellte Exposé verpflichtet den Anbieter nicht; er haftet nicht für Fehler in dem ausschließlich vom Makler zu verantwortenden Exposé[533]. 1376

An den als **Anlageberater** (oder Anlagevermittler) auftretenden Vermittler sind im Ausgangspunkt dieselben Anforderungen zu stellen. Beim Anlageberater kann jedoch eine höhere Sachkunde vorausgesetzt werden, weshalb von ihm bezüglich der Tatsachen und Umstände, die für den Anleger von Bedeutung sein können, eine umfassendere und selbständige Aufklärung erwartet werden kann. Bei Unterlassungen haftet der Anlageberater entsprechend. Die Haftung ist – je nachdem, ob lediglich ein Auskunftsvertrag (Rdn. 1378) oder ein Beratungsvertrag (Rdn. 1380) besteht – unterschiedlich streng. Beim Auskunftsvertrag ist ein Mitverschulden des Erwerbers infolge mangelnder Skepsis gegenüber den Werbeangaben nicht ausgeschlossen (vgl. oben Rdn. 1288). 1377

Wenn der Anlageberater gegenüber dem Anleger ohne besonderen Vertrag tätig wird, haftet er aus dem – konkludent abgeschlossenen – **Auskunftsvertrag** für eine richtige und vollständige Information „über diejenigen tatsächlichen Umstände, die für den Anlageentschluss des Interessenten von besonderer Bedeutung sind"[534]. Der Berater, der Auskünfte erteilt, hat deshalb allein aufgrund des Auskunftsvertrages über kapitalmäßige oder personelle Verflechtungen zwischen den am Bauherrenmodell oder der Anlagegesellschaft beteiligten Personen (Gesellschafter, Geschäftsführer usw.) zu unterrichten[535]. Es sind ferner die für die wirtschaftliche und rechtliche Beurteilung erforderlichen Informationen über die bisherige wirtschaftliche Entwicklung und die Haftungsgrundlagen eines Projekts zu erteilen. Soweit diese Daten nicht beschafft werden können, muss auf etwaige Lücken hingewiesen werden[536]. Der Anlageberater muss auch Widersprüche und Unklarheiten des Prospektmaterials erkennen, über sie aufklären sowie erforderliche Erläuterungen abgeben[537], den Prospekt insbesondere einer sachverständigen und kritischen Plausibilitätskontrolle unterziehen[538]. Besondere 1378

---

[531] BGH v. 8. 7. 1981, NJW 1981, 2685.
[532] BGH v. 8. 7. 1981, NJW 1981, 2685.
[533] OLG Hamm v. 8. 6. 2000, NJW-RR 2001, 564.
[534] BGH v. 25. 11. 1981, NJW 1982, 1095 (1096); BGH v. 27. 6. 1984, BB 1984, 1577 (1578); BGH v. 13. 6. 2002, NJW 2002, 2641.
[535] Vgl. BGH v. 7. 10. 1980, NJW 1981, 1449, zur Verflechtung bei Abschreibungsgesellschaften.
[536] BGH v. 25. 11. 1981, NJW 1982, 1095.
[537] BGH v. 2. 2. 1983, NJW 1983, 1730.
[538] BGH v. 13. 1. 2000, NJW-RR 2000, 998; OLG Hamm v. 10. 3. 1988, NJW-RR 1989, 631.

Auskunftspflichten treffen den Vermittler auch bei Werbe- und Prospektaussagen über Festpreise und Festpreisgarantien, wenn diese Aussagen etwa durch Lohngleitklauseln oder andere Bedingungen eingeschränkt oder gar gänzlich wertlos gemacht werden[539]. Erweisen sich Prospektangaben als irreführend oder fehlerhaft, ist der Anlageberater zur Richtigstellung verpflichtet; diese Verpflichtung besteht auch dann fort, wenn der Anleger zwischenzeitlich von anderer Seite beraten oder betreut wird[540].

Aufgrund eines stillschweigend abgeschlossenen Auskunftsvertrages ist der Anlagenvermittler auch verpflichtet, über **Innenprovisionen** aufzuklären, sofern diese eine erheblich überdurchschnittliche Höhe haben[541]. Selbst wenn übliche Maklerprovisionen für den Vertrieb von Anlagemodellen nicht unbedingt maßgeblich sein werden, stellen Innenprovisionen von 15% oder mehr eine erhebliche überdurchschnittliche Vergütung dar, über die der Erwerber bzw. Anleger informiert werden muss. Das gilt insbesondere dann, wenn die Anlage im Prospekt als rentables Renditeobjekt dargestellt wird und die hohe Belastung mit Innenprovisionen nicht dem Wert der Kapitalanlage zuzurechnen sind[542]. Ähnlich wird von der Rechtsprechung eine Auskunftspflicht auch bei sonstigen im Gesamtaufwand enthaltenen, aber nicht ausgewiesenen Projektentwicklungsvergütungen, die zu einem Äquivalenzmissverhältnis führen, angenommen[543].

1379 Werden vom Steuerberater gegenüber dem Mandanten Anlageempfehlungen ausgesprochen, hat der Steuerberater klarzustellen, ob er sie selbst geprüft hat; eine vollständige Auskunft kann nur dann unterlassen werden, wenn der Hinweis auf eine bestimmte Anlage ausschließlich auf Drängen des Mandanten gegenüber dem Steuerberater erfolgte, also keine Empfehlung enthält[544]. Aufgrund des Auskunftsvertrages sind – anders als beim Beratervertrag – vollständige und richtige Informationen, nicht aber Anlageempfehlungen geschuldet[545]. Die Auswertung der korrekt und vollständig erteilten Informationen obliegt ebenso dem Kunden, wie er auch allein das Risiko der Rentabilität oder des wirtschaftlichen Misserfolgs trägt.

1380 Im Rahmen eines **Beratungsvertrages** werden vom Anlageberater (in Betracht kommen auch andere Fachberater, etwa Steuerberater, Rechtsanwälte, Wirtschaftsprüfer, Unternehmensberater usw., aber auch der Initiator oder der Verkäufer selbst[546]) nicht nur die Erteilung von Informationen geschuldet, sondern darüber hinaus die fachliche Bewertung und Beurteilung jener Informationen, und zwar zugeschnitten auf die persönlichen Bedürfnisse und Verhältnisse des jeweils Beratenen[547]. Gegenstand des Beratungsvertrages kann auch ein „persönliches Berechnungsbeispiel" sein, das die mit dem Erwerb verbundenen steuerlichen Vorteile aufzeigen soll[548]. Bei Berechnungen muss der dem Erwerber entstehende Eigenaufwand zutreffend und nicht nur für einen anfänglichen Zeitraum ermittelt werden[549]. Der Berater macht sich schadensersatzpflichtig, wenn die Beispielrechnung für den Abschluss wesentlich war und das Rechenwerk Fehler aufweist, z.B. nicht sämtliche Belastungen, die dem Erwerber

---

[539] BGH v. 27. 6. 1984, BB 1984, 1577.
[540] BGH v. 12. 6. 1997, NJW 1998, 448.
[541] BGH v. 12. 2. 2004, NJW 2004, 1732 (1734).
[542] BGH v. 12. 2. 2004, NJW 2004, 1732 (1734); auch BGH v. 28. 7. 2005, NJW 2005, 3208 (3210).
[543] BGH v. 8. 10. 2004, NJW 2005, 820 = BauR 2005, 99.
[544] BGH v. 18. 9. 1985, WM 1985, 1530.
[545] Zur Abgrenzung vgl. BGH v. 2. 4. 1987, NJW-RR 1987, 936.
[546] BGH v. 31. 10. 2003, NJW 2004, 64; BGH v. 27. 11. 1998, NJW 1999, 638.
[547] BGH v. 25. 11. 1981, NJW 1982, 1095; OLG Oldenburg v. 1. 12. 1986, WM 1987, 169; OLG Köln v. 10. 6. 1987, NJW-RR 1988, 1113; BGH v. 27.9. 1988, WM 1988, 1685; BGH v. 31.5. 1990, WM 1990, 1658; BGH v. 13. 6. 2008, NJW 2008, 2852, Rdn. 13.
[548] BGH v. 27. 11. 1998, NJW 1999, 638; BGH v. 6. 4. 2001, NJW 2001, 2021; BGH v. 31. 10. 2003, NJW 2004, 64; BGH v. 8. 9. 2004, NJW 2005, 154.
[549] BGH v. 13. 6. 2008, NJW 2008, 2852, Rdn. 13.

durch einen Immobilienerwerb entstehen, zutreffend darstellt[550] oder völlig unrealistische Mieteinnahmen zugrundelegt[551]. Die als Berater in Anspruch genommene Person muss auf die Vermeidung wirtschaftlicher Fehlentscheidungen hinwirken, etwa die wertmäßige Entwicklung der zu erwerbenden Immobilien bzw. Kapitalanlagen vorausschauend beurteilen können[552]. Vor allem sind die persönlichen Möglichkeiten und Interessen des Beratenen (aktuelle und zukünftige steuerliche Belastung usw.) zu berücksichtigen.

Unabhängig von der vertraglichen Haftung kommen gegen den Vermittler auch Ansprüche aus **Verschulden bei Vertragsschluss**[553] und aus **Prospekthaftung** (oben Rdn. 1277) in Betracht; sie stehen in Anspruchskonkurrenz. **1381**

Für die Richtigkeit der Beratungsleistung lässt sich die Haftung nicht generell ausschließen. Ein **Haftungsausschluss** verstößt gegen § 307 Abs. 2 Nr. 2 BGB, wenn in einem vom Berater erstellten Berechnungsbeispiel die Haftung für die Richtigkeit dieser Berechnung ausgeschlossen wird. Mit einem solchen Ausschluss würden die sog. Kardinalpflichten des Beratungsvertrages in unzulässiger Weise eingeschränkt[554]. Gleiches gilt für Haftungsausschlüsse beim Auskunftsvertrag; auch der Auskunftsverpflichtete kann sich von seiner Kardinalpflicht, richtig und vollständig Auskunft zu erteilen, nicht formularmäßig freizeichnen[555]. Eine Abkürzung der Verjährungsfrist zugunsten der Vermittler im Prospekt der Initiatoren ist unwirksam; sie stellt eine überraschende Klausel dar[556]. **1382**

Schadensersatzansprüche gegen den Makler[557] und Anlagenberater[558] **verjähren** in der regelmäßigen Verjährungsfrist gemäß §§ 195, 199 BGB.

Bei der Bemessung der **Schadenshöhe** muss sich der Anleger vom Vermittler bzw. Berater etwaige Steuervorteile, die mit der Beteiligung erzielt werden konnten, grundsätzlich nicht entgegenhalten lassen[559]. **1383**

2. Belehrungs- und Hinweispflichten des Notars

Der Abschluss des bei den Baumodellen zentralen Vertrages, nämlich des Treuhandvertrages, bedarf der notariellen Form. Nach § 17 BeurkG hat der beurkundende Notar über die rechtliche Tragweite des Geschäfts zu belehren (vgl. oben Rdn. 78 ff.). Die **Belehrungspflicht** erstreckt sich auf den beabsichtigten rechtlichen Erfolg und die unmittelbaren Rechtswirkungen. Ihr Umfang hängt sowohl von der Persönlichkeit der Beteiligten wie auch – und dies ist für die Beurkundung von Treuhandverträgen von besonderer Bedeutung – von den Umständen und den Schwierigkeiten des Einzelfalles ab[560]. Die Rechtsprechung hat neben dieser schon vom Gesetz vorgesehenen Belehrungspflicht eine davon zu unterscheidende, besondere **Warnungs- und Hinweispflicht** entwickelt. Sie wird aus der dem Notar obliegenden „allgemeinen Betreuungs- **1384**

---

[550] BGH v. 14. 3. 2003, NJW 2003, 1811.
[551] BGH v. 15. 6. 2000, NJW 2000, 3275.
[552] BGH v. 22. 10. 1987, WM 1987, 1516 (1518 f.); BGH v. 27. 9. 1988, WM 1988, 1685; BGH v. 31. 5. 1990, WM 1990, 1658; BGH v. 4. 3. 1987, BB 1987, 1204. BGH v. 20. 3. 1984, MDR 1984, 39, zur Belehrung über Risiken trotz eindeutiger Weisung des Auftraggebers.
[553] BGH v. 9. 10. 1989, BB 1990, 12.
[554] BGH v. 15. 6. 2000, NJW 2000, 3275.
[555] BGH v. 13. 1. 2000, NJW-RR 2000, 998.
[556] BGH v. 11. 12. 2003, BB 2004, 179.
[557] BGH v. 11. 12. 2003, BB 2004, 179.
[558] BGH v. 9. 10. 1989, BB 1990, 12 (14); BGH v. 11. 12. 2003, BB 2004, 179, jeweils zu § 195 BGB a. F.
[559] BGH v. 9. 12. 1987, ZfBR 1988, 74.
[560] *Reithmann/Meichssner/v. Heymann*, G Rdn. 42 f.

1385 pflicht" abgeleitet. Danach darf der Notar die Beteiligten nicht sehenden Auges in die Gefahr eines Schadens geraten lassen, obwohl er durch einen einfachen Hinweis oder eine Warnung eben diesen Schaden vermeiden kann[561].

1385 Zunächst ist § 17 Abs. 2a BeurkG zu beachten. Danach ist eine Trennung des Vertrages in Angebot und Annahme sowie der Beurkundung mit einem vollmachtlosen Vertreter und entsprechender Nachgenehmigung durch den Erwerber unzulässig[562]. Die Erfüllung der **Belehrungspflicht** durch den Notar setzt zunächst voraus, dass entweder beide Beteiligten vor dem beurkundenden Notar erscheinen oder doch wenigstens vom Bauherrn bzw. Erwerber das Angebot abgegeben wird und nicht nur das vom Treuhänder vor dem Zentralnotar beurkundete Angebot nur noch angenommen wird (vgl. dazu im Einzelnen oben Rdn. 78 f., 1149).

1386 Schon mit dem Rundschreiben vom 15. 10. 1971 hatte die Landesnotarkammer Bayern eine umfassende Belehrung der Beteiligten im Zusammenhang mit der Beurkundung von Treuhandverträgen gefordert; mit Schreiben vom 4. 5. 1981 hat die Landesnotarkammer Bayern abermals auf die einzelnen Punkte, die einer **Belehrung** bedürfen, hingewiesen.

Vom Notar soll bei der der Beurkundung von Treuhandverträgen namentlich über folgende Risiken belehrt werden[563]:
– Der Bauherr trägt das Bauherrenrisiko, kauft die Eigentumswohnung also nicht zum Festpreis.
– Der Bauherr wird selbst Vertragspartner sämtlicher am Bau Beteiligten mit der Folge, dass diese den Werklohn unmittelbar von ihm verlangen können.
– Auf den besonderen Vertrauenscharakter sowohl der gewählten Form des Immobilienerwerbs als auch der dem Treuhänder erteilten Vollmachten ist hinzuweisen.
– Der Notar hat u. a. auch darüber zu belehren, dass übernommene Höchstpreisgarantien lediglich Regressansprüche gegenüber den Garanten eröffnen, nicht aber von der Haftung gegenüber den Bauunternehmer, Lieferanten usw. befreien.
– Zu belehren ist ferner darüber, dass der Treuhänder ausschließlich dem Erwerber verpflichtet ist, und zwar auch dann, wenn er ihn über das vorausgesehene Maß hinaus verpflichtet.
– Schließlich muss der Bauherr darüber informiert werden, dass seine Vertragspartner die Haftung für den Nichteintritt von steuerlichen Vorteilen regelmäßig ausschließen und dem Notar die Eigentums- und Belastungsverhältnisse an dem vom Bauherrn zu erwerbenden Grundstück nicht bekannt sind[564].

1387 Die allgemeine **Warnungs- und Hinweispflicht** des Notars hat bei Beurkundungen im Rahmen von Baumodellen besondere Bedeutung. Diese Schadensabwendungspflicht gilt jedenfalls und einschränkungslos in Bezug auf alle Rechtsfragen. Eine Pflichtverletzung begeht der Notar, wenn er nicht auf die Beurkundungsbedürftigkeit des Vertrages hinweist, der der von ihm beurkundeten Vollmacht zugrunde liegt[565].

1388 Zwar obliegt dem Notar bei der Beurkundung gewöhnlicher Grundstückskaufverträge oder Gesellschaftsverträge keine **steuerliche Belehrung**[566]. Jedoch ist der Notar im Rahmen der allgemeinen Betreuungspflicht auch zur Belehrung über steuerliche Folgen verpflichtet, „wenn er aufgrund besonderer Umstände des Falles Anlass zu der

---

[561] BGH v. 29. 10. 1953, DNotZ 54, 330; BGH v. 20. 9. 1977, NJW 1978, 219 (220); dazu *Reithmann/Meichssner/v. Heymann*, G Rdn. 51 f.
[562] *Winkler*, MittBayNot 1999, 1 ff.
[563] Schreiben der Landesnotarkammer Bayern vom 4. 5. 1981 (im Wortlaut wiedergegeben bei *Reithmann/Brych/Manhart*, Rdn. 449).
[564] BGH v. 9. 7. 1992, NJW 1992, 3237 (3240).
[565] BGH v. 9. 7. 1992, NJW 1992, 3237.
[566] BGH v. 22. 4. 1980, NJW 1980, 2472.

VII. Der Bauherr und die anderen Vertragspartner

Vermutung haben muss, einem Beteiligten drohe ein Schaden, weil er sich der Gefahr einer besonderen Steuerpflicht nicht bewusst ist"[567]. erteilt der Notar steuerrechtliche Auskünfte, haftet er für deren Richtigkeit[568]. Das, was der BGH mit Blick auf zu befürchtende besondere Steuerpflichten ausgeführt hat, muss auch für den dem Notar erkennbaren Nichteintritt steuerlicher Vergünstigungen gelten. Im Falle von Unsicherheiten oder Unklarheiten hat der Notar vor Abschluss des Vertrages zu warnen und erforderlichenfalls auf die Beratung durch einen Steuerberater zu verweisen[569].

Bei Verletzung der Belehrungs-, Warnungs- und Hinweispflichten haftet der Notar nach § 19 BNotO[570] (vgl. auch oben Rdn. 1055 ff.). Der **Notar haftet subsidiär;** er hat nur dann einzutreten, wenn der Verletzte „nicht auf andere Weise Ersatz zu erlangen vermag" (§ 19 BNotO). Die Haftung des Notars kommt also insbesondere dann in Betracht, wenn der Bauherr seine Garantie- oder Schadensersatzansprüche bei den am Modell Beteiligten – etwa infolge einer Insolvenz – nicht realisieren kann.   **1389**

Für die **Verjährung** der Ansprüche gelten die §§ 195, 199 BGB.

3. Stellung gegenüber den Baubeteiligten

a) Unmittelbare Rechtsbeziehungen zwischen Bauherrn und Baubeteiligten

Je nach Konzeption und Beschlussfassung der Bauherrengemeinschaft wird die Durchführung der Baumaßnahme entweder durch Vergabe an einen Generalübernehmer bzw. Generalunternehmer oder durch die Vergabe an einzelne Bauunternehmer, Architekten und Ingenieure erfolgen. Bei ordnungsgemäßem Abschluss der Verträge durch den Treuhänder kommen jeweils unmittelbare Rechtsbeziehungen zwischen dem Bauherrn und den einzelnen Werkunternehmern bzw. dem Generalunternehmer (Generalübernehmer) zustande[571]. Der Wirksamkeit der Verträge steht es nicht entgegen, wenn die Auftraggeber pauschal als „Bauherrengemeinschaft" bezeichnet werden, ohne dass die einzelnen Bauherren im Rubrum des Werkvertrages oder in einer Anlage zu ihm namentlich aufgeführt werden[572]. Auch wenn bei Abschluss des Werkvertrages die einzelnen Bauherren noch nicht (vollständig) feststehen, werden die später beitretenden Bauherren gleichwohl voll umfänglich verpflichtet[573]. Durch den Abschluss des Treuhandvertrages und den Beitritt zur Bauherrengemeinschaft werden die vom Treuhänder bzw. vom Baubetreuer bereits erteilten Aufträge genehmigt[574]. Kann die Bauherrengemeinschaft nicht vollständig geschlossen werden, haftet der Treuhänder insoweit nach § 179 Abs. 1 BGB (oben Rdn. 1266); auf § 179 Abs. 3 BGB kann er sich nur berufen, wenn der Bauhandwerker Kenntnis davon hatte, dass die Bauherrengemeinschaft auf absehbare Zeit nicht zustande kommt[575].   **1390**

Zahlt das Unternehmen an den Treuhänder oder an den Baubetreuer **Provisionen** (Schmiergelder), so muss es diese Zahlungen offenbaren, andernfalls können die Bauherren denjenigen Betrag als Schadensersatz fordern, um den die Bauleistungen zu

---

[567] BGH v. 5. 2. 1985, NJW 1985, 1225.
[568] BGH v. 14. 3. 1985, MDR 1985, 577; BGH v. 22. 10. 1987, WM 1987, 1516.
[569] Ähnlich *Locher/Koeble*, Rdn. 559; *Reithmann/Meichssner/v. Heymann*, G Rdn. 48.
[570] BGH v. 9. 7. 1992, NJW 1992, 3237 (3241).
[571] BGH v. 18. 11. 1976, NJW 1977, 294 (295); BGH v. 17. 1. 1980, NJW 1980, 992 (993); BGH v. 1. 6. 1987, NJW-RR 1987, 1233; BGH v. 21. 4. 1988, BauR 1988, 492. Dies gilt auch für Architektenverträge, vgl. LG Kiel v. 26. 3. 1981, NJW 1982, 390.
[572] BGH v. 15. 1. 1981, ZfBR 1981, 136; BGH v. 17. 1. 1980, NJW 1980, 992 (993).
[573] BGH v. 1. 6. 1987, NJW-RR 1987, 1233.
[574] BGH v. 16. 6. 1983, ZfBR 1983, 220 (221); BGH v. 1. 6. 1987, NJW-RR 1987, 1233.
[575] BGH v. 20. 10. 1988, NJW 1989, 894 m. Anm. *Koeble*, EWiR 1989, 445.

C. Baumodelle

teuer waren – es ist davon auszugehen, dass die Provision in den Baupreis einkalkuliert war[576] (vgl. auch Rdn. 1422).

1391 Wird die Durchführung der Baumaßnahme an einen **Generalunternehmer** oder an einen Generalübernehmer vergeben, so kommen auch hier Rechtsbeziehungen nur zwischen den Bauherren einerseits und dem Generalunternehmer bzw. Generalübernehmer andererseits zustande. Der Umstand, dass der Treuhänder (oder Baubetreuer) berechtigt ist, Untervollmachten zu erteilen, kann nicht dahin interpretiert werden, dass der Generalunternehmer bezüglich seiner Nachunternehmer „in Vollmacht" des Bauherrn handelt, also namens des Bauherrn unmittelbare Rechtsbeziehungen zwischen diesem und den Subunternehmern herstellt[577]. Die vom Generalübernehmer bzw. Generalunternehmer eingeschalteten Subunternehmer haften dem Bauherrn weder auf Erfüllung des Werkvertrages, noch können sie ihrerseits den Bauherrn auf Werklohn in Anspruch nehmen. Aus denselben Gründen kann grundsätzlich auch keine Auskunft und Rechnungslegung vom Generalübernehmer bzw. Generalunternehmer bezüglich der von ihnen abgeschlossenen Subunternehmerverträge verlangt werden.

b) Keine gesamtschuldnerische Haftung

1392 Die einzelnen Bauherren haften für den Werklohn (entsprechendes gilt auch für das Architektenhonorar usw.) **nicht gesamtschuldnerisch,** sondern ihrer Beteiligung an der Baumaßnahme entsprechend anteilig[578]. Das gilt auch für früher aufgelegte geschlossene Immobilienfonds in der Form einer Gesellschaft bürgerlichen Rechts, und zwar auch unter Berücksichtigung der geänderten Rechtsprechung des BGH zur Haftungsbeschränkung bei BGB-Gesellschaften[579]. Zahlungen an den Baubetreuer (oder Treuhänder) wirken nicht schuldbefreiend. Solange der Betreuer bzw. Treuhänder keine anderen Angaben zu den auf die einzelnen Bauherren entfallenden Quoten macht, kann der Unternehmer von jedem Bauherrn anteilmäßige (Rest-)Zahlungen verlangen[580].

Als Berechnungsgrundlage gilt der Maßstab, der auch im Verhältnis zwischen den Bauherren für die Verteilung der Baukosten vereinbart wurde. Dies sind entweder die auf den einzelnen Bauherrn entfallenden Wohn- und Nutzflächen oder der – hiermit nicht notwendig deckungsgleiche – Miteigentumsanteil[581]; vgl. dazu oben Rdn. 1318.

1393 Da der Bauherr unmittelbarer Vertragspartner des Werkunternehmers ist, kann letzterer unter den Voraussetzungen des § 648 BGB seine Werklohnforderung durch die Eintragung einer Bauhandwerkersicherungshypothek absichern bzw. Sicherheit nach § 648a BGB verlangen[582].

c) Mängelhaftung

1394 Wegen der direkten Vertragsbeziehung zum Bauhandwerker haften diese für etwaige Baumängel unmittelbar – und nicht etwa der Treuhänder oder der Baubetreuer. Der Umfang der Gewährleistungspflicht richtet sich nach den getroffenen Vereinbarungen.

---

[576] BGH v. 14. 3. 1991, NJW 1991, 1819; vgl. auch OLG Köln v. 20. 6. 1989, BauR 1990, 618, das bei einem solchen Sachverhalt zur Nichtigkeit des Bauvertrages kommt.
[577] A. A. LG Kassel v. 6. 10. 1982, NJW 1983, 827.
[578] BGH v. 18. 11. 1976, NJW 1977, 294; BGH v. 18. 6. 1979, NJW 1979, 2101; BGH v. 17. 1. 1980, NJW 1980, 992 (993); BGH v. 15. 1. 1981, ZfBR 1981, 136; LG Kiel v. 26. 3. 1981, NJW 1982, 390, zur anteiligen Haftung gegenüber dem Architekten.
[579] BGH v. 21. 2. 2002, NJW 2002, 1642.
[580] BGH v. 21. 4. 1988, NJW 1988, 1982 = BauR 1988, 492 (495).
[581] Vgl. BGH v. 15. 1. 1981, ZfBR 1981, 136; BGH v. 17. 1. 1980, NJW 1980, 992.
[582] *Koeble*, Kap. 51 Rdn. 53.

VII. Der Bauherr und die anderen Vertragspartner

Zulässig und üblich ist die Vereinbarung der **VOB/B** (oben Rdn. 1233). Anders als beim Bauträgererwerb[583] kann die VOB/B zwischen dem fachkundig beratenen und vertretenen Bauherrn und dem Bauunternehmer wirksam vereinbart werden. Dies hat zur Folge, dass die Verjährungsfrist für Mängelansprüche regelmäßig vier Jahre beträgt. Die Verjährungsfrist kann jedoch auch bei einem VOB-Vertrag – in Abweichung von der Regelfrist des § 13 VOB/B – zum Vorteil des Bauherrn auf fünf Jahre vereinbart werden[584].

Die Geltendmachung von (Erfüllungs- und) **Mängelansprüchen** sowie die Ausübung von damit im Zusammenhang stehenden Wahlrechten sieht beim Bauherrenmodell zunächst anders aus als beim Bauträgererwerb. Das beruht auf dem andersartigen Innen- und Außenverhältnis der Gläubigerschaft. Die Bauherren sind im Verhältnis zu den Bauhandwerkern bzw. gegenüber dem Generalübernehmer oder Generalunternehmer stets **Mitgläubiger** (§ 432 BGB). Der einzelne Bauherr kann deshalb die gesamte Forderung (z. B. den gesamten Schadensersatzanspruch gegenüber dem Architekten) geltend machen und ist nicht etwa auf die Quote seines Miteigentumsanteils beschränkt[585]. Anders als beim Bauträgererwerb (Rdn. 896 ff.) verpflichtet sich der Unternehmer gegenüber allen Bauherren aufgrund eines einzigen Vertrages zur Erbringung von Werkleistungen, also zu einer unteilbaren Leistung[586] i. S. v. § 432 Abs. 1 Satz 1 BGB. Je nach Gestaltung des Modells liegt eine schlichte Forderungsgemeinschaft (die Mängelansprüche stehen den Bauherren nach Bruchteilen zu) oder eine Gesamthandsgemeinschaft[587] vor. Da die Bauherren beim Bauherrenmodell regelmäßig eine reine BGB-Innengesellschaft ohne Gesellschaftsvermögen bilden[588] und die Verträge unmittelbar zwischen den Bauherren und den Handwerkern geschlossen werden, also ein Gesamthandsvermögen, dem die Ansprüche aus den Werkverträgen zugehören könnten, nicht existiert, stehen diese Ansprüche den Bauherren nach Bruchteilen zu[589]. Aufgrund der von den Forderungsinhabern eingegangenen gesellschaftsvertraglichen Verbindung und entsprechender Bestimmungen im Gesellschaftsvertrag unterliegt das Innenverhältnis bezüglich der Bauverträge gleichwohl der gemeinschaftlichen Geschäftsführung nach den Bestimmungen des Gesellschaftsvertrages bzw. denen des § 709 BGB. Sollte ein Gesellschaftsvertrag nicht existieren, nicht wirksam abgeschlossen worden sein oder der Rückgriff auf Gesellschaftsrecht an anderen Gründen scheitern, würde die Bruchteilsgemeinschaft nach §§ 744 ff. BGB entscheiden.

Für die Geltendmachung von Mängelansprüchen und die Ausübung von Wahlrechten sind also zunächst die Bauherren bzw. für entsprechende Entscheidungen die Bauherrenversammlung zuständig.

Da Baumängel an der gemeinschaftlichen Bausubstanz aber auch beim Bauherrenmodell einen Gemeinschaftsbezug im Sinne von § 10 Abs. 6 Satz 3 WEG aufweisen, hat die Gemeinschaft wie beim Bauträgererwerb die Zuständigkeit und Befugnis, die Ansprüche der Bauherren an sich zu ziehen und als Ermächtigte bzw. als gesetzliche Prozessstandschafterin geltend zu machen (vgl. oben Rdn. 885 ff.). Daraus folgt:

1. **Gemeinschaftseigentum** und **Sondereigentum** werden – anders als beim Bauträgererwerb – zunächst nicht unterschiedlich behandelt, weil aus den Werkverträgen

1395

1396

1397

---
[583] Dazu BGH v. 10. 10. 1985, NJW 1986, 315.
[584] BGH v. 21. 3. 1991, NJW-RR 1991, 980; BGH v. 23. 2. 1989, NJW 1989, 1602.
[585] BGH v. 25. 2. 1999, NJW 1999, 1705.
[586] Vgl. zum Kostenvorschuss und Minderung beim Bauvertrag mit Eheleuten BGH v. 21. 3. 1985, NJW 1985, 1826.
[587] Vgl. *Palandt/Grüneberg*, § 432 Rdn. 1 ff.
[588] Es wurden aber auch Bauherrenmodelle mit Gesamthandsvermögen konzipiert, vgl. BGH v. 8. 12. 1986, WM 1987, 691 (das ändert nichts an den hier gefundenen Ergebnissen).
[589] BGH v. 19. 12. 1996, NJW 1997, 2173.

nicht die Errichtung einzelner Eigentumswohnungen, sondern die Herstellung eines einheitlichen Gesamtbauwerks (bzw. einzelner Teilleistungen für dieses Gesamtbauwerk) geschuldet ist.

1398 2. Jeder Bauherr kann zwar auf Erfüllung klagen, Leistungen gem. § 432 BGB jedoch nur an alle Bauherren fordern.

1399 3. Die Ausübung von Erfüllungs- und Mängelansprüchen (einschließlich dazugehöriger Wahlrechte) sowie die Ausübung von Gestaltungsrechten (Anfechtung, Kündigung, Aufrechnung) richten sich nach dem Rechtsverhältnis der Bauherren untereinander, also grundsätzlich nach den hierfür im **Gesellschaftsvertrag** vorgesehenen Bestimmungen, ausnahmsweise aber auch nach den Bestimmungen über die Bruchteilsgemeinschaft[590].

1400 4. Zur Beschlussfassung über Erfüllungs- und Mängelansprüche ist zunächst die **Bauherrengemeinschaft** auf der Grundlage der im Vertragswerk festgelegten Regelungen berufen; ebenso ist der Treuhänder (unter Mitwirkung von Baubetreuer und Architekt) als (hierfür bereits vergüteter) Sachwalter des Bauherrn zuständig und verpflichtet.

1401 5. Dies schließt jedoch nicht aus, dass sich die **Wohnungseigentümergemeinschaft** der Mängelbeseitigung im Rahmen ihrer Befugnisse nach § 10 Abs. 6 Satz 3 WEG durch entsprechende Beschlussfassung annimmt.

1402 Für die übrigen im Zusammenhang mit dem **Bauvertrag** zu treffenden **Vereinbarungen** (Ausführungsfristen, Vertragsstrafen, Vertragserfüllungsbürgschaft, Abschlagszahlungen, erforderlichenfalls Zahlungsplan usw.) sei auf die Pflichten des Treuhänders im Zusammenhang mit dem Abschluss der Bauverträge hingewiesen (Rdn. 1228 f., 1241).

4. Finanzierungsvermittlung

1403 Zwischen dem Bauherrn – vermittelt durch den Treuhänder – und einem der Funktionsträger wird regelmäßig ein Vertrag über die Finanzierungsvermittlung abgeschlossen. Danach wird die Vermittlung der Zwischen- und auch der Endfinanzierung vereinbart.

1404 Rechtlich handelt es sich hierbei um einen **Maklervertrag** i. S. d. § 652 BGB. Da es sich bei der Maklerprovision um eine strikt erfolgsabhängige Vergütung handelt, ist sie nur dann geschuldet, wenn der Bauherr die ihm nachgewiesene Finanzierung auch tatsächlich in Anspruch nimmt. Wurde dem Bauherrn eine Finanzierung nicht angeboten oder konnte er selbst eine ihm günstigere Finanzierung besorgen, sind bereits bezahlte Provisionen nach § 812 BGB zurückzuvergüten[591]. Eine formularmäßige Vereinbarung des Inhaltes, dass eine Provision gleichwohl geschuldet sei, verstößt gegen § 307 Abs. 2 BGB. Die Erfolgsabhängigkeit der Provision kann nicht durch Allgemeine Geschäftsbedingungen abbedungen werden, weil die Erfolgsabhängigkeit der Maklervergütung zum gesetzlichen Leitbild des Maklervertrages gehört[592]. Mit der gleichen Begründung kann auch die Rückforderung bereits entrichteter Provisionen in Allgemeinen Geschäftsbedingungen nicht ausgeschlossen werden[593].

---

[590] *Palandt/Grüneberg*, § 432 Rdn. 8.
[591] BGH v. 20. 3. 1985, NJW 1985, 2477; BGH v. 1. 12. 1982, NJW 1983, 985; OLG München v. 2. 4. 1982, DB 1982, 1003; OLG München v. 28. 7. 1983, BB 1983, 1692; OLG Hamburg v. 17. 2. 1984, BB 1984, 934.
[592] OLG München v. 2. 4. 1982, DB 1982, 1003; OLG München v. 28. 7. 1983, BB 1983, 1692.
[593] OLG München v. 28. 7. 1983, BB 1983, 1692.

VII. Der Bauherr und die anderen Vertragspartner

Die vorstehenden Grundsätze haben auch dann Geltung, wenn die Vergütung nicht Provision, sondern „**Bearbeitungsgebühr**" genannt wird, obwohl tatsächlich nur Vermittlungsleistungen geschuldet sind und erbracht werden[594]. 1405

Von der Finanzierungsvermittlung und der Finanzierungsbearbeitung ist die **Finanzierungsgarantie** zu unterscheiden. Voraussetzung dafür, dass die für eine Finanzierungsgarantie vereinbarte Vergütung Bestand hat, ist ebenfalls, dass tatsächlich eine Garantie und nicht nur – wie häufig bei der Finanzierungsbearbeitung – eine Vermittlungstätigkeit gemeint ist. Im Übrigen ist eine Vergütung für eine Finanzierungsgarantie (entsprechendes gilt für die anderen Garantien) auch nur dann geschuldet, wenn sie überhaupt zum Tragen kommt. Besorgt sich der Bauherr die Endfinanzierung von vornherein selbst, fehlt es für die Vergütung bereits an einer Gegenleistung des Garanten[595]. 1406

Eine nicht verdiente Provision (oder Vergütung für andere „Dienstleistungen") kann nicht schon deshalb von einem Funktionsträger beansprucht werden, weil der Bauherr daran interessiert sei, möglichst hohe Gebührenansprüche entstehen zu lassen, da diese hohe Werbungskosten zur Folge hätten[596].

Ausnahmsweise kann es sich bei der **Finanzierungsbeschaffung um eine Geschäftsbesorgung** handeln, auf die Werkvertragsrecht anzuwenden ist[597]. Das hat der BGH für eine Vertragsgestaltung entschieden, bei der sich der Vertragspartner des Bauherrn zur Beschaffung der Finanzierung, also zu einem Erfolg i. S. v. § 631 BGB, verpflichtet hatte, während der Bauherr zur Abnahme dieser Finanzierung verpflichtet war. Demgemäß waren die typischen Wesensmerkmale des Maklervertrages gerade nicht vereinbart, der Geschäftsbesorger also nicht nur mit dem Nachweis oder der Vermittlung einer Abschlussgelegenheit betraut, und der Bauherr in seinem Entschluss, ob er eine nachgewiesene Finanzierung in Anspruch nehmen möchte, nicht mehr frei. Lehnt der Bauherr dann das nachgewiesene Darlehen ab, so bleibt er doch vergütungspflichtig[598]. 1407

5. Zinsgarantie

Dem Bauherrn wird vom Baubetreuer oder Dritten garantiert, dass die **Zwischenfinanzierungszinsen** (Darlehenskosten während der Bauphase) einen bestimmten Betrag oder Zinssatz nicht überschreiten. Der Umfang der abgegebenen Garantie muss im Einzelfall analysiert werden. Will der Garant dafür einstehen, dass die gesamten Zwischenfinanzierungskosten einen bestimmten Höchstbetrag nicht überschreiten, so ist dies eine dem Bauherrn günstige Garantie. Wird dagegen lediglich ein bestimmter Zinssatz für die gesamte Bauzeit garantiert, hat der Garant lediglich für die Kostensteigerungen aufgrund einer Änderung des Zinses einzustehen, nicht aber für Finanzierungskostensteigerungen aufgrund verlängerter Bauzeit und damit längerer Inanspruchnahme der Zwischenfinanzierung. 1408

Wird zwischen Bauherrn und Garanten ein fester Betrag für die Kosten der Zwischenfinanzierung vereinbart, darf die Eindeckung mit der Endfinanzierung nicht in die Bauphase vorgezogen, dadurch der günstige Zinssatz in Anspruch genommen und die Laufzeit des Endfinanzierungsdarlehens zu Lasten des Bauherrn verkürzt werden[599]. 1409

---

[594] BGH v. 1. 12. 1982, NJW 1983, 985; BGH v. 20. 3. 1985, NJW 1985, 2477; OLG Hamburg v. 17. 2. 1984, BB 1984, 934.
[595] BGH v. 5. 4. 1984, NJW 1984, 2162 (zu einer Mietgarantie).
[596] BGH v. 5. 4. 1984, NJW 1984, 2162; auch BGH v. 7. 12. 1983, BB 1984, 564.
[597] BGH v. 17. 4. 1991, NJW-RR 1991, 914.
[598] BGH v. 17. 4. 1991, NJW-RR 1991, 914.
[599] BGH v. 21. 2. 1985, WM 1985, 809.

6. Ausfallgarantie, Ausbietungsgarantie

1410 Zur **Sicherung der finanzierenden Bank** wird vom Baubetreuer oder einem anderen Funktionsträger aus dem Initiatorenkreis eine Ausfallgarantie (Ausfallbürgschaft) oder eine Ausbietungsgarantie übernommen. Sollte die Bank bei einer etwaigen Versteigerung des Miteigentumsanteils bzw. der Eigentumswohnung ganz oder zum Teil ausfallen, hätte der Garant einzutreten.

1411 Bei der **Ausfallgarantie (Bürgschaft)** verpflichtet sich der Garant, dafür einzustehen, dass die Bank bei einer Zwangsversteigerung des belasteten Grundstücks keinen Verlust erleidet. Da sich der Garant nicht zum Erwerb des zu versteigernden Grundstücks bzw. der zu versteigernden Eigentumswohnung verpflichtet, ist eine solche Ausfallgarantie bzw. Ausfallbürgschaft formfrei wirksam[600].

1412 Von der Ausfallgarantie (sog. Ausfallbürgschaft mit schwächerer Wirkung) ist die **Ausbietungsgarantie** (Garantie mit stärkerer Wirkung) zu unterscheiden: Bei der Ausbietungsgarantie verpflichtet sich der Garant gegenüber der Bank zur Abgabe eines das garantierte Grundpfandrecht deckenden Gebots (gegen die Verpflichtung des Garantienehmers, das garantierte Recht stehen zu lassen). Einer solchen Vereinbarung liegt die bedingte Verpflichtung zum Erwerb des Grundstücks (Miteigentumsanteils) zugrunde. Eine solche Ausbietungsgarantie ist deshalb beurkundungspflichtig (§ 311 b BGB)[601].

1413 Die **Vergütung** für die Übernahme der Ausfallgarantie bzw. Ausbietungsgarantie (häufig auch Provision genannt) ist nur dann geschuldet, wenn das finanzierende Bankinstitut zur weiteren Absicherung der hingegebenen Darlehen tatsächlich eine Ausbietungs- bzw. Ausfallgarantie verlangt. Andernfalls würde eine gleichwohl zwischen Garanten und Treuhänder abgeschlossene Garantievereinbarung auf einem kollusiven und treuwidrigen Zusammenwirken jener Beteiligten zu Lasten des Bauherrn beruhen; dem Bauherrn stünde ein Schadensersatzanspruch in Höhe der Vergütung zu[602].

1414 Üblicherweise werden bei Bauherrenmodellen für die Dauer der Zwischenfinanzierung eine Ausfallbürgschaft und für einen bestimmten Zeitabschnitt der Endfinanzierung eine Ausbietungsgarantie abgegeben.

7. Schließungsgarantie, Vertragsdurchführungsgarantie

1415 Zur Sicherung der Durchführung des Bauvorhabens und damit zur Begrenzung der dem Erwerber zugemuteten Risiken werden in der Regel folgende, ebenfalls vergütungspflichtige Garantien abgegeben:

1416 **Schließungsgarantie** (auch „Platzierungsgarantie" genannt): Mit ihr garantiert der Baubetreuer oder ein anderer Funktionsträger die Zusammenführung einer ausreichenden Anzahl von Bauherren bis zu einem bestimmten Zeitpunkt, andernfalls dem Bauherrn entweder der (für ihn kostenfreie) Rücktritt angeboten wird oder der Baubetreuer die noch nicht platzierten Einheiten selbst als Bauherr übernimmt.

1417 **Vertragsdurchführungsgarantie** (auch „Fertigstellungsgarantie"): Durch sie wird dem Bauherrn garantiert, dass die Mitbauherren die erforderlichen Eigenmittel zur Verfügung stellen, also die Durchführung des Vorhabens nicht an der mangelnden Sol-

---

[600] Vgl. OLG Celle v. 29. 6. 1976, NJW 1977, 52.
[601] LG Göttingen v. 1. 11. 1975, NJW 1976, 571 mit Anm. *Hustedt*, NJW 1976, 972; OLG Celle v. 29. 6. 1976, NJW 1977, 52.
[602] BGH v. 7. 12. 1983, BB 1984, 564 (565).

venz der übrigen Teilnehmer scheitert. Es kommen in diesem Zusammenhang auch entsprechende Garantien gegenüber der Bank des Inhaltes vor, dass die von den einzelnen Bauherren versprocheen Eigenkapitalleistungen auch tatsächlich erbracht werden.

Eigenkapital- und Werbungskostengarantie: Gelegentlich wurde dem Bauherrn auch dafür eingestanden, dass im Falle der Nichtdurchführung des Bauvorhabens etwaige bereits zur Verfügung gestellte Eigenmittel wieder zurückgeführt werden. 1418

8. Baukosten-, Höchstaufwands- und Rücknahmegarantie

Im Rahmen von Bauherrenmodellen abgegebene Baukosten- oder Höchstaufwandsgarantien haben – auch wenn gelegentlich vom **Festpreis** die Rede ist – nicht die Vereinbarung eines festen Preises für die gesamte Errichtung und Übereignung der Eigentumswohnung zum Gegenstand[603]. Steht der Baubetreuer oder ein anderer Beteiligter dafür ein, dass die Bau- und Baunebenkosten oder sogar die gesamten Aufwendungen (einschließlich Finanzierungskosten und Gebühren) einen bestimmten Betrag nicht übersteigen (Baukostengarantie bzw. Höchstaufwandsgarantie), so hat der Bauherr gegenüber dem Garanten lediglich einen Freistellungsanspruch[604]; der Bauherr bleibt aber gegenüber den Bauhandwerkern oder anderen Gläubigern persönlich im Obligo. 1419

Der **Umfang der Garantie** kann unterschiedlich gestaltet sein. Wird lediglich eine Baukostengarantie übernommen, können den Bauherrn gleichwohl Kostenüberschreitungen im Bereich der Zwischenfinanzierung aufgrund verlängerter Bauzeit, Zinssteigerungen usw. treffen. Gegen solche Kostenmehrungen ist der Bauherr nur durch eine Höchstaufwandsgarantie geschützt, die sich auf sämtliche kalkulierte Positionen bezieht. 1420

Verpflichtet wird aufgrund einer entsprechenden Abrede der Garant, regelmäßig der Baubetreuer oder eine andere Person aus dem Initiatorenkreis[605]. Die mit der vom Betreuer übernommenen Garantie korrespondierende Bestimmung im Treuhandvertrag, wonach der Treuhänder den Bauherrn nur aus wichtigen und nicht vorhersehbaren Gründen über die **kalkulierten Kosten** hinaus verpflichten darf, stellt eine vertragliche Hauptpflicht des Treuhänders dar, bei deren Nichteinhaltung er sich schadensersatzpflichtig macht. Sie ist von der eigentlichen Garantie zu unterscheiden[606]. 1421

Die Vereinbarungen einer Baukosten- bzw. Höchstaufwandsgarantie befreit weder den Treuhänder noch – soweit dieser dazu verpflichtet ist – den Baubetreuer von der **Pflicht zur Auskunftserteilung** und Erstellung der **Schlussabrechnung.** Das gilt sowohl dann, wenn die tatsächlichen Kosten den garantierten Betrag nicht erreichen, wie selbstverständlich auch dann, wenn die Höchstbeträge überschritten werden und der Garant einzutreten hat. Auch im letzteren Fall hat der Bauherr einen Anspruch auf präzise Rechnungslegung (vgl. Rdn. 1206). 1422

Probleme treten dann auf, wenn die garantierte **Bausumme** nur deshalb nicht erreicht wird, weil gegenüber dem Bauhandwerker wegen Baumängeln ein Teil des Werklohns infolge von Einbehalten oder Minderungen nicht zur Auszahlung kommt. Das Landgericht Stuttgart[607] ist der Auffassung, dass die Freistellungspflicht des Garanten nur insoweit besteht, als der Bauherr tatsächlich auf Zahlung in Anspruch genom- 1423

---

[603] BGH v. 18. 11. 1976, NJW 1977, 294; BGH v. 5. 4. 1984, NJW 1984, 2162.
[604] BGH v. 18. 11. 1976, NJW 1977, 294; BGH v. 5. 4. 1984, NJW 1984, 2162.
[605] BGH v. 6. 11. 1986, NJW-RR 1987, 274 (275) = ZfBR 1987, 95.
[606] Vgl. BGH v. 6. 11. 1986, NJW-RR 1987, 274 f.
[607] LG Stuttgart v. 5. 8. 1986, NJW-RR 1987, 276.

men wurde. Da der Garant nicht für mangelfreie Handwerkerleistungen einzutreten hätte, bleiben wegen Baumängeln nicht zur Auszahlung gelangte Baukosten bei der Berechnung der garantierten Summe außer Betracht. Das Ergebnis ist nicht zweifelsfrei: Die Baukostengarantie (entsprechendes gilt für die Gesamtaufwandsgarantie) bezieht sich im Bereich der Herstellungskosten auf den Aufwand, der zur vollständigen und mangelfreien Herstellung des Bauvorhabens gemäß Baubeschreibung kalkuliert und vereinbart worden ist. Wird ein Teil des (abgerechneten) Werklohns wegen mangelhafter oder nicht erbrachter Werkleistungen zurückbehalten, ist dieser Betrag bei der Bemessung der Gesamtbaukosten für die Garantie ebenso zu berücksichtigen wie ein etwaiger Minderungsbetrag. In all diesen Fällen muss der Bauherr nämlich erneut Mittel aufwenden, um den vereinbarten und der Baukostengarantie zugrundeliegenden Leistungsumfang nach Menge und Qualität zu erreichen (oder auf einen Teil der vereinbarten Leistungen verzichten)[608].

1424 Zur Verkaufsförderung und in Erwartung ständig weiter steigender Immobilienpreise wurden auch **Rücknahmegarantien** abgegeben[609]. Aufgrund dieser zu beurkundenden[610] Garantien übernahm der Verpflichtete – unter allerdings zumeist eingeschränkten Voraussetzungen – den Rückkauf der errichteten Eigentumswohnung[611]. Hierher gehören auch Wiederverkaufszusagen, durch die dem Bauherrn – ebenfalls unter gewissen Voraussetzungen – ein Käufer für das Objekt versprochen wird[612]. Die Erfüllungsverweigerung führt zu einem Schadensersatzanspruch aus positiver Vertragsverletzung; er ist auf das positive Interesse gerichtet[613].

9. Vermietung

a) Mietvermittlung

1425 Bei allen Baumodellen wird zwischen Bauherrn und Baubetreuer oder einem anderen Funktionsträger ein **Mietvermittlungsvertrag** abgeschlossen[614]. Danach schuldet der Bauherr eine Provision für den Nachweis oder die Vermittlung eines Mieters. Bei diesem Vertrag handelt es sich um einen gewöhnlichen Maklervertrag. Es gelten die allgemeinen Grundsätze über die Entstehung der Provision bzw. die entsprechenden Ausschlusstatbestände: Schließt der Bauherr einen Mietvertrag mit einem eigenen Mietinteressenten ab oder vermietet er die Wohnung überhaupt nicht, so fehlt es bereits an einem für die Provisionsentstehung vorausgesetzten wirksam abgeschlossenen Hauptvertrag[615]. Ein Provisionsanspruch ist auch dann ausgeschlossen, wenn der Vermittler mit dem nachgewiesenen Vertragsgegner wirtschaftlich oder rechtlich verflochten ist. Personelle und gesellschaftsrechtliche Verflechtungen lagen häufig zwischen Vermittler und gewerblichem Zwischenmieter vor. Abgesehen davon, dass dies aus steuerlichen Gründen schädlich sein kann, entsteht bei einem derartigen Sachverhalt kein Provisionsanspruch[616]. Die Vereinbarung einer erfolgsunabhängigen Provision durch Allgemeine Geschäftsbedingungen ist unwirksam[617] (vgl. Rdn. 1404).

---

[608] OLG Köln v. 11. 5. 1982, BauR 1983, 379.
[609] *Rosenberger*, BauR 1985, 136.
[610] Vgl. BGH v. 6. 5. 1988, WM 1988, 1064 = NJW 1988, 2237, mit Anm. *Reithmann*, EWiR 1988, 761.
[611] Vgl. OLG Celle v. 19. 12. 1980, BauR 1985, 220; BGH v. 19. 9. 1984, NJW 1985, 1462. Zur Durchsetzung der Rücknahmegarantie BGH v. 4. 3. 1983, WM 1983, 677.
[612] BGH v. 16. 3. 1993, NJW 1994, 1653.
[613] BGH v. 16. 3. 1993, NJW 1994, 1653.
[614] OLG Karlsruhe v. 20. 4. 1988, NJW-RR 1988, 1237, zur Haftung des Initiators nach c. i. c., wenn die von ihm zugesagte Zwischenvermietung scheitert. BGH v. 5. 4. 1984, NJW 1984, 2162.
[615] BGH v. 5. 4. 1984, NJW 1984, 2162.
[616] *Pause*, Kap. 213 Rdn. 159f.
[617] BGH v. 5. 4. 1984, NJW 1984, 2162.

VII. Der Bauherr und die anderen Vertragspartner

Wird der Mietvertrag (häufig beim Erwerb von Gewerbeobjekten vom Bauträger) noch unmittelbar vom Bauträger (und nicht in Vollmacht des Erwerbers bzw. Anlegers) abgeschlossen, um die von ihm übernommene Mietgarantie zu erfüllen, handelt es sich nicht um eine Mietvermittlung. Angestrebt wird ein Rechtsübergang nach § 566 BGB. Dafür wird jedoch vorausgesetzt, dass das Objekt nach der Überlassung an den Mieter veräußert wird. Findet die Veräußerung vor der Überlassung an den Mieter statt, muss sich der Erwerber im Sinne des § 567a BGB verpflichten (Übernahme der sich aus dem Mietvertrag ergebenden Pflichten gegenüber dem Mieter), um einen Eintritt in den Mietvertrag zu bewirken.

b) Mietgarantie, Mietpool

Mit der **Mietgarantie** steht der Baubetreuer bzw. der betreffende Funktionsträger dafür ein, dass je nach Vereinbarung die Wohnung bzw. Gewerbeeinheit 1426
- überhaupt an einen geeigneten Mieter vermietet wird (Erstvermietungsgarantie)[618]
oder
- ab Bezugsfertigkeit (in der Regel zwei Monate nach Bezugsfertigkeit) zu einem bestimmten Mietzins auf z.B. drei oder fünf Jahre vermietet ist und der Mietzins eingeht (Mieteingangsgarantie)[619].

Die Position des Mietgaranten kann durch die eingeräumten Befugnisse der Stellung eines gewerblichen Zwischenmieters angenähert sein[620].

Für den im Einzelfall gegebenen Umfang der übernommenen Verpflichtung bedarf 1427 es wegen der vielfältigen und höchst unterschiedlichen Klauseln einer genauen Analyse der jeweils übernommenen Garantie. Die vom Garanten übernommene Garantie kann ihrerseits durch eine Bankbürgschaft abgesichert sein. Sofern beim Bauträgererwerb eine Bürgschaft für die Verpflichtungen aus diesem Vertrag vereinbart ist, muss sich diese Verpflichtung aber eindeutig auch auf die vom Bauträger abgegebene Mietgarantie beziehen[621].

Der Verkäufer der Wohnung ist dem Erwerber auch bei Übernahme einer Mietgarantie dazu verpflichtet, ihm Auskunft darüber zu erteilen, dass das zur Vermögensbildung erworbene Objekt zur Zeit nicht vermietet ist[622].

Der Mietgarant haftet nicht für Flächenabweichungen – die **Höhe** der Garantieleis- 1428 tungen berechnet sich deshalb aufgrund der tatsächlich hergestellten Mietfläche und nicht auf der Grundlage prospektierter Flächenangaben[623]. Vereitelt der Bauherr die Vermietung des Objekts, muss er sich die dadurch entgangenen Mieteinnahmen anrechnen lassen[624]. Die Garantieleistungen werden zumeist im Nachhinein zum Jahresende fällig[625]. Ansprüche aus einer Mietgarantie können verwirkt sein, wenn der Anspruchsberechtigte dem Garanten während der Garantiezeit keine Abrechnungen erteilt, keinen Einblick in die Vermietungssituation gibt, keine Einflussnahme auf seine Einstandspflicht und das vereinbarte Recht zum Selbsteintritt bei unvermieteten Wohnungen gibt[626].

Die Ansprüche aus der Mietgarantie unterliegen der **Verjährungsfrist** des § 195 BGB.

---

[618] OLG Hamm v. 4. 4. 1978, DB 1979, 162; OLG Düsseldorf v. 5. 2. 2002, NJW-RR 2002, 1018.
[619] BGH v. 13. 3. 2003, NJW 2003, 2235.
[620] LG Köln v. 8. 6. 1999, NJW-RR 1999, 1171.
[621] BGH v. 25. 2. 1999, NJW 1999, 2361.
[622] BGH v. 10. 10. 2008, NJW 2008, 3699.
[623] BGH v. 25. 10. 1990, NJW-RR 1991, 218 (219).
[624] BGH v. 25. 10. 1990, NJW-RR 1991, 218 (219).
[625] Vgl. dazu MünchKomm/*Pecher,* § 765 Rdn. 3.
[626] OLG Frankfurt v. 16. 6. 1999, NJW-RR 2000, 530.

1429 Die **Vergütung** für die Mietgarantie ist vom Bauherrn dann nicht geschuldet, wenn er und der Garant übereinkommen, dass der Bauherr die Wohnung selbst vermieten und er auch das Vermietungsrisiko selbst tragen soll. Bei diesem Sachverhalt kann eine Vergütungspflicht auch nicht durch eine formularmäßig verwendete Klausel entstehen, nach der auch nicht in Anspruch genommene Leistungen zu bezahlen sind[627]. Die Vergütung kann jedoch nicht allein deshalb zurückbehalten bzw. zurückverlangt werden, weil die Garantie infolge ausreichender Vermietung nicht in Anspruch genommen werden musste; die Vergütung für die Mietgarantie ist allein für das auf die eingegangene Laufzeit übernommene Risiko geschuldet[628].

1430 Bisweilen werden im Zusammenhang mit der Mietgarantie und in Verbindung mit der Übernahme der Mietverwaltung Vereinbarungen vorgesehen, die die Garantie wieder abschwächen bzw. eine Umverteilung der übernommenen Risiken auf sämtliche Bauherren enthalten. Um eine solche Vereinbarung handelt es sich bei der Installierung eines **Mietpools,** in den alle Mieteinnahmen einfließen und aus dem alle „Garantiemieten" gezahlt werden. Fehlbeträge werden vom Garanten übernommen, Überschüsse stehen dem Garanten – und nicht den Bauherren – zu. Bei einer solchen Gestaltung muss der Verkäufer bei der Berechnung des Eigenaufwands des Erwerbers das Risiko, das sich aus der Vermietung der anderen Wohnungen ergibt, angemessen berücksichtigen[629] und muss eine ausreichende Einnahmereserve vorsehen[630]. Er muss aber nicht über das generelle Risiko einer defizitären Entwicklung des Mietpools aufklären[631].

Das OLG Hamburg hatte eine solche Vereinbarung zu überprüfen. Es kam zu dem Ergebnis, dass die Bestimmungen über den Mietpool gegen die §§ 305c und 307 BGB verstoßen[632]. Die Vereinbarung über einen Mietpool stellt im Zusammenhang mit der Übernahme einer Mietgarantie eine überraschende Klausel dar; der Bauherr rechnet im Zusammenhang mit einer Mietgarantie, bei der es um die Einräumung einer Mindestleistung geht, nicht mit einer gleichzeitigen Abschöpfung der die Mietgarantie übersteigenden Mieterträge. Überdies widersprechen derartige Bestimmungen dem wesentlichen Grundgedanken einer Mietgarantie (gewissermaßen dem Leitbild des Vertrages), weshalb ein Verzicht auf die Mietüberschüsse eine unangemessene Benachteiligung darstellt[633].

c) Mietvertrag

1431 Soweit der Bauherr unmittelbar an den Bewohner bzw. den gewerblichen Nutzer der von ihm errichteten Einheit vermietet, beurteilen sich die Rechtsbeziehungen ausnahmslos und ohne Besonderheiten nach Mietvertragsrecht. Bei den früheren Bauherrenmodellen erforderte die Option zur Mehrwertsteuer jedoch die Einschaltung eines **gewerblichen Zwischenmieters.** Zwischen Bauherr und gewerblichem Zwischenmieter kommt ein Mietvertrag mit der Maßgabe zustande, dass dem Zwischenmieter die Untervermietung gestattet wird. Zwischen Untermieter (Endmieter) und Bauherrn bestehen keine unmittelbaren Rechtsbeziehungen.

1432 Gerät der Zwischenmieter mit der Entrichtung des Mietzinses oder einem nicht unerheblichen Teil der **Miete in Verzug,** steht dem Vermieter (Bauherrn) das Recht

---

[627] BGH v. 5. 4. 1984, NJW 1984, 2162.
[628] OLG Hamburg v. 17. 2. 1984, BB 1984, 934 (937).
[629] BGH v. 13. 10. 2006, NJW 2007, 1874.
[630] BGH v. 20. 7. 2007, NJW 2007, 1660, Rdn. 11.
[631] BGH v. 18. 7. 2008, BJW 2008, 3059.
[632] OLG Hamburg v. 17. 2. 1984, BB 1984, 934 (936). vgl. auch OLG Düsseldorf v. 28. 5. 1986, DB 1986, 2020.
[633] OLG Hamburg, v. 17. 2. 1984, BB 1984, 934 (936f.); OLG Düsseldorf, v. 28. 5. 1986, DB 1986, 2020.

VII. Der Bauherr und die anderen Vertragspartner

zur fristlosen Kündigung zu (§ 543 Abs. 2 BGB). Der Bauherr kann vom Zwischenmieter den rückständigen Mietzins sowie die Räumung und Herausgabe verlangen[634].

1433 Der Endmieter von Wohnräumen konnte nach einer Kündigung oder sonstigen Beendigung des Zwischenmietverhältnisses trotz eigener Vertragstreue in eine prekäre Situation geraten: Er sah sich nach der früheren Rechtslage dem Räumungs- und Herausgabeanspruch des § 556 Abs. 3 BGB a. F. ausgesetzt. Nachdem der BGH diese Rechtsfolge nach § 242 BGB durch die Gewährung von **Kündigungsschutz** abgeschwächt und von zusätzlichen Voraussetzungen abhängig gemacht hatte[635], wurde vom BVerfG ein unterschiedsloser Kündigungsschutz für sämtliche Mieter eingefordert[636].

1434 Der Gesetzgeber hat die Rechtsstellung des Untermieters durch den heutigen § 565 BGB gesichert[637]. Danach tritt der Vermieter (Bauherr) bei Beendigung des Zwischenmietverhältnisses in den Mietvertrag mit dem Untermieter zu den alten Vertragsbedingungen als neuer Vermieter ein (§ 565 Abs. 1 Satz 1 BGB). Statt einer Vertragslosigkeit findet nunmehr ein automatischer **Vermieterwechsel** statt[638]. Dadurch ist die Geltung des Mieterschutzes (Kündigungsschutzes, § 573 BGB) gesichert. Für die Fälligkeit der Mietzinsansprüche gilt die Zäsur des § 566 b BGB analog; für Kautionsleistungen gilt § 566 a BGB entsprechend.

1435 Für die Fälle, in denen der Vermieter (Bauherr) nach Beendigung des Zwischenmietvertrages aus steuerlichen oder anderen Gründen die neuerliche Einschaltung eines gewerblichen Zwischenmieters wünscht, kann er einen Mietvertrag mit einem **neuen Zwischenmieter** abschließen, der dann nach § 565 Abs. 1 Satz 2 BGB kraft Gesetzes in den bestehenden Untermietvertrag eintritt. Diese Möglichkeit besteht auch dann, wenn infolge der Beendigung des ersten Zwischenmietvertrages bereits ein Übergang des Mietverhältnisses mit dem Untermieter auf den Eigentümer stattgefunden hat[639]. § 565 BGB wird entsprechend angewendet, wenn die Durchführung einer Zwischenvermietung beabsichtigt war, diese aber scheitert, das Objekt jedoch von der Zwischenmieterin bereits an einen Dritten überlassen wurde[640].

1436 Der Übergang des Untermietverhältnisses auf den Vermieter oder einen neuen Zwischenmieter setzt die wirksame Beendigung des alten Zwischenmietvertrages voraus. Bei Zweifeln über die Person des Vermieters – Bauherr und Zwischenvermieter streiten sich z. B. über die Wirksamkeit einer fristlosen Kündigung – ist der Untermieter zur Hinterlegung des Mietzinses nach § 378 BGB berechtigt.

1437 Wenn der (Haupt-)Zwischenmietvertrag über die **Heiz- und Betriebskosten** keine Vertragsbestimmung enthält, der gewerbliche Zwischenmieter aber Heiz- und Nebenkosten auf den Endmieter umlegt, so ist der Zwischenmietvertrag dahin auszulegen, dass auch der Eigentümer (Vermieter) vom Zwischenmieter neben der vereinbarten Miete (abzurechnende) Vorauszahlungen auf die Nebenkosten verlangen kann[641]. Eine Vereinbarung des Inhaltes, dass der Zwischenmieter sämtliche laufenden Kosten einschließlich Instandhaltungsrücklage, Reparaturen, Verwaltervergütung, Bankspesen usw. übernimmt, ist wirksam. Eine entsprechende Klausel im Endmietvertrag würde jedoch gegen §§ 556, 560 BGB verstoßen. Der Endmieter hat gegenüber

---

[634] Im Verhältnis zwischen Bauherr und Zwischenmieter besteht kein Wohnraummietverhältnis, BGH v. 11. 2. 1981, NJW 1981, 1377.
[635] BGH v. 20. 3. 1991, NJW 1991, 1815; BGH v. 21. 4. 1982, NJW 1982, 1606.
[636] BVerfG v. 11. 6. 1991, NJW 1991, 2272.
[637] 4. Mietrechtsänderungsgesetz v. 21. 7. 1993, BGBl. I S. 1257.
[638] Vgl. *Blank*, WuM 1993, 574; *Bub*, NJW 1993, 2901.
[639] *Blank*, WuM 1993, 574.
[640] LG Duisburg v. 16. 7. 1996, NJW 1997, 712.
[641] OLG Hamburg v. 11. 11. 1987, NJW-RR 1988, 399.

C. Baumodelle

dem Zwischenmieter sämtliche Mängelrechte wegen **Mängeln an der Mietsache**. Er kann insbesondere die Instandsetzung verlangen, auch wenn der Zwischenmieter bei Mängeln am Gemeinschaftseigentum die Mängelbeseitigung nicht selbst durchführen kann[642].

10. Begründung und Verwaltung des Wohnungseigentums

1438 Mit der Wohnungseigentümergemeinschaft beginnt auch die Verwaltung des gemeinschaftlichen Eigentums.

1439 Die **Wohnungseigentümergemeinschaft** entsteht bei Bauherrenmodellen, Ersterwerbermodellen oder Sanierungsmodellen regelmäßig durch den Abschluss des Teilungsvertrages zwischen den Erwerbern (§ 3 WEG) und die Eintragung in das Grundbuch. Die Teilungsvereinbarung wird vom Treuhänder in Vollmacht der Bauherren unter Befreiung von der Beschränkung des § 181 BGB in notarieller Form (§ 311b BGB, § 4 WEG) abgeschlossen (zur Form des der Vollmacht zugrundeliegenden Treuhändervertrages vgl. oben Rdn. 1147 f.). Bei der Durchführung der Teilung hat sich der Treuhänder an den durch den Treuhandvertrag bzw. die Bezugsurkunde und den Prospekt vorgegebenen Rahmen für die Teilungserklärung einschließlich der Gemeinschaftsordnung zu halten. Die Wohnungseigentümergemeinschaft kann schon während der Bauphase entstehen; die Wohnungseigentümergemeinschaft besteht dann neben der Bauherrengemeinschaft (zur Beendigung der Bauherrengesellschaft durch Zweckerreichung vgl. oben Rdn. 1337 f.).

1440 Die Wohnungseigentümergemeinschaft ist für die Bestellung des Verwalters und die Wahrnehmung der laufenden Verwaltung von Beginn an zuständig. Die **Bestellung des ersten Verwalters** kann in zweierlei Weise erfolgen: Zum einen ist die Bestimmung des Verwalters in der Teilungserklärung, also durch Vereinbarung, zulässig, zum anderen durch eine Wahl des Verwalters auf der ersten ordentlichen Eigentümerversammlung. Die Einsetzung des Verwalters durch den Treuhänder auf einer „In-sich-Versammlung" ist dagegen unwirksam. Da der Verwalter gemäß § 26 Abs. 1 Satz 1 WEG zwingend von den Eigentümern gewählt werden muss (der Wahl gleichgestellt wird lediglich die Vereinbarung in der Teilungserklärung), darf er nicht von einem Dritten, also dem Treuhänder, bestimmt werden[643]. Die Bestellung des Verwalters durch den Treuhänder (oder einen anderen Dritten) würde § 26 Abs. 1 Satz 1 WEG zuwiderlaufen, wonach das Recht des Eigentümers zur Bestellung des Verwalters nicht beschränkt werden darf. Werden die Erfordernisse des § 26 Abs. 1 Satz 1 WEG – entweder Wahl des Verwalters auf einer ersten Eigentümerversammlung oder Bestimmung des Verwalters in der Teilungserklärung – nicht beobachtet, fehlt es an einer wirksamen Verwalterbestellung. Es muss nach §§ 43 Nr. 1 i. V. m. 21 Abs. 4 WEG verfahren, also vom Gericht ein Notverwalter bestellt werden.

1441 Dem Verwalter vertritt die Wohnungseigentümergemeinschaft, wenn sie die die Verfolgung der **Mängelansprüche** durch Beschluss nach § 10 Abs. 6 Satz 3 WEG an sich gezogen hat (vgl. Rdn. 1396 f.).

11. Steuerberatung

1442 Als weiterer Vertragspartner wird häufig auch ein Steuerberater beauftragt. Gegenstand seines Auftrages ist die Mitwirkung bei der Konzeption des Modells sowie die

---
[642] OLG Zweibrücken v. 14. 12. 1994 – 3 W – RE – 195/94.
[643] *Bader*, FS Seuß, S. 1 (9 f.).

laufende steuerliche Beratung der Bauherrengemeinschaft. Der Steuerberatervertrag ist ein Geschäftsbesorgungsvertrag mit Dienstvertragscharakter[644].

Der Steuerberater haftet für eine den steuerrechtlichen Bestimmungen entsprechende Konzeption des Modells. Er hat seine Auftraggeber darauf hinzuweisen, falls sich durch die gewählte Vertragsgestaltung die erwünschten bzw. prospektierten Steuervorteile nicht erreichen lassen sollten[645]. Das gilt etwa für den Fall, dass eine Befreiung von der Grunderwerbsteuer in Aussicht gestellt wurde, während sie nach den Grundsätzen der BFH-Rechtsprechung wegen der Einheitlichkeit des Erwerbsvorganges nicht zu erreichen ist. Eine Schadenshaftung besteht jedoch nur dann, wenn der Steuerberater eine alternierende Vertragsgestaltung, bei der die Steuervorteile eingetreten wären, hätte vorschlagen können bzw., wenn das nicht möglich ist, der Bauherr sich aufklärungsrichtig gegen die Teilnahme am Bauherrenmodell entschieden hätte[646]. Eine allgemeine Haftung für den steuerlichen Erfolg trifft den Steuerberater jedoch nicht.

Von der Haftung des durch die Bauherrengemeinschaft beauftragten Steuerberaters ist die Haftung des vom Bauherrn mit seinen laufenden steuerlichen Angelegenheiten persönlich beauftragten Steuerberaters zu unterscheiden[647].

VIII. Verwandte Erwerbsformen

1. Erwerbermodell

Im Erwerbermodell kauft der Immobilienerwerber eine Wohnung in einem **bereits errichteten Objekt;** die Abwicklung des Erwerbsvorganges soll sich (ähnlich dem Bauherrenmodell) durch die Aufspaltung des gesamten Erwerbsvorgangs in verschiedene Verträge steuerlich vorteilhaft auswirken[648]. Die Erwerbermodelle wurden zum Teil auch als „Käufermodell" bezeichnet (vgl. zur Entwicklung des Erwerbermodells oben Rdn. 1132). 1443

Bei diesem Konzept werden neu hergestellte Eigentumswohnungen – man spricht dann auch vom **Ersterwerbermodell** –, aber auch schon längere Zeit genutzte Objekte (Erwerbermodell) angeboten. Als *Erst*erwerbermodell sind vor allem nicht vermarktete Bauträgerobjekte, aber auch nicht bzw. nicht vollständig vertriebene Bestände aus Bauherrenmodellen auf den Markt gekommen. Der Vorteil für den Erwerber liegt darin, dass er eine neu errichtete Wohnung ohne Herstellungs-(Bauherren-)Risiko kaufen konnte. 1444

Im **Erwerbermodell** werden „gebrauchte" Immobilien vertrieben, also Eigentumswohnungen, die schon einige Jahre bezugsfertig und vermietet sind. In dieser Gestaltungsvariante werden auch Altbauten verkauft. Der Veräußerung geht hier – wie selbstverständlich auch beim Ersterwerbermodell – die Teilung nach den Bestimmungen des WEG voraus. 1445

Typisch ist in jedem Fall – Erwerber- und Ersterwerbermodell – die Form der Vertragsgestaltung: Der Erwerber schließt weder selbst den Kaufvertrag, noch besorgt er seine Finanzierung selbst, vielmehr wird – in notarieller Form[649] – ein **Treuhänder** 1446

---
[644] *Palandt/Sprau,* vor § 631 Rdn. 28.
[645] BGH v. 19. 12. 1989, NJW-RR 1990, 918.
[646] BGH v. 19. 12. 1989, NJW-RR 1990, 918.
[647] Vgl. dazu BGH v. 7. 5. 1991, NJW-RR 1991, 1125; BGH v. 4. 4. 1991, NJW 1991, 2828; OLG Koblenz v. 7. 5. 1992, NJW-RR 1993, 714.
[648] BFH v. 13. 12. 1989, BB 1990, 1120; BFH v. 12. 2. 1992, BB 1992, 1193.
[649] BGH v. 30. 10. 1987, WM 1988, 48.

C. Baumodelle

mit der Vertragsabwicklung beauftragt und entsprechend bevollmächtigt. Ihm obliegt der Abschluss des Kaufvertrages, der Abschluss von Verträgen zur Vermittlung der Finanzierung, von Finanzierungssicherheiten, gegebenenfalls die Vermietung usw.

1447 Für die Rechte und Pflichten im Verhältnis zum Treuhänder gelten grundsätzlich die Ausführungen über die Stellung des Treuhänders im Bauherrenmodell (oben Rdn. 1176f., 1240). Der Treuhänder muss im Erwerbermodell ebenso wie beim Bauherrenmodell die Interessen seines Auftraggebers mit größter Sorgfalt wahrnehmen. Wird der Treuhänder sowohl mit dem Abschluss der erwähnten Verträge wie auch mit deren Abwicklung betraut, dann haftet er dafür, dass der gesamte Erwerbsvorgang so abgewickelt wird, wie er dem Erwerber durch Prospekt und Vertrag angeboten wurde.

1448 Der BGH hat in seiner Entscheidung zur **Haftung des Treuhänders** bei der Durchführung eines Ersterwerbermodells allerdings ausgeführt, dass der nur in beschränktem Umfang beauftragte Treuhänder für die steuerliche Anerkennung der Geschäftsbesorgungsvergütungen als Werbungskosten nicht haftet[650]. Diese Rechtsprechung betrifft jedoch ausschließlich den „Kontotreuhänder", nicht aber den umfassend beauftragten Treuhänder. Auch im Erwerbermodell ist die umfassende Beauftragung eines Treuhänders (Vertragsprüfung, Abschlüsse sämtlicher Verträge, Durchführung der Verträge) möglich. Diese umfassende Beauftragung hat eine ebenso umfängliche Haftung zur Folge[651]. Deshalb ist der Treuhänder sogar verpflichtet, beim Abschluss des Kaufvertrages eine Beleihung des Objekts in dem vom Erwerber erwünschten Umfang sicherzustellen[652]; vgl. auch Rdn. 1240.

1449 Im Ersterwerbermodell, also bei der Veräußerung neu errichteter Wohnungen, richtet sich die **Mängelhaftung** nach Werkvertragsrecht. Es gilt hier nichts anderes als beim Bauträgerkauf.

1450 Dies ist auch für den Teilnehmer an einem Bauherrenmodell von Bedeutung: Veräußert er die von ihm errichtete Wohnung unmittelbar nach Bezugsfertigkeit (privat) an einen Dritten, dann hat er ebenfalls fünf Jahre nach BGB Gewähr zu leisten[653]. Dies ist anders als beim Bauträgererwerb, weil der Bauträgererwerber das Objekt nicht selbst hergestellt hat; er haftet seinem Zweiterwerber nur nach Kaufvertragsrecht und kann die Gewährleistung entsprechend ausschließen[654].

1451 Wird aber eine Immobilie, die schon längere Zeit genutzt wurde, im Erwerbermodell veräußert, richtet sich die Mängelhaftung grundsätzlich nach **Kaufvertragsrecht,** also nach den Bestimmungen der §§ 434 ff. BGB[655].

1452 Für den Käufer sind die **Prospekt- und Vertragsangaben** über die Rentabilität (sämtliche für die Vermietbarkeit wesentlichen Umstände) und die Steuervorteile von großem Interesse. Deshalb – und dies wurde vom BGH in verschiedenen Entscheidungen klargestellt – haften die am Ersterwerbermodell Beteiligten (Verkäufer und Treuhänder bzw. Betreuer) unabhängig von der Sachmängelhaftung (die sich entweder nach §§ 633 ff. oder nach §§ 434 ff. BGB richtet) auch nach den Grundsätzen der culpa in contrahendo[656]. Verkäufer und Treuhänder bzw. Betreuer machen sich deshalb wegen Verschuldens bei Vertragsschluss beispielsweise schadensersatzpflichtig, wenn

---

[650] BGH v. 6. 11. 1986, NJW-RR 1987, 273; auch BGH v. 9. 7. 1987, ZfBR 1988, 17.
[651] BGH v. 30. 10. 1987, WM 1988, 48.
[652] OLG Frankfurt v. 21. 9. 1989, NJW-RR 1990, 281; vgl. auch OLG Köln v. 22. 9. 1989, BauR 1991, 626.
[653] BGH v. 5. 4. 1979, NJW 1979, 1406.
[654] OLG Celle v. 26. 6. 1996, NJW-RR 1996, 1416.
[655] BGH v. 23. 3. 1990, DNotZ 1991, 135 m. Anm. *Lindheimer;* BGH v. 6. 6. 1986, NJW 1986, 2824; auch BGH v. 30. 10. 1987, WM 1988, 48.
[656] BGH v. 30. 10. 1987, WM 1988, 48; BGH v. 23. 3. 1990, DNotZ 1991, 135 m. Anm. *Lindheimer;* vgl. auch BGH v. 20. 11. 1987, NJW-RR 1988, 458.

VIII. Verwandte Erwerbsformen

- über die bauliche Gestaltung und damit auch über die künftige Vermietbarkeit –
- **Rentabilität** – des Kaufobjekts unvollständige Aufklärung erteilt wird oder
- Werbungskosten, also **Steuervorteile,** ausgewiesen werden, die als solche niemals anerkannt werden können[657].

Sofern Vertragsverletzungen eine Abweichung von Beschaffenheitsmerkmalen i. S. der §§ 434, 633 BGB darstellen, ist die Sachmängelhaftung einschlägig. Für die **Verjährung** der Ansprüche sind die §§ 438 bzw. 634a BGB maßgeblich. Im Übrigen unterliegen die Ansprüche wegen Verschuldens bei Vertragsschluss (§ 311 BGB) nach heutigem Recht nur der dreijährigen Frist der §§ 195, 199 BGB, die damit kürzer als die Verjährungsfrist für die Sachmängelhaftung der §§ 438 und 634a BGB ist. 1453

Unabhängig davon kann auch die **Prospekthaftung** – in Anspruchskonkurrenz – gegeben sein[658]. Neben dem Verkäufer und Treuhänder kommen insbesondere auch Initiatoren, die selbst nicht als Vertragspartner vorgesehen sind, sowie Vertriebsunternehmen als Haftende[659] in Betracht. Vgl. oben Rdn. 1268 f. 1454

2. Bauträgermodell

Das Bauträgermodell unterscheidet sich von den Erwerbermodellen darin, dass es sich nicht um den Kauf einer bereits fertig gestellten Immobilie, sondern um den Erwerb einer erst **noch herzustellenden Eigentumswohnung** handelt. Die üblicherweise vom Bauträger gebündelt angebotene Gesamtleistung wird auch hier – modellartig – aufgespalten[660]. 1455

Vor allem die weggefallenen Befreiungstatbestände bei der Grunderwerbsteuer begünstigten die Entstehung dieser Variante. Wegen der verminderten Steuervorteile bot es sich an, den Immobilienerwerber von vornherein nicht mehr zum Bauherrn zu machen, sondern den Erwerbsvorgang sogleich als Bauträgererwerb zu vereinbaren, allerdings wiederum unter Abspaltung solcher Leistungen, die bei gesonderten Vereinbarungen sofort abzugsfähige Werbungskosten versprachen. 1456

Das Bauträgermodell hat folgende **Grundstruktur**: 1457
- Abschluss eines Bauträgervertrages mit einem Bauträger, der – ganz konventionell – die gesamten Leistungen zu einem Festpreis weitestgehend aus einer Hand erbringt;
- Abspaltung einzelner Bauträgerleistungen, die von ihm gesondert oder sogar durch Dritte erbracht werden und steuerlich zu Werbungskosten führen. Etwa:
- Hinzuziehung eines Treuhänders, der zumeist nur als Kontotreuhänder fungiert – was regelmäßig genügt – oder darüber hinaus den Bauträgervertrag und etwaige weitere Verträge abschließt und abwickelt,
- Finanzierungsvermittlung, Vermittlung von Finanzierungssicherheiten, Betreuung bei Grundschuldbestellung usw.,
- gegebenenfalls Mietvermittlung, Mietgarantie usw.

Gegenüber dem Bauherrenmodell erweist sich das Bauträgermodell deshalb als vorteilhaft, weil 1458
- kein Bauherren- und Herstellungsrisiko übernommen werden muss, für die Bauleistungen ein einziger Vertragspartner existiert, ein Festpreis vereinbart wird, ein Fertigstellungstermin (häufig unter Vereinbarung einer Vertragsstrafe) festgelegt wird und überschaubare Verträge abgeschlossen werden[661];

---

[657] BGH v. 30. 10. 1987, WM 1988, 48.
[658] BGH v. 6. 11. 1989, NJW 1990, 571.
[659] BGH v. 31. 3. 1992, WM 1992, 901, zu den Grenzen der Aufklärungspflichten der finanzierenden Banken.
[660] Vgl. *Brych,* BB 1983, 737; *Lauer,* WM 1983, 1245; *Engels,* FWW 1983, 143.
[661] Vgl. *Lauer,* WM 1983, 1254 (1257).

- sich die Mängelhaftung des Bauträgers nach BGB richtet und, soweit Subunternehmer des Bauträgers bei der Mängelbeseitigung – gleich aus welchem Grunde – ausfallen, der Bauträger jedenfalls haftet;
- die MaBV anzuwenden ist, also Zahlungen gemäß §§ 3, 7 MaBV zu sichern sind (wobei einem etwa beauftragten Treuhänder die Überwachung des für die Fälligkeit vorausgesetzten Bautenstandes obliegt[662]).

1459 Für **Leistungsstörungen** im Verhältnis zum Bauträger gelten sämtliche Ausführungen über den Bauträgererwerb. Dies gilt namentlich für die Mängelhaftung. Für die Haftung des Treuhänders und der anderen eingeschalteten Geschäftsbesorger wird auf die Ausführungen über die Funktionsträger beim Bauherrenmodell verwiesen (vgl. oben Rdn. 1223f.). Insoweit gilt hier nichts anderes. Schließlich haften der Bauträger, der Treuhänder und etwaige weitere Vertragspartner für unterlassene Aufklärung und fehlerhafte Angaben im Prospekt aus culpa in contrahendo[663] (vgl. Rdn. 1253, 1268f.) und gegebenenfalls auch nach den Grundsätzen der Prospekthaftung[664].

3. Generalübernehmermodell

a) Das Konzept

1460 Das Generalübernehmermodell[665] ist nicht steuerrechtlich[666], sondern vor allem haftungsrechtlich motiviert. Beim Generalübernehmermodell wird der Erwerber in die Stellung des Bauherrn gebracht und ihm dadurch ein Teil der mit der Baumaßnahme verbundenen Risiken aufgebürdet. Das wird durch die **Aufspaltung** des Erwerbs in den Grundstückskauf einerseits und den Bauerrichtungsvertrag andererseits erreicht. Diese Gestaltung wird bei Fertighausverträgen schon lange praktiziert; sie wird – davon zeugt eine zunehmende Anzahl ergangener Urteile[667] – auch beim Erwerb von Einfamilienhäusern und Reihenhäusern angewendet.

1461 Die Idee des Generalübernehmermodells besteht darin, dass (nur) zwei Verträge abgeschlossen werden: der Grundstückskaufvertrag und daneben der Bauvertrag. In der Praxis kommen zwar unterschiedliche Gestaltungen vor, im Wesentlichen sind sie sich aber ähnlich: Der Initiator, nämlich der spätere Generalübernehmer, hat ein Grundstück an der Hand. Dem Erwerber wird der Kauf des Grundstücks bzw. der Kauf eines Miteigentumsanteils am Grundstück angeboten und gleichzeitig der Abschluss eines Generalübernehmervertrages angetragen, der auf die schlüsselfertige Herstellung des Gesamtobjekts (einschließlich Planung) gerichtet ist. Der Grundstückskauf und der Bauvertrag können nur gemeinsam abgeschlossen werden. Möglich ist auch, dass sich der Grundstückseigentümer als Initiator betätigt und die Bauleistungen bzw. den Generalunternehmer zusätzlich zum Grundstück vermittelt (vgl. Rdn. 1466).

1462 Die **Nachteile,** die mit der Verwirklichung dieses Modells für den Erwerber einhergehen, sind erheblich: Durch den gesonderten Erwerb des Grundstücks bleiben

---

[662] Vgl. *Lauer,* WM 1983, 1254, 1260.
[663] Die vom BGH im Urteil v. 30. 10. 1987, WM 1988, 48, zum Erwerbermodell entwickelten Grundsätze können ohne weiteres auf die Aufklärungspflichten beim Bauträgermodell übertragen werden.
[664] BGH v. 7. 9. 2000, NJW 2001, 436 = BauR 2001, 253 = NZM 2001, 154.
[665] Vgl. Bauträgermerkblatt der Landesnotarkammer Bayern v. 1. 8. 1997, das das Generalübernehmermodell als „verdecktes Bauherrenmodell" bezeichnet, Anh. IX; *Reithmann,* WM 1987, 61; ders., NJW 1992, 649; *Reithmann/Meichssner/v. Heymann,* D Rdn. 36 ff.; *Schmidt,* Anm. zu BGH v. 29. 9. 1988, DNotZ 1989, 750; *Brych/Pause,* NJW 1990, 545; *Koeble,* NJW 1992, 1142; *Strunz,* BauR 1990, 560; *Brych,* DStR 1990, 506; *Grziwotz,* FS Koeble, S. 297 (306 f.).
[666] Zum (umsatz-)steuerlichen Aspekt *Brych,* DStR 1990, 506.
[667] OLG Schleswig v. 31. 5. 1990, NJW-RR 1991, 1175; OLG Hamm v. 23. 1. 1992, BB 1992, 1168; vgl. auch *Jagenburg,* NJW 1995, 94.

VIII. Verwandte Erwerbsformen

ihm die mit dem Baugrund verbundenen Risiken. Selbst wenn der Generalübernehmervertrag beurkundet wird, wodurch eine gewisse Inhaltskontrolle gesichert ist, finden die Schutzvorschriften der MaBV keine Anwendung. Der Erwerber trägt das Bauherrenrisiko. Solange er nicht als Eigentümer in das Grundbuch eingetragen ist, baut er auf seinem Grundstück, sondern auf fremden Grund – und trägt sämtliche Risiken, die sich aus einer Unwirksamkeit des Kaufvertrages ergeben können.

Neben den oben bereits erwähnten Erscheinungsformen des Generalübernehmermodells – Fertighaus-, Reihenhaus- und auch Wohnungserrichtungsverträge – werden noch andere Varianten erörtert: Vom General*unter*nehmermodell wird gesprochen, wenn nicht ein wohnungswirtschaftliches Unternehmen, das sämtliche Leistungen an andere Unternehmer vergibt, den Bauvertrag abschließt, sondern ein Unternehmen der Bauwirtschaft, das einen Teil der Arbeiten selbst erbringt. Beim Architektenmodell geht die Initiative vom Architekten aus; er besorgt die Teilung des Grundstücks nach § 8 WEG; das Bauvorhaben ist sodann nach seiner Planung auszuführen. 1463

Wird in Zeitungsanzeigen, Prospektmaterial usw. der Eindruck erweckt, es handele sich um ein Bauträgerobjekt, während der Grundstücks- und der Bauvertrag gesondert abgeschlossen werden sollen, handelt es sich um **irreführende Werbung**[668]. 1464

b) Grundstückserwerb

Der Anbieter eines Generalübernehmermodells sichert sich zunächst den Zugriff auf ein in Betracht kommendes Grundstück. Dazu wird er sich vom Grundstückseigentümer auf eine gewisse Dauer (gegen ein entsprechendes Bindungsentgelt) das Recht zur Benennung des bzw. der späteren Erwerber einräumen lassen[669]. Ein (unerwünschter) Durchgangserwerb, wie er beim Bauträger regelmäßig stattfindet, wird dadurch vermieden. Das Grundstück wird, sollen auf ihm mehrere Wohneinheiten verwirklicht werden, noch vor der Veräußerung im Wege der Vorratsteilung nach § 8 WEG in Wohnungseigentum aufgeteilt[670]. Die Aufteilung ist bei der späteren Errichtung von Wohnungen jedenfalls notwendig; sie kann aber auch bei Reihen- und Doppelhaushälften auf kleineren und deshalb unteilbaren Grundstücken erforderlich sein. Geht die Initiative vom Grundstückseigentümer aus, so wird er um ein entsprechendes Angebot eines Bauunternehmens und um dessen Annahme durch den Erwerber bei Abschluss des Grundstückskaufvertrages besorgt sein. Der Grundstückseigentümer kann etwa bei Altbausanierungen oder dann, wenn er bestimmte Einheiten des Objekts für sich behalten will, an einer solchen Vertragsgestaltung interessiert sein. Erwerben mehrere Käufer ein Grundstück zu Miteigentum – das erst noch (vereinbarungsgemäß) aufgeteilt werden soll –, ist die Haftung auf den entsprechenden Kaufpreisteil zu beschränken, also eine gesamtschuldnerische Haftung auszuschließen. 1465

Der Kaufvertrag hat lediglich die Veräußerung des Grundstücks zum Gegenstand. Es ist deshalb nicht zu beanstanden, wenn der Verkäufer die **Mängelhaftung** wegen Grundstücksmängeln, die Haftung für zukünftige Erschließungskosten und für die Bebaubarkeit im gesetzlich zulässigen Umfang ausschließt (Rdn. 832f.). Anders als beim Bauträgererwerb trägt der Erwerber dadurch das Risiko einer nicht bekannten Bodenkontamination, unvorhergesehener Gründungsschwierigkeiten (z.B. Wasserhaltung, Bodenaustausch, fehlende Standsicherheit des Nachbargebäudes), aber auch das Risiko nachträglicher Auflagen zur Baugenehmigung. Für Sachmängel an der Leistung des parallel beauftragten Unternehmers haftet der Grundstücksverkäufer bei dieser Ver- 1466

---

[668] LG München I v. 26. 11. 1987, MittBayNot 1989, 102.
[669] OLG Hamburg v. 15. 12. 1987, BB 1988, 936: Die Ausübung des Benennungsrechts ist für den Erwerber provisionsfrei.
[670] Zur Vorratsteilung vgl. BGH v. 6. 3. 1986, NJW 1986, 1811.

tragsgestaltung nicht. Es ist deshalb auch nicht zu beanstanden, wenn der Grundstücksverkäufer – insoweit klarstellend – eine Haftung für die vom Käufer gesondert in Auftrag gegebenen Bauleistungen ausschließt. Der Ausschluss der Haftung für die Bauleistung durch den Verkäufer ist auch dann zulässig, wenn der Grundstückskaufvertrag mit dem Verkäufer einerseits und der Bauvertrag mit dem Unternehmer andererseits in ein und derselben notariellen Urkunde enthalten sind[671].

Der Veräußerer des Grundstücks kann aber für die Höhe der Baukosten und die Leistungsfähigkeit des Bauunternehmers dann haften, wenn die Initiative für die Durchführung der Maßnahme von ihm ausgeht, die Planung von ihm erstellt wird, das Bauunternehmen vom ihm ausgewählt und dessen Leistung zu einem Festpreis für den künftigen Erwerber gesichert wird. In diesem Fall trifft den Verkäufer die vertragliche Nebenpflicht, das Vorhaben ordnungsgemäß vorzubereiten und die **Auswahl des Generalunternehmers** sorgfältig zu treffen[672]. Ist der Unternehmer später nicht in der Lage, das Vorhaben zum zugesagten Festpreis durchzuführen, macht sich der Verkäufer im Falle der Insolvenz des Unternehmers in Höhe der dann zusätzlich aufzuwendenden Beträge schadensersatzpflichtig.

Abwicklungsschwierigkeiten aus dem Generalübernehmervertrag können auf den Grundstückskaufvertrag durchschlagen. Kann der Erwerber wegen einer Vertragsverletzung des Unternehmers vom Bauvertrag zurücktreten oder ihn kündigen, ist er wegen der Einheitlichkeit beider Geschäfte auch zum **Rücktritt** vom Kaufvertrag berechtigt[673].

1467 Die Gefahren sind für den Käufer noch größer, wenn das Geschäft auf den Erwerb und die Sanierung eines **Altbauobjekts** gerichtet ist. Auch hier kann der Verkäufer die Mängelhaftung für die vorhandene Bausubstanz ausschließen (Rdn. 632f., 639). Selbst wenn beim Erwerb ein bestimmter Sanierungsumfang feststeht und zur Grundlage des Generalübernehmervertrages gemacht wird, ist keineswegs auszuschließen, dass während der Instandsetzungsarbeiten eine weit größere oder kostenträchtigere Sanierung erforderlich wird. Für nicht abschätzbare und nicht vorhersehbare (zusätzliche) Sanierungs- und Erhaltungsmaßnahmen haftet der Verkäufer nicht. Der zu einem Pauschalfestpreis beauftragte Bauunternehmer ist lediglich zu den in der Baubeschreibung vorgesehenen Arbeiten, nicht aber zu jeder erdenklichen zusätzlichen Leistung verpflichtet. In Betracht kann allerdings eine Haftung des Generalübernehmers für eine fehlerhafte Untersuchung der Altbausubstanz, also eine schönfärberische Angabe zum notwendigen Sanierungsumfang und -aufwand kommen.

c) Generalübernehmervertrag

1468 *aa) Leistungsumfang.* Nach dem Generalübernehmervertrag ist regelmäßig die **schlüsselfertige Errichtung** des Objekts geschuldet. Für den Leistungsumfang ist die Planung und die Baubeschreibung maßgeblich. Die Vergütung ist ein Pauschalfestpreis. Anders als beim Bauträgererwerb trägt der Erwerber aber das Bauherrenrisiko. Dazu gehört etwa das Baugrundrisiko. Das hat zur Folge, dass sämtliche Auswirkungen der Baugrundsituation in Bezug auf Bauzeit und Baukosten zu seinen Lasten gehen.

Wenn dem Generalübernehmer bekannt ist, dass der Auftraggeber noch nicht Eigentümer des Baugrundes ist oder über noch keine gesicherte Finanzierung verfügt,

---

[671] OLG Koblenz v. 25. 6. 2003, NJW-RR 2004, 668; LG Berlin v. 19. 10. 2007, IBR 2007, 681 (*Schulz*); OLG Hamm v. 21. 2. 2006, NZBau 2006, 1164 = BauR 2006, 1484.
[672] OLG Hamm v. 22. 4. 1996, NJW-RR 1998, 91, das den Anspruch damit begründet, dass der Verkäufer wie ein Baubetreuer auftritt und für sein Verhalten nach den Grundsätzen von Treu und Glauben haften müsse. Vgl. auch BGH v. 30. 4. 1976, WM 1976, 848. = NJW 1976, 1931.
[673] OLG Hamm v. 27. 10. 1994, NJW-RR 1995, 1519. Vgl. auch BGH v. 30. 4. 1976, WM 1976, 848.

VIII. Verwandte Erwerbsformen

können ihn besondere **Aufklärungspflichten** schon vor oder bei Abschluss des Vertrages treffen. Der Generalübernehmer kann sich aus dem Gesichtspunkt des Verschuldens bei Vertragsschluss (§ 311 BGB) schadensersatzpflichtig machen, wenn er einen erkennbar geschäftsunerfahrenen Auftraggeber nicht darüber aufklärt, dass der Bauvertrag unabhängig vom Erwerb des Grundstücks und der Sicherung einer Finanzierung wirksam ist[674].

Grundsätzlich ist es nicht erforderlich, dem Generalübernehmer **Vollmachten** zu erteilen. Eine Bevollmächtigung kann allenfalls für die Vertretung gegenüber den Baubehörden in Betracht kommen.

Ist der Generalübernehmervertrag auf die Errichtung einer Eigentumswohnung gerichtet, so ist die **Vergütungsverpflichtung** des Auftraggebers wie beim Bauträgerkauf auf den Preis seiner Wohnung zu beschränken und darüber hinaus eine gesamtschuldnerische Haftung auszuschließen (vgl. Rdn. 1392). 1469

Einer vertraglichen Regelung bedarf jedenfalls die Frage, ob **Erschließungskosten** und Anschlussbeiträge im Gesamtpreis enthalten sind. Das Gleiche gilt für die Hausanschlüsse von Versorgungs- und Entsorgungsleitungen. Gegenüber der Gemeinde haftet jedenfalls der Erwerber für etwaige Erschließungskostenbeiträge (vgl. oben Rdn. 466). 1470

Bei der Errichtung von Wohnungseigentum verpflichtet sich der Generalübernehmer zur Herstellung des **Sondereigentums** sowie des gesamten **Gemeinschaftseigentums**. Für den Fall, dass der Generalübernehmer nicht für jede Einheit einen Auftraggeber werben kann, muss er sich verpflichten, die verbliebenen Wohnungen auf eigene Rechnung zu erstellen (und insoweit einen Grundstücksanteil zu erwerben). Je nach Interessenlage und Vertragsgestaltung können diese Wohnungen auch vom Grundstückseigentümer übernommen (errichtet) werden. 1471

Genauso wenig wie bei Verträgen über schlüsselfertige Häuser ein Honorar für eine **Akquisitionsplanung** verlangt werden kann[675], sind etwaige Entwürfe oder Änderungen bereits bestehender Planungen vor Abschluss des Generalübernehmervertrages vergütungspflichtig. 1472

Wegen seines berufsstandsbezogenen Anwendungsbereichs greift das **Verbot der Architektenbindung** (Koppelungsverbot) des Art. 10 § 3 MRVerbG (vgl. oben Rdn. 134 f.) auch beim Generalübernehmermodell nicht ein, ja ist nicht einmal bei der davon abgeleiteten Form des Architektenmodells anzuwenden[676]. 1473

bb) Form (§ 311b BGB). Der Bauvertrag muss beim Generalübernehmermodell in **notarieller Form** abgeschlossen werden, § 311b BGB. Die Rechtsprechung hat in einer ganzen Anzahl von Entscheidungen herausgearbeitet, unter welchen Voraussetzungen ein neben dem Grundstückskauf abgeschlossener Bauvertrag beurkundet werden muss[677]. 1474

---

[674] OLG Celle v. 6. 9. 2001, BauR 2003, 884.
[675] OLG Hamm v. 8. 6. 1993, NJW-RR 1993, 1368.
[676] BGH v. 6. 3. 1986, NJW 1986, 1811; BGH v. 22. 12. 1983, NJW 1984, 732; BGH v. 29. 9. 1988, ZfBR 1988, 243; BGH v. 18. 3. 1993, NJW 1993, 2240; *Reithmann*, WM 1987, 61; *ders.*, NJW 1992, 649; *Brych/Pause*, NJW 1990, 545 (548); *Doerry*, FS Baumgärtel, 1990, S. 41 ff.; *Reithmann/Meichssner/v. Heymann*, D Rdn. 31.
[677] BGH v. 12. 2. 2009, NZBau 2009, 442 = BauR 2009, 1138, Rdn. 14; BGH v. 22. 7. 2010, BauR 2010, 1754, Rdn. 10. Vgl. auch BGH v. 6. 11. 1980, NJW 1981, 274; BGH v. 6. 12. 1979, NJW 1980, 829; BGH v. 16. 9. 1988, WM 1988, 1702 (1704); BGH v. 14. 10. 1988, NJW 1989, 898 (899) = BB 1989, 173; BGH v. 7. 12. 1989, DNotZ 1990, 658; BGH v. 22. 3. 1991, NJW-RR 1991, 1031; BGH v. 9. 7. 1993, NJW-RR 1993, 1421; BGH v. 16. 12. 1993, NJW 1994, 721; OLG Schleswig v. 31. 5. 1990, NJW-RR 1991, 1175; OLG Hamm v. 23. 1. 1992, BB 1992, 1168; *Koeble*, NJW 1992, 1142 (1143); *Reithmann*, WM 1987, 61; *ders.*, MittBayNot 1988, 72 (73); *Lichtenberger*, DNotZ 1988, 531 (538 f.); OLG Köln v. 10. 6. 1996, NJW-RR 1996, 1484, und OLG Hamm v. 10. 3. 1995, NJW-RR 1995, 1045 = BauR 1995, 705, jeweils zu einem Fertighausvertrag.

C. Baumodelle

Auch wenn es sich im Grundsatz um zwei selbständige Vertragsbeziehungen handelt, ist der Grundstücks- und der Bauvertrag als ein **einheitliches Rechtsgeschäft** zu betrachten, wenn beide Verträge so miteinander verknüpft sind, dass sie miteinander stehen und fallen sollen, also eine wechselseitige Abhängigkeit besteht[678] (Rdn. 75 f.). Der Einheitlichkeit des Vertrages steht nicht entgegen, dass im Bauvertrag der Grundstückserwerb nicht geregelt ist und die Verträge nacheinander geschlossen werden oder der Erwerber den Kauf- und den Bauvertrag mit **verschiedenen Vertragspartnern** abschließt. Der Bauvertrag kann insbesondere auch dann zu beurkunden sein, wenn er vor dem Grundstücksvertrag abgeschlossen wird[679]. Auch hängt die Einheitlichkeit des Geschäfts nicht davon ab, ob ein Zusammenhang der Geschäfte von allen Beteiligten gewollt ist. Selbst wenn bei nur einer Partei ein solcher Einheitlichkeitswille besteht und die andere dies anerkennt oder hinnimmt, kann ein einheitlicher Vertrag vorliegen[680]. Durch ein (wechselseitiges) Rücktrittsrecht vom Bauvertrag wird der bestehende Einheitlichkeitswille nicht aufgehoben, wenn nach dem Willen der Parteien bei Nichtausübung des Rücktrittsrechts beide Verträge zusammen Geltung haben sollen[681].

Die Beurkundungsbedürftigkeit kann sich auch aus einer **einseitigen Abhängigkeit** des einen vom anderen Geschäft ergeben. Ein rechtlich einheitliches und deshalb zu beurkundendes Geschäft liegt allerdings nicht vor, wenn der Bauvertrag vom Grundstückskauf abhängt, sondern nur dann, wenn umgekehrt das Grundstückgeschäft vom Bauvertrag abhängt[682]. Denn erst bei einer Abhängigkeit des Grundstücksgeschäfts vom Bauvertrag besteht Anlass zur Ausweitung des Formerfordernisses auf den Bauvertrag. Die zeitliche Abfolge des Abschlusses der Verträge ist auf die Beurteilung der Abhängigkeit der Verträge auch hier ohne Einfluss[683].

1475 Allein aus dem Umstand, dass der Auftraggeber eines Bauvertrages für die Durchführung des Bauvorhabens auch ein Grundstück benötigt oder ein bestimmte Grundstück schon ins Auge gefaßt wird, kann nicht auf eine Verknüpfung dieses Vertrages mit dem Grundstücksvertrag geschlossen werden[684]. Für ein einheitliches Geschäft genügt auch ein ausschließlich wirtschaftlicher Zusammenhang zwischen Grundstückskauf und Bauvertrag nicht, selbst wenn der Unternehmer den Grundstückskauf erst ermöglicht hat[685]. Ein Verknüpfungswille wird aber regelmäßig dann bestehen, wenn der Generalübernehmer einen maßgeblichen Einfluss auf die Durchführung des Kaufvertrages hat; das wird sich im Bauvertrag häufig darin niederschlagen, dass das vertragsgegenständliche Bauvorhaben auf einem im Vertrag bereits bestimmten Grundstück verwirklicht werden soll[686]. Sofern der Unternehmer auf den Kaufvertrag keinen Einfluss hat, können allenfalls andere besondere Umstände die Annahme rechtfertigen,

---

[678] BGH v. 13. 6. 2002, NJW 2002, 2559; BGH v. 12. 2. 2009, NZBau 2009, 442 = BauR 2009, 1138, Rdn. 13; BGH v. 22. 7. 2010, BauR 2010, 1754, Rdn. 8.
[679] BGH v. 6. 11. 1980, NJW 1981, 274.
[680] BGH v. 6. 12. 1979, NJW 1980, 829; BGH v. 16. 9. 1988, WM 1988, 1702 (1704); BGH v. 9. 7. 1993, NJW-RR 1993, 1421; BGH v. 16. 12. 1993, NJW 1994, 721; KG v. 15. 12. 1989, NJW-RR 1991, 688; OLG Hamm v. 10. 3. 1995, NJW-RR 1995, 1045 = BauR 1995, 705; OLG Hamm v. 21. 11. 1996, BauR 1998, 545; BGH v. 12. 2. 2009, NZBau 2009, 442 = BauR 2009, 1138, Rdn. 13; BGH v. 22. 7. 2010, BauR 2010, 1754, Rdn. 9.
[681] BGH v. 12. 2. 2009, NZBau 2009, 442 = BauR 2009, 1138, Rdn. 17.
[682] BGH v. 26. 11. 1999, NJW 2000, 951; BGH v. 13. 6. 2002, NJW 2002, 2559; BGH v. 12. 2. 2009, NZBau 2009, 442 = BauR 2009, 1138, Rdn. 14; BGH v. 22. 7. 2010, BauR 2010, 1754, Rdn. 10; vgl. dazu *Grziwotz*, FS Koeble, S. 297 (306).
[683] BGH v. 12. 2. 2009, NZBau 2009, 442 = BauR 2009, 1138, Rdn. 14.
[684] BGH v. 6. 12. 1979, NJW 1980, 829.
[685] OLG Celle, 6. 12. 2006, BauR 2007, 1745.
[686] BGH v. 6. 11. 1980, NJW 1981, 274; BGH v. 16. 12. 1993, NJW 1994, 721; LG Berlin v. 25. 11. 2004, BauR 2005, 1945.

VIII. Verwandte Erwerbsformen

dass ein einheitliches Geschäft vorliegt und der Bauvertrag deshalb ebenfalls zu beurkunden ist[687].

Die Einheitlichkeit von Bauvertrag und Kaufvertrag ist bei der Errichtung von Eigentumswohnungen zu vermuten. Um die Durchführung der Baumaßnahme überhaupt gewährleisten zu können, wird der Generalübernehmervertrag eine Einschränkung des Kündigungsrechts nach § 649 BGB enthalten (andernfalls könnte die willkürliche Kündigung des Vertrages durch einen einzigen Erwerber die Durchführung der gesamten Maßnahme in Frage stellen, Rdn. 1488). Zugleich wird damit aber die Verzahnung beider Verträge, also auch deren Beurkundungsbedürftigkeit offenbar[688]. Die Einheitlichkeit des Geschäfts kann auf Seiten des Generalunternehmers durch seine Werbung bestätigt werden. Das ist dann der Fall, wenn er seine Bauleistungen und das Grundstück gemeinsam anpreist[689].

Wird der Generalübernehmervertrag entgegen § 311b BGB nicht beurkundet, ist das gesamte Geschäft **nichtig,** also auch der (nur unvollständig beurkundete) Grundstücksvertrag[690]. **1476**

Der Notar macht sich schadensersatzpflichtig, wenn er eine vollstreckbare Ausfertigung einer Kaufvertragsurkunde erteilt, obwohl ihm bekannt ist, dass der Vertrag formnichtig ist, weil der gleichzeitig abgeschlossene Bauvertrag nicht beurkundet wurde[691]. Die Auflassung und Eintragung in das Grundbuch bewirken jedoch die Heilung des formunwirksamen Vertrages (§ 331b Abs. 1 S. 2 BGB)[692].

cc) Keine Anwendung von § 34c GewO und MaBV. Auf die Tätigkeit des Generalübernehmers findet § 34c GewO und damit auch die MaBV keine Anwendung. Der Generalübernehmer ist kein Bauträger, da er sich nicht als **Bauherr** im Sinne von § 34c Abs. 1 Nr. 4a GewO betätigt; er baut nicht auf seinem Grund, sondern auf dem des Auftraggebers bzw. Verkäufers, und er ist insbesondere nicht zur Verschaffung des Grundstücks verpflichtet. Der Unternehmer ist deshalb dann Bauträger, wenn er zum Zeitpunkt des Abschlusses des Bauvertrages Eigentümer des Grundstücks ist, sich also auch zur Übereignung des Grundstücks verpflichtet[693]. Der Generalübernehmer ist auch nicht Baubetreuer im Sinne des § 34c Abs. 1 Nr. 4b GewO, da er das Bauvorhaben nicht im fremden Namen und auf fremde Rechnung ausführt. Das Generalübernehmermodell kann allerdings dann in den Anwendungsbereich der MaBV kommen, wenn der Generalübernehmer durch besondere Gestaltungen des Kündigungsrechts sich faktisch auch zur Verschaffung des Baugrundes verpflichtet (Rdn. 1488). **1477**

Mit der herrschenden Meinung ist zwar anzuerkennen, dass der Schutz der GewO beim Generalübernehmermodell nicht eingreift, also versagt[694], wenngleich, sollte diese Vertragsgestaltung weiter an Bedeutung gewinnen, eine Ausweitung des öffentlichrechtlichen Schutzes auf sie wünschenswert, ja zu fordern wäre. Ein Vergleich der Rechtslage beim Generalübernehmermodell mit dem Schutz durch die MaBV beim Bauträgererwerb zeigt die Schutzlücke auf:

---

[687] BGH v. 22. 7. 2010, BauR 2010, 1754, Rdn. 11.
[688] Vgl. dazu BGH v. 30. 4. 1976, WM 1976, 848.
[689] OLG Köln v. 10. 6. 1996, NJW-RR 1998, 1484, zu einem Fertighausvertrag.
[690] BGH v. 14. 10. 1988, NJW 1989, 898 (899); *Reithmann/Meichssner/v. Heymann,* D Rdn. 44.
[691] LG Chemnitz v. 30. 6. 2000, BauR 2001, 405.
[692] *Palandt/Grüneberg,* § 311b Rdn. 46ff.; vgl. auch *Doerry,* WM-Beilage 8/1991, S. 9.
[693] BGH v. 22. 3. 2007, NJW 2007, 1947 = NZBau 2007, 437 = BauR 2007, 1235, Rdn. 18.
[694] BVerwG v. 10. 6. 1986, NJW 1987, 511; BGH v. 26. 1. 1978, NJW 1978, 1054; BGH v. 22. 12. 1983, NJW 1984, 732; OLG München v. 26. 9. 1996, NJW-RR 1998, 352 m. Anm. *Basty,* MittBayNot 1998, 419; *Locher/Koeble,* Rdn. 44; *Marcks,* § 34c GewO, Rdn. 46, § 3 MaBV Rdn. 5; *Brych/Pause,* NJW 1990, 545 (547); *Koeble,* Kap. 10 Rdn. 74 c f., allerdings mit Einschränkungen; a. A. *Reithmann,* WM 1978, 63; *Warda,* MittBayNot 1988, 3 = MittRhNotK 1978, 173; *Reithmann/Meichssner/v. Heymann,* D Rdn. 36, 49 f.

C. Baumodelle

1478 Nach § 3 Abs. 1 Nr. 2 MaBV darf eine Zahlung erst nach Eintragung einer Auflassungsvormerkung und – bei Wohnungseigentum – nach Vollzug der Teilungserklärung verlangt werden. Die Lastenfreiheit muss durch eine entsprechende Freistellungserklärung der Grundpfandrechtsgläubigerin gewährleistet sein, § 3 Abs. 1 Nr. 3 MaBV (vgl. zu allem oben Rdn. 238 f.). Derartige Sicherungen benötigt der Erwerber beim Generalübernehmermodell dann nicht, wenn er vor Fälligkeit der ersten an den Unternehmer zu leistenden Abschlagszahlung Eigentümer des Grundstücks geworden ist. Die vom Generalübernehmer sodann eingebauten Baustoffe werden gem. §§ 94, 946 BGB Eigentum des Erwerbers. Er erhält für seine Zahlungen unmittelbar einen Gegenwert.

1479 Sollte der Erwerber allerdings bei Fälligkeit der ersten Abschlagszahlung nur durch eine Auflassungsvormerkung gesichert, aber eben noch nicht Eigentümer des Baugrundstücks sein, würde er auf **fremden Grund bauen** – zweifellos eine sehr riskante Situation[695]. Aber auch bei diesem Sachverhalt – der bei Abschluss der Verträge möglicherweise gar nicht beabsichtigt oder vorhersehbar ist – kann die MaBV nicht zum Schutze des Erwerbers angewendet werden, denn auch hier ist der Generalübernehmer nicht zur Verschaffung von Eigentum am Grundstück verpflichtet, also nicht Bauträger – nur deshalb, weil der Erwerber auf fremden Grund baut, ändert sich die Tätigkeit des Unternehmers nicht von der eines Generalübernehmers in die eines Bauträgers[696].

Die Erbringung von Bauleistungen im Auftrage des noch nicht ins Grundbuch eingetragenen Bauherrn ist auch für den Unternehmer riskant. Er hat keinen Zugriff auf das Grundstück und den Grundstückseigentümer. Er kann keine Bauhandwerkersicherungshypothek verlangen, da Eigentümer und Auftraggeber nicht personenidentisch sind (§ 648 BGB). Es bestehen auch keine Ansprüche aus §§ 951, 812, 816, 994 ff. BGB gegen den Grundstückeigentümer[697].

1480 Beim Bauträgererwerb dürfen gem. § 3 Abs. 1 Nr. 4 MaBV Zahlungen erst nach Erteilung der für die Maßnahme nötigen **Baugenehmigung** fällig gestellt werden (vgl. Rdn. 280 f.). Auch wenn die Eingabeplanung und die Beschaffung der Baugenehmigung mit zum Leistungsumfang des Generalübernehmers gehören, verbleibt das Risiko, dass das Bauvorhaben nicht oder nicht im beabsichtigten Umfang genehmigt wird.

1481 Durch die überschaubaren und der Höhe nach von vornherein festgelegten Abschlagszahlungen des **Zahlungsplans** nach § 3 Abs. 2 MaBV wird sichergestellt, dass der Bauträger vorleistet (Rdn. 292 f.). Die Bestimmungen über den Zahlungsplan des § 3 Abs. 2 MaBV sind auf den Generalübernehmervertrag jedoch weder unmittelbar noch analog anzuwenden.

1482 Der Generalübernehmer kann **Abschlagszahlungen** nach § 632a Abs. 1, 3 BGB verlangen.

Nach § 632a Abs. 1 BGB kann der Unternehmer Abschlagszahlungen in dem Umfang verlangen, wie der Besteller durch die Leistung des Unternehmers einen Wertzuwachs durch die erbrachte Bauleistung erhält. Das Gesetz könnte deshalb dahin verstanden werden, dass der Bauherr, der auf fremden Grund baut – wie dies beim Generalübernehmermodell bei Beginn der Arbeiten möglich ist – und bei dem deshalb selbst gar kein Wertzuwachs entsteht, keine Abschlagzahlung schuldet[698]. Es ist

---

[695] Vgl. OLG Oldenburg v. 16. 12. 1994, NJW-RR 1995, 150, zur Rechtslage beim Bauen auf fremdem Grund.
[696] *Marcks*, § 3 MaBV Rdn. 5; OLG München v. 26. 9. 1996, NJW-RR 1998, 352; a. A. *Warda*, MittBayNot 1988, 3; *Koeble*, NJW 1992, 1142 (1145); *ders.*, Rechtshandbuch Immobilien Kap. 10 Rdn. 74 e, die wegen der hier bestehenden Schutzlücke die MaBV angewendet wissen wollen; ebenso VG Düsseldorf v. 5. 7. 1983, NJW 1985, 397.
[697] OLG Stuttgart v. 12. 9. 1997, NJW-RR 1998, 1171.
[698] *Hildebrandt*, BauR 2009, 4, 7, zur Problematik des Begriffs Wertzuwachs.

VIII. Verwandte Erwerbsformen

nicht anzunehmen, dass der Gesetzgeber das gewollt hat; das Ergebnis widerspräche dem Zweck des FoSiG. Das Gesetz ist dahin auszulegen, dass es allein darauf ankommt, ob die Leistung dem Besteller vom Unternehmer nicht mehr entzogen werden kann. Deshalb ist allein der Wertzuwachs der Leistung maßgeblich[699].

Ob Zahlungspläne den Voraussetzungen des § 632a Abs. 1 BGB genügen, wird teilweise für zweifelhaft gehalten[700]. Solange die im Zahlungsplan vereinbarten Abschläge dem tatsächlichen Wertzuwachs entsprechen (oder dahinter zurück bleiben), also die Vorleistungspflicht des Unternehmers erhalten bleibt, besteht auch kein Widerspruch zum gesetzlichen Leitbild des § 632a Abs. 1 BGB und ist die Vereinbarung eines Zahlungsplans wirksam[701].

Abschlagszahlungen können nur für vertragsgemäß erbrachte Leistungen verlangt werden. Deshalb können bei wesentlichen Mängeln keine Abschlagszahlungen beansprucht werden; unwesentliche Mängel stehen einer Abschlagzahlung nicht entgegen (§ 632a Abs. 1 Satz 2).

§ 632a Abs. 3 BGB bestimmt außerdem, dass dem Besteller, wenn von ihm Abschläge verlangt werden und es sich bei ihm um einen Verbraucher (§ 13 BGB) handelt, eine Sicherheit für die Vertragserfüllung zu gewähren ist. Die Sicherheit schafft einen Ausgleich dafür, dass durch Abschlagszahlungen die im Grundsatz bis zur Abnahme bestehende Vorleistungspflicht des Unternehmers abgeschwächt wird. Die Verpflichtung zur Gestellung einer Sicherheit setzt keine vertragliche Vereinbarung voraus. Auf die Sicherheit besteht ein gesetzlicher Anspruch. Er entsteht und wird fällig mit der Anforderung einer Abschlagszahlung durch den Unternehmer nach § 632a Abs. 1, 2 BGB. Bei den Vorschriften über die Sicherheit handelt es sich aber nicht um zwingendes Recht[702]. Der Ausschluss oder die Einschränkung der Sicherheit nach § 632a Abs. 3 BGB in Formularverträgen oder Allgemeinen Geschäftsbedingungen würde aber einer Inhaltskontrolle nach § 307 Abs. 2 Nr. 1 BGB nicht standhalten, denn ein Ausschluss oder eine Einschränkung der Sicherheit würde den wesentlichen Grundgedanken der gesetzlichen Regelung über Abschlagszahlungen und deren Sicherung widersprechen.

1483 Zur Sicherung des weiteren Baufortgangs wird der Bauträger durch § 4 MaBV gezwungen, die Zahlungen des Erwerbers für die Bauhandwerker des vertragsgegenständlichen Bauvorhabens, also **objektgebunden** zu verwenden (Rdn. 367 f.). Auch diese Bestimmung findet auf den Generalübernehmervertrag keine Anwendung. Das „Stopfen von Löchern" der einen Baumaßnahme mit Einnahmen aus einem anderen Bauvorhaben wird aber auch durch das zu beachtende Bauforderungssicherungsgesetz – BauFordSiG – unterbunden (vgl. Rdn. 1022). Insoweit ist ein (mittelbarer) Schutz des Erwerbers durch das zum Schutz des Subunternehmers erlassenen BauFordSiG gegeben[703].

1484 *dd) Vereinbarung der VOB/B.* Der Generalübernehmervertrag verpflichtet den Unternehmer auch zu Planungsleistungen. Von ihm sind zumeist die Werkplanung und die Fachplanung zu erbringen. Eine umfassende Vereinbarung der VOB/B für sämtliche Leistungen des Generalübernehmers ist schon deshalb nicht möglich, weil ihre Bestimmungen auf Planungsleistungen und sonstige Ingenieurleistungen nicht anwendbar sind[704].

---

[699] *Leinemann*, NJW 2008, 3745, Fn. 7.
[700] *Werner/Pastor*, Rdn. 1218 e.
[701] *Pause*, BauR 2009, 898 (902).
[702] *Pause*, BauR 2009, 898 (906).
[703] Vgl. BGH v. 9. 10. 1990, ZfBR 1991, 59 m. w. N., zur Anwendbarkeit des GSB auf den Generalübernehmer.
[704] BGH v. 17. 9. 1987, NJW 1988, 142.

C. Baumodelle

1485 Ob die VOB/B in einem Vertrag mit einem Verbraucher für die übrigen Leistungen, also die eigentlichen Bauleistungen, wirksam vereinbart werden kann, wird zum Teil bezweifelt[705], aber von der herrschenden baurechtlichen Literatur nicht problematisiert[706]. Allerdings ist kaum vorstellbar, dass der Erwerber, der bei der Abwicklung des Vertrages nicht von einem Architekten betreut wird, die ihm von der VOB/B eingeräumten Rechte sachgerecht ausüben kann. Dieser Umstand ist jedoch nicht bei der Frage zu berücksichtigen, ob die VOB/B in einem Generalübernehmervertrag überhaupt vereinbart werden kann, sondern bei einer ggf. konkret durchzuführenden Inhaltskontrolle der Vorschriften der VOB/B. Die Privilegierung der VOB/B in § 310 Abs. 1 Satz 3 BGB gilt im Verhältnis zum Verbraucher nicht. Die Inhaltskontrolle nach den Vorschriften der §§ 307 ff. BGB findet ggf. für jede Klausel der VOB/B statt.

Voraussetzung für die wirksame Einbeziehung der VOB/B bei einem Bauvertrag mit einem Verbraucher ist, dass auf die Geltung der VOB/B nicht nur hingewiesen wurde, sondern darüber hinaus die Möglichkeit verschafft wurde, von ihrem Inhalt Kenntnis zu nehmen[707]. Der Generalübernehmervertrag bedarf der notariellen Form (Rdn. 1474). Der schlichte Hinweis auf die Geltung der VOB/B genügt auch bei einem notariell beurkundeten Vertrag nicht[708]. Im Gegenteil: Da die VOB/B ganz wesentliche Vertragsbedingungen für die Abwicklung des Vertrages enthält, müssen die Bedingungen der gesamten VOB/B beurkundet werden, wobei eine Bezugnahme nach § 13a BeurkG wegen ihrer zentralen Bedeutung für die Vertragsabwicklung und den Inhalt und Umfang der wechselseitigen Rechte und Pflichten nicht genügt. Folglich bezieht sich auch die Belehrungspflicht des Notars auf die Bestimmungen der VOB/B. In § 1 Abs. 1 VOB/B wird auf die Vorschriften des Teils C der VOB weiterverwiesen. Wegen des eher technischen Inhalts dieser Bestimmungen dürfte ihre Beurkundung nicht erforderlich sein.

1486 Soweit nur einzelne Bestimmungen der VOB/B – etwa die Regelungen zur Gewährleistung – isoliert vereinbart werden, ist das wegen des sodann fehlenden, der VOB/B als Regelungswerk insgesamt innewohnenden Interessenausgleichs unwirksam[709].

1487 *ee) Kündigung des Generalübernehmervertrages.* Anders als beim Bauträgerkauf, bei dem die isolierte Kündigung der Bauleistungen grundsätzlich ausgeschlossen ist (Rdn. 753 f.), kann der Generalübernehmervertrag vom Auftraggeber selbständig, also ohne gleichzeitige Aufgabe des Grundstücks, nach § 649 BGB gekündigt werden. Der Erwerber bleibt allerdings zur Zahlung der Vergütung abzüglich der ersparten Aufwendungen verpflichtet. Dieses Kündigungsrecht gibt dem Erwerber die Möglichkeit, sich von einer unliebsamen Planung und einem vielleicht wenig kompetenten Unternehmen zu trennen, aber den erwünschten Baugrund zu behalten. Dieses Kündigungsrecht erscheint aber dann als wenig effektiv, wenn der Baugrund übertreuert erworben wurde, hier also bereits der Gewinn realisiert wird, während die Bauleistungen besonders günstig angeboten wurden. Ein Wechsel des Bauunternehmers ist für den Erwerber unter diesen Umständen aus wirtschaftlichen Gründen unattraktiv. Diese Situation tritt vor allem bei miteinander verbundenen Unternehmen auf, kann aber auch sonst durch entsprechende Vereinbarungen zwischen Grundstücksverkäufer und Generalübernehmer herbeigeführt werden.

---

[705] *Reithmann,* WM 1987, 61; *Brych/Pause,* NJW 1990, 545 (547); Bauträgermerkblatt der Landesnotarkammer Bayern, Anh. IX.
[706] Für viele: *Werner/Pastor,* Rdn. 1017; *Kniffka/Koeble,* 3. Teil, Rdn. 27; *Kappelmann/Messerschmidt/ von Rintelen,* Einl. Rdn. 84.
[707] BGH v. 26. 6. 2003, NZBau 2003, 560 = BauR 2003, 1559; BGH v. 9. 11. 1989, NJW 1990, 715; BGH v. 14. 2. 1991, ZfBR 1991, 151; BGH v. 26. 3. 1992, NJW-RR 1992, 913.
[708] BGH v. 26. 3. 1992, BauR 1992, 503.
[709] BGH v. 16. 12. 1982, NJW 1983, 816.

VIII. Verwandte Erwerbsformen

Sollte der Bauvertrag jedoch aus Gründen, die der Unternehmer zu vertreten hat, beendet werden, steht dem Bauherrn wegen der Einheitlichkeit des Geschäfts auch gegenüber dem Grundstücksverkäufer ein Rücktrittsrecht zu[710].

Eine Vertragsbestimmung im Generalübernehmervertrag, die das Kündigungsrecht des Erwerbers ausschließt oder auf Fälle des wichtigen Grundes beschränkt, verstößt gegen § 307 Abs. 2 Nr. 2 BGB[711]. Ob durch den **Ausschluss des Kündigungsrechts** der Generalübernehmervertrag dem Bauträgererwerb auch im Übrigen so angenähert wird, dass sodann insgesamt von einer Bauträgerschaft auszugehen ist, also auch die MaBV anzuwenden wäre[712], erscheint zweifelhaft; der Generalübernehmer erfüllt auch bei dieser Vertragsgestaltung nicht die Voraussetzungen des Bauherrenbegriffs des § 34c GewO (vgl. oben Rdn. 1477).

1488

Anderes kann aber dann gelten, wenn zwar nicht das Kündigungsrecht ausgeschlossen, dessen Ausübung aber von der **Rückübereignung des Grundstücks** abhängig gemacht wird. Hier wird der Grundstückskauf und der Bauvertrag nicht nur faktisch, sondern auch rechtlich so miteinander verbunden, dass der Generalübernehmer tatsächlich auch den Grundstückserwerb in der Hand hat und diesen steuern kann, was daran zu erkennen ist, dass es auch von ihm abhängt, ob der Erwerber den Grund im Falle einer Kündigung behalten darf. Bei einer Vertragsgestaltung, bei der vom Erwerber im Falle der Beendigung des Bauerrichtungsvertrages die Übereignung des Grundstücks an den Verkäufer, den Generalübernehmer oder an einen Dritten verlangt werden kann, wurde vom BGH[713] eine so enge Verbindung zwischen Kauf- und Bauvertrag angenommen, dass infolge einer Kündigung des Erwerbers nicht nur der Bauvertrag, sondern auch der Kaufvertrag aufgelöst wurde – im entschiedenen Fall wollte der Käufer das Grundstück nicht behalten, sondern sich von der Kaufpreiszahlungsverpflichtung befreien.

Ob der Erwerber bei Errichtung einer **Eigentumswohnung** einschränkungslos nach § 649 BGB kündigen kann, muss bezweifelt werden. Wollte man dies zulassen, könnte ein Erwerber seinen Generalübernehmervertrag kündigen, während der Generalübernehmer anderen Erwerbern zur Errichtung des Gebäudes weiterhin verpflichtet bliebe. Die Ausübung des Kündigungsrechts wird man deshalb von einem entsprechenden Beschluss der Erwerber oder der Wohnungseigentümergemeinschaft abhängig machen müssen, genauso, wie dies auch bei vergleichbaren, das Gemeinschaftseigentum betreffenden Fragen der Erfüllung oder der Mängelhaftung der Fall ist (Rdn. 889 f.).

1489

d) Gründung einer Bauherrengemeinschaft oder Aufbaugesellschaft

Der Abschluss eines Gesellschaftsvertrages zwischen den einzelnen Erwerbern ist bei der Errichtung mehrerer Wohnungen oder Reihenhäuser auf einem nach den Bestimmungen des WEG geteilten Grundstück beim Generalübernehmermodell ebenso wenig notwendig wie beim Bauträgererwerb[714]. Anders als beim Bauherrenmodell, bei dem die Bildung einer BGB-Innengesellschaft zumindest aus steuerlichen Gründen erforderlich war[715], sollen und wollen die Erwerber das Objekt nicht

1490

---

[710] OLG Hamm v. 27. 10. 1994, NJW-RR 1995, 1519; Vgl. auch BGH v. 30. 4. 1976, WM 1976, 848 = NJW 1976, 1931.
[711] *Koeble*, NJW 1992, 1142 (1145); ders., Kap. 37 Rdn. 51.
[712] *Koeble*, NJW 1992, 1142 (1145); ders., Kap. 37 Rdn. 51, scheint dies nicht zu befürworten, aber eine dahingehende Rechtsprechung zu befürchten.
[713] BGH v. 30. 4. 1976, WM 1976, 848 = NJW 1976, 1931.
[714] A. A. *Reithmann*, WM 1987, 61; Reithmann/Meichssner/v. Heymann, D Rdn. 57; hatte das Merkblatt der Landesnotarkammer Bayern vom 1. 8. 1991 eine Bauherrengemeinschaft noch für erforderlich gehalten, rät die neueste Fassung vom Erwerb von Eigentumswohnungen wegen der Schwierigkeiten dringend ab, Bauträgermerkblatt v. 1. 8. 1997, Anh. VI.
[715] BFH v. 6. 10. 1976, BStBl. II 1977, 88.

gemeinsam als Bauherren – im Sinne eines Gesellschaftszwecks – errichten. Ebenso wenig besteht etwa bezüglich der Auswahl des Generalübernehmers oder hinsichtlich der Planung und der Ausführungsart des Bauvorhabens Entscheidungsbedarf. All dies ist bereits durch die Vertragspläne und die Baubeschreibung vertraglich festgelegt[716]. Auch ist es nicht erforderlich, dass sich die einzelnen Erwerber untereinander zur Errichtung des Objekts verpflichten, da es dem Einzelnen genügt, wenn der Generalübernehmer aufgrund seines Vertrages zur umfassenden Errichtung von Sonder- und Gemeinschaftseigentum verpflichtet ist, und zwar ohne Rücksicht darauf, ob für jede Wohnung ein Erwerber gefunden wurde oder einzelne Erwerber wieder fortgefallen sind. Diese Risiken muss der Verkäufer bzw. der Unternehmer tragen, wobei es ihre Sache ist, diesen Unsicherheiten durch entsprechende Regelungen in den Generalübernehmerverträgen (vgl. zur Kündigung oben Rdn. 1488) und den Vereinbarungen zwischen Grundstücksverkäufer und Unternehmer entgegenzuwirken.

1491 Bei Leistungsstörungen richten sich die Rechtsbeziehungen der Erwerber untereinander nach den allgemeinen Grundsätzen: Wie beim Erwerb vom Bauträger haftet der Generalübernehmer jedem einzelnen Auftraggeber für eine ordnungsgemäße Erfüllung und für etwaige Mängel. Wegen der Gemeinschaftsbezogenheit der das **Gemeinschaftseigentum** betreffenden Erfüllungs- und Mängelansprüche ist auch beim Generalübernehmermodell die Wohnungseigentümergemeinschaft befugt, die nur einheitlich wahrnehmbaren Rechte und die entsprechenden Wahlrechte durch Beschlussfassung auszuüben bzw. die Ansprüche zum Zwecke der Geltendmachung an sich zu ziehen (vgl. im Einzelnen oben Rdn. 883 f.).

e) Steuerrechtliche Motive

1492 Durch die Aufspaltung des Erwerbs in den Grundstückskauf einerseits und den Bauvertrag andererseits könnte die Umgehung des Anfalls der **Grunderwerbsteuer** auf die Bauleistungen bezweckt werden. Der BFH geht bei derartigen Gestaltungen allerdings in ständiger Rechtsprechung[717] von der Einheitlichkeit des Rechtsgeschäfts aus mit der Folge, dass das Gesamtgeschäft der Grunderwerbsteuer unterliegt. Angebote, die eine Einsparung der Grunderwerbsteuer in Aussicht stellen, sind unseriös[718].

1493 Mit der 6. EG-Richtlinie vom 17. 5. 1977 besteht seit geraumer Zeit eine Grundlage für die Umsatzbesteuerung von Grundstücksgeschäften[719]. Sie wurde bislang durch Übergangsvorschriften ausgesetzt. Da der geänderte Vorschlag für eine **18. EG-Richtlinie zur Harmonisierung der Umsatzsteuer** bis heute nicht beschlossen wurde, kommt dem Generalübernehmermodell heute (noch) keine Bedeutung bei der Vermeidung des Anfalls der Umsatzsteuer auf den Grundstückserwerb – der im Zuge der EU-Harmonisierung zu erwarten ist – bei[720].

---

[716] *Brych/Pause*, NJW 1990, 545 (548).
[717] BFH v. 21. 12. 1981, DB 1982, 1602; BFH v. 23. 6. 1982, BB 1982, 1906 = NJW 1983, 136 L; BFH v. 18. 9. 1985, BB 1985, 1965; BFH v. 29. 6. 1988, BB 1988, 2305, zu einem Generalübernehmermodell; BFH v. 18. 10. 1989, BB 1990, 335 und BFH v. 20. 12. 1989, BB 1990, 1122, zum einheitlichen Erwerb beim getrennten Grundstückskauf und Fertighausvertrag; BFH v. 14. 2. 1990, BB 1990, 773, zum einheitlichen Erwerb beim gesonderten Grundstückskauf und Generalunternehmervertrag; dazu *Flume*, DB 1990, 1432; BFH v. 23. 11. 1994, BB 1995, 812, zu einem vorangegangenen Grundstückskauf und sich anschließenden Bauvertrag.
[718] Vgl. *Brych/Pause*, NJW 1990, 545 (548).
[719] ABlEG Nr. L 145 v. 13. 6. 1977, S. 1 (3); *Deringer/Sedemund*, NJW 1977, 1998.
[720] *Brych/Pause*, NJW 1990, 545; *Brych*, DStR 1990, 506; zum Stand der Umsetzung vgl. *Hämmerlein*, Informationsdienst des vhw 1997, 165; *ders.*, Informationsdienst des vhw 1997, 194.

VIII. Verwandte Erwerbsformen

4. Altbausanierungen im Käufermodell

Beim „Käufermodell" werden unsanierte Altbauwohnungen unter Ausschluss jeder Gewährleistung an die Erwerber verkauft. In der Teilungserklärung wurde zuvor vom Veräußerer festgelegt, dass dort näher beschriebene Sanierungsarbeiten sodann von der **Wohnungseigentümergemeinschaft** zu einem kalkulierten Gesamtaufwand ausgeführt werden, wobei jeder Erwerber bzw. Wohnungseigentümer die Kosten in dem vereinbarten Umfang übernimmt. Die Arbeiten werden vom rechtsfähigen Verband durch den Wohnungseigentumsverwalter beauftragt. Zur Entlastung des Wohnungseigentumsverwalters können die Arbeiten von einem gesondert beauftragten Baubetreuer an die verschiedenen Handwerker vergeben, koordiniert und überwacht werden. Statt der Einschaltung eines Baubetreuers und einer Vielzahl an Einzelunternehmern kann auch ein Generalübernehmer beauftragt werden (vgl. oben Rdn. 1468 f.). 1494

Diese Vertragsgestaltung war zunächst als ein Modell zur Privatisierung des Altbaubestandes in den neuen Ländern im Wege der Aufteilung und Sanierung entwickelt worden, und zwar zur Erfüllung der Vorgaben des Altschuldenhilfegesetzes[721]. Es wurde in den vergangenen Jahren aber vor allem zur Altbausanierung in den Ballungsräumen verwendet. Dem Erwerber wird eine sanierte Altbauwohnung angeboten, wobei der Verkäufer weder für die Sanierungsarbeiten noch für die kalkulierten Kosten haftet, während die Erwerber bzw. die Wohnungseigentümergemeinschaft die vereinbarten Arbeiten auf ihr Risiko ausführen.

Die Wohnungseigentümergemeinschaft tritt bei diesem Konzept als Bauherr auf. Die Risiken, die sich aus möglichen Preissteigerungen, der Genehmigungsfähigkeit des Vorhabens, nicht vorhersehbaren Schwierigkeiten der Bauausführung, einer mangelhaften Planung und Kostenschätzung, der möglicherweise nicht gegebenen Zahlungsfähigkeit der Miterwerber ergeben, trägt der Käufer. Fraglich ist im Übrigen, ob für den Kauf von Wohnungseigentum, bei dem der Käufer über die Teilungserklärung in diesem Umfang verpflichtet wird, eine Finanzierung zu erhalten ist.

Die Verpflichtung der Wohnungseigentümer, das Gemeinschaftseigentum gemeinschaftlich zu sanieren, kann in der **Teilungserklärung** wirksam begründet werden. Die Sanierungsverpflichtung hat einen eindeutigen Bezug zum Gemeinschaftseigentum; sie ist vom Grundsatz der Gestaltungsfreiheit gedeckt[722]. Die bei dieser Vertragsgestaltung zweifelsfrei bestehenden Risiken können auch nicht durch eine Inhaltskontrolle der Teilungserklärung begrenzt werden; insoweit kann nur anderes gelten, wenn einzelne Vorschriften einer Inhaltskontrolle nicht standhalten sollten. Selbst Vorschriften, die eine spätere mehrheitliche Änderung der entsprechenden Sanierungspflichten durch ein entsprechendes Abstimmungsverhalten verbieten, dürften zulässig sein[723]. 1495

Der Verkäufer kann seine Haftung für das Grundstück und die Altbausubstanz im Umfang des gesetzlich Zulässigen ausschließen (vgl. Rdn. 832). Für die Bauleistungen, die von der Wohnungseigentümergemeinschaft vergeben werden, haftet der Veräußerer nicht. Auch dafür, dass die der Teilungserklärung zugrunde liegende Planung zu den dort näher genannten Bedingungen umgesetzt werden kann, haftet der Verkäufer der Eigentumswohnung nicht. Vertragliche Pflichten werden vom Verkäufer insoweit nicht übernommen. Es verhält sich hier genauso wie beim Erwerb einer Eigentumswohnung, bei der die Wohnungseigentümergemeinschaft zuvor die Durchführung 1496

---

[721] *Seuß*, WE 1997, 257 (260); *Albrecht/Etzbach/Frenz/Mock/Vossius*, Wohnungsprivatisierung in den neuen Bundesländern (DNotZ), 1991, S. 25 f. mit dem Hinweis, dass wegen der Risiken kaum eine Finanzierung zu beschaffen sein wird; GdW Gesamtverband der Wohnungswirtschaft, Arbeitshilfen 6, 1994, S. 74.
[722] *Staudinger/Kreuzer* (2005), § 10 WEG, Rdn. 24; *Palandt/Bassenge*, § 10 WEG, Rdn. 7.
[723] Vgl. *Staudinger/Bub* (2005), § 25 WEG, Rdn. 214 f.

umfänglicher Sanierungsmaßnahmen beschlossen hat; sämtliche daraus erwachsenden Risiken werden vom Käufer miterworben.

Möglich ist aber eine Haftung des Verkäufers für fehlerhafte Angaben in Bezug auf die von ihm zum Inhalt der Teilungserklärung gemachte Bauverpflichtung aus dem Gesichtspunkt der Prospekthaftung (Rdn. 1268 f.) oder des Verschuldens bei Vertragsschluss.

D. Anhang

Übersicht

	Seite
I. **Bürgerliches Gesetzbuch, Buch 2 (Auszüge)**	
1. Abschnitt 2. Gestaltung rechtsgeschäftlicher Schuldverhältnisse durch Allgemeine Geschäftsbedingungen (§§ 305–310 BGB)	516
2. Abschnitt 3. Schuldverhältnisse aus Verträgen. Titel 1. (§ 311b BGB)	521
3. Abschnitt 8. Einzelne Schuldverhältnisse. Titel 9. Werkvertrag und ähnliche Verträge (§§ 631–651 BGB)	522
II. **Einführungsgesetz zum Bürgerlichen Gesetzbuche.** Art. 244 EGBGB. Abschlagszahlungen beim Hausbau	527
III. **Bauträgerverordnung.** Verordnung über Abschlagszahlungen bei Bauträgerverträgen vom 23. 5. 2001	527
IV. **Richtlinie 93/13/EWG** des Rates vom 5. 4. 1993 über missbräuchliche Klauseln in Verbraucherverträgen	528
V. **VOB/B.** Vergabe- und Vertragsordnung für Bauleistungen (VOB) Teil B: Allgemeine Vertragsbedingungen für die Ausführung von Bauleistungen, Ausgabe 2009 – Auszug (§§ 12, 13)	534
VI. **Gewerbeordnung**, Auszug. § 34c GewO	536
VII. **MaBV.** Verordnung über die Pflichten der Makler, Darlehens- und Anlagevermittler, Bauträger und Baubetreuer (Makler- und Bauträgerverordnung)	538
VIII. **MaBVwV.** Allgemeine Verwaltungsvorschrift zum § 34c der Gewerbeordnung und zur Makler- und Bauträgerverordnung. Bekanntmachung des Bay. Staatsministeriums der Wirtschaft, Verkehr und Technologie vom 16. 2. 2000 (AllMBl S. 117), Auszug (ohne Anlagen)	547
IX. **Bauträgermerkblatt der Landesnotarkammer Bayern.** Die Gestaltung von Verträgen über den schlüsselfertigen Erwerb neuer Wohngebäude und Eigentumswohnungen	568

Anhang

I. Bürgerliches Gesetzbuch (Auszüge)

In der Fassung der Bekanntmachung vom 2. Januar 2002
(BGBl. I S. 42, ber. S. 2909 und BGBl. 2003 I S. 738)

FNA 400-2

zuletzt geänd. durch § 1626 a Abs. 1 Nr. 1, § 1672 Abs. 1 BVerfG-Entscheidung – 1 BvR 420/09
v. 21. 7. 2010 (BGBl. I S. 1173)

– Auszug –

Buch 2. Recht der Schuldverhältnisse

Abschnitt 2. Gestaltung rechtsgeschäftlicher Schuldverhältnisse durch Allgemeine Geschäftsbedingungen

§ 305 Einbeziehung Allgemeiner Geschäftsbedingungen in den Vertrag.
(1) ¹Allgemeine Geschäftsbedingungen sind alle für eine Vielzahl von Verträgen vorformulierten Vertragsbedingungen, die eine Vertragspartei (Verwender) der anderen Vertragspartei bei Abschluss eines Vertrags stellt. ²Gleichgültig ist, ob die Bestimmungen einen äußerlich gesonderten Bestandteil des Vertrags bilden oder in die Vertragsurkunde selbst aufgenommen werden, welchen Umfang sie haben, in welcher Schriftart sie verfasst sind und welche Form der Vertrag hat. ³Allgemeine Geschäftsbedingungen liegen nicht vor, soweit die Vertragsbedingungen zwischen den Vertragsparteien im Einzelnen ausgehandelt sind.

(2) Allgemeine Geschäftsbedingungen werden nur dann Bestandteil eines Vertrags, wenn der Verwender bei Vertragsschluss

1. die andere Vertragspartei ausdrücklich oder, wenn ein ausdrücklicher Hinweis wegen der Art des Vertragsschlusses nur unter unverhältnismäßigen Schwierigkeiten möglich ist, durch deutlich sichtbaren Aushang am Orte des Vertragsschlusses auf sie hinweist und
2. der anderen Vertragspartei die Möglichkeit verschafft, in zumutbarer Weise, die auch eine für den Verwender erkennbare körperliche Behinderung der anderen Vertragspartei angemessen berücksichtigt, von ihrem Inhalt Kenntnis zu nehmen, und wenn die andere Vertragspartei mit ihrer Geltung einverstanden ist.

(3) Die Vertragsparteien können für eine bestimmte Art von Rechtsgeschäften die Geltung bestimmter Allgemeiner Geschäftsbedingungen unter Beachtung der in Absatz 2 bezeichneten Erfordernisse im Voraus vereinbaren.

§ 305 a Einbeziehung in besonderen Fällen. Auch ohne Einhaltung der in § 305 Abs. 2 Nr. 1 und 2 bezeichneten Erfordernisse werden einbezogen, wenn die andere Vertragpartei mit ihrer Geltung einverstanden ist,

1. die mit Genehmigung der zuständigen Verkehrsbehörde oder auf Grundvon internationalen Übereinkommen erlassenen Tarife und Ausführungsbestimmungen der Eisenbahnen und die nach Maßgabe des Personenbeförderungsgesetzes genehmigten Beförderungsbedingungen der Straßenbahnen, Obusse und Kraftfahrzeuge im Linienverkehr in den Beförderungsvertrag,
2. die im Amtsblatt der Bundesnetzagentur für Elektrizität, Gas, Telekommunikation, Post und Eisenbahnen veröffentlichten und in den Geschäftsstellen des Verwenders bereitgehaltenen Allgemeinen Geschäftsbedingungen
    a) in Beförderungsverträge, die außerhalb von Geschäftsräumen durch den Einwurf von Postsendungen in Briefkästen abgeschlossen werden,
    b) in Verträge über Telekommunikations-, Informations- und andere Dienstleistungen, die unmittelbar durch Einsatz von Fernkommunikationsmitteln und während der Erbringung

einer Telekommunikationsdienstleistung in einem Mal erbracht werden, wenn die Allgemeinen Geschäftsbedingungen der anderen Vertragspartei nur unter unverhältnismäßigen Schwierigkeiten vor dem Vertragsschluss zugänglich gemacht werden können.

§ 305 b Vorrang der Individualabrede. Individuelle Vertragsabreden haben Vorrang vor Allgemeinen Geschäftsbedingungen.

§ 305 c Überraschende und mehrdeutige Klauseln. (1) Bestimmungen in Allgemeinen Geschäftsbedingungen, die nach den Umständen, insbesondere nach dem äußeren Erscheinungsbild des Vertrags, so ungewöhnlich sind, dass der Vertragspartner des Verwenders mit ihnen nicht zu rechnen braucht, werden nicht Vertragsbestandteil.

(2) Zweifel bei der Auslegung Allgemeiner Geschäftsbedingungen gehen zu Lasten des Verwenders.

§ 306 Rechtsfolgen bei Nichteinbeziehung und Unwirksamkeit. (1) Sind Allgemeine Geschäftsbedingungen ganz oder teilweise nicht Vertragsbestandteil geworden oder unwirksam, so bleibt der Vertrag im Übrigen wirksam.

(2) Soweit die Bestimmungen nicht Vertragsbestandteil geworden oder unwirksam sind, richtet sich der Inhalt des Vertrags nach den gesetzlichen Vorschriften.

(3) Der Vertrag ist unwirksam, wenn das Festhalten an ihm auch unter Berücksichtigung der nach Absatz 2 vorgesehenen Änderung eine unzumutbare Härte für eine Vertragspartei darstellen würde.

§ 306 a Umgehungsverbot. Die Vorschriften dieses Abschnitts finden auch Anwendung, wenn sie durch anderweitige Gestaltungen umgangen werden.

§ 307 Inhaltskontrolle. (1) [1]Bestimmungen in Allgemeinen Geschäftsbedingungen sind unwirksam, wenn sie den Vertragspartner des Verwenders entgegen den Geboten von Treu und Glauben unangemessen benachteiligen. [2]Eine unangemessene Benachteiligung kann sich auch daraus ergeben, dass die Bestimmung nicht klar und verständlich ist.

(2) Eine unangemessene Benachteiligung ist im Zweifel anzunehmen, wenn eine Bestimmung
1. mit wesentlichen Grundgedanken der gesetzlichen Regelung, von der abgewichen wird, nicht zu vereinbaren ist oder
2. wesentliche Rechte oder Pflichten, die sich aus der Natur des Vertrags ergeben, so einschränkt, dass die Erreichung des Vertragszwecks gefährdet ist.

(3) [1]Die Absätze 1 und 2 sowie die §§ 308 und 309 gelten nur für Bestimmungen in Allgemeinen Geschäftsbedingungen, durch die von Rechtsvorschriften abweichende oder diese ergänzende Regelungen vereinbart werden. [2]Andere Bestimmungen können nach Absatz 1 Satz 2 in Verbindung mit Absatz 1 Satz 1 unwirksam sein.

§ 308 Klauselverbote mit Wertungsmöglichkeit. In Allgemeinen Geschäftsbedingungen ist insbesondere unwirksam
1. (Annahme- und Leistungsfrist)
   eine Bestimmung, durch die sich der Verwender unangemessen lange oder nicht hinreichend bestimmte Fristen für die Annahme oder Ablehnung eines Angebots oder die Erbringung einer Leistung vorbehält; ausgenommen hiervon ist der Vorbehalt, erst nach Ablauf der Widerrufs- oder Rückgabefrist nach § 355 Abs. 1 bis 3 und § 356 zu leisten;
2. (Nachfrist)
   eine Bestimmung, durch die sich der Verwender für die von ihm zu bewirkende Leistung abweichend von Rechtsvorschriften eine unangemessen lange oder nicht hinreichend bestimmte Nachfrist vorbehält;
3. (Rücktrittsvorbehalt)
   die Vereinbarung eines Rechts des Verwenders, sich ohne sachlich gerechtfertigten und im Vertrag angegebenen Grund von seiner Leistungspflicht zu lösen; dies gilt nicht für Dauerschuldverhältnisse;

Anhang

4. (Änderungsvorbehalt)
die Vereinbarung eines Rechts des Verwenders, die versprochene Leistung zu ändern oder von ihr abzuweichen, wenn nicht die Vereinbarung der Änderung oder Abweichung unter Berücksichtigung der Interessen des Verwenders für den anderen Vertragsteil zumutbar ist;
5. (Fingierte Erklärungen)
eine Bestimmung, wonach eine Erklärung des Vertragspartners des Verwenders bei Vornahme oder Unterlassung einer bestimmten Handlung als von ihm abgegeben oder nicht abgegeben gilt, es sei denn, dass
   a) dem Vertragspartner eine angemessene Frist zur Abgabe einer ausdrücklichen Erklärung eingeräumt ist und
   b) der Verwender sich verpflichtet, den Vertragspartner bei Beginn der Frist auf die vorgesehene Bedeutung seines Verhaltens besonders hinzuweisen;
6. (Fiktion des Zugangs)
eine Bestimmung, die vorsieht, dass eine Erklärung des Verwenders von besonderer Bedeutung dem anderen Vertragsteil als zugegangen gilt;
7. (Abwicklung von Verträgen)
eine Bestimmung, nach der der Verwender für den Fall, dass eine Vertragspartei vom Vertrag zurücktritt oder den Vertrag kündigt,
   a) eine unangemessen hohe Vergütung für die Nutzung oder den Gebrauch einer Sache oder eines Rechts oder für erbrachte Leistungen oder
   b) einen unangemessen hohen Ersatz von Aufwendungen verlangen kann;
8. (Nichtverfügbarkeit der Leistung)
die nach Nummer 3 zulässige Vereinbarung eines Vorbehalts des Verwenders, sich von der Verpflichtung zur Erfüllung des Vertrags bei Nichtverfügbarkeit der Leistung zu lösen, wenn sich der Verwender nicht verpflichtet,
   a) den Vertragspartner unverzüglich über die Nichtverfügbarkeit zu informieren und
   b) Gegenleistungen des Vertragspartners unverzüglich zu erstatten.

§ 309 Klauselverbote ohne Wertungsmöglichkeit. Auch soweit eine Abweichung von den gesetzlichen Vorschriften zulässig ist, ist in Allgemeinen Geschäftsbedingungen unwirksam

1. (Kurzfristige Preiserhöhungen)
eine Bestimmung, welche die Erhöhung des Entgelts für Waren oder Leistungen vorsieht, die innerhalb von vier Monaten nach Vertragsschluss geliefert oder erbracht werden sollen; dies gilt nicht bei Waren oder Leistungen, die im Rahmen von Dauerschuldverhältnissen geliefert oder erbracht werden;
2. (Leistungsverweigerungsrechte)
eine Bestimmung, durch die
   a) das Leistungsverweigerungsrecht, das dem Vertragspartner des Verwenders nach § 320 zusteht, ausgeschlossen oder eingeschränkt wird oder
   b) ein dem Vertragspartner des Verwenders zustehendes Zurückbehaltungsrecht, soweit es auf demselben Vertragsverhältnis beruht, ausgeschlossen oder eingeschränkt, insbesondere von der Anerkennung von Mängeln durch den Verwender abhängig gemacht wird;
3. (Aufrechnungsverbot)
eine Bestimmung, durch die dem Vertragspartner des Verwenders die Befugnis genommen wird, mit einer unbestrittenen oder rechtskräftig festgestellten Forderung aufzurechnen;
4. (Mahnung, Fristsetzung)
eine Bestimmung, durch die der Verwender von der gesetzlichen Obliegenheit freigestellt wird, den anderen Vertragsteil zu mahnen oder ihm eine Frist für die Leistung oder Nacherfüllung zu setzen;
5. (Pauschalierung von Schadensersatzansprüchen)
die Vereinbarung eines pauschalierten Anspruchs des Verwenders auf Schadensersatz oder Ersatz einer Wertminderung, wenn
   a) die Pauschale den in den geregelten Fällen nach dem gewöhnlichen Lauf der Dinge zu erwartenden Schaden oder die gewöhnlich eintretende Wertminderung übersteigt oder

Anhang

b) dem anderen Vertragsteil nicht ausdrücklich der Nachweis gestattet wird, ein Schaden oder eine Wertminderung sei überhaupt nicht entstanden oder wesentlich niedriger als die Pauschale;

6. (Vertragsstrafe)
eine Bestimmung, durch die dem Verwender für den Fall der Nichtabnahme oder verspäteten Abnahme der Leistung, des Zahlungsverzugs oder für den Fall, dass der andere Vertragsteil sich vom Vertrag löst, Zahlung einer Vertragsstrafe versprochen wird;

7. (Haftungsausschluss bei Verletzung von Leben, Körper, Gesundheit und bei grobem Verschulden)

   a) (Verletzung von Leben, Körper, Gesundheit)
   ein Ausschluss oder eine Begrenzung der Haftung für Schäden aus der Verletzung des Lebens, des Körpers oder der Gesundheit, die auf einer fahrlässigen Pflichtverletzung des Verwenders oder einer vorsätzlichen oder fahrlässigen Pflichtverletzung eines gesetzlichen Vertreters oder Erfüllungsgehilfen des Verwenders beruhen;

   b) (Grobes Verschulden)
   ein Ausschluss oder eine Begrenzung der Haftung für sonstige Schäden, die auf einer grob fahrlässigen Pflichtverletzung des Verwenders oder auf einer vorsätzlichen oder grob fahrlässigen Pflichtverletzung eines gesetzlichen Vertreters oder Erfüllungsgehilfen des Verwenders beruhen;

   die Buchstaben a und b gelten nicht für Haftungsbeschränkungen in den nach Maßgabe des Personenbeförderungsgesetzes genehmigten Beförderungsbedingungen und Tarifvorschriften der Straßenbahnen, Obusse und Kraftfahrzeuge im Linienverkehr, soweit sie nicht zum Nachteil des Fahrgasts von der Verordnung über die Allgemeinen Beförderungsbedingungen für den Straßenbahn- und Obusverkehr sowie den Linienverkehr mit Kraftfahrzeugen vom 27. Februar 1970 abweichen; Buchstabe b gilt nicht für Haftungsbeschränkungen für staatlich genehmigte Lotterie- oder Ausspielverträge;

8. (Sonstige Haftungsausschlüsse bei Pflichtverletzung)

   a) (Ausschluss des Rechts, sich vom Vertrag zu lösen)
   eine Bestimmung, die bei einer vom Verwender zu vertretenden, nicht in einem Mangel der Kaufsache oder des Werkes bestehenden Pflichtverletzung das Recht des anderen Vertragsteils, sich vom Vertrag zu lösen, ausschließt oder einschränkt; dies gilt nicht für die in der Nummer 7 bezeichneten Beförderungsbedingungen und Tarifvorschriften unter den dort genannten Voraussetzungen;

   b) (Mängel)
   eine Bestimmung, durch die bei Verträgen über Lieferungen neu hergestellter Sachen und über Werkleistungen

   aa) (Ausschluss und Verweisung auf Dritte)
   die Ansprüche gegen den Verwender wegen eines Mangels insgesamt oder bezüglich einzelner Teile ausgeschlossen, auf die Einräumung von Ansprüchen gegen Dritte beschränkt oder von der vorherigen gerichtlichen Inanspruchnahme Dritter abhängig gemacht werden;

   bb) (Beschränkung auf Nacherfüllung)
   die Ansprüche gegen den Verwender insgesamt oder bezüglich einzelner Teile auf ein Recht auf Nacherfüllung beschränkt werden, sofern dem anderen Vertragsteil nicht ausdrücklich das Recht vorbehalten wird, bei Fehlschlagen der Nacherfüllung zu mindern oder, wenn nicht eine Bauleistung Gegenstand der Mängelhaftung ist, nach seiner Wahl vom Vertrag zurückzutreten;

   cc) (Aufwendungen bei Nacherfüllung)
   die Verpflichtung des Verwenders ausgeschlossen oder beschränkt wird, die zum Zwecke der Nacherfüllung erforderlichen Aufwendungen, insbesondere Transport-, Wege-, Arbeits- und Materialkosten, zu tragen;

   dd) (Vorenthalten der Nacherfüllung)
   der Verwender die Nacherfüllung von der vorherigen Zahlung des vollständigen Entgelts oder eines unter Berücksichtigung des Mangels unverhältnismäßig hohen Teils des Entgelts abhängig macht;

ee) (Ausschlussfrist für Mängelanzeige)
der Verwender dem anderen Vertragsteil für die Anzeige nicht offensichtlicher Mängel eine Ausschlussfrist setzt, die kürzer ist als die nach dem Doppelbuchstaben ff zulässige Frist;
ff) (Erleichterung der Verjährung)
die Verjährung von Ansprüchen gegen den Verwender wegen eines Mangels in den Fällen des § 438 Abs. 1 Nr. 2 und des § 634a Abs. 1 Nr. 2 erleichtert oder in den sonstigen Fällen eine weniger als ein Jahr betragende Verjährungsfrist ab dem gesetzlichen Verjährungsbeginn erreicht wird;
9. (Laufzeit bei Dauerschuldverhältnissen)
bei einem Vertragsverhältnis, das die regelmäßige Lieferung von Waren oder die regelmäßige Erbringung von Dienst- oder Werkleistungen durch den Verwender zum Gegenstand hat,
a) eine den anderen Vertragsteil länger als zwei Jahre bindende Laufzeit des Vertrags,
b) eine den anderen Vertragsteil bindende stillschweigende Verlängerung des Vertragsverhältnisses um jeweils mehr als ein Jahr oder
c) zu Lasten des anderen Vertragsteils eine längere Kündigungsfrist als drei Monate vor Ablauf der zunächst vorgesehenen oder stillschweigend verlängerten Vertragsdauer;
dies gilt nicht für Verträge über die Lieferung als zusammengehörig verkaufter Sachen, für Versicherungsverträge sowie für Verträge zwischen den Inhabern urheberrechtlicher Rechte und Ansprüche und Verwertungsgesellschaften im Sinne des Gesetzes über die Wahrnehmung von Urheberrechten und verwandten Schutzrechten;
10. (Wechsel des Vertragspartners)
eine Bestimmung, wonach bei Kauf-, Darlehens-, Dienst- oder Werkverträgen ein Dritter anstelle des Verwenders in die sich aus dem Vertrag ergebenden Rechte und Pflichten eintritt oder eintreten kann, es sei denn, in der Bestimmung wird
a) der Dritte namentlich bezeichnet oder
b) dem anderen Vertragsteil das Recht eingeräumt, sich vom Vertrag zu lösen;
11. (Haftung des Abschlussvertreters)
eine Bestimmung, durch die der Verwender einem Vertreter, der den Vertrag für den anderen Vertragsteil abschließt,
a) ohne hierauf gerichtete ausdrückliche und gesonderte Erklärung eine eigene Haftung oder Einstandspflicht oder
b) im Falle vollmachtsloser Vertretung eine über § 179 hinausgehende Haftung auferlegt;
12. (Beweislast)
eine Bestimmung, durch die der Verwender die Beweislast zum Nachteil des anderen Vertragsteils ändert, insbesondere indem er
a) diesem die Beweislast für Umstände auferlegt, die im Verantwortungsbereich des Verwenders liegen, oder
b) den anderen Vertragsteil bestimmte Tatsachen bestätigen lässt;
Buchstabe b gilt nicht für Empfangsbekenntnisse, die gesondert unterschrieben oder mit einer gesonderten qualifizierten elektronischen Signatur versehen sind;
13. (Form von Anzeigen und Erklärungen)
eine Bestimmung, durch die Anzeigen oder Erklärungen, die dem Verwender oder einem Dritten gegenüber abzugeben sind, an eine strengere Form als die Schriftform oder an besondere Zugangserfordernisse gebunden werden.

§ 310 Anwendungsbereich. (1) ¹§ 305 Abs. 2 und 3 und die §§ 308 und 309 finden keine Anwendung auf Allgemeine Geschäftsbedingungen, die gegenüber einem Unternehmer, einer juristischen Person des öffentlichen Rechts oder einem öffentlich-rechtlichen Sondervermögen verwendet werden. ²§ 307 Abs. 1 und 2 findet in den Fällen des Satzes 1 auch insoweit Anwendung, als dies zur Unwirksamkeit von in den §§ 308 und 309 genannten Vertragsbestimmungen führt; auf die im Handelsverkehr geltenden Gewohnheiten und Gebräuche ist angemessen Rücksicht zu nehmen. ³In den Fällen des Satzes 1 findet § 307 Abs. 1 und 2 auf Verträge, in die die Vergabe- und Vertragsordnung für Bauleistungen Teil B (VOB/B) in der jeweils zum Zeitpunkt des Vertragsschlusses geltenden Fassung ohne inhaltliche Abweichungen insgesamt einbezogen ist, in Bezug auf eine Inhaltskontrolle einzelner Bestimmungen keine Anwendung.

(2) [1]Die §§ 308 und 309 finden keine Anwendung auf Verträge der Elektrizitäts-, Gas-, Fernwärme- und Wasserversorgungsunternehmen über die Versorgung von Sonderabnehmern mit elektrischer Energie, Gas, Fernwärme und Wasser aus dem Versorgungsnetz, soweit die Versorgungsbedingungen nicht zum Nachteil der Abnehmer von Verordnungen über Allgemeine Bedingungen für die Versorgung von Tarifkunden mit elektrischer Energie, Gas, Fernwärme und Wasser abweichen. [2]Satz 1 gilt entsprechend für Verträge über die Entsorgung von Abwasser.

(3) Bei Verträgen zwischen einem Unternehmer und einem Verbraucher (Verbraucherverträge) finden die Vorschriften dieses Abschnitts mit folgenden Maßgaben Anwendung:
1. Allgemeine Geschäftsbedingungen gelten als vom Unternehmer gestellt, es sei denn, dass sie durch den Verbraucher in den Vertrag eingeführt wurden;
2. § 305c Abs. 2 und die §§ 306 und 307 bis 309 dieses Gesetzes sowie Artikel 46b des Einführungsgesetzes zum Bürgerlichen Gesetzbuche finden auf vorformulierte Vertragsbedingungen auch dann Anwendung, wenn diese nur zur einmaligen Verwendung bestimmt sind und soweit der Verbraucher auf Grund der Vorformulierung auf ihren Inhalt keinen Einfluss nehmen konnte;
3. bei der Beurteilung der unangemessenen Benachteiligung nach § 307 Abs. 1 und 2 sind auch die den Vertragsschluss begleitenden Umstände zu berücksichtigen.

(4) [1]Dieser Abschnitt findet keine Anwendung bei Verträgen auf dem Gebiet des Erb-, Familien- und Gesellschaftsrechts sowie auf Tarifverträge, Betriebs- und Dienstvereinbarungen. [2]Bei der Anwendung auf Arbeitsverträge sind die im Arbeitsrecht geltenden Besonderheiten angemessen zu berücksichtigen; § 305 Abs. 2 und 3 ist nicht anzuwenden. [3]Tarifverträge, Betriebs- und Dienstvereinbarungen stehen Rechtsvorschriften im Sinne von § 307 Abs. 3 gleich.

Abschnitt 3. Schuldverhältnisse aus Verträgen

Titel 1. Begründung, Inhalt und Beendigung

Untertitel 1. Begründung

§ 311b Verträge über Grundstücke, das Vermögen und den Nachlass.
(1) [1]Ein Vertrag, durch den sich der eine Teil verpflichtet, das Eigentum an einem Grundstück zu übertragen oder zu erwerben, bedarf der notariellen Beurkundung. [2]Ein ohne Beachtung dieser Form geschlossener Vertrag wird seinem ganzen Inhalt nach gültig, wenn die Auflassung und die Eintragung in das Grundbuch erfolgen.

(2) Ein Vertrag, durch den sich der eine Teil verpflichtet, sein künftiges Vermögen oder einen Bruchteil seines künftigen Vermögens zu übertragen oder mit einem Nießbrauch zu belasten, ist nichtig.

(3) Ein Vertrag, durch den sich der eine Teil verpflichtet, sein gegenwärtiges Vermögen oder einen Bruchteil seines gegenwärtigen Vermögens zu übertragen oder mit einem Nießbrauch zu belasten, bedarf der notariellen Beurkundung.

(4) [1]Ein Vertrag über den Nachlass eines noch lebenden Dritten ist nichtig. [2]Das Gleiche gilt von einem Vertrag über den Pflichtteil oder ein Vermächtnis aus dem Nachlass eines noch lebenden Dritten.

(5) [1]Absatz 4 gilt nicht für einen Vertrag, der unter künftigen gesetzlichen Erben über den gesetzlichen Erbteil oder den Pflichtteil eines von ihnen geschlossen wird. [2]Ein solcher Vertrag bedarf der notariellen Beurkundung.

Anhang

Abschnitt 8. Einzelne Schuldverhältnisse

Titel 9. Werkvertrag und ähnliche Verträge

Untertitel 1. Werkvertrag

§ 631 Vertragstypische Pflichten beim Werkvertrag. (1) Durch den Werkvertrag wird der Unternehmer zur Herstellung des versprochenen Werkes, der Besteller zur Entrichtung der vereinbarten Vergütung verpflichtet.

(2) Gegenstand des Werkvertrags kann sowohl die Herstellung oder Veränderung einer Sache als auch ein anderer durch Arbeit oder Dienstleistung herbeizuführender Erfolg sein.

§ 632 Vergütung. (1) Eine Vergütung gilt als stillschweigend vereinbart, wenn die Herstellung des Werkes den Umständen nach nur gegen eine Vergütung zu erwarten ist.

(2) Ist die Höhe der Vergütung nicht bestimmt, so ist bei dem Bestehen einer Taxe die taxmäßige Vergütung, in Ermangelung einer Taxe die übliche Vergütung als vereinbart anzusehen.

(3) Ein Kostenanschlag ist im Zweifel nicht zu vergüten.

§ 632 a Abschlagszahlungen. (1) [1]Der Unternehmer kann von dem Besteller für eine vertragsgemäß erbrachte Leistung eine Abschlagszahlung in der Höhe verlangen, in der der Besteller durch die Leistung einen Wertzuwachs erlangt hat. [2]Wegen unwesentlicher Mängel kann die Abschlagszahlung nicht verweigert werden. [3]§ 641 Abs. 3 gilt entsprechend. [3]Die Leistungen sind durch eine Aufstellung nachzuweisen, die eine rasche und sichere Beurteilung der Leistungen ermöglichen muss. [4]Die Sätze 1 bis 4 gelten auch für erforderliche Stoffe oder Bauteile, die angeliefert oder eigens angefertigt und bereitgestellt sind, wenn dem Besteller nach seiner Wahl Eigentum an den Stoffen oder Bauteilen übertragen oder entsprechende Sicherheit hierfür geleistet wird.

(2) Wenn der Vertrag die Errichtung oder den Umbau eines Hauses oder eines vergleichbaren Bauwerks zum Gegenstand hat und zugleich die Verpflichtung des Unternehmers enthält, dem Besteller das Eigentum an dem Grundstück zu übertragen oder ein Erbbaurecht zu bestellen oder zu übertragen, können Abschlagszahlungen nur verlangt werden, soweit sie gemäß einer Verordnung auf Grund von Artikel 244 des Einführungsgesetzes zum Bürgerlichen Gesetzbuche vereinbart sind.

(3) [1]Ist der Besteller ein Verbraucher und hat der Vertrag die Errichtung oder den Umbau eines Hauses oder eines vergleichbaren Bauwerks zum Gegenstand, ist dem Besteller bei der ersten Abschlagszahlung eine Sicherheit für die rechtzeitige Herstellung des Werkes ohne wesentliche Mängel in Höhe von 5 vom Hundert des Vergütungsanspruchs zu leisten. [2]Erhöht sich der Vergütungsanspruch infolge von Änderungen oder Ergänzungen des Vertrages um mehr als 10 vom Hundert, ist dem Besteller bei der nächsten Abschlagszahlung eine weitere Sicherheit in Höhe von 5 vom Hundert des zusätzlichen Vergütungsanspruchs zu leisten. [3]Auf Verlangen des Unternehmers ist die Sicherheitsleistung durch Einbehalt dergestalt zu erbringen, dass der Besteller die Abschlagszahlungen bis zu dem Gesamtbetrag der geschuldeten Sicherheit zurückhält.

(4) Sicherheiten nach dieser Vorschrift können auch durch eine Garantie oder ein sonstiges Zahlungsversprechen eines im Geltungsbereich dieses Gesetzes zum Geschäftsbetrieb befugten Kreditinstituts oder Kreditversicherers geleistet werden.

§ 633 Sach- und Rechtsmangel. (1) Der Unternehmer hat dem Besteller das Werk frei von Sach- und Rechtsmängeln zu verschaffen.

(2) [1]Das Werk ist frei von Sachmängeln, wenn es die vereinbarte Beschaffenheit hat. [2]Soweit die Beschaffenheit nicht vereinbart ist, ist das Werk frei von Sachmängeln,
1. wenn es sich für die nach dem Vertrag vorausgesetzte, sonst
2. für die gewöhnliche Verwendung eignet und eine Beschaffenheit aufweist, die bei Werken der gleichen Art üblich ist und die der Besteller nach der Art des Werkes erwarten kann.

³ Einem Sachmangel steht es gleich, wenn der Unternehmer ein anderes als das bestellte Werk oder das Werk in zu geringer Menge herstellt.

(3) Das Werk ist frei von Rechtsmängeln, wenn Dritte in Bezug auf das Werk keine oder nur die im Vertrag übernommenen Rechte gegen den Besteller geltend machen können.

§ 634 Rechte des Bestellers bei Mängeln. Ist das Werk mangelhaft, kann der Besteller, wenn die Voraussetzungen der folgenden Vorschriften vorliegen und soweit nicht ein anderes bestimmt ist,

1. nach § 635 Nacherfüllung verlangen,
2. nach § 637 den Mangel selbst beseitigen und Ersatz der erforderlichen Aufwendungen verlangen,
3. nach den §§ 636, 323 und 326 Abs. 5 von dem Vertrag zurücktreten oder nach § 638 die Vergütung mindern und
4. nach den §§ 636, 280, 281, 283 und 311a Schadensersatz oder nach § 284 Ersatz vergeblicher Aufwendungen verlangen.

§ 634a Verjährung der Mängelansprüche. (1) Die in § 634 Nr. 1, 2 und 4 bezeichneten Ansprüche verjähren

1. vorbehaltlich der Nummer 2 in zwei Jahren bei einem Werk, dessen Erfolg in der Herstellung, Wartung oder Veränderung einer Sache oder in der Erbringung von Planungs- oder Überwachungsleistungen hierfür besteht,
2. in fünf Jahren bei einem Bauwerk und einem Werk, dessen Erfolg in der Erbringung von Planungs- oder Überwachungsleistungen hierfür besteht, und
3. im Übrigen in der regelmäßigen Verjährungsfrist.

(2) Die Verjährung beginnt in den Fällen des Absatzes 1 Nr. 1 und 2 mit der Abnahme.

(3) ¹ Abweichend von Absatz 1 Nr. 1 und 2 und Absatz 2 verjähren die Ansprüche in der regelmäßigen Verjährungsfrist, wenn der Unternehmer den Mangel arglistig verschwiegen hat. ² Im Falle des Absatzes 1 Nr. 2 tritt die Verjährung jedoch nicht vor Ablauf der dort bestimmten Frist ein.

(4) ¹ Für das in § 634 bezeichnete Rücktrittsrecht gilt § 218. ² Der Besteller kann trotz einer Unwirksamkeit des Rücktritts nach § 218 Abs. 1 die Zahlung der Vergütung insoweit verweigern, als er auf Grund des Rücktritts dazu berechtigt sein würde. ³ Macht er von diesem Recht Gebrauch, kann der Unternehmer vom Vertrag zurücktreten.

(5) Auf das in § 634 bezeichnete Minderungsrecht finden § 218 und Absatz 4 Satz 2 entsprechende Anwendung.

§ 635 Nacherfüllung. (1) Verlangt der Besteller Nacherfüllung, so kann der Unternehmer nach seiner Wahl den Mangel beseitigen oder ein neues Werk herstellen.

(2) Der Unternehmer hat die zum Zwecke der Nacherfüllung erforderlichen Aufwendungen, insbesondere Transport-, Wege-, Arbeits- und Materialkosten zu tragen.

(3) Der Unternehmer kann die Nacherfüllung unbeschadet des § 275 Abs. 2 und 3 verweigern, wenn sie nur mit unverhältnismäßigen Kosten möglich ist.

(4) Stellt der Unternehmer ein neues Werk her, so kann er vom Besteller Rückgewähr des mangelhaften Werkes nach Maßgabe der §§ 346 bis 348 verlangen.

§ 636 Besondere Bestimmungen für Rücktritt und Schadensersatz. Außer in den Fällen der §§ 281 Abs. 2 und 323 Abs. 2 bedarf es der Fristsetzung auch dann nicht, wenn der Unternehmer die Nacherfüllung gemäß § 635 Abs. 3 verweigert oder wenn die Nacherfüllung fehlgeschlagen oder dem Besteller unzumutbar ist.

§ 637 Selbstvornahme. (1) Der Besteller kann wegen eines Mangels des Werkes nach erfolglosem Ablauf einer von ihm zur Nacherfüllung bestimmten angemessenen Frist den Mangel selbst beseitigen und Ersatz der erforderlichen Aufwendungen verlangen, wenn nicht der Unternehmer die Nacherfüllung zu Recht verweigert.

(2) ¹§ 323 Abs. 2 findet entsprechende Anwendung. ²Der Bestimmung einer Frist bedarf es auch dann nicht, wenn die Nacherfüllung fehlgeschlagen oder dem Besteller unzumutbar ist.

(3) Der Besteller kann von dem Unternehmer für die zur Beseitigung des Mangels erforderlichen Aufwendungen Vorschuss verlangen.

§ 638 Minderung. (1) ¹Statt zurückzutreten, kann der Besteller die Vergütung durch Erklärung gegenüber dem Unternehmer mindern. ²Der Ausschlussgrund des § 323 Abs. 5 Satz 2 findet keine Anwendung.

(2) Sind auf der Seite des Bestellers oder auf der Seite des Unternehmers mehrere beteiligt, so kann die Minderung nur von allen oder gegen alle erklärt werden.

(3) ¹Bei der Minderung ist die Vergütung in dem Verhältnis herabzusetzen, in welchem zur Zeit des Vertragsschlusses der Wert des Werkes in mangelfreiem Zustand zu dem wirklichen Wert gestanden haben würde. ²Die Minderung ist, soweit erforderlich, durch Schätzung zu ermitteln.

(4) ¹Hat der Besteller mehr als die geminderte Vergütung gezahlt, so ist der Mehrbetrag vom Unternehmer zu erstatten. ²§ 346 Abs. 1 und § 347 Abs. 1 finden entsprechende Anwendung.

§ 639 Haftungsausschluss. Auf eine Vereinbarung, durch welche die Rechte des Bestellers wegen eines Mangels ausgeschlossen oder beschränkt werden, kann sich der Unternehmer nicht berufen, soweit er den Mangel arglistig verschwiegen oder eine Garantie für die Beschaffenheit des Werkes übernommen hat.

§ 640 Abnahme. (1) ¹Der Besteller ist verpflichtet, das vertragsmäßig hergestellte Werk abzunehmen, sofern nicht nach der Beschaffenheit des Werkes die Abnahme ausgeschlossen ist. ²Wegen unwesentlicher Mängel kann die Abnahme nicht verweigert werden. ³Der Abnahme steht es gleich, wenn der Besteller das Werk nicht innerhalb einer ihm vom Unternehmer bestimmten angemessenen Frist abnimmt, obwohl er dazu verpflichtet ist.

(2) Nimmt der Besteller ein mangelhaftes Werk gemäß Absatz 1 Satz 1 ab, obschon er den Mangel kennt, so stehen ihm die in § 634 Nr. 1 bis 3 bezeichneten Rechte nur zu, wenn er sich seine Rechte wegen des Mangels bei der Abnahme vorbehält.

§ 641 Fälligkeit der Vergütung. (1) ¹Die Vergütung ist bei der Abnahme des Werkes zu entrichten. ²Ist das Werk in Teilen abzunehmen und die Vergütung für die einzelnen Teile bestimmt, so ist die Vergütung für jeden Teil bei dessen Abnahme zu entrichten.

(2) ¹Die Vergütung des Unternehmers für ein Werk, dessen Herstellung der Besteller einem Dritten versprochen hat, wird spätestens fällig,
1. soweit der Besteller von dem Dritten für das versprochene Werk wegen dessen Herstellung seine Vergütung oder Teile davon erhalten hat,
2. soweit das Werk des Bestellers von dem Dritten abgenommen worden ist oder als abgenommen gilt oder
3. wenn der Unternehmer dem Besteller erfolglos eine angemessene Frist zur Auskunft über die in den Nummern 1 und 2 bezeichneten Umstände bestimmt hat.

²Hat der Besteller dem Dritten wegen möglicher Mängel des Werks Sicherheit geleistet, gilt Satz 1 nur, wenn der Unternehmer dem Besteller entsprechende Sicherheit leistet.

(3) Kann der Besteller die Beseitigung eines Mangels verlangen, so kann er nach der Fälligkeit die Zahlung eines angemessenen Teils der Vergütung verweigern; angemessen ist in der Regel das Doppelte der für die Beseitigung des Mangels erforderlichen Kosten.

(4) Eine in Geld festgesetzte Vergütung hat der Besteller von der Abnahme des Werkes an zu verzinsen, sofern nicht die Vergütung gestundet ist.

§ 641 a *(aufgehoben)*

§ 642 **Mitwirkung des Bestellers.** (1) Ist bei der Herstellung des Werkes eine Handlung des Bestellers erforderlich, so kann der Unternehmer, wenn der Besteller durch das Unterlassen der Handlung in Verzug der Annahme kommt, eine angemessene Entschädigung verlangen.

(2) Die Höhe der Entschädigung bestimmt sich einerseits nach der Dauer des Verzugs und der Höhe der vereinbarten Vergütung, andererseits nach demjenigen, was der Unternehmer infolge des Verzugs an Aufwendungen erspart oder durch anderweitige Verwendung seiner Arbeitskraft erwerben kann.

§ 643 **Kündigung bei unterlassener Mitwirkung.** ^{1}Der Unternehmer ist im Falle des § 642 berechtigt, dem Besteller zur Nachholung der Handlung eine angemessene Frist mit der Erklärung zu bestimmen, dass er den Vertrag kündige, wenn die Handlung nicht bis zum Ablauf der Frist vorgenommen werde. ^{2}Der Vertrag gilt als aufgehoben, wenn nicht die Nachholung bis zum Ablauf der Frist erfolgt.

§ 644 **Gefahrtragung.** (1) ^{1}Der Unternehmer trägt die Gefahr bis zur Abnahme des Werkes. ^{2}Kommt der Besteller in Verzug der Annahme, so geht die Gefahr auf ihn über. ^{3}Für den zufälligen Untergang und eine zufällige Verschlechterung des von dem Besteller gelieferten Stoffes ist der Unternehmer nicht verantwortlich.

(2) Versendet der Unternehmer das Werk auf Verlangen des Bestellers nach einem anderen Ort als dem Erfüllungsort, so findet die für den Kauf geltende Vorschrift des § 447 entsprechende Anwendung.

§ 645 **Verantwortlichkeit des Bestellers.** (1) ^{1}Ist das Werk vor der Abnahme infolge eines Mangels des von dem Besteller gelieferten Stoffes oder infolge einer von dem Besteller für die Ausführung erteilten Anweisung untergegangen, verschlechtert oder unausführbar geworden, ohne dass ein Umstand mitgewirkt hat, den der Unternehmer zu vertreten hat, so kann der Unternehmer einen der geleisteten Arbeit entsprechenden Teil der Vergütung und Ersatz der in der Vergütung nicht inbegriffenen Auslagen verlangen. ^{2}Das Gleiche gilt, wenn der Vertrag in Gemäßheit des § 643 aufgehoben wird.

(2) Eine weitergehende Haftung des Bestellers wegen Verschuldens bleibt unberührt.

§ 646 **Vollendung statt Abnahme.** Ist nach der Beschaffenheit des Werkes die Abnahme ausgeschlossen, so tritt in den Fällen des § 634a Abs. 2 und der §§ 641, 644 und 645 an die Stelle der Abnahme die Vollendung des Werkes.

§ 647 **Unternehmerpfandrecht.** Der Unternehmer hat für seine Forderungen aus dem Vertrag ein Pfandrecht an den von ihm hergestellten oder ausgebesserten beweglichen Sachen des Bestellers, wenn sie bei der Herstellung oder zum Zwecke der Ausbesserung in seinen Besitz gelangt sind.

§ 648 **Sicherungshypothek des Bauunternehmers.** (1) ^{1}Der Unternehmer eines Bauwerks oder eines einzelnen Teiles eines Bauwerks kann für seine Forderungen aus dem Vertrag die Einräumung einer Sicherungshypothek an dem Baugrundstück des Bestellers verlangen. ^{2}Ist das Werk noch nicht vollendet, so kann er die Einräumung der Sicherungshypothek für einen der geleisteten Arbeit entsprechenden Teil der Vergütung und für die in der Vergütung nicht inbegriffenen Auslagen verlangen.

(2) ^{1}Der Inhaber einer Schiffswerft kann für seine Forderungen aus dem Bau oder der Ausbesserung eines Schiffes die Einräumung einer Schiffshypothek an dem Schiffsbauwerk oder dem Schiff des Bestellers verlangen; Absatz 1 Satz 2 gilt sinngemäß. ^{2}§ 647 findet keine Anwendung.

§ 648a **Bauhandwerkersicherung.** (1) ^{1}Der Unternehmer eines Bauwerks, einer Außenanlage oder eines Teils davon kann vom Besteller Sicherheit für die auch in Zusatzaufträgen vereinbarte und noch nicht gezahlte Vergütung einschließlich dazugehöriger Nebenforderungen, die mit

Anhang

10 vom Hundert des zu sichernden Vergütungsanspruchs anzusetzen sind, verlangen. ²Satz 1 gilt in demselben Umfang auch für Ansprüche, die an die Stelle der Vergütung treten. ³Der Anspruch des Unternehmers auf Sicherheit wird nicht dadurch ausgeschlossen, dass der Besteller Erfüllung verlangen kann oder das Werk abgenommen hat. ⁴Ansprüche, mit denen der Besteller gegen den Anspruch des Unternehmers auf Vergütung aufrechnen kann, bleiben bei der Berechnung der Vergütung unberücksichtigt, es sei denn, sie sind unstreitig oder rechtskräftig festgestellt. ⁵Die Sicherheit ist auch dann als ausreichend anzusehen, wenn sich der Sicherungsgeber das Recht vorbehält, sein Versprechen im Falle einer wesentlichen Verschlechterung der Vermögensverhältnisse des Bestellers mit Wirkung für Vergütungsansprüche aus Bauleistungen zu widerrufen, die der Unternehmer bei Zugang der Widerrufserklärung noch nicht erbracht hat.

(2) ¹Die Sicherheit kann auch durch eine Garantie oder ein sonstiges Zahlungsversprechen eines im Geltungsbereich dieses Gesetzes zum Geschäftsbetrieb befugten Kreditinstituts oder Kreditversicherers geleistet werden. ²Das Kreditinstitut oder der Kreditversicherer darf Zahlungen an den Unternehmer nur leisten, soweit der Besteller den Vergütungsanspruch des Unternehmers anerkennt oder durch vorläufig vollstreckbares Urteil zur Zahlung der Vergütung verurteilt worden ist und die Voraussetzungen vorliegen, unter denen die Zwangsvollstreckung begonnen werden darf.

(3) ¹Der Unternehmer hat dem Besteller die üblichen Kosten der Sicherheitsleistung bis zu einem Höchstsatz von 2 vom Hundert für das Jahr zu erstatten. ²Dies gilt nicht, soweit eine Sicherheit wegen Einwendungen des Bestellers gegen den Vergütungsanspruch des Unternehmers aufrechterhalten werden muss und die Einwendungen sich als unbegründet erweisen.

(4) Soweit der Unternehmer für seinen Vergütungsanspruch eine Sicherheit nach den Absätzen 1 oder 2 erlangt hat, ist der Anspruch auf Einräumung einer Sicherungshypothek nach § 648 Abs. 1 ausgeschlossen.

(5) ¹Hat der Unternehmer dem Besteller erfolglos eine angemessene Frist zur Leistung der Sicherheit nach Absatz 1 bestimmt, so kann der Unternehmer die Leistung verweigern oder den Vertrag kündigen. ²Kündigt er den Vertrag, ist der Unternehmer berechtigt, die vereinbarte Vergütung zu verlangen; er muss sich jedoch dasjenige anrechnen lassen, was er infolge der Aufhebung des Vertrages an Aufwendungen erspart oder durch anderweitige Verwendung seiner Arbeitskraft erwirbt oder böswillig zu erwerben unterlässt. ³Es wird vermutet, dass danach dem Unternehmer 5 vom Hundert der auf den noch nicht erbrachten Teil der Werkleistung entfallenden vereinbarten Vergütung zustehen.

(6) ¹Die Vorschriften der Absätze 1 bis 5 finden keine Anwendung, wenn der Besteller
1. eine juristische Person des öffentlichen Rechts oder ein öffentlich-rechtliches Sondervermögen ist, über deren Vermögen ein Insolvenzverfahren unzulässig ist, oder
2. eine natürliche Person ist und die Bauarbeiten zur Herstellung oder Instandsetzung eines Einfamilienhauses mit oder ohne Einliegerwohnung ausführen lässt.

²Satz 1 Nr. 2 gilt nicht bei Betreuung des Bauvorhabens durch einen zur Verfügung über die Finanzierungsmittel des Bestellers ermächtigten Baubetreuer.

(7) Eine von den Vorschriften der Absätze 1 bis 5 abweichende Vereinbarung ist unwirksam.

§ 649 Kündigungsrecht des Bestellers. ¹Der Besteller kann bis zur Vollendung des Werkes jederzeit den Vertrag kündigen. ²Kündigt der Besteller, so ist der Unternehmer berechtigt, die vereinbarte Vergütung zu verlangen; er muss sich jedoch dasjenige anrechnen lassen, was er infolge der Aufhebung des Vertrags an Aufwendungen erspart oder durch anderweitige Verwendung seiner Arbeitskraft erwirbt oder zu erwerben böswillig unterlässt. ³Es wird vermutet, dass danach dem Unternehmer 5 vom Hundert der auf den noch nicht erbrachten Teil der Werkleistung entfallenden vereinbarten Vergütung zustehen.

§ 650 Kostenanschlag. (1) Ist dem Vertrag ein Kostenanschlag zugrunde gelegt worden, ohne dass der Unternehmer die Gewähr für die Richtigkeit des Anschlags übernommen hat, und ergibt sich, dass das Werk nicht ohne eine wesentliche Überschreitung des Anschlags ausführbar ist, so steht dem Unternehmer, wenn der Besteller den Vertrag aus diesem Grund kündigt, nur der im § 645 Abs. 1 bestimmte Anspruch zu.

Anhang

(2) Ist eine solche Überschreitung des Anschlags zu erwarten, so hat der Unternehmer dem Besteller unverzüglich Anzeige zu machen.

§ 651 Anwendung des Kaufrechts. ¹Auf einen Vertrag, der die Lieferung herzustellender oder zu erzeugender beweglicher Sachen zum Gegenstand hat, finden die Vorschriften über den Kauf Anwendung. ² § 442 Abs. 1 Satz 1 findet bei diesen Verträgen auch Anwendung, wenn der Mangel auf den vom Besteller gelieferten Stoff zurückzuführen ist. ³Soweit es sich bei den herzustellenden oder zu erzeugenden beweglichen Sachen um nicht vertretbare Sachen handelt, sind auch die §§ 642, 643, 645, 649 und 650 mit der Maßgabe anzuwenden, dass an die Stelle der Abnahme der nach den §§ 446 und 447 maßgebliche Zeitpunkt tritt.

II. Einführungsgesetz zum Bürgerlichen Gesetzbuche

In der Fassung der Bekanntmachung vom 21. September 1994
(BGBl. I S. 2494, ber. BGBl. 1997 I S. 1061)

FNA 400-1

zuletzt geänd. durch Art. 2 G zur Einführung einer Musterwiderrufsinformation für Verbraucherdarlehensverträge, zur Änd. der Vorschriften über das Widerrufsrecht bei Verbraucherdarlehensverträgen und zur Änd. des Darlehensvermittlungsrechts v. 24. 7. 2010 (BGBl. I S. 977)

– Auszug –

Art. 244 Abschlagszahlungen beim Hausbau. Das Bundesministerium der Justiz wird ermächtigt, im Einvernehmen mit dem Bundesministerium für Wirtschaft und Technologie durch Rechtsverordnung ohne Zustimmung des Bundesrates auch unter Abweichung von § 632a des Bürgerlichen Gesetzbuchs zu regeln, welche Abschlagszahlungen bei Werkverträgen verlangt werden können, die die Errichtung oder den Umbau eines Hauses oder eines vergleichbaren Bauwerks zum Gegenstand haben, insbesondere wie viele Abschläge vereinbart werden können, welche erbrachten Gewerke hierbei mit welchen Prozentsätzen der Gesamtbausumme angesetzt werden können, welcher Abschlag für eine in dem Vertrag enthaltene Verpflichtung zur Verschaffung des Eigentums angesetzt werden kann und welche Sicherheit dem Besteller hierfür zu leisten ist.

III. Bauträgerverordnung.
Verordnung über Abschlagszahlungen bei Bauträgerverträgen

Vom 23. Mai 2001
(BGBl. I S. 981)

FNA 402-28-2

geänd. durch Art. 4 Nr. 1 ForderungssicherungsG v. 23. 10. 2008 (BGBl. I S. 2022)

Auf Grund des § 27a des AGB-Gesetzes in der Fassung der Bekanntmachung vom 29. Juni 2000 (BGBl. I S. 946) verordnet das Bundesministerium der Justiz im Einvernehmen mit dem Bundesministerium für Wirtschaft und Technologie:

§ 1 Zulässige Abschlagszahlungsvereinbarungen. ¹In Werkverträgen, die die Errichtung oder den Umbau eines Hauses oder eines vergleichbaren Bauwerks auf einem Grundstück zum Gegenstand haben und zugleich die Verpflichtung des Unternehmers enthalten, dem Besteller das Eigentum an dem Grundstück zu übertragen oder ein Erbbaurecht zu bestellen oder zu übertragen, kann der Besteller zur Leistung von Abschlagszahlungen entsprechend § 3 Abs. 2 der Makler- und Bauträgerverordnung unter den Voraussetzungen ihres § 3 Abs. 1 verpflichtet werden. ²Unter den Voraussetzungen des § 7 der Makler- und Bauträgerverordnung kann der

Anhang

Besteller auch abweichend von ihrem § 3 Abs. 1 und 2 zur Leistung von Abschlagszahlungen verpflichtet werden. ³§ 632a Abs. 3 des Bürgerlichen Gesetzbuchs findet Anwendung.

§ 2 Betroffene Verträge. ¹Diese Verordnung ist auch auf zwischen dem 1. Mai 2000 und dem 29. Mai 2001 abgeschlossene Verträge anzuwenden. ²Dies gilt nicht, soweit zwischen den Vertragsparteien ein rechtskräftiges Urteil ergangen oder ein verbindlich gewordener Vergleich abgeschlossen worden ist.

§ 2a Übergangsregelung. Die Verordnung ist in ihrer vom 1. Januar 2009 an geltenden Fassung nur auf Schuldverhältnisse anzuwenden, die seit diesem Tag entstanden sind.

§ 3 Inkrafttreten. Diese Verordnung tritt am Tage nach der Verkündung in Kraft.

IV. Richtlinie 93/13/EWG des Rates vom 5. April 1993 über mißbräuchliche Klauseln in Verbraucherverträgen[1]

(ABl. Nr. L 95 S. 29)

Celex-Nr. 3 1993 L 0013

DER RAT DER EUROPÄISCHEN GEMEINSCHAFTEN –

gestützt auf den Vertrag zur Gründung der Europäischen Wirtschaftsgemeinschaft, insbesondere auf Artikel 95,

auf Vorschlag der Kommission,

in Zusammenarbeit mit dem Europäischen Parlament,

nach Stellungnahme des Wirtschafts- und Sozialausschusses,

in Erwägung nachstehender Gründe:

Es müssen Maßnahmen zur schrittweisen Errichtung des Binnenmarktes bis zum 31. Dezember 1992 getroffen werden. Der Binnenmarkt umfaßt einen Raum ohne Binnengrenzen, in dem der freie Verkehr von Waren, Personen, Dienstleistungen und Kapital gewährleistet ist.

Die Rechtsvorschriften der Mitgliedstaaten über Vertragsklauseln zwischen dem Verkäufer von Waren oder dem Dienstleistungserbringer einerseits und dem Verbraucher andererseits weisen viele Unterschiede auf, wodurch die einzelnen Märkte für den Verkauf von Waren und die Erbringung von Dienstleistungen an den Verbraucher uneinheitlich sind; dadurch wiederum können Wettbewerbsverzerrungen bei den Verkäufern und den Erbringern von Dienstleistungen, besonders bei der Vermarktung in anderen Mitgliedstaaten, eintreten.

Namentlich die Rechtsvorschriften der Mitgliedstaaten über mißbräuchliche Klauseln in Verträgen mit Verbrauchern weisen beträchtliche Unterschiede auf.

Die Mitgliedstaaten müssen dafür Sorge tragen, daß die mit den Verbrauchern abgeschlossenen Verträge keine mißbräuchlichen Klauseln enthalten.

Die Verbraucher kennen im allgemeinen nicht die Rechtsvorschriften, die in anderen Mitgliedstaaten für Verträge über den Kauf von Waren oder das Angebot von Dienstleistungen gelten. Diese Unkenntnis kann sie davon abhalten, Waren und Dienstleistungen direkt in anderen Mitgliedstaaten zu ordern.

Um die Errichtung des Binnenmarktes zu erleichtern und den Bürger in seiner Rolle als Verbraucher beim Kauf von Waren und Dienstleistungen mittels Verträgen zu schützen, für die die Rechtsvorschriften anderer Mitgliedstaaten gelten, ist es von Bedeutung, mißbräuchliche Klauseln aus diesen Verträgen zu entfernen.

Den Verkäufern von Waren und Dienstleistungserbringern wird dadurch ihre Verkaufstätigkeit sowohl im eigenen Land als auch im gesamten Binnenmarkt erleichtert. Damit wird der Wettbewerb gefördert und den Bürgern der Gemeinschaft in ihrer Eigenschaft als Verbraucher eine größere Auswahl zur Verfügung gestellt.

---

[1] Die Verweise/Bezugnahmen auf Vorschriften des EGV sind bereits gemäß Art. 12 des Amsterdamer Vertrages in Verbindung mit der Übereinstimmungstabelle an die neue Nummerierung angepasst worden.

Anhang

In den beiden Programmen der Gemeinschaft für eine Politik zum Schutz und zur Unterrichtung der Verbraucher wird die Bedeutung des Verbraucherschutzes auf dem Gebiet mißbräuchlicher Vertragsklauseln hervorgehoben. Dieser Schutz sollte durch Rechtsvorschriften gewährleistet werden, die gemeinschaftsweit harmonisiert sind oder unmittelbar auf dieser Ebene erlassen werden.

Gemäß dem unter dem Abschnitt „Schutz der wirtschaftlichen Interessen der Verbraucher" festgelegten Prinzip sind entsprechend diesen Programmen Käufer von Waren oder Dienstleistungen vor Machtmißbrauch des Verkäufers oder des Dienstleistungserbringers, insbesondere vor vom Verkäufer einseitig festgelegten Standardverträgen und vor dem mißbräuchlichen Ausschluß von Rechten in Verträgen zu schützen.

Durch die Aufstellung einheitlicher Rechtsvorschriften auf dem Gebiet mißbräuchlicher Klauseln kann der Verbraucher besser geschützt werden. Diese Vorschriften sollten für alle Verträge zwischen Gewerbetreibenden und Verbrauchern gelten. Von dieser Richtlinie ausgenommen sind daher insbesondere Arbeitsverträge sowie Verträge aus dem Gebiet des Erb-, Familien- und Gesellschaftsrechts.

Der Verbraucher muß bei mündlichen und bei schriftlichen Verträgen – bei letzteren unabhängig davon, ob die Klauseln in einem oder in mehreren Dokumenten enthalten sind – den gleichen Schutz genießen.

Beim derzeitigen Stand der einzelstaatlichen Rechtsvorschriften kommt allerdings nur eine teilweise Harmonisierung in Betracht. So gilt diese Richtlinie insbesondere nur für Vertragsklauseln, die nicht einzeln ausgehandelt wurden. Den Mitgliedstaaten muß es freigestellt sein, dem Verbraucher unter Beachtung des Vertrags einen besseren Schutz durch strengere einzelstaatliche Vorschriften als den in dieser Richtlinie enthaltenen Vorschriften zu gewähren.

Bei Rechtsvorschriften der Mitgliedstaaten, in denen direkt oder indirekt die Klauseln für Verbraucherverträge festgelegt werden, wird davon ausgegangen, daß sie keine mißbräuchlichen Klauseln enthalten. Daher sind Klauseln, die auf bindenden Rechtsvorschriften oder auf Grundsätzen oder Bestimmungen internationaler Übereinkommen beruhen, bei denen die Mitgliedstaaten oder die Gemeinschaft Vertragsparteien sind, nicht dieser Richtlinie zu unterwerfen; der Begriff „bindende Rechtsvorschriften" in Artikel 1 Absatz 2 umfaßt auch Regeln, die nach dem Gesetz zwischen den Vertragsparteien gelten, wenn nichts anderes vereinbart wurde.

Die Mitgliedstaaten müssen jedoch dafür sorgen, daß darin keine mißbräuchlichen Klauseln enthalten sind, zumal diese Richtlinie auch für die gewerbliche Tätigkeit im öffentlich-rechtlichen Rahmen gilt.

Die Kriterien für die Beurteilung der Mißbräuchlichkeit von Vertragsklauseln müssen generell festgelegt werden.

Die nach den generell festgelegten Kriterien erfolgende Beurteilung der Mißbräuchlichkeit von Klauseln, insbesondere bei beruflichen Tätigkeiten des öffentlich-rechtlichen Bereichs, die ausgehend von einer Solidargemeinschaft der Dienstleistungsnehmer kollektive Dienste erbringen, muß durch die Möglichkeit einer globalen Bewertung der Interessenlagen der Parteien ergänzt werden. Diese stellt das Gebot von Treu und Glauben dar. Bei der Beurteilung von Treu und Glauben ist besonders zu berücksichtigen, welches Kräfteverhältnis zwischen den Verhandlungspositionen der Parteien bestand, ob auf den Verbraucher in irgendeiner Weise eingewirkt wurde, seine Zustimmung zu der Klausel zu geben, ob die Güter oder Dienstleistungen auf eine Sonderbestellung des Verbrauchers hin verkauft bzw. erbracht wurden. Dem Gebot von Treu und Glauben kann durch den Gewerbetreibenden Genüge getan werden, indem er sich gegenüber der anderen Partei, deren berechtigten Interessen er Rechnung tragen muß, loyal und billig verhält.

Die Liste der Klauseln im Anhang kann für die Zwecke dieser Richtlinie nur Beispiele geben; infolge dieses Minimalcharakters kann sie von den Mitgliedstaaten im Rahmen ihrer einzelstaatlichen Rechtsvorschriften, insbesondere hinsichtlich des Geltungsbereichs dieser Klauseln, ergänzt oder restriktiver formuliert werden.

Bei der Beurteilung der Mißbräuchlichkeit von Vertragsklauseln ist der Art der Güter bzw. Dienstleistungen Rechnung zu tragen.

Für die Zwecke dieser Richtlinie dürfen Klauseln, die den Hauptgegenstand eines Vertrages oder das Preis-/Leistungsverhältnis der Lieferung bzw. der Dienstleistung beschreiben, nicht als mißbräuchlich beurteilt werden. Jedoch können der Hauptgegenstand des Vertrages und das Preis-/Leistungsverhältnis bei der Beurteilung der Mißbräuchlichkeit anderer Klauseln berücksichtigt werden. Daraus folgt unter anderem, daß bei Versicherungsverträgen die Klauseln, in denen das versicherte Risiko und die Verpflichtung des Versicherers deutlich festgelegt oder abgegrenzt werden, nicht als mißbräuchlich beurteilt werden, sofern diese Einschränkungen bei der Berechnung der vom Verbraucher gezahlten Prämie Berücksichtigung finden.

Die Verträge müssen in klarer und verständlicher Sprache abgefaßt sein. Der Verbraucher muß tatsächlich die Möglichkeit haben, von allen Vertragsklauseln Kenntnis zu nehmen. Im Zweifelsfall ist die für den Verbraucher günstigste Auslegung anzuwenden.

Die Mitgliedstaaten müssen sicherstellen, daß in von einem Gewerbetreibenden mit Verbrauchern abgeschlossenen Verträgen keine mißbräuchlichen Klauseln verwendet werden. Wenn derartige Klauseln trotzdem verwendet werden, müssen sie für den Verbraucher unverbindlich sein; die verbleibenden Klauseln müssen jedoch weiterhin gelten und der Vertrag im übrigen auf der Grundlage dieser Klauseln für beide Teile verbindlich sein, sofern ein solches Fortbestehen ohne die mißbräuchlichen Klauseln möglich ist.

In bestimmten Fällen besteht die Gefahr, daß dem Verbraucher der in dieser Richtlinie aufgestellte Schutz entzogen wird, indem das Recht eines Drittlands zum anwendbaren Recht erklärt wird. Es sollten daher in dieser Richtlinie Bestimmungen vorgesehen werden, die dies ausschließen.

Personen und Organisationen, die nach dem Recht eines Mitgliedstaats ein berechtigtes Interesse geltend machen können, den Verbraucher zu schützen, müssen Verfahren, die Vertragsklauseln im Hinblick auf eine allgemeine Verwendung in Verbraucherverträgen, insbesondere mißbräuchliche Klauseln, zum Gegenstand haben, bei Gerichten oder Verwaltungsbehörden, die für die Entscheidung über Klagen bzw. Beschwerden oder die Eröffnung von Gerichtsverfahren zuständig sind, einleiten können. Diese Möglichkeit bedeutet jedoch keine Vorabkontrolle der in einem beliebigen Wirtschaftssektor verwendeten allgemeinen Bedingungen.

Die Gerichte oder Verwaltungsbehörden der Mitgliedstaaten müssen über angemessene und wirksame Mittel verfügen, damit der Verwendung mißbräuchlicher Klauseln in Verbraucherverträgen ein Ende gesetzt wird –

HAT FOLGENDE RICHTLINIE ERLASSEN:

Art. 1 [Regelungszweck] (1) Zweck dieser Richtlinie ist die Angleichung der Rechts- und Verwaltungsvorschriften der Mitgliedstaaten über mißbräuchliche Klauseln in Verträgen zwischen Gewerbetreibenden und Verbrauchern.

(2) Vertragsklauseln, die auf bindenden Rechtsvorschriften oder auf Bestimmungen oder Grundsätzen internationaler Übereinkommen beruhen, bei denen die Mitgliedstaaten oder die Gemeinschaft – insbesondere im Verkehrsbereich – Vertragsparteien sind, unterliegen nicht den Bestimmungen dieser Richtlinie.

Art. 2 [Definitionen] Im Sinne dieser Richtlinie bedeuten:
a) mißbräuchliche Klauseln: Vertragsklauseln, wie sie in Artikel 3 definiert sind;
b) Verbraucher: eine natürliche Person, die bei Verträgen, die unter diese Richtlinie fallen, zu einem Zweck handelt, der nicht ihrer gewerblichen oder beruflichen Tätigkeit zugerechnet werden kann;
c) Gewerbetreibender: eine natürliche oder juristische Person, die bei Verträgen, die unter diese Richtlinie fallen, im Rahmen ihrer gewerblichen oder beruflichen Tätigkeit handelt, auch wenn diese dem öffentlich-rechtlichen Bereich zuzurechnen ist.

Art. 3 [Gebot von Treu und Glauben] (1) Eine Vertragsklausel, die nicht im einzelnen ausgehandelt wurde, ist als mißbräuchlich anzusehen, wenn sie entgegen dem Gebot von Treu und Glauben zum Nachteil des Verbrauchers ein erhebliches und ungerechtfertigtes Mißverhältnis der vertraglichen Rechte und Pflichten der Vertragspartner verursacht.

(2) Eine Vertragsklausel ist immer dann als nicht im einzelnen ausgehandelt zu betrachten, wenn sie im voraus abgefaßt wurde und der Verbraucher deshalb, insbesondere im Rahmen eines vorformulierten Standardvertrags, keinen Einfluß auf ihren Inhalt nehmen konnte.

Anhang

Die Tatsache, daß bestimmte Elemente einer Vertragsklausel oder eine einzelne Klausel im einzelnen ausgehandelt worden sind, schließt die Anwendung dieses Artikels auf den übrigen Vertrag nicht aus, sofern es sich nach der Gesamtwertung dennoch um einen vorformulierten Standardvertrag handelt.

Behauptet ein Gewerbetreibender, daß eine Standardvertragsklausel im einzelnen ausgehandelt wurde, so obliegt ihm die Beweislast.

(3) Der Anhang enthält eine als Hinweis dienende und nicht erschöpfende Liste der Klauseln, die für mißbräuchlich erklärt werden können.

Art. 4 [Beurteilung] (1) Die Mißbräuchlichkeit einer Vertragsklausel wird unbeschadet des Artikels 7 unter Berücksichtigung der Art der Güter oder Dienstleistungen, die Gegenstand des Vertrages sind, aller den Vertragsabschluß begleitenden Umstände sowie aller anderen Klauseln desselben Vertrages oder eines anderen Vertrages, von dem die Klausel abhängt, zum Zeitpunkt des Vertragsabschlusses beurteilt.

(2) Die Beurteilung der Mißbräuchlichkeit der Klauseln betrifft weder den Hauptgegenstand des Vertrages noch die Angemessenheit zwischen dem Preis bzw. dem Entgelt und den Dienstleistungen bzw. den Gütern, die die Gegenleistung darstellen, sofern diese Klauseln klar und verständlich abgefaßt sind.

Art. 5 [Verständlichkeit] [1]Sind alle dem Verbraucher in Verträgen unterbreiteten Klauseln oder einige dieser Klauseln schriftlich niedergelegt, so müssen sie stets klar und verständlich abgefaßt sein. [2]Bei Zweifeln über die Bedeutung einer Klausel gilt die für den Verbraucher günstigste Auslegung. [3]Diese Auslegungsregel gilt nicht im Rahmen der in Artikel 7 Absatz 2 vorgesehenen Verfahren.

Art. 6 [Nationale Umsetzung] (1) Die Mitgliedstaaten sehen vor, daß mißbräuchliche Klauseln in Verträgen, die ein Gewerbetreibender mit einem Verbraucher geschlossen hat, für den Verbraucher unverbindlich sind, und legen die Bedingungen hierfür in ihren innerstaatlichen Rechtsvorschriften fest; sie sehen ferner vor, daß der Vertrag für beide Parteien auf derselben Grundlage bindend bleibt, wenn er ohne die mißbräuchlichen Klauseln bestehen kann.

(2) Die Mitgliedstaaten treffen die erforderlichen Maßnahmen, damit der Verbraucher den durch diese Richtlinie gewährten Schutz nicht verliert, wenn das Recht eines Drittlands als das auf den Vertrag anzuwendende Recht gewählt wurde und der Vertrag einen engen Zusammenhang mit dem Gebiet der Mitgliedstaaten aufweist.

Art. 7 [Nationaler Rechtsschutz] (1) Die Mitgliedstaaten sorgen dafür, daß im Interesse der Verbraucher und der gewerbetreibenden Wettbewerber angemessene und wirksame Mittel vorhanden sind, damit der Verwendung mißbräuchlicher Klauseln durch einen Gewerbetreibenden in den Verträgen, die er mit Verbrauchern schließt, ein Ende gesetzt wird.

(2) Die in Absatz 1 genannten Mittel müssen auch Rechtsvorschriften einschließen, wonach Personen oder Organisationen, die nach dem innerstaatlichen Recht ein berechtigtes Interesse am Schutz der Verbraucher haben, im Einklang mit den einzelstaatlichen Rechtsvorschriften die Gerichte oder die zuständigen Verwaltungsbehörden anrufen können, damit diese darüber entscheiden, ob Vertragsklauseln, die im Hinblick auf eine allgemeine Verwendung abgefaßt wurden, mißbräuchlich sind, und angemessene und wirksame Mittel anwenden, um der Verwendung solcher Klauseln ein Ende zu setzen.

(3) Die in Absatz 2 genannten Rechtsmittel können sich unter Beachtung der einzelstaatlichen Rechtsvorschriften getrennt oder gemeinsam gegen mehrere Gewerbetreibende desselben Wirtschaftssektors oder ihre Verbände richten, die gleiche allgemeine Vertragsklauseln oder ähnliche Klauseln verwenden oder deren Verwendung empfehlen.

Art. 8 [Strengere Bestimmungen] Die Mitgliedstaaten können auf dem durch diese Richtlinie geregelten Gebiet mit dem Vertrag vereinbarte strengere Bestimmungen erlassen, um ein höheres Schutzniveau für die Verbraucher zu gewährleisten.

Anhang

Art. 9 [Berichtspflicht] Die Kommission legt dem Europäischen Parlament und dem Rat spätestens fünf Jahre nach dem in Artikel 10 Absatz 1 genannten Zeitpunkt einen Bericht über die Anwendung dieser Richtlinie vor.

Art. 10 [Umsetzungsfrist, Geltung] (1) Die Mitgliedstaaten erlassen die erforderlichen Rechts- und Verwaltungsvorschriften, um dieser Richtlinie spätestens am 31. Dezember 1994 nachzukommen. Sie setzen die Kommission unverzüglich davon in Kenntnis.

Diese Vorschriften gelten für alle Verträge, die nach dem 31. Dezember 1994 abgeschlossen werden.

(2) Wenn die Mitgliedstaaten diese Vorschriften erlassen, nehmen sie in den Vorschriften selbst oder durch einen Hinweis bei der amtlichen Veröffentlichung auf diese Richtlinie Bezug. Die Mitgliedstaaten regeln die Einzelheiten der Bezugnahme.

(3) Die Mitgliedstaaten teilen der Kommission den Wortlaut der wichtigsten innerstaatlichen Rechtsvorschriften mit, die sie auf dem unter diese Richtlinie fallenden Gebiet erlassen.

Art. 11 [Adressaten] Diese Richtlinie ist an die Mitgliedstaaten gerichtet.

Anhang. Klauseln gemäß Artikel 3 Absatz 3

1. **Klauseln, die darauf abzielen oder zur Folge haben, daß**
   a) die gesetzliche Haftung des Gewerbetreibenden ausgeschlossen oder eingeschränkt wird, wenn der Verbraucher aufgrund einer Handlung oder Unterlassung des Gewerbetreibenden sein Leben verliert oder einen Körperschaden erleidet;
   b) die Ansprüche des Verbrauchers gegenüber dem Gewerbetreibenden oder einer anderen Partei, einschließlich der Möglichkeit, eine Verbindlichkeit gegenüber dem Gewerbetreibenden durch eine etwaige Forderung gegen ihn auszugleichen, ausgeschlossen oder ungebührlich eingeschränkt werden, wenn der Gewerbetreibende eine der vertraglichen Verpflichtungen ganz oder teilweise nicht erfüllt oder mangelhaft erfüllt;
   c) der Verbraucher eine verbindliche Verpflichtung eingeht, während der Gewerbetreibende die Erbringung der Leistungen an eine Bedingung knüpft, deren Eintritt nur von ihm abhängt;
   d) es dem Gewerbetreibenden gestattet wird, vom Verbraucher gezahlte Beträge einzubehalten, wenn dieser darauf verzichtet, den Vertrag abzuschließen oder zu erfüllen, ohne daß für den Verbraucher ein Anspruch auf eine Entschädigung in entsprechender Höhe seitens des Gewerbetreibenden vorgesehen wird, wenn dieser selbst es unterläßt;
   e) dem Verbraucher, der seinen Verpflichtungen nicht nachkommt, ein unverhältnismäßig hoher Entschädigungsbetrag auferlegt wird;
   f) es dem Gewerbetreibenden gestattet wird, nach freiem Ermessen den Vertrag zu kündigen, wenn das gleiche Recht nicht auch dem Verbraucher eingeräumt wird, und es dem Gewerbetreibenden für den Fall, daß er selbst den Vertrag kündigt, gestattet wird, die Beträge einzubehalten, die für von ihm noch nicht erbrachte Leistungen gezahlt wurden;
   g) es dem Gewerbetreibenden – außer bei Vorliegen schwerwiegender Gründe – gestattet ist, einen unbefristeten Vertrag ohne angemessene Frist zu kündigen;
   h) ein befristeter Vertrag automatisch verlängert wird, wenn der Verbraucher sich nicht gegenteilig geäußert hat und als Termin für diese Äußerung des Willens des Verbrauchers, den Vertrag nicht zu verlängern, ein vom Ablaufzeitpunkt des Vertrages ungebührlich weit entferntes Datum festgelegt wurde;
   i) die Zustimmung des Verbrauchers zu Klauseln unwiderlegbar festgestellt wird, von denen er vor Vertragsabschluß nicht tatsächlich Kenntnis nehmen konnte;
   j) der Gewerbetreibende die Vertragsklauseln einseitig ohne triftigen und im Vertrag aufgeführten Grund ändern kann;

Anhang

k) der Gewerbetreibende die Merkmale des zu liefernden Erzeugnisses oder der zu erbringenden Dienstleistung einseitig ohne triftigen Grund ändern kann;

l) der Verkäufer einer Ware oder der Erbringer einer Dienstleistung den Preis zum Zeitpunkt der Lieferung festsetzen oder erhöhen kann, ohne daß der Verbraucher in beiden Fällen ein entsprechendes Recht hat, vom Vertrag zurückzutreten, wenn der Endpreis im Verhältnis zu dem Preis, der bei Vertragsabschluß vereinbart wurde, zu hoch ist;

m) dem Gewerbetreibenden das Recht eingeräumt ist zu bestimmen, ob die gelieferte Ware oder erbrachte Dienstleistung den Vertragsbestimmungen entspricht, oder ihm das ausschließliche Recht zugestanden wird, die Auslegung einer Vertragsklausel vorzunehmen;

n) die Verpflichtung des Gewerbetreibenden zur Einhaltung der von seinen Vertretern eingegangenen Verpflichtungen eingeschränkt wird oder diese Verpflichtung von der Einhaltung einer besonderen Formvorschrift abhängig gemacht wird;

o) der Verbraucher allen seinen Verpflichtungen nachkommen muß, obwohl der Gewerbetreibende seine Verpflichtungen nicht erfüllt;

p) die Möglichkeit vorgesehen wird, daß der Vertrag ohne Zustimmung des Verbrauchers vom Gewerbetreibenden abgetreten wird, wenn dies möglicherweise eine Verringerung der Sicherheiten für den Verbraucher bewirkt;

q) dem Verbraucher die Möglichkeit, Rechtsbehelfe bei Gericht einzulegen oder sonstige Beschwerdemittel zu ergreifen, genommen oder erschwert wird, und zwar insbesondere dadurch, daß er ausschließlich auf ein nicht unter die rechtlichen Bestimmungen fallendes Schiedsgerichtsverfahren verwiesen wird, die ihm zur Verfügung stehenden Beweismittel ungebührlich eingeschränkt werden oder ihm die Beweislast auferlegt wird, die nach dem geltenden Recht einer anderen Vertragspartei obläge.

2. **Tragweite der Buchstaben g), j) und l)**

a) Buchstabe g) steht Klauseln nicht entgegen, durch die sich der Erbringer von Finanzdienstleistungen das Recht vorbehält, einen unbefristeten Vertrag einseitig und – bei Vorliegen eines triftigen Grundes – fristlos zu kündigen, sofern der Gewerbetreibende die Pflicht hat, die andere Vertragspartei oder die anderen Vertragsparteien alsbald davon zu unterrichten.

b) Buchstabe j) steht Klauseln nicht entgegen, durch die sich der Erbringer von Finanzdienstleistungen das Recht vorbehält, den von dem Verbraucher oder an den Verbraucher zu zahlenden Zinssatz oder die Höhe anderer Kosten für Finanzdienstleistungen in begründeten Fällen ohne Vorankündigung zu ändern, sofern der Gewerbetreibende die Pflicht hat, die andere Vertragspartei oder die anderen Vertragsparteien unverzüglich davon zu unterrichten, und es dieser oder diesen freisteht, den Vertrag alsbald zu kündigen. Buchstabe j) steht ferner Klauseln nicht entgegen, durch die sich der Gewerbetreibende das Recht vorbehält, einseitig die Bedingungen eines unbefristeten Vertrages zu ändern, sofern es ihm obliegt, den Verbraucher hiervon rechtzeitig in Kenntnis zu setzen, und es diesem freisteht, den Vertrag zu kündigen.

c) Die Buchstaben g), j) und l) finden keine Anwendung auf
– Geschäfte mit Wertpapieren, Finanzpapieren und anderen Erzeugnissen oder Dienstleistungen, bei denen der Preis von den Veränderungen einer Notierung oder eines Börsenindex oder von Kursschwankungen auf dem Kapitalmarkt abhängt, auf die der Gewerbetreibende keinen Einfluß hat;
– Verträge zum Kauf oder Verkauf von Fremdwährungen, Reiseschecks oder internationalen Postanweisungen in Fremdwährung.

d) Buchstabe l) steht Preisindexierungsklauseln nicht entgegen, wenn diese rechtmäßig sind und der Modus der Preisänderung darin ausdrücklich beschrieben wird.

Anhang

V. VOB/B. Vergabe- und Vertragsordnung für Bauleistungen (VOB) Teil B: Allgemeine Vertragsbedingungen für die Ausführung von Bauleistungen

Vom 31. Juli 2009
(BAnz. Nr. 155 a)

– Auszug –

§ 12 Abnahme. (1) Verlangt der Auftragnehmer nach der Fertigstellung – gegebenenfalls auch vor Ablauf der vereinbarten Ausführungsfrist – die Abnahme der Leistung, so hat sie der Auftraggeber binnen 12 Werktagen durchzuführen; eine andere Frist kann vereinbart werden.

(2) Auf Verlangen sind in sich abgeschlossene Teile der Leistung besonders abzunehmen.

(3) Wegen wesentlicher Mängel kann die Abnahme bis zur Beseitigung verweigert werden.

(4)
1. Eine förmliche Abnahme hat stattzufinden, wenn eine Vertragspartei es verlangt. Jede Partei kann auf ihre Kosten einen Sachverständigen zuziehen. Der Befund ist in gemeinsamer Verhandlung schriftlich niederzulegen. In die Niederschrift sind etwaige Vorbehalte wegen bekannter Mängel und wegen Vertragsstrafen aufzunehmen, ebenso etwaige Einwendungen des Auftragnehmers. Jede Partei erhält eine Ausfertigung.
2. Die förmliche Abnahme kann in Abwesenheit des Auftragnehmers stattfinden, wenn der Termin vereinbart war oder der Auftraggeber mit genügender Frist dazu eingeladen hatte. Das Ergebnis der Abnahme ist dem Auftragnehmer alsbald mitzuteilen.

(5)
1. Wird keine Abnahme verlangt, so gilt die Leistung als abgenommen mit Ablauf von 12 Werktagen nach schriftlicher Mitteilung über die Fertigstellung der Leistung.
2. Wird keine Abnahme verlangt und hat der Auftraggeber die Leistung oder einen Teil der Leistung in Benutzung genommen, so gilt die Abnahme nach Ablauf von 6 Werktagen nach Beginn der Benutzung als erfolgt, wenn nichts anderes vereinbart ist. Die Benutzung von Teilen einer baulichen Anlage zur Weiterführung der Arbeiten gilt nicht als Abnahme.
3. Vorbehalte wegen bekannter Mängel oder wegen Vertragsstrafen hat der Auftraggeber spätestens zu den in den Nummern 1 und 2 bezeichneten Zeitpunkten geltend zu machen.

(6) Mit der Abnahme geht die Gefahr auf den Auftraggeber über, soweit er sie nicht schon nach § 7 trägt.

§ 13 Mängelansprüche. (1) [1]Der Auftragnehmer hat dem Auftraggeber seine Leistung zum Zeitpunkt der Abnahme frei von Sachmängeln zu verschaffen. [2]Die Leistung ist zur Zeit der Abnahme frei von Sachmängeln, wenn sie die vereinbarte Beschaffenheit hat und den anerkannten Regeln der Technik entspricht. [3]Ist die Beschaffenheit nicht vereinbart, so ist die Leistung zur Zeit der Abnahme frei von Sachmängeln,
1. wenn sie sich für die nach dem Vertrag vorausgesetzte, sonst
2. für die gewöhnliche Verwendung eignet und eine Beschaffenheit aufweist, die bei Werken der gleichen Art üblich ist und die der Auftraggeber nach der Art der Leistung erwarten kann.

(2) [1]Bei Leistungen nach Probe gelten die Eigenschaften der Probe als vereinbarte Beschaffenheit, soweit nicht Abweichungen nach der Verkehrssitte als bedeutungslos anzusehen sind. [2]Dies gilt auch für Proben, die erst nach Vertragsabschluss als solche anerkannt sind.

(3) Ist ein Mangel zurückzuführen auf die Leistungsbeschreibung oder auf Anordnungen des Auftraggebers, auf die von diesem gelieferten oder vorgeschriebenen Stoffe oder Bauteile oder die Beschaffenheit der Vorleistung eines anderen Unternehmers, haftet der Auftragnehmer, es sei denn, er hat die ihm nach § 4 Absatz 3 obliegende Mitteilung gemacht.

Anhang

(4)
1. Ist für Mängelansprüche keine Verjährungsfrist im Vertrag vereinbart, so beträgt sie für Bauwerke 4 Jahre, für andere Werke, deren Erfolg in der Herstellung, Wartung oder Veränderung einer Sache besteht, und für die vom Feuer berührten Teile von Feuerungsanlagen 2 Jahre. Abweichend von Satz 1 beträgt die Verjährungsfrist für feuerberührte und abgasdämmende Teile von industriellen Feuerungsanlagen 1 Jahr.
2. Ist für Teile von maschinellen und elektrotechnischen/elektronischen Anlagen, bei denen die Wartung Einfluss auf Sicherheit und Funktionsfähigkeit hat, nichts anderes vereinbart, beträgt für diese Anlagenteile die Verjährungsfrist für Mängelansprüche abweichend von Nummer 1 zwei Jahre, wenn der Auftraggeber sich dafür entschieden hat, dem Auftragnehmer die Wartung für die Dauer der Verjährungsfrist nicht zu übertragen; dies gilt auch, wenn für weitere Leistungen eine andere Verjährungsfrist vereinbart ist.
3. Die Frist beginnt mit der Abnahme der gesamten Leistung; nur für in sich abgeschlossene Teile der Leistung beginnt sie mit der Teilabnahme (§ 12 Absatz 2).

(5)
1. Der Auftragnehmer ist verpflichtet, alle während der Verjährungsfrist hervortretenden Mängel, die auf vertragswidrige Leistung zurückzuführen sind, auf seine Kosten zu beseitigen, wenn es der Auftraggeber vor Ablauf der Frist schriftlich verlangt. Der Anspruch auf Beseitigung der gerügten Mängel verjährt in 2 Jahren, gerechnet vom Zugang des schriftlichen Verlangens an, jedoch nicht vor Ablauf der Regelfristen nach Absatz 4 oder der an ihrer Stelle vereinbarten Frist. Nach Abnahme der Mängelbeseitigungsleistung beginnt für diese Leistung eine Verjährungsfrist von 2 Jahren neu, die jedoch nicht vor Ablauf der Regelfristen nach Absatz 4 oder der an ihrer Stelle vereinbarten Frist endet.
2. Kommt der Auftragnehmer der Aufforderung zur Mängelbeseitigung in einer vom Auftraggeber gesetzten angemessenen Frist nicht nach, so kann der Auftraggeber die Mängel auf Kosten des Auftragnehmers beseitigen lassen.

(6) Ist die Beseitigung des Mangels für den Auftraggeber unzumutbar oder ist sie unmöglich oder würde sie einen unverhältnismäßig hohen Aufwand erfordern und wird sie deshalb vom Auftragnehmer verweigert, so kann der Auftraggeber durch Erklärung gegenüber dem Auftragnehmer die Vergütung mindern (§ 638 BGB).

(7)
1. Der Auftragnehmer haftet bei schuldhaft verursachten Mängeln für Schäden aus der Verletzung des Lebens, des Körpers oder der Gesundheit.
2. Bei vorsätzlich oder grob fahrlässig verursachten Mängeln haftet er für alle Schäden.
3. Im Übrigen ist dem Auftraggeber der Schaden an der baulichen Anlage zu ersetzen, zu deren Herstellung, Instandhaltung oder Änderung die Leistung dient, wenn ein wesentlicher Mangel vorliegt, der die Gebrauchsfähigkeit erheblich beeinträchtigt und auf ein Verschulden des Auftragnehmers zurückzuführen ist. Einen darüber hinausgehenden Schaden hat der Auftragnehmer nur dann zu ersetzen,
   a) wenn der Mangel auf einem Verstoß gegen die anerkannten Regeln der Technik beruht,
   b) wenn der Mangel in dem Fehlen einer vertraglich vereinbarten Beschaffenheit besteht oder
   c) soweit der Auftragnehmer den Schaden durch Versicherung seiner gesetzlichen Haftpflicht gedeckt hat oder durch eine solche zu tarifmäßigen, nicht auf außergewöhnliche Verhältnisse abgestellten Prämien und Prämienzuschlägen bei einem im Inland zum Geschäftsbetrieb zugelassenen Versicherer hätte decken können.
4. Abweichend von Absatz 4 gelten die gesetzlichen Verjährungsfristen, soweit sich der Auftragnehmer nach Nummer 3 durch Versicherung geschützt hat oder hätte schützen können oder soweit ein besonderer Versicherungsschutz vereinbart ist.
5. Eine Einschränkung oder Erweiterung der Haftung kann in begründeten Sonderfällen vereinbart werden.

Anhang

VI. Gewerbeordnung

In der Fassung der Bekanntmachung vom 22. Februar 1999
(BGBl. I S. 202)

FNA 7100-1

zuletzt geänd. durch Art. 4 Abs. 14 G zur Reform der Sachaufklärung in der Zwangsvollstreckung
v. 29. 7. 2009 (BGBl. I S. 2258)

– Auszug –

§ 34 c Makler, Anlageberater, Bauträger, Baubetreuer. (1) [1]Wer gewerbsmäßig
1. den Abschluss von Verträgen über Grundstücke, grundstücksgleiche Rechte, gewerbliche Räume oder Wohnräume vermitteln oder die Gelegenheit zum Abschluss solcher Verträge nachweisen,
1 a. den Abschluss von Darlehensverträgen vermitteln oder die Gelegenheit zum Abschluss solcher Verträge nachweisen,
2. den Abschluss von Verträgen über den Erwerb von Anteilscheinen einer Kapitalanlagegesellschaft oder Investmentaktiengesellschaft, von ausländischen Investmentanteilen, die im Geltungsbereich des Investmentgesetzes öffentlich vertrieben werden dürfen, von sonstigen öffentlich angebotenen Vermögensanlagen, die für gemeinsame Rechnung der Anleger verwaltet werden, oder von öffentlich angebotenen Anteilen an einer und von verbrieften Forderungen gegen eine Kapitalgesellschaft oder Kommanditgesellschaft vermitteln,
3. Anlageberatung im Sinne der Bereichsausnahme des § 2 Abs. 6 Satz 1 Nr. 8 des Kreditwesengesetzes betreiben,
4. Bauvorhaben
   a) als Bauherr im eigenen Namen für eigene oder fremde Rechnung vorbereiten oder durchführen und dazu Vermögenswerte von Erwerbern, Mietern, Pächtern oder sonstigen Nutzungsberechtigten oder von Bewerbern um Erwerbs- oder Nutzungsrechte verwenden,
   b) als Baubetreuer im fremden Namen für fremde Rechnung wirtschaftlich vorbereiten oder durchführen

will, bedarf der Erlaubnis der zuständigen Behörde. [2]Die Erlaubnis kann inhaltlich beschränkt und mit Auflagen verbunden werden, soweit dies zum Schutze der Allgemeinheit oder der Auftraggeber erforderlich ist; unter den selben Voraussetzungen ist auch die nachträgliche Aufnahme, Änderung und Ergänzung von Auflagen zulässig.

(2) Die Erlaubnis ist zu versagen, wenn
1. Tatsachen die Annahme rechtfertigen, daß der Antragsteller oder eine der mit der Leitung des Betriebes oder einer Zweigniederlassung beauftragten Personen die für den Gewerbebetrieb erforderliche Zuverlässigkeit nicht besitzt; die erforderliche Zuverlässigkeit besitzt in der Regel nicht, wer in den letzten fünf Jahren vor Stellung des Antrages wegen eines Verbrechens oder wegen Diebstahls, Unterschlagung, Erpressung, Betruges, Untreue, Geldwäsche, Urkundenfälschung, Hehlerei, Wuchers oder einer Insolvenzstraftat rechtskräftig verurteilt worden ist, oder
2. der Antragsteller in ungeordneten Vermögensverhältnissen lebt; dies ist in der Regel der Fall, wenn über das Vermögen des Antragstellers das Insolvenzverfahren eröffnet worden oder er in das vom Insolvenzgericht oder vom Vollstreckungsgericht zu führende Verzeichnis (§ 26 Abs. 2 Insolvenzordnung, § 915 Zivilprozeßordnung) eingetragen ist.

(3) [1]Das Bundesministerium für Wirtschaft und Technologie wird ermächtigt, durch Rechtsverordnung mit Zustimmung des Bundesrates zum Schutze der Allgemeinheit und der Auftraggeber Vorschriften zu erlassen über den Umfang der Verpflichtungen des Gewerbetreibenden bei der Ausübung des Gewerbes, insbesondere über die Verpflichtungen
1. ausreichende Sicherheiten zu leisten oder eine zu diesem Zweck geeignete Versicherung abzuschließen, sofern der Gewerbetreibende Vermögenswerte des Auftraggebers erhält oder verwendet,
2. die erhaltenen Vermögenswerte des Auftraggebers getrennt zu verwalten,

Anhang

3. nach der Ausführung des Auftrages dem Auftraggeber Rechnung zu legen,
4. der zuständigen Behörde Anzeige beim Wechsel der mit der Leitung des Betriebes oder einer Zweigniederlassung beauftragten Personen zu erstatten und hierbei bestimmte Angaben zu machen,
5. dem Auftraggeber die für die Beurteilung des Auftrages und des zu vermittelnden oder nachzuweisenden Vertrages jeweils notwendigen Informationen schriftlich oder mündlich zu geben,
6. Bücher zu führen einschließlich der Aufzeichnung von Daten über einzelne Geschäftsvorgänge sowie über die Auftraggeber.

²In der Rechtsverordnung nach Satz 1 kann ferner die Befugnis des Gewerbetreibenden zur Entgegennahme und zur Verwendung von Vermögenswerten des Auftraggebers beschränkt werden, soweit dies zum Schutze des Auftraggebers erforderlich ist. ³Außerdem kann in der Rechtsverordnung der Gewerbetreibende verpflichtet werden, die Einhaltung der nach Satz 1 Nr. 1 bis 6 und Satz 2 erlassenen Vorschriften auf seine Kosten regelmäßig sowie aus besonderem Anlaß prüfen zu lassen und den Prüfungsbericht der zuständigenBehörde vorzulegen, soweit es zur wirksamen Überwachung erforderlich ist; hierbei können die Einzelheiten der Prüfung, insbesondere deren Anlaß, Zeitpunkt und Häufigkeit, die Auswahl, Bestellung und Abberufung der Prüfer, deren Rechte, Pflichten und Verantwortlichkeit, der Inhalt des Prüfungsberichts, die Verpflichtungen des Gewerbetreibenden gegenüber dem Prüfer sowie das Verfahren bei Meinungsverschiedenheiten zwischen dem Prüfer und dem Gewerbetreibenden, geregelt werden.

(4) (weggefallen)

(5) Die Absätze 1 bis 3 gelten nicht für

1. Betreuungsunternehmen im Sinne des § 37 Abs. 2 des Zweiten Wohnungsbaugesetzes oder des § 22 c Abs. 2 des Wohnungsbaugesetzes für das Saarland, solange sie diese Eigenschaft behalten,
2. Kreditinstitute, für die eine Erlaubnis nach § 32 Abs. 1 des Kreditwesengesetzes erteilt wurde, und für Zweigstellen von Unternehmen im Sinne des § 53 b Abs. 1 Satz 1 des Kreditwesengesetzes,
2 a. Kapitalanlagegesellschaften, für die eine Erlaubnis nach § 7 Abs. 1 des Investmentgesetzes erteilt wurde, und Zweigniederlassungen von Unternehmen im Sinne des § 13 Abs. 1 Satz 1 des Investmentgesetzes
3. Finanzdienstleistungsinstitute in bezug auf Vermittlungstätigkeiten oder Anlageberatung, für die ihnen eine Erlaubnis nach § 32 Abs. 1 des Kreditwesengesetzes erteilt wurde oder nach § 64 e Abs. 2 des Kreditwesengesetzes als erteilt gilt,
3 a. Gewerbetreibende im Sinne des Absatzes 1 Satz 1 Nr. 1 Buchstabe b in bezug auf Vermittlungstätigkeiten nach Maßgabe des § 2 Abs. 10 Satz 1 des Kreditwesengesetzes,
4. Gewerbetreibende, die lediglich zur Finanzierung der von ihnen abgeschlossenen Warenverkäufe oder zu erbringenden Dienstleistungen den Abschluß von Verträgen über Darlehen vermitteln oder die Gelegenheit zum Abschluß solcher Verträge nachweisen,
5. Zweigstellen von Unternehmen mit Sitz in einem anderen Mitgliedstaat der Europäischen Union, die nach § 53 b Abs. 7 des Kreditwesengesetzes Darlehen zwischen Kreditinstituten vermitteln dürfen, soweit sich ihre Tätigkeit nach Absatz 1 auf die Vermittlung von Darlehen zwischen Kreditinstituten beschränkt,
6. Verträge, soweit Teilzeitnutzung von Wohngebäuden im Sinne des § 481 des Bürgerlichen Gesetzbuchs gemäß Absatz 1 Satz 1 Nr. 1 nachgewiesen oder vermittelt wird.

Anhang

VII. MaBV. Verordnung über die Pflichten der Makler, Darlehens- und Anlagenvermittler, Anlageberater, Bauträger und Baubetreuer (Makler- und Bauträgerverordnung)

In der Fassung der Bekanntmachung vom 7. November 1990 (BGBl. I S. 2479)

FNA 7104-6

zuletzt geänd. durch Art. 2 VO zur Anp. gewerberechtl. VO an die DienstleistungsRL v. 9. 3. 2010 (BGBl. I S. 264)

§ 1 Anwendungsbereich. ¹Diese Verordnung gilt für Gewerbetreibende, die Tätigkeiten nach § 34c Absatz 1 der Gewerbeordnung ausüben, unabhängig vom Bestehen einer Erlaubnispflicht. ²Die Verordnung gilt nicht, soweit § 34c Absatz 5 der Gewerbeordnung Anwendung findet. ³Gewerbetreibende, die

1. als Versicherungs- oder Bausparkassenvertreter im Rahmen ihrer Tätigkeit für ein der Aufsicht der Bundesanstalt für Finanzdienstleistungsaufsicht unterliegendes Versicherungs- oder Bausparunternehmen den Abschluß von Verträgen über Darlehen vermitteln oder die Gelegenheit zum Abschluß solcher Verträge nachweisen oder
2. den Abschluß von Verträgen über die Nutzung der von ihnen für Rechnung Dritter verwalteten Grundstücke, grundstücksgleichen Rechte, gewerblichen Räume oder Wohnräume vermitteln oder die Gelegenheit zum Abschluß solcher Verträge nachweisen,

unterliegen hinsichtlich dieser Tätigkeit nicht den Vorschriften dieser Verordnung.

§ 2 Sicherheitsleistung, Versicherung. (1) ¹Bevor der Gewerbetreibende zur Ausführung des Auftrages Vermögenswerte des Auftraggebers erhält oder zu deren Verwendung ermächtigt wird, hat er dem Auftraggeber in Höhe dieser Vermögenswerte Sicherheit zu leisten oder eine zu diesem Zweck geeignete Versicherung abzuschließen; dies gilt nicht in den Fällen des § 34c Abs. 1 Satz 1 Nr. 4 Buchstabe a der Gewerbeordnung, sofern dem Auftraggeber Eigentum an einem Grundstück übertragen oder ein Erbbaurecht bestellt oder übertragen werden soll. ²Zu sichern sind Schadensersatzansprüche des Auftraggebers wegen etwaiger von dem Gewerbetreibenden und den Personen, die er zur Verwendung der Vermögenswerte ermächtigt hat, vorsätzlich begangener unerlaubter Handlungen, die sich gegen die in Satz 1 bezeichneten Vermögenswerte richten.

(2) ¹Die Sicherheit kann nur durch die Stellung eines Bürgen geleistet werden. ²Als Bürge können nur Körperschaften des öffentlichen Rechts mit Sitz im Geltungsbereich dieser Verordnung, Kreditinstitute, die im Inland zum Geschäftsbetrieb befugt sind, sowie Versicherungsunternehmen bestellt werden, die zum Betrieb der Bürgschaftsversicherung im Inland befugt sind. ³Die Bürgschaftserklärung muß den Verzicht auf die Einrede der Vorausklage enthalten. ⁴Die Bürgschaft darf nicht vor dem Zeitpunkt ablaufen, der sich aus Absatz 5 ergibt.

(3) Versicherungen sind nur dann im Sinne des Absatzes 1 geeignet, wenn

1. das Versicherungsunternehmen zum Betrieb der Vertrauensschadensversicherung im Inland befugt ist und
2. die allgemeinen Versicherungsbedingungen dem Zweck dieser Verordnung gerecht werden, insbesondere den Auftraggeber aus dem Versicherungsvertrag auch in den Fällen des Insolvenzverfahrens des Gewerbetreibenden unmittelbar berechtigen.

(4) ¹Sicherheiten und Versicherungen können nebeneinander geleistet und abgeschlossen werden. ²Sie können für jeden einzelnen Auftrag oder für mehrere gemeinsam geleistet oder abgeschlossen werden. ³Der Gewerbetreibende hat dem Auftraggeber die zur unmittelbaren Inanspruchnahme von Sicherheiten und Versicherungen erforderlichen Urkunden auszuhändigen, bevor er Vermögenswerte des Auftraggebers erhält oder zu deren Verwendung ermächtigt wird.

(5) ¹Die Sicherheiten und Versicherungen sind aufrechtzuerhalten

1. in den Fällen des § 34c Absatz 1 Satz 1 Nummer 1, 1a und 2 der Gewerbeordnung, bis der Gewerbetreibende die Vermögenswerte an den in dem Auftrag bestimmten Empfänger übermittelt hat,

Anhang

2. in den Fällen des § 34c Abs. 1 Satz 1 Nr. 4 Buchstabe a der Gewerbeordnung, sofern ein Nutzungsverhältnis begründet werden soll, bis zur Einräumung des Besitzes und Begründung des Nutzungsverhältnisses,
3. in den Fällen des § 34c Abs. 1 Satz 1 Nr. 4 Buchstabe b der Gewerbeordnung bis zur Rechnungslegung; sofern die Rechnungslegungspflicht gemäß § 8 Abs. 2 entfällt, endet die Sicherungspflicht mit der vollständigen Fertigstellung des Bauvorhabens.

²Erhält der Gewerbetreibende Vermögenswerte des Auftraggebers in Teilbeträgen, oder wird er ermächtigt, hierüber in Teilbeträgen zu verfügen, endet die Verpflichtung aus Absatz 1 Satz 1 erster Halbsatz in bezug auf die Teilbeträge, sobald er dem Auftraggeber die ordnungsgemäße Verwendung dieser Vermögenswerte nachgewiesen hat; die Sicherheiten und Versicherungen für den letzten Teilbetrag sind bis zu dem in Satz 1 bestimmten Zeitpunkt aufrechtzuerhalten.

(6) ¹Soweit nach den Absätzen 2 und 3 eine Bürgschaft oder Versicherung verlangt wird, ist von Gewerbetreibenden aus einem anderen Mitgliedstaat der Europäischen Union oder einem anderen Vertragsstaat des Abkommens über den Europäischen Wirtschaftsraum als Nachweis eine Bescheinigung über den Abschluss einer Bürgschaft oder Versicherung als hinreichend anzuerkennen, die von einem Kreditinstitut oder einem Versicherungsunternehmen in einem anderen Mitgliedstaat oder Vertragsstaat ausgestellt wurde, sofern die in diesem Staat abgeschlossene Versicherung im Wesentlichen vergleichbar ist zu der, die von in Deutschland niedergelassenen Gewerbetreibenden verlangt wird, und zwar hinsichtlich der Zweckbestimmung, der vorgesehenen Deckung bezüglich des versicherten Risikos, der Versicherungssumme und möglicher Ausnahmen von der Deckung. ²Bei nur teilweiser Gleichwertigkeit kann eine zusätzliche Sicherheit verlangt werden, die die nicht gedeckten Risiken absichert.

§ 3 Besondere Sicherungspflichten für Bauträger. (1) ¹Der Gewerbetreibende darf in den Fällen des § 34c Abs. 1 Satz 1 Nr. 4 Buchstabe a der Gewerbeordnung, sofern dem Auftraggeber Eigentum an einem Grundstück übertragen oder ein Erbbaurecht bestellt oder übertragen werden soll, Vermögenswerte des Auftraggebers zur Ausführung des Auftrages erst entgegennehmen oder sich zu deren Verwendung ermächtigen lassen, wenn

1. der Vertrag zwischen dem Gewerbetreibenden und dem Auftraggeber rechtswirksam ist und die für seinen Vollzug erforderlichen Genehmigungen vorliegen, diese Voraussetzungen durch eine schriftliche Mitteilung des Notars bestätigt und dem Gewerbetreibenden keine vertraglichen Rücktrittsrechte eingeräumt sind,
2. zur Sicherung des Anspruchs des Auftraggebers auf Eigentumsübertragung oder Bestellung oder Übertragung eines Erbbaurechts an dem Vertragsobjekt eine Vormerkung an der vereinbarten Rangstelle im Grundbuch eingetragen ist; bezieht sich der Anspruch auf Wohnungs- oder Teileigentum oder ein Wohnungs- oder Teilerbbaurecht, so muß außerdem die Begründung dieses Rechts im Grundbuch vollzogen sein,
3. die Freistellung des Vertragsobjekts von allen Grundpfandrechten, die der Vormerkung im Range vorgehen oder gleichstehen und nicht übernommen werden sollen, gesichert ist, und zwar auch für den Fall, daß das Bauvorhaben nicht vollendet wird,
4. die Baugenehmigung erteilt worden ist oder, wenn eine Baugenehmigung nicht oder nicht zwingend vorgesehen ist,
   a) von der zuständigen Behörde bestätigt worden ist, daß
      aa) die Baugenehmigung als erteilt gilt oder
      bb) nach den baurechtlichen Vorschriften mit dem Vorhaben begonnen werden darf, oder,
   b) wenn eine derartige Bestätigung nicht vorgesehen ist, von dem Gewerbetreibenden bestätigt worden ist, daß
      aa) die Baugenehmigungals erteilt gilt oder
      bb) nach den baurechtlichen Vorschriften mit dem Bauvorhaben begonnen werden darf, und
   nach Eingang dieser Bestätigung beim Auftraggeber mindestens ein Monat vergangen ist.

²Die Freistellung nach Satz 1 Nr. 3 ist gesichert, wenn gewährleistet ist, daß die nicht zu übernehmenden Grundpfandrechte im Grundbuch gelöscht werden, und zwar, wenn das Bauvorhaben vollendet wird, unverzüglich nach Zahlung der geschuldeten Vertragssumme, andernfalls

Anhang

unverzüglich nach Zahlung des dem erreichten Bautenstand entsprechenden Teils der geschuldeten Vertragssumme durch den Auftraggeber. ³Für den Fall, daß das Bauvorhaben nicht vollendet wird, kann sich der Kreditgeber vorbehalten, an Stelle der Freistellung alle vom Auftraggeber vertragsgemäß im Rahmen des Absatzes 2 bereits geleisteten Zahlungen bis zum anteiligen Wert des Vertragsobjekts zurückzuzahlen. ⁴Die zur Sicherung der Freistellung erforderlichen Erklärungen einschließlich etwaiger Erklärungen nach Satz 3 müssen dem Auftraggeber ausgehändigt worden sein. ⁵Liegen sie bei Abschluß des notariellen Vertrages bereits vor, muß auf sie in dem Vertrag Bezug genommen sein; andernfalls muß der Vertrag einen ausdrücklichen Hinweis auf die Verpflichtung des Gewerbetreibenden zur Aushändigung der Erklärungen und deren notwendigen Inhalt enthalten.

(2) ¹Der Gewerbetreibende darf in den Fällen des Absatzes 1 die Vermögenswerte ferner in bis zu sieben Teilbeträgen entsprechend dem Bauablauf entgegennehmen oder sich zu deren Verwendung ermächtigen lassen. ²Die Teilbeträge können aus den nachfolgenden Vomhundertsätzen zusammengesetzt werden:

1. 30 vom Hundert der Vertragssumme in den Fällen, in denen Eigentum an einem Grundstück übertragen werden soll, oder 20 vom Hundert der Vertragssumme in den Fällen, in denen ein Erbbaurecht bestellt oder übertragen werden soll, nach Beginn der Erdarbeiten,
2. von der restlichen Vertragssumme
   – 40 vom Hundert nach Rohbaufertigstellung, einschließlich Zimmererarbeiten,
   – 8 vom Hundert für die Herstellung der Dachflächen und Dachrinnen,
   – 3 vom Hundert für die Rohinstallation der Heizungsanlagen,
   – 3 vom Hundert für die Rohinstallation der Sanitäranlagen,
   – 3 vom Hundert für die Rohinstallation der Elektroanlagen,
   – 10 vom Hundert für den Fenstereinbau, einschließlich der Verglasung,
   – 6 vom Hundert für den Innenputz, ausgenommen Beiputzarbeiten,
   – 3 vom Hundert für den Estrich,
   – 4 vom Hundert für die Fliesenarbeiten im Sanitärbereich,
   – 12 vom Hundert nach Bezugsfertigkeit und Zug um Zug gegen Besitzübergabe,
   – 3 vom Hundert für die Fassadenarbeiten,
   – 5 vom Hundert nach vollständiger Fertigstellung.

³Sofern einzelne der in Satz 2 Nr. 2 genannten Leistungen nicht anfallen, wird der jeweilige Vomhundertsatz anteilig auf die übrigen Raten verteilt. ⁴Betrifft das Bauvorhaben einen Altbau, so gelten die Sätze 1 und 2 mit der Maßgabe entsprechend, daß der hiernach zu errechnende Teilbetrag für schon erbrachte Leistungen mit Vorliegen der Voraussetzungen des Absatzes 1 entgegengenommen werden kann.

(3) Der Gewerbetreibende darf in den Fällen des § 34c Abs. 1 Satz 1 Nr. 4 Buchstabe a der Gewerbeordnung, sofern ein Nutzungsverhältnis begründet werden soll, Vermögenswerte des Auftraggebers zur Ausführung des Auftrages in Höhe von 20 vom Hundert der Vertragssumme nach Vertragsabschluß entgegennehmen oder sich zu deren Verwendung ermächtigen lassen; im übrigen gelten Absatz 1 Satz 1 Nr. 1 und 4 und Absatz 2 entsprechend.

§ 4 Verwendung von Vermögenswerten des Auftraggebers. (1) Der Gewerbetreibende darf Vermögenswerte des Auftraggebers, die er erhalten hat oder zu deren Verwendung er ermächtigt worden ist, nur verwenden

1. in den Fällen des § 34c Absatz 1 Satz 1 Nummer 1, 1a und 2 der Gewerbeordnung zur Erfüllung des Vertrages, der durch die Vermittlung oder die Nachweistätigkeit des Gewerbetreibenden zustande gekommen ist,
2. in den Fällen des § 34c Abs. 1 Satz 1 Nr. 4 der Gewerbeordnung) zur Vorbereitung und Durchführung des Bauvorhabens, auf das sich der Auftrag bezieht; als Bauvorhaben gilt das einzelne Gebäude, bei Einfamilienreihenhäusern die einzelne Reihe.

(2) Der Gewerbetreibende darf in den Fällen des § 34c Abs. 1 Satz 1 Nr. 4 Buchstabe b der Gewerbeordnung), in denen er das Bauvorhaben für mehrere Auftraggeber vorbereitet und durchführt, die Vermögenswerte der Auftraggeber nur im Verhältnis der Kosten der einzelnen Einheiten zu den Gesamtkosten des Bauvorhabens verwenden.

Anhang

§ 5 Hilfspersonal. Ermächtigt der Gewerbetreibende andere Personen, Vermögenswerte des Auftraggebers zur Ausführung des Auftrages entgegenzunehmen oder zu verwenden, so hat er sicherzustellen, daß dies nur nach Maßgabe der §§ 3 und 4 geschieht.

§ 6 Getrennte Vermögensverwaltung. (1) [1]Erhält der Gewerbetreibende zur Ausführung des Auftrages Vermögenswerte des Auftraggebers, so hat er sie von seinem Vermögen und dem seiner sonstigen Auftraggeber getrennt zu verwalten. [2]Dies gilt nicht für vertragsgemäß im Rahmen des § 3 Abs. 2 oder 3 geleistete Zahlungen.

(2) [1]Der Gewerbetreibende hat Gelder, die er vom Auftraggeber erhält, unverzüglich für Rechnung des Auftraggebers auf ein Sonderkonto bei einem Kreditinstitut im Sinne des § 2 Abs. 2 Satz 2 einzuzahlen und auf diesem Konto bis zur Verwendung im Sinne des § 4 zu belassen. [2]Er hat dem Kreditinstitut offenzulegen, daß die Gelder für fremde Rechnung eingelegt werden und hierbei den Namen, Vornamen und die Anschrift des Auftraggebers anzugeben. [3]Er hat das Kreditinstitut zu verpflichten, den Auftraggeber unverzüglich zu benachrichtigen, wenn die Einlage von dritter Seite gepfändet oder das Insolvenzverfahren über das Vermögen des Gewerbetreibenden eröffnet wird, und dem Auftraggeber jederzeit Auskunft über den Stand des Kontos zu erteilen. [4]Er hat das Kreditinstitut ferner zu verpflichten, bei diesem Konto weder das Recht der Aufrechnung noch ein Pfand- oder Zurückbehaltungsrecht geltend zu machen, es sei denn wegen Forderungen, die in bezug auf das Konto selbst entstanden sind.

(3) [1]Wertpapiere im Sinne des § 1 Abs. 1 des Gesetzes über die Verwahrung und Anschaffung von Wertpapieren, die der Gewerbetreibende vom Auftraggeber erhält, hat er unverzüglich für Rechnung des Auftraggebers einem Kreditinstitut im Sinne des § 2 Abs. 2 Satz 2 zur Verwahrung anzuvertrauen. [2]Absatz 2 Satz 2 bis 4 ist anzuwenden.

§ 7 Ausnahmevorschrift. (1) [1]Gewerbetreibende im Sinne des § 34 c Abs. 1 Satz 1 Nr. 4 Buchstabe a der Gewerbeordnung ,die dem Auftraggeber Eigentum an einem Grundstück zu übertragen oder ein Erbbaurecht zu bestellen oder zu übertragen haben, sind von den Verpflichtungen des § 3 Abs. 1 und 2, des § 4 Abs. 1 und der §§ 5 und 6, die übrigen Gewerbetreibenden im Sinne des § 34 c Abs. 1 der Gewerbeordnung sind von den Verpflichtungen des § 2, des § 3 Abs. 3 und der §§ 4 bis 6 freigestellt, sofern sie Sicherheit für alle etwaigen Ansprüche des Auftraggebers auf Rückgewähr oder Auszahlung seiner Vermögenswerte im Sinne des § 2 Abs. 1 Satz 1 geleistet haben. [2]§ 2 Abs. 2, Abs. 4 Satz 2 und 3 und Abs. 5 Satz 1 gilt entsprechend. [3]In den Fällen des § 34 c Abs. 1 Satz 1 Nr. 4 Buchstabe a der Gewerbeordnung, in denen dem Auftraggeber Eigentum an einem Grundstück übertragen oder ein Erbbaurecht bestellt oder übertragen werden soll, ist die Sicherheit aufrechtzuerhalten, bis die Voraussetzungen des § 3 Abs. 1 erfüllt sind und das Vertragsobjekt vollständig fertiggestellt ist. [4]Ein Austausch der Sicherungen der §§ 2 bis 6 und derjenigen des § 7 ist zulässig.

(2) [1]Der Gewerbetreibende ist von den in Absatz 1 Satz 1 erwähnten Verpflichtungen auch dann freigestellt, wenn es sich bei dem Auftraggeber um
1. eine juristische Person des öffentlichen Rechts oder ein öffentlich-rechtliches Sondervermögen oder
2. einen in das Handelsregister oder das Genossenschaftsregister eingetragenen Kaufmann

handelt und der Auftraggeber in gesonderter Urkunde auf die Anwendung dieser Bestimmungen verzichtet. 2Im Falle des Satzes 1 Nr. 2 hat sich der Gewerbetreibende vom Auftraggeber dessen Eigenschaft als Kaufmann durch einen Auszug aus dem Handelsregister oder dem Genossenschaftsregister nachweisen zu lassen.

§ 8 Rechnungslegung. (1) [1]Hat der Gewerbetreibende zur Ausführung des Auftrages Vermögenswerte des Auftraggebers erhalten oder verwendet, so hat er dem Auftraggeber nach Beendigung des Auftrages über die Verwendung dieser Vermögenswerte Rechnung zu legen. [2]§ 259 des Bürgerlichen Gesetzbuchs ist anzuwenden.

(2) Die Verpflichtung, Rechnung zu legen, entfällt, soweit der Auftraggeber nach Beendigung des Auftrages dem Gewerbetreibenden gegenüber schriftlich darauf verzichtet oder der Gewerbetreibende mit den Vermögenswerten des Auftraggebers eine Leistung zu einem Festpreis zu erbringen hat.

§ 9 Anzeigepflicht. ¹Der Gewerbetreibende hat der zuständigen Behörde die jeweils mit der Leitung des Betriebes oder einer Zweigniederlassung beauftragten Personen unverzüglich anzuzeigen. ²Dies gilt bei juristischen Personen auch für die nach Gesetz, Satzung oder Gesellschaftsvertrag jeweils zur Vertretung berufenen Personen. ³In der Anzeige sind Name, Geburtsname, sofern er vom Namen abweicht, Vornamen, Staatsangehörigkeit, Geburtstag, Geburtsort und Anschrift der betreffenden Personen anzugeben.

§ 10 Buchführungspflicht. (1) ¹Der Gewerbetreibende hat von der Annahme des Auftrages an nach Maßgabe der folgenden Vorschriften Aufzeichnungen zu machen sowie Unterlagen und Belege übersichtlich zu sammeln. ²Die Aufzeichnungen sind unverzüglich und in deutscher Sprache vorzunehmen.

(2) Aus den Aufzeichnungen und Unterlagen sämtlicher Gewerbetreibender müssen ersichtlich sein
1. der Name und Vorname oder die Firma sowie die Anschrift des Auftraggebers,
2. folgende Angaben, soweit sie im Einzelfall in Betracht kommen,
    a) das für die Vermittler- oder Nachweistätigkeit oder für die Tätigkeit als Baubetreuer vom Auftraggeber zu entrichtende Entgelt; Wohnungsvermittler haben das Entgelt in einem Bruchteil oder Vielfachen der Monatsmiete anzugeben;
    b) ob der Gewerbetreibende zur Entgegennahme von Zahlungen oder sonstigen Leistungen ermächtigt ist;
    c) Art und Höhe der Vermögenswerte des Auftraggebers, die der Gewerbetreibende zur Ausführung des Auftrages erhalten oder zu deren Verwendung er ermächtigt werden soll;
    d) daß der Gewerbetreibende den Auftraggeber davon unterrichtet hat, daß er von ihm nur im Rahmen des § 3 Vermögenswerte entgegennehmen oder sich zu deren Verwendung ermächtigen lassen und diese Vermögenswerte nur im Rahmen des § 4 verwenden darf, es sei denn, daß nach § 7 verfahren wird;
    e) Art, Höhe und Umfang der vom Gewerbetreibenden für die Vermögenswerte zu leistenden Sicherheit und abzuschließenden Versicherung, Name oder Firma und Anschrift des Bürgen und der Versicherung;
    f) Vertragsdauer.

(3) Aus den Aufzeichnungen und Unterlagen von Gewerbetreibenden im Sinne des § 34 c Absatz 1 Satz 1 Nummer 1, 2 und 3 der Gewerbeordnung müssen ferner folgende Angaben ersichtlich sein, soweit sie im Einzelfall in Betracht kommen,
1. bei der Vermittlung oder dem Nachweis der Gelegenheit zum Abschluß von Verträgen über den Erwerb von Grundstücken oder grundstücksgleichen Rechten: Lage, Größe und Nutzungsmöglichkeit des Grundstücks, Art, Alter und Zustand des Gebäudes, Ausstattung, Wohn- und Nutzfläche, Zahl der Zimmer, Höhe der Kaufpreisforderung einschließlich zu übernehmender Belastungen, Name, Vorname und Anschrift des Veräußerers;
2. bei der Vermittlung oder dem Nachweis der Gelegenheit zum Abschluß von Verträgen über die Nutzung von Grundstücken oder grundstücksgleichen Rechten: Lage, Größe und Nutzungsmöglichkeit des Grundstücks, Art, Alter und Zustand des Gebäudes, Ausstattung, Wohn- und Nutzfläche, Zahl der Zimmer, Höhe der Mietforderung sowie gegebenenfalls Höhe eines Baukostenzuschusses, einer Kaution, einer Mietvorauszahlung, eines Mieterdarlehens oder einer Abstandssumme, Name, Vorname und Anschrift des Vermieters;
3. bei der Vermittlung oder dem Nachweis der Gelegenheit zum Abschluß von Verträgen über die Nutzung von gewerblichen Räumen oder Wohnräumen: Lage des Grundstücks und der Räume, Ausstattung, Nutz- und Wohnfläche, Zahl der Räume, Höhe der Mietforderung sowie gegebenenfalls Höhe eines Baukostenzuschusses, einer Kaution, einer Mietvorauszahlung, eines Mieterdarlehens oder einer Abstandssumme, Name, Vorname und Anschrift des Vermieters;
4. *(aufgehoben)*
5. bei der Vermittlung von Verträgen über den Erwerb von Anteilen an Investmentvermögen, die von einer inländischen Kapitalanlagegesellschaft oder Investmentaktiengesellschaft im Sinne der §§ 96 bis 111a des Investmentgesetzes ausgegeben werden, oder von ausländischen Investmentanteilen, die nach dem Investmentgesetz öffentlich vertrieben werden dürfen, oder der auf diese

Anhang

bezogenen Anlageberatung: Firma und Sitz der Kapitalanlagegesellschaft, Investmentaktiengesellschaft oder ausländischen Investmentgesellschaft, je ein Stück der Vertragsbedingungen oder der Satzung, des ausführlichen und gegebenenfalls des vereinfachten Verkaufsprospektes sowie der Jahres- und Halbjahresberichte für das Investmentvermögen, jeweils in deutscher Sprache (§ 121 Abs. 1 und 3 sowie § 123 des Investmentgesetzes); bei der Vermittlung von Verträgen über den Erwerb von ausländischen Investmentanteilen, die im Geltungsbereich des Investmentgesetzes öffentlich vertrieben werden dürfen, oder bei der auf diese bezogenen Anlageberatung außerdem Angaben darüber, ob die ausländische Investmentgesellschaft in ihrem Sitzstaat im Hinblick auf das Investmentgeschäft einer staatlichen Aufsicht untersteht, ob und seit wann die ausländische Investmentgesellschaft zum öffentlichen Vertrieb ihrer Investmentanteile berechtigt ist sowie ob und wann die Bundesanstalt für Finanzdienstleistungsaufsicht den öffentlichen Vertrieb untersagt hat oder die Berechtigung zum öffentlichen Vertrieb durch Verzicht erloschen ist;

6. bei der Vermittlung von Verträgen über den Erwerb von sonstigen öffentlich angebotenen Vermögensanlagen, die für gemeinsame Rechnung der Anleger verwaltet werden, sowie über den Erwerb von öffentlich angebotenen Anteilen an einer Kommanditgesellschaft oder der jeweils auf diese bezogenen Anlageberatung:
   a) die Kosten, die insgesamt jeweils von jeder Zahlung des Erwerbers abgezogen werden;
   b) die laufenden Kosten, die darüber hinaus jährlich nach den Vertragsbedingungen einbehalten werden;
   c) *(aufgehoben)*
   d) ob rechtsverbindlich öffentliche Finanzierungshilfen zugesagt worden sind;
   e) ob die eingezahlten Gelder von einem Kreditinstitut treuhänderisch verwaltet werden, sowie Firma und Sitz dieses Kreditinstituts;
   f) ob bei einer Kommanditgesellschaft die Kapitalanteile von Kommanditisten als Treuhänder für die Anleger gehalten werden, sowie Name, Vorname oder Firma und Anschrift oder Sitz dieser Treuhänder;
   g) wie hoch der Anteil der Fremdfinanzierung an der gesamten Finanzierung ist, ob die Kredite fest zugesagt sind und von wem;
   h) ob ein Kontrollorgan für die Geschäftsführung bestellt ist und welche Befugnisse es hat;
   i) ob die Haftung des Erwerbers auf die Einlage beschränkt ist;
   j) ob weitere Zahlungsverpflichtungen für den Erwerber bestehen oder entstehen können;
   k) Firma und Sitz des Unternehmens, das die angebotene Vermögensanlage verwaltet, oder der Gesellschaft, deren Anteile angeboten werden;

7. bei der Vermittlung von Verträgen über den Erwerb von öffentlich angebotenen Anteilen an einer Kapitalgesellschaft oder verbrieften Forderungen gegen eine Kapitalgesellschaft oder Kommanditgesellschaft oder der jeweils auf diese bezogenen Anlageberatung:
   a) Firma, Sitz und Zeitpunkt der Gründung der Gesellschaft;
   b) ob und an welchen Börsen die Anteile oder Forderungen gehandelt werden;
   c) ob ein Emissionsprospekt und ein Börsenprospekt vorliegen;
   d) nach welchem Recht sich die Beziehungen zwischen dem Erwerber und der Gesellschaft richten;
   e) sämtliche mit dem Erwerb verbundenen Kosten;
   bei verbrieften Forderungen außerdem Angaben über Zinssatz, Ausgabekurs, Tilgungs- und Rückzahlungsbedingungen und Sicherheiten.

(4) Aus den Aufzeichnungen und Unterlagen von Gewerbetreibenden im Sinne des § 34 c Abs. 1 Satz 1 Nr. 4 der Gewerbeordnung müssen zusätzlich zu den Angaben nach Absatz 2 folgende Angaben ersichtlich sein, soweit sie im Einzelfall in Betracht kommen,

1. bei Bauvorhaben, die ganz oder teilweise zur Veräußerung bestimmt sind: Lage und Größe des Baugrundstücks, das Bauvorhaben mit den von der Bauaufsicht genehmigten Plänen nebst Baubeschreibung, sofern das Bauvorhaben nicht genehmigungspflichtig ist, neben den vorerwähnten Plänen und der Baubeschreibung die Bestätigung der Behörde oder des Gewerbetreibenden gemäß § 3 Abs. 1 Satz 1 Nr. 4 Buchstabe a oder b, der Zeitpunkt der Fertigstellung, die Kaufsache, die Kaufpreisforderung, die Belastungen, die Finanzierung, soweit sie nicht vom Erwerber erbracht werden soll;

Anhang

2. bei Bauvorhaben, die ganz oder teilweise vermietet, verpachtet oder in anderer Weise zur Nutzung überlassen werden sollen: Lage und Größe des Baugrundstücks, das Bauvorhaben mit den von der Bauaufsicht genehmigten Plänen nebst Baubeschreibung, sofern das Bauvorhaben nicht genehmigungspflichtig ist, neben den vorerwähnten Plänen und der Baubeschreibung die Bestätigung der Behörde oder des Gewerbetreibenden gemäß § 3 Abs. 1 Satz 1 Nr. 4 Buchstabe a oder b, der Zeitpunkt der Fertigstellung, der Vertragsgegenstand, die Miet-, Pacht- oder sonstige Forderung, die darüber hinaus zu erbringenden laufenden Leistungen und die etwaigen einmaligen Leistungen, die nicht zur Vorbereitung oder Durchführung des Bauvorhabens verwendet werden sollen;
3. bei Bauvorhaben, die der Gewerbetreibende als Baubetreuer wirtschaftlich vorbereiten oder durchführen soll: Lage und Größe des Baugrundstücks, das Bauvorhaben mit Plänen und Baubeschreibung, der Zeitpunkt der Fertigstellung, die veranschlagten Kosten, die Kostenobergrenze und die von dem Gewerbetreibenden bei Dritten zu beschaffende Finanzierung.

(5) Aus den Aufzeichnungen, Unterlagen und Belegen sämtlicher Gewerbetreibender müssen ferner ersichtlich sein, soweit dies im Einzelfall in Betracht kommt,
1. Art und Höhe der Vermögenswerte des Auftraggebers, die der Gewerbetreibende zur Ausführung des Auftrages erhalten hat oder zu deren Verwendung er ermächtigt wurde,
2. das für die Vermittler- oder Nachweistätigkeit oder für die Tätigkeit als Baubetreuer vom Auftraggeber entrichtete Entgelt,
3. eine Bestätigung des Auftraggebers über die Aushändigung der in § 2 Abs. 4 Satz 3 bezeichneten Unterlagen,
4. Kopie der Bürgschaftsurkunde und des Versicherungsscheins,
5. Verwendungen von Vermögenswerten des Auftraggebers durch den Gewerbetreibenden nach Tag und Höhe, in den Fällen des § 2 Abs. 5 Satz 2 auch eine Bestätigung des Auftraggebers darüber, daß ihm die ordnungsgemäße Verwendung der Teilbeträge nachgewiesen worden ist,
6. Tag und Grund der Auftragsbeendigung,
7. Tag der Beendigung des Bürgschaftsvertrages und der Versicherung,
8. die in § 7 Abs. 2 erwähnten Unterlagen,
9. Nachweis, daß dem Auftraggeber die in § 11 bezeichneten Angaben rechtzeitig und vollständig mitgeteilt worden sind.

(6) Sonstige Vorschriften über Aufzeichnungs- und Buchführungspflichten des Gewerbetreibenden bleiben unberührt.

§ 11 Informationspflicht und Werbung. (1) [1]Der Gewerbetreibende hat dem Auftraggeber schriftlich und in deutscher Sprache folgende Angaben mitzuteilen, soweit sie im Einzelfall in Betracht kommen:
1. in den Fällen des § 34c Abs. 1 Satz 1 Nr. 1 der Gewerbeordnung unmittelbar nach der Annahme des Auftrages die in § 10 Abs. 2 Nr. 2 Buchstabe a und f erwähnten Angaben und spätestens bei Aufnahme der Vertragsverhandlungen über den vermittelten oder nachgewiesenen Vertragsgegenstand die in § 10 Abs. 2 Nr. 2 Buchstabe b bis e und Abs. 3 Nr. 1 bis 3 erwähnten Angaben,
2. in den Fällen des § 34c Abs. 1 Satz 1 Nr. 2 und 3 der Gewerbeordnung) vor der Annahme des Auftrages die in § 10 Abs. 2 Nr. 2 und Abs. 3 Nr. 6 und 7 erwähnten Angaben,
3. in den Fällen des § 34c Abs. 1 Satz 1 Nr. 4 der Gewerbeordnung spätestens bis zur Annahme des Auftrages die in § 10 Abs. 2 Nr. 2 und Abs. 4 erwähnten Angaben. Vor diesem Zeitpunkt hat der Gewerbetreibende dem Auftraggeber die Angaben zu machen, die zur Beurteilung des Auftrages nach dem jeweiligen Verhandlungsstand erforderlich sind. Im Falle des § 10 Abs. 4 Nr. 3 entfällt die Verpflichtung, soweit die Angaben vom Auftraggeber stammen.

[2]Ist der Auftraggeber eine natürliche Person, kann er die Übermittlung der Angaben in der Amtssprache eines Mitgliedstaates der Europäischen Union oder eines Vertragsstaates des Abkommens über den Europäischen Wirtschaftsraum verlangen, wenn er in diesem Mitgliedstaat oder Vertragsstaat seinen Wohnsitz hat.

(2) [1]In den Fällen des § 34c Abs. 1 Satz 1 Nr. 2 und 3 der Gewerbeordnung gelten beim Vertrieb von Anteilen an Investmentvermögen im Sinne des Investmentgesetzes § 121 Abs. 1

und 3 sowie § 123 des Investmentgesetzes entsprechend. ²Für die von dem Gewerbetreibenden nach § 34c Abs. 1 Satz 1 Nr. 2 und 3 der Gewerbeordnung verwandte oder veranlasste Werbung in Textform für den Erwerb von Anteilen eines Investmentvermögens im Sinne des Investmentgesetzes gilt § 124 Abs. 1 und 2 des Investmentgesetzes entsprechend.

§ 12 Unzulässigkeit abweichender Vereinbarungen. Der Gewerbetreibende darf seine Verpflichtungen nach den §§ 2 bis 8 sowie die nach § 2 Abs. 1 zu sichernden Schadensersatzansprüche des Auftraggebers durch vertragliche Vereinbarung weder ausschließen noch beschränken.

§ 13 *(aufgehoben)*

§ 14 Aufbewahrung. (1) ¹Die in den § 10 bezeichneten Geschäftsunterlagen sind 5 Jahre in den Geschäftsräumen aufzubewahren. ²Die Aufbewahrungsfrist beginnt mit dem Schluss des Kalenderjahres, in dem der letzte aufzeichnungspflichtige Vorgang für den jeweiligen Auftrag angefallen ist. ³Vorschriften, die eine längere Frist bestimmen, bleiben unberührt.

(2) ¹Die nach Absatz 1 aufzubewahrenden Unterlagen können auch in Form einer verkleinerten Wiedergabe aufbewahrt werden, wenn gesichert ist, daß die Wiedergabe mit der Urschrift übereinstimmt. ²Der Gewerbetreibende hat auf Verlangen der zuständigen Behörde auf seine Kosten die erforderliche Anzahl ohne Hilfsmittel lesbarer Reproduktionen vorzulegen; bei Ermittlungen oder Prüfungen in den Geschäftsräumen sind für verkleinerte Wiedergaben die erforderlichen Lesegeräte bereitzuhalten.

§ 15 *(aufgehoben)*

§ 16 Prüfungen. (1) ¹Gewerbetreibende im Sinne des § 34c Abs. 1 Satz 1 Nr. 2 und 4 der Gewerbeordnung haben auf ihre Kosten die Einhaltung der sich aus den §§ 2 bis 14 ergebenden Verpflichtungen für jedes Kalenderjahr durch einen geeigneten Prüfer prüfen zu lassen und der zuständigen Behörde den Prüfungsbericht bis spätestens zum 31. Dezember des darauffolgenden Jahres zu übermitteln. ²Sofern der Gewerbetreibende im Berichtszeitraum keine nach § 34c Abs. 1 Satz 1 der Gewerbeordnung erlaubnispflichtige Tätigkeit ausgeübt hat, hat er spätestens bis zu dem in Satz 1 genannten Termin anstelle des Prüfungsberichts eine entsprechende Erklärung zu übermitteln. ³Der Prüfungsbericht muß einen Vermerk darüber enthalten, ob Verstöße des Gewerbetreibenden festgestellt worden sind. ⁴Verstöße sind in dem Vermerk aufzuzeigen. ⁵Der Prüfer hat den Vermerk mit Angabe von Ort und Datum zu unterzeichnen.

(2) ¹Die zuständige Behörde ist befugt, Gewerbetreibende im Sinne des § 34c Abs. 1 der Gewerbeordnung auf deren Kosten aus besonderem Anlaß im Rahmen einer außerordentlichen Prüfung durch einen geeigneten Prüfer überprüfen zu lassen. ²Der Prüfer wird von der zuständigen Behörde bestimmt. ³Absatz 1 Satz 3 bis 5 gilt entsprechend.

(3) ¹Geeignete Prüfer sind
1. Wirtschaftsprüfer, vereidigte Buchprüfer, Wirtschaftsprüfungs- und Buchprüfungsgesellschaften,
2. Prüfungsverbände, zu deren gesetzlichem oder satzungsmäßigem Zweck die regelmäßige und außerordentliche Prüfung ihrer Mitglieder gehört, sofern
    a) von ihren gesetzlichen Vertretern mindestens einer Wirtschaftsprüfer ist,
    b) sie die Voraussetzungen des § 63b Abs. 5 des Gesetzes betreffend die Erwerbs- und Wirtschaftsgenossenschaften erfüllen oder
    c) sie sich für ihre Prüfungstätigkeit selbständiger Wirtschaftsprüfer oder vereidigter Buchprüfer oder einer Wirtschaftsprüfungs- oder Buchprüfungsgesellschaft bedienen.

²Bei Gewerbetreibenden im Sinne des § 34c Abs. 1 Satz 1 Nr. 1 und 1a der Gewerbeordnung können mit der Prüfung nach Absatz 2 auch andere Personen, die öffentlich bestellt oder zugelassen worden sind und die auf Grund ihrer Vorbildung und Erfahrung in der Lage sind, eine ordnungsgemäße Prüfung in dem jeweiligen Gewerbebetrieb durchzuführen, sowie deren Zusammenschlüsse betraut werden. ³§ 13a Absatz 1 und 2 Satz 1 und 2, Absatz 5 bis 7 der Gewer-

beordnung gilt für die in Satz 2 genannten Personen, die mit der Prüfung betraut werden können, entsprechend. ⁴Ungeeignet für eine Prüfung sind Personen, bei denen die Besorgnis der Befangenheit besteht.

§ 17 Rechte und Pflichten der an der Prüfung Beteiligten. (1) ¹Der Gewerbetreibende hat dem Prüfer die Einsicht in die Bücher, Aufzeichnungen und Unterlagen zu gestatten. ²Er hat ihm alle Aufklärungen und Nachweise zu geben, die der Prüfer für eine sorgfältige Prüfung benötigt.

(2) ¹Der Prüfer ist zur gewissenhaften und unparteiischen Prüfung und zur Verschwiegenheit verpflichtet. ²Er darf nicht unbefugt Geschäfts- und Betriebsgeheimnisse verwerten, die er bei seiner Tätigkeit erfahren hat. ³Ein Prüfer, der vorsätzlich oder fahrlässig seine Pflichten verletzt, ist dem Gewerbetreibenden zum Ersatz des daraus entstehenden Schadens verpflichtet. ⁴Mehrere Personen haften als Gesamtschuldner.

§ 18 Ordnungswidrigkeiten. (1) Ordnungswidrig im Sinne des § 144 Abs. 2 Nr. 6 der Gewerbeordnung handelt, wer

1. Vermögenswerte des Auftraggebers annimmt oder sich zu deren Verwendung ermächtigen läßt, bevor er
    a) nach § 2 Abs. 1 Sicherheit geleistet oder eine Versicherung abgeschlossen oder
    b) die in § 2 Abs. 4 Satz 3 bezeichneten Urkunden ausgehändigt hat,
2. entgegen § 2 Abs. 5, auch in Verbindung mit § 7 Abs. 1 Satz 2, oder § 7 Abs. 1 Satz 3 die Sicherheit oder Versicherung nicht aufrechterhält,
3. einer Vorschrift des § 3 über die Entgegennahme oder die Ermächtigung zur Verwendung von Vermögenswerten des Auftraggebers zuwiderhandelt,
4. einer Vorschrift des § 4 über die Verwendung von Vermögenswerten des Auftraggebers zuwiderhandelt,
5. einer Vorschrift des § 6 Abs. 1, Abs. 2 Satz 1 oder 2, Abs. 3 Satz 1 oder Abs. 3 Satz 2 in Verbindung mit Abs. 2 Satz 2 über die getrennte Vermögensverwaltung zuwiderhandelt,
6. entgegen § 9 die Anzeige nicht, nicht richtig, nicht vollständig oder nicht rechtzeitig erstattet,
7. entgegen § 10 Abs. 1 bis 5 erforderliche Aufzeichnungen nicht, nicht richtig, nicht vollständig, nicht ordnungsgemäß oder nicht rechtzeitig macht oder Unterlagen oder Belege nicht oder nicht übersichtlich sammelt,
8. entgegen § 11 Abs. 1 Satz 1 Nr. 1 bis 3 dem Auftraggeber die dort bezeichneten Angaben nicht, nicht richtig, nicht vollständig oder nicht rechtzeitig mitteilt,
9. *(aufgehoben)*
10. entgegen § 14 Abs. 1 Satz 1 Geschäftsunterlagen nicht während der vorgeschriebenen Frist aufbewahrt,
11. *(aufgehoben)*
12. entgegen § 16 Abs. 1 Satz 1 oder 2 einen Prüfungsbericht nicht, nicht richtig, nicht vollständig oder nicht rechtzeitig oder eine dort genannte Erklärung nicht, nicht richtig oder nicht rechtzeitig vorlegt oder
13. den Duldungs- oder Mitwirkungspflichten des § 17 Abs. 1 nicht, nicht ausreichend oder nicht rechtzeitig nachkommt.

(2) Ordnungswidrig im Sinne des § 145 Abs. 2 Nr. 9 der Gewerbeordnung handelt, wer vorsätzlich oder fahrlässig eine in Absatz 1 bezeichnete Handlung in Ausübung eines Reisegewerbes begeht.

(3) Ordnungswidrig im Sinne des § 146 Abs. 2 Nr. 11a der Gewerbeordnung handelt, wer vorsätzlich oder fahrlässig eine in Absatz 1 bezeichnete Handlung in Ausübung eines Messe-, Ausstellungs- oder Marktgewerbes begeht.

§ 19 Anwendung bei grenzüberschreitender Dienstleistungserbringung.
(1) ¹Üben Gewerbetreibende von einer Niederlassung in einem anderen Mitgliedstaat der Europäischen Union oder einem anderen Vertragsstaat des Abkommens über den Europäischen

Anhang

Wirtschaftsraum aus im Geltungsbereich dieser Verordnung vorübergehend selbständig gewerbsmäßig eine Tätigkeit nach § 34c Absatz 1 Satz 1 Nummer 1 oder Nummer 4 der Gewerbeordnung aus, sind die §§ 8 bis 11, 14 bis 17, 18 Absatz 1 Nummer 6 bis 13, jeweils auch in Verbindung mit § 18 Absatz 2 und 3, insoweit nicht anwendbar. ²§ 4 Absatz 2 der Gewerbeordnung gilt entsprechend.

(2) In den Fällen des § 34c Absatz 1 Satz 1 Nummer 1 oder Nummer 4 der Gewerbeordnung sind die §§ 2, 4 bis 8, 10 bis 18 Absatz 1 Nummer 1, 2, 4, 5 und 7 bis 13, jeweils auch in Verbindung mit § 18 Absatz 2 und 3, auch anzuwenden, wenn der im Inland niedergelassene Gewerbetreibende die Dienstleistungsfreiheit in einem anderen Mitgliedstaat der Europäischen Union oder einem anderen Vertragsstaat des Abkommens über den Europäischen Wirtschaftsraum in Anspruch nimmt und dort vorübergehend selbständig gewerbsmäßig tätig wird.

§ 20 Übergangsvorschriften. (1) Gewerbetreibende, die Vermögenswerte des Auftraggebers nach den §§ 3 oder 7 Abs. 1 in der bis zum 28. Februar 1991 geltenden Fassung abzusichern haben, können die Verträge weiterhin nach diesen Vorschriften abwickeln.

(2) Betreuungsunternehmen im Sinne des § 37 Abs. 2 des Zweiten Wohnungsbaugesetzes und des § 22c Abs. 2 des Wohnungsbaugesetzes für das Saarland, die diese Eigenschaft verlieren, dürfen Vermögenswerte des Auftraggebers von diesem Zeitpunkt an nur noch unter den Voraussetzungen der §§ 2 bis 7 entgegennehmen oder sich zu deren Verwendung ermächtigen lassen.

§ 21 Berlin-Klausel. (gegenstandslos)

§ 22 (Inkrafttreten)

VIII. MaBVwV. Allgemeine Verwaltungsvorschrift zum § 34c der Gewerbeordnung und zur Makler- und Bauträgerverordnung

Bekanntmachung des Bayerischen Staatsministeriums für Wirtschaft,
Verkehr und Technologie vom 16. 2. 2000 (AllMBl S. 117)

Inhaltsübersicht

		Seite
1.	Anwendungsbereich des § 34c GewO	548
1.1	Vermittlung und Nachweis von Vertragsabschlüssen	548
1.2	Vorbereitung und Durchführung von Bauvorhaben	551
1.3	Ausnahmen	553
2.	Erlaubnisverfahren, Versagung, Erteilung und Erlöschen der Erlaubnis	554
2.1	Erlaubnisverfahren	554
2.2	Versagung der Erlaubnis	555
2.3	Erteilung der Erlaubnis	555
2.4	Erlöschen der Erlaubnis	556
2.5	Mitteilungen zum Gewerbezentralregister (§ 153a GewO)	556
3.	Makler- und Bauträgerverordnung	556
3.1	Anwendungsbereich (§ 1 und § 61a GewO)	556
3.2	Sicherheitsleistung, Versicherung (§ 2)	557
3.3	Besondere Sicherungspflichten für Bauträger (§ 3)	560
3.4	Objektbezogene Verwendung von Vermögenswerten (§ 4)	562
3.5	Hilfspersonal (§ 5)	563
3.6	Getrennte Vermögensverwaltung (§ 6)	563
3.7	Ausnahmevorschrift (§ 7)	564
3.8	Rechnungslegung (§ 8)	564

Anhang

	Seite
3.9 Anzeigepflicht (§ 9)	565
3.10 Buchführungspflicht (§ 10)	565
3.11 Informationspflicht (§ 11)	565
3.12 Unzulässigkeit abweichender Vereinbarungen (§ 12)	566
3.13 Inseratensammlung (§ 13)	566
3.14 Aufbewahrung (§ 14)	566
3.15 entfallen	566
3.16 Prüfungen (§ 16)	566
3.17 Rechte und Pflichten der an der Prüfung Beteiligten (§ 17)	567
3.18 Ordnungswidrigkeiten (§ 18)	567
3.19 Übergangsvorschriften (§ 20, Artikel 2 der Änderungsverordnung vom 14. 2. 1997)	567
4. Auskunft und Nachschau (§ 29 GewO)	568
5. Zuständigkeiten	568
6. Schlußbestimmung	568

Von der Wiedergabe der Anlagen wird hier abgesehen:
Anlage 1 Antrag auf Erteilung einer Erlaubnis nach § 34c GewO
Anlage 2 Erlaubnisvordruck
Anlage 3 Allgemeine Bedingungen der Vertrauensschadenversicherung (Personenkautionsversicherung für Gewerbetreibende – ABV (PKautV/Gew) –
Anlage 4 Rahmenvertragsbedingungen zur VS V (PKautV) für Gewerbetreibende
Anlage 5 Mustervertrag für die Bürgschaft nach § 2 MaBV
Anlage 6 Muster der Verpflichtungserklärung nach § 6 MaBV
Anlage 7 Mustervertrag für die Bürgschaft nach § 7 MaBV

Beim Vollzug des § 34c GewO und der Makler- und Bauträgerverordnung (MaBV) ist folgendes zu beachten:

1. Anwendungsbereich des § 34c GewO

1.1 Vermittlung und Nachweis von Vertragsabschlüssen (§ 34c Abs. 1 Satz 1 Nr. 1)

Vermittlung des Abschlusses von Verträgen ist jede auf den Abschluß eines Vertrages abzielende Tätigkeit. Eine Vermittlung liegt daher auch dann vor, wenn eine solche Tätigkeit erfolglos bleibt oder nur der Vorbereitung des Vertragsabschlusses dient. Vermittlung betreibt ferner, wer Verträge auf Grund einer ihm von einer Vertragspartei (z.B. Grundstückseigentümer) erteilten Vollmacht auf deren Namen selbst abschließt. Deshalb bedarf auch ein selbständiger Handelsvertreter i.S. des § 84 Abs. 1 HGB einer Erlaubnis nach § 34c Abs. 1, wenn er die Voraussetzungen im übrigen erfüllt. Da § 34c also nicht allein auf die Tätigkeit eines sog. Zivilmaklers i.S. des § 652 BGB abstellt, ist nicht entscheidend, ob dem Gewerbetreibenden für seine Tätigkeit eine Maklerprovision zusteht. Einer Erlaubnis bedarf ferner ein selbständiger Hausverwalter, der Verträge über die von ihm verwalteten Wohnräume vermittelt (vgl. jedoch Nr. 1.1.3 Abs. 2). Auch ein Handelsvertreter, der z.B. Verträge über sog. Immobilien-Leasing (d.h. Verträge über Grundstücke – vgl. Nr. 1.1.1) vermittelt, bedarf der Erlaubnis nach § 34c Abs. 1 Satz 1 Nr. 1 Buchst. a.

Keine Vermittlung liegt vor bei Vorgängen innerhalb einer Gesellschaft, die sich aus rechtsorganisatorischen Gründen ergeben. Dies ist z.B. der Fall, wenn bei einem nach der sog. KG-Lösung konstruierten geschlossenen Immobilienfonds (Nr. 1.1.8) die Zeichnungsanträge bei der KG eingehen und von ihr an die Treuhandbank, die zugleich Kommanditistin der KG ist, weitergeleitet werden, die ihrerseits zur Begründung des Treuhandverhältnisses mit den Anlegern in Rechtsbeziehungen tritt.

Der **Nachweis** der Gelegenheit zum Abschluß von Verträgen besteht darin, daß der Gewerbetreibende dem Auftraggeber einen bisher unbekannten Interessenten oder ein Objekt und den

Anhang

künftigen Vertragspartner benennt, so daß der Auftraggeber von sich aus Vertragsverhandlungen aufnehmen kann.

Begrifflich liegt weder eine Vermittlung noch ein Nachweis vor, wenn Gewerbetreibende im eigenen Namen Verträge abschließen, weil es hier an einem Dritten fehlt, der einen entsprechenden Auftrag erteilt.

Das gleiche muß für den Fall gelten, daß der Vertreter eines Gewerbetreibenden lediglich in dessen Namen einen Vertrag abschließt, worin sich der Vertretene seinerseits zur Vermittlung von Verträgen i. S. des § 34c Abs. 1 Satz 1 Nr. 1 oder zum Nachweis der Gelegenheit zum Abschluß solcher Verträge verpflichtet. In solchen Fällen treffen die Verpflichtungen aus § 34c und der MaBV nur den Vertretenen. Ein Vertreter eines Gewerbetreibenden schließt nur dann „lediglich in dessen Namen" einen Vermittlungsvertrag ab, wenn er tatsächlich keine eigenen Tätigkeiten i. S. des § 34c Abs. 1 Satz 1 Nr. 1 erbringt. Beschränkt sich seine Tätigkeit dagegen nicht auf die schlichte Anbahnung des Kontaktes zwischen dem Kunden und dem (weiter-)vermittelnden Gewerbetreibenden, sondern informiert er den Kunden in objektbezogener Verhandlung bereits selbst über Einzelheiten des späteren Vertragsschlusses, weckt oder verstärkt er insbesondere dessen Kaufentschluß, dann unterfällt er insoweit § 34c und damit grundsätzlich auch der MaBV (Ausnahme § 1 Satz 2 MaBV) - sog. freier Mitarbeiter. Voraussetzung dafür bleibt aber, daß er ein Gewerbe betreibt, d. h. insbesondere selbständig tätig ist, wie dies bei einem Handelsvertreter (§ 84 Abs. 1 HGB) der Fall ist.

1.1.1 Verträge über Grundstücke sind Verträge über Verkauf, Belastung, Vermietung und Verpachtung von Grundstücken und Wohnungseigentum. Zu Verträgen dieser Art zählen auch die Verträge über die Vermittlung von Hypotheken und Grundschulden sowie über das sog. Immobilien-Leasing.

1.1.2 Grundstücksgleiche Rechte sind Rechte, die den Vorschriften über Grundstücke unterliegen (z. B. Erbbaurecht).

1.1.3 Zu den **Verträgen über gewerbliche Räume oder Wohnräume** gehören alle Arten von Raumüberlassungen einschließlich Pacht und Untermiete (Wohnungs- und Zimmervermittlung), auch auf befristete Zeit, z. B. durch Vermittlung sog. Mitwohnzentralen. Dies gilt nicht, soweit Unterkünfte i. S. des § 38 Abs. 1 Satz 1 Nr. 4 GewO (z. B. auch vorübergehend benutzte Ferienwohnungen) vermittelt oder nachgewiesen werden. 1.1.3

Bei selbständigen **Hausverwaltern**, die Verträge über die von ihnen verwalteten Wohnräume vermitteln, kann in der Tätigkeit als Vermittler ein so unbedeutender Annex der Tätigkeit als Hausverwalter liegen, daß die Anwendbarkeit des § 34c ungerechtfertigt und unzweckmäßig wäre (wie beispielsweise dann, wenn von dem Hausverwalter jährlich insgesamt nur 2 bis 3 Wohnungen vermittelt werden). Ob dies der Fall ist, entscheidet sich stets nach den gesamten Umständen des Einzelfalles.

1.1.4 Der Begriff „**Darlehen**" ist weiter als der in § 607 BGB (jetzt § 488 BGB) verwendete Ausdruck. Darlehen i. S. des § 34c Abs. 1 Satz 1 Nr. 1 Buchst. a sind auch Bankeinlagen. Daher bedarf auch derjenige der Erlaubnis nach dieser Bestimmung, der z. B. sog. „Termingelder" zur Einlage bei einem Kreditinstitut vermittelt.

1.1.4.1 Einer Erlaubnis bedürfen grundsätzlich (vgl. aber Nr. 1.1.4.4) auch selbständige **Versicherungsvertreter** (Versicherungsmakler), die (evtl. nebenberuflich) eine Tätigkeit i. S. des § 34c Abs. 1 Satz 1 Nr. 1 ausüben.

1.1.4.2 § 34c findet keine Anwendung auf die **Vermittler** von **Bausparverträgen** (Bausparkassenvertreter), da derartige Verträge nicht zu den Darlehensverträgen zählen. Soweit der Gewerbetreibende daneben aber auch Darlehen zur Zwischen- oder Endfinanzierung eines Bauvorhabens oder des Erwerbs eines Gebäudes vermittelt oder nachweist, greift insoweit die Erlaubnispflicht des § 34c Abs. 1 Satz 1 Nr. 1 Buchst. a ein (vgl. aber Nr. 1.1.4.4). Falls diese Darlehen durch eine Hypothek oder Grundschuld gesichert werden sollen, handelt es sich insoweit auch um Verträge über Grundstücke (vgl. jedoch Nr. 3.1.1).

1.1.4.3 Die für Kreditinstitute, die eine Erlaubnis nach § 32 KWG besitzen, und Bausparkassen i. S. des § 1 BSpkG gemäß § 34c Abs. 5 Nr. 2 und für Versicherungsunternehmen gemäß § 6 GewO geltende Befreiung von der Anwendbarkeit des § 34c gilt nicht für Personen, die als selbständige Gewerbetreibende für die oben angeführten Unternehmen Verträge über die in

Anhang

§ 34c Abs. 1 Satz 1 Nr. 1 genannten Gegenstände vermitteln oder die Gelegenheit zum Abschluß solcher Verträge nachweisen wollen.

1.1.4.4 Üben die in den Nrn. 1.1.4.1 und 1.1.4.2 erwähnten Gewerbetreibenden eine Tätigkeit aus, die an sich erlaubnispflichtig nach § 34c Abs. 1 ist, kann darin ein so unbedeutender Annex zur übrigen Tätigkeit der Gewerbetreibenden liegen, daß die Anwendbarkeit des § 34c ungerechtfertigt und unzweckmäßig wäre (wie beispielsweise dann, wenn jährlich nur 2 bis 3 Darlehen von geringer Höhe vermittelt werden). Ob dies der Fall ist, entscheidet sich stets nach den gesamten Umständen des Einzelfalles. Ergibt die Prüfung, daß der Rahmen eines unbedeutenden Annexes verlassen ist, bedarf der Gewerbetreibende der Erlaubnis nach § 34c Abs. 1. Die MaBV findet auf diese Gewerbetreibenden jedoch keine Anwendung (vgl. Nr. 3.1.1.).

1.1.5 Anteilscheine einer Kapitalanlagegesellschaft (inländische Investmentanteile) sind die von einer (inländischen) Kapitalanlagegesellschaft ausgestellten Urkunden, in denen die Ansprüche verbrieft werden, die den Anteilinhabern aus der Beteiligung an dem von der Kapitalanlagegesellschaft verwalteten Sondervermögen zustehen (§§ 1, 6 und 18 des Gesetzes über Kapitalanlagegesellschaften).

1.1.6 Ausländische Investmentanteile sind Anteile an einem ausländischen Recht unterstehenden Vermögen aus Wertpapieren oder Grundstücken, das nach dem Grundsatz der Risikomischung angelegt ist (§ 1 des Auslandinvestment-Gesetzes).

1.1.7 Sonstige öffentlich angebotene Vermögensanlagen, die für gemeinsame Rechnung der Anleger verwaltet werden

Ein **öffentliches Angebot** liegt vor, wenn es sich an einen unbestimmten Personenkreis richtet; das ist insbesondere bei Angeboten der Fall, die über Presse, Rundfunk und Fernsehen verbreitet werden. Öffentlich heißt aber nicht, daß sich der Vorgang in der Öffentlichkeit abspielen muß. Der Begriff ist vielmehr als Abgrenzung zum privaten Bereich zu verstehen. Ein öffentliches Angebot ist daher auch anzunehmen, wenn der Anbieter den Kreis der Adressaten nicht übersieht bzw. die Adressaten im einzelnen nicht kennt; so z.B. bei Postwurfsendungen, gezieltem Ansprechen oder Anschreiben nach dem Telefon- oder Adressenbuch, Angeboten an alle Mitglieder eines Vereins, Auslegen von Informationsmaterial an allgemein zugänglichen Orten.

Zu den **sonstigen Vermögensanlagen** gehören insbesondere geschlossene Immobilienfonds (geschlossener Kreis von Anlegern). Im Gegensatz zu den Investmentanteilen (Nrn. 1.1.5 und 1.1.6) unterliegen sie keiner besonderen gesetzlichen Regelung. Es gibt daher auch keinen bestimmten allein zugelassenen Typ. In der Praxis haben sich aber vor allem zwei Grundformen herausgebildet: die sog. KG-Lösung und die sog. Treuhandlösung.

Die Treuhandlösung gehört zu den sonstigen Vermögensanlagen (wegen der KG-Lösung vgl. unten Nr. 1.1.8). Bei dieser Konstruktion wird eine Immobiliengesellschaft juristische Eigentümerin der Fondsgrundstücke. Sie übt ihre Eigentümerposition aber nur als Treuhänderin für die Gemeinschaft der Zertifikatsinhaber aus. Die Zertifikatsinhaber erwerben gegen die Treuhandgesellschaft Ansprüche, die wirtschaftlich gesehen eine eigentümerähnliche Stellung vermitteln. Diese Ansprüche werden in der Regel durch eine Auflassungsvormerkung gesichert. In einer verhältnismäßig selten vorkommenden Variante dieser Konstruktionsform können die Zertifikatsinhaber untereinander auch eine Gesellschaft bürgerlichen Rechts bilden.

Die sonstigen Vermögensanlagen sind nicht auf Immobilien beschränkt; es kann sich auch um die Anlage in Waren (z.B. Whisky, Edelmetalle) handeln.

Zu den sonstigen Vermögensanlagen gehören nicht die sog. fondsgebundenen Lebensversicherungen.

1.1.8 Anteile an einer Kapitalgesellschaft oder Kommanditgesellschaft sind vor allem in- und ausländische Aktien (unterliegen dem KWG, s. Nr. 1.1.10), GmbH- und KG-Anteile. Öffentlich angebotene GmbH-Anteile wird es in der Praxis wohl kaum geben. Bei KG-Anteilen sind die nach der sog. KG-Lösung konstruierten geschlossenen Immobilienfonds, die häufig auch als sog. Abschreibungsgesellschaften auftreten, zu nennen, bei denen den Anlegern über die rechtliche Stellung eines Kommanditisten aus Sonderabschreibungen (z.B. Berlin, neue Bundesländer, Flugzeug- und Schiffbau) stammende Verluste zugewiesen werden. Bei den geschlossenen Immobilienfonds der KG-Lösung kann dem Anleger entweder die rechtliche oder

Anhang

über einen Treuhand-Kommanditisten die wirtschaftliche Stellung eines Kommanditisten (so die Mehrzahl der Fälle in der Praxis) eingeräumt werden.

1.1.9 Verbriefte Forderungen gegen eine Kapitalgesellschaft oder Kommanditgesellschaft sind die von in- oder ausländischen Kapitalgesellschaften oder Kommanditgesellschaften herausgegebenen Schuldverschreibungen (unterliegen dem KWG, s. Nr. 1.1.10). Unter einer verbrieften Forderung versteht man eine Urkunde mit Wertpapiercharakter, d. h., daß zur Ausübung des verbrieften Rechts Besitz an der Urkunde erforderlich ist. So sind z. B. Versicherungsscheine keine verbrieften Forderungen in diesem Sinn. Vom Wortlaut dieser Bestimmung werden auch von Kommanditgesellschaften ausgegebene Schuldverschreibungen erfaßt.

1.1.10 Auswirkungen der 6. KWG-Novelle auf die in § 34 c Abs. 1 Satz 1 Nr. 1 Buchst. b geregelten Finanzdienstleistungen

Das Gesetz zur Umsetzung von EG-Richtlinien zur Harmonisierung bank- und wertpapieraufsichtsrechtlicher Vorschriften vom 22. 10. 1997 (6. KWG-Novelle, BGBl. I S. 2518) hat einen Teil der von § 34 c Abs. 1 Satz 1 Nr. 1 Buchst. b bisher erfaßten Finanzdienstleistungen in das Kreditwesengesetz (KWG) überführt, gleichzeitig wurde § 34 c durch Artikel 7 des Begleitgesetzes hierzu (BGBl. I S. 2567) durch Erweiterung der Ausnahmetatbestände in § 34 c Abs. 5 (Nrn. 3, 3a) entsprechend entlastet. Die betroffenen Gewerbetreibenden unterliegen als Finanzdienstleistungsinstitute (§ 1 Abs. 1a Satz 1 KWG) nun der Erlaubnispflicht des § 32 KWG; die für diese Zuordnung maßgebenden Finanzdienstleistungen sind in § 1 Abs. 1a Satz 2 KWG aufgezählt. Hierzu gehören die Anlage- und Abschlußvermittlung sowie die Finanzportfolioverwaltung. Die Finanzinstrumente, die Gegenstand dieser Tätigkeit sind, werden in § 1 Abs. 11 KWG aufgezählt: Wertpapiere, Geldmarktinstrumente, Devisen und Rechnungseinheiten sowie Derivate. Als Wertpapiere werden dort erwähnt Aktien, Zertifikate, die Aktien vertreten, Schuldverschreibungen, Genußscheine, Optionsscheine usw. Obwohl Investmentanteile nach § 1 Abs. 11 Satz 2 Nr. 2 KWG zu den Finanzinstrumenten gehören, wird die Anlage- und Abschlußvermittlung von Investmentanteilen unter den Voraussetzungen des § 2 Abs. 6 Satz 1 Nr. 8 KWG vom Geltungsbereich des KWG ausgenommen und unterliegt weiterhin § 34 c. Eine weitere Ausnahme von der Erlaubnispflicht nach dem KWG enthält § 2 Abs. 10 Satz 1 KWG für die sog. gebundenen Agenten, die die Anlage- und Abschlußvermittlung (eines beliebigen Finanzinstruments) ausschließlich für Rechnung und unter der Haftung eines Einlagenkreditinstituts oder Wertpapierhandelsunternehmens usw. oder unter der gesamtschuldnerischen Haftung der dort genannten Institute oder Unternehmen erbringen. Durch die neue Nr. 3a des § 34 c Abs. 5 werden sie auch von § 34 c freigestellt und unterliegen nur noch den §§ 14, 35 GewO.

Aus dem Anwendungsbereich des § 34 c in das KWG gewechselt sind also die Vermittlung (einschließlich der Nachweisvermittlung) von in- und ausländischen Aktien und Schuldverschreibungen, ferner die bislang umstrittene Vermittlung von Aktienoptionen sowie Warentermingeschäften und die Finanzportfolioverwaltung. Nicht mehr erlaubnispflichtig nach § 34 c ist die Tätigkeit der o. g. gebundenen Agenten.

1.1.11 Telefonisches Anbieten ohne Ankündigung oder (ausdrückliche oder konkludente) Vereinbarung ist nach einer Allgemeinverfügung des Bundesaufsichtsamtes für den Wertpapierhandel wegen damit einhergehender Beeinträchtigung der Privatsphäre unzulässig und unlauter; die Rechte des werbenden Anrufers auf freie Berufsausübung nach Art. 12 GG müssen gegenüber dem Recht auf ungestörte Privatsphäre des Kunden zurücktreten, zumal ihm auch andere Möglichkeiten der Werbung zur Verfügung stehen. Auf dem Wege ungebetener Telefonanrufe (dem sog. cold calling) werden regelmäßig die Angebote aus dem „Grauen Kapitalmarkt" offeriert, bei denen die angesprochenen Kunden im besonderen Maße Vermögenseinbußen erleiden können.

1.2 Vorbereitung und Durchführung von Bauvorhaben (§ 34 c Abs. 1 Satz 1 Nr. 2)

Bauherren und Baubetreuer befassen sich in der Regel sowohl mit der Vorbereitung als auch mit der Durchführung von Bauvorhaben. Sie verlieren diese Eigenschaft nicht, wenn sie nur Abschnitte eines Bauvorhabens vorbereiten oder durchführen. Unter der Vorbereitung eines Bauvorhabens versteht man üblicherweise die Tätigkeit bis zum Baubeginn. Bauvorhaben können alle Vorhaben des Hoch- oder Tiefbaus, z. B. des öffentlichen Hochbaus, des gewerblichen und industriellen Hochbaues, des landwirtschaftlichen Hochbaues, des Wohnungsbaues oder des Straßenbaues sein. Praktische Bedeutung hat § 34c allerdings nur beim Bau von Wohnräumen und gewerblichen Räumen und auch bei der Altbausanierung.

1.2.1 Bauherr ist der Herr des gesamten Baugeschehens. Er wird bei der Vorbereitung und Durchführung des Vorhabens im Außenverhältnis zu Dritten im eigenen Namen tätig oder läßt Bevollmächtigte in seinem Namen tätig werden. Er übt einen bestimmenden Einfluß auf die Planung und den Ablauf des gesamten Bauvorhabens aus und ist der Verantwortliche für das gesamte Baugeschehen, insbesondere auch gegenüber den Bauaufsichtsbehörden. Alle den Bau betreffenden Verträge werden von ihm oder für ihn abgeschlossen. Die Rechte aus den Verträgen stehen ihm zu, die Pflichten aus den Verträgen hat er zu erfüllen. Er ist in der Regel auch der Eigentümer des Baugrundstücks oder zum Bau auf einem fremden Grundstück dinglich berechtigt (z. B. als Erbbauberechtigter). Baut ein derartiger Gewerbetreibender dagegen auf dem Grundstück seines Auftraggebers, so ist in der Regel davon auszugehen, daß er nicht § 34c unterliegt (BVerwG, U.v. 10. 6. 1986, GewArch 1986, S. 292, NJW 1987, S. 511).

Der im eigenen Namen im Außenverhältnis tätige Bauherr besorgt nicht immer seine eigenen Geschäfte. Die Geschäfte können auch auf Rechnung eines im Innenverhältnis Berechtigten und Verpflichteten gehen. Z.B. werden Mietwohnungen vom Bauherrn in eigenem Namen und auf eigene Rechnung errichtet, zur Veräußerung bestimmte Wohnungen hingegen nicht unbedingt. Ist der Bauherr vertraglich nur zur Veräußerung des fertigen Bauwerks an einen Besteller verpflichtet, wird er im eigenen Namen und auf eigene Rechnung tätig. Vorverträge dieses Inhaltes werden in der Wohnungswirtschaft als „Kaufanwärterverträge" bezeichnet. Ist hingegen auch das ganze wirtschaftliche Risiko, insbesondere auch das Preisrisiko und das Risiko des zufälligen Untergangs auf den Besteller verlagert, wird der Bauherr auf fremde Rechnung tätig. Für Vorverträge dieser Art hat sich in der Wohnungswirtschaft der Begriff „Bewerberverträge" eingebürgert. Der oft verwendete Begriff „Bauträger" ist in dieser Hinsicht indifferent. Nur für den Kleinsiedlungsträger hat das Zweite Wohnungsbaugesetz in § 58 festgelegt, daß er öffentlich geförderte Kleinsiedlungen für Rechnung der Kleinsiedler errichten muss.

Keine Bauherren sind solche Generalbauunternehmer, die auf Grund eines Auftrages eines Bauherrn, häufig unter Einschaltung von Subunternehmern, Bauleistungen erbringen. Hierunter fallen auch die Lieferanten von Fertighäusern.

Bauherren unterliegen nur dann dem § 34c, wenn sie zur Vorbereitung oder Durchführung des Baues fremde Vermögenswerte verwenden. Der Begriff „verwenden" ist dabei weit auszulegen (vgl. hierzu Nr. 3.2). Fremde Vermögenswerte werden allerdings dann nicht zur Vorbereitung oder Durchführung des Bauvorhabens verwendet, wenn der Gewerbetreibende sie erst nach Bezugsfertigkeit erhält, und zwar auch dann nicht, wenn der Auftraggeber den Kaufpreis schon während der Bauzeit z.B. bei einem Notar bis zu diesem Zeitpunkt hinterlegt hat. Ein Verwenden liegt allerdings vor, wenn das hinterlegte Geld bauabschnittsweise an den Gewerbetreibenden ausbezahlt wird.

Bauherren, die bei der Vorbereitung oder Durchführung von Bauvorhaben für einzelne Projekte auf die Verwendung fremder Vermögenswerte verzichten, daneben aber auch Projekte unter Inanspruchnahme solcher Fremdmittel durchführen, unterliegen dem § 34c Abs. 1 Satz 1 Nr. 2 Buchst. a. Die Bestimmungen der MaBV finden dabei aber nur hinsichtlich solcher Bauvorhaben Anwendung, bei denen die Gewerbetreibenden fremde Vermögenswerte verwenden wollen.

1.2.2 Der **Baubetreuer** wird im Außenverhältnis zu Dritten nur im Namen des Bauherrn und im Innenverhältnis auf Rechnung desjenigen tätig, dessen Geschäft das Bauvorhaben ist. Seine Tätigkeit unterliegt nur dann dem § 34c Abs. 1 Satz 1 Nr. 2 Buchst. b, wenn und soweit sie in der **wirtschaftlichen** Vorbereitung oder Durchführung des Bauvorhabens besteht. Der ein Bauvorhaben wirtschaftlich Betreuende beschafft z.B. das Grundstück im Namen und für Rechnung des Betreuten, ferner die Baufinanzierungsmittel, ruft die Fremdmittel bei den Kreditgebern des Betreuten ab, disponiert über das Baukonto, legt über die Verwendung der Mittel dem Bauherrn Rechnung und kalkuliert ggf. die Miete oder den Verkaufspreis. Baubetreuung kann auch im Rahmen der Bauherrenmodelle ausgeübt werden, die sich aus der Bauträgerschaft zu dem Zweck entwickelt haben, aus dem eigentlichen Käufer wegen der damit verbundenen steuerlichen Vorteile einen Bauherren zu machen. Auf der Auftraggeberseite kann eine Vielzahl von Bauherren stehen, die sich zu einer Personengesellschaft zusammenschließen und die gegenseitigen Rechte und Pflichten in einem Gesellschaftsvertrag regeln. Eingeschaltet wird zumeist ein Treuhänder, der im Gesellschaftsvertrag zum Geschäftsführer bestellt ist und seinerseits einen wirtschaftlichen und technischen Baubetreuer, Generalbauunternehmer oder Generalübernehmer, einen Finanzierungsvermittler, eine Vermietungsgesellschaft, ggf. Bürgen usw. bestellt. Der Umfang der Geschäftsverteilung der vorstehend erwähnten Aufgaben (Beschaffung des Grundstücks, Baufinanzierungsmittel, Abruf der Kredite, Verfügung über das Baukonto, Rechnungslegung und Vergabe der Aufträge) auf den Treuhänder und Baubetreuer ist maßgebend dafür, ob eine oder beide dieser Personen Baubetreuer i.S. des § 34c sind.

1.2.3 Gelegentlich übernehmen **Architekten** Aufgaben i.S. von § 34c Abs. 1 Satz 1 Nr. 1 Buchst. a oder Nr. 2 Buchst. b ganz oder teilweise.

Diese Tätigkeiten können im Einzelfall als unbedeutender Annex einer freiberuflichen Architektentätigkeit angesehen werden, wenn die Tätigkeiten im Rahmen eines Architektenvertrages ausgeübt werden und im Verhältnis zur Planung und Bauüberwachung eine nur untergeordnete Rolle spielen. Werden sie dagegen ausschließlich oder überwiegend – insbesondere nicht in Verbindung mit einer sonstigen Architektentätigkeit – ausgeübt, so sind sie als eine gewerbliche Tätigkeit i.S. des § 34c zu betrachten. Soweit eine Tätigkeit i.S. von § 34c Abs. 1 Satz 1 Nr. 2 Buchst. a ausgeübt wird, kann diese Tätigkeit nicht dem Berufsbild des Architekten zugerechnet werden.

1.3 Ausnahmen

1.3.1 Für die in § 34c Abs. 5 genannten Unternehmen und Personen gelten § 34c Abs. 1 bis 3 nicht, da sie aufgrund anderer Gesetze der Aufsicht unterliegen. Keiner Erlaubnis nach § 34c bedürfen demnach:

1.3.1.1 Betreuungsunternehmen i.S. des § 37 Abs. 2 des Zweiten Wohnungsbaugesetzes oder des § 22c Abs. 2 des Wohnungsbaugesetzes für das Saarland, solange sie diese Eigenschaft behalten (§ 34c Abs. 5 Nr. 1). Bei dieser durch Artikel 22 Abs. 4 des Steuerreformgesetzes 1990 vom 25.7.1988 (BGBl. I S. 1093, 1139) eingefügten Vorschrift handelt es sich um eine vom 1.1.1990 bis zum 31.12.1993 begrenzte Übergangsbestimmung. Altunternehmen sind während dieses Zeitraums noch von § 34c freigestellt, danach benötigen sie, wie schon neue Unternehmen seit dem 1.1.1990, die Erlaubnis nach § 34c (s. auch Nr. 3.19).

1.3.1.2 Kreditinstitute, denen eine Erlaubnis nach § 32 Abs. 1 KWG erteilt wurde und Zweigstellen von Unternehmen i.S. des § 53b Abs. 1 Satz 1 KWG (§ 34c Abs. 5 Nr. 2). Da Bausparkassen (das sind Kreditinstitute i.S. des § 1 des Gesetzes über Bausparkassen – BSpkG) ebenfalls einer Erlaubnis nach § 32 Abs. 1 KWG bedürfen, findet § 34c auf sie keine Anwendung.

Soweit das Bundesaufsichtsamt für das Kreditwesen gemäß § 2 Abs. 4 KWG von einer Erlaubniserteilung abgesehen hat, findet § 34c Anwendung.

Nebenberufliche Zweigstellenleiter, z.B. von Sparkassen, unterliegen in der Regel nicht der Erlaubnispflicht des § 34c. Sie sind in der Regel so in die Organisation der Sparkassen eingegliedert, daß ihre Tätigkeit nicht als selbständige Gewerbetätigkeit angesehen werden kann.

1.3.1.3 Die Bestimmung des § 34c findet jedoch Anwendung auf Unternehmen, an denen Unternehmen i.S. der Nrn. 1.3.1.1 oder 1.3.1.2 wirtschaftlich beteiligt sind (z.B. auf Tochtergesellschaften), soweit sie ihrerseits nicht von der Geltung des § 34c befreit sind. Ist der Komplementär einer KG (z.B. bei einer GmbH & Co. KG) von der Anwendung des § 34c Abs. 1 befreit, kommt eine Erlaubnis nur für diejenigen Mitgesellschafter in Betracht, die als Gewerbetreibende anzusehen sind (vgl. Nr. 2.1.2 Satz 3).

1.3.1.4 Finanzdienstleistungsinstitute in Bezug auf Vermittlungstätigkeiten, für die ihnen eine Erlaubnis nach § 32 KWG erteilt wurde (s. Nr. 1.1.10) oder nach § 64e Abs. 2 KWG als erteilt gilt (§ 34c Abs. 5 Nr. 3). Daneben bleibt allerdings die Erlaubnispflicht für die weiterhin von § 34c erfaßten Finanzdienstleistungen bestehen.

1.3.1.5 Sog. **gebundene Agenten** i.S. des § 2 Abs. 10 Satz 1 KWG (§ 34c Abs. 5 Nr. 3a), die eine Vermittlungs- oder Nachweistätigkeit ausschließlich für Rechnung und unter der Haftung eines Einlagenkreditinstituts oder Wertpapierhandelsunternehmens usw. oder unter der ge-

Anhang

samtschuldnerischen Haftung der dort genannten Institute oder Unternehmen erbringen (s. Nr. 1. 1. 10).

1.3.1.6 Warenverkäufer und Anbieter von Dienstleistungen, die lediglich in dem in § 34c Abs. 5 Nr. 4 bezeichneten Umfang tätig werden.

1.3.1.7 Zweigstellen von Unternehmen mit Sitz in einem anderen Mitgliedstaat der Europäischen Union, die nach § 53b Abs. 7 KWG Darlehen zwischen Kreditinstituten vermitteln dürfen, soweit sich ihre Tätigkeit auf die Vermittlung von Darlehen zwischen Kreditinstituten beschränkt (§ 34c Abs. 5 Nr. 5).

1.3.1.8 Gewerbetreibende, die Verträge über die **Teilzeitnutzung** von Wohngebäuden i. S. des § 1 des Gesetzes über die Veräußerung von Teilzeitnutzungsrechten an Wohngebäuden vermitteln oder nachweisen (§ 34c Abs. 5 Nr. 6). Bauträger- und Baubetreuertätigkeiten in Bezug auf Teilnutzungsrechte sind jedoch erlaubnispflichtig nach § 34c.

1.3.2 Keiner Erlaubnis nach § 34c bedürfen ferner Rechtsanwälte, Notare, Rechtsbeistände, Wirtschaftsprüfer, Wirtschaftsprüfungsgesellschaften, vereidigte Buchprüfer, Buchprüfungsgesellschaften, Steuerberater, Steuerberatungsgesellschaften, Helfer in Steuersachen und Versicherungsunternehmen, soweit eine der in § 34c Abs. 1 Satz 1 genannten Tätigkeiten noch ihrem Berufsbild zuzurechnen ist (§ 6 Satz 1 bzw. Satz 2 GewO).

2. Erlaubnisverfahren, Versagung, Erteilung und Erlöschen der Erlaubnis

2.1 Erlaubnisverfahren

Das Erlaubnisverfahren dient der Prüfung der Zuverlässigkeit des Antragstellers.

2.1.1 Der **Antrag** auf Erteilung der Erlaubnis soll unter Verwendung eines nach dem Muster in **Anlage 1** gestalteten Antragsformblattes bei der Erlaubnisbehörde eingereicht werden. Dabei ist anzugeben, welche der in § 34c Abs. 1 genannten Tätigkeiten ausgeübt werden sollen. Nicht entscheidend ist, welche Berufsbezeichnung der Antragsteller führt. Entscheidend ist vielmehr, ob und welche Merkmale des § 34c Abs. 1 die Tätigkeit konkret erfüllt. So kann z. B. hinter der Bezeichnung „Immobilienkontor" ein Immobilienvermittler, ein Bauträger oder ein Baubetreuer stehen, der nach den Umständen des Einzelfalles eine Erlaubnis für eine oder mehrere der in § 34c Abs. 1 genannten Tätigkeiten benötigt (vgl. Nr. 2.3.1).

2.1.2 Antragsberechtigt und damit Adressaten der Erlaubnis sind natürliche und juristische Personen. Üben mehrere Personen eine oder mehrere der in § 34c Abs. 1 genannten Tätigkeiten aus, benötigt jede von ihnen eine entsprechende Erlaubnis. Bei Personengesellschaften ohne eigene Rechtspersönlichkeit (z. B. Gesellschaft des bürgerlichen Rechts, OHG, KG einschl. GmbH & Co. KG) ist eine Erlaubnis für jeden geschäftsführungsberechtigten Gesellschafter erforderlich; dies gilt auch hinsichtlich der Kommanditisten, sofern sie Geschäftsführungsbefugnis besitzen und damit als Gewerbetreibende anzusehen sind. Diese Gesellschaften können im Gegensatz zur juristischen Person keine Erlaubnis erhalten.

2.1.3 Der Antragsteller hat beizubringen:

a) Auszug aus dem Handelsregister oder Genossenschaftsregister, soweit das Unternehmen im Register eingetragen ist. Handelt es sich um eine GmbH & Co. KG, ist ein entsprechender Auszug für die GmbH und die KG einzureichen.

b) Führungszeugnisse für Behörden gemäß § 30 Abs. 5 BZRG und Auskünfte aus dem Gewerbezentralregister (§ 150 GewO) für sich sowie ggf. für die mit der Leitung des Betriebes oder einer Zweigniederlassung beauftragten Personen (§ 34c Abs. 2 Nr. 1). Bei juristischen Personen sind diese Unterlagen für alle nach Gesetz, Satzung oder Gesellschaftsvertrag vertretungsberechtigten Personen (z. B. Geschäftsführer, Vorstandsmitglieder) beizubringen. Sind die persönlichen Verhältnisse der genannten Personen zweifelsfrei bekannt, soll auf die Vorlage eines Führungszeugnisses und einer Auskunft aus dem Gewerbezentralregister verzichtet werden.

c) Auskunft über Einträge gem. § 26 Abs. 2 InsO[1] und § 915 ZPO im Schuldnerverzeichnis des Amtsgerichts, in dessen Bezirk der Antragsteller in den letzten drei Jahren einen Wohnsitz oder eine gewerbliche Niederlassung hatte (§ 34c Abs. 2 Nr. 2).

---
[1] Für vor dem 1. 1. 1999 beantragte Konkursverfahren findet weiterhin § 107 Abs. 2 KO Anwendung.

Anhang

2.1.4 Beteiligung anderer Stellen. Vor der Erteilung der Erlaubnis kann die Erlaubnisbehörde, soweit dies nach § 11 Abs. 1 Satz 1 GewO erforderlich ist und die Voraussetzungen des § 11 Abs. 2 Satz 2 GewO gegeben sind,

a) die Industrie- und Handelskammer hören, sofern der Antragsteller nach seinen Angaben im Antrag (Anlage 1) in den letzten fünf Jahren eine berufliche Tätigkeit als Vorstand einer AG, Geschäftsführer einer GmbH, als persönlich haftender Gesellschafter einer OHG oder KG oder als Inhaber eines Einzelunternehmens ausgeübt hat. Wird eine gewerbliche Tätigkeit i. S. des § 34 c in Verbindung mit einem handwerklichen oder handwerksähnlichen Betrieb ausgeübt, kann außerdem die Handwerkskammer gehört werden,

b) in begründeten Einzelfällen ferner die Strafverfolgungsbehörde im Hinblick auf laufende Ermittlungsverfahren einschalten.

2.2 Versagung der Erlaubnis

Auf die Erteilung der Erlaubnis besteht ein Rechtsanspruch, wenn kein Versagungsgrund des § 34 c Abs. 2 gegeben ist. Im Rahmen des § 34 c Abs. 2 sind die Zuverlässigkeit des Antragstellers und der mit der Leitung des Betriebes oder einer Zweigniederlassung beauftragten Person sowie die Vermögensverhältnisse des Antragstellers zu überprüfen. Bei ausländischen Antragstellern ist die Ausländergewerbeverwaltungsvorschrift (Nrn. 1.1.1, 2.3 und 2.4 AuslGewVwV) zu beachten.

Liegt ein Versagungsgrund vor, darf die Erlaubnis nicht erteilt werden. Ist der Tatbestand eines oder mehrerer der ausdrücklich genannten Regelbeispiele gegeben, so liegt in der Regel ein Versagungsgrund vor. Die Aufzählung der Beispiele ist nicht abschließend.

2.2.1 Unzuverlässigkeit. Wegen des Begriffs der Unzuverlässigkeit vgl. Nr. 3 GewUVwV. Beim Vorliegen der in § 34 c Abs. 2 Nr. 1 bezeichneten Verurteilungen kann im Regelfall die Unzuverlässigkeit des Betroffenen angenommen werden. Dieser Grundsatz gilt aber nicht ausnahmslos. Es kann Fälle geben, in denen z. B. trotz Vorliegens eines Regelbeispiels eine Unzuverlässigkeit des Antragstellers nicht angenommen werden kann, etwa weil die an sich einschlägige Verurteilung sehr geringfügig ist und/oder der Ablauf der Fünfjahresfrist unmittelbar bevorsteht. Die Aufzählung der Delikte ist nicht abschließend.

2.2.2 Ungeordnete Vermögensverhältnisse. Die ungeordneten Vermögensverhältnisse stellen nur beim Antragsteller selbst einen Versagungsgrund für die Erlaubnis dar. Ein derartiger Versagungsgrund ist in der Regel anzunehmen, wenn einer der in § 34 c Abs. 2 Nr. 2 ausdrücklich genannten Beispielsfälle vorliegt.

Bei einer juristischen Person ist daher auf deren Vermögensverhältnisse abzustellen.

2.3 Erteilung der Erlaubnis

2.3.1 Umfang der Erlaubnis. Die Erlaubnis ist nur für diejenigen Tätigkeiten zu erteilen, die der Antragsteller auszuüben beabsichtigt. Sie kann für einzelne oder alle in § 34 c Abs. 1 genannten Tätigkeiten erteilt werden (Nr. 2.1.1).

2.3.2 Auflagen. Zum Schutz der Allgemeinheit und der Auftraggeber kann die Erlaubnis mit Auflagen verbunden werden (§ 34 c Abs. 1 Satz 2 GewO, Art. 36 BayVwVfG). Die Ausübung des Gewerbes kann durch nachträgliche Beifügung, Änderung oder Ergänzung von Auflagen näher geregelt werden.

Auflagen kommen insbesondere zum Schutz vor Gefahren für die Allgemeinheit oder die Auftraggeber in Betracht, soweit den Gewerbetreibenden nicht bereits durch die Bestimmungen der MaBV entsprechende Verpflichtungen auferlegt wurden. Sie sind im einzelnen zu begründen. In der Begründung sind die wesentlichen Gesichtspunkte anzugeben, die für die jeweilige Nebenbestimmung maßgebend waren (Art. 39 BayVwVfG).

2.3.3 Bedingung, Befristung, Widerrufsvorbehalt. Mit auflösenden Bedingungen, Befristungen und Widerrufsvorbehalten darf die Erlaubnis grundsätzlich nicht versehen werden (Art. 36 Abs. 1 BayVwVfG).

2.3.4 Form der Erlaubnis. Der Erlaubnisbescheid muß inhaltlich dem Muster in **Anlage 2** entsprechen.

2.4 Erlöschen der Erlaubnis

2.4.1 Die Erlaubnis erlischt – unbeschadet des § 46 GewO – wegen ihres persönlichen Charakters mit dem Tode der natürlichen Person oder mit dem Erlöschen der juristischen Person, der sie erteilt ist, oder durch Verzicht. Der gegenüber der Erlaubnisbehörde ausdrücklich oder schlüssig erklärte Verzicht bringt die Erlaubnis zum Erlöschen. In der Anzeige der Aufgabe des Gewerbebetriebes nach § 14 Abs. 1 Satz 2 Nr. 3 GewO allein kann noch kein Verzicht auf die Erlaubnis gesehen werden.

2.4.2 Die Erlaubnis erlischt ferner durch Rücknahme oder Widerruf (Art. 48, 49 BayVwVfG), bei Altunternehmen in Verbindung mit Art. 2 Abs. 3 des Gesetzes zur Änderung der Gewerbeordnung vom 16. August 1972 (BGBl. I S. 1465).

2.4.2.1 Rücknahme- oder Widerrufsgründe. Die Rücknahme oder der Widerruf der Erlaubnis kann nur unter den Voraussetzungen der Art. 48, 49 BayVwVfG erfolgen.

2.4.2.2 Rücknahme- oder Widerrufsverfahren

a) Vor der Rücknahme oder dem Widerruf ist der Betroffene zu hören; ferner können die für den Sitz der Hauptniederlassung zuständige Industrie- und Handelskammer sowie die für den Sitz von Zweigniederlassungen für die Ausführung des § 34c zuständigen Gewerbebehörden gehört werden, soweit dies nach § 11 Abs. 1 Satz 1 GewO erforderlich ist und die Voraussetzungen des § 11 Abs. 2 Satz 2 GewO gegeben sind.

b) Von der Rücknahme oder dem Widerruf sind die für die Entgegennahme der Anzeigen nach § 14 GewO über die Aufgabe des Betriebes und der Zweigniederlassungen zuständigen Behörden zu unterrichten. Falls die Rücknahme- oder Widerrufsbehörde und die Erlaubnisbehörde nicht identisch sind, ist auch die Behörde, die die Erlaubnis erteilt hat, zu unterrichten.

c) Die Erlaubnisurkunde kann gemäß Art. 52 BayVwVfG zurückgefordert werden.

2.5 Mitteilungen zum Gewerbezentralregister (§ 153a GewO)

Vollziehbare und unanfechtbare Entscheidungen, durch die eine Erlaubnis wegen Unzuverlässigkeit nach § 34c Abs. 2 Nr. 1 versagt oder nach Art. 48, 49 BayVwVfG zurückgenommen oder widerrufen worden ist, sind nach §§ 153a, 149 Abs. 2 Satz 1 Nr. 1 Buchst. a, § 151 Abs. 2 GewO dem Gewerbezentralregister mitzuteilen. Richtet sich die Entscheidung gegen eine juristische Person, so ist eine Mitteilung für diese und für den Vertretungsberechtigten der juristischen Person, der unzuverlässig ist, zu fertigen (§ 151 Abs. 1 Nr. 1 GewO). Wurde die Entscheidung gegen einen Gewerbetreibenden wegen Unzuverlässigkeit einer mit der Leitung des Betriebes oder einer Zweigniederlassung beauftragten Person getroffen (§ 34c Abs. 2 Nr. 1), ist eine Mitteilung für den Gewerbetreibenden und für den unzuverlässigen Betriebs- oder Zweigstellenleiter vorzunehmen (§ 151 Abs. 1 Nr. 2 GewO). Auch der Verzicht auf eine Erlaubnis während eines Rücknahme- oder Widerrufsverfahrens (§ 149 Abs. 2 Nr. 2 GewO) ist mitzuteilen.

3. Makler- und Bauträgerverordnung

3.1 Anwendungsbereich (§ 1 MaBV und § 61a GewO)

3.1.1 Gewerbetreibender. Der Verordnung unterliegen Gewerbetreibende i. S. des § 34c Abs. 1 einschließlich derjenigen, denen die Erlaubnis nach Art. 2 des Gesetzes zur Änderung der Gewerbeordnung vom 16. August 1972 als erteilt gilt; der Verordnung unterliegen auch Gewerbetreibende, die diese Tätigkeiten – soweit zulässig (s. § 56 Abs. 1 Nr. 1 Buchst. h und Nr. 6 GewO) – im Reisegewerbe ausüben (§ 61a GewO). Soweit § 34c Abs. 1 bis 3 GewO nicht für die in Absatz 5 genannten Personen und Unternehmen gilt (s. hierzu Nr. 1.3), findet auch die Verordnung auf sie keine Anwendung.

Von der Verordnung werden außerdem Versicherungs- und Bausparkassenvertreter ausgenommen, die im Rahmen ihrer Tätigkeit für ein Versicherungsunternehmen oder eine Bausparkasse den Abschluß von Verträgen über Darlehen vermitteln oder die Gelegenheit zum Abschluß solcher Verträge nachweisen (§ 1 Satz 2 Nr. 1, vgl. auch Nrn. 1.1.4.1 und 1.1.4.2). Die Vermittlung oder der Nachweis von Darlehen durch Versicherungs- und Bausparkassenvertreter umfaßt auch die durch Hypotheken oder Grundschulden gesicherten Kredite. Die Verordnung findet jedoch Anwendung auf Versicherungs- und Bausparkassenvertreter, die außerhalb des Vertragsverhältnisses

Anhang

mit dem Versicherungsunternehmen bzw. der Bausparkasse den Abschluß von Verträgen über Darlehen vermitteln oder die Gelegenheit zum Abschluß solcher Verträge nachweisen.

Die Verordnung gilt nach ihrem § 1 Satz 2 Nr. 2 ebenfalls nicht für Gewerbetreibende, die den Abschluß von Verträgen über die Nutzung der von ihnen für Rechnung Dritter verwalteten Grundstücke, grundstücksgleichen Rechte, gewerblichen Räume oder Wohnräume vermitteln oder die Gelegenheit zum Abschluß solcher Verträge nachweisen, d. h. für Hausverwalter für die vorstehend bezeichneten Vermittlungs- und Nachweistätigkeiten. Nicht begünstigt sind dagegen Hausverwalter, die nicht zu ihrem Wohnungsbestand gehörende Objekte vermitteln oder nachweisen oder sonstige, von § 1 Satz 2 Nr. 2 nicht privilegierte Tatbestände i. S. des § 34c Abs. 1 erfüllen, z. B. Verträge über den Erwerb von Grundstücken oder grundstücksgleichen Rechten oder von Darlehen vermitteln oder nachweisen.

3.1.2 Auftraggeber. Auftraggeber ist der Geschäftspartner des Gewerbetreibenden, dem die in § 34c Abs. 1 Satz 1 Nr. 1 und Nr. 2 Buchst. b erwähnten Leistungen erbracht werden oder der dem Bauherrn gemäß Nr. 2 Buchst. a Vermögenswerte zur Vorbereitung oder Durchführung von Bauvorhaben zur Verfügung stellt. In den Fällen des § 34c Abs. 1 Satz 1 Nr. 1 hat der Gewerbetreibende zwei Geschäftspartner. Von ihnen ist nach dem Schutzzweck des Gesetzes Auftraggeber nur derjenige, dem in diesem Verhältnis die Verbraucherfunktion zukommt, also der Erwerber von Grundstücken oder grundstücksgleichen Rechten, der Mieter, der Darlehensnehmer und der Erwerber der Wertpapiere.

3.2 Sicherheitsleistung, Versicherung (§ 2)

§ 2 dient dem Schutz der Vermögenswerte des Auftraggebers vor vorsätzlich begangenen unerlaubten Handlungen des Gewerbetreibenden oder seines Hilfspersonals und gilt grundsätzlich für alle Gewerbetreibenden i. S. des § 34c Abs. 1.

Für Bauträger i. S. des § 34c Abs. 1 Satz 1 Nr. 2 Buchst. a findet dagegen § 3 Anwendung (s. Nr. 3.3), sofern sie dem Auftraggeber Eigentum an einem Grundstück übertragen oder ein Erbbaurecht bestellen oder übertragen sollen. Nicht ausgenommen von § 2 sind demnach solche Bauträger, die Vermögenswerte von Mietern, Pächtern oder sonstigen Nutzungsberechtigten oder von Bewerbern um Nutzungsrechte (z. B. künftige Mieter) verwenden wollen.

3.2.1 Voraussetzungen der Absicherung. § 2 Abs. 1 Satz 1, 1. Halbsatz bestimmt, daß der Gewerbetreibende, bevor er zur Ausführung des Auftrages Vermögenswerte des Auftraggebers erhält oder zu deren Verwendung ermächtigt wird, dem Auftraggeber in Höhe dieser Vermögenswerte Sicherheit zu leisten oder eine zu diesem Zweck geeignete Versicherung abzuschließen hat. Im Fall einer solchen Ermächtigung muß die Bürgschaft oder Versicherung spätestens in dem Zeitpunkt bestehen, in dem die Ermächtigung wirksam wird. Dies schließt nicht aus, daß eine entsprechende Verwendungsermächtigung bereits Gegenstand des zeitlich vor diesem Termin liegenden Auftrages ist; sie muß jedoch aufschiebend bedingt sein oder erst zu einem bestimmten Termin wirksam werden.

Mit den Begriffen „erhält oder zu deren Verwendung ermächtigt wird" sollen sämtliche dem Gewerbetreibenden zur Verfügung stehenden Möglichkeiten erfaßt werden, in Besitz von Vermögenswerten des Auftraggebers zu gelangen oder zumindest eine Verfügungsbefugnis hierüber zu erhalten. Die Begriffe sind deshalb weit auszulegen.

Der Gewerbetreibende hat auch die Gelder des Auftraggebers abzusichern, die aus Bauspardarlehen oder sonstigen Darlehen stammen, für die Grundpfandrechte bestellt werden; denn diese Grundpfandrechte gewähren nur dem Darlehensgeber, nicht jedoch dem Auftraggeber, Schutz vor unerlaubten Handlungen des Gewerbetreibenden oder seines Hilfspersonals.

Die Vermögenswerte müssen „zur Ausführung des Auftrages" dienen. Dies ist z. B. nicht der Fall, wenn dem Gewerbetreibenden eine Provision gesondert zu den sonstigen Vermögenswerten des Auftraggebers gezahlt wird. Dagegen muß der Gewerbetreibende aber z. B. für Gewinnanteile, die er den ihm übertragenen Vermögenswerten entnehmen darf, Sicherheit leisten oder eine geeignete Versicherung abschließen.

3.2.1.1 „Vermögenswerte erhält". Der Gewerbetreibende „erhält" Vermögenswerte des Auftraggebers, wenn er daran Eigentum oder Besitz erwirbt oder Inhaber einer Forderung dadurch wird, daß Gelder des Auftraggebers auf eines seiner Konten überwiesen werden. Die Voraussetzungen des § 2 Abs. 1 Satz 1 sind auch dann gegeben, wenn der Auftraggeber dem Gewerbetreibenden – wie dies auf dem Bausektor üblich ist – den gegenüber einem Dritten bestehenden Anspruch auf Gewährung eines Darlehens abtritt. Ferner „erhält" der Gewerbetreibende Vermögenswerte des Auftraggebers, wenn dieser auf Veranlassung des Gewerbetreibenden dessen Schulden gegenüber Dritten, z. B. Bauhandwerkern, begleicht. Das gleiche gilt, wenn die Mittel bei einem Dritten (z. B. einem Notar) hinterlegt werden oder diesem ein Verfügungsrecht über ein Konto des Auftraggebers eingeräumt wird und in diesen Fällen die Mittel vom Gewerbetreibenden nach Bedarf abgerufen werden.

Möglich ist auch, daß der Gewerbetreibende (z. B. ein Bauträger bei Begründung eines Nutzungsverhältnisses) seine gegenüber dem Auftraggeber bestehende Forderung an einen Dritten (z. B. ein Kreditinstitut) unter der Verpflichtung abtritt, für die Begleichung der Schuld durch den Auftraggeber zu garantieren. Auch in diesem Fall „erhält" der Gewerbetreibende Vermögenswerte des Auftraggebers, wenn dieser die Schuld an den Dritten begleicht, da sich hierdurch die Garantieverpflichtung des Gewerbetreibenden entsprechend verringert. Darüber hinaus „erhält" der Gewerbetreibende aber auch in anderen Fällen der Abtretung, in denen er keine Garantie für die Begleichung der Schuld übernommen hat, „Vermögenswerte des Auftraggebers", wenn dieser auf Grund der Forderung an den Dritten leistet. Denn das Ausbleiben der Zahlungen des Erwerbers würde zu Ansprüchen des Dritten gegen den Gewerbetreibenden auf Grund des der Abtretung zugrunde liegenden Rechtsgeschäftes führen, von denen dieser aber durch die Zahlungen des Auftraggebers „befreit" wird.

§ 2 Abs. 1 Satz 1 findet (wie auch § 4 Abs. 1 Nr. 1) selbstverständlich nur dann Anwendung, wenn der Gewerbetreibende tatsächlich Vermögenswerte des Auftraggebers erhalten hat oder zu deren Verwendung ermächtigt worden ist. Wenn Gelder z. B. vom Darlehensgeber an den Darlehensvermittler mit der Auflage übermittelt werden, sie an den Darlehensnehmer weiterzuleiten, erhält der Darlehensvermittler Vermögenswerte des Auftraggebers dann, wenn der Darlehensgeber an den Darlehensvermittler schuldbefreiend leistet und demgemäß dem Auftraggeber eine Forderung an den Darlehensvermittler auf Auszahlung des Betrages erwächst. Anders ist die Rechtslage, wenn die Gelder vom Darlehensgeber an den Darlehensvermittler auf Gefahr des ersteren geleistet werden und Ansprüche auf Rückzahlung gegen den Auftraggeber erst entstehen, wenn der Darlehensvermittler die Gelder ordnungsgemäß an ihn übereignet hat. Entsprechendes gilt im umgekehrten Fall, wenn die Vermögenswerte vom Auftraggeber, zum Beispiel bei der Tilgung des Darlehens, über den Darlehensvermittler an den Darlehensgeber geleistet werden. Sofern die Leistungen des Auftraggebers für diesen schuldbefreiend erfolgen, erhält der Darlehensvermittler nicht Vermögenswerte des Auftraggebers, sondern des Darlehensgebers.

3.2.1.2 „zu deren Verwendung ermächtigt". Der Gewerbetreibende wird „zur Verwendung von Vermögenswerten des Auftraggebers ermächtigt", wenn ihm eine Verfügungsbefugnis darüber eingeräumt wird, ohne daß er Eigentum oder Besitz an diesen Vermögenswerten erwirbt oder Gläubiger einer Forderung wird. Dies ist zum Beispiel der Fall, wenn der Gewerbetreibende über Gelder verfügen darf, die auf einem Konto des Auftraggebers oder für den Auftraggeber auf dem Konto eines Dritten eingelegt sind.

Eine Ermächtigung zur Verwendung von Vermögenswerten liegt aber auch vor, wenn der Auftraggeber den Gewerbetreibenden bevollmächtigt, in seinem Namen Verpflichtungen einzugehen. Dies gilt nicht für Baubetreuer, die im Rahmen ihres Auftrages oder ihrer Vertretungsmacht die Auftraggeber zu Leistungen verpflichten, die deren Grundstücken zugute kommen. In diesem Fall besteht demnach auch keine Sicherungspflicht für einen Baubetreuer, soweit der Auftraggeber aufgrund dieser Verpflichtung Zahlungen an Dritte (z. B. Bauhandwerker) unmittelbar selbst leistet und deren Leistungen dem Auftraggeber rechtlich und wirtschaftlich unmittelbar zufließen. Dies ist z. B. der Fall, wenn ein Bauhandwerker vertragsgemäß auf dem Grundstück des Auftraggebers Einbauten vornimmt.

Keine Ermächtigung zur Verwendung und damit keine Sicherungspflicht besteht ferner, wenn der Baubetreuer nur gemeinsam mit dem Auftraggeber über die bei einem Dritten (z. B. Kreditinstitut) hinterlegten Vermögenswerte verfügen und der Dritte nur auf gemeinsames Anfordern hin zahlen darf.

3.2.1.3 Abzusichernde Ansprüche (§ 2 Abs. 1 Satz 2). Nach § 2 Abs. 1 Satz 2 sind Schadensersatzansprüche des Auftraggebers wegen etwaiger von dem Gewerbetreibenden und den Personen, die er zur Verwendung der Vermögenswerte ermächtigt hat, vorsätzlich begangener

Anhang

unerlaubter Handlungen abzusichern, die sich gegen die in Satz 1 bezeichneten Vermögenswerte richten.
Abzusichern sind Ansprüche wegen der Verletzung von Schutzgesetzen i. S. des § 823 Abs. 2 BGB. In Betracht kommen vor allem Untreue, Betrug, Unterschlagung. Abzudecken sind auch Schäden, die durch eine vorsätzliche Verletzung der in den §§ 4 und 6 der Verordnung niedergelegten Verpflichtungen entstehen, da diese Vorschriften zur Sicherung der Vermögenswerte des Auftraggebers dienen und damit Schutzgesetze i. S. des § 823 Abs. 2 BGB sind.

3.2.2 Sicherheitsleistung (§ 2 Abs. 2). Sicherheit kann nur durch die Stellung eines Bürgen geleistet werden (§ 2 Abs. 2 Satz 1). Die übrigen sonst in § 232 Abs. 1 BGB genannten Arten der Sicherheitsleistung scheiden aus. Der Kreis der zugelassenen Bürgen ist auf die in § 2 Abs. 2 Satz 2 erwähnten beschränkt. Die Bürgschaftserklärung[2] muß den Verzicht auf die Einrede der Vorausklage enthalten (§ 2 Abs. 2 Satz 3). Damit die Bürgschaft für die Gesamtdauer des Auftrages besteht, darf sie nicht vor dem Zeitpunkt ablaufen, der sich aus § 2 Abs. 5 ergibt (§ 2 Abs. 2 Satz 4).

3.2.3 Versicherung (§ 2 Abs. 3). Als Versicherung kommt für die Sicherheitsleistung nur die sog. „Vertrauensschadenversicherung" in Betracht, d. h. eine Versicherungsart, bei der der Auftraggeber einen direkten Anspruch gegen die Versicherungsgesellschaft bei Vermögensschäden durch vorsätzlich begangene unerlaubte Handlungen des Gewerbetreibenden oder seines Angestellten hat und die ihn insbesondere aus dem Versicherungsvertrag auch in den Fällen des Insolvenzverfahrens des Gewerbetreibenden unmittelbar berechtigt.[3] Eine Berufshaftpflicht- oder Vermögensschadenversicherung der Makler ist damit nicht gleichzusetzen und reicht als Sicherheitsleistung i. S. von § 2 Abs. 3 nicht aus. Da Sicherheit in Höhe des erhaltenen Vermögenswertes zu leisten ist, muß die Versicherung in voller Höhe dieses Vermögenswertes abgeschlossen werden. Um sicherzustellen, daß der direkte Anspruch des Auftraggebers gegenüber der Versicherungsgesellschaft gegeben ist, muß das Versicherungsverhältnis entsprechend ausgestaltet werden: Entweder durch Einzelversicherung in jedem Geschäftsfall oder durch Sammelpolice mit der Einzelmeldung jedes neuen Auftraggebers durch den Gewerbetreibenden.

3.2.4 Wahlrecht (§ 2 Abs. 4). Sicherheit durch Bürgschaft oder Versicherung kann nebeneinander geleistet werden, d. h. bei einem Vermögenswert von 100 000 DM können zum Beispiel 50 000 DM durch Bankbürgschaft und 50 000 DM durch Kautionsversicherung gesichert werden.

Die Regelung des Satzes 2 in § 2 Abs. 4 soll den Gewerbetreibenden unnötigen Arbeitsaufwand ersparen. Gewerbetreibenden, die laufend von ihren Auftraggebern Fremdgelder entgegennehmen, wird dadurch die Möglichkeit eröffnet, eine Art Mantelvertrag mit einer bestimmten Versicherungssummenkapazität zugunsten sämtlicher Auftraggeber, die ihnen Fremdgelder überlassen, abzuschließen. Der Gewerbetreibende kann diesen Mantelvertrag dann von Fall zu Fall auffüllen.

3.2.5 Dauer der Absicherung (§ 2 Abs. 5). In § 2 Abs. 5 ist der Zeitpunkt festgelegt, bis zu dem Sicherheit oder Versicherungen aufrechtzuerhalten sind.

3.2.5.1 Regelung des Satzes 1

3.2.5.1.1 In den Fällen des § 34 c Abs. 1 Satz 1 Nr. 1. Soweit es sich um Grundstücks- und Wohnungsvermittler, Darlehens- und Anlagenvermittler handelt, ist dieser Zeitpunkt durch

---

[2] Für den Hauptanwendungsfall der Bürgschaft, nämlich den für Leistungen durch Kreditinstitute, haben die Spitzenverbände der Kreditwirtschaft einen Mustervertrag entwickelt (s. Anlage 5 der MaBVwV vom 21. 2. 1986, WVMBl S. 9). Er darf nur insoweit zur Absicherung von Vermögenswerten des Auftraggebers nach § 2 Verwendung finden, als aufgrund des Vertrages zwischen dem Gewerbetreibenden und dem Auftraggeber sichergestellt ist, daß diese Vermögenswerte allein auf dem darin bezeichneten Konto eingehen, da nur insoweit Verpflichtungen des Kreditinstituts aus der Bürgschaft entstehen können. Andernfalls muß der Gewerbetreibende die Vermögenswerte durch eine Versicherung absichern. Dies gilt auch, wenn und soweit der im Bürgschaftsvertrag angegebene Höchstbetrag niedriger ist als die Vermögenswerte, die der Gewerbetreibende vom Auftraggeber zur Ausführung des Auftrages erhält oder zu deren Verwendung er ermächtigt wird.

[3] Vom Bundesaufsichtsamt für das Versicherungswesen genehmigte Allgemeine Bedingungen der Vertrauensschadenversicherung (Personen-Kautionsversicherung) für Gewerbetreibende – ABV (PKautV/Gew) – und Rahmenvertragsbedingungen, die den Anforderungen des § 2 Abs. 3 MaBV entsprechen, sind in den Anlagen 3 und 4 der MaBVwV vom 21. 2. 1986, WVMBl S. 9 enthalten.

Anhang

Übermittlung der Vermögenswerte an den im Auftrag bestimmten Empfänger gekennzeichnet. „Übermittelt" ist der Vermögenswert, wenn der Empfänger oder ein von ihm Beauftragter über ihn verfügen kann. „Empfänger" ist der Grundstücksverkäufer oder -vermieter, der Darlehensgeber und bei Anlagenvermittlern der Vertreiber der in § 34 c Abs. 1 Satz 1 Nr. 1 Buchst. b erwähnten Papiere.

3.2.5.1.2 In den Fällen des § 34 c Abs. 1 Satz 1 Nr. 2. Sofern ein Bauträger für den Auftraggeber ein Nutzungsverhältnis zu begründen hat, müssen die Sicherungen bis zur Einräumung des Besitzes und Begründung des Nutzungsverhältnisses andauern (§ 2 Abs. 5 Satz 1 Nr. 2). Bei Baubetreuern endet die Sicherungspflicht im Zeitpunkt der Rechnungslegung (§ 2 Abs. 5 Satz 1 Nr. 3); sofern sie gemäß § 8 Abs. 2 von der Rechnungslegung befreit sind, endet die Sicherungspflicht mit vollständiger Fertigstellung des Bauvorhabens (vgl. Nr. 3.3.2).

Im übrigen ergeben sich Beginn, Inhalt, Ende und sonstige wesentliche Bedingungen aus dem einzelnen Bürgschafts- oder Versicherungsvertrag (s. oben Nrn. 3.2.2 und 3.2.3 mit Fußnoten).

3.2.5.2 Regelung des Satzes 2. Sofern der Gewerbetreibende Vermögenswerte des Auftraggebers in Teilbeträgen erhält oder ermächtigt wird, hierüber in Teilbeträgen zu verfügen, endet die Sicherungspflicht gemäß Satz 2, 1. Halbsatz in bezug auf den jeweiligen Teilbetrag, sobald er dem Auftraggeber dessen ordnungsgemäße Verwendung nachgewiesen hat. Ordnungsgemäß verwendet sind die Vermögenswerte des Auftraggebers, wenn der Gewerbetreibende die mit den jeweiligen Abschlagszahlungen zu finanzierenden Leistungen erbracht und die hierbei entstandenen Verbindlichkeiten beglichen hat. Der Nachweis der ordnungsgemäßen Verwendung erfolgt unter Anwendung des § 8 Abs. 1 durch Rechnungslegung über den jeweiligen Teilbetrag. Diese Regelung gilt nicht für den letzten Teilbetrag. Er ist nach Satz 2, 2. Halbsatz bis zu dem in Satz 1 bestimmten Zeitpunkt abzusichern. 3.3.1

3.3 Besondere Sicherungspflichten für Bauträger (§ 3)

3.3.1 Voraussetzungen für Entgegennahme oder Verwendung fremder Vermögenswerte (§ 3 Abs. 1). Sofern der Bauträger dem Auftraggeber Eigentum an einem Grundstück übertragen oder ein Erbbaurecht bestellen oder übertragen soll, darf er nach § 3 Abs. 1 Satz 1 Vermögenswerte des Auftraggebers erst entgegennehmen oder sich zu deren Verwendung ermächtigen lassen, wenn der Vertrag rechtswirksam geworden ist und die für seinen Vollzug erforderlichen Genehmigungen vorliegen (Satz 1 Nr. 1), eine Auflassungsvormerkung im Grundbuch eingetragen und ggf. das Wohnungsgrundbuch angelegt (Satz 1 Nr. 2), die Freistellung des Vertragsobjekts von Globalbelastungen gesichert (Satz 1 Nr. 3) und die Baugenehmigung (oder deren Surrogate) erteilt worden ist (Satz 1 Nr. 4).

3.3.1.1 Rechtswirksamer Vertrag (§ 3 Abs. 1 Satz 1 Nr. 1). Der Vertrag muß rechtswirksam sein und es müssen die für seinen Vollzug erforderlichen Genehmigungen vorliegen. Das ist regelmäßig der Fall, wenn alle für die Wirksamkeit des Vertrages selbst erforderlichen schuldrechtlichen Genehmigungen (z.B. die des etwa vollmachtslos vertretenen Vertragsbeteiligten nach §§ 177, 184 BGB) und für den Vertragsvollzug nötigen öffentlich-rechtlichen Genehmigungen (z.B. nach den §§ 19, 22 BauGB) vorliegen. Dies muß außerdem vom Notar schriftlich bestätigt worden sein.

Dem Gewerbetreibenden dürfen ferner keine vertraglichen Rücktrittsrechte eingeräumt sein. Unberührt hiervon bleiben die Aufnahme gesetzlicher Rücktrittsrechte in den Vertrag und die Ausgestaltung der Rechtsfolgen.

3.3.1.2 Auflassungsvormerkung (§ 3 Abs. 1 Satz 1 Nr. 2). Nach § 3 Abs. 1 Satz 1 Nr. 2 muß ferner zur Sicherung des Anspruchs des Auftraggebers auf Eigentumsübertragung oder Bestellung oder Übertragung eines Erbbaurechts an dem Vertragsobjekt eine Auflassungsvormerkung an der vereinbarten Rangstelle im Grundbuch eingetragen worden sein. Sofern sich der Anspruch des Auftraggebers auf Wohnungs- oder Teileigentum oder ein Wohnungs- oder Teilerbbaurecht bezieht, muß die Begründung dieses Rechts im Grundbuch vollzogen, d.h. es müssen Wohnungsgrundbücher angelegt worden sein.

3.3.1.3 Freistellung von Belastungen (§ 3 Abs. 1 Satz 1 Nr. 3 und Sätze 2 bis 5). Der Gewerbetreibende darf Vermögenswerte des Auftraggebers ferner erst verwenden, wenn die

Freistellung des Vertragsobjekts von Globalbelastungen, die der Vormerkung im Range vorgehen oder gleichstehen und nicht übernommen werden sollen, gesichert ist. Die Freistellung ist gesichert, wenn gewährleistet ist, daß die Globalgrundpfandrechte unverzüglich nach Zahlung der geschuldeten Vertragssumme durch den Auftraggeber im Grundbuch gelöscht werden. Etwaige Erwerbspreisminderungen, z.B. wegen festgestellter Mängel oder Aufrechnung mit Gegenforderungen, hat der Gewerbetreibende gegen sich gelten zu lassen. Welche Maßnahmen getroffen werden müssen, um dieses Ziel sicherzustellen, wird vom beurkundenden Notar beurteilt und richtet sich nach den Erfordernissen des Einzelfalles. Die Freistellung ist nur gesichert, wenn auch der Fall erfaßt ist, daß das Bauvorhaben „steckenbleibt". In diesem Fall hat der Auftraggeber den Teil der geschuldeten Vertragssumme, der dem erreichten Baustand entspricht, zu zahlen. Für Leistungen des Gewerbetreibenden, die noch nicht durch Abschlagszahlungen abgegolten sind, besteht eine Nachschußpflicht in Höhe der Differenz zwischen dem anteiligen Vertragswert und den geleisteten Zahlungen. Beim „steckengebliebenen" Bauvorhaben kann sich der Globalgläubiger vorbehalten, anstelle der Freigabe die Anzahlungen des Auftraggebers bis zum anteiligen Wert des Vertragsobjekts zurückzuzahlen.

Der notarielle Kaufvertrag muß eine entsprechende Vereinbarung enthalten, die das Freigabeversprechen des Globalgläubigers berücksichtigt.

3.3.1.4 Erteilung der Baugenehmigung (§ 3 Abs. 1 Satz 1 Nr. 4). Der Gewerbetreibende darf Vermögenswerte des Auftraggebers grundsätzlich erst dann einsetzen, wenn die Baugenehmigung unanfechtbar erteilt worden ist. Der Auftraggeber soll davor geschützt werden, Vermögenswerte in Vorhaben zu investieren, die möglicherweise nicht verwirklicht werden können.

Durch Änderungsverordnung vom 6. 9. 1995 (BGBl. I S. 1134) wurde der Vereinfachung und Beschleunigung baurechtlicher Verfahren insbesondere durch Genehmigungsfreistellungs- und vereinfachte Genehmigungsverfahren Rechnung getragen. Wenn für das in Betracht kommende Bauvorhaben nach Landesrecht keine Baugenehmigung vorgesehen ist, dürfen danach die Vermögenswerte vom Gewerbetreibenden eingesetzt werden, soweit die in § 3 Abs. 1 Satz 1 Nr. 4 genannten Surrogate erfüllt sind.

3.3.2 Zahlung nach Baufortschritt, Bezugsfertigkeit und Fertigstellung (§ 3 Abs. 2)

3.3.2.1 Errichtung von Neubauten (Sätze 1 bis 3). Die Änderungsverordnung vom 14. 2. 1997 (BGBl. I S. 272) hat die bisherigen starren Baufortschrittsraten zugunsten eines flexiblen Systems aufgegeben. Der Bauträger wird hierdurch ermächtigt, Abschlagszahlungen in bis zu sieben Raten anzufordern (Satz 1), wobei er die Ratenhöhe (selbstverständlich einvernehmlich mit dem Auftraggeber) entsprechend dem Bauablauf unter Einbeziehung der in Satz 2 erwähnten 13 Bauabschnitte festlegen kann. Die jeweilige Rate ist fällig, wenn die in ihr zusammengefaßten Bauleistungen erbracht worden sind. Mit der Abschlagszahlung für den Bauabschnitt unter Satz 2 Nr. 1 in Höhe von bis zu 30% der Vertragssumme in den Fällen, in denen Eigentum an einem Grundstück übertragen werden soll, beziehungsweise von bis zu 20% der Vertragssumme in den Fällen, in denen ein Erbbaurecht bestellt oder übertragen werden soll, sollen die Grundstücks- und Erschließungskosten sowie etwaige einmalige öffentlich-rechtliche Folgekosten (Beiträge an Gemeinden zur Förderung von Infrastrukturmaßnahmen), die Gebühren für Architekten- und Ingenieurleistungen sowie die Kosten für die eigenen Verwaltungsleistungen des Gewerbetreibenden abgegolten werden. Sie ist frühestens mit Beginn der Erdarbeiten fällig. Der restliche Teil der Vertragssumme darf nach den in Satz 2 Nr. 2 festgelegten Bauabschnitten in Anspruch genommen werden.

Ein Gebäude oder eine Wohnung ist dann als bezugsfertig anzusehen, wenn der Bau soweit fortgeschritten ist, daß den zukünftigen Mietern oder sonstigen Bewohnern zugemutet werden kann, das Gebäude oder die Wohnung zu beziehen. Wann dieser Zeitpunkt gegeben ist, ist nach der Verkehrsauffassung zu beurteilen. Die behördliche Genehmigung zum Beziehen des Gebäudes oder der Wohnung (Schlußabnahmeschein der Baugenehmigungsbehörde) ist nicht entscheidend. Ebensowenig genügt eine einseitig vom Verkäufer abgegebene Erklärung über die Bezugsfertigkeit, die mit der tatsächlichen Sachlage nicht in Einklang steht.

Sachmängel, die nicht so schwerwiegend sind, daß sie die Bezugsfertigkeit ausschließen, hindern den Gewerbetreibenden nicht, Abschlagszahlungen für den drittletzten Bauabschnitt entgegenzunehmen oder von einer Ermächtigung zur Verwendung von Vermögenswerten des Auftraggebers Gebrauch zu machen. Demgemäß ist auch der Auftraggeber nach den Vorschriften der Verordnung unter diesen Umständen nicht berechtigt, die Zahlung zu verweigern; unberührt hiervon bleiben jedoch die sich aus dem Bürgerlichen Recht im Einzelfall etwa ergebenden Rechte des Auftraggebers, wie z. B. die Ausübung des Zurückbehaltungsrechts des § 320 BGB.

Das Gebäude ist erst dann vollständig fertiggestellt, wenn alle vertragsmäßig vereinbarten Leistungen erbracht sind, also gegebenenfalls auch die Außenanlagen (z. B. Zugangswege, Anpflanzungen, Kinderspielplätze) und Garagen erstellt worden sind. Wenn bei einer etwaigen vom Gewerbetreibenden und Auftraggeber durchgeführten Schlußabnahme Restarbeiten festgelegt worden sind, ist die Fertigstellung erst nach deren Erledigung gegeben. Für Mängelrügen und sonstige sich aus dem Bürgerlichen Recht etwa ergebende Rechte gelten die Ausführungen im vorstehenden Absatz entsprechend. Sofern einzelne der in Satz 2 Nr. 2 aufgeführten Leistungen nicht anfallen, weil sie z. B. nicht vorgesehen sind oder vom Auftraggeber in Eigenregie erbracht werden, wird nach Satz 3 der jeweilige Vomhundertsatz anteilig auf die übrigen Raten verteilt.

3.3.2.2 Altbausanierungen (Satz 4). Durch Satz 4 ist klargestellt, daß § 3 auch für Bauvorhaben gilt, die Altbauten betreffen. Geringfügige Renovierungsarbeiten und Schönheitsreparaturen fallen allerdings nicht hierunter. Für derartige Altbauten gelten Satz 1 und 2 entsprechend, der Gewerbetreibende kann die Vertragssumme also in bis zu sieben am Baufortschritt ausgerichteten Raten entgegennehmen. Bauleistungen, die bei der Altbausanierung entfallen, können allerdings, abweichend von der Regelung des Satzes 3 für Neubauten, fällig gestellt werden, sobald die Voraussetzungen des Absatzes 1 erfüllt sind.

3.3.3 Vermögenswerte Nutzungsberechtigter (§ 3 Abs. 3). Für Bauträger, die zur Vorbereitung oder Durchführung des Bauvorhabens Vermögenswerte von Mietern, Pächtern oder sonstigen Nutzungsberechtigten oder von Bewerbern um Nutzungsrechte entgegennehmen oder sich zu deren Verwendung ermächtigen lassen, gilt § 3 Abs. 1 Satz 1 Nrn. 1 und 4 sowie Abs. 2 entsprechend.

Der Bauträger wird damit praktisch gezwungen, vor Baubeginn die Finanzierung sämtlicher Einheiten sicherzustellen; er darf demgemäß bei Baubeginn nicht den vollen Zuschuß einzelner Auftraggeber für das Bauvorhaben in der Hoffnung verwenden, spätere Abschnitte mit den Zuschüssen anderer Auftraggeber finanzieren zu können.

3.4 Objektbezogene Verwendung von Vermögenswerten (§ 4)

3.4.1 Allgemeine Regelung (§ 4 Abs. 1). § 4 verpflichtet die der Verordnung unterliegenden Gewerbetreibenden, die von ihrem Auftraggeber erhaltenen Vermögenswerte nur zur Erfüllung des damit verbundenen Auftrages zu verwenden.

Ein Vermittlungsmakler, der z. B. den Kaufpreis für ein Grundstück, die Mietvorauszahlung oder das Mieterdarlehen für eine Wohnung für den Verkäufer bzw. Vermieter erhält, darf diese Vermögenswerte nicht für andere Zwecke verwenden, um dann die Auszahlung an den Berechtigten oder die Verwendung im Sinn des erteilten Auftrages aus anderen Mitteln vorzunehmen.

In den Fällen des § 34c Abs. 1 Satz 1 Nr. 2 dürfen die Vermögenswerte nur zur Vorbereitung und Durchführung des Bauvorhabens verwendet werden, auf das sich der Auftrag bezieht. Hierdurch soll das sog. Schneeballsystem unterbunden werden, das zu erheblichen Schädigungen Bauwilliger geführt hat. Die Vermögenswerte dürfen demnach zur Begleichung sämtlicher Kosten, die mit der Vorbereitung und der Durchführung des Bauvorhabens in Zusammenhang stehen, eingesetzt werden, d. h. unter anderem zur Begleichung des Grundstückspreises einschl. der Erschließungskosten und etwaiger Nachfolgelasten, der Gebühren für Architekten- und Ingenieurleistungen sowie der Kosten für die Erstellung des Gebäudes, der dazugehörigen Nebengebäude, Anlagen und Einrichtungen.

Als Bauvorhaben gilt nach § 4 Abs. 1 Nr. 2, 2. Satzteil das einzelne Gebäude, bei Einfamilienreihenhäusern die einzelne Reihe. Zu den einzelnen Gebäuden gehören Ein- und Mehrfamilienhäuser sowie sonstige Bauten über sämtliche denkbaren Zwischenstufen hinweg bis zum Hochhaus mit Eigentumswohnungen, sofern die Wohnungen bzw. vorgesehenen Räume in einem Gebäude untergebracht sind. Kein Bauvorhaben in diesem Sinn sind demnach mehrere freistehende Gebäude und Zwei- und Mehrfamilienreihenhäuser, wobei es nicht darauf ankommt, ob sie auf dem Grundstück oder benachbarten Grundstücken erstellt werden, ob für sie eine einheitliche Bauplanung, Finanzierung oder Baudurchführung vorgesehen ist oder nicht.

Vermögenswerte der Auftraggeber dürfen daher nur dem Gebäude zugute kommen, das die für sie vorgesehene Wohnung enthalten wird. Bei Zwei- oder Mehrfamilienreihenhäusern bedeutet dies also, daß die Vermögenswerte nur in das jeweilige Zwei- bzw. Mehrfamilienhaus fließen dürfen und nicht etwa in die restlichen Häuser der Reihe.

3.4.2 Sonderregelung für Baubetreuer (§ 4 Abs. 2). Für Baubetreuer wird darüber hinaus eine Sonderregelung getroffen. Sofern sie das Bauvorhaben für mehrere Auftraggeber vorbereiten und durchführen, dürfen die Vermögenswerte der Auftraggeber nur im Verhältnis der Kosten der einzelnen Einheiten zu den Gesamtkosten des Bauvorhabens verwendet werden. Hierdurch soll vermieden werden, daß z.B. der Bau eines Hochhauses mit Eigentumswohnungen begonnen wird und die Mittel der bislang gewonnenen Interessenten voll in das Bauvorhaben fließen, ohne daß die Finanzierung des gesamten Bauvorhabens gesichert ist. Sofern ein derartiges Bauvorhaben z.B. in der 7. Etage „steckenbleibt", wären insbesondere die Vermögenswerte der Auftraggeber, deren Wohnungen noch nicht erstellt sind, weitgehend verloren.

3.5 Hilfspersonal (§ 5)

Um die Durchführung der §§ 3 und 4 sicherzustellen, hat der Gewerbetreibende sein Hilfspersonal entsprechend einzuweisen und die Beachtung seiner Weisungen zu kontrollieren. Hierdurch soll vermieden werden, daß durch einen Verstoß gegen die Verpflichtungen des § 3 in bezug auf die Entgegennahme und Ermächtigung zur Verwendung der Vermögenswerte bzw. durch nicht objektbezogene Verwendung von Vermögenswerten des Auftraggebers entgegen § 4 seitens des Hilfspersonals der Schutzgedanke dieser Bestimmungen unterlaufen wird.

3.6 Getrennte Vermögensverwaltung (§ 6)

§ 6 hat eine Hilfsfunktion gegenüber den §§ 2 und 4. Der Grundgedanke der Bestimmung ist in Absatz 1 Satz 1 niedergelegt: Danach hat der Gewerbetreibende Vermögenswerte des Auftraggebers, die er zur Ausführung des Auftrags erhalten hat, von seinem Vermögen und dem seiner sonstigen Auftraggeber getrennt zu verwalten.

Dies hat nach § 6 Abs. 2 Satz 1 in der Weise zu geschehen, daß die Gelder auf einem Sonderkonto des Gewerbetreibenden für Rechnung des Auftraggebers bei einem Kreditinstitut i.S. des § 2 Abs. 2 Satz 2 eingezahlt werden.

Hiermit werden drei Zwecke verfolgt: Der Gewerbetreibende wird durch die getrennte Vermögensverwaltung zur Beachtung der in § 4 angeordneten Verwendungsbeschränkungen angehalten. Der zuständigen Behörde wird bei einer Betriebsprüfung die Kontrolle über den Verbleib der Gelder ermöglicht. Zudem wird der Auftraggeber vor Verlusten aufgrund einer Einzelzwangsvollstreckung von Gläubigern des Gewerbetreibenden und einer Insolvenz des Gewerbetreibenden geschützt.

Durch die Einzahlung der Gelder des Auftraggebers auf das Sonderkonto des Gewerbetreibenden wird dieser zwar rechtlicher Inhaber der Forderung gegen das Kreditinstitut. Wirtschaftlicher Inhaber bleibt jedoch der Auftraggeber, bis der Gewerbetreibende gemäß § 4 zur Verwendung der Gelder befugt ist. Ihm steht ein Aussonderungsrecht nach § 47 InsO zu. Ferner kann er Drittwiderspruchsklage nach § 771 ZPO erheben, wenn Gläubiger des Gewerbetreibenden dessen Forderungen gegen das Kreditinstitut pfänden sollten.

Die getrennte Vermögensverwaltung ist im einzelnen wie folgt vorzunehmen[4]:
Damit der Auftraggeber Kenntnis von Zugriffen der Gläubiger des Gewerbetreibenden erhält und Gegenmaßnahmen einleiten kann, bestimmt § 6 Abs. 2 Satz 2, daß der Gewerbetreibende dem Kreditinstitut offenzulegen hat, daß die Gelder für fremde Rechnung eingelegt werden. Er hat hierbei den Namen, Vornamen und die Anschrift des Auftraggebers anzugeben. Nach Satz 3 hat er das Kreditinstitut ferner zu verpflichten, den Auftraggeber unverzüglich zu benachrichtigen, wenn die Einlage von dritter Seite gepfändet oder das Insolvenzverfahren über das Vermögen des Gewerbetreibenden eröffnet wird. Um dem Auftraggeber eine eigene Kontrolle über den Stand des Kontos zu ermöglichen, hat der Gewerbetreibende das Kreditinstitut zu verpflichten, dem Auftraggeber jederzeit Auskunft hierüber zu erteilen. Durch Satz 4 wird ein Aufrech-

---

[4] Für das Rechtsverhältnis zwischen dem Gewerbetreibenden und dem Kreditinstitut enthält Anlage 6 der MaBVwV vom 21. 2. 1986, WVMBl S. 9, ein Musterformular der Kreditwirtschaft. (Verpflichtungserklärung des Kreditinstitutes).

nungsrecht des Kreditinstituts wegen Forderungen an den Gewerbetreibenden ausgeschlossen, ausgenommen für solche Forderungen, die in bezug auf das Konto selbst entstanden sind.

Wertpapiere des Auftraggebers hat der Gewerbetreibende nach § 6 Abs. 3 in einem Sonderdepot bei einem Kreditinstitut i. S. des § 2 Abs. 2 Satz 2 aufzubewahren. Im übrigen gilt § 6 Abs. 2 entsprechend.

Nach § 6 Abs. 1 Satz 2 sind Bauträger für vertragsgemäß im Rahmen des § 3 Abs. 2 oder 3 Satz 1 geleistete Zahlungen von der Verpflichtung zur getrennten Vermögensverwaltung befreit. Dies ist deshalb gerechtfertigt, weil diese Gewerbetreibenden aufgrund dieser Bestimmungen zur Vorleistung verpflichtet sind. Vermögenswerte, die sie von ihren Auftraggebern erhalten, sind demgemäß zumeist „durchlaufende Posten", die zur Begleichung der Forderungen von Handwerkern, Bauunternehmern usw. eingesetzt werden. Auch in dem Fall, in dem die geleisteten Baufortschrittsraten die Leistungen des Bauträgers wertmäßig übersteigen, braucht der Differenzbetrag nicht auf Sonderkonto eingelegt zu werden; allerdings muß er, sobald der entsprechende Bautenstand erreicht ist, für das Objekt eingesetzt werden (§ 4 Abs. 1 Nr. 2).

3.7 Ausnahmevorschrift (§ 7)

Nach § 7 Abs. 1 sind die Gewerbetreibenden von den in dieser Bestimmung erwähnten Verpflichtungen freigestellt, sofern sie eine Bürgschaft[5] dafür beibringen, daß der Auftraggeber bei teilweiser oder vollständiger Nichterfüllung der sich auf die Vermögenswerte beziehenden Verpflichtungen des Gewerbetreibenden seine Vermögenswerte zurückerhält.

Auf die Bürgschaft finden die einschlägigen Vorschriften des § 2, ausgenommen § 2 Abs. 5 Satz 2, entsprechende Anwendung. Für Bauträger, die dem Auftraggeber Eigentum an einem Grundstück zu übertragen oder ein Erbbaurecht zu bestellen oder zu übertragen haben, wird in Abs. 1 Satz 3 der Endtermin der Bürgschaft deckungsgleich mit § 3 Abs. 1, 2 bestimmt. Satz 4 stellt klar, daß lediglich ein Austausch der Sicherungen der §§ 2 bis 6 und des 7 zulässig ist, dagegen deren gleichzeitige Anwendung unzulässig ist.

Um die Belastungen der Gewerbetreibenden aus den §§ 2 bis 6 in solchen Fällen abzubauen, in denen sich der Auftraggeber auf Grund eigener Anschauung zutraut, das Risiko zu beurteilen, schafft § 7 Abs. 2 eine Erleichterung für Gewerbetreibende, deren Auftraggeber juristische Personen des öffentlichen Rechts, ein öffentlichrechtliches Sondervermögen oder in das Handels- oder Genossenschaftsregister eingetragene Kaufleute sind. Die Gewerbetreibenden werden von den Verpflichtungen der §§ 2 bis 6 freigestellt, wenn ihre Auftraggeber in gesonderter Urkunde auf die Anwendung dieser Bestimmungen verzichten.

3.7.1 Juristische Personen des öffentlichen Rechts sind

a) die Körperschaften des öffentlichen Rechts, z. B. Gebietskörperschaften, Industrie- und Handelskammern, Kirchen, öffentlich-rechtliche Genossenschaften;

b) die rechtsfähigen Anstalten des öffentlichen Rechts, z. B. Bundesbank, Rundfunkanstalten, Sparkassen und sonstige öffentliche Kreditinstitute;

c) die rechtsfähigen Stiftungen des öffentlichen Rechts, z. B. Wittelsbacher Ausgleichsfonds, Stiftung Preußischer Kulturbesitz.

3.7.2 Ein öffentlich-rechtliches Sondervermögen ist z. B. das Bundeseisenbahn-Sondervermögen.

3.7.3 Im Hinblick auf Kaufleute ist die Befreiung nur gewährt, wenn sie die Kaufmannseigenschaft durch einen Registerauszug nachweisen. Kaufleute sind zum Beispiel Aktiengesellschaften, Gesellschaften mit beschränkter Haftung, Genossenschaften, offene Handelsgesellschaften, Kommanditgesellschaften und, sofern es sich um natürliche Personen handelt, der Einzelkaufmann.

3.8 Rechnungslegung (§ 8)

Da der Auftraggeber ein berechtigtes Interesse daran hat, zu erfahren, wofür seine Vermögenswerte verwendet worden sind, hat der Gewerbetreibende gemäß § 8 Abs. 1 nach Beendi-

---

[5] Einen Mustervertrag für die Bürgschaft nach § 7 Abs. 1 Satz 1 durch Kreditinstitute enthält Anlage 7 der MaBVwV vom 21. 2. 1986, WVMBl S. 9, geändert durch Bekanntmachung vom 11. 2. 1993, AllMBl S. 513. Im übrigen gelten Sätze 2 bis 4 der Fußnote 2 zu Nr. 3.2.2.

gung des Auftrages Rechnung zu legen. Der Umfang der Rechnungslegung wird durch die Verweisung auf § 259 BGB[6] klargestellt.

Nach § 8 Abs. 2 entfällt die Rechnungslegungspflicht, soweit der Auftraggeber nach Beendigung des Auftrages dem Gewerbetreibenden gegenüber schriftlich darauf verzichtet oder der Gewerbetreibende mit den Vermögenswerten des Auftraggebers eine Leistung zu einem Festpreis zu erbringen hat. Durch das Wort „soweit" in § 8 Abs. 2 kommt zum Ausdruck, daß auch ein Teilverzicht möglich ist, zum Beispiel bei der Erstellung eines Gebäudes bezüglich der Rechnungslegung für bestimmte Bauabschnitte, Handwerkerleistungen und dergleichen.

3.9 Anzeigepflicht (§ 9)

Die Anzeigen auf Grund dieser Vorschrift sollen die zuständige Behörde in die Lage versetzen, die Zuverlässigkeit der mit der Leitung des Betriebes oder einer Zweigniederlassung betrauten Personen mit allen sich für den Fortbestand der Erlaubnis ergebenden Konsequenzen zu prüfen.

3.10 Buchführungspflicht (§ 10)

§ 10 verpflichtet die Gewerbetreibenden von der Annahme des Auftrages an zur Buchführung. Hiernach sind bestimmte Tatsachen festzuhalten, die einen Einblick in das Geschäftsgebaren des Gewerbetreibenden vermitteln und für die Überwachung von Bedeutung sind. Sie sollen der zuständigen Behörde ferner die Entscheidung ermöglichen, ob der Gewerbetreibende noch zuverlässig ist. Da ein Teil dieser Aufzeichnungen wesentliche Informationen über die Konditionen des Gewerbetreibenden und die Geeignetheit des Vertragsobjektes enthält, sind sie dem Auftraggeber im Rahmen der Informationspflicht (§ 11) zugänglich zu machen.

Die aufzeichnungspflichtigen Tatbestände sind nach sachlichen Gesichtspunkten geordnet. Die Daten der Absätze 2 und 5 betreffen sämtliche Gewerbetreibenden, während die der Absätze 3 und 4 zusätzliche Regelungen für einzelne Gruppen von Gewerbetreibenden enthalten. Die bisherige Aufzeichnungspflicht für Darlehensvermittler in Absatz 3 Nr. 4 wurde durch die Änderungsverordnung vom 14. 2. 1997 gestrichen, um Doppelregelungen mit dem Verbraucherkreditgesetz vom 17. 12. 1990 zu vermeiden. Die Angaben des Absatzes 2 sind überwiegend betriebsbezogen, d. h. sie sollen eine Beurteilung des Geschäftsgebarens des Gewerbetreibenden im allgemeinen ermöglichen. Anzugeben ist hiernach die Höhe der Maklerprovision bzw. des sonstigen Entgelts, ob der Gewerbetreibende zur Entgegennahme von Vermögenswerten des Auftraggebers ermächtigt ist und wie hoch diese gegebenenfalls sein werden, seine Verpflichtung zur objektbezogenen Verwendung der Vermögenswerte, die Art der Sicherung dieser Vermögenswerte und die Vertragsdauer.

Bei den Daten der Absätze 3 und 4 handelt es sich dagegen um objektbezogene Angaben. Die ersten drei Nummern des Absatzes 3 betreffen Grundstücks- und Wohnungsmakler und die Nummern 5 bis 7 Anlagenvermittler. In Absatz 4 Nrn. 1 und 2 ist die Aufzeichnungspflicht der Bauträger geregelt, wobei zwischen Veräußerung (Nr. 1) und Einräumung eines Nutzungsrechts (Nr. 2) unterschieden wird. Die Nummer 3 betrifft die Baubetreuer.

Aus den Aufzeichnungen, Unterlagen und Belegen gemäß Absatz 5 soll ersichtlich sein, ob die Gewerbetreibenden ihre Geschäfte ordnungsgemäß abgeschlossen haben.

3.11 Informationspflicht (§ 11)

Der Gewerbetreibende ist verpflichtet, seine Auftraggeber über einen Teil der buchführungspflichtigen Tatbestände zu informieren. Dem Auftraggeber werden hierdurch Informationen zugänglich gemacht, die für die Beurteilung der Tätigkeit des Gewerbetreibenden von Bedeutung sind und die dem Auftraggeber die Entscheidung ermöglichen, ob er mit dem Gewerbetreibenden Vertragsbeziehungen aufnehmen bzw. aufrechterhalten will.

Nach § 11 Satz 1 Nr. 1 haben Grundstücks- und Wohnungsmakler ihren Auftraggebern unmittelbar nach Annahme des Auftrages die in § 10 Abs. 2 Nr. 2 Buchst. a und f erwähnten Angaben zu machen und spätestens bei Aufnahme der Vertragsverhandlungen über das vermittelte

---

[6] Der in erster Linie in Betracht kommende Absatz 1 des § 259 BGB hat folgenden Wortlaut:
„Wer verpflichtet ist, über eine mit Einnahmen oder Ausgaben verbundene Verwaltung Rechenschaft abzulegen, hat dem Berechtigten eine die geordnete Zusammenstellung der Einnahmen oder der Ausgaben enthaltende Rechnung mitzuteilen und, soweit Belege erteilt zu werden pflegen, Belege vorzulegen."

oder nachgewiesene Objekt die in § 10 Abs. 2 Nr. 2 Buchst. b bis e und Abs. 3 Nrn. 1 bis 3 erwähnten Angaben.

§ 11 Satz 1 Nr. 2 betrifft die Anlagenvermittler. Sie haben sämtliche Angaben des § 10 Abs. 2 Nr. 2 und Abs. 3 Nrn. 5 bis 7 dem Auftraggeber vor der Annahme des Auftrages mitzuteilen. Die Informationen sollen dem Auftraggeber ein fundiertes Urteil darüber ermöglichen, ob er die vom Gewerbetreibenden angebotene Vermögensanlage erwerben will oder nicht. Nach dem Sinn und Zweck dieser Vorschrift hat der Gewerbetreibende den Auftraggeber daher so rechtzeitig vor der Annahme des Auftrages in dem vorgesehenen Umfang zu informieren, daß der Auftraggeber die Informationen seiner Entscheidung über die Auftragserteilung auch noch zugrunde legen kann.

Nach § 11 Satz 1 Nr. 3 haben Bauträger und Baubetreuer spätestens bis zur Annahme des Auftrages die in § 10 Abs. 2 Nr. 2 und Abs. 4 erwähnten Angaben zu machen und den Auftraggeber vor diesem Zeitpunkt mit den Informationen zu versehen, die zur Beurteilung des Auftrages nach dem jeweiligen Verhandlungsstand erforderlich sind. Dies bedeutet, daß der Gewerbetreibende nur die Person, mit der er schließlich den Auftrag abschließt, umfassend zu informieren und sonstigen Personen, mit denen im Endergebnis kein Auftrag abgeschlossen wird, lediglich die zur Beurteilung des jeweiligen Verhandlungsstandes erforderlichen Informationen zu geben hat.

3.12 Unzulässigkeit abweichender Vereinbarungen (§ 12)

Nach § 12 dürfen die Verpflichtungen des Gewerbetreibenden, die sich aus den §§ 2 bis 8 ergeben, durch Vereinbarung nicht ausgeschlossen oder beschränkt werden.

Darüber hinaus stellt § 12 ausdrücklich klar, daß auch die nach § 2 Abs. 1 zu sichernden Schadensersatzansprüche des Auftraggebers nicht abbedungen werden dürfen; andernfalls würde der Schutz des § 2 Abs. 1 durch eine zu Lasten des Auftraggebers gehende Vertragsgestaltung gemindert.

3.13 Inseratensammlung (§ 13)

§ 13 Abs. 1 Satz 1 bis 3 bestimmt, daß der Gewerbetreibende sämtliche Veröffentlichungen und sonstiges Werbematerial im Original zu verwahren hat. Satz 4 trifft eine Ausnahmeregelung für Inserate. Anstelle der eigentlich aufzuhebenden Originale können bestimmte Kopien aufbewahrt werden. Absatz 2 betrifft Veröffentlichungen, die nicht gegenständlich sind (z.B. die Rundfunkwerbung). Hier ist ein Vermerk über ihren Inhalt und den Tag ihres Erscheinens zu der Sammlung zu nehmen. Aufzeichnungs- oder Aufbewahrungspflichten nach anderen Vorschriften (z.B. Art. 29 Bayerisches Mediengesetz) bleiben unberührt. Dieses Material unterliegt der Prüfung durch die zuständige Stelle. Damit kann es zugleich für die Beurteilung der Zuverlässigkeit von Belang sein.

3.14 Aufbewahrung (§ 14)

§ 14 schreibt vor, wie lange und an welchem Ort der Gewerbetreibende die Geschäftsunterlagen aufzuheben und damit für Überprüfungen zugänglich zu halten hat. Dem Gewerbetreibenden wird es freigestellt, die Unterlagen in den Räumen der Hauptniederlassung, der Zweigniederlassung oder der unselbständigen Zweigstelle aufzubewahren.

Es müssen jedoch nicht die Originalaufzeichnungen aufbewahrt werden, auch die Archivierung z.B. auf Mikrofilm ist zulässig (§ 14 Abs. 2).

3.15 (entfallen, s. Nr. 4)

3.16 Prüfungen (§ 16)

3.16.1 Pflichtprüfung (§ 16 Abs. 1). Der Gewerbetreibende hat sich für jedes Kalenderjahr durch einen geeigneten Prüfer seiner Wahl prüfen zu lassen, ob die Verpflichtungen der §§ 2 bis 14 eingehalten worden sind. Der Prüfer hat hierüber einen Prüfungsbericht zu erstellen.

Die Intensität der Prüfung richtet sich nach den herkömmlichen Maßstäben und hat demgemäß den Anforderungen des einzelnen Falles Rechnung zu tragen. Grundsätzlich sind Stichproben ausreichend. Sofern sich hierbei Anhaltspunkte dafür ergeben, daß der Gewerbetreibende die Verpflichtungen aus den §§ 2 bis 14 nicht eingehalten hat, ist eine eingehendere Prüfung vorzunehmen.

Anhang

Der für ein Kalenderjahr zu erstellende Prüfungsbericht ist der Behörde bis spätestens zum 31. 12. des darauffolgenden Jahres zu übermitteln.

Der fristgerechte Eingang der Prüfungsberichte ist von der zuständigen Behörde zu überwachen.

War der Gewerbetreibende während des Berichtszeitraums nicht einschlägig gewerblich tätig, hat er nach Satz 2 anstelle des Prüfungsberichts die sog. Negativerklärung einzureichen.

Werden weder Prüfungsbericht noch Negativerklärung bis zu dem o. a. Termin vorgelegt, ist eine Geldbuße nach § 18 Nr. 12 in Betracht zu ziehen. Die Anwendung von Verwaltungszwang (Art. 29 ff. VwZVG) bleibt hiervon unberührt. Bei einem beharrlichen Verstoß gegen die Berichtspflichten des § 16 Abs. 1 ist ein Widerruf der Erlaubnis wegen Unzuverlässigkeit in Betracht zu ziehen.

Werden in einem Prüfungsbericht Verstöße gegen die §§ 2 bis 14 festgestellt, ist der Gewerbetreibende anzuhalten, diese Verstöße künftig zu unterlassen. Bei schwerwiegenden Verstößen ist zu prüfen, ob ein Widerruf der Erlaubnis, gegebenenfalls der Reisegewerbekarte nach Art. 49 BayVwVfG geboten ist.

3.16.2 Außerordentliche Prüfung (§ 16 Abs. 2). Nach § 16 Abs. 2 ist die zuständige Behörde ermächtigt, eine außerordentliche Prüfung auf Kosten des Gewerbetreibenden durch einen von ihr zu bestimmenden Prüfer anzuordnen. Eine derartige Prüfung kann u. a. in Betracht kommen, wenn der Prüfungsbericht den Anforderungen der Verordnung (§ 16 Abs. 1) offensichtlich nicht genügt oder wenn sich seit dem Zeitpunkt der Übermittlung des Prüfungsberichts Anlaß zu der Annahme ergeben hat, daß der Gewerbetreibende nicht mehr zuverlässig ist, oder wenn der vom Gewerbetreibenden beauftragte Prüfer nicht die nach § 16 Abs. 3 erforderliche Eignung besitzt. Vor Anordnung einer außerordentlichen Prüfung, insbesondere aus Anlaß von Einzelbeschwerden, hat die Behörde zu erwägen, ob Maßnahmen nach § 29 GewO ausreichen.

3.16.3 Geeignete Prüfer (§ 16 Abs. 3). Geeignete Prüfer sind Wirtschaftsprüfer, vereidigte Buchprüfer, Wirtschaftsprüfungs- und Buchprüfungsgesellschaften sowie bestimmte Prüfungsverbände.

Mit der Prüfung von Gewerbetreibenden i. S. des § 34c Abs. 1 Satz 1 Nr. 1 Buchst. a können auch andere Personen betraut werden, die öffentlich bestellt oder zugelassen worden sind und die aufgrund ihrer Vorbildung und Erfahrung in der Lage sind, eine ordnungsgemäße Prüfung in dem jeweiligen Gewerbebetrieb durchzuführen (§ 16 Abs. 3 Satz 2). Zu diesem Personenkreis zählen u. a. Angehörige der steuerberatenden Berufe, Rechtsanwälte, ferner Personen, die für das Gebiet, das Gegenstand der Prüfung ist, nach § 36 GewO bestellt und vereidigt worden sind.

Sofern ein Gewerbetreibender i. S. des § 34c Abs. 1 Satz 1 Nr. 1 Buchst. a auch nur einen einzelnen Auftrag i. S. des § 34c Abs. 1 Satz 1 Nr. 1 Buchst. b oder Nr. 2 durchführt, hat er sich insoweit durch einen Prüfer des § 16 Abs. 3 Satz 1 prüfen zu lassen.

Ungeeignet sind Prüfer, bei denen die Besorgnis der Befangenheit besteht (§ 16 Abs. 3 Satz 3), d. h. wenn Umstände vorliegen, die geeignet sind, Mißtrauen gegen die Unparteilichkeit des Prüfers zu rechtfertigen.

3.17 Rechte und Pflichten der an der Prüfung Beteiligten (§ 17)

Die Regelung des § 17 ist den §§ 165 ff. Aktiengesetz (inzwischen ersetzt durch §§ 320 ff. HGB) nachgebildet.

3.18 Ordnungswidrigkeiten (§ 18)

Zuwiderhandlungen gegen die in § 18 aufgeführten Vorschriften können nach § 144 Abs. 2 Nr. 1, Abs. 4 GewO mit Geldbußen bis zu 5000 DM geahndet werden.

3.19 Übergangsvorschriften (§ 20, Artikel 2 der Änderungsverordnung vom 14. 2. 1997)

§ 20 wurde durch Artikel 2 Nr. 6 der Dritten Verordnung zur Änderung gewerberechtlicher Vorschriften vom 7. 11. 1990 (BGBl. I S. 2476) neu gefaßt. Die Vorschrift regelt folgende unterschiedliche Sachverhalte:

Anhang

§ 20 Abs. 1 betrifft Bauträger, auf die schon bislang die Verordnung Anwendung fand und die demgemäß Vermögenswerte ihrer Auftraggeber entweder nach § 3 oder § 7 abzusichern haben. Da beide Vorschriften geändert worden sind, den Bauträgern jedoch aus Gründen des Vertrauensschutzes nicht zugemutet werden sollte, ihre Planungen und Verträge entsprechend umzustellen, wird es ihnen freigestellt, die vor Inkrafttreten der Änderungsverordnung, also bis spätestens 28. 2. 1991, geschlossenen Verträge nach dem alten oder neuen Recht abzuwickeln.

§ 20 Abs. 2 trifft eine Übergangsregelung für Betreuungsunternehmen i.S. des § 37 Abs. 2 II. WoBauG, die die Gemeinnützigkeit entweder zu dem generell festgelegten Endtermin am 31. 12. 1993 oder schon vorher durch behördlichen Akt verloren haben, von diesem Zeitpunkt an nicht mehr durch § 34c Abs. 5 Nr. 1 privilegiert waren (s. Nr. 1.3.1.1) und somit seit dem § 34c und der MaBV unterworfen sind. Sie dürfen Vermögenswerte der Auftraggeber von diesem Zeitpunkt an nur noch unter den Voraussetzungen der §§ 2 bis 7 entgegennehmen oder sich zu deren Verwendung ermächtigen lassen. Vermögenswerte, die sie vor dem Stichtag erhalten haben, bleiben außer Betracht, brauchen also nicht abgesichert zu werden.

Diese Übergangsvorschriften sind durch Zeitablauf weitgehend überholt, wurden durch die Änderungsverordnung vom 14. 2. 1997 (BGBl. I S. 272) jedoch nicht aufgehoben, da sie bei der Abwicklung von Altverträgen noch Bedeutung haben können.

Eine weitere Übergangsvorschrift wurde in **Artikel 2 der Änderungsverordnung vom 14. 2. 1997** getroffen. Sie lehnt sich inhaltlich weitgehend an § 20 Abs. 1 an und stellt es Bauträgern frei, die bis zum 31. 5. 1997 abgeschlossenen Verträge nach dem alten oder neuen Recht abzuwickeln.

4. Auskunft und Nachschau (§ 29 GewO)

Durch die Auskunftspflicht und die behördliche Nachschau wird der zuständigen öffentlichen Stelle die Überprüfung ermöglicht, ob der Gewerbetreibende seinen Verpflichtungen nachgekommen ist, in geordneten Vermögensverhältnissen lebt und noch zuverlässig ist. Da Gewerbetreibende i.S. des § 34c Abs. 1 und des § 61a GewO der Pflichtprüfung nach § 16 MaBV unterliegen, beschränkt sich der Anwendungsbereich des § 29 im wesentlichen auf solche Fälle, in denen sich die Behörde z.B. trotz vorliegenden Prüfungsberichtes noch einen eigenen Eindruck von einem Gewerbebetrieb oder Kenntnis von Einzelheiten (z.B. bei konkreten Beschwerden über den Gewerbetreibenden) verschaffen will. Zuwiderhandlungen gegen die Auskunftspflicht können nach § 146 Abs. 2 Nr. 4, Abs. 3 GewO mit Geldbuße bis zu 5000 DM geahndet werden.

5. Zuständigkeiten

Die sachliche Zuständigkeit der Kreisverwaltungsbehörden für den Vollzug des § 34c GewO und der MaBV ist in § 1 GewV geregelt. Die örtliche Zuständigkeit ergibt sich aus Art. 3 BayVwVfG.

6. Schlußbestimmung

Die Allgemeine Verwaltungsvorschrift zum § 34c der Gewerbeordnung und zur Makler- und Bauträgerverordnung (MaBVwV) vom 21. 2. 1986 (WVMBl S. 9), zuletzt geändert durch Bekanntmachung vom 11. 2. 1993 (AllMBl S. 513), wird aufgehoben.

IX. Bauträgermerkblatt der Landesnotarkammer Bayern

Einleitung

I.   Inhalt des Merkblatts

1.   Dieses Merkblatt informiert über Verträge zum Erwerb neuen Wohnraums von gewerblichen Unternehmern. Es soll typische Risiken derartiger Verträge aufzeigen und Möglichkeiten darstellen, solche Risiken durch ausgewogene Vertragsgestaltung zu vermindern. Es lassen sich jedoch nicht alle Risiken durch Vertragsgestaltung ausschalten;

Anhang

Bonität und Zuverlässigkeit des Vertragspartners sind daneben von entscheidender Bedeutung.

2. Das Merkblatt behandelt
   - den **Bauträger-Vertrag** (Teil A), mit dem ein Haus oder eine Eigentumswohnung verkauft wird, die von einem gewerblichen Verkäufer (= Bauträger) als Bauherr in eigener Regie errichtet wurde oder wird;
   - das „**verdeckte Bauherren-Modell**" (Teil B), das zwar ebenfalls den Erwerb von neuem Wohnraum betrifft, bei dem aber der an sich einheitliche Erwerbsvorgang in einen Grundstückskauf und einen Bauvertrag mit jeweils verschiedenen Vertragspartnern aufgespalten wird.
3. Das Merkblatt befasst sich nicht mit „geschlossenen Immobilienfonds" und ähnlichen Modellen. Erkundigen Sie sich wegen der bei diesen Gestaltungsformen auftretenden Risiken bei Ihrer Notarin oder Ihrem Notar!

II. Wichtige Gesetze

Der Gesetzgeber hat die Interessen desjenigen, der vom Bauträger erwirbt, insbesondere durch folgende Vorschriften geschützt, auf die verschiedentlich verwiesen wird:

1. Das **Bürgerliche Gesetzbuch (BGB)** enthält nicht nur Vorschriften zu (Grundstücks-) Kaufvertrag und (Bau-)Werkvertrag (etwa zu Sachmängeln oder zur Kaufpreiszahlung) (§§ 433, 631 ff. BGB), sondern regelt auch, welche Klauseln in **Allgemeinen Geschäftsbedingungen** (AGB) und in Verbraucherverträgen (d.h. beim Erwerb durch einen Privatmann von einem gewerblichen Bauträger) unwirksam sind (§§ 305 ff., 310 BGB).
2. Die **Makler- und Bauträgerverordnung (MaBV)** und die darauf verweisende „Verordnung über Abschlagszahlungen bei Bauträgerverträgen" bezwecken, den Erwerber vor dem Verlust seiner dem Bauträger zur Verfügung gestellten Vermögenswerte zu sichern. Kernstück der MaBV sind die §§ 3 und 7, die dem Bauträger untersagen, Voraus- oder Abschlagszahlungen des Erwerbers entgegenzunehmen, bevor bestimmte Sicherungen vorliegen (vgl. Teil A. II. und III.).
3. Die **Beurkundungspflicht** nach § 311b Abs. 1 BGB4) dient u.a. dem Zweck, die Einhaltung der soeben genannten und anderer Käuferschutzvorschriften sicherzustellen. Beurkundungspflichtig sind alle Verträge, mit denen sich jemand zum Erwerb oder zur Veräußerung von Grundbesitz verpflichtet sowie alle damit im Zusammenhang stehenden Vereinbarungen (z.B. Mietgarantien). Die Beurkundungspflicht erstreckt sich insbesondere auf Sonderwünsche, die bei Vertragsschluss bereits feststehen. Werden Vertragsteile nicht beurkundet, ist der gesamte Vertrag unwirksam; dann schützt auch die Vormerkung den Erwerber nicht (vgl. Teil A. Abschnitt II. Ziff. 2).

III. Aufgaben des Notars

1. Belehrung und faire Vertragsgestaltung

Aufgabe des Notars bei der Beurkundung ist insbesondere die Klärung des Sachverhalts, die Beratung über Gestaltungsmöglichkeiten und die Belehrung über die rechtliche Tragweite des Geschäftes (§ 17 BeurkG)

Der Notar ist verpflichtet, eine faire und ausgewogene Vertragsgestaltung vorzuschlagen. Der Notar kann diese verbraucherschützende Funktion nur erfüllen und auf eine sachgerechte Vertragsgestaltung hinwirken, wenn ihm die Beteiligten den Sachverhalt vollständig vortragen. Insbesondere müssen die Beteiligten dem Notar mitteilen, falls Sonderwünsche abweichend von der Baubeschreibung vereinbart wurden oder falls der Erwerber (entgegen der MaBV1)) bereits eine Anzahlung geleistet hat.

2. Eigene Erkundigungen des Erwerbers

Technische, wirtschaftliche und finanzielle Fragen prüft der Notar als rechtlicher Berater nicht, insbesondere nicht, ob das Objekt nach Lage, Art und Ausstattung den Vorstellungen des Erwerbers entspricht und ob der Preis angemessen ist. **Der Erwerber sollte daher Pläne, Baubeschreibung und das Bauwerk – soweit bereits erstellt – genau prüfen!**

Anhang

Weiterhin sind dem Erwerber folgende Erkundigungen vor Vertragsschluss zu empfehlen:
– Wurde für das Bauvorhaben eine erforderliche Baugenehmigung erteilt (abzuklären bei der Baugenehmigungsbehörde des Landkreises oder der kreisfreien Gemeinde)?
– Bestehen Rückstände an Erschließungsbeiträgen (bei der Gemeinde)?
– Kann der Bauträger einen Energieausweis nach dem Energieeinspargesetz (EnEG) vorlegen?
– Ggf., bestehen schädliche Bodenveränderungen, die im Altlastenverzeichnis eingetragen sind (Landkreis oder kreisfreie Gemeinde)?

3. **Entwurf zwei Wochen vor der Beurkundung**

Erwirbt ein Verbraucher von einem gewerblichen Bauträger, so muss der Erwerber den beabsichtigten Text (= Entwurf) des Vertrages mindestens zwei Wochen vor der Beurkundung erhalten (§ 17 Abs. 2a BeurkG). Dies gilt grundsätzlich auch für die **Baubeschreibung** und bei Eigentumswohnungen für die Teilungserklärung (mit Gemeinschaftsordnung).

Die Zwei-Wochen-Frist soll dem Erwerber insbesondere ermöglichen, technische Fragen (etwa hinsichtlich der Bauausführung), finanzielle Fragen (Bankfinanzierung) und ggf. steuerliche Fragen vorab zu klären. Auch kann sich der Erwerber überlegen, was er den Notar zum Vertragsinhalt fragen will. Selbstverständlich steht der Notar auch vor der Beurkundung für Fragen zum Entwurf zur Verfügung.

4. **Persönliche Anwesenheit des Erwerbers**

Ist der Erwerber Verbraucher, darf der Vertrag grundsätzlich nur bei seiner **persönlichen Anwesenheit** beurkundet werden (§ 17 Abs. 2a BeurkG). Nur so kann der Notar ihn belehren und seine Fragen beantworten. Ist der Erwerber ausnahmsweise verhindert, kann er sich durch eine Vertrauensperson (z.B. durch seinen Ehegatten) vertreten lassen.

Der Erwerber sollte darauf bestehen, dass er bei der Beurkundung mit einem **verantwortlichen Vertreter des Bauträgers** zusammentrifft. Denn nur so können beide Teile über den Inhalt des Vertrages und über mögliche Änderungen oder Ergänzungen unter gleichzeitiger Beratung durch den Notar verhandeln. Von einer **Aufspaltung in Angebot und Annahme** ist daher ebenso **abzuraten** wie von einem Vertragsschluss vorbehaltlich Genehmigung.

Soweit die Aufspaltung aus sachlichen Gründen gerechtfertigt ist, soll das Angebot vom Verbraucher ausgehen. Dabei darf die Bindungsfrist des Angebotes nicht unangemessen lang sein.

Teil A. Bauträgervertrag

I. Errichtung des Bauwerkes

1. **Teilungserklärung und Gemeinschaftsordnung**

Bei Wohnungseigentum (Eigentumswohnungen) regelt die **Teilungserklärung,** welcher Miteigentumsanteil am Grundstück und welche Räume als Sondereigentum zum jeweiligen Wohnungseigentum gehören. Die **Gemeinschaftsordnung** regelt das Verhältnis der Wohnungseigentümer untereinander, etwa die Beschlussfassung im Rahmen der Wohnungseigentümerversammlung oder die Einräumung von **Sondernutzungsrechten** für einzelne Wohnungseigentümer (etwa an Gartenflächen oder an Kfz-Stellplätzen).

Deshalb sollte der Erwerber vor dem Kauf auch die Gemeinschaftsordnung genau durchlesen und ggf. den Notar zu ihrem Inhalt befragen!

2. **Baubeschreibung**

Die vom Bauträger geschuldete Bauleistung wird vor allem durch **Baubeschreibung** und Baupläne festgelegt. Sie bestimmen Größe, Zuschnitt und Ausstattung der verkauften Immobilie. Die Baubeschreibung muss beurkundet werden, auch wenn der Bauträger die nach der Baubeschreibung geschuldete Leistung zum Zeitpunkt des Vertragsab-

Anhang

schlusses bereits ausgeführt hat. Dies kann auch durch Verweisung auf eine andere notarielle Urkunde geschehen.

Aus der Teilungserklärung, der Baubeschreibung oder aus dem Vertrag selbst sollten sich auch die **Wohnfläche** und deren Berechnungsgrundlage ergeben.

Abweichungen und Ergänzungen gegenüber der Baubeschreibung sind in den beurkundeten Vertrag aufzunehmen, ebenso Angaben des Bauträgers über Abweichungen zwischen verwendeten Prospekten und Baubeschreibung bzw. Bauausführung.

Der Bauträger darf sich **Änderungen in der Bauausführung** nur insoweit vorbehalten, als hierfür ein triftiger Grund besteht und sie dem Erwerber unter Berücksichtigung der Interessen des Bauträgers zugemutet werden können (§ 308 Nr. 4 BGB). Davon zu unterscheiden ist eine dem Bauträger erteilte Vollmacht zu Änderungen **der Teilungserklärung,** die den Miteigentumsanteil, das Sondereigentum und Sondernutzungsrechte des Erwerbers nicht unmittelbar berühren.

3. **Fertigstellung**

Bauträgerverträge sollen einen kalendermäßig bestimmten Fertigstellungstermin enthalten, wobei zwischen **bezugsfertiger Herstellung** und vollständiger Fertigstellung differenziert werden kann. Bei Terminüberschreitungen können dem Erwerber Schadensersatzansprüche zustehen. Für die rechtzeitige Herstellung des Werkes hat der Bauträger eine Sicherheit von 5% des Vergütungsanspruchs zu leisten (vgl. V). Im Vertrag kann auch eine Vertragsstrafe oder eine Entschädigung für den Nutzungsausfall vereinbart werden. Der Vertrag kann allerdings nicht verhindern, dass das Werk, z.B. wegen Insolvenz des Bauträgers, nicht oder nicht rechtzeitig hergestellt wird.

4. **Sonderwünsche**

Stehen bei der Beurkundung Sonderwünsche des Erwerbers über eine von der Baubeschreibung abweichende Bauausführung schon fest, so müssen die Sonderwünsche **beurkundet** werden. Andernfalls ist möglicherweise der gesamte Bauträgervertrag unwirksam.

II. Fälligkeit des Kaufpreises: Grundvoraussetzungen

1. **Grundsatz**

Zahlungen des Erwerbers (auch Anzahlungen) dürfen nach § 3 Abs. 1 MaBV frühestens geleistet werden, wenn

a) der Vertrag notariell beurkundet ist,
b) zum Vertrag etwa notwendige Genehmigungen erteilt sind,
c) der Anspruch des Erwerbers auf Übertragung des Eigentums am Vertragsobjekt durch Eintragung einer Auflassungsvormerkung gesichert ist (unten 2.),
d) die Lastenfreistellung von bestehenden dinglichen Belastungen gesichert ist (unten 3.),
e) die Baugenehmigung erteilt ist oder – wenn eine Baugenehmigung nicht erforderlich ist – nach den baurechtlichen Vorschriften mit dem Bauvorhaben begonnen werden darf (unten 4.) und
f) kein Rücktrittsrecht des Bauträgers (mehr) besteht (unten X).

Zur Höhe der einzelnen Abschlagszahlungen (Raten) siehe nachfolgend III.

Nimmt der Bauträger Zahlungen des Erwerbers entgegen, bevor diese Grundvoraussetzungen vorliegen oder die über die zulässigen Raten hinausgehen, so begeht er eine Ordnungswidrigkeit. Außerdem muss er die erhaltenen Zahlungen zurückerstatten.

2. **Auflassungsvormerkung**

a) Sicheren Schutz für die Eigentumsübertragung bietet nur die Eintragung einer Auflassungsvormerkung. Bei Eigentumswohnungen muss die Teilungserklärung im Grundbuch vollzogen und die Vormerkung am einzelnen Wohnungseigentum eingetragen sein.

b) Ist der Bauträger selbst noch nicht als Eigentümer im Grundbuch eingetragen, so gewähren die Abtretung des Übereignungsanspruchs des Bauträgers und der Vermerk der Abtretung bei der Auflassungsvormerkung des Bauträgers im Grundbuch dem Erwerber keine ausreichende Sicherheit.

Anhang

    c) Die Bestätigung des Notars über die Vorlage des Antrags auf Eintragung der Auflassungsvormerkung beim Grundbuchamt kann die Eintragung der Auflassungsvormerkung nicht ersetzen.

3. Sicherung der Lastenfreistellung

Die Vormerkung sichert nur gegen nachrangige (d.h. später eingetragene) Belastungen des Grundstücks. In der Regel ist das Kaufobjekt aber bereits mit einer Grundschuld belastet, die der Bauträger zu seiner Finanzierung benötigt (**„Globalgrundschuld"**). Daher muss auch die Lastenfreistellung von bestehenden Belastungen gesichert sein.

Typischerweise geschieht dies, indem die Bank (Kreditinstitut), die den Bauträger finanziert, dem Erwerber ein **Freigabeversprechen** erteilt, in dem sich die Bank zur Freistellung des Vertragsobjekts von ihrem Grundpfandrecht verpflichtet. Als Bedingung der Freigabe verlangt die Bank meist, dass der Kaufpreis direkt an sie auf ein bestimmtes Konto gezahlt wird; **nur bei Zahlung auf dieses Konto muss die Bank ihre Grundschuld löschen.**

Die MaBV schreibt den Inhalt des Freigabeversprechens genau vor. Insbesondere muss das Freigabeversprechen auch für den Fall gelten, dass das Bauvorhaben nicht vollendet wird; für diesen Fall kann sich die Bank aber auch die Rückzahlung der geleisteten Zahlungen vorbehalten; allerdings muss sie nie mehr als den anteiligen Wert des Vertragsobjektes zurückzahlen.

Trotz des Freigabeversprechens können dem **Erwerber bei Insolvenz des Bauträgers vor Fertigstellung erhebliche Schäden** entstehen. Denn in der Regel reicht der vom Erwerber noch nicht geleistete Restkaufpreis nicht aus, um das Bauvorhaben zu vollenden. Außerdem kann der Erwerber bei einer Rückerstattung seiner Zahlungen verpflichtet sein, seiner eigenen Bank eine Vorfälligkeitsentschädigung für eine vorzeitige Beendigung des Darlehensvertrages zu bezahlen.

4. Bebaubarkeit

Zur Bebauung eines Grundstücks ist häufig eine Baugenehmigung erforderlich. Wenn jedoch eine Baugenehmigung nicht oder nicht zwingend vorgeschrieben ist, genügt das Vorliegen einer Bestätigung der zuständigen Behörde, dass die Baugenehmigung als erteilt gilt oder nach den baurechtlichen Vorschriften mit dem Bauvorhaben begonnen werden darf. Sehen die landesrechtlichen Bestimmungen eine derartige Bestätigung nicht vor, so genügt eine entsprechende Bestätigung des Bauträgers. In diesem Fall sind Zahlungen erst einen Monat nach Eingang der Bestätigung des Bauträgers beim Erwerber zulässig, damit dieser die Richtigkeit der Bestätigung nachprüfen kann.

III. Fälligkeit des Kaufpreises: Baufortschritt

1. Abschlagszahlungen

Stets ist darauf zu achten, dass den Zahlungen jeweils ein entsprechender Grundstücks- und Bauwert gegenübersteht. Bei Zweifeln kann sich der Erwerber bei einem technischen Fachmann informieren. Durch die Zahlung nach Baufortschritt ist das Fertigstellungsrisiko, das der Erwerber jedes erst zu errichtenden Gebäudes trägt, zwar nicht ausgeschlossen, aber doch vermindert.

2. Sieben Raten nach MaBV

Zahlungen dürfen nicht vor Vorliegen der Voraussetzungen gemäß Abschnitt II. fällig werden. Die MaBV1) sieht dann eine Ratenzahlung entsprechend dem Bauablauf mit bis zu **sieben Raten** (Abschlagszahlungen) vor (§ 3 Abs. 2 MaBV). Die Raten können aus folgenden Teilbeträgen – bezogen auf die volle Vertragssumme unter Einbeziehung von Sonderwünschen – zusammengesetzt werden:

30,0%	nach Beginn der Erdarbeiten,
28,0%	nach Rohbaufertigstellung, einschließlich Zimmererarbeiten,
5,6%	für die Herstellung der Dachflächen und Dachrinnen,
2,1%	für die Rohinstallation der Heizungsanlagen,
2,1%	für die Rohinstallation der Sanitäranlagen,

Anhang

2,1%	für die Rohinstallation der Elektroanlagen,
7,0%	für den Fenstereinbau, einschließlich der Verglasung,
4,2%	für den Innenputz, ausgenommen Beiputzarbeiten,
2,1%	für den Estrich,
2,8%	für die Fliesenarbeiten im Sanitärbereich,
8,4%	nach Bezugsfertigkeit und Zug um Zug gegen Besitzübergabe,
2,1%	für die Fassadenarbeiten
3,5%	nach vollständiger Fertigstellung

Die Zusammensetzung dieser Raten sollte vorab im notariellen Vertrag festgelegt werden. Sofern einzelne dieser Leistungen („Gewerke") nicht anfallen (etwa beim Eigenausbau), ist der jeweilige Prozentsatz anteilig auf die übrigen Raten zu verteilen. Eine Unterteilung einzelner Raten ist unzulässig.

IV. Fälligkeit des Kaufpreises: Bürgschaftssicherung

1. Grundvoraussetzungen

Anstelle der Sicherheiten nach vorstehendem Abschnitt II Ziff. 1–4 können Zahlungen des Käufers auch dadurch gesichert werden, dass der Bauträger dem Käufer die selbstschuldnerische Bürgschaft einer Bank, Sparkasse oder Versicherung aushändigt, in welcher der Bürge für alle etwaigen Ansprüche des Erwerbers auf Rückgewähr oder Auszahlung seiner Vermögenswerte einsteht (§ 7 MaBV).

Gesichert werden müssen sämtliche Zahlungen, die der Erwerber geleistet hat. Es reicht daher nicht aus, wenn dem Erwerber nur hinsichtlich eines Teils der von ihm bezahlten Beträge eine Bürgschaft gestellt wird. Daher ist eine **auf die letzte(n) Rate(n) beschränkte Bürgschaft unzureichend.** Unzureichend ist auch eine Bürgschaft, die sich mit dem Baufortschritt reduziert.

2. Zahlung nach Baufortschritt

Zahlungen zu späteren als den in Abschnitt III genannten Zeitpunkten können stets vereinbart werden. Abschlagszahlungen zu früheren Zeitpunkten können jedenfalls dann vereinbart werden, wenn dem Erwerber eine Bürgschaft ausgehändigt wird, die den in vorstehender Ziff 1. genannten Anforderungen entspricht, und wenn die Zahlungen den Wert der erbrachten Leistungen nicht übersteigen.

V. Fälligkeit des Kaufpreises: Fertigstellungssicherheit

Der Bauträger hat in jedem Fall eine Sicherheit in Höhe von 5% des gesamten Vergütungsanspruchs für die rechtzeitige Herstellung des Werkes ohne wesentliche Mängel zu leisten. Dabei hat er die Wahl, ob er eine Bürgschaft über diesen Betrag stellt (sog. Vertragserfüllungsbürgschaft) oder die erste Rate entsprechend angepasst wird, der Erwerber also zunächst weniger zahlt. In diesem Fall beträgt die erste Rate nur 25%, beim Erbbaurecht 15%.

VI. Finanzierung des Kaufpreises

Bei der Finanzierung des Kaufpreises ist auf Folgendes zu achten:

1. Rechtzeitig Finanzierung abklären!

Bereits vor der Beurkundung des Bauträgervertrages sollte der Erwerber mit seiner Bank die **Finanzierung geklärt** haben. Dann kann die Finanzierungsgrundschuld unmittelbar nach dem Abschluss des Bauträgervertrages beurkundet werden (was auch Grundbuchgebühren sparen kann). In jedem Falle sollte der Erwerber darauf achten, dass die Fälligkeit des Kaufpreises und der Auszahlungszeitpunkt der Darlehensbeträge **aufeinander abgestimmt** sind.

2. Finanzierungsvollmacht

Der Bauträgervertrag wird vom Notar so gestaltet, dass die Finanzierung des Kaufpreises durch Darlehen in banküblicher Weise möglich ist. Dazu gehört die Verpflichtung des Bauträgers, bei der Bestellung von Grundschulden mitzuwirken und im Falle der Bürgschaftssicherung für eine Gestaltung der Bürgschaft zu sorgen, die dem Erwerber eine Finanzierung ermöglicht.

Will der Bauträger – wie in der Regel – bei der Bestellung der Finanzierungsgrundpfandrechte nicht persönlich mitwirken, so kann er den Erwerber zur Abgabe der entsprechenden Erklärungen bevollmächtigen (**Finanzierungsvollmacht**). Der Erwerber als Betroffener muss an der Beurkundung grundsätzlich selbst teilnehmen oder sich von einer Vertrauensperson vertreten lassen (§ 17 Abs. 2a BeurkG). Die Vertretung des Erwerbers durch den Bauträger oder Angestellte des Notars ist grundsätzlich unzulässig.

3. **Erwerb unvermessener Teilflächen**

Beim Erwerb von noch nicht vermessenen Teilflächen besteht die Gefahr, dass der Erwerber zur Zahlung von Kaufpreisteilen an den Veräußerer verpflichtet ist, ohne dass deren Finanzierung über Darlehen durch Eintragung entsprechender Grundpfandrechte am Kaufobjekt gesichert werden kann. Hier bieten sich Gestaltungsmöglichkeiten an wie die Bürgschaft (oben IV), eine Fälligkeit des Kaufpreises erst nach Vollzug der Grundstücksteilung oder – nach Abstimmung mit dem Kreditinstitut des Erwerbers – eine Verpfändung des Eigentumsverschaffungsanspruches des Erwerbers.

4. **Öffentliche Wohnraumförderung**

Soweit der Erwerber öffentliche Mittel für den Erwerb einsetzen will, sind die Bekanntmachungen des jeweiligen Bundeslandes über die Mindestanforderungen an Verträge als Voraussetzung der öffentlichen Förderung des Kaufs von Kaufeigenheimen und Kaufeigentumswohnungen zu beachten. Sind die öffentlichen Mittel zum Zeitpunkt des Vertragsschlusses noch nicht bewilligt, kann es erforderlich sein, in den Vertrag ein **Rücktrittsrecht** für den Erwerber aufzunehmen. Die erforderlichen Bewilligungsbedingungen sollte der Erwerber unbedingt vorab mit der Bewilligungsbehörde abklären. Sonst kann die Förderung versagt werden.

VII. Sachmängel

1. **Mangel**

Die Rechte des Erwerbers bei Baumängeln neu errichteter Bauwerke richten sich nach dem **Werkvertragsrecht des BGB** (§§ 633 ff. BGB)), für Sachmängel des Grundstücks nach Kaufvertragsrecht (§§ 434 ff. BGB). Die Verdingungsordnung für Bauleistungen (VOB/B) kann im Bauträgervertrag nicht vereinbart werden.

Ein **Mangel** des Bauwerks liegt vor, wenn es von der **Baubeschreibung** abweicht oder wenn es nicht den anerkannten Regeln der Baukunst oder dem Stand der Technik entspricht. Üblicher Verschleiß ist kein Mangel.

2. **Abnahme**

Die **Abnahme** ist die Billigung des Werkes als im Wesentlichen vertragsgemäße Leistung (§ 640 BGB). Sie erfolgt regelmäßig bei einer gemeinsamen Besichtigung des Vertragsobjektes durch den Erwerber und den Bauträger. Beim Erwerb einer Eigentumswohnung muss nicht nur die Wohnung selbst (Sondereigentum), sondern auch das **Gemeinschaftseigentum** (z. B. Treppenhaus, Gemeinschaftsräume, Außenwände, Dach) abgenommen werden; hierfür können zwei getrennte Abnahmen vorgesehen werden.

Bei der Abnahme muss sich der Erwerber seine **Rechte wegen ihm bekannter Mängel vorbehalten;** sonst verliert er die Mängelrechte (mit Ausnahme des Anspruchs auf Schadensersatz).

3. **Minderung, Rücktritt, Schadensersatz und Aufwendungsersatz**

Sind Grundstück oder Bauwerk mangelhaft, kann der Erwerber zunächst Nacherfüllung (**Nachbesserung**, d. h. Beseitigung des Mangels) verlangen und bei deren Fehlschlagen nach seiner Wahl entweder den Kaufpreis **mindern** oder – wenn der Mangel erheblich ist – vom Vertrag **zurücktreten**. Bei Verschulden des Bauträgers kann er auch **Schadensersatz** fordern. Bei Werkmängeln kann er stattdessen wahlweise den Ersatz der zur Beseitigung erforderlichen **Aufwendungen** verlangen.

Anhang

Beim Kauf neu hergestellter oder erst noch zu errichtender Immobilienobjekte kann das Recht des Erwerbers auf Minderung (Herabsetzung des Kaufpreises) und Rücktritt nicht vertraglich eingeschränkt werden (§ 309 Nr. 8 b) bb) BGB).
Unwirksam ist auch eine Vereinbarung, durch die der Erwerber wegen Sachmängeln auf die Bauhandwerker, Lieferanten, Architekten usw. verwiesen wird und der Bauträger seine eigene Haftung vollständig ausschließt oder von der vorherigen Geltendmachung gegenüber den anderen Baubeteiligten abhängig macht. Der Bauträger muss somit stets selbst die Gewährleistung für Sachmängel übernehmen, auch wenn er im Vertrag zusätzlich seine Ansprüche gegen die Bauhandwerker an den Erwerber abtreten kann – z.B. für den Fall seiner Insolvenz.
Rechte wegen Mängeln des Grundstücks, insbes. sogenannter **Altlasten,** kann der Bauträger nicht ausschließen, soweit sie das Bauwerk oder seine Benutzbarkeit beeinträchtigen.

4. **Verjährung**
Die gesetzliche Verjährungsfrist für Rechte wegen Mängeln an Bauwerken beträgt **5 Jahre** ab der Abnahme (oben VII. 2.). Sie kann nicht abgekürzt werden (§ 309 Nr. 8 b) ff) BGB).

5. **Zurückbehaltungsrecht und Bürgschaft**
Werden Mängel erkennbar, bevor der Kaufpreis vollständig bezahlt ist, so hat der Erwerber das Recht, einen angemessenen Teil seiner Zahlungen bis zur Mängelbeseitigung zurückzubehalten (**doppelte Mängelbeseitigungskosten** für bei der Abnahme festgestellte Mängel). Solche Zurückbehaltungsrechte können nach § 309 Nr. 2b) BGB1) nicht eingeschränkt werden.
Hat der Bauträger eine **Bürgschaft nach § 7 MaBV** gestellt (s. o. Abschnitt IV.), so sichert die Bürgschaft grundsätzlich auch Zahlungsansprüche wegen Sachmängeln, sofern der Erwerber die Mängel spätestens bei der Abnahme geltend macht.

6. **Kein vorschneller Rücktritt!**
Vorsicht vor einer vorschnellen Rücktrittserklärung wegen Mängeln: Dadurch verliert der Erwerber seinen Vormerkungsschutz und seinen Freistellungsanspruch gegen die Bank. Ihm verbleibt nur ein Rückzahlungsanspruch gegen den Bauträger; dieser ist nicht gesichert und im Falle einer Insolvenz des Bauträgers wertlos.

VIII. Erschließungskosten

Nach der vertraglichen Regelung trägt der Bauträger im Regelfall alle Kosten der Ersterschließung, für naturschutzrechtliche Ausgleichsmaßnahmen u. ä. Erschließungsbeiträge sind unter anderem die Kosten für öffentliche Straßen, Wasserversorgungs- und Abwasseranlagen. Die Kosten für den Anschluss des Gebäudes an die Ver- und Entsorgungsleitungen gehören hingegen zu den Baukosten und sind ebenfalls grundsätzlich im Kaufpreis enthalten.
Die Erschließungsbeiträge nach dem Baugesetzbuch (BauGB) und die Beiträge nach den Kommunalabgabengesetzen ruhen als öffentliche Last auf dem Grundstück. Das bedeutet, dass der Erwerber der Gemeinde für rückständige Erschließungsbeiträge und Kommunalabgaben für die Immobilie haftet, nachdem er Eigentümer geworden ist, wenn der Bauträger seiner Verpflichtung zur Zahlung dieser Beiträge nicht nachgekommen ist. Der Erwerber sollte daher vor der Beurkundung durch Rückfrage bei der Gemeinde klären, ob sämtliche Erschließungsanlagen bereits abgerechnet und die Erschließungskosten durch den Bauträger gezahlt wurden. Sofern dies nicht der Fall ist und die Übernahme der Kosten für die Ersterschließung zum Leistungsumfang des Bauträgers gehört, hat dieser dafür Sorge zu tragen, dass der Erwerber nicht für diese Kosten in Anspruch genommen wird.

IX. Sonstige Rechte des Bauträgers

1. **Vollmacht zur Löschung der Auflassungsvormerkung**
Dem Bauträger darf keine Vollmacht gegeben werden, das zentrale Sicherungsmittel des Käufers, die Auflassungsvormerkung, zu löschen, auch nicht für den Fall des Rücktritts vom Vertrag.

Anhang

2. **Abbuchungsermächtigung**

Eine dem Bauträger gegebene Vollmacht zur Verfügung über Konten des Käufers ist unzulässig.

3. **Zwangsvollstreckungsunterwerfung**

Eine Zwangsvollstreckungsunterwerfung des Erwerbers wegen seiner Zahlungsverpflichtung ist nach der Rechtsprechung grundsätzlich unzulässig.

X. **Rücktrittsrecht des Bauträgers**

Rücktrittsrechte des Bauträgers können nur bei einem sachlich gerechtfertigten Grund vereinbart werden (§ 308 Nr. 3 BGB). Das Rücktrittsrecht muss erloschen sein, bevor Zahlungen des Erwerbers fällig werden (§ 3 Abs. 1 Satz 1 Nr. 1 MaBV).

XI. **Auflassung**

Die Auflassung ist die Erklärung, dass das Grundstückseigentum vom Verkäufer auf den Erwerber übertragen wird. Das Eigentum geht dann mit der Eintragung der Auflassung im Grundbuch auf den Erwerber über (§§ 873, 925 BGB).

Der Bauträger muss die Auflassung Zug um Zug gegen Zahlung des geschuldeten Kaufpreises erklären.

XII. **Altbausanierung**

Für die Sanierung von Altbauten gelten grundsätzlich die vorstehenden Hinweise entsprechend. Folgende Besonderheiten sind zu beachten:

1. **Ratenplan**

Die Fälligkeit der ersten Rate (Grundstücksrate) kann unabhängig vom Baubeginn nach Vorliegen der Fälligkeitsvoraussetzungen (oben 1. bis 4.) vereinbart werden. Dies gilt auch für die Teilbeträge, die auf bereits erbrachte Leistungen (d. h. in der Altbausubstanz unverändert schon vorhandene Gewerke) entfallen.

2. **Sachmängel**

Der Bauträger kann seine Haftung für Mängel der Altbausubstanz nicht ausschließen, wenn er sich zu einer umfassenden Sanierung „bis auf die Grundmauern" verpflichtet hat. Für Mängel der von ihm zu erbringenden Leistungen oder für eine Verletzung von Untersuchungspflichten haftet er auf jeden Fall: Der Vertrag kann nichts Abweichendes vorsehen. Der Vertrag sollte daher eine Vereinbarung über die Abgrenzung enthalten und insbesondere auch regeln, zu welchen Untersuchungen an der Altbausubstanz der Bauträger verpflichtet ist.

XIII. **Erbbaurechte**

Beim Erwerb eines Kaufobjekts im Erbbaurecht gilt nach der MaBV ein abweichender Ratenplan. Die erste Rate (Grundstücksrate) beträgt hier höchstens 20% des Kaufpreises (anstelle von sonst 30%); die übrigen Raten erhöhen sich entsprechend.

Besondere Probleme ergeben sich hier bei der Finanzierung des Kaufpreises. Sie sollte daher vor Vertragsschluss geklärt sein. Weitere Risiken ergeben sich aus der Gestaltung des Erbbaurechtsvertrages. Diesen muss der Erwerber zusammen mit dem Entwurf des Bauträgervertrages zwei Wochen vor Vertragsschluss erhalten.

Teil B. Verdecktes Bauherrenmodell

Vorbemerkung

1. **Keine Trennung bei Personenidentität**

Der Erwerb von Wohnraum kann in zwei Verträge nur aufgespalten werden, wenn **zwei verschiedene Vertragspartner** vorhanden sind. Werden Grundstück und Bauleistung von einer Person angeboten, kann nur ein Bauträgervertrag über die Gesamtleistung abgeschlossen werden. Ist bei Vertragsschluss mit dem Bau bereits begonnen, so gehören die vorhandenen Teile des Bauwerkes kraft Gesetzes dem Grundstückseigentümer.

Anhang

2. **Beurkundungserfordernis**

Grundstückskauf- und Werkvertrag sind zur Vermeidung ihrer Nichtigkeit beide notariell zu beurkunden, wenn der Grundstückskaufvertrag nicht ohne den Werkvertrag abgeschlossen worden wäre. Das ist regelmäßig der Fall, wenn Grundstück und Gebäude gemeinsam angeboten waren oder der Unternehmer den Käufer des Grundstücks bestimmen kann oder sich auf sonstige Weise zur Verschaffung des Grundstücks verpflichtet, ebenso wenn der Erwerber eine Gesamtleistung zu einem feststehenden Gesamtpreis erwerben will.

Der durch die Pflicht zur notariellen Beurkundung bezweckte Verbraucherschutz wird nur gewährleistet, wenn beide Verträge beurkundet werden, so dass der Notar die Gestaltung der Verträge im Sinn der nachstehenden Empfehlungen prüfen und beeinflussen und die beabsichtigte Bebauung im Grundstückskaufvertrag berücksichtigen kann. Eine Forderung des Unternehmers, nur den Grundstückskaufvertrag zu beurkunden, sollte der Käufer deshalb im eigenen Interesse ablehnen.

Insbesondere trifft es nicht zu, dass dadurch **Grunderwerbsteuer** gespart werden könnte. Umgekehrt fällt hingegen infolge der Trennung auf die Bauleistung **Umsatzsteuer** an.

3. **Schutz des Käufers**

Baut der Käufer beim verdeckten Bauherrenmodell auf seinem **eigenen, neu erworbenen Grundstück,** so ist er selbst Bauherr und hat daher die damit verbundenen Risiken zu tragen, gegen die er sich nur zum Teil versichern kann.

Wird hingegen auf dem **Grundstück eines Dritten** gebaut, so sind für den Käufer die üblichen Sicherungsmittel erforderlich (insbes. Auflassungsvormerkung und Sicherstellung der Lastenfreistellung, vgl. A. II.).

4. **Abhängigkeit der Verträge bei Vertragsstörungen**

Der Käufer genießt grundsätzlich nicht den Schutz der für den Bauträgervertrag geltenden Bestimmungen. Infolge der Vertragstrennung berühren Störungen des einen Vertragsverhältnisses (z. B. Nichterfüllung) nicht ohne weiteres den Bestand und die Verpflichtungen aus dem anderen Vertragsverhältnis. Hierüber sollten ausdrückliche vertragliche Regelungen getroffen werden.

Im Interesse des Käufers sollte die Eigentumsverschaffung nicht von der Erfüllung des Werkvertrages abhängen. Umgekehrt kann ggf. dem Käufer ein Rücktrittsrecht auch vom Grundstückskaufvertrag für den Fall eingeräumt werden, dass der Werkvertrag rückabgewickelt wird.

Muss der Käufer hingegen bei einer Rückabwicklung des Werkvertrages auch das Grundstück zurückgeben, so sind die Schutzbestimmungen der MaBV anwendbar.

5. **Eigentumswohnungen**

Der Erwerb von Eigentumswohnungen im verdeckten Bauherrenmodell ist **wirtschaftlich sehr risikoreich.** Eine ausreichende vertragliche Vorsorge ist in aller Regel nicht möglich, so dass hiervon meist abgeraten werden muss.

I. **Fälligkeit des Grundstückskaufpreises**

Voraussetzung für die Fälligkeit des Grundstückskaufpreises sollte zunächst sein, dass der **lastenfreie Eigentumsübergang gesichert ist** (vgl. hierzu Teil A. II. 1. bis 3.). Daneben sollte aber auch die **Baugenehmigung** erteilt oder die Bebaubarkeit auf andere Weise (Teil A. II. 4.) gesichert sein. Sonst trägt der Erwerber das Risiko, trotz Zahlung des Kaufpreises das beabsichtigte Gebäude nicht errichten zu können und das nicht in der geplanten Weise bebaubare Grundstück behalten zu müssen.

II. **Fälligkeit des Gebäudepreises**

Die Gegenleistung für das Gebäude darf nur nachträglich, d.h. für bereits erbrachte Bauleistungen fällig werden (§ 307 Abs. 2 Nr. 1 BGB2) i. V. m. § 641 BGB). Ratenzahlungen dürfen den Wert der Teilleistungen des Bauträgers nicht übersteigen. Als Anhaltspunkt kann § 3 Abs. 2 Nr. 2 MaBV dienen, der im Bauträgervertrag für den auf die

Anhang

Bauleistung entfallenden Kaufpreisteil die Zahlung in sechs Raten vorsieht (Teil A. III.). Insoweit ist auch eine Fertigstellungssicherheit (Teil A. V.) zu leisten. Die Gegenleistung für das Gebäude sollte auf keinen Fall – auch nicht teilweise – fällig werden, solange nicht der **Grundstückskaufpreis fällig** ist, also der lastenfreie Eigentumsübergang und die Bebaubarkeit gesichert sind (oben Teil A. II.). Andernfalls riskiert der Erwerber, ungesicherte Vorleistungen für einen Bau auf fremdem Grund und Boden zu erbringen.

III. Errichtung des Bauwerks

Bei der Gestaltung des Werkvertrages über die Errichtung des Bauwerkes sind die Hinweise in Teil A. I. zu beachten.

IV. Sachmängel

Während der Grundstücksverkäufer seine Haftung weitgehend ausschließen kann, muss der Unternehmer im Werkvertrag die Gewährleistung für das Gebäude übernehmen. Hierfür gelten die Hinweise in Teil A. VII. entsprechend. Insbesondere kann die VOB/B wegen des vom Unternehmer zu erbringenden Leistungsbündels insoweit grundsätzlich nicht vereinbart werden. Schlechte oder ausbleibende Erfüllung des Werkvertrages haben keinen Einfluss auf den Grundstückskaufvertrag. Der Käufer muss deshalb das Grundstück abnehmen und bezahlen, auch wenn der Unternehmer das Gebäude nicht oder so mangelhaft errichtet, dass der Käufer es eigentlich nicht behalten will. Ein Rücktrittsrecht des Käufers für diesen Fall besteht nur, wenn es mit dem Verkäufer ausdrücklich vereinbart ist.

V. Erschließungskosten

Soweit die entsprechenden Einrichtungen und Anlagen nicht bereits hergestellt und vom Grundstücksverkäufer bezahlt sind, muss der Werkvertrag zur Klarstellung eine Regelung vorsehen, ob Erschließungskosten und Anschlussbeiträge im Preis enthalten sind und ob der Unternehmer den Anschluss des Gebäudes an Ver- und Entsorgungsleitungen vornimmt. Gegenüber der Gemeinde haftet jedoch nicht der Unternehmer, sondern nur der Käufer als Grundstückseigentümer. Im Einzelnen vgl. Teil A. VIII.

VI. Vollmachten

Weitreichende Vollmachten des Käufers für den Unternehmer, die zum Teil in Verträgen des verdeckten Bauherrenmodells vorgesehen sind, bringen Risiken und Missbrauchsgefahren mit sich. Sie sind regelmäßig nicht erforderlich und im sonstigen Grundstücksverkehr nicht üblich (oben Teil A. IX.). Insbesondere darf der Unternehmer keine Vollmachten erhalten, Aufträge an Baubeteiligte im Namen des Käufers zu vergeben.

Sachregister
(Die Zahlen bezeichnen die Randnummern)

Abgeschlossenheitsbescheinigung 235
Abgrenzung Kauf- und Werkvertragsrecht 626, 635
  Baubeschreibung 634, 654
  Entkernung 636
  Haftungsausschluss 836
  Herstellungsverpflichtung 632
  ohne Herstellungsverpflichtung 639
  Mängelhaftung 635, 637
  Modernisierung 635
  Neubau hinter historischer Fassade 635
  Renovierung 635
  Sanierung 636, 993
  Untersuchungs- und Prüfungspflicht 636
  Verjährungsfrist für Mängelansprüche 799
  Zahlungsplan 338
Ablehnungsandrohung
  Fristsetzung mit Ablehnungsandrohung s. Fristsetzung zur Nacherfüllung
  Wandelung s. Rücktritt
Abnahme 335, 575 ff.
  Abnahmereife 577
  Anerkennung als vertragsgerecht 576
  Anerkennung durch schlüssiges Verhalten 584
  Anspruch auf 575
  durch Bauträger-Verwalter 603
  Beauftragter 601
  Besitzeinräumung 578
  Besitzübergabe 578
  Eigentumsverschaffung 579
  Fälligkeit 617
  Fertigstellungsbescheinigung 583
  fiktive 582, 588
  förmliche 585
  Fristenangleichung 609
  Gemeinschaftseigentum 594 f.
  Gemeinschaftsordnung 602
  Hauptpflicht 575
  durch Ingebrauchnahme 584
  in Kenntnis der Mangelhaftigkeit 616
  Klage auf 580
  Kosten der 604
  Lastenfreiheit 579
  mehrere Bauabschnitte 612
  Nachzüglererwerber 608 f.
  durch Sachverständigen 598
  Sondereigentum 591
  Sondernutzungsrechte 592, 886
  Sonderwünsche 511 f.
  stillschweigende 584
  Teilabnahmen 577, 590 f., 594
  Umkehr der Beweislast 618
  unförmliche 581
  unwesentliche Mängel 577
  Vereinbarungen über die 585 f.
  Vereinbarungen zum Gemeinschaftseigentum 596, 602
  vergessene förmliche Abnahme 587
  Vergütungs- und Leistungsgefahr 615
  Verjährungsbeginn 608, 614
  durch Verwalter 597, 600, 603
  durch Verwaltungsbeirat 606
  Verweigerung wegen Mängeln 577
  Vollmacht 601
  Vorbehalt vom Mängeln 585, 616
  wesentliche Mängel 577
  im Wesentlichen vertragsgemäße Leistung 576
  Wirkung der 613
  durch Wohnungseigentümergemeinschaft 600
  Wohnungseigentümergemeinschaft 596
  Zweigliedrigkeit 576
Abnahmefiktion § 12 Nr. 5 VOB/B 589
Abnahmereife 577
Abschlagszahlungen 198 f.
Abschreibung 1106
Abschreibungsgesellschaft 1128, 1348 ff.
  Zahlungsunfähigkeit 1356
Abtretung der Bauträgervergütung 409
Abtretung von Mängelansprüchen 759
Abtretungsverbot 425, 847
Abverkaufsstand, Rücktritt 227
Abzug „neu für alt" 713
Aktivlegitimation, Mängelansprüche 980
  Zweiterwerber 898, 981
Allgemeine Geschäftsbedingungen 145 f., 1121, 1206
  Abänderungsbereitschaft 150
  Abkürzung der Verjährungsfrist 162, 176, 610, 667, 806, 859
  Abnahmefiktionen 176
  Änderungsvorbehalt 176
  Aufrechnungsverbot 718

579

Sachregister

Auskunfts- und Rechnungslegungspflicht 1206
Ausschluss von Schadensersatzansprüchen 832, 857
Bauvertrag 1235
Beweislastumkehr 618
Darlegungs- und Beweislast 154
Drittklauseln 158
Einbeziehung in Vertrag 153
Einzelvertragsklauseln 159
Finanzierungsvermittlung 1404
formelhafte Vertragsbestimmungen 151
Formularsammlungen 146
Haftungsausschluss 832, 836
Haftungsbeschränkung 832, 850f., 856f., 1256f.
Individualvereinbarung 150f.
Klauselrichtlinie 144
Leistungsverweigerungsrecht 176
Mängelhaftung 176
Mietpool 1430
neu errichtete Gebäude 839
notarielle Beurkundung 149
notarielle Standardformulierungen 152
notarielle Verträge 145, 158, 1121
Notarspflichten 1058
persönlicher Anwendungsbereich 168
Preiserhöhungsklauseln 176
Provision 1404, 1425
Rücktrittsrecht 857
sachlicher Anwendungsbereich 161
Schiedsgutachterklausel 863
Schuldrechtsreform 144
Subsidiaritätsklausel 176
Treuhänder als Verwender 1188
überraschende Klauseln 176
unwirksame Klauseln 145f., 175f.
Verbraucherverträge 155
Verjährungsfrist 176, 610
Vertragsmuster 146
Verwender 80
vom Verwender gestellte 148
Verwendung gegenüber Bauunternehmen 1189
VOB-Verträge 161 ff.
Vollstreckungsunterwerfung 408
vorformulierte 146
Altbau, sanierter 23, 49, 338, 1023
arglistig verschiedene Mängel 635
Asbest 635
Auflassungsvormerkung 235
Baubeschreibung 446, 634
Mängelhaftung 632f., 993
negative Baubeschreibung 633
unrenovierter 742, 1024

Altlasten 768
Änderung der Teilungserklärung 111f., 653
Änderungsvorbehalt 100, 112, 124
Anerkannte Regeln der Technik 654
Zeitpunkt der Abnahme 657
Anerkenntnis
Neubeginn der Verjährung 823
Anfechtung
von Bauträgervertrag 58, 1001
von Beschlüssen 975
wegen Prospektangaben 1314
Ankaufsverpflichtung 11
Anlageberater 1269, 1357, 1362, 1377f.
Anliegerbeiträge
Versorgungs- und Entsorgungsleitungen 461
Annahmeverzug 728
Anteilsmodell 1035
Architekt 1237, 1267, 1390
Bauträgertätigkeit 137
Architektenbindung 134f., 1463, 1473
Notarspflichten 1922
Architektenleistungen des Bauträgers 447
Architektenmodell 1463
Arglistig verschwiegene Mängel 860
Aufbauschulden 1043
Aufbewahrungsverpflichtung 371
Auflassung 435
Klage auf 437
Streitwert 437
Zurückbehaltungsrecht 438
Auflassungsvormerkung 12, 19, 230
Abgeschlossenheitsbescheinigung 235
Abtretung 232
Akzessorietät 231
Altbausanierung 235
Benennungsrecht 232
bindendes Angebot 232
Insolvenz des Bauträgers 230 f., 232, 1004 f.
Löschungsvollmacht 237
Mehrere Grundstücke 236
Rangrücktritt 233
Rangstelle 233
Rückabwicklung des Vertrags 729
Rückauflassung zugunsten einer Gemeinde 233
Teilflächen 236
Vormerkungsmodell 202
Aufrechnung
bei Insolvenz 1007f., 1019
durch die Gemeinschaft 900
mit Aufwendungsersatzanspruch gegen Restvergütung 714

mit Gewährleistungsanspruch gegen nicht
  verwendeten Vorschuss 940
  mit Kaufpreis gegen Vorschussanspruch
  718, 954
  mit Vorschussanspruch gegen
  Kaufpreis 718, 955
Aufrechnungsverbot 425 f.
Aufwendungsersatzanspruch 710 f., 752,
  927
  Abzug „neu für alt" 713
  Architektenkosten 711
  Aufrechnung 714
  Sowieso-Kosten 712
  Verwalterkosten 711
Ausbauhaus 93, 303, 558
Ausbietungsgarantie 1410 f., 1412
Ausfallgarantie 1410 f.
Ausführungsvarianten 562
Ausgleichsansprüche 1430
**Auskunfts- und Rechnungs-
  legungsanspruch** 1192 ff., 1206
Auskunftsvertrag 1360, 1363, 1377 ff.
Ausländisches Recht 169
Auslandsbezug 169
Ausschluss eines Bauherrn 1331
Außenanlagen 334
Ausstattungsvarianten 518, 562

Bank 300, 1341
  als Anlageberater oder -vermittler 1357,
    1359
  Aufklärungspflichten 1063, 1355
  Ausbietungsgarantie 1412
  Ausfallbürgschaft 1411
  Einwendungsdurchgriff 1064
  als Mitinitiator 1342
  Prospekthaftung 1358
  Sorgfalts- und Aufklärungspflichten 1063
  Vollmacht des Treuhänders 1151 f.
Bankgeprüft 1358
Basistreuhänder 1130, 1140
Bauabschnitte 116
Bauabzugsteuer 193
  Freistellungsbescheinigung 194
Bauausführende Unternehmen 1042 ff.
Baubehörde 1190
Baubeschreibung
  Abnahme 598
  Beschaffenheitsvereinbarung 652
  Beurkundung 92 f.
  fertig gestellte Leistungen 458
  Inhalt 443 ff.
  Inhaltskontrolle 452
  negative Baubeschreibung 633
  verschiedene Baubeschreibungen 653

Baubetreuer
  Auskunfts- und Rechnungslegungspflicht
    1306, 1422
  Baubetreuung 1130, 1139, 1155, 1180,
    1220, 1297 f.
  Baukostengarantie 1419 f.
  Erlaubnis nach § 34 c GewO 1402
  Funktion 1297 f.
  Haftung für Mängelfreiheit des Bauwerks
    1411
  – Prospekthaftung 1313
  – aus Werkvertragsrecht 1312
  Herausgabepflichten 1306
  Initiator 1297
  Rechnungslegung 1306
  Sicherungshypothek 1310
  Steuerberatung 1299
  technische Baubetreuung 1299, 1312
  Untervollmacht 1170, 1304
  Vergütung 1308
  wirtschaftliche Baubetreuung 1299, 1312
Baubetreuung 35
Baubetreuung im engeren Sinne 6, 38
Baubetreuung im weiteren Sinne 6, 38
Baubetreuungsvertrag 1301
  Anfechtung wegen arglistiger
    Täuschung 1314
  Architektenbindung 1307
  Form 1155, 1303
  Garantieverträge 1315
BauFordSiG 1022, 1265, 1483
Baufortschritt, Nachweis 309
Baugenehmigung 280, 670, 1217, 1244
  Auflagen 286, 670
  Bedingungen 286
  Bestandskraft 288
  Erschließung 460
  Inhalt 287
  Teilbaugenehmigung 286
  Widerspruch 289
**Baugenehmigungswidrige
  Zustände** 571, 1071
Baugerichtstag 26
Bauhandwerker 1390
**Bauhandwerkersicherungs-
  hypothek** 413, 1045, 1393
  Subunternehmer 414
Bauherr 34, 44, 1102 ff.
  anteilige Haftung 1171, 1236, 1245, 1392
  Ausgleichsansprüche 1330
  Gesamtschuldner 1236, 1392
  Mitgläubiger 1395
  Rechtsträgerschaft trotz Treu-
    händervollmacht 1175
  Steuerrecht 1102 f.

581

Sachregister

Bauherrengemeinschaft 1103, 1125, 1140, 1178, 1490
   Aufbauvertrag 1316, 1318
   Ausschluss 1331
   Baumängel 1338, 1400
   Beendigung 1337
   Geschäftsführung 1325
   Gesellschafterversammlung 1325
   Gesellschafterwechsel 1335
   Gesellschaftsvertrag 1316
   Mängelhaftung 1339f., 1400
   nachträglicher „Beitritt" 1305, 1335, 1390
   Schließung der – 1244, 1266, 1304, 1416
   Verteilungsschlüssel 1318
   Wohnungseigentum 1318, 1439
   s. auch Gesellschaftsvertrag
Bauherrenmodell, verdecktes 46
Bauherrenmodelle 36, 25 f.
Bauherrenrisiko 1103, 1112 f., 1245, 1284, 1444
Baukostengarantie 1419 f.
Baukostensteigerungen 1114, 1245, 1284, 1329, 1419
Bauleitung, Sonderwünsche 543
Bauliche Veränderung 539, 928
Baumängel s. Mängelansprüche, Mängelhaftung
Baumodell 1124 f.
Bauordnungswidrige Zustände 1071
Baupläne
   Beschaffenheitsvereinbarung 652
   Herausgabe der 470
Baurechtswidrigkeit 669
Bauruine, Vollendung der 1012
Baustoffe, eingebaute 1046
Bautenstandsbericht 310
Bauträger
   Begriff 38
   Beschlüsse der Wohnungseigentümergemeinschaft 974
   Durchführung von Bauvorhaben 49
   Eigentum am Grundstück 45
   Erlaubnis nach § 34c GewO 43 ff.
   Gewerbsmäßigkeit 43
   Haftung 1311
   Insolvenz 17, 1004 f.
   keine Vollmacht 1042
   Koppelungsverbot 134
   Leistungspflichten 432 ff.
   mehrere Objekte 306, 313
   Schutz vor doppelter Inanspruchnahme 885
   Vorleistungspflicht 293
Bauträgereigenschaft 47 f.
Bauträgermodell 27, 1101, 1133 f., 1455 f.
   Festpreis 1458
   Mängelhaftung 1458
   Treuhänder 1457
   Zahlung nach MaBV 1458
Bauträgerschaft
   Begriff 38
Bauträgertätigkeit 41 ff.
Bauträgervergütung s. Vergütung des Bauträgers
Bauträgervertrag 59 ff.
   Allgemeine Geschäftsbedingungen 145 ff.
   Altbau 446, 632, 1023
   Änderungen und Ergänzungen 60, 99
   Änderungsvorbehalt 457
   Anfechtung 58, 1001
   anzuwendendes Recht 58
   Architektenbindung 134
   Aufhebung 132
   Aufrechnungsverbot 718
   Auslegung 132
   außerordentliche Kündigung 754
   Ausstattungsvarianten 518
   Baubeschreibung 87, 652
   Beurkundung 75
   Definition 66
   EG-Verbraucherrichtlinie 155
   Eigenleistungen 517
   Eigentumsverschaffung 434
   Erbbaurecht 74
   Fertigstellungszeitpunkt 65
   Formularverträge 80
   Genehmigungen 215
   Globalpauschalvertrag 181
   Herstellung 63
   Inhalt 63
   Inhaltskontrolle 452
   Kaufvertragsrecht 68, 934
   Kündigung 69, 753 f.
   Kündigung aus wichtigem Grund 755
   Kündigung nach § 649 BGB 753
   Legaldefinition 66
   Leistungsbestimmungsrecht 450
   neue Länder 216
   Nichtigkeit 1001
   notarielle Beurkundung 75 ff., 149
   Pauschalfestpreis 64, 177
   Planungsleistungen 134, 447
   Rechtsnatur 66
   Rücktrittsrecht 226 ff., 388, 481, 727, 1000
   Sachmängelhaftung 70, 73
   schlüsselfertige Herstellung 32, 181, 442 ff.
   Schuldrechtsreform 68
   Sonderwünsche 514
   Sonderwunschvertrag 60
   Teilkündigung 753 f.
   Teilungserklärung 85

Sachregister

Transparenzgebot 143, 209, 452 f.
Trennung von Angebot und
  Annahme 79
Übergangsrecht 59
vereinbarte Vertragsaufhebung 1000
Verjährung 61
verschiedene Objekte 306, 313
Vertrag eigener Art 67, 69
VOB/B 161 ff.
Vollzugsvoraussetzungen 220
Vorvertrag 77
Werklieferungsvertrag 66
Werkvertragsrecht 68, 72
Widersprüche 448
Wirksamkeit 213
Zweiwochenfrist bei Beurkundung 84, 86
Bauträger-Verwalter
  Abnahme 603
Bauverpflichtung 442
Bauvertrag 1180, 1189, 1220, 1228 f., 1390 f.
  Abnahme 1214, 1238
  Ausführungsfristen 1234
  Baubetreuer, Abschluss durch 1305
  Einheitspreisvertrag 1232
  Generalübernehmer 1390 f., 1460 f.
  Generalunternehmer 1390 f., 1463
  Gesamtschuldnerschaft 1392
  Kodifizierung 26
  Mängelhaftung 1239, 1394
  Pauschalpreisvertrag 932
  Sicherheitseinbehalt 1234
  Vergabe- und Vertragsordnung für Bauleistungen (VOB) 153, 1233
  Vertragsklauseln, unwirksame 1235
  Zahlung nach Baufortschritt 1247
Bauzeitüberschreitungen 1115, 1284
Bearbeitungsgebühr 1405
Bedienungsanleitungen, Herausgabe der 471
Benennungsrecht 232
Beiputzarbeiten 325
Beitragspflicht, Erschließung 466
Benutzbarkeit, eingeschränkte 668
Beratungsvertrag 1360, 1362
Beschaffenheitsvereinbarung 642
Beschlüsse der Wohnungseigentümergemeinschaft 924 f., 963 f.
  Abnahme 596, 600, 607
  Anfechtung 975 f.
  Aufwendungsersatzanspruch 927
  Außenwirkung 936, 967, 971
  Bindung 965
  Ermächtigung von Erwerbern 947 f., 964
  gerichtliche Verfolgung 980

großer Schadensersatz 893
Inhalt 963 f.
individuelle Klagen 910, 950, 965 f., 969
individuelle Verfolgung 949, 967
Klage 941, 965
kleiner Schadensersatz 922
Leistungsverweigerungsrecht 901, 931
Minderung 921, 968, 989
Nacherfüllungsanspruch 888, 917, 925, 964
Prozessführungsverfugnis 969
Prozessstandschaft 980 f., 987, 990
prozessuale Wirkungen 969 f.
Prozessvollmacht 981, 894
Rechte des Einzelnen 924 f.
Rücktritt 893
Schadensersatz 920, 939, 968, 989
selbstständiges Beweisverfahren 986
Selbstvornahme 928, 964
Stellung des Bauträgers 974
Vergleich 899, 944, 946, 951, 953, 979
werdende Eigentümer 973
Wahlrechte 889, 937
Besitz, Zug um Zug gegen Bezahlung 331
Besitzübergabe 331, 578
Besitzverschaffungspflicht 440
  Einstweilige Verfügung 441
Bestellbau 839
Betreutes Wohnen 1039
Betreuungsunternehmen 55
Betriebsanleitungen 866
  Herausgabe der 471
Beurkundung
  Allgemeine Geschäftsbedingungen 149
  Änderungen und Ergänzungen 99, 127
  Aufhebung des Bauträgervertrages 132
  Aufspaltung in Angebot und
    Annahme 1149
  Ausbauhäuser 93
  Ausland 174
  Baubeschreibung 87
  Baubetreuungsvertrag 1155, 1303
  Bauvertrag 76
  Belehrungspflicht des Notars 78
  Bestimmtheitserfordernis 88
  Bezugnahme nach § 13a BeurkG 87, 94, 121
  Darlehensvertrag 1344
  EG-Verbraucherrichtlinie 155
  Gemeinschaftsordnung 85, 104
  Generalübernehmervertrag 1474 f.
  des gesamten Vertrages 75, 87
  des Gesellschaftsvertrags 1322
  von Grundstücksgeschäft und
    Bauverpflichtung 75

Sachregister

Grundstücksvermessung 90
Heilung formnichtiger Verträge 133, 1157, 1164
Herstellungspflicht 93
Inhalt 87
Musterurkunde 87
Nebenabreden 87
Pläne 92
Reservierungsvereinbarung 77
Sonderwünsche 129
Standardformulierungen 152
sukzessive 81
sukzessive durch vollmachtslosen Vertreter 83
Teilungserklärung 85, 104
Trennung in Angebot und Annahme 79
des Treuhandvertrages 1147 f.
Vertragsaufhebung 928
durch Vertreter 82
Verweisung auf nicht verlesene Unterlagen 121
der VOB/B 87
Vollmacht 96 ff.
Vorvertrag 77
Wohnungseigentum 88, 89
Zweiwochenfrist 84, 86
Beurkundungskosten 183
Beurkundungsrecht, Änderung des 122
Beweislastumkehr
Abnahme 618
Beweisverfahren 816, 986
Bezugnahme auf notarielle Urkunden 123
Bezugnahme gem. § 13 a BeurkG 87, 94, 121
Bezugsfertigkeit 314, 328
Bezugsurkunde, Verlesung 87
Bindungsfristen 81
Bruchteilsgemeinschaft 1016
Buchführungspflicht, gewerberechtliche 371
Bürgschaft gem. § 7 MaBV 114, 207, 346
Abtretung 365
Aufwendungen zur Mängelbeseitigung 354
Austausch der Sicherheiten 360
Gemeinschaftseigentum 353
Hinterlegung beim Notar 351
Insolvenz des Bauträgers 1011
Rückgewähransprüche 352
Sicherungsumfang 352
Vermischung von Sicherheiten 359
Vertragssumme 356
zusätzliche Bedingungen 358

Culpa in contrahendo s. Verschulden bei Vertragsschluss

Darlehensbürgschaft 366
Darlehensvertrag 1179, 1341, 1344
Anfechtung 1349
Aufklärungspflicht der Bank 1355
Aufspaltungsrisiko 1355
Auszahlung des Darlehens 1350
Einwendungsdurchgriff 1351 f.
Finanzierungszusage 1341
Form 1344
Haustürgeschäft 1346
Nichtigkeit 1348
Reisegewerbe 1348
Rückabwicklung 1068
Vertragspartei 1341
Vollmacht des Treuhänders 1161, 1346
Widerruf 1347
Widerrufsfrist 1067, 1347
Widerrufsrecht 1066
Zweckbindung 1353
s. auch Finanzierung
Definition der Bauträgerschaft 38
Deliktische Ansprüche 1020
Deliktische Haftung 1292
Deliktsrechtliche Produkthaftung 1054
Denkmaleigenschaft 674
Detailpauschalvertrag 442
Dienstbarkeiten 98
DIN 277 679
DIN 283 679
DIN 1946 662
DIN 4108 661, 662
DIN 4109 657
Doppelhaushälfte,
Bezugsfertigkeit 315
Schallschutz 659
Dritthaftungsklausel 843 f.
Druckzuschlag 696
Herausgabe von Unterlagen 472

EG-Richtlinie Produkthaftung 1049
EG-Verbraucherrichtlinie 144, 155
Bauträgervertrag 157
Drittklauseln 158
formelhafte Klauseln 160
Inhaltskontrolle 158
Missbrauchskontrolle bei Einzelvertragsklauseln 159
notarielle Urkunden 158
EG-Richtlinie zur Harmonisierung der Umsatzsteuer 1493
Eigenkapital 1210, 1323, 1417
Eigenkapitalgarantie 1418

Sachregister

Eigenleistungen 511 f., 517, 558 f.
  Ausbauhäuser 558
Eigennutzer 26
Eigenschaftszusicherung s. Garantie
  Form des § 311 b BGB 651
Eigentumsverschaffung 33, 434
Einfamilienhaus 564, 569, 775
  Schallschutz 659
Einsichtnahme in Bauunterlagen 473
Einstellung der Zwangsvollstreckung 412
Einstweilige Verfügung
  Inbesitznahme 441
Einweisung in technische Anlagen 866
Einwendungsdurchgriff 1064, 1352
Endfinanzierung 1341, 1409
Endmieter 1431
Endpreis i. S. d. PAngV, Bauträgerkauf 186
Energieausweis 663
Energieeinsparverordnung (EnEV) 638, 662
Entfernter Mangelfolgeschaden 747
Entgangener Gewinn 489
Entkernung 639
Entreicherungsrisiko bei Rückabwicklung 1002
Entwässerungsanlagen 445
Erbbaurecht 74, 574
Erdarbeiten 317
Erhaltungssatzung 222, 235, 1026
Erlaubnis, § 34 c GewO 43 ff.
  Befreiung 55
  Versagung der 56
Ermächtigung, individuelle Klage 947 f., 950
Ermächtigung des Erwerbers wegen Mängeln am Gemeinschaftseigentum 947 f.
Ersatzvornahme s. Selbstvornahme, Aufwendungsersatzanspruch
Erschließung 311 f., 459
  Abwasserbeseitigung 461
  Anliegerbeiträge für Versorgungs- und Entsorgungsleitungen 461
  Baugenehmigung 460
  Beitragspflicht 466
  erweiterter Begriff 461
  Folgelasten 462
  Freistellung 318
  Hausanschluss für Gas, Wasser, Kanal und Elektrizität 462
  öffentliche Last 466, 1070
  öffentliche Straßen und Wege 461
  Straßenbeleuchtung 461
  Wasserversorgung 461
  im weiteren Sinne 445
Erschließungskosten 461
  Festpreis 459
  Freistellungsanspruch 318, 468
  Gesamtpreis 464
  Gesamtschuldner 467
  Rückgriffsanspruch 468
  Verjährung 400
  Wohnungseigentümer 467
  Zurückbehaltungsrecht 467
Ersterwerbermodell 1132, 1134, 1444
Erstvermietungsgarantie 1426
Erwerber 40
  Gläubigerstellung 916 f.
  als Zustandsstörer 1071
Erwerbergemeinschaft 884
Erwerbermodell 1240, 1443

Fahrlässigkeit 862
Faktische Gemeinschaft 621 f. s. auch werdende Eigentümergemeinschaft
Fälligkeit, Abnahme 617
  Bauträgervergütung 198 f.
  Verzicht auf den Nachweis der 407
Fälligkeitsvoraussetzungen nach MaBV 199 f.
Fälligkeitszins 390
Fehlende Anlagen, Einrichtungen und Räumlichkeiten 503
Fertigstellung des Bauwerks 1012
  Fertigstellungsgarantie 1331, 1417
  bei Insolvenz des Bauträgers 1012 f.
  vollständige 334
Fertigstellungskosten bei Insolvenz des Bauträgers 1014
Fertigstellungstermin 474
  pauschalierter Schadensersatz 498
  Vertragsstrafe 498
Festpreis 32, 185, 1378, 1386, 1419, 1458
  Erschließungskosten 459
Finanzierung 1244
  Beschaffung durch den Treuhänder 1246
  Bonitätsprüfung 1341, 1343
  Endfinanzierung 1341
  Kaufpreis 427
  Wertermittlung 1343
  Zinsgarantie 1341
  Zwischenfinanzierung 1341
  s. auch Darlehensvertrag
Finanzierungsberatung durch Bauträger 867
Finanzierungsgarantie 1406
Finanzierungskosten 1118
Finanzierungsvermittlung 1403

Sachregister

Folgelasten, Erschließung 462
Forderungssicherungsgesetz
  Inkrafttreten 62
  Übergangsrecht 62
Form der vom Treuhänder abzuschließenden Verträge 855 f., s. auch Beurkundung
Formelhafte Klauseln 151
  Verjährungsfrist für Baumängel 810
Förmliche Abnahme 585
Formularsammlungen 146
Formularvertrag 143
  Verwender 80
Freistellungsanspruch, Erschließungskosten 468
Freistellung
  des Bauträgers 737
Freistellungsverpflichtungserklärung 243 f., 329
  Adressat 246
  Auflassungsvormerkung 267, 277
  Aufrechnung 250
  Aufrechnungsverbot 271
  Aushändigung der 245
  Auslegung 248
  Bedingungen 248, 268 f.
  bereicherungsrechtliche Ansprüche 246, 1002
  Einwendungen 250
  Ersetzungsbefugnis 261
  Freistellungsversprechen 14
  Gegenforderungen 257
  geschuldete Vertragssumme 249 f., 275
  Insolvenz des Grundpfandgläubigers 247
  Mindest- oder Listenpreis 279
  Rückzahlungspflicht 265 f.
  Sachverständigengutachten 372
  steckengebliebener Bau 252 f.
  Überzahlung 258
  Verschulden 278
  Vertrag zugunsten Dritter 246
  Verzugszinsen 274
  Vorbehalt nach § 3 Abs. 1 S. 3 MaBV 259
  Wahlschuld 261
  Zahlungen an Bank 273
  zusätzliche Bedingungen 268, 270 ff.
Freizeichnung, Sonderwünsche 557
Fristenangleichung 609, 840
Fristsetzung mit Ablehnungsandrohung
  s. Fristsetzung zur Nacherfüllung
Fristsetzung zur Nacherfüllung 703
  Entbehrlichkeit 705
Funktionsträger(-verträge) 1241, 1403

Garantie 648
Gebäudeeinmessung 445, 469
Gebrauchsvorteile bei Rückabwicklung 732
Gebrauchte Immobilien 631
Gemeinschaftlicher Gebrauch 508
Gemeinschaftsbezogene Rechte und Pflichten
  Abnahme 596
  Bürgschaft gem. § 7 MaBV 895
  Mängelansprüche 883 ff.
Gemeinschaftseigentum 508, 565 f., 930, 1097
  Abgrenzung zu Sondereigentum 565
  Abnahme 594 f., 596
  Altbausanierung 993, 1494
  Aufwendungsersatzanspruch 927, 935
  bauliche Veränderung 539, 928
  für Bestand des Gebäudes notwendige Gebäudeteile 567
  Bürgschaft gem. § 7 MaBV 353
  Einfamilienhäuser 564, 569
  Einrichtungen des gemeinschaftlichen Gebrauchs 568
  Frist zur Nacherfüllung 933
  großer Schadensersatz 893, 942
  Grundbuchberichtigung 508
  Grundstück 566, 994
  Instandhaltung 907
  kleiner Schadensersatz 890, 922, 939, 961
  Leistungsverweigerungsrecht 901, 931
  Mängel 883 f.
  Mängelhaftung 839 ff., 883 ff.
  Minderung 890, 921, 936, 941, 958 f., 989
  Mitgläubigerschaft 918
  Nacherfüllungsanspruch 888, 917, 925, 930
  nachträglicher Erwerb 509
  Reihenhäuser 569
  Rücktritt 893, 942
  Selbstvornahme 928
  Sonderwünsche 539
  Vorschussanspruch 926, 935
Gemeinschaftsordnung 104
Genehmigungsfreie Bauvorhaben 281
Genehmigungspflichtige Bauvorhaben 285
Generalübernehmer 1390
  Architektenbindung 134 f.
Generalübernehmermodell 27, 46, 1101, 1360 f.
  Bauherrengemeinschaft 1490
  Erlaubnis nach § 34 c GewO 1477
  Form 1474
  Kündigung 1487
  MaBV 1477 f.

Sachregister

Mängelhaftung 1484
MWSt-Modell 1493
notarielle Beurkundung 1474
Sicherheit nach § 648a BGB 417
VOB/B 1484
Zahlung nach Baufortschritt 1482
Generalübernehmervertrag 1468
Abschlagszahlung 1482
Generalunternehmer 1390
Gesamtaufwand 1184, 1236, 1245
Baubetreuerhaftung 1313
s. auch Festpreis
Gesamtgläubigerschaft 916f.
Gesamtpreis,
einheitlicher 177
Erschließungskosten 464
Gesamtschuldner (Wohnungseigentümer), Erschließung 467
Gesamtschuldnerschaft 1236, 1255, 1282, 1392
Geschäftsbedingungen, Einbeziehung 153
s. Allgemeine Geschäftsbedingungen
Geschlossene Immobilienfonds 28
Gesellschaftsvertrag 1316f.
atypischer Gesellschaftsvertrag 1319f.
Auslegung 1322
Ausschluss 1331
Beendigung 1337
Beitragspflicht 1319f., 1323f.
Eigenkapital 1323
Form 1155, 1322
gemeinsamer Zweck 1317
Gesamthandsvermögen 1319f.
Geschäftsführung 1319f., 1325
Gesellschafterwechsel 1334f.
Gesellschaftsversammlung 1325
Innengesellschaft 1320
Kündigung 1333, 1487
Mängelhaftung 1399
Nachschusspflicht 1327
Vertretung 1326
Zweckerreichung 1337
s. auch Bauherrengemeinschaft
Gewährleistung s. Mängelhaftung
Gewährleistungsfrist s. Verjährungsfrist
Gewerbeeinheit 653
Gewerbeordnung 41
Altbauten 49
Bauherr 44
Berufsausübungsrecht 41
Berufszugangsregelung 41
§ 34c GewO 41ff.
Verwendung von Vermögenswerten 53
Gewerblicher Zwischenmieter 1431

Glaserarbeiten 324
Gläubigerstellung der Erwerber 916f.
Globalbelastung 238
Globalbürgschaft 351
Globalpauschalvertrag 442
Großer Schadensersatz 743f., 745, 857
s. auch Schadensersatz statt Leistung
Grundbuchberichtigung 508
Grunderwerbsteuer 1109, 1456, 1492
neben der Bauträgervergütung 183
bei Rückabwicklung 734
Grundpfandrechte bei Rückabwicklung 735, 1002
Übernahme der 241
Grundpfandrechtsbestellung, Pflicht zur Mitwirkung 867
Grundstück
Erwerb von Dritten 46
Gemeinschaftseigentum 566
Übereignung vom Bauträger 45
Grundstücksgröße 774
„ca."-Angabe 677, 776
Grundstückskaufvertrag 1177, 1220
Grundstücksmängel 630, 764ff.
Abgrenzung 630
Altlasten 768
Baugrund 630
fehlende Bebaubarkeit 772
Grundstücksgröße 774
Grundstückslage 772
Grundstücksmindermaß 774
Grundstücksübermaß 781
Haftungsausschluss 832
Kontamination 768
Lastenfreiheit 783
Planungsfehler 630
Mangelfolgeschaden 795
Minderung 791
Nachbarbauung 772
Nacherfüllung 787
Rücktritt 788
Schadensersatz 793
Verjährung 810
Grundstückstausch 1029
Gutschrift, Sonderwünsche 530, 545

Haftungsausschluss
bei Abtretung eigener Mängelansprüche 843f.
Altbausubstanz 836, 1494
Bauleistungen 839
Formularverträge 832f., 839f.
Grundstücksmängel 832f.
Subsidiaritätsklausel 843
Haftungsbeschränkung 850f.

arglistig verschwiegene Mängel 860
bei eigenmächtigem Bezug 853
Garantie 861
grobe Fahrlässigkeit 862
Individualverträge 842
auf Nacherfüllung 551, 856
Pflicht zur Mängelrüge beim
 Handwerker 850
auf Protokollmängel 852
Schiedsgutachterklausel 863
auf sichtbare Mängel 851
Hemmung der Verjährung 814f.
Ende der Verjährung 820
Verschulden 862
Vorbehalt der eigenen Regress-
 möglichkeit 854
Vorsatz 862
Handelsvertreter 1359
Hauptsacheerledigung 939
Hausanschluss für Wasser, Kanal und Elektrizität 462
Hausbauverordnung 200
Hausmeisterwohnung 509
Sondereigentum 510
Haustürgeschäft 219, 1346
Heilung formnichtiger Verträge 133
Heizungsanlagen
Heizungs-Contracting 451
Sondereigentum 508, 570
Herausgabe von Unterlagen 470f., 1221
Bauträger 472
Dritthaftungsklausel 847
Herstellungsrisiko 1113
Herstellungsverpflichtung 93, 432
Hinterlegung auf Notaranderkonto 331, 422
Hinweispflicht, Wartungsbedarf, -umfang und -intervalle 666
Höchstaufwandsgarantie 1419, s. auch Festpreis

Immobilienfonds 1136, 1293
Immobilienmakler 1359, s. auch Makler, Maklervertrag
Individualvereinbarung 150f.
Individualverträge, Verjährungsfrist für Baumängel 809
Individuelle Rechtsinhaberschaft, Mängelansprüche 924
Informationspflichten, gewerberechtliche 371
Ingebrauchnahme 584
Inhaber der Mängelansprüche 896
Inhaltskontrolle 143

Initiator 1130, 1274, 1297f., 1309, 1359, 1364, 1372
Innenprovision 1355, 1378
Innenputz 325
Innenwände, nichttragende 570
Inseratensammlungspflicht 371
Insolvenz des Bauträgers 1004f.
Ablehnung der Vertragserfüllung 1005
Abtretung des Kaufpreisanspruchs 1009
Auflassungsvormerkung 1005f.
Aufrechnung 1008f.
Bauherrengemeinschaft 1012
Bauruine 1012
Bruchteilsgemeinschaft 1016
Bürgschaft nach § 7 MaBV 1011
deliktische Ansprüche 1020
Erfüllung durch Insolvenzverwalter 1019
Fertigstellung der Bauruine 1012
Fertigstellung durch Erwerber 1013
Fertigstellung durch Insolvenz-
 verwalter 1019
Fertigstellungskosten 1014
Lastenfreistellung 1010
objektfremde Verwendung der Erwerber-
 mittel 1021
Teilvergütung 1007
Vollendung der Bauruine 1012
Wahlrecht des Insolvenzverwalters 1004, 1019
werdende Eigentümergemeinschaft 1012
Wohnungseigentümergemeinschaft 1012
Zurückbehaltungsrecht 1014
Insolvenz des Grundpfandgläubigers 247
Insolvenzverwalter 1004ff.
Ablehnung der Vertragserfüllung 1005
Wahlrecht 1004, 1019
Installationspläne, Herausgabe der 470
Instandsetzung des Gemeinschaftseigentums 907
Instandsetzungspflicht 907
Isolierte Kündigung der Bauleistungen 753f.
Isolierte Vereinbarung von § 13 VOB/B 162, 1058

Kalkulierte Kosten 1253, 1421
Kapitalanlagebetrug 1292f.
Kaufanwärter 38
Käufermodell 1443, 1494
Käuferschutz 12
Kaufpreis 177
Fälligkeit 198, 617
Finanzierung 427
s. a. Vergütung des Bauträgers
Kaufrecht 66, 994

Sachregister

Klage auf Abnahme 580
Klage der Wohnungseigentümergemeinschaft, Beschlüsse zur 941
  Hauptsacheerledigung 969
  Klageänderung 971
Klage des einzelnen Erwerbers 910, 929, 947, 950, 969 f.
Klageänderung 971
Klauselrichtlinie 144, 155 f.
Klauselerinnerung 412
Kleiner Schadensersatz 740
Kölner Modell 24, 1124 f., 1297
Kontotreuhänder 1127, 1448
Kooperationspflichten 870
Koppelungsverbot 134, 1307
Kündigung, außerordentliche 754
  anteilige Vergütung 755
  der Bauleistungen 753 f.
  des Bauträgervertrags 69
  Mehrheitsbeschluss der Erwerber 756
  nach § 649 BGB 753
  Sonderwunschvertrag 548
  wichtiger Grund 755
Kündigung des Generalübernehmervertrags 1487 ff.

Lastenfreiheit des Grundstücks 783
Lastenfreistellung 238, 249
  bei nicht vollendetem Bau 252
  Freistellungsverspflichtungserklärung 239, 243
  Insolvenz des Bauträgers 1010
  Löschungsbewilligung 242
  Rangrücktrittserklärung 240
  Sicherung der Lastenfeststellung 238
  Übernahme der Grundpfandrechte 241
Leistungsbestimmungsrecht
  Bauleistung 450
  Sonderwünsche 562
Leistungspflichten des Bauträgers 432 ff.
  Bauerrichtungspflicht 432
  Besitzverschaffung 440
  Eigentumsverschaffung 434
  Fertigstellungstermin 474
  Herstellungsverpflichtung 432
  Rücktritt 480
  schlüsselfertige Errichtung 181, 442
  Teilleistungen 445, 484, 504
  Verjährung 499 ff.
  Verzögerungsschaden 488 ff.
  Verzug 477
  Verzugsfolgen 479 ff.
Leistungsverweigerungsrecht 404, 439, 696, 848
  Ausschluss 425, 700

  bei Baumodellen 1117
  Dritthaftungsklausel 699
  Druckzuschlag 696
  Gemeinschaftseigentum 901, 931
  Höhe 931
  Miteigentumsquote 931
  Sondereigentum 931
  Subsidiaritätsklausel 699
  Zahlungsplan 298 f.

MaBV s. Makler- u. Bauträgerverordnung
Mahnung, Bauträgervergütung 382
Makler, Aufklärungspflichten 1375
  Bauträger 872
  Steuerberater als – 1368
Makler- und Bauträgerverordnung (MaBV) 18, 41 f., 208, 1127, 1139, 1477
  Altbausanierung 338
  Änderungen der MaBV 208
  Anwendungsbereich, persönlicher und sachlicher 210 ff.
  Gewerberecht 209
  Kreditinstitute 211
  Insolvenzverwalter 211
  Privatrecht 209
  Rechtsfolgen bei Verletzung der – 372 ff.
  Tausch mit dem Bauträger 1030
  Vermischung der Sicherheiten 359
  Zahlungsplan 292
  Zivilrecht 209
Maklervertrag 1359 ff., 1404
  Allgemeine Geschäftsbedingungen 1404
  erfolgsunabhängige Provision 1367, 1404, 1425
  Finanzierungsvermittlung 1403
  Innenprovision 1364
  Mietvermittlung 1425
  Prospekthaftung 1381
  Provision 1364
  Schadensersatz 1383
  Treuhandvertrag 1366
  Verflechtung 1365 f., 1425
  Verletzung von Vertragspflichten 1374
Mängel 640 f., 764
  Beschaffenheitsvereinbarung 641 f.
  Funktionstauglichkeit 641, 655
  subjektiver Fehlerbegriff 640
  Verwendungseignung 644 f.
Mängel am Gemeinschaftseigentum 883 f.
Mängelansprüche 757
  Abtretung von Mängelansprüchen 759
  Objektveräußerung 758
  Verzicht 945

589

Mangelfolgeschäden 747
  entferntere 747
  Verjährung 801
Mängelhaftung (Baumodelle) 1116,
  1394f.
  des Baubetreuers 1311
  Bauhandwerker 1394
  Bauherrengemeinschaft 1215, 1339, 1396,
    1441
  Bauträgermodell 1134, 1458
  Ersterwerbermodell 1134, 1449
  Erwerbermodell 1451
  Gemeinschaftseigentum 1397
  Generalübernehmer 1390
  Generalübernehmermodell 1484
  Generalunternehmer 1390
  Minderung 1423
  Sondereigentum 1397
  Treuhänderaufgabe 1215, 1239, 1340,
    1396, 1441
  Wohnungseigentümergemeinschaft 1340,
    1396, 1441, 1494
  Zurückbehaltungsrecht 1117
Mängelhaftung (Bauträgererwerb) 626 f.
  Abgrenzung Kauf- und Werkvertragsrecht
    626, 994
  Abgrenzung Kauf- und Werkvertragsrecht
    bei Altbauten 635
  Abtretungsverbot 847
  Abtretungsvereinbarung 846
  Abtretung von Mängelansprüchen 759
  Abzug „neu für alt" 713
  Aggregate 491, 666
  Altbauten 660
  Altbauten ohne Herstellungsverpflichtung
    639
  Altlasten 768
  Annahmeverzug 728
  anerkannte Regeln der Technik 654
  arglistig verschwiegene Mängel 635, 860
  Asbest 635
  Aufrechnung 955
  Aufrechnung mit Vorschuss gegen Rest-
    kaufpreis 955
  Aufwendungsersatzanspruch 710
  Baubeschreibung 634
  Baugenehmigung 670
  Baurechtswidrigkeit 669
  Bebaubarkeit 772
  Begriff „neu" 629
  Benutzbarkeit, eingeschränkte 668
  Beschaffenheitsmerkmale 652 f.
  Beschaffenheitsvereinbarung 642
  Beschränkung auf Nacherfüllung 856
  Betreutes Wohnen 665

  Denkmaleigenschaft 674
  DIN 4108 662
  DIN 4109 657
  Doppelhaushälfte, Schallschutz 659
  Dritthaftungsklausel 843
  Druckzuschlag 696
  Einfamilienhaus, Schallschutz 659
  entfernter Mangelfolgeschaden 747
  Entkernung 636
  Ersatzvornahme s. Aufwendungs-
    ersatzanspruch, Selbstvornahme
  fehlende Anlagen 503
  Finanzierungskosten 745
  Flächenabweichungen 675
  Freizeichnung, Sonderwünsche 557
  Fristenangleichung 441, 531, 609
  Fristsetzung zur Nacherfüllung 703
  Garantie 648 f.
  Form der Garantie 651
  Funktionstauglichkeit 641, 653
  Gartenfläche 780
  gebrauchte Immobilien 631
  Gemeinschaftsbezogenheit der – 883
  Gemeinschaftseigentum 726, 883 ff., 930
  Gläubigerstellung 916 ff.
  großer Schadensersatz 743, 857
  Grundstücksgröße 774
  Grundstücksgröße, „ca."-Angabe 677, 776
  Grundstückslage 772
  Grundstücksmängel 630, 764 ff.
  Grundstücksmindermaß 774
  Grundstücksübermaß 781
  Handwerker 1044
  Haustechnik 661
  Herstellungsverpflichtung 626
  individuelle Rechtsinhaberschaft 924
  isolierte Vereinbarung des § 13 VOB/B 162
  kaufvertragliche Mängelhaftung 630
  Kaufvertragsrecht 630
  kleiner Schadensersatz 740
  Lastenfreiheit des Grundstücks 783
  Leistungsverweigerungsrecht 696
  Mangel 640
  Mangelfolgeschaden 746
  mehrere Bauabschnitte 841
  merkantiler und technischer Minder-
    wert 724, 740, 749
  Mieterträge 683
  Mietminderung 749
  Minderung 722 f.
  Mindestluftwechsel 664
  Mitgläubiger 917
  Mitwirkung des Bestellers 691
  Modernisierung (Altbaumodernisierung)
    636

Sachregister

Musterhaus 628
Nachbarbebauung 772
Nacherfüllung 689 ff.
neu errichtete Eigentumswohnung 626
neu errichtete Gebäude 626
Neubau hinter historischer Fassade 635
Nutzung, nicht genehmigte 672
Nutzungen, eingeschränkte 668
Nutzungsentschädigung 749
öffentlich-rechtliche Beschränkungen 669
optische Mängel 695
Planabweichungen 668
Planänderungen 653
Planungsfehler 668
Protokollmängel 852
Recht zur Nachbesserung 685
Rechtsbegriffe „Minderung" bzw. „Wandelung" 858
Rechtsmängel 782 ff.
Renovierung 635
Restarbeiten 628
Rücktritt 727
Sanierungsobjekte 637
Schadensersatz 693
Schadensersatz neben Erfüllung 746
Schadensersatz statt Leistung 739, 745
Schallschutz 657
Schiedsgutachterklausel 863
Selbstvornahme 708, 928
Sicherungsabtretung 845
Sondereigentum 726, 886, 931
Sondernutzungsrecht 573, 681, 886
Sonderwünsche 538, 549 f.
Sowieso-Kosten 712
Steuervorteile 683, 745
Straßenlärm 661
subjektiver Fehlerbegriff 640
Subsidiaritätsklausel 699, 843
Tätigkeitspflicht der Gemeinschaft 906
Teilrücktritt 728
Trennwände 657
umweltfreundliche Materialien 685
Veräußerung des Hauses 758
Veräußerung des Wohnungseigentums 758
Vereinbarung der VOB/B 161 ff.
Verjährung 608 ff., 797 ff.
Verschleißteile 666
Verwendung von Bauträgerzahlungen 952
Verwendung von Vorschusszahlungen 952
Verwendungseignungen 652 f.
VOB/B 161 ff.
Vorbehalt der eigenen Regressmöglichkeit 854
Vorschuss, Aufrechnung gegen Kaufpreis 716 f., 955

Vorschussanspruch 716 f.
Vorschussklage 721
Vorteilsausgleichung 742, 745
Wahlrechte 702
Wärmeschutz 662
Werkvertragsrecht 635
Wohnflächenmindermaß 675
wohnungseigentumsrechtliche Ansprüche 761
Wohnungseingangstüren 659
zugesicherte Eigenschaften s. Garantie
Zurückbehaltungsrecht 332
Zweckentfremdungsgenehmigung 674
Zweckgebundenheit des Vorschusses 952
zweijähriger Leerstand 629
Zweiterwerber 631
Mängelrüge 824
Massivhaus 653
Mehrere Bauabschnitte 116, 612, 841, 1047
Mehrere Bauabschnitte verschiedener Bauträger 1047
Mehrere Wohngebäude auf einem Grundstück 313
Mehrheitsbeschluss der Erwerber, Kündigung 756
Mehrwertsteuer 1493
Mehrwertsteuerausweis 1290
Mehrwertsteuererhöhung, Bauträgerkauf 187
Mehrwertsteuermodell 1493
Mehrwertsteuer-Option 1110
Mehrzahl von Mängeln 688
Mieterschutz 1025
Mietgarantie 1123, 1183, 1427
Bankbürgschaft 1427
Mietpool 1430
Mietvermittlung 1425
Mietvertrag 1183, 1431
Endmieter 1433 f.
Heiz- und Nebenkosten 1437
Herausgabe der Wohnung 1433
Hinterlegung der Miete 1436
Kündigungsschutz 1433 f.
Mietzins 1432
neuer Zwischenmieter 1435
Vermieterwechsel 1434
Mietzins, Verzug 1432
Minderung 722, 936, 958
Abtretung 759
Gemeinschaftseigentum 726, 936, 941, 945, 989
Gläubigerstellung 921
Höhe 724

Sachregister

Sondereigentum 726
Zweiterwerber 759
Mitgläubigerschaft 917
Nacherfüllungsansprüche 917
Modelle 1101, 1124
Modernisierung 635
Musterhaus 628

Nachbarbebauung 772
Nachbesserung s. Nacherfüllung
Nacherfüllung 689 ff.
Art der Nacherfüllung 691
Fehlschlagung 706
Fristsetzung 703
Verweigerung 695
Nacherfüllungsanspruch 702 ff.
Annahmeverzug 695, 698, 704
Ausübung von Wahlrechten 702, 889, 918
Entbehrlichkeit der Fristsetzung 705
Fristsetzung zur Nacherfüllung 702 f., 933
Gemeinschaftseigentum 925, 888
Mitgläubiger 917
Sondereigentum 886
Umfang 692
unteilbare Leistung 917
Unverhältnismäßigkeit 695
Unzumutbarkeit 758
Veräußerung der Eigentumswohnung 758
Nachschusspflicht 1327
Nachträglicher Erwerb gemeinschaftlicher Einrichtungen 509
Nachzügler-Erwerber 608 f.
Fristenangleichung 609, 839
Verjährungsfrist wegen Mängel 609
Nebenpflichten 864 ff.
Neu errichtete Eigentumswohnung 626
Neu errichtete Gebäude 626
Neubau hinter historischer Fassade 635
Neue Länder 22
Nichtigkeit des Bauträgervertrages 1001 f.
Notar 1055 ff.
Amtspflichten 1055
Belehrungs-, Beratungs- und Betreuungspflichten 1055
Belehrungspflicht bei Baumodellen 1384 f.
Beurkundung von Treuhandverträgen 1384
Hinweispflichten 1055, 1384, 1387
Kosten, neben der Bauträgervergütung 183
Notarsbestätigung 223
Schadensersatzpflicht 1055

steuerliche Belehrung 1388
Treuhandkonto 54, 422
Treuhandvertrag 1384
Verjährungsfrist 1055
Warnpflicht 1055, 1384, 1387
Notar, Pflichten des 1056 ff.
Architektenbindung 1056
Fälligkeitsvereinbarungen 1059
formelhafte Klauseln 1058
Freistellungserklärung 1060
Genehmigung nach § 2 GVO 1062
isolierte Vereinbarung von § 13 VOB/B 1058
Notarsbestätigung 223, 1061
Sicherheitsleistung nach § 7 MaBV 1057
steuerliche Nachteile 1056
Vereinbarung der VOB/B 1058
Vorleistungspflicht des Erwerbers 1059
Zahlungspläne 1060
Notarielle Beurkundung 41, s. Beurkundung
Notarsbestätigung 1061
Nutzung, nicht genehmigte 672
Nutzungsentschädigung 491 f., 749
Höhe 496
Rücktritt 734
Unbenutzbarkeit eines Bades 492
Unbenutzbarkeit Einliegerwohnung 492
Vorenthaltung einer Garage 492
Vorenthaltung eines Schwimmbads 492
Vorenthaltung einer Terrasse 492
Vorenthaltung von Tiefgaragenstellplätzen 492
Vorenthaltung einer Wohnung 492

Objektgebundene Mittelverwendung 349, 367, 1021
Offenbarungspflicht 874
Öffentliche Last, Erschließungskosten 406, 1070
Organisationsverschulden 829

Parteibezeichnung bei Klage der Wohnungseigentümergemeinschaft 982 f.
Parteifähigkeit, Wohnungseigentümergemeinschaft 982
Pauschalfestpreis 32
Pauschalfestpreis, Bauträgerkauf 64, 177
Kaufnebenkosten 183
Pflichtprüfung (§ 16 MaBV) 371
Pkw-Stellplätze 571
Planabweichungen 652
Planänderungen 652
Pläne 92, 443

Planungsfehler 668
Planungsleistungen des Bauträgers 134, 447
Platzierungsgarantie 1416
Preiserhöhungen, Bauträgerkauf 185
Preiserhöhungsklauseln 187 ff.
Preisgleitklausel 192
Produkthaftung 1049
  Baustoffe 1050
  deliktsrechtliche 1045
  Gesundheitsschäden 1051
  Hersteller 1050
  Körper- oder Gesundheitsverletzung 1051
  Sachschäden 1051
  Verjährung 1053
Produkthaftungsgesetz 1049
Prospekthaftung 879, 1253, 1268 f., 1454
  Anlageberater 1269, 1381
  Anwendung bei Bauherrenmodellen 1270 f.
  Bank 1358
  Baubetreuer 1279, 1313
  Bauträgererwerb 880 f.
  Bauträgermodell 1459
  Beweislast 1287
  Erfolgshaftung, keine 1284
  Erwerbermodell 1452, 1454
  Gesamtschuldner 1282
  Initiatoren 1269, 1274 f., 1279
  Mitverschulden 1288
  Personenkreis 1276
  Prospektfehler 1283
  Prospektprüfers, des 1296
  Publikums-KG 1268
  Rechtsanwälte 1269, 1291
  Steuerberater 1269, 1291
  Treuhänder 1253, 1273, 1278
  Verjährung 1289 f., 1453
  Vermittler 1280, 1381
  vertragliche Haftung (Konkurrenz) 1275, 1277, 1381
  Vertragsinhalt 880
  Vertrauensschaden 1285
  Wirtschaftsprüfer 1269, 1291
Prospektprüfung 1294
Protokollmängel 336, 852
Provision (Makler) 1364, 1369, 1404, 1407, 1425
Prozessstandschaft
  Erwerber 960, 962, 990
  Wohnungseigentümergemeinschaft 902, 969 f., 980 f., 987
  Wohnungseigentumsverwalter 990
Prozessvollmacht 894

Raten, Bauträgervergütung 201
Rechnungslegung 1192 f., 1206
Rechtsanwalt, Beratungsvertrag 1380
  Prospekthaftung 1269
  Verjährung 1260, 1291
Rechtsbeziehungen des Erwerbers zu Dritten 1042 f.
Rechtsdienstleistungsgesetz 82
  unzulässige Rechtsberatung 605, 915
  Verstoß gegen 1146
Rechtshängigkeit bei Klage der Wohnungseigentümergemeinschaft 943
Rechtsmangel 647
Rechtswahl 170, 172
Reihenhaus 315, 564, 569, 657
Renovierungsarbeiten 49 ff.
Reservierungsvereinbarung 77
Resterfüllungsansprüche 439, 504 ff.
  Erfüllungsanspruch 504
  Rücktritt 506
  Schadensersatz statt Leistung 506
  Totalrechte 506
  Verjährung 507
Ringdrainage 445
Rohbaufertigstellung 319
Rohinstallation 321 ff.
Rom I-VO 169 f.
Rückabwicklung des Bauträgervertrages 731 f., 999 ff.
  Auflassungsvormerkung, Löschung der 731
  Gebrauchsvorteile 732
  Grunderwerbsteuer 734
  Grundpfandrechte 735
  infolge Anfechtung 1001
  Nichtigkeit des Vertrages 1001
  notwendige Verwendungen 733
  Rücktritt 226 ff., 388, 481, 727, 1000
  Schadensersatz 734
  Sonderwunschverträge 736
  vereinbarte Vertragsaufhebung 1000
  Vertragskosten 734
  Verwendungen 733
Rückgriffsanspruch, Erschließungskosten 468
Rücknahmegarantie 1424
Rücksichtnahmepflicht 866
Rücktritt nach Fristablauf zur Nacherfüllung 727
  bei Mängeln am Gemeinschaftseigentum 730, 943
  bei Mängeln am Sondereigentum 730
  Resterfüllungsansprüche 506
Rücktrittsrecht
  gesetzliches 229, 1000

Mängel 857, 857
Rechtsfolgen 1000
Verletzung der MaBV 373
vertragliches 226, 1000
Rücktrittsvorbehalt 1000
Sachverständiger, Abnahme 598, 600 f.
Sanierter Altbau 632, 1494
Sanierung 633, 635 f., 1494
Sanierungsmodell 1131, 1494
Sauna, Sondereigentum 570
Schadensersatz 373, 693, 738 f., 746 f.
 Beschaffenheitsvereinbarung 652 ff.
 Beschränkung 497
 Gläubigerstellung 922
 großer Schadensersatz 743, 942 f.
 Höhe der Nutzungsentschädigung 749
 kleiner Schadenersatz 740
 Nichterfüllung 506
 Schaden des Eigennutzers 490
 Unbenutzbarkeit eines Bades 492
 Unbenutzbarkeit Einliegerwohnung 492
 Vorenthaltung einer Garage 492
 Vorenthaltung eines Schwimmbades 492
 Vorenthaltung einer Terrasse 492
 Vorenthaltung von Tiefgaragenstellplätzen 492
 Vorteilsausgleichung 742
Schadensersatz aus positiver Vertragsverletzung 864
Schadensersatz neben Erfüllung 693, 746
 Mietminderung 749
 Nutzungsentschädigung 749
 Sachverständigenkosten 746
Schadensersatz statt Leistung 482
 Gemeinschaftseigentum 939
 großer Schadensersatz 743, 942
 kleiner Schadensersatz 740
 Vorteilsausgleichung 742
Schadensersatz wegen Mangelfolgeschäden 746, 865
Schadensersatzanspruch 1285 f.
 aus c. i. c. 1286
 wegen ausgebliebener Steuervorteile 745, 1286
Schallschutz 487, 657 f.
Schiedsgutachterklausel 863
Schließpläne, Herausgabe 471
Schließungsgarantie 1416, 1444
Schlüsselfertige Errichtung 32, 181, 442 ff.
Schreinerarbeiten 324
Schuldrechtsreform 31, 59 f., 144, 379, 626, 995
 Bauträgervertrag 59 f., 68
Schutzpflichten 866
Schwimmbad, Sondereigentum 570

Selbstbeseitigungsrecht s. Aufwendungsersatzanspruch, Selbstvornahme
Selbständiges Beweisverfahren
 Hemmung 816
Selbstvornahme 68, 708
 Gemeinschaftseigentum 927
Sicherheiten (MaBV), Vermischung der 359
Sicherheitsleistung durch Bürgschaft (MaBV) 346, 350
Sicherheitsleistung nach § 648a BGB 415, 1045
Sicherheitsleistung nach § 7 MaBV 346
Sicherung der Bauträgervergütung 405
Sicherungsabtretung 845
Sicherungshypothek 413
Siedler 38
Sittenwidrigkeit 1001
Sondereigentum 570 f., 591, 1397
 Abnahme 585
 Heizungsanlagen 570
 Innenwände 570
 Mängelansprüche 924 ff.
 Pkw-Stellplätze 571
 Sauna 570
 Schwimmbad 570
 Tiefgaragenanlagen 571
Sondernutzungsrecht 572
 Abnahme 573
 Mängelansprüche 573, 886
 Pkw-Stellplätze 572
 Terrassen 572
Sonderrechtsfähige Anlagen 509
Sonderwünsche 511 f.
 abgetretene Vergütung 532
 Abnahme 537, 547
 Anspruch auf 519 f.
 Anwendung der MaBV 533
 Architekten- und Bauleitungsaufgaben 543
 Ausführung durch den Bauträger 514
 Ausführungsfehler 551
 Ausführungsvarianten 562
 Ausstattungsvarianten 518, 562
 Beurkundung 524
 Eigenleistungen 517, 558
 Freizeichnung 557
 Gemeinschafseigentum 539
 Gutschriften 530, 545
 nach Invollzugsetzung der Wohnungseigentümergemeinschaft 539
 Kündigung 548
 Mängelhaftung 538, 549 f.
 notarielle Beurkundung 524

Preisgestaltung 533
Rechnungslegung 192
bei Rückabwicklung des Bauträgervertrages 736
Sicherungshypothek 414
Vergütung 528 f., 544
Vertragsgestaltung 522, 546
Werklohn 528
Widerspruch zur Teilungserklärung 539
wohnungseigentumsrechtlicher Beseitigungsanspruch 539
Zahlungsplan 533
Zustimmung des Bauträgers 542
Sonderwunschvertrag 511
Bauträger-Sonderwunschvertrag 514, 524
s. auch Sonderwünsche
Sonderwunschvertrag mit den Handwerkern 516, 540 f.
Abnahme 547
Form 541
Kündigung 548
Mängelhaftung 549
scheinselbständiger Sonderwunschvertrag 516
Sowieso-Kosten 712
Vergütung 544
Vertragsbedingungen 546
Zustimmung des Bauträgers 542
Spekulativer Wohnungsbau 2
Statik, Herausgabe der 470
Steckengebliebener Bau 625
Steuerberater als Anlagenvermittler 1359, 1368 f.
Auskunftspflicht 1370
Beratungsvertrag 1380, 1442
Haftung 1379, 1442
Herausgabepflicht 1369, 1373
Prospekthaftung 1269
Provision 1369, 1372
Schadensersatz 1370
standeswidrige Vermittlungsleistungen 1368
Untreue 1371
Verjährung 1291, 1442
Steuerberatung 1182, 1191, 1442
bei Beurkundung 1388
Steuererklärung 1191
Steuerrecht 1102, 1106, 1251 f.
Steuervorauszahlung 1108
Steuervorteile 1102, 1105, 1122, 1252, 1356
Steuervorteile bei Schadensberechnung 1286, 1383
Stillschweigende Abnahme 584
Stockwerkseigentum 2
Stundungsmodell 1033

Subjektiver Fehlerbegriff 640
Subsidiärhaftung des Bauträgers 643 ff.
Subsidiaritätsklausel 843
Symptomrechtsprechung 819

Tausch mit dem Bauträger 1028
Teilabnahme 577, 591, 594
Teilbare Leistung 920
Teilbaugenehmigung 286
Teilkündigung des Bauträgervertrages 753 f.
Teilungserklärung 104, 653, 1156, 1439, 1445, 1495
Abweichung von Aufteilungsplan 107
Abweichung von Erwerbsvertrag 107, 653
Abweichung von tatsächlicher Ausführung 108
Änderung der 111, 653
Änderungsvollmacht 112
Bauverpflichtung 1495
Gestaltung 110
Inhaltskontrolle 108
Käufermodell 1494 f.
nachträgliche Änderungen 111, 653
nicht vollzogene 105
Vollzug der 234
Teilvergütung, Insolvenz des Bauträgers 1007
Teilverzug 506, s. auch Resterfüllungsansprüche
Terrassen, Sondernutzungsrechte 572, 886
Tiefgaragenanlagen, Sondereigentum 571
Transparenzgebot 143, 167, 179, 209, 351, 452 ff., 456,
Treuhänder, Abnahme 1214, 1238
Abschluss von Verträgen 1176, 1184 f., 1230, 1390, 1446
Auskunftspflichten 1192 f., 1422
Ausschreibung (Bauleistungen) 1228
Basistreuhänder 1140
als Baubetreuer 1143 f.
Bauherrenverzeichnis 1197, 1390
Bauträgermodell 1457
Bauvertrag 1228 f., 1390
Buchhaltung 1249
deliktische Haftung 1292
Eigenkapital 1323
Einsichtnahme in Treuhänderunterlagen 1202
Ersterwerbermodell 1446
Erwerbermodell 1446
externer 1142
Finanzierungsbeschaffung 1246

GewO, § 34c 1144
Haftung 1226
– für Baufortschrittsanzeige 1267
– für Baumängel 1239, 1394, 1441
– im bautechnischen Bereich 1228
– Beschränkung 1256
– Ersterwerbermodell 1448
– Fahrlässigkeit 1257 f.
– gegenüber Bauunternehmen 1265
– gesamtschuldnerische 1255
– im steuerlichen Bereich 1251, 1259
– für überflüssige Leistungen 1241
– verschärfte Haftung 1224
– für Verschulden bei Vertrags-
 verhandlungen 1226
– Vorsatz 1256
– für vorzeitige Zahlungen 1244, 1247
– im wirtschaftlich-finanziellen
 Bereich 1241
Haftungsbeschränkung 1256
Herausgabepflicht 1205
kalkulierte Kosten, Einhaltung 1245, 1421
Kapitalanlagebetrug 1293
Kickbacks 1243, 1422
Konditionen, bestmögliche 1230, 1246
Kontotreuhänder 1239, 1457
MaBV 1145
Pflichten 1176 f., 1228 f.
planerische Aufgaben 1229
Prospekthaftung 1226, 1261, 1273
Provisionen 1195, 1242, 1422
Prozessführung 1186
Rechnungslegungspflicht 1192, 1198, 1422
Schlussabrechnung 1192, 1200, 1221, 1422
– Fälligkeit 1204
– unvollständige 1203
– vorläufige 1204
Schmiergelder 1142, 1390, 1422,
 s. auch Vergünstigungen
Selbstkontrahieren 1174
Sorgfaltspflichten 1224
Teilvergütung 1209
Unabhängigkeit 1141, 1366
Untreue 1292
Verfolgung der Mängelansprüche 1215
Vergabe der Bauleistungen 1228
Vergünstigungen, Entgegennahme von
 1195, 1207, 1242, 1422
Vergütung 1208
– Rückzahlungsverpflichtung
 1209
Verjährung, Abkürzung 1262 f., 1264
– von Schadensersatzansprüchen 1260
– Verjährungsfrist bei Doppelberuf-
 lern 1263

Verschulden bei den Vertragsverhandlungen
 1226
Verschwiegenheitspflicht 1196
Vertreter ohne Vertretungsmacht 1266,
 1390
Vollmacht, Außenwirkung 1159, 1346
– Beschränkung auf Betrag 1173
– Beschränkung auf Miteigentumsanteil
 1171
– Darlehensvertrag 1346
– Duldungsvollmacht 1163
– Erlöschen 1222
– Untervollmacht 1169, 1391
– Widerruf 1159
Vollmacht, formlose 1150 f.
Zahlungsverkehr 1247 f.
Treuhandkonto 54, 422
Treuhandvertrag 1137 f.
Aufspaltung in Angebot u.
 Annahme 1149
Beendigung 1112
Beurkundung nachträglicher
 Änderungen 1165
Beurkundungspflicht 1147
Form 1147
formnichtiger Treuhandvertrag 1158, 1164
Formularvertrag 1187
Geschäftsbedingungen 1187
Geschäftsbesorgungsvertrag 1138
Kündigung, außerordentliche 1216
Kündigung, ordentliche 1212
Nichtigkeit 1146
Vermittlung des – 1366
Verstoß gegen RBerG 1146

Übereignung des Grundstücks 32, 434
Übergangsrecht zur Schuldrechtsreform
 59 ff., 401, 997
 s. auch Schuldrechtsreform
Überraschende Klauseln 176
Umkehr der Beweislast 618
Umsatzsteuer 1493 f.
Umwandlung von Mietwohnungen 1023
Umweltfreundliche Baustoffe 653
**Unerlaubte Handlung wegen
 Kapitalanlagebetrugs** 1292
Unerlaubte Rechtsberatung 605, 915
Unrenovierter Altbau 1024
Unteilbare Leistung 917
Untermieter 1431, 1433
Untervollmacht 1169, 1304
**Unterwerfung unter die sofortige
 Zwangsvollstreckung** 405 ff.
Untreue, Treuhänder 1292
Unwirksame Klauseln 145 f., 175 f.

Sachregister

Veräußerung des Wohnungseigentums, Mängelhaftung 758
Verbraucherkreditvertrag 218, 1032 f.
 Einwendungsdurchgriff 1064, 1352
 Leistungsverweigerungsrecht 1354
 Rückabwicklung 1354
 Widerrufsrecht 1055
Verbraucherverträge 155 ff.
Verbraucherdarlehen 218, 1032 f.
Vereinbarte Vertragsaufhebung 1000
Verflechtung, wirtschaftliche 1356
Vergabe- und Vertragsordnung für Bauleistungen (VOB) 153, 161 ff., 1116, 1233, 1394, 1484
 Planungsleistungen 165
 Vereinbarung 161
 Verträge der Bauwirtschaft 166
 VOB/B „als Ganzes" 163
Vergleich 944, 946, 951, 953, 979
Vergütung des Bauträgers 177 f.
 Abrechnungsvereinbarungen 179
 Abschlagszahlungen 199
 Abtretung der 409
 Aufrechnungsverbot 425
 Bauabzugsteuer 193
 Bauhandwerkersicherungshypothek 413
 Bürgschaft nach § 7 MaBV 207
 Einheitlicher Anspruch 69
 Einheitspreisvertrag 178, 179
 Endpreis i. S. d. PAngV 186
 Erhöhung der Mehrwertsteuer 187
 Erteilung der Vollstreckungsklausel 411
 Fälligkeit 198, 617
 Fälligkeit, Verzicht auf den Nachweis der 407
 Fälligkeitszins 390
 Festpreis 185
 formularmäßige Unterwerfungsklausel 406 f.
 Freistellungsbescheinigung 194
 Gesamtpreis 177
 Globalpauschalvertrag 181
 Grunderwerbsteuer 183
 Kaufnebenkosten 183
 Kaufpreis 177
 Kaufpreisausweisung 177
 Kosten der Beurkundung 183
 Leistungsverweigerungsrechte 425
 Mahnung 382
 Mehrwertsteuer 187
 Pauschalfestpreis 177
 pauschalierter Schadensersatz 387
 Pauschalpreis 178 ff.
 Preiserhöhungsklauseln 187 ff., 307
 Preisgleitklausel 192
 Raten 201
 Rechnungslegung 191
 Schadensersatz statt Leistung 389
 schlüsselfertige Errichtung 442 ff.
 schlüsselfertiges Objekt 182
 Sicherheitsleistung nach § 648a BGB 415
 Sicherung der 405
 Sicherungshypothek 413
 Sonderwünsche 528 f.
 Unterwerfungsklausel 406 ff.
 Verjährung 393
 Vertragserfüllungsbürgschaft 206
 Verzug 379
 Verzugszins 387
 vollstreckbare Ausfertigung der Urkunde 411
 Vollstreckungsabwehrklage 412
 Vollstreckungsunterwerfung 405 ff.
 Vorauszahlungen 204
 Wegfall der Geschäftsgrundlage 185
 Werbung 190
 Werklohn 305, 177
 Wertsicherungsklausel 189
 Zahlungsbürgschaft 418
 Zinsen 418
 Zwangsvollstreckungsgegenklage 412
Vergütungs- und Leistungsgefahr, Abnahme 615
Verjährung 499 f., 1394
 Abkürzung 806 ff.
 Abtretung der Mängelansprüche 759
 bei Altbausanierung 799
 bei Angaben „ins Blaue hinein" 828
 bei Arbeiten an einem Bauwerk 799
 bei Arglist 827
 bei Baumängeln 797 f.
 Bauträgervergütung 393 ff.
 Beginn 811
 Beginn mit Abnahme 811
 Erfüllungsanspruch 500
 Erschließungskosten 400
 bei Grundstücksmängeln 803 f., 812
 Hemmung der – 403, 721, 813
 Hemmung durch Vorschussklage 721
 der Mängelansprüche 797 f.
 Mangelfolgeschäden 801
 Mängelrüge 824
 Nachunternehmervertrag 802
 Neubeginn 822
 bei Organisationsverschulden 829
 positive Vertragsverletzung 864
 Rechtsmängel 804
 Resterfüllungsansprüche 507
 Schuldrechtsreform, 61, 401
 Symptomrechtsprechung 819

Sachregister

bei Teilklage 721
Übereignung des Grundstücks 501
Übergangsrecht 61, 401
Vereinbarung von § 13 VOB/B 806
Verlängerung der Verjährungsfrist 802
Verschleißteile 807
Verschulden bei Vertragsschluss 873
Verkaufsprospekt, Verschulden bei Vertragsschluss 879 ff.
Vermietung 1425
Vermietungsgarantie 1426
Vermischung der Sicherheiten (MaBV) 359
Verschleißteile 666
  Gewährleistungsfrist 807
Verschulden 862
Verschulden bei Vertragsschluss 873 f.
  arglistige Täuschung 877
  Offenbarungspflichten 874
  Prospekt 875
  Schadensersatzpflicht wegen Mängeln 877
  Steuervorteile 876
  Verjährung 873
  Verkaufsprospekt 875
  Vertrauensschaden 878
Versicherungsvertrag 1181
Vertragliche Nebenpflichten
  s. positive Vertragsverletzung
Vertragliches Rücktrittsrecht 226
Vertragsänderungen nach Eintragung der Auflassung 131
Vertragsaufhebung 1000
Vertragsdurchführungsgarantie 1417
Vertragserfüllungsbürgschaft 206
Vertragskosten bei Rückabwicklung 734
Vertragsmuster 146
Vertragsstrafe 498
  Vorbehalt bei Abnahme 498
Vertragsverletzungen 864 f.
  Beratungsverträge 842
  Betriebsanleitungen 866
  Einweisung in technische Anlagen 866
  Finanzierungsberatung durch Bauträger 871
  Grundpfandrechtsbestellung 867
  Mangelfolgeschäden, entferntere 747
  Schutz- und Rücksichtnahmepflichten 866
  Sonderwünsche 869
  Steuervorteile 868
  Verjährung 864
  vertragliche Nebenpflichten 864 ff.
  Wartungsbedarf 866
  Wohnungseigentumsverwalter, Bestellung 869
Vertrauensschaden, Verschulden bei Vertragsschluss 878

Vertriebsgesellschaften 1359
Verwalter 1340, 1401, 1440 f., s. auch Wohnungseigentumsverwalter
Verwalterzustimmung nach § 12 WEG 217
Verwaltungsbeirat, Abnahme 606
Verwender des Formularvertrages 80
Verwendungen bei Rückabwicklung 733
Verzögerungsschaden, entgangene Mieteinnahme 489
  entgangener Gewinn 489
  Finanzierung 488
  Nutzungsentschädigung 491
  Schaden des Eigennutzers 490
  Steuervorteile 488
  Vorteilsausgleich 368, 488
Verzug
  Bauträgervergütung 382 ff.
  Fertigstellung 474, 478
  Rücktritt vom Vertrag 478, 480
  Schadensersatz statt Leistung 482
  mit Teilleistungen 484
Verzugszinsen, Bauträgervergütung 387
VOB/B 161 ff., 1484
VOB/B „als Ganzes" 163
Vollmachten 82 f., 1119, 1148, 1304, 1391
  Änderung der Teilungserklärung 97, 111 ff., 653
  Änderung des Vertrages 96, 99
  Bauträgervertrag 82
  Befristung 103
  Dienstbarkeiten 98
  Grundbuchamt 101
  Nichtigkeit 1146
  Treuhandvollmacht 1150
  Überwachung durch den Notar, 101, 113
  Vollmachtloser Vertreter 83
  Widerruf 102
  Zeitliche Beschränkung 102
Vollständige Fertigstellung 53, 334
vollstreckbare Ausfertigung der Urkunde 411
Vollstreckungsabwehrklage 412
Vollstreckungsklausel, rechtliches Gehör vor Erteilung 411
Vollstreckungsunterwerfung 405
  Unterwerfungsklauseln 406 f.
Vorkaufsrechte 227, 1025
Vorleistungspflicht 292
Vormerkungsmodell, Kritik am 202
Vorratsbau 839
Vorratsteilung 141
Vorschussanspruch 715 f., 926
  Abrechnung 719

Sachregister

Aufrechnung gegen Bauträgervergütung 718, 955
Gemeinschaftseigentum 718, 926
Höhe 717
Rückforderungsanspruch 719
Verzugszinsen 720
Vorschussklage 721
Hemmung der Verjährung 721
Teilklage 721
Vorteilsausgleich 1286, 1383
Vorvertrag 77

Wahlschuld 261, 451
Wandelung s. Rücktritt
Wärmebedarfsberechnung 661
Wärmeschutz 662
Wartungsbedarf, Hinweis auf 666
Wegfall der Geschäftsgrundlage, Vergütung des Bauträgers 185
Wegnahmerecht, Bauhandwerker 1046
WEG-Novelle 2007 885
Werbung
Bauträger 190
Generalübernehmermodell 1464
Werbungskosten 1107
Werbungskostengarantie 1418
Werdende Eigentümer 621
Werdende Eigentümergemeinschaft 620
Insolvenz des Bauträgers 1012
Werklieferungsvertrag 66
Werklohn, Bauträgerkauf 177 f.
Wertsicherungsklausel 189
Wiederverkaufszusage 1424
Wirksamkeit des Vertrages 213
Wirkung der Abnahme 613
Wirtschaftsprüfer als Anlagenvermittler 1359 f., 1368
Beratungsvertrag 1380
Prospekthaftung 1269 f.
Verjährung 1260 f., 1291
s. auch Steuerberater
Wohnanlage in mehreren Bauabschnitten 612
Wohnfläche 1200, 1248, 1428
Begriff 679
Wohnflächenmindermaß 675
Wohnungseigentum 88, 508 f.,
noch zu bildendes 89
s. auch Gemeinschaftseigentum
Wohnungseigentümer, Erschließungskosten 467
Wohnungseigentümergemeinschaft 883 ff., 1494 f.
Abnahme 596, 599 f., 607
Anfechtung von Beschlüssen 975

Aufrechnung 900, 956
Aufrechnung mit Schadensersatz gegen Restkaufpreis 900, 961
Aufrechnung mit Vorschuss gegen Restkaufpreis 900, 954
Ausübung von Wahlrechten 889, 918, 937
Ausübungsbefugnisse nach § 10 WEG 896, 898
Bauherr 1494 f.
Bauruine 1012
Befugnisse 899, 930
Befugnisse des Erwerbers 908, 910
Beschlüsse 941 f.
Beschlusskompetenz 885
Empfangszuständigkeit 903
Entstehung 1338, 1438 f.
Ermächtigte 899
Ersterwerbergemeinschaft 884
Erwerbergemeinschaft 884
fakultative Zuständigkeit 905
gemeinschaftsbezogene Rechte 883
gerichtliche Verfolgung der Mängelansprüche 980 ff.
Instandsetzungspflicht 907
Klage der 980 f.
Klage des Erwerbers 910 f., 929
Mängelansprüche 761 f., 883, 924 f., 1338 ff., 1396, 1401, 1441
Parteibezeichnung bei Klage 982
Parteifähigkeit 982
Pflicht zur Mängelverfolgung 906, 977
Prozessführungsbefugnis 969 f.
Prozessstandschafterin, gesetzliche 902, 970, 980 f.
Prozessstandschafterin, gewillkürte 923, 987, 990
selbständiges Beweisverfahren 986
Tätigkeitspflicht der Gemeinschaft 906, 977
Teilungserklärung 1495
Übergangsrecht bei Mängelansprüchen 997 f.
Vergleich 899, 944, 946, 951, 953, 979
Verwendung von Bauträgerzahlungen 952
Verwendung von Minderung 958
Verwendung von Schadensersatz 961
Verwendung von Vergleichszahlungen 953
Verwendung von Vorschüssen 952
Vorschussanspruch 926
werdende Gemeinschaft 619, 963, 973, 982, 1339
Zeugen 981
Zugriffsrecht der Gemeinschaft 896, 898, 930
Zuständigkeit der 883, 936 ff.

Sachregister

Zweckgebundenheit des Vorschusses 952
s. auch Beschlüsse
Wohnungseigentumsgesetz 6, 855
Novelle 885
Wohnungseigentumsrechtlicher Beseitigungsanspruch 539
Wohnungseigentumsverwalter
Abnahme 597, 600, 603
Ausübung von Wahlrechten 889, 937 f.
Bestellung durch Bauträger 869
Haftung 912
Hinweispflicht wegen Baumängeln 911 f.
Mängelansprüche 911 f.
Prozessstandschaft 990
Prozessvollmacht 894
Sondervergütung 711
Vollmacht 985
Wohnungserbbaurecht 574

Zahlungsbürgschaft 418
Zahlungsplan 292, 298 f.
Abweichung 294, 302, 376
Altbauten 338
Änderungen 294, 302
Ausbauhaus 303
Bauabschnitte 316 ff.
Bautenstandsbericht 310
Bemessungsgrundlage 296
Besitz, Zug-um-Zug gegen Zahlung 331
Besitzübergabe 328
Bezugsfertigkeit 151, 328
Fälligkeit der Raten 308, 380
Fertigstellungsrate 334
Generalübernehmermodell 1481
Leistungsverweigerungsrecht 305
Mängel 310
mehrere Objekte 306, 313
Nachweis des Baufortschritts 309
Notarspflichten 1060
Preiserhöhungsklausel 297

Reihenfolge 302
Reihenhäuser 315
Rohbaufertigstellung 319
Sicherheitsleistung 347
Sonderwünsche 296
Sonderwunschvertrag 533
Teilung von Bauabschnitten 301
Teilung von Raten 294
variabler 299
Vereinbarung 298
vollständige Fertigstellung 334
Vorleistungspflicht 292
Wohnungseigentum 312 ff.
Zahlungsverzug 382 ff.
Zurückbehaltungsrecht 332
Zusammensetzung der Raten 295
zusätzliche Raten 301
Zahlungsverzug, Bauträgervergütung 379
Zinsen, Bauträgervergütung 387
Zinsgarantie 1341, 1408
Zugriffsrecht der Gemeinschaft 896
Zurückbehaltungsrecht 332, 438
Auflassung 438
Erschließungskosten 467
MaBV 373
s. auch Leistungsverweigerungsrecht
Zuständigkeit der Wohnungseigentümergemeinschaft 883 ff., 896 ff., 905
Zustimmung des Verwalters 217
Zwangsvollstreckungsabwehrklage 412
Zweckentfremdungsgenehmigung 290
Zweite Berechnungsverordnung 679
Zweiterwerber 757, 981, 1450
Abtretung von Mängelansprüchen 759
Aktivlegitimation 759 f.
Mängelansprüche 631, 759 f., 898, 981
Zwischenfinanzierung 1341, 1408
Zwischenmieter s. gewerblicher Zwischenmieter